REINHOLD KOSER

GESCHICHTE FRIEDRICHS DES GROSSEN

ZWEITER BAND

REINHOLD KOSER

# GESCHICHTE
# FRIEDRICHS DES GROSSEN

ZWEITER BAND

1963

WISSENSCHAFTLICHE BUCHGESELLSCHAFT

DARMSTADT

Mit Genehmigung der J. G. Cotta'schen Buchhandlung Nachf. GmbH.
Stuttgart herausgegebene Sonderausgabe
Unveränderter fotomechanischer Nachdruck der 6. und 7. Auflage,
Stuttgart und Berlin 1925

Druck: Wissenschaftliche Buchgesellschaft, Darmstadt
Printed in Germany

# Inhaltsverzeichnis

Fünftes Buch

## Friedenswerke

Seite

**Erster Abschnitt. Neue Aufgaben** . . . . . . . . . . . . 3—32
Zur Einführung 1—6. Politische Lage 1746 7—18. Persönliches 18—21. Regierungssystem 21—32.

**Zweiter Abschnitt. Besserung der Rechtspflege** . . . . . . . . 33—65
Vorgeschichte und Anfänge 33—42. Reformen in der Praxis 42—58. Kodifikationsarbeit 58—65.

**Dritter Abschnitt. Fortbildung der Verwaltung** . . . . . . . 66—113
Zentral- und Provinzialverwaltung 66—81. Ordnung in Stadt und Land; innere Kolonisation 81—103. Finanzverwaltung 103—113.

**Vierter Abschnitt. Die neuen Provinzen** . . . . . . . . . . 114—153
Einrichtung der preußischen Herrschaft in Schlesien 114—129. Verhältnisse der katholischen Kirche in Schlesien 129—143. Ostfriesland 143—153.

**Fünfter Abschnitt. Handels- und Gewerbepolitik** . . . . . . . 154—196
Überlieferungen und neue Antriebe 154—161. Pflege der Industrie 161—173. Handelspolitik 173—196.

Sechstes Buch

## Ausgang der Friedenszeit

**Erster Abschnitt. Friede von Aachen und Kriegsrüstung von 1749** . . 199—220
Ausgang des österreichischen Erbfolgekriegs 199—206. Die nordische Frage 1748 und 1749 206—215. Sicherung des Friedens 216—220.

**Zweiter Abschnitt. Sanssouci** . . . . . . . . . . . . . 221—279
Das Haus und die Gäste 221—245. Die Œuvres du philosophe de Sanssouci 245—264. Voltaire 264—279.

**Dritter Abschnitt. Der König-Connetable** . . . . . . . . . . 280—314
Der König und das Heer 280—300. Felddienstübungen und Taktik 300—307. Strategie 308—314.

**Vierter Abschnitt. Auswärtige Politik 1750—1755** . . . . . . . 315—346
Letzte Zeiten des alten Systems 315—327. Abwandlung der Beziehungen zu Frankreich 327—338. Westminsterkonvention 338—346.

Seite

**Fünfter Abschnitt. Ausbruch des siebenjährigen Krieges** . . . . .  347—380
Vertrag von Versailles 347—356. Entscheidung in Rußland
356—359. Entschluß zur Abwehr 360—380.


## Siebentes Buch

## Drei Offensivfeldzüge, 1756—1758

**Rückblick und Ausblick** . . . . . . . . . . . . . . .  383—392

**Erster Abschnitt. Verlauf und Wirkungen des Feldzuges von 1756** .  393—444
Vorbereitungen, Besetzung von Sachsen 393—411. Lobositz
und Pirna 411—425. Ausbau der Koalition gegen Preußen
425—444.

**Zweiter Abschnitt. Prag und Kolin** . . . . . . . . . . .  445—500
Vorbemerkung 445—447. Verhandlungen mit England und
Hannover 447—455. Feldzugsplan 455—472. Prag 472—484.
Kolin 485—500.

**Dritter Abschnitt. Von Kolin nach Leuthen** . . . . . . . . .  501—561
Feldzug gegen die Österreicher in Böhmen und der Lausitz
501—518. Feldzug gegen die Franzosen, Schlacht bei Roß=
bach 518—543. Breslau und Leuthen 543—561.

**Vierter Abschnitt. Das Jahr 1758** . . . . . . . . . .  562—620
Die Gegner nach Leuthen 562—573. Bis zum Abzug von
Olmütz 573—592. Rückzug durch Böhmen, Schlacht bei Zorn=
dorf 592—607. Schlacht bei Hochkirch, Ausgang des Feld=
zugs 607—620.

# Fünftes Buch
# Friedenswerke

## Erster Abschnitt

# Neue Aufgaben

Das Vermächtnis, das der erste Träger der preußischen Königskrone in diesem Wahrzeichen seinen Nachfolgern hinterlassen hatte, war vollstreckt. In glänzender Kraftprobe war die Natur des „Zwitterwesens zwischen Königreich und Kurfürstentum" auf einmal festgestellt worden. „Die Erwerbung von Schlesien kann das Haus Brandenburg als die Epoche seiner Größe betrachten," durfte König Friedrich mit berechtigtem Selbstgefühl jetzt sagen. Aber wie die großen Männer die Aufgaben historischer Entwicklung nicht nur lösen, sondern auch stellen, so lastete auf dem jungen Staate von nun an die andere schwere Verpflichtung, die rasch erkämpfte Stellung einer Macht unter den alten Mächten auf doch immer sehr schmaler Grundlage zu behaupten. Es war das neue Problem der preußischen Geschichte, an dessen Lösung über ein Jahrhundert Geschlecht auf Geschlecht sich abgemüht hat.

Die bewaffnete Erhebung des Jahres 1744 entbehrte nicht der inneren Folgerichtigkeit, insofern auf der eingeschlagenen Bahn noch nicht innegehalten werden konnte. Die erworbene Weltstellung ließ sich entscheidend nur sichern durch neue Erwerbungen. Der Versuch dazu war gescheitert. Über die Grenzen seiner Machtmittel jetzt genau belehrt, gelobte sich König Friedrich noch während des Krieges: „Einmal diesem Sturm entronnen, wollen wir uns ruhig im Hafen halten und ihn nicht wieder verlassen." Bald nach dem Friedensschlusse, im Juni 1746, spricht er gelegentlich von seinem „jetzigen System", einem System, das er dem Minister Podewils in der Formel umschrieben hat: er werde sich in nichts mehr einmischen, das sei der Plan, den er sich jetzt gemacht habe; er werde die Dinge gehen lassen, wie sie könnten und wollten, dabei hoffe er am besten zu fahren und am weitesten zu kommen.

Ohne Frage schloß diese Enthaltungspolitik im Grunde einen Widerspruch ein, da jenem unabweisbaren Bedürfnis des Staates nach fernerer Abrundung und Erweiterung eben noch nicht Genüge geschehen war. Und wenn jetzt der König von Preußen an alle Türen klopfte, um völkerrechtliche Bürgschaften für den Dresdener Frieden und den Besitz von Schlesien zu erhalten, so könnte dieses

Bemühen schier an Karls VI. Jagd nach Garantien für die prag-
matische Sanktion erinnern; nur daß Friedrich sich doch hütete, die
Schutzbriefe für Schlesien über ihren Preis zu bezahlen, und stets
eingedenk blieb, daß er sich auf stärkere Bürgen als jene Pergamente
stützen müsse.

„Lieblingskinder des Mars," so ruft er poetischen Schwunges
in diesen Friedensjahren seinen Preußen zu, „hütet euch wohl, daß
nicht Trägheit, Dünkel und Verweichlichung eure Sitten verderben;
ihr Helden, deren kühne Taten dieses Reich erhöht haben, behauptet
euer Werk, daß euer Ruhm nicht bleiche; wer dem Gipfel nah stillestehen will, des Fuß wird leicht zurückgleiten."

So war es denn auch in Wahrheit des Königs Meinung nicht,
seinem Staate auf halbem Wege Halt zu gebieten, wenn er jenes
Friedenssystem aufstellte. Nicht als ein ewig gültiges Gesetz ward
es verkündet, es ergab sich aus den Zweckmäßigkeitsrücksichten der
Gegenwart. Für seine eigene Lebenszeit glaubte der Begründer
der preußischen Großmachtstellung mit diesem System auszukommen;
seinen Nachfolgern wies er weitere Ziele. Wie schon die Einbildungskraft des Kronprinzen Friedrich sich mit der Verbesserung der preußischen Landkarte beschäftigt hatte, so erging sich auch der König
gern für die Zukunft Preußens in derartigen „Rêveries politiques",
denn so bezeichnet er die in seinem politischen Testament vom
27. August 1752 niedergelegten Gedanken über die Aufgaben künftiger
Vergrößerungspolitik, die den preußischen Staat, die künstlich her-
gestellte Macht, auf die Stufe einer wirklichen Großmacht empor-
heben soll. Als Gebiete, die dem Staate zu der ihm fehlenden
Rundung dienen mögen, erscheinen in dieser Vision Polnisch-Preußen,
Schwedisch-Pommern, das Kurfürstentum Sachsen vor allem, falls
es in einem neuen Kriege gegen Österreich gelingen sollte, das Königreich Böhmen zu erobern, um es dann gegen Sachsen einzutauschen.

Aber von wie vielen Voraussetzungen wollte Friedrich einen
Eroberungskrieg gegen Österreich, der Aussicht auf Erfolg bieten
sollte, abhängig machen! „Die Hauptpunkte wären," sagt das
politische Testament in diesem Zusammenhange, „daß Rußland
und die Königin von Ungarn einen Krieg gegen die Türken, gegen
Frankreich und den König von Sardinien zu bestehen hätten."
Und zwar einen Krieg gegen einen Sultan von dem Schlage Soli-
mans und gegen ein Frankreich mit der Tatkraft der Zeiten Richelieus oder Mazarins: „Bestushew in Rußland gestürzt, sein Nachfolger gewonnen, ein Soliman auf dem Thron von Konstantinopel,
eine Minorennitätsregierung in England, ein ehrgeiziger und all-
mächtiger Premierminister in Frankreich — dann und bei solcher Ge-
staltung der Dinge ist es Zeit zu handeln, obgleich es auch dann nicht
erforderlich ist, unter den ersten auf der Bühne zu erscheinen."

Und so hat denn der Verfasser des Testaments, da wo er nicht in „politischen Träumereien" schwelgt, sondern die Gesichtspunkte seiner praktischen Politik, sein gegenwärtiges politisches System darlegt, d. h. in dem „De la politique extérieure" überschriebenen Abschnitte, die hochfliegenden Entwürfe mit bestimmten Worten von sich abgelehnt: „Was wir auch vom Kriege erwarten können, mein gegenwärtiges System ist den Frieden zu verlängern, so lange es geschehen kann, ohne die Majestät des Staats zu verletzen. Es steht uns nicht an, den Krieg wieder anzufangen. Ein coup d'éclat, wie die Eroberung von Schlesien, ist den Büchern vergleichbar, deren Originale gelingen, deren Nachahmungen abfallen[1]). Wir haben durch die Erwerbung von Schlesien den Neid von ganz Europa auf uns gezogen, das hat alle unsere Nachbarn rührig gemacht. Da ist keiner, der uns nicht mißtraute. Mein Leben ist zu kurz, um sie in die beruhigte Stimmung zurückzuversetzen, die unseren Interessen zusagt. Wie könnte in der jetzigen Lage ein Krieg uns frommen, da Rußland in starker Waffenrüstung an unseren Grenzen steht und nur auf den günstigen Augenblick zum Handeln wartet, allerdings abhängig von den Subsidien Englands, und da eine Diversion der russischen Macht alle unsere Entwürfe von Anbeginn unserer Operationen umstoßen würde!"

Noch eine andere Erwägung sprach gegen den Krieg. In dem politischen Testament wird Europa eine Republik von Souveränen genannt, die sich in zwei mächtige Parteien scheide. Bei dem Gleichgewicht, das die beiden mächtigsten Staaten, Frankreich und England, an der Spitze ihrer Bundesgenossenschaften einander hielten, seien den kriegführenden Mächten große Eroberungen fast unmöglich gemacht. So seien alle Kriege mit Unfruchtbarkeit geschlagen, wofern man sie nicht mit gewaltiger Überlegenheit und unaufhörlichem Glück führe.

Frankreich und England betrachtete König Friedrich damals innerhalb des europäischen Staatensystems als die beiden einzigen Mächte, die völlig selbständig Politik treiben könnten. Sardinien, Dänemark, Schweden, Polen und Portugal wollte er nur als Staaten dritten Ranges gelten lassen, da sie ohne fremde Subsidien der Fähigkeit sich zu rühmen entbehrten. Rußland und die Türkei als „halbasiatische Staaten" außer Betracht gelassen, blieben dann nach Friedrichs Einteilung als eine Gruppe für sich, als Mächte zweiten Ranges, Spanien, Holland, Österreich und Preußen, alle vier bis zu gewissem Grade von den beiden Vormächten abhängig. „Preußen ist," sagt der preußische König, „weniger formidabel als das Haus Österreich, aber hinreichend bei Kräften, um von sich aus die Kosten

---

[1]) I, 452

eines nicht zu schweren und nicht zu langen Krieges zu bestreiten. Die Lage seiner Provinzen, die, fortwährend durchschnitten, vom Osten bis zum Nordwesten Europas reichen, vervielfältigt die Zahl seiner Nachbarn ins Unendliche. Seine Finanz- und Industriepolitik erlaubt ihm, die Zeitumstände zu ergreifen und mit Nachdruck die Gelegenheiten auszunutzen, aber Klugheit muß ihm Halt gebieten, wenn es sich zu weit gehen lassen will."

„Die großen Monarchien," so war Friedrichs Überzeugung, „gehen ihren Weg von selber, trotz eingerissener Mißbräuche, und halten sich durch ihr Gewicht und ihre innerliche Stärke; die kleinen Staaten werden schnell zermalmt, sobald nicht alles bei ihnen Kraft, Nerv und Lebensfrische ist." Vorerst aber ward in dem kleinen Preußen der Mangel an natürlicher Schwere, an Autarkie im Sinne des antiken Staatsbegriffes, noch voll ersetzt durch die jugendliche Schwungkraft eines von Grund aus gesunden, durch einen strengen Zuchtmeister der Trägheit entrissenen, auf das äußerste angespannten Staatswesens, vor allem aber durch die unvergleichliche Tatkraft, Entschlossenheit und Seelenstärke des jungen Herrschers.

Nach dem zweiten schlesischen Kriege hat Franz I. einen holländischen Diplomaten versichert, des Königs von Preußen Marotte sei: Friedrich ist einzig. Der Kaiser wollte wissen, daß Friedrich gesagt habe, er würde die eine Hand darum geben, wenn er Schlesien bei seinen Lebzeiten behaupten könnte und wenn die Königin von Ungarn es nach seinem Tode zurückgewänne, damit es dann heiße, er allein sei fähig gewesen, Schlesien zu verteidigen. In demselben Sinne, nicht minder vorurteilsvoll als der Vater, hat noch 1772 Joseph II. der Behauptung zugestimmt, eine der Lieblingsmaximen des Königs von Preußen sei: Nach uns die Sündflut! Und solche Nachrede ereilte den hochherzigen Fürsten, der 1752 in seinem politischen Testament die Nachwelt mahnte: „Auf daß das Geschick des Staates gesichert sei, ist es nötig, daß sein Wohl nicht abhängt von den guten und schlechten Eigenschaften eines einzelnen Menschen, sondern daß er sich durch sich selbst aufrecht erhält."

Seine persönliche Leistungsfähigkeit schlug Friedrich dabei noch zu gering an. Daß Preußen im gleichzeitigen Kampf mit den drei großen Kontinentalmächten bestehen könnte, das hätte er, bevor die Erfahrung ihn widerlegte, nicht für möglich gehalten — seine Erörterungen über die denkbaren Fälle politisch-militärischer Parteigruppierung beweisen es. Und gewiß, ohne die Heldenhaftigkeit des Herrschers hätte das Preußen Friedrichs des Großen nie die Probe seiner „Autarkie" abgelegt, den Beweis nie beigebracht, daß es aus eigener Kraft seine staatliche Selbständigkeit auch gegen die Übermacht zu verteidigen vermöge.

Die Botschaften von dem Siege bei Kesselsdorf und der Einnahme der sächsischen Hauptstadt hatten der allzu schnell verzagten Einwohnerschaft Berlins das volle Gefühl der Sicherheit wiedergegeben. Die in die inneren Stadtteile geflüchtete Vorstadtbevölkerung wagte sich wieder vor die Tore, während die Auswanderung der Vornehmen, die sich auf ihren Landsitzen sicherer geglaubt hatten, durch eben diese Tore zurückflutete. Einen Festesjubel, wie er beim Einzuge des Königs, und wieder am Tage der feierlichen Verkündigung des Friedens durch den Wappenherold, die Straßen erfüllte, hatte Berlin noch nicht gesehen. Aber während vor den Augen der staunenden Menge sich in strahlender Umleuchtung die Pforten eines eilig hergerüsteten Janustempels schlossen, schwebte der König bereits in Zweifel, ob er im nächsten Frühling noch den Frieden, ob er neuen Krieg haben werde. Fast schien es, als wenn seine während des letzten Feldzuges einmal geäußerte Befürchtung, daß der künftige Friede nur ein kurzer Waffenstillstand sein werde, sich bewahrheiten sollte. Nahezu ein Jahr verging, ehe die Wolken sich zerteilten, die dem Sieger über Österreich und Sachsen den politischen Himmel noch dicht und dräuend umhüllten.

Die Aufgabe der preußischen Politik war seit 1745 dadurch wesentlich erschwert, daß zu dem alten Gegensatz gegen Österreich der neue, schon nicht minder scharfe, gegen Rußland getreten war. Nach dem gebieterischen Halt, das die Zarin seinem Einmarsch in Sachsen entgegengerufen hatte, konnte König Friedrich jetzt die russische Kriegserklärung erwarten.

Gegen das Übelwollen der beiden Kaiserhöfe suchte er Deckung in der Pflege freundschaftlicher Beziehungen zu den beiden Westmächten, die, noch im Kampfe miteinander, gleichmäßig das Interesse haben mußten, es mit Preußen nicht zu verderben. So rechnend hatte der König nach der Wiederanknüpfung mit England im vorigen Sommer der Hoffnung Ausdruck gegeben, künftig statt des einen Bundesgenossen — Frankreichs — deren zwei zu haben.

Vorerst allerdings gewannen die Dinge den Anschein, als seien die alten Freunde tief verstimmt und die neuen doch im Herzen noch keineswegs versöhnt.

In London hing im Grunde für König Friedrich alles davon ab, ob die in dem Ministerium der Pelhams und Stanhopes verkörperte, schlechthin englische Richtung sich behauptete, oder ob der hannoverische König den maßgebenden Einfluß auf die auswärtige Politik Großbritanniens zurückgewann, den er zu Walpoles und Carterets Zeiten ausgeübt hatte. Wenn Georg II. nach dem Abschluß der ihm höchst unbequemen Konvention von Hannover seine eigenen Minister dem Wiener Hofe als übelgesinnt denunziert hatte, so glaubte der „Gefangene auf dem Throne", wie er sich zähne-

knirschend nannte, jetzt, im Februar 1746, den ersehnten Augenblick
gekommen, sich von der Sklaverei zu befreien und den Lord Feuer=
brand, Carteret=Granville, in seinen Rat zurückzuberufen. Aber
nach nur zwei Tagen fiel Granvilles neue Herrlichkeit kläglich in
sich zusammen; die einmütige Weigerung der im Parlament all=
mächtigen Whigaristokratie, den über ihren ehemaligen Führer ver=
hängten Verruf aufzuheben, machte es diesem unmöglich, ein Kabi=
nett zu bilden. Triumphierend traten die alten Minister in ihre
Ämter wieder ein, die beiden Pelhams, Sir Henry und sein Bruder
Newcastle, die beiden Stanhopes Harrington und Chesterfield, und
die ganze Gefolgschaft. Der König von Preußen ließ durch den
Mund seines Residenten Andrié die beiden Staatssekretäre des
Auswärtigen, Lord Harrington und den Herzog von Newcastle,
zu dem Siege der Nation über die Dynastie beglückwünschen: er
werde guter Engländer sein, solange sie allmächtig bleiben würden
und solange Hannover nicht über London herrsche. Noch einen
besonderen Auftrag erhielt Andrié für den Mann, der dem britischen
Könige vor allen verhaßt war und dem deshalb seine Freunde einen
Sitz im Kabinett selbst jetzt nicht zu verschaffen vermochten, für
William Pitt. Andrié mußte ihm sagen, wie sehr König Friedrich
Pitts Anschauungen allgemeine Verbreitung wünsche, auf daß
England und Preußen für immer in engstem Einvernehmen ver=
harren könnten. Doch ließ der König von Preußen den Engländern
keinen Zweifel darüber, daß sie auf werktätige Unterstützung in dem
Kampfe gegen Frankreich von seiner Seite nicht rechnen durften,
zur schmerzlichen Ernüchterung der phantasiereichen britischen Poli=
tiker, die ihn gut und gern zum Statthalter der Niederlande und
Besitzer von Flandern und Brabant machen wollten, auf daß er
diese gefährdeten Lande gegen Frankreich schütze und dem Hause
Österreich, zum Ersatz für Belgien, Elsaß und Lothringen erobere.
    Dem Gesandten, durch dessen Abordnung König Friedrich noch
im Januar die diplomatischen Beziehungen zu dem sächsischen Hofe
wieder aufnahm, schrieb er vor, sich in Dresden gegen den Ver=
treter Englands, Sir Thomas Villiers, weniger zurückhaltend zu
zeigen, als gegen den Franzosen Vaulgrenant. Es kann nicht auf=
fallen, daß er dem Diplomaten, der bei dem Friedenswerke als
Vermittler mitgewirkt hatte, mehr vertraute als dem anderen,
der das Werkzeug der französisch=österreichischen Ausgleichsversuche
gewesen war; im übrigen aber kennzeichnet sich jene Weisung nicht
als der Ausdruck eines festen politischen Systems, sondern nur als
ein Symptom für die Stimmung des Augenblicks. Wie fast immer,
wo Bundesgenossen sich scheiden, erging man sich zunächst zu Berlin
und Versailles in gegenseitigen Anklagen und fand erst allmählich
einen der veränderten Lage angepaßten modus vivendi. Der

König von Frankreich war geneigt, in dem preußischen Sonderfrieden eine persönliche Kränkung seitens eines Fürsten zu sehen, den
er eines vertrauten Briefwechsels gewürdigt hatte. Zudem hatte
ihm die übel angebrachte Ironie seines letzten Schreibens eine Antwort in dem stolzen und freimütigen Tone zugezogen, den der Erbe
Ludwigs XIV. nun einmal nicht zu vernehmen liebte. Am meisten
aber verstimmte ihn eine Äußerung, die Friedrich in Dresden gegen
Valorys Sekretär Darget hatte fallen lassen: er werde dem Kriege
fern bleiben, auch wenn Karl von Lothringen vor den Toren von
Paris stünde. In Ludwigs Umgebung hatte der König von Preußen
seit je eine starke Gegnerschaft gehabt. Der preußische Gesandte
hatte einen schweren Stand; die Zahl derer sei klein, meldete er,
die sich sagten, daß Frankreich im Grunde von alle dem, was es
dem preußischen Verbündeten versprochen, nichts gehalten habe
und deshalb nicht berechtigt sei, über Abfall zu klagen. Zum Glück
gehörte zu den unbefangen Urteilenden der Minister des Auswärtigen.
Marquis d'Argenson war durchaus kein Bewunderer Friedrichs,
den er oft genug sehr streng beurteilt hat; aber er sagte sich, daß es
bei der Fortdauer des Krieges gegen Österreich und England mit
Frankreichs Interesse wenig vereinbar war, Empfindlichkeit zu
zeigen; er veranlaßte auch den Marquis Valory, gute Miene zu
machen und den König von Preußen, den neuen Gustav Adolf,
wie man ihn in Frankreich allgemein nenne, zu seinem Frieden
geradezu zu beglückwünschen. Ganz frei von dem schadenfrohen
Hintergedanken, den Fürsten, der so anspruchsvoll seine eigenen
Wege wandelte, zur Strafe jetzt der politischen Isolierung verfallen
zu lassen, wünschte d'Argenson vielmehr, den preußischen Hof zum
Brennpunkt für alle Verhandlungen Frankreichs in Deutschland
und im europäischen Norden zu machen.

Dabei konnten dem französischen Minister neue Enttäuschungen
freilich nicht erspart bleiben. Wenn er es dem preußischen Könige
an die Hand gab, jetzt nach Niederlegung der Waffen einen diplomatischen Feldzug im Reiche gegen die Österreicher zu eröffnen,
so erklärte Friedrich, nicht die geringste Lust zu einem Kriege der
Schikanen zu verspüren, der ihn unversehens wieder zum offenen
Bruche treiben würde. Vollends das ihm von Frankreich zugedachte
Amt bewaffneter Friedensvermittlung lehnte er von vornherein
mit den entschiedensten Worten ab. Nur als schlichter Träger von
Botschaften stellte er sich den kriegführenden Mächten zur Verfügung:
„Mein lieber Valory," sagte er dem französischen Gesandten in einer
der ersten Unterredungen nach seiner Rückkehr aus Sachsen, „und
hätten Sie die Beredsamkeit eines Cherubin, eines Erzengels, ja
des Engels Gabriel selber, Sie sollten mich nicht zu einem Schritte
überreden, der von diesem Vorsatz mich abbrächte." Weil endlich

die Franzosen an seinem Frieden mit Maria Theresia vor allem immer das aussetzten, daß dort auch die Kaiserwahl vom 13. September 1745 anerkannt sei, so bemerkte Friedrich trocken, Frankreich habe es sich selbst zuzuschreiben, wenn die Kaiserkrone in dem neuen Hause Österreich erblich werden sollte. Doch vermied er allmählich solche Rückblicke auf die französischen Unterlassungssünden von früher, und verwies seinem Podewils einmal nachdrücklich die bitteren Bemerkungen, die dieser nach dem Muster des Gebieters in die Gespräche mit Valory einzuflechten sich gewöhnt hatte: „Wenn die Leute uns guten Willen zeigen, so dürfen wir sie nicht vor den Kopf stoßen, und die verbindlichen Worte dürfen uns dann nicht zu teuer sein." Stellte doch der alte Chambrier in einem seiner Berichte aus Paris dem Marquis d'Argenson das Zeugnis aus, der sei von allen Ministern, die er seit sechsundzwanzig Jahren im Amt gesehen habe, der dem preußischen Interesse ergebenste. Eine Haltung, die bei diesem Minister eben auf der Erkenntnis beruhte, daß der König von Preußen auch innerhalb der engen, scharf von ihm bezeichneten Grenzen den Franzosen gute Dienste zu leisten vermochte. Die Erklärung des Reichskrieges gegen Frankreich, seit der Kaiserwahl von Wien aus so eifrig betrieben, unterblieb, nicht zum letzten infolge der beharrlichen Bemühungen Preußens zugunsten der Reichsneutralität.

Dieweil König Friedrich mit Geschick und Erfolg bestrebt war, die mittlere Linie zwischen Frankreich und England, den in heißem Kampfe liegenden Nebenbuhlern, einzuhalten, ließ auch seine große Gegnerin von dem Versuche nicht ab, zwei einander feindselige Mächte gleichzeitig in ihr Interesse zu ziehen. Maria Theresia setzte die Unterhandlungen mit Rußland fort und verzweifelte doch auch nicht gänzlich an einer Verständigung mit Frankreich. In ihren Zielpunkten vorbildlich für das, was zehn Jahre später sowohl in Berlin wie in Wien angestrebt wurde, bilden die Anläufe von 1746 in ihrem Ergebnis das Widerspiel zu den Ereignissen von 1756. Dem Könige von Preußen ist die Neutralitätspolitik, die ihm jetzt im Anfange glückte, beim Wiederholungsversuch im entscheidenden Augenblicke mißlungen; der Kaiserin-Königin dagegen sollte die Zukunft nach der Enttäuschung, die ihr vorerst bereitet wurde, einen um so vollständigeren Erfolg bringen.

Einen Frieden hatte Österreich zu Dresden mit Preußen geschlossen, keine Versöhnung; einen Frieden, den im Grunde nur der Zufall zuwege gebracht hatte, die Verspätung des Eilboten, der dem Grafen Harrach den Widerruf seiner Vollmachten und den Befehl zum Abschluß mit Frankreich zutragen sollte. Man hielt es nicht der Mühe wert, das Mißvergnügen über den wider Wunsch und Willen geschlossenen Frieden zu verhüllen. In Regensburg,

wohin der Reichstag auf Geheiß des neuen Kaisers sofort aus Frank=
furt zurückgekehrt war, knüpfte der kaiserliche Konkommissarius an
die Mitteilung des Abschlusses die giftige Erklärung, daß Ihre Kaiser=
lichen Majestäten trotz ihrer Abneigung, sich der Gefahr eines Friedens
mit dem Hofe von Berlin von neuem auszusetzen, doch in ihrer
Willfährigkeit gegen den Wunsch der Seemächte alle anderen Er=
wägungen hintangestellt hätten.  Zugleich indes ließ Maria Theresia
nicht nur öffentlich, sondern auch in ganz vertraulichen Kundgebungen
ihrem Vorsatz Ausdruck verleihen, den geschlossenen Frieden auf das
heiligste und getreueste zu erfüllen, „ohne dem mehrmaligen ander=
seitigen Vorgang zu folgen".

Ihr Vorsatz wurde sofort auf eine harte Probe gestellt durch
einen verlockenden Antrag, der ihr unmittelbar nach dem Friedens=
schlusse aus Rußland kam.

Desselbigen Tages, an dem in Dresden der Friede unter=
zeichnet wurde, war ihr Gesandter, der Freiherr von Pretlack, in
Petersburg eingetroffen.  Er wurde durch die kriegerische Stimmung,
die er vorfand, auf das angenehmste überrascht.  Die Kunde, daß
der König von Preußen ihrer Warnung ungeachtet in Sachsen ein=
gedrungen sei, half die letzten Bedenken der Zarin überwinden.
Sie befahl dem Kanzler, die Rüstungen bis zu solchem Umfange
auszudehnen, daß Rußland im Notfalle auch allein mit Preußen
fertig werden könne.  Nun kamen die niederschmetternden Nach=
richten von der Schlacht bei Kesselsdorf, von dem Fall der sächsischen
Hauptstadt, von der Einleitung des Friedenswerkes.  Man stand
jetzt wirklich vor der Aussicht, vereinzelt den ganzen Anprall der
preußischen Kriegsmacht bestehen zu müssen, und die Gegner Bestu=
shews und seiner kriegerischen Demonstrationen warnten deshalb,
das Spiel mit dem Feuer fortzusetzen.  Aber von dem sächsischen
Hofe hatte man die Erklärung, daß er im Vertrauen auf Rußland
sich durch einen aufgezwungenen Frieden nicht binden lassen wolle.
Daran hielt sich Bestushew und setzte am 4. Januar in der Staats=
konferenz gegen die Friedenspartei den Beschluß durch, daß bei
Wiederaufnahme des Kampfes durch Sachsen 100 000 Mann gegen
Preußen ins Feld rücken sollten.  Ja, als endlich eine neue Hiobs=
post das Gefürchtete und Verhaßte, den Frieden, als vollzogene
Tatsache feststellte, da wiederholte die Staatskonferenz am 18. Ja=
nuar ihren Beschluß.  Seines Erfolges froh konnte Bestushew dem
Vertreter Maria Theresias eröffnen, wenn sich entweder von Öster=
reich oder von Sachsen ein Vorwand finden lasse, mit Preußen
zu brechen, so wolle man, „da ohnehin schon so viele Kosten ange=
wendet worden", im bevorstehenden Frühjahr mit 90 000 Mann
Hilfsvölkern offensiv gegen Preußen vorgehen.  In jedem Falle
erbot sich Rußland dem Wiener Hof gegenüber zum Abschluß eines

Verteidigungsbündnisses; könne man in Wien oder Dresden den
Vorwand zu neuem Bruch mit Preußen nicht finden, so werde dann
Rußland wenigstens für die Fortführung des Krieges gegen Frankreich 30 000 Mann stellen und für diese Truppen den Durchmarsch
durch preußisches Gebiet begehren. Da sich voraussehen lasse,
sagte Bestushew zu Pretlack, daß Preußen den Durchzug nicht ver-
statten werde, so könne dann diese abschlägige Antwort eine Gelegenheit zum Bruch geben. Wiederholt versicherte er dem Österreicher, daß bei seiner Gebieterin Haß und Erbitterung gegen den
König von Preußen sich von Tag zu Tage vermehrten. „Ich meines
Ortes," so berichtete Pretlack erfreut am 22. Januar nach Hause,
„hindere sie in diesen ihren rühmlichen Anstalten gar nicht, sondern
suche vielmehr, jedoch ohne mich im geringsten directe zu commit-
tieren, teils mit dem Kanzler insgeheim discursweis, teils durch
vertraute Tertios solche zu animieren. Unmöglich ist es, daß alle
diese Anstalten nach dem Friedenserfolg bei Preußen nicht eine
Ombrage verursachen sollten, und es kann leicht sein, daß sie dadurch
mit solchem in Händel geraten dürften."

Daß der Wiener Hof dem von dem russischen Großkanzler er-
sonnenen und befürworteten Gedanken nicht ganz fern geblieben ist,
beweist eine Unterredung, die Maria Theresias Hofkanzler Ulfeld
Ende April mit dem sächsischen Gesandten Grafen Loß hatte. Sachsen
hatte in Wien mit Zustimmung des französischen Ministeriums von
neuem, wie im vorigen Herbste, seine Vermittlung für einen Ausgleich mit Frankreich angeboten. Graf Ulfeld antwortete mit der
unverblümten Frage, ob Frankreich bereit sei, ohne weiteres über
den König von Preußen herzufallen; man könne nicht eher an die
Aufrichtigkeit Frankreichs glauben, als bis es erklärt haben werde,
die Interessen des Königs von Preußen aufgeben zu wollen, statt
des Versuchs, ihn zum obersten Diktator im Reiche zu machen.
Eine Antwort, die dem Marquis d'Argenson die Betrachtung abnötigte, nichts sei schwieriger, als dem Wiener Hofe von Frieden
zu sprechen, ihm, der eben in den Verlust Schlesiens, in die Größe
Preußens sich nicht finden könne und Frankreich der Zweizüngig-
keit zeihe in demselben Augenblick, wo er selbst gegen den eben geschlossenen Dresdener Frieden kabaliere.

Diese Zurückhaltung d'Argensons, die Abneigung Frankreichs,
über den König von Preußen herzufallen, mußte es der Kaiserin-
Königin wesentlich erleichtern, ihrem Vorsatz zur Einhaltung des
Dresdener Friedens treu zu bleiben und somit den russischen Ver-
sucher von sich zu weisen. Österreich begnügte sich mit dem Abschluß
des Defensivbündnisses. Am 2. Juni 1746 wurde zu Petersburg
der berufene Vertrag unterzeichnet, dessen Bedeutung der im Vertrauen Bestushews stehende englische Botschafter, der gegen König

Friedrich nach wie vor tief erbitterte Lord Hyndford, mit den Worten
kennzeichnete: der ostensible Teil enthalte nur die Erneuerung eines
früheren Bündnisses, der Endzweck aber richte sich gegen den König
von Preußen, um ihm Schlesien wieder abzunehmen und um für
die Zukunft dem Ehrgeiz dieses gefährlichen Fürsten Schranken zu
ziehen: ein Zweck, der in den geheimen Bestimmungen des Vertrages zum Ausdruck gelangt sei.

Es war der vierte geheime Separatartikel, der dem Bündnisse
die Farbe gab. Er besagte, daß der Verzicht der Kaiserin-Königin
auf Schlesien und Glatz hinfällig sein sollte, nicht nur dann, wenn
ihr selbst von dem Könige von Preußen feindlich begegnet würde,
sondern auch im Falle eines preußischen Angriffes auf Rußland
oder die Republik Polen; in dem einen wie in dem anderen Falle
wollten sich die beiden Vertragsmächte nicht mit 30 000 Mann, wie
im allgemeinen festgesetzt wurde, sondern mit der doppelten Truppen-
zahl unterstützen, die Kaiserin-Königin aber gelobte ihren Verbündeten, „binnen einem Jahr von der Zeit an zu rechnen, da Schlesien
und Glatz völlig wieder in Dero Gewalt sein wird,“ zum Zeichen
ihres Dankes zwei Millionen rheinische Gulden auszahlen zu lassen.

In wie unmittelbarer Nähe man den Eintritt des casus foederis
im Sinne dieses Artikels erwartete, läßt eine Mitteilung ersehen,
die der Wiener Hof seinem Bevollmächtigten im Laufe der Verhandlungen, am 5. März, machte: es werde derzeit mit allem Eifer
daran gearbeitet, Rußland von Preußen und von der ottomanischen
Pforte her gleichzeitig mit Krieg überziehen zu lassen. Man erbot
sich eintretenden Falls zur sofortigen Waffenhilfe, trotz des Krieges
mit dem Hause Bourbon, den man selbst noch auf dem Halse hatte.

Mit dem Petersburger Bündnis hatte die russische Politik nach
mehrjährigen Schwankungen endgültig die Richtung eingeschlagen,
die sie während der Regierung Elisabeths nicht mehr verlassen
sollte. Noch nicht drei Jahre, nachdem man gegen einen Vertreter
Österreichs die für ihn und seinen Hof ehrenrührigsten Anklagen
erhoben hatte, war der Nachfolger dieses vielgeschmähten Marchese
Botta in Petersburg das bevorzugteste und einflußreichste Mitglied des ganzen diplomatischen Korps. Nicht bloß die vertraute
Freundschaft des Kanzlers, dem er der willkommenste Helfershelfer
war, hatte sich Pretlack gewonnen, auch von der anfänglich noch
zurückhaltenden Zarin wurde jetzt der ritterliche, noch jugendliche,
in seiner äußeren Erscheinung an den glänzenden Marquis La
Chetardie erinnernde Feldmarschallleutnant, einer der tapferen
Reiterführer von Mollwitz, in augenfälliger Weise ausgezeichnet;
gern hätte ihn Elisabeth in ihre Kriegsdienste herübergezogen.
Pretlack verstand die Gunst der Lage auszunutzen. Mehr vielleicht
als irgend ein anderer hat er dazu beigetragen, die Zarin gegen den

König von Preußen, den noch vor wenigen Jahren so warm von ihr
bewunderten, einzunehmen. Ausgesprochenermaßen betrachtete er
es als seine Hauptaufgabe, bei der er allzeit verharren werde, der
Zarin immer mehr über den wahren Charakter des Königs von
Preußen die Augen zu öffnen und ihr zu zeigen, wozu dieser Fürst
fähig sei, wenn man nicht stets auf der Hut gegen ihn bleibe. Auch
rühmte er sich seines Vorsatzes, die Russen zu so schroffer Haltung
zu veranlassen, daß der König von Preußen nachgerade seine ganze
Aufmerksamkeit nach dieser Seite werde wenden müssen. Zunächst
hatte der Rastlose für seine Maulwurfsarbeit den Lohn, daß zu
Ausgang des Sommers der Beschluß gefaßt wurde, die in Livland
versammelten Truppen den Winter und den nächsten Sommer
hindurch bei einander zu lassen. Er empfahl seinem Hofe, der reichlich vorhandenen Eitelkeit der Zarin bei jeder Gelegenheit auf geschickte Weise zu schmeicheln und „zur Befeuchtung der Schmeichelei"
die Sendung süßen Tokaierweines nicht zu unterlassen; dann wolle
er sich fast anheischig machen, daß man das russische Heer noch wenigstens das ganze nächste Jahr hindurch zur Verfügung behalten werde.

Diese Verhandlungen zwischen den beiden Kaiserhöfen geben
den Hintergrund zu den ernsten Sorgen, die den König von Preußen
im Frühjahr und Sommer von 1746 erfüllten. Die feineren Zusammenhänge und die letzten Ziele der ihn so beunruhigenden
diplomatischen Aktion blieben ihm verborgen. Er irrte sich, wenn
er Österreich für den schiebenden Teil, Rußland für den geschobenen
hielt. Als im September von der vor drei Monaten abgeschlossenen
Allianz durch die russische Gesandtschaft amtliche Mitteilung erfolgte,
wurde ihm doch dabei die Kenntnis der verfänglichen Geheimartikel
vorenthalten. Mit seinem politischen Kundschafterdienst war es zur
Zeit noch schlecht bestellt; erst die Entlarvung eines russischen Spions,
der seit geraumer Zeit in Berlin sein Wesen getrieben hatte, veranlaßte ihn, die Anwerbung derartiger dunkler Ehrenmänner auch
seinerseits ins Auge zu fassen und das erforderliche Blutgeld nicht
zu sparen. Die Gesandtschaftsberichte seiner beglaubigten Vertreter ließen meist nur Symptome erkennen; oft verschob sich das
Bild der politischen Lage, das sein Scharfsinn sich aus schwachen,
schwankenden Anzeichen mosaikartig zusammenlegte, von Post zu
Post; er klagt wiederholt, daß er nur wie durch einen Flor sehe oder
daß er die Dinge wie ein Träumender schaue.

Die festen Größen in seinem politischen Rechenexempel waren
die russischen Rüstungen und Truppenbewegungen. Wenigstens
hierüber hinreichend unterrichtet, verfolgte er die Vorgänge an der
Grenze mit gespannter Aufmerksamkeit. Die leichtherzige Auffassung
seines Gesandten Mardefeld, der die Kriegstüchtigkeit der Russen
als sehr gering und die Fähigkeit ihrer Generale als noch geringer

schilderte und den ganzen Kriegslärm als Gasconade verlachen
wollte, teilte er doch nicht. Hier komme es zunächst einfach auf die
Zahlen an. Wenn zu 60 000 Österreichern und 20 000 Sachsen auch
nur 40 000 Russen stießen, so habe er diesen 120 000 nur 110 000
bis 112 000 entgegenzustellen, da er etwa 20 000 in den Festungen
lassen müsse. Und wer bürge ihm dafür, daß Dänemark und Hannover, durch den Anblick einer so starken Liga verlockt, sich ihr nicht
anschlössen? Man habe wohl zwei- oder dreimal im Kriege Glück,
aber nicht gleich bei allen und jeden Gelegenheiten. Wollte er auch
die regulären russischen Truppen nicht fürchten, so seien ihre Kosaken
und Tataren, die binnen acht Tagen eine ganze Provinz verwüsten
könnten, um so gefährlicher. Die diesjährige Teuerung, der Mangel
an Lebensmitteln mache die Zusammenziehung eines Heeres in
Ostpreußen geradezu unmöglich, und vollends die von Mardefeld
befürwortete Unternehmung auf Riga sei leichter gedacht als ausgeführt; dazu bedürfe es einer Kriegsflotte oder wenigstens einer
genügenden Anzahl Lastschiffe. Bedenklicher endlich als die Stärke
des Feindes sei der verstörte Zustand im Innern: das preußische
Heer habe seine Zelte und viele andere unentbehrliche Dinge noch
nicht ergänzt, die Hilfsquellen seien erschöpft. Gewinne man nur
dieses Jahr, so sei alles gewonnen, aber wenn unglücklicherweise
die Bombe jetzt platzen sollte, so sei der Staat aufs äußerste gefährdet.

Der langen Ungewißheit müde, befahl endlich der König seinem
Vertreter, auf offiziellem Wege von dem russischen Kanzler eine
„kategorische und deutliche" Auskunft zu erbitten, „ob mit allen
diesen auf Unseren Grenzen vorgenommenen großen Kriegszu-
rüstungen das Absehen auf Uns gerichtet oder nicht." Einen Erfolg
hatte der Versuch nicht. Als Mardefeld Anfang Juli seinen Auftrag ausrichtete, bezog sich der Kanzler auf einen ausdrücklichen
Befehl der Kaiserin, wonach er keine wichtigere Angelegenheit zur
Berichterstattung bringen dürfe, sofern ihm nicht etwas Schrift-
liches gegeben werde. Da der Gesandte für diese Form der Verhandlung keine Vollmacht hatte, so wurde er zum Schluß der Konferenz auf die Frage, was er denn nun seinem Könige berichten
solle, von jenem mit der nichtssagenden Phrase abgefertigt: „Versichern Sie Ihrer Königlichen Majestät, daß ich alles, was von mir
dependieret, beitragen werde, daß das genaue Vernehmen zwischen
beiden hohen Häuptern beständig subsistieren möge."

Für den Fall, daß er die Überzeugung von der ernsten Absicht
Bestushews zum Bruche gewinne, war Mardefeld beauftragt, dem
Bestechlichen die Summe von 100 000 oder 200 000 Talern zu
bieten; denn König Friedrich wollte es vorziehen, wie er sich ausdrückte, von dem übelgesinnten Minister den Frieden zu erkaufen,
als sich in einen kostspieligen und verderblichen Krieg hineinziehen

zu lassen.  Mardefeld hat es nicht für geboten erachtet, von diesem
letzten Mittel Gebrauch zu machen, ebensowenig wie man sich nach
dem Abschluß des Dresdener Friedens gemüßigt gesehen hatte,
dem Kanzler die 100 000 Taler anzuweisen, die ihm für den Fall
des Wohlverhaltens in Aussicht gestellt, nun aber, so feindselig wie
Rußland gedroht hatte, nach Friedrichs nicht unzutreffender Auf=
fassung verscherzt waren.  Der König hat nachmals diese Kargheit
als unzeitig gescholten und den Urquell des unheilbaren Zerwürf=
nisses mit Rußland in der Enttäuschung der Bestushewschen Hab=
gier sehen wollen.  Was ihn vornehmlich bestimmte, den vielgelten=
den Mann in dem empfindlichsten Punkte so ganz zu vernachlässigen,
war die durch Mardefelds Optimismus genährte Hoffnung, den
Großkanzler demnächst gestürzt und durch den Vizekanzler Woron=
zow ersetzt zu sehen.  Dieser aber galt dem preußischen Gesandten
als ein aufrichtiger Anhänger Preußens und Frankreichs.  Er war
deshalb im vorigen November, als er zur Herstellung seiner Gesund=
heit nach dem südlichen Frankreich reiste, während eines kurzen
Aufenthaltes zu Berlin von dem Könige mit der größten Aus=
zeichnung empfangen worden und verstand es jetzt im Juli 1746
auf der Rückreise, in Potsdam den ungünstigen Eindruck, den sein
befangenes Auftreten bei dem ersten Besuch hinterlassen hatte,
durch die Rückhaltlosigkeit zu verwischen, mit der er sich über seinen
Nebenbuhler Bestushew äußerte.  In Petersburg erwarteten Marde=
feld, der französische Gesandte d'Alion und die einheimischen Gegner
des Großkanzlers den Heimkehrenden sehnsuchtsvoll „wie die Juden
den Messias“; aber bald zeigte sich, daß Woronzow den Kampf
überhaupt nicht aufzunehmen wagte.  Allzu befestigt war bereits
die Stellung Bestushews; die Widersacher vermochte er einen nach
dem anderen beiseite zu schieben.  Eben jetzt kam die Reihe an
Mardefeld.  Seit lange schon hatte der Kanzler, mit vollem Recht,
diesen klugen und gewandten, scharfen und sarkastischen Diplomaten,
dem auf seinem Posten eine zwanzigjährige Erfahrung zu gute
kam, als seinen gefährlichsten Feind fürchten gelernt; jetzt endlich
vermochte er die Kaiserin, die Abberufung des unbequemen Fremd=
lings zu verlangen, wozu eine vor einigen Jahren von preußischer
Seite gestellte gleichartige Forderung eine bequeme Handhabe bot.
Nachdem er unter allerlei Vorwänden monatelang gezögert hatte,
trat Mardefeld Anfang Oktober seinen unfreiwilligen Rückzug an.
Die Abschiedsaudienz wurde ihm von der Kaiserin nicht versagt,
aber der Empfang war peinlich kalt.  Ein Beweis mehr, wie wenig
die persönlichen Aufmerksamkeiten für Elisabeth, an denen es der
König von Preußen nicht fehlen ließ, noch Eindruck machten.
    Friedrich hatte inzwischen immer mehr sich überzeugt, daß er
einen Angriff von dieser Seite nicht mehr zu befürchten habe, daß

das gewaltige russische Säbelrasseln nichts weiter bezwecke, als den verbündeten Österreichern den Rücken frei zu halten. Die jungen preußischen Offiziere bedauerten, daß es zum Draufgehen nun nicht mehr kommen werde: „Hier schlagen wir schon die Russen in Gedanken," schrieb aus Potsdam in den Tagen des Woronzowschen Besuches der Leutnant Ewald von Kleist an seinen Freund Gleim, „ich glaube aber, daß wir dieses Jahr wohl still sitzen möchten, ob ich gleich solches nicht wünsche." Nur vorübergehend tauchten noch einmal in dem Könige Besorgnisse auf, als Ende August der Wiener Hof eine merklich unfreundliche Haltung einzunehmen begann und die Verhandlungen über die Ausführung einzelner Friedensartikel zum Ausgangspunkt mehrerer gereizter und hochfahrender Noten machte; gleichzeitig klagte der im Mai nach Wien abgegangene Gesandte, der jüngere Graf Podewils, daß man es nicht mehr für nötig halte, dem natürlichen Hochmut Zwang anzulegen, daß er vom Kaiser und der Kaiserin seit zwei Monaten keines Wortes mehr gewürdigt sei. Und die Abordnung eines kaiserlichen Vertreters nach Berlin war noch immer nicht erfolgt. König Friedrich, der da wußte, daß sein Schriftwechsel mit dem Gesandten auf der Post in Wien regelmäßig einer Durchmusterung unterworfen wurde, setzte unter einen seiner chiffrierten Erlasse eigenhändig eine an die österreichische Adresse gerichtete Nachschrift, die dem Gesandten das geflügelte Wort eines ehemaligen Gouverneurs von Berlin einprägte: „Unteroffizier, ist der Bürger ein Ochse, so seid Ihr auch einer, ist der Bürger höflich, so seid Ihr es auch." Im übrigen wollte er noch nicht daran glauben, daß die Königin von Ungarn aufs Geratewohl mit ihm brechen werde: „Trotzdem muß man handeln, als wäre Hannibal ad portas, und sich erinnern, daß die Wachsamkeit die Mutter der Sicherheit ist . . . Ich treffe meine Vorkehrungen, als ob man mich morgen angreifen wollte, und sie müssen sehr früh aufstehen oder sie werden mich nicht überrumpeln."

Zwei Ereignisse waren es endlich, die seine Befürchtungen vollends zerstreuten. Am 11. Oktober schlug der Marschall von Sachsen bei Rocoux im Bistum Lüttich die vereinigten Österreicher und Holländer unter dem durch sein Mißgeschick nachgerade berüchtigten Prinzen Karl von Lothringen und dem Fürsten von Waldeck und sicherte den Franzosen durch diesen Sieg den Besitz der zu Beginn des Feldzuges in ihre Hände gefallenen Hauptstadt Brüssel. Auch waren damit die Niederlagen der bourbonischen Truppen auf dem italienischen Kriegsschauplatze einigermaßen ausgeglichen, wo die Österreicher, dank der Führung des begabten Fürsten Liechtenstein, das französisch-spanische Heer unter den Marschällen Maillebois und Gages bei Piacenza geschlagen hatten und nunmehr Schritt für Schritt nach den Grenzen der Provence zurückdrängten. So

lebhaft den König von Preußen vor drei Jahren die Dettinger
Schlappe der Franzosen für seine eigene Sicherheit besorgt gemacht
hatte, so beruhigend wirkte jetzt ihr Sieg bei Rocour auf ihn ein.
Zugleich aber mit dieser Botschaft erhielt er auch aus London „etwas
sehr Erfreuliches": die Urkunde, durch die ihm die Krone England
von neuem die Garantie für Schlesien und seine übrigen Besitzungen,
allerdings mit Ausnahme des zwischen Preußen und Hannover
umstrittenen Ostfrieslands, erteilte.  Er sah darin einen verstärkten
Beweis der aufrichtigen Absicht des britischen Ministeriums, gute
Beziehungen zu ihm zu pflegen und offenen oder versteckten Rache=
plänen der beiden Kaiserhöfe keinen Vorschub zu leisten.  Seine
Rechnung war: „Solange Rußland mit England gut steht, und
England mit mir, wird der Wiener Hof niemals zu seinem Ziele
gelangen" — damit hatte er schon vor einigen Wochen seinen Ge=
sandten in Wien beruhigt.  „Diese Garantie," schrieb er jetzt am
22. Oktober aus Potsdam, eben in den Besitz der Urkunde gelangt,
seinem Bruder, dem Prinzen von Preußen, „versetzt mich im Verein
mit der Schlacht bei Lüttich in die beste Laune der Welt; ich werde
am Montag die Freude haben, Sie zu umarmen, und wenn es
Ihnen recht ist, wollen wir uns während meines Berliner Aufent=
haltes einen vergnügten Abend machen.".

In dieser gehobenen Stimmung beendete er wenige Tage
darauf, am 2. November, die Darstellung der Geschichte seines
zweiten Krieges, womit er seit dem Frühjahr beschäftigt war.  Der
Schlußsatz spiegelt eine Zuversicht, wie sie dem Verfasser im Laufe
dieses Jahres im allgemeinen nicht eigen gewesen war: „Wenn
jemand von diesem Kriege Nutzen zog, so war es Preußen, dessen
Truppen in ganz Europa in Achtung und hohem Ansehen standen;
und wenn der Satz wahr ist, daß die Staaten sich auf den Ruf ihrer
Kriegsmacht und die Ehre der Waffen stützen, so darf man sich
schmeicheln, daß der jetzt geschlossene Friede nicht leicht von denen
verletzt werden wird, denen die Preußen ihn aufgezwungen haben."
Vom sicheren Port schaut er auf das stürmische Meer zurück, aus
dessen Brandung, so ergänzt die Vorrede des Werkes das Bild,
überall starrende Klippen, berstende Schiffe und willenlose Wrack=
stücke emportauchen, die traurigen Denkmäler ehrgeizigen Strebens;
es warnen ihn aus der Geschichte der jüngsten Zeit die Beispiele
Karls VII. und Augusts III., die beide aus ihren Staaten flüchten
mußten; es warnt ihn der Ausgang Karls XII. und der Rückschlag
des Kriegsglücks, den selbst ein Ludwig XIV. an sich erfahren hatte.

––––––––

Auch er war dem Abgrund ganz nahe vorbeigeschritten.  „Ich
habe Krieg geführt," schreibt er in den Tagen nach der Schlacht

von Rocoux, „unter furchtbaren Gefahren für den Staat; ich habe
meinen Ruf erschüttert und wieder befestigt gesehen; kurz, nachdem
ich so viel Wechselfälle durchgemacht, lobe ich die Augenblicke, wo
ich aufatmen kann. . . . Die Österreicher eilen in Flandern von Rück=
zug zu Rückzug und jagen in Italien die Spanier vor sich her; aber
ihre Siege und ihre Fluchten schwächen sie gleichermaßen, während
wir uns von Tag zu Tage mehr erholen. Laffen wir ihnen den
Ruhm, als brauchbare Unterlage für die Lobgefänge der Zeitungs=
schreiber, und genießen wir die Süßigkeiten des Friedens, die sie
nicht kennen.“ Und schon nach der ersten Hauptschlacht dieses Jahres
erging er sich in der idyllischen Betrachtung: „Ich beschäftige mich
augenblicklich damit, Bäume zu pflanzen; ich bin Gärtner geworden
und finde, wenn ich meine Beschäftigungen von diesem Frühling
mit denen des Vorjahres vergleiche, daß ich in Ansehung der Ruhe
viel dabei gewonnen habe, und ich ziehe es vor, wenn Herr von
Gages und Herr Maillebois sich abärgern, als wenn ich genötigt
bin, es an ihrer Stelle zu tun.“ Kurz darauf, im Juli, hatte ihn
eine Truppenbesichtigung nach Ruppin geführt; seine Blicke lenkten
sich zurück auf den hier verlebten Teil seiner Jugendzeit; launig
schrieb er seinem Bruder: „Da ich diesen Schauplatz meiner lärmen=
den Vergnügungen wieder betrat, glaubte ich zu gewahren, wie all
die alten Ackerbürger einander zuraunten: ‚Wahrlich, unser guter
König ist der größte Erznarr in seinem ganzen Reiche; wir kennen
ihn und wissen, wieviel er von Kopf bis zu Fuß wert ist, und unsere
Fenster wissen es noch besser. Kurz, Gott sei Dank, daß wir die
Scheiben heil behalten, seit dieser Unsinnige sich von unseren Stätten
hinweggehoben hat und lieber der Königin von Ungarn die Fenster
einschlägt.‘ Ermessen Sie, bitte, wie meine Eigenliebe durch diesen
schönen Panegyrikus gedemütigt worden ist! Ich habe mich indes
dahin entschieden, das kluge Beispiel der Pudel nachzuahmen: ich
habe mich geschüttelt, und bin weggegangen; ein Prophet, habe
ich mir gesagt, gilt nirgends weniger als in seinem Vaterlande.“

Indem er hier die erste und zweite Sturm= und Drangperiode
seiner Entwicklung mit glücklicher Selbstironie in eine etwas über=
raschende Parallele rückt, ist immer seine Meinung, daß die Zeiten
der Stürme jetzt überhaupt hinter ihm liegen sollen; nachdem er
ein halbes Leben durchrast, möchte er, langsameren, bedächtigeren
Schrittes weiter wandelnd, den Rest ungestört auf ruhigen Genuß
und gleichmäßige Arbeit verteilen. Er macht kein Hehl daraus,
daß das Heldentum des Alkiden, der Ruhm Cäsars ihn zur Nach=
eiferung entflammt habe, aber aus innigster Neigung will er den
friedlichen Bürgertugenden eines Aristides den Vorzug geben. Er
glaubt den Dämon in seiner Brust gebändigt: „Ich bin von dieser
Leidenschaft,“ so sagt er vom Ehrgeize, „glücklich geheilt; der Rausch,

in den sie mich versetzte, ist verflogen, und ich denke nur noch an das
eine: die Tage, die der Himmel mir noch bescheidet, in Ruhe dahin=
zubringen, das Vergnügen zu genießen ohne Mißbrauch, so viel
Gutes zu tun als in meinen Kräften steht, und Irrtum, Arglist und
Eitelkeit denen zu überlassen, die sich davon berücken lassen wollen."

Eine lange Frist wagte er sich nicht mehr zu erhoffen. „Ich
glaube, daß meine Zeit vorbei ist," schrieb er 1752 in jenem poli=
tischen Testament. Hatte er doch schon als Kronprinz geäußert,
er erwarte nicht, seinen Vater zu überleben. Auch enthielt der
Gedanke an die Gebrechen und die Hilfsbedürftigkeit des Alters
etwas Peinigendes für ihn. Er hatte sich aus dem Sueton die
Worte des Vespasian gemerkt, ein Kaiser müsse stehend sterben,
und sagte in seinem Latein, auch er möchte „stante pede morire";
aus der Fülle des Wirkens und der Tatkraft wollte er abberufen
werden. Die Anstrengungen und Aufregungen der Feldzüge hatten
seine Gesundheit hart mitgenommen. In dem Pyrmonter Bade,
das er Ende Mai 1746, wie schon kurz vor dem letzten Kriege, auf=
suchte, machten sich die ersten Anzeichen der Krankheit bemerkbar,
die ihn seitdem so oft qualvoll heimgesucht hat: „Trotz allem, was
Ihr mir sagen mögt," schreibt er von dort am 4. Juni dem Prinzen
von Preußen, „ich habe die Gicht gehabt; und das ist so sicher, daß
ich noch jetzt einen geschwollenen Fuß habe. Das ist nicht angenehm,
das ist vorzeitig, kurz, das ist alles, was Ihr wollt, aber es ist wahr."
Die zurückgebliebene Geschwulst zeigte sich sehr hartnäckig und be=
lästigte ihn noch wochenlang. Von der Reise nach Schlesien, die
er trotzdem unternahm, kehrte er Ende August ernstlich krank nach
Potsdam heim; fast vierzehn Tage war er an das Lager gefesselt,
nur ganz allmählich fand sich die Gesundheit wieder ein. Am be=
unruhigendsten aber war mit ihren begleitenden Umständen eine
Erkrankung zu Ausgang des folgenden Winters. Während eines
der ihn fort und fort belästigenden hämorrhoidalischen Anfälle
überraschte ihn am Abend des 13. Februar plötzlich eine Ohnmacht,
verbunden mit Lähmungserscheinungen am rechten Arm und Fuß;
zusammensinkend behielt er noch so viel Besinnung, ein vor ihm
stehendes Glas Wasser zu leeren; er ordnete dann einen starken
Aderlaß an und ließ sich über vier Stunden lang, bis nach Mitter=
nacht, langsam im Zimmer auf und ab führen. Der übereilte Ver=
such, schon am zweiten Tage nach dem bösen Stoße die Arbeit und
das geliebte Flötenspiel wieder aufzunehmen, rächte sich sofort
durch erhöhtes Fieber. Nach abermals drei Tagen ein erneuter
Rückfall: mit den ihm zur Vollziehung vorgelegten Unterschrifts=
sachen beschäftigt, wurde der Kranke durch heftige Seitenstiche in
das Bett zurückgetrieben; sein Leibarzt Lesser machte die Sorglosig=
keit dafür verantwortlich, mit welcher der König an diesem Morgen,

dem 18. Februar, gleich nach dem Aufstehen zwei Stunden lang
ununterbrochen gelesen hatte. In Berlin hatten sich die schlimmsten
Gerüchte verbreitet. Endlich kamen als erste Vorboten der Genesung ein paar eigenhändige Zeilen des Patienten an den Prinzen
von Preußen: „Mit Truppen, wie die unsrigen, braucht man den
Angriff der gesamten Streitkräfte des Hauses Österreich nicht zu
fürchten, aber mit einem abgebrauchten Körper wie dem meinen
triumphiert man nicht mit derselben Leichtigkeit über Krankheiten.“
Sein zweiter Bericht aus der Krankenstube, neun Tage nach dem
ersten Anfall, lautete: „Ich gehe meinen Weg, so gut es geht, bald
fiebrig und bald in leiblicher Gesundheit. Die Wissenden sagen,
daß alles so kommen mußte zum Besten meiner Seele; ich will es
glauben, doch würde ich mich gut und gern ohne die Apoplexie und
das Fieber beholfen haben. Für diesmal glaube ich dem Reiche
Plutos entronnen zu sein, aber ich war bis zur letzten Station vor
dem Styx, ich hörte schon Cerberus bellen und erkannte schon den
alten Totenfährmann und seinen verhängnisvollen Nachen.“ Nach
Verlauf eines Monats meinte er, von Nachwirkungen nichts mehr
zu spüren; aber er klagte in einem militärischen Gleichnis, es stürmten
so viel Angreifer auf seinen Körper ein, daß er fortwährend genötigt
sei, Ausfälle gegen die Belagerer zu machen, bald gegen die Gicht,
bald gegen die Hämorrhoiden, bald gegen Steinbeschwerden; inmitten so vieler Feinde sei seine Lage keine behagliche.

Er sprach anläßlich dieser letzten Erkrankung gegen den Prinzen
von Preußen die Absicht aus, ihn demnächst zu gelegener Zeit in
den vollen Zusammenhang der Staatsangelegenheiten einzuweihen,
damit der Nachfolger bei einem unvorhergesehenen Ereignis trotz
aller Ordnung und Durchsichtigkeit der ganzen Verwaltung in den
Regierungsgeschäften nicht gänzlich unbewandert sei.

Zugleich ward er nicht müde, dem Thronfolger und sich selbst
bei jeder Gelegenheit das abschreckende Beispiel der Durchschnitts-
fürsten und auf der anderen Seite die hehren Pflichten des Fürsten-
amtes vorzuhalten. Das Lieblingsthema, das er sein Lebtag in
Rede und Schrift, in Prosa und Versen immer von neuem variiert
hat, findet sich in dieser Epoche besonders reizvoll in zwei poetischen
Episteln abgehandelt: in der „Apologie der Könige“ und in der
frohgelaunten „Epitre à mon esprit“, dem nach Boileaus Vorgang
mit dem eigenen Ich angestellten Verhöre.

Mit beißender Ironie schildert dieses Selbstgespräch die Könige
von heute. Wenn ein König eine Rechnung abzunehmen, einen
Vortrag gutzuheißen, eine Verordnung zu unterzeichnen versteht,
kann man mit gutem Gewissen mehr von ihm verlangen? Er halte
die Majestät des Thrones aufrecht, er erfülle sich ganz mit der Größe,
deren Glanz ihn umhüllt; stolz gegen seine Nachbarn, allzeit weg-

werfend, nähre er sich vom Weihrauch, ganz den Göttern gleich.
Was nützt ihm das Wissen? Die vollkommene Weisheit ist, die
Vorschriften der Etikette gründlich zu kennen. Ja, murmelt nur
in der ehrfurchtsvollen Stille eines Audienzsaales einem Botschafter
ganz leise ein unverständliches Kompliment zu, laßt der Jagd kein
Ende werden und bleibt am Spieltisch festgewurzelt, und vor allem,
lernt Euer Lob hören, ohne zu erröten; drängt Euch zur Predigt
und gähnt im Theater, seid mürrisch beim Mahl, sprecht nur in
Orakeln und zu desto mehrerer Schaustellung der Größe affektiert
auch die Minne — das ist die Art, wie ein König sich und seinen
Hof langweilen, das ist das Metier, welches er lernen muß. Ent=
rüstet fährt Friedrich fort: Müßte ich mich Zeit meines Lebens
so mit dem Nichts, dem großen Arbeitspensum der Höfe, beschäftigen,
da ließe ich lieber Größe, Zepter und Reich dahinfahren und kehrte
der ganzen langweiligen Bruderschaft der steifen Könige den Rücken.

Aber zum Glück ist in Wahrheit der Fürstenberuf in jenem
trostlos öden Kreise nicht erschöpft. Traun, nicht leicht ist das Amt
eines Herrschers, so bezeugt es die „Apologie der Könige"; will
er ein wirklich geschickter König heißen, so darf er sich peinliche Ar=
beit nicht verdrießen lassen, so muß er in seinen Landen auch in das
kleinste Einzelne eingreifen. Er muß der Göttin mit der Wage
seinen schützenden Arm leihen, wenn die stets neu emporwachsende
Hydra, Schikane genannt, ihre unheilige Stirn erhebt; er muß
das Volk schützen und die Beamten lohnen; er muß die Lasten
gerecht verteilen nach dem ungleichen Vermögen der einzelnen.
Keiner will geben, und alle wollen empfangen. Wenn der Bauer
klagt, daß man das Dorf überlaste, fordert der Höfling, daß man
sein Gehalt erhöhe. Von dem, was Spindel und Pflug dem Staat
geben, gebührt dann ihr Anteil den heldenmütigen Verteidigern
des Staats, und auf daß der gewonnene Ruhm nicht welke, müssen
mitten im Frieden neue Siege vorbereitet werden. Zugleich gilt
es doch, mit strengem Arm den hitzigen Krieger in den Schranken
der Pflicht zu halten: die für den Kampf aufgezogenen Löwen,
die Bellona losläßt, muß Themis bändigen. Weiter aber, die
Sicherheit der Staaten hängt an der Politik — an der Politik, die
heutzutage die Frevel in ein wissenschaftliches System gebracht
hat. Jeder Vertrag nimmt einen schielenden Sinn an und wird
gedeutelt, der Trug hat sich das Diadem auf die Stirn gedrückt,
Verbrechen, für die das Volk die Gesetze strafen, werden Tugenden
bei den Königen; deshalb unter Fürsten keine Freundschaft, der eine
sinnt des anderen Verderben, die nächsten Nachbarn sind die grimmig=
sten Feinde. Da gilt es, sie beobachten, sie ergründen:

> Mit scharfem Blick im Buch der Zukunft blättern,
> Das Unheil hemmen, das uns will zerschmettern.

Und wenn nun einmal ein Fürst all diesen Anforderungen seines schweren Berufes gerecht wird, und gegen seinen Staat quitt zu sein meint, so rechne er doch nicht auf Dank, der Himmel müßte denn ein Wunder tun. Er bleibt die Zielscheibe der allgemeinen Kritik. Der eine findet ihn zu streng, der andere zu mild, der dritte zu jach. Führt er Krieg, so heißt es: dieser rasende König, der Himmel hat ihn zur Strafe unserer Sünden mit Ehrgeiz erfüllt; hält er Frieden, so heißt es: dieser stumpfe Monarch scheut die Gefahren und fühlt sich im Angesichte des Ruhms verschüchtert. Regiert er selbständig, so ist er ein Eifersüchtiger, ein Starrkopf, ein Unberechenbarer, der nur seinen Anwandlungen folgt; überläßt er die Sorge für seinen Staat den Ministern, so hallt es wider: Wie kann er diese Ränkeschmiede schalten lassen? Hat er Günstlinge, so ist das erbärmliche Schwäche; hat er keine, so ist es ein Zeichen seiner Unempfänglichkeit für die Freundschaft; ist er sparsam, so heißt er ein Filz, ist er freigebig, ein Verschwender; und vollends, ist er galant, so muß er gleich ein Wüstling sein. Ihm insbesondere, dem Könige Friedrich, macht man noch, er weiß es sehr wohl, das geringe Maß von Gravität zum Vorwurf, womit er die erhabene Königsbürde trägt, er, der Schöngeist, der Poet, der Pasquillant. Mehr als e i n Cato, so warnt er sich, achtet auf eure Fehler, und oft genug raunt man sich die Frage ins Ohr: „Gelt, Freunde, haben wir nicht einen recht scherzhaften Konsul?" Aber Friedrich erklärt, um seine Rechtfertigung nicht verlegen zu sein: Habe ich je im Taumel der Vergnügungen meine Pflichten vernachlässigt und den Staat verwahrlost, habe ich je die Erwartungen meines Volks betrogen, die Prozesse verschleppt, den Staatshaushalt zerrüttet, die Verhandlungen vergessen, um meiner schöngeistigen Neigungen willen, hat man mich je unter den letzten auf den Gefilden des Mars erscheinen sehen? Habe ich aber überall hier, der Pflicht treu, meinen Eifer strahlen lassen, wie kann man dann so grausam sein, meinen Vergnügungen zu zürnen?

Was der Verfasser dieser Gedichte in graziöser Laune, lachenden Mundes, vorträgt, darauf fällt in einigen der Briefe an den Thronfolger der volle Nachdruck des Ernstes, ja der Strenge. „Ein Prinz," schreibt er dem Bruder im Jahre 1750, indem er ihn zu eben begonnenen finanzwissenschaftlichen Studien beglückwünscht, „ein Prinz, der wie Sie berufen ist, eines Tages zu regieren, darf kein Neuling bleiben; er muß von allem Bescheid wissen, um selbständig arbeiten zu können." Die Lehrhaftigkeit seines Tones entschuldigend, setzt er hinzu: „Es ist für Sie unumgänglich nötig, solche Betrachtungen anzustellen und sich auf das Amt vorzubereiten, für das der Himmel Sie bestimmt; das Vergnügen darf nie dem Erfordernis der Pflichten Eintrag tun; die haben den Vortritt." Unverhüllten Tadel enthält einige Wochen später, nach einem Anlaß zur Unzufriedenheit, den der König gehabt zu haben glaubte, die Mahnung: „Wenn meine Brüder den anderen ein gutes Beispiel geben, so ist mir das die größte Freude von der Welt; aber wenn das nicht der Fall ist, so vergesse ich von Stund an alle Rücksichten der Verwandtschaft, um meine Pflicht zu tun, das heißt um, solange ich lebe, alles in Ordnung zu halten; nach meinem Tode können Sie es halten wie Sie wollen."

In dem zunächst für diesen Bruder bestimmten Testament von 1752 hat der König seinen Nachfolgern die Pflicht und die Notwendigkeit, selbständig zu regieren, noch einmal mit denkwürdigen Worten an das Herz gelegt.

Eine wohlbestellte Regierung, lesen wir dort, muß ein sicher gefügtes System haben von nicht loserem Zusammenhange, wie etwa ein philosophisches Lehrgebäude. Ein König von Preußen muß selbst regieren; so wenig Newton seine Gravitationslehre hätte entdecken können, wenn er sich mit Leibniz und Descartes zusammengetan hätte, so kann auch ein politisches System nur aus Einem Kopfe entspringen; aus dem Haupte des Fürsten muß es ans Licht treten, wie die bewaffnete Minerva aus dem Haupte des Jupiter. Vergnügungssucht, Trägheit, Dummheit, das sind die Ursachen, welche die Fürsten von der Arbeit an ihrem edlen Beruf, das Glück der Völker zu schaffen, zurückhalten. Solche Herrscher machen sich so verächtlich, daß sie die Mär und das Gespött ihrer Zeitgenossen werden und daß in der Geschichte ihre Namen höchstens Anhaltspunkte für die Chronologie abgeben. Sie vegetieren auf dem Throne, ihres Sitzes unwürdig, ganz aufgehend in dem Gedanken an ihr Ich. Ihre Pflichtvergessenheit gegen ihre Untertanen wird geradezu strafbar. Nicht daß er in Verweichlichung lebe, ist der Herrscher zu seiner hohen Stellung erhoben und mit der obersten Gewalt bekleidet; nicht daß er sich mäste mit dem Mark des Volkes, während alles darbt. Der Herrscher ist der erste Diener des Staates; er wird gut besoldet, damit er die Würde seines Charakters aufrecht erhalten kann, aber man fordert von ihm, daß er werktätig arbeitet für das Wohl des Staates und daß er wenigstens die wichtigsten Angelegenheiten mit Achtsamkeit leitet. Ohne Frage bedarf er der Hilfskräfte, die Bearbeitung der Einzelheiten wäre zu ausgedehnt für ihn; wohl aber muß er die Beschwerde von jedermann anhören und denen, welchen Vergewaltigung droht, schleunig ihr Recht schaffen. Einem König von Epirus wollte ein Weib eine Bittschrift überreichen; er fuhr sie an und gebot ihr, ihn in Ruhe zu lassen. „Und wozu bist du denn König," erwiderte sie, „wenn du mir nicht Recht schaffen willst?" Ein schöner Ausspruch, setzt Friedrich hinzu, dessen die Fürsten unablässig eingedenk sein sollten.

König Friedrich nahm nicht den Ruhm für sich in Anspruch, das Fürstenideal, das ihm vorschwebte, unter den Herrschern dieses Staates zuerst angestrebt zu haben. Er betrachtete sich lediglich als den Fortsetzer und Nachahmer seines Vaters, dessen Regentenkunst er eben jetzt in den Denkwürdigkeiten der Geschichte seines Hauses in so beredten, begeisterten Worten pries. Dieser sein unmittelbarer Vorgänger ist ihm der wahrhaft große Fürst, der all sein Tun in Beziehung setzte zu dem Gesamtentwurf seiner Politik und der, wenn er den Teilen den höchsten Grad der Vollendung zu geben strebte, es immer tat, um das Ganze zu vervollkommnen; der allgemeine Wohltäter, dessen Regierung Spuren der Weisheit in dem Staate hinterlassen hat, die dauern werden, solange Preußen als nationaler Körper bestehen bleibt; der Philosoph auf dem Throne, so verschieden von denjenigen Weisen, die ihre unfruchtbare Wissenschaft in dem Grübeln über abstrakte, unserer Erkenntnis allem Anschein nach entrückte Dinge betätigen; der Stoiker, der eine so hohe Meinung von der Menschheit hatte, daß er auch bei seinen Untertanen die eigene stoische Gesinnung voraussetzte.

Den Zustand der Staatsverwaltung, wie er ihn beim Tode dieses Vorgängers überkommen hatte, betrachtete Friedrich fortdauernd als ein im wesentlichen unantastbares Fideikommiß; seine eigene nachhelfende und ausbauende Reformtätigkeit ließ die Grundlagen des Gebäudes unversehrt. „Im Großen habe ich alle Ursache zufrieden zu sein, im Kleinen gibt es immer etwas zu erinnern," so faßt er 1747 die Eindrücke einer der großen Musterungsreisen zusammen, auf denen er in all die verschiedenen Bereiche, Kriegswesen und Festungsbau, Verwaltung und Rechtspflege, Steuerfach und Handel selbsttätig eingreift. Und den Thronfolger warnt er: „Wenn Sie von den Grundsätzen und dem System abgehen, die unser Vater hierzulande eingeführt hat, so werden Sie der erste sein, der den Schaden davon hat."

Unumwundener hätte sich der konservative Grundzug dieser an eine große Reformzeit anschließenden Regierung nicht Ausdruck geben können.

Wenn König Friedrich von seinem Vater gesagt hat, er habe die Minister, die unter dem ersten Könige die Herren gemacht hätten, in die Stellung von Subalternen hinabgedrückt, so liegt darin keine Übertreibung. Man erinnert sich der Worte Friedrich Wilhelms I., er selbst wolle sein Feldmarschall und sein Finanzminister sein und er lasse sich nicht behandeln wie der Kaiser. Der dürfe nicht mehr sagen als seine Kollegien haben wollten: „Das werde ich wohl niemals leiden, sondern weisen, daß ich selbst regieren will." Im Auslande wurde gespottet, daß das kleine Preußen mehr Minister brauche als das große Frankreich; aber in der kollegialen Zusammen-

ſetzung der drei ſeit Friedrich Wilhelm I. beſtehenden Zentralſtaats-
behörden, aus der ſich die große Anzahl der preußiſchen Miniſter
ergab, lag doch gerade eine weſentliche Schmälerung der Bedeutung
des einzelnen Miniſters.  Wenn ſich im Kabinettsminiſterium zwei
oder drei Diplomaten, im Juſtizdepartement drei bis vier Juriſten
und im Generaldirektorium fünf und mehr Verwaltungsbeamte in
die Leitung und Verantwortung teilten, ſo ließ ſich die Stellung
dieſer nebeneinander geſtellten Viertelminiſter mit der des Staats-
ſekretärs der auswärtigen Angelegenheiten, des Kanzlers oder des
Generalkontrolleurs in Frankreich freilich nicht vergleichen.  Sehr
bezeichnend hatte Friedrich Wilhelm bei der Gründung des Generaldirektoriums ſich ſelbſt zum Präſidenten dieſes ſeines Finanzmini-
ſteriums ernannt und jedem der dirigierenden Miniſter der einzelnen
Abteilungen nur Titel und Stellung eines Vizepräſidenten zugebilligt.  So umſchreibt denn ſein Nachfolger Kern und Weſen
dieſes Regierungsſyſtems treffend mit der Formel: „Nach unſeren
Verwaltungseinrichtungen tut der König im Staate alles, und die
anderen Behörden führen eine jede in ihrem begrenzten Bezirke
nur das aus, was ihres Amtes iſt.‟  Die den Einfluß und die Verantwortlichkeit der Miniſterien drückende Betätigung der königlichen
Selbſtherrſchaft ſteigerte ſich gleichſam in die zweite Potenz, als
König Friedrich nach dem Tode ſeines erſten Handelsminiſters deſſen
Miniſterſtelle im Generaldirektorium unbeſetzt ließ und die Leitung
der Handelsabteilung, lediglich unter Beihilfe der Räte dieſes Departements, ſelbſt übernahm.

Es kam hinzu, daß es den drei Miniſtergruppen der Krone gegenüber an jeder Solidarität fehlte.  Der alte Geheime Etatsrat, bereits
auch Geheimes Staatsminiſterium genannt, die Schöpfung des Kurfürſten Joachim Friedrich, in der jetzigen Geſtalt weſentlich aus den
Leitern der drei Zentralbehörden zuſammengeſetzt, war doch mit
nichten eine ſtändige Miniſterkonferenz, die den drei Kreiſen einen
feſten Berührungspunkt geboten hätte.  Immer mehr waren die regelmäßigen Verſammlungen außer Übung gekommen, da jedes der
Miniſterkollegien für die ihm überwieſenen Angelegenheiten gegen
das Plenum des Staatsrates ganz unabhängig geſtellt war; in den
vorgeſchriebenen Staatsratsſitzungen verſammelten ſich des Montags
der Regel nach nur noch die Juſtizminiſter zur Erledigung ihrer
eigenen Geſchäfte, während die Miniſter des Auswärtigen und die vom
Generaldirektorium ihre geſonderten Kollegialſitzungen abhielten.
Lediglich auf einer privaten Verabredung zwiſchen den Exzellenzen
beruhte es, wenn ſpäter (1771) für die Beratung ſolcher Angelegenheiten, bei denen die Mitwirkung mehr als eines der drei „Oberſtaats-
departements‟ nötig oder erwünſcht ſchien, wieder ein beſtimmter
Tag, der erſte Montag im Monat, in Ausſicht genommen wurde.

Und vor allem wurde die Stellung der Minister dadurch beeinträchtigt, daß der König es liebte, sich über die leitende Behörde hinweg mit den von ihr abhängigen Organen in unmittelbare Verbindung zu setzen. So unterhielt er mit den Gesandtschaften eine stetig an Umfang wachsende „Immediatkorrespondenz", die allmählich gerade die bedeutendsten Verhandlungen nicht bloß der Einwirkung, sondern selbst der Kenntnis des Auswärtigen Amts entzog; so wandte er sich auch im Innern bei der Ordnung wichtiger Angelegenheiten, wie es übrigens schon sein Vater geliebt hatte, gern auf kürzestem Wege an die mit den örtlichen Verhältnissen aus lebendiger Anschauung vertrauten Personen und gewährte den Präsidenten der Provinzialbehörden damit einen Spielraum, in welchem sie neben, ja über den ihnen vorgesetzten Ministern standen und diesen oft nur das Nachsehen ließen.

Auf der anderen Seite lockerte sich das persönliche Band, welches früher das Staatsoberhaupt mit den Mitgliedern der Zentralbehörden in enger Berührung gehalten hatte. Friedrich Wilhelm I. hatte in den Versammlungen des Generaldirektoriums anfänglich noch wirklich den Vorsitz geführt und pflegte von seinen auswärtigen Ministern den einen stets in seiner Umgebung zu haben. Friedrich II. hielt von mündlichen Beratungen wenig. Nur ward es seit dem Anfang des zweiten Regierungsjahrzehnts Übung, daß die Finanzminister sich einmal im Jahre zu der sogenannten Ministerrevue, dem Sabbat des Großdirektoriums, wie er scherzend sagte, vor ihm versammelten, wenn dem Staatshaushalt für das folgende Rechnungsjahr seine endgültige Gestalt gegeben werden sollte. Beliebte der König sonst aus irgend einem Anlasse einen mündlichen Vortrag entgegenzunehmen, wie es am häufigsten für die Aufgaben der auswärtigen Politik erforderlich war, so war es sein Grundsatz, nicht das ganze Kollegium der zuständigen Minister vor sich zu bescheiden, sondern ein oder mehrere Einzelgutachten entgegenzunehmen. So konnten, wie er meinte, keine Eifersüchteleien aufkommen, wenn er zwischen auseinandergehenden Ansichten seine Entscheidung traf. Die Regel aber sollte die schriftliche Berichterstattung sein. Die Minister vom Generaldirektorium, vom Justizdepartement und vom Auswärtigen Amt, so legt das politische Testament die Formen und die Vorzüge dieses Geschäftsganges dar, „senden täglich dem Souverän ihre Berichte, mit eingehenderen Denkschriften über die Gegenstände, die seine Entscheidung erheischen; sie stellen in strittigen oder schwierigen Fällen die Gründe für und wider zusammen und setzen so den Souverän instand, auf den ersten Blick seine Entscheidung zu treffen, vorausgesetzt, daß er sich die Mühe nimmt, die vorgetragene Sache zu lesen und gründlich aufzufassen; ein klarer Kopf ergreift den entscheidenden Punkt einer

Frage mit Leichtigkeit. Diese Methode der Geschäftserledigung
verdient den Vorzug vor den Ratssitzungen, die man anderwärts
abzuhalten pflegt; denn guter Rat kommt nicht von der großen
Zahl; auch machen sich die Minister durch ihre gegenseitigen Intrigen uneins, Persönliches, Haß und Leidenschaft wird in die Staatsangelegenheiten hineingetragen, die mündliche Erörterung mit dem
oft zu erregten Ton der Rede und Gegenrede verdunkelt die Sachlage, statt sie aufzuhellen, und endlich wird das Geheimnis, das doch
die Seele der Geschäfte ist, bei so vielen Mitwissern nie gewahrt."

„Ich verschließe mein Geheimnis in mir selbst, ich habe nur
einen Sekretär, von dessen Treue ich überzeugt bin, wofern man
also nicht mich selbst besticht, ist es unmöglich, meine Absichten zu
erraten."

Wir kennen schon diesen getreuen Sekretär, den Mann, von
dem ein Nachfolger Valorys auf dem Berliner Gesandtschaftsposten
dem Versailler Hofe mit Recht versicherte, das sei die einzige Person,
welche um alle Staatsgeschäfte des Königs von Preußen wisse.
„Wo immer der König sich befindet, Monsieur Hecle — so entstellt
der Berichterstatter Eichels Namen — folgt ihm stets und arbeitet
jeden Morgen mit dem Könige. Er weiß alles, was die Minister
nicht wissen. Aus seinem Bureau, das man als das des Königs
selber zu betrachten hat, gehen alle Befehle für das Innere des
Reiches wie für das Auswärtige hervor. Wenige Menschen haben
je mit Monsieur Hecle gesprochen; vergebens macht man die größten
Anstrengungen, ihn zu sehen, aber es ist unmöglich, zum Ziele zu
gelangen," — „von keinem Sterblichen ist er je geschaut," sagt der
Gesandte mit komischer Emphase. „Er lebt ganz abgeschlossen und
weiß doch alles was geschieht." Ein englischer Diplomat erzählt
von dem Geheimnisvollen gar, er werde bewacht wie ein Staats-
gefangener, habe ununterbrochen Dienst und im ganzen Jahre
keine halbe Stunde Freizeit; sieben Jahre könne man an diesem
Hofe leben, ohne das unglückliche Opfer zu Gesicht zu bekommen.
August Friedrich Eichel war ein Inventarstück aus dem Nachlaß
der vorigen Regierung. Aus dem Subalterndienst hatte Friedrich
Wilhelm I. den Halberstädter Kammersekretär in sein Kabinett
gezogen; unmittelbar nach seinem Eintritt in die neue Stellung,
im Jahre 1730, hat der damals Fünfunddreißigjährige bei der gegen
den verhafteten Kronprinzen angestellten Untersuchung die Feder
geführt. Unter seinem ersten Gebieter vornehmlich für die militärischen Ausfertigungen des Kabinetts verwendet, war Eichel
während des ersten schlesischen Krieges, in den entscheidenden Tagen
der Unterzeichnung des französischen Bündnisses, als König Friedrich das Geheimnis mit verstärkten Schutzwehren zu umgeben
wünschte, in diese einzigartige politische Vertrauensstellung ein-

gerückt, in der er bis zu seinem Tode sich behauptet hat. Als Vermittler des schriftlichen Verkehrs zwischen dem Könige und dem Auswärtigen Amte trat er neben dem dienstlichen auch in einen vertraulichen Schriftwechsel mit dem Grafen Podewils. Minister und Kabinettssekretär wußten sich einig in der friedfertigen politischen Grundstimmung, die der Verwicklung am liebsten um jeden Preis aus dem Wege ging und nach dem Bruche wieder um jeden Preis in den sicheren Hafen zurücksteuerte. Mit hineingerissen in Bahnen, welche so weit von den bis vor kurzem der preußischen Politik vorgezeichneten ablenkten, verrichtete der behutsame, ein wenig pedantische Kabinettssekretär die Befehle seines stürmisch-genialen Herrn in Furcht und Zittern, bei jeder unvorhergesehenen Wendung gleich des Schlimmsten gewärtig, froh keine Verantwortung zu tragen und doch sich verzehrend in Sorge um die Dinge, die er aus nächster Nähe, eingeweiht und wissend wie kein anderer, schauen mußte und nicht wenden konnte. Dann schüttete er dem verständnisvollen Minister sein schweres Herz aus — wenn anders ihm nicht auch diesem gegenüber die Verschwiegenheit des Grabes anbefohlen war — und seufzte in seiner treuherzigen Frömmigkeit: „Gott wende in seiner Barmherzigkeit alles Böse in Gnaden ab!" — „Gott mag uns helfen und uns aus dem Moraste ziehen, in dem wir bis über den Hals stecken!" — „Gott lenke des Königs Herz zu allem Guten und dirigiere Dero Consilia zu Dero und des Landes Wohlfahrt!" Oder er verfällt in seinem halb bewußten, halb unfreiwilligen Humor auf ein sinnreiches Auskunftsmittel und meint — es ist in den bangen Wochen vor Hohenfriedberg —: „Wenn man doch wünschen könnte, was man wollte, so wünschte ich mir wohl tausendmal den Tod, wenigstens auf ein oder zwei Jahre, um nur nicht Zeuge von allen Land und Leuten verderblichen Umständen sein zu müssen." Doch ist Eichel aus der skeptischen Zurückhaltung, die anfänglich in seinen vertraulichen Äußerungen über „unseren jungen Herren" sich hie und da verrät, allmählich herausgetreten, und wenn es der zweifelhafte Vorzug der Bedientennaturen ist, daß es Helden für sie nicht gibt, so hat Eichel seine vornehmere Anlage dadurch erhärtet, daß er bei unausgesetzter täglicher Berührung sich immer mehr mit Bewunderung für den Helden, mit Verehrung für den Menschen erfüllte. Bald hatte Friedrich keinen wärmeren Verteidiger; vielleicht hat niemand in seiner Umgebung, etwa Winterfeldt ausgenommen, sich so ganz auf des Königs Standpunkt zu stellen vermocht, so vorbehaltlos mit den abstoßenden Härten eines schwierigen Charakters sich zu versöhnen und so gläubig dem Fluge des Genius zu vertrauen gelernt, als die schlichte Seele dieses treuen, überbürdeten, ganz im ewigen Gleichmaß des Dienstes aufgehenden Mannes.

Es ist ganz richtig, was nach Friedrichs Tode immer betont worden ist, daß dieser Herrscher in seinen Kabinettssekretären nie etwas anderes als seine Schreiber gesehen hat; der Titel Geheimer Kabinettsrat ward den Kabinettssekretären erst unter der folgenden Regierung statt des bisher üblichen Geheimen Kriegsrates verliehen. Aber gleichwohl ist ein Eichel bei mehr als einem Anlasse in die Lage gekommen, bei dem Gebieter seine Ratschläge anzubringen, seinen „bescheidenen Anmerkungen," wie er sich ausdrückt, „ganz gnädige Aufnahme" zu verschaffen oder durch seine „geringen Insinuationes" im geeigneten Augenblicke „gelindere Tempéraments" zuwege zu bringen. Sehr bald erkannten die Minister und Generale diese Sachlage und regelten demnach ihr Verhältnis zu dem wichtigen Manne. Wohl hielt sich Eichel ihnen gegenüber streng in den Grenzen zeremonieller Ehrerbietung. Bei Podewils entschuldigt er sich gleichsam, daß die expedierende Tätigkeit der Kabinettskanzlei so oft in den Amtskreis des Ministeriums übergreife: nur der Gehorsam „gegen des Herrn absoluten Willen" veranlasse ihn zu Geschäften, wozu er weder „Routine noch Capacité" habe. Aber trotz alledem hat ihn die Nachrede verfolgt, daß unersättlicher Stolz seine Hauptleidenschaft gewesen sei, daß er Minister hätte werden können, aber es vorgezogen habe, die Minister vor sich kriechen zu sehen. In der Tat läßt es sich nicht verkennen, daß ein später ins Unerträgliche ausartender Zustand schon jetzt seine ersten flüchtigen Schatten vorauswarf: das Mißverhältnis der Abhängigkeit der höchsten Staatsbeamten von einem jeder Verantwortlichkeit entrückten, durch die Person des Monarchen gedeckten Subalternen.

Das System der Selbstregierung aus dem Kabinett war zugeschnitten auf die Individualität seiner Begründer. Die Bedingung seines Bestehens war, wenn anders das System bei größerer Ausdehnung des Staatsgebiets überhaupt durchführbar blieb, daß an oberster Stelle Weite des Gesichtskreises und Leichtigkeit der Auffassung, Gründlichkeit der Sachkenntnis und Unerschöpflichkeit der Arbeitskraft und der Arbeitslust sich stets in so überraschender, bewunderungswerter Weise vereinigt fanden, wie bei diesem Vater und bei diesem Sohne. Die Selbstregierung mußte zur Karikatur werden, wenn die grundlegenden Bürgschaften rein persönlicher Art einmal fortfielen. König Friedrich hat sich diese Schwäche des Systems nicht verhehlt; er sagte sich, daß der Staat jede Unzulänglichkeit des Fürsten an seinem Leibe spüren werde. Indem er die Frage sich nicht vorlegte, wieweit das System einer Abänderung fähig sei und ob nicht in der Monarchie durch zweckmäßige Einrichtungen auch unter einem minder bedeutenden Herrscher Einheitlichkeit und Kraft der Staatsleitung sich wahren lasse, nahm er

keinen Anstand, unter Umständen der republikanischen Staatsform
den Vorzug vor der monarchischen einzuräumen. Noch waren
seitens der modernen Philosophie die grundsätzlichen Angriffe gegen
die Monarchie nicht eröffnet worden, die ihn später zu nachdrücklicher Abwehr veranlaßt haben. Aus der Geschichte glaubte er zu
entnehmen, daß die Republiken schneller aufblühten und länger
sich auf der Höhe behaupteten als die Monarchien, und er wollte
den Grund für diese Erscheinung darin erkennen, daß die guten
Könige sterblich, die weisen Gesetze aber unsterblich seien, daß in
der Monarchie der Nachfolger nie dem Vorgänger gleiche, daß
den Ehrgeizigen der Müßiggänger, den Frömmler der Krieger,
den Gelehrten der Wollüstling ablöse. Immer hat er an sich nicht
geschwankt, welcher Staatsform er den Preis zuerkennen sollte;
wenn sich ihm die schlechte Monarchie allerdings als die schlechteste
der Regierungen darstellte, galt ihm doch dafür die gut geordnete
Königsherrschaft ohne Frage als die beste Lösung des Problems —
so hatte Plato die vollkommenste Erscheinung des Staates in der
Herrschaft eines jugendlich kräftigen, hervorragend begabten Tyrannen sehen wollen.

Begabung, Jugendmut und Kraftgefühl, sie waren hier in
glücklicher Vereinigung und strotzender Fülle vorhanden. Phaethon
haben den selbstbewußten jungen Herrscher die Neider und Ver-
kleinerer genannt. Aber seine Rosse werden ihn nicht aus der Bahn
schleudern, seine Hand ist allzu fest, als daß die Zügel ihr entgleiten
könnten, Helle umstrahlt ihn, aber nicht die verzehrende Glut enger,
blinder, widerstreitender Leidenschaften, sein Blick bleibt frei und
sicher auf das Ganze gerichtet. Er entlehnt sich für seine Fahrt
von den Alten ein gar anderes Bild, stolz und farbenprächtig: „Alle
Zweige der Staatsleitung stehen miteinander in innigem Zusammenhange, Finanzen, Politik und Kriegswesen sind untrennbar; es genügt nicht, daß eines der Glieder wohl besorgt wird, sie wollen es
alle gleich sein; sie müssen gelenkt werden in gradgestreckter Flucht,
Stirn bei Stirn wie das Viergespann im olympischen Wagenkampf,
das mit gleicher Wucht und gleicher Schnellkraft die vorgezeichnete
Bahn durchmaß, den Wagen zum Ziele trug und seinem Lenker
den Sieg sicherte.“

Seiner Siege sicher auch auf dem Felde unblutigen Wett-
bewerbes, inmitten der neuen großen Aufgaben, die der schwer
erstrittene Friede ihm stellte, meinte er, jetzt erst seine Regierung
wirklich begonnen zu haben, in dem Sinne, daß wahrhaft Regieren
das Glück des Volkes fördern heiße, daß wahrhaft sich nur im Frieden
regieren lasse.

Noch während des letzten Krieges hatte ein so aufmerksamer
Beobachter wie Valory urteilen wollen, daß die vornehmste Sorg-

falt des Königs von Preußen den Truppen gelte, daß er in der
Verwaltung denen sein Vertrauen schenke, welche die Einkünfte
am stärksten emporzuschrauben vermöchten, ohne sich um die von
diesen Leuten gewählten Mittel zu bekümmern, und daß die Justiz
von allen Gebieten des Staatslebens am meisten vernachlässigt
werde.　Jetzt sollte gerade Friedrichs Fürsorge für die Rechtspflege
mehr als alles andere die Augen von Europa auf die für Preußen
angebrochene Friedensära lenken.

## Zweiter Abschnitt

# Beſſerung der Rechtspflege

Keiner der Miniſter Friedrichs des Großen hat ſich ſolcher Freiheit der Bewegung in ſeinem Wirkungskreiſe zu erfreuen gehabt, als Samuel von Cocceji an der Spitze der Juſtizverwaltung. Aber es hat lange gewährt, bis ihm dieſer Vorzug zu teil wurde, und er nun die Reformbewegung ſicher in Bahnen überlenken konnte, die er ſeit Jahrzehnten gewieſen hatte und von denen er ſich doch immer wieder abgedrängt ſah, weil ſeine Vorſchläge und erſten vorbereitenden Schritte unter der vorigen Regierung nur mit halbem Vertrauen, halber Konſequenz unterſtützt worden waren.

Coccejis Reform, in der Abkürzung des Prozeßverfahrens und der Vereinfachung der äußeren Gerichtsverfaſſung gipfelnd, liegt genau auf der Halbſcheid eines langen und anſtrengenden Weges. An der Schwelle des Jahrhunderts hätte der erſte preußiſche König dem jungen Königtum um alles gern ein fertiges Landrecht in die Wiege gelegt: erſt an des Jahrhunderts Ende war der große Wurf gelungen, die Aufgabe der Juſtizreform auch in ihrer ſchwereren Hälfte, der Rechtskodifikation, gelöſt.

Als in den letzten Jahren Friedrichs I. mit dem perſönlichen Hervortreten des Kronprinzen Friedrich Wilhelm überall in der Verwaltung ein ſchärferer Windzug einzuſetzen begann, der auch in der Juſtiz den allzu ſchnell erloſchenen Reformeifer wieder anfachte, warnte der vorſichtige Miniſter Ilgen, die beſtehenden Mißſtände mit allzu ſtarken Worten zu brandmarken; „wozu müſſe man der ganzen Welt bekannt machen, wie ſchlecht unſer Suum cuique nach einer vierundzwanzigjährigen Regierung annoch in Seiner Königlichen Majeſtät Landen obſerviert werde, und daß die Gerechtigkeit nicht in denſelben, ſondern im Himmel wohne?" Und nun ſollte noch einmal eine lange Regierung zu Ende gehen, ohne daß Wandel eintrat.

Wie hätte der junge Friedrich Wilhelm bei ſeiner Thronbeſteigung ſolches ſich vorausgeſagt, er, der ſeinen höchſten Juſtizbeamten alsbald erklärte, daß „das Landrecht vors ganze Land" binnen Jahresfriſt fertig ſein müſſe: „oder Herr Bartollius (Bart-

holdy) und Herr Sturm und ich werden uns sehr plumb und grob
verzürnen." Zunächst hatte man sich 1714 entschlossen, die tüchtigste
der Landesuniversitäten, die junge Hallische Hochschule, die sich
vom Tage ihrer Gründung an in den Dienst jeglichen reformato=
rischen Strebens gestellt hatte, zur Mitarbeit an dem rein wissen=
schaftlichen Teile der großen Aufgabe aufzurufen. Aber wie in
den Tagen der Erhebung des Staates zum Königreiche die Frank=
furter Juristenfakultät vor Überstürzung der Rechtskodifikation ge=
warnt hatte, so erhoben jetzt die Hallischen Professoren Einwände
über Einwände. Selbst der mit der Leitung des nationalen Werkes
betraute Thomasius, der abgesagte Feind des „unvernünftigen
Mischmasches fremder und in fremder Sprache abgefaßter Rechte",
hielt nicht mit dem Geständnis zurück, daß die Ausbesserung des
langweiligen Justizwesens zwar nicht unmöglich, aber sehr schwer
sei und mit größter Behutsamkeit vorgenommen werden müsse.
Und nach vollen dreizehn Jahren sprach der Universitätskanzler
von Ludewig in einer akademischen Festschrift, welche die innere
Politik der gegenwärtigen Regierung schilderte und pries, mit
deutlich erkennbarer Absicht das gelassene Wort aus, wenn der
Entwurf eines einzigen, allgemeinen, gleichlautenden Gesetzbuches
wohl geraten solle, so dürfe die darüber hingehende Zeit „gar nicht
zu teuer oder übel angewandt erscheinen". So ward die aus dem
königlichen Kabinett als Grundlage für die vorzunehmende Arbeit
nach Halle geschickte Denkschrift endlich im Schoße der Fakultät
begraben.

Inzwischen hatte die Reform wenigstens auf praktischem Ge=
biete einige Ergebnisse zu verzeichnen. König Friedrich Wilhelm
erließ seine drakonischen Edikte gegen die Advokaten, führte eine
verbesserte Kriminalordnung ein, das erste preußische Prozeßgesetz
mit umfassender Gültigkeit für alle Landesteile, und blieb wenigstens
in einer seiner Provinzen, in Altpreußen, nicht allzuweit hinter
dem Angestrebten zurück: dort war es, wo der Geheime Justizrat
von Cocceji, seit 1714 in Berlin an den Reformarbeiten beteiligt,
die ersten Proben seines organisatorischen Talentes ablegte. Der
König lohnte seine Erfolge durch Übertragung des Vorsitzes im
Kammergericht und nach einigen Jahren, 1727, auch durch die
Ernennung zum Minister, nachdem er schon 1722 in einer für den
Kronprinzen bestimmten Regierungsanweisung Cocceji als den be=
rufensten Mann zur Leitung der gesamten Justiz bezeichnet hatte,
im Gegensatz zu dem Minister Plotho, der „nichts tauge". Zwei
Jahre darauf aber schalt er denselben Cocceji einen Bärenhäuter.
Auch blieb nun jener Plotho bis zu seinem Tod an Coccejis Seite
im Amt und tat alles, um den jüngeren Minister niederzuhalten,
und von Plotho erbte diese gegensätzliche Stellung sein Nachfolger,

der Freiherr von Broich. Ebensowenig Entgegenkommen fand
Cocceji für seine Bestrebungen bei den Gerichtshöfen. Jahr auf
Jahr verging, die Reform stockte. Bis dann Ende 1735 der kranke
Monarch, der sein Ende nahen sah, mit ungeduldigem Scheltwort
den Ministern ihre „große Negligenz" verwies. Er gestand sich nicht,
daß ein erheblicher Teil der Schuld auf ihn selbst fiel. Im Widerspruch mit den zu Anfang seiner Regierung verkündeten Grundsätzen hatte er nur zu oft gewaltsam in die Rechtspflege eingegriffen,
den Gerichtshöfen, auch den höchsten, die Prozesse entzogen und vor
außerordentliche Kommissionen verwiesen, die Berliner Richter
durch Erteilung derartiger Sonderaufträge überbürdet und sie und
die Justizbeamten insgemein durch Schmälerung oder gar Entziehung ihrer Gehälter schwer geschädigt, nachdem ohnehin die Be-
soldungssätze beim Thronwechsel stark herabgedrückt waren. Gegen
Friedrich Wilhelms eigenes königliches Verbot verstieß auch die
Besetzung der Richterstellen, der höheren wie der niederen, mit
Laien oder doch nur unzureichend vorbereiteten Leuten; man weiß,
wie dieser König die Anwärter für den Staatsdienst auf ihre Begabung prüfen ließ und dann einen „guten Kopp" zur Verwaltung
nahm, einen „dummen Teufel" zur Justiz ausstieß.

Wie sich Cocceji und seine Kollegen jetzt auch verantworten
mochten, es gelang ihnen nicht, den allerhöchsten Zorn zu beschwich-
tigen. Es kam dahin, daß der König zwei Minister vom auswärtigen
Departement und zwei vom Generaldirektorium, darunter die Feldmarschälle Borcke und Grumbkow, zu einer „Oberkommission" vereinigte, um vor ihr in demütigendster Weise eine Art Anklagever-
fahren gegen die Justizminister zu eröffnen. Und wenn Cocceji
demnächst, am 5. November 1737, zum Ministre chef de justice
mit der Oberaufsicht und Kontrolle über alle Justizkollegien ernannt
wurde, so sah er aus dieser erhöht verantwortlichen Stellung nur
neue Fährlichkeiten und Verwicklungen erwachsen. Seine Besorgnisse waren nicht unbegründet; die Kollegen, jetzt neben Broich
noch die Minister von Arnim-Boytzenburg und von Brandt, wußten
sich in dem Stande der Gleichordnung zu behaupten, Arnim stiftete
unter den Ministern sämtlicher Departements eine förmliche Verschwörung gegen den Ministre chef de justize an, und ehe dieser
es sich versah, war er durch eine Kabinettsorder vom 10. Mai 1739
unter die Oberaufsicht des gesamten Geheimen Staatsrats gestellt.
Der weitere Schritt war seine völlige Zurückdrängung von der
Reformarbeit. Der Geheime Staatsrat legte die Fortsetzung des
Werkes in die Hände einer Kommission, der Cocceji nicht angehörte
und die sein Hauptgegner Arnim leitete.

Cocceji sah sich zur Untätigkeit verurteilt. So betrogen den
sterbenden Herrscher Mißtrauen und Ungeduld um die Genug-

tuung, aus dem seit lange vorbereiteten Boden noch eine Saat emporsprießen zu sehen.

Friedrich II. hat, wie es scheint noch als Kronprinz, in sein Exemplar der Montesquieuschen Betrachtungen über die Ursachen der römischen Größe und ihres Verfalls zu einer Äußerung des Verfassers die zustimmende Randbemerkung eingetragen: „Niemals in einem Regierungssystem etwas ändern, bevor man aus Erfahrung weiß, was der Natur dieses Staats frommen oder was ihr entgegen sein könnte; nicht voreingenommen sein für oder gegen das, was besteht, alles mit eigenen Augen sehen, selbständig urteilen und schließlich nur das einführen, dessen Änderung oder Verbesserung die Vernunft fordert." Genau nach diesem Grundsatz ist er in der Frage der Justizreform vorgegangen, erst beobachtend, zögernd, abwartend, nachher um so schneller und fester.

Die erste Entscheidung des neuen Herrschers war somit eine neue schwere Enttäuschung für Cocceji; am 18. Oktober 1740 verfügte König Friedrich, daß die Kommission von 1739 ihren Fortgang haben solle. Nur zu deutlich zeigte sie bei Wiederaufnahme ihrer Arbeiten die Absicht, von dem bereits aufgeführten Unterbau keinen Stein auf dem anderen zu lassen; ihre gesetzgeberische Reaktion griff bis auf die Zeiten vor 1725 zurück. Der Bogen war zu straff gespannt; nach wenigen Wochen wurde die Kommission bedeutet, daß sie sich für ihre Vorschläge mit Cocceji, dem Verhaßten, in Verbindung zu setzen habe. Zugleich aber zog der nun beginnende Krieg des Königs Aufmerksamkeit von diesen Fragen ab; die Kommission ihrerseits gab kein Lebenszeichen mehr von sich und verfiel selbstverschuldeter Vergessenheit. Als im Herbst darauf die Kleinschnellendorfer Abkunft mit Österreich Friedensaussichten eröffnete, wandte sich der König mit seiner Mahnung, die Reform zu fördern, nicht an die Kommission, sondern an Cocceji und übertrug diesem auch die Neuordnung des Justizwesens in dem eroberten Schlesien. Auf die immer eindringlicheren Erinnerungen aus dem Kabinett, „die täglich überhand nehmenden Klagen über die schlechte und langwierige Justiz im Grunde und prompt zu heben" und den bösen Baum „nicht an der Rinde, sondern an der Wurzel" anzufassen, machte Cocceji verschiedene Vorschläge, traf es indes mit ihrer keinem. Er erhielt vielmehr unerwarteterweise Ende August 1743 den Bescheid, die Sache sei bei den gegenwärtigen Zeitläuften mit Rücksicht „auf die vielen unlöslichen Schwierigkeiten", die sich vor allem aus der Finanzlage des Staates ergaben, „bis auf gelegenere Zeiten auszusetzen". So stockte das Werk von neuem, und die Gegner erhoben ihr Haupt zuversichtlicher denn je.

Sie hatten die Genugtuung, daß nach anderthalbjähriger Pause ein neuer allerhöchster Befehl zur Abstellung der landesverderblichen Mißstände dem Kollegium der Justizminister, nicht dem Ministre chef de justize allein, zuging — es war im Januar 1745, als der König nach dem unbefriedigenden Ausgange des böhmischen Feldzuges in der Hauptstadt weilte. Die Verfügung gab das Signal zu neuem leidenschaftlichen Kampfe im Schoße der obersten Justizbehörde.

Schon vor einem Jahre, Ende 1743, hatte der König anläßlich eines ärgerlichen Streites zwischen Cocceji und Arnim sich bewogen gesehen, den Grafen Podewils mit einem Vermittlungsversuche zu betrauen, und Arnim hatte sich diesem Schiedsrichter gegenüber auf das bitterste beschwert, daß des Freiherrn von Coccejis Exzellenz sub clipeo Dero Cheffats einen unerträglichen Despotismum und ganz unumschränkte Gewalt affektiere, sich an gar keine Ordnung und Gesetze kehre, vielmehr dieses oder jenes bald so, bald anders veranlasse, je nachdem dieser oder jener Affekt sein präcipitantes und violentes Temperament treibe. Mit der königlichen Kabinettsorder, die den Frieden diktierte, durfte damals eher der Ankläger als sein Gegner zufrieden sein. Kühl genug klang die Erklärung: da des höchstseligen Königs Majestät den von Cocceji zum Chef de justice deklariert, so wolle und könne Se. Majestät ihm solches nicht wieder nehmen. Und noch dazu erhielt dieser Chef zugleich die Ermahnung, sich in allen Angelegenheiten, so die Justice beträfen, bescheiden, anständig und ohne Emportement oder affektierten Primat gegen den von Arnim gehörig zu betragen. Diesem wurde allerdings seine „Aigreur" gegen Cocceji verwiesen, an beide gemeinsam aber erging die Aufforderung, „einander so zu begegnen, wie es der königliche Dienst, die Absicht auf wahre Gerechtigkeit und das anständige Compartement von Personen von ihrem Stande erfordere".

Der Streit, der zwischen den beiden jetzt nach Jahresfrist von neuem hell aufloderte, war ebenso persönlichen wie grundsätzlichen Charakters. Arnim war ein überzeugter Konservativer, in der Sitte und Bildung der Väter ergraut, mißtrauisch gegen jeden Besserungsvorschlag; Cocceji ein sanguinischer Neuerer, der sich von Kindesbeinen an mit den modernen Lehren der naturrechtlichen Schule erfüllt hatte. Der eine ein Praktiker, der sich in den überlieferten Formen der Rechtspflege und nur in ihnen sicher fühlte und auf die Unfehlbarkeit seiner forensischen Erbweisheit schwor; der andere ein systematischer Kopf, der eben diese Formen als äußersten Zwang empfand, der von Grund aus neu zu bauen wünschte. Der eine ein Bureaukrat in dem alten Sinne des vielköpfigen ständischen Regiments, das die Ämter als der Beamten wegen geschaffen betrachtete und deshalb stets eher auf eine Vermehrung denn auf eine Verminderung der Stellen ausging; der andere im Grunde

noch immer mehr Gelehrter als Beamter, er, der frühere Professor,
der Sohn und Enkel von Professoren, vollständig frei von allen
den Rücksichten, wie sie innerhalb einer geschlossenen, vom Korps=
geist getragenen Beamtenhierarchie berechtigterweise genommen zu
werden pflegen, nie bedenklich, die Personen der Sache, seinem
Systeme aufzuopfern. Der eine endlich Aristokrat vom reinsten
Blute, Sprößling eines der vier uckermärkischen Geschlechter, deren
Mitglieder nach alter Freiheit nicht wie die Standesgenossen vor
dem Prenzlauer Obergericht, sondern nur vor dem Kammergericht
zu Berlin Recht nahmen; der andere ein Edelmann neuester Prägung,
erst 1702 beim Antritt seines Frankfurter Lehramtes zugleich mit
seinem Vater in den preußischen Adelstand erhoben, einer der zahl=
reichen Männer bürgerlicher Herkunft, die unter den letzten drei
Regierungen zu den höchsten Stellen im Staate emporgestiegen
waren. Mit welcher inneren Verachtung der Uradel auf diese Empor=
kömmlinge herabsah, nicht anders wie in Frankreich ein Herzog
von Saint=Simon auf die vielen Roturiers unter den Staatsmännern
Ludwigs XIV., das beweist eine Außerung des Schlesiers Schaff=
gotsch, der sich, allerdings von Cocceji gereizt, lebhaft dagegen ver=
wahrte, daß „ein Mensch von so nobler Geburt wie ich mit jemandem
von so schlechter Extraktion wie der Herr Großkanzler sollte con=
fundieret werden". Einander gleich waren beide, Arnim und Cocceji,
sich nur in ihrer scharfen, persönlichen Art, in ihrem Hang zur
Satire, was wieder die Aussichten der Verständigung nicht erhöhte.
Wenn Arnim bei dem jetzt beginnenden schriftlichen Meinungs=
austausch gallig den Schmerz der alten Wunde aufrührte und auf
den Mißerfolg der vor einigen Jahren geplanten Reformen hin=
wies, deren frisches Andenken vor Wiederholung warnen müsse,
so antwortete Cocceji gereizt, nur die Neider und Chicaneurs, die
Seiner Majestät eine falsche Idee beigebracht, hätten die Sache
verdorben; und damit jenem nicht ein Zweifel bleibe, wer gemeint
sei, setzte er ausdrücklich hinzu, daß er in der Erinnerung an damals
des Freiherrn von Marschall — es war der Kollege Arnims in der
verhängnisvollen Kommission von 1739 — Droiture billig rühmen
müsse. Wenn Cocceji die Richterstellen bei dem Prenzlauer Ober=
gericht, das Arnim als uckermärkischer Landvogt ein Menschenalter
hindurch geleitet hatte, vermindern wollte, so betrachtete das wieder
dieser als eine persönliche Ehrenkränkung und rächte sich durch den
hämischen Ausfall, daß die Uckermark in der Vortrefflichkeit ihrer
Rechtspflege nicht wenig vor anderen Gebieten voraus habe, z. B.
vor dem kaum halb so großen Fürstentum Halberstadt — wo Coccejis
Bruder dem Landesjustizkollegium präsidierte. Und wenn sein
Gegner mit dem Könige die Herabdrückung der Prozesse auf eine
möglichst kleine Zahl als das ideale Ziel der Reform bezeichnete,

so fragte Arnim mitleidig, woher dann die Sporteln fließen sollten, aus deren Ertrag der König die Richter besolden wolle: „woher dann Brot nehmen in der Wüste?" Coccejis hochgemutem Angebot endlich, Landrecht und Prozeßordnung binnen Jahresfrist fertig stellen zu wollen, zollte er den ironischen Beifall: das lege ein rühmliches Zeugnis eifriger Bemühung ab und sei des Segens Gottes wert. Und so ging das ganze Jahr über unfruchtbaren Erörterungen dahin, obgleich der König noch unmittelbar vor seinem Wiederaufbruch ins Feldlager, am 13. März 1745, den Ministern wiederholt Ernst und Eile zur Pflicht gemacht hatte.

Nun kehrte der Held nach Anstrengungen und Erfolgen sondergleichen von der heißen Waffenarbeit zurück und fand, daß zu Hause in der Angelegenheit, die dort ihm am meisten am Herzen lag, wieder nichts geschehen war. Statt der erwarteten Ergebnisse empfing ihn die Nachricht von einem Vorfall, der die Schäden der bestehenden Einrichtungen grell beleuchtete. Ein Stettiner Notar hatte die ihm anvertraute Depositen= und Pupillenkasse angegriffen, 6000 Taler wurden vermißt. Der König hielt es an der Zeit, seinen Ministern einen augenfälligen Mißtrauensbeweis zu geben; er wies die Untersuchung an zwei Generale, die Chefs der beiden in Stettin eingelagerten Regimenter, „um der Sache ein mehreres Gewicht zu geben und ohne viele Weitläufigkeit und Zeitzersplitterung auf den wahren Grund zu kommen". Es war ein Seitenstück zu dem Untersuchungsrichteramt der Feldmarschälle von 1737, für die Justizverwaltung um so empfindlicher, als die ihr am 12. Januar 1746 aus dem Kabinett zugehende Mitteilung es offen aussprach, daß der König sich bekannter Umstände halber von den durch Coccegi bereits getroffenen, „an sich ganz guten" Veranstaltungen keinen rechten Sukzeß noch den erforderlichen prompten Nachdruck versprechen könne.

Zugleich entschloß sich der König zu einem Schritt von bindender Tragweite; er setzte vor aller Welt seine eigene Person für die Sache der Reform ein. In Form einer Kabinettsorder an Coccegi erließ er an demselben 12. Januar eine der öffentlichen Kundgebungen, mit denen der patriarchalische Staat so sparsam war: aus unzähligen zu seiner Kenntnis gelangten Exempeln erhelle, daß nicht ohne Ursach überall über eine ganz verdorbene Justizadministration geklagt werde; bei nunmehr geschlossenem Frieden wolle er dazu nicht stillschweigen, sondern sich selbst einmischen. Als Ziel wurde hingestellt: „eine kurze solide Justiz, sonder großes Sportulieren und Kosten, auch mit Aufhebung derer gewöhnlichen Dilationen und oft unnötigen Instanzien"; eine Justiz „nach Vernunft, Recht, Billigkeit und dem Besten des Landes und der Untertanen".

Bei allem Kränkenden, das in der diesem Programm gegebenen

Form für die ganze Justizverwaltung und somit äußerlich auch für ihn lag, mußte den unmittelbaren Empfänger der Kabinettsorder mit ihrem Inhalt versöhnen ihre kräftige Absage an das von seinem Widersacher Arnim so eifrig vertretene Beharrungsprinzip. Die oft angerufene „wohlhergebrachte Observanz" wurde in der Kundgebung verächtlich als alte Leier bezeichnet und gar zu den „öffentlich tolerierten Mitteln der Ungerechtigkeit" gezählt.

Die Einreden der Gegner bei dem Könige um ihr Gewicht zu bringen, dazu trug wesentlich das Armutszeugnis bei, das eben jetzt dem Arnims Präsidium unterstellten Oberappellationsgericht ausgefertigt wurde: eines seiner Erkenntnisse wurde von einer auswärtigen Juristenfakultät, der in üblicher Weise die Akten zur Revision zugeschickt waren, als dem Rechte widersprechend aufgehoben. Eigenhändig verfügte Friedrich in hellem Zorn, daß jeder der Referenten fünfzig Taler Strafe erlegen solle, „wegen der meiner Einsicht nach abgefaßseten unrechtmäßigen Sentenz"; dem Präsidenten aber wurde es als unverantwortliche Saumsal verwiesen, daß ein Prozeß, in welchem der Hauptgegenstand noch nicht einmal zur Verhandlung gelangt sei, jetzt bereits an die zwanzig Jahre schwebe. Ein Versuch Arnims, sich und sein Tribunal zu entschuldigen, wurde noch ungnädiger mit dem Bedeuten abgeschnitten, der Präsident solle seinen Räten einschärfen, solche Durchstechereien wie bisher nicht mehr zu begehen, sich selbst aber künftig etwas respektuöser auszdrücken.

Geschickt setzte jetzt Cocceji für sich und seine Sache ein. Er beantragte bei dem Gebieter, den Streit zwischen den Justizministern durch eine Probe zu entscheiden: jeder von beiden, er wie Arnim, möge es bei einem der Obergerichte nach seiner eigenen Methode versuchen, die Prozesse in gemessener Frist zu Ende zu bringen, die zweckmäßigere Methode aber möge nach Ablauf des Jahres zur allgemeinen Einführung gelangen. Schon im Vorjahre hatte er sich Pommern, wo die Verwirrung besonders groß sei, als Versuchsfeld ausgebeten. Der König zog vor, es mit einem allein zu versuchen; immer ausschließlicher wandte er sich für die Einleitung der Reform an Cocceji. Noch bot die Geldfrage, die Erschließung zureichender Gehälter, Schwierigkeiten. Daneben äußerte Friedrich das pessimistische Bedenken, ob sich lauter ehrliche Leute finden lassen würden. Könne Cocceji sie auftreiben, so solle die größte Zulage sein Lohn sein. An dem ihm Anfang Mai vorgelegten Gesamtplan lobte er die Klarheit und Deutlichkeit und nahm ihn zu eingehenderer Prüfung in das Pyrmonter Bad mit. Nach der Rückkehr bereiteten zuerst andere Reisen, dann die Erkrankung des Königs einen Verzug; doch sehen wir ihn fortgesetzt mit der Reformfrage beschäftigt, und während des ersten Besuchs, welchen er nach seiner Wiederherstellung

der Hauptstadt abstattete, mußte sich Cocceji am 15. September in
früher Morgenstunde zu mündlichem Vortrage auf dem Schlosse
einfinden. Er erhielt die endgültige Zustimmung zu seinem Entwurfe und zunächst den Auftrag zu einer Revisionsreise nach Pommern.

Am 10. Januar 1747 trat Cocceji diese längst geplante Reise
an. Seit ihnen der bevorstehende Besuch des Ministers angekündigt
worden, hatten die Stettiner Kollegien in fieberhafter Hast gearbeitet
und Hunderte von alten Sachen nun plötzlich erledigt. Aber noch
hingen bei dem Hofgericht und dem Konsistorium volle achthundert
überjährige Prozesse, darunter der berüchtigte und dem Könige besonders anstößige Grenzstreit des Fiskus mit dem Dorfe Kantereck,
der seit zweihundert Jahren ununterbrochen geführt wurde und sich
in dieser Zeit ein Denkmal von siebzig Aktenbänden gesetzt hatte.
Binnen einem halben Jahr war in Stettin und bei dem Hofgericht
zu Köslin, wo kaum weniger verrottete Zustände aufgedeckt wurden,
der Augiasstall soweit entleert, daß die Fortsetzung der Arbeit den
aus ihrem Schlendrian gründlich aufgerüttelten Gerichten selbständig
überlassen werden konnte. Kaum nach Berlin zurückgekehrt, erhielt
Cocceji den Auftrag, jetzt auch bei den dortigen Obergerichten,
dem unter Arnims Leitung stehenden „Tribunal" und dem Kammergericht, mit den Resten aufzuräumen. Zu Beginn des neuen Jahres
konnte er eine stattliche Liste vorlegen, in der Stettin mit 2101,
Köslin mit 927, Berlin mit 1364 binnen Jahresfrist erledigten
Prozessen prangten. Den pommerschen Justizkollegien spendete der
König jetzt das Lob, es könne nicht anders als gloriös sein, daß sie
die Bahn gebrochen, „die Schikane von der Justiz zu verbannen und
den übrigen Provinzen zu einem Exempel zu dienen, dasjenige,
was sie so glücklich zuwege gebracht, nicht allein als möglich anzusehen, sondern auch ihren Fußstapfen nachzufolgen".

Den Minister hatten nach Pommern Vertreter der Obergerichte von Berlin, Magdeburg, Halberstadt, Minden und Kleve
begleiten müssen, um unter seiner Anleitung, durch praktische Mitarbeit auf diesem Versuchsfelde der großen Reform, sich in den
Stand zu setzen, demnächst in ihren Heimatsprovinzen die Justiz
„auf eben denselben Fuß zu reformieren". Doch hielt es Cocceji
nach seinen ersten, die eigenen Erwartungen weit übertreffenden
Erfolgen für das Zweckdienlichste, in der Mehrzahl der Provinzen
persönlich einzugreifen. Im Sommer und Herbst 1749 treffen wir
ihn in Kleve, dem Hauptsitze der Schikane, wie der König klagte,
und in Aurich, während im Magdeburgischen und Halberstädtischen
die Reform durch erprobte Mitarbeiter durchgeführt wurde; vom
Mai bis zum August 1750 war er in Schlesien in Anspruch genommen
und im Frühjahr 1751 beschloß er die Rundfahrt durch die Provinzen

mit dem Besuche von Preußen. Wo er mit seinem auserlesenen
Stabe von älteren und jüngeren Juristen erschien, übernahm er den
Vorsitz in den Gerichten und verfuhr nach seinem „neuen Mechanis=
mus" oder, wie der König sagte, seinem neuen „Train". Wohl
wurde dabei bisweilen das Verfahren ein wenig stark abgekürzt:
„Marsch, marsch, was fällt, das fällt," soll Coccejis Gehilfe Jariges
einmal gesagt haben. Und Cocceji selbst hatte sich den Bedenken
derer, welche die Einschränkung jedes Prozesses auf die Frist eines
Jahres für eine Unmöglichkeit erklärten, anfänglich angeschlossen.
Aber die Ausrodung dieses Urwaldes verschleppter Prozesse war
nun einmal für die erkärliche Ungeduld des Königs der Prüfstein,
an dem die Leistungsfähigkeit seiner Minister sich erhärten sollte;
nur durch den Nachweis großer, schneller Erfolge auf diesem Gebiet
ist es Cocceji gelungen, das so oft im Laufe der Vorverhandlungen
ihm gezeigte zweifelnde Mißtrauen zu entwurzeln und seinen Geg=
nern den Mund zu schließen.

---

Mit der summarischen Schlichtung mehrerer Tausend aufge=
häufter Prozesse waren wohl die Wirkungen der unzureichenden
Rechtspflege für den Augenblick beseitigt, noch nicht aber ihre Ur=
sachen gehoben. Die Besserung von innen her, eine über die vor=
übergehende Unterdrückung der Symptome hinausgelangende Hei=
lung konnte nur erfolgen, wenn die durchgreifenden Forderungen
in vollem Umfange zur Geltung kamen, die Cocceji in zahlreichen
Einzeldenkschriften aufgestellt und begründet hatte und die dann
in seiner Instruktion für die Dienstreise nach Pommern vom 2. Ok=
tober 1746 einheitlich zusammengefaßt und grundsätzlich anerkannt
waren: Hebung des Richtertums und des Advokatenstandes, Ent=
wirrung und Vereinfachung der Prozeßordnung nebst fester Rege=
lung des Instanzenzuges, und endlich Herstellung eines Jus certum,
eines allgemein verbindlichen Landrechtes.

Als vornehmste Ursache der Untüchtigkeit des Richtertums
wurde allgemein, auch von Coccejis Gegnern, die Unzulänglichkeit
der Gehälter bezeichnet. Was einen Ersatz bieten sollte, die all=
gemein übliche Anweisung der kärglich besoldeten Beamten auf die
Erträge der Sporteln, das trug nach Coccejis unverhohlen ausge=
sprochener Ansicht gerade die Hauptschuld an dem Krebsschaden
des schleppenden Prozeßganges, da ja die Rechtshändel, je länger
sie währten, desto fettere Sporteln abwarfen. Aus der beengten
Finanzlage des Staates erklärt es sich, daß der König die Vorbe=
dingung einer allgemeinen Gehaltserhöhung erst nach mannigfachen
Einwänden als unerläßlich anerkannte. Um das fiskalische Inter=
esse mit dem der Justiz in Einklang zu bringen, entschloß man

sich, den Personalbestand der einzelnen Kollegien zu verringern. Wenn dadurch außer dem unmittelbaren Zweck, auskömmliche Gehälter zu beschaffen, noch das weitere erreicht wurde, daß in dem kleineren Kreise bei dem einzelnen das Gefühl der Verantwortlichkeit erhöht und der Diensteifer gespornt wurde, so fehlte es doch hier ebensowenig an Härten, wie bei dem großen Kehraus mit den Prozessen; von den Räten des Kammergerichts wurden nicht weniger als siebzehn, die am wenigsten bewährten, auf Coccejis Antrag durch ein schwerwiegendes kleines „Guht", das der Monarch an den Rand des Berichtes setzte, ohne weiteres entlassen, trotz aller flehentlichen Gegenvorstellungen der von so hartem Geschick Ereilten. Ein Staatsdienstrecht, das sie hätte schützen können, hatte sich noch nicht entwickelt. Alle Gebühren aber flossen jetzt, statt unter die Beamten verteilt zu werden, in eine Sportelkasse, deren Erträge zur Bestreitung der Gehälter mitverwendet wurden. Einen erheblichen Zuschuß zu dem Besoldungsfonds leisteten auf Coccejis Betreiben die Landstände der einzelnen Provinzen, indem sie zur Verbesserung der Rechtspflege die Aufbringung von „Justizsalariengeldern" bewilligten.

Am liebsten hätte der König auch die Advokaten unter Entziehung ihrer Gebühren auf ein festes Jahresgehalt aus der Staatskasse angewiesen, doch ließ er die dazu gegebene Anregung bei der sachlichen Undurchführbarkeit bald wieder fallen. Noch immer stand es um das Anwaltwesen nicht besser denn vor dreißig Jahren, als Friedrich Wilhelm I. seinen Verfolgungskrieg gegen den ganzen Stand eröffnete. Er hatte die unverhältnismäßig große Zahl der Advokaten gebührend vermindert und zwang die bleibenden, den Mantel zu tragen, auf daß man auf den ersten Blick, wie er sich auszudrücken beliebte, die Spitzbuben von den ehrlichen Leuten unterscheiden könne. Die Wirkung war eine unbeabsichtigte. Der Makel, der auf dem Namen der Advokaten lastete, hielt tüchtige und redliche Männer, so legte es Cocceji dem jetzigen Herrscher dar, von dem beargwöhnten Beruf zurück und überfüllte den Stand mit ungeeigneten Elementen. Von den Berliner Advokaten sagte der Minister 1747, es seien ihrer nur wenige, die „eine Idee von Sentiment oder Honneur oder auch nur die benötigte Wissenschaft hätten". Sodann hatte sich seit lange eine Schar von Winkeladvokaten, sogenannten Prokuratoren, zwischen die Parteien gedrängt; eine wahre Pest der Justiz, wie Cocceji sie schalt. Sie nahmen von den Klägern und den Beklagten die Anliegen entgegen und überhoben den Advokaten der Mühe, die Sache vor der Verhandlung selbständig zu prüfen; sie machten ihn zugleich von sich abhängig, indem sie ihm nach Gunst die Kunden zuführten oder fernhielten. Die doppelten Kosten mußten die Parteien tragen.

Cocceji setzte die gefährlichen, bestechlichen und die Bestechung vermittelnden Leute zu Schreibern der Anwälte herab und verließ sich darauf, daß so die „ganze Rasse" aussterben würde. Von den Anwälten selbst verlangte man den Nachweis gründlicher Vorbildung, von den zur Praxis bei einem Obergericht zuzulassenden mehrjährige amtliche Erfahrung. Aber nicht allein der Ausfall der Prüfung entschied über die Zulassung; dem Richterkollegium blieb es freigestellt, sie zu verweigern; zuletzt war noch die königliche Bestätigung einzuholen. Leute von „verächtlichem und armseligem Herkommen" sollten dem Stande fern gehalten werden, auch der Handwerker Kinder, „weil dergleichen Leute keine Mittel haben, sich eine gute Theorie zu erwerben". Säumigkeit oder Unredlichkeit zogen strengste Ahndung nach sich. Die Gebühren erlaubte man dem Sachwalter, um auch ihn für die Abkürzung der Prozesse zu interessieren, erst nach gefälltem Urteile zu erheben. Schmerzlich berührte es die Advokaten, daß sie von der lästigen, ihrem Ursprung nach nun einmal ehrenrührigen Verpflichtung, den kleinen seidenen Mantel zu tragen, schließlich doch nicht befreit wurden. Cocceji hat bis zuletzt dem Fortfall des Zwanges das Wort geredet; aber obgleich noch der Kabinettsrat Eichel, dessen Verdienste um das Zustandekommen und die Förderung der Reform der Minister nicht dankbar genug anzuerkennen wußte, dem Könige über den Anlaß und die dem Stande nicht eben vorteilhaften Wirkungen der gehässigen Maßregel Vortrag hielt, ließ es dieser doch beim alten und erklärte, daß er den Mantel des Advokaten lediglich als eine Auszeichnung, wie die Uniform des Soldaten, betrachte.

Bürgschaften für die wissenschaftliche und praktische Vorbereitung der Justizbeamten schuf Cocceji durch die Stiftung einer Pflanzschule von Auskultatoren und Referendaren, die erst nach Ablegung strenger Prüfungen zur Ausübung richterlicher Obliegenheiten oder des Anwaltberufes zugelassen wurden. Einer schon 1737 erlassenen Examinationsordnung geschah erst von nun an allgemein Nachachtung. An den Prüfungen hat sich Cocceji, wie es in allem seine Art war, persönlich beteiligt; seit 1756 wurden sie auf die Anregung seines Nachfolgers Jariges vor einer ständigen Prüfungskommission abgelegt. Endlich war es die Absicht des Königs, daß die Visitationsreisen durch das ganze Land, durch die Cocceji und seine Begleiter eine so große Wirkung erzielt hatten, als dauernde Einrichtung von drei zu drei Jahren sich wiederholen sollten.

Die neuen Vorschriften über Stellung und Pflichten der Richter wie der Advokaten fanden Aufnahme in die Prozeßordnungen, die Cocceji mit bewunderungswürdiger Arbeitskraft, inmitten seiner Visitationen, seiner richterlichen und organisatorischen Tätigkeit,

in kürzester Zeit zustande brachte. Die erste, für Pommern be=
stimmt, der Codex Fridericianus Pomeranicus, entstand an Ort
und Stelle während der Dienstreise und konnte dem Könige bei der
Rückkehr des Verfassers im August 1747 fertig vorgelegt werden.
Es folgte im April des nächsten Jahres die Veröffentlichung des
Entwurfs zu einem Codex Fridericianus Marchicus oder einer
Kammergerichtsordnung; es war eine vervollständigte Umarbeitung
des ersten Kodex und sollte „allen Provinzen künftig zum Modell
dienen". Die leitenden Gesichtspunkte für diese Prozeßordnungen
hatte ihr Verfasser schon im Mai 1746 in einem „Unvorgreiflichen
Plan wegen Verbesserung der Justiz" aufgestellt: vor allem Ab=
kürzung der Fristen, Verbot der Aktenversendung an eine Juristen=
fakultät als letzte Instanz, Beschränkung der außerordentlichen Kom=
missionen. Aus der Verordnung von 1725, einem der Trümmer=
stücke der früheren Reformarbeit Coccejis, wurde der Grundsatz
möglichster Ausdehnung des mündlichen Verfahrens beibehalten.
Man hatte dafür in unmittelbarer Nähe das Muster der französischen
Koloniegerichte mit ihrer an die Ordonnance civile Ludwigs XIV.
von 1667 sich anlehnenden, trefflich bewährten Prozeßordnung;
aber den Anhängern des Alten schien die in Deutschland allgemein
in Vergessenheit geratene Mündlichkeit nicht wohl vereinbar mit
der Gründlichkeit, und das 1725 vorgeschriebene Verfahren hatte
sich deshalb in der Praxis wenig eingebürgert.

Die Entschließung über die außergerichtlichen Kommissionen
griff entscheidend in die schwierige Frage der Kabinettsjustiz ein.

Im Bereich der Kriminalgerichtsbarkeit war die später zu einem
Begnadigungsrechte zusammengeschrumpfte oberststrafrichterliche Ge=
walt des Landesherrn von der Theorie noch nicht in Frage gestellt;
unbestritten galt es als sein Recht, Strafurteile nicht bloß zu mildern,
sondern auch zu schärfen. König Friedrich ließ alle Erkenntnisse
der Strafkammern sich zur Bestätigung vorlegen; sonst würden,
meinte er, „die Leute in den Provinzen gehudelt werden".

Wohl aber hatte man allmählich begonnen, das Verhältnis des
Staatsoberhauptes zu der bürgerlichen Rechtspflege kritischer Er=
örterung zu unterziehen.

Für den in England und Frankreich vorlängst anerkannten
Grundsatz, daß die landesherrliche Gewalt sich jeder persönlichen
Einmischung in den Gang der Zivilgerichtsbarkeit zu enthalten habe,
war Cocceji vor mehr als dreißig Jahren in seinem Jus contro-
versum doch nur in sehr eingeschränktem Maße, gleichsam einen
Fühler ausstreckend, eingetreten, indem er landesherrliche Macht=
sprüche nur den wohlerworbenen Privatrechten gegenüber für un=
zulässig erklärte, ohne sich gegen Eingriffe in schwebende Prozesse
zu erklären. Auch würde er sich durch die Aufstellung einer solche

Eingriffe ablehnenden Theorie in offenbaren Widerspruch gegen
die in seinem Vaterlande herrschende Praxis gesetzt haben. Die
beiden ersten preußischen Könige haben es sich stets grundsätzlich
vorbehalten, den Streit der gerichtlichen Parteien durch einen Macht-
spruch zu entscheiden oder vor eine außerordentliche Kommission
zu ziehen, und haben nach diesem Grundsatze in zahlreichen Fällen
gehandelt. Nur für diejenigen seiner Mandate, die von den Bittstellern durch Vorspiegelung falscher Tatsachen oder durch Ver-
schweigung eines für die Sachlage wichtigen Umstandes zweifellos
erschlichen waren, verfügte Friedrich I. in einem Edikt von 1706,
daß die Gerichte sie als unkräftig betrachten und unberücksichtigt
lassen sollten.

Auch Friedrich II. blieb auf dieser Linie zunächst stehen. So
in der unmittelbar nach den entscheidenden Besprechungen mit
Cocceji erlassenen Kabinettsorder gegen die Supplikanten vom
17. September und gleich darauf in jener Instruktion vom 2. Oktober 1746. Hier ist die Meinung des Königs kurz dahin umschrieben,
„daß Dero Kabinettsordres, welche Commissiones akkordieren, nur
gelten sollen, wenn die Sache noch nicht rechtshändig rc. oder vor-
sätzlich verschleppt werde und durch die Kommission kürzer abgetan
werden könne". In Frage kamen tatsächlich nur solche Kabinetts-
befehle, die nicht der eigentlichen Absicht des Monarchen entsprachen,
also wiederum erschlichen waren. Einen Schritt weiter gingen
demnächst die neuen Prozeßordnungen mit der Bestimmung, daß
Kommissionen in Zukunft nicht mehr von den Parteien erbeten
werden durften, sondern nur seitens der Gerichtshöfe angeordnet
und zusammengesetzt werden sollten. Zugleich aber verrät sich hier
die Absicht des Verfassers, einer Einwirkung aus dem Kabinett
überhaupt den Weg zu verlegen, auch einer wirklich und bewußt
vorhandenen, aus voller Kenntnis der Sachlage herfließenden
königlichen Willensmeinung die Gültigkeit abzusprechen. Denn
einmal wurden etwaige vom Könige erteilte Anwartschaften auf
eine Präsidenten- oder Ratsstelle, sowie königliche Dispensationen
von der vorgeschriebenen Ratsprüfung, vorweg für nichtig erklärt,
und weiter wurde den Gerichten eingeschärft, „auf keine Rescripte,
wenn sie schon aus Unserem Cabinet herrühren, die geringste Reflexion zu machen, wenn darin etwas wider die offenbare Rechte
sub et obrepiert worden oder der strenge Lauf Rechtens dadurch
gehindert oder unterbrochen wird".

Die Vermutung liegt nahe, daß diese Sätze vielmehr durch die
doktrinäre Willelei des Verfassers Cocceji in den dickleibigen Entwurf hineingekommen sind, als daß sie seitens des Monarchen, der
ihn durch seine Unterschrift zum Gesetz erhob, eine bedachte Stellung-
nahme zu der großen Prinzipienfrage bezeichneten. Jedenfalls

hat sich Friedrich in der Praxis unmittelbar nach der Veröffentlichung
dieser Prozeßordnung in einigen, allerdings ganz vereinzelten
Fällen einen unmittelbaren Eingriff in die Rechtsprechung noch
erlaubt; er hat in einem Falle ein in letzter Instanz gefälltes Urteil
aus landesherrlicher Autorität gänzlich aufgehoben, einem Halber=
städter Bauern zugunsten, dem im Prozesse mit einem Kloster eine
seit einem Jahrhundert bei seinem Hofe gewesene halbe Hufe aber=
kannt war. Dem entspricht, daß demnächst der von Cocceji gelieferte
Entwurf eines allgemeinen Landrechts, das Corpus juris Frideri=
cianum, die Gerichte anwies, zwischen Erlassen aus dem Geheimen
Rat und aus dem Kabinett einen wesentlichen Unterschied zu machen.
Die ersteren, sobald sie wider den klaren Buchstaben dieses Land=
rechtes verstießen oder durch unzutreffende Angaben erwirkt waren,
sollten schlechthin unbefolgt bleiben; für seine Kabinettsorders aber
behielt sich der Landesherr — darin ist Coccejis Entwurf ohne Frage
von Friedrich beeinflußt worden — das letzte Wort, die Entscheidung
vor, ob ein Rechtsirrtum oder eine tatsächliche Unrichtigkeit zugrunde
liege: „Wann aber aus Unserem Kabinett dergleichen Ordres er=
gehen, müssen die Gerichte Vorstellung dagegen tun und nähere
Ordre sich ausbitten, auch was alsdann erfolgt zur Execution bringen."
Zu heiliger Ernst war es dem Könige mit dem, was er am Vor=
abend der großen Neuerungen, am letzten Tage des Jahres 1746
öffentlich verkündet hatte: „Am allerwenigsten ist Unsere Intention,
Unseren gedrückten Untertanen den Zutritt zu Unserem Königlichen
Thron abzuschneiden"; zu fest wurzelte in ihm die im Antimachiavell
und öfter vorgetragene Anschauung, daß die richterliche Gewalt die
ursprünglichste der dem Staatsoberhaupte übertragenen Pflichten
sei; zu ergriffen war sein für edlen Antrieb so empfängliches Ge=
müt von jenem in dem politischen Testament erwähnten Mahnruf
des griechischen Weibes an einen pflichtvergessenen König, als daß
er der modernen Theorie zuliebe leichten Herzens einem bisher
von den preußischen Herrschern ohne das geringste Bedenken aus=
geübten Majestätsrecht hätte entsagen sollen.

Aber siegesschwanger wie diese neue Theorie war, hat doch auch
König Friedrich sich auf die Dauer ihrem Einflusse nicht entziehen
können. Wenn er um eines armen Bauern willen noch 1748 das
Recht gebeugt hat, so schlug er einem verschuldeten Edelmann,
ob es gleich der Schwiegersohn seines Ministers Podewils war,
die gleiche Gunst rundweg ab. Bald fand auch auf Preußen An=
wendung, was Montesquieu 1748 im „Geist der Gesetze" mit Bezug
auf die Mehrzahl der absoluten Monarchien Europas gesagt hatte,
daß der Despotismus angesichts der Unabhängigkeit der Rechts=
pflege nicht mehr als ein unumschränkter erscheine. In dem poli=
tischen Testament schreibt der König 1752: „Ich habe mich entschieden,

den Lauf der Prozesse niemals zu stören; in den Gerichtshöfen müssen
die Gesetze sprechen und der Souverän schweigen." Einige Jahre
nach der Durchführung der ersten preußischen Justizreform hat dann
der Nachfolger Coccejis in einer unter den Augen und wie es scheint
auch unter Zustimmung des Königs gedruckten Abhandlung von
der „Konstitution" des Staates geredet, und hat jedweden Macht=
spruch des Souveräns in Rechtsfragen, auch den gerechtesten, mit
dürren Worten „ungesetzlich" genannt, als mit der Verfassung des
Staates nicht vereinbar. Und wieder einige Jahre darauf (1772)
erklärte der König öffentlich bei bedeutsamem Anlaß: „Wir selbst
oder Unser Etatsministerium geben keine Entscheidungen, so die
Kraft einer richterlichen Sentenz haben." Selbst in dem einen
Falle aus den letzten Regierungsjahren, in welchem er über die
höchsten Justizbeamten des Staates die ganze Schale seines Zornes
ausgoß, hat er doch wenigstens vor einer formellen Aufhebung des
ihm anstößigen richterlichen Erkenntnisses zurückgescheut.

Wenn König Friedrich, in eine neue Anschauungsweise sich
hineinlebend, es schließlich über sich gewann, sich und seinen „könig=
lichen Thron der Gerechtigkeit" nicht mehr als Instanz über den
Instanzen hinzustellen, so mußte ein anderer Entschluß ihm um so
leichter fallen. Hörte die Einwirkung vom Throne her auf, so mußten
um so mehr die Einwirkungen aus der Fremde abgeschnitten, eine
ganz außerhalb des Staatsgefüges liegende Instanz aus der Gerichts=
verfassung ausgeschaltet werden. Die Juristenfakultäten der Hoch=
schulen hatten mit ihren Sprüchen nicht bloß häufig Schlußerkennt=
nisse der Gerichte umgestoßen, sondern auch von vornherein den
regelmäßigen Instanzenzug gehemmt, indem sie sich die Akten eines
Prozesses schon nach Fällung des ersten Urteils zusenden ließen,
und so namentlich den Stadtgerichten es erleichterten, sich dem Ein=
fluß und der Aufsicht der übergeordneten richterlichen Instanz zu
entziehen. Trotzdem fand diese Übung der Aktenversendung Ver=
teidiger selbst in dem preußischen Ministerium. In seiner mürrischen
Opposition gegen alle in Vorschlag kommenden Neuerungen meinte
Arnim, daß die Gründe für und wider einander die Wage hielten;
die Frage, ob nicht die Würde der heimischen Gerichtshöfe unter
den ihnen durch die Rekurse nach außerhalb fort und fort erteilten
Mißtrauensvoten leide, legte er sich nicht vor. Coccejei hatte von
der Ehrenrührigkeit des bestehenden Zustandes eine sehr lebhafte
Empfindung und verneinte zudem die Zweckmäßigkeit entschieden;
abgesehen von dem aus der Aktenversendung an die Professoren=
kollegien, wohl gar von Universität zu Universität, erwachsenden Zeit=
verluste hatten nicht selten auswärtige Hochschulen bei Beurteilung
des ihnen vorgelegten Falles dem Ortsbrauch und dem statutarischen
Recht völlig zuwider erkannt. Darum beantragte er zum mindesten

das Verbot, bei Berufung die Akten außer Landes zu schicken. Der König entschied in diesem Sinne schon vor der Feststellung des Ge=
samtplanes für die Reform, am 2. April 1746. Kurz darauf wurde ein Fall vor ihn gebracht, in welchem ein Kläger vor den Gerichten in drei Instanzen verloren, bei der Göttinger und Wittenberger Fakultät gesiegt und schließlich bei der Greifswalder wieder verloren hatte. Von der gänzlichen Unfruchtbarkeit der Aktenversendung nunmehr völlig überzeugt, verbot der König, ohne ein weiteres Gutachten seiner Justizminister einzuholen, am 20. Juni 1746 die Appellation an Fakultäten oder Schöffenstühle schlechthin. In den neuen Prozeßordnungen blieb diese Entscheidung bestehen, die „vierte Instanz" war endgültig beseitigt, und Cocceji versagte es sich nicht, in diesen offiziellen Dienstvorschriften die „mehrenteils schlechten und in praxi unerfahrenen Professores der auswärtigen Fakultäten" vor aller Welt mit einem Seitenhieb zu bedenken.

Bei diesem einen Ergebnis durfte der Neubau der äußeren Gerichtsverfassung nicht stehen bleiben. Es galt, in dem dreifachen Instanzen=Stockwerk, das erhalten blieb, teils zuverlässigere Stützen anzubringen, teils größere Gleichmäßigkeit und Übersichtlichkeit der architektonischen Gliederung herzustellen.

Des Königs Wunsch war, daß Cocceji auf seinen Inspektions=
reisen auch die Untergerichte einer Umgestaltung unterzöge, die Patrimonial= und Domanialgerichte des platten Landes und die Gerichte in den Städten; denn fort und fort liefen im Kabinett über die Verwahrlosung der Justiz in dieser untersten Instanz bittere und nur zu begründete Klagen ein. Im Bereich der königlichen Domäne hatten die Pächter, die königlichen Amtleute, die Justizver=
waltung mitgepachtet. Zwar waren sie bedeutet, die Rechtsprechung durch einen studierten Justitiarius vornehmen zu lassen; aber eine Denkschrift aus der Neumark behauptete, daß es dort nicht einen einzigen rechtskundigen, in Pflicht genommenen Gerichtsverwalter gebe. Der Stock, klagt der Verfasser, das ist ihr Corpus juris; es sei vorgekommen, daß sich der Gerichtshalter für einen Trauschein statt sechs Groschen fünfzehn Taler habe zahlen lassen. Auch in den Patrimonialgerichten der Ritterschaft sah der adelige Grundherr gern von der Bestellung eines Justitiarius ab, um, gleichviel ob juristisch gebildet oder ganz unvorbereitet, die Rechtsgeschäfte selbst zu ver=
sehen, des bequemen, historisch übrigens gerechtfertigten Satzes sich getröstend: Imperitia litterarum judicem vel assessores in=
habiles non facit. Auf die Anläufe, die Patrimonialgerichtsbarkeit beiseite zu schieben, welche die Staatsgewalt in früheren Zeiten genommen hatte, war man nach dem dreißigjährigen Kriege nicht zurückgekommen. Im Gegenteil schrieb die Kammergerichtsord=
nung von 1709 vor, alle an das Kammergericht gebrachten Klagen,

die zur ersten Instanz gehörten, sofort an diese zu weisen, da es die
Absicht des Königs sei, die von Adel und die Magistrate bei dem
Privileg der ersten Instanz allergnädigst zu schützen. Doch wollte
schon Friedrich Wilhelm I. seine Stände nicht als Jurisdiktions=
herren, sondern nur als Jurisdiktionsinhaber bezeichnet wissen, da
er, der Landesfürst, der einzige Jurisdiktionsherr sei. Im Westen,
im Herzogtum Kleve und in der Grafschaft Mark, wo die Bauern
sich der Gutsherrlichkeit im allgemeinen erwehrt hatten, wurde die
Gerichtsbarkeit auf dem platten Lande fast überall durch staatliche
Richter, unter bedeutungsloser Mitwirkung von Schöffen, ausgeübt.

Von den Städten unterstanden eine Anzahl, die sogenannten
Mediatstädte, außerstädtischer Gerichtsbarkeit, bald ritterschaftlicher
oder stiftischer, bald der einer anderen Stadt, bald der des Landes=
herrn, in der Weise, daß der fremde Inhaber des Gerichts die Richter=
stellen besetzte. Für die Immediatstädte war dagegen gerade die
selbständige Justizverwaltung ein wesentliches Merkmal ihrer landes=
unmittelbaren Stellung. Hier bestand bald ein besonderes Stadt=
gericht, mit oder ohne konkurrierende Gerichtsbarkeit des Magistrats,
bald fiel das Gericht mit dem Magistrat zusammen. In den kleinsten
Städten, mediaten wie immediaten, war auch wohl nur ein Einzel=
richter angestellt.

Im ganzen aber wurde vielmehr über die allzugroße Menge
der städtischen Richter geklagt, die untereinander wegen Verteilung
der Sporteln haderten und sich nach Familienzusammenhängen
und sonstigen Sonderinteressen in Koterien spalteten. Wo Stadt=
gerichte und Magistrate nebeneinander die Justiz verwalteten, gab
es überall heftige Zuständigkeitszwiste. Im Zusammenhang mit
den großen, in die egoistische Mißwirtschaft der patrizialen Vetter=
schaften tief einschneidenden Reformen der Städtepolitik Friedrich
Wilhelms I. war auch in dem städtischen Gerichtswesen schon manches
ausgebessert worden; vor allem wurde seit 1737 durchgängig für die
städtischen Richter die Ablegung eines Examens vor einem Staats=
gerichtshofe und die königliche Bestätigung verlangt. Städtische wie
Patrimonialgerichte gleichmäßig traf die Maßregel aus den letzten
Jahren der alten Regierung, durch welche in schwereren Straf=
sachen den Untergerichten nur die Untersuchung belassen wurde,
während das Urteil nach Einsendung der Akten durch die Gerichte
zweiter Instanz zu erkennen war.

Unter der Regierung Friedrichs II. ging nun den Immediat=
bürgerschaften die Erinnerung an den ursprünglich autonomen
Charakter ihrer städtischen Gerichtsbarkeit ganz verloren, sowohl in=
folge des von dem Staate in Anspruch genommenen Prüfungs=
und Bestätigungsrechtes bei Anstellungen, das 1749 noch eine Er=
weiterung erhielt, wie angesichts der jetzt vorliegenden Unmöglich=

keit, eine andere Appellationsinstanz als das Gericht des Staates, das vorgesetzte Provinzialobergericht, anzurufen. Zugleich aber wurde jetzt der Prüfungszwang auch auf die richterlichen Beamten des platten Landes erstreckt. Eine Verordnung vom 19. Juni 1749 ließ zur Rechtsprechung in den Patrimonialgerichten nur noch studierte, vor dem Obergericht der Provinz im Examen bestandene und vom Staate in Pflicht genommene Justitiarien zu, so daß die adeligen Gutsherren in ihrer Verfügung über das Gericht wesentlich eingeschränkt waren. Schon begann man ihr ererbtes „Privilegium der ersten Instanz" mit dem bescheidenen Ausdruck Präsentationsrecht zu bezeichnen, und schon war dieses Recht mehr eine Last denn ein Vorzug, da die Sporteln oft genug die den Gutsherren aufgebürdete Besoldung des Justitiarius nicht deckten. Auch der Domänenpächter mußte jetzt sich seinen Justitiarius halten, bei dessen Prüfung und Anstellung mit dem Provinzialgericht die Kriegs= und Domänenkammer zusammenwirkte. Am Rhein und an der Ruhr, wo ihn keine patrimonialen Gerechtsame einengten, konnte der König schon jetzt mit einem Schritte vorgehen, den er später dem Osten zur Nachahmung empfohlen hat: „um das Wohl und Weh Unserer Untertanen soviel möglich nicht mehr eines einzigen Richters Willkür zu überlassen," legte er 1753 in der Grafschaft Mark und im Klevischen jene mit Einzelrichtern besetzten Untergerichte zu zehn „Landgerichten" zusammen.

Die Appellationsgerichte trugen in den meisten Provinzen die Bezeichnung Regierung, noch von der Zeit her, da diese Regierungen, damals wesentlich unter dem Einflusse der Landstände, alle Zweige der Landesverwaltung, Justiz, Finanzen und Polizei, in sich vereinigten. Inzwischen hatte nun seit den Tagen des Großen Kurfürsten der landesfürstliche Absolutismus, ständischer Bevormundung sich entziehend, überall in den Kammern und Kommissariaten eigene, ganz von ihm abhängige Organe für die Aufgaben der Domänenverwaltung und des Steuerwesens geschaffen und die Regierungen somit zu einfachen Justizhöfen zusammenschrumpfen lassen. Wo, wie in Stettin und in Kleve, neben der Regierung noch ein besonderes Obergericht bestand, fehlte es jener durchaus an einem fruchtbaren Wirkungskreise. Es war deshalb gewiß an der Zeit, daß König Friedrich 1746 das Stettiner Hofgericht und den klevischen Justizrat mit der pommerschen und klevisch=märkischen Regierung vereinigte, so daß jetzt auch diese Behörden die Stellung der Regierungen zu Küstrin, Magdeburg, Halberstadt, Minden, Lingen und der neu eingerichteten drei schlesischen Oberamtsregierungen gewannen, als zweite Instanz über den Domanial=, Patrimonial= und Stadtgerichten, als erste in Kriminalsachen und in den Prozessen der eximierten Gesellschaftsklassen. Auch die Grafschaften Mörs und Ostfriesland erhielten demnächst derartige Regierungen.  In der Kurmark, in Hinterpommern und vorerst auch in Preußen bewahrten die Landes=justizkollegien ihre alten Benennungen: die Hofgerichte zu Königs=berg, Insterburg und Köslin, die Obergerichte zu Stendal und Prenzlau für die Altmark und Uckermark, das Kammergericht zu Berlin für die übrigen Teile der Kurmark.

Einer gründlichen Regelung bedurfte das Verhältnis dieser Oberhöfe zu der konkurrierenden Gerichtsbarkeit der provinzialen Ver=waltungsbehörden, der Kriegs= und Domänenkammern.  Die ersten Ansätze und das allmähliche Vorrücken der Verwaltungsjustiz reichten in jene Zeiten zurück, in denen auch die höheren Gerichte in ähnlicher Weise unter dem Einfluß einer bevorzugten Gesellschaftsklasse standen, wie später nur noch die Patrimonialgerichte.  Gab die gutsherrliche Gerichtsbarkeit die unteren Bevölkerungsschichten in die Hand des Adels, so bildeten die Landesgerichte, auf deren Bänken zur größeren Hälfte Edelleute saßen, ein Bollwerk der Feudalität in ihrem Kampfe gegen die immer gesteigerten Ansprüche des fürstlichen Absolutis=mus: hier verschanzte sie sich, auf dem Boden ihres konservativen Prinzips, das mit dem Standesinteresse sich auf das engste berührte, hinter das Herkommen, hinter das ererbte Recht und hinter die Spitzfindigkeiten des römisch=rechtlichen Prozesses.  Scheuten doch selbst in der Mark, wo Herrscherhaus und Stände seit Jahrhunderten sich ineinander eingelebt hatten, die Vasallen des großen Kurfürsten nicht vor lautem, lärmendem Widerspruch zurück; um wieviel mehr mußte in den neuen Gebieten der Hohenzollern der allgemeine Gegensatz zwischen Fürstentum und Ständetum durch den besonderen Widerstand des Partikularismus gegen den im Landesherrn ver=körperten Staatseinheitsgedanken an Schärfe gewinnen.  Und neu erworben, noch nicht eingegliedert, noch nicht innerlich gewonnen war die Mehrzahl der unter brandenburgischer Herrschaft vereinigten Lande; immer von vorn mußte nach jedem neuen Landzuwachs der Verschmelzungsprozeß begonnen werden.  Die Stützen dieses einigenden, schöpferischen, staatsbildenden Absolutismus wurden die neuen, rein landesherrlichen, aus den ständischen und provinzialen Zusammenhängen losgelösten Verwaltungsbehörden.  Aber deren Wirksamkeit war nicht gesichert, war gleichsam unterbunden, wenn ihre Reformbestrebungen in den Bereichen der Finanzen, der Polizei, des gewerblichen Lebens überall auf die Einmischung und die Ent=scheidungen der alten Gerichte stießen, die entweder sich in bewußtem Gegensatze gegen das neue Leben fühlten oder doch der Berufung auf die salus publica und den Zweckmäßigkeitsgründen den starren Buchstaben abgelebter, aber noch nicht zu Grabe getragener Ord=nungen entgegenhielten.  Die Folge war, daß die Verwaltungs=behörden alle Rechtsstreitigkeiten, bei denen irgendwie ein fiskalisches

Interesse in Frage kam, vor ihr Forum zu bringen suchten. Dasselbe Mißtrauen der erstarkten landesherrlichen Gewalt, das den
alten Obergerichten einen Fiskal als Aufsichtsbeamten und als
Vertreter der staatlichen Ansprüche aufnötigte, betrachtete mit Wohlgefallen oder doch mit Nachsicht diese Grenzverletzungen seitens der
Verwaltungsgerichtsbarkeit. Noch dazu durfte sich diese vor dem
in den Fußfesseln seines wüsten Formelkrames dahinschleichenden
Zivilprozeß ihrer schnelleren Gangart rühmen.

Die Entwicklung hatte ihren Höhepunkt in dem Augenblick
überschritten, als die Staatsgewalt der ständischen Gesellschaftsordnung so weit mächtig geworden war, daß sie deren Widerstand
gegen das neue, auf dem Wege der Verwaltung eingebürgerte
Recht nicht mehr ernsthaft zu fürchten brauchte. Somit hatte schon
Friedrich Wilhelm I. gleich nach seinem Regierungsantritte die
Verwaltungsjustiz durch die Zuständigkeitsgesetze von 1713 und
1715 aus der bisherigen Willkür hinausgelenkt. Aber noch war
kein durchgreifendes Prinzip aufgestellt, nur für eine Reihe besonders
häufig auftauchender Zweifelsfälle waren Einzelbestimmungen getroffen. Und vor allem durfte sich die tiefgewurzelte Neigung der
Verwaltungsbehörden zu Grenzüberschreitungen darauf verlassen,
bei dem Könige selbst einen Rückhalt zu finden. Das wurde anders
nach 1740. Es war schon in früherem Zusammenhange der die
Beteiligten höchst überraschenden Entscheidung zu gedenken, durch
die Friedrich II. in seinen Anfängen bei einem Zuständigkeitsstreit
zwischen der Halberstädter Regierung und der dortigen Kammer
sich auf die Seite der Justiz stellte[1]). Seinem Sinn widerstrebte es
durchaus, den fiskalischen Gesichtspunkt, wie sein Vater es getan
hatte, bis zur Härte hervorzukehren, zweifelhafte oder veraltete
Ansprüche des Staates gegen die Untertanen aufzuspüren und im
Rechtswege zu verfolgen. Wiederholt hat er seinen Behörden dieses
bisher sehr gern gesehene Tun nachdrücklich untersagt. Erst wo solche
Anschauungen sich Geltung verschafft hatten, war für eine gründ-
liche Auseinandersetzung zwischen Justiz und Verwaltung die Bahn
frei. Und hätte nicht überdies ein fortgesetztes Mißtrauen gegen die
Entscheidungen der Gerichte jetzt, wo an ihre Verjüngung die freudigsten Hoffnungen geknüpft wurden, einen Widerspruch in sich
geschlossen? So sah sich denn Cocceji auch in dieser Einzelfrage
dem Ziele näher gebracht, das er vor fast einem Menschenalter
gewiesen hatte, als er 1724 gegen Friedrich Wilhelm I. für das
gerade damals bei mehreren Anlässen schwer geschädigte Ansehen
der Gerichte eintrat. Wäre es nach ihm gegangen, so würde die
ganze „Kammerjustiz" beseitigt worden sein. Dazu wollte sich der

---

[1]) Bd. I, 196.

König nach anfänglicher Bereitwilligkeit doch nicht verstehen, da
das Generaldirektorium ihn warnte, die Erfüllung der Einnahme-
anschläge zu gefährden. Immerhin wurde nun durch die königliche Verordnung vom 19. Juni 1749 eine feste Grenze zwischen
Verwaltungsgerichtsbarkeit und der ordentlichen Justiz gezogen.
Zum erstenmal war ein allgemeiner, wenn auch nicht völlig einfacher und klarer Grundsatz aufgestellt, der alle privaten Ansprüche
gegen den Fiskus oder seitens des Fiskus der Entscheidung der
Gerichte zuwies, alle Streitigkeiten dagegen, welche die Staats-
einnahme an Steuern und Domänenerträgen „und überhaupt das
öffentliche Interesse" berührten, den Kriegs- und Domänenkammern
vorbehielt. Danach hatten diese, wie sich von selbst versteht, die
Prozesse zwischen zwei königlichen Ämtern zu schlichten und die
Dienstvergehen der Beamten abzuurteilen, zugleich aber auch alle
Streitigkeiten vor sich zu ziehen, die sich aus der Verpachtung der
Domänen, aus den dienstlichen Verpflichtungen der Domänen-
bauern, aus der städtischen Kämmereiwirtschaft, aus der Zollver-
waltung ergeben konnten, bei dem engen Zusammenhange aller
dieser Fragen mit dem Staatshaushalt. Nach der gleichen Richtschnur war in Berufungsfällen die Zuständigkeit der Zentralver-
waltungsstelle gegen die der obersten Staatsgerichtshöfe abgegrenzt.

Werfen wir jetzt auf die oberste Staffel der Dikasteriengliede-
rung noch einen Blick, so hielt auch hier im Gefolge dieser Reform
größere Einheitlichkeit und Einfachheit ihren Einzug. Von den
bestehenden fünf Revisionshöfen verschwanden ganze drei: das
ravensbergische Appellationsgericht zu Berlin, welches der west-
fälische Nationalstolz so lange als köstliches Kleinod der ravens-
bergischen Selbständigkeit gegen alle Zentralisierungsversuche behauptet hatte; das französische Obergericht der großen, über den
ganzen Staat verbreiteten Hugenottengemeinde und der Geheime
Justizrat, die bisherige dritte Instanz für die Marken. Das Privilegium der märkischen Stände, vor diesem Forum Klagen gegen die
Landesherrschaft anzubringen, machte ihre Zustimmung zu der Aufhebung erforderlich; sie willigten ohne Schwierigkeit in die ihnen
gemachte Vorlage, wie denn überhaupt die ständischen Monita,
die man aus den einzelnen Landesteilen einforderte, das Reformwerk im wesentlichen als gegebene Tatsache hinnahmen. Es waren
eben die Zeiten ständischer Opposition vorbei. Bestehen blieben
als höchste Gerichtshöfe das Tribunal zu Königsberg und das Tribunal oder Oberappellationsgericht zu Berlin. Dieses war nach der
Annahme der Königskrone als oberste Instanz für die außerhalb
des Kurfürstentums im Reiche gelegenen Fürstentümer und Lande
errichtet worden, deren gemeinsames Los nur besagte Grafschaft
Ravensberg nicht hatte teilen wollen; jetzt erstreckte sich nach Auf-

hebung jener anderen Kollegien sein Sprengel über sämtliche Provinzen mit Ausnahme von Preußen und Litauen und der nur durch
Personalunion mit der Monarchie verbundenen Lande Geldern
und Neuchatel. Nun hatte Kaiser Franz unter dem 31. Mai 1746,
in Erfüllung einer Klausel des Dresdener Friedens, das von seinem
wittelsbachischen Vorgänger versprochene uneingeschränkte privilegium de non appellando auf den Fuß, wie es das Kurland Brandenburg seit der goldenen Bulle und das Herzogtum Stettin seit 1733
genossen, dem Könige für alle seine Reichslande ausgestellt und
1750 nach Zahlung der Kanzleigebühren auch aushändigen lassen.
Damit war der letzte Grund für die Beibehaltung zweier verschiedener
Revisionshöfe für das Kurfürstentum und für die übrigen Reichslande weggefallen. Rücksichten auf die Empfindlichkeiten der Märker
aber mögen mitgewirkt haben, wenn man das reorganisierte Tribunal mit seinem erweiterten Bezirke anfänglich in eine lose Verbindung
mit ihrem Kammergerichte brachte, dessen vierten Senat es bilden
sollte. Cocceji hat für die Gesamtheit der vier Senate wohl die
Bezeichnungen Generalkollegium oder großes Friedrichskollegium
einzuführen gesucht, tatsächlich aber blieben die beiden Gerichtshöfe voneinander getrennt und behaupteten im Sprachgebrauche
und endlich auch offiziell ihre alten Namen Kammergericht und
Tribunal oder Obertribunal.

Soweit der aufgehobene Geheime Justizrat, im siebzehnten
Jahrhundert ein Anhängsel des Geheimen Staatsrats, auch eine
Verwaltungsbehörde gewesen war, trat seine Erbschaft das Kollegium der vier Justizminister an, wie sie denn alle vier dem Geheimen Justizrat bisher angehört hatten. Die Geschäfte waren
innerhalb des Justizministeriums in der Weise abgegrenzt, daß
dem Chefminister die allgemeinen Aufgaben der Justizverwaltung,
alle Anstellungssachen, zumal aber jetzt die Reorganisationen und
Gesetzgebungsarbeiten zugewiesen waren, während seine Kollegen
die besonderen Angelegenheiten der einzelnen Provinzen bearbeiteten
und außerdem einen oder mehrere der nach Gegenständen geschie-
denen Einzelbereiche unter sich hatten: das Direktorium der Kriminal-
justiz, das Lehnsdepartement, die geistlichen und Schulangelegen-
heiten der Lutheraner, Reformierten und Katholiken, das Kura-
torium der Universitäten, der Bibliothek, Kunstkammer und anderer
wissenschaftlicher Anstalten. Auch blieb es Übung, die Präsidien
des Kammergerichts und des Obertribunals, nach der Umbildung
beider Gerichtshöfe nur Ehrenämter ohne irgendwie erhebliche
Arbeitslast, mit je einem der Nebenminister des Justizamts zu besetzen. Bei einem Personenwechsel in den Ministerposten pflegten
diese zahlreichen sogenannten Spezialdepartements in neuer Grup-
pierung verteilt zu werden.

Der durch Arnim gern angefochtene Vorrang des Ministre chef de justice vor den Nebenministern erhielt eine kräftige Bestätigung durch die Erhöhung Coccejis zum „Großkanzler des Königreichs und aller übrigen Lande". Der König erteilte seinem auserkorenen Werkzeuge diese „distinguierte Marque gnädigster Zufriedenheit", die durch die gleichzeitige Verleihung des Schwarzen Adlerordens noch erhöht wurde, schon am 8. März 1747, unmittelbar nach den ersten praktischen Erfolgen der Reformarbeit. Noch gab Arnim den Kampf nicht ganz auf. Als die rasch vorschreitende Reform sich dem ihm anvertrauten Obertribunal näherte, setzte er zunächst passiven Widerstand entgegen, indem er die seitens des Königs verlangten Vorschläge zur Abkürzung des Verfahrens überhaupt nicht einreichte. Dem neuen Großkanzler erklärte er geradezu, in seiner Präsidentenbestallung sei er angewiesen, das Tribunal bei seiner Ordnung zu erhalten, und das habe er bis vor kurzem notorisch getan. In die Neuerungen vermöge er sich nicht zu finden, habe dies dem Könige alleruntertänigst anzuzeigen die Ehre gehabt und bleibe überzeugt, daß Seiner Königlichen Majestät allergnädigst-landesväterliche Intention durch eine präzipitante Justizpflege sich nicht erreichen lasse. Er werde sich Coccejis schriftlichen Verfügungen in keinem Stücke widersetzen, noch weniger aber tätig mitwirken, sondern alles mit Gelassenheit ansehen und gehen lassen. Alles Ding, so schloß er ingrimmig, hat seine Zeit. Wenn Arnim an den Sitzungstagen oder sonst seine Tribunalsräte bei sich zu Tische sah, machte sich das Unbehagen Luft in Witzeleien und Lästerungen über die Coccejaner und ihre verunglückte, nur durch Kriecherei vor dem einflußreichen Kabinettsrat Eichel überhaupt durchgesetzte Justizreform. Und so ward aller Orten weidlich auf Cocceji und seine „genügsam kundige Falschheit und mauvaise foi" gescholten. Die einen getrösteten sich des Urteils der Nachwelt, wenn die Schmeichler tot sein würden, die anderen prahlten töricht genug mit dem Einfluß der auf Arnims Seite stehenden Familie Schwerin, die bei Hofe fast dasselbe gelte, wie das fürstliche Haus Anhalt, und es dem Großkanzler nicht verzeihe, daß er sie in einem Prozeß mit dem Fiskus ein Gut von 150 000 Talern habe verlieren lassen.

Der König, der dem alten treuen Diener seines Hauses große Rücksichten zeigte, konnte doch endlich (9. Januar 1748) nicht umhin, Arnim sein „ganz unanständiges und aus einer puren Privatjalousie herrührendes Verfahren" zu verweisen; er bezeichnete die Justizreform als sein eigenes, wohl überlegtes Werk, wies auf die bereits aller Welt vor Augen liegenden Erfolge hin und ersuchte zum Schlusse den Minister, ihn nicht in die Notwendigkeit zu bringen, den Vorsitz im Tribunal einem anderen zu übertragen, „von welchem Ich Mir

völlig versprechen kann, daß er sich Meinen landesväterlichen Ab=
sichten hierunter gehörig fügen werde". So überzeugte sich Arnim
allmählich von der inneren Unhaltbarkeit seiner Stellung. Gleich
seinem eifrigen Anhänger, dem Tribunalsrat Nüßler, und so manchem
anderen unter den höheren Justizbeamten blieb ihm nur noch übrig,
wie Nüßler es ausdrückte, auf sein Gut zu gehen und Kohl zu pflanzen.
Er hielt noch einige Monate an sich und bat dann um seine Ent=
lassung. Der König gab ihm anheim (7. Juni 1748), sich die Sache
reiflich zu überlegen, „damit Ihr Euch bei der honetten Welt nicht
die Blame zuzieht, als ob Ihr nur allein aus Depit den Schluß
genommen habet, lieber alles fahren zu lassen, als nachzugeben".
Als der Minister auf seiner Bitte bestand, stellte ihm der König ihre
demnächstige Erfüllung in Aussicht, ließ dann aber mehrere Wochen
verstreichen, bis Arnim ihn am 30. Juli mit Berufung auf sein
„sehr hohes Alter" — er stand im siebzigsten Lebensjahre — auf
seine „sich von Zeit zu Zeit einstellenden, gefährlichen, zum Teil
tödlichen Zufälle" und auf „andere beträchtliche Umstände" be=
schwor, ihm durch huldreiche Erteilung der Dimission einen kleinen
Raum zwischen Leben und Tod zu gönnen, damit er sotanes Inter=
vall in Friede und Ruhe auf seinem Gute zubringen könne. Un=
verzüglich ward er jetzt seines Wunsches teilhaft; aber es war dem
König eine aufrichtige Freude, daß er im nächsten Jahre dem grollend
vom Schauplatz abgetretenen alten Herrn das erledigte General=
postmeisteramt anbieten und ihn in dieser neutraleren Stellung für
den Staatsdienst wiedergewinnen konnte; der Zurückkehrende wurde
mit dem Schwarzen Adlerorden ausgezeichnet.

Der Rücktritt Arnims aus dem Justizdienst besiegelte den Sieg
der Reform, und da nun überdies binnen wenigen Jahren die
Justizminister Broich und Christian von Brandt gestorben waren,
so hatte Cocceji als Kollegen im Ministerium jetzt durchweg neue
Männer, die im Lebensalter und in der Dienstzeit ihm um zwanzig
bis dreißig Jahre nachstanden: den von ihm selbst herangezogenen
Altmärker Levin Friedrich von Bismarck, den aus Hessen berufenen
Freiherrn von Danckelman, einen Neffen des berühmten Eberhard
Danckelman, und den weniger bedeutenden Reichsgrafen von Reuß.
Dazu verfügte der Großkanzler über eine Schar ausgezeichneter,
unter seinen Augen durchgebildeter Hilfsarbeiter. Auf der großen
Organisationsreise durch Schlesien im Jahre 1750 begleiteten ihn
die drei Beamten, die in ununterbrochener Reihe seine Nachfolger
in der Großkanzlerwürde werden sollten, Jariges, der Freiherr von
Fürst und der dreißigjährige Referendar von Carmer aus Kreuznach,
dem daheim in der Pfalz sein Protestantismus die Laufbahn ver=
schloß. Noch andere Juristen wanderten aus der Fremde zu; so
einer der fähigsten Räte des Tribunals zu Dresden, Ernst Friede=

mann von Münchhausen, den die Bewunderung für den großen
preußischen König und seine Justizreform 1750 nach Berlin trieb
und den dort wie den jungen Carmer eine glänzende Zukunft erwartete.

————

Inmitten seiner großen organisatorischen Tätigkeit hatte Cocceji
keinen Augenblick den letzten und, wie sich ergeben sollte, schwierigsten Teil seiner Aufgabe aus dem Gesicht verloren, die Kodifikationsarbeit. Es ist nicht unwahrscheinlich, daß er schon 1714 an der Feststellung jenes Programms beteiligt gewesen ist, das damals der
Universität Halle für die von ihr verlangte Schöpfung eines allgemeinen Landrechts zuging. Dann war 1738, da ja von den
Arbeiten der hallischen Gelehrten nichts weiter vernommen wurde,
die Sorge für die Herstellung eines beständigen und ewigen Landrechtes Cocceji allein übertragen worden; aber unmittelbar darauf
erfuhr er, wie wir gesehen haben, die bitterste Enttäuschung seines
Lebens. Die Frucht der unfreiwilligen Muße, zu der er sich in den
letzten Jahren König Friedrich Wilhelms verurteilt sah, war eine
wissenschaftliche Leistung ersten Ranges, die Veröffentlichung des
Novum systema justitiae naturalis et romanae. Cocceji wollte
das Wort des Grotius, an das die Vorrede erinnert, endlich einmal
zuschanden machen: Viele hätten es versucht, die Jurisprudenz
in ein System, in artis formam, zu bringen, und niemand habe es
vermocht. Wohl im Hinblick auf diese Vorarbeit hatte sich Cocceji
gegen Arnim vermessen, binnen Jahresfrist ein Landrecht abzuschließen. Und schnell genug, ob immer nicht ganz so im Fluge, wie
der Verfasser es gehofft hatte, ist dann die Arbeit vorgeschritten.
Ende November 1748 meldete Cocceji dem Könige, daß der erste
Teil des Landrechts zum Drucke fertig sei. Er erschien, das Personen-
und Familienrecht enthaltend, im folgenden Jahre als „Projekt
des Corporis juris Fridericiani“; schon 1751 folgte der zweite Teil
mit dem Sachen- und Erbrecht; mit dem einem Schlußbande zu-
gewiesenen Obligationenrecht ist der Verfasser bis an seinen Tod
beschäftigt gewesen
Die Einteilung folgte ganz dem Novum systema, aus dem nur
die rein philosophischen Darlegungen weggelassen waren. Ganze
Abschnitte des Corpus stellen sich einfach als Übersetzungen aus dem
lateinischen Text des Systema dar. Die Wahl der deutschen Sprache
schien doch einer besonderen Rechtfertigung zu bedürfen. „Se.
Königliche Majestät habe dieses Landrecht in teutscher Sprache
verfertigen lassen,“ erklärt das Vorwort, „damit ein jeder, der einen
Prozeß hat, solches selber nachlesen und ob er Recht oder Unrecht
habe, daraus erlernen könne.“ In diesem Vertrauen auf die po-

puläre Lesbarkeit der Sprache seines Gesetzbuches lag ein erster
großer Irrtum Coccejis. Wie weit blieb doch bei ihm die Behand=
lung des Ausdrucks von dem Ideal entfernt, welches 1714, vielleicht
unter dem Einflusse des großen Sprachreinigers Thomasius, jener
Auftrag an die hallische Juristenfakultät hingestellt hatte: daß „alle
römischen Benamsungen und Kunstwörter" aus der Sprache der
Gerichte verbannt sein und daß die Gesetzgeber ihrem Entwurf
eine Übersicht beifügen sollten, „nach was Weise sie die sonsten in
den Gerichten und im Römischen Rechte bisher vorgekommenen
Worte in teutscher Sprach gegeben und ausgedrücket haben". Cocceji
zog es vor, trotz der entschiedenen Abneigung des Königs gegen die
ihm völlig rätselhaften lateinischen Bezeichnungen, in der juristischen
Kunstsprache wesentlich alles beim alten zu lassen, weil die Termini
gleichsam naturalisiert seien und weil das Deutsche sich nicht dazu
eigne, „eine Sache auf eine kurze Art zu exprimieren". So ganz
vergebens hatten Thomasius und Leibniz ihren Landsleuten den
Reichtum und die Bildungsfähigkeit der Muttersprache gerühmt.

Noch schwerer wog eine andere Selbsttäuschung des Verfassers.
Cocceji war gewiß kein einseitiger Romanist; er war nicht unberührt
geblieben von der neuen Richtung, die an Samuel Stryck in Halle,
dem Vorkämpfer für eine moderne Verjüngung der Pandekten,
dem Eiferer gegen die unterschiedslose Anwendung des römischen
Rechts, einen ersten zünftigen Vertreter gefunden hatte und am
entschiedensten in Leibnizens juristischem Testamente zum Ausdruck
gelangt war, in der Forderung des großen Philosophen, daß das
Corpus juris nicht mehr die Geltung eines Gesetzes, sondern nur die
Kraft der Vernunft und gleichsam das Ansehen eines großen Rechts=
lehrers haben dürfe, und daß sich ein neues Gesetzbuch auf der ge=
meinsamen Grundlage des römischen Rechts, der nationalrechtlichen
Denkmäler, des gegenwärtigen Gebrauches und vor allem der
Billigkeit aufbauen müsse. Wiederholt, seit lange, hatte er als das
Ziel seiner Kodifikationsarbeit bezeichnet die „Abschaffung der
fremden und konfusen römischen Gesetze", die Herstellung eines
deutschen, bloß auf die natürliche Vernunft und die Landesver=
fassungen gegründeten Rechtes. Zuletzt aber hat doch die Leistung
der Verheißung wenig entsprochen. Auf der einen Seite zeigt
Coccejis Entwurf viel stärkere Abhängigkeit von dem geschmähten
römischen Recht, als der Verfasser zuzugeben geneigt war; auf der
anderen ist die Geringschätzung gegen die Ortsrechte unverkennbar.
Wenn König Friedrich, wie wir gleich sehen werden, von jeder
Gesetzgebung die Übereinstimmung mit dem Volksgeiste forderte,
so leuchtete aus dem Corpus Fridericianum doch nur Coccejis eigener
Geist hervor; denn das Naturrecht, wie er und sein Vater, Heinrich
Cocceji, teils in Anlehnung an Hugo Grotius und teils im Gegensatz

gegen den großen Holländer es gelehrt hatten, wurzelte völlig im römischen Recht und blieb in dessen enger Sphäre festgebannt; hatte dort doch schon des jungen Samuel Doktordissertation das Prinzip des Naturrechts wiederzuerkennen geglaubt.

König Friedrich hat seinen Großkanzler bei der Ausarbeitung des Corpus Fridericianum völlig frei gewähren lassen. Ein persönliches Eingehen auf Einzelheiten des hier zunächst ausschließlich behandelten Zivilrechts lag ihm durchaus fern, da er sich von der Rechtswissenschaft nie mehr als die allgemeinsten Grundbegriffe angeeignet hat. Wenn er als Kronprinz in dem Kriegssommer von 1734 bei der Durchreise durch Halle in seinem Notizbuch vermerkt hat: „Etudié un peu le droit," so dürfte dieses eilige Rechtsstudium auf eine huldvolle Plauderei mit den zu seiner Begrüßung erschienenen Professoren hinausgekommen sein. Genug, daß jetzt der Coccejische Entwurf durch die Drucklegung der allgemeinen Begutachtung ausgesetzt wurde. Wohl aber bekundete der König den lebhaften Anteil, mit dem er jetzt mitten in der großen Reformbewegung lebte, Ende 1749 durch die Abfassung eines historisch-philosophischen Abrisses über die allgemeinen Aufgaben der Gesetzgebung, den er am 22. Januar 1750 in der neu erstandenen Akademie der Wissenschaften vorlesen ließ.

Zwei Jahre vorher hatte Montesquieu seinen „Geist der Gesetze" veröffentlicht. Er schrieb jetzt, am 22. März 1750, einem Freunde, die Könige würden vielleicht die letzten sein, die ihn läsen, und vielleicht würden sie ihn überhaupt nicht lesen; Einen König aber gebe es wenigstens auf Erden, der ihn gelesen habe. Sein Landsmann Maupertuis, der Präsident der Berliner Akademie, der als auswärtiges Mitglied seit 1746 auch Montesquieu angehörte, hatte ihm geschrieben, daß König Friedrich in dem Buche Sachen gefunden habe, über die er anderer Meinung sei, und Montesquieu meinte, er wolle wetten, daß er die Stellen sofort herausfinden werde.

Eine ausgesprochene Beziehung auf den Esprit des lois sucht man in Friedrichs „Dissertation" vergebens. Gegensätzlich gegen Montesquieus Verherrlichung der englischen Verfassung erscheint das sehr abfällige Urteil über das fortwährende, die Wirksamkeit der Gesetze beeinträchtigende Schaukeln des Gleichgewichtes zwischen der königlichen und parlamentarischen Gewalt. Ein Urteil, das man als Friedrichs Antwort auf die von Montesquieu ausdrücklich offen gelassene Frage nach der praktischen Wechselwirkung zwischen der englischen Verfassung und der politischen Wohlfahrt des Landes betrachten könnte. Hier beruft sich der Verfasser, der früher doch selber, im Antimachiavell, Englands Verfassung als ein Muster der Weisheit gepriesen hatte, auf die Darlegungen des großen Ge-

schichtswerkes von Rapin de Thoyras. An anderen Stellen ist
Friedrich, ohne sich gerade in Widerspruch zu Montesquieu zu setzen,
doch jedenfalls ganz selbständig. Manche Ausführungen dagegen
zeigen entschiedene Übereinstimmung mit dem berühmten Franzosen;
so der Gedanke, den Montesquieu als das eigentliche Thema pro-
bandum seines Werkes bezeichnet, daß der Geist des Gesetzgebers
der Geist der Mäßigung sein muß; so die Forderung, daß der Gesetzgeber klar und schlicht wie ein Familienvater sprechen soll; so die
wiederholte Betonung der Notwendigkeit, die Gesetzgebung dem
Volkscharakter anzupassen, wo sogar die allerdings typischen Beispiele, Sparta und Athen, beiden Verfassern gemeinsam sind, und
wo beide den Ausspruch Solons zitieren, er habe den Athenern
nicht die vollkommensten Gesetze gegeben, sondern die besten, deren
sie fähig gewesen seien. Gemeinsam ist beiden Schriftstellern vor
allem die historische Richtung, die den König mit den Worten beginnen läßt: „Wer eine genaue Kenntnis der Art, wie man Gesetze
geben oder abschaffen muß, gewinnen will, kann sie nur aus der
Geschichte schöpfen." Hier vermögen nun freilich seine flüchtig
hingeworfenen Notizen den Vergleich mit den jahrelang vorbereiteten, nach dem damaligen Stande der Wissenschaft sehr acht-
baren Untersuchungen Montesquieus nicht auszuhalten. Obgleich
die Ergebnisse der Forschung Conrings über die Rezeption des römischen Rechts noch keineswegs Gemeingut der wissenschaftlichen
Welt geworden waren, so war es doch unter allen Umständen nicht
statthaft, wenn Friedrich von dem römischen Recht sagt, daß wir
es infolge der Unterjochung Germaniens durch die Römer bekommen
und infolge der Verlegung des kaiserlichen Sitzes von Italien nach
Deutschland behalten hätten. Die Mängel dieser historischen Abschnitte erklären es wohl, daß damals in Berlin über die „Dissertation" geurteilt wurde, sie gehöre nicht zu dem Besten, was der
König geschrieben habe; der Stil sei schön und frei wie immer, aber
der Gegenstand sei ganz und gar nicht folgerichtig behandelt.

Für das, was man an dem historischen Rückblick aussetzen mag,
entschädigt vollauf die Schlußhälfte der Abhandlung, die den Leser
mitten in die große gesetzgeberische Tätigkeit des Augenblickes hin-
einschauen läßt. Zeigt der erste Teil den Verfasser hinter den Fortschritten der historischen Forschung zurückgeblieben, so eilt er den
durchschnittlichen Anschauungen der Rechtswissenschaft seiner Zeit
hier voraus, indem er auf dem Gebiete des Strafrechts, auf dem
sein Laienurteil sich völlig sicher fühlte, einer Reihe seither allgemein
angenommener Neuerungen das Wort redet. Nicht nur, daß er
die Unzulässigkeit des „schändlichen Brauches" der Tortur, die den
Richter in die Lage bringe, methodisch die schreiendsten, empörend-
sten Handlungen zu begehen, jetzt auch theoretisch begründet, nach-

dem er die Anwendung schon im Augenblicke der Thronbesteigung
verboten hatte; bemerkenswert erscheint vor allem auch sein Eintreten für eine mildere Beurteilung des Diebstahls.  Das Gesetz,
das den Dieb mit dem Tode straft, scheint ihm von den Reichen
gemacht.  „Sollten die Armen nicht mit Recht entgegnen können:
Warum hat man denn kein Mitleid mit unserem beklagenswerten
Zustande?  Wäret Ihr barmherzig, wäret Ihr menschlich, so würdet
Ihr uns helfen in unserem Elend, und wir würden nicht stehlen.
Sprecht, ist es gerecht, daß alle Glücksgüter dieser Welt für Euch
sind, und daß alle Mühseligkeiten auf uns lasten?"  Er preist es
als einen entschiedenen Vorzug des preußischen Strafrechts vor dem
französischen, daß in Preußen einfacher Diebstahl stets nur mit
Freiheitsstrafen gesühnt wird.  „Wenn man sich begnügt, die kleinen
Fehler leicht zu ahnden, so spart man die äußerste Rache für die
Räuber, die Mörder und Meuchler auf, und die Strafe hält immer
gleichen Schritt mit dem Verbrechen."

Die gleiche humane Auffassung spricht aus der Forderung
mildernder Umstände für die Kindesmörderinnen und ähnliche Ver-
brecherinnen; sie sind ihm nicht blutdürstige Medeen, sondern vielmehr arme verführte Geschöpfe, welche die den Folgen ihres ersten
Fehltrittes sich hartherzig anhaftende Schande und Strafe fürchten.

Die Akten bezeugen es, wie geneigt der König stets gewesen
ist, auch noch vor dem Abschluß des in das Programm der Reform
aufgenommenen neuen Strafgesetzbuches, die ihm zur Bestätigung
vorgelegten Kriminalsprüche zu mildern, wie er selbst die den Straßen-
räubern zuerkannten Todesurteile wiederholt in Freiheitsstrafen verwandelt hat.  So hat seine Ausübung der obersten Strafgewalt
die schönen Worte wahr gemacht, die sich am Schlusse unserer Abhandlung von 1749 finden: „Sich einbilden, daß die Menschen
sämtlich Teufel sind, und sie mit Grausamkeit verfolgen, wäre das
Wahngesicht eines scheuen Menschenhassers; voraussetzen, daß die
Menschen sämtlich Engel sind, und ihnen den Zügel schießen lassen,
wäre der Traum eines törichten Kapuziners; glauben, daß sie weder
alle gut noch alle schlecht sind, ihre guten Handlungen über den
Wert lohnen, ihre schlechten unter dem Maß strafen, Nachsicht
üben gegen ihre Schwächen und Menschlichkeit haben für alle, das
heißt handeln, wie ein vernünftiger Mensch soll."

Die bereits vorliegenden Ergebnisse der Reform verzeichnet
die Abhandlung mit freudiger Anerkennung: die Verbannung der
gefährlichen Spitzfindigkeiten advokatorischer Redekunst aus den
Gerichtssälen, wobei sich der Verfasser, historisch wieder nicht eben
glücklich, auf das Beispiel Griechenlands beruft; die Abkürzung der
Prozesse, deren Verschleppung den Reichen ein Mittel sei, den
Armen allmählich matt zu setzen; die Verringerung der Instanzen-

zahl im Gegensatz zu einer Übung, bei der ein Kläger schon aus=
nehmend unglücklich spielen mußte, wenn er in fünf Instanzen und
an wer weiß wie vielen Universitäten nicht käufliche Seelen fand.
Für das aber, was noch zu tun sei und dessen Verwirklichung er in
naher Zukunft erwartet, lautet seine Richtschnur: „Wenig weise
Gesetze machen ein Volk glücklich, viele Gesetze verwirren die Rechts=
wissenschaft, aus der nämlichen Ursache, aus der ein guter Arzt
seine Kranken nicht mit Arzneien überladet."

Eine Sammlung vollkommener Gesetze würde ihm als das
Meisterstück des menschlichen Geistes im Bereiche der Regierungs=
kunst erscheinen. „Man würde dort eine derartige Einheit des
Planes und genauer und ineinander greifender Regeln gewahren,
daß ein durch diese Gesetze regierter Staat einem Uhrwerk gleichen
würde, dessen Triebkräfte alle für denselben Zweck gemacht sind;
man würde dort tiefe Kenntnis des menschlichen Herzens und des
Nationalcharakters treffen; Züchtigungen wohlabgemessener Art,
weder zu leicht noch zu hart, würden die gute Sitte aufrecht erhalten,
die Klarheit und Schärfe der Bestimmungen würde jeden Anlaß
zum Zwist abschneiden; sie würden bestehen in dem erlesenen Aus=
bunde des Besten, was die bürgerlichen Gesetze ausgesprochen haben,
und in einer geistvollen und schlichten Anwendung dieser Gesetze
auf das Volksherkommen; alles würde vorgesehen, alles in Ein=
klang gebracht sein und nichts Unzuträglichkeiten unterliegen — aber
das Vollkommene ist für die Menschheit nicht geschaffen."

Mit sicherem Takt hat der Verfasser es vermieden, neben diesem
Idealbild einer Gesetzgebung sein Corpus juris Fridericianum auch
nur zu nennen. Die schmeichelhaften Worte der Anerkennung für
Cocceji, „dessen Rechtschaffenheit, Einsicht und unermüdliche Tat=
kraft den Republiken Griechenlands und Roms zur Zeit ihrer reichsten
Fruchtbarkeit an großen Männern Ehre gemacht haben würden",
gelten nicht dem Gesetzgeber, sondern dem erfolgreichen Reformator
des Prozeßverfahrens und dem strengen Zensor des Richterstandes.
Später allerdings hat Friedrich seinen Großkanzler auch als Gesetz=
geber, als Tribonian, gefeiert. Er habe hier zu Lande, erzählt er,
strittige Gesetze vorgefunden, die, statt den rechtsuchenden Parteien
entgegenzukommen, die Sachen verwirrt und die Prozesse in die
Länge gezogen hätten. Er habe deshalb dem Großkanzler Cocceji
seine Absicht eröffnet, die Gesetze umzuformen und nur solche auf=
zustellen, die sich auf die natürliche Billigkeit gründen würden:
„Dieser verehrungswürdige Richter vollführte diesen Entwurf unter
allgemeinem Beifall."

König Friedrich überschätzte die Bedeutung dieses Kodifikations=
entwurfes, wie alle Welt damals sie überschätzte. In Frankreich
ließ sich der Leiter der Justiz, der Kanzler d'Aguesseau, durch den

Freiherrn von Spon, einen bayrischen Diplomaten, der mehrere Jahre Gesandter in Berlin gewesen war, eine französische Über=setzung des Corpus Fridericianum anfertigen, und in dem Brief, mit dem der Übersetzer seine Arbeit begleitete und der damals durch die Tagesblätter ging, forderte er den französischen Minister auf, das preußische Beispiel nachzuahmen und ein Corpus juris Francici herstellen zu lassen. Aus England rief einer der Führer der literarischen Kreise, Lord Chesterfield, dem Könige von Preußen die Verse des Horaz zu, die Augustus als allumfassenden Spender von Waffenschutz, Sittenreinigung und Rechtsbesserung preisen. Und vollends, wie hätte Voltaire sich den dankbaren Stoff zu neuen artigen Schmeicheleien entgehen lassen; grand juge et grand faiseur de vers, conquérant législateur — das waren seine neuesten An=reden für seinen königlichen Gönner, der da gezeigt habe, daß er im Frieden ebenso kurzen Prozeß mache wie im Kriege. Auch Cocceji wurde von seinen Bewunderern mit horazischen Versen verherrlicht; aus Gotha, von wo ein herzoglicher Rat behufs Er=lernung der neuen preußischen Justizkunst nach Berlin geschickt wurde, schrieb Graf Gotter dem Großkanzler, er dürfe sowohl das Feliciter audet, wie das Bonos ducit ad exitus auf sich anwenden.

Fürwahr, Coccejis Gesetzesfreude war nicht klein. Er näherte sich dem Abschluß einer fünfzigjährigen Dienstzeit; seit gleicher Frist war sein Schriftstellername in der deutschen Juristenwelt bekannt und anerkannt. Lange Jahre hindurch hatte er der Hoffnung ganz entsagt, noch an das Werk, das ihm zeitlebens vor Augen gestanden hatte, Hand anlegen zu dürfen; noch 1745 äußerte er anläßlich des literarischen Erfolges seiner rechtshistorischen Deduktion über die preußischen Ansprüche auf Ostfriesland wehmütigen Tones gegen den Grafen Podewils, er schätze sich glücklich, am Ende seiner Tage bei dieser Gelegenheit bewiesen zu haben, daß er dem Könige wohl Dienste zu leisten imstande gewesen wäre, wenn dieser ihm hätte Vertrauen schenken wollen. Dann hatte er siebenundsechzigjährig 1747 die beschwerliche und arbeitsvolle Rundreise durch die Pro=vinzen angetreten, an Körper schon hinfällig, aber voll jugendlichen Feuers, in dem Hochgefühl, jetzt endlich mit seinen Entwürfen durchzudringen. In den Anfängen der Regierung Friedrich Wilhelms hatte der Freiherr von Loen gesagt, die Vorsehung müsse ein Wunder tun und Alexander und Salomon in der Person eines und desselben Herrschers erstehen lassen, wenn anders es einmal zu einem all=gemeinen Gesetzbuche kommen solle. Darauf bezogen sich jetzt die Worte, mit denen Cocceji in der Vorrede zum zweiten Teil seines Corpus das ihm vor versammelter Akademie gespendete Lob be=scheiden auf den König zurücklenkte: „Nun hat sich aber gleichwohl dieses Mirakel in den preußischen Ländern wirklich zugetragen; die

Providenz hat der Welt zugleich einen Alexander und einen Salomon
in der Person unseres großen Königs geschenket; dieser unvergleichliche
Monarch hat als ein zweiter Alexander den Zweifelsknoten, welchen
bisher niemand auflösen konnte, koupieret und das seit 700 Jahren
in Teutschland eingeführte, konfuse römische Recht aufgehoben;
zugleich aber, als ein anderer Salomon, ein neues Landrecht, aus
denen Aschen des in vielen Stücken nicht unvernünftigen römischen
Rechtes, verfertigen lassen.“

Nur wer, wie der Verfasser, sich ein langes Leben hindurch in
ein starres System immer ausschließlicher hineingedacht hatte, konnte
sich gegen die Mängel, gegen die ganze doktrinäre Einseitigkeit des
Werkes so blind verschließen. Aber wie hätte überhaupt bei solcher
Aufgabe durch die Kräfte eines einzelnen etwas Zureichendes erzielt werden sollen? Das Corpus juris Fridericianum war als Entwurf gedruckt, es ist Entwurf geblieben, und zwar unvollendeter
Entwurf. Dem Verfasser schwanden die Lebenskräfte. Anfang Mai
1753 bezeichnete er sich nach einer schweren Erkrankung als gleichsam
von den Toten wieder auferstanden; noch über zwei Jahre schleppte
er sich unter Leiden hin; bis zuletzt mit der Ausarbeitung des dritten
Teiles seines Corpus beschäftigt, starb er am 22. Oktober 1755. Sein
Manuskript ward vergessen und ging zum größten Teile gar verloren. Gesetzeskraft erhielten von dem ganzen Inhalt des Corpus
nur die Bestimmungen über das Ehe= und Vormundschaftsrecht und
auch sie nur in einzelnen Provinzen. Und doch hatten die alten
Gegner unrecht, die nachher spotteten, daß von Coccejis Werk nichts
übrig geblieben sei, als das Brustbild von Marmor mit der Inschrift
Vindex legum et justitiae, das der König im Hofe des Kammergerichts aufstellen ließ. Denn die Fortführer der Coccejischen Reform,
die Carmer und Svarez, sie haben dem ersten Großkanzler mehr
zu danken gehabt, als sie sich eingestehen wollten.

Wie König Friedrich 1746 im Widerstreit der Meinungen die
zielbewußte Entscheidung gab, das erlösende Wort sprach, welches
die harrende Masse in Fluß brachte, so ist er es auch nachher wieder
gewesen, der trotz anfänglicher Überschätzung des Geleisteten es
klar durchschaute, daß erst der halbe Weg zurückgelegt sei und daß
er abermals den Antrieb geben müsse.

## Dritter Abschnitt

# Fortbildung der Verwaltung

**D**as Jahr 1748, das in der Geschichte der preußischen Rechts-
verwaltung den Höhepunkt der an Coccejis Namen knüpfen-
den gesetzgeberischen Bewegung bezeichnet, stand auch auf
anderem Gebiete unter dem Zeichen der Reform. Die Auseinandersetzung zwischen gerichtlicher und administrativer Justiz bedingte in
den Dienstordnungen der Verwaltungsbehörden die Vornahme von
Änderungen, wozu dem Könige die Erfahrungen seiner bisherigen
Regierungstätigkeit ohnehin manchen Stoff boten. „Jeßunder muß
der alte Sauerteig ausgekehrt werden," die Worte aus seiner eigenhändigen Skizze für die neue Instruktion des Generaldirektoriums
waren die allgemeine Losung dieser rastlos und freudig schaffenden
Friedenszeit.

Bei der Durchführung der Justizreform hatte der König mit
persönlicher Zwischenrede sparsam zurückgehalten, sich auf die großen
Entscheidungen beschränkt. Er müsse für das Einzelne, so erklärt
er einmal, „mit des Großkanzlers Augen sehen". Auf dem Gebiete
der Verwaltung dagegen, wo im großen wenig zu ändern war,
erscheint im einzelnen seine ordnende und nachhelfende Hand überall
um so geschäftiger. Er hat im Generaldirektorium nicht selber den
Vorsitz geführt, aber in Wirklichkeit war er dennoch der Präsident
dieses Verwaltungsministeriums und aller davon abhängigen Behörden, die lebendige und belebende Triebkraft der großen, kunstvoll
verzweigten Bureaukratie, die mit ihren Kriegs= und Domänen=
kammern, ihren Departementsräten und Amtleuten, Ortskommis-
saren und Landräten sich durch alle Provinzen, über Stadt und
Land, erstreckte.

Die Bezeichnung General=Ober=Finanz=Krieges= und Domänen=
direktorium war 1723 von dem Stifter der Behörde mit gewissenhaft
erschöpfender Umständlichkeit gewählt worden, auf daß sie sich schon
durch den Namen als Erbin der beiden auf eine Anregung des alten
Dessauers endlich von ihm aufgehobenen Sonderfinanzämter für
die Heeressteuern und für die Domänenerträge ausweise. Die
Verwaltung dieser beiden Hauptzweige des Staatseinkommens
durch zwei jeder gegenseitiger Berührung entrückte Behörden mit

ebenso scharf gesonderten Unterorganen hatte bei dem ungeduldigen
Verlangen des Königs, die Einnahme sowohl der Kriegskasse wie
der Domänenkasse möglichst gesteigert zu sehen, zu dem ewigen
Zuständigkeitsstreit zwischen der Domänen= und der Steuerver=
waltung geführt, den nun Friedrich Wilhelm kräftig zugreifend mit
der Wurzel ausrottete. Nachdem er zehn Jahre lang, wie er damals
dem Fürsten Leopold klagte, „Geduld vor der andern Welt" gehabt
und „mit all das Schreiber=Krop sanft umgegangen", beseitigte er
den historisch gegebenen verderblichen Zwiespalt der Organisation
mit einem Federstrich und zwang die erbittertsten Nebenbuhler in
den nämlichen Sitzungssaal und an den nämlichen grünen Tisch.

In vier Abteilungen unter je einem Vizepräsidenten oder
dirigierenden Minister zerlegt, aber zur Beschlußfassung nur im
Plenum berechtigt, hatte sich das Generaldirektorium nunmehr
sowohl mit dem Steuerwesen, wie mit der Domänen= und Regalien=
verwaltung samt allen sich daraus ergebenden polizeilichen und all=
gemeinen administrativen Aufgaben zu befassen. Bei dem Thron=
wechsel von 1740 und während der ganzen ersten Hälfte der neuen
Regierung umfaßte das erste Departement die östlichen Provinzen der
Monarchie oder die Kammerbezirke Königsberg, Gumbinnen, Stettin
und Küstrin, das zweite die Kurmark und das Herzogtum Magde=
burg mit den Kammern zu Berlin und Magdeburg, das dritte den
Bezirk der kleve=märkischen Kammer zu Kleve und seit 1744 den
der ostfriesischen Kammer zu Aurich, sowie das Herzogtum Geldern
und die oranischen Erbschaftslande Mörs, Turnhout und Neuchatel;
unter dem vierten Departement endlich standen die Mindener
Kammer für das Fürstentum Minden und die Grafschaften Ravens=
berg, Tecklenburg und Lingen, sowie die Halberstädter Kammer.

Neben diesen Provinzialdepartements bestanden hier wie im
Justizministerium sogenannte Spezial= oder Realdepartements, in=
dem auch hier gewisse Angelegenheiten für den ganzen Umkreis
der Monarchie einem einzelnen Minister zu ausschließlicher Wahr=
nehmung zugewiesen waren. So die Grenzregulierungen und die
Landesmeliorationen, die Rodungs= und Entwässerungsarbeiten; so
die Post, das Münzwesen, das Salzregal, die Marsch= und Ver=
pflegungsangelegenheiten des Heeres; so endlich die Verwaltungs=
justiz. Doch stand von diesen Fachdepartements zu Friedrich Wil=
helms I. Zeiten nur das letzte unter einem besonderen Leiter, dem
Justizminister des Generaldirektoriums; die sämtlichen anderen
waren unter die vier Provinzialminister verteilt. Und auch die
Justizangelegenheiten des Generaldirektoriums versah seit 1739 nicht
mehr ein Minister, sondern nur ein vortragender Rat.

Die neue Dienstvorschrift nun, die das Generaldirektorium
1748 auf Grund einer Anzahl eigenhändiger Zusätze und Streichungen

Friedrichs II. zu der Instruktion seines Vaters erhielt, hat an den
bestehenden Einrichtungen alles in allem nur wenig geändert.
Jedenfalls liegen die am schwersten wiegenden Abweichungen von
der alten Ordnung schon vor dem Erlaß der Instruktion von 1748:
die der Zentralisierungspolitik des Vorgängers so widersprechende
Einräumung einer administrativen Sonderstellung an die neu erworbene Provinz Schlesien, und sodann der erste Schritt auf einem
Wege, den König Friedrich in der späteren Hälfte seiner Regierung
weiter verfolgt hat, die Errichtung zweier selbständiger, besonderen
Ministern unterstellter Realdepartements, der den vier alten Departements gleichgeordneten fünften und sechsten Abteilung.   Der
gleich nach dem Regierungsantritt vollzogenen Ernennung Samuels
von Marschall zum Minister für Handel und Gewerbe folgte 1746
die Bestellung eines Kriegsministers, wie der Inhaber der neuen
Stelle bald genannt wurde, für die wirtschaftlichen Aufgaben der
Heeresverwaltung.

Hatte es sich bei der Errichtung des Handelsamtes offenbar
um einen seit lange erwogenen, aus prinzipiellen Gründen gefaßten
Entschluß gehandelt, so lag der unmittelbare Anlaß zur Ausscheidung
des zweiten Realdepartements aus der bisher mit der Militärverwaltung mitbetrauten Provinzialabteilung mehr in persönlichen Verhältnissen.

Die Minister, die König Friedrich im Generaldirektorium vorfand, waren an Geist und Gaben sehr verschieden.

Von den Stamm=Ministern der Behörde war bei dem Thronwechsel nur noch einer am Leben und im Amte, der siebzigjährige
Friedrich von Görne, der Leiter des ersten Departements.   Einer
der gründlichsten Kenner des Domänenwesens, hatte er sich unter
Friedrich Wilhelm I. um die Reform des Amterpachtsystems, bei den
Auseinandersetzungen an Ort und Stelle, durch sein taktvolles und
geschicktes Auftreten die größten Verdienste erworben.   Der Tod
des würdigen alten Herrn wurde von dem Könige in dem böhmischen
Feldlager des Sommers 1745 aufrichtig beklagt.   Görnes Nachfolger wurde der ostpreußische Kammerpräsident Adam Ludwig
von Blumenthal, aus altem brandenburgischen Geblüt gleich jenem
und durch mehr als zwanzigjährige Amtstätigkeit in Pommern und
Preußen für die Leitung des ersten Departements vorzugsweise
vorbereitet; schon Friedrich Wilhelm hatte dem tätigen und erfolgreichen Manne vollgültige Gunstbeweise erteilt.

Wenn Görne und Blumenthal sich von Hause aus dem Verwaltungsdienst gewidmet hatten, so waren die Minister von Happe
und von Viereck, seit 1727 und 1731 Leiter des zweiten und des
vierten Departements im Generaldirektorium, durch die diplomatische
Laufbahn hindurchgegangen.   Mit jenen beiden durften sie sich an

Leistungen und Ansehen nicht messen. Friedrich Wilhelm I. hatte
von Viereck, dem Sprößling eines alten mecklenburgischen Geschlechtes,
anfangs eine sehr geringe Meinung, denn er erklärte ihm bei der
Ernennung zum kurmärkischen Kammerpräsidenten 1723 rundheraus, sie erfolge nur aus Rücksicht auf Vierecks Schwiegervater,
den General von Gersdorf, der den einzigen Sohn im Felde verloren hatte; dabei wurde in nicht eben schmeichelhafter Weise die
Erwartung ausgesprochen, daß Viereck dem übertriebenen Lhombre-
spiel entsage, sich in preußischen Landen mit 30 000 Talern ankaufen,
auch „exakt, vigilant und prompt in seiner Arbeit" sein werde, „und
nicht so langsam und so faul, wie er bisher gewesen". Wenn dieser
Mann trotzdem noch unter Friedrich Wilhelm zum Minister aufstieg,
so blieb ihm doch auch jetzt harter Tadel gelegentlich nicht erspart.
Inzwischen verstärkte der reiche Kavalier seine angesehene gesell-
schaftliche Stellung abermals durch Verschwägerung; sein zweiter
Schwiegervater wurde der Feldmarschall Graf Finckenstein, der von
seinem fürstlichen Zögling hochverehrte frühere Militärgouverneur
König Friedrichs. So begegnete dieser dem Minister stets mit
großer Rücksicht und scheint auch eine gewisse literarische Bildung
an Viereck geschätzt zu haben. Als Verwaltungsbeamter aber hat
der vornehme Lebemann, dessen gemessene Zurückhaltung stets an
den ehemaligen Diplomaten erinnerte, niemals, weder vor noch
nach 1740, eine größere Bedeutung gewonnen.

Doch füllte er seinen Platz ohne Frage besser aus als Happe,
der einzige unter den Ministern des Generaldirektoriums, dessen
Leistungen dem neuen Könige geradezu nicht genügten. Friedrich
Wilhelm I. hatte von Happes Fähigkeiten sehr viel gehalten, machte
aber Nachlässigkeit im Dienst auch ihm zum Vorwurf. Nun zeigte
sich in den Kriegsläuften seit dem Thronwechsel, daß der Minister
die mit seiner Abteilung verbundenen Intendanturgeschäfte, obgleich er auf diesem Gebiete praktische Erfahrung aus dem spanischen
Erbfolgekriege für sich hatte, doch nicht mit der erwarteten Glätte
abwickelte, und der König entschloß sich deshalb nach dem Dresdener
Frieden, die Magazin-, Marsch- und Einquartierungssachen Happe
abzunehmen und für diese Aufgaben ein besonderes Departement,
jenes sechste, unter dem bisherigen magdeburgischen Kammerpräsidenten von Katt als dirigierendem Minister zu bilden.

Zwar nannte die Kabinettsorder, die diese Neuordnung verkündete, als Grund schonend die Unmöglichkeit, daß derselbe Mann
zwei so großen Aufgaben, wie sie bisher auf Happes Schultern
gelastet hatten, der Provinzialverwaltung für die Kurmark und
Magdeburg und jener militärischen Obliegenheit, gerecht werden
solle; dabei aber mußte sich doch der Entlastete zugleich „wegen
konsiderabel verminderter Arbeit" einen Gehaltsabzug von 800 Talern

gefallen laſſen! Und als dann in dem engeren Wirkungskreise, der
ihm gelaſſen wurde, noch immer Unzulänglichkeit zutage trat,
griff der König 1747 ein zweites Mal ein. Nicht daß Happe, wie
man erwarten möchte, jetzt den Abſchied erhalten hätte; war es doch
Friedrichs Grundſatz, mit Miniſtern, Pferden und Flöten nur im
äußerſten Notfalle zu wechſeln. Aber er übertrug jetzt Happe das
vierte, mindeſt umfangreiche Departement, wo dem Miniſter ſtatt
ſeiner bisherigen fünf vortragenden Räte nur zwei zur Seite ſtanden,
ließ aus dem vierten jenen Viereck in das dritte Departement auf-
rücken und verſetzte aus dieſem in das hervorragend wichtige zweite
ſeinen Vertrauensmann Auguſt Friedrich von Boden.

Boden hatte als Domänenpächter auf dem alten Kloſtergute
Gottesgnade an der Saale begonnen, war dann bald in die Finanzverwaltung übernommen und jahrelang von Friedrich Wilhelm I.
als Kabinettsſekretär verwendet worden; in dieſer Stellung war er
ein Zeuge der peinlichen Szenen zwiſchen dem Könige und dem Kronprinzen geweſen. Doch täuſchten ſich, wie ſchon erwähnt wurde,
alle die, welche bei dem Thronwechſel Bodens Sturz erwarteten.
Schon 1739, als er nach dem Tode Grumbkows zum Miniſter ernannt wurde, hatte ihn der Kronprinz in einem gnädigen Schreiben
dazu beglückwünſcht und die Hoffnung ausgeſprochen, bei Gelegenheit etwas zu Bodens „Contentement" beitragen zu können. Während der letzten Krankheit Friedrich Wilhelms war aus dem Generaldirektorium gerade dieſer jüngſte Miniſter nach Ruppin geſandt
worden, um den Thronfolger über den Zuſtand der Verwaltung und
der Provinzen zu unterrichten; dann war er an das Sterbebett ſeines
alten Herren und Wohltäters geeilt, der den langjährigen Hausge-
noſſen in ſeinen letzten Stunden nicht miſſen wollte. Boden hatte
mit dem Gebieter, der ihn aus dem Staub gezogen, viel Wahlver-
wandtſchaft: eine energiſche und ökonomiſche, eine rückſichtsloſe, ja
gewaltſame Natur. Gewiſſe Anwandlungen von Eigennutz waren
danach angetan, König Friedrich ſtutzig zu machen; faſt ſcheinen auf
Boden die Worte des politiſchen Teſtaments zu zielen, daß im Generaldirektorium anſchlägige Leute von zweifelhafter Rechtſchaffenheit
mehr wert ſeien, als ehrenwerte Dummköpfe. Jedenfalls war ihm
Boden unentbehrlich; für die Aufſtellung des Staatshaushalts wandte
er ſich ſtets an dieſe Kraft, und die Fertigkeit, mit welcher der große
Rechenkünſtler das Kaſſen- und Rechnungsweſen noch immer über-
ſichtlicher zu geſtalten wußte, gewann Friedrichs volle Anerkennung.
Auch die Perſonalfragen pflegte er vorzugsweiſe mit Boden zu be-
ſprechen, was in den Beamtenkreiſen nicht unbekannt geblieben
ſein kann und dem Miniſter immer neue Feindſchaft erweckte. In
ſeinem Beſtreben, dem Beamtentum Pflichtgefühl und Pünktlichkeit einzuflößen, ging der Dienſteifrige mitunter ſogar dem Könige

zu weit; die Mitglieder der Provinzialkammern, die in den Sitzungen
sich verspäteten, hätte er am liebsten sofort beim ersten Wiederholungsfall mit Dienstentlassung gestraft, was dem König nun doch zu hart
schien. So versteht man, daß dieser Mann als Vorgesetzter und als
Kollege nicht eben beliebt war. Zudem haben bei der weitver-
breiteten Mißstimmung gegen Boden offenbar wieder die Standes-
vorurteile der altadeligen Amtsgenossen gegen den Emporkömmling,
der ihnen allen sichtlich vorgezogen wurde, mitgewirkt. Noch in
den fünfziger Jahren stellte ihn der Freiherr von Pöllnitz in seinen
Memoiren auf gleiche Stufe mit jenem Abenteurer und Gelder-
presser Eckart, den Friedrich II. gleich nach seiner Thronbesteigung
aus dem Lande gewiesen hatte; allerdings konnte bei dem unver-
besserlichen Schuldenmacher, dem stets von der Hand in den Mund
lebenden Schmarotzer Pöllnitz am wenigsten Verständnis für einen
Boden, diese verkörperte Ordnung und Sparsamkeit, erwartet
werden.

Wenn so verschieden angelegte Männer in kollegialer Beratung
und unter solidarischer Verantwortlichkeit die Geschäfte erledigen
mußten, so wird es nicht auffallen, daß die persönlichen Reibungen
und Eifersüchteleien zwischen den Justizministern hier im Generaldirektorium ihr Seitenstück fanden. Der König habe, so heißt es im
Eingang der Instruktion von 1748, mit dem größten Mißfallen
wahrgenommen, daß sich unter den Ministern eine Art von Haß,
Animosität und esprit de parti eingeschlichen; fast mit denselben
Worten, wie er in dem Streit zwischen Arnim und Cocceji Frieden
geboten hatte, untersagt er den Herren vom Generaldirektorium
„dergleichen schändliche und Leuten von so vornehmem Charakter
und Stande höchst unanständige Dinge und Disputen, wodurch
nur die Zeit verdorben und die Abmachung und Beförderung derer
Sachen gehindert und gehemmt wird". Schon während des ersten
schlesischen Krieges hatte er dem Direktorium geboten, bei Meinungsverschiedenheiten der Mitglieder sofort, ohne die Sache auf erneute
Beratung auszusetzen, die königliche Entscheidung einzuholen. Die
neue Geschäftsordnung versuchte jetzt sogar, entsprechend der uns
bekannten Abneigung des Königs gegen mündliche Beratschlagungen,
eine auf das kürzeste bemessene Abschlußfrist für die Erörterung
des einzelnen Falles festzusetzen: „Sie Sollen nicht," heißt es in
dem eigenhändigen Entwurf, „ihre Zeit Mit wunderlichen Disputen
zubringen und Wan Sie sie nicht in 6 Minuten vergleichen können,
so Sol Sofort Relatio at Regem gemacht werden." Und wenn von
dem Stifter der Behörde für das leibliche Wohl der Exzellenzen und
ihrer Geheimen Finanzräte die patriarchalische Fürsorge getroffen
war, daß bei längeren Sitzungen um die zweite Mittagsstunde
ein Mahl von vier Gängen aus der königlichen Küche aufgetragen

wurde, ganz so gut zubereitet „als wenn vor Se. Königliche Majestät
selbst angerichtet würde" — so setzte jetzt der Nachfolger diese der
Schnelligkeit der Beratungen wohl nicht ganz förderliche Bestimmung
unbarmherzig außer Kraft. Er war der Meinung: „wen sie fleisich
arbeiten, So können sie ihre arbeit des morgens in Curenten Sachen
in 3 Stunden verichten, wenn Sie Sich aber Historien vertzehlen,
Zeitungen lesen, So ist der gantze Tag nicht lang genung." Von
diesem Standpunkt aus durfte er den Ministern für den Beginn der
Sitzungen gut und gern eine Frühstunde nachlassen, so daß sie sich
an den allwöchentlich vorgeschriebenen vier Konferenztagen jetzt im
Sommer erst um 8, im Winter erst um 9 Uhr zu versammeln hatten.

Von der peinlichen Sorgfalt, mit welcher der Sohn das ihm
vom Vater vererbte kunstvolle Triebwerk durch Anbringung immer
neuer Maschinenteilchen zu vervollkommnen suchte, zeugen gleich
in den nächsten Jahren nach Erlaß der neuen Instruktion eine An=
zahl Nachtragsbestimmungen für die äußere Einrichtung des Dienstes.
So wenn Friedrich 1752 für jedes Departement des Direktoriums
die Anlegung eines Buches anordnete zur Eintragung von Aus=
zügen aus den Kabinettsorders, durch die er unausgesetzt den Mini=
stern Anleitung und Sporn gab; so wenn er 1754 verfügte, daß die
Sporteln unter die Sekretäre und Kanzlisten nicht gleichmäßig,
sondern im Verhältnis der Arbeit und des Fleißes verteilt werden
sollten, oder wenn er das Generaldirektorium darüber belehrte,
daß unter der Beschleunigung dringender Sachen die Pünktlichkeit
im Betrieb der laufenden Geschäfte nicht leiden dürfe: „welches
auch füglich vermieden werden kann, wenn nur die Geheimen
Finanzräte sowohl als die Sekretarien besser und flinker wie bisher
arbeiten und erstere nicht glauben, daß sie nur zum Ansehen da
sind".

Maria Theresia hat in dieser Zeit den Unterschied der preußischen
und der österreichischen Verwaltung dahin umschrieben, daß in
Preußen jeder Wink des Königs nicht nur befolgt, sondern also=
gleich befolgt werde, während bei den in Österreich bestehenden
Einrichtungen alles, wenn überhaupt, so doch gewiß nur mit un=
geheurem Zeitverluste zustande komme. Wie oft hat König Friedrich
diese vielbewunderte preußische Pünktlichkeit des Gehorsams seinen
Behörden, wenn sie sich ihr entwöhnen zu wollen schienen, wieder
eingeschärft! Und wie er selbst die Kunst, schnell gehört und bedient
zu werden, übte, so forderte er sie auch von einem jeden unter den
Seinen, der überhaupt zu befehlen hatte. Mit dem Befehlen allein
sei es nicht getan, prägt er dem Generaldirektorium ein; die Minister
sollen sich nicht damit begnügen, etwa ein Reskript an die Kammer
ergehen zu lassen, sie müssen sich selbst darum bekümmern, ob auch
dem Befohlenen nachgelebt werde; sie sollen sich „von ihrer großen

Nonchalance darunter einmal ermuntern und mehr Vigilance haben". Die Präsidenten der Kammern sollen an ihrem Teile desgleichen tun: „Es ist ganz und gar nicht genug, etwas anzugeben oder zu befehlen, sondern es muß auch darauf gesehen und mit vieler Attention darauf gehalten werden, daß das Anbefohlene prompt exequieret werde"; „dazu habe Ich Euch," erklärt der König, „Autorité genug gegeben." Seine Diener und Bevollmächtigten sollen gleichsam allgegenwärtig sein, ganz wie er in Bezug auf sich selbst während eines Aufenthaltes in Königsberg nach Berlin schreibt, das Generaldirektorium könne versichert sein, daß er die vorkommenden Sachen ebenso auf der Reise, wie zu Hause attendieren werde.

Die Kriegs- und Domänenkammern, auf die sich die stete und strenge Überwachung durch die oberste Verwaltungsbehörde zunächst erstrecken sollte, waren, wie diese selbst, Schöpfungen des großen Reformjahres 1723. Auch hier hatte es gegolten, den Dualismus der älteren Verwaltung zu verdrängen. Die Kriegs- und Domänenkammer war die gemeinsame Fortsetzerin des Kommissariats und der Amtskammer, d. h. des Steuerhofes und der Domänenbehörde der Provinz. In kleinerem Maßstabe bot die Kammer ein Abbild der Verfassung des Generaldirektoriums. Wie dem König die dirigierenden Minister oder Vizepräsidenten, so standen dem Kammerpräsidenten Direktoren als Abteilungsleiter zur Seite, während den Geheimen Finanzräten der Zentralbehörde hier in der Provinz die Kriegs- und Domänenräte entsprachen. Auch hier war der Wirkungskreis der Abteilungen örtlich abgegrenzt, indem die eine das Steuerwesen in den Städten, die andere das wesentlich verschiedene des platten Landes samt der Domänenverwaltung unter sich hatte; auch hier aber wurde in der Abteilung jegliche Entscheidung nur vorbereitet, gefällt nur von dem vollen Kollegium.

Auch die Kammern erhielten 1748 neue Dienstordnungen. Allmonatlich hatten sie über den Zustand ihrer Provinz einen Bericht unmittelbar an den König abzustatten; dadurch und durch eine mitunter ziemlich ausgedehnte Immediatkorrespondenz über den oder jenen ihm besonders am Herzen liegenden Gegenstand blieb er auch mit den Provinzialbehörden in steter Berührung; ja infolge seiner Reisen gestaltete sich sein Verkehr mit diesen Instanzen fast persönlicher, als mit den nur ausnahmsweise zum mündlichen Vortrag beschiedenen Ministern in Berlin. Mit der Besichtigung der Truppen, der nächsten Veranlassung dieser Reisen, verband sich eine Musterung des Beamtenheeres. Noch sind die statistischen Übersichten vorhanden, die in kleinen Lederbänden für den Monarchen zusammengestellt wurden und ihn in die Provinzen begleiteten: nebeneinandergedrängt finden sich die Rechnungsabschlüsse der Staats- und Provinzialkassen, Zahlen über die Bewegung der Bevölkerung und ihre

Verteilung nach Berufen, Erhebungen über den Viehbestand, ein
Behördenschematismus, Beamtenverzeichnisse usw. Von diesen
allgemeinen Grundlagen aus drang der erlauchte Reisende an Ort
und Stelle forschend und prüfend in das Genauere, bis in das
Kleinste vor. Einer Kammer, der er seinen demnächstigen Besuch
ankündigt, übersendet er gleichzeitig einen Fragebogen mit mehr
als hundert verschiedenen Punkten und gibt ihr auf, sich über diese
Dinge „vorhero gehörig zu präparieren", damit, wenn Aktenaus=
züge oder sonstige Angaben gefordert werden, „solche im Moment
bei der Hand sein und nicht allererst aufgesuchet und beigebracht
werden dürfen"; alle Mitglieder der Kammer sollen imstande sein,
im Bereiche ihres Dezernats dem Könige, falls er an den einen
oder den andern das Wort richten wird, „von allem prompte und
akkurate Antwort zu geben". So vermehrte er fort und fort seinen
Vorrat an Ortskenntnissen und Sachverständnis und war nach jeder
neuen Reise noch befähigter, an den Berichten und Vorschlägen
aus der Provinz die scharfe Kritik zu üben, die in dem herkömmlichen
polternden Kabinettsstil durch seine Antworten hindurchgeht. Der
Halberstädter Kammerpräsident von Ribbeck erhält auf einen Bericht
die Versicherung, „daß Ich nicht leicht einen vagueren, schlechteren
und übelschließenden Bericht gelesen habe"; auch sein Nachfolger
muß sich sagen lassen, daß sein Bericht „weder gehauen noch ge=
stochen" sei. Die kurmärkische Kammer bekommt zu hören, Se.
Königliche Majestät müßten von ihrem neuesten Berichte urteilen,
„daß derselbe von faulen Leuten, die nicht gerne arbeiten wollen,
gefertigt worden, und die, wenn man ihnen Arbeit weiset, solcher
aus dem Wege gehen". Derselben Kammer äußert der König sein
Befremden, daß sie die ihr zur Begutachtung übergebenen Be=
schwerden der Untertanen regelmäßig als unbegründet bezeichne;
das komme ihm „sehr problématique" vor und er könne nicht anders
urteilen, „als daß es nicht allemal mit denenjenigen, so die Sachen
untersuchen, so ganz richtig sei". Noch ein anderes Mal stellt er dem
kurmärkischen Kammerpräsidenten „ein weitläufiges Projekt von
einer soliden Verbesserung in ökonomischen Dingen, so Ich selbst
angemerkt habe" in Aussicht, „daraus Ihr ersehen werdet, daß weder
Ihr noch Eure unterhabenden Krieges=Räte die Churmark recht
kennen".

Anklagen dieser Natur waren in der Regel nicht ohne eine kon=
krete persönliche Beziehung, denn des Königs Personenkenntnis
stand hinter seinem sachlichen Urteil nicht zurück. Es kam wohl vor,
daß er die Namen vergaß oder durcheinander warf — den Gesandten
Hoffmann in Warschau nennt er in Verwechslung mit dem Ver=
treter am Regensburger Reichstage beharrlich Pollman — aber die
Persönlichkeiten pflegten ihm bestimmt und lebendig vor Augen zu

stehen. „Zwischen Liegnitz und Schweidnitz befindet sich ein Landrat, dessen Name Mir entfallen und welchen Ich deshalb nicht anders, als daß er von großer Statur und schwarzen Haaren ist, kenntlich machen kann"; da dem König dieser Anonymus nach den im Gespräch gewonnenen Eindrücken zur Berufung in das Generaldirektorium wohlgeeignet erscheint, so soll die vorgesetzte Behörde in Breslau ihn ausfindig machen und über seine anscheinenden Finanzkenntnisse näheren Bericht erstatten. Nicht selten erfolgen Personalveränderungen, Beförderungen und Versetzungen lediglich aus der königlichen Initiative heraus; anderseits werden manche von den Vorgesetzten ausgehenden Empfehlungen und Anträge mit sehr entschiedener persönlicher Begründung abgelehnt. Zwei von einem Kammerpräsidenten zum Einrücken in eine offene Stelle vorgeschlagene jüngere Mitglieder des Kollegiums verdienen nach des Königs Dafürhalten „einige Zulage nicht", sind vielmehr kaum wert, im Dienst behalten zu werden: „Ersterer ist ein halber Spitzbube in Bausachen; der andere ist der faulste, eingebildetste, verdrießlichste und diffizilste Mensch, den man finden kann." Ein ihm für eine diplomatische Rundreise an die kleinen deutsche Höfe als geeignet bezeichneter Quedlinburger Stiftshauptmann erhält das Zeugnis: „Schellersheim ist ein obskurer, verdrießlicher Mensch, der sich dazu gar nicht schickt." Ein zur Beförderung vorgeschlagener neumärkischer Beamter hat das Unglück, dem Gebieter als Kronprinzen in der Küstriner Festungszeit bekannt geworden zu sein; trocken schreibt der König, ohne eine positive Entscheidung zu geben, an den Rand des ihm eingereichten Berichtes: „Ich habe Gröben vor Jahren gekannt; damals war es ein Erznarr, was er nun ist, das weiß ich nicht." Neuernannten Kammerpräsidenten vermag er wohl von den Untergebenen, mit denen sie zu tun haben werden, eine vollständige Charakteristik zu geben: über den magdeburgischen Kammerdirektor Boden, den Sohn des Ministers, berichtet der Präsident Schlabrendorff im ersten Jahre seiner Amtstätigkeit (1754): „Er ist so beschaffen, als Ew. Königliche Majestät ihn mir selbst charakterisieret und der verstorbene Präsident ihn auch beschrieben, nämlich zum Guten ganz untauglich und unbrauchbar, sonst aber reich an Hochmut, Malice und Intrigues, daher seine Abwesenheit dem Collegio allemal nützlicher als seine Anwesenheit" — ein Beispiel der „faulen und idioten Kriegsräte", deren es, wie der König in wohl ungerechter Verallgemeinerung klagte, leider in allen Kammern die Menge gebe. Die unzureichenden Leistungen der in den ersten Zeiten nach dem Dresdener Frieden besonders häufig von ihm gescholtenen Berliner Kammer führt Friedrich in vertraulichem Schreiben an den Minister Boden vom 5. April 1747, unmittelbar nach der Entfernung des schwachen

Vorgängers aus dem märkisch-magdeburgischen Departement, auf den Mangel an erfahrenen und geschickten Kriegsräten zurück; die meisten Mitglieder seien junge Leute; der neue Minister soll also dafür sorgen, daß man für die Kammer „ein paar geschickte Leute von offenem Kopf, Verstand und Redlichkeit" gewinne, „die vor allen Dingen die Ökonomie sowohl im Großen wie im Kleinen von Grund aus verstehen, und welche selbst verschiedene Jahre hindurch Ämter gepachtet und große Wirtschaften geführt haben"; von den jetzigen Mitgliedern würden dann einige an andere Kammern zu versetzen sein, „wo sie eher getragen werden können". Im ganzen aber war der König gegen Versetzungen der Verwaltungsbeamten. Tüchtige Männer, die sich in die örtlichen Verhältnisse hineingearbeitet, hineingelebt hatten, ließ er am liebsten da, wo sie waren. Der Antrag eines Kammerpräsidenten auf Berufung einer bestimmten Persönlichkeit wies er einmal mit dem Bedeuten zurück, man könne doch nicht alle tüchtigen Räte aus einer Kammer in eine andere versetzen, wo sie vom Lande und dessen Zuständen nichts wüßten.

Bei allem Gewicht, das auf die praktische Tüchtigkeit und Erfahrung gelegt wurde, mehrte sich doch fort und fort in den Verwaltungskörpern die Zahl der auch theoretisch vorbereiteten Beamten. Die Königsberger Kammer zählte 1754 unter zwölf Räten sieben studierte; es waren die jüngeren unter den zwischen den Altersgrenzen von 31 und 65 Jahren stehenden Mitgliedern. Aus der Subalternkarriere waren zwei emporgestiegen. Ein Rat war Domänenpächter, ein anderer Landrat gewesen, einer endlich Ingenieur — der Baurat. Schon seit den Verwaltungsreformen der vorigen Regierung waren den Kammern zur Erziehung für den praktischen Dienst Auskultatoren zugeteilt, die sich über kameralistische Universitätsstudien ausweisen mußten; hatte doch zu diesem Zwecke der sonst für die Aufgaben des höheren Unterrichts so verständnislose Friedrich Wilhelm an den Landesuniversitäten die ersten Lehrstühle der Nationalökonomie errichtet. König Friedrich, hinter dem ja seine eigenen Auskultatorzeiten noch nicht allzuweit zurücklagen, bestimmte jetzt (1748), daß Präsident und Direktoren der Kammer für die Ausbildung der jungen Leute eine Instruktion ausarbeiteten. Vornehmlich soll der Neuling lernen: „ein gut Protokoll führen, Konzepte abfassen, Akten-Extrakte machen, Anschläge verfertigen, Inventarien, Vieh und Wirtschaftsgerät taxieren, Rechnungen formieren und abnehmen". Indem der König derselben neumärkischen Kammer, bei der er selbst seine Schule durchlaufen hatte, einen jungen, ihm persönlich bekannten und anscheinend für die Kammerverwaltung veranlagten Herrn von Sydow als Auskultator zuweist, zeichnet er dem Präsidenten von Löben den Bildungsgang dieses Zöglings genau vor: er muß zunächst die Landwirtschaft und das

Pachtwesen gründlich kennen lernen; zu dem Behuf soll ihn der Präsident auf die Domänenämter schicken, deren Pächter als die besten Wirte bekannt sind, und ihn auf jedem Amte zwei oder mehr Monate bleiben lassen; dann erst hat er die Arbeit bei der Kammer selbst zu beginnen; der Präsident soll ihm alles „bestmöglichst beibringen", ihn zu allem heranziehen, ihn „recht ausarbeiten", ihn „in nichts schonen, sondern in allen Stücken dergestalt arbeiten lassen, als ob es ein Mensch von gemeiner Herkunft wäre". Wie über seine Räte, so mußte der Kammerpräsident auch über diese angehenden Beamten dem Könige in Konduitenlisten Bericht erstatten; von dem einen seiner beiden Auskultatoren, einem Grafen, sagt der neumärkische Präsident 1754: „Er fängt an solider zu werden"; von dem anderen: „Er ist nicht ungeschickt, muß aber scharf gehalten werden, daß er seinen Dienst akkurat verrichtet."

Keineswegs war es übrigens bei der Pflege dieser Auskultatoren-Pflanzschule die Absicht des Königs, den Subalternbeamten den Zutritt zu der höheren Laufbahn zu versperren. Noch trennte keine unüberbrückbare Kluft das Beamtentum in zwei Kasten; die gelehrte Vorbildung, die von dem Richter bereits jetzt unnachsichtlich gefordert wurde, ließ sich bei dem Kameralisten durch andere Vorzüge aufwiegen. Ausdrücklich wurde in den Kammerinstruktionen von 1748 den Sekretären die Aussicht offen gehalten, bei Geschicklichkeit, guter Führung und Fleiß zu den Ratsstellen aufzurücken, weil die „gemeiniglich die besten Leute werden, so von unten auf dienen". Vorbedingung bei dieser weitherzigeren Übung war, daß das Einkauf= und Anwartschaftswesen ausgerottet wurde, welches der Verwaltung Friedrich Wilhelms I. als dunkler Flecken angehaftet hatte. Die Schwäche für seine geliebten langen Kerls hatte den Monarchen auf den Gedanken gebracht, die Einkünfte der für die Werbungskosten seines großen Regiments bestimmten Rekrutenkasse dadurch aufzubessern, daß er für die Verleihung von Ämtern oder auch nur Anwartschaften sich statt der herkömmlichen feststehenden Chargenjura oder Anstellungsgebühren jetzt größere, nach Übereinkunft zu bemessende Geldzahlungen leisten ließ. Oft hatten bei der unersättlichen Gier der Rekrutenkasse die Bewerber um einen Posten sich förmlich überboten. Preußen war auf dem besten Wege, zu der schnöden Käuflichkeit der Ämter, die in Frankreich seit Jahrhunderten im Schwange ging, zu gelangen; Cocceji glaubte in der Folge, wohl etwas ins Schwarze malend, als Wirkung der bedenklichen Neuerung feststellen zu können, daß sich unter Friedrich Wilhelm I. niemand mehr auf solide Wissenschaft habe legen wollen. Dem Nachfolger war dieser Ämterschacher ein Greuel. Ohne weiteres hob er alle von seinem Vater erteilten Anwartschaften auf und zog es vor, bei der Erledigung einer vorgemerkten Stelle

einem ungeeigneten Anwärter das hinterlegte Einkaufsgeld zurück=
zahlen zu lassen. Als ihm während des Feldzuges von 1745 das
Generaldirektorium gleichwohl ein auf Grund einer Anwartschaft
ausgefertigtes Anstellungspatent zur Unterschrift vorzulegen wagte,
bedrohte er aus seinem böhmischen Lager in hellem Zorn die Minister
im Wiederholungsfall mit einer Geldstrafe von 100 Dukaten für
jeden von ihnen. Am liebsten hätte er es gesehen, wenn das Be=
amtentum sich ganz aus sich selbst heraus ergänzt hätte. Ein Rund=
schreiben des Generaldirektoriums an sämtliche Kammern vom
26. Dezember 1746 gab ihnen des Königs Grundsatz und entschiedenen
Wunsch zu erkennen, die Söhne der Kriegs= und Domänenräte und
die Söhne der Sekretäre, Registratoren und Kanzlisten bei vorhan=
dener Anlage und Fähigkeit, tadelloser Aufführung und guter Er=
ziehung und Ausbildung zu dem Berufe der Väter heranzuziehen;
der König hoffte, so „eine gute Baumschule von geschickten und von
Jugend auf zu ihrem Metier angeführten Leuten zu bekommen";
er setzte voraus, daß seine Beamten sich um so mehr Mühe geben
würden, „ihren Söhnen gute Edukation und rechtschaffene Senti=
ments beizubringen". Von einer Vererbung der einzelnen Stelle
vom Vater auf den Sohn war dabei, wie ausdrücklich betont wurde,
nicht die Rede. Auch war der Staatsdienst noch nicht so überfüllt,
daß das den Beamtenkindern eingeräumte Vorzugsrecht eine Aus=
schließung anderer geeigneter Bewerber bedeutet hätte. Im Grunde
erkannte der König mit seiner Kundgebung nur einen Zustand an,
der in den Verwaltungen der ständischen Libertät sich ganz von selbst
verstand. Daß solche Inzucht die Gefahr der Verknöcherung erhöhen
mußte, der jede Bureaukratie ohnehin ausgesetzt ist, ward bei der
Aufstellung jenes Grundsatzes nicht in Erwägung gezogen.

Das meiste hing doch von der Wahl geeigneter Persönlichkeiten
für die Präsidentenstellen ab. Mit keinem Gleichgestellten zur Seite,
hatte der Kammerpräsident in seinem Amtsbereiche mehr Einfluß
und Verantwortung, als die Minister vom Generaldirektorium in
dem ihren. König Friedrich hat es 1752 als zweckmäßig bezeichnet,
verabschiedete Stabsoffiziere in diese wichtigen Stellungen zu bringen,
indem er mit der zwei Jahre zuvor erfolgten Ernennung des Oberst=
leutnants Joachim Ewald von Massow zum Präsidenten der Königs=
berger Kammer einen sehr glücklichen Griff getan zu haben glaubte.
Ja auch bei der Wiederbesetzung erledigter Ratsstellen in den Kammer=
kollegien beabsichtigte er damals, verdienten Offizieren allemal vor
anderen den Vorzug zu geben, und machte den Minister Blumen=
thal, als dieser 1755 einen Neffen für den Kameraldienst anmeldete,
von vornherein auf diesen seinen Vorsatz aufmerksam. In der
Regel fiel doch nach wie vor seine Wahl, wenigstens für die Präsi=
dentenstellen, auf Männer aus dem Verwaltungsdienst, die dann

faſt ausnahmslos dem Adel angehörten, wie es ganz abgeſehen
von dem Herkommen ſchon mit Rückſicht auf ihre Stellung zu den
ausſchließlich adeligen Landräten und Kreisſtänden angezeigt er=
ſchien. Dieſelben Gründe, die für die Aufnahme von Offizieren
in die leitenden Verwaltungsämter ſprachen, ließen den König dieſe
im praktiſchen Leben bewährten, an beſtimmtes und beſtimmendes
Auftreten gewöhnten Landräte als Anwärter auf die Präſidenten=
ſtellen betrachten; jeden Landrat ſah er darauf an, ob dereinſt ein
Kammerpräſident aus ihm hervorgehen könne. Ein neuer Präſident
hat wohl meiſtens ſeine beſonderen Verhaltungsmaßregeln aus dem
Munde des Königs erhalten. Auch mußte gelegentlich vor Antritt
der Präſidentenſtellung noch eine Art Unterrichtskurſus im General=
direktorium durchgemacht werden. Später, ſeit 1769, beſtand dort
eine förmliche „Pepinière“ zur Einführung in die Geſchäfte der
Zentralverwaltung, zumal für hervorragende Landräte. Jenen
für die Behandlung der Miniſter angenommenen Grundſatz, Ent=
laſſungen möglichſt zu vermeiden, hat Friedrich auf die Präſidenten
und Direktoren der Kammern nicht ausgedehnt; mehr als einer
von ihnen hat wegen Unzulänglichkeit ſeiner Leiſtungen vom Platze
weichen müſſen. Offenbar ſagte ſich der König, daß in der Provinz
Nachläſſigkeiten leichter unbemerkt durchſchlüpfen konnten, als unter
ſeinen Augen in der Hauptſtadt, und litt deshalb dort in den maß=
gebenden Stellungen nur die, welche ſich ſein unbedingtes Vertrauen
zu erhalten vermochten. Es kam hinzu, daß er der Meinung war,
die Arbeitslaſt des Generaldirektoriums ſei eine mäßige, die der
Kammern dagegen eine ſehr ſtarke. Friedrichs Abrechnung mit
den ungeeigneten Kammerpräſidenten begann nach dem erſten
Kriege und wurde nach dem zweiten fortgeſetzt. Im Juli 1742
wurde der Präſident der pommerſchen Kammer, Philipp Otto von
Grumbkow, ein Bruder des Feldmarſchalls, in der Form beſeitigt,
daß er von aller Arbeit bei der Kammer „ganz und gar dispenſieret“
wurde; aus Schonung blieb ihm noch der unſchädliche Ehrenvor=
ſitz in der Stettiner Regierung. Dagegen büßte 1748 der kurmärkiſche
Präſident die oft gerügten Sünden ſeiner Kammer mit gänzlicher
Entlaſſung. Der Küſtriner Präſident, Valentin von Maſſow, kam
Anfang 1746 lediglich aus Rückſicht auf ſeine Familie mit einer
Verſetzung nach Minden davon, doch wurde ihm ſehr nachdrücklich
die allerhöchſte Unzufriedenheit ausgeſprochen: „da Ihr bei der
Euch bisher untergeben geweſenen Kammer nicht das Geringſte in
Ordnung gebracht, ſondern vielmehr die alten ſeit geraumer Zeit
ſchon daſelbſt geweſenen Unordnungen mit neuen gehäufet habt.“
In Königsberg ward es ungefähr gleichzeitig dem Direktor Kellner
zum Verhängnis, daß er, nach der Beförderung des Präſidenten
Blumenthal zum Miniſter im Generaldirektorium, vorübergehend

die Kammer leiten mußte. Kaum mit einem seiner Berichte ist
der König zufrieden. Bald wird ihm sein „elegiaquer Styl" verwiesen, bald wird er bedeutet, daß für die Saumseligkeiten seiner
Kriegsräte und Kreiseinnehmer, auf die er alle Schuld abwälzen
möchte, ganz allein er selbst verantwortlich ist. Das Maß kommt
zum Überlaufen, als der Unglückliche ein langatmiges Entschuldigungs-
schreiben statt mit der Post durch einen Kurier schickt und der König
nun, auf eine besonders wichtige Nachricht gespannt, nichts findet
„als schlechte und unanständige Klagden und Querelen, dergleichen
Ihr wohl an eine alte Frau schreiben könnt; Mich aber damit zu
behelligen und so kindische und unüberlegte Ausdrücke, als darinnen
enthalten sind, zu gebrauchen, hättet Ihr vernünftiger Weise wohl
Anstand nehmen können". Die Wirkung ist, daß der König dem
vorgesetzten Minister eröffnet, er müsse aus Kellners „besonderer
Einfalt und ungewöhnlicher und wunderbarer Schreibart" fast urteilen, „daß dieser Mann das Unglück habe, in eine Haupt-Schwach-
heit verfallen zu sein"; es erfolgt dann die Verabschiedung.

　　Durch vier Entlassungen in so schneller Folge war der „alte
Sauerteig" aus den oberen Schichten der Provinzialverwaltung
allerdings gründlich ausgekehrt. In der Wahl des Ersatzes ist König
Friedrich damals recht glücklich gewesen; die Kammerpräsidenten
der nächsten Periode erfreuten sich fast sämtlich der so schwer zu
verdienenden Zufriedenheit ihres strengen Gebieters: ein Aschersleben in Pommern, unter dessen Verwaltung die wirtschaftliche
Lage der verarmten Provinz sich sichtbar zu heben begann; Wichard
von Platen in Magdeburg, der Nachfolger des zum Minister be-
förderten Präsidenten von Katt, von dem Könige gelegentlich als
der tüchtigste unter den Kammerpräsidenten bezeichnet, und wiederum Platens Nachfolger Schlabrendorff, dem sich demnächst in Schlesien ein noch bedeutenderer Wirkungskreis eröffnete; auch Rothenburg in Küstrin und Gröben an der Spitze der bisher so oft gescholtenen
kurmärkischen Kammer; endlich jener Oberstleutnant von Massow,
der, in Königsberg trefflich bewährt, in Schlesien später nur durch
die Umtriebe unwürdiger Gegner zu Falle kam.

　　Innerhalb der Kammerkollegien wurde die Verantwortlichkeit
des einzelnen Mitgliedes dadurch erhöht, daß jedem der Räte ein
bestimmtes, lokal geschlossenes Gebiet zugeteilt war, innerhalb dessen
er als „Departementsrat" sowohl für den Zustand der Domänenämter einzustehen als in den Städten die Tätigkeit der königlichen
Aufsichtsbeamten, der Ortskommissare oder Steuerräte, zu überwachen hatte.

　　Die Steuerräte waren den Kammern als außerordentliche oder
auswärtige Mitglieder zugeteilt; ebenso die ihnen in entfernter
Ähnlichkeit entsprechenden Aufsichtsbeamten der Landkreise, die

Landräte. Diese erhielten 1743 in den meisten Provinzen Sitz und Stimme in den Kammern mit dem Range unmittelbar hinter den Direktoren, ohne daß ihnen damit eine Verpflichtung auferlegt worden wäre; doch wurde denen, die alljährlich mindestens vier bis sechs Wochen an den Sitzungen sich beteiligen würden, die Aussicht auf „importantere Chargen", d. h. auf Präsidentenstellen, eröffnet. In festerer Beziehung zu den Kammern als die ihrem Ursprung nach ritterschaftlich=ständischen Landräte, galten die Steuerräte in ihrem Amtsbezirke, der im Durchschnitt die Städte zweier land= rätlicher Kreise umfaßte, nicht als eine für sich bestehende Instanz, sondern lediglich als ständige Kommissare, als Deputierte der Kammer; ihnen war für das Jahr mindestens vierwöchentliche Beteiligung an den Kammersitzungen zur Pflicht gemacht.

———

Mit den Landräten und Steuerräten erreichte die Bureaukratie des Staates in Stadt und Land die Sphäre der Lokalverwaltung.

Den Dualismus zwischen Stadt und Land hatte die absolute Monarchie von der städtischen Staats= und Gesellschaftsordnung des ausgehenden Mittelalters als Erbschaft übernommen. Aller= dings, die Zeiten waren dahin, da Ritter und Bürger miteinander um die Spolien der Staatsgewalt rangen, nur darin einig, die Macht des Landesherrn in immer engere Grenzen einzuzwängen und seiner Hand, wie unter Joachim II. gesagt worden ist, den Strick zu entwinden. Längst hatten sich die einen wie die anderen die politische Unterordnung gefallen lassen müssen. Aber die soziale und wirtschaftliche Scheidewand türmte sich ganz wie ehedem zwischen ihnen auf; ja die administrativen, finanziellen, militärischen Neu= einrichtungen des absoluten Staates hatten in Preußen den Zwie= spalt der Gesellschaftsordnung noch verstärkt. Als gesonderte Ver= waltungskörper standen in diesem Staate die Städte außerhalb der Kreisverbände, außerhalb des ländlichen Steuersystems, bis zu gewissem Grade ·auch außerhalb der gemeinen Wehrverfassung.

Zu ihrer ehemaligen politischen Bedeutung hatten die Städte in jüngster Zeit auch die Unabhängigkeit der Verwaltung eingebüßt. Nach Lage der Dinge ihnen selbst zum Heil. Alles Gemeinsinnes bar und aller Haushaltungskunst entfremdet, hatte allzu lange überall die Oligarchie eines kleinen Kreises ratsfähiger Familien ein will= kürliches, eigennütziges, verschwenderisches Regiment geführt; das Stadtgut schien nur zu Nutz und Frommen der Vetterschaft da zu sein.

So konnte der Beifall des von dieser entarteten Selbstverwaltung ganz ausgeschlossenen Kleinbürgertums ihm nicht fehlen, als Friedrich Wilhelm I. die übel hergebrachten Privilegien des herrschenden

Patriziats beseitigte, das Kooptationsrecht der Magistrate in ein
Vorschlagsrecht verwandelte, die Gerichts-, Polizei- und Finanzverwaltung, vor allem das Schuldenwesen der Städte staatlicher Kontrolle unterwarf. Aus einem zunächst lediglich zur Abnahme des
Staatssteuerbeitrages der Städte bestimmten Organ erwuchs im
Zusammenhange dieser Städtereform der Steuerrat zu jener Auf-
sichtsinstanz über der gesamten Stadtverwaltung. Erst durch die
strenge Zucht, in die sie genommen wurden, ward wieder Ordnungs-
sinn, Gemeingefühl, Bürgertugend in den Kommunen geweckt;
ein urteilsfähiger Beobachter versichert uns, daß von den Städten
eines steuerrätlichen Bezirkes regelmäßig diejenige der besten Verwaltung und Ordnung sich erfreute, in welcher der Steuerrat seinen
Wohnsitz genommen hatte.

Nicht infolge eines großen einheitlichen Gesetzgebungsaktes,
sondern durch viele in gleicher Richtung erlassene Einzelverfügungen
und durch die Tätigkeit örtlicher Untersuchungskommissionen war
beim Übergang der Regierung auf Friedrich II. der Boden so weit
geebnet, daß nunmehr in einigen allgemeinen, für alle Städte der
Monarchie bindenden Verordnungen an die Herstellung formeller
Übereinstimmung herangegangen werden konnte, wie 1743 für die
Kämmereiverwaltung der Städte. In der Sache übernahm Friedrich
die Städtereform von seinem Vater als ein fertiges Werk und durfte
mithin seine Fürsorge für die Städte, wie wir noch sehen wollen,
fast ausschließlich auf die Förderung ihrer gewerblichen und Handels-
interessen lenken. Doch achtete der König unablässig darauf, daß
die Tyrannei der Stadtväter nicht in irgend einer Form wieder
auflebe. Er habe beobachtet, schreibt er 1749 dem Generaldirektorium, daß namentlich in den kleinen Städten die geringen und
armen Bürger „über die kleinsten Bagatelles, Plaudereien und
Weiberklatschereien" von den Bürgermeistern und Magistratspersonen
schikaniert und mißhandelt würden und schließlich aus Verdruß
darüber den Wohnort wechselten; es sollte deshalb den Steuerräten
eingeschärft werden, solche Übergriffe der Magistrate nicht zuzulassen,
namentlich auch zu verhindern, daß den kleinen Leuten nicht „wegen
etwas Gut und Weide vor ihr Vieh, Austreibung der Gänse und
dergleichen Kleinigkeiten" Schikanen in den Weg gelegt würden.

Bei der großen Macht, die in der Stadt in die Hände des Steuer-
rates gegeben war, wollte der König die Auswahl dieser Beamten
mit Sorgfalt getroffen sehen. Indem er einem ihm vorgelegten
Anstellungspatent seine Unterschrift verweigert, erklärt er dem
Generaldirektorium am 19. Oktober 1748, er wolle als Steuerräte
nicht mehr „so schlechte Subjecta, als bisher hin und wieder dazu
bestellet worden"; es sollen nur noch solche vorgeschlagen werden,
„die von sehr gutem Kopf, Verstand und Conduite seien, und die

dabei in Accise-, Commercien- und Fabriquensachen bereits eine gute Einsicht, Erkenntnis und Routine haben". Was er an den Steuerräten noch vielfach vermißte oder tadelte, läßt die Anweisung ersehen, die er das Jahr darauf den Kammerpräsidenten für Anlegung von Konduitenlisten erteilte. „Er ist," so wird da der abschreckende Typus des schlechten Commissarius loci ausgemalt, „impertinent gegen den Bürger; er spielet den Minister, er tractieret alle Sachen en bagatelle und erniedrigt sich kaum, mit dem Bürgermeister, Ratmannen und Bürgern, mit welchen er doch zu sprechen hat, umzugehen; er lässet sich seine Relationes, die er doch ex officio erstatten sollte, von denen Particuliers bezahlen und arbeitet solche aus, wie er davor gelohnet wird. Wenn er von einer Stadt zur anderen reiset, hat er einen Train bei sich, daß man ihn vor einen Feldmarschall ansehen sollte. Er suchet nur darauf, daß er ein gutes Quartier in denen Städten, wohin er kommt, hat, und daß er von dem Magistrat daselbst tractieret werde, alsdann ist alles gut in der Stadt."

Infolge der gleichmäßigen Unterordnung unter die im Steuerrat verkörperte Staatsgewalt verwischte sich bereits der alte Unterschied zwischen Mediat- und Immediatstädten. Wie die Justizreform dem bevorzugten Gerichtsstande der Immediatstädte in der Sache ein Ende gemacht, so war eben auch für ihre administrative, finanzielle und polizeiliche Selbständigkeit die Zeit vorbei. Nur darin erhielt sich die Erinnerung an die alten Zustände, daß die Mediatstädte, sowohl die ritterschaftlichen wie die zur königlichen Domäne gehörenden, steuerpolitisch innerhalb der Verfassung des platten Landes blieben, indem von der staatlichen wie kommunalen Finanzlast des Kreises nach der alten Quotisation ein Teil immer noch von den Mediatstädten getragen wurde, was seit der Verstaatlichung des städtischen Steuerwesens allerdings meist auf dem Wege einer Verrechnung zwischen den Staatskassen und den Kreiskassen geschah. Der völligen administrativen Abhängigkeit dieser Städte entsprach es, daß sie auf den Kreistagen nur durch den staatlichen Aufsichtsbeamten, den Steuerrat, vertreten wurden, während den Magistraten der Immediatstädte, sofern sie Dörfer im Kreise besaßen, neben dieser Vertretung durch den Steuerrat ihr bestrittener Anspruch auf einen Sitz in der Kreisversammlung durch König Friedrich 1756 ausdrücklich anerkannt wurde.

In etwas festerem Zusammenhange mit dem Kreise befanden sich die Domänenämter, denn ihre Steuerverfassung war durchaus die des Gesamtkreises. Im übrigen aber stand der Amtmann der königlichen Domäne unmittelbar unter der Kammer, dem Landrat des Kreises viel mehr gleichgestellt, als untergeordnet.

Der Domanialbesitz des Staates war sehr ausgedehnt. Domänen

und Forsten nahmen 1740 ein Viertel der Gesamtoberfläche des Staates ein. Von den 373 Ämtern entfielen die meisten, 125, auf Preußen; in der Kurmark zählte man 66, in Pommern und im Fürstentum Halberstadt je 34, im Herzogtum Magdeburg 33. Die Staatsgüter in den beiden letzten Provinzen, bei ihrem fetten Boden von großer Bedeutung, waren zum großen Teil von Friedrich Wilhelm I. erworben; er hatte das Generaldirektorium angewiesen, alle zwei bis drei Jahre im Magdeburgischen ein Gut im Werte von 100—150 000 Talern zu kaufen. Für die Verpachtung war man unter seiner Regierung von der eine Zeitlang bevorzugten Erbpacht allgemein zu der Zeitpacht zurückgekehrt. Der Kontrakt wurde auf sechs oder zwölf Jahre abgeschlossen, seit 1753 ausschließlich auf die kürzere Frist. Die Pacht war eine Generalpacht, d. h. der Pächter übernahm das Hauptamt mit sämtlichen Vorwerken, um dann nach Ermessen Unterpächter anzusetzen. Doch erklärte König Friedrich 1753, diese Unterverpachtung künftig nicht mehr dulden zu wollen; würde ein Amt dem Generalpächter zu selbständiger Bewirtschaftung zu groß sein, so sollte die Kammer ohne jenes Vermittlung selbst Unterpächter annehmen. Der weitere Schritt war, daß man wieder wie in den Zeiten Friedrichs I. und des Kammerrats Luben von Wulffen Vorwerke zu zerteilen und in kolonisatorischem Sinne an kleine Erbpächter auszugeben begann. Der Generalpächter hieß Amtmann, weil er in der Tat im Bereiche der königlichen Domäne ein landesherrlicher Beamter war, sowohl für die Justizpflege, wie für die Erhebung der dem Staate als Grundeigentümer zustehenden Domanialgefälle, als Grundzinsen der Amtsbauern, Ablösungsgelder und sonstiger Leistungen. Er bezog dafür eine Besoldung, die sich in der Kurmark zu dieser Zeit je nach der Größe des Amtes zwischen 30 und 380 Talern bewegte.

Für die Festsetzung der Pachtbedingungen im einzelnen stellte der König Ende 1747 eine Reihe von Grundsätzen auf, die dann das nächste Jahr in den neuen Dienstordnungen für das Generaldirektorium und die Kammern wiederholt wurden. Auch hier vermißt man die fiskalische Engherzigkeit der früheren Zeit. Wenn die alte Instruktion vorschrieb, daß in den Pachtkontrakten nichts bewilligt werden dürfe, „als was ohne Sr. Königl. Majestät Schaden prästieret werden kann", so setzte König Friedrich bezeichnend hinzu: „und anderer Leute Schaden". Bei Neuabschluß eines Kontraktes nach Ablauf der Pachtperiode sollte Steigerung nur da statthaben, wo sich ein „reelles und solides" Plus in Anschlag bringen ließ, keines, das durch Beschwerung der Amtsbauern und Erhöhung ihrer Lasten erzielt wurde. Pachtlustige, die den bisherigen Pächter über den von der Kammer angefertigten neuen Pachtanschlag hinaus überbieten wollten, hatten bis ins einzelste den Nachweis zu führen,

woher sie den Überschuß zu entnehmen gedächten, oder sollten als
windige Leute abgewiesen werden. Aber der Vorzugsanspruch des
alten Pächters sollte mit nichten ein unbedingter sein. Erklärte
er sich mit einer Steigerung einverstanden, so mußte er sich noch
ein Verhör seiner sämtlichen Bauern gefallen lassen: „ob auch der
Beamte in den abgelaufenen Pachtjahren ihnen zu hart gefallen,
oder ob er mit ihnen christlich umgegangen, ihnen in Notfällen
mögliche Hilfe geleistet und dergestalten auf ihre Konservation be=
dacht gewesen sei". Wer in diesem Verhör als „eigennütziger Bauern=
placker" bestand, sollte, ob immer ein ordentlicher Wirt und guter
Bezahler, die Verlängerung seines Vertrages verwirkt haben.

Nachlaß an ihrem Pachtschilling durften die Amtleute nur in
außerordentlichen Notfällen, bei großem Viehsterben, allgemeinem
Mißwachs oder in Kriegsläuften erwarten. Die Baukosten auf den
Ämtern für Neubauten wie für Ausbesserungen trug der Fiskus.
Hier wollte der König keine unzeitige Sparsamkeit: „Es muß nicht
von Karten gebauet werden und so, daß es der Wind umschmeißet."
Von der Tüchtigkeit der Baumeister hatte er übrigens eine sehr
nachteilige Meinung: „Alle unßere Landtbaumeisters sindt Idiohten
oder Betriger", schreibt er in der eigenhändigen Aufzeichnung für
die neue Instruktion des Generaldirektoriums: „also erneüere ich
die orders Ehrliche Maurer oder Zimmermeisters zu solchen bau zu
Emplojiren. paläste seindt nicht zu bauen, Sondern Schaf Sälle
und Wirtschaftsgebeüde". Das könne ein Maurer ebensogut als
Palladio — der berühmte Vicentiner Architekt.

Die Ämter sollten nach des Königs oft ausgesprochener Willens=
meinung „Exempel guter Wirtschaft" sein. Am wenigsten befriedig=
ten ihn noch die landwirtschaftlichen Zustände in Pommern. Im
Sommer 1748 mußte ihm der Oberst von Retzow, sonst einer seiner
tätigsten Gehilfen in der Militärverwaltung, einen Aufsatz über die
pommersche Landwirtschaft vorlegen, den er alsbald dem zuständigen
Provinzialminister, ohne den Verfasser zu nennen, als Gedanken
„eines vernünftigen und in Wirtschaftssachen ganz erfahrenen und
geschickten Mannes" zur Beachtung zusandte. Vier Jahre darauf
erschien ein „Wirtschaftsreglement für die Ämter des Herzogtums
Pommern und der Lande Lauenburg und Bütow", im Stile der
Haushaltungsordnungen, die Friedrich Wilhelm I. wiederholt und
mit erfreulichem Erfolg für die Ämter in Littauen und Preußen
erlassen hatte, mit eingehenden Anweisungen für den gesamten
landwirtschaftlichen Betrieb. Auf seinen Fahrten durch das Land
überzeugte sich dann der König, ein praktischer Landwirt und Sach=
verständiger wie sein Vater, ob sein theoretischer Unterricht in die
Praxis Eingang gefunden hatte. Noch nach Jahren sah er sich ge=
nötigt, den Stettiner Kammerpräsidenten darauf hinzuweisen, daß

die Leute hierzulande, wie er aus Augenschein wisse, das Säen
nicht verstünden: sie schmeißen das Korn nur so herein in das Land,
ohne weiter etwas dabei zu tun. Für bisher ganz unbekannte
Kulturen wurde noch besondere Belehrung erteilt, so eine „Anweisung
des Landmannes für den Hopfenbau", die durch die Kalender und
in Einzeldrucken Verbreitung erhielt. Dabei wurde den Rittergütern verstattet, sich mit den Domänen zur Ansetzung von gelernten
Hopfengärtnern zusammenzutun; seit 1743 eingeführt, hob sich der
Hopfenbau in den preußischen Staaten so schnell, daß nach dreißig
Jahren der Bedarf der Brauereien durch die inländische Produktion
gedeckt wurde. Von geradezu umwälzender Bedeutung aber für
den deutschen Ackerbau und die Ernährung der ländlichen Bevölkerung war die Kabinettsorder, durch welche Friedrich 1746 für die
Domänen den feldmäßigen Anbau der Kartoffel anordnete, dem
beschränkten Verständnis seiner Untertanen und selbst seiner Behörden zum Trotze; die Bauern mußten an manchen Orten mit
Gewalt zur Anpflanzung der ihnen als Geschenk überlassenen Saat-
kartoffeln angehalten werden, und die kurmärkische Kammer prophe-
zeite, daß die von Seiner Majestät beabsichtigte Ausdehnung des
Kartoffelbaues in einem Land, welches wie die Mark Brandenburg
nicht einmal hinlänglich Getreide für die Bevölkerung habe, zu dem
drückendsten Mangel an Brotkorn und zur Hungersnot führen müsse.

Auch sonst wurden die Ämter als Versuchsstationen benutzt.
Hier wurden unter den Augen des Königs die in Vorschlag gebrachten
Neuerungen in Bodenbehandlung und Fruchtfolge, im Anbau fremder Futterkräuter, wie Kopfklee, Luzerne und Lupinen, in Viehzucht und Tierarzneikunde eingeführt und erprobt. Im Mai 1748
langten aus Spanien die ersten Merinoböcke, ihrer fünf, mit Spannung erwartete Gäste, in Berlin an, um in den Gegenden, wo bereits
die feinste Wolle gewonnen wurde, auf fünf bevorzugten Ämtern
aufgestellt zu werden; andere Widder folgten nach, bis nach wenigen
Jahren die spanische Regierung die Ausfuhr der kostbaren Rasse-
tiere bei Lebensstrafe verbot.

Stete Kontrolle über die Wirtschaft der Ämter übten die Departementsräte auf ihren regelmäßigen Musterungsreisen; hier vornehmlich wurden die Anhaltspunkte für die Neuaufstellung der
Pachtverträge gewonnen. Es verstand sich, daß Kriegs- und Domänenräte jetzt Ämterpachtungen nicht mehr selbst übernehmen
durften. Freilich, alle persönlichen Zusammenhänge ließen sich
nicht abschneiden; einem seiner tüchtigsten Räte, dem nachmaligen
Minister Domhardt, mußte der Königsberger Kammerpräsident bei
aller Anerkennung seiner „Stärke in Domänensachen und prompter
Resolution" doch nachsagen, er sei gar sehr für seine Verwandten
portiert: „wozu beinahe die Hälfte der Generalpächter hiesiger

Provinz gehören". Ja, aus dem Musterbogen des Königs für die Anfertigung der Führungslisten erhellt, daß ihm nicht alle Departementsräte ganz über den Verdacht erhaben waren, sich von den Amtspächtern Butter und Kälber in die Küche schicken zu lassen.

Auf den Kreistagen vertrat die Domänenämter eben dieser Departementsrat, wie die Städte des Kreises der Steuerrat. Doch bezog sich bei den einen wie bei den anderen die Vertretung nur auf die Steuerberechnungen; die Mitwirkung bei Bestellung des Landrates stand ausschließlich den adeligen Rittergutsbesitzern zu.

Der Landrat war ursprünglich lediglich der Erwählte dieses Standes, ein ständischer, nicht ein staatlicher Beamter gewesen. In Pommern, von wo der Name nach der Mark gekommen ist, waren die Landräte, so genannt im Gegensatz zu den Hofräten, den persönlichen Dienern des Herzogs, Vertreter der Kreise für die ständische Mitregierung, Mitglieder des engeren Ausschusses der Landstände. Sie übernahmen in der Folge aber auch örtliche Aufgaben, namentlich in den mit dem siebzehnten Jahrhundert hereinbrechenden Kriegsläuften die Beschaffung der für die Truppenverpflegung erforderlichen Geld= und Naturalbeiträge; sie blieben dann auf diesen engeren Wirkungskreis beschränkt, als mit dem Niedergang der ständischen Verfassung ihre Stellung in der Zentralregierung den Boden verlor. In Brandenburg, wo im dreißigjährigen Krieg die militärisch=ökonomischen Aufgaben in den einzelnen Kreisen besonderen Kreiskommissaren zufielen, haben diese zu Anfang des achtzehnten Jahrhunderts auf ihr Ansuchen den in der Nachbarprovinz üblichen, höher klingenden und in der Tat ursprünglich mehr bedeutenden Landratstitel erhalten. Auch im Magdeburgischen gab es für jene lokalen Zwecke Kreiskommissare, während die Landräte hier sich noch tief in die Zeit der hohenzollerschen Herrschaft hinein in der Stellung ständischer Beisitzer der Regierungsbehörde behaupteten, bis Friedrich Wilhelm I. sie 1713 aus dem „Kondominat", von dem er zu sprechen pflegte, verdrängte, auf die bescheidenen Obliegenheiten der Kreiskommissare hinwies und damit auf das Niveau seiner märkischen Landräte hinabdrückte. Und da derselbe Herrscher später auch dem Fürstentum Minden eine Kreisverfassung nach dem märkisch=pommerschen Muster gegeben hatte, so fand sein Nachfolger in der Mehrzahl der Provinzen das Landratsamt als eine gleichförmige Einrichtung vor: auf Grund zahlreicher, immer neuer Sonderaufträge vertrat der Landrat mit seinen Organen, dem Steuereinnehmer, dem Ausreuter und demnächst auch dem Kreissekretär, in seinem Kreise die Staatsgewalt als polizeilicher, finanzieller und militärischer Verwaltungsbeamter und bezog als solcher ein Gehalt, das in der Kurmark zwischen 100 und 575 Talern schwankte. Er hatte nach Maßgabe einer von ihm

zu führenden Kreisgrundtabelle die Umlage und Erhebung der
Staats- und Kreisgefälle zu überwachen, die Marsch-, Quartier-
und Aushebungsangelegenheiten der Regimenter an seinem Teile
zu fördern und die daraus erwachsenden Lasten auf die Kreisinsassen
zu verteilen. Er hatte für den Zustand der Straßen und Wege
im Kreise, auch auf städtischem und Domanialgebiete, zu sorgen,
griff mit einer Fülle von polizeilichen Befugnissen in das wirtschaftliche Leben der Einzelnen ein und übte seit 1743 auch in den Städten
eine Mitaufsicht neben dem Steuerrat. Er war Vertrauensmann
des Landesherrn und auch Vertrauensmann der kreiseingesessenen
Ritterschaft, der in den meisten Provinzen als Rest ihres alten Wahlrechtes ein Vorschlagsrecht, die Bezeichnung dreier Kandidaten, für
die Besetzung des Landratamtes geblieben war. Den Mindener
Landständen und der noch vor einem Menschenalter so widerhaarigen
magdeburgischen Ritterschaft verlieh König Friedrich dieses Präsentationsrecht kurz vor seinem dritten Kriege. In Ostpreußen
hatte sich bei der noch mißvergnügteren Stimmung des einheimischen
Adels die Kreisverfassung der übrigen Provinzen bisher überhaupt
nicht durchführen lassen, aber auch hier gewährte 1752 Friedrich II.
auf das Betreiben des Kammerpräsidenten von Massow unbedenklich dieses immerhin bescheidene Maß ständischer Selbstverwaltung.
Im folgenden Jahre erhielten es auch das Herzogtum Kleve und die
Grafschaft Mark.

Langsam, aber nunmehr völlig hatten sich die Ritterschaften
überall in den alten Provinzen in ihre veränderte Stellung hinein-
gefunden. Der Adel hatte aufgehört, eine politische Partei, die
Oppositionspartei zu sein, die alten Zwiste zwischen Monarchie
und Aristokratie waren begraben. Friedrich II. war der erste Herrscher
dieses Staates, der das Mißtrauen gegen den Adel ganz fahren ließ
und ihn als die festeste Stütze des Thrones betrachtete. Persönliche
Vorliebe und die veränderten Zeiten wirkten dabei zusammen.
„In unserem Staat," sagt er in dem politischen Testament, „ist
weder Parteiung noch Auflehnung zu befürchten." Man beschuldigte
die ostpreußischen Edelleute, daß sie falsch seien. „Ich glaube nicht,"
entgegnet er, „daß sie falscher sind als die anderen; viele Preußen
haben gedient und dienen noch mit Auszeichnung so im Heere wie
in der Verwaltung, aber ich würde gegen die Stimme meines Gewissens reden, wollte ich einen einzigen von denen, die ich kennen
gelernt habe, der Falschheit bezichtigen." Er fand, daß diese Preußen
feinen und gelenken Geistes seien und Geschmeidigkeit besäßen, die
nur, wenn sie nie aus ihrer Heimat herauskämen, in fade Abge-
schmacktheit entarte. Die Vasallen in Pommern hatte ihm schon
sein Vater als „treu wie gold" gerühmt; gute Behandlung dämpfe
bei ihnen jede Widerrede. Friedrich schildert sie: „die Pommern

haben einen geraden, naiven Sinn, Pommern ist von allen Provinzen die, welche die besten Kräfte sowohl für den Krieg wie für
die anderen Dienstzweige hervorgebracht hat; nur für die Verhandlungen möchte ich sie nicht verwenden, weil ihre Offenherzigkeit
in die Politik nicht hineinpaßt, wo man oft List gegen List ausspielen
muß." An der Ritterschaft der Kurmark tadelt er den Hang zum
Wohlleben; dabei besitze sie weder das geistige Rege der Preußen,
noch das Solide der Pommern; auch der Magdeburger Adel,
aus dem einige bedeutende Männer hervorgegangen seien, wird
an Einsicht höher gestellt. An den Edelleuten aus der Grafschaft
Mark und dem Fürstentum Minden setzt Friedrich die plumpe Erziehung aus, die sie nicht zu der nur im Treiben der großen Welt
erlernbaren glänzenden Sicherheit des Auftretens gelangen lasse;
aber ihnen eigne ein anderes und höheres Talent, das, sich dem
Vaterlande nützlich zu machen. Am ungünstigsten beurteilt er den
klevischen Adel, der, in der Trunkfälligkeit der Altvordern gezeugt
und empfangen, weder natürliche Anlage noch künstlichen Schliff
besitze.

So abfällig einige dieser Urteile klingen, und so einseitig die
Charakteristik der einzelnen Ritterschaften sein mag, das Gesamturteil des Königs über seine Vasallen schließt das höchste Lob ein:
Es könne wohl einen reicheren Adel geben, aber niemals einen
tapfereren oder einen treueren. In zwei heißen Kriegen hatten
soeben diese Tapferen ihre Treue mit dem Blute besiegelt; hier im
Heere vor allem war dem Könige sein Adel unentbehrlich. Daher
die Mahnung an die Behörden, den Adel an seinem Besitzstande,
der Grundlage seiner wirtschaftlichen und sozialen Existenz, keinen
Abbruch leiden zu lassen, sintemal des Edelmanns Söhne „das
Land defendieren, und die Rasse davon so gut ist, daß sie auf alle
Art meritieret, conservieret zu werden".

Die neue staatliche Schutzpolitik betätigte sich für den ritterschaftlichen Besitz in mehr als einer Richtung. Unter Hintansetzung
des fiskalischen Interesses, das für seinen Vater allemal den Ausschlag gegeben hatte, verbot König Friedrich in der neuen Instruktion
für das Generaldirektorium den Domänenbehörden, Prozesse und
Grenzstreitigkeiten mit den Rittergütern „aufzuwärmen"; kein Edelmann sollte sein Besitzrecht höher hinauf als bis 1740 zu beweisen
verpflichtet sein, denn was für den König nur einen kleinen Verlust
bedeute, sei für den Edelmann schon ein großer Vorteil. Zugleich
verlangte er, daß der Ankauf adeliger Güter durch den Fiskus gänzlich aufhöre, auch wenn durch günstige Erwerbungen der Ertrag
einer Domänenwirtschaft sich auf das Doppelte steigern lasse. Keine
Kammer sollte sich bei seinen Lebzeiten unterstehen, auch nur einen
Antrag auf derartige Ankäufe zu stellen. Wieder ein vollständiger

Bruch mit den fiskalischen Grundsätzen der bisherigen Domänen=
politik, die bei dem Adel erklärlicherweise viel böses Blut gemacht
hatten; als einst Leopold von Dessau dem alten Könige den großen
Gewinn vorrechnete, den er selber durch das Auskaufen seiner
anhaltischen Edelleute eingeheimst hatte, da hat sein Widerpart
Grumbkow das höhnische Wort dazwischengeworfen: „Euer Durch=
laucht haben aber auch in Ihrem Lande nichts als Juden und Bettler."

Verzichtete jetzt der Staat für sich selber auf den wirtschaftlichen
Vorteil, der seiner Domänenverwaltung aus dem Erwerb adeliger
Güter erwachsen konnte, so entsprach dem nur, daß anderseits der
Übergang von Rittergütern in bürgerliche Hände, wie er seit der
Allodifikation der Lehen durch Friedrich Wilhelm I. an sich statthaft
war, nach Möglichkeit erschwert wurde.

Der Schwerpunkt des ritterschaftlichen Besitzes lag in den mitt=
leren Provinzen der Monarchie. In der Kurmark zählte man in
der zweiten Hälfte des Jahrhunderts neben 652 königlichen und
53 städtischen Dörfern 1262 adelige; in Pommern in ähnlichem Ver=
hältnis neben 625 königlichen und 159 Kämmereidörfern 1276
adelige. Im Magdeburgischen dagegen, wo die Schulenburgs allein
31, die Alvenslebens 23, die Kattes 17 Dörfer inne hatten, über=
ragte jetzt trotz dieser Latifundienbildungen die Domäne den Besitz
des Adels um ein paar Dutzend Dörfer, und vollends in Preußen
und Littauen standen unter königlicher Grundherrschaft über 3200,
unter adeliger noch nicht ganz 900 Dörfer.

Auch darin bewährte der König sein Wohlwollen für den Adel,
daß er bedürftigen oder heruntergekommenen Grundbesitzern für
die Hebung ihrer Güter mit Darlehen zu geringem Zins oder mit
unmittelbaren Geldgeschenken zu Hilfe kam; so in ausgedehntem
Maße bei Schädigungen durch Hagelschlag oder den in den fünf=
ziger Jahren wiederholt auftretenden Heuschreckenfraß. In Pom=
mern machte der Hungerwinter von 1755 auf 1756 außerordentliche
Beihilfen erforderlich. Dafür betrachtete es Friedrich als sein selbst=
verständliches Recht, sich um die Wirtschaft der Rittergüter ganz
ebenso wie um die der Staatspächter zu bekümmern, was allerdings,
zumal wieder in Pommern, sehr geboten sein mochte. Und da ihm
von den pommerschen Landräten mancher selber nicht zu wissen
schien, „wie er die schlechten Wirte zu besserer Bestellung ihrer
Äcker anweisen und redressieren solle", so mußte der mit Land und
Leuten in Pommern gründlich vertraute Minister Blumenthal 1756
eine ausführliche Instruktion für die Landräte entwerfen, um sie
über die Mißbräuche und Fehler der herkömmlichen pommerschen
Landwirtschaft zu belehren und ihnen rationelle Grundsätze für das
Düngen, Pflügen, Säen beizubringen.

Eine Grenze fand Friedrichs Fürsorge für den Adel, die ein

fiskalisches Interesse weitherzig zu opfern vermochte, doch da, wo
mit ritterschaftlichen Ansprüchen bäuerliche in Widerstreit kamen.
Hier war er, soweit es das bestehende Staats= und Personenrecht
erlaubte, stets geneigt, sich auf die Seite des klagenden Bauern
zu stellen: „allermaßen Se. Königliche Majestät," wie eine Kabinetts=
order vom 15. November 1755 erklärt, „zwar Dero Edelleute gern
bei dem Ihrigen schützen, aber zugleich nicht haben wollen, daß
die Untertanen dadurch unterdrücket und bis aufs Blut ausgesogen
werden sollen."

Traurig genug hatten sich in jahrhundertelanger Entwicklung die
bäuerlichen Verhältnisse gestaltet, und es war wahrlich nötig, daß
das preußische Königtum sich zu der großen sozialen Aufgabe, den
Schwächeren gegen den Stärkeren zu schützen, bekannte, wenn
anders der einheimische Bauer dem Schicksal der völligen Enteignung
und Hinabdrückung zum Tagelöhner entrinnen sollte, das eben
damals, seit der Mitte des achtzehnten Jahrhunderts, in den beiden
Nachbarländern Mecklenburg und Schwedisch=Pommern die Masse
der Bauernschaft ereilte.

Freie, persönlich und dinglich keinem Grundherrn pflichtige
Bauern gab es in größerer Zahl nur im äußersten Osten der Monarchie,
in Preußen und Littauen, wo die bei der deutschen Besitzergreifung
mit kulmischem Recht bewidmeten bäuerlichen Ansiedler als „Kölmer"
ihre bevorzugte Stellung gewahrt hatten; man zählte hier um die
Mitte des Jahrhunderts auf 41 188 hörige bäuerliche Wirte 10 355
Kölmer und sonstige Freie. Sehr abgeblaßt war das Hörigkeits=
verhältnis, als Eigenbehörigkeit, in den rheinisch=westfälischen Pro=
vinzen, obgleich gerade hier eine verwirrende Menge von Einzel=
gefällen zu entrichten war, sowie in Ostfriesland. Überall sonst
befanden sich die Bauern bis auf verschwindende Ausnahmen im
Stande der Erbuntertänigkeit unter einer patrimonialen oder
domanialen Grundherrschaft, die zugleich das Gericht, die Polizei,
das Kirchenpatronat inne hatte; sie waren samt ihren Kindern an
die Scholle, den „angebornen Grund und Boden" gebunden und
für das Heiraten von der Einwilligung des Grundherrn abhängig;
er übte über sie ein Züchtigungsrecht und hatte auf den Gesinde=
dienst der Untertanenkinder einen Vorzugsanspruch; niemand durfte
ohne Erlaubnisschein auswärts einen Dienst suchen. Innerhalb
dieses allgemeinen Bereiches der Erbuntertänigkeit war das Besitz=
recht der verschiedenen Bauern und Halbbauern an ihren Höfen,
Hofweren und Hufen ein mehrfach abgestuftes. Der Erbzinsbauer
besaß seine Bauernstelle erb= und eigentümlich, das heißt, er hatte
wenigstens das Untereigentum an seinem Besitz und leistete dem
grundherrlichen Obereigentümer nur die auf der Stelle haftenden
Fronen und Abgaben; dies Besitzrecht wurde durchgehend in der

Altmark, dem Magdeburgischen und Halberstädtischen, überwiegend
auch in Niederschlesien und den benachbarten, vormals schlesischen
Kreisen der Neumark gefunden.  Der Laßbauer dagegen war nur
Nutznießer seines Gutes; sein mit Zinsen und Frondiensten belastetes
Nutzungsrecht war keineswegs überall ein erbliches, und auch da,
wo Vererbung statthatte, wie in den meisten Dörfern der Mittel-
mark und Priegnitz, fiel die Auswahl des Erben aus der Zahl der
Kinder des letzten lassitischen Inhabers dem Grundherrn zu.  Un-
erbliche Laßbauern, teils auf Lebenszeit, teils gar nur auf Kündigung
angesetzt, bildeten die Masse der unfreien Bevölkerung in der Uckermark und Neumark, in Pommern, Preußen, Littauen und Oberschlesien; sie, zumal wenn sie mit ungemessenen Diensten behaftet
waren, nannte man gemeinhin Leibeigene, obgleich im juristischen
Sinne die Merkmale der Leibeigenschaft, die Verkaufbarkeit und
Vertauschbarkeit und die Unfähigkeit zu eigenem Erwerb, nicht
auf sie zutrafen, jedenfalls von den staatlichen Gerichtshöfen nicht
anerkannt wurden.

König Friedrich hat in einer seiner Schriften den Zustand, daß
der Bauer zur Scholle gehöre und Sklave seines Edelmanns sei,
als die traurigste aller Lebenslagen, die empörendste für ein mensch-
liches Herz, bezeichnet.  „Man sollte meinen," ruft er aus, „daß
das einfache Wollen genüge, diese barbarische Gewohnheit zu ver-
tilgen; aber dem ist nicht so, sie hängt an alten Verträgen zwischen
den Besitzern der Ländereien und den Anbauern, der Ackerbau ist
auf die Dienste der Landleute berechnet, wollte man dieses abscheu-
liche Gebaren mit einem Schlage beseitigen, so würde man damit
die ganze landwirtschaftliche Ordnung umstürzen; man müßte den
Adel für einen Teil der Verluste, die er erleiden würde, entschädigen."

In der ersten Hälfte seiner Regierung hat König Friedrich nur
gegen die schlimmsten Auswüchse der bestehenden Ordnung ange-
kämpft, indem er den Bauern Erleichterung der Fronlasten und
Schutz gegen Mißhandlungen zu verschaffen bemüht war.  An die
Wurzeln des Übels, das unsichere Besitzrecht der meisten Bauern
und das persönliche Unfreiheitsverhältnis, ward zunächst kaum
gerührt, obgleich schon die Sozialpolitik Friedrich Wilhelms I. Anläufe nach dieser Richtung genommen hatte.  Erst 1756 wurde in
einer Provinz, in Oberschlesien, der Versuch gemacht, durch Einwirkung auf die Gutsherrschaften den unerblichen Laßbesitz der
Privatbauern in erblichen zu verwandeln.  Urheber des Planes
war der kurz vorher an die Spitze der schlesischen Kammern getretene
Minister Schlabrendorff, derselbe, der acht Jahre früher als Direktor
der Stettiner Kammer für die Aufhebung der Leibeigenschaft seine
Stimme erhoben hatte.  Seine Anregung war im Generaldirektorium damals ausweichend als weiterer Überlegung bedürftig

bezeichnet worden, und auch von dem Könige hören wir in dieser
Beziehung zunächst nur die gelegentliche Klage, die in Pommern
noch übliche Leibeigenschaft sei so harte Sklaverei, sei von so ver=
derblicher Wirkung, daß die Aufhebung im eigenen Interesse des
Adels liegen müsse.

Um von der Ausdehnung der Frondienste ein Bild zu gewinnen,
ließ sich Friedrich 1748 von dem Generaldirektorium eine nach
Provinzen geordnete Zusammenstellung einreichen. Das Ergebnis
war für die Lande jenseits der Weser sehr günstig. Im Herzogtum
Kleve leistete die Mehrzahl der Bauern das ganze Jahr über nur
zwei, vier oder sechs Tagesfronen, die Schlüterei Kleve ausgenommen,
wo die einen wöchentlich zu zwei, die anderen monatlich zu zwei
oder auch nur einem Dienste verpflichtet waren. Ebenso waren
die Untertanen in Geldern im ganzen Jahre höchstens zu viermaligem
Dienste, teilweise nur zu drei=, zwei= oder einmaligem gehalten.
In Ostfriesland waren bis auf wenige Ausnahmen die Dienste
schon seit 1611 in eine geringe Geldleistung verwandelt. In Minden
und den übrigen westfälischen Landesteilen hatten die Bauern,
soweit sie erbuntertänig waren, allerdings regelmäßig zu fronen,
aber doch nie tagtäglich, und überall waren die Verpflichtungen
schriftlich festgestellt, während die geleisteten Dienste in Quittungs=
büchern bescheinigt wurden. Je zufriedener der König mit dieser
Sachlage war, um so mehr beklagte er die Überbürdung der Bauern
in den mittleren und östlichen Provinzen. Daß auf Bauernhöfen
die Verpflichtung zu täglicher Stellung eines Gespanns lastete,
gehörte nicht zu den Ausnahmen. Oder die Fronen waren gar
ungemessene, ganz in die Willkür der Grundherrschaft gestellte.
In Pommern gab es Domänen, denen Hand= und Spanndienste
in einer Zahl geschuldet wurden, daß der Pächter nicht nötig hatte,
eigenes Gespann oder Gesinde zu halten. Der König stellte jetzt
für die Erneuerung der Pachtverträge den Grundsatz auf, daß die
Untertanen nirgends mehr als drei= bis viertägigen Wochendienst
leisten sollten; den adeligen Grundherrschaften ließ er vorstellen,
daß die gleiche Einrichtung zu ihrem eigenen Vorteile gereichen
würde. Noch bestärkt wurde er in seiner Abneigung gegen das
Fronwesen durch eine Darlegung des Obersten Retzow, daß er
fahrungsgemäß die im Frondienst bestellten Äcker bei weitem nicht
den Ertrag der Wirtschaft mit eigenem Gespann ergäben; er ver=
fügte deshalb 1755, daß bei den Ämterverpachtungen in Zukunft
die Spanndienste durchgängig auf ein Dienstgeld umgerechnet wer=
den sollten.

Gegen körperliche Mißhandlung hatte wieder schon Friedrich
Wilhelm I. die Bauern schützen zu wollen erklärt. 1738 sah man ein
Prügelmandat öffentlich in den Dorfkrügen ausgehängt, das den

Domänenpächtern und ihren Wirtschaftsgehilfen „das barbarische Wesen, die Untertanen mit Prügeln oder Peitschen wie das Vieh anzutreiben", bei schwerer Ahndung verbot; immerhin hatte Friedrich Wilhelm dabei Littauen und Preußen ausdrücklich ausnehmen zu müssen geglaubt, da das Volk dort noch gar zu faul und gottlos sei. Friedrich II. ließ diese traurige Ausnahmestellung einer großen Provinz aufhören und wachte überhaupt ungleich stetiger als sein Vorgänger über die Einhaltung der zur Abschreckung erlassenen Gebote. Wo er auf einer Reise einen Domänenpächter „gottlosen Haushaltens mit den Untertanen" überführen wird, da soll, so verkündet der König, ein rigouröses Exempel statuieret werden; der Beamte, der einen Bauer aus dem Lande jagt, wird angesehen werden, als wenn er einen Soldaten aus Reih und Glied verjagen wollte. Den Kammern wird eingeschärft, sie sollen einen Bauern in billigen Sachen nie ohne Hilfe lassen. Doch beweist gerade die unaufhörliche Wiederholung der an die Behörden gerichteten tadelnden und drohenden Kabinettsorders, wie schwer es war, dem Übel Abhilfe zu schaffen. Nicht zum wenigsten wegen des stumpfen Widerstandes der Behörden selbst, die bei der Natur ihrer Zusammensetzung sich von dem Standesinteresse des Großgrundbesitzes nicht ganz frei hielten und nur zu oft geneigt waren, in der Beschwerdeführung der Bauern lediglich Widerspenstigkeit, Hang zum Querulieren zu sehen. Der König schilt erst die Departementsräte der Kammer, daß sie für die Amtleute parteiisch sind; er schilt bald die ganze Kammer, daß sie dem Unwesen still zusieht; er muß endlich auch das Generaldirektorium schelten (20. November 1750), „daß dasselbe auf das Betragen derer Beamten gegen die Untertanen nicht nähere Attention nimmt, sondern jene mit diesen, denen so vielfältig ergangenen Ordres zuwider, schalten und walten lässet". Seine Strafandrohungen gegen die Übertreter werden immer strenger. Wem bewiesen werden kann, daß er einen Bauer mit dem Stock geschlagen, so ward 1749 für die Domänen der Kurmark verfügt, der soll sofort und ohne Gnade auf sechs Jahre zur Festung gebracht werden, „wenn auch schon der gleiche Beamte der beste Bezahler war und seine Pacht sogar pränumerierte". Im folgenden Jahre wurde die Gräfin Geßler, die Gemahlin des Helden von Hohenfriedberg, im Kriminalprozeß wegen unmenschlicher Behandlung des Gesindes zu einem persönlichen Arrest von sechs Jahren verurteilt; der General erhob bei dem Könige Vorstellung und erhielt die Antwort, er sei zu beklagen, daß er an seiner unglücklichen Frau die „besondere Fatalité" erleben müsse, aber er werde als vernünftiger Mann sich sagen, „daß die Justiz vor jedermann und alle Leute ohne Ausnahme ist, und daß also, wenn auch Personen von Stande oder Edelleute sündigen, selbige nach den Regeln des Rechtes davor büßen und gestrafet werden müssen". Der König befahl sogar, das Straferkenntnis noch zu schärfen, dies allerdings erst, als er hörte, daß die megärenhafte Gräfin über die Grenze nach Polen entwichen sei.

Wohl erstreckten sich die Prügelverbote nicht auf den Bereich der grundherrlichen Zuchtpolizei und Patrimonialgerichtsbarkeit, doch suchte auch hier der König dem Übermaß und der Willkür zu steuern. Er beseitigte auf den preußisch-littauischen Ämtern die landesübliche Strafe des Postronkierens, das er als „ein ganz barbarisches Prügeln" umschreibt, „wodurch ein Untertan um seine Gesundheit oder seine gesunden Gliedmaßen kommen kann". Er sprach den adeligen Gerichtsobrigkeiten die Erwartung aus, daß auch sie von dieser Strafart lassen würden. Als auf den ostpreußischen Gutshöfen trotzdem das geliebte Postronkieren mit der Zeit immer wieder geübt wurde, erklärte er 1748, „daß er zwar den Edelleuten ihren Gerichtszwang nicht gänzlich nehmen wolle, ihn aber so gestalten müsse, wie es sich unter gesitteten Völkern gebühre"; er ließ deshalb eine Straforbnung für diese Patrimonialgerichte entwerfen.

Wirksamer als den Bauernstand und seine einzelnen Vertreter hat König Friedrich das Bauernland zu schützen vermocht. Zwei Gesetze von 1749, das eine für Schlesien (14. Juli), das andere für die übrigen Provinzen (12. August), verboten jede Schmälerung des bäuerlichen Besitzstandes, das sogenannte Bauernlegen, und zwar gleichermaßen die Einziehung bäuerlicher Hufen in das ritterschaftliche oder domaniale Ackerfeld, wie die Zersplitterung einer Bauernstelle in kleinere Anwesen. Man berechnete, daß in der Kurmark vom dreißigjährigen Kriege bis 1746 1962 bäuerliche Wirtschaften und 935 Kossätenstellen verschwunden seien. Besonders arg aber hatten es in jüngster Zeit die Bauernleger in Oberschlesien getrieben; in Dörfern, wo vor zwanzig Jahren noch an die vierzig Bauernhöfe gezählt wurden, war jetzt kein einziger vorhanden. Fortan sollte jede bäuerliche Nahrung, die aus irgend einem Anlasse frei wurde, einem neuen Inhaber zugewiesen werden. Dann konnte wohl ein unerblicher Lassit von seiner Stelle entfernt werden, es war ihm aber ein Nachfolger zu setzen. Man stellte dem Könige vor, daß bei Besetzung eines Bauerngutes mit einer Anzahl kleiner Leute, Büdner, Dreschgärtner, Insten, die Bevölkerung des Staates nicht zurückgehen, sondern eher steigen würde. Er ließ den Einwand nicht gelten; denn nicht auf die Seelenzahl schlechthin kam es ihm an, wirkliche Bauern wollte er haben.

Um ihre Zahl noch zu vermehren, dachte er 1748 daran, übergroße Bauernhöfe zu teilen oder, wie man sagte, abzubauen. Er hätte gern auf diesem Wege die Veteranen seiner Kriege mit Grundbesitz ausgestattet; aber solches Abbauen erwies sich wohl nur in ganz vereinzelten Fällen als tunlich. Besser gelang es dem Könige mit der Neuansetzung ganzer bäuerlicher Gemeinden, mit seinen Dorfgründungen.

Aus Sumpf und Wald hatten sich einst in den Tagen der Germanisation die Ansiedler ihre Hufen mit Trocknen und Roden herausgearbeitet. Sumpf und Wald gab es auch heute noch in der Mark und in Pommern in Fülle.

Wenn der König im Sommer 1746 nach Oranienburg fährt, wo er der Mutter und den Geschwistern ein ländliches Fest zu geben beabsichtigt, bemerkt er, daß längs der Havel ein großer Wald sich hinzieht, der Boden scheint ihm nicht unfruchtbar zu sein, und neben dem Wald liegt weiter Wiesengrund, zur Viehweide geeignet. Noch von Oranienburg aus schreibt er an die kurmärkische Kammer, daß sich hier Acker und Weiden für zehn neue Dörfer, das Dorf zu 300 Seelen gerechnet, gewinnen lassen möchten.

Kurz vorher hatte er aus dem Pyrmonter Bade der Stettiner Kammer zwei verschiedene Pläne zur Urbarmachung des pommerschen Oderbruches zugeschickt. Hier trat er ein Vermächtnis seines Vaters an. Friedrich Wilhelm hatte in sieben Jahren das große Rhin= und Havelluch trocken legen lassen; die Kosten für die gleiche Arbeit an der Oder schienen ihm vorerst unerschwinglich, er legte die Anschläge zurück und setzte den Vermerk darauf: „Für meinen Sohn Friedrich." Seit Jahrhunderten hatte das jährlich zweimal, nach der Schneeschmelze und Anfang Juli, heranflutende Hochwasser der Oder auf der ganzen Strecke von Lebus bis Stettin seine verheerenden Spuren weithin verbreitet. Nur für das Ober=Oderbruch bis zum Fahnenfährhaus von Zellin war schon 1717 ein Deichverband zusammengetreten, der dem feindlichen Element notdürftig wehrte. Dagegen war das märkische Niederbruch, von Zellin stromabwärts bis zum Dorfe Stützkow bei Schwedt, zum größten Teile eine morastige Wüstenei, wo zwischen Buschwerk und Röhricht nur Wild und Sumpfvögel hausten.

Sollten diese toten Flächen, ganze Quadratmeilen, zum Kulturleben erweckt werden, so galt es, dem Strom eine stärkeres Gefäll zu verleihen, ihm streckenweise ein neues Bett zu graben, ihn in feste und hohe Dämme zu fassen und aus den Niederungen das angestaute Binnenwasser auszuschöpfen. Am Morgen des 8. Juli 1747 bestiegen die von dem Könige ernannten Kommissare, der kurmärkische Kammerdirektor Schmettau, der schon unter der vorigen Regierung bewährte Wasserbaumeister Haerlem aus Holland und der berühmte Mathematiker Leonhard Euler am Zelliner Fährhaus einen Oderkahn, um während zweitägiger Wasserfahrt durch das Niederbruch die erforderlichen Messungen und Berechnungen anzustellen. Sofort begannen nun die Arbeiten. Da für ein Unternehmen von dieser

Ausdehnung kein genügendes Angebot von Arbeitskräften vorhanden war, so wurden Soldaten zur Aushilfe herangezogen. Auch sonst wurde man an den Stätten dieses friedlichen Schaffens an das Feldlager erinnert; Marketender und Schlächter machten sich in der Nähe ständig, die zusammengeströmten Erdarbeiter mit Brot und Fleisch, Zukost und Branntwein zu versehen. Wiederholt erschien auch der König unter der fleißigen Menge, sich von den Fortschritten des Werkes zu überzeugen, oder er entsandte seinen Obersten Retzow, der ihm auch hier sachkundige Dienste leistete. Allwöchentlich mußte Bericht erstattet werden, immer ungeduldiger trieb der König seine Techniker. Als Meister Haerlem ihm mit der Aushebung des großen Kanals zwischen Güstebiese und Hohensaaten nicht schnell genug vorwärts zu kommen schien, stellte er dem Holländer 1751 einen Ingenieuroffizier, den Kapitän Petri, zur Seite. Endlich war man am Ziel. Für den 1. März 1753 wurden Vertreter der dem Strom angrenzenden Rittergüter und Domänen auf das Schloß nach Berlin beschieden, um aus des Königs Munde Weisungen für die Besiedlung des weiten, aus dem Sumpf emporgezogenen Neulandes entgegenzunehmen. 1252 Familien sollten nach Friedrichs Anschlage hier mit Grundbesitz ausgestattet werden. Er sprach von einer Provinz, welche er im Frieden erobert, welche die Betriebsamkeit der Dummheit und Trägheit abgerungen habe. Der Unverstand hatte sich allerdings der angebotenen Wohltaten gar hartnäckig zu erwehren gesucht. Gegen manche Ortschaften mußte Waffengewalt aufgeboten werden, ehe sie ihre Kähne zur Erdabfuhr stellten, und als die Bewohner der alten Bruchdörfer bei Wriezen vernahmen, daß ihr fischreicher Flußlauf, die stille Oder, zugeschüttet werden sollte, beschworen sie den König „in größter De= und Wehmut alleruntertänigst fußfälligst als ein höchst erschrockenes und den letzten Streich befürchtendes Heer", er möge ihren „daraus ohnfehlbar entspringenden Untergang landesväterlich zu Herzen nehmen". Den wehklagenden Bittstellern ward die Antwort, sie möchten zunächst die Wirkung abwarten und sich melden, wenn sie wirklich Schaden gelitten hätten. Sie sind dann mit reichlichen Anteilen an dem gewonnenen fetten Nährboden entschädigt worden.

Auch in Pommern war inzwischen der Strombau und die Anlage von Bruchdörfern rüstig gefördert worden. Das ergiebigste Siedlungsgebiet aber war in dieser Provinz der unendliche Wald. Die Entwürfe hat hier zum Teil Fürst Moritz von Dessau, ein tüchtiger Staatswirt gleich seinem Vater Leopold, von seinem Standquartier Stargard aus dem Könige geliefert. Weite Forstreviere wurden nun zu Feldfluren ausgemessen, Jahr auf Jahr ward gelichtet und gerodet, gezimmert und gepflügt. Schwierigkeiten bereitete der Absatz der massenhaft gefällten Stämme, die Holzflößer auf der

Oder boten immer geringere Preise, der Stettiner Kammerpräsident
Aschersleben war ratlos.   Der König, auch hier in das Einzelnste
eingreifend, entsandte den Kolberger Steuerrat nach Kopenhagen,
um dort Lieferungsverträge für größere Holzmengen abzuschließen.
Er verfügte außerdem, daß auf jeder neu ausgelegten Dorfmark
zunächst immer nur ein Feld gerodet werden sollte, das zweite und
dritte — denn noch hielt man an der Dreifelderwirtschaft fest — erst
im nächsten und übernächsten Jahre.   Im Herbst 1753 unterwarf
Fürst Moritz im königlichen Auftrage die neuen pommerschen Dörfer
einer großen Musterung.   Wo er in diesen Oktobertagen zu Wagen
oder zu Kahn eintraf, mußte ihm in Tabellenform eine Übersicht
der Häuser und ihrer Bewohner, des Viehstandes und der Acker-
verteilung eingehändigt werden; dann überzeugte er sich mit sicherem
Blick, ob alles im Dorf so vorhanden war, wie es hier auf dem
Papier stand, ob man auch das Schulhaus und den Friedhof nicht
vergessen hatte, ob die Gärten eingezäunt und die Felder abgegrenzt
waren, und ob die Brunnen gutes Trinkwasser gaben.   Bei der
Benennung dieser pommerschen Kolonien bot sich Gelegenheit,
hervorragenden Beamten und Offizieren eine Aufmerksamkeit zu
erweisen.   Die damaligen Minister des Generaldirektoriums leben
in den Ortsnamen Blumenthal, Bodenhagen, Viereken, Happen-
walde und Kattenhof fort, das Auswärtige Amt wurde in Podewils-
hausen und Finkenwalde, das Justizministerium in Coccejendorf,
Arnimswalde und Bismarcken geehrt, der vertraute Kabinettssekretär des Königs ist in Eichelhagen verewigt, und auf den Namen
des Stettiner Kammerpräsidenten wurde das vorpommersche Aschersleben getauft.   Forcadenberg, Rothenburg, Winterfelde, Kalck-
steinen, Fouquettin erinnern an Friedrichs militärische Umgebung;
minder bekanntem Verdienst ist in den Draheimschen Anlagen
Schmidtenzihn, Schmalzenthin und Lehmanningen ein Denkmal
gesetzt.   Der Kammerpräsident erläuterte seine Vorschlagsliste dahin,
daß für die Namen die landesüblichen Formen und Endungen gewählt seien; der König erklärte sich mit allem einverstanden und
bemerkte nur, „daß je simpler solche Namens sein, je besser es damit sein wird“.
    Andere Dörfer wurden in der Neumark angelegt, wo man an
die Bewallung der Netze und Warthe heranging; in der Priegnitz,
wo an dem Flüßchen Silge etwa eine Quadratmeile trocken gelegt
wurde und zahlreiche wüste Feldmarken Ansiedlern Raum boten;
in der Grafschaft Ruppin, im Teltow und Barnim, im Lande Bees-
kow-Storkow.   Wie in den Tagen der Germanisierung der Slawen-
länder fiel die erste Einrichtung des Dorfes einem Unternehmer
zu, gewöhnlich dem Grundherrn oder Pächter des Rodelandes:
einem Rittergutsbesitzer, wie es besonders bei den priegnitzischen

Dorfgründungen geschah, einer Stadt oder einem königlichen Do= mänenpächter. Im Oderbruch hatten die Eigentümer, die an= grenzenden Edelleute, der Johanniterorden und die Stadt Wriezen, als Beitrag zu den Meliorationskosten die Hälfte oder ein Drittel des entwässerten Landes dem Fiskus zu Dorfgründungen abzu= treten und den Rest selbst zu besiedeln. Jeder Unternehmer ver= pflichtete sich gegen den König zur Ansetzung einer bestimmten An= zahl bäuerlicher Wirte. Es war verboten, zwei oder mehr Familien in dasselbe Haus zu legen. Erst wenn die vertragsmäßige Zahl erreicht war, durften weitere Familien in Arbeiter= oder Tage= löhnerstellung auf die Bauernhäuser verteilt werden.

Die Mehrzahl der neuen Bauern waren fremde Zuwanderer. Auf den pommerschen Rodungen verbot der König Anfang 1751 ausdrücklich Ansetzung von Landeskindern, nur zu Gunsten seiner alten Krieger gestattete er eine Ausnahme. Das einheimische Volk nannte die zugezogenen Gäste gemeinhin Pfälzer, weil die prote= stantische Auswanderung aus Zweibrücken den Kern des Kolonisten= heeres bildete; schon entschlossen, jenseits des Weltmeeres in Penn= sylvanien sich eine neue Heimat zu gründen, hatten diese wackeren Rheinfranken 1747 von dem offenen Brief des Preußenkönigs ge= hört, der alle Heimatsmüden unter lockenden Bedingungen zur Einwanderung einlud, und sandten nun schleunigst zwei Vertrauens= männer nach Frankfurt an den preußischen Residenten Freytag, Abrede zu nehmen. Ein pommerscher Schriftsteller, der den neuen Landsleuten öffentlich ein Willkommen zurief, verhieß sich von der Vermählung pommerscher Plumpheit mit pfälzischer Artigkeit eine vortreffliche Mischung, und ähnlich meinte König Friedrich selbst, der gern auf die „faule und schläfrige Haushaltung des einheimischen Landmannes" und die „uralte pommersche Faulheit" schalt, daß man solche Schläfrigkeit und Faulheit durch neues Blut korrigieren müsse. Diese Fremden schienen ihm nach dem ersten Eindrucke „ein guter Schlag von ehrlichen und wirtschaftlichen Leuten". Den munteren Pfälzern folgten Rheinhessen vom Odenwald und württem= bergische Schwaben; aus der Nachbarschaft kamen Mecklenburger und schwedische Pommern, daheim von ihren Grundherren hartherzig enteignete Bauern, auch Sachsen aus dem Kurfürstentum, sowie Böhmen und Polen, diese Letzten doch zum großen Teil Träger guter deutscher Namen. Zuletzt, seit 1754, kamen Evangelische aus den österreichischen Gebirgslanden, denen der Religionseifer ihrer Kaiserin mit der Verpflanzung nach Siebenbürgen gedroht hatte. Die protestantischen Reichsstände, durch deren Gebiet die Vertriebenen mit ihrer Habe zogen, gewährten ihnen freie Fahrgelegenheit bis an die preußische Grenze bei Halle.

In seiner rechtlichen und sozialen Stellung erhob sich der Neubauer

über die Masse der einheimischen Landbevölkerung. Abgesehen von
einer Anzahl vorübergehender, nach Ablauf der Freijahre fort=
fallender Begünstigungen war allen Kolonisten, auf dem Lande
wie in den Städten, für sich und ihre Nachkommen Freiheit von der
Wehrpflicht zugesichert. Alles übrige wurde der Regel nach durch
einen Versicherungsbrief, auch Hausverschreibung genannt, fest=
gestellt. Auf Domanialgrund wurden die Kolonisten als Erbzins=
leute angesetzt, gegen Zahlung eines nach der Größe des Gutes
bemessenen jährlichen Kanons, ohne Verpflichtung zu Frondiensten,
aber unter dem Verbot, vor der dritten Generation das Anwesen
zu verpfänden oder zu verkaufen. In den Erbzinsverschreibungen
der auf ritterschaftlichem Grunde angesetzten Besiedler des Oder=
bruches finden sich in mäßiger Höhe, etwa für 24 Tage im Jahr,
auch Frondienste ausbedungen, deren Ersetzung durch ein Dienst=
geld in die Wahl des Erbzinsmannes gestellt wird. Auf den städtischen
und ritterschaftlichen Neugründungen in Pommern scheinen Natural=
dienste die Regel gebildet zu haben; vielfach erhielten hier die Erb=
zinsleute, ein Stand, den man in Pommern bisher kaum gekannt
hatte, erst nach einigen Jahren auf ihr Ansuchen eine amtlich be=
glaubigte Verschreibung. Am ungünstigsten gestalteten sich die
Verhältnisse der Neubauern in der Priegnitz, wo die ungern an die
Dorfgründungen herangetretenen adeligen Grundherren von vorn=
herein sich bedungen hatten, daß es ihnen freistehen sollte, die Kolo=
nisten selbst auszusuchen und sich wegen der künftigen Leistungen
nach Gefallen mit ihnen zu vergleichen. Der König, dem die Kammer
über diesen Vorbehalt nicht berichtet hatte, war nachher sehr auf=
gebracht, als er hörte, daß verschiedene priegnitzische Herren, statt
Erbkontrakte mit den Kolonisten zu schließen, sie als Leibeigene
behandelt und dadurch zu heimlicher Entweichung veranlaßt hätten.

Auch anderwärts erschollen Klagen, begründete wie leichtfertige.
Es hielt wahrlich schwer, diese aus allen Himmelsgegenden zusammen=
geströmten Tausende in die ihnen ungewohnten Zustände hinüber=
zuleiten, und gewiß fehlte es dabei nicht an Mißgriffen. Als die
Beschwerden aus Pommern, namentlich über grundherrliche Placke=
reien seitens einiger städtischer Magistrate, sich mehrten, erging am
6. Juni 1754 eine „strikte Ordre" an die Stettiner Kammer, die
ihr mit eindringlichen Worten zur Pflicht machte, den „auf Treu
und Glauben in das Land gekommenen, hier aber gedrückten Kolo=
nisten" Hilfe zu bringen; der König sprach die Erwartung aus, daß
noch ein paar redliche und unparteiische Leute unter den Räten der
Kammer sein würden, denen man die Untersuchung der Beschwerden
anvertrauen könne. Nun bereisten der Kammerdirektor und zwei
Räte die sämtlichen Kolonien und erstatteten über die Aussage jeder
einzelnen Bauernschaft dem Könige Bericht; in den meisten Dörfern

hatten sie schon an Ort und Stelle Rat zu schaffen gewußt. Wo freilich die Fremdlinge der Landwirtschaft ganz unkundig waren, wo man statt Bauern gewesene „Peruquiers und Komödianten" eingewiesen hatte, was zu Friedrichs gerechter Entrüstung wohl einmal vorgekommen ist, oder wo die angesetzten Hüfner zur Feld= arbeit zu träge waren, da konnte keine Untersuchungskommission helfen. Schlechte Wirte lebten vom Holzverkauf, so lange es zu roden gab, und ließen dann, statt den entholzten Plan zu bestellen, wilde Sprößlinge aus dem Wurzelwerk ausschlagen. So sind denn auch hier in Pommern viele der landfremden Leute wieder entwichen, und es blieb nichts übrig, als die Häuser und Äcker jetzt wohl oder übel doch Eingeborenen einzuräumen. Im ganzen aber hat sich das großartige Kolonisationswerk glänzend bewährt; die junge Pflanzung hat die schwerste Probe bestanden, die ihr auferlegt werden konnte, denn sie hat, kaum aus dem Boden geschossen, durch die Stürme des schreckenvollsten Krieges sich nicht entwurzeln lassen.

Als die Vorarbeiten für diese Siedelung bereits im vollen Gange waren, wurde dem Könige im Herbst 1749 von dem Propste Süß= milch, dem Verfasser des sieben Jahre vorher erschienenen bahn= brechenden Werkes über Bevölkerungsstatistik, eine Denkschrift vor= gelegt, die den Nachweis führte, daß das Land an Ortschaften und Einwohnern gegen die Zeit vor dem dreißigjährigen Kriege noch immer stark zurückstehe; daran knüpfte sich die Aufforderung zu kolonisatorischen Maßregeln. Den König, der schon 1746 durch das Generaldirektorium Erhebungen über das Zahlenverhältnis zwischen den Dörfern von jetzt und von damals veranstaltet hatte, verdroß der lehrhafte Ton des geistlichen Herren. Mit der für den aufge= klärten Despotismus charakteristischen Abneigung gegen die Heran= ziehung oder auch nur Zulassung staatsbürgerlicher Freiwilligkeit fertigte er die gutgemeinten Vorschläge mit recht spitzen Worten ab (18. September): Die angeführten Umstände seien keineswegs bisher unbekannt geblieben und die vorgetragenen Bemerkungen seien zum Teil wohlbegründet; aber der Einsender scheine nicht zu wissen, daß die Abstellung aller Mängel in einem Staatswesen zu gleicher Zeit und auf einmal unmöglich sei, daß es des weitesten Überblickes bedürfe, um bei der Verbesserung des einen Fehlers nicht neue und schlimmere zu begehen; in seinem Stande und Berufe werde er wohl daran tun, solche Dinge den zuständigen Kriegs= und Domänenkammern zu überlassen, um so mehr, als diese bereits hinreichend mit Anweisung versehen seien. So verletzend dieser Bescheid klang, so mag doch der Begründer der modernen Bevölke= rungslehre nach einigen Jahren es anerkannt haben, daß in der Tat nichts versäumt worden war: 90 neue Dörfer in Pommern, an die 50 im märkischen Oderbruch, 96 in der Priegnitz und der übrigen

Kurmark, noch andere in der Neumark, bildeten eine Liste, bei deren
Musterung Süßmilch seine kühnsten Entwürfe übertroffen sehen
mußte.

Die Gesamtzahl der damals dem Staate zugeführten Neubürger
läßt sich nicht bestimmt nachweisen. So viel ergibt sich, daß während
dieser Friedenszeit allein in den neuen Dorfanlagen der Mark und
Pommerns vier= bis fünftausend Familien angesetzt worden sind.
Dazu kamen die auf bereits vorhandene Landgemeinden verteilten
und die zahlreichen in die Städte aufgenommenen Kolonisten.

Wenigstens zum Teil erklärt sich aus diesem Fremdenzufluß
das starke Wachstum der Volkszahl in den Jahren nach 1748. Eine
Feststellung der Bevölkerungsziffer durch Zählung hatte in der
preußischen Monarchie zum letztenmal im Jahre des Thronwechsels
stattgehabt; man zählte damals 2 136 771 Einwohner, zu denen
für die beiden beiseite gelassenen Landschaften Geldern und Neuf=
chatel noch etwa 84 000 gerechnet werden konnten. Im Juni 1747
ordnete König Friedrich die Wiederaufnahme wirklicher Zählungen
an; damit wurde vom folgenden Jahre ab eine sichere Grundlage
für die Statistik gewonnen. Die Ergebnisse übertrafen alle Er=
wartung. In Pommern und in der Kurmark vermehrte sich die
Volksmenge von 1748 bis 1754 um mehr als ein Siebentel, in der
Neumark in der gleichen Frist um mehr als ein Viertel. Aber auch
die übrigen Landschaften wiesen stetige Zunahme auf. 1753, in
dem letzten Friedensjahre, für das vollständige Angaben vorliegen,
zählte die Zivilbevölkerung der unter der Verwaltung des General=
direktoriums stehenden Provinzen 2 616 567 Seelen, wovon 90 000
auf das neuerworbene Ostfriesland entfielen, so daß seit 1740 die
Volkszahl der alten Lande um 390 000 gestiegen war. Für Schlesien,
wo noch keine wirklichen Zählungen stattfanden, berechnete man
1754 aus der Zahl der Geburten nach dem von Süßmilch gefundenen
Verfahren eine Ziffer von 2 016 466, die freilich in gewaltiger
Abirrung um fast 800 000 zu hoch gegriffen war, denn die Zählung
von 1756 ergab nur 1 162 355 Einwohner. Die Bevölkerungszu=
nahme der alten Lande während der nächsten Jahre in Ansatz ge=
bracht, und die große Militärgemeinde des Staates einbegriffen,
in der neben 150 000 Bewaffneten wohl mindestens an die 100 000
Weiber und Kinder mitzählten, wird für den Ausgang der Friedens=
zeit die Annahme von 4 100 000 Einwohnern gerechtfertigt erscheinen.
Es war noch nicht ein Drittel der österreichischen Volkszahl von
damals, noch nicht die Hälfte der großbritannischen, noch nicht ein
Viertel der französischen.

Mit lebhaftem persönlichen Anteil begleitete König Friedrich
die Ergebnisse der Zählungen. Dem Polizeipräsidenten Kircheisen
zu Berlin erklärte er 1750, daß er in der Hauptstadt, deren Zivil=

bevölkerung seit 1740 von 68 000 auf 89 000 gestiegen war, im Laufe des Jahres 1755 die Zahl 100 000 erreicht zu sehen erwarte. Freude-strahlend konnte Kircheisen am 22. Dezember 1754 melden, daß jetzt, von der Garnison und ihrem Anhang abgesehen, 100 103 Ein-wohner in Berlin vorhanden seien: „so daß Ew. Königlichen Maje-stät allergnädigste Absicht und vor fünf Jahren mir erteilte höchste Befehle nunmehr bereits erfüllet sind." Eine Liste, die der Gou-verneur Meyerinck desselben Tages vorlegte, verzeichnete eine Militärbevölkerung in der Höhe von mehr als einem Viertel der bürgerlichen: 25 255 Seelen, darunter 8938 Weiber und Kinder. Damals zählten Paris und London schon über eine halbe Million, Amsterdam über 200 000 Einwohner, und auch hinter Venedig, Rom und Wien blieb die preußische Residenz noch zurück; aber Ham-burg und Danzig, Nürnberg und Dresden waren um mehr als die Hälfte überflügelt. An die Hauptstadt reihten sich Königsberg und Breslau mit über 50 000, Halle mit etwa 30 000 Einwohnern; Magdeburg und Stettin hatten das zweite Zehntausend noch nicht überschritten. Überhaupt kamen in den alten Provinzen und in Ostfriesland auf die Städte 30 bis 31 Hundertteile der Bevölkerung, auf das platte Land 69 bis 70.

***

Kaum minder als die Ziffern der Bevölkerungsstatistik befriedigten den König die Zustände der Finanzverwaltung.

Nicht als ob die Erträge der Steuern mit der Vermehrung der Einwohnerzahl gleichmäßig gewachsen wären. Nur die indirekte Besteuerung erzielte allmählich höhere Ergebnisse, der Betrag der direkten Abgaben dagegen stand ein für allemal fest. Es genügte dem König, daß die bestehenden Steuern regelmäßig einkamen, daß das Finanzsystem sich als leistungsfähig und erträglich erwies und eines guten Rufes erfreute. Selbst der französische Gesandte Latouche, der über fast alles, was er in Preußen kennen lernte, abschätzig urteilte, der über Coccejis Justizreform und persönlichen Charakter höchst gehässig den Stab brach und der ganzen Umgebung des preußischen Königs das Zeugnis der Borniertheit ausstellte, selbst ein Latouche gestand doch 1756 der preußischen Steuerver-waltung zu, sie sei in ihrer seit Alters bestehenden und nur im ein-zelnen allmählich vervollkommneten Form bewunderungswert. Sie verursache weder dem Könige noch den Steuerzahlern auch nur die geringsten Erhebungskosten: „und da jede Willkür ausgeschlossen ist, so weiß jeder Eigentümer, der die Steuerabstufung kennt, woran er ist; da keine Durchstechereien und keine Erpressungen bei diesem Erhebungsverfahren vorkommen, so beklagt sich, obgleich man viel zahlt, doch niemand".

Die Steuerverfassung entsprach, wie schon bemerkt, der ständischen Gliederung der Gesellschaft und der wirtschaftspolitischen Scheidung von Stadt und Land. Die Kontribution des platten Landes, zugleich Staats- und Kommunalsteuer, indem von ihrem Ertrag ein kleiner Bruchteil für die Zwecke der Kreisverwaltung zurückbehalten wurde, kennzeichnete sich als eine Grundsteuer der Bauern und Kossäten in Verbindung mit einer Kopf- und Gewerbesteuer, die von den nicht grundbesitzenden Landbewohnern erhoben wurde, den Hirten, Krügern, Büdnern und den wenigen auf den Dörfern geduldeten Handwerkern, Schmieden und Zimmerleuten, Böttchern und Stellmachern, Schneidern und Leinewebern. Während in den meisten Provinzen sich die Steuer nach dem in mehr oder minder zutreffender Weise festgestellten Reinertrag der Grundstücke bemaß, hielt man sich in der Kurmark immer noch an den Kataster von 1624 und die alte Quotisation, wonach die Unterverteilung des auf sie entfallenden Betrages in das Ermessen der Kreise gestellt war. Die Belastung der Steuerpflichtigen war überall eine starke; doch war die Höhe der Aussaat, nach der sich gemeinhin der Steuerfuß regelte, durchweg sehr niedrig eingeschätzt, so daß ein märkischer Bauer nahezu ein Drittel mehr aussäte, als die Steuerrolle annahm. Auch konnte sich der Bauer durch Nutzung der gemeinen Weide, die Erträge der Viehzucht und des Gartenbaues ein wenig helfen, und bei der allmählichen Preissteigerung der landwirtschaftlichen Erzeugnisse wurde der Steuerdruck mit der Zeit tatsächlich geringer.

Örtliche Zuschläge zu der Kontribution, wie sie hier und da, zumal in Vorpommern und der Kurmark, zur Deckung bestimmter Ausgaben eingeführt waren und nach den für die Hauptabgabe maßgebenden Grundsätzen umgelegt wurden, erforderten eine Vervielfältigung der eine bequeme Zahlungseinheit darstellenden Kontributionsmonate, wobei in manchen kurmärkischen Kreisen bis auf achtzehn Monate im Jahre gegangen wurde. Die schwerfällige Unübersichtlichkeit des Verfahrens begünstigte Übervorteilungen der Steuerzahler, Untreue der Kassenbeamten. Der König sagt 1752 von den Provinzialkassen, wohl ungerecht verallgemeinernd, er habe sie bei seinem Regierungsantritt in rechter Verwirrung vorgefunden: „die Einnehmer legten niemanden Rechnung ab, und wenn sie gestohlen hatten, ließen sie die Provinz einen Kontributionsmonat mehr bezahlen, als sie gehalten war." Die Unterschleife des Rendanten Liebeherr, die, um mehrere Jahre zurückliegend, erst im Winter auf 1748 aufgedeckt wurden, ließen durchgreifende Änderung als unerläßlich erscheinen. Der König verfügte, daß die dem Staate zu entrichtende direkte Steuer als eine fixierte, ein für allemal feststehende, nicht zu erhöhende zu betrachten sei, und befahl auch für die Geldbedürfnisse des Kreises genaue, nicht zu überschrei-

tende Anschläge zu entwerfen. Nun ließ sich die erforderliche Gesamtsumme glatt und gleich auf die zwölf Monate verteilen; was
etwa an „unfixierter" Kontribution, jener sehr unerheblichen Kopf-
steuer der Nichthüfner, bei Zunahme der Bevölkerung mehr eingenommen wurde, kam dem Kreise zugute. Die neue Instruktion
für das Generaldirektorium setzte dann im nächsten Sommer das
„Principium regulativum" fest, „daß bei dem Kontributionswesen
niemals etwas erhöht, sondern, wenn es die Umstände der Leute
erfordern, eher abgesetzt werden soll, indem Sr. Majestät mit einem
großen Quanto auf dem Papier um so weniger etwas gedient ist,
da Sie solches noch niemals richtig und völlig erhalten können,
sondern zuletzt, und wenn die armen Untertanen ganz entkräftet
und zum Teil durch Executiones ruiniert sind, daran dennoch ein
Ansehnliches abschreiben und niederschlagen, auch wohl gar noch
dazu zu Retablierung der Untertanen aus Dero Kassen ein Ansehnliches herschießen müssen." So hatte denn auch das Generaldirektorium eine entsprechende Summe Geldes jährlich zur Verfügung,
um Steuernachlässe gewähren und für Brandschäden und bei Vieh-
sterblichkeit den Bauern aufhelfen zu können. Zunächst aber galt
als Regel, daß bei Verlusten durch Feuer und Wasser, Hagel, Frost
und Mißwachs der Kreis und die Grundherrschaft sich der Geschädigten
anzunehmen und ihnen nach festen Abstufungen angemessenen Nachlaß an staatlichen wie grundherrlichen Abgaben zuzubilligen hatten,
ohne daß deshalb das vom Kreise für den Staat aufzubringende
Fixum verkürzt werden durfte. Nur im äußersten Notfalle sollte
es einem Kreise gestattet sein, zur Deckung außerordentlicher Ausgaben die Ausschreibung eines Extramonats zu beantragen, und
niemals durfte sie, weder durch den Kreis, noch durch die Kammer,
noch durch das Ministerium, „ohne Unsere spezielle, höchsteigen-
händige Approbation" erfolgen. Die Erregung, in welche den
König die Entdeckung jener Unterschleife versetzt hatte, klingt in der
zornigen Drohung nach: „Wan Sich die Domainen Camern unterstehen Neüe Anlagen zu machen So mit des Königs eigne handt
nicht legitimiret seindt, es seie mit Contributiones, wie es vor diesen
die Renteyeinnehmer gemacht haben, So Sol der President mit
Infamer Cassassion damit bestrafet werden, ist er von adel Degra-
diret und auf Seine Lebetage in der Carre . . . das Directorium sol
alle Cassen NachSehen, die Berlinsche Contribuzion Casse und
dieselben aus denen provintzen, ob sich nicht mehr Libhern finden,
und mus jetzunder der alte Sauerteig außgefeget werden. Des
Landes Interesse ist des Königs und Mus Mit der Schärfe darnach
gesehen werden, das richtige rechnungen und jährliche Schlüße
ordentlich gemacht werden, ob einer die Stände und bauren be-
triget oder den König Imediat. ist ein thundt, und wehr Sich von

Solchen Schelmen bestechen lässet, der meritiret den Strang; es
Sitzen dergleichen noch im Directorio, ich nenne keinen Menschen,
aber Sie mögen Sich in acht nehmen, den der Häller ist gleiche
Strafe mit den Dip wert."

Daß der Kreis für den richtigen Eingang der auf ihn entfallenden Kontributionssumme einzustehen hatte und daß in letzter Linie
der einzelne Rittergutsbesitzer für die Steuern seiner Bauern haft-
bar blieb, darin erhielt sich die Erinnerung an den ursprünglichen
Charakter der Kontribution als eines dem Landesherrn bewilligten
Matrikularbeitrags der Ritterschaft. So hatten in früherer Zeit,
als diese Bewilligungen nur von Fall zu Fall erfolgten, oft genug
nicht bloß die bäuerlichen Hintersassen von ihren Hufen, sondern
auch die adeligen Grundherren von den ihren gesteuert. Seit aber
unter der Regierung des großen Kurfürsten die Kontribution eine
stehende Jahresabgabe geworden war, hatte der Adel in der Mehrzahl der Provinzen sich dessen entwöhnt und die ganze Steuerlast
auf die Bauern abgewälzt; der Landesherr hatte dagegen nichts
einwenden können, weil nur durch dieses Zugeständnis die Abneigung
der Stände gegen regelmäßige Besteuerung zu überwinden war.
Ja, Friedrich Wilhelm I. hatte seitdem ausdrücklich den Grundsatz
anerkannt, daß in den Roßdiensten der adeligen Güter ein begründeter
Anspruch auf Steuerfreiheit liege. Doch war es in Pommern noch
jetzt vielfach Brauch, daß der Grundherr zwar nicht für seine eignen
Hufen steuerte, wohl aber für die seiner Grundholden einen Teil
der Staatssteuer zuschoß. Sodann aber war in Ostpreußen und
Littauen, wo der Adel seit Alters ununterbrochen steuerpflichtig
gewesen war, bei der Grundsteuerreform der Jahre 1715—1719
der Grundsatz der Steuergleichheit für Edelleute und Bauern streng
durchgeführt worden. Diesem Vorgang folgte König Friedrich,
wenn er in seiner neuen Provinz Schlesien die Ritterhufen wenigstens
annähernd so hoch wie die bäuerlichen mit Steuern belegte.

Wo sonst eine Besteuerung des ritterschaftlichen Besitzes statthatte, beschränkte sie sich auf den jährlichen Lehnskanon, durch den
die Vasallen, auf das Drängen Friedrich Wilhelms I., den sich in
die moderne Wehrverfassung nicht mehr einfügenden Roßdienst
hatten ablösen müssen. Die Neuerung, die durch die daran geknüpfte
Aufhebung des Lehnsverbandes den Beteiligten annehmbarer gemacht wurde, war zunächst in Brandenburg, Magdeburg-Halber-
stadt und Hinterpommern, später auch in Preußen durchgeführt
worden; Friedrich II. dehnte sie jetzt (1749) auf Minden, Ravensberg,
Tecklenburg und Lingen aus. Der Gesamtbetrag dieser Steuer
war gering. Unter den mehr als zwei Millionen, welche die alten
Provinzen an direkten Steuern aufbrachten, stellte der Lehnskanon nur einen Posten von 60 000 Talern dar.

Etwa die Hälfte der gesamten Abgabenlast entfiel in Gestalt einer indirekten Steuer auf die Städte, denn ihre Akzise brachte dem Staate um die Mitte des Jahrhunderts bereits nahezu zwei Millionen Taler ein. Wenn diese Verteilung dem Zahlenverhältnis zwischen städtischer und ländlicher Bevölkerung nicht ganz entsprach, so entnahm doch der Landmann einen großen Teil seiner Bedürfnisse aus der Stadt und wurde dadurch von den Wirkungen der auf die Städte gelegten Steuer mit erreicht. In einer der heutigen Unterscheidung von Verbrauchs- und Verkehrssteuer wenigstens ungefähr entsprechenden Gliederung traf diese Steuer als „Konsumtionsakzise" ziemlich sämtliche eingehende oder am Ort erzeugte Waren, sofern sie zum Absatz in der Stadt selbst bestimmt waren, als „Handlungsakzise" dagegen den Großhandel und den Jahrmarktsverkehr. Je umfassender die Steuer war, um so niedriger hatten die Sätze für die einzelnen Gegenstände bemessen werden können. Von den Erträgen deckte nach Abzug der Betriebskosten ein Teil den städtischen Matrikularbeitrag zur Kontribution, in der vor alters festgesetzten Höhe; eine zweite feste Summe waren die sogenannten Kompetenzgelder der Stadtkämmerei für die Aufgaben der örtlichen Verwaltung; was darüber hinaus einkam, floß wieder dem Staatssäckel zu.

Und diese Überschüsse vermehrten sich in der Mehrzahl der Provinzen von Jahr zu Jahr. Die Einnahme des Staates aus der kurmärkischen Akzise stieg in dem Jahrzehnt von 1727 bis 1737 von 365 000 auf 450 000, im nächsten Jahrzehnt auf 680 000 Taler, während für das platte Land die Kontribution mit den hier ortsüblichen Zuschlägen auf der Höhe von 420 000 Talern blieb, ein Beispiel dafür, wie das gegenseitige Verhältnis der ländlichen und städtischen Steuererträge sich allmählich verschob. Das starke Wachstum gerade der kurmärkischen Akzise wurde wesentlich der Vergrößerung und dem Aufblühen der Hauptstadt verdankt, die bei dem Thronwechsel von 1740 mit 297 778 Talern den zwölften Teil der gesamten Staatssteuer aufbrachte. Ebenso trug in Ostpreußen Königsberg an Akzise mehr als die übrigen Städte der Provinz insgesamt. Im Herzogtum Magdeburg, dem geographisch zerrissenen, von fremden Staaten rings umschlossenen, auf den Durchfuhrhandel angewiesenen Gebiet, dessen Städte die Akzise nur unwillig angenommen hatten, vermehrten sich gleichwohl die an den Staat abzuführenden Akziseerträge in der Zeit zwischen 1734 und 1760 von 200 000 auf 243 000 Taler. Doch waren hier und im benachbarten Fürstentum Halberstadt die Ergebnisse dieser Besteuerung sehr schwankend. Noch weniger aber befriedigten sie in den ganz in fremde Umgebung hineingestreuten rheinisch-westfälischen Provinzen, für die der König sich in der Folge zur Aufhebung des von seinem Vater in harten Kämpfen durchgesetzten Steuersystems entschließen mußte. Einstweilen war er jedesmal sehr ungehalten, wenn in einem Steuerbezirke die Akziseeinnahmen hinter dem Anschlage zurückblieben, weil er die Ergebnisse gerade der Akzise als den Gradmesser für die wirtschaftliche Wohlfahrt, für das Gedeihen von Handel und Gewerbe betrachtete: „Meiner Ansicht nach besteht der größte Fehler darin," bemerkt er anläßlich eines Steuerausfalles dem Halberstädter Kammerpräsidenten, „daß die Kammer nicht genug Acht auf die Accise hat und sich des Accise- wesens nicht gehörig annimmt, um monatlich zu penetriren, ob die bei denen einkommenden Accise-Extraits angeführte Raisons von Minus wahr oder prätextiret sein". Schon jetzt also geneigt, in dem Ungeschick oder der Gleichgültigkeit seiner Steuerbehörden die Ursache aller wirklichen oder vermeintlichen Mißerfolge zu sehen, hat er doch zur Zeit noch an die bestehenden Einrichtungen der Akziseverfassung nicht gerührt; nur daß die Tarife hier und da den wirtschaftlichen und handelspolitischen Bedürfnissen entsprechend ab- geändert wurden.

Akzise und Kontribution waren ihrer Bestimmung nach Wehr- steuern oder, wie man zu sagen pflegte, Kriegsgefälle: ausschließlich für die Unterhaltung des stehenden Heeres hatten sie vor Zeiten die Stände bewilligt. Beträchtlich wie dieses Heer im Laufe eines Jahrhunderts angewachsen war, reichten nun die Kriegsgefälle für ihren Zweck bei weitem nicht mehr aus. Deshalb hatte schon seit den Anfängen Friedrich Wilhelms I. die Domänenverwaltung, deren Erträge von Hause aus nur für den Beamtenstaat und den Hofhalt bestimmt waren, für die Heereskosten miteintreten müssen; alljährlich wurde der Generalkriegskasse aus der Generaldomänen- kasse — denn die Zweiung des Kassenwesens bestand auch nach der Zusammenlegung der beiden großen Verwaltungszweige noch fort — ein Zuschuß geleistet. Zwischen 1713 und 1740 von einer halben Million auf eine ganze angewachsen, wurde dieses „Adiutum" im ersten Jahre der neuen Regierung sofort auf etwas mehr als andert- halb Millionen festgesetzt und betrug im Rechnungsjahre 1755/56 1 766 682 Taler, obgleich sich dem Heere aus den ganz getrennt verwalteten schlesischen Einkünften inzwischen noch eine andere, sehr ergiebige Geldquelle erschlossen hatte.

In die Generaldomänenkasse flossen außer den Pachtschillingen der Staatsgüter und den Einnahmen der Forstverwaltung noch alle Einkünfte aus nutzbaren Hoheitsrechten: die Überschüsse der Post, der Schlagschatz der Münze, die Erträge des Salzregals, die Hebungen der Zollstätten. Etwas mehr als der vierte Teil dieser Einnahmen blieb zur Deckung der örtlichen Verwaltungskosten in den Provinzen zurück; die Generalkasse hatte dann noch über etwa vierthalb Mil-

lionen zu verfügen und war bei der peinlichen Sparsamkeit des
Verwaltungsbetriebes und des Hofhaltes alljährlich in der Lage,
außer jenem Zuschuß für die Heeresverpflegung noch einen ansehn-
lichen Sparpfennig in den Staatsschatz abzuführen.

Den Staatsschatz hatte König Friedrich Wilhelm zu sammeln
begonnen und damit erst dem Staat volle Kriegsbereitschaft verschafft. Denn ohne den Schatz hätte das starke und wohlgeübte
Heer kaum an den Feind gebracht, geschweige denn längere Zeit
im Felde unterhalten werden können: die laufenden Einnahmen
reichten zu den Kosten der Kriegsführung nicht hin, und wieder wie
im spanischen Erbfolgekrieg zu fremden Hilfsgeldern Zuflucht zu
nehmen, davon mußte die Erinnerung an die politische Unterordnung
unter einen hochfahrenden Subsidienspender abschrecken, in die man
damals geraten war.

Wie in der germanischen Urzeit der Königshort neben geprägtem
Gold auch allerlei Kleinodien barg, so hatte Friedrich Wilhelm nicht
bloß Münzen und Barren in den Kellern seines Schlosses aufgehäuft,
sondern auch Geräte von gediegenem Silber, kostbare Tische und
Spiegelrahmen, fertigen lassen, immer in dem Gedanken, daß in
der Stunde der Bedrängnis dereinst diese Prunkstücke der gemeinen
Sache zum Opfer gebracht werden könnten. Im Auslande gingen
über den Schatz des großen königlichen Sparers die übertriebensten
Gerüchte um; nicht über zwanzig Millionen, wie die fremden Gesandten wissen wollten, sondern 8 485 697 Taler lagen beim Tode
des alten Königs im Schatzgewölbe; dazu bildete eine weitere,
gleichfalls völlig bereit gestellte Summe von 1 570 729 Talern den
Grundstock eines zweiten Schatzes. Im ersten schlesischen Krieg
verminderte sich dieser Bestand um mehr als zwei Drittel, denn im
Juni 1742 waren nur noch 3 000 119 Taler im Schatze. Zwei Jahre
darauf, am 12. Juni 1744, am Vorabend des zweiten Krieges, hatte
er sich wieder auf 5 740 119 Taler gehoben. Nun aber erschöpfte
ihn dieser neue Krieg bis auf die letzte Neige; am 28. Oktober 1745
wurden nur 2298 Taler gezählt. Bei nächtlicher Weile ward aus
dem Königsschlosse der vielbewunderte silberne Chor des weißen
Saales in die Münze geschafft — so hatte einst Kaiser Lothar, da
er vor seinen Brüdern von Aachen floh, den kunstvollen Silbertisch
aus dem Erbe Karls des Großen zerschlagen lassen, um seine Anhänger lohnen zu können.

Nach dem Dresdener Frieden hat der Schatz sich sehr schnell
wieder gefüllt, da von jetzt außer dem „Tresorquantum" der Generaldomänenkasse die beträchtlichen Überschüsse der Verwaltung von
Schlesien zum großen Teile dem Schatze überwiesen wurden.

Entsprechend der noch zu erörternden Sonderstellung der neu
erworbenen Provinz war auch die Finanzverwaltung Schlesiens

ganz unabhängig von der Berliner Zentralbehörde, so daß das
Generaldirektorium und seine beiden großen Kassen mit der Erhebung, Verausgabung und Verrechnung der schlesischen Domänen-
einkünfte und Steuern nicht das mindeste zu tun hatten. Der
etatsmäßige Überschuß des schlesischen Haushaltes betrug 800 000
Taler; diese Summe hatte die Breslauer Provinzialkasse wieder
nicht an die Generalstaatskassen, sondern an den König unmittelbar
abzuführen. Sie bildete mit jener grundsätzlich zur Speisung des
Schatzes bestimmten Leistung der Generaldomänenkasse und den
sonstigen, von Jahr zu Jahr wachsenden Überschüssen der altländischen
Verwaltung einen im Verhältnis zu dem gesamten Staatseinkommen
sehr beträchtlichen Dispositionsfonds, über dessen Verwendung der
König keinem seiner Minister, keiner seiner Behörden, selbst nicht
der Oberrechenkammer Auskunft erteilte. Die Einheitlichkeit und
Übersichtlichkeit des Staatshaushaltes, wie sie Friedrich Wilhelm I.
mit großer Mühe hergestellt hatte, ging damit freilich sofort wieder
verloren. Das Generaldirektorium zu Berlin und das schlesische
Ministerium zu Breslau wirtschafteten, ohne die geringste Berührung
miteinander, ein jedes nach seinem besonderen Etat; dadurch aber,
daß beide von ihren Einnahmen einen großen Bruchteil zur unmittelbaren Verfügung des Königs abzugeben hatten, war es tatsächlich zur
Aufstellung und Führung noch eines dritten, wiederum ganz isolierten Etats gekommen, aus dem dauernd die gesamte außerordentliche
Staatsausgabe bestritten wurde. Umfang und Bedeutung dieses
dritten, den geordneten Organen der Finanzverwaltung entrückten
Etats erhöhte sich nun fast von Jahr zu Jahr; denn die beiden anderen
mußten auf ziemlich jedes neue Mehr ihrer Einnahme sofort zu
seinen Gunsten verzichten, während folgerichtig auch die wichtigsten
neuen Ausgabentitel in die außerordentliche Rechnung eingestellt
wurden. Der Stamm des von Friedrich Wilhelm gepflanzten und
liebevoll gepflegten Baumes stockte und vertrocknete, der Neben-
schößling aus wilder Wurzel wuchs sich in üppiger Wucherung aus.

Es war das System der Kabinettsregierung in seiner Anwendung
auf das Finanzwesen. Den berufenen Fachministern wurde der
Einblick in den Zusammenhang der Geldwirtschaft des Staates
verschlossen. König Friedrich beklagt sich in dieser Friedenszeit
einmal, daß kein einziger seiner Minister — selbst Boden wird nicht
ausgenommen — sich auf das verstehe, was man die große Finanz
nenne. Wollte er sich für künftig einen Sully oder Colbert erziehen,
so durfte er freilich die Männer seiner Wahl nicht auf die Stufe von
Kassenvorstehern hinabdrücken.

Ihrem Wesen nach eine bedenkliche Einrichtung, zeichnete sich
doch die große königliche Dispositionskasse durch eine ebenso weise
wie sparsame Verwaltung aus. In erster Linie war sie die Vor-

halle des Schatzes. Bis zum Sommer 1756 hatte sich der Schatz durch die unausgesetzten Überweisungen aus der Dispositionskasse auf 13 377 919 Taler gehoben; außerdem aber hatte der König seit 1750 aus der gleichen Quelle eine Anzahl kleinerer Sammelbecken für die Bestreitung bestimmter, sich im Kriegsfalle ergebender Bedürfnisse gefüllt: den sogenannten kleinen Schatz im Betrage von 866 655 Talern für die allgemeinen Zwecke der Mobilmachung; eine Pferdekasse, um die Überzähligen von der Kavallerie beritten zu machen und den Bedarf an Pferden während zweier Feldzüge zu ergänzen; eine Kleiderkasse; einen eisernen Bestand für die Generalkriegskasse, um sie in den Stand zu setzen, den Sold für das Heer jederzeit auf einen Monat vorauszubezahlen; einen entsprechenden Bestand bei der Generaldomänenkasse, aus dem sie etwaige Einnahme-Rückstände auslegen sollte.

Den Schatz ins Ungemessene zu vermehren, zu sammeln um des Sammelns willen wie ein Harpagon, war des Königs Absicht nicht. So hatte er in der Friedenszeit zwischen den beiden ersten Kriegen den etatsmäßigen Schatzbeitrag wesentlich gekürzt, um dringende Ausgaben decken zu können. Wiederum aber lehrten die Erfahrungen des zweiten Krieges, wie unerläßlich es sei, für eine Reihe von Feldzügen das Geld im Kasten zu haben. „Preußen," so mahnt der König seine Nachfolger, „hat weder ein Peru, noch reiche Handelsgesellschaften, noch Banken, noch sonstige Hilfsquellen wie Frankreich, England, Spanien. Preußen hat nur seine laufenden Einkünfte, und im äußersten Notfall kann man als Anleihe im Lande höchstens zwei Millionen erhalten" — im letzten Kriege hatte man die Probe darauf gemacht. Zwanzig Millionen bezeichnet Friedrich 1752 als die für einen vierjährigen Krieg erforderliche Summe, das heißt als den über das Friedensbudget des Heeres hinausgehenden Betrag. Sie zu ersparen erschien Pflicht; war aber der Schatz einmal auf diese Höhe gebracht, so war in der Finanzverwaltung freiere Bewegung möglich. Inzwischen bricht in Friedrichs Äußerungen überall die schmerzliche Empfindung durch, daß die Mittel des Staates allzu knapp sind, daß auf so manche gemeinnützige Maßregel noch verzichtet werden muß. Seit lange, so erklärt er, liegt ihm am Herzen die Einrichtung einer Heimstätte für zweihundert Offizierswitwen, die Stiftung einer Kriegsakademie, die Gründung von Findelhäusern; aber noch immer haben sich die Mittel nicht ausfindig machen lassen. Unter den Steuern sind zwei, die ihm „das Herz bluten lassen": das Kavalleriegeld, das die Dörfer zu der sonstigen Steuer anstatt der ehemaligen Naturalverpflegung von Mann und Roß zahlen, und der Servis, die Abgabe, welche die städtischen Bürgerschaften zur Entschädigung der mit Einquartierung belegten Hauswirte leisten. Beides würde sich mit einem jährlichen

Opfer von je 150 000 Talern beseitigen lassen; aber so geringfügig die Summe ist, der Staat kann sie noch zur Zeit nicht entbehren, wo nach einem kostspieligen Kriege die Regimenter neu ausgerüstet, die Festungen ausgebaut, die Magazine und der Schatz neu gefüllt werden müssen.

Friedrich durfte sich sagen, daß er für sich selbst allen ein Beispiel der Sparsamkeit und Enthaltsamkeit gebe. Wie sein Vater bezog er vom Staate jährlich 52 000 Taler an Handgeldern, 20 000 an Reisegeldern, dazu noch einen Teil der Einkünfte seiner kronprinzlichen Hofhaltung von 5000 Talern aus den Erträgen der märkischen Herrschaft Wegen, die als Lehen durch die Hände verschiedener moskowitischer Würdenträger, der Menschikow, Biron, Münnich, gegangen und nach dem gleichförmigen traurigen Geschick, welches diese Größen nacheinander ereilt hatte, jedesmal unter staatliches Sequester gestellt worden war. Diese seine Pension aus der Staatskasse — so bezeichnet Friedrich die persönliche Ausstattung — ging indes, wie er versichert, fast ganz auf kleine militärische Ausgaben, namentlich für die Gardetruppen, auf. Deshalb hielt er es für gerechtfertigt, sich aus jenen großen, in seiner Dispositionskasse zusammenfließenden Summen ein monatliches Taschengeld von 10 000 Talern, gewiß wieder ein sehr bescheidenes Scherflein, anzuweisen. Der „Hofstaats- und Fourage-Etat", auf dem die Gehälter der Hofbeamten und der Dienerschaft standen, war sofort nach dem Thronwechsel um mehr als die Hälfte erhöht, von 82 000 auf 220 000 Taler gebracht worden, und die gleichfalls erheblich vermehrten Unterhaltungskosten der königlichen Kapelle hatte damals die Generaldomänenkasse übernommen.

„Wenig für sich selbst ausgeben," so legt Friedrich 1752 in dem politischen Testamente seine ökonomischen Grundsätze dar, „am rechten Orte und dann hinreichend spenden, Erleichterung schaffen, ehe es zu spät ist, den Hilfsbedürftigen schon entgegenkommen, den Pfennigen des Staates ein guter Haushalter sein, sie ohne Unordnung und sparsam verwalten, das sind königliche Eigenschaften, die ebenso weit von dem Geiz wie von der Verschwendung entfernt bleiben. ... Wer dies Land regiert, wird schnell gewahr werden, daß er keine anderen Hilfsmittel an Gelde hat, als die, welche er während des Friedens zu gewinnen weiß. Dann darf er auch taub sein gegen das Gerede der Leute und ihre schiefen Urteile verachten. Sie urteilen nach ihrer falschen Kenntnis und würden ganz wie Ihr denken, wenn Ihr ihnen Eure Gründe mitteiltet. Man muß sich an sein System, wenn es einmal wohl entworfen ist, auch halten und seines Weges gehen, ohne sich durch das Zirpen der Grillen oder das Quaken der Frösche — Friedrich denkt an den römischen Wanderer in der Erzählung des Trajano Boccalino — ablenken zu lassen".

Er selbst habe nach allen seinen Kräften gestrebt, die Macht des Staates und die Stärke des Heeres zu mehren. Aber die Nachwelt möge nicht denken, in diesem Staate sei bereits alles geleistet; sie müsse eingedenk bleiben, daß alles, was sie in den einzelnen Bereichen getan finde, nichts sei im Vergleich zu dem, was noch zu tun bleibe. „Da das Leben kurz und da meine Gesundheit schlecht ist, so nehme ich nicht an, daß ich irgend einen meiner Entwürfe zur Vollendung bringen kann; aber ich glaube der Nachwelt darüber Auskunft geben zu müssen, denn ich habe alle diese verschiedenen Dinge prüfen lassen, und mit der Kenntnis, die ich davon habe, denke ich die Nachwelt auf den richtigen Weg zu leiten und ihr die Mittel an die Hand zu geben, aus diesem Lande einen der volkreichsten und blühendsten Staaten zu machen."

Es sind vor allem Entwürfe zur Erweiterung der Industrie und zur Hebung des Handels, von denen der König sich solchen Aufschwung verspricht. Damit eröffnet sich uns der Ausblick auf ein neues weites Feld seiner umfassenden Herrschertätigkeit. Aber wie diese Entwürfe nicht zum mindesten an die neu erworbenen Provinzen, Schlesien und Ostfriesland, anknüpften, so wird es geboten sein, den königlichen Staatswirt vorerst an jene Stätten zu begleiten und ihn bei der Einordnung der Neulande in das bestehende Staatsgefüge Hand anlegen zu sehen.

## Vierter Abschnitt

# Die neuen Provinzen

**B**ei allen früheren Erwerbungen der Hohenzollern hatte der landschaftliche Sondergeist, die ablehnende oder doch zuwartende Sprödigkeit der neuen Untertanen einen natürlichen Rückhalt an den landständischen Einrichtungen gefunden. In Preußen wie am Rhein und in Westfalen, in Pommern wie in Magdeburg, stand zur Zeit des Anheimfalls an Brandenburg die Landesverfassung noch ungebrochen, um nun der Zentralisationspolitik der neuen Landesherrschaft offen oder versteckt, hier stärker und dort schwächer, Widerstand zu leisten.

Anders in Schlesien. Die ständische Verfassung war in der habsburgischen Zeit verkümmert, die Landesvertretung ganz in Abhängigkeit von der kaiserlichen Verwaltungsbehörde, dem Breslauer Oberamt, dessen Direktor ihr Vorsitzender war. Die Bürgermeister der in der dritten Kurie vertretenen Immediatstädte wurden von der Regierung eingesetzt, in der Kurie der Erbfürstentümer saßen die gleichfalls von der Regierung ernannten Landeshauptleute, neben denen die dieser Kurie angehörende Hauptstadt Breslau mit ihrer vereinzelten Stimme nicht zur Geltung kam. Von den fünf Stimmen der Fürstenkurie aber führten drei, die für Sagan, Münsterberg und Oels, Reichsfürsten, deren Interessen außerhalb der schlesischen Grenzen lagen, ein Lobkowitz, ein Auersperg und ein württembergischer Prinz, die vierte stand dem gleichfalls landfremden Bischof von Breslau zu, während die eingeborenen schlesischen Standesherren nur mit einer Gesamtstimme bedacht waren.

So konnte es geschehen, daß diese Verfassung unbeweint, ja fast unbemerkt zu Grabe getragen wurde. Als die Kassendeputation der Stände im ersten Kriegsjahre bei dem preußischen Feldkriegskommissariat gegen die Zwangseintreibung rückständiger Steuern Verwahrung einlegte, wurde sie in einem schroffen Antwortschreiben einfach als die „gewesene" Kassendeputation betitelt und erhielt demnächst den weiteren Bescheid, daß der König von Preußen „des bisherigen in Schlesien üblichen conventus publici und damit verknüpft gewesenen Generalsteueramtes der löblichen Herren Fürsten und Stände nicht mehr bedürfe". Reichliche Gnaden-

beweife bei der Huldigung der niederschlesischen Stände im November 1741, die freigebige Verteilung von Fürsten= und Grafen-
titeln, Erb= und Hofämtern ließ die schlesischen Standesherren und
Edelleute den stillschweigenden Untergang einer Verfassung, die
ihnen geringe oder gar keine Vorrechte und Vorteile geboten hatte,
leicht verschmerzen.

Viel lebendiger als die politischen Ansprüche und der landschaftliche Selbständigkeitstrieb waren in Schlesien die religiösen Gegen-
fätze.

Wie laut ertönte der Jubel, mit welchem die schlesischen Protestanten das Einrücken des preußischen Heeres begrüßten! Aber als
man in das katholische Oberschlesien kam, warnte Marschall Schwerin
den König, alles Volk zwischen Neisse und Oder sei sein geschworener
Feind. Wo die Bevölkerung gemischt war, verlebte die Minderzahl
diese Zeiten der Auflösung und Neugestaltung in Furcht und fin-
sterem Mißtrauen. In Schweidnitz waren die Jesuiten jeden Augenblick darauf gefaßt, ihr Ordenshaus vom Volk gestürmt zu sehen,
in Nimptsch meinte der katholische Bürgermeister vor seinen eigenen
Stadtkindern des Lebens nicht sicher zu sein, während in Breslau
die Evangelischen sich schaudernd von den zu ihrer Niedermetzelung
bestimmten Messern erzählten, die in den beim Schuster Altvater
entdeckten Kisten verborgen gewesen seien. Diese Breslauer Protestanten haben am 10. April 1741, als der Ostwind den Schall der
Kanonenschläge vom Mollwitzer Schlachtfelde das Wasser herunter-
trug, ihre Kinder angehalten, zum Gebet für den Sieg der Preußen
auf die Knie zu fallen; und wieder am Morgen von Hohenfriedberg
versammelten sich überall in der protestantischen Umgegend, so weit
man die Geschütze donnern hörte, die Gemeinden mit ihren Geistlichen zu brünstigem Gebet, daß Gott sie nicht wieder in die Hände
ihrer Verfolger gebe. Die Katholiken aber verhehlten ihre Gesinnung ebensowenig: als bei der Breslauer Huldigungsfeier nach
der Predigt das Danklied angestimmt werden sollte, da verließ
die Mehrzahl der Kirchgänger weinend das Gotteshaus, um nicht
mitsingen zu müssen. Neben dem Bekenntnishader trugen in der wirren Übergangszeit noch andere Leidenschaften Gärung in die Gemüter. „Der
Adler hat nur e i n e n Kopf und Hals, der wird wohl nicht so viel
fressen, als der vorige," rief ein biederer Breslauer, als er am Ober-
amtshause den Doppelaar seinem preußischen Nachfolger Platz
machen sah. Der gemeine Mann, vor allem der hauptstädtische
Kleinbürger, erwartete von dem sich vorbereitenden Wechsel der
Landesherrschaft den Anbruch eines goldenen Zeitalters, die Erfüllung aller seiner Wünsche, die Heilung aller sozialen Gebrechen.
„Erschienen ist der herrlich Tag" — so verkündete mit den Eingangs-

worten des bekannten Chorals ein Bänkelsängerlied die Ankunft
der Preußen in Schlesien, und ein anderes evangelisches Kirchen-
lied mußte sich eine profane Beziehung auf die allgemein erhoffte
Abschaffung der verhaßten Akzise gefallen lassen:

> Nun ruhen all' Akziser,
> Weil Preußen, der Erlöser,
> Befreit uns von der Last.

Und somit konnten in Breslau die „Kräuter" — so nannte man
die vorstädtischen Gemüsegärtner — von den Fleischern ohne Mühe
aufgereizt werden, das Akzisehaus zu stürmen und zu verwüsten;
die Brauer und Krätschmer aber sperrten den Klöstern ihren ein-
träglichen Bierschank und nahmen bei den Prämonstratensern von
St. Vinzenz etliche Fässer in Beschlag, und die Zünfte insgemein
verlangten, daß die frommen Väter ihre nichtzünftigen Handwerker
entlassen sollten. Fliegende Buchhändler tauchten auf und verkauften Schriften zur Verherrlichung der Preußen, auf dem Butter-
markt aber ereiferten sich die Hökerinnen für und wider König
Friedrich bis zu Tätlichkeiten. Vollends am Tage nach der entscheidenden Schlacht konnte man in Breslau an jeder Straßenecke irgend
einen Redner in einer lauschenden Gruppe stehen sehen, und vor dem
Kornschen Laden riß sich das Volk derart um den ersten Schlachtbericht mit seiner fabelhaften Kunde von 12 000 österreichischen
Toten, daß der Buchhändler das Gitter vor seinem Gewölbe
schließen mußte und die Drucke durch die Eisenstäbe hinausreichen
ließ; ingrimmig spotteten die Katholischen:

> Die Handlung steiget hoch empor, die Lügen sind nicht teuer,
> Herr Korn verkauft sie bogenweis, zwölftausend für sechs Dreier.

Dagegen hatte sich die Breslauer Kaufmannschaft bei der preußischen Besitzergreifung sehr zurückhaltend gezeigt; stand sie doch
ganz in dem Banne der Befürchtung, ihre bisherigen Handelsbeziehungen gestört zu sehen oder gar völlig zu verlieren. Von Anhänglichkeit an die alte Landesherrschaft war dabei allemal nicht
die Rede. Man wurde ungern preußisch, fühlte sich aber auch nicht
österreichisch, sondern schlechthin breslauisch; so sehr hatte ihr Weich-
bildspatriotismus, ihre halb republikanische Abgeschlossenheit die
gute Stadt jedes höheren Gemeinsinns beraubt. Aufrichtige Anhänger hatte die österreichische Sache nur in der katholischen Geistlichkeit und bei einem Teil des katholischen Adels. Als Prinz August
Wilhelm von Preußen im Januar 1741 während seines Besuches
in Breslau Einladungen zum Balle herumschickte, ließ die Gräfin
Proskau zurücksagen: „da mögen die hingehen, die preußisch gesinnt". Von der Geteiltheit der Stimmungen gibt es eine Vorstellung, daß in den Tagen der Mollwitzer Schlacht der österreichische

Befehlshaber zu Neisse eine Anzahl Edelleute wegen ihrer Hin=
neigung zu Preußen, König Friedrich aber zur Vergeltung andere
Grundherren wegen ihrer Verbindungen mit der österreichischen
Heeresleitung aufheben ließ.

Auch in dem zweiten Kriege fehlte es den Österreichern nicht an
geheimen Einverständnissen. Ein Graf Henckel von Donnersmark,
1741 außer Landes gegangen, nach dem Breslauer Frieden aber
zurückgekehrt und von dem neuen Herrn zu Ämtern und Ehren be=
fördert, leistete den im Winter von 1744 auf 1745 die umstrittene
Provinz überflutenden Ungarn nach Kräften Vorschub und hielt
es drum nach Hohenfriedberg für geraten, in Wien eine Zuflucht=
stätte zu suchen; von dort aus unterhielt er auch nach der Erneuerung
des Friedens hochverräterische Verbindungen in der Heimat mit
gleichgesinnten Standesgenossen und mit Geistlichen und Handels=
leuten. Bis in die Familien erstreckten sich die politischen Gegen=
sätze. Indem der König 1749 einem seiner Oberamtsräte, dem
Grafen Matuschka, mehrwöchentlichen Urlaub zu einer Reise nach
Berlin erteilt, warnt er ihn, sich während dieser Abwesenheit von
seinem Schwiegervater, dem Freiherrn von Spätgens, nicht irgend
einen schlechten Streich spielen zu lassen. Die stille, aber nachhaltig
wirkende Gegnerschaft des schönen Geschlechtes, die bigotte Unver=
söhnlichkeit so vieler katholischer Edelfrauen veranlaßte wiederholte
Gebote, daß die Söhne des schlesischen Adels ohne königliche Ge=
nehmigung nicht außer Landes freien sollten. Aber wie hätten
sich alle die Fäden abschneiden lassen, die zumal die oberschlesischen
Geschlechter durch Gewöhnung und Vetterschaft, durch Glaubens=
gemeinschaft und Besitzgemenge an Österreich knüpften. Noch im
dritten Jahrzehnt der preußischen Herrschaft besaß der schlesische
Adel außerhalb der Landesgrenzen, zumeist im Österreichischen,
78 Güter, während von schlesischen Herrensitzen nicht weniger als
229 in der Hand von Edelleuten waren, die in Österreich wohnten
und zum größten Teil in österreichischen Diensten standen.

Der Eroberer würde sein Werk nur halb getan haben, wenn er
das Land eingenommen und nicht auch fort und fort um die Leute,
so viele ihrer noch widerstrebten, geworben hätte. Dazu diente
ihm vor allem der Einsatz seiner Persönlichkeit. Ihre alte Landes=
herrschaft hatte die Schlesier nicht verwöhnt. Wenig über zwei=
hundert Jahre hat das österreichische Regiment bei ihnen gewährt,
und in den letzten dreizehn Jahrzehnten hatte sich keiner der Habs=
burger mehr in dem reichen und schönen Lande sehen lassen; seit
1611 waren die Breslauer nicht wieder in die Lage gekommen,
dem Landesherrn nach der Huldigung das Ehrenmahl aufzutischen
und den herkömmlichen Ungarwein und Burgunder zu kredenzen.
Der Hohenzoller besuchte seine neue Provinz regelmäßig in jedem

Jahre auf etwa vierzehn Tage, in den erſten Jahren ſogar zu zwei
Malen, um zu ſehen und ſich ſehen zu laſſen, um zu hören und Rede
zu ſtehen. Der neu eingerichteten Breslauer Meſſe ſucht er 1743
verſtärkte Anziehungskraft dadurch zu verleihen, daß er ſechs Wochen
vor der Eröffnung ſeinen Beſuch ankündigen läßt, und den Gemeinden, welche die Landſtraßen mit Bäumen zu ſchmücken ſäumen,
wird die Kundmachung ein Anſporn, daß der König von ſeinem
Reiſewagen aus dieſe Dinge beachte und den ſorgſamen Eifer gnädig
erkennen werde.

So in beſtändiger perſönlicher Berührung mit der Provinz, vermochte der König leicht, auf die Haltung auch der Mißvergnügten
Einfluß auszuüben. Alle tapferen Vorſätze und Anſätze zur Widerrede entwaffnete die Huld, zerſetzte ein Scherz oder verſchüchterte
ein finſterer Blick, ein ſtrenges Wort; wer ſich, Prälat, Standesherr,
Edelmann, bei dem Herrn empfehlen wollte, der erſchien zu Breslau
in dem königlichen Empfangszimmer. Auf hochtönende Anſprachen,
Prunktafeln, Einholungen war es im übrigen bei dieſen Beſuchen
nicht abgeſehen. Die zwangloſe Schlichtheit, die in den alten Provinzen nicht auffiel, weil ſie ſchon dem Vater dieſes Fürſten eigen
geweſen war, ſie machte die Schleſier baß erſtaunt. Dem feierlichen und geſchraubten Geſchlecht, das ſich keine Begrüßung, und
am wenigſten die einer hohen Standesperſon, ohne langatmige
Anreden denken konnte, mußte es ſchier unbegreiflich ſein, daß einem
Könige die Titulaturen als abgeſchmackte „lange Hiſtorien" galten.
„Nun Meſſieurs, was haben Sie anzubringen?" damit empfing
König Friedrich das erſte Mal in Breslau die Abordnung der Stadtherren, und als nun ihr Sprecher ſeiner wohlmemorierten Rede
eine zierliche Einleitung voranſchicken wollte, wurde er durch ein
ungeduldiges „Nur kurz und ohne Zeremonien!" dermaßen aus
der Faſſung gebracht, daß einer der Gefährten, der zum Glück mehr
Geiſtesgegenwart hatte, für ihn eintreten mußte. Bei der Huldigung
aber wurde gar die Aufſtellung eines Thrones und Baldachins als
„ohnnöthig" bezeichnet und das Löſen des Geſchützes unterſagt,
da man das Pulver nicht unnütz verſchießen ſolle. Auch der ſchlichte
Soldatenrock des Königs erregte immer von neuem Verwunderung.
„Der König von Preußen geht auch gar zu ſchlecht", ſo kritiſierte
den königlichen Anzug jenes Bäuerlein, das ſich ſchwer überzeugen
laſſen wollte, mit dem Könige ſelbſt geſprochen zu haben. Nicht
wie ein Theaterkönig — ſo hatte die erſte preußiſche Königin ihren
Gemahl genannt — ſondern im Staube der Straße und im Schweiße
ſeines Angeſichts, mit allen Spuren von des Tages Laſt und Hitze,
zeigte er ſich, von Stadt zu Stadt ziehend, den Seinen. Auf dieſen
Friedensfahrten, wie vorher und wieder nachher auf den Pfaden
des Krieges, prägte ſich das Bild ihres erſten hohenzollerſchen

Landesherren dem Auge und dem Herzen der Schlesier unauslöschlich ein. Nirgends hat sich ein gleich dichter Sagenkreis um den
König gesponnen, wie hier in dem eroberten Lande. Die selt-
samsten Lagen und Vermummungen dachte sich die Einbildungskraft
des Volkes aus, weil ihm für seinen Helden nichts merkwürdig und
abenteuerlich genug schien. Unter der großen Eiche am Laugwitzer
Bach hätte ihm beim Beginn der Mollwitzer Schlacht eine Kugel
den Braten von der Schüssel geschossen; in diesem Dorfe mußte
ihn ein Bauer im Bett und in jener Stadt ein altes Weib unter der
Maischbütte versteckt haben; hier sollte er als Küster verkleidet sich
durch die Österreicher hindurchgeschlichen, und dort in Kamenz, bei
feindlicher Überrumpelung des Klosters, in der Mönchskutte Mette
und Komplet mitgefeiert haben. Wieder ein anderes Mal wäre er
vor den Panduren unter eine Brücke geflüchtet, und sein treues
Windspiel hätte, um den Herrn nicht zu verraten, klug nicht angeschlagen.

Der durchgehende Zug in den zahllosen Anekdoten vom alten
Fritz, welche spätere Sammler aus der mündlichen Überlieferung,
aus dem Volksmunde, entnommen haben, bleibt doch die Leutselig-
keit des Königs. Seine glückliche Gabe, im Gespräch den Ton des
gemeinen Mannes zu treffen, seine wirkliche Vertrautheit mit den
Zuständen und Vorstellungen, den Bedürfnissen und Kümmer-
nissen dieser kleinen Leute wurde neben seinen Heldentaten der
mächtigste Hebel seiner Volkstümlichkeit. Seine Umgebung, die
Adjutanten und Hofleute, die Generale und Minister und nicht
zum wenigsten die eigenen Geschwister klagten über seine Launen,
seine Leidenschaftlichkeit, seine oft so verletzende Schärfe: dem Volk
erschien er als der Gute, Gelinde, Gerechte, der es viel besser mit
dem kleinen Manne meine, als alle die stolzen und harten Beamten
und Offiziere. Wie beglückt war nicht die verrunzelte Bauersfrau,
als der König sie „Mütterchen" anredete und ihr das Bittgesuch
abnahm, nachdem ein Offizier sie mit einem derben „Scher Sie sich
zum Teufel, alte Hexe!" hatte zurückdrängen wollen. Nun murrten
die Behörden, daß die Prüfung eines Gesuches, dessen Annahme
dem Herrscher nur einen Augenblick geraubt habe, ihnen oft ganze
verlorene Tage koste. Aber dem Volk blieb das tröstliche Bewußtsein, daß ein jeder mit seiner Klage von dem geduldigen Könige,
wenn nicht befriedigt, so doch gehört wurde; höchstens daß einmal
ein besonders pfiffiger Bauer, wenn der hohe Herr ihn nach An-
hörung seines Gesuches an die bereits angerufene Domänenkammer
zurückweist, sich mit dem mißtrauischen Wort zu seiner Ehehälfte
umwendet: „Komm, du siehst ja, daß er mit der Kammer unter
einer Decke steckt." Selbst offenbaren Mißbrauch seiner landkundigen
Bereitwilligkeit wollte der Vielbehelligte nicht geahndet wissen.

Als die Justizbehörde für einen Kossäten aus der Altmark wegen „mutwilligen Supplizierens“ eine Freiheitsstrafe beantragte, entschied Friedrich: „Es ist Meiner Gesinnung zuwider, dergleichen arme Bauersleute deshalb gleich ins Gefängnis werfen zu lassen, und obschon sie öfters unrecht haben, so kann Ich ihnen doch als Landesvater das Gehör nicht versagen.“ Man erstaunt, mit welch wunderlichen Anliegen sich bisweilen die Untertanen, und zwar nicht bloß die ungebildeten, dem Throne zu nahen wagten. Der Breslauer Kommerzienrat Kroll hätte 1750 den König gern sogar als Heiratsvermittler in Anspruch genommen, und war dann gewiß sehr enttäuscht und betreten, als er in der für ihn ausgefertigten Kabinettsorder las, daß Seine Königliche Majestät in Preußen ihm zur allergnädigsten Resolution gäben: „wie es Dero Werk nicht sei, wegen seiner Heiratsabsichten sich vor ihn zu interessieren, dahero es Ihnen auch lieb sein wird, wenn er Sie mit dergleichen Ansinnen inskünftige nicht weiter behelligt“. Und als einer der israelitischen Schutzbürger des Staates sich über die Unduldsamkeit seiner Glaubensgenossen beschwerte, die ihm die Beseitigung des unmodischen, aber durch den Nationalbrauch geheiligten Vollbartes nicht gestatten wollten, ward sein Gesuch in bündigster Kürze durch die eigenhändige Randbemerkung erledigt: „Der Jude Posener soll mich und seinen Bart ungeschoren lassen.“

Vortrefflich unterstützt wurden die unmittelbaren und stetigen Einwirkungen des Königs auf die neue Provinz durch die Persönlichkeit seines vornehmsten Vertreters im Lande, des Grafen Münchow. Der zur Zeit der Besitzergreifung erst zweiunddreißig Jahre zählende Sohn jenes Küstriner Kammerpräsidenten, in welchem Friedrich seit seiner kronprinzlichen Festungszeit einen Wohltäter verehrte, eine der weltmännisch gebildeten, geschmeidigen, gewinnenden Gestalten aus dem persönlichen Freundeskreise des Monarchen, war ganz der Mann, gegenüber einem erst zur Hälfte gewonnenen, schwankenden Adel, einem mißtrauischen, in seinen breiten Schichten noch ganz unversöhnten Klerus Stellung zu nehmen; ein Mann, der sein Joch sanft zu machen verstand, der die Konflikte vermied, weil er auch ohne sie seines Zieles sicher war. Wenn der König den Nachfolgern Münchows empfahl, die verlorenen Schafe auf dem Wege der Milde zurückzuleiten, so hatte ihnen der erste schlesische Oberpräsident dafür ein glänzendes Vorbild hinterlassen.

Anfänglich war ihm nur die Leitung des einen der beiden Kammerbezirke anvertraut, in die Schlesien nach dem altländischen Muster zerlegt wurde. Aber der schon bejahrte Präsident der Breslauer Kammer, der um die erste Einrichtung der neuen Verwaltung wohlverdiente Geheimrat von Reinhardt, genügte dem König auf die Dauer nicht, und so wurde ihm der jüngere Kollege schon im März

1742 zum Vorgesetzten gegeben, in der Stellung eines Oberpräsidenten sowohl der Breslauer wie Glogauer Kammer und mit Titel und Rang eines Staatsministers. Reinhardt sah sich dadurch veranlaßt, seinen Abschied zu nehmen, und erhielt keinen Nachfolger. Die Unterordnung mehrerer benachbarter Kammerbezirke unter denselben Präsidenten war in der preußischen Verwaltung nicht ohne Vorgang; aber eine einschneidende Abweichung von den bisherigen Grundsätzen war es, daß der Oberpräsident der beiden schlesischen Kammern jeder Abhängigkeit von dem Generaldirektorium in Berlin entzogen wurde, daß mithin die große neue Provinz außerhalb der Verwaltungseinheit des Staates blieb. So stellte Münchow in seiner Person gleichzeitig den Kammerpräsidenten und den Provinzialminister dar, welcher jedem anderen Kammerpräsidenten in einem der vier ersten Minister des Generaldirektoriums vorgesetzt war. Zugleich aber war seine Stellung in Schlesien maßgebender als die eines jeden dieser vier in den zugehörigen Kammerbezirken, da Münchow nicht an die Zustimmung gleichgeordneter Kollegen gebunden war. Tatsächlich lag das Verhältnis freilich so, daß der Minister für Schlesien noch mehr als die Provinzialminister des Generaldirektoriums der steten Aufsicht und Einrede des Monarchen unterworfen war. Die Kammerverwaltung der größten Provinz des Königreichs war mit Ausschaltung der Ministerialinstanz unmittelbar unter das königliche Kabinett gestellt.

Die Kabinettsregierung hatte durch diese Neuerung in das feste und symmetrische Verwaltungsgefüge Friedrich Wilhelms I. eine breite Bresche gelegt. König Friedrich hat sich über die Gründe, die ihn zu der Abweichung von dem kunstvollen Bauplan seines Vaters bestimmt haben, nie ausgesprochen. Es mag sein, daß er die Ausnahmestellung der schlesischen Verwaltung zunächst nur als einen vorbereitenden Zustand für die Zeit des Überganges sich gedacht hat; fügte er doch in der Justizverwaltung die neue Provinz einfach der allgemeinen Ordnung ein, indem er die Aufsicht über die schlesische Rechtspflege, über die Oberamtsregierungen zu Glogau, Breslau und Oppeln, dem Justizdepartement zuwies und das Berliner Tribunal als höchste Instanz über die schlesischen Gerichte setzte.

Ohne Frage hat die für die schlesische Kameralverwaltung gewählte Einrichtung sich zunächst trefflich bewährt. Eine Fülle von Interessen, Wünschen, Klagen ließ sich an Ort und Stelle durch mündliche Verhandlung mit dem Oberpräsidenten viel schneller erörtern und je nachdem befriedigen oder von der Hand weisen, als wenn eine umständliche schriftliche Berichterstattung an das Berliner Ministerium erforderlich gewesen wäre. Auch mußte der stark entwickelte örtliche Patriotismus der Schlesier sich geschmeichelt

fühlen, wenn ihre Heimat in diesem straff zusammengefaßten Staats=
wesen eine Sonderstellung einnahm und einigermaßen in der Ab=
geschlossenheit blieb, in der man unter österreichischer Herrschaft
sich gefallen hatte. Ein weitherziges Zugeständnis an dieses schle=
sische Selbstgefühl war es auch, daß in der Justizverwaltung die
drei eben genannten höheren Gerichtshöfe fast ausschließlich mit
Einheimischen besetzt wurden. In den Kammern wurden freilich
ebenso grundsätzlich auf lange Zeit hinaus nur altländische Beamte
zugelassen, in dem neu einzuführenden Verwaltungssystem er=
probte Kräfte. Doch wurde dabei schonende Rücksicht geübt; wie
der Schriftwechsel zwischen dem Könige, Münchow und den Vor=
gesetzten der in die neue Provinz zu entsendenden Beamten es er=
sehen läßt, sah man bei der Auswahl der Persönlichkeiten für die
Stellen der Kriegs= und Domänenräte und Ortskommissare sorg=
fältig auf gefälliges, entgegenkommendes Benehmen. Wer dann
doch zu barsch, zu „auster" auftrat, wurde in die minder empfindliche
norddeutsche Heimat zurückversetzt. Der bärbeißige Typus des ver=
abschiedeten Regimentsquartiermeisters war für die Stellungen der
Steuerräte hier nicht zu verwenden. Der König empfahl dem
Oberpräsidenten, diese Braven vorerst einige Jahre als Sekretäre
in den Kammern zu beschäftigen, bis sie den befehlshaberischen
Ton abgelegt und sich an freundlichere Umgangsformen gewöhnt
haben würden.

Der Steuerrat oder Ortskommissar erschien in den schlesischen
Städten mit der ganzen Machtfülle seiner altpreußischen Kollegen;
denn hier in der Stadtverfassung fand allerdings die behagliche
Selbstherrlichkeit der Patrizier ein ebenso jähes Ende, wie vorher
in den alten Provinzen durch die Reformen Friedrich Wilhelms I.
Die Bestellung der „rathäuslichen Bediensteten" war fortan Sache
der Staatsbehörde; ohne Vorschlagslisten der Gemeinden grund=
sätzlich zurückzuweisen, hat der König förmlich doch nur der einen
Stadt Breslau dieses Schattenbild des ehemaligen Wahlrechtes
zugestanden. Mit der Zeit, meinte er, werde man mehr gewähren
können; einstweilen traute er der Gesinnung seiner neuen Unter=
tanen noch nicht ganz. Auch in Schlesien hat der Untergang der
Stadtfreiheit eine stärkere Bewegung nicht hervorgerufen; an ihrem
Grabe trauerten nur die hochmütigen Vetterschaften, in denen die
städtischen Ämter Reihe um gegangen waren, und die sich jetzt die
nicht unverdiente Nachrede gefallen lassen mußten, daß sie sich nicht
als Verwalter, sondern als Eigentümer der Stadtgüter aufgeführt
hätten, daß sie schwer zu schriftlicher Arbeit zu bringen, sondern
nur gewöhnt gewesen seien, sich mit Jagd und Lustbarkeiten zu
ergötzen.

Wenn die Städte an ihren Freiheiten eine Minderung erlitten,

so wuchs dagegen den ländlichen Kreisen ein größeres Maß an
Selbstverwaltung zu. Sie erhielten die märkische Verfassung und
damit das Recht, aus der Zahl der im Kreise angesessenen Ritter=
bürtigen den Landrat vorzuschlagen. Doch mußten Oberschlesien
und Glatz, so stark wie hier die Erinnerungen an die österreichische
Herrschaft bei dem Adel nachwirkten, auf solche Begünstigung zu=
nächst noch verzichten. Aus der vergangenen Zeit blieb der schle=
sischen Kreisordnung das Organ der Landes=, oder, wie man jetzt
sagte, Kreisdeputierten; von der kreiseingesessenen Ritterschaft ge=
wählt, von der Kammer bestätigt, traten sie, je zwei in jedem Kreise,
dem Landrat an die Seite. Das Zweckmäßige dieser schlesischen
Einrichtung bestimmte den König, sie auf die alten Provinzen zu
übertragen, so daß Schlesien für das von dort entlehnte Landrats=
amt eine Gegengabe zu spenden Gelegenheit fand.

Den ersten Dank des preußischen Königs haben die schlesischen
Landräte und Kreisdeputierten sich durch die Mithilfe bei Durch=
führung eines neuen Steuersystems verdient.

Wie überall legte König Friedrich auch hier persönlich Hand an.
Bald nach dem Breslauer Frieden sehen wir ihn mit Münchow ge=
schäftig, die Grundzüge des künftigen Staatshaushalts für die er=
oberte Provinz festzustellen. „Mein Kopf enthält augenblicklich
nichts als Rechnungen und Zahlen", schreibt er am 27. September
1742 aus Breslau; „ich werde ihn bei der Rückkehr gründlich ent=
leeren, um wieder gewähltere Gegenstände aufzunehmen". Es
wurde zunächst ein Überschlag der unerläßlichen Ausgaben gemacht;
er ergab die Summe von 3 365 000 Talern. Dabei wurden die
Beamtengehälter mit 225 000 Talern beziffert, für Steuernachlässe
und andere unvorhergesehene Fälle kamen 200 000 in Ansatz,
während für den Unterhalt der starken nach Schlesien verlegten
Streitmacht 2 140 000 Taler erforderlich waren. 800 000 behielt
sich der König zu seiner persönlichen Verfügung vor[1]), zunächst
wesentlich für Festungsbauten und für Abtragung der in dem
Friedensvertrag übernommenen Landesschulden, später für die
Füllung des Staatsschatzes.

Es galt nun, die Einnahme auf die gleiche Höhe zu bringen.
Von dem Domänenbestand war nicht allzuviel erhalten, da sich die
alte Landesherrschaft, heute aus Freigebigkeit und morgen in der
Not, zahlreicher Güter entäußert hatte. So kamen von den in der
Einnahme des Domänenetats erscheinenden 7—800 000 Talern
noch nicht ein Drittel auf die Pachtschillinge und Forstgefälle, das
übrige auf die Erträge der Zölle, der Post, des Salzmonopols und
auf sonstige Regalien. Der gesamte Restbetrag der Ausgaben, un=

---

[1]) S. 110.

gefähr dritthalb Millionen, mußte durch Steuern gedeckt werden, und die Summe wäre an sich nicht allzu beträchtlich über das hinaus= gegangen, was bisher dem Staate gesteuert wurde; nur daß die gemütliche Lässigkeit der österreichischen Verwaltung sich seitens der Steuerpflichtigen die Aufstellung aller möglichen Gegenrechnungen gefallen ließ, wodurch dann ein Erkleckliches abgehandelt worden war.

Es war ein buntes Gewirr von Steuern, was sich hier vorfand. Ein Patent vom Jahre 1743 — der König hatte an dem Entwurf eigenhändig nachgeholfen — verkündete dem Lande, daß alle Ab= gaben für immer auf eine einzige eingeschränkt sein würden, und zwar für die Bewohner des platten Landes auf die „Steuer" und für die Städte auf die Akzise.

Der Akzise dienten die Einrichtungen der alten Provinzen zum Vorbild. Die ländliche Abgabe war als eine progressiv abgestufte Grund= und Einkommensteuer gedacht. An Vorarbeiten zu dem Reformwerk fehlte es nicht. Schon 1721 war in Wien beschlossen worden, die Mannigfaltigkeit der Abgaben durch eine einheitliche Vermögensteuer zu ersetzen. Die Bekenntnisse der Einzuschätzenden, die Befundstabellen der Prüfungsbehörde waren seit 1738 in ziem= licher Vollständigkeit beisammen, der Einführung der neuen Steuer= sätze aber hatten sich Bedenken, eigennützige Einflüsse, schonende Rücksichten entgegengestellt. Für die preußische Verwaltung fielen diese Bedenken fort. In der Hoffnung, des wesentlichen Teils der Arbeit durch die bereits vorliegenden Aufgaben überhoben zu sein, sah man sich indes angesichts der zahlreichen in den Tabellen verborgenen Fehler getäuscht, und Münchow war gewissenhaft genug, gegen die Meinung seines tüchtigsten Mitarbeiters, des Kriegsrats von Thile, alle einlaufenden Einreden der Steuerpflich= tigen eingehender Würdigung zu unterziehen. Und so hatte man noch auf Jahre hinaus mit der Berichtigung der Listen zu tun.

Eine Ausnahmestellung ganzer Stände nach Art der ritterschaft= lichen Steuerfreiheit der mittleren und westlichen Provinzen war in Schlesien unbekannt. Allerdings hatte der Steuerbeitrag des Adels und des Klerus hier stets als ein freiwilliger gegolten; doch wie hätte diese theoretische Unterscheidung jetzt sich retten lassen, wo das Steuerbewilligungsrecht der schlesischen Stände überhaupt umgestoßen wurde? Wohl beteuerten die Ritterschaften von Glo= gau und Sagan, von Jauer, Liegnitz und Wohlau dem neuen Lehns= herren, daß keiner seiner Vasallen es ihnen an Treue und Eifer zuvortun werde, und baten deshalb, in der Steuerfreiheit dem Adel der alten Provinzen gleichgestellt zu werden. Aber das Herkommen sprach gegen solchen Anspruch; aus demselben Grunde hatten sich auch die ostpreußischen Rittergutsbesitzer bei der dortigen Steuer= reform die Veranlagung zum Generalhubenschoß gefallen lassen

müssen. Der König hat den Schlesiern dieses Beispiel nicht ent=
gegengehalten; er wählte die allgemeinere Begründung, daß in
einem Staat, der allen den gleichen Schutz gewähre, auch alle für
die Aufgaben der Landesverteidigung nach Vermögen steuern
müßten; steuere doch er selbst, der König, für seine Domänen. Nach
seiner anfänglichen Absicht sollten alle weltlichen Besitzer mit dem
Viertel, die Geistlichen mit der Hälfte des klassifizierten Reinertrages
ihrer Güter besteuert werden. Bei der endgültigen Feststellung des
Steuerfußes wurden dann die Kommenden der geistlichen Ritter=
orden etwas niedriger, mit nur vierzig Hundertteilen, und die Pfarr=
wiedemuten und Schuläcker beider Glaubensbekenntnisse sogar nur
mit 28⅓ Prozent des Reineinkommens angesetzt. Dagegen mußten
die Sätze für die Laiengüter etwas höher als beabsichtigt gegriffen
werden: man erhob von den Rittergütern und Domänen 28⅓,
und von den Bauern, da bei völliger Gleichstellung ihrer Liegen=
schaften mit dem Großgrundbesitz der für den Staatshaushalt er=
forderliche Gesamtsteuerertrag noch nicht herauskommen wollte,
34 Prozent. Dem Drängen seiner mit dem adeligen Sonderinteresse
verbündeten Untergebenen, das Verhältnis noch stärker zu Un=
gunsten der Bauern zu verschieben, hatte sich der Oberpräsident
mit Nachdruck und Ausdauer entgegengeworfen, so daß sich der
Bauer in Schlesien mit seiner staatlichen Steuerpflicht erheblich
besser gestellt sah, als in den meisten anderen Provinzen.

Die gesamte Grundsteuerveranlagung oder, wie man nach altem
Brauch sagte, Induktion des platten Landes und der nicht der Akzise
unterworfenen kleinsten Städte betrug rund 1 700 000 Taler. Dazu
kam eine ländliche Gewerbesteuer, die sogenannte Nahrungssteuer
der nicht grundbesitzenden Bewohner, von etwa 150 000 Talern.
Die Akzise der Städte brachte zunächst gegen 600 000 Taler. Mit
diesen Einnahmen war das Gleichgewicht des öffentlichen Haushaltes
der Provinz hergestellt.

Lästiger als diese Abgaben, an deren Höhe sie gewöhnt waren
und deren Verteilung jetzt ohne Frage gerechter wurde, empfanden
die Schlesier die auf die Steuererträge gegründete neue Wehrver=
fassung. Statt 4000 Mann lagen jetzt 40 000 innerhalb der schle=
sischen Grenzen, und die Hälfte der Rekruten sollte das Land selber
stellen. Nachdem der König anfänglich den einzelnen Regimentern
bestimmte Bezirke zu freiwilliger Werbung angewiesen, war am
16. August 1743 die allgemeine Wehrpflicht mit den örtlichen und
persönlichen Einschränkungen, denen sie in den Stammlanden unter=
lag, eingeführt worden. Wie hätten die Härten, die dem preußischen
Militärsystem eigen waren, hier in Schlesien nicht besonders drücken
sollen, wo man das System, das sich in allmählicher Anspannung,
in fast hundertjähriger Entwicklung, ausgebildet hatte, plötzlich auf

einmal in seiner schärfsten Steigerung aufgezwungen erhielt. Als König Friedrich das erste Mal nach Schweidnitz kam, sah er mit wohlgefälligem Lächeln eine Schar Knaben in preußischen Uniformen mit klingendem Spiel vorbeiziehen; die Erwachsenen aber wollten dann den Rock des Königs nicht anlegen. Die militärischen Instinkte in der Brust des Schlesiers waren noch nicht geweckt. Vergebens tadelte mit eindringlichen Worten ein Aufruf vom 1. März 1744 an der jungen Mannschaft der Herzogtümer die „unanständige Zaghaftigkeit oder auch Bosheit und Ungehorsam gegen ihren souveränen Landesherrn, welchem sie doch nach dem Rechte der Natur, auch göttlicher Ordnung und Befehl, mit Gut und Blut zu dienen schuldig und verpflichtet". Aus dem Kreise Neiße sind von 1742 bis 1749 272 junge Burschen, um sich der Kantonspflicht zu entziehen, in das Österreichische geflüchtet, und den Ständen des Leobschützer Kreises ließ der König im Herbst 1747 durch ihren Landrat sagen, trotz aller ihrer „Excusen und Komplimente" wisse er mehr denn zu gut, daß sie selbst es seien, die ihre jungen und zum Kriegsdienste tüchtigen Untertanen außer Landes schickten. Selbst an den Grenzen des vorwiegend evangelischen Niederschlesiens behaupteten die sächsischen Nachbarn 1746 frohlockend, daß seit Einführung der Kantonsverfassung 10—12 000 von der ausgemusterten Mannschaft zu ihnen übergetreten seien.

Sah das platte Land in der Kantonspflicht die lästigste Seite der neuen Ordnung, so galt die vornehmste Klage der Städter der Stärke der Garnisonen und jenem Servisgeld, das zur Entschädigung der mit Einquartierung belegten Hauswirte von der Gesamtheit der Bürgerschaft aufgebracht werden mußte; damit war den Städten zu ihrer Akzise tatsächlich doch noch eine zweite, eine direkte Steuer zugeschoben. In aller Munde waren die geflügelten Worte des jesuitischen Kontroverspredigers von St. Mathias zu Breslau: gegenwärtig bestünden die zehn Gebote aus den zehn Buchstaben Da pecuniam, und es wären zu den zehn alten drei neue hinzugekommen: Du sollst nicht räsonieren, du sollst die Steuern bezahlen, du sollst die Ausreißer von der Armee anhalten. Der Pfarrer zu Turckwitz aber ward bezichtigt, daß er auf der Kanzel den König „wider allen Respekt" immer nur „den Preußen" nenne und sich öffentlich vor der Gemeinde über die Steuern beschwere, die er den heidnischen Preußen geben müsse.

Und so mochte die Königin von Ungarn in der Tat glauben, daß die Worte freudigen Wiederhall in Schlesien finden würden, mit denen sie während des zweiten Krieges, in dem Aufruf vom 1. Dezember 1744, die flammende Anklage gegen den König von Preußen erhob: „Er sei nicht nur der katholischen Religion, sondern auch den Anhängern des Augsburgischen Bekenntnisses zu nahe getreten er habe den Ständen ihr größtes Kleinod, den Fürstentag, geraubt und damit die Verfassung des Landes über den Haufen geworfen, den Geistlichen unerschwingliche Lasten auferlegt, den Ständen ihr Eigentum genommen, und das gesamte Land durch die errichteten Enrolierungskantons in ewige Sklaverei versetzet, so daß kein Vater mehr mit seinen Kindern zu disponieren im Stande gewesen". Den unter einem so unerträglichen Joch Schmachten= den werde noch nicht entfallen sein, "mit was vor Sanftmuth Ihr ehedessen von Unseren glorreichsten Vorfahren regieret und be= herrschet worden". Nicht geringere "Sanftmut und Sorgfalt" ver= hieß die Tochter Karls VI. jetzt den Schlesiern für die Zukunft, die Einführung alles dessen, "was zu einer beglückten Regierung ge= reichen und Euch in vollkommene Zufriedenheit setzen kann." Schon ließ man in Wien eine Karte des "wiedergewonnenen" Schlesiens, der Silesia recuperata, veröffentlichen.

Der ärgste Fehlgriff, den Maria Theresia damals tun konnte, war, daß sie dem unglückseligen Schlesien als Befreier die zügel= losen fremdzungigen Horden zusandte, die durch ihre wilden Aus= schweifungen, durch Mord, Raub und Brand den österreichischen Namen, wie der Kabinettsrat Eichel in ungeschminkter Entrüstung sich derb ausdrückte, so stinkend machten, daß fast kein Schlesier denselben ohne Indignation nennen höre. Wer aber auch jetzt noch Treue für Österreich im Herzen bewahrte, der sagte sich doch bei dem zweiten Friedensschlusse, daß es nunmehr gelte, mit der Vergangenheit zu brechen: gar beweglich legte es der katholische Stadtpfarrer zu Frankenstein in seiner Friedenspredigt dar, daß die Stunde gekommen sei, "zu welcher unser liebes Vaterland sich von Dir, große Kaiserin Maria Theresia, völlig beurlauben soll". Das Geschlecht starb allmählich aus, von welchem bei den Späteren die Stachelrede ging, es habe alte Schlesier gegeben, die da behauptet, unter der preußischen Regierung seien die Borsdorfer Äpfel noch kein Jahr geraten.

Nach seinem Grundsatze, wer alles bewahren wolle, bewahre nichts, hatte der König in jenen Kriegsläuften, um alle Streitkräfte zusammenzufassen, wiederholt weite Landstrecken den Verheerungen des wilden ungarischen Aufgebotes preisgeben müssen. So waren die Verluste der Einwohner an Hab und Gut ohne Frage viel schwerer als in dem ersten Kriege. Doch sind diese Wunden schnell verharscht. Schon der reiche Erntesegen des Sommers von 1747 half dem Lande kräftig auf, und das Jahr darauf gewann der König auf seiner schle= sischen Rundreise die Überzeugung, wenn der nächste Sommer noch eine gute Ernte bringe, so werde der letzte Krieg ganz vergessen sein.

Als nach Münchows Tode und der nur zweijährigen Amtstätig= keit Joachim Ewalds von Massow im Herbst 1755 der überaus rührige

Ernst Wilhelm von Schlabrendorff als Oberpräsident nach Schlesien
kam, hatte der aus der wohlhabendsten Provinz, dem Herzogtum
Magdeburg, hierher Versetzte doch den Eindruck, daß der Zustand
seines neuen Verwaltungsbezirkes im ganzen ein befriedigender,
ja ein günstiger sei. Nur seien die meisten Schlesier der Meinung,
daß es im Interesse der Selbsterhaltung notwendig sei, „immer
etwas zum Klagen zu haben": es sei ihnen das „schon zur zweiten
Natur geworden", und sie würden auch nicht zu klagen aufhören,
wenn sie dem Staate gar nichts zu leisten hätten. Von Mitte
Februar bis Anfang März 1756 bereiste Schlabrendorff, um die
seiner Fürsorge anvertraute Provinz durch Augenschein kennen zu
lernen, Oberschlesien, im folgenden Mai Niederschlesien und die
Grafschaft Glatz. Auch über die Grenze ins Österreichische drang
er vor, auf den Viehmarkt nach Bielitz kam er als Stallmeister verkleidet, zu ergründen, ob sich der polnische Viehhandel nicht nach
Preußisch-Schlesien ziehen lasse. Selbst das oberschlesische Stief-
kind erschien besser als sein Ruf; wohl seien nach der polnischen
Seite die Städte und Dörfer noch schlecht gebaut, aber der Acker
sei nicht so gering, wie er von manchen beschrieben werde; die
Grundstücke seien durchweg so eingeschätzt, daß die Steuerpflichtigen,
Adelige wie Bauern, bei ihren Abgaben gut bestehen könnten,
wenn sie sonst nur ordentlich wirtschaften wollten. Das werde von
den gutgesinnten, aufrichtigen Landräten und Herrschaften auch
zugegeben. Leider seien einige Gutsbesitzer von der österreichischen
Zeit her noch geneigt, ihre Untertanen ungebührlich mit Diensten
zu belasten und ihnen dadurch die Abtragung ihrer Staatssteuern
unmöglich zu machen. Schlabrendorff, den wir als Bauernfreund
schon kennen, erteilte deshalb den Landräten gemessenen Befehl,
hier Wandel zu schaffen, und rühmte es dem Könige gegenüber,
daß einige Landräte von selbst um strenge Vorschriften gebeten
hätten, um mit desto größerem Nachdruck auftreten zu können.

Verwahrlost schien dem neuen Präsidenten überall, nicht bloß
in Oberschlesien, die städtische Polizeiverwaltung; namentlich das
Löschwesen fand wenig Gnade vor seinem Auge. Der Gewinnsucht
der Brauer, Bäcker und Fleischer, unter welcher der gemeine Mann
und der Soldat zu leiden hatte, glaubte er durch Einführung von
festen Taxen steuern zu müssen. „Es will zwar dieses," berichtete
er an den König, „vornehmlich in Breslau gedachten Handwerkern
nicht gefallen, und muß ich es solcherhalb sehr über mich hergehen
lassen; ich werde mich aber durch kein Räsonnieren von meiner
guten Intention detournieren lassen." Auf dem Lande lag die
öffentliche Sicherheit noch im argen. Seit alters wucherte das
schlesische Landstreichertum in vielfältigen typischen Erscheinungs-
formen. Da gab es unter diesen Fahrenden fechtende Handwerks-

burschen und abgedankte Soldaten, die Nachkommen der gartenden
Landsknechte von ehedem, fromme Pilger und trauernde Abge=
brannte, Bettelstudenten nach polnischem Muster und sich durch=
geigende Musikanten, Schwindler, die Geld zur Lösung von Christen
aus türkischer Gefangenschaft sammelten, und angeblich getaufte
Juden, die durch den Übertritt zum Christentum die Unterstützung
ihrer ehemaligen Glaubensgenossen verloren zu haben klagten.
Ihnen allen hatten 1747 strenge Verbote das Bettelhandwerk legen
wollen, das die Grenzlinie gegen Diebstahl, Erpressung und Raub
natürlich nicht scharf einhielt; in den Gemeinden mußten Armenkassen
gebildet werden, und die Obrigkeiten sollten dafür haften, daß das
Betteln wirklich aufhöre. Aber wie hätte ein so tief eingewurzelter
Schade sich leicht ausrotten lassen. Immer von neuem tauchten
ganze Banden auf, die da stahlen und einbrachen, Häuser und
Landstraßen beunruhigten. 1748 war es gelungen, eine Räuber=
schar von mehr als sechzig Köpfen dingfest zu machen und in Breslau
einzubringen. Die Gerichte wären gern ihnen samt und sonders
an das Leben gegangen, aber der König meinte, eine solche Massen=
hinrichtung sei ohne Beispiel und würde das Gefühl zu sehr empören;
er ließ die Missetäter auf die Festungen verteilen. Im Frühjahr
1756 schien das Räuberunwesen wieder größere Ausdehnung an=
nehmen zu wollen; doch sprach Schlabrendorff die Hoffnung aus,
das Land von diesem Gesindel bald reinigen zu können.

Eine Enttäuschung bereitete den schlesischen Behörden die in
Schlabrendorffs erstem Amtsjahre vorgenommene Volkszählung, die,
wie wir bereits sahen, die aus falschen Berechnungen gewonnene
Vorstellung völlig zerstörte und statt zweier Million nicht all=
zuviel über eine ergab. Für das Zahlenverhältnis der Bekenntnisse
brachten die Listen der Geborenen und Gestorbenen die Tatsache
zu Tage, daß in dem Lande, welches länger als ein Jahrhundert
unter einem katholischen Herrscherhause hartem Gewissenszwang
ausgesetzt gewesen war, die Zahl der Evangelischen die der Katho=
liken gleichwohl noch überstieg. Immerhin brachte die Erwerbung
von Schlesien dem Staate, dem bisher unter 2¼ Million Ein=
wohnern höchstens 100 000 Katholiken angehört hatten, den Zu=
wachs von über einer halben Million katholischer Untertanen, und
mit ihnen den ersten katholischen Bischof. Die Auseinandersetzung
mit der katholischen Kirche blieb für die preußische Regierung der
schwierigste Teil der in Schlesien zu lösenden Aufgabe.

König Friedrich hat sich für die kirchenpolitischen Fragen anfäng=
lich ganz auf sein Justizministerium und insonderheit auf Cocceji
verlassen. Für sein Teil begnügte er sich, den Grundsatz der Ge=

wissensfreiheit nachdrücklich zu betonen. Die offizielle Zusicherung, die er beim Einmarsch seiner Truppen den Schlesiern erteilt hatte, wiederholte er als sein philosophisches Glaubensbekenntnis in einem Handschreiben an den Fürstbischof von Breslau: „Da ruhige Freiheit der Religionsübung in der Vorstellung der Menschen einen Teil ihres Glücks ausmacht, so werde ich niemals von dem festen Vorsatz abgehen, jede Religion in ihren Rechten und Freiheiten zu schützen. Die Streitigkeiten der Priester gehören nicht in den Gesichtskreis der Fürsten, und nichtiges Gezänk um leere Begriffe oder eines denkenden Kopfes unwürdige Wortklaubereien werden mich niemals verführen, mich für oder wider die verschiedenen, fast immer durch Fanatismus und Tollheit erhitzten Parteien zu erklären."

Cocceji galt dem schlesischen Klerus bald als Feind, und nicht ohne Grund. In seiner doppelten Eigenschaft als Protestant und als Preuße glaubte er mit dem Haupt der römisch-katholischen Christenheit grundsätzlich nicht rechnen zu sollen. Verweigerte die Kurie der auf altes Kirchengut, auf das deutsche Ordensland gegründeten preußischen Königswürde noch immer die Anerkennung, so nannte Cocceji, um sich als Untertan der Krone Preußen nichts zu vergeben, den Papst mit Vorliebe nur den Bischof von Rom. Formal-juristische Gesichtspunkte ließen in seinem Kopfe weder für die Schonung religiöser Empfindungen noch für politische Zweckmäßigkeitsrücksichten Raum. Weil die Waffen über das Geschick von Schlesien entschieden hatten, so durfte der König von Preußen nach Coccejis Auffassung die geistliche Gerichtsbarkeit hier nach Eroberungsrecht für sich in Anspruch nehmen, und sein Minister hatte dann ein Versuchsfeld für eine ganz abstrakte Kirchenpolitik. Coccejis Ideale, den Papst von jeder Gewalt auszuschließen, entsprach die von dem König ohne nähere Prüfung vollzogene Verordnung vom 15. Januar 1742 über die Einrichtung der weltlichen und geistlichen Justizpflege in Schlesien: hier wurde als Berufungsinstanz über dem Konsistorium des Breslauer Bischofs statt der Wiener Nuntiatur ein ganz aus Protestanten gebildeter Staatsgerichtshof, das Tribunal zu Berlin, eingesetzt. Wohl machte Cocceji geltend, daß man dabei nur nach dem von der österreichischen Herrschaft gegebenen Beispiel handle, da bisher umgekehrt die Berufungen der evangelischen Schlesier in kirchlichen Dingen nach Wien an ein nur aus Katholiken zusammengesetztes weltliches Gericht gegangen seien. Aber wenn die verheißene Gewissensfreiheit Wahrheit werden sollte, so mußte mit den Gepflogenheiten der österreichischen Zeit eben gebrochen werden.

Vielleicht daß Cocceji diese Gesetzgebung in dem unbarmherzigen Geiste des „Auge um Auge und Zahn um Zahn" nur als Schreck-

gespenst wirken lassen wollte, um für einen gelinderen Vorschlag,
den er schon bereit hatte, Stimmung zu machen. Schon bei Lebzeiten Friedrich Wilhelms I. war es, in Anknüpfung an ältere
Pläne, des Ministers lebhafter Wunsch gewesen, die geistliche Gerichtsbarkeit über die katholischen Untertanen der Krone Preußen
einem von dem Könige zu ernennenden Generalvikar zu übertragen.
Mochte dieser dann nach Maßgabe der kanonischen Vorschriften sich
von der Kurie bevollmächtigen lassen, der Staat von seinem Standpunkt aus, so entwickelte es sich Cocceji, würde ein geistliches Ober-
richteramt nicht kennen noch anerkennen und in dem Vikar lediglich
einen königlichen Beamten sehen. Anfänglich nur für die Ent-
schädigungslande von 1648 entworfen, wo der Landesherr kraft
des westfälischen Friedens die volle bischöfliche Gewalt auch über
die Katholiken besaß, dann auf die übrigen älteren Provinzen ausgedehnt, wurde der Plan jetzt in abermaliger Erweiterung auch zu
Schlesien in Beziehung gesetzt. Wenige Tage nach dem Erscheinen
seiner straffen Verordnung trug Cocceji in Breslau dem Fürstbischof, noch ohne königliche Ermächtigung, aber bereits im Ein-
verständnis mit dem Grafen Podewils, das Generalvikariat über
die sämtlichen preußischen Lande an, „für alle Appellationen, die
sonst Nuntien, Provinciales und Visitatores im Namen des Papstes
entgegengenommen".

„Aus einer ihm sehr natürlichen Vanität", so urteilte nachmals
Graf Münchow, habe der Bischof dem Plane anfangs Entgegenkommen gezeigt. Aus Eitelkeit, und, wie wir hinzusetzen dürfen,
aus Furcht, bei dem neuen Souverän anzustoßen. Der Kardinal
Graf Philipp Ludwig von Sinzendorff, Bischof von Breslau und
Raab, verdankte alles, was er war, dem Einfluß seines Vaters,
des greisen österreichischen Hofkanzlers; es durfte ihn nicht überraschen, daß er dem Könige von Preußen anfänglich als Anhänger
des Wiener Hofes verdächtig war. Kurz vor der Mollwitzer Schlacht
war er verhaftet, bald aber wieder auf freien Fuß gesetzt und nur
einstweilen außer Landes geschickt worden. Gerade jetzt, zu Anfang
des neuen Jahres 1742, hatte er nach Breslau zurückkehren dürfen.
Wie empfänglich war er für die berechneten Huldbeweise des versöhnten Gebieters. Er stand bereits unter dem Zauber; ein kleines
Geschenk, und wenn es nur ein Paar Fasanen waren, vermochte
ihn auf das tiefste zu rühren: „Seine Eminenz," berichtete Münchow
dem Könige, „haben wie Petrus bitterlich geweint."

Während Cocceji und Sinzendorff über den jetzt auch vom
Könige gebilligten Plan miteinander berieten, wurde der Breslauer Friede geschlossen. Im sechsten Artikel verpflichtete sich der
nunmehrige Besitzer von Schlesien, die katholische Religion in dem
bestehenden Zustande zu erhalten; Maria Theresia hätte ihr Seelen-

heil gefährdet geglaubt, wäre sie von dieser Bedingung abgegangen. Coccejis kühnem Gedanken, die schlesische Kirchenverfassung in voraussetzungsloser Willkür zu ordnen, war der Boden entzogen.

Doch wurde die Verhandlung über das Generalvikariat noch fortgesetzt. Daß der Papst sich gegen den Plan nicht völlig ablehnend zeigte, wurde von dem preußischen Ministerium und vielleicht selbst von Sinzendorff schon als halbe Zustimmung gedeutet.

Eine ganz neue Lage fand der Bischof vor, als er im Winter auf 1743 einer Einladung des Königs nach Berlin folgte. Ein paar Wochen vor ihm war einer seiner Domherren eingetroffen, der sechsundzwanzigjährige Graf Schaffgotsch, Sprößling eines der reichsten und angesehensten Geschlechter Schlesiens, ein geistliches Weltkind von ansprechendem Äußeren, höfischen Formen und französischer Bildung, voll Witz und Laune, schlagfertig und rede- gewandt, eine joviale, lebenslustige, überschäumende Natur, wie geschaffen für die prickelnde Unterhaltung, die der König an seiner engeren Tafelrunde liebte. Bereits bei seinen Besuchen in Breslau hatte Friedrich den jungen Kanonikus in augenfälliger Weise aus- gezeichnet, was diesem seitens seiner geistlichen Oberen die Be- freiung von den über seinen leichtfertigen Wandel verhängten Zensuren eingetragen hatte; freilich Papst Benedikt XIV., der ihn seit dem Konklave von 1740 persönlich kannte, schalt in einem ver- traulichen Briefe an Sinzendorff den zu Gnaden wieder angenom- menen Sünder einen Jüngling, der, von der Gunst des Souveräns aufgeblasen, seinem Verderben über Hecken und Zäune entgegen- springe. Es kann keinem Zweifel unterliegen, daß Schaffgotsch es war, der jetzt seinen königlichen Gönner auf den Gedanken ge- bracht hat, dem Fürstbischof einen Koadjutor in seinem jüngsten Domherrn, in Schaffgotsch selbst, an die Seite zu stellen; denn schwerlich war der König mit den Einrichtungen der Episkopal- verfassung hinreichend bekannt, um von selbst diese vorgreifende Regelung der künftigen Nachfolge ins Auge zu fassen.

Die Zweckmäßigkeit der Maßnahme mußte ihm einleuchten. Sinzendorff sprach von einem Liebestrank, der dem Könige bei- gebracht worden sei; aber es hieße Friedrichs politischen Realismus sehr unterschätzen, wollte man annehmen, daß er sich lediglich für die schönen Augen des Grafen Schaffgotsch dem Plane geneigt gezeigt hätte. Gegen den Bischof hegte er Mißtrauen wohl nicht mehr, denn Sinzendorff hatte bereits wiederholt Proben seiner Gefügigkeit abgelegt; aber dem kränklichen gebrechlichen Manne durfte ein langes Leben nicht erhofft werden. Bei Hofe erschien er während dieses Winters nur in seinem Rollstuhl, da die Gicht ihm weder zu stehen noch zu gehen erlaubte; als gerade jetzt sein Weihbischof starb, hätte er gern, schon des äußeren Vorteils wegen,

die Verwaltung des Bistums allein fortgeführt, aber sein Gesund-
heitszustand nötige ihn, sich einen neuen Gehülfen zu nehmen.
Wenn sich Sinzendorff dazu den Grafen Almesloe erkor, einen
Mann, der nach dem Zeugnis eines anderen Domherrn die Karten
mehr liebte als das Brevier, so sieht man, daß innerhalb des Kapitels
die Auswahl nicht eben eine große war. Für den König jedenfalls
konnte nur Schaffgotsch in Erwägung kommen; die anderen Domherren waren ihm genugsam bekannt als Parteigänger des Wiener
Hofes, und gegen die Zulassung ausländischer Bewerber sprachen
wieder andere Rücksichten.

Kaum war Sinzendorff in Berlin auf die erste Spur von dem
geführt, was sich vorbereitete, so berichtete er voll Schrecken den,
wie er meinte, gegen ihn selbst gerichteten Plan nach Rom und
entwarf von Schaffgotsch, den er bisher dem Papst gegenüber stets
verteidigt und als der apostolischen Gewogenheit für vorkommende
Fälle würdig bezeichnet hatte, ein möglichst abschreckendes Bild.
Ja er brach die Rückzugsbrücken hinter sich ab, indem er den Papst
bat, etwaiges Lob, das sich in späteren Briefen finden möchte,
immer nur als eine dem Schreiber abgenötigte Äußerung zu betrachten. Wenigstens das eine tröstete den Bekümmerten beim Scheiden
aus Berlin, daß er während seines Aufenthaltes dem Könige einen
neuen Beweis seiner Ergebenheit hatte ablegen können: am 9. Februar 1743 unterzeichnete Sinzendorff unter Vorbehalt der päpstlichen Genehmigung den mit Cocceji vereinbarten Entwurf der
Instruktion für seine künftige Wirksamkeit als Generalvikar.

Die mühsam erzielte Vereinbarung fand die Bestätigung der
Kurie nicht. Sinzendorffs biblischer Mahnruf „Siehe jetzt ist die
angenehme Zeit" — ecce nunc tempus acceptabile — verhallte
ungehört. Schon längst hatte der Bischof sich in Rom durch seine
angelegentliche Befürwortung des Vikariats verdächtig gemacht,
er stand in dem Rufe, ein kleiner Papst werden zu wollen. Zwar
war das Wort „Ernennung" in der Berliner Vorlage mit Rücksicht
auf den Standpunkt der Kurie vermieden, der Generalvikar wurde
als vom Könige „ausersehen" bezeichnet, wo dann für eine päpstliche Ernennung des vom Staat gleichsam nur Vorgeschlagenen
Raum blieb. Aber welche Vorteile bot der römischen Kirche dieser
Plan? Er verbesserte die Verhältnisse der kleinen Diaspora in einigen
der älteren preußischen Provinzen, und verschlechterte in dem großen
geschlossenen Sprengel von Breslau den vorhandenen Zustand,
dem der Friedensschluß soeben unanfechtbare völkerrechtliche Sicherung verliehen hatte. Zudem wurde doch selbst in den Provinzen
Magdeburg, Halberstadt und Minden, die der Buchstabe des westfälischen Friedens der Gerichtsbarkeit der römischen Kirche ganz entzog, der katholischen Bevölkerung tatsächlich nicht verwehrt, in

inneren kirchlichen Angelegenheiten die benachbarten Bischöfe von Paderborn und Hildesheim und andere geistliche Richter anzurufen. Es konnte nicht anders sein, als daß die Antworten aus Rom ausweichend und immer ausweichender ausfielen.

Lebhaft erregt über die seinem Lieblingsplan erwachsenden Schwierigkeiten, setzte Cocceji einen scharfen Erlaß an Sinzendorff auf, worin die päpstliche Zustimmung zu dem Vikariat binnen zwei Monaten gefordert und entgegengesetztenfalls mit unnachsichtlicher Anwendung der Grundsätze des westfälischen Friedens gedroht wurde. Auch erzielte der Minister die königliche Unterschrift für dieses streitbare Ultimatum. Wenige Tage darauf aber, am 23. Juni 1743, verfügte der König in einem Kabinettsschreiben an den Bischof, daß die Verhandlungen wegen des Vikariats erst nach Erledigung der Koadjutorfrage weitergeführt werden sollten.

Es war eine schroffe Verleugnung Coccejis und die vorläufige Absage an die von ihm begonnene kirchenpolitische Gesetzgebungsarbeit. Der Minister hatte eine durchgreifende Auseinandersetzung zwischen Kirche und Staat geplant und behielt noch immer, obgleich er Schritt für Schritt hatte zurückweichen müssen, eine grundsätzliche und andauernde Regelung des gegenseitigen Verhältnisses im Auge. Die doktrinäre Politik löste jetzt eine andere ab, deren höchstes Gesetz Rücksicht auf das Nächstliegende, augenblickliche Zweckmäßigkeit war. Der König war zufrieden, wenn er sich von Fall zu Fall und von Wahl zu Wahl, wenn er sich von Bischof zu Bischof weiterhalf, er suchte für die Sicherheit der Zukunft lediglich persönliche Bürgschaften, er setzte sein ganzes Spiel auf e i n e Karte. Er hatte für die verwickelte Vikariatsangelegenheit weder das volle Verständnis, noch auch nur lebhaftere Teilnahme gezeigt, für die Koadjutorwahl des jungen Grafen trat er mit dem stärksten persönlichen Nachdruck ein. Von nun an war er der alleinige Träger seiner schlesischen Kirchenpolitik. „Ich werde die Sache selbst zu Ende bringen" — je finirai l'affaire moi-même — dieser Randbescheid auf ein zur Vorsicht mahnendes Gutachten der Minister war das Motto der neubegonnenen Ära. Demnächst ward die Bearbeitung der geistlichen Angelegenheiten Schlesiens von Cocceji auf Arnim übertragen — es war die Zeit, wo der König überhaupt Arnim gegen jenen bevorzugte. „Cocceji ist ein Pedant," äußerte er wegwerfend gegen Schaffgotsch. Kaum besser fuhren die Kabinettsminister Podewils und Borcke mit ihren Vorschlägen für möglichst glimpfliche Behandlung der heiklen Koadjutorfrage: „Messieurs, ich werde Schaffgotsch zum Koadjutor machen ohne all Ihre umsichtigen Ratschläge."

Die Taktik, das Vikariat bis zur Erledigung der Koadjutorfrage ruhen zu lassen, um nicht der Kurie mit allzuvielem auf einmal

zu kommen, hatte kein anderer an die Hand gegeben, als Sinzen=
dorff. Der hatte sich sehr schnell, trotz seines anfänglichen Ent=
setzens, dazu bequemt, von seinem Widerstand gegen die Bewerbung
des Grafen Schaffgotsch zu lassen. Münchow hatte den Vermittler
gemacht und einen förmlichen Pakt mit dem Kardinal geschlossen.
Die Zusage königlichen Schutzes gegen alle Übergriffe des künftigen
Koadjutors, die Aussicht auf Erhöhung der bischöflichen Einkünfte,
die Anwartschaft auf eine schlesische Malteserkomturei für Sinzen=
dorffs Mignon — so bezeichnet Münchow den jungen Kammerherrn
von Falkenhayn — endlich der schwarze Adlerorden für den Kar=
dinal selbst, das waren die Gewinste, für die der schwache und eitle
Prälat seine Seele verkaufte. Erleichtert schlägt er nun in seinen
Briefen an den König den alten artig=schmiegsamen Tändelton
wieder an. Die Legende des Grafen Schaffgotsch sei wenig erbau=
lich, aber man dürfe ihn noch nicht ganz verloren geben. „Seitdem
er mir erlaubt, sein Erzieher zu sein, haben wir die Ringellocken
aus seiner Frisur beseitigt, haben ihm eine Tonsur machen lassen,
die ihm wundervoll steht, und er hat sich über den Gedanken an die
störende Verlegenheit, in die sie ihn bei gewissen Anlässen bringen
könnte, hochherzig hinweggesetzt." Für sich erbittet der Kardinal ein
zur Mitteilung nach Rom geeignetes königliches Handschreiben.
Er schreibt an sich selbst, denn er legt das Konzept zu diesem Briefe
dem Könige fertig vor; er nimmt sich, so schmeichelt er fein, diese
Freiheit gegen einen Fürsten heraus, „der in der Kunst zu schreiben
der geschickteste Meister ist, den aber die Verschiedenheit der Er=
ziehung und der Religion nicht völlig in unsere kirchlichen Stoffe
hat eindringen lassen". Der König zollt der kleinen Kriegslist seinen
Beifall, das Handschreiben an den Kardinal Sinzendorff mit den
Gründen, die den Papst zur Erteilung des Altersdispenses an den
noch vor der kanonischen Schwelle des dreißigsten Jahres stehenden
Kandidaten und zu einer besseren Meinung von Schaffgotsch be=
stimmen soll, wandert nach Rom, und der Papst antwortet dem
Einsender, der König spreche mit der Sachkunde eines Kardinals,
der viele Jahre den Sitzungen des Konsistoriums beigewohnt habe.

Hat sich Sinzendorff bei so viel Beflissenheit, die er gegen den
König zur Schau trug, darauf verlassen, daß in Rom seine Für=
sprache für den übel berufenen Kandidaten doch wirkungslos bleiben
müsse? Daß der Papst, jener früheren Bitte eingedenk, alle Leu=
mundszeugnisse und Ehrenerklärungen jetzt für beeinflußt und un=
aufrichtig halten werde? Die Stetigkeit, mit welcher der Kardinal
seine Bemühungen fortsetzte, scheint den Verdacht, daß es ihm
damit nicht ernst gewesen sei, doch auszuschließen. Die neulichen
Anklagen gegen Schaffgotsch nahm er als vom Zorn ihm eingegeben
zurück, er habe eitle Schwätzereien nicht mit reifer Überlegung

geprüft, Schaffgotsch sei nicht der Teufel, als den er selbst ihn, durch
des Domherrn erbitterte Feinde getäuscht, dargestellt habe. Sogar
auf seinen Beichtvater berief er sich, der ihm diesen Widerruf auferlege. Dann wieder drohte er mit der unberechenbaren Leidenschaftlichkeit des Königs von Preußen: „Wir haben mit einem
mächtigen, jungen und hitzigen Fürsten zu tun, der an keinen Widerstand gewöhnt, der fähig ist, jeden Augenblick strenge Maßregeln
zu ergreifen, der, obgleich mit großem Verstand und Scharfsinn
begabt, sich doch nicht immer des Mißtrauens, das man ihm bei-
bringt, zu erwehren weiß." Papst und Kardinäle, in dieser Weise
bestürmt, waren nicht zweifelhaft, daß sie Sinzendorffs Vermitt-
lungseifer als ungekünstelt zu betrachten hatten. Sie unterschrieben
die Charakteristik, die der Erzbischof von Mainz damals von seinem
Breslauer Mitbruder gab: „Ein sehr eitler, für seinen Herrscher
allzu eingenommener Mann, unbeständigen Sinnes, voll der kühnsten
und sonderbarsten Entwürfe, mit mehr Geist als Verstand und
Klugheit begabt." Vor Gericht, so schrieb ihm der Papst in einem
seiner feinen, leicht ironischen Briefe, müsse man sich zwischen
widersprechenden Aussagen an die halten, welche in voller Freiheit,
ohne jemandes Verlangen, nach Pflicht und Gewissen, abgegeben
sei. Benedikt XIV. blieb also unbeweglich, und doch bedurfte es
für das Breslauer Kapitel zur Vornahme der Wahl nicht bloß jenes
päpstlichen Altersnachlasses, sondern noch eines weiteren Breves
mit der Erlaubnis, schon bei Lebzeiten des Bischofs zur Wahl des
Nachfolgers zu schreiten.

Der König war entschlossen, das Domkapitel zur Wahl schlimmsten-
falls zu zwingen. Er werde die Entscheidung des Papstes mit um
so größerer Ruhe abwarten, schrieb er an Sinzendorff, als er sehr
wohl wisse, daß dieselben Grenadiere, die aus einem Kurfürsten
von Brandenburg einen souveränen Herzog von Schlesien gemacht,
auch imstande sein würden, einen ihm genehmen Koadjutor von
Breslau aus der Wahl hervorgehen zu lassen. Gewissermaßen die
Probe für die bevorstehende Koadjutorwahl wurde im Juli 1743
bei der Neuwahl des Abtes in dem reichen Augustiner-Chorherren-
stift auf dem Sande zu Breslau angestellt, wo eine Mitwirkung
des Papstes nicht erforderlich war. Auch hier trat Schaffgotsch
als Bewerber auf, warm unterstützt von dem Fürstbischof, der im
eigensten Interesse dem ihm zugedachten Koadjutor eine reichliche
Ausstattung zuzuwenden wünschte. Die Augustiner sträubten sich,
aber man konnte ihnen das Herkommen entgegenhalten; denn stets
war unter österreichischer Herrschaft bei der Besetzung geistlicher
Pfründen eine landesherrliche Empfehlung, wie sie jetzt dem Grafen
Schaffgotsch zur Seite stand, von den Wahlkörpern berücksichtigt
worden, das freie Wahlrecht war seit Jahrhunderten außer Übung

gekommen. Und so lag in der Tat keine Abweichung von dem kirchlichen Status quo vor, wenn jetzt Münchow mit manch kräftigem Wörtlein schließlich eine unfreiwillige Mehrheit für den vorgeschlagenen Abt zusammenbrachte. Zwei Tage nach dieser Wahl auf dem Sande beschied der König, soeben vom Manöverfelde in Breslau eingetroffen, das Domkapitel vor sich und entfesselte die „tübeste Beredsamkeit", die zur Verfügung zu haben er sich gerühmt hat. Er empfahl den Domherren, sich die Augustiner zum Vorbild zu nehmen. Er zieh sie des Hochverrats; daß sie anfänglich ihm nicht hätten schwören wollen, möge auf sich beruhen bleiben, aber nachdem sie ihm den Treueid geleistet, dürften sie sich nicht in heimlichen Briefwechsel mit dem Wiener Hofe einlassen. Er warne sie, er erfahre alles, und die Festungen seien der einzusperrenden Leute wegen da. „Wenn ich euch alle auf einmal weggejagt hätte, würde kein Hahn danach gekräht haben." Dann verließ er das Zimmer mit den Gebärden heftigsten Unwillens.

Eben jetzt kamen die Zeiten, da sich Friedrich mit dem Gedanken an ein bewaffnetes Eintreten für den landflüchtigen wittelsbachischen Kaiser vertraut zu machen begann. Angesichts neuer kriegerischer Verwicklungen mußte ihm doppelt daran liegen, die Nachfolge im Bistum Breslau für alle Fälle geregelt zu haben. „Entweder Sie werden Koadjutor," schrieb er an Schaffgotsch, „oder man soll sagen, daß ich nicht Herr im Hause bin." Die Breslauer Domherren ließ er durch den Bischof warnen: „Ich hoffe, daß man mir keinen Lärm wegen der Koadjutorei machen wird, sonst werde ich nichts unversucht lassen von der Zeder bis zum Ysop, denn ich will unbedingt, daß es geschehe, und sagt nur Euren Domherren, wenn sie sich nicht bequemen, die Sache gutwillig zu tun, so würde ich sie in Löcher stecken lassen, aus denen sie ihr Lebtag nicht herauskommen sollen." In einem anderen Briefe an Sinzendorff wird die nur zu ernst gemeinte Drohung durch einen Scherz im Stile des starkgeistigen Jahrhunderts abgeschwächt: „Der Heilige Geist und ich haben miteinander beschlossen, daß der Prälat Schaffgotsch zum Koadjutor von Breslau erwählt werden soll, und diejenigen Ihrer Domherren, die sich widersetzen werden, sollen als dem Wiener Hofe und dem Teufel verschriebene Seelen betrachtet werden, die als Widersacher des Heiligen Geistes die höchste Stufe der Verdammnis verdienen." Der weltkluge Kirchenfürst ging auf den heidnischen Ton ein; er antwortete: „Das große Einvernehmen zwischen dem Heiligen Geist und Eurer Majestät ist etwas vollständig Neues für mich, ich wußte noch nicht einmal, daß die Bekanntschaft angeknüpft sei; ich möchte, daß er dem Papst und den Domherren die unseren Wünschen entsprechenden Erleuchtungen sendete."

Der König wollte nichts dagegen haben, daß ein päpstlicher

Nuntius nach Breslau komme, den Wandel des jungen Grafen zu untersuchen; aber die Wahl sollte deshalb keinen Aufschub erleiden.

Seit Anfang Dezember 1743 war der Termin festgesetzt: Mitte März, der Zeitpunkt der nächsten Anwesenheit des Königs in Breslau. Die Verlegenheit, die Angst des Fürstbischofs wuchs von Woche zu Woche. Von den Mitgliedern des Domkapitels um eine Rechtsbelehrung angegangen, konnte er nicht umhin, ihnen zu erklären, daß nach den kanonischen Bestimmungen für die Vornahme der Wahl die päpstliche Erlaubnis erforderlich sei. Aber indem er dieses Gutachten ausstellte, hatte der Vielgewandte schon vorgebaut. Er wies den König auf einen Ausweg hin: er möge sich nach dem Vorgange des Königs von Frankreich und anderer katholischer Herrscher von dem Papst ein Nominationsrecht für das Breslauer Bistum und die schlesischen Abteien zusprechen lassen; die Kurie werde kaum ein Bedenken haben, diese Gunst zu gewähren, da ihr Bestätigungsrecht in einem wie dem anderen Falle, bei der königlichen Nomination wie bei der stiftischen Wahl, das gleiche sei. Graf Münchow unterstützte den Vorschlag des Kardinals und nahm sogar das Verdienst der geistigen Urheberschaft für sich in Anspruch. Schaffgotsch aber, der am nächsten Beteiligte, erkannte sofort, daß es dem Bischof nur darauf ankomme, Zeit zu gewinnen. Er parierte den Stoß, indem er aus Sinzendorffs Vorschlag das herausgriff, was für ihn selbst vorteilhaft war, das wegließ, was ihn geschädigt haben würde: er riet dem König, allerdings zur Nomination zu schreiten, die Zustimmung aus Rom aber nicht vorher einzuholen, sondern die Kurie vor die fertige Tatsache zu stellen: „Wenn wir anfangen, mit der römischen Kurie in Unterhandlungen zu treten, so wird sie sehr froh sein und diese Angelegenheit zwei oder drei Jahre hinziehen; aber wenn wir ihnen die Zähne zeigen, wird sie sich sicherlich endlich ergeben."

Nach einigem Zögern ging der König auf den Rat seines ehrgeizigen und zuversichtlichen Schützlings ein. Am 16. März 1744, tags nach Friedrichs Ankunft in Breslau, versammelte Münchow das Domkapitel und verkündete die Ernennung des Grafen Schaffgotsch zum Koadjutor und seine Erhebung in den Fürstenstand, sowie den Entschluß des Königs, in Zukunft nicht bloß das Bistum, sondern alle geistlichen Pfründen und Benefizien durch Nomination zu besetzen. Die Verwahrung, zu der das Kapitel sich ermannte, weigerte sich der Minister zur königlichen Kenntnis zu bringen. So zog denn auch der König, als sei kein Einspruch erfolgt, die Domherren zwei Tage später, dem neuen Koadjutor zu Ehren, an seine Tafel, und sie wagten nicht fernzubleiben. Doch salvierten die Überzeugungstreuesten ihr Gewissen, indem sie die auf Schaffgotsch ausgebrachte Gesundheit nicht mittranken — ein Heldenmut, der einem diefer Märtyrer eine fcharfe Zurechtweifung aus dem Munde des Herrfchers zuzog.

In Rom wurde die Nomination als nicht gefchehen betrachtet. Preußens katholifche Verbündete, deren Vermittlung man anrief, der wittelsbachifche Kaifer und Frankreich, begnügten fich mit einigen fchwächlichen Vorftellungen, und Friedrich antwortete dem franzöfifchen Kardinal Tencin, der Papft möge fich nicht durch die Breslauer Pfaffenfchaft, die törichtfte in ganz Europa, mißbrauchen laffen; fein Bifchof fei jung gewefen, aber aus einem Saulus ein Paulus geworden.

Am unbehaglichften fühlte fich der Fürftbifchof, nach oben wie nach unten, von Rom her mit Vorwürfen überhäuft und der feiner Führung anvertrauten Geiftlichkeit völlig entfremdet. Gern hätte er feinen Sitz mit einem andern vertaufcht. Als 1744 das Erzftift Salzburg erledigt wurde, bat er, dem in feinem eigenen Sprengel körperlichen Gebreftes halber ein Koadjutor gefetzt war, um das päpftliche Breve der Wahlfähigkeit, ohne welches er fich um eine neue Würde nicht bewerben konnte. Aber der Pontifex bezeichnete fchalkhaft diefe Bitte als geeigneter an den heiligen Petrus, denn an deffen Nachfolger gerichtet zu werden, weil Petri Schatten die Kraft, Gliederlahme und Hinkende zu heilen, als eine perfönliche Eigenfchaft befeffen, nicht vererbt habe.

Noch drei Jahre hat der Schmerzensmann feiner Gicht und feinen Kümmerniffen ftandhalten müffen. Als Sinzendorff am Morgen des 28. September 1747 geftorben war, ließ König Friedrich den bisherigen Koadjutor in die weltliche Verwaltung des Bistums einführen. Zugleich aber fetzte er jetzt alles in Bewegung, um die Zuftimmung der Kurie nachträglich zu gewinnen. In Rom beftürmten in feinem Auftrage den Papft und die Kardinäle zwei ortskundige Italiener, der kurpfälzifche Vertreter Coltrolini und, durch ein bewegliches Bittfchreiben von Schaffgotfch felbft eingeführt, der verfchlagene Abbé Baftiani; in Wien und Dresden wirkten die preußifchen Gefandten auf die Nuntien ein, und über Verfailles wurden durch den Kardinal Tencin verbindliche Artigkeiten zu den Ohren des Papftes gebracht. Entfcheidend war wohl für diefen, daß ihn jetzt felbft die bitterften Gegner, die Schaffgotfch im Domkapitel hatte, befchworen, dem einmal gegebenen Zuftande feine Weihe zu verleihen und damit fchlimmere Gefahren abzuwenden. So wurden eine Anzahl Eideshelfer zufammengebracht, die mit ihren Entlaftungszeugniffen für Schaffgotfch, ihrem falbungsvollen Preife feiner Wandelung und Läuterung, der Kurie den Rückzug decken mußten. Unbefangene Zufchauer freilich haben an diefe Bekehrungsgefchichte nicht glauben wollen; noch acht Jahre fpäter bezeugt der Gefandte einer katholifchen Macht, daß der Bifchof von Breslau

seine Gottlosigkeit und Sittenlosigkeit bis zu einem schreckenerregen=
den Grade treibe und nicht einmal in seinem äußerlichen Verhalten
und in seinen Reden den Anstand wahre.

Die Anerkennung des so lange in Rom verworfenen Anwärters
erfolgte am 5. März 1748 in der Form, daß eine päpstliche Bulle
Schaffgotsch als Bischof von Breslau präkonisierte, ohne der voran=
gegangenen königlichen Nomination zu gedenken.

Auch die Frage der Appellationen fand jetzt endlich ihre Er=
ledigung. Der unermüdliche Cocceji suchte seinen Vikariatsplan
noch einmal hervor, aber ein nachdrückliches Gutachten des Grafen
Münchow bestimmte den König zu „temporisieren"; der Plan blieb
begraben. Doch geschah dem berechtigten Wunsche, die geistlichen
Prozesse nicht außer Landes gezogen zu sehen, durch das Entgegen=
kommen der Kurie in anderer Weise Genüge. Man kam für Schlesien
im Herbst 1748 überein, daß der jedesmalige Nuntius am polnischen
Hofe die Berufungen gegen Urteile des bischöflichen Konsistoriums
zwar entgegennehmen, Prüfung und Entscheidung aber den vom
Bischofe ein für allemal zu diesem Behuf zu bestellenden Synodal=
richtern überweisen sollte.

Weitere Wünsche, die König Friedrich dem Papste vortragen
ließ, bezogen sich auf die Lostrennung der Grafschaft Glatz von der
Prager Kirchenprovinz und die Anerkennung jenes 1744 allen
schlesischen Benefizien gegenüber in Anspruch genommenen könig=
lichen Nominationsrechtes. Hier aber blieb die Kurie unerschütter=
lich und wollte auch das Beispiel von Minorca, wo seit dem Ut=
rechter Frieden ein protestantischer Landesherr, der König von
England, das Nominationsrecht übte, nicht gelten lassen. In einer
Audienz, in der er gegen seine Gewohnheit eine strenge, finstere
Miene zeigte, legte Benedikt XIV. dem Abbé Bastiani mit lebhafter
Betonung seinen grundsätzlichen Standpunkt dar: die Kirche könne
denen, die nicht ihre Glieder seien, keine Gnaden gewähren, und
seien nicht die katholischen Fürsten erteilten Indulte wegen des
Nominationsrechts die größten Gnaden, über die der heilige Stuhl
zu verfügen habe? „Was würde Deutschland, was würde ganz
Europa sagen!" rief der Papst erregt aus. Der König überzeugte
sich, daß die Verhandlung über diesen Gegenstand völlig aussichts=
los sei. Er entschied sich für eine Politik der freien Hand. Ohne die
Ankündigung von 1744 förmlich zurückzuziehen, ließ er doch in der
Praxis seinen Anspruch einstweilen ruhen. Und für Glatz beschloß
er, wie er dem Oberpräsidenten im Vertrauen mitteilte, „die Stelle
eines Bischofs von Glatz gelegentlich selbst zu vertreten".

Dem glücklich hergestellten Einvernehmen zwischen Staat und
Kirche taten diese und die sonst unerledigt gebliebenen Fragen keinen
Eintrag. Man weiß, mit welcher Peinlichkeit der preußische König,

dem sechsten Artikel des Breslauer Friedens treu, der katholischen
Kirche in Schlesien und jeder einzelnen katholischen Pfarre den
weltlichen Besitzstand an Gebäuden, Liegenschaften und nutzbaren
Rechten gewahrt hat. Es blieben den Katholiken die Gotteshäuser,
die sie ehedem den Evangelischen abgenommen hatten, und tatsächlich befanden sich in vier Fünfteilen des zur größeren Hälfte
protestantischen Landes die Pfarrkirchen in den Händen Roms;
gab es doch schlesische Kirchspiele, in denen der Pfarrer und der
Sakristan die einzigen katholischen Mitglieder waren. Es blieb
in den Parochien, wo diese Besitznahme stattgefunden hatte, auf
sämtlichen Gemeindegliedern ohne Unterschied des Bekenntnisses
auch fernerhin die Verpflichtung haften, bei Taufen, Trauungen
und Begräbnissen die Stolgebühren an den katholischen Pfarrer
zu entrichten; genug, daß dieser in solchem Falle die Andersgläubigen
nicht hindern durfte, die kirchliche Handlung, für die er die Taxen
nahm, durch einen Fremden, durch einen Geistlichen ihres Bekenntnisses vollziehen zu lassen. Den evangelischen Schlesiern war es
unverständlich, daß ihr neuer Landesherr, der ihres Glaubens war,
sie in diesem gedrückten, unwürdigen, der Gleichberechtigung entbehrenden Verhältnis beließ. Auch hätte wohl in der Tat der
Buchstabe des Friedensvertrages, da er den katholischen Besitzstand ausdrücklich nur so weit, als der vollen Gewissensfreiheit
der protestantischen Religion kein Abbruch geschehe, anerkannte,
eine vollständigere Emanzipation der Protestanten gerechtfertigt.
Und so konnte schließlich das Gerücht aufkommen und sich mit einer
gewissen Hartnäckigkeit behaupten, der König von Preußen beab-
sichtige seinen Übertritt zum katholischen Glauben zu bewerkstelligen.
Als nun Friedrich gar bei dem Fürstbischof von Breslau es anregte,
in Berlin die dürftige Kapelle der kleinen katholischen Gemeinde
durch eine würdigere zu ersetzen, als sich zu Ehren der Schutzpatronin
Schlesiens in dem schönsten Stadtteile, den profanen Prachtbauten
des neuen Opernhauses und des Arsenals benachbart, das stattliche
Rund der Hedwigskirche erhob, und als der König das fromme
Werk durch eine reiche Geldspende förderte, da erscholl sein Lob
durch die ganze katholische Welt. Im Konsistorium der Kardinäle
pries Benedikt den Fürsten, der das Wohlwollen seines Hauses gegen
die Katholiken als Erbschaft überkommen habe, und als 1748 der
Nuntius Archinto nach Breslau kam, ließ er sich vernehmen, daß
der Papst den König von Preußen als einen wahren Beschützer der
katholischen Kirche betrachte. Es ging die Rede, wer in Rom etwas
erreichen wolle, müsse sich an den König von Preußen wenden. Der
Hofkanzler Maria Theresias sprach zu den preußischen Gesandten
in übellauniger Ironie von dem außerordentlichen Phänomen, den
Agenten eines protestantischen Fürsten an dem Hofe des heiligen

Vaters erscheinen zu sehen, und der Papst selber scherzte, in Wien schelte man ihn einen Preußen. Nicht unbemerkt blieb, daß er im Gespräch und in Briefen an dritte keinen Anstand nahm, Friedrich den doch von der Kurie nicht anerkannten Königstitel beizulegen. Indem Algarotti seinem königlichen Gönner ein ihm zugänglich gewordenes päpstliches Schreiben über den Berliner Kirchenbau mitteilte, bemerkte er, nie um eine zierliche Schmeichelei verlegen, die dort zum Ausdruck gelangende Bewunderung teile der Papst mit Gläubigen und Ungläubigen, und in diesem Punkte habe er einen Angriff auf seine Unfehlbarkeit jedenfalls nicht zu gewärtigen. Halb und halb zählte man ja im Lager der Aufklärung den milden und weitherzigen, geistreichen und gelehrten Hohenpriester zu den Einverstandenen, ihn, der zu Paris als Kardinal die Stätten, da die Spötter sitzen, nicht ängstlich gemieden hatte, der sich von Voltaire die Widmung des Mahomet gefallen ließ und sich mit feinem Scherz in einem schmeichelhaften Brieflein bei dem Dichter bedankte, und der bei aller Reinheit des Wandels kein Arges dabei fand, in angeregtem Gespräch auf den lockeren Ton irgend eines mehr schönen als sauberen Geistes einzugehen.

Der König von Preußen blieb dem Manne, der die verbindlichsten Dinge in der anmutigsten Form zu sagen verstand, nichts schuldig. An den Kardinal Tencin, von dem er wußte, daß er dem mit der Tiara geschmückten Freunde solche Hymnen nicht vorenthielt, schreibt er einmal, es fehle dem Papste an seinem Ruhme nur das eine, in einem Jahrhundert von minder vorgeschrittener Kultur geboren zu sein, dann würde er der Hersteller der Wissenschaften wie Leo X. geworden sein. Als Bastiani einige Zeit darauf eine Audienz hatte, nahm Benedikt Veranlassung, diesen Brief zu erwähnen, und jener bemerkte, wie befriedigt dabei sein Auge leuchtete. Wohl hat Friedrich an manchem fürstlichen Haupt, dem er Lobsprüche ins Gesicht sagte, im stillen um so unbarmherziger seinen Witz geübt. Nicht so an diesem gekrönten Priester; denn in seiner übermütigsten Dichtung, die der königliche Verfasser jedem unberufenen Auge streng vorenthielt, im „Palladion" ist ihm Benedikt

> Der Kirchenfürst und große Mann, des Geist
> Sich schön sowohl, wie stark und frei erweist,
> Antikem Vorbild treu mit ganzer Seele,
> Pfaff ohne Falsch und Herrscher ohne Fehle;
> Verdienten Weihrauch erntet er bei allen,
> Am Musenquell wie in den Kirchenhallen.

Minder gut als einem Benedikt ist es dem jungen Fürstbischof von Breslau gelungen, zugleich den Kindern der Welt und den Frommen zu gefallen, wie es dieser schlaue Prälat nach seiner Be=

kehrung noch eine Weile versucht hat. Schon im ersten Sommer, nachdem Schaffgotsch seinen Frieden mit Rom geschlossen, entnahm der König aus mehr als einem Anzeichen, daß der Bischof „ganz kaltsinnig" gegen ihn zu werden beginne, und dem Minister Massow eröffnete er 1753 beim Amtsantritte: „Ich rate Ihnen nicht, dem Bischof zu trauen, denn obgleich er große Verpflichtungen gegen mich hat, habe ich allen Grund, ihn für einen doppelzüngigen Verräter zu halten." Doch ist Friedrich in seinem Bestreben, den kirchlichen Frieden aufrecht zu halten, so weit gegangen, daß er eben diesen Massow, der es bei einer ihm übertragenen Prüfung der Wirtschaft auf den geistlichen Gütern sehr genau nahm, gegen die Klagen des Bischofs ohne Rückhalt ließ und dadurch zu einem Entlassungsgesuch trieb.

In der Instruktion für Massow von 1753 und in dem das Jahr zuvor entstandenen Testamente hat der König die Summe der bisherigen Erfahrungen seiner schlesischen Kirchenpolitik gezogen. Alles in allem glaubt er auf die Katholiken nicht stark rechnen zu dürfen; doch gebe es Ausnahmen. Durchaus unterscheiden will er die Pfarrer und die Mönche. Der Pfarrer sei ruhig, friedfertig und kümmere sich ganz und gar nicht um Österreich; alles was Mönch heiße, habe noch eine geheime Anhänglichkeit an den Wiener Hof. Besonders gelten ihm die Jesuiten als Fanatiker für das Haus Österreich: „unter allen Mönchen die gefährlichste Art". Sie zu bekämpfen und Altar gegen Altar zu stellen, habe er zur Erziehung der adeligen Jugend Schlesiens gelehrte Jesuiten aus Frankreich kommen lassen. „Ich bin neutral zwischen Rom und Genf. Will Rom gegen Genf sich Übergriffe erlauben, so bekommt es ihm schlecht; will Genf Rom vergewaltigen, so wird Genf in die Kosten verurteilt. So vermag ich, allen Parteien Mäßigung predigend, den Religionshaß zu mindern; ich versuche sie zu einigen, indem ich ihnen vorstelle, daß sie alle Mitbürger sind, und daß man einen Menschen, der ein rotes Kleid trägt, ganz ebenso lieben kann, wie den, der sich grau kleidet. Ich versuche gute Freundschaft zu halten mit dem Papst, um dadurch die Katholiken zu gewinnen und es ihnen begreiflich zu machen, daß die Politik der Fürsten dieselbe bleibt, wenn die Religion, deren Namen sie tragen, eine verschiedene ist. Indessen rate ich meinen Nachkommen, dem katholischen Klerus nicht zu trauen, bevor er nicht authentische Beweise seiner Treue gegeben hat."

―――――

Anderer Art waren die Schwierigkeiten, welche die preußische Verwaltung in der zweiten der neuen Provinzen zu überwinden hatte. Konfessionelle Gegensätze kannte man in Ostfriesland nicht.

Lutheraner und Reformierte, vor Zeiten auch hier die erbittertsten
Gegner, lebten jetzt friedlich bei einander; die Zahl der Katholiken
aber war verschwindend klein in diesem Lande, das sich rühmte,
allen andern deutschen Gebieten mit der Annahme der neuen Lehre
vorangeeilt zu sein. Als nach der preußischen Besitzergreifung das
Häuflein Katholiken zu Weener sich freie Religionsübung erbat,
beschied König Friedrich ihr Gesuch ohne weiteres zustimmend.
Die einheimischen Behörden aber beriefen sich auf die Landesgesetze,
nach denen nur den Anhängern des Augsburgischen Bekenntnisses
der öffentliche Gottesdienst gestattet sei: auch müsse es die protestan=
tische Bevölkerung schmerzlich verletzen, die Katholiken sogar be=
günstigt zu sehen, während in dem benachbarten Münsterlande über
die Evangelischen harte Verfolgung ergehe. Darauf erklärte der
König, den „Landesverfassungen und Konkordaten" nicht zuwider
handeln zu wollen, und zog seine Genehmigung zurück.

Man mag überrascht sein, denselben Herrscher, der in Schlesien
die Verfassung bis auf die letzte Erinnerung vertilgte, hier einem
verfassungsmäßigen Bedenken den ersten, aus innerster Überzeugung
geschöpften Grundsatz seiner Kirchenpolitik, die Duldung in Glaubens=
sachen, opfern zu sehen. Aber während das souveräne Herzogtum
Schlesien in Berlin staatsrechtlich als eine durch die Entscheidung
der Waffen und somit bedingungslos gewonnene Provinz betrachtet
wurde, hatte man in dem durch kaiserliche Übertragung erworbenen
Reichslehen Ostfriesland auch die Erbschaft der bestehenden staats=
rechtlichen Einschränkungen in den Kauf nehmen müssen. Und die
ostfriesische Landesverfassung war nicht verdorrt und in der Er=
innerung des lebenden Geschlechtes halb verschollen, wie die schle=
sische, sondern galt den Ständen des kleinen Landes als ihr köst=
lichster Schatz, für dessen Erhaltung kein Kampf zu teuer schien.

In der Tat, kaum ein anderes deutsches Territorium hat einen
gleich langwierigen, verwickelten und erbitterten Verfassungskampf
bestanden, wie dieses abgelegene Küstenland unter seinen letzten
einheimischen Herren. Wie so viele Fürsten im Reiche hatte auch
Georg Albrecht von Ostfriesland seine landesherrliche Gewalt auf
Kosten der ständischen Libertät auszudehnen und bestimmenden
Einfluß auf die Landesverwaltung zu gewinnen gestrebt. Dekrete
aus Wien, Machtsprüche Kaiser Karls VI., unterstützten seinen An=
spruch. Ein Teil der Stände erklärte, die kaiserlichen Entscheidungen
nur so weit annehmen zu können, als sie mit der Landesverfassung
übereinstimmten. Das Schlagwort ward ausgegeben, man wolle
eine akkordmäßige, nicht eine reichskonstitutionsmäßige Regierung.
Die Führung des Widerstandes übernahm Emden, „der Ort, wo
alle böse Ratschläge geschmiedet werden", wie des Fürsten Kanzler
Brenneysen, der leidenschaftliche, verbissene Träger der absoluti=

ftischen Tendenzen, sagte. Die Ritterschaft schloß sich den Embern
an; der Fürst hatte seinen Anhang unter dem dritten Stande, den
Vertretern der Landgemeinden, und in seiner Residenzstadt Aurich.
Die Parteinamen gehorsame und renitente Stände kamen auf;
doch bezeichneten sich die Aufständischen selbst lieber als die recht-
mäßigen oder alten Stände, „die Kinder des alten Bundes", was
wiederum die Gegner eine Blasphemie schalten. Es waren Zustände wie in Polen während eines Konföderationskrieges: Landtag und Gegenlandtag, ein doppeltes landschaftliches Admini-
strationskollegium, Truppenansammlungen hüben und drüben. Der
ostfriesische Verfassungsstreit wurde eine europäische Frage und
beschäftigte den Kongreß von Soissons. Aber die erbitterten Parteien
verschmähten die Vermittelung der Großmächte und ließen das
Schwert entscheiden. Ein volles Jahr wurde mit wechselndem Erfolg gekämpft, bis endlich, im Frühling von 1727, die fürstlichen
Truppen das ganze Land bis auf die Stadt Emden bewältigt hatten.
Nun verdroß es den Fürsten sehr, daß der Kaiser allgemeine Amnestie
verkündete und Ausgleichversuche anstellte. Die landesverderb-
liche Spaltung blieb bestehen. Über diesen Wirren starb 1734 Georg
Albrecht; dem jugendlichen Nachfolger, dem letzten Cirksena, ist im
Lande seiner Väter nicht gehuldigt worden, denn nur die Minderzahl der Stände wäre einer Ladung gefolgt. Gern hätte Karl
Edzard, als jetzt auch der starre Brenneysen starb, sich mit seinem
Volke versöhnt; schon aber weigerten ihm seine eigenen Anhänger,
die sich doch die gehorsamen Stände nannten, die Heerfolge; sie
glaubten ihrem Vorteile mehr gedient, wenn ihre Gegner, die
Renitenten, die man seit der kaiserlichen Amnestie glimpflicher die
gravaminierenden Stände hieß, vom Landtage und der Landesverwaltung ausgeschlossen blieben. Zuschauer aber dieses wüsten,
zähen, heillosen Haders waren die fremden Truppen, die nicht
weniger als vier europäische Mächte in dem kleinen Fürstentum
eingelagert hatten: zu Leer stand eine kaiserliche Salvaguardia,
längs der Ostgrenze im Reiderland eine Kompanie Dänen, die
Fürst Georg Albrecht während des Krieges aus dem benachbarten
Oldenburg zu Hilfe gerufen hatte, in Emden und Leerort hatten
die Generalstaaten als Bürgen der ostfriesischen Verfassung und
zugleich als Gläubiger des Landes wie des Fürstenhauses zwei
holländische Regimenter einquartiert, und gleichfalls in Emden
und auf Gretsyl lag ein Bataillon Preußen, das schon zu den Zeiten
des großen Kurfürsten anläßlich innerer Unruhen Aufnahme gefunden hatte.

So wirr sah es in dem Lande aus, in welchem am 26. Mai 1744,
tags nach dem Ableben des letzten Mannes aus dem Hause Gretsyl,
der Befehlshaber dieser preußischen Truppen, auf Grund der dem

brandenburgischen Hause vor fünfzig Jahren von Reichs wegen
erteilten Anwartschaft, für seinen König Besitz ergriff. Die Kinder
des Landes staunten, als sie die gedruckten Patente und die schwarzen
Adler plötzlich allerorten sich anheften sahen, aber Major von Kalk-
reuth hatte für diesen entscheidenden Morgen seine Vorkehrungen
seit Jahren fertig. Militärische Verstärkung aus Wesel war schnell
zur Stelle, die dänischen Truppen gingen schleunigst über die Grenze
zurück, die kaiserliche Salvaguardia wurde von Karl VII. auf preußisches Ersuchen bereitwillig abgedankt, und auch die Holländer
zogen nach einiger Zeit ab, als ihnen für ihre Vorschüsse Sicherheit
gegeben war. Der Kurfürst von Hannover, die Gräfin von Kaunitz-
Rittberg, der Graf von Wied-Runkel, die sämtlich Gegenansprüche
auf das erledigte Reichslehen oder einzelne Teile der Erbschaft erhoben, klagten beim Reichshofrat oder veröffentlichten wenigstens
dickleibige Streitschriften. Von Bedeutung aber war für den glücklichen Besitzer nur die eine Frage, wie es ihm gelingen werde, der
Schwierigkeiten im Innern Herr zu werden, den mehr als zwanzig-
jährigen Verfassungsstreit zu schlichten und die verfeindeten Friesen
miteinander zu versöhnen.

An geheimen Einverständnissen hatte es dem preußischen Hofe
in den vorangegangenen bewegten Zeiten nicht gefehlt. Seine
Partei im Lande waren, wie sich versteht, die renitenten Stände;
ihr Rechtskonsulent Homfeld war als Direktorialrat im nieder-
rheinisch-westfälischen Kreise zugleich preußischer Beamter. Ihm
verdankte der König den geheimen Vertrag, durch den die Stadt
Emden im März 1744 die preußische Erbfolge anerkannte und die
Besitzergreifung zu fördern sich verpflichtete. Auch einzelne Edelleute hatten sich dem Könige noch bei Lebzeiten Karl Edzards ver-
schrieben, selbst der einzige ritterschaftliche Beisitzer des neuständischen
Verwaltungskollegiums, Karl Philipp zu Inn- und Knyphausen,
der sich von seinen Standesgenossen getrennt hatte und zwischen
den Alten und Neuen eine mittlere Linie einzuhalten suchte.

Am 6. Juni traf als landesherrlicher Bevollmächtigter Samuel
von Cocceji zu Aurich ein. Unterwegs hatte er im Pyrmonter Bade
von dem Könige mündliche Weisungen entgegengenommen. Durch
Homfeld unterstützt, vermochte der Minister binnen wenigen Tagen
die Stände zur Beschickung eines allgemeinen Landtages, wie er
seit 1722 nicht beisammen gewesen war, zu bestimmen. Am 20. Juni
wurde die Tagfahrt eröffnet. Zu Beginn überbot man sich gegenseitig in Sanftmut und Selbstverleugnung und war zur Huldigung
bereit, obwohl nach Gewohnheitsrecht die Überreichung der Beschwerden und Wünsche voranzugehen hatte. Ritterschaft, Städte
und dritter Stand huldigten nach der gleichen Formel, der erste
Stand allerdings nicht ohne einen Vorbehalt seiner Gerechtsame

wegen der in den Eid eingerückten Gehorsamsklausel, denn vordem
hatte der Adel stets nur Treue geschworen. Auch darin war alles
einverstanden, daß jene wider die Landesverfassung streitenden
Dekrete Karls VI. der Vergessenheit anheimzugeben seien; in dieser
Nichtachtung eines kaiserlichen Machtspruches begegnete sich das
reichsfürstliche Selbstgefühl der neuen Herrschaft mit dem friesischen
Stammesstolze, denn auch die Gegner der Renitenten waren stets
nur aus Gehorsam gegen den Landesherrn, nicht aus Grundsatz,
für die Dekrete eingetreten.

Meinungsverschiedenheiten ergaben sich erst, als Cocceji für den
König einen höheren Jahresbeitrag aus der landschaftlichen Kasse,
als die den einheimischen Fürsten bewilligten 12 000 Taler, forderte,
und außerdem die alljährliche Stellung von 400 Rekruten. Es
wurde entgegnet, daß das Land ohnehin verliere, da die Domänen-
einkünfte in Zukunft, statt in Aurich für die Hofhaltung aufgewendet zu werden und also innerhalb der Landesgrenzen umzulaufen,
nach Berlin fließen würden; die Rekrutenlieferung aber sei durch die
alten Verträge verpönt. Cocceji kam hart mit der Versammlung
aneinander und drohte endlich schnurstracks abzureisen; sein König
werde dann schon ein paar Regimenter ins Land schicken, um die
Ostfriesen zur Rekrutenlieferung und Subsidienbewilligung facil zu
machen. Da legten sich die Abgeordneten von Emden in das Mittel,
und der Landtag bewilligte 24 000 Taler als jährliche Subsidien
und einen weiteren Jahresbeitrag von 16 000 Talern für die Befreiung von aller Werbung und Aushebung. Dann ward am 7. Juni
eine neue Verfassungsurkunde unterzeichnet, ein Vertrag, der unter
Erwähnung dieser Bewilligungen die alten Akkorde und Landes-
verträge als die „Grundvesten der ostfriesischen Regierung" anerkannte. Auch verpflichtete die Urkunde den König zur unweiger-
lichen Bestätigung aller durch die Mehrheit des Landtages gefaßten
Beschlüsse, sofern darin nichts wider die Verfassung und die ver-
fassungsmäßige Stellung des Landesfürsten enthalten sein werde,
und wies die Bewilligung, Erhebung und Verwaltung aller Landes-
einkünfte ausschließlich den Ständen und ihrem Verwaltungsaus-
schusse zu. Nicht einmal eine Kenntnisnahme, so wurde es ausdrücklich festgesetzt, sollte der Landesherr sich anmaßen, so wenig
in Kriegs- als in Friedenszeiten; nur die Domänenverwaltung
blieb ihm vorbehalten.

Dem absoluten König von Preußen widerstrebte die Annahme
eines Vergleiches, der ihm in der neuerworbenen Provinz jegliche
Beteiligung an der Gesetzgebung und Steuerverwaltung verbot.
Erst auf die vereinten Vorstellungen Coccejis und der Kabinettsminister gewann er es über sich, der Urkunde seine Ratifikation zu
erteilen.

Ihre besonderen Wünsche und Ansprüche hatte die Stadt Emden. Sie forderte, daß die in den Stürmen des Bürgerkrieges unter= gegangene ständische Streitmacht wiederhergestellt und in Emden eingelagert werde, in mindestens gleicher Stärke wie die preußische Besatzung. Zwischen der königlichen und ständischen Miliz wird, so hatten es die preislichen Stadtherren sich ausgedacht, kein Unter= schied des Ranges bestehen, um „Jalousie und Unfug zu vermeiden"; vielmehr werden beide dem Landesherrn, den Ständen und der Stadt schwören, beide werden gemeinsam die Wache beziehen, heute unter einem königlichen und morgen unter einem ständischen Kaptiän, der vorsitzende Bürgermeister wird die Parole ausgeben, jedem Ratsherrn stehen dieselben militärischen Ehrenbezeugungen zu, wie dem königlichen Kommandanten, und wenn der Magistrat vom Rathaus herunterkommt, „muß die ganze Hauptwacht mit dem Kapitän unter den Waffen so lange paradieren, bis sämtliche Ma= gistratspersonen vorübergegangen sind". Der schöne Plan ward in Berlin keiner Antwort gewürdigt.

Als im Herbst 1744 der Landtag die im Juli unterbrochenen Sitzungen wieder aufnahm, ließen die Stände ihrem Vorsatz, den Gerechtsamen des Landes nicht das kleinste Stück zu vergeben, gleich beim ersten Anlaß unzweideutigen Ausdruck. An Stelle Cocceijis erschien neben Homfeld als königlicher Bevollmächtigter diesmal der Kriegsrat Bügel, der als Kammerdirektor mit der Ver= waltung der ostfriesischen Domänengefälle betraut worden war. Gegen seine Person legten die Stände Verwahrung ein, da nach der Verfassung nur Eingeborene zu den Landtagsverhandlungen zu= gelassen werden dürften. Nach anfänglicher Weigerung gab der König nach und ersetzte den Beanstandeten durch einen Friesen.

Das große Wort auf dem Landtage führten jetzt die Renitenten von ehedem, welche die preußische Besitzergreifung begünstigt hatten, um sich wieder in die Höhe zu ringen, aber nach wie vor die eifrige und eifersüchtige Freiheitspartei geblieben waren.

Vor allem schickte die siegreiche Partei sich an, den gestürzten Gegnern die so lange Zeit hindurch erlittene Unbill heimzuzahlen. Es zeigte sich, daß in diesem Ständestaate nur die unduldsamste Parteiregierung möglich war. Die Häupter der bisherigen Landes= verwaltung wurden wegen ihrer Amtsführung zur Rechenschaft gezogen, die Untersuchungsrichter aber waren die grimmsten poli= tischen und persönlichen Feinde der Angeklagten und beeilten sich, die ihrer Rache auserkorenen Opfer dadurch mundtot zu machen, daß man sie für die Dauer der Untersuchung von der Teilnahme an den Landtagsverhandlungen ausschloß.

Diese schlecht verhehlte Verfolgungswut gab der neuen Landes= herrschaft die erste Veranlassung, sich in die Angelegenheiten der

ostfriesischen Stände einzumischen. Zunächst wurden die verfemten
Administratoren durch eine Verfügung aus Berlin in den Landtag
wieder eingeführt, dann ward im Juni 1748 das Verfahren nieder=
geschlagen.

Damit hatte sich der König von der Sache seiner ersten Anhänger
entschieden getrennt. Die ganze Partei, die Stadt Emden obenan,
kehrte in die altgewohnte Rolle der Opposition zurück. Schnell
sollte sich zeigen, wie wenig sie dem erneuten Kampfe gewachsen
war; schon ging der Nachfolger der Cirksena aus der zuwartenden
Haltung zum Angriff über.

König Friedrich war längst ungeduldig. Der Augenblick zum
Handeln schien ihm gekommen, als im Sommer 1748 der Vorstand
der einzigen rein staatlichen Behörde im Lande, jener Kammer=
direktor Bügel, starb. Jetzt ward einer der alten Regimentsquartier=
meister nach Aurich geschickt, deren Typus, wie wir sahen, für Schle=
sien im allgemeinen als zu scharf und kantig galt, in der zweiten
neuen Provinz aber, unter einem aus gröberem Stoffe geformten
Menschenschlag, ganz am Platze sein mochte. Doch war es keines=
wegs darauf abgesehen, mit Keulen dreinzuschlagen. Daniel Lenz,
der neue Kammerdirektor, war ein feiner, anschlägiger Kopf, ein
Menschenkenner, der einen jeden nach seiner Art zu nehmen wußte,
ein Stück von einem Diplomaten, gleich geschickt im Wühlen und
im Ausgleichen, im Einschüchtern und im Versöhnen. Dazu ein
echter Vertreter des modernen, von landschaftlicher Engherzigkeit
losgelösten, ganz in dem Staatsgedanken aufgegangenen Beamten=
tums. Aus der Altmark gebürtig, hatte er in der Uckermark seine
Laufbahn begonnen, war dann beim Übertritt zur Kameralver=
waltung nach Gumbinnen verschlagen worden, um jetzt aus dem
äußersten Osten in den äußersten Westen gesandt zu werden, in die
Nachbarschaft der „pumpernickelschen Gegend", deren hartköpfige
Bewohner er in einer kleinen, später im Druck erschienenen Jugend=
schrift „Beweis, daß diejenigen, so Christum gekreuzigt, Westphä=
linger gewesen", mit Behaglichkeit zur Zielscheibe seiner Satire
genommen hat.

Der König eröffnete dem neuen Kammerdirektor alsbald (27. Sep=
tember 1748) seinen Entschluß, mit der verrotteten Selbstverwaltung
der ostfriesischen Landschaft, „der grundüblen Haushaltung der dor=
tigen Stände", aufzuräumen. Zugleich belehrte er ihn, daß er=
fahrungsmäßig der Herd aller Unordnung und Unruhe die Stadt
Emden sei. Lenz befürwortete die Einsetzung einer Kommission,
die unter staatlicher Leitung an die Neuordnung der Verwaltung
und Steuerverwaltung heranzugehen haben würde. Der König
war einverstanden, wünschte aber durch das „Savoir-faire" des
Kammerdirektors, um der Sache „einen desto besseren Anstrich"

zu geben, es so eingeleitet zu sehen, daß die Anregung von den Stän=
den oder wenigstens einem Teil der Stände ausgehe.  Die Aus=
führung im einzelnen überließ er ganz seinem Vertrauensmann:
„Ich muß Euch aber hierbei deklarieren," heißt es in dem charakte=
ristischen Kabinettsbefehl vom 10. Dezember 1748, „daß, wann Ich
Euch dergleichen Idées von hier aus gebe, solches nicht anders als
Speculationes sind, welche Ich Euch an die Hand lege, um zu be=
urtheilen, ob solche sich auf die dortige Umstände schicken oder nicht,
und ob daselbst ein convenabler Gebrauch gemacht werden kann,
als welches Ich allhier in der Entfernung, und da Ich das dasige
Land niemalen gesehen noch der dortigen Umstände kundig bin,
nicht zu beurteilen vermag."  Er erklärte sich damit einverstanden,
daß Lenz den dritten Stand, die Bauernschaften, „in eine gewisse
Fermentation" gesetzt hatte, um dadurch auf Adel und Städte zu
drücken; er unterwies, wieder nach den Ratschlägen von Lenz, das
Generaldirektorium für die Fassung der einem neuen Landtage
mitzuteilenden landesherrlichen Botschaft, ohne übrigens diese Be=
hörde in den Plan des Kammerdirektors einzuweihen.  Gegen das
Herkommen sollte dem Landtag keine bestimmte Tagesordnung be=
zeichnet werden, denn die Enthüllung der letzten Ziele würde Adel
und Städte von vornherein aufgebracht haben; vielmehr befahl der
König den Ständen nur ganz im allgemeinen kundzugeben, „daß nach=
dem Ich wahrgenommen, wie Alles, was Ich heilsames auf den Land=
tägen vortragen lassen, zu keinem Effect gekommen, sondern lauter
Widerspruch und Aufschub gefunden, die Unordnungen indessen mehr
und mehr einrissen und der publique Fonds seinen Credit verlöre,
mithin das Land zu seinem Ruin eile; als wollte Ich nunmehro denen
Ständen selbst überlassen, ihren Zustand zu erwägen und die dien=
liche Mittel zu Abwendung fernerer böser Suiten zu ergreifen".

Am 16. Januar 1749 wurde der Landtag zu Aurich eröffnet.
Lenz hatte seine Batterien auf das Trefflichste gerichtet, er war seiner
Sache völlig sicher.  Nicht bloß der dritte Stand, auch die Mehrzahl
der Ritterschaft war gegen Emden gewonnen, und die kleineren
Städte waren dem hochmütigen Vorort ohnehin feind.  Aus dem
Schoße des Adels wurden die Anträge, wie Lenz sie wünschte,
gestellt: für das gesamte landschaftliche Kassenwesen die königliche
„Manutenenz, Oberaufsicht und Direktion" zu erbitten und die Ver=
legung des Landeskastens von Emden nach Aurich zu verlangen.
Fast ohne Debatte erfolgte die Annahme.  Eine Verfassungsände=
rung auf verfassungsmäßigem Wege war gelungen, ein Staats=
streich glücklich vermieden.

Um die bevorzugte Stellung von Emden völlig zu beseitigen,
beschlossen die Stände weiter, den König zu einer Umgestaltung der
Emder Stadtverfassung aufzufordern.  Sofort zog Lenz die Ver=

treter von Emden auf die Seite und schlug ihnen einen Vergleich
vor, wonach sie dem Könige die Bestätigung der Ratswahlen und
die „Direktion des Stadtwesens" überlassen, der königlichen Garnison
den Hafen, die Hauptwache und zwei Tore einräumen und auf die
Stellung eines „status in statu" verzichten sollten. In fassungs=
loser Bestürzung verließen die Ember den Landtag und eilten nach
ihrer guten Stadt zurück.

Daheim fanden sie alles in voller Gärung. Eine regelrechte
plebejische Revolution gegen das oligarchische Stadtregiment be=
reitete sich vor, und der Kammerdirektor war ihr geheimer Gönner.
Der Ausschuß der Vierziger, der den Magistrat wählte, der Magi=
strat, der die Vierziger bestellte, und die Hövetlingen, die wieder
eng mit den beiden anderen Behörden verquickten gestrengen Polizei=
herren, teilten sich gleichmäßig in den allgemeinen Haß. Wenn auf
der Hövetlingenkammer die herkömmlichen Schmausereien, acht im
Jahre, abgehalten wurden, darunter die beiden Kerzenkaufmahl=
zeiten, das Herings=, das Lachs= und das Erdbeerenessen, so mußte
gemeine Bürgerschaft, und das verdroß am meisten, draußen zu=
schauen. Jetzt schlug die Stunde der Rache. Als am 8. Februar
Magistrat und Vierziger auf der Ratsstube versammelt waren, um
sich über die preußischen Zumutungen schlüssig zu machen, stürmte
das Volk den „Rummel" des Stadthauses und forderte wild die
volle und unverzügliche Annahme jener Vorschläge. Der Stadt=
prokurator ward die Stiege hinabgeworfen, dem Syndikus sollte
die Strafe der Defenstration pragerischen Andenkens bereitet wer=
den, doch wollte der schmale Kreuzrahm des Fensters den breiten
Rücken des Schlachtopfers nicht durchlassen, und die Verständigsten
aus dem Haufen gewannen Zeit, den übel zugerichteten Mann der
blinden Wut zu entreißen. Dann ergoß sich der tobende Pöbel
durch die Straßen, die Stadtsoldaten weigerten sich, gegen die Ruhe=
störer einzuschreiten, oder nahmen gar an dem Unfug teil, und der
Kommandant der königlichen Besatzung hielt sich regungslos ab=
seits. Zwei Tage nach diesen Schreckensvorgängen traf Lenz in der
erregten Stadt ein und bestimmte jetzt den Magistrat mit leichter
Mühe zur Annahme seiner Forderungen und zu noch anderen
Änderungen in der städtischen Verfassung. Ein Staatsbeamter, der
Commissarius loci nach dem altpreußischen Muster, übernahm die
Leitung der Finanzwirtschaft. Auch das stolze Emden war von der
allgemeinen Bewegung, die seit einem Menschenalter in Preußen
Verfassung und Verwaltung der städtischen Gemeinwesen umge=
staltet hatte, erreicht worden, und nirgends hatte sich die Gemein=
samkeit der monarchischen und der volkstümlichen Interessen im
Gegensatze zu der patrizialen Geschlechterherrschaft kräftigeren Aus=
druck gegeben als hier.

Zum Schluß des Jahres 1749 hat Lenz auf dem Landtage endlich noch den alten Hader zwischen der Stadt Emden und den anderen
Ständen durch einen Vergleich geschlichtet, von dem im Lande
geurteilt wurde, daß die ostfriesische Geschichte kein Beispiel gleich
schleuniger Verhandlung aufzuweisen habe. Die Besserung des
landschaftlichen Steuerwesens ward einem neuen Landtage als Aufgabe gestellt, der vierzehn Jahre hindurch, ein langes Parlament,
fortgesetzt worden ist, ohne durch Kämpfe in der alten wilden Art
erschüttert zu werden. Nur einige wenige Edelleute frondierten
noch Jahr und Tag. Vor allen jener Knyphausen, der sich früher
zwischen den Parteien gehalten hatte; er blieb bei seiner Weigerung,
den Unterwerfungsvertrag von 1749 zu unterzeichnen, und erklärte,
die Gerichtsordnung des Codex Fridericianus in seinem Patrimonial-
bezirk nur insoweit anerkennen zu können, als sie seinen Freiheiten
und Vorrechten nicht Eintrag tue; so weigerte er sich, Todesurteile
zur königlichen Bestätigung einzusenden. Als Lenz ihn im Herbst
1751 auf seinem Edelhof aufsuchte, ihm gütlich zuzureden, nahm er
den verhaßten Gast höflich auf, erbat sich Bedenkzeit, verharrte
dann aber auf seinem Standpunkt. Doch hielt damals nur noch ein
einziger seiner Standesgenossen, ein Fridag von Wallbrunn, zu
dem Unversöhnlichen.

Lenz war jetzt der hochmögende Herr im Lande und lenkte die
noch vor kurzem so störrigen Geister nach seinem und seines königlichen Gebieters Wohlgefallen. Die Kriegs- und Domänenkammer
zu Aurich, gegen welche die Stände in den ersten Jahren der preußischen Herrschaft einen sehr überlegenen, ja wegwerfenden Ton
angeschlagen hatten, unterschied sich in nichts mehr von den mit
bureaukratischer Machtfülle ausgestatteten, vornehmen Verwaltungsbehörden der alten Provinzen. Die Verleihung des Präsidenten-
titels an den bisherigen Direktor der Kammer war nicht bloß eine
wohlverdiente persönliche Auszeichnung für Lenz; sie entsprach auch
dem veränderten Charakter der Behörde.

Dem großen Geschick, mit dem Lenz, ohne sich oder den König
bloßzustellen, seinen Feldzug durchgeführt hatte, war es zu danken,
daß bei dem weitaus größten Teile der ostfriesischen Bevölkerung
keine Verstimmung ob der Verfassungsänderung von 1749 zurück-
blieb. Als König Friedrich zwei Jahre später seine Nordseeprovinz
zum erstenmal besuchte, ward ihm ein Empfang bereitet, mit dem
er zufrieden sein durfte. Zwar hatte der an alles denkende Kammerpräsident auch dieses Mal der Freiwilligkeit ein wenig nachgeholfen
und den Städtern und Dorfbewohnern angegeben, wie sie sich zu
verhalten hätten: männiglich sollte sein bestes Kleid anlegen, jeder
Hausvater die Seinen vor der Tür aufstellen, Bettler, Barfüßer
und Hunde durften nicht gesehen werden, und was der wohlweisen

Vorschriften mehr waren. Aber das treuherzige Volk tat viel mehr, als ihm vom grünen Tisch her empfohlen war. Jedes Dorf, durch das der König fuhr, hatte eine Ehrenpforte aufgebaut, und in Emden hatten es sogar die Fischweiber sich nicht nehmen lassen, zu achtund= dreißig anderen Bogen ihren eigenen zu errichten und mit getrockneten Fischen und einer poetischen Inschrift zu schmücken; an dem großen Triumphtor aber, das die Stadt auf ihre Kosten zugerüstet hatte, las man die herzlichen Worte:

> O Koning! groot van Macht,
> Van Goedheit, van Verstand,
> Meer Vater in ons Hart,
> Als Koning van ons Land.

Auf einer festlich geschmückten Jacht fuhr der König mit seinen drei Brüdern die Ems abwärts bis auf die Höhe der Knock, der in den gewaltigen, schon meeresgleichen Strom weit vorgeschobenen Land= spitze, und ließ sich dann, zur Überraschung seiner Begleiter und der Schiffsleute, in einem kleinen, nur um Handbreite aus dem Wasser hervorragenden Boot zurückrudern; ein Matrose meinte, der König habe das Zeug zu einem guten Seemann. Vor der Wiederabreise erschien Friedrich noch in einer Sitzung der vor kurzem unter seinen Auspizien zusammengetretenen Asiatischen Handelsgesellschaft, und als er vier Jahre später Ostfriesland zum zweitenmal besuchte, wohnte er während seines Aufenthaltes in Emden dem Stapellauf eines der großen Kauffahrteischiffe bei, die jetzt wieder von hier aus, wie einst die embischen Afrikafahrer des großen Kurfürsten, nach fremden Kontinenten in See stachen.

# Fünfter Abschnitt

# Handels= und Gewerbepolitik

Als Kurfürst Friedrich Wilhelm 1677 Stettin erobert hatte und für seinen Staat nun endlich selbsttätige Teilnahme am Welthandel zu erringen gedachte, warnten die Berater den noch immer jugendlich ungeduldigen Herrscher vor allzu stürmischem Eifer. Sie wollten an auswärtigen Handel und überseeische Schiff= fahrt erst denken, wenn die verödeten und verarmten Lande sich erholt und dichter bevölkert haben und durch Entwicklung der In= dustrie erstarkt sein würden.

In der Tat hat dann die brandenburgisch=preußische Wirtschafts= politik diese und nicht die entgegengesetzte Richtung eingeschlagen. Unter dem Gebote der Notwendigkeit. Die Odermündungen mußten den Fremden zurückgegeben werden, der Plan, von den hinter= pommerschen Häfen aus dem Stettiner Handel der Schweden Ab= bruch zu tun, mißlang, die Anfänge der brandenburgischen Marine verkümmerten. Der Industrie dagegen ging ein neuer Tag an mit dem Einzuge der Glaubensflüchtlinge aus dem Westen. Diese Neubürger wußten es durchzusetzen, wie sie es aus der französischen Heimat gewohnt waren, daß der Staat von Jahrzehnt zu Jahrzehnt den von ihnen gefertigten Waren mit immer umfassenderen Schutz= zöllen und Sperrmaßregeln gegen den Wettbewerb der ausländischen Manufakturen zu Hilfe kam. Der Schutz der jungen heimischen Industrie wurde für die Nachfolger des großen Kurfürsten der oberste wirtschaftliche Gesichtspunkt. Auf der Entstehung und Vergröße= rung der Fabriken beruhte das Aufblühen des Staates und in Sonderheit seiner Hauptstadt. Berlin, sagte Friedrich Wilhelm I., sei zu einer Hofhaltung angelegt und müsse sich nun, da die Hofhaltung Anno 1713 abgeschafft worden sei, durch seine Manu= fakturen auf der Höhe halten. Das Herzogtum Magdeburg, vor 1680 ein reines Ackerbauland, machte unter der preußischen Ver= waltung den großen wirtschaftlichen Umschwung mit; auch Pom=

mern begann zu folgen. Eine Umgestaltung des Zunftwesens
schuf dem Gewerbe bereits freiere Formen und für bisher un=
bekannte Betriebe freien Raum. Fabriken auf der einen Seite,
Hausindustrie auf der andern, traten neben das geschlossene Hand=
werk alten Schlages.

Als nun dem Enkel geriet, was dem Großvater mißlungen war,
als wirklich Stettin mit der unteren Oder preußisches Eigen wurde,
ist man doch zu den stolzen Entwürfen des großen Kurfürsten nicht
zurückgekehrt. So stark und ausschließlich walteten die Grundsätze
einseitigen Industrieschutzes vor. Doch fehlte es innerhalb des
preußischen Beamtentums nicht an Männern, die sich über die
herrschenden Anschauungen selbständig emporhoben und es nun=
mehr an der Zeit hielten, eine Handelspolitik nach großen, einheit=
lichen Gesichtspunkten einzuleiten. Eine fünf Jahre nach dem
Stockholmer Frieden entstandene, überaus sachkundige Denkschrift
stellt den Satz voran, daß die Industrie nicht für sich allein, sondern
nur in Verbindung mit Außenhandel den Reichtum eines Landes
zu mehren vermöge. Wohl hätten die Manufakturen sich seit dem
letzten Thronwechsel sehr gebessert, auch fehle es nicht an Absatz
nach außerhalb, aber leider seien es nicht die Landeskinder, sondern
fremde Zwischenhändler, die den besten Nutzen davon zögen. Der
Kaufmannstand sei in den preußischen Landen allzu gering geachtet.
Ein Krämer nenne sich Kaufmann so gut wie der bedeutendste Groß=
händler, und „der elendeste Gelehrte und Beamte" sehe tief auf den
Kaufmann herab und habe bei dem ganzen Zuschnitt des Staats=
wesens ein gewisses Recht dazu. Wer als Kaufmann etwas gelten
und sich von der Verachtung befreien wolle, glaube dazu verschwende=
rischen Aufwand treiben zu müssen; wer es zu Reichtum gebracht, gebe
den Handel mit Vorliebe auf, bewerbe sich um Staatsämter und
kaufe Landgüter, oder lasse doch jedenfalls seine Söhne nicht das
Geschäft fortsetzen, sondern auf Universitäten studieren. Allmäh=
liche Besserung in der Lage des brandenburgisch=preußischen Handels
erwartet die Denkschrift von der sozialen Hebung des Handels=
standes, von zunehmender kaufmännischer Erfahrung und geeigneter
Zusammenfassung des kaufmännischen Kapitals, von Handels=
gesellschaften, zu denen die Kaufleute des Landes zusammentreten
müßten und wo „des einen und des andern Reichtum" sich gegen=
seitig ergänzen und stützen würden.

Verfasser dieser Denkschrift von 1725, der Vorkämpfer einer
neuen Ära preußischer Wirtschaftspolitik, war der Mann, bei
dem wenige Jahre später der Kronprinz Friedrich seine national=
ökonomische Schule durchmachte, der Küstriner Kammerdirektor
Hille.

Der Kronprinz geht auf die Anschauungen und Lehren seines

Mentors mit so viel Eifer und Empfänglichkeit ein, daß er in der
schriftlichen Arbeit über den Handel nach Schlesien, die er dem
Vater als Frucht und Probe seiner nationalökonomischen Studien
vorlegt, sich den Gedankengang Hilles völlig aneignet. Allzu nach=
haltig aber sind diese Eindrücke nicht. Da wo Friedrich im Anti=
macchiavell die Aufgabe der Wirtschaftspolitik darlegt, dient zur
Empfehlung des Handels, außer der beiläufigen Bemerkung, daß
Korn= und Weinländer sich Absatzgebiete sichern müssen, nur der
wohlfeile, abgebrauchte Hinweis auf den Vorteil, welchen den Eng=
ländern und Holländern ihr Handel vor Frankreich und Spanien
verschaffe, während der Nutzen der Industrie schulgerecht nach An=
leitung der merkantilistischen Lehre entwickelt wird: „Was die
Manufakturen aller Art anbetrifft, so ist das vielleicht das Aller=
nützlichste und Einträglichste für einen Staat, da man durch sie den
Bedürfnissen und dem Aufwande der Einwohner genügt und selbst
den Nachbarn zwingt, unserer Industrie seinen Tribut zu zahlen;
sie verhindern, daß das Geld außer Landes geht und lassen es viel=
mehr einströmen."

Friedrich hat diesem seinem Küstriner Lehrmeister eine dank=
bare Erinnerung bewahrt. Als er bei der Thronbesteigung dem
Generaldirektorium das selbständige fünfte Departement für Fa=
briken, Kommerzien und Manufakturen angliederte, wünschte er
den inzwischen in die Stettiner Kammer versetzten alten Praktiker
als vortragenden Rat in die neue Abteilung zu ziehen und sah ledig=
lich auf Hilles eigenen Wunsch von der Berufung ab.

Mit der Errichtung eines Fachministeriums für Handel und
Gewerbe war einer alten Forderung Genüge geschehen. Schon
in den Tagen der Gründung des Generaldirektoriums hatte einer
der angesehensten Berliner Kaufherren den Plan zu einem Kommerz=
kollegium vorgelegt, und der Gedanke war seitdem in der Kaufmann=
schaft und in den Kreisen der Beamten vielfach nach dem Für und
Wider erörtert worden. Der Widerstreit der Meinungen, wohl
auch persönliche Gegensätze und Eifersüchteleien, hatten es bei
Lebzeiten König Friedrich Wilhelms zu keiner Entscheidung kommen
lassen. Als ein Vorbild der jetzt, gleich im ersten Monde der neuen
Regierung, entstehenden Behörde konnte das Kommerzkollegium
des großen Kurfürsten aus der Zeit des zweiten schwedischen Krieges
gelten. Damals aber wurde durchaus der Handel, und zwar der
Seehandel, in den Vordergrund gestellt; jetzt, noch ganz in den
Überlieferungen des letzten halben Jahrhunderts, doch wieder die
Industrie. Als die Punkte, worauf der an die Spitze der neuen
Behörde gestellte Etatsminister Samuel von Marschall seine vor=
nehmste Aufmerksamkeit richten soll, erscheinen in seiner Dienst=
vorschrift diese drei: Verbesserung der schon bestehenden Manu=

fakturen, Einrichtung fehlender, Heranziehung von Einwanderern: „Fremden von allerhand Kondition, Charakter und Gattung." Nur in zweiter Linie soll er darauf bedacht sein, „wie die in denen König= lichen Landen gemachte Fabriques und Marchandises auswärtig debitiret werden können"; er soll zu dem Zwecke „guter auswärtiger Korrespondenz pflegen".

Feste, durchgreifende Grundsätze für eine Handelspolitik waren offenbar noch nicht gefunden. Und wenn nun durch den Bres= lauer Frieden die Oder in ihrem ganzen Lauf ein preußischer Strom wurde, so wurde doch die naheliegende Nutzanwendung aus dem so vorteilhaft veränderten Zustande zunächst nicht ge= zogen, eine einheitliche Regelung des Zollwesens in den drei Pro= vinzen dieses einen Stromgebietes unterblieb noch. Schlesien galt Jahre hindurch handelspolitisch noch als Ausland. Auch im Magde= burgischen wurde während der ersten acht Jahre der neuen Re= gierung an der bestehenden Handelsverfassung nichts Wesentliches geändert.

Noch ein anderer Umstand läßt deutlich ersehen, wie wenig sich König Friedrich in diesen ersten Zeiten mit großen handelspoli= tischen Entwürfen trug. Im Augenblicke der Besitzergreifung in Ostfriesland erschien es ja zweifelhaft, ob die Holländer jene Be= satzung, die sie in den wichtigen Seeplatz Emden geworfen hatten, gutwillig herausziehen würden. Der neue Landesherr sah Schwierig= keiten voraus und wollte doch, am Vorabend eines neuen Krieges gegen Österreich, Verwicklungen mit der niederländischen Republik vermeiden. Er erteilte deshalb im Pyrmonter Bade seinem gerade zur Stelle befindlichen Vertreter bei den Generalstaaten den münd= lichen Auftrag, im Haag zu erkunden, ob Neigung vorhanden sei, gegen eine gute Summe Geldes, eine, zwei oder drei Millionen, die Stadt Emden für die Republik anzukaufen. Und wieder in der Geldnot des Kriegsjahres 1745 hat Friedrich daran gedacht, Emden an England loszuschlagen. Zu solch traurigen Geschäften ist es glücklich nicht gekommen, dem Staate blieb die Stadt, deren Be= deutung für maritime Unternehmungen nun sehr bald gewürdigt wurde.

Es würde schwer sein, einen bestimmten persönlichen Einfluß nachzuweisen, dem Friedrich die allmähliche Erweiterung seines Gesichtskreises zu verdanken gehabt hätte. Manche Anregung mag ihm der Feldmarschall Keith gegeben haben, der aus russischen Kriegsdiensten in die preußischen getretene schottische Emigrant, der seit dem Herbst 1747 zu der regelmäßigen Umgebung des Königs zählte und nicht bloß in militärischen, sondern auch in Handels= fragen gehört wurde. Auch von dem Manne, dem er das fünfte Departement des Generaldirektoriums anvertraut hatte und der

in seinen Berichten an den jungen Herrscher mitunter einen fast
väterlichen Ton anschlägt, auch von Samuel von Marschall hat
Friedrich ohne Frage gelernt, aber wohl mehr in Einzelheiten der
Gewerbepolitik, als daß ihm hier der sichere Überblick über das
Ganze verschafft und neue Gesichtspunkte erschlossen worden wären.
Es ist bezeichnend, daß in den ersten acht Jahren der Amtstätigkeit
Marschalls an die bestehende Handelsverfassung kaum gerührt wird,
daß die neuen Antriebe erst zu der Zeit einsetzen, wo der alternde
Minister in den Hintergrund tritt und sich von den Geschäften mehr
und mehr entlasten läßt. Unter den Zusätzen der neuen Dienst-
ordnung für das Generaldirektorium ist 1748 einer der wichtigsten
der, welcher sich über den Handel verbreitet. Der König gibt die
schulmäßige Abstufung der vorteilhaften Handelsformen nach dem
Grade der Nützlichkeit: Absatz der eigenen Erzeugnisse gegen bares
Geld, Durchgangshandel mit den Waren des Auslandes, Eintausch
unentbehrlicher fremder Gegenstände gegen einheimische. Der lehrhafte Ton seiner Darlegung läßt ersehen, daß er die Grundbegriffe
der Handelstheorie bei seinen Ministern nicht unbedingt als bekannt
voraussetzt. Nimmt er doch in den ein Jahr vor dem Erlaß der
neuen Instruktion niedergeschriebenen brandenburgischen Denkwürdigkeiten keinen Anstand, die Handelspolitik seines Vaters als
eine ganz verfehlte zu bezeichnen: die Regierung habe Grundsätze
verfolgt, die der Entwicklung des Handels geradezu hinderlich gewesen seien. Man berechnete, daß der Staat unter Friedrich Wilhelm I. in der Handelsbilanz jährlich eine halbe Million Taler verloren habe.

Es scheint, als ob eben die historische Beschäftigung mit der
inneren Politik seiner Vorfahren dazu beigetragen hat, Friedrichs
Verständnis für die Aufgaben der Gegenwart zu schärfen. Durch
jene Studien angeregt, verfügte er, daß die Kammern sogenannte
Handelsbilanzen zusammenstellen und ihm einreichen sollten, nach
Waren geordnete Übersichten über den Wert der Aus- und Einfuhr
der einzelnen Provinzen. Aber nicht bloß aus diesen Tabellen,
auch aus Büchern suchte er, mit nichten wie sein Vater ein Verächter der Theorie, Belehrung zu gewinnen. Im Sommer 1749
verschrieb er sich aus Paris das vor fünfzehn Jahren erschienene,
von den Zeitgenossen sehr geschätzte Werk von Melon „Essai politique
sur le commerce“. Eine der letzten in der Reihe der theoretischen
Darlegungen des Merkantilsystems, hält sich Melons Schrift von den
starren Einseitigkeiten der herrschenden Lehre ziemlich frei. „Die
gemeine Sage, Commercia müssen frei sein, ist universellement
nicht wahr“ — so hatte es einst Hille dem Kronprinzen Friedrich
gelehrt. Hier nun verkündete Melon, daß die Freiheit das Wesent-
lichste bei dem Handel sei: vor die Wahl zwischen Freiheit und

Protektion gestellt, wolle er lieber den Schutz als die Freiheit missen, da im Besitz der Freiheit sich der Handel allein durch die ihm inne= wohnende Kraft für den Schutz Ersatz zu schaffen vermöge. Nur dürfe der Begriff Freiheit nicht falsch ausgelegt werden; sei er doch auf dem Gebiete des Handels kaum minder umstritten, als auf dem der Religion. Die Freiheit im Handel dürfe nicht in einer unklugen Willkür gesucht werden; nur auf solche Waren sei sie aus= zudehnen, deren Ausfuhr oder Einfuhr einem jeden Bürger die Fähigkeit verschaffe, seinen Überfluß gegen das ihm mangelnde Notwendige einzutauschen.

In demselben Jahre, da wir ihn zu dieser volkswirtschaftlichen Lektüre greifen sehen, hat Friedrich es für zweckmäßig erachtet, sich zu seiner Schöpfung, der Handels= und Industrieabteilung des Generaldirektoriums, in ein engeres persönliches Verhältnis zu setzen. Den Anlaß gab der Tod des Ministers Marschall am 11. Dezember 1749. Der Verstorbene erhielt nicht eigentlich einen Nachfolger. Nicht als Minister, sondern in der Stellung eines wirklichen geheimen Finanzrats trat der neue Leiter des fünften Departements in das Generaldirektorium ein, zu den vortragenden Räten des Departe= ments im Verhältnis des Vorgesetzten, zu den mit dem Minister= range ausgestatteten Leitern der anderen Abteilungen im Ver= hältnis zwar nicht der Unterordnung, aber auch nicht der Gleich= stellung. Unmittelbar vorgesetzt sollte ihm nur der König sein, der nominelle Präsident des Generaldirektoriums, der also für dieses fünfte Departement auf Vertretung durch einen Vizepräsi= denten von nun an verzichtete und damit tatsächlich sein eigener Handelsminister wurde. Der Schwerpunkt der fünften Abteilung war in das Kabinett verlegt.

Und nicht den Reihen des alten Beamtentums wurde der Mann entnommen, den sich der König bei dieser selbständigen Übernahme des von ihm ins Leben gerufenen, aber bisher noch nicht zur rechten Entfaltung gelangten Handelsamtes zum Gehilfen setzte — wieder ein Beweis für seine Zweifel an dem handelspolitischen Verständnis der Männer aus der Schule Friedrich Wilhelms I. Vielmehr war der Auserkorene ein Kaufmann, der französische Schweizer Fäsch, der bisher in der völkerrechtlich nicht scharf umschriebenen Stellung eines Agenten die preußischen Interessen an einem Welthandels= platze, in Amsterdam, vertreten hatte.

Fäsch war noch bei Marschalls Lebzeiten zum Ersatze bestimmt worden; denn schon vom 1. Oktober 1749 datiert die eigenhändige Denkschrift, durch die ihn der König in die Aufgaben des neuen Wirkungskreises einweihte, die „Idée générale du commerce de ce pays-ci" — Friedrichs Programm beim Antritt der Selbstregierung im Bereiche von Handel und Gewerbe:

„Unser Handel beruht in der Hauptsache auf Holz, Korn, Wollen=
stoffen, Hanf, Flachs, Leinwand und Wachs. Pommern und das
Kurfürstentum verkaufen den Fremden hochstämmiges Holz und
Masten für den Schiffsbau, die Mark versendet ihre Tücher, ihre
Serge= und Etamine=Stoffe nach Braunschweig, Leipzig, Frank=
furt und Breslau auf die Messen, auch nach Spanien, wo einige
Arten unserer Etamine=Stoffe Käufer finden. Die schlesische
Leinwand geht zum Teil nach England, von wo englische Händ=
ler sie nach Amerika führen. Schlesien kauft von den Polen
Wachs und verkauft die Lichter zurück, ebenso wie nach Sachsen.
Preußen verkauft sein Korn nach Schweden und seinen Flachs nach
Holland.

„Ich glaube, man könnte den Holzhandel erweitern, wenn Groß=
händler in Stettin und Königsberg Schiffe bauen ließen und sie
den Fremden verkauften. Wir können das Tuch billiger als bisher
herstellen, wenn wir die Farben für die Färber direkt einkaufen
und sie nicht aus zweiter Hand entnehmen. Wir können Leinöl
hier machen, statt es von den Holländern zu kaufen, und wir können
unsere Linnen nach Spanien ausführen, wo unsere Kaufleute den
Vorteil, den die Engländer zur Zeit haben, zum Teil selbst gewinnen
werden.

„Darin also, glaube ich, kann man den Handel mit denjenigen
Waren ausdehnen, für die wir den Stoff im eigenen Lande ge=
winnen.

„Unsere Seidenwebereien sind noch in der Wiege, aber wenn
sie herangewachsen sein werden, so wird das vielleicht einen be=
trächtlichen Handelszweig abgeben, der sich nach Polen, nach
Schweden, nach Dänemark und über ganz Norddeutschland er=
strecken kann.

„Die Waren, die wir unbedingt nötig haben und an denen
strebsame Kaufleute einen großen Vorteil, sowohl beim Vertrieb
im Lande wie beim Durchgangshandel, machen könnten, sind Ge=
würze, französische Zuckerwaren, Schnupftabak, Pelzwaren und
Drogen. Statt sie aus zweiter Hand zu kaufen, müßte man sie aus
erster kommen lassen; aber das zu unternehmen, bedarf es reicher
Leute, die außerdem hinreichend aufmerksam sein müssen, den Preis
und den Vorteil, den sie erzielen können, zu berechnen. Es gibt
andere Waren, die nur für den Durchgangshandel in Betracht
kommen, und bei denen unsere Kaufleute gleichfalls gewinnen
können, aber um sie ausfindig zu machen, muß man Polen, Sachsen
und das Reich kennen lernen, eine dankbare Aufgabe für einen unter=
nehmenden Kaufmann.

„Es gibt zwei Arten Manufakturen, die, welche den zu verar=
beitenden Stoff daheim vorfinden, und die, welche ihn aus dem

Auslande beziehen müssen. Sicher ist die erste Art die beste, aber
auch die zweite hat ihr Verdienst, weil man dabei immerhin die
Hand des Arbeiters gewinnt, was eine große Sache ist. Die Fa=
briken der ersten Art sind im ganzen hierzulande ziemlich gut imstande;
dagegen würde man der zweiten Art durch vielen Fleiß sicher auch
unendlichen Aufschwung geben können.

„Es ist nicht auffallend, daß es in einem Lande, wo man den
Handel nie gekannt hat, noch viel zu tun gibt; aber ich bin versichert,
daß wir durch die Bemühungen und die Hingebung des Herrn Fäsch
in wenigen Jahren dahin gelangen werden, alle Zweige des Handels
zur Entfaltung zu bringen und dies Land blühender zu machen, als
es je gewesen ist. Wir haben Häfen, Flüsse und Fahrzeuge; was uns
fehlt, ist nur ein wenig mehr Betriebsamkeit und einige Großhändler,
die hinlänglich reich sind, um die neuen Unternehmungen zu be=
treiben; die Zeit und unablässige Hingebung werden das übrige tun.“

--------

Die nächsten sieben Jahre zeigen das Handelsamt und den König
an seiner Spitze in freudigem, fruchtbarem Schaffen. Für die
unablässige Hingebung, die er seinen neuen Gehülfen zur Pflicht
machte, gab er selbst das Beispiel. Die Akten des Kabinetts, der
Schriftwechsel des Königs mit Fäsch, mit dem Berliner Akzise=
direktor Klinggräffen und mit Kircheisen, dem Polizeipräsidenten
und ersten Bürgermeister der Hauptstadt, mit Ministern, Kammer=
präsidenten, Steuerräten und den hervorragendsten Geschäfts=
leuten, endlich das politische Testament von 1752 — alles bezeugt,
welch breiten Raum in dieser allumfassenden Regententätigkeit jetzt
die volkswirtschaftlichen Aufgaben einnahmen.

Es verlohnt sich, in dem Bilde, das Friedrich selbst uns soeben
in großen Umrissen gezeichnet hat, einige Linien etwas schärfer
nachzuziehen.

Wenn die Denkschrift für Fäsch sich über die Leistungen der die
Landeserzeugnisse verarbeitenden Manufakturen befriedigt äußert,
so galt diese Anerkennung vor allem den beiden wichtigsten natio=
nalen Industrien, dem Woll= und dem Leinengewerbe. Die Tuch=
weberei, das uralte Hauptgewerbe der brandenburgischen Kurlande
und des benachbarten magdeburgischen Gebietes, hatte durch die
französische Einwanderung neue Antriebe erhalten. Eine verbesserte
Technik und lohnendere Unternehmungsformen bürgerten sich ein;
in entschiedener Bevorzugung der Industrie vor der Landwirtschaft
erging 1719 das Verbot der Ausfuhr von Wolle, das nach einem
Vierteljahrhundert im Generaldirektorium als „das große prag=
matische Edikt“, als die Grundlage aller industriellen Erfolge ge=

priesen wurde, und gegen die Überteuerung durch Aufkäufer schützten
den Fabrikanten die vom Staat angelegten Wollmagazine. Es
wurde als staatlicher Groß- und Musterbetrieb das Berliner Lager-
haus errichtet, es wurde eine russische Kompanie gegründet, der die
Heeresverwaltung des Zarenreiches für eine Reihe von Jahren
Tuchlieferungen für die Truppen übertrug; doch auch als 1737
der Lieferungsvertrag nicht erneuert wurde, behauptete sich die
preußische Tuchindustrie auf ihrer Höhe, da es an anderen Abfuhr-
gebieten nicht fehlte und die Schäfereien immer feinere Schuren
erzielten. „Die Kenner," so berichtete das Generaldirektorium 1747
dem Könige, „schätzen unsere feinen Tuche aus spanischer Wolle
den französischen und holländischen Fabrikaten gleich"; gewisse
Sorten würden in ganz Europa nicht so vollkommen und haltbar
hergestellt. War beim Erlaß des Wollausfuhrverbotes die Befürchtung laut geworden, daß die einheimischen Manufakturen die
vorhandene Wolle nicht würden aufarbeiten können, so mußte jetzt
fort und fort Rohstoff aus dem Auslande, aus Mecklenburg und
Polen, zugekauft werden. Auch fremde Wollspinner blieben begehrt
und wurden immer von neuem zur Einwanderung eingeladen. Die
noch fehlende Zahl schlug der König 1752 auf 60 000 an; könne
man jedes Jahr 1000 Familien zu fünf Köpfen ansiedeln, so werde
in zwölf Jahren der Bedarf gedeckt sein. Von den neu angelegten
Dörfern wurden einige ausschließlich mit solchen Spinnern besetzt.

Auch in Schlesien befand sich das Tuchgewerbe in neuem Aufschwung, als das Land an Preußen überging. Und erst mit dieser
Provinz gewann der Staat eine bedeutendere Leinenindustrie.
„Die Leinwand," sagt Friedrich, „bringt Schlesien im Verhältnis
ebensoviel ein, als dem König von Spanien sein Peru." Nur kam
der reiche Gewinn weniger den armen Leinewebern, Spinnern und
Bleichern zu gute, die für den kärglichsten Lohn arbeiteten, als den
mehr als hundert größeren Ausfuhrgeschäften. Im Vergleich zu
den letzten Zeiten der österreichischen Herrschaft war wohl schon ein
kleiner Rückgang des Leinengewerbes eingetreten; die Weber beklagten es, daß ihre tief in das Gebirge vorgeschobenen Bleichen
jetzt fast sämtlich außerhalb der Staatsgrenzen lagen, und viele
Arbeiter hatten in ihrer uns bekannten Furcht vor der Aushebung
zum Waffendienst ihre Webstühle stehen lassen und der Heimat den
Rücken gewandt. Anderseits trug sich der König, wie wir eben
hörten und noch näher erfahren werden, mit der Hoffnung, dem
Absatz neue Gebiete zu erschließen und vorteilhaftere Bedingungen
zu schaffen. Auch bemühte er sich, durch Handwerker aus Kursachsen
die ganz verkümmerte Damastweberei wieder in Schwung zu bringen.
Der bisher noch wenig entwickelten Leinenindustrie der mittleren
Provinzen gab das glänzende Vorbild Schlesiens einen kräftigen

Anstoß. Auf den Antrag des Berliner Akzisedirektors entschloß sich
der König 1750, für die Kur= und Neumark die Einfuhr ausländischer
Garnsorten freizugeben; denn Klinggräffen bewies ihm, daß darin
nur eine scheinbare Abweichung von dem Schutzzollsystem liege,
daß jene Halbfabrikate nach den für den Rohstoff maßgebenden
Grundsätzen zu behandeln seien, und daß die brandenburgische
Leinenweberei, nicht mehr ausschließlich auf die auf den eigenen
Äckern gereifte Ernte angewiesen, sich merklich heben werde. Aber
nicht bloß mit fremdem Garn, auch durch fremde Arbeiter suchte
man nachzuhelfen. Da das Volk in der Mark faul sei und zur Arbeit
keine Lust habe, befahl der König Spinner und Weber aus der Lau=
sitz heranzuziehen; ihr Beispiel und ihr Verdienst werde dann „auch
die hiesigen Leute animieren". Kammer und Landräte der Kur=
mark sollten darauf sehen, „daß die Untertanen und ihre Kinder
die langen Abende im Herbst und Winter nicht mit Faulenzen zu=
bringen, sondern, wie in anderen Provinzen geschieht, zum Spinnen
und Weben anwenden und dadurch sich etwas schaffen". Nach des
Königs Meinung sollte wie in Schlesien dieses Gewerbe wesentlich
ein ländliches sein. Zu Ende des Jahrhunderts war in Pommern
und in den Marken ländliche und städtische Leinenweberei etwa
gleich stark vertreten; im Magdeburgischen, wo diese Tätigkeit am
spätesten sich einbürgerte, hatten sich die Weber zu drei Vierteilen
auf den Dörfern angesetzt; in den alten Spinnerlanden Minden und
Ravensberg überstieg die Zahl der ländlichen Weber die der städtischen
sogar um das Sechsfache.

Neben den alten Gewerben der Tuch= und Leinenweberei ge=
wann, von der französischen Einwanderung angeregt, die Fertigung
gemischter Gewebe immer mehr an Umfang und Bedeutung. Die
Altvordern hatten zu jeder Jahreszeit dieselben schweren Stoffe
getragen, und noch dem Kronprinzen Friedrich schlug sein könig=
licher Vater die Bitte um ein leichtes Sommerkleid mit der Be=
lehrung ab, das sei keine brandenburgische oder preußische Mode,
sondern eine französische[1]). Die Frauen, zumal aus den niederen
Schichten, erfreuten sich an buntgedruckten Kattunen, bis Friedrich
Wilhelm 1721 sein drakonisches Edikt gegen diese im Inland noch
nicht herstellbaren Stoffe erließ, das den Besitz aller und jeder
Bekleidungs= und Hausratsgegenstände von Zitz und Kattun mit
schweren Geldstrafen, ja dem Halseisen bedrohte. Seitdem warfen
die preußischen Fabriken alle die Sommerzeuge und sonstigen
Modestoffe auf den Markt, die Kamelottes, Sergen, Droguets,
deren Namen bereits den französischen Ursprung bekundeten. In
der Altstadt Magdeburg wurden 1748 neben 49 Tuchermeistern

---

[1]) I, 71.

98 im Zeug= und Raschmachergewerbe gezählt, Hugenotten und
bereits auch zahlreiche Eingeborene. So hatte das deutsche Ge=
schäft von Diesing, das später der Kaufmann und Kriegsrat Goßler
fortführte, alle Mitbewerber, auch die Berliner, überflügelt. Es
beschäftigte 1746 100 Stühle und 600 Arbeiter und vertrieb seine
halbwollenen und halbseidenen Erzeugnisse ins Hildesheimische und
Hannoverische, nach den Hansestädten, nach Polen und Rußland;
der König zeigte dieser Fabrik sein besonderes Wohlwollen. Für
die Marken weist eine 1747 aufgestellte Statistik 1273 Meister der
Zeugindustrie neben 3313 selbständigen Tuchmachern auf. Minder
befriedigend gestaltete sich die Lage der Zeug= und Mezzolanfabriken
Schlesiens. Sie hatten ihre billigeren, aus Leinen= und Wollgarn
gemischten Stoffe, die der gemeine Mann dankbar abnahm, bisher
nach Österreich und bis nach Italien vertrieben, sahen aber seit
1750 die böhmisch=mährische Grenze mehr und mehr durch Zoll=
schranken gesperrt und behielten nur noch die weniger bedeutende
Ausfuhr nach Polen.

Als erweiterungsbedürftig bezeichnete König Friedrich die Baum=
wollweberei. Sie war erst seit 1744 in Berlin vertreten, und sofort
wandte sich die Gunst der Mode den seit jenem Einfuhrverbot schmerz=
lich vermißten Kattunen wieder zu. Die zu Brandenburg errichtete
Barchentfabrik — andere arbeiteten in Schlesien und im Magde=
burgischen — hatte mit der Mißgunst der Krämer zu kämpfen, so
daß der König endlich drohte, ihnen die Führung von Barchenten
gänzlich zu untersagen und nach österreichischem Muster einen Ver=
kauf auf Staatsrechnung einzurichten. Völlig fehlten 1752 noch
Wattefabriken; mindestens 200 Stühle wünschte der König in Be=
trieb zu setzen.

Am blühendsten hatte sich von allen den Industrien, die zu Ende
des siebzehnten Jahrhunderts die Glaubensflüchtlinge nach Branden=
burg=Preußen trugen, die Strumpfwirkerei entwickelt. Französische,
pfälzische und elsässische Protestanten brachten den Strumpfstuhl
über den Rhein und hatten ihr Gewerbe in Berlin, Magdeburg
und Halle schon schwunghaft emporgetrieben, ehe noch an den heu=
tigen Vororten der Strumpfindustrie, in Obersachsen und Thüringen,
ein Anfang gemacht wurde. Unter den zuwandernden französischen
Handwerkern waren die Strumpfarbeiter am zahlreichsten ver=
treten. Auch hier lernten die Deutschen den Gästen ihre Kunst=
fertigkeit schnell ab. Doch hatte dieses Gewerbe bei dem Thron=
wechsel von 1740 seinen Höhepunkt schon überschritten, die Zahl
der Stühle war während des letzten Jahrzehnts in Magdeburg
von 940 auf 900 zurückgegangen. Mit Mißfallen vernahm der König
im Herbst 1742 dort an Ort und Stelle die Klagen der Fabrikanten,
daß der Absatz nachlasse, und verlangte von dem Minister Marschall

eine Darlegung der Ursachen. Verschiedenes hatte zusammengewirkt: das Steigen der Wollpreise, in den benachbarten Staaten das Aufkommen einer Konkurrenzindustrie, im Verkehr mit den Abnehmern Mangel an einheitlichem Vorgehen. Nochmaligen Aufschwung half die Erschließung Schlesiens für den preußischen Absatz, sowie der Übergang zur Weberei von Seidenstrümpfen herbeiführen.

Die Seidenindustrie war in Preußen bisher vornehmlich durch ein paar größere Bandfabriken zu Krefeld und wieder zu Magdeburg und Halle vertreten; doch deckten diese Unternehmungen den inländischen Bedarf an seidenen und anderen Bändern zunächst noch nicht. Wiederholt gab der König Marschall seinen Wunsch zu erkennen, daß die starke Einfuhr von Bändern aus der Schweiz und den Niederlanden durch eine heimische Industrie entbehrlich werde. Wie so oft waren es zünftlerische Vorurteile, welche die größere Entfaltung hemmten. Noch immer erklärten nach altem Handwerksbrauch oder Mißbrauch die Posamentiergesellen einen jeden für zunftunfähig, der auf der Bandmühle statt auf dem alten kunstlosen Stuhle arbeitete. Allerdings, das Reich hatte dem Kleingewerbe zuliebe den Bandkunststuhl verboten, aber das preußische Gesetz erkannte seit 1728 den verfemten an, und Marschall empfahl deshalb, alle Regungen jenes reaktionären Verfolgungsgeistes der Zünfte streng zu bestrafen. Dieser Streit um die Bandmühle hat seine Wellenkreise bis in Friedrichs politisches Testament hineingestreckt, das sich ausdrücklich für die Zulassung der neuen Technik erklärt. Ebendort erscheinen dem Verfasser in diesem Zusammenhang selbst die Schuhsenkel nicht zu unbedeutend, um dem heimischen Fleiß ihre ausschließliche Herstellung zu empfehlen.

Über das Einzelne und Kleine, bisweilen vielleicht Kleinliche, wurde das Große und Ganze nie aus dem Auge verloren. Kühn genug ins Weite griff der Plan, den Staat zur Heimat einer aus dem Nichts hervorzuzaubernden Seidenindustrie zu machen, die in Zukunft nicht allein dem Bedarf der Untertanen an Seidenstoffen jeder Art genügen, sondern auch für den Ausfuhrhandel arbeiten sollte. Man nahm damit die Bestrebungen des großen Kurfürsten und der von nationalem Schwunge getragenen Epoche von Fehrbellin wieder auf, da der Reichstag die französischen Luxuswaren in ganz Deutschland verboten hatte und ein Leibniz es lebhaft befürwortete, den Seidenbau auf deutscher Erde heimisch zu machen. Das diesen Anregungen gedankte Aufblühen der Seidenindustrie in Hamburg, Kursachsen und süddeutschen Gebieten bewies die Durchführbarkeit, und bei der großen Bedeutung, die innerhalb des Textilgewerbes, damals weit mehr als heute, den Luxuserzeugnissen und insonderheit den Seidenfabrikaten beikam, mußte eine zielbewußte merkantilistische Wirtschaftspolitik alles daransetzen, gerade in diesem

Bereiche Unabhängigkeit von der fremden Produktion zu erzielen.
Und zwar wollte man auch das Rohmaterial wenigstens zum Teil
im Inlande gewinnen. Doch konnte vorerst auf ein irgendwie
umfassendes einheimisches Angebot nicht gerechnet werden. Eine
1740 kurz nach dem Thronwechsel angeordnete Aufnahme der noch
vorhandenen Maulbeerbestände ergab, daß fast sämtliche Bäume in
dem letzten strengen Winter erfroren waren. Allmählich wuchsen
nun die neuen Stämme heran, im allgemeinen erst nach sechs Jahren
nutzbar. Als 1748 die Nutzung der von der Berliner Akademie angelegten Pflanzungen ihr von dem Gouvernement der Hauptstadt
streitig gemacht wurde, meinte der König scherzend, es sei ihm sehr
erfreulich, daß ein von ihm so sehr geschätzter und früher so vernach-
lässigter Baum jetzt den Gegenstand eines Prozesses bilde. Den
Beginn umfangreicherer Ernten nahm er erst für 1758 in Aussicht.
Bis dahin sollten alle erforderlichen Vorbereitungen getroffen sein:
Beschaffung eines ausreichenden Vorrats an Raupen, Herstellung
faßlicher Anweisungen für ihre Zucht und für die Behandlung der
Gespinste, Einrichtung von Unterrichtsanstalten für die Mägde und
Landleute insgemein. Mit Genugtuung sah er, daß der Prediger
Hecker zu Berlin in der von ihm begründeten Realschule den künf-
tigen Landschullehrern praktische Anleitung zum Seidenbau gab;
die so Ausgebildeten sollten dann ihre Kenntnisse zunächst den
Rittergutsbesitzern und Schulzen mitteilen. Die große Kunst, so
prägte es eine ausführliche Kabinettsorder den Behörden ein, sei,
die Eier nicht zu früh, nicht vor Mitte Mai, und nicht alle auf einmal
ausbrüten zu lassen und den empfindlichen Raupen keine betauten
Blätter anzubieten. Für die Pfarrer, Küster und Schullehrer, die
sich als Seidenzüchter hervortun würden, waren seit 1750 Preise
ausgesetzt.

Inzwischen eröffneten die ersten Seidenfabriken ihre Tätigkeit.
Von den seit 1686 gegründeten älteren Unternehmungen war unter
Friedrich Wilhelm I. in Berlin nur noch eine im Betrieb. Sie
verkümmerte immer mehr, und eine neue Fabrik, 1732 mit
32 Stühlen eröffnet, beschäftigte 1740 nur noch sechs. Größere
Bedeutung hatten die verwandten Gewerbe der Gold- und Silber-
spinnerei und der Weberei von Wandteppichen, die letzte Kunst
vor allem durch Charles Vigne in Berlin, einen Meister von euro-
päischem Rufe, vertreten. In Potsdam bestand seit 1730 die Samt-
fabrik von David, die einzige ihrer Art, bis nach dem Dresdner Frieden der Kaufmann Blume, Schwiegervater des den König nach wie
vor in allen gewerblichen Fragen beratenden Gotzkowsky, in Berlin
eine zweite einrichtete. Zu Weihnachten 1746 glaubte Friedrich
es wagen zu dürfen, einer strengen Richterin in Sachen des Geschmacks und des weiblichen Putzes, seiner Bayreuther Schwester,

einen Samtstoff aus dieser Fabrik als Geschenk anzubieten, und die Markgräfin beglückwünschte ihn, daß die junge Berliner Manufaktur in so kurzer Zeit solche Erfolge aufzuweisen habe. Drei Jahre später gründete Gotzkowsky die erste größere Seidenfabrik, indem er die Stühle eines 1746 aus Lyon zugewanderten, aber nicht auf seine Kosten gekommenen Meisters übernahm und beträchtlich vermehrte. Wieder war es die Schwester, welcher der König zu Weihnachten 1749 „die Erstlinge unser neuen Manufaktur" als Opfer spendete. Wilhelmine rüstete sich eben zu einer Reise nach Stuttgart, zu einem Besuch am Wochenbett der einzigen Tochter, und Friedrichs Begleitbrief knüpfte deshalb an die Farben des Geschenks den niedlichen Einfall, in irgend einer alten mythologischen Schwarte sei zu lesen, daß Lucina sich in Grau und Weiß zu hüllen pflege: so werde die, welche die Gaben dieser Göttin zu eigen habe, ihr auch in der Mode folgen wollen.

Nach Gotzkowskys Vorgang entstanden bis zum Ausgang der Friedenszeit noch drei andere Seidenfabriken, sämtlich in Berlin. Neben ihnen oder auch für sie arbeiteten eine Anzahl kleinerer Unternehmer, in dem Verhältnis, daß 1754 von 417 im Gange befindlichen Stühlen 368 in unmittelbarem Besitz der großen Samt- und Seidenfabriken waren. Während hier in der Hauptstadt der Staat den Wettbewerb mehrerer Unternehmungen begünstigte, wurde an der anderen Stätte der preußischen Seidenindustrie, in Krefeld, die Familie von der Leyen in ihrem Alleinbetrieb geschützt. Die größte der ihr gehörigen Fabriken hat von 1740 bis 1756 ihr Geschäft verdoppelt und übertraf die Berliner Produktion nicht bloß an Umfang, sondern auch an Güte der Leistungen.

Im Seidenhandel erfahrene Kaufleute, keine gelernten Fabrikanten, befanden sich die Begründer der neuen Berliner Industrie, wie später zur Erklärung mancher Mißstände geltend gemacht wurde, in einer gewissen Abhängigkeit von ihren in Lyon, Genf und anderwärts angeworbenen Werkmeistern und Arbeitern. Wohlweislich verpflichtete man diese ziemlich anspruchsvollen und dabei unsicheren, nach der Heimat zurückdrängenden Fremdlinge, deutsche Arbeiter in ihre Kunst einzuweihen. Auf diese Art dachte der König allmählich 2000 Lehrlinge heranzuziehen; der Unterhalt während der Lehrzeit wurde teilweise aus Staatsmitteln gewährt. Aus einer bei der kurmärkischen Städtekasse 1746 aufgenommenen Anleihe von 60 000 Talern wurden den Unternehmern Vorschüsse gespendet; ja, bald glaubte der König jährliche Aufwendungen bis zur Höhe von 100 000 Talern für diese Zwecke verantworten zu können. Tüchtige Leistungen wurden durch Niederschlagung solcher Vorschüsse belohnt. 1751 erfolgte auch die seit lange geplante Errichtung eines Seidenmagazins, um in Zeiten der Teuerung den Fabriken den Rohstoff

zu billigeren Preisen ablassen zu können. Die Ausfuhr der Fabri=
kate nach dem aufnahmebereiten osteuropäischen Markte wurde an=
fänglich durch ein System von Bonifikationen begünstigt, das
freilich zu allerhand Unterschleifen verleitete und deshalb bald durch
die Auswerfung von Stuhlgeldern, Prämien für jeden wirklich im
Gang befindlichen Stuhl, ersetzt wurde. Fabriken auf Staatskosten
zu errichten und zu betreiben, lehnte der König dagegen grund=
sätzlich ab.

Auf das Drängen der Fabrikherren, vor allem Gotzkowskys, er=
ging im April 1756, nachdem der Einfuhrzoll auf fremde Seiden=
waren in den letzten Jahren fort und fort erhöht war, versuchs=
weise ein allgemeines Einfuhrverbot für alle Provinzen östlich der
Weser.

Hutmachereien, Leder= und Saffianfabriken, Loh= und Weiß=
gerbereien blühten, zumeist wieder von Franzosen begründet, so=
wohl in Berlin wie in Magdeburg und Halle; dänische Handschuhe
wurden in vortrefflicher Ware hergestellt und fanden weithin Ab=
nehmer.

Um die Papierfabrikation zu heben, hatte schon Friedrich Wil=
helm I. die Lumpenausfuhr verboten; aber es fehlte die Technik.
Als König Friedrich im Juni 1754 nach Halle kam, veranlaßte er
deshalb den Vorsteher der dem Franckeschen Waisenhause gehörigen
Kröllwitzer Papiermühle zu einer Studienreise nach Holland und
erteilte ihm ein Monopol für den Lumpenaufkauf in Ostfriesland,
dessen im Sortieren wohlgeübte Sammler bisher ganz im Dienste
der holländischen Fabriken gestanden hatten.

Einwanderer aus Ruhla und Schmalkalden legten 1743 zu Neu=
stadt=Eberswalde, wo schon ein Kupferhammer in Betrieb war,
die erste Messer= und Scherenschmiede in preußischen Landen an;
andere Eisen= und Stahlarbeiter verstärkten die Kolonie. Nadler
suchte man aus Frankreich heranzuziehen, da in Aachen, dem Haupt=
sitze der deutschen Nadelfabrikation, sich keine Überläufer fanden.
Ende 1752 übertrug der König die Leitung der Neustädter, bisher
vom Staate betriebenen Anstalten den Berliner Kaufleuten und
Bankiers Splitgerber und Daum, die später auch die große Spiegel=
fabrik in dem anderen märkischen Neustadt, an der Dosse, über=
nahmen.

David Splitgerber, der vom unvermögenden Buchhalter in die
Höhe und zu Reichtum gekommene, viel geltende, aber auch viel
gehaßte Mann, erhielt zu Gunsten seiner drei 1749, 1751 und 1754
in der Hauptstadt angelegten Zuckersiedereien das Monopol für
einen Teil der preußischen Provinzen. Die Begünstigung dieser
neuen Industrie war gegen Hamburg gerichtet, von dessen Zucker=
raffinerien bis dahin ganz Norddeutschland abhängig war. Doch

sollte der Unternehmer seine Zuckerpreise nicht über die Hamburger und holländischen hinaustreiben, damit der Bevölkerung nicht „eine Art von neuem Impost" aufgebürdet werde. Auffallen mag, daß die große Entdeckung des Zuckergehaltes der Runkelrübe, wie sie der Chemiker Marggraf 1747 der Berliner Akademie mitteilte, den König nicht zu praktischen Versuchen veranlaßte. So blieb einstweilen, noch auf ein halbes Jahrhundert, der fette Boden des magdeburgischen Landes für den Rübenbau ungenutzt. Inzwischen beuteten seinen reichen Weizenertrag die zahlreichen hallischen Stärkemacher aus, während die Stadt Magdeburg der Vorort einer zunächst durch den Tabaksbau der zugewanderten Pfälzer angeregten, schnell aufblühenden Tabaksindustrie wurde. Auch die Anlage von Pfeifenfabriken lohnte sich, da sich geeigneter Tonstoff genug im Lande fand; die Anwerbung gelernter Arbeiter in der niederländischen Heimat dieser Manufaktur betrieb der König, den Geschäftsneid der Holländer fürchtend, durch den Gesandten im Haag so geheim, daß er den Fachminister Marschall ausdrücklich zur Verschwiegenheit gegen die anderen Minister des Generaldirektoriums verpflichtete, damit nicht etwa auf irgend einem Wege die holländische Gesandtschaft zu Berlin „vor der Zeit etwas davon erfahre". Die 1753 in dem oberschlesischen Dorf Zborowsky bei Lublinitz angelegte Pfeifenfabrik dehnte ihren Betrieb in einem Nachbardorfe auf Fayence nach Delfter Art aus, und in Berlin wurden seit 1751 durch den Kaufmann Wegely die ersten Versuche mit der Nachahmung des Meißner Porzellans gemacht.

Die Industrien, welche die Naturschätze des Bodens zu heben und zu verwerten bemüht waren, traten neben den Textilgewerben damals noch sehr zurück. Zu Rothenburg im preußischen Anteile der Grafschaft Mansfeld, wo im sechzehnten Jahrhundert der Kupferbergbau reichen Gewinn gewährt, hatten sich im dreißigjährigen Kriege die unbeschäftigten Bergleute und Hüttenmeister als eine gefürchtete Räuberbande aufgetan, und das Bergwerk war „zu Sumpfe gegangen". Allmählich aber stieg eine neue Blütezeit herauf. Unter dem Betrieb einer 1691 für die Erz= und Steinkohlennutzung in der Altmark und im Magdeburgischen und Mansfeldischen privilegierten Gewerkschaft wurden zu Ausgang der Regierung Friedrich Wilhelms I. und in den ersten Jahren Friedrichs II., bis die Bändigung des Wassers auf immer größere Schwierigkeiten stieß, jährlich bis zu 5—6000 Zentner Kupfer aus dem Rothenburger Werk gewonnen. Dieselbe Landschaft versah einen großen Teil des Staates mit Mühlsteinen, die man ehedem aus dem obersächsischen Gebirge kommen lassen mußte. König Friedrich war anfangs mit der Ausnutzung der Sandsteinbrüche am Südostrande des Harzes noch wenig zufrieden; erst 1752 gelang es ihm, einen tat=

kräftigen und unternehmenden Steinmetzmeister zu gewinnen, unter
dessen Leitung die Brüche bei Siebkenrode und in der Nachbarschaft
für alle Mühlen der mittleren Provinzen und für die großen Bauten
in den Residenzen Berlin und Potsdam die Steine zu liefern ver=
mochten; schon zwei Jahre darauf ward zu Gunsten der einheimischen
Förderung die Einfuhr aller fremden Fliesen, Quadern und Mühl=
steine verboten. Die Steinkohlenwerke dieser Gegenden, zu Wettin
und Löbejün, schachteten jährlich an 10 000 Wispel aus, die Werke
der Grafschaft Mark, die der Bergmeister Decker erst vor wenigen
Jahren, 1737, wieder in Gang gebracht hatte, bereits mehr als das
Doppelte, während die Kohlenschätze Schlesiens noch ziemlich un=
berührt dalagen. Überhaupt wurde in Schlesien auf regere Wieder=
aufnahme des alten Bergbaues, der nur noch in den Kupfergruben
von größerer Bedeutung war, zunächst verzichtet; der König erklärte,
vorderhand kein Geld zu haben, das in die verödeten Werke hinein=
gesteckt werden könnte. Doch wurde im Fürstentum Jauer ein Berg=
amt eingerichtet, und in der Grafschaft Glatz untersuchte man den
Boden auf Salzlager.

Die Salinen hatten für den Staat um so größere Wichtigkeit,
als der Vertrieb des Salzes im ganzen Inland ein einträgliches
Regal war, das jedem Untertan die Abnahme einer bestimmten
Anzahl Metzen zu einem den Marktwert um ein Drittel oder auch
die Hälfte übersteigenden Zwangspreise auferlegte. Den bestehen=
den genossenschaftlichen Salzwerken, den Pfännerschaften zu Halle,
Großsalze und Staßfurt, war bei der Einführung des Regals die
Abnahme ebensovieler Lasten Salzes, als sie bisher im Inland
abgesetzt hatten, gewährleistet worden. Die bedeutendsten Siedereien
aber hatte der Staat im eigenen Besitz, zu Halle und Schönebeck
im Magdeburgischen, zu Neusalzwerk bei Minden und zu Königs=
born in der Grafschaft Mark. Durch stetig zunehmende Erweiterung
und Vervollkommnung des Betriebs war es möglich geworden,
den ganzen einheimischen Bedarf zu decken, das Lüneburger Salz
und das überseeische Boisalz, die früher das ganze norddeutsche
Tiefland von Westfalen bis Schlesien gespeist hatten, gänzlich aus
den preußischen Provinzen zu verdrängen; außerdem fand preußisches
Salz in Kursachsen und Thüringen, in Franken und Böhmen, in
Mecklenburg und in der Nachbarschaft der westfälischen Salinen
willige Abnehmer. Für die magdeburgischen Staatswerke wurde
es von entscheidender Bedeutung, daß König Friedrich im zweiten
Jahrzehnt seiner Regierung ihnen eine ganz persönliche Fürsorge
zuzuwenden begann und in ihren etwas zurückgebliebenen Betrieb
nachdrücklich eingriff; die westfälischen Siedepächter Rappard und
Freiherr von Torck, die er nach Schönebeck schickte, mußten ihm Ver=
besserungspläne ausarbeiten, und als die zuständigen Behörden, die

magdeburgische Kammer und das Generaldirektorium, zur Begut=
achtung aufgefordert, sich nicht einigen konnten, berief Friedrich
1755 den hessischen Kammerdirektor Waiß, genehmigte seine Vor=
schläge für Umbauten und technische Verbesserungen und wies ihm
100 000 Taler für die Ausführung an. Damit war der ausge=
zeichnete Mann für den preußischen Staatsdienst gewonnen, dem
später bei fortgesetzter Bewährung das Bergwerks=, Hütten= und
Salinenwesen als gesondertes Ministerium anvertraut werden durfte,
während einstweilen dieser Bereich der Industrie, da sich das fünfte
Departement des Generaldirektoriums hierauf nicht erstreckte, der
einheitlichen Leitung entbehrte.

Eine jedesmal mit Spannung erwartete Übersicht über Fort=
schritte und Stand der gesamten Industrie und die Leistungsfähig=
keit der einzelnen Zweige und damit feste Anhaltspunkte für ein
vorhandenes Erweiterungs= und Verbesserungsbedürfnis gaben dem
Könige jene seit 1747 alljährlich von den Kammern zusammenge=
stellten, alle Ein= und Ausfuhrgegenstände berücksichtigenden Handels=
bilanzen, ob immer ihre Zahlen nur annähernden Wert hatten.
Indem er Fäsch nach dessen Amtsantritt zum erstenmal eine dieser
Zusammenstellungen mitteilt, empfiehlt er sie dem neuen Mit=
arbeiter zu fleißiger Durchsicht, da Fäsch dafür zu sorgen haben werde,
daß die Einfuhr fremder Waren „durch mehrere Aufnahme unserer
Landesfabriken" von selbst zurückgehe. Erscheinen dem Könige an
der Hand dieser Statistik die Summen für eingeführte Waren, die
sich im eigenen Lande unmöglich gewinnen lassen, wie etwa für
Austern, übermäßig hoch, so verlangt er wenigstens Erhöhung der
Eingangszölle, um den Verbrauch und damit den Geldabfluß ins
Ausland nach Möglichkeit einzuschränken. Scharfen Tadel zieht sich
Fäsch zu, als er 1752 nach Prüfung der sämtlichen Bilanzen nur
einige wenige Fabriken als noch erforderlich auf die Vorschlagsliste
zu setzen weiß: er könne die Extrakte nur „sehr superficiellement"
durchgesehen haben, er dürfe sich nicht auf die den Kammer=
präsidenten erteilten Befehle, ihrerseits auf Fehlendes aufmerk=
sam zu sein, berufen: „Wann Ihr erwäget, mit wieviel differenten
Sachen ermeldete Präsidenten chargieret sein, das fünfte De=
partement aber nur dieses allein zum Objekt hat, so werdet Ihr
selbsten finden, daß solchem obliege, mit aller Attention darauf zu
arbeiten."

Immerhin waren im ganzen die Ergebnisse dieser Statistik sehr
befriedigend. Der Wert der Ausfuhr wurde für das Jahr 1752
auf 22 625 992 Taler, der der Einfuhr auf 16 954 955 Taler be=
ziffert, so daß man eine Bereicherung des Landes um sechsthalb
Millionen folgerte. Um den Unternehmungsgeist der Kaufleute zu
größerer Selbständigkeit anzuleiten, traf der König die Veranstal=

tung, daß die Listen über die Einfuhr zur allgemeinen Einsicht
offen lagen; so mochte jeder selbst zuschauen, wo seine Betriebsamkeit zum Wettkampf mit der ausländischen Produktion am ersten
Aussicht hatte.

Bei der Anlage neuer Fabriken war auch der Gesichtspunkt
maßgebend, daß in der Wahl der Orte armen, der Gewerbtätigkeit
bisher noch entbehrenden Gegenden zu Hilfe zu kommen war. Da
erscheint dann in Oberschlesien Gleiwitz für eine Fabrik halbbaum-
wollener und halbleinener Stoffe geeignet, und Tarnowitz für die
Herstellung feiner Holzwaren und Kinderspielzeuges nach Nürn-
berger Muster, weil Holz in der Nähe nicht fehlt und Krakau und
Teschen einen guten Markt darbieten würden. In Hinterpommern
bemerkt der König im Sommer 1750 auf der Durchfahrt, daß es
an einer guten nahrhaften Stadt fehle, wohin der Landmann seine
Früchte, ohne allzuweit fahren zu müssen, absetzen und dafür Fabrikate eintauschen könne; nun scheint das Städtchen Naugard zu
solchem „mutuellen Verkehr" am günstigsten gelegen, und der pommersche Kammerpräsident muß deshalb vorschlagen, „was vor Arten
von Fabriken und Manufakturen" dort am zweckmäßigsten anzulegen
sein würden.

Im engen Zusammenhang mit den Bemühungen zur Hebung
des Wirtschaftslebens stand im Jahre 1750 die Neuordnung des
preußischen Münzwesens.

Auch hier ging der Anstoß unmittelbar vom Könige aus. Seine
Minister haben bei dieser Reform nicht nur nicht mitgewirkt, sondern
hatten ihm vielmehr erklärt, keinen Rat zu wissen, hatten es als
unmöglich bezeichnet, eine ausreichende Menge Goldes für die erforderlichen Prägungen aufzukaufen. Somit erklärte der König,
die Fürsorge für das Münzwesen selber auf sich nehmen, die Direktion
sich „reservieren" zu wollen. Er verschrieb sich zu Anfang des Jahres
1750 für die Durchführung der Reform einen Fachmann von auswärts, Johann Philipp Graumann aus Braunschweig, wie er für
die Handels- und Gewerbeabteilung des Generaldirektoriums soeben jenen Fäsch aus der Fremde berufen hatte. Er sprach offen
aus, „daß wir insgesamt die rechte Art des Münzwesens bisher
nicht vollkommen verstanden haben".

Bei der allgemeinen Münzverschlechterung in deutschen Landen,
bei dem Wetteifer der Landesherrschaften in der Ausprägung unter-
wertigen Geldes, bei der Hilflosigkeit der Reichsgewalt und des
Reichstages diesem Unwesen gegenüber, war es endlich dahin gekommen, daß man sich im kaufmännischen Verkehr, sobald es sich
um größere Beträge handelte, auf das vollwichtige Silber und Gold
des Auslandes angewiesen sah, in Preußen vorzugsweise auf französische Münzen, die Louisdor und die Louisblancs oder Franztaler.

Dem preußischen Staate erlaubte nun die bereits erreichte Aus=
dehnung seines Gebietes, sich auf eigene Füße zu stellen und sowohl
aus der Münzunordnung des Reiches zu entrinnen wie sich von
der Bevormundung des Auslandes zu befreien. Die an das Münz=
gesetz vom 14. Juli 1750 geknüpften Hoffnungen haben sich nicht
alle erfüllt. Der König teilte anfangs die Illusionen seines General=
münzdirektors, daß sein neues Geld dank der guten Technik eine
Weltmünze werden würde und daß in seinen Münzstätten jährlich
20 Millionen Taler mit einem Reingewinn von einer Million aus
dem Schlagschatz geprägt werden sollten. Statt dessen hatte man
die Enttäuschung, daß die neuen preußischen Goldstücke, deren Wert
gegen das Silberkurant tiefer angesetzt war, als der Goldpreis=
weltmarkt es rechtfertigte, durch Aufkauf dem Verkehr schnell wieder
entzogen wurden. Aber in der Hauptsache hat die Neuordnung sich
bewährt. Nach dem Münzfuß von 1750 wurden 14 Taler auf die
feine Mark Silber und Friedrichsdor im Gehalt von 6,055 Gramm
Gold und im Werte von fünf Talern ausgebracht. Es war eine
Schöpfung für die Dauer, die zwar durch die bald hereinbrechenden
Kriegswirren auf kurze Zeit gestört wurde, dann aber das alte deutsche
Reich und den neuen deutschen Bund überlebt hat und die Grund=
lage der Münzeinheit des neuen Reiches geworden ist.

Wenn König Friedrich in dem politischen Testament den Ge=
samtbestand der vorhandenen Manufakturen mustert, bemerkt er,
daß die geographisch zusammenhängenden Provinzen Branden=
burg, Pommern, Magdeburg, Halberstadt auch wirtschaftlich bereits
ein einheitliches Ganzes bilden, daß sie ungefähr dieselben Indu=
strien haben, dieselben Waren erzeugen. Und schon durfte auch
Schlesien in gewissem Grade zu diesem einheitlichen Wirtschafts=
gebiet gezählt werden; im Frühjahr 1747 waren die Zollschranken
zwischen den alten Landen und dem neuen wenigstens zum Teil
gefallen. In gemeinsamen Beratungen, zu denen seit 1748 all=
jährlich um die Weihnachtszeit die Präsidenten der märkischen und
pommerschen, der magdeburgischen, Halberstädter und schlesischen
Kammern mit dem Könige und den Ministern des Generaldirek=
toriums in Berlin zusammentraten, um die besonderen Bedürfnisse
der aufeinander angewiesenen Mittelprovinzen zu erörtern, fand die
Interessengemeinschaft und wirtschaftliche Gleichartigkeit dieses
weiten Gebietes Anerkennung und Ausdruck.

Der historischen Bedeutung des Merkantilismus endlich gerecht
geworden, erkennt heute die Staatswissenschaft als den positiven
Kern dieses Systems die Organisierung der Kollektivinteressen,

das Ringen nach Ersetzung des Widerstreits örtlicher, stadtwirtschaft=
licher Sonderbestrebungen durch eine staatliche und nationale Ge=
meinpolitik, durch eine Volkswirtschaft. Der jungen preußischen
Großmacht ist die Durchführung dieses wirtschaftlichen Einigungs=
prozesses mehr als irgend einem anderen Staat erschwert worden.
Nicht bloß dadurch, daß ihr Gebiet in mehrere, weit auseinander
liegende Stücke zerrissen war; auch da, wo die rasch sich folgenden
Neuerwerbungen benachbartes Land an den mittleren Hauptstock
anfügten, blieb dem neuen Gliede niemals eine mehr oder minder
schmerzhafte Übergangszeit erspart, bis sich der wirtschaftliche Blut=
umlauf aus den zerschnittenen, unterbundenen Kanälen in neue
ergossen hatte.

So hatte das Herzogtum Magdeburg seine Verkehrsbeziehungen
seit alters in der Richtung unterhalten, die ihm schon der Lauf seiner
Ströme wies, nach Norden und Süden, nach Hamburg und nach
Leipzig, nicht nach Osten oder Westen. Die brandenburgisch=preu=
ßische Landesherrschaft hatte die erste Zeit nach 1680 diesen geschicht=
lich gegebenen Zustand anerkannt, dann aber, im zweiten Jahrzehnt
der Regierung Friedrich Wilhelms I., mit Rücksicht auf das Gesamt=
interesse der Industrie und die Hauptstadt Berlin, die neue Pro=
vinz in ein sich beständig schärfendes Schutzzollsystem hereingezogen,
obgleich die ins Land gesandten preußischen Beamten sich der Wünsche
der einheimischen Bevölkerung sehr warm annahmen und den
protektionistischen Anschauungen der Berliner Zentralbehörden einen
ebenso lebhaften wie zähen Widerstand entgegensetzten. Auch hat
diese bureaukratische Unterströmung 1728 in einen Handelsvertrag
mit Sachsen eine Reihe von Bestimmungen zu Gunsten des alten
freien Verkehrs hineinzubringen verstanden. Mit minderem Er=
folg, aber unermüdlich, betrieb der magdeburgische Steuerrat
Pleßmann Jahrzehnte hindurch die Herabsetzung der Elbzölle.
Jetzt wieder, 1748, beantragte der Kammerpräsident Platen bei
dem Könige im Interesse Magdeburgs, dieser „zur Handlung be=
sonders avantageuse gelegenen" Stadt den Freihandel wieder=
zugeben, ihr ihn wenigstens auf sechs Jahre zur Probe zu ge=
statten.

So war Vorpommern schon in den letzten Zeiten der Greifen=
herrschaft und vollends als schwedische Provinz gegen das branden=
burgische Hinterland ganz gesperrt worden und hatte das Antlitz
ausschließlich nach der Fremde gewandt. Es war kaum anders
möglich, als daß bei dem Aufhören der Fremdherrschaft die ersten
Maßregeln der preußischen Zollpolitik den verkommenen Stettiner
Handel noch tiefer hinabdrückten. Die bisherigen Vergünstigungen
bei der Einfuhr schwedischer Waren fielen ganz oder teilweise
fort; dem blühendsten Handelszweige, dem Vertrieb des über=

seeischen Boisalzes, das, aus den Häfen des Biskayischen Meer=
busens geholt und in den pommerschen Städten versotten, nach
Polen weiterging, wurde durch das preußische Salzregal der
Garaus gemacht, nicht minder dem Wollabsatz durch das Ausfuhr=
verbot von 1719 und dem Durchgangshandel mit polnischem
Getreide durch eine Einfuhrsperre. Schon fürchtete man, daß
auch der einträgliche Holzversand nach Frankreich, den die Salz=
schiffe bisher vermittelt hatten, beim Fehlen geeigneter Rückfracht
aufhören werde.

Auch den Schlesiern sind die empfindlichen Nachteile eines Über=
gangszustandes nicht ganz erspart geblieben. Zwar hütete sich die
preußische Verwaltung, in die anderwärts gemachten Fehler hier
noch einmal zu verfallen. Friedrichs erste handelspolitische Weisung
an die Leiter der neuen Provinz war, die Wünsche der Breslauer
Kaufmannschaft eingehend zu erkunden, und das zweischneidige Ver=
bot der Wollausfuhr wurde auf Schlesien vorerst nicht ausgedehnt.
Aber die reich entwickelte schlesische Industrie hatte doch einmal
ihr dankbarstes Absatzgebiet in Österreich gefunden und mußte
demnach die Kosten des erbitterten Zollkrieges tragen, der nur zu
schnell zwischen dem ehemaligen und dem neuen Besitzer des Landes
entbrannte. Der Handel mit Polen und Rußland war seit lange
zurückgegangen, und der Versuch, zur Wiederheranziehung der Kauf=
leute aus dem slawischen Osten in Breslau eine Messe einzurichten,
bereitete dem König eine schwere Enttäuschung.

Vollends in den Landschaften, die ohne Rückendeckung durch
eine andere preußische Provinz ganz auf den Verkehr mit ausländischer
Nachbarschaft angewiesen waren, fand das Schutzzollsystem wenig
Anklang. Daher in den westfälischen und rheinischen Städten die
Abneigung gegen die Akzise; daher bei den Königsberger Kauf=
leuten, welche Seidenstoffe, sowie Gold= und Silberwaren für den
Kleinhandel nur aus den Berliner Fabriken beziehen durften, die
Klage, diese Einkäufe kämen ihnen teurer, als die im Auslande ge=
machten, für die sie nun, da die Polen diese Sachen eben lediglich
im Kleingeschäft abnähmen, keine Verwendung hätten.

König Friedrich hat sich gegen die freihändlerischen Anregungen,
die ihm von mehr als einer Stelle aus gegeben wurden, fast überall
ablehnend verhalten. Jenen Antrag des magdeburgischen Kammer=
präsidenten hat er ernstlich in Erwägung gezogen; dann aber ent=
schied er sich für eine Politik, die nach Lage der Dinge durchaus
folgerichtig war, deren Zweckmäßigkeit sich freilich erst erproben
mußte. Er zog für die Elbprovinz das Schutzzollsystem nur noch
straffer an und bemühte sich, statt sie dem Hamburger Handel
aufzuschließen, diesen vielmehr nach Möglichkeit über die Ostsee
auf den Strom abzuziehen, der seit den Erwerbungen von 1720

und 1742 in seinem ganzen Lauf preußisch war, auf die Oder. Über
Stettin sollten in Zukunft, so plante er, nicht bloß Pommern und
die Marken, sondern auch seine Elbprovinzen Magdeburg und Halberstadt, ja die sächsischen Kurlande und der Osten ihre Kolonialwaren
und die sonstigen Gegenstände überseeischer Einfuhr erhalten.

Der Oderhandel zwischen der Mark Brandenburg und Pommern,
Frankfurt und Stettin, hatte bis ins sechzehnte Jahrhundert den
Elbhandel an Ausdehnung und Bedeutung übertroffen. Dann aber
begann zwischen den aufeinander angewiesenen Nachbarn ein er-
bitterter, verderblicher Zollkrieg. Frankfurt wie Stettin steiften
sich jetzt auf ihre Stapelprivilegien: der Baum von Stettin schloß
sich den märkischen Schiffen, und auch die Frankfurter duldeten den
Handel zwischen Fremden, „von Gast zu Gast", nicht mehr und ließen
keine Ware an ihrer Stadt vorbeiführen, die nicht drei Sonnen-
scheine bei ihnen zum Verkauf ausgelegen hatte, und auch dann
durfte sie nur auf Frankfurter Schiffsgefäßen stromaufwärts geführt werden. Damit richtete man sich gegenseitig zu Grunde.
Der schlesische Handel suchte sich den Weg über Leipzig nach Hamburg und Antwerpen. Um von dem aufblühenden Schiffsverkehr
auf der oberen Oder an ihrem Teil Nutzen zu ziehen und in Berlin
wieder zu gewinnen, was in Frankfurt verloren war, hoben die
Märker von der Oder zur Spree den neuen Graben oder Friedrich-
Wilhelms-Kanal aus; mit der Herstellung dieser durchgehenden
Wasserverbindung zwischen Hamburg und Breslau fiel die Erbschaft
des alten Frankfurtisch-Stettiner Handels der Elbe zu; den Hauptvorteil aber hatten nicht die Brandenburger, sondern die Hamburger
und Schlesier, ob immer Berlin als das geographische Mittelglied
des neuen schlesisch-nordwestdeutschen Schiffahrtsystems gut zu seiner
Rechnung kam. Die wesentlichen Voraussetzungen dieses Systems,
die Ursachen des Niedergangs der Oderschiffahrt, schwanden nun,
als in einem Zeitraum von zwei Jahrzehnten Stettin und Breslau
nacheinander demselben Staate zufielen, dem schon seit je Frankfurt untertan war. Es kam jetzt nur noch darauf an, daß ein Macht-
wort des gemeinsamen Landesherrn den Hader der eifersüchtigen
Städte verstummen hieß und mit den veralteten, aber noch immer
hochgehaltenen Stapelgerechtsamen aufräumte. Sehr richtig sagte
König Friedrich Wilhelm nach der Erwerbung von Stettin, die
Maschine der brandenburgischen Welt habe sich gänzlich geändert
und die Ansprüche der Stadt Frankfurt reimten sich auf den gegenwärtigen Zustand wie die Faust aufs Auge. Indes hatte sich der
Sondergeist der beiden feindlichen Oderstädte zunächst nur ganz
geringfügige Zugeständnisse abhandeln lassen; nur versuchsweise hat
unter Friedrich Wilhelm zwei Jahre hindurch völlig freier Handel
zwischen Stettin und Frankfurt bestanden.

Friedrich II. hatte gleich bei seiner Thronbesteigung Vorschläge verlangt, wie sich dem Stettiner Handel zu der alten Blüte aufhelfen lasse. In den ersten zwanzig Jahren ihrer Zugehörigkeit zu dem preußischen Staate hatte sich die Stadt von ihrem traurigen Fall zwar schon etwas erholt, bedeutete aber als Seehandelsplatz neben Hamburg und Danzig nicht das geringste. Ihre fünfundachtzig Kaufleute trieben mehr Krämerei als Großhandel; ein einziger Kran, eine einzige Wage genügten dem gesamten Umsatz der Ein- und Ausfuhr.

Schritt für Schritt wurden nun die Bedingungen erfüllt, von denen die Wiedereinsetzung der Ostsee und Oder in ihre historischen und geographischen Rechte abhing.

Mit der Anlage des Plauenschen Kanals zwischen Elbe und Havel wollte der alte Minister Görne, der Besitzer von Schloß Plaue, welcher den Plan bei Friedrich Wilhelm I. befürwortete, zunächst nur den nach der Kurmark bestimmten magdeburgischen Salzschiffen den weiten Umweg über Havelberg ersparen. Schnell aber wurde die viel allgemeinere Bedeutung des Entwurfes erkannt. Indem der neue König am 15. März 1742 dem Generaldirektorium die ernsthafte Förderung des vielfach erörterten Werkes zur Pflicht macht, stellt er die Frage: „ob durch Anlegung dieses Kanals nicht eine interessante Handlung und Kommunikation zwischen Stettin und denen kurmärkischen und magdeburgischen Städten zu etablieren?" Eine Anregung, die in ihr volles Licht trat durch den gleich darauf ergehenden Befehl zur Wiederherstellung des seit dem dreißigjährigen Kriege verfallenen Finowkanals zwischen Havel und Oder. Die beiden neuen, ein Ganzes darstellenden Anlagen setzten sich gerade den entgegengesetzten Zweck, wie einst der Bau des Friedrich-Wilhelms-Grabens. Hatte dieser die Verbindung zwischen der Nordsee und Breslau, zwischen der Elbmündung und der mittleren Oder geschaffen, so verkürzten der Plauensche und der Finowkanal die Wasserstraße zwischen der Ostsee und Magdeburg, zwischen der Odermündung und der mittleren Elbe.

An demselben Tage, dem 2. Januar 1746, an dem der König der pommerschen Kammer streng befahl, daß der Finowkanal im kommenden Jahre „ganz ohnfehlbar und sonder einiges Einwenden noch Räsonieren ganz und gar fertig und in vollkommen brauchbarem Stande sein müsse", sprach er ihr auch die Erwartung aus, beim Hafenbau an der Swinemündung die lange Arbeit endlich von Erfolg gekrönt zu sehen. Noch war die Swine, der mittlere Haffausfluß, gleich dem östlichen, der Divenow, für Seeschiffe unfahrbar; aller Verkehr mit dem Meere erfolgte durch die westliche, schwedisch gebliebene Mündung, die Peene, so jedoch, daß auch hier die Fahrzeuge mit größerem Tiefgang ihre Fracht auf Leichterschiffe

umladen mußten. Die noch vor 1740 entworfenen Anschläge be=
absichtigten, dem Swinehafen durch Baggerung eine Wassertiefe
bis zu zwölf Fuß zu geben. Das hat sich nicht erreichen lassen,
die Vermittelung der Leichter war auch hier nicht zu umgehen;
genug, wenn im Frühjahr 1747 nach Vollendung der Wasser=
bauten die Swine so weit schiffbar wurde, daß sie den Seeverkehr
Stettins von der Peene abzulenken vermochte. Zollermäßigungen
halfen nach. An dem neuen Hafen entstand eine neue Stadt,
Swinemünde. Die Wolgaster und Stralsunder schrieen über den
unerhörten Eingriff in den Besitzstand des schwedisch=pommerschen
Handels.

Wie an der Seeküste mit der Öffnung der Swine die letzten
Reste der handelspolitischen Abhängigkeit von Schweden getilgt
wurden, so beseitigte der Dresdner Friede den letzten fremdherr=
lichen Binnenzoll an den Gestaden der Oder, den Fürstenberger
Zoll, den der sächsische Hof bisher an der kurzen lausitzischen Ufer=
strecke erhoben hatte. Nun waren auch die Tage der städtischen
Stapelgerechtigkeiten gezählt. Die Freilassung des Stroms, die
dem unbequemen Nachbarn nach einer siegreichen Schlacht und der
Einnahme seiner Hauptstadt abgezwungen worden war, sie durfte
von den Städten des eigenen Landes füglich nicht länger geweigert
werden. Frankfurts Umladeanspruch erhielt einen neuen schweren
Stoß, als der Finowkanal den Stettiner Oderkähnen, die bisher
nur über Frankfurt und durch den Friedrich=Wilhelms=Graben nach
Berlin gelangen konnten, den um neunzehn Meilen kürzeren Weg
über Eberswalde, Oranienburg und Spandau eröffnete. Eine
königliche Verordnung von 1751 führte im folgenden Jahre zu einem
Ausgleich zwischen Stettin, Frankfurt, Breslau, Berlin und Magde=
burg, der den zweihundertjährigen Stapelkrieg friedlich beendete;
Frankfurt behielt sein Niederlagsrecht nur für den Leinsamen,
diesen wichtigen, für den schlesischen Flachsbau unentbehrlichen
Handelsartikel, der seit alters aus Preußen zur See über Stettin
eingeführt wurde. Auch im Warthehandel wurden die durch eine
eifersüchtige Kirchturmspolitik ehedem geschaffenen Hindernisse jetzt
beseitigt.

Den Wettbewerb mit der Elbschiffahrt und den Verkehr auf der
Oder erschwerte noch die unverhältnismäßige Höhe der Zölle. Gegen
die Herabsetzung sträubte sich die Akziseverwaltung, aus Furcht vor
einer Minderung ihrer Einnahmen. Der stettinische Steuerrat
Vanselow hat sich das Verdienst erworben, diese Bedenken aus dem
Wege zu räumen. Eindringlich legte er dem Könige Ende 1752
dar, daß kein anderes Mittel vorhanden sei, einen richtigen Groß=
handel auf der Oder emporzubringen, als die Gleichsetzung der Oder=
und der Elbzölle; den fiskalischen Engherzigkeiten der pommerschen

Steuerverwaltung hielt er die Mahnung entgegen, „daß man in Handelssachen nicht auf e i n e n Ort und e i n e Kasse Reflexion machen dürfe, sondern ins Große rechnen müsse". Noch vor Jahres= schluß verfügte der König, durch den einsichtigen Beamten überzeugt, daß das Generaldirektorium im Verein mit dem schlesischen Minister und den Präsidenten der kurmärkischen und der pommerschen Kammer „die völlige Parifikation zwischen den Elb= und Oderkursen" herbei= führen sollte. Zu Beginn des Jahres 1754 konnte die pommersche Kammer bereits berichten, daß das Wachstum des Stettiner Handels an der fortgesetzten Vermehrung der Durchgangswaren deutlich zu spüren sei. Die Schiffsbewegung, über die seit 1751 genau Buch geführt wurde, vergrößerte sich, solange der Friede dauerte, von Jahr zu Jahr. Im Hafen von Swinemünde gingen im Rechnungs= jahre von 1752 auf 1753 1095 einheimische Schiffe ein und aus, zumeist allerdings von geringer Größe; in den beiden nächsten Jahren 1644 und 1739; von 1755 auf 1756 — schon hatte der englisch= französische Seekrieg begonnen — 1615; dazu in diesen letzten drei Jahren je 400, 367 und 421 fremde Fahrzeuge. Unter der Leitung auswärtiger Schiffsbaumeister begann man, wie Friedrich es dem Geheimrat Fäsch als wünschenswert bezeichnet hatte, größere See= schiffe, Dreimaster von 80 bis 120 Fuß Kiellänge, anzufertigen. In der Binnenschiffahrt oberhalb Stettins stellte sich anfangs dem Warenverkehr nach Magdeburg ein fühlbarer Mangel an Kähnen entgegen, bis der König die Oderfahrer von der lästigen Verpflich= tung entband, jährlich zehn Klafter neumärkischen Holzes unent= geltlich nach Berlin zu schleppen. So löste denn auf den märkischen Wasserläufen der pommersche Schiffer die Hamburger ab, die in den Anfängen des Jahrhunderts sich die Frachten zwischen Hamburg und Berlin mit den Brandenburgern in geregelter Bört= und Reihen= fahrt geteilt hatten, 1748 aber von diesem Anrecht nach langen Ver= handlungen endgültig ausgeschlossen wurden.

Einen Mißerfolg hatte der Versuch, die überseeische Ausfuhr des polnischen Getreides wie vor Zeiten über die pommerschen Seestädte zu lenken. Ein Patent von 1744, welches die Grenze unter der Einschränkung öffnete, daß das Korn nur an Stettiner und Kolberger Kaufleute verkauft und nur zum Absatz über See durch= geführt werden sollte, blieb wegen des hohen Eingangzolls wir= kungslos. Aber auch als im Jahr 1750 alle Zölle aufgehoben wurden, wollte sich die polnische Kornausfuhr von dem gewohnten Wege über Danzig nicht ablenken lassen.

Die Stapelrechte der alten Handelsplätze an der Oder waren gefallen, das Stapelrecht der Magdeburger dagegen wurde aus langer Vergessenheit wieder hervorgesucht. Dort mußte dem zwei= hundertjährigen Streite der drei jetzt unter demselben Szepter ver=

einigten Städte ein wohltätiges Halt zugerufen werden; hier bot
der staatlichen Handelspolitik das schon verschollene Stapelrecht eine
bequeme und wirksame Waffe für den Wettkampf mit den zur Zeit
noch wirtschaftlich stärkeren ausländischen Mitbewerbern, den Ham=
burger und Leipziger Kaufleuten.

In den Zusatzbestimmungen zu dem preußisch=sächsischen Handels=
vertrage, dessen wir gedachten, war 1730 verabredet worden, die
Durchgangszölle hüben und drüben wegfallen zu lassen; doch blieb
die Transitakzise der Stadt Leipzig ausdrücklich ausgenommen.
Bald darauf begannen unerwarteterweise die Leipziger einen alten,
auf einen kaiserlichen Gnadenbrief von 1507 gestützten Straßenzwang
wieder geltend zu machen, wonach im Umkreise von fünfzehn Meilen
um die Stadt jeder Frachtfuhrmann gebunden sein sollte, auf Leipzig
zuzufahren; dort kam die Durchgangsakzise, der Regel nach mit
einem Drittel vom Hundert, zur Erhebung.   Damit sperrten sich
für den Handel aus Norddeutschland und insbesondere aus dem
Magdeburgischen die kürzesten, sämtlich an Leipzig vorbeibiegenden
Straßen nach Frankfurt am Main, Nürnberg, Regensburg, Gör=
litz.   Die auf den jetzt verbotenen „Beiwegen" betroffenen Wagen
wurden Geldstrafen unterworfen.   Diplomatische Schritte des
preußischen Hofes erzielten keine Abhilfe.   König Friedrich Wil=
helm starb, und der Nachfolger, minder geduldig, verhängte trotz
der Bedenken seines behutsamen Ministers Podewils alsbald einen
Retorsionszoll: jeder sächsische Kahn, der bei Magdeburg vorbei=
fuhr, mußte die Durchgangsakzise in der Höhe, wie man sie in Leipzig
erhob, entrichten.   Es folgte nach zwei Jahren die Einführung einer
Durchgangsabgabe auch für den Wagenverkehr, und nach weiteren
vier Jahren, während seiner Anwesenheit zu Magdeburg im Juni
1747, verfügte der König, einer Bitte der dortigen Kaufmannschaft
entsprechend, daß die alte Stapelgerechtigkeit der Stadt wieder in
Kraft trete, wonach alle Dresdner und sonstigen oberländischen
Schiffer ihre Fracht hier anlanden, ausladen, an Ort und Stelle
verkaufen oder den Magdeburgern zur Weiterführung stromabwärts
übergeben sollten.

Die einschneidende Verordnung, zunächst nur als vorübergehende
Maßregel gedacht, wurde der Grundstein eines Sperrsystems, das
nunmehr nach Süd und nach Nord, gegen Sachsen wie gegen Ham=
burg, immer schärfer und streitbarer ausgebildet wurde.   Der Ver=
trag von 1728 war auf sechs Jahre geschlossen, stillschweigend aber
hatte man ihn nachher weiter gelten lassen.   Bis nun im Sommer
1748, ein Jahr nach der Wiederherstellung des Stapelrechts, König
Friedrich durch die Zahlen der Handelsbilanz, der ersten, welche die
Magdeburger Kammer ihm vorlegte, stutzig wurde.   Er verlangte
genauen Bericht, ob der Handelsvertrag dem Staate Vorteil oder

Nachteil bringe; er sagte sich dann von dem Vertrage nicht gerade
los, verfügte aber zu Nuß und Frommen der heimischen Linnen=
und Damastindustrie: „Die Sachsen sollen chicaniret, ihre Waren
bei der Entrée difficiliret werden." Die Einfuhr sächsischer Samt=
und Velpestoffe wurde gänzlich verboten. Solange der von Friedrich
ungemein hochgeschätzte Präsident von Platen an der Spitze der
Provinzialverwaltung stand, bildeten dessen freihändlerische An=
wandlungen gegen die neu aufkommende Richtung noch ein Gegen=
gewicht. Dann aber machte sich der überall mit eigenen Gedanken
hervortretende Schlabrendorff, der auf dem Übergange von der noch
unselbständigen Stellung eines Direktors der Stettiner Kammer zu
dem schlesischen Oberpräsidium anderthalb Jahr als Präsident in
Magdeburg wirkte, zum Wortführer einer gerade auf das Ziel zu=
stürmenden Kampfespolitik und verstärkte somit die bei dem Könige
bereits vorhandenen Antriebe um ein Erhebliches. Schlabrendorff
gewann ihn für ein alle Straßen der Provinzen Magdeburg und
Halberstadt und zum Teil auch die Altmark umfassendes System
hoher Durchgangszölle, von dem er verhieß, „daß es den hambur=
gischen, lüneburgischen, sächsischen und österreichischen Kaufleuten in
ihrem Handel großen Abbruch tun würde". Die Sachsen antworteten
am 13. Mai 1755 mit einem Verbot fast sämtlicher preußischen Waren
und bemühten sich, den Durchfuhrhandel von den preußischen Elb=
landen ganz abzuleiten; alle sächsischen Wagen erhielten den Befehl,
für die Fahrt nach und von Hamburg den Weg über den Harz oder
westlich um das Gebirge herum zu nehmen. Aber troß der neuen
preußischen Zölle kam auf den Umwegen der Zentner Ware immer
noch fast um einen Taler höher zu stehen, als auf der Fahrt durch das
Preußische; von Norden her war die erste große Steigung bei Harz=
burg für Wagen kaum zu überwinden, und vollends als der Winter
kam, wurde die sogenannte neue Harzstraße der Schrecken aller
Kärrner: sie werde, berichtete der preußische Posthalter zu Hohe=
geiß an den Generalpostmeister, „sowohl von Untertanen wie von
Fuhrleuten täglich, ja stündlich verflucht"; ein Fuhrmann hatte von
Braunlage bis Hohegeiß siebzehn Stunden gebraucht und sein bestes
Pferd unterwegs verloren.

Inzwischen war von sächsischer Seite längst, schon wenige Wochen
nach dem Erlaß des Einfuhrverbotes, eine gütliche Verständigung,
der Abschluß eines neuen Handelsvertrages, angeregt worden. Nach=
dem er geflissentlich eine Zeit lang Gleichgültigkeit zur Schau ge=
tragen hatte, erklärte sich König Friedrich zum Verhandeln bereit.
Im Dezember 1755 versammelten sich zu Halle die Bevollmächtigten
beider Teile. Die Sachsen zeigten sich anfangs, wie der Obmann
der preußischen Abordnung, Oberst von der Golß, ihnen nachrühmte,
„sehr accommodant und willfährig"; bald aber klagte Golß, daß seine

Sache „schief zu gehen" beginne und daß der Dresdner Hof „ganz rappelköpfig" geworden sei. Der vornehmste Stein des Anstoßes war die Weigerung des Königs von Preußen, den Handelsvertrag auch auf Schlesien auszudehnen. Hier war im Zusammenhange der Kampfmaßregeln gegen Sachsen, nicht minder als in den Elb= provinzen, ein hoher Zoll eingeführt worden, der den polnisch= sächsischen Durchgangshandel mit dreißig Hundertteilen des Waren= wertes belastete. Goltz meinte, daß lediglich dieser schlesische Durch= gangszoll die Verhandlungen scheitern lasse. In Briefen an den Kabinettsrat Eichel erging er sich in den bittersten Anklagen gegen den gerade jetzt nach Breslau versetzten Schlabrendorff, der mit seinen „completten, sehr moralischen und gelehrten Gutachten" geflissentlich alles hintertreibe; es sei zu bedauern, daß das Bres= lauer Kammerkollegium blind sich der Meinung seines neuen Vor= gesetzten angeschlossen habe: „die Leute sehen den daraus entstehen= den Schaden nicht ein, oder dürfen ihn nicht einsehen". Nach fünf= monatlicher fruchtloser Arbeit, Ende Mai 1756, eröffnete Goltz den sächsischen Vertretern, daß er und seine Gefährten auf Befehl ihres Königs die Verhandlung abbrechen müßten.

Wenn Schlabrendorff durch seine Gutachten, im Gegensatz zu den freihändlerisch gehaltenen Vorschlägen der hallischen Kommission, seine Schöpfung, das Magdeburger Transitzollsystem, gerettet und der Taktik der Kampfzölle und Sperren einen neuen Erfolg errungen hat, so lagen für ihn die entscheidenden Beweggründe in den Ver= hältnissen der inzwischen ihm anvertrauten Provinz Schlesien. Eine doppelte Beweisführung war es, durch die er den König über= zeugt und gegen Goltz auf seine Seite gezogen hat. Die Aufhebung der schlesischen Durchgangszölle, so erklärt er einerseits, werde den ganzen polnischen Handel von der Oder, von Breslau und Frank= furt, nach Leipzig ziehen. Sodann aber würden die in den Handels= streitigkeiten mit Österreich getroffenen und noch in Aussicht zu nehmenden Retorsionsmaßregeln „zernichtet und annulliert" wer= den, wenn Österreich für alles, was es aus Schlesien beziehen oder nach Schlesien absetzen wolle, durch Sachsen einen freien Zugang erhalte.

Der Zollkrieg mit Österreich, mit dem der schlesische Provinzial= minister seinen Ratschlag begründete, war im Jahre 1753 ausge= brochen.

Der Friede von 1742 bestimmte, daß zur Regelung des Handels zwischen den beiderseitigen Untertanen Kommissare ernannt werden sollten: „mittlerweile aber bleiben die Sachen auf dem Fuße, wo sie vor dem gegenwärtigen Kriege gewesen, bis man sich eines andern miteinander verglichen; allermaßen man die alten Accorde wegen der Commercien von ein und der anderen Seite heilig beobachten

und vollstrecken soll." Der Dresdner Friede bestätigte zwar den
Inhalt des ersten Vertrages insgemein, gab aber dem auf den Handel
bezüglichen Artikel eine abgeblaßte, unbestimmtere Fassung: die
Kaiserin-Königin und der König „verbinden sich, dem Commercio
ihrer beiderseitigen Untertanen allen möglichen Vorschub zu tun
und nicht zuzugeben, daß selbiges gehindert oder beeinträchtiget werde,
vielmehr aber den gemeinsamen Handel und Wandel zum Besten
ihrer Lande und Untertanen zu befördern und demselben empor-
zuhelfen".

Die bei dem ersten Friedensschluß vorgesehenen Verhandlungen
wurden auf wiederholten Antrag Preußens endlich 1751 zu Wien
eröffnet. Hier traten nun die Österreicher mit der Behauptung
hervor, der Anspruch auf einstweilige Wahrung des Zustandes
von 1740 sei, weil im zweiten Frieden nicht ausdrücklich erwähnt,
für Preußen erloschen. König Friedrich nannte diese Auslegung
chikanös.

Wohl mag die österreichische Kampfesweise in dem schleppenden
Verlauf dieser ganzen Verhandlung kleinlich, gewunden, hinter-
haltig erscheinen: der Kampf selber aber ergab sich dem Wiener Hofe
aus politischer Notwendigkeit. Die wirtschaftlichen Gesichtspunkte
der beiden Staaten waren unvereinbar. Österreich ermaß die Bedeutung des schmerzlichen Verzichtes auf Schlesien erst ganz, als
es gewahrte, wie völlig die Monarchie industriell und kommerziell
von der abgetretenen Provinz abhängig gewesen war. Wollte man
den Verlust Schlesiens einigermaßen wett machen, so mußte man
damit beginnen, erst wieder neue Grundlagen für eine einheimische
Industrie und eigenen Großhandel zu legen, die bisherige Rolle
Schlesiens den wirtschaftlich noch ganz unentwickelten anderen
Kronländern zuzuweisen und sie durch Schutzzölle und Einfuhr-
verbote der Abhängigkeit von einem jetzt dem Auslande zugehörigen
Gebiete zu entziehen. Preußen dagegen mußte wünschen, daß
Schlesien der offene und in vieler Beziehung ausschließliche Markt
für die österreichischen Lande blieb, der es bisher gewesen war,
und der ihnen einen jährlichen Handelsgewinn von vier bis fünf Millionen auch in Zukunft abnahm. Der Handelsvertrag, den Preußen
vorschlug, suchte von dem Status quo möglichst viel zu retten und war
ebendeshalb für den anderen Teil unannehmbar. Der preußische
Unterhändler fand es ganz begreiflich, daß Österreich ein Schutz-
und Sperrsystem auszubilden strebte, wie es auch Preußen für seine
alten Provinzen, wo die besonderen freihändlerischen Antriebe
seiner schlesischen Handelspolitik fortfielen, als etwas Selbstver-
ständliches betrachtete. Auch machten die Österreicher geltend, daß
Preußen zwar für seine Ausfuhr Freihandel fordere, die Einfuhr
böhmischen Glases aber erschwere und somit selbst den Status quo

durchlöchere; schon die Neuordnung der schlesischen Akzise sei eine erste Abweichung gewesen, vor allem die dadurch der Einfuhr des Ungarweines verursachte Erschwerung. So wurden trotz der Abneigung des preußischen Kabinettsministeriums, sich in ein „ekelhaftes Federgefecht" einzulassen, jahrelang, obschon in gemessenen Pausen, unzählige Promemorien, Hauptantworten und Spezialanmerkungen, Präliminarprojekte und Finaldeklarationen, die aber immer noch nicht die allerletzten waren, zwischen Wien und Berlin gewechselt — „ohngefähr alle Vierteljahr eine Schrift de part et d'autre", wie der König ungeduldig klagte. Von der Fruchtlosigkeit seiner Versuche bald überzeugt, ließ er doch seine Bevollmächtigten noch weiter „bavardiren und das Terrain amüsiren", um nicht durch jähen Abbruch der Verhandlung die Spannung der allgemeinen politischen Lage noch zu verschärfen. Doch übertrumpfte man sich jetzt nicht mehr bloß mit Noten, sondern gleichzeitig bereits mit Kampfzöllen. Nachdem der Wiener Hof ein Jahrzehnt hindurch mit vereinzelten Zollerhöhungen geplänkelt hatte, ging er am 1. April 1753 zum Gesamtangriff über. Autonome Tarife für Böhmen, Mähren und Österreichisch-Schlesien belegten die Einfuhr von Woll- und Flachsfabrikaten und anderen Erzeugnissen der Textilindustrie, von Kolonialwaren und Seefischen mit Zöllen von durchschnittlich 30, in einzelnen Fällen aber sogar 130 Prozent des Warenpreises. Das Jahr darauf folgten ähnliche Tarife für das Erzherzogtum Österreich und, trotz der ausgesprochenen Abneigung der Magyaren gegen alle Zölle, auch für Ungarn. Von preußischer Seite antwortete man im Februar 1754 mit Maßregeln gegen die ungarischen und österreichischen Weine, die in demselben Verhältnis belastet wurden, wie drüben die schlesischen Tücher und sonstigen Fabrikate. Das schlesische Beamtentum war über die Zweckmäßigkeit dieser Vergeltungspolitik geteilter Meinung; da aber auch aus den Kreisen der Kaufmannschaft Repressalien beantragt wurden, so schloß sich der König den Kampfeslustigen an und nicht den Bedenklichen und Friedfertigen. Die Retorsionszölle wurden auf alle aus den österreichischen Staaten nach Schlesien eingehenden Waren ausgedehnt. Immerhin setzte die Breslauer Kaufmannschaft eine Reihe von Ausnahmen durch. Wiederholt erklärte der König, daß er ungern zu diesen Zwangsmaßregeln geschritten sei; er wisse gar wohl, daß sie dem Lande nicht vorteilhaft seien, daß nichts dabei herauskomme, als Druck und Schaden der beiderseitigen Untertanen. Noch getröstete er sich — allzu sanguinisch — mit der Hoffnung, daß er nur vorübergehend zu dieser Politik gezwungen sein, daß es ihm gelingen werde, den Wiener Hof „zur Raison zu bringen".

Zum Glück wurde von den schlesischen Fabrikaten gerade das

wichtigste, die Leinwand, durch die österreichischen Kampfzölle ver=
hältnismäßig wenig betroffen; denn nach den habsburgischen Erb=
landen wurde sie, wie auch das schlesische Tuch, schon vor 1740 nur
in kleinen Posten vertrieben. Ihre Hauptabsatzgebiete waren Hol=
land, England, Spanien und die spanischen und englischen Kolonien
in Amerika, daneben Frankreich.

Wenn demnach Preußen mit der Eroberung Schlesiens auf ein=
mal einen Weltmarktartikel gewonnen hatte, so wurde es natürlich
bei diesem Handelszweige mehr als bei irgend einem anderen be=
dauert, daß den Hauptvorteil von dem Vertrieb der heimischen
Industrieerzeugnisse fremde Zwischenhändler hatten. Fast der ganze
Handel mit schlesischer Leinwand ging über Leipzig nach Hamburg,
und Hamburger Kaufherren verfrachteten die Ware weiter übers
Meer. Eine überaus geschickte Politik hatte im siebzehnten Jahr=
hundert den Hansestädten durch günstige Handelsverträge mit den
Seemächten des westlichen Europa einen unermeßlichen Vor=
sprung vor allen anderen deutschen Häfen gesichert, und dabei
hatte Hamburg wiederum die Schwesterstädte Bremen und Lübeck
weit überflügelt.

Es galt den Versuch, auf dem nämlichen Wege völkerrechtlicher
Abmachungen der preußischen Reederei, vor allen der Stettiner,
die Möglichkeit des Wettbewerbs mit den Hanseaten zu erschließen.
Anders blieb die Neugestaltung des Zollwesens auf der Oder, blieben
die gegen Hamburg und Leipzig gerichteten Sperrmaßregeln doch
nur ein halbes Werk.

Die Aussichten schienen nicht ganz ungünstig. Als in dem Kriege
um die österreichische Erbschaft sich endlich auch die Generalstaaten
zur unmittelbaren Teilnahme am Kampfe bequemen mußten und
nun die holländischen Schiffe ihre Fahrten nach den französischen
Häfen einstellten, ergab sich den Franzosen das Bedürfnis nach
anderen Zwischenhändlern für ihre bisher von den Niederländern
abgeholten Weine, Seidenstoffe, Zuckerwaren und sonstigen Ausfuhr=
gegenstände. Die französische Gesandtschaft in Berlin hatte deshalb
im Herbst 1747 für die preußischen Kauffahrer, namentlich für Schiffe
aus Emden, gewisse Begünstigungen angeboten. König Friedrich
gab darauf den Wunsch nach einem förmlichen Handelsvertrage
in der Art des den Holländern früher gewährten zu erkennen; denn
er glaubte seinen Untertanen eine Bürgschaft stellen zu müssen,
daß sie kostspielige Anlagen nicht etwa nur auf eine kurze Zwischen=
zeit machten. Da ließ dann Frankreich allerdings sofort erklären,
daß der Tarif des holländisch=französischen Vertrages von 1739
niemals zugestanden werden könne, weil seine Sätze sich als sehr
ungünstig für den französischen Handel herausgestellt hätten und
weil ohnehin jeder den preußischen Schiffen bewilligte Vorteil ohne

weiteres auch den Hanseaten zu gute kommen würde, die laut ihrer
Verträge gegen keinen nordwärts von Holland gelegenen Staat
benachteiligt werden durften. Und wenn nun, schneller als erwartet,
der Friede kam und die Holländer die französischen Küsten wieder
anfuhren, so fiel damit für Frankreich die Veranlassung zu Zu=
geständnissen an eine andere Macht fort. Unter stillschweigender
Einstellung der in jüngster Zeit tatsächlich bereits gewährten Er=
leichterungen kehrte man in der Behandlung der preußischen Schiffe
zu der alten harten Übung zurück; ja die Kauffahrer aus Stettin
und Kolberg, den ehemaligen Hansastädten, sie, die in französischen
Häfen bisher den Hanseaten gleich geachtet worden waren, sahen
sich seit Ende 1748 dieser Vergünstigung beraubt. König Friedrich
schaute dem eine Weile zu, da die politische Lage seiner Fürsprache
keinen Erfolg verheißen hätte. Als aber seine Beziehungen zu Frank=
reich sich im Laufe des Jahres 1749, wie wir noch sehen werden,
wieder freundlicher gestalteten, unterließ er nicht, immer von neuem
an die früheren handelspolitischen Anerbietungen zu erinnern, so
daß man es füglich nicht ablehnen konnte, einen preußischen Bevoll=
mächtigten zu empfangen und in förmliche Verhandlungen einzu=
treten.

Was in Berlin an dem bestehenden Zustande ausgesetzt, was
für die Zukunft gewünscht wurde, lassen die unter Mitwirkung von
Fäsch entworfenen umfangreichen Weisungen ersehen, die der
preußische Unterhändler von Ammon, ein erprobter und mit den
Handelsfragen vertrauter Diplomat, am 22. November 1750 mit
auf den Weg erhielt. Den vornehmsten Anlaß zur Klage gab das
1659 nach dem Vorbilde der englischen Navigationsakte eingeführte
Tonnengeld (droit de fret). Es wurde den preußischen Kauffahrern
in der Höhe von 50 Sous für die Tonne abgefordert und nahm schon
allein ihnen die Möglichkeit, mit den vertragsmäßig davon befreiten
Holländern und Hanseaten gleichen Schritt zu halten. Überdies
aber zahlten die Preußen von ihren Waren an Einfuhrzöllen das
Doppelte, ja das Dreifache, wie jene. Die Gegenstände, für die
Preußen jetzt vor allem erleichterte Einfuhr beantragte, waren
Holz, Wachs und schlesische Leinwand. War doch das pommersche
Eichenholz den Franzosen für ihren Schiffsbau geradezu unentbehr=
lich; es erfreute sich solchen Rufs, daß bis zur Vereinigung des wald=
reichen Korsika mit Frankreich zu jedem französischen Kriegsschiff
vorschriftsmäßig gewisse Hölzer aus Stettin Verwendung finden
mußten. Zu Gunsten der schlesischen Leinwand sollte Ammon
geltend machen, daß die für die Kolonien Frankreichs erforderlichen
Ballen zur Zeit durch die Holländer und Hamburger nach Bordeaux
und La Rochelle geführt würden, und daß man sie dort mithin
teurer bezahlen müsse, als bei unmittelbarem Bezug über Stettin.

Die Handelsbilanz werde stets für Frankreich eine günstige sein; denn was Schlesien und überhaupt Preußen einführen könne an Leinwand und Leinengarn, Wachs, Rohkupfer und Arsenik, Schiffsbauholz und Stabholz, das habe nicht den halben Wert der entsprechenden französischen Ausfuhr an Naturerzeugnissen und Fabrikaten, an Wein, Branntwein und Öl, Südfrüchten und Kolonialwaren, Baumwolle, Seidenstoffen und Taften, Uhren und Tabaksdosen und aller Art Galanteriewaren. Preußen könne bei seiner geographischen Lage sich anheischig machen, zwei Drittel von Deutschland und das polnische Hinterland mit diesen französischen Ausfuhrartikeln zu versehen, wenn anders der preußische Handel dieselben Vorrechte wie der hanseatische erhalte. Insonderheit wurde dabei Begünstigung der Franzweine gegen die ungarischen in lockende Aussicht gestellt.

Vielleicht war dies letzte Anerbieten der einzige greifbare Vorteil, den man den Franzosen zu gewähren vermochte; denn im übrigen konnte es diesen gleichviel gelten, ob die Hamburger oder die Preußen Deutschland mit den ihm unentbehrlichen französischen Waren speisten. Zudem hatte man keinen Anlaß, die um Frankreich verdienten, im französischen Handelsamt wohlgelittenen, altherkömmlich begünstigten und gehätschelten Hamburger jetzt plötzlich gegen eine Macht zu vernachlässigen, deren schnelles Emporkommen und Aufblühen man in Versailles bei aller anscheinenden Freundschaft doch mit scheelen Blicken betrachtete. Und was die schlesische Ware betraf, für die Preußen den französischen Abnehmern billigeren Markt zu vermitteln sich anbot, so war damit dem schutzzöllnerischen Industriesystem Frankreichs am wenigsten gedient. Die französische Leinwandindustrie hatte seit Colberts Tagen den Wettkampf mit der älteren Schwester mutig aufgenommen. Wenn es wirklich zutreffe, daß das außereuropäische Frankreich der schlesischen Leinwand nicht entraten könne, so müsse man doch durch hohe Besteuerung der fremden Ware die Kolonien nach Möglichkeit dazu anhalten, der französischen den Vorzug zu geben — mit dieser Erklärung schnitt der Staatsrat Trudaine, an den Ammon für seine Verhandlung gewiesen war, ihm jede Hoffnung ab. Überhaupt bezeichnete Trudaine die Erschließung der überseeischen Besitzungen Frankreichs für den preußischen Handel als eine Unmöglichkeit.

Das Entscheidende war wohl, daß die Stimmung der französischen Behörden dem Abschluß von Handelsverträgen damals entschieden entgegen war, daß man zu einer völlig autonomen Zollpolitik zurückstrebte. So hatten sich die Holländer bei den Friedensverhandlungen in Aachen vergebens um die Erneuerung ihres Schiffahrtsvertrages von 1739 bemüht; sie mußten sich mit der einfachen Befreiung vom Tonnengelde begnügen.

Ein übles Vorzeichen für Ammons Verhandlung, daß für die preußischen Schiffe gerade bei seiner Ankunft dieses Tonnengeld um die volle Hälfte erhöht wurde. Je länger je mehr gewann er die Überzeugung, daß man ihn hinhalte. Monat auf Monat verrann. Als einmal gar eine Erkrankung des Dauphins als Vorwand für neue Verschleppung dienen mußte, spottete König Friedrich unwirsch: „Man sollte glauben, daß Trudaine der Doktor oder Apotheker des Dauphins wäre." Ein Wechsel im Ministerium verstärkte noch den Einfluß dieses in Schwierigkeiten ganz unerschöpflichen Trudaine. Dazu hatte der preußische Unterhändler das Unglück, daß ihm der wohl nicht ganz unverschuldete Ruf eines anmaßenden und unzuverlässigen Störenfriedes vorausgeeilt war. Ein volles Jahr hatte Ammon in Paris verweilt, und die ganzen letzten drei Monate war er unter dem Vorwande, daß man von der Berliner Gesandtschaft nähere Erkundigungen einziehen müsse, ohne jede Mitteilung gelassen; da erklärte ihm Trudaine plötzlich eines Tages, Ende März 1752, es bestehe hier die äußerste Abneigung, sich gegen Preußen durch einen Handelsvertrag zu binden, bei dem Frankreich nicht den geringsten Vorteil finden werde; ob Preußen sich nicht mit einer einfachen Konvention begnügen wolle? Bald wurden Ammons Hoffnungen sogar noch weiter heruntergestimmt, indem man ihm nur noch von einer Verfügung sprach, die man den Zollbehörden zu Gunsten der preußischen Schiffe zugehen lassen wolle; es wäre ein völlig unverbindlicher Schritt gewesen. Etwas mehr hat Ammon nachher doch erreicht. Nach Ablauf eines neuen Jahres wurde endlich am 14. Februar 1753 die auf zehn Jahre befristete Konvention unterzeichnet. Ohne einen Tarif mit Zollermäßigung für bestimmte Gegenstände, wie Preußen es anfänglich gewünscht hatte, aufzustellen, verpflichteten sich doch beide Staaten gegeneinander, die Angehörigen des anderen mit keinen höheren Auflagen als die eigenen Untertanen zu belasten. Damit waren die preußischen Schiffe von dem erdrückenden Tonnengeld befreit; nur im Küstenhandel zwischen zwei französischen Häfen mußten sie es nach wie vor erlegen. Und Frankreichs Kolonien blieben ihnen ganz versperrt. Dagegen war noch im letzten Augenblicke, auf immer erneutes Drängen, eine Zusage der Meistbegünstigung in dem Umfange erzielt worden, daß die Preußen sich aller Vorteile erfreuen sollten, welche die Hanseaten, Holländer und andere „nordische Nationen" sich durch künftige Handelsverträge zusprechen lassen könnten.

Ergebnislos blieb eine Unterhandlung mit Spanien. Vor allem wäre es dem Könige auch hier um Herabsetzung der Eingangszölle auf Leinwand zu tun gewesen. Eine ständige Vertretung unterhielt er am spanischen Hofe noch nicht, ein ihm dringend angebotenes

politisches und militärisches Bündnis hatte er 1741 abgelehnt[1]), und
so wurde der preußische Diplomat, der im Herbst 1749 in Madrid
erschien, der Italiener Cagnony, ziemlich kühl aufgenommen; daß
er zugleich an die Subsidienrückstände mahnen mußte, welche die
Krone Spanien seit den Tagen des großen Kurfürsten schuldete,
verstimmte diesen stolzen Hof vollends. Cagnony ging wie er ge=
kommen, und ein mit den spanischen Verhältnissen vertrauter Kauf=
mann, Dahrl, bemühte sich in Madrid einige Jahre darauf ebenso
vergeblich.

Vielleicht daß Portugal sich zugänglicher zeigte. Es war Don
José da Sylva Pesenha, der portugiesische Gesandte im Haag, der
im Gespräch mit dem dortigen Vertreter Preußens die Anknüpfung
unmittelbarer Handelsbeziehungen als wünschenswert bezeichnete.
König Friedrich ließ auf diese Anregung hin die Preise berechnen,
zu denen man den Portugiesen pommersches und polnisches Schiffs=
bauholz und ostpreußischen Hanf würde liefern können; auch Tuch=
proben schickte er für Don José nach dem Haag. Gerade jetzt aber,
im Sommer 1753, wurde dieser Diplomat nach Neapel versetzt, und
der Faden der Verhandlung riß ab; offenbar hatte der Gedanke
mehr dem Gesandten als seinem Hofe angehört.

Auch nach dem Osten wurden Fühler ausgestreckt. Zwar das
russische Absatzgebiet, das die Diplomatie Friedrich Wilhelms I.
dem preußischen Tuchgeschäft für einige Zeit eröffnet hatte, blieb
seit 1738 gesperrt. Als die Beziehungen zu dem Zarenreiche noch
freundlich waren, wollte König Friedrich politische Verhandlungen
nicht durch Hineinziehung wirtschaftlicher Fragen erschwert wissen,
und als dann immer ärgerlichere Mißverständnisse sich zwischen die
Höfe schoben, waren Vergünstigungen im Handel von selbst aus=
geschlossen. Dagegen begann jetzt die Levante in den Gesichts=
kreis der preußischen Handelspolitik zu treten. Ein geheimer
Agent, der 1755 an die hohe Pforte abgefertigt wurde, nahm
den Entwurf zu einem Handelsvertrag mit. Man forderte die
Rechte der am meisten begünstigten Nationen, Schutz gegen die
Korsaren der nordafrikanischen Raubstaaten und die Zulassung
preußischer Konsuln in den türkischen Hafenstädten. Schon vor=
her, im Sommer 1750, hatte man einen Sendling des Tataren=
chans von der Krim bei der Rückkehr in die Heimat unversehens
als Geschäftsreisenden in den Dienst der Berliner Tuchindustrie
gestellt, indem ihm und seinem Dolmetsch auf ausdrücklichen Be=
fehl des Königs neben anderen Geschenken auch Tuchstoffe verehrt
wurden, deren Vorzüge man dem Morgenlande bekannt zu machen
wünschte.

---

[1]) I, 400.

Der Wahlspruch dieser Regierung, das Toujours en vedette, galt auch hier. Man stand auf der Warte und hielt weithin Umschau. Die Geringfügigkeit der ersten Ergebnisse entmutigte nicht. War man vom Ziele auch noch weit entfernt, man hatte das Gefühl, auf dem rechten Wege zu sein, man hatte Zuversicht.

„Wir sind hier hinreichend bewandert in dem, was unseren Handel angeht," schreibt Friedrich am 24. Januar 1750 an seinen Vertreter in Paris; der Gesandte soll also einem französischen Kapitalisten, der sich mit seinen Erfahrungen wichtig macht, bedeuten, daß man vom Auslande nicht gute Ratschläge brauche, sondern Menschen und Geld: „Was uns hauptsächlich noch fehlt, sind Leute, die geneigt wären, sich zu einer Handelsgesellschaft zusammenzutun." Wie wir ihn Handwerksmeister und bäuerliche Ansiedler ins Land ziehen sahen, so mußten seine Gesandten, vornehmlich in Holland und Frankreich, an alle Türen klopfen, um begüterte Geschäftsleute zur Übersiedlung nach Preußen zu bestimmen.

Als ihm im Sommer 1742 zu Kleve auf dem Wege nach Aachen der Vertreter im Haag, Graf Otto Podewils, mündlichen Bericht erstattete, kam die Rede auch auf die Aussichten dieses handelspolitischen Werbegeschäftes. Podewils konnte einen sehr vermögenden Juden bezeichnen, der zur Einwanderung nach Preußen geneigt sein würde, aber nur gegen Verleihung des Adels. Der König belustigte sich über diese Zumutung; als er aber hörte, daß Kaiser Karl VI. in gleichem Falle den Freiherrntitel erteilt habe, meinte er lachend, was der Kaiser tue, das könne auch er. Doch hätte er sich hier schwerlich beim Worte nehmen lassen. Seine Ankündigung, daß alle, daß Türken und Heiden ihm willkommen sein sollten, wenn sie das Land bevölkern wollten, erlitt in Bezug auf die Juden eine durchgehende Einschränkung. Es war sein Grundsatz, sie von dem Wettbewerb in der Industrie und im Großhandel nach Möglichkeit zurückzudrängen. Mit den namhaftesten Vertretern der älteren Aufklärung, den Bolingbroke und Voltaire, teilte Friedrich die ausgeprägte Abneigung gegen die Anhänger einer Religionsgemeinschaft, die dem Deismus als der Inbegriff unduldsamer, im Dogmenkram befangener Orthodoxie galt. Doch ward schon durch die Freisinnigkeit, in der Friedrich, seinem Grundsatze der Duldung getreu, dem mosaischen Kultus volle Ungestörtheit und volle Öffentlichkeit gestattete, hinlänglich bewiesen, daß der Beweggrund seines sonstigen Verhaltens gegen die Juden nicht religiöser, sondern sozialpolitischer Natur war, daß lediglich wirtschaftliche Erwägungen ihn bestimmten, seinen jüdischen Untertanen nur ein kümmerliches und kündbares Fremdenrecht zuzubilligen. Zudem hat er diese Erwägungen noch ausdrücklich dargelegt. Man müsse die Juden überwachen, sie verhindern, sich in den Großhandel einzudrängen, ihnen bei jeder

Betrügerei ihr Asylrecht nehmen, weil dem kaufmännischen Verkehr nichts gefährlicher sei als der von den Juden betriebene unerlaubte Schacher. Als die Behörden das sogenannte General=Judenprivileg von 1730 einer Durchsicht und Umarbeitung unterzogen, da war es der König, der sich mit Entschiedenheit gegen reichlichere Austeilung von Schutzbriefen aussprach und die härtesten, den Gemeinde= ältesten besonders anstößigen Bestimmungen festzuhalten befahl, wie die gemeinsame Haftpflicht der ganzen Judenschaft bei Hehlereien der Glaubensgenossen und die Verwirkung des Asylrechts bei einem Bankbruche. Anderseits ließ er den Schutzjuden gut und gern eine Art selbständiger Rechtssprechung in Zivilsachen und wies die Be= denken des Großkanzlers Cocceji mit der einleuchtenden Beweis= führung zurück, „daß dieses Volk sich etwas Besonderes daraus machet, niemandem aber dadurch etwas präjudiciret wird, weil es eigentlich doch nur Arbitrages sind, wovon einem jeden freistehet, an die Justizcollegia zu recurriren".

Unter gesonderter Gesetzgebung standen die Israeliten Schlesiens. Auf das Drängen der Breslauer Kaufmannschaft wurden 1744, ge= mäß den in österreichischer Zeit erlassenen Bestimmungen, alle Juden bis auf zwölf privilegierte Familien und einige Religions= diener und Beamte aus der Stadt verwiesen; in Zukunft sollte, wer außer der Meß= und Jahrmarktszeit Waren einbringen wollte, nur durch zwei bestimmte Tore ziehen und nicht länger als drei Tage verweilen; auch blieb ihm nur zwischen vier Herbergen die Wahl. Bei alledem wuchs die jüdische Gemeinde Breslaus stetig und schnell; ja, zehn Jahre nach dem Absperrungsversuch erhielt sie ihre eigene Verfassung. In Oberschlesien lag bei der geringen Regsamkeit des einheimischen, vorwiegend slawischen Bürgertums Handel und Wandel fast ausschließlich in den Händen der jüdischen Schutzgenossen; vor allem die Pacht der Brauereien und Branntweinschenken. Doch wurde ihnen auch hier 1751 das Hausieren in den Städten außerhalb der Jahrmarktszeit unter Hinweis auf das erfreuliche Erstarken der wirtschaftlichen Verhältnisse Oberschlesiens verboten. Jüdische In= haber guter polnischer Handlungshäuser, die ihr Geschäft von Zeit zu Zeit nach Breslau und anderen schlesischen Städten führte, er= freuten sich einer gesetzlich anerkannten Ausnahmestellung; umso schärfer wurde auf die über die Grenze schleichenden Pack= und Betteljuden, wie sie in den oft wiederholten Polizeiverordnungen hießen, gefahndet.

Sonst also war man bei der Aufnahme betriebsamer und unter= nehmender Ausländer nicht wählerisch und fragte nicht lange nach Geburt und Vorleben. Kaufmännischer Standesdünkel sträubte sich gegen die Gemeinschaft mit schnell emporgekommenen Parias vergeblich. Der Kammerpräsident Lenz hielt, ganz im Sinne des

Königs, den hochmütigen Patriziern von Emden ein Beispiel aus
dem benachbarten Holland vor; dort sei einer der Räte von Indien
eines armseligen ostfriesischen Bauern Sohn und habe als Schiffs=
junge angefangen: wenn der Mann jetzt, wie man nur wünschen
könne, in seine deutsche Heimat zurückkehre, so werde ihm aus seiner
Vergangenheit hoffentlich kein Makel entstehen.  Begreiflich, daß
neben zuverlässigen und leistungsfähigen Geschäftsmännern zweifel=
hafte Gestalten, Abenteurer und Schwindler sich herandrängten,
Leute, die nichts mehr zu verlieren hatten und alles gewinnen
wollten.  Die Akten wimmeln von Entwürfen und Vorschlägen,
die von dem Unternehmungsgeist des jungen preußischen Königs
ihre Verwirklichung erwarteten.  „Es gibt eine Art müßiger Tunicht=
gute,“ sagt Friedrich, „die man unter dem Namen Projektenmacher
kennt.  Ein Fürst hat allen Grund, gegen alle ihre schlechten An=
preisungen auf der Hut zu sein; unaufhörlich schieben sie das In=
teresse des Herrschers vor, und bei reiflicher Prüfung kommt alles
auf Verlust und Schaden hinaus.“  Ein französischer Ludwigsritter,
Latouche, hatte den preußischen Gesandten in Paris Jahr und Tag
mit seinen Projekten bestürmt, bis der König ihn endlich nach Berlin
einlud und dort im Herbst 1750 mit einem Freibrief zur Gründung
einer Aktiengesellschaft für Seehandel und Hochfischerei ausstattete.
Nun aber folgten dem Fremdling auf dem Fuße Gerüchte über un=
günstige Vermögensumstände und Mangel an Kredit; der König
gab ihm sein Mißtrauen sehr deutlich zu erkennen, setzte ihm unter
Androhung der Konzessionsentziehung eine kurz bemessene Frist
zur Durchführung seines Unternehmens und bedeutete den von
Latouche in Berlin schon gewonnenen vornehmen und reichen
Direktoren, daß er ihre Beteiligung nicht wünsche; wonach der Ritter
auf seinen Freibrief verzichtete und wieder abzog.

Größeres Vertrauen erweckte und rechtfertigte der Schotte
Heinrich Thomas Stuart, der ziemlich gleichzeitig mit Latouche einen
Freibrief erhielt: die Ermächtigung, in Emden eine Handelsgesell=
schaft für den Verkehr mit Kanton zu gründen und alljährlich ein
oder zwei Schiffe unter preußischer Flagge dorthin zu entsenden.
Die Vorbereitungen kamen schnell in Gang.  Als der König im Juni
1751 nach Emden kam, fand er das Unternehmen gesichert, die Ge=
sellschaft eingerichtet, die Geschäftsleitung bestellt; in einer ihrer
Versammlungen sahen wir ihn persönlich erscheinen.  Große Ver=
dienste um die junge Pflanzung erwarb sich wieder der Kammer=
präsident Lenz, indem er mit praktischem Blick und überlegener
Ruhe zwischen den nur zu oft hadernden Direktoren vermittelte,
die nationalen Gegensätze zwischen den englischen, holländischen und
deutschen Teilnehmern ausglich und die Emder Vorstandsmitglieder
von ihrem ungerechtfertigten Anspruch auf maßgebende Leitung der

Gesellschaft zurückbrachte. Freilich zog ihm sein Grundsatz, nur auf
Vermögen und Reichtum zu sehen, aus den Kreisen der Aktionäre
den Vorwurf zu, der Kammerpräsident und sein Commissarius loci
machten sich wenig daraus, „ob wir in unserer Gesellschaft Schinders-
gesellen oder Balbierer haben, wann es nur bemittelte Leute seien";
das komme davon, wenn man Gelehrte — die juristisch gebildeten
Verwaltungsbeamten — unter die Kaufleute mische; zuletzt werde
die Ember Kompanie noch die Firma „Von der Balbierer Sozietät"
annehmen können; einem guten Frankfurter oder Berliner Kaufmann aber sei es nicht zuzumuten, „unter dergleichen Gesellen zu
sitzen". Bei alledem vertrat gerade Lenz dem Könige gegenüber den Standpunkt, daß der Gesellschaft volle Selbstverwaltung
bleiben müsse, schon um den staatlichen Aufsichtsbeamten unliebsame Berührungen mit den auswärtigen Direktoren zu ersparen.
Anderer Meinung war der Leiter der Handelsabteilung im Generaldirektorium: Fäsch, der ehemalige Kaufmann, war es, der
den König bei der Rückkehr nach Berlin bestimmte, der zu Emden
der Gesellschaft bewilligten Verfassung eine einschränkende Erklärung anzuhängen, die das staatliche Einmischungsrecht wesentlich
erhöhte.

Trotz aller inneren Streitigkeiten und trotz aller gehässigen Umtriebe auswärtiger Mächte, der Holländer und zumal der Briten,
hatte das Unternehmen vielverheißende Erfolge zu verzeichnen.
Bis zum Sommer 1752 waren von den ausgelegten 2000 Aktien
zu 500 Talern 1722 untergebracht, davon etwa ein Drittel in Preußen
selbst, in Emden, Berlin und Magdeburg, fast die Hälfte in Deutschland, dank der Beteiligung eines Frankfurter und eines Hamburger
Hauses. Nach Rotterdam entfielen 125 Aktien, die größte Ziffer
aber, 705, nach Antwerpen. Auf wiederholtes Drängen des Königs
war im Februar 1752 das erste Kompanieschiff, der „König von Preußen", ein Fahrzeug von 150 Fuß Länge, mit 120 Matrosen, 12 Schiffs-
soldaten und 36 Kanonen aus dem Hafen am Logumer Hoek aus-
gesegelt. Im Oktober folgte das zweite, die „Burg von Emden".
Beide waren in England erworben; zu Beginn des nächsten Jahres
wurde ein drittes Schiff, der „Prinz von Preußen", zu Amsterdam
angekauft, zwei Jahre darauf ebendort als viertes der „Prinz Ferdinand". Sechzehn Monate nach dem Auslauf, im Juli 1753, kehrte
das erste Schiff aus Kanton zurück, mit Tee, Porzellan, Rohseide
und Seidenstoffen befrachtet. Zu der Versteigerung der Ladung
strömten die Kaufleute aus Hamburg, Bremen und Frankfurt am
Main, aus den freien und den österreichischen Niederlanden herbei;
der Erlös betrug 440 000 Taler, fast die Hälfte des eingeschossenen
Aktienkapitals und mehr als das Doppelte der Einkaufskosten.
Im Sommer 1754, nach der Heimkehr des zweiten Schiffes, wurden

die Aktien mit 100 Talern über den Nennwert von 500 gehandelt. Der König war in hohem Grade befriedigt und gewährte den Unternehmern neue Vergünstigungen; es durften Tee und Porzellanwaren für den inländischen Absatz in den preußischen Provinzen nur von der Ember Gesellschaft bezogen werden.

In seiner Provinz, berichtete schon nach der Rückkehr des ersten Schiffes der Kammerpräsident hocherfreut dem Könige, sei jetzt alles wohlauf, da die Stadt Emden durch den asiatischen Handel gleichsam ein neues Leben erhalte. Und der Magistrat von Emden selber sprach es 1756 aus, die Kompanie habe der Stadt, welche schon in den letzten Zügen gelegen, sehr genützt, das „innere und äußere Wesen der Stadt" sei von neuem belebt worden, die Fortdauer dieses Werkes sei für Emden von „unermeßlicher Importanz". Abgesehen von dem unmittelbaren Gewinn der an dem Unternehmen beteiligten Häuser verschafften die öffentlichen Versteigerungen der Stadt die Bedeutung eines Meßplatzes. Eine Flugschrift, deren Verfasser sich Philopatrius nannte, meinte, was Dänemark, was Schweden könne, das müsse auch Preußen gelingen, und mahnte an Vineta, an Lübecks Größe, an die Hansa; Emden könne dem baltischen Kaufmann werden, was einst Sluys, Brügge, Antwerpen den Hansen gewesen. Keine Frage, daß dieser Anlauf zum Wettbewerb mit den Fremden, den bisherigen Alleinbeherrschern des Weltmarktes, dem preußischen und deutschen Stolze schmeichelte und sich nationaler Sympathien erfreute. Es wurde beachtet, daß einer der Kurfürsten des Reichs, Erzbischof Klemens August von Köln, bei der ersten Versteigerung zu Emden sich einfand und fleißig mitbot, und es war wohl mehr als eine wohldienerische Redensart, wenn die Frankfurter dem preußischen Residenten erklärten, daß sie ihre Aktien nicht aus bloßem Interesse, sondern aus Ergebenheit für den König von Preußen und zu Ehren Deutschlands genommen hätten. Die Chinesen, die vorher schon vieles von den Preußen gehört, hätten sich gefreut, diese Nation jetzt kennen zu lernen — so rühmten es die Seeleute, die als die ersten den preußischen Adler den asiatischen Gestaden gezeigt hatten. Auch patriotische Dichter ließen sich zum Preise dieser neuen überseeischen Politik vernehmen. Der Regierungspräsident von Derschau, ein soeben nach Aurich versetzter Ostpreuße, besang den Tag, „da sich der preußische Staat mit Thetis vermählt", und einer der Führer des deutschen Parnasses, der Braunschweiger Friedrich Wilhelm Zachariä, ließ in seinen „Tageszeiten" den eindringlichen Weckruf an das nationale Gefühl ertönen:

An der Börse drängt sich die Welt zusammen. Der Kaufmann
Aus dem weitesten Indien, von den bengalischen Ufern,
Aus dem pelzreichen Norden, der kaffeereichen Levante,

Jeder bringt seinen Reichtum hierher; und stolz sieht der Brite
Wie der Bataver, alles in seinen Ozean fließen ...
Und wird immer der Deutsche, von Vorurteilen geblendet,
An bequemen Küsten des Weltmeers sorgenlos schlummern?
Für zu klein es halten, dem Meere Gesetze zu geben,
Und aus eigenen Magazinen die Waren zu nehmen,
Die wir vom Holländer borgen, den unser Silber bereichert?
Aber sieh! durch ferne Meere ziehn preußische Flaggen,
Kehren beladen zurück mit allen Schätzen der Handlung,
Und wehn zu der Ehre der Deutschen in jauchzenden Häfen.

Das Beispiel der asiatischen Kompanie weckte schnell Nachahmung. Aber in dem Schotten Harris, der, von seinem Landsmann,
dem Feldmarschall Keith, warm empfohlen, 1753 zu Emden an die
Spitze einer „Bengalischen Kompanie" trat, hatte sich doch wieder
einer der unruhigen und planlosen Abenteurer herangedrängt,
die König Friedrich von sich fern halten wollte. Die neue Gesellschaft gewann keine feste Grundlage, und als sie nach mancherlei
verunglückten Anläufen Ende 1754 ihr erstes Schiff nach Bengalen
auslaufen ließ, wurde, um das Mißgeschick voll zu machen, die Führung ungetreuen Händen anvertraut.

Niemand war weiter davon entfernt, diese ersten Gehversuche
preußischer Welthandelspolitik zu überschätzen, als König Friedrich
selbst. Er bezeichnet die Emder Gründung, die er in möglichst engen
Zusammenhang mit dem Stettiner Handel zu bringen wünschte, als
ein Projekt, das, wenn es sich verwirkliche, sehr bedeutend werden
könne: „ich werde es niemals vollendet sehen, aber die Nachwelt
kann es erleben, wenn sie den Plan weiter verfolgt und sich der geeigneten Mittel für die Ausführung bedient." Nichts sollte überstürzt werden. Lenz empfahl, die Gründung einer preußischen
Versicherungsgesellschaft für Seeschiffe zu veranlassen, auf daß nicht
alljährlich ausländischen Anstalten ein starker Tribut gezahlt werden
müsse; der König antwortete, daß es dazu noch zu zeitig sei. Die
Emder forderten ihn auf, sich zur See „formidabel zu machen",
und der große französische Seeheld Labourdonnais, in seinem
Vaterlande mit Undank gelohnt, legte 1751 den Plan zur Ausrüstung
einer preußischen Kriegsflotte vor, als deren Admiral er sich anbot.
Friedrich erklärte, das würde ihn zu weit führen; er wolle nicht zu
viel auf einmal beginnen, denn nichts sei wahrer als das Sprichwort:
qui trop embrasse, mal étreint. Die nähere Begründung gibt im
folgenden Jahre das politische Testament: Bis jetzt seien die Hilfsquellen des Staates kaum ausreichend, das Heer zu unterhalten und
das Notwendigste für den Krieg im Schatz niederzulegen; es würde
zur Zeit ein großer politischer Fehler sein, wenn man daran denken
wollte, die militärischen Kräfte zu zersplittern. Preußens eigentlicher Feind, Österreich, habe nur Landtruppen; Rußland verfüge

allerdings über eine Flotte, aber da die preußischen Küsten zu Lan=
dungen für sie ungeeignet seien, so könne sie nichts weiter ausrichten,
als in dem neutralen Danziger Hafen Truppen ans Land setzen, um
die Verbindung zwischen Preußen und Pommern zu stören.

Die Österreicher und die Russen — über der eifrigen Arbeit
inmitten seiner jungen Anlagen verlor der achtsame Pflanzer nie
die haßerfüllten Feinde hinter seinem Zaun aus dem Auge, angriffs=
gewärtig und kampfbereit. Noch schoben sich die Wolkenschatten
nur in flüchtigen Streifen zwischen die lichten Fruchtgefilde des
Friedens; schon aber ballte sich das Unwetter finsterer zusammen,
zu grauenvollen, schier unaufhörlichen Entladungen.

Sechstes Buch

# Ausgang der Friedenszeit

# Friede von Aachen und Kriegsrüstung von 1749

Glücklich die, schreibt König Friedrich 1754 an einen seiner Gesandten, dem er den Austritt aus dem diplomatischen Dienste gestattet, „glücklich die, welche in einem gewissen Alter sich von den Geschäften zurückziehen können, und mir persönlich erscheint dieses Glück um so höher, je mehr ich fürchte, es niemals zu genießen. Entwürfe, Sorgen und Hemmnisse, das ist alles, was menschliche Größe bietet. Wenn man ein paarmal in diese Zauberlaterne geschaut hat, so hat man genug zum Überdruß, aber wehe dem Savoyarden, der sie zu tragen hat! Alle unsere Mühen bezwecken oft nur, Menschen glücklich zu machen, die es nicht sein wollen, und das ungewisse Los der Zukunft zu regeln, die alle unsere Entwürfe umstößt."

Eine schwermütige Klage am Vorabend eines Sturmes, der die alte Wahrheit von der Unzulänglichkeit aller Vorsicht und alles Vorbauens in grausamer Weise neu erhärten sollte. Das Ergebnis der Friedenspolitik eines Jahrzehnts war ein Krieg von fast gleicher Dauer. Die diplomatische Arbeit der zehn Friedensjahre, für die das nulla dies sine linea im eigentlichen Sinne galt, war vergebens getan. Alle die Mühen und Sorgen, deren der tapfer ausharrende Mann für den Frieden und die Sicherheit seines Staates sich nicht hatte dauern lassen, der schwergeprüfte Greis gedachte ihrer nachmals nur mit eisiger Verächtlichkeit und bezeichnete seine Politik vor dem großen Kriege in ihrer schließlichen Erfolglosigkeit als einen der Geschichtsschreibung unwürdigen Gegenstand, da politische Intriguen, wenn sie zu nichts führten, keinen höheren Anspruch auf Beachtung hätten, als die kleinen Reibereien in der Gesellschaft. Er ließ in der Geschichte seiner Zeit, die er für die Nachwelt aufzeichnete, ein leeres Blatt. Und so ist die preußische Politik jenes Jahrzehnts lange unbeachtet, unbekannt geblieben. Sind doch überhaupt die Zeitgenossen geneigt gewesen, Friedrichs Bedeutung und Betätigung als Diplomat zu unterschätzen und ihre Meinung dahin abzugeben, daß er sich „zu einem Staats= und Kabinetts=

minister nicht geschickt habe". Das Gewerbe des Diplomaten mag
in dieser Beziehung undankbar erscheinen. Er arbeitet unsichtbar,
sein Platz auf der Weltbühne ist meist hinter den Kulissen. Die
großen Staatsaktionen der Kongresse und Friedensschlüsse, die
seinen Namen vorzugsweise bekannt machen, folgen sich vereinzelt
in weiten Zwischenräumen, und in den entscheidendsten Augenblicken
des Völkerlebens wird sein Anteil an den Ereignissen leicht von dem
blendenden Siegesglanze des Feldherrn verdunkelt. Will es aber
das Glück, daß auch ihm ein Haupttreffer an Preis und Ehren zum
Lose fällt, so wird der gewonnene Ruhm gar leicht veralten. Nur
zu leicht wird vergessen, daß nach den Friedensschlüssen, nach den
äußerlich sichtbaren Erfolgen, für den Diplomaten eine neue, viel=
leicht mühevollere Arbeit beginnt, daß es oft schwerer ist, Erfolge
zu behaupten, als zu gewinnen, daß der Friede nicht bloß gemacht,
sondern auch erhalten werden will, und daß, wenn der Krieger von
der Walstatt in die Friedensquartiere heimkehrt, die Diplomatie
ohne Ablösung alle Zeit im Felddienst und auf Beiwacht bleiben
muß.

Feinde ringsum — der Eroberer von Schlesien war den einen,
den Besiegten und ihrem Anhang, auf das äußerste verhaßt, den
anderen wenigstens mißliebig. Insgemein galt er in der politischen
Welt als unbeständig, ruhelos, unzuverlässig, unberechenbar. Die
immer von neuem auftauchenden Gerüchte von kriegerischen An=
schlägen Preußens, die Lärmartikel der auswärtigen Zeitungen,
welche die preußischen Truppen bald nach Böhmen, bald an die
Maas und bald wieder nach Polen marschieren ließen, gingen zwar
nachweisbar zumeist auf die Ausstreuungen der Parteien, der für
und wider interessierten Höfe zurück; daß aber diese Fabeln immer von
neuem gläubige Leser fanden, war doch ein Symptom weitver=
breiteten, tiefgewurzelten Mißtrauens. Die Beweise der Mäßigung
und Friedfertigkeit, die der Sieger zu Ausgang des letzten Krieges
abgelegt, hatten noch nicht jedermann zu überzeugen vermocht.

„Ich sehe in der Politik alle Tage," schreibt Friedrich zu Beginn
des zweiten Friedensjahres, „daß man sich in der Aneignung ge=
wisser Lieblingsvorurteile gefällt, und daß es große Mühe kostet,
sie auszurotten. Man verirrt sich methodisch von Voraussetzung
zu Voraussetzung; die Schlußfolgerungen sind richtig, aber man
täuscht sich oft in den Vordersätzen. In Wien hält man mich für den
unversöhnlichen Feind des Hauses von Österreich, in London für
unruhiger, ehrgeiziger und reicher als ich bin, Bestushew setzt voraus,
daß ich rachsüchtig sei, in Versailles denkt man, daß ich meine wahren
Interessen verschlafe: sie täuschen sich alle, aber ärgerlich bleibt,
daß diese irrigen Annahmen zu üblen Folgen führen können, und
hier müssen wir mit unseren Bemühungen einsetzen, um diese Folgen

abzuwehren und dem voreingenommenen Europa eine richtigere
Meinung beizubringen."

Solange zwischen den alten großen Mächten der Krieg, aus dem
er selbst sich nach der Einnahme von Dresden zurückgezogen hatte,
noch andauerte, gelang es ihm, troß der Schwierigkeiten seiner Lage,
seine Zuschauerrolle streng durchzuführen. Die beruhigte Stimmung, in die ihn beim Ausgange des Feldzugs von 1746 Englands
Bürgschaft für Schlesien und zugleich der Sieg der Franzosen bei
Rocoux verseßt hatten, hielt vorerst bei ihm an. „Ich preise unaufhörlich meine gegenwärtige Lage," so bekennt er im Sommer 1747,
„in der ich die Wetter toben höre und den Bliß die festesten Eichen
zersplittern sehe, ohne daß mich das rührte. Glücklich, wer verständig
genug ist, sich stille zu halten, und wem die Erfahrung Mäßigung
lehrt. Auf die Dauer ist der Ehrgeiz eine Tugend für Narren, ein
Führer, der in die Irre leitet und uns in einen von Blumen verhüllten Abgrund stürzt."

Seine Politik zwischen den beiden großen, miteinander ringenden Vormächten wird einfach und scharf bezeichnet durch die Erklärungen, die er fast gleichzeitig, im Februar 1747, nach Versailles
und nach London richtete. Er ließ den Franzosen sagen, die ihn immer
von neuem zum Wiedereintritt in den Krieg drängten, daß er nicht
so leichtsinnig sein werde, sich ein gewisses und gegenwärtiges Übel
auf den Hals zu ziehen, um ein anderes, das noch in ungewisser
Zukunft liege, zu vermeiden; er müsse, solange dieser Krieg noch währe,
Rücksichten auf die gegen Frankreich verbündeten Mächte nehmen,
um beim allgemeinen Frieden von allen abschließenden Teilen die
Bürgschaft für Schlesien zu erhalten, ohne die sein Besiß nicht gesichert sein werde. Ganz ebenso offen aber bedeutete er die Engländer, er habe keine Veranlassung, sich mit Frankreich zu über-
werfen; vielmehr müsse er Rücksichten gegen diese Macht üben,
auf daß sie nicht versteckt ein Abkommen auf seine Kosten mit der
Königin von Ungarn schließe — kurz, damit sie ihm beim allgemeinen
Frieden für den Besiß von Schlesien Gewähr leiste.

Was ihm diesmal wesentlich erleichterte, in der Neutralität zu
verharren, war das Gleichgewicht der militärischen Kräfte, das sich
in den leßten Jahren des österreichischen Erbfolgekrieges erhielt.
Die Partei, auf deren Seite Preußen gefochten hatte, hielt sich im
Kampfe jeßt ungleich wackerer, als in den Zeiten von Linz und
Dettingen. Ein deutscher Heerführer stellte das Ansehen der französischen Waffen wieder her; selbst die nur störende Anwesenheit
Ludwigs XV. im Lager konnte den Marschall von Sachsen, nach einer
beißenden Bemerkung des Königs von Preußen, nicht verhindern,
seine Übermacht im Felde zu behaupten. Den Ausgang der Schlacht
von Lafeld begrüßte Friedrich im Juli 1747 nicht minder freudig

als im vorangegangenen Herbst den Tag von Rocour. Er nahm
den Sieger gegen die Splitterrichterei der Neider überzeugt in Schutz
und stellte der Kriegskunst der Besiegten ein wenig schmeichelhaftes
Zeugnis aus. Nun fiel zwar nicht die Festung Mastricht, auf die
Moritz es zunächst abgesehen hatte, wohl aber das für uneinnehmbar gehaltene Bergen op Zoom, der Schlüssel der Schelde, das
stärkste Bollwerk der Republik Holland. Dagegen scheiterten die
Franzosen, von den Spaniern unzureichend unterstützt, mit dem
Versuche, ihre Waffen durch die Alpenpässe wieder in die Po-Ebene
zu tragen. Und zur See erhärtete der Sieg von Finisterre aufs
neue die Überlegenheit Englands; man sprach in Versailles von dem
letzten Todesseufzer der unglücklichen französischen Marine und gab
den gesamten Kolonialbesitz verloren. Selbst die Eroberung von
Madras durch Labourdonnais bot für die Einbußen in Nordamerika
nur geringen Ersatz.

Nach den gewaltigen neuen Rüstungen hüben und drüben schien
es, als wollten die Großmächte im Jahre 1748 ihren Kampf hitziger
denn je fortsetzen. Die Franzosen hatten jetzt die Hoffnung, Preußen
zu sich herüberzuziehen, wohl bereits aufgegeben. Marquis Valory,
der noch den Berliner Gesandtschaftsposten inne hatte, wurde im
Herbst 1747 aus Versailles zum Zeugen dafür angerufen, daß der
preußische König, wenn er nur wolle, in diesem Augenblick ohne
große Unkosten eine glänzende Rolle spielen könne. Nichts sei einleuchtender, antwortete Valory. Aber ihm wolle scheinen, daß
dieser Fürst seinen Bedarf an Ruhm hinreichend gedeckt zu haben
glaube, um nun im einfachsten Gleis sich ganz dem Nützlichen zu
widmen und seine Eroberungen dauerhaft zu befestigen. Der
Gesandte erklärte, daß er seinerseits daran zu verzweifeln beginne,
den König anders als auf diplomatischem Wege vorgehen zu sehen.
Aus Paris freilich berichtete der preußische Vertreter noch im Februar
1748 über die Anschauungen der leitenden Kreise, daß die Leute
hier sich noch immer einbildeten, der König von Preußen werde
ihnen schließlich aus der Verlegenheit helfen.

Da beunruhigte es sie denn nicht wenig, daß eben jetzt England
vor ihren sichtbaren Augen einen neuen herzhaften Anlauf nahm,
Preußen für sich zu gewinnen. Seit dem Herbst 1744, seit der
Versetzung Lord Hyndfords nach Rußland, hatte Georg II. keinen
Gesandten in Berlin unterhalten; nur vorübergehend war gelegentlich Sir Thomas Villiers, der Vermittler bei den Friedensverhandlungen von 1745, aus Dresden in Berlin erschienen. Jetzt,
nach den Mißerfolgen des letzten Feldzugs, schien es der Mühe wert,
wieder einen Vertreter bei dem Könige von Preußen zu beglaubigen.
Sir Henry Legge, auf den die Wahl fiel, sollte vor allem erkunden,
ob sich der König bereit finden möchte, mit England und dessen

Verbündeten gemeinsame Sache im Kampfe gegen Frankreich zu
machen, sollte ihn an das Beispiel des Urgroßvaters mahnen, der
1672 der Republik Holland in ähnlicher Bedrängnis beigesprungen
war, und ihn als Retter des protestantischen Glaubens und der
europäischen Freiheit, als Vorkämpfer gegen die Gefahr der bour=
bonischen Universalmonarchie aufrufen.    Der Unterhändler, ein
junger, ungeschulter, aber von hohem Selbstvertrauen getragener
Diplomat, kam mit dem brennenden Verlangen, seine Sendung
durch einen Erfolg, ein Ergebnis irgendwelcher Art, zu bezeichnen.
Wenig bekümmert um das ihm Aufgetragene, sprach er von Preußens
Beteiligung am Kriege, die er betreiben sollte, nur ganz beiläufig,
und erweckte vielmehr in dem preußischen Herrscher die irrige Vor=
stellung, als böte England ein Verteidigungsbündnis für die Zeit,
da der Friede geschlossen sein werde.    König Friedrich knüpfte an
das Erscheinen des Briten lebhafte Hoffnungen.    Schon als dieser
ihm nur angemeldet war, schrieb er seinem Gesandten in Wien,
das beste Hilfsmittel gegen den bösen Willen der Österreicher sehe
er, nächst seiner starken und stetigen Kriegsbereitschaft, in einem
guten Einvernehmen mit den Seemächten.    Und als dann Legge
seine ersten, anscheinend so verheißungsvollen Eröffnungen machte,
äußerte Friedrich auch in Bezug auf seinen zweiten Feind, solange
er mit England auf gutem Fuße stehe, habe er von Rußland nichts
zu fürchten.    Wußte er doch, daß Rußland englische Hilfsgelder
bezog und somit in seinen militärischen Bewegungen von England
abhängig war.

Die Enttäuschung konnte nicht ausbleiben.    Am 30. April 1748
wurden zu Aachen durch einen Sondervertrag zwischen Frankreich
und den Seemächten die Grundlagen des künftigen Friedens fest=
gestellt.    England verhieß, seine Eroberungen im amerikanischen
Siedellande herauszugeben; Frankreich, der Kaiserin Maria Theresia
das ihr entrissene Belgien zurückzuerstatten, falls sie dem Frieden
beitreten und in Italien Parma und Piacenza dem Infanten Don
Philipp, Ludwigs XV. Schwiegersohn, einräumen, sowie auf die
1743 dem König von Sardinien vorläufig überlassenen Gebiete
endgültig verzichten würde.    Auch die Anerkennung des preußischen
Besitzes von Schlesien war in diesem Vorfrieden ausgesprochen.
Denn weder Frankreich noch England hätten geglaubt, dem von
rechts und links umworbenen Preußenkönige diese Gunst ohne
eigene Gefahr versagen zu dürfen.

Ein weiteres aber ihm zu gewähren, schien jetzt nicht mehr er=
forderlich.

England hatte das preußische Bündnis für den Krieg gesucht.
Im Frieden war Preußen ihm entbehrlich.    Wohl gab es dort zu
Lande einige Politiker, die, vor die Wahl zwischen Österreich und

Preußen gestellt, der jüngeren Macht als der offenbar kriegstüch=
tigeren den Vorzug gegeben haben würden; und selbst der erste
Lord des Schatzes, Pelham, neigte dieser Anschauung zu. Sein
Bruder dagegen, der Herzog von Newcastle, wies den Gedanken,
das österreichische Bündnis mit dem preußischen zu vertauschen,
weit von sich, und vollends König Georg, nach wie vor durch den
welfischen, grenznachbarlichen Gegensatz gegen die brandenburgische
Macht bestimmt, zeigte sich überhaupt gegen jede Verbindung mit
ihr mißtrauisch. So ward Legge im Juli 1748 nach Hannover
beschieden, wo der König und Newcastle soeben zu längerem Be=
such eingetroffen waren, und wegen seines „hübschen Planes" derb
gescholten. Georg nannte ihn einen Narren und sprach sein Miß=
vergnügen aus, daß dieser Mensch mit einem diplomatischen Auf=
trag betraut worden sei, nur weil er eine Rede im Unterhause zu
halten verstehe; und Newcastle erklärte, jeder Sondervertrag mit
Preußen werde das ganze politische System von Europa umstürzen,
und den Briten werde der Trost bleiben, sich im Bündnis mit Preußen
zu sehen, die Kaiserin aber und die Zarin beleidigt zu haben. Doch
stellte er dem König von Preußen großmütig anheim, sich dem zwischen
England und Österreich bestehenden Bündnis anzugliedern. Da
erklärte wieder Friedrich ohne weiteres, so wenig Feuer und Wasser
miteinander bestehen könnten, so wenig sei für Preußen und Öster=
reich in dem nämlichen Bunde Platz; die einzige Verpflichtung,
die er in Ansehung des Wiener Hofs gegen England eingehen könne,
sei das Versprechen, die Österreicher, solange sie selbst Frieden
halten wollten, nicht anzugreifen.

Der völlige Mißerfolg dieses Annäherungsversuches zwischen
Preußen und England ließ endlich, wie es zu geschehen pflegt, auf
beiden Seiten nur um so schärfere Gereiztheit zurück.

Wären nur damit die guten Beziehungen zu Frankreich gerettet
gewesen! Nach dem Abschluß des Vorfriedens war Valory in Berlin
untröstlich, daß der König von Preußen die erste Nachricht durch die
Engländer und nicht durch ihn erhalten habe. Aber der Minister
Puysieulx beruhigte den Gesandten durch die kühle Betrachtung:
„Wir bekümmern uns nicht darüber, daß die Engländer sich bei dem
Könige von Preußen ein Verdienst daraus machen, zur Erfüllung
seiner Wünsche beigetragen zu haben, und da die von ihnen wahr=
genommene Neigung dieses Fürsten zur Begründung eines engen
Einvernehmens mit dem Könige von England für uns nichts Be=
unruhigendes haben kann, so werden wir es mit Vergnügen sehen,
wenn sie sich für die Behandlung ihrer gemeinsamen Interessen
über gleiche Gesichtspunkte verständigen können." So lange frei=
lich in Aachen das Friedensgebäude noch nicht unter Dach und Fach
gebracht war — und die Verhandlungen der im Namen Europas

verſammelten Diplomaten ſchleppten ſich durch den ganzen Sommer
und einen guten Teil des Herbſtes hin — mußte der franzöſiſche
Hof die Mißſtimmung gegen Preußen, wie ſchon während der ganzen
letzten Jahre, noch zurückhalten. Es war die letzte Nachwirkung
dieſes eigentümlichen Wetteifers gezwungener Rückſichtnahme auf
Preußen, wenn Frankreich und England allen Anſtrengungen der
öſterreichiſchen Diplomatie zum Trotz die europäiſche Bürgſchaft
für Schleſien aus dem Vorfrieden in die Urkunde des endgültigen
Vergleichs herübernahmen.

Am 18. Oktober 1748 wurde von den Vertretern Frankreichs
und der Seemächte dieſe Friedensurkunde vollzogen, in den nächſten
Tagen gaben die Bevollmächtigten der übrigen bis zuletzt an dem
Kriege beteiligten Staaten ihre Unterſchriften. Und nun offen=
barte ſich ſofort, daß von Preußen die politiſche Stärke wich, die es
ſeit den Anfängen Friedrichs II. darin gefunden hatte, Frankreich
gegen England und England gegen Frankreich unentbehrlich zu ſein.
Der Friede ſei das unvorteilhafteſte Ereignis, das Preußen hätte
treffen können, urteilte ſehr richtig des Königs Schweſter, die Kron=
prinzeſſin von Schweden. Franzöſiſche Staatsmänner äußerten
bitter, daß die Teilnehmer am Krieg ſamt und ſonders nur gekämpft
hätten, um den König von Preußen groß zu machen. Auch d'Argen=
ſon, der in Ungnaden entlaſſene Staatsſekretär des Auswärtigen,
gab dieſe Tatſache zu: Ein einzelner Reichsfürſt habe ſich gegen die
ſtolze Macht des neuen Hauſes Oſterreich zu erheben gewagt und habe
Großartigeres erreicht, als ſeit Maximilian I. je gegen Habsburg
geleiſtet ſei. Nur daß d'Argenſons Nutzanwendung, Frankreich
dürfe deshalb niemals ſchwanken, dieſen nützlichen Bundesgenoſſen
zu halten, von den nunmehrigen Leitern der franzöſiſchen Politik
keineswegs geteilt wurde. Schon zu Aachen während des Kongreſſes
hatte Frankreichs erſter Bevollmächtigter, Graf St. Severin, in den
wegwerfendſten Ausdrücken von dem preußiſchen Könige geſprochen.
In Frankreich betrachte man dieſen Filigrankönig gar nicht als eine
Macht. Fünf Schlachten habe er gewonnen: hätte er eine verloren,
ſo würde nicht mehr die Rede von ihm ſein; ſeine Politik ſei falſch,
er ſei mit einem Worte ein Fripon. Als er Frankreichs Sache ver=
laſſen habe, da ſeien viele Leute beunruhigt geweſen, aber die
Klügſten und Umſichtigſten hätten geurteilt, das ſei bei Licht be=
trachtet durchaus nicht das Schlimmſte; denn die Rolle, die er ge=
ſpielt habe, werde ihn um das Vertrauen der Gegenpartei bringen,
und dieſer Mißkredit werde ihn das Schwergewicht verlieren laſſen,
das er ſonſt in der Wagſchale darzuſtellen vermöchte. Jetzt, nach
Hauſe zurückgekehrt und als Staatsminiſter in den vertrauten Rat
des Königs von Frankreich berufen, gefiel ſich St. Severin gegen=
über dem preußiſchen Geſandten in berechneter, ſehr deutlicher

Zurückhaltung. Als ihn der alte Baron Chambrier, mit dem er seit zwanzig Jahren bekannt war, beim Wiedersehen begrüßte, bat St. Severin, es ihm nicht übel zu nehmen, wenn sie sich beide, unbeschadet ihrer alten Beziehungen und freundschaftlichen Gesinnungen, in Zukunft nicht mehr besuchen würden; denn bei den großen Rücksichten, die er zu nehmen habe, müsse er es vermeiden, daß seine Gegner, um ihm einen Knüppel zwischen die Beine zu werfen, diese einseitigen Beziehungen falsch auslegten, da es doch nicht tunlich sei, mit sämtlichen Mitgliedern der diplomatischen Vertretungen ähnlichen Verkehr anzuknüpfen. Diese kleine Anekdote, so berichtete Chambrier seinem Gebieter, sei geeignet, über das gegenwärtige politische System Frankreichs Licht zu verbreiten. Offenbar wünsche St. Severin das durch ihn zu Aachen begründete Einvernehmen mit England durch nichts getrübt zu sehen. Das französische und das englische Ministerium seien beide der Meinung, daß, wenn sie sich aufrichtig verständigten, niemand den Frieden in Europa zu stören vermöge.

König Friedrich verhehlte sich die Gefahren seiner isolierten Stellung keinen Augenblick. Er übersandte den aus Paris eingelaufenen Bericht sofort — es war am letzten Tage des Friedensjahres 1748 — seinem Gesandten in London, auf daß dieser sich danach „wie nach einem Kompaß" richten möge. Nach seinem alten Grundsatze, daß man bei widrigem Winde die Segel einziehen müsse, gewann er es über sich, die Maßregeln gegen das englische Kabinett aufzuschieben, zu denen er sich im Interesse seiner seit 1744 durch englische Kaper geschädigten seefahrenden Untertanen entschlossen hatte. So hielt er es denn auch für geboten, jede Herausforderung der Russen und ihrer österreichischen Bundesgenossen sorgfältig zu vermeiden.

Um so mehr mußte es ihn beunruhigen, daß gerade jetzt die beiden Kaiserhöfe sich wie zu einer großen Angriffsbewegung zu rühren begannen. Mit England von neuem gespannt, von Frankreich geflissentlich vernachlässigt — wo durfte er, wenn er jetzt angegriffen wurde, auf Hilfe rechnen? Einige Zeit nach dem Dresdener Vertrag hatte er einmal die Vermutung ausgesprochen, daß der allgemeine Friede seinen Feinden das Lärmzeichen für den Ausbruch ihrer Wut geben werde. Es schien, als ob seine Voraussagung sich erfüllen wollte.

---

Noch vor wenigen Jahren hatten alle Berechnungen der nordischen Politik Preußens ganz persönlich an die Kaiserin Elisabeth angeknüpft. In ihr sah der König damals die Fortdauer des preußisch-russischen Einvernehmens verkörpert und verbürgt; von einem Anschlage gegen Elisabeths Thron und Leben hätte er die Interessen seines eigenen Staats unmittelbar mitbetroffen geglaubt. Oft genug hatte er ihr drum nach der Entdeckung jener Palastumtriebe von 1743 den hartherzigen Rat erteilt, den jungen Iwan, ihren gestürzten Vorgänger, an einem unbekannten Orte Sibiriens für jedermann zu verbergen.

Friedrich hat nachmals als den Hauptfehler seines Gesandten Mardefeld die falsche Annahme bezeichnet, daß alles gut gehen werde, wenn die Kaiserin und ihre Günstlinge gewonnen seien. Die Vertreter anderer Mächte hätten diese persönliche Umgebung Elisabeths vernachlässigt und sich vielmehr an den Minister, an Bestuschew angeschlossen. Dadurch hätten sie ihr Spiel gegen Mardefeld gewonnen. In den entgegengesetzten Fehler verfiel die preußische Politik, wenn der König jetzt je länger je mehr annahm, das ihm feindliche System des russischen Hofes stehe und falle mit Bestuschew. Denn zuletzt hatte der Kanzler die Zarin so völlig umgestimmt, daß sie selbst die Seele jenes Systems geworden war.

„Die Kaiserin," schrieb im Herbst 1748 Mardefelds Nachfolger, Graf Finckenstein, „hatte die größten Verpflichtungen gegen Frankreich, und der Kanzler hat das Mittel gefunden, sie deren vergessen zu lassen. Sie empfand Achtung und Freundschaft für den König von Preußen, und der Kanzler hat es verstanden, ihr Kälte und Mißtrauen einzuflößen. Sie wollte den Schweden wohl und liebte den schwedischen Kronprinzen, und der Kanzler hat es fertig gebracht, daß sich diese Gesinnungen in Haß und Entrüstung gewandelt haben. Sie verabscheute den Hof zu Wien, und der Kanzler ist zu seinem Ziel gelangt, sie völlig österreichisch zu machen. Sie schauderte bei dem Worte Mietlingsstaat, und es ist jenem nichtsdestoweniger gelungen, sie so weit zu bringen, daß sie Soldspenden von England und Holland angenommen hat. Sie wollte dem Haus Holstein wohl und haßte den dänischen Hof, und der Kanzler hat die Kunst besessen, alle diese Empfindungen in ihr Gegenteil zu verwandeln und nach seinem Sinne zu kehren."

Die Tochter Peters des Großen war von der Natur freigebig ausgestattet. Eine majestätische Erscheinung, die alle Damen des Hofes verdunkelte, eine graziöse Erscheinung bei aller Körperfülle, in der Unterhaltung warm und lebhaft, galt Elisabeth selbst einem wenig wohlwollenden Beobachter wie Finckenstein als die Persönlichkeit im ganzen Reiche, die am meisten Artigkeit und Weltgewandtheit besitze. Auch durfte niemand sie einsichtslos und geistig unbedeutend nennen. Sie habe, urteilte man, eine eigene, bei Frauen ziemlich häufige Art von Esprit: eindringenden Verstand, lebhafte Einbildungskraft, aber wenig Tiefe. Was aber vor allem ihr fehlte, war nicht bloß jede Initiative des Entschlusses, sondern,

wie es schien, überhaupt die Fähigkeit zur Entschließung. Eine der
Naturen, die geleitet und geschoben werden wollen, um sich dann in
der Richtung des einmal erhaltenen Antriebes gleichsam maschinen=
mäßig fortzubewegen, haßte die seit lange in ein sybaritisches Leben
Versunkene alles, was sie irgendwie stören konnte, was auch nur
die kleinste Anspannung des Willens von ihr forderte, ihrer beschau=
lichen Bequemlichkeit die kleinste Bemühung zumutete. „Es ist
ein sehr schweres Unternehmen," meinte ein englischer Diplomat,
„die Kaiserin zu einem Beschlusse zu bringen, und ein sehr leichtes,
die Beschlußfassung zu verhindern; jenes kann kaum das ganze
Ministerium, dieses aber das unbedeutendste Mitglied zu stande
bringen."

So hatte Bestushew in den Anfängen dieser Regierung zwar
vieles zu verhindern vermocht, seine kriegerischen Anträge aber immer
abgelehnt gesehen. Nun beobachtete man es als eine charakteristische
Eigenschaft der Zarin, daß nichts ihre Aufmerksamkeit dauernd in
Anspruch nehme, was nicht irgend eine Beziehung auf ihre Persön=
lichkeit habe; dem König von Preußen wurde seinerzeit nachgesagt,
daß er diese Schwäche trefflich auszunützen verstehe. Bestushew
wählte dieselbe Taktik. Er hielt nach Bundesgenossen in der unmittel=
baren Nähe Elisabeths Umschau, und wer hätte ihm wirksamere
Dienste leisten können, als Graf Alexei Rasumowski, der schöne
Bauernsohn, den die Zarentochter als junge Prinzessin in seiner
ukrainischen Verborgenheit entdeckt, an ihren Hof gezogen, mit
Auszeichnungen überschüttet, zu ihrem Günstling erkoren und end=
lich, nicht lange nach ihrer Erhebung auf den Thron, in einem heim=
lichen Ehebunde zu ihrem Gatten gemacht hatte? „Die Natur,
die alle körperlichen Vorzüge auf ihn gehäuft, welche einem Her=
kules von Cythera not sind, versagte ihm die Gaben des Geistes,"
so spottete nicht ohne Grund der böse Mardefeld über Rasumowski;
aber alles bei Hof huldigte dem „Kaiser der Nacht". Als der Kanzler
1747 für seinen Sohn Andrei Bestushew die Hand der Gräfin Awdotja
erhielt, die als des Grafen Rasumowski Nichte galt und in Wahrheit
seine und der Zarin Tochter war, da durfte sich die Familie Bestushew
gegen alle Umtriebe ihrer Feinde als gefeit betrachten. „Jetzt ist
unser Freund im Sattel," triumphierte Lord Hyndford, „die Zarin
behandelt ihn schon mehr als ihren Schwager, denn als ihren Kanzler."
Graf Woronzow, der Vizekanzler, der Bestushews Glück gemacht hatte,
dann aber eine Zeitlang geneigt gewesen war, um den entscheiden=
den politischen Einfluß mit seinem früheren Schützling in Wettstreit
zu treten, gab jetzt das gefährliche Spiel klüglich auf; wer sonst den
Kanzler zu stürzen versucht hatte, fiel seiner unbarmherzigen Rache
zum Opfer. Vor allen jener Lestock, an dem seine Freunde beklagten,
daß er sich in der einen berühmten Revolutionsnacht von 1741 an

Mut und Tatkraft völlig erschöpft zu haben scheine. Er hatte die
Gunst der Zarin längst verloren, während ihr doch ein Rest von
Dankbarkeit oder Scham eine Weile noch verbot, ihren Wohltäter
seinen Todfeinden preiszugeben. Aber Ende 1748 gab sie dem
Drängen des von Bestushew vorgeschobenen Rasumowski nach.
Lestock wurde verhaftet, gefoltert, nach Sibirien geschickt. „Ich weiß
im voraus, daß er nun und nimmermehr Euch etwas gestehen wird,"
sagte Elisabeth zu Apraxin und Alexander Schuwalow, als sie ihr
berichteten, daß der Unglückliche den ersten Grad der Tortur uner=
schrocken ausgehalten habe. Erläuternd setzte sie mit empörender
Offenherzigkeit hinzu: als sie in ihrer Unternehmung gegen den
Thron ihres Vorgängers wankend geworden sei, habe sie Lestock
gefragt, ob er im Falle einer Entdeckung sie unter der Knute nicht
als Anstifterin nennen werde; da habe er ihr zugeschworen, eher
wolle er sich alle Adern aus dem Leibe reißen lassen.

Graf Lestock war der letzte gewesen, der bei seiner Gebieterin
den einst von ihr bewunderten Preußenkönig noch zu verteidigen
gewagt. Jetzt hatten Bestushew und seine Helfershelfer für ihre
Anklagen und Verdächtigungen völlig freie Bahn. Im Verbreiten
herabsetzender Äußerungen über die Zarin, die aus Potsdam stammen
sollten, wetteiferten mit ein Paar aus der Dienerschaft Friedrichs II.
in den russischen Hofdienst übernommenen Heiducken die österreichischen
und englischen Diplomaten, die ihr Weg just über den Berliner
Posten nach Rußland geführt hatte, vor allen Hyndford, von dem
sein dänischer Kollege sagte, sein vornehmstes Ziel sei, den russischen
Hof so viel als möglich gegen den preußischen aufzureizen. Oben=
drein hat Bestushew die Vertreter Rußlands im Ausland gerade=
wegs aufgefordert, ihre Berichte zu färben, möglichst viel des Nach=
teiligen über den König von Preußen zu verzeichnen, sein Tun und
Lassen im gefährlichsten Lichte darzustellen. Eine Zumutung, die
Graf Keyserling als russischer Gesandter in Berlin mit dem nachdrück=
lichen Worte zurückgewiesen hat, er gedenke als Ehrenmann und
treuer Diener seiner Kaiserin zu handeln, und niemand solle ihn
dahin bringen, seine Berichte mit Lügen aufzuputzen und seinen Hof
durch Erfindungen zu alarmieren. Ein andermal wählte deshalb
der Kanzler für das gleiche Trugspiel einen Umweg. Es mußte
auf seine Veranlassung der österreichische Gesandte Bernes in Mos=
kau an seinen Berliner Kollegen Puebla das Ansinnen richten, dem
dortigen russischen Vertreter durch die dritte Hand den Verdacht
beizubringen, daß in Schweden Anschläge gegen die Person der
Zarin vorbereitet würden, an denen der preußische Hof seinen
Anteil habe. Puebla war vorsichtig genug, erst Weisungen von seiner
Regierung einzuholen; dieser aber schien die Sache nicht geheuer,
sie vermutete, und nicht mit Unrecht, den König von Preußen im

Besitz des Schlüssels zu dieser verfänglichen Korrespondenz und befahl ihrem Gesandten eilends, sich auf nichts einzulassen.

In seinem finsteren Bestreben, Mißtrauen und Haß zu säen, verstand nun Bestushew auch mit großer Findigkeit, allerhand Streitfragen auszugraben, untergeordnete Kleinigkeiten zu großen Staatsaktionen aufzubauschen und zum Ausgangspunkte ärgerlicher diplomatischer Auseinandersetzungen zu machen. Bald war er so weit vorgeschritten, daß er sich den Anschein geben durfte, als sei er es, der die Zwistigkeiten mit Preußen im innersten Herzen be= klage, als weiche er nur der Gereiztheit der Kaiserin. „Aber wer nur ein wenig in die Karten geschaut hat," bemerkt ein unbeteiligter Berichterstatter, „der kann nicht zweifeln, daß der Kanzler nicht ungern sieht, wie die Gereiztheit mehr und mehr wächst." Er hatte sich in der Zarin allmählich die gelehrige Schülerin erzogen, die, von allen ehemaligen Zweifeln und Vorbehalten bekehrt, auf die Worte seiner großen, hochtrabenden Denkschriften über die wahren und bleibenden Aufgaben der russischen Politik gegen Preußen jetzt gläubig schwor.

Zwei Lehrsätze bewies ihr großer Staatsmann mit großem Auf= wand von Dialektik ihr immer von neuem: daß Rußland durch das Anschwellen der preußischen Macht in seinen eigenen Grenzen be= droht werde, und daß ihm schon jetzt sein berechtigter Einfluß auf die benachbarten europäischen Staaten an Preußen verloren gehe. Freilich konnten sich selbst die Verbündeten Rußlands dem Arg= wohn nicht verschließen, daß Bestushews Furcht vor einem preußischen Angriff erheuchelt sei, daß die Hilfsgelder des Auslandes in Ruß= land nicht sowohl auf kriegerische Rüstungen verwendet würden, als für die üppige Hofhaltung und zu des Kanzlers persönlicher Bereicherung. Je mehr dieser in Rußlands geographischer Lage eine hinreichende Schutzwehr gegen feindlichen Anfall sah, um so bereiter war er allezeit zu Bündnissen und zu Koalitionskriegen gegen Preußen, die an Subsidien und Geschenken ausländisches Gold in die Staatskassen und die Privattaschen strömen ließen. Nicht einen preußischen Angriff, höchstens für sich persönlich die Rache des Königs von Preußen fürchtete Bestushew; er mußte sich sagen, daß einer Wiederannäherung zwischen den beiden Höfen der Stifter des eingetretenen Zwistes gar leicht zum Opfer fallen konnte; er wußte nur zu gut, wie Friedrich früher auf seinen Sturz hinge= arbeitet hatte.

Bestushews zweite Anklage aber ging von der Voraussetzung aus, daß Rußland den Anspruch erheben dürfe und es als eine politische Notwendigkeit zu betrachten habe, seinen Einfluß, wie bereits über Polen, so über den ganzen europäischen Norden zu erstrecken. Da mochte denn der Kanzler allerdings darüber klagen, daß Preußen

in der durch die schlesischen Kriege gewonnenen Ausdehnung und
Stärke Rußland aus dem ihm im Abendlande gebührenden Macht=
bereich zurückdränge. Im Frühjahr 1747 hatte nach einigen Schwan=
kungen Schweden sein Subsidienverhältnis zu Frankreich erneuert
und zugleich ein Verteidigungsbündnis mit Preußen geschlossen.
Ursprünglich als Dreibund zwischen Schweden, Preußen und Ruß=
land geplant, sollte jetzt, nach der feindlichen Umwandlung der
preußisch=russischen Beziehungen, der Vertrag mit Preußen viel=
mehr dazu dienen, den Stockholmer Hof der Abhängigkeit von Ruß=
land zu entziehen, in der er bis zum Ausgang der dreißiger Jahre
gestanden hatte und unter die er mit dem Frieden von Abo zurück=
gekehrt war.

Der Vertrag war das Werk der alten Parteigänger Frankreichs,
der Hüte, die im Laufe des letzten Reichstags, anfänglich von den
russisch gesinnten Mützen geschlagen, die Mehrheit zurückgewonnen
hatten. Begünstigte der alte König Friedrich die Mützen, so hielt
zu den Hüten der „junge Hof", der unbedeutende Erbprinz Adolf
Friedrich und seine ihn ganz beherrschende preußische Gemahlin
Luise Ulrike, die ihrem königlichen Bruder nicht bloß von Gesicht,
sondern auch an Geist und Energie glich. Es war das Ziel ihres
glühenden Ehrgeizes, der schwedischen Krone, die ihr Gatte und ihr
junger Sohn einst tragen sollten, den alten Glanz wieder zu geben
und der nach Karls XII. Tode begründeten Adelsherrschaft ein
Ende zu machen. Die Führer der Hüte waren nicht abgeneigt,
Ulrikens Politik zu unterstützen, vor allen der glänzende Graf Tessin,
1744 der Obmann der zur Einholung der Prinzessin=Braut nach
Berlin abgeordneten Botschaft. Vorbereitungen wurden getroffen,
um beim Tode des jüngst durch einen Schlagfluß gelähmten Königs
die Verfassungsänderung im monarchischen Sinne durchzuführen.
„Der Mineur ist bei der Arbeit," schrieb die Kronprinzessin im Som=
mer 1748 dem König von Preußen, „mit aller Aussicht auf Erfolg."

Bestushew war von diesen Plänen im allgemeinen unterrichtet.
Er beschloß ihnen zuvorzukommen und an dem jungen Hof ein
furchtbares Strafgericht zu vollstrecken. Die Wahl zum Thron=
folger wie die Hand der Gattin verdankte Adolf Friedrich von Hol=
stein=Gottorp der russischen Empfehlung: verdiente nicht dieser
Undankbare in das Nichts, aus dem die Zarin ihn hervorgezogen
hatte, zurückgestoßen zu werden? Der Erbprinz von Hessen=Kassel,
Neffe des regierenden Königs von Schweden und Schwiegersohn
des Königs von England, wurde von Bestushew ausersehen, an die
Stelle des Gottorpers zu treten. Den Rechtsgrund für diese ge=
waltsame Umwälzung sollte eine Klausel des Nystäder Friedens
liefern, die nach russischer Auffassung Rußland zum Wächter über
den Bestand der schwedischen Verfassung machte.

Ende Juni 1748 entwickelte Bestushew seinen Plan den Ver=
tretern von Österreich, England und Dänemark. Noch bei Leb=
zeiten des alten Königs, „ohne vieles Warnen", „in der Geschwindig=
keit", wollte Rußland die Schweden mit Krieg überziehen; Öster=
reich, England=Hannover, Dänemark, auch Sachsen und Hessen=
Kassel sollten sich beteiligen; Dänemark würde den Reigen zu er=
öffnen, „das Eis zu brechen" haben. Auf Englands Mitwirkung
rechnete der russische Kanzler um so mehr, als das Jahr zuvor Lord
Chesterfield, der inzwischen zurückgetretene Staatssekretär, wieder=
holt dringend empfohlen hatte, durch den Einmarsch russischer
Truppen in Finnland einen Druck auf die Stockholmer Reichstags=
verhandlungen auszuüben. Den Wiener Hof aber hoffte Bestushew
mit dem Hinweis auf die günstige Gelegenheit zur Wiedererwerbung
von Schlesien zu gewinnen. Konnte als sicher angenommen werden,
daß der König von Preußen dem russischen Angriff gegen das ihm
verbündete Schweden nicht ruhig zusehen werde, so trat damit
der Fall ein, den das Bündnis der beiden Kaiserhöfe von 1746 vor=
sah: Österreich erhielt einen vertragsmäßigen Anlaß, zum Schutze
Rußlands die Feindseligkeiten gegen Preußen zu eröffnen. Die
Haltung der österreichischen Diplomaten Pretlack und Bernes, die,
noch ohne Verhaltungsmaßregeln aus Wien, den russischen Plan
bei dem Vertreter Dänemarks in Petersburg warm befürworteten,
bestärkte den Kanzler in seinen Hoffnungen.

So wenig den Russen das, was in Stockholm geplant wurde, ein
Geheimnis blieb, so wenig entgingen dem König von Preußen
die Gegenzüge Rußlands. Die erste Warnung ward ihm schon
im August 1748 durch seinen Gesandten in Petersburg, und ziem=
lich gleichzeitig kam die Nachricht, daß die dem Wiener Hofe über=
lassenen 30 000 Mann russischer Hilfsvölker auf ihrem Marsche
nach dem Rhein kehrt gemacht hatten. „Es ist sicher, daß die Russen,
Österreicher und Dänen Böses gegen Schweden im Sinne haben,"
schrieb Friedrich nach Stockholm. Unausgesetzt mahnte er jetzt
zur Vorsicht, zum Verzicht auf jede Neuerung, oder doch zum Auf=
schub. Zu seinem Schrecken aber ward er gewahr, mit welcher
Hartnäckigkeit seine Schwester an ihrem Vorsatz festhielt. Er ver=
doppelte seine Warnungen, als im November aus Hannover gemeldet
wurde, wie dort während der Anwesenheit des Königs von England
die Vertreter von Sachsen, Österreich und Rußland Tag für Tag
untereinander und mit dem Herzog von Newcastle verhandelten.
Den Ausbruch eines Krieges im Norden glaubte Friedrich damals
noch nicht befürchten zu müssen. Bald aber, im Januar 1749, be=
gannen die Schweden selbst unruhig zu werden; der schwedische
Gesandte in Wien, Graf Barck, wußte von einem förmlichen diplo=
matischen Feldzugsplan zu berichten, der, zu Hannover zwischen

England und den Kaiserhöfen festgestellt, die Ausschließung der
gottorpischen Prinzen Adolf Friedrich und Peter von der Thronfolge in Schweden und in Rußland bezwecke. Der König von Preußen
ließ es dahingestellt, wie weit Barck seine Entdeckung nur seinen
Mutmaßungen verdanke, verkannte indes nicht, daß, „wenn viele
Personen einerlei Konjekturen hätten, solches einen gewissen, sehr
wahrscheinlichen Grad von Probabilité erhalte". Bisher hatte man
in Berlin und Stockholm den Herzog von Cumberland, des englischen
Königs zweiten Sohn, als schwedischen Thronprätendenten betrachtet, und in der Tat war an ihn anfänglich gedacht worden;
jetzt kam der preußische Gesandte in London auf die richtige Fährte,
wenn er in seinem Bericht vom 28. Januar den Prinzen Friedrich
von Hessen, des Engländers Schwiegersohn, nannte. Wieder einige
Wochen später las König Friedrich in einer angehaltenen österreichischen Depesche aus Rußland schwarz auf weiß, daß die Zarin
persönlich ihren festen Vorsatz ausgesprochen habe, den hessischen
Prinzen auf den schwedischen Thron zu setzen.

Alle Hoffnung auf Erhaltung des Friedens schien zu schwinden,
als Anfang März aus Norwegen und Finnland, ebenso wie aus
Böhmen und Mähren, Nachrichten von Truppenansammlungen
kamen; dazu aus London die Meldung, daß ein russischer Kurier
die bevorstehende Eröffnung der Feindseligkeiten gegen Schweden
angekündigt habe und daß darauf von englischer Seite die Entsendung einer Flotte in die Ostsee versprochen sei. „Meine schwedische
Schwester erwartet für dieses Frühjahr einen Besuch, der ihr nicht
sehr angenehm sein wird," scherzt Friedrich am 11. März mit ver-
zweifeltem Humor; der Prinzessin Ulrike selbst aber schreibt er tags
zuvor: „Nach allem, was ich an politischen Nachrichten erhalte,
muß man sich auf den Krieg gefaßt machen und ihn dieses Jahr für
unvermeidlich betrachten. Allem Anschein nach werde ich zu gleicher
Zeit wie Schweden angegriffen werden; das ist nach den Vorbereitungen der Russen und Österreicher klar. Der Himmel stehe uns
bei; nicht wir sind es, die zu dieser Schilderhebung Anlaß gegeben
haben. Wir müssen uns wehren, so gut es uns möglich ist, und uns
auf die schlimmsten Ereignisse vorbereiten."

Er schickte sich an, seine Feinde zu empfangen. Die Regimenter
erhielten den Befehl, ihre Beurlaubten einzuziehen und sich marsch-
bereit zu halten. Die Feldmarschälle Schwerin und Leopold Maximilian von Anhalt wurden zu einer Beratung nach Potsdam beschieden. Der Minister Münchow wurde beauftragt, Vorräte zum
Unterhalt eines in Schlesien aufzustellenden Heeres anzuhäufen;
der König schrieb ihm, er fürchte im Mai zu den schlesischen Revuen
„mit einer weit stärkeren Suite" kommen zu müssen, als ihm lieb
sei. Drei Heerhaufen gedachte er zusammenzuziehen. In Schlesien,

abgesehen von den Besatzungen der festen Plätze in der Stärke von
18 Bataillonen, 19 Bataillone und 76 Schwadronen; unter seinem
eigenen Befehl sollten sie nach Böhmen einrücken und sich dort
mit den 42 Bataillonen und 65 Schwadronen von einem zweiten
Heere vereinigen, mit dem zuvor Feldmarschall Keith das Kurfürstentum Sachsen besetzt haben würde.  Dort sollten 20 Bataillone
und 20 Schwadronen zurückbleiben, um nebst den 5 in die Festung
Magdeburg gelegten Bataillonen dem Hauptheere den Rücken zu
decken, wenn Hannover sich in den Krieg einmischte.  Das dritte
Korps sollte sich in der Stärke von 27 Bataillonen und 50 Schwadronen in Pommern versammeln und unter den Befehl des Prinzen
von Preußen treten, dem Feldmarschall Schwerin als Berater
zugedacht wurde.  Die westfälischen Provinzen gegen einen hannove-
rischen Angriff, Preußen und Littauen gegen einen russischen zu
halten, schien aussichtslos.  General Lehwaldt in Königsberg erhielt vorweg die geheime Weisung, alle Anstalten zu treffen, um auf
den ersten Befehl die ganze im Lande stehende Truppenmacht,
dazu alle waffenfähige junge Mannschaft, den Pferdebestand der
Gestüte und den Barvorrat der Kassen über die Weichsel nach Pommern führen zu können; nur in den festen Plätzen sollten Besatzungen
zurückbleiben.  Den Schweden durch eine Diversion, durch einen
Einfall in Kurland, Luft zu machen, hielt Friedrich für strategisch
unmöglich.  Er war entschlossen, sich politisch in den Grenzen der
Defensive zu halten und selbst nach einem russischen Angriffe auf
Schweden die Eröffnung unmittelbarer Feindseligkeiten gegen seinen
eigenen Staat abzuwarten.

Die Befehle an die Regimenter riefen unter den fremden Gesandten in Berlin große Aufregung hervor und versetzten die hauptstädtische Bevölkerung und selbst den Hof in eine wahre Panik.
Zur Beruhigung der Gemüter betonte am 15. März ein in die Berliner
Zeitungen eingerückter Artikel den rein defensiven Zweck der Rüstungen; dabei aber war diese Kundgebung so ernst und nachdrücklich gehalten, daß ihr in ganz Europa die größte Beachtung sicher
war: „Da anjetzo in einigen benachbarten Landen verschiedene
ungewöhnliche Bewegungen verspürt und ganz außerordentliche
Veranstaltungen getroffen werden, daß man nicht unbillig besorget
sein muß, daß leicht in bevorstehendem Frühjahre der Ruhestand
im Norden gestöret werden könne, so haben Se. Königl. Majestät
der Notdurft zu sein erachtet, sich ebenmäßig in solche Verfassung
zu setzen, damit Dero Armee gleichfalls im stande sein möge, aller
Gefahr, so bei gegenwärtigen Umständen Ihren Landen und Untertanen unvermutet zugezogen werden könnte, vorzubauen und ab-
zukehren.“

Zunächst als militärische Schutzmaßregel angeordnet, war die

Kriegsrüstung doch zugleich als diplomatisches Einschüchterungs=
mittel gedacht. Indem der König, Feldherr und Kriegsminister
in einer Person, schon den Aufmarsch der Heere vorbereitet, be=
wahrt er sich den hellen Blick und die sichere Hand des Staatsmanns,
der noch in der zwölften Stunde den Frieden zu retten strebt. Im
Gegensatz zu der zuwartenden Haltung, die er während der letzten
Jahre eingenommen hatte, sehen wir ihn mit raschem Entschluß
einen seiner glänzendsten diplomatischen Feldzüge eröffnen. Mit
vollendeter Meisterschaft verstand er, die nordische Frage als Hebel
zur Wiederherstellung seiner darniederliegenden Beziehungen zu
Frankreich zu benutzen. Frankreich, es mochte wollen oder nicht,
wurde zum erneuten Zusammengehen mit Preußen gleichsam ge=
zwungen, und dieses selbst damit aus der gefährlichen Vereinzelung,
in die man geraten war, glücklich herausgezogen. Seit dem Januar
verging kein Posttag, ohne daß Friedrich seinen Gesandten in Paris
mit Weisungen versah, um das französische Ministerium zu warnen,
an seine Pflicht gegen Schweden und an das eigene Interesse zu
mahnen, aus der Sorglosigkeit aufzurütteln und zu nachdrücklichen
Kundgebungen zu Gunsten des kaum hergestellten europäischen
Friedens zu treiben. Den alten Chambrier unterstützte bei dieser
Aufgabe der soeben aus Petersburg abberufene Graf Finckenstein.
Seine Reise nach Paris, unter dem Vorwand einer Erbschafts=
angelegenheit angetreten und amtlichen Anstriches bar, wurde in
diesen erregten Märztagen von 1749 doch allerorten als bedeutsames
politisches Phänomen aufgefaßt und erörtert.

Eine andere Taktik wurde dem Londoner Hof gegenüber gewählt.
Da man den König von England als den geheimen Förderer der
russischen Kriegsplane betrachtete, so empfahl der Minister Pode=
wils, ihn in einem Handschreiben, für dessen Verbreitung durch die
auswärtige Presse in geeigneter Weise zu sorgen sein werde, gleich=
sam öffentlich aufzufordern, seine Bemühungen mit denen Preußens
zur Erhaltung des Friedens zu vereinigen. Dadurch werde man den
englischen König, wie Podewils sich ausdrückte, an die Wand
drücken und die Lage bald geklärt sehen. König Friedrich hieß den
Vorschlag gut, das Schreiben nach London, vom 18. März datiert,
ging ab.

Indem nun auch Bestushew, des langen Verhandelns müde,
eben jetzt an den befreundeten Höfen auf bindende Erklärungen
drängte, mußte die Entscheidung über Krieg und Frieden binnen
Kurzem eintreten. Eine Note, welche die Zarin am 25. März den
Vertretern Österreichs, Englands und Sachsens zustellen ließ,
forderte bestimmten Bescheid, ob Rußland im Falle eines Krieges
mit Schweden auf bundesmäßige Hilfe rechnen dürfe.

König Friedrich war geneigt, wie er es noch Ende März ausspricht, in den Österreichern den schiebenden Teil, in den Russen die Geschobenen zu sehen. Aber in Wien hatte gleich anfänglich, im vergangenen Sommer, die große Staatskonferenz sich einhellig für völlige Fernhaltung von den russischen Plänen ausgesprochen, und der Botschafter in Petersburg, der durch Bestushews Überredungskünste halb bereits gewonnene Graf Bernes, war am 5. August 1748 in diesem Sinne beschieden worden. Doch betrachtete der russische Kanzler diese Absage eben noch nicht als das letzte Wort der verbündeten Macht, und in Wien wiederum war man nicht ohne Besorgnis, durch die ablehnende Haltung die Freundschaft mit Rußland zu erschüttern. Mit um so größerer Spannung wartete man darauf, wie England, dessen Mitwirkung nach Bestushews Behauptung so gut wie sicher sein sollte, sich entschließen und welche Haltung Frankreich einnehmen werde.

Das Verhältnis zu England hatte sich seit der unliebsamen Überraschung, welche die Aachener Präliminarien dem Wiener Hofe bereitet hatten, abgekühlt. Als der englische Gesandte die Kaiserin-Königin zum Abschluß des Endfriedens feierlich beglückwünschen wollte, ersuchte ihn der Hofkanzler Ulfeld höflich, ihr dies zu erlassen, denn sie habe geäußert, daß Beileidsbezeigungen mehr am Platze sein würden als Glückwünsche. Dann ließ man sich gern gefallen, daß der Herzog von Newcastle bei den Besprechungen zu Hannover verheißungsvolle Andeutungen über die Nützlichkeit eines großen bewaffneten Friedensbündnisses machte, und war um so enttäuschter, als Newcastle sich in London nachher nicht beim Wort nehmen ließ und sich über häßliche Entstellung seiner Vorschläge beklagte. Und verweigerte England nicht noch immer, sich dem österreichisch-russischen Vertrage von 1746, als einem ausgesprochenermaßen gegen Preußen gerichteten Bündnisse, anzuschließen? Die erneuten dringenden Einladungen zum Beitritte erweckten gerade in der augenblicklichen Lage bei den englischen Ministern den Glauben, daß die Österreicher Krieg haben wollten. Je ernster das Spiel sich anließ, um so nachdenklicher wurde die englische Regierung, bis sie endlich im März 1749, noch ehe Rußland seine ungeduldige Schlußfrage gestellt hatte, sowohl in Moskau — denn dorthin hatte die Zarin inzwischen ihren Hof verlegt — wie in Wien erklären ließ, daß die Kaiserhöfe nur als angegriffener Teil auf Englands Hilfe rechnen könnten. Einer der Minister Maria Theresias zog daraus den Schluß, daß England den Krieg im Norden zwar wünsche und die Russen dazu antreibe, aber doch kein genügendes eigenes Interesse habe, um sich deswegen der Gefahr eines neuen Krieges auszusetzen.

Der vorsichtige Rückzug war nicht zum wenigsten durch die Hal-

tung Frankreichs bestimmt worden.   Zuerst im Februar, dann noch
öfter ließ Ludwig XV. in London, Wien und Kopenhagen die Erklärung abgeben, daß er einem Angriffe auf Schweden nicht ruhig
werde zusehen können, und an allen drei Orten war der Eindruck
gleich nachhaltig.   Während des Friedenskongresses hatten sich Graf
Kaunitz, der österreichische Vertreter in Aachen, und sein Hof bereits
alles Beste von Frankreich versprochen; denn durch einen geschäftigen
sächsischen Legationssekretär war Kaunitz die geheimnisvolle Kunde
zugetragen worden, Frankreich würde laut der Versicherung des
Grafen St.-Severin gegen die Rückkehr Schlesiens unter österreichische Herrschaft nichts einzuwenden haben, vorausgesetzt, daß
die Kaiserin-Königin zu einer Vorschiebung der französischen Grenzen
nach der belgischen Seite die Hand bieten wolle.   Zwar hatte
St.-Severin den Sachsen nachher verleugnet, aber Kaunitz nahm doch
den Eindruck nach Hause mit, daß Frankreich seine schützende Hand
von Preußen abgezogen habe.   Nun erfuhr man in Wien mit wahrem
Schrecken, daß die verhaßte deutsche Nachbarmacht in Versailles
von neuem etwas zu gelten beginne.   Der Minister Puhsieulx in
Versailles hatte wieder einem sächsischen Diplomaten, dem Grafen
Loß, es eingestanden, kein anderer als der König von Preußen habe
dem französischen Hofe das Mißtrauen gegen die Friedfertigkeit
der Kaiserhöfe und Englands eingeflößt und ihn zu dem nachdrücklichen Eintreten für Schweden bestimmt.

Damit war für den Wiener Hof den russischen Lockungen gegenüber der letzte Zweifel gehoben.   In einer Denkschrift von ausgezeichneter Klarheit und Weite des Blicks legte Kaunitz seiner
Gebieterin dar: man habe sich vorgesetzt, Frankreich zu gewinnen
und von Preußen zu trennen, diesem Plane aber schade nichts mehr
als die kriegerischen Absichten Rußlands gegen Schweden.   Frankreich könne ehren- und nutzenshalber Schweden nicht fallen lassen,
werde mithin gleichsam gezwungen, sich mit Preußen wieder enger
zu verbinden.   Ganz anders würde die Sache schon liegen, wenn
Rußland, statt Schweden anzugreifen, seine Hauptmacht gegen
Preußen wenden wollte; denn sei Preußen einmal gedemütigt, so
könne Schweden ohnehin nichts machen.   Nur unter zwei Voraussetzungen glaubte der junge, noch nicht zu maßgebendem Einfluß
aufgerückte Staatsmann den russischen Vorschlag, den Krieg gegen
Preußen zur Eroberung von Schlesien, befürworten zu dürfen:
wenn Rußland den Anfang macht und den König von Preußen
in seinem eigenen Lande mit wenigstens 60—70 000 Mann an-
greift, und wenn Frankreich und Spanien dabei nicht bloß stille
sitzen, sondern sogar allen Vorschub leisten.

Wenn nun zur Zeit weder das eine noch das andere zu erhoffen
war, so ergab sich das weitere von selbst: endgültige Zurückweisung

der ruſſiſchen Zumutungen und, wenn einmal Frankreich nicht oder noch nicht zu haben war, Wiederannäherung an England, oder, wie man es nannte, „Wiederherſtellung des alten Syſtems“. Maria Thereſia gewann es über ſich, dem engliſchen Geſandten Keith, als ſie ihn am 15. April zu Schönbrunn empfing, die huld= vollſten Verſicherungen zu geben: ſie erblicke in dem König von Eng= land ihren älteſten und beſten Freund und erwarte, auch von ihm ſo angeſehen zu werden; als Frau könne ſie übrigens verlangen, daß man ihr Avancen mache.

Öſterreich und England, ob ſie ſich immer gegenſeitig im Ver= dacht heimlichen Kriegsſchürens hielten, vereinigten jetzt ihre Be= mühungen, um Rußland zur Umkehr zu beſtimmen. Beſtuſhew grollte. Er weigerte ſich, die öſterreichiſchen Schriftſtücke, die ihm die letzte Hoffnung abſchnitten, entgegenzunehmen und drohte in ſeiner polternden Art dem Grafen Bernes mit Kündigung des Bundesverhältniſſes. Aber er lenkte ein. Während er gegen die Vertreter Öſterreichs und Englands ſeiner üblen Laune freien Lauf ließ, benachrichtigte er in aller Stille die Geſandtſchaft in Stock= holm, daß der Plan, die ſchwediſche Thronfolge zu ändern, auf= gegeben ſei. Statt Truppen und Galeeren gegen Schweden aus= zuſenden, begnügte er ſich, hochfahrende Drohnoten überreichen zu laſſen, deren lärmendes Geräuſch die Welt über den mißmutigen Rückzug der ruſſiſchen Angriffspolitik hinwegtäuſchen ſollte.

Der König von Preußen durchſchaute den wahren Zuſammen= hang wenigſtens ſo weit, um zu gewahren, daß Rußland von den eigenen Freunden verleugnet wurde. Ernſthafte Beſorgniſſe hegte er über den März hinaus nicht; am 4. April ſchrieb er der Kron= prinzeſſin von Schweden, daß ohne einen unvorhergeſehenen Zwiſchenfall alles ruhig bleiben werde. Er freute ſich, durch „ſeine kleinen Oſtentations“, wie er die preußiſchen Rüſtungen bezeichnete, zu dieſem Ergebnis beigetragen zu haben. Entſcheidende Bedeutung für die Vorgänge im gegneriſchen Lager maß er der vorſichtigen Schwenkung Englands bei, und dieſe wiederum glaubte er dem rechtzeitigen Auftreten Frankreichs danken zu müſſen.

Nicht minder befriedigt aber ſprach man ſich umgekehrt jetzt in Verſailles über die umſichtige und feſte Haltung Preußens aus. Beide Mächte waren mehr als jemals entſchloſſen, zuſammenzuſtehen. Der Miniſter Puyſieulx erklärte dem engliſchen Geſchäftsträger, daß Frankreich für Preußen ebenſo in die Schranken treten müſſe als für Schweden, und die ungewöhnlichen Auszeichnungen, mit denen Ludwig XV. den Grafen Finckenſtein empfing, ſollten, wie Puyſieulx in einem Erlaß an Valory es ausdrücklich hervorhob, öffentlich bekunden, welch hohen Wert der König von Frankreich auf ein vertrautes Verhältnis zu Finckenſteins Gebieter lege.

Gewiß, das „große Dessein" des Grafen Kaunitz, Preußen und
Frankreich zu trennen, hatte geringere Aussichten denn je. Immer
empfindlicher machte sich für die Gegner das geschlossene Auftreten
der beiden Höfe geltend. Ihren durchschlagendsten Erfolg erzielte
die französische und preußische Diplomatie zu Kopenhagen. Der
Staat, den der russische Kanzler als „Eisbrecher" gegen Schweden
hatte gebrauchen wollen, schloß am 14. August 1749 einen Subsidienvertrag mit Frankreich. Ein Ereignis, das man im Gegenlager
jammernd zu den „Schlägen der Vorsehung" zählte, gegen welche
menschliche Klugheit nichts vermöge. Indem nun auch die alten
Streitigkeiten zwischen dem dänischen Königshause und dem schwedischen Kronprinzen wegen des herzoglichen Anteils an Schleswig
und Holstein geschlichtet wurden, bildeten Frankreich, Preußen,
Schweden und Dänemark, mit einem Teil der kleineren deutschen
Höfe im Hintertreffen, jetzt einen festgefügten europäischen Friedens-
bund. Die spanischen Bourbonen, obwohl seit dem Frieden von
Aachen mit der französischen Hauptlinie gespannt, brauchten doch
nicht der Gegenpartei zugezählt zu werden. In Konstantinopel
aber überwog entschieden der französische Einfluß; er zeigte sich
in den Erklärungen, mit denen die Pforte zu Gunsten Schwedens,
ihres alten Bundesgenossen, bei Rußland eintrat, und schon unter-
handelte Graf Desalleurs, der französische Botschafter, wegen eines
Verteidigungsbündnisses zwischen dem Großherrn und dem Könige
von Preußen; hatte dieser früher das wiederholte Anerbieten Frankreichs, eine solche Anknüpfung zu vermitteln, stets zurückgewiesen,
so bezeichnete er es jetzt, im Mai 1749, als politische Notwendigkeit,
dem erneuten Wunsche zu willfahren.

Mit Genugtuung konnte König Friedrich, als der Herbst kam,
auf die großen Erfolge zurückblicken, die seine Politik seit dem Frühjahr gehabt hatte. Am 1. September 1749 schreibt er an den Gesandten in Wien: „Es ist sicher, daß das Spiel des Wiener Hofes
nicht mehr so schön ist, wie vor sechs Monaten, und wenn es damals
für ihn vorteilhaft gewesen wäre, seine Pläne auszuführen, so ist
der Augenblick jetzt vorbei. Unsere Partei ist während dieser Zeit
die stärkere geworden, und wenn der Wiener Hof zu Gewalttätigkeiten übergehen wollte, so würde er uns fertig finden und unsere
Batterien völlig bereit, ihn zu empfangen wie es sich gebührt."
In einem Gespräch mit Valory verglich er bald darauf die diplomatische
Aufstellung, die Preußen, Frankreich und die ihnen befreundeten
Mächte genommen hätten, mit einer gut stehenden Schachpartie.

So endete ein Jahr, das bedrohlich genug für Preußen begonnen
hatte. Im Juli hatte der König noch einmal, nur einen Augenblick,
die Eröffnung der Feindseligkeiten durch Rußland als unmittelbar
bevorstehend angesehen; im Februar des neuen Jahres 1750 er-

schien ihm die Möglichkeit eines Krieges im Norden ohne das Ein=
greifen „des absoluten Willens der göttlichen Vorsehung" aus=
geschlossen.

In den Tagen der schwülen Spannung hatte er seine Baireuther
Schwester um ihr kleines Markgrafentum beneidet, das wie die
halkyonischen Nester von keinem Sturm erreicht werde. Jetzt durfte
er wieder aufatmen. Seine Muse ruft dem Mars ein „Fahrwohl
auf immerdar" zu und lädt die Genien der Lust und die Grazien zu
heiteren Spielen ein. Berlin schaute 1750 sein prächtigstes Fest,
und Potsdam begrüßte seinen glänzendsten Gast, der für die Tafel=
runde von Sanssouci die goldenen Tage, ihr klassisches Triennium
heraufführte.

## Zweiter Abschnitt

# Sanssouci

Es war am 24. August 1743, als König Friedrich sich aus dem Potsdamer Schlosse vor das Brandenburger Tor begab, um auf der kahlen Erhebung der Bornstädter Feldmark unter freiem Himmel sein Mittagsmahl einzunehmen. Die Aussicht von dem Berge, berichtete er tags darauf der Königin-Mutter, sei entzückend. Weit, unbehindert erstreckte sie sich im Vordergrunde über den breiten, buchtenreichen Fluß bis zu dem Fischerdorf Kaputh), linker Hand über die Stadt nach dem Babelsberge und den Höhen von Glienicke, zur Rechten auf den allmählich ansteigenden Wald. Anmutiger ließ sich am hügelreichen Havelstrand der Bauplatz für einen sommerlichen Königsitz nicht leicht finden.

Friedrich hatte sich statt des geliebten, aber allzu entlegenen Rheinsberg anfangs Charlottenburg zur Residenz ausersehen. Dort störte indes die unmittelbare Nachbarschaft der Hauptstadt. Unbequeme Besucher, Bittsteller, Gaffer, vor allem auch betriebsame Diplomaten, die sich unter der vorigen Regierung an einen sehr zwanglosen persönlichen Verkehr mit dem Monarchen gewöhnt hatten, waren schwer fernzuhalten. Potsdam lag nicht zu nahe und nicht zu weit, aber ein luftiges Lustschloß hatte der ernsthaften Soldatenstadt bisher gefehlt.

Nun wurden Viehtriften und dürftiges Haferland als Grund und Boden für Garten, Haus und Weinberg erworben, und Freund Jordan mußte aus Frankreich Hunderte von Feigenbäumen und Rebstöcken verschreiben. Beim Auszug zu seinem zweiten Kriege, gleichsam schon mit einem Fuß im Bügel, hinterließ der König noch eine Anordnung für die Zurüstung dieser stillen Stätte des Friedens, indem er die sechs breiten Erdstufen aufzuschütten befahl, welche er in ebensoviel hängende Gärten zu verwandeln gedachte. Und im nächsten Frühjahr, während er in Schlesien zum entscheidenden Schlage gegen Österreicher und Sachsen ausholte, legte sein Baumeister, der bewährte Knobelsdorff, den Grundstein zum Schlosse. Zwei Jahre darauf, am 1. Mai 1747, wurde das „Lusthaus auf dem

Weinberge" durch ein festliches Mahl mit zweihundert Gästen ein=
geweiht.

Schon Rheinsberg hatte Friedrich sein Sanssouci genannt.
Jetzt ward der Name mit goldenen Lettern über die Pforte des
neuen Hauses geschrieben. Aber wie ließe die Sorge, die stets
gefundene, nie gesuchte, sich aus einem Königsschlosse bannen?
Genug, wenn hin und wieder ein freier, guter Augenblick ihr abge=
hascht wurde. Eine Art Weihelied, wohl das erste Gedicht, das
hier in Sanssouci entstanden ist, schließt wie im Vorgefühl der
kommenden Stürme:

> Wer wäre Meister über sein Geschick?
> Ein Tor, wer die gelegne Stunde meidet!
> Genießen wir den einen Augenblick,
> Den morgen uns vielleicht der Himmel neidet!

Mit geringem Aufwand, so rühmt es Friedrich, erkaufe er sich
hier tausend ländliche Freuden; Lauben zu ziehen sei jetzt seine Lust,
und Buchenhecken zu stutzen; zum Lehrer habe er La Quintinie
sich erkoren, den gelehrten Gartenkünstler von Versailles, um durch
dieses Weisen göttliche Kunst dürren Sand in fruchtbaren Nährboden
zu verwandeln und die Blumen des Südens sprießen, grünen,
blühen zu sehen. Kommt nach Sanssouci, ruft er den Freunden zu:

> Dort auf des Hügels luft'ger Spitze,
> Wo frei das Auge schwelgt in fernen Sichten,
> Ließ sich der Bauherr zum erhabnen Sitze
> Mit Fleiß und Kunst das Haus errichten.
> Der Stein, vom Meißel zubereitet,
> In Gruppen zierlich ausgebreitet,
> Schmückt den Palast und drückt ihn doch mit nichten.
> Der Morgensonne erster Strahl
> Bricht golden sich im Spiegelsaal.
> Sechsfach seht Ihr der Erde Grund sich schichten,
> Doch sanfte Stufen lassen Euch entfliehn
> Ins Laubrevier, ins hundertfält'ge Grün,
> Wo Stamm und Strauch zum Labyrinth sich dichten.
> Der Nymphen Schar, das neckisch junge Blut,
> Sprüht aus dem Dunkel silberreine Flut
> Auf Marmorbilder von nicht schlechtrem Werte,
> Als sie dereinst uns Phidias bescherte.

Da begrüßten gleich am Eingang des Gartens den aus der Stadt
kommenden Besucher von ihren steinernen Fußgestellen herab
Götter, Imperatoren und Matronen, elf antike Büsten und eine
moderne Diana, Bestandteile der berühmten Sammlung des Kar=
dinals Polignac, deren größten Teil, an dreihundert Marmorwerke,
Friedrich 1742 nach dem Tode des kunstsinnigen Prälaten für
36 000 Taler in Paris erworben hatte. Drüben in dem an die

Anlagen angrenzenden naturwüchsigen Rehgarten erhob sich später
der Kuppeltempel, die Nachbildung der Rotonda in Rom, um zu
mehr als einem halben Hundert anderer Antiken den Achill und die
Töchter des Lykomedes aufzunehmen, die viel bewunderte, bei
Frascati unter den Trümmern des Mariushauses gefundene, durch
den Nanziger Adam geschickt ergänzte Gruppe. Auch die große,
durch Stosch in Italien angelegte Sammlung geschnittener Steine
fand hier Aufnahme. Die herrlichste Zierde dieses Königsgartens
aber war eine Bronze, der die Handflächen zum Gebet empor=
streckende schöne Knabe, den man damals Antinous nannte, das
kostbare Kleinod griechischer Kunst, dessen sich sein von den Musen
verlassener Besitzer, Fürst Liechtenstein in Wien, 1747 für 5000
Taler entäußert hatte. Fast gleichzeitig mit dem Schloßherrn in
Sanssouci eingezogen, hatte der Adorant seinen Platz auf der obersten
Terrasse gefunden, so daß durch das Fenster der Bibliothek ihn der
Blick unmittelbar erreichte. Unter den modernen Kunstwerken,
die zwischen den Antiken auf den Erdstufen und in den Grotten,
längs der Wandelgänge und um die großen für Wasserkünste be=
stimmten Becken Aufstellung fanden, glänzten die von Ewald Kleist
als des Meißels Meisterstück besungene Venus Alexanders von
Papenhoven, ein Erbstück aus dem oranischen Familiengute, und
die Geschenke des Königs von Frankreich, die Venus von Pigalle
und des geistreichen Meisters zierlicher Merkur, der sich die Schwinge
an den Fuß legt. Maupertuis, der diese Statuen 1749 zu Paris
noch in der Werkstatt bewu.iderte, fällte alsbald über den Merkur
das von den Zeitgenossen so oft nachgesprochene Urteil, daß dieses
Werk seinesgleichen auf der Welt nicht habe, während vor dem
intuitiven Verständnis, dem unbestechlichen Schönheitssinn eines
Winckelmann, der 1752 aus Dresden zu zweimalen nach Potsdam
kam, diese französischen Niedlichkeiten freilich nicht bestehen konnten.
    Wie nun zu dem in den ersten Regierungsjahren erworbenen
stattlichen Grundstock später das Baireuther Antikenkabinett der
Markgräfin Wilhelmine hinzutrat, und wie einheimische Bildhauer
und Ausländer, die Bouchardon und Coustou, Benkert, Ebenhecht,
François Gaspard Adam, der Jüngere, später Tassaert von Ant=
werpen fort und fort mit Aufträgen beschäftigt waren, so häufte
sich allmählich zu Sanssouci und in den anderen Schlössern ein
künstlerischer Reichtum auf, der sich gegen den Ausgang der Re=
gierung auf fünftausend antike und moderne Skulpturen belaufen
mochte. Seinen sehnlichen Wunsch, die Werke der klassischen Kunst,
die Überreste des Altertums einmal unter ihrem heimischen Himmel
zu bewundern, hat Friedrich nie verwirklichen können. Aber es
war ihm unverständlich, daß sein Algarotti als Italiener sich die
Reise nach Herculaneum, „dem Phänomen des Jahrhunderts",

versagte: „wenn nicht so starke Fesseln mich hier zurückhielten, so würde ich fünfhundert Meilen fahren, um eine aus der Asche des Vesuv auferstandene antike Stadt zu schauen."

Auch Bilder wurden in Sanssouci gesammelt. Vordem, in Rheinsberg, hatte Friedrich entschieden die anmutig=wohlige Art der neueren Franzosen, Watteaus und seiner Schüler, bevorzugt; er hatte Antoine Pesne gewarnt, Stoffe aus dem Bereich der ernsteren Kunst darzustellen:

> Die Heiligen gib auf, die trüb ihr Schein umkränzt,
> Und übe deinen Stift an dem, was lacht und glänzt.
> Er mag den heitern Tanz der Amaryllis zeigen,
> Die Grazien hochgeschürzt, der Waldesnymphen Reigen
> Und immer sei gedenk: dem Liebesgott allein
> Dankt deine holde Kunst ihr Wesen und ihr Sein.

Inzwischen aber hatte sein Geschmack eine andere Richtung genommen. Nicht umsonst hatte er in den Weihnachtstagen von 1745 die Eindrücke der Dresdner Galerie auf sich wirken lassen. Als ihm 1754 aus Paris zehn Bilder von Lancret zum Kauf an= geboten wurden, erklärte er, seine frühere Vorliebe verloren zu haben, oder richtiger, bereits genug Bilder dieses Kunstkreises zu besitzen; er kaufe jetzt gern die Rubens und van Dyck, überhaupt die Meister der großen Schulen Flanderns und Frankreichs. Noch entschiedener bezeugte er es später den Italienern, daß sie die mo= dernen Franzosen aus seiner Gunst verdrängt hätten. Doch konnte er nie ganz verleugnen, daß er von diesen zu jenen ausgegangen war. Der bewegte, packende Correggio wurde sein Liebling, während die schlichte Schönheit Raffaels ihm nach dem Urteil eines Kenners unverständlich blieb. Sein Sammeleifer war von gutem Glück begünstigt. Es sei erstaunlich, schreibt er 1755 der Markgräfin von Baireuth, mit wie leichter Mühe er einen ziemlich umfangreichen Vorrat bekannter und geschätzter Bilder für Sanssouci zusammen= gebracht habe, ohne der Berliner Galerie Abgaben zuzumuten; er zählt der Schwester die Perlen auf: Correggio, Guido Reni, Paul Veronese haben je zwei Bilder beigesteuert, Tintoretto eines, Rubens zwölf, van Dyck elf. Das erste gedruckte Verzeichnis der Sammlung, von Mathias Österreich, unter dessen Obhut sie gestellt wurde, 1764 herausgegeben, weist 146 Nummern auf; schon waren auch Raffael, Lionardo und Tizian, Ribera und Rembrandt ver= treten. Damals war auch die würdige Heimstätte fertig hergerichtet, die Friedrich 1755 den alten Meistern zur Linken seines Lustschlosses zu bauen begann, ein Wanderziel für alle Berliner von Kunstsinn und Geschmack, „wie Loretto und San Jago di Compostella für die Andächtigen". Friedrich selbst nannte die Galerie bescheiden eine kleine Verschönerung für Sanssouci und freute sich, hier an

Regentagen für den Spaziergang im Freien angenehmen Erſatz zu haben.

Da das Luſthaus auf dem Weinberge das erſte, Rheinsberger Sanssouci erſetzen ſollte, ſo lehnte ſich Geſtaltung und Ausſtattung des Inneren in der Herrſchaft der ſanften hellen Farben, in der Bevorzugung des Silbers für Rahmen, Wandleiſten und ſonſtigen Zierat, eng an das freundliche Vorbild an. Ja die früher beſonders liebgewonnenen Räume wurden einfach wiederholt: das Schreibzimmer und im Turm die Bibliothek, in die 1747 die Bücherbeſtände aus Rheinsberg übergeführt wurden, wie denn der dortige Arbeitsraum in dem kleinen, nach der Spree ausſchauenden Rundgemach des Berliner Schloſſes eine nochmalige getreue Wiederholung fand.

Länger als der Bau des Schlößleins vor dem Tore währte der Umbau des Potsdamer Stadtſchloſſes (1744—1751), ein Denkmal für die Eroberung von Schleſien, deſſen Wappenſchild neben dem preußiſchen und dem brandenburgiſchen auf der Hauptfront ſeinen Platz fand und deſſen Berge für das Treppenhaus, den großen Prunkſaal und die beide Räume verbindende Galerie den Marmor geliefert haben. Den Krieger als Sieg= und Friedensbringer verherrlicht im Treppenbau das Deckengemälde von Pesne, mit der Friedensbotſchaft der in die Drommete ſtoßenden Fama: Orbi pacem felicitatemque nuntiafero. Aber ſeinen eigenen Ruhm neben den Heldentaten und Tugenden ſeines großen Ahnen, des Kurfürſten Friedrich Wilhelm, welche die Ausſchmückung des Hauptſaales verewigen will, im Bilde künden zu laſſen, hat der Eroberer von Schleſien mit ſicherem Takte verſchmäht.

Für die Innendekoration ſeiner Bauten war der König mit Knobelsdorff in der Anwendung des Rokokoſtiles durchaus einig. Seine Vorliebe für das ſchwungvolle Barock hat bei der Ausſchmückung der Gartenfaſſade von Sanssouci zu einem Zuſammenſtoß mit dem der klaſſiziſtiſchen Regel der franzöſiſchen Académie de l'architecture huldigenden Freunde geführt; für die Außendekoration des Stadtſchloſſes hat der Bauherr ſeinem Baumeiſter freieren Spielraum gelaſſen. Wenn Friedrich in ſeinem Nachruf auf Knobelsdorff geſagt hat, daß er von allen neueren Bauwerken Frankreichs nur zwei als würdig anerkannt habe, die Säulenhalle, mit der Perrault als Sieger im Wettbewerb mit Bernini den Louvre abſchloß, und die Gartenfront von Versailles, ſo haben beide Vorbilder auf den Umbau des Potsdamer Schloſſes unverkennbar eingewirkt.

Dem Umbau folgte die Ausgeſtaltung des Marktplatzes zwiſchen Schloß und Stadtkirche, denn auch von ſeinen Fenſtern aus wollte der Schloßherr in die Welt des ſchönen Scheins, die er in ſeinem Heim ſich geſchaffen hatte, hineinſchauen. Hier zuerſt wurden Motive aus dem klaſſiziſtiſchen Stile übernommen, zu dem ſich in

dem Rom des achtzehnten Jahrhunderts die Kunst Michel Angelos
und Palladios weiterentwickelt hatte. Die Mittelfassade von Santa
Maria Maggiore, das Hauptwerk von Fernando Fuga, wurde
als Abschluß des Schloßplatzes der Marktseite der Nikolaikirche vor=
gelegt, und das Predigerhaus am Markte, der Ruhepunkt für das
vom Schloß ausblickende Auge, wurde zu einer verkleinerten Kopie
der Consulta Fugas vom Quirinal umgewandelt Bei solchen Auf=
gaben hat Knobelsdorffs Nachfolger Boumann lediglich die Ge=
danken des Königs ausgeführt. Mit diesem Übergang vom Barock
zum Klassizismus hat sich also auch hier, wie gleichzeitig der
Malerei gegenüber, in Friedrichs künstlerischem Geschmack eine
Abwendung vom Modernen vollzogen.

---

Nur in einem glich die Potsdamer Kopie dem Rheinsberger Urbilde
nicht. Wilhelmine nannte Sanssouci das Kloster und ihren Bruder
den Abt, und die Genossen der Tafelrunde von Sanssouci sprachen
von ihrem Refektorium. Dem neuen Hause fehlte die Hausfrau.

Kronprinz Friedrich, als der Vater gebieterisch über seine Hand
verfügte, hatte erklärt, die ihm aufgezwungene Frau im Augenblick
der Thronbesteigung verstoßen zu wollen. Nach dem Regierungs=
wechsel erzählten im Auslande erfindungsreiche Zeitungsschreiber,
daß der neue König von Preußen in feierlicher Ansprache seinem
Hofe die Herrin vorgestellt habe: sie sei gegen seinen Willen Kron=
prinzessin geworden, aus freiem Entschluß erkenne er sie als Königin
an. Solch theatralischer Kundgebung, deren weder Elisabeth Christine
in ihren zahlreichen Briefen noch irgend einer unserer damals an
Ort und Stelle befindlichen Gewährsmänner gedenkt, bedurfte es
nicht. Das Verhältnis zwischen den beiden Gatten hatte sich in
den letzten Jahren, seit der Übersiedlung der Prinzessin nach Rheins=
berg, durchaus zwanglos und freundlich gestaltet. Der gemeinsame
Haushalt der kronprinzlichen Zeit wurde von dem Königspaar
zunächst weitergeführt; die hoffnungsfreudigen fünf Wochen vor
dem Beginn des ersten Krieges bildeten den schönen, rauschenden
Schlußakkord der Rheinsberger Herrlichkeit. Im Felde ließ es dann
der König an kleinen Aufmerksamkeiten gegen die Gattin daheim
nicht fehlen, wenn auch in den Briefen die Versicherungen der
Zärtlichkeit schnell formelhafteren Wendungen Platz machten.
Den Sieg von Chotusitz zeigte er ihr mit ein paar eigenhändigen
Zeilen an, und die Mitteilung vom Abschluß der Friedenspräli=
minarien begleitete er mit der Artigkeit, das werde ihm binnen vier
Wochen die Freude des Wiedersehens verschaffen. Nun aber kehrte
er ganz augenfällig als ein anderer heim. Der nie geliebten, aber
bisher mit Rücksicht und Güte behandelten Frau hatte er sich während

der langen Trennung völlig entfremdet, und wenn Gleichgültig=
keit sich schwerer verbergen läßt, als Liebe oder Haß, so unterzog
er sich solcher Mühe jetzt nicht mehr. Schon sprach man von der
„beklagenswerten" Stellung der Königin. Während des zweiten
Krieges sah der Gemahl von einem regelmäßigen Briefwechsel ab.
Als bei Soor Elisabeths Bruder, Prinz Albrecht von Braunschweig,
gefallen war, hielt sie in einem Briefe an den Bruder Ferdinand
ihren Unmut über die Grausamkeit des Königs, der ihr auch nicht
eine Silbe bei diesem traurigen Anlaß geschrieben habe, nicht länger
zurück; sie sei gewöhnt an seine Art und Weise, aber trotzdem bleibe
es ihr empfindlich. Doch wolle sie sich in Geduld fassen, sie habe
sich nichts vorzuwerfen und tue ihre Pflicht; der liebe Gott werde
ihr helfen, auch dies zu tragen, wie so vieles andere. Zwei schnell
nacheinander einlaufende Beileidsbriefe des Gemahls, so kurz und
steif sie waren, versöhnten die Bekümmerte wieder.

In der nun folgenden Friedenszeit änderte sich nichts mehr an
dem nun einmal bestehenden Zustande. Die Königin blieb in allen
ihren Ehrenrechten und Schaustellungspflichten, ihre Gemächer
waren neben denen der Königin=Mutter der Brennpunkt der winter=
lichen Hofgeselligkeit, und ihre Briefe lassen ersehen, mit welcher
Genugtuung sie sich den aus ihrer Stellung erwachsenden Auf=
gaben widmete. Bei den Frühjahrsparaden auf dem Tempel=
hofer Felde erschien sie, sofern sie sich beteiligte, im vollsten Prunk,
wohl als Amazone angetan, und der erste Vorbeimarsch der Regi=
menter erfolgte dann vor ihrem achtspännigen Phaeton, den eine
Wolke glänzender Kavaliere umgab. Alle Fremden von Rang
ließen sich in Berlin oder in Schönhausen der Königin vorstellen.
Marquis Valory berichtete noch 1756 seinem Hofe, daß der König
bei aller offenbaren Gleichgültigkeit gegen seine Gemahlin sich durch
die ihr bewiesenen Aufmerksamkeiten geschmeichelt fühle und jeden
Mangel an Rücksicht gegen sie äußerst übelnehme. Ihr Geburts=
tag war regelmäßig eines der glänzendsten Feste des Hofes, nur daß
der König fast nie an diesem 8. November in Berlin gesehen wurde.
Und aus dem intimen Kreise ihres Gatten blieb die unglückliche
Fürstin jetzt endgültig ausgeschlossen. Er hielt sich eben an das,
was er in Bezug auf einen seiner Mitfürsten einmal gesagt hat:
es sei von einem fürstlichen Ehemanne nicht mehr zu verlangen,
als daß er die äußeren Rücksichten nicht verletze. Wie schmerzte
es die regierende Königin, daß sie fernbleiben mußte, als die Söhne
im Sommer 1746 der Königin=Mutter zu Rheinsberg und Oranien=
burg wetteifernd ländliche Feste veranstalteten. Doch freute sie
sich, daß wenigstens ihre Schwester, die Prinzessin von Preußen,
hinzugezogen wurde, und wies die Anfrage des Prinzen, ob etwa
seine Gemahlin ihr zu Gesellschaft gleichfalls daheim bleiben solle,

mit den spitzen Worten zurück: sie ziehe es vor, daß ihre Schwester mitgehe, da das sich so gehöre, und da es auf alle Welt einen guten Eindruck machen werde, wenn das, was in der Ordnung sei, auch geschehe; sie selbst sei an ihr Los gewöhnt, aber es würde das Über= maß ihres Kummers sein, ihre Schwester auf gleichem Fuße behandelt zu sehen. „So werde ich denn das Haus hüten," seufzte sie, „und die Wärterin meines Neffen sein." Das einzige, was sie von dieser Überlandfahrt der Familie hatte, waren die Erzählungen der anderen von all den genossenen Herrlichkeiten, die, als sie die Königin=Mutter demnächst in Monbijou auf= suchte, den ausschließlichen Gesprächsstoff hergaben. Während jener beunruhigenden Erkrankung des Königs, im Februar 1747, schrieb Elisabeth sehr bezeichnend ihrem Bruder Ferdinand, wenn sie es gewagt hätte, würde sie nach Potsdam gekommen sein, den Kran= ken zu sehen. Im nächsten Sommer, als der König seine Mutter zu einem Fest nach Charlottenburg eingeladen hatte, faßte sie sich das Herz, dem Gatten vorzustellen, wie kränkend es für sie sei, sich immer von ihm getrennt zu sehen; die Einladung wurde nun auch auf sie ausgedehnt. Aber ihr sehnsüchtiger Wunsch, Pots= dam und Sanssouci zu sehen, ging ihr nicht in Erfüllung. „Glück= lich, wer einmal dort sein könnte," klagt sie im Sommer 1748; „aber nicht all dieser Prunk sollte mich anziehen, sondern der teure Ge= bieter, der den Ort bewohnt. Warum mußte sich alles so wandeln, und ich die alte Güte und Gnade einbüßen? Noch denke ich voll Freude der Rheinsberger Zeit, wo ich volle Befriedigung empfand, wo ein Gebieter sich freundlich meiner annahm, den ich zärtlich liebe und für den ich mein Leben hingeben würde. Welchen Kummer muß ich nicht jetzt empfinden, wo alles sich gewandelt hat! Aber mein Herz wird sich nicht wandeln, und ich hoffe noch immer, daß alles sich wieder ändern wird. Diese einzige Hoffnung hält mich noch aufrecht." Tag und Nacht, schreibt sie ein andermal, sinne sie, was sie tun solle, um dem König nicht zu mißfallen. Nie hätte sie eine der Gelegenheiten, wo sie ihn sehen durfte, versäumt; als sein Besuch in Berlin angemeldet ist und sie über ihre Gesundheit zu klagen hat, erklärt sie, lebend oder tot diesen Tag sich zeigen zu wollen. Sie beargwöhnte ihren Hofstaat, daß man sie dem Ge= sichtskreis des Gatten ganz zu entrücken suche: wenn sie in allem dem Rat ihrer Oberhofmeisterin folgen wollte, so würde sie bei seinen Berliner Aufenthalten sich immer in Schönhausen zurück= zuhalten haben. Sie beargwöhnte die Geschwister des Königs, die „Familie", daß sie ihr die kleinsten Gunstbeweise neideten; sie haßte zumal ihre unverheiratete Schwägerin Amalie; in ihr, nicht in der teilnahmsvollen Königin=Mutter, sah sie die Ursache so mancher Zurücksetzung. Und so wurde die arme Fürstin immer mißtrauischer,

empfindlicher, abstoßender, unliebenswürdiger. Sie war im stande,
ihren Tischgästen einen Auftritt zu machen und laut zu schelten, daß
die, welchen sie die meisten Aufmerksamkeiten erweise, sich am meisten
über sie aufhielten und lustig machten. Ihre Umgebung sprach von
ihrem schwierigen Charakter, ihrer Übellaunigkeit, von der uner=
freulichen Art, mit der sie das Gespräch an sich reiße und nichts=
sagende Dinge in ermüdender Breite ausspinne; immer wolle sie,
daß alle Welt ihr schmeichle und in allen Dingen zustimmen solle,
und das mache jedes Gespräch mit ihr peinlich und unangenehm.

Eben dieses unglückliche Temperament war es doch auch, allem
Anschein nach, was den König abstieß. In einem Briefe an den
Prinzen August Wilhelm, nahezu dem einzigen, in welchem er sich
über die Gattin äußert, weist er die Anregung, bei jenem sommer=
lichen Familienfeste auch der Königin ihr Recht zu gönnen, mit dem
lieblosen Worte ab: er fürchte, wenn sein zimperlicher Griesgram
(grognarde pimbêche) dabei sei, so werde das ganze Fest gestört.
Es folgt der Ausdruck des Entsetzens über den Schwarm der in diesem
Fall unvermeidlichen Hofdamen und Edelfräulein, „dieser anspruchs=
vollen, stets unzufriedenen Spezies des weiblichen Geschlechts“.
„Wir wollen unsere Mutter unterhalten durch einen Ausflug ins
Freie und ländliche Vergnügungen: halten wir uns an unseren
Vorsatz und mengen wir nicht Nesseln und Gestrüpp zwischen Jasmin
und Rosen.“

Wenige Wochen nach der Einweihung des Lustschlosses, im August
1747, kam die Markgräfin von Baireuth nach Sanssouci. Seit
sieben Jahren war sie am preußischen Hofe nicht mehr gesehen wor=
den. Die Mißhelligkeiten zwischen Bruder und Schwester, deren
wir früher gedachten, waren zu vollem Zerwürfnis ausgeartet,
als in den Tagen der Schlacht von Soor Wilhelmine es für passend
hielt, der Königin von Ungarn auf der Fahrt zu den Frankfurter
Krönungsfeierlichkeiten ihre Aufwartung zu machen. Die ganze
Familie war einig in der Verurteilung dieses Mangels an Takt.
„Ich glaube, sie ist mit Blindheit geschlagen,“ schrieb entrüstet die
Kronprinzessin von Schweden, die sich rühmte, in der Fremde allzeit
ein „brandenburgisches Herz“ zu bewahren. Den Abschluß des
Dresdener Friedens zeigte Friedrich der Markgräfin mit den schneiden=
den Worten an, es werde ihr dies Ereignis hoffentlich um so an=
genehmer sein, als ihre Vorliebe für die Königin von Ungarn in
Zukunft mit dem Rest alter Freundschaft, den sie vielleicht dem Bruder
noch bewahre, nicht mehr in Widerstreit kommen werde. Im folgen=
den Sommer fand dann zwar eine Aussprache statt, ein regelmäßiger
Briefwechsel spann sich wieder an; aber noch immer klagte Wilhelmine
gegen andere, daß sie des Glückes, einen ihrer Verwandten sehen zu
dürfen, beraubt bleibe, daß sie wie eine Verbannte lebe. Da war

es denn „Demoiselle Finette" Rheinsberger Angedenkens, die in
der Familie wie ein guter Genius waltende kleine Tettau, die sich
der Sache annahm und das Herz des Königs erweichte, indem sie
ihm nach einem Besuch bei der Markgräfin den Kummer der Schwester
beweglich vorstellte. Das Wiedersehen in Sanssouci war herzlich,
als wäre nie etwas zwischen die Geschwister getreten. Und wenigstens
von Friedrichs Seite war in der Tat für die Zukunft alles vergessen.
Daß er der Schwester, die das schwere Leid der Jugend mit ihm ge=
teilt hatte, sich wieder versöhnt und im Herzen nahe wußte, ward
ihm nachmals in neuer Anfechtung kräftigster Trost.

Zu der Versöhnung mit der Markgräfin hatte an seinem Teile
auch der 1744 zum Prinzen von Preußen ernannte und damit
als Thronfolger bezeichnete älteste Bruder beigetragen. Sein
Verhältnis zu Friedrich gestaltet sich eine Zeitlang sehr herzlich;
die schwedische Schwester beglückwünschte diesen Lieblingsbruder
1745, ein Jahr nach ihrer Verheiratung, zu der völligen Eintracht,
in der er jetzt mit dem Könige lebe; das heiße den Himmel auf Erden
haben. Sie erinnerte ihn an erregte Auftritte, zu denen es vor
drei Jahren in der Familie gekommen war. Leider sollten sich bald
neue Mißhelligkeiten einstellen. Der Prinz klagt gegen Ulrike über
des Königs Kargheit, während Friedrich sich allmählich mit Er=
gebung darein findet, daß es in der ganzen Verwandtschaft heiße:
„Der alte Onkel ist ein Geizhals". Als 1751 bei einer Feldmarschalls=
promotion Markgraf Karl von Schwedt mit der Erklärung über=
gangen wird, daß nach brandenburgischem Brauch die Prinzen des
Hauses auf die höchste militärische Staffel zu verzichten hätten,
schilt der Prinz von Preußen in einem heftigen Briefe an den Mark=
grafen diesen Grundsatz als ganz ungerechtfertigt; seine Ausdrücke
lassen ersehen, bis zu welchem Grade er bereits verstimmt war.
Noch ein anderes hat hier stark hineingespielt. Im Jahr 1746 faßte
der Prinz eine tiefe Neigung zu der siebzehnjährigen Sophie Marie von
Pannewitz. Bald machte er dem Hoffräulein ein leidenschaftliches
Geständnis; er gewahrte, daß seine Liebe erwidert wurde, aber
ehrenhaft kämpfte das tapfere Mädchen gegen ihre Herzenswünsche
an. Die Glut des Prinzen steigerte sich nur; er setzte seinen Stolz
darein, seine Liebe vor aller Welt zu bekennen; er verlangte, von
seiner Gattin geschieden zu werden. Der König mißbilligte die
haltlose Leidenschaft; endlich veranlaßte er die Vermählung Sophiens
mit einem Vetter, dem Legationsrat von Voß, und entfernte das
junge Paar unverzüglich vom Hofe. Damit war der Roman zu
Ende; aber noch nach Jahr und Tag hielt es Friedrich nicht für
überflüssig, dem Bruder eine lange Vorlesung über die Gefährlich=
keit zarter Bande zu halten, immer mit der Beteuerung, daß seine
Bemerkungen keine persönliche Beziehung haben sollten: „Wir

haben so viel Beispiele von Dummheiten, zu welchen die Weiber Männer und Fürsten, und zwar bedeutendere Fürsten als einen Erbprinzen von Hessen, herumgebracht haben, daß ich meine, ein jeder, der sich einer Schwäche bewußt ist, muß klug auf sich acht haben und sich seiner Leidenschaft nicht so weit preisgeben, daß er ihr alles opfert und all sein Tun dem Wink des Liebchens anpaßt." Nichts sei weibischer und schwächlicher als diese Widerstandslosigkeit gegen Torheiten, die man bei beruhigtem Blut alsbald bereue. Nicht anders als dem König erscheint der Prinz unseren ausländischen Berichterstattern, den Tyrconnell, Tilly, Latouche: eine weibliche Natur, liebenswürdig, empfänglich, sinnlich, schwach gegen die Reize der Schönen, nachgiebig und bestimmbar auch sonst, ohne Selbstvertrauen, persönlich tapfer, aber im Innern furchtsam, ohne Entschluß, abhängig von den Schwestern, abhängig auch von dem geistig weit bedeutenderen jüngeren Bruder.

Prinz Heinrich war vier Jahre jünger als der Prinz von Preußen, vierzehn Jahre jünger als der König. Friedrich hatte nach dem Tode des Vaters die Erziehung der beiden jüngsten Brüder, des vierzehnjährigen Heinrich und des zehnjährigen Ferdinand, seinem Freunde, dem Obersten Stille, anvertraut. Er wollte die Zöglinge streng gehalten wissen und verlangte wöchentliche Berichte über ihren Fleiß oder Unfleiß; er tadelt an Heinrich, daß er nachzulassen beginnt und die Vergnügungen den Studien vorzieht; die Musik, deren Übung ihm selbst von dem Vater so verargt worden war, verbietet er nicht, aber verweist sie „als ein bloßes Nebenwerk" aus den Lehrstunden in die Frei- und Spielzeit. In den Feldzug von 1744 durfte Heinrich den König schon begleiten, ebenso auf sein Drängen in den folgenden; den Brief, den der siegreiche Feldherr vom Hohenfriedberger Schlachtfelde der Mutter sandte, mußten die Brüder, zum Beweise, daß sie unversehrt seien, mitunterzeichnen. Und zu Ausgang des Krieges bemerkte der König mit Genugtuung, daß man im Heere die militärischen Anlagen des Prinzen Heinrich, auf die er schon oft hingewiesen habe, zu würdigen beginne. Dann aber änderte sich die Stimmung. Des Prinzen Nachlässigkeit im Friedensdienste wird gerügt, die Bitte, als Freiwilliger den Schauplatz des österreichisch-französischen Krieges aufsuchen zu dürfen, wird abgeschlagen. Wie einst der Vater ihm, so rechnet Friedrich dem Bruder vor, daß er durch keine Liebe, kein Entgegenkommen seine Freundschaft, sein Herz zu gewinnen vermöge; daß Heinrich ihn nicht ansieht, nicht anredet, ihm nicht das geringste Zeichen der Zuneigung gibt, wie ein Fremder mit ihm lebt. „Wir haben uns nichts vorzuwerfen," so schilt er endlich, „wir sind beide gleich kalt gegeneinander, und da Ihr es nicht anders haben wollt, so soll es mir recht sein." Am trotzigsten gebärdete sich der Prinz, als im Som-

mer 1749 der Kommandeur des Potsdamer Füſilierregiments,
deſſen Chef er war, vom Könige für die Herſtellung beſſerer Ord=
nung verantwortlich gemacht wurde. Heinrich beſchwerte ſich und
verlangte ein anderes Regiment, eines der alten Musketierregi=
menter, wie eben in Berlin eines frei wurde. Der König antwortete
nachdrücklich, daß gerade Berlin die am wenigſten geeignete Garniſon.
für ihn ſein würde, daß er ihn unter ſeinen Augen zu behalten be=
abſichtige, bis des Prinzen Charakter größere Stetigkeit und Zu=
verläſſigkeit gewonnen haben werde. Die Geſchwiſter, ohne ihrer=
ſeits lauten Widerſpruch zu wagen, nahmen durchaus gegen das
Haupt der Familie Partei und meinten, daß dem jungen Trotzkopf
himmelſchreiendes Unrecht geſchehe. Der Prinz von Preußen
ging ſo weit, daß er den franzöſiſchen Geſandten in den häuslichen
Zwiſt einweihte und um Rat bat; was konnte der gute Valory dem
vermeinten Märtyrer anders empfehlen, als ſich zu überwinden
und zu unterwerfen?

Zwei Jahre ſpäter wurde dem Prinzen die anmutige, liebens=
würdige Prinzeſſin Wilhelmine von Heſſen=Kaſſel als Braut aus=
erwählt; der König verſprach ſich für den ſchwer zu behandelnden
Bruder von der Ehe erziehlichen Einfluß, Beruhigung nach den
Stürmen; er drückte ſeine Freude darüber aus, daß der Bräutigam
ſich entſchieden zu ſeinem Vorteil verändere. Zum Zuſammen=
ſtoße kam es jetzt nicht wieder, aber die Erkaltung zwiſchen den Brü=
dern blieb beſtehen. Friedrich durchſchaute die Stimmung der
Prinzen ſehr wohl. Er legte ſich eine Art Theorie zurecht; die Prin=
zen von Geblüt erſcheinen ihm in den Monarchien als unbefriedigte,
unglückliche Zwitterweſen, als eine Art Amphibien zwiſchen dem
Thron und der Maſſe der Untertanen; ihrem gefährlichen Wider=
ſpruchsgeiſt gegenüber läßt er ſich die dynaſtiſche Geſchichte Frank=
reichs eine Warnung ſein. Doch begegnete er wenigſtens dem
Prinzen von Preußen noch immer mit unbefangener Herzlichkeit.

Nicht bloß an den Verwandten, auch an den Freunden erfuhr
es Friedrich, daß der Thron einen Abſtand ſchuf, und daß es dem
Könige ſchwerer ward als einſt dem Kronprinzen, uneigennützige
und aufrichtige Hingebung ſich zu gewinnen und ſich zu erhalten.

Unter den alten Freunden hielt der Tod vorzeitige Ernte. Die
werteſten Jugendgefährten haben Sansſouci nicht mehr geſchaut.
Jordan und Keyſerlingk vor allen, die 1745, während Friedrich
im Felde weilte, ſchnell nacheinander Dahingeſchiedenen, blieben
ihm unerſetzlich. Bei der Rückkehr aus dem Kriege traf er ſeinen
alten Lehrer Duhan auf dem Sterbebett; es war ein ergreifender
Anblick für die Begleiter, wie er, die Umfahrt durch die feſtlich er=
leuchtete Hauptſtadt unterbrechend, zu dem Todkranken eintrat,
während von der engen Gaſſe der Schein der Freudenfeuer und die

Jubelrufe der Menge in das Gemach drangen. Im zweiten Friedens=
jahre starb, zweiundvierzigjährig, der Befehlshaber der Gendarmen=
Garde, Georg Konrad von der Goltz, der Held von Soor, der Unter=
händler von Kleinschnellendorf. Noch am letzten Abend hatte Fried=
rich ihn besucht; der Sterbende, so meldet er den Tod an Leopold
Maximilian von Dessau, „hatte den Kopf ganz ebenso frei, wie Sie
ihn immer gekannt haben; ein Freund weniger für Sie und mich,
und ein großer Verlust für den Staat." Friedrich hat Goltz unseren
Ulysses und ein andermal den Proteus der Fabel genannt, als den
Mann, der in demselben Feldzuge die Rollen des Adjutanten, des
Generals, des Intendanten und selbst des Diplomaten übernehmen
konnte, wie Cäsar vier Schreiben auf einmal diktierte, und wenn
er seine Reiterbrigade an den Feind gebracht, vom Roß stieg, um
hundert verschiedene Befehle für das Verpflegungswesen zu er=
teilen. „Man war gewohnt, von ihm das Doppelte zu fordern
wie von jedem anderen; er hat lange gelebt, weil sein ganzes Leben
im Denken und im Handeln aufging." Noch ein anderer der tapferen
Reiterführer ging bald dahin: Stille, der Genosse der Rheinsberger
Studien, „gleich geschaffen für die Wissenschaften wie für den Krieg,
für den Hof wie für die gelehrte Zurückgezogenheit." Am beklagens=
wertesten war doch der Ausgang des Generals Borcke. Zwanzig
Jahre, seit König Friedrich Wilhelm den jungen Leutnant dem
fünfzehnjährigen Kronprinzen als Aufpasser beigegeben, hatte
Borcke mit Friedrich in vertrautem Verkehr gestanden, bis sich 1747
die ersten Spuren einer Gemütskrankheit zeigten; der unausgesetzte,
angestrengte, den ganzen Tag ausfüllende Dienst — beim Thron=
wechsel war Borcke Generaladjutant geworden — hatte seine Kräfte
vorzeitig verbraucht, nach vierjährigem traurigem Siechtum war
ihm der Tod 1751 eine Erlösung.

Auch sein Namensvetter Kaspar Wilhelm von Borcke, Preußens
Vertreter in Wien beim Ausbruch des ersten Krieges und nachher
des Grafen Podewils Kollege im Auswärtigen Amt, der feinsinnige
Übersetzer von Shakespeares Cäsar, wurde bei seinem frühzeitigen
Tode im März 1747 von der ganzen königlichen Familie aufrichtig
betrauert. „Es war ein allerliebster Mensch," meinte in Stockholm
die alle Vorgänge der Heimat mit reger Teilnahme begleitende
Ulrike, „viel mehr geschaffen für die Gesellschaft der Lebenden als
die der Toten; der gute Vater Abraham wird für seine Bonmots
kein Verständnis haben."

Zwei Vertreter der vergangenen Zeiten schieden in den beiden
Feldmarschällen aus fürstlichem Geschlecht dahin, Leopold von
Anhalt und Friedrich Wilhelm von Holstein=Beck. Zwar war der
alte Schnurrbart — la vieille Barbe — seit 1740 nur selten noch
aus Dessau an den neuen preußischen Hof gekommen, weil er sich

über Undankbarkeit beklagen zu müssen glaubte; doch seit dem großen Tage von Kesselsdorf war sein Herz versöhnt. Er verwand es sogar, als im folgenden Jahre seine herkömmlichen Einwendungen gegen eine Anordnung des Königs noch einmal in sehr entschiedener Weise zurückgewiesen wurden: „Ich verstehe darunter keinen Scherz, und mögen Euer Liebden Mich nicht vor einen Fürsten von Zerbst oder Köthen nehmen, sondern Meinen Ordres Genüge thun, sonsten es nichts andres wie Verdruß machen kann." Den Vorsatz, den er zu Neujahr 1747 in seinem Glückwunschschreiben aussprach, dem Könige noch einmal mündlich seine treueste Ergebenheit zu ver=sichern, hat er nicht mehr ausführen können. Vom 14. März dieses Jahrs datiert sein letztes Schreiben an Friedrich, dem er auf Ver=langen Nachrichten über die Geschichte des Heeres sendet: „Ich aber wünsche," so schließt der Brief, „daß Gott Ew. Königl. Majestät brave und formidable Armee zum Trost und Erhebung Dero König=reichs und Lande, wie auch zum Schrecken Dero Feinde in dem größesten Flor erhalten möge und wolle. Dieser treu wohlmeinende Wunsch gehet aus alten treuen Kriegesmannes=Herzen und ich werde bis an mein Ende mit selbigem verharren." Wenige Wochen darauf traf den greisen Helden ein Schlaganfall, am 9. April ist er zu Dessau verschieden. Das Gewitter, das selbigen Tages niederging, ver=anlaßte den König zu der Äußerung, er habe sich wohl gedacht, daß der Himmel den Alten mit Donner und Blitz aufnehmen würde. Sein Verhältnis zu dem rauhen Freunde seines Vaters, dem Manne „von großen aber nicht von guten Eigenschaften", war in der Tat allzeit kalt und voll Mißtrauen geblieben; Sulla beliebte er schon als Kronprinz ihn zu nennen, und jetzt ins Grab sagte er ihm nach, sein Ehrgeiz würde zu jeglichem Unterfangen eines Marius und eines Sulla fähig gewesen sein, wenn die Gelegenheit sich geboten hätte.

Das fürstliche Seitenstück im Heer zu dem Dessauer, der „alte Holsteiner", von den Witzbolden duc de Holstein-Vaisselle genannt, weil er der Sage nach für den Erlös seines westfälischen Stammgutes Beck ein silbernes Tafelgeschirr — vaisselle — erstanden haben sollte, stand als Heerführer tief unter dem alten Dessauer; als Mensch und Gesellschafter war er ungleich liebenswürdiger. Wo es am lustigsten herging, fehlte der joviale alte Herr nicht gern, und die mancherlei Scherze, die man sich bei Hofe mit ihm erlaubte, wenn er aus seiner Garnison Königsberg als stets willkommener Besuch eintraf, nahm er mit gutem Humor hin. Ein Blutsturz raffte sein Leben am 11. November 1749 beim Mahle binnen drei Minuten hinweg. „Unser guter alter Herzog," so meldete Friedrich der Mark=gräfin von Baireuth den Todesfall, „wird allgemein betrauert; er hat nie einem anderen als sich selbst etwas Böses angetan, die Galanterie hat ihn erst mit dem letzten Seufzer verlassen."

Den alten Dessauer, seinen Vater, überlebte Fürst Leopold II.
von Anhalt-Dessau nur um kurze Frist. An ihn, den um zwölf
Jahre Älteren, hatte Friedrich sich als junger Prinz eng angeschlossen;
man wechselte sehr kameradschaftliche Briefe, und es war für den
Kronprinzen ein Fest, wenn er sich in Dessau zum Besuch anmelden
konnte, um „dem lieben Polten den Champagner auszusaufen". 
Als König hat er dem Erstürmer von Glogau, dem Mitstreiter von
Chotusitz die Freundschaft bewahrt und ihn oft als seinen Gast be=
grüßt. Leopold Maximilian starb nach nur fünfjähriger Regierung
am 16. Dezember 1751.

Noch vor Ablauf dieses Jahres traf den König ein neuer Ver=
lust. Am 29. Dezember war er Zeuge des Todes von Rothenburg,
der sich nach seiner schweren Verwundung nie ganz erholt hatte.
Wieder, wie einst bei der Trennung von Keyserlingk, ergab sich
Friedrich seinem Schmerz mit leidenschaftlicher Heftigkeit. Er sei
unfähig, ihren Brief zu beantworten, schreibt er der Markgräfin
von Baireuth zwei Tage nach dem Verluste: „ich sehe nichts als
meinen Schmerz, alle meine Gedanken haften an dem Verlust eines
Freundes, mit dem ich zwölf Jahre in einer vollendeten Freund=
schaft gelebt habe." Und einige Zeit darauf: „Was heißt leben,
wenn man sich aller derer beraubt sieht, mit denen man des Längsten
gelebt hat, wenn der Tod uns die, welche wir lieb hatten, für immer
entreißt!" Mit Bitterkeit fügt er hinzu: „Ich glaube, nur die sind
glücklich auf der Welt, die niemand lieben." Dann aber schilt er
wieder auf die Fühllosen und Abgestumpften, welche Freundschaft
und Trauer belächeln und derenthalben man sich eine Selbstbe=
herrschung auferlegt, um die man sich doch wieder innerlich Vor=
würfe macht. „Ich studiere viel, und das tröstet mich wirklich;
aber wenn meine Gedanken zu den vergangenen Zeiten abschweifen,
öffnet sich des Herzens Wunde von neuem." Einen Freund wie
Rothenburg hat Friedrich nicht wieder gefunden, den so vieles auf
einmal ihm wert gemacht hätte: Zuverlässigkeit des Charakters,
Geist und Laune, Übereinstimmung des Alters, der Gesinnung,
des Geschmacks, des deutschen Blutes und der französischen Bildung,
Gemeinsamkeit nicht bloß der literarischen und ästhetischen Lieb=
habereien, sondern auch des politischen und militärischen Gesichts=
kreises; durfte er doch diesem Freunde mit der gleichen Zuversicht
die schwierigste diplomatische Verhandlung und am Morgen einer
Schlacht den Befehl über seine Reitergeschwader anvertrauen.

Im ganzen ist die Zahl der Offiziere und Staatsdiener, die der
König nicht bloß als Kämpen und zu den Geschäften, sondern auch
an seiner Tafelrunde brauchen konnte, allzeit klein gewesen. Männer
wie Winterfeldt und Buddenbrock, die Generaladjutanten, so lieb
sie ihm waren, standen doch seinen außerhalb des Dienstes liegenden

Interessen allzufern; dagegen wurde der General Asmus von
Bredow, den manche als den Nachfolger von Goltz in der Gunst
des Königs betrachteten und der im Winter 1751 sein Hausgenosse
im Potsdamer Stadtschlosse war, der Widmung eines französischen
Gedichtes für wert gehalten. Zur Sommerzeit hat Friedrich ein=
mal seinen bewährten Podewils auf vierzehn Tage sich als Gast nach
Sanssouci geladen, und Podewils' Kollege im Auswärtigen Amt,
Graf Finckenstein, im Sommer 1749 nach seiner Rückkehr aus Paris
zum zweiten Kabinettsminister ernannt, hatte als der Gespiele
von ehedem ältere Ansprüche als irgend ein anderer des engeren
Kreises. Seinen alten Ruf als anregender Gesellschafter behauptete
der Genosse der glücklichen Rheinsberger Tage, General Fouqué;
er hatte sich im Krieg als Gouverneur der Grafschaft und Festung
Glatz reichen Dank erworben und kam jetzt im Frieden dann und
wann aus seinen Bergen zu längerem Besuch an den Hof. Auch
Fouqués normannischer Landsmann Chasot ward aus seiner kleinen
pommerschen Garnison noch wiederholt herbeigerufen; doch war
sein Stern schon im Erbleichen. Als er bei Hohenfriedberg den
Baireuther Dragonern auf ihrem Trophäenritt vorangesprengt
war, da befand sich sein Name in aller Munde, aber in den Friedens=
dienst wußte sich der geniale Chevalier nicht ganz zu finden. Daß
er einen in das Regiment eingeschobenen Kameraden im Duell
erschlug, wurde ihm sehr verargt, aber noch verziehen; neuen Tadel
zogen ihm dann Eigenmächtigkeiten, wohl auch Nachlässigkeiten,
im Dienste zu, andererseits machte er an des Königs Freigebigkeit
stärkere Ansprüche, als dieser auf die Dauer gelten ließ. So ward
Chasot mit seinem Lose bald unzufrieden, schützte seine Gesundheit
vor und ruhte nicht eher, als bis er 1751 den Abschied erhielt.

Auch in Pöllnitz, dem verschuldeten Baron, den die Sorge um
das tägliche Brot auf die Entdeckung seiner glücklichen literarischen
Ader geführt hatte, wollte sich noch einmal der alte Vagantentrieb
regen. Als eine reiche Nürnbergerin die Hand des verlebten Fünf=
zigers ausschlug, glaubte er für die Zukunft an seinem Beruf als
Spaßmacher schier verzweifeln zu sollen; er gedachte dem Hofleben
Valet zu geben. Der König erteilte seinem Kammerherrn und
Zeremonienmeister die Entlassung in einem mit grausamer Satire
abgefaßten Schriftstück. Das war Anfang April 1744; vier Monate
später war der „hinkende Satyr" als reuiger Sünder wieder da
und wurde zu Gnaden wieder angenommen, nicht ohne daß ihm
Friedrich die böse Bemerkung, er wolle lieber den Schweinen dienen
als den großen Herren, mit herbem Scheltwort vorgehalten hätte.
Seitdem gab der einst so Ungebundene alle Selbständigkeitsgelüste auf.

Algarotti blieb der „unbeständige, flatternde Schmetterling".
Friedrich hat ihn später eigennützig und wohldienerisch genannt,

und der hart an die Grenze des Erträglichen streifenden Lobsprüche
des Schmeichlers erwehrt er sich einmal mit der Bemerkung: „Sie
haben für meine Werke die Gefälligkeit, welche die Kardinäle für
die Verfügungen unseres guten Papstes haben." Aber er bekannte,
daß kein Mensch, außer Voltaire, auf alle wissenschaftlichen Fragen
ihm so mit barer Münze zu dienen vermöge. Er meinte, durch
Algarottis Unterhaltung gleichsam in eine Galerie versetzt zu werden,
wo das bezaubernde Schauspiel der wertvollsten Gemälde fortwährend wechsle und wo die letzten die schönsten seien. Algarotti
hatte 1741 bei seiner Sendung an den Turiner Hof keinen Erfolg
erzielt, aber der Gegenstand seines Ehrgeizes blieb nun ein Gesandtschaftsposten. Den schlug ihm Friedrich nach dem Breslauer Frieden
rund ab; er bot ihm „eine gute Pension und viel Freiheit". Algarotti antwortete ausweichend; er dankte, daß der König zwei widersprechende Dinge für ihn miteinander versöhnen wolle; sein Wunsch
sei, von Zeit zu Zeit ein Jahr in Berlin zuzubringen, das dann für
ihn ein Jahr der Freude sein solle, wie die Wiederkehr der olympischen Spiele für die Griechen oder das Säkularfest für Rom.
Erst 1747 ließ er sich bestimmen, als Kammerherr förmlich in den
preußischen Hofdienst einzutreten. Der Verfasser des „Newtonis-
mus für die Damen" hatte inzwischen seinen schriftstellerischen
Ruhm durch den „Kongreß von Cythera" aufgefrischt, die artige
Allegorie, welche die Frauen Italiens, Frankreichs und Englands
im Wettstreit der Liebe einführt: Voltaire pries sie als von den
Grazien diktiert und mit einer aus Amors Fittichen geraubten
Feder aufgezeichnet. Friedrich versprach sich von seiner neuen
Erwerbung „alle Arten von Annehmlichkeit", aber nach kaum einem
Jahre verschwand Algarotti von neuem. Diesmal, wie es scheint,
aus Verdruß, in der Gunst der schönen Barbarina sich, den Lands-
mann und den Adonis, von einem Deutschen, dem Sohne des
Großkanzlers Cocceji, überholt zu sehen. Sechs Monate, spottete
Friedrich, brauchte er für das Leichenbegängnis seiner Liebe; dann,
im November 1748, kehrte er zurück, um nun fast fünf Jahre bei
Hofe auszuharren. Auf die Dauer aber wollte er sein schönes Vaterland und seine Unabhängigkeit nicht missen.

Auch dem Hamburger Bielfeld hat es in der diplomatischen
Laufbahn nicht glücken wollen; er ist über die Staffel eines Legations-
sekretärs, die ihm zu bescheiden dünkte, nie hinausgekommen, denn
als das Ministerium ihn 1741 für die Besetzung eines selbständigen
Gesandtschaftspostens auf die Liste brachte, mit dem Bemerken,
daß der König ihn selber am besten kennen werde, ließ dieser den
Vorschlag unberücksichtigt. Bielfeld fand dann als Hofmeister des
jüngsten der königlichen Brüder Verwendung, und als sein Prinz
1746 nach Potsdam übersiedelte, sah er sich nach sechsjähriger ver-

geblicher Bemühung, die er nicht in Abrede stellte, zu der Gesell=
schaft des Königs wieder zugelassen.  Dagegen wollte der glänzende
Graf Gotter, der Jupiter tonans, lange gebeten sein, ehe er sich
von seinem thüringischen Tuskulum Molsdorf, wohin er sich 1745
zurückgezogen hatte, wieder losriß.  Sein Verlust bedeute für Berlin
einen Bankerott, hatte ihm der König beim Scheiden geschrieben;
doch hoffe er auf ein Wiedersehen: „Die Berliner Gesellschaft
trägt, seit Sie tot für dieselbe sind, tiefe Trauer, um Ihrer Eigen=
liebe zu schmeicheln; meinen Horaz habe ich schwarz einbinden lassen,
und Joyard — der Leibkoch — macht nur noch dunkelfarbige Ra=
gouts.“  1749 ward Gotter zunächst als Gast wieder bei Hofe ge=
sehen, das Jahr darauf kehrte er zu dauerndem Aufenthalte zurück.
„Wer wie Sie,“ rief ihm Friedrich entgegen, „das Vergnügen, den
Geist und diesen liebenswürdigen Frohsinn überall mit sich bringt,
der den Zauber der guten Gesellschaft ausmacht, darf der ihm ge=
bührenden Aufnahme sicher sein.“

Gotter war Oberhofmarschall, aber die großen Ehrenämter
waren an diesem Hofe ohne Bedeutung.   „Er hat,“ witzelte ein
Franzose, „einen Kanzler, der niemals spricht, einen Oberjäger=
meister, der keine Wachtel zu töten wagen würde, einen Oberhof=
meister, der nichts anordnet, einen Oberschenk, der nicht weiß, ob
Wein im Keller ist, einen Oberstallmeister, der nicht befugt ist, ein
Pferd satteln zu lassen, einen Oberkammerherrn, der ihm noch
nie das Hemd gereicht hat, einen Großmeister der Garderobe, der
nicht den Hofschneider kennt: die Verrichtungen aller dieser großen
Ämter werden von einem einzigen Manne Namens Fredersdorf
versehen, der außerdem noch Kammerdiener, Kammerherr und
Kabinettssekretär ist.“   Der Hoboist Fredersdorf hatte, so wird er=
zählt, in den Küstriner Tagen dem Kronprinzen Friedrich mit seinem
Flötenspiel die Stunden kürzen helfen; er war dann nach Ruppin
und Rheinsberg mitgegangen und bald unentbehrlich geworden:
nach Bielfelds Schilderung ein großer, schöner Mann, nicht ohne
Geist und Feinheit, höflich und zuvorkommend, geschickt und ge=
schmeidig, auf seinen Mammon bedacht und dabei prunkhaft.  Wäh=
rend ein Gesandtschaftsbericht es ihm lassen muß, daß jedermann
seine Treue und Uneigennützigkeit rühme, verschrieen andere ihn
samt seinen beiden reichen Freunden, den Kaufleuten Splitgerber
und Daum, als wahre Blutsauger.   Der König lohnte die auch
auf politische Aufgaben geheimster und kitzligster Art sich erstreckenden
Dienste seines geheimen Kämmerers — diesen Titel erhielt Freders=
dorf beim Thronwechsel — auf das freigebigste.  Seine nicht gerade
zahlreich vorliegenden eigenhändigen Zettel an diesen nur halbge=
bildeten Mann, mit ihrem ungefügen Deutsch und dem stehenden
Schluß „Gott bewahre dihr“, heben sich von dem zierlichen Brief=

wechsel mit all den Franzosen und Halbfranzosen eigenartig ab.
Zwischen die auf allerhand kleine Alltäglichkeiten der Haushaltung
bezüglichen Aufträge finden sich immer von neuem Warnungen
vor zweierlei Leuten eingestreut: vor den „verzweifelten Gold=
machers", an deren alchimistische Künste Fredersdorf trotz aller
schlechten Erfahrungen nicht den Glauben verlor, und vor „idioten
Doktors und alten Weibern", deren „närrischer Quacksalberei" der
an mannigfachen Gebresten Leidende kein minderes Zutrauen ent=
gegentrug. „Du must dich durchaus nicht mehr schinden lassen ...
glaube mihr ich verstehe mehr von Anathomie und Medicin wie
du ... meine beiersche Köchin berühmt Sich daß sie dihr in der
Cuhr hat, Lachmann brauchstu dermank und wer weis wie Viehl
andere Doktors, ich mus dihr die reine Wahrheit Sagen du führst
dihr wie ein ungezogen Fant auf." Er droht dem Unbelehrbaren:
„Du wirst mihr zwingen deine Leute in Eid und Flicht zu nehmen
auf daß sie mihr gleich angeben müssen wen ein neuer Dokter kömmt
oder dihr Medicin geschicket wirdt." Gar zu böse waren diese Straf=
predigten nicht gemeint. Als Fredersdorf nach langer Krankheit
sich in der Genesung befindet, schreibt ihm sein Herr: „Wohr heute
gegen Mittag die Sonne Scheint, So werde ich ausreiten, kom doch
am Fenster ich wolte dir gern sehen," und setzt fürsorglich hinzu:
„aber das Fenster mus feste zu bleiben und in der Camer mus Stark
Feuer Seindt." Auch das damals in einer eigenen Literatur ge=
pflegte Kauderwelsch der sogenannten Deutsch=Franzosen, als deren
berühmtester Vertreter Riccaut de la Marlinière der Zeiten Flucht
überdauert hat, wird von Friedrich in diesen Briefen verwandt:
„Gott bewahre ihre Hokwolgebor und gebe Kesundheit und Kreften,
auk Schlaf und fiel andere Kute sak."

In untergeordneter Stellung, wie Fredersdorf, hat auch Claude
Etienne Darget ein vertrautes Verhältnis zu dem Gebieter zu ge=
winnen verstanden. Darget versah seit dem Beginn des Jahres
1746 das, was am französischen Hofe dem sécretaire des commande-
ments oblag: er war der Gehilfe des Königs bei Erledigung der
Privatkorrespondenz und zumal des literarischen Briefwechsels, für
den das steife, mühsam angelernte Französisch der ohnehin genug
beschäftigten Kabinettsekretäre nicht zugereicht haben würde. Bis
zum Ausgang des letzten Krieges Sekretär des französischen Ge=
sandten Valory, zog er die Aufmerksamkeit des Königs von Preußen
durch die Geistesgegenwart und mutige Hingebung auf sich, womit
er, als die Panduren im Herbst 1745 zu Jaromircz bei nächtlicher
Weile Valorys Quartier überrumpelten, sich für den Gesandten
ausgab und in das österreichische Lager entführen ließ. Darget
erwarb sich seines neuen Gebieters Zufriedenheit und Wohlwollen
in hohem Grade. Ein „bon enfant", „wenig unterrichtet, aber

rechtschaffen", so hat Friedrich ihn charakterisiert; er stellte sich zu
dem „emsigen Kopisten seiner Produktionen" auf sehr vertraulichen
Fuß, wobei es dann ohne Neckereien nicht abging. In einem seiner
Gedichte beklagt er den Sekretär ob des schreibseligen, unbequemen
Herren, der ihn keinen Augenblick zu Atem kommen lasse, und ent=
schuldigt sein träumerisches, unberechenbares, zerstreutes Wesen,
seine nachdenklichen und trüben Stimmungen mit dem schweren
Beruf der Könige.   Darget galt so entschieden als wohlgelittener
Gesell, daß später, als er in die Heimat zurückgekehrt war, das
französische Ministerium auf den Gedanken kommen konnte, den
König von Preußen durch ihn aushorchen zu wollen.

Darget eröffnet die Reihe der neuen, erst in der Potsdamer
Periode angeknüpften Bekanntschaften.   Im Winter auf 1748
kamen die beiden Brüder Keith an den preußischen Hof.   George
Keith, aus dem Geschlecht der Erbmarschälle von Schottland, hatte
1715 in seiner Heimat unter der Fahne des stuartischen Prätendenten
gegen die welfische Herrschaft gekämpft und war dann landflüchtig
in spanische Kriegsdienste getreten.   Seiner politischen Vergangen=
heit wegen wurde ihm, als er nach langen Jahren seinen Bruder
James, den General der Zarin, besuchen wollte, das Betreten des
russischen Bodens untersagt.   Das und andere Erfahrungen ver=
leideten diesem Bruder den dortigen Dienst; nach einigen Schwierig=
keiten, die ihm Bestushews Mißgunst bereitete, erhielt er seinen
Abschied und stellte dem König von Preußen seinen Degen zur Ver=
fügung.   Friedrich nahm den bewährten Heerführer, den Helden
von Wilmanstrand, mit Freuden auf und überraschte ihn zum Emp=
fang mit dem Marschallstab.   „Ich habe jetzt die Ehre, und was
noch mehr ist, das Vergnügen, bei dem Könige in Potsdam zu sein,"
berichtete James unter dem ersten frischen Eindruck am 28. Oktober
1747 dem Bruder.   „Ich genieße hier die Auszeichnung, fast täg=
lich mit ihm zu Mittag und zu Abend zu speisen.   Er hat mehr Geist
und Witz, als daß ich mit dem meinen es schildern könnte, und spricht
über die verschiedensten Dinge gründlich und sachkundig.   Er hat
eine Anzahl Leute, mit denen er ganz ungezwungen, fast wie ein
Freund verkehrt, aber keinen Günstling; dazu eine natürliche Höf=
lichkeit gegen seine ganze Umgebung.   Dafür, daß ich erst vier Tage
um ihn bin, mag es Euch scheinen, als ob ich von seinem Charakter
schon recht viel zu wissen beanspruche; darauf aber könnt Ihr Euch
verlassen, wenn ich Euch sage: nach längerer Zeit werde ich genau so
viel von ihm wissen, als er mich wissen lassen will, und sein ganzes Mini=
sterium weiß nicht mehr."   Auch der König war von seinem neuen
Feldmarschall andauernd sehr befriedigt; er beglückwünschte sich,
hier die heldenhafte Tapferkeit in Verbindung mit angenehmen
Umgangsformen und wirklicher Herzensbildung gefunden zu haben.

Sofort ließ er nun auch den andern Bruder Keith, der inzwischen in
Venedig seinen Ruhesitz aufgeschlagen hatte, einladen, und Lord George
meinte, wie James seine Eisregionen Friedrich zuliebe verlassen
habe, so wolle er sich jetzt gern von seiner südlichen Sonne trennen.
Im Februar 1748 zog er, bereits ein Sechziger, in die neue Heimat
ein, wo er dreißig Jahre später sein vielbewegtes Leben beschließen
sollte. Der Lord-Marschall von Schottland sprach schon seine Muttersprache langsam, im Französischen rang er mit dem Ausdruck und
bildete sich seine eigenen, oft überraschenden und naiven Wendungen,
aber diese stockende Ursprünglichkeit verlieh seiner Unterhaltung
einen besonderen Reiz. An der Tafelrunde von Sanssouci bildeten
die vornehmen, welterfahrenen Schotten gegen die sprudelnden,
unbedachten französischen Schöngeister ein vortreffliches Gegengewicht. Lord-Marschall erklärte, in seinem Tarif den Esprit hinter
dem Bonsens und dem Zartgefühl ansetzen zu müssen, und führte
gern das Wort des französischen Akademikers Fontenelle an, der in
seinem hundertsten Jahre sich gerühmt, nie die kleinste Tugend in
das Lächerliche gezogen zu haben. Doch brauste der sonst so milde
Mann auf, wenn in seiner Gegenwart eine herabsetzende Bemerkung
über König Friedrich fiel. „Ich will nicht der Freund eines Mannes
sein, der täglich an der Tafel des Königs speist, um nachher seine
Galle auszuspritzen" — so hat er einst einen der Potsdamer Tisch-
genossen angefahren. Wenn nun dieser getreue Aufrechte oben-
ein im stande war, seinem königlichen Freunde als Diplomat, wie
zeitweilig auf dem schwierigen Pariser Gesandtschaftsposten, die
wertvollsten Dienste zu leisten, so hatte Friedrich ihm gegenüber
vollen Anlaß zu dem dankbaren Geständnis: daß die Spezies der
liebenswürdigen Menschen, die zugleich Verdienst haben, allerorten
selten ist, und daß man sie hochhalten muß, wenn man sie besitzt.

Im Gefolge der überspannten Herzogin-Witwe von Württemberg war während des Winters auf 1742 ein Provençale, Marquis
d'Argens, in Berlin eingetroffen, der witzige Verfasser der „Jüdischen
Briefe", Bruder Isaak, wie Voltaire ihn nannte. „Die Flucht des
Philosophen", den das ihm auferlegte süße Joch zu drücken begann,
die Rachepläne der verschmähten Armida, die nicht mehr von silbernen
Tellern (assiettes d'argent) speisen wollte, um nicht an den
Namen des undankbaren Spröden erinnert zu werden, und die
endliche Versöhnung zwischen beiden hatten damals den Spöttern
reichlichen Stoff geboten. Nur aus politischen Gründen, um die
Herzogin bei guter Laune zu erhalten, entschloß sich Friedrich, dem
Marquis, den er für verrückt zu halten geneigt war, ein Jahrgeld
anzuweisen und den Schlüssel der Kammerherren zu verleihen. Erst
nach dem Dresdner Frieden trat d'Argens ihm näher. Die poetische
Beschreibung von Sanssouci wurde 1747 dem neuen Freunde ge-

widmet, und ein weiterer schmeichelhafter Vertrauensbeweis war
die Sendung in das französische Hauptquartier, wo d'Argens dem
König Ludwig, seinem ehemaligen Kriegsherrn, ein Geschenk des
preußischen Monarchen, Rosse aus dem litauischen Gestüte, zu über=
bringen hatte. Der Sendling erzählt selbst, daß Ludwig XV. bei
seinem Anblicke lachte; und in der Tat hatte er manches an sich, was
dem Humor eine Zielscheibe bot: die lässige Bequemlichkeit, die
Langschläfernatur, die bis zur Unreinlichkeit gehende Gleichgültig=
keit gegen seinen äußeren Menschen und im Gegensatz dazu die pein=
liche Sorge für die teure Gesundheit — alles Eigenschaften, die
man an dem fünf Fuß sieben Zoll langen Infanteriekapitän außer
Diensten zunächst nicht erwartet haben würde. Als d'Argens seiner
Gesundheit halber 1750 abermals die Heimat aufzusuchen wünschte,
argwöhnte Friedrich die geheime Absicht, Preußen ganz zu verlassen,
und ließ dem Urlaubsgesuch die unwirsche Antwort zu teil werden,
d'Argens möge fortbleiben, solange es ihm beliebe. Schon glaubte
sich der Marquis in Ungnade gefallen; dem Gebieter aufrichtig er=
geben, ehrlich und zuverlässig, freute er sich drum von Herzen, als
ihn Friedrich nach Jahresfrist durch den Gesandten in Paris auf=
fordern ließ, wieder Briefe zu senden, und schnell kehrte er nun
nach Potsdam zurück.

Während seines ersten Pariser Aufenthaltes, im Sommer 1747,
hatte d'Argens aus Sanssouci den Auftrag erhalten, einen Gelehrten
zu gewinnen, der bei persönlicher Liebenswürdigkeit, Zuverlässig=
keit des Charakters und Vertrautheit mit der Literatur kein Pedant
sein dürfe. Er konnte den Mann, der diese Eigenschaften vereinigte,
nicht schaffen; er hebt in einer Charakteristik der literarischen Kreise
der französischen Hauptstadt hervor, daß den jungen Leuten von
Kenntnissen und von Talent bald der Ton der guten Gesellschaft,
bald der Charakter fehle, und wer irgendwie eine Geltung habe,
sei durch allerhand Vorteile und Annehmlichkeiten allzu fest an
Paris gekettet. Bald nachher wurde dem König von anderer Seite
ein Adept der neuesten Schule, allerdings ein Ausgestoßener des
französischen Parnasses, empfohlen. Jules Offray de La Mettrie
war daheim durch seine blutigen Angriffe auf die Häupter der
medizinischen Fakultät unmöglich geworden und mußte aus Holland
nach der Veröffentlichung seines „L'homme machine" vor den
Verfolgungen der Theologen flüchten. Sein bretonischer Lands=
mann Maupertuis — beide waren aus St. Malo — eröffnete ihm
eine Freistätte in Preußen; er meinte, daß der König bei diesem
Mann mit der Gabe angenehm zu erzählen und gut vorzulesen
seine Rechnung finden werde; nur gelte es, einer allzu stürmischen
Imagination, die sich bisher über die Schranken der Schicklichkeit
und wohlanständiger Freiheit hinweggesetzt habe, den Hemmschuh

anzulegen. Später, als die Materialisten in Frankreich unbehelligt
das große Wort führten, ist Friedrich im Federstreit gegen sie aufgetreten; jetzt, da man sie noch verfolgte und vertrieb, nahm er einen
La Mettrie bei sich auf und machte ihn zu seinem Vorleser. Nicht
der verunglückte Philosoph fand in Sanssouci eine Gemeinde, sondern
der geistreiche Plauderer, der Spaßmacher La Mettrie, der Bouffon,
als den ihn Diderot kurz und bündig gekennzeichnet hat. Sorgfältig erzogen und vielseitig gebildet, war er deshalb doch nicht
minder unbesonnen, ungebärdig, haltlos, ein erster Vorläufer des
literarischen Sansculottentums; dabei doch wieder so kindlich harm-
los, daß die, welche ihn näher kannten, ihm im Ernst nicht böse sein
konnten. Nur so erklärt es sich, daß Maupertuis seinen Landsmann
wegen eines fast unglaublichen Gassenjungenstreiches gegen Haller,
den berühmten Göttinger Professor, offen in Schutz zu nehmen wagte.

Als La Mettrie, der erste Gourmand der Welt, wie ihn Voltaire
genannt hat, 1751 an den Folgen der Trüffelpastete, mit der er sich
an der Tafel des französischen Gesandten überladen hatte, gestorben
war, schrieb Friedrich: „Er wird von allen, die ihn gekannt haben,
betrauert; er war lustig, ein guter Teufel, ein guter Arzt und ein
sehr schlechter Schriftsteller; aber wenn man seine Bücher ungelesen
ließ, konnte man mit ihm zufrieden sein." Daß er demnächst auf
diesen wunderlichen Irrwisch eine akademische Gedächtnisrede ver-
faßte, wurde ihm ziemlich allgemein verdacht.

Maupertuis, La Mettries allzu nachsichtiger Gönner, hatte der
Aufgabe, um derentwillen er nach Preußen berufen war, über
alle Erwartung genügt. Während seines ersten Besuches in Preußen
freilich, im Winter von 1740 auf 1741, hatte er unter den Stürmen
des Krieges an den Neubau der verfallenen Akademie nicht Hand
anlegen können. Nach dem Abenteuer, das ihn bei Mollwitz unter
die österreichischen Husaren fallen ließ und weiter nach Wien führte,
war er in die Heimat zurückgekehrt, und ein neues Amt als Direktor
der Académie des sciences, bald auch sein neuer Sitz in der Académie
française hielten ihn zunächst in Paris fest. Ohne Maupertuis'
Mitwirkung vereinigten sich also der Feldmarschall Schmettau und
der große Mathematiker Leonhard Euler mit einer Anzahl von
Ministern, Hofleuten, hohen Offizieren und den wissenschaftlichen
Spitzen der französischen Kolonie im Sommer 1743 zu einer literarischen Gesellschaft, die sich am 23. Januar 1744, in der Festsitzung
zur Vorfeier von König Friedrichs Geburtstage, mit den dürftigen
Resten der alten Akademie vereinigte. Noch fehlte dieser neuen
Akademie fast alles an dem Glanze, den der König ihr hatte verleihen
wollen; Wolff und die europäischen Berühmtheiten, auf die er
gerechnet hatte, waren ausgeblieben.[1] So blühte sie erst auf,

---

[1] I, 192.

als zwei Jahre später Maupertuis endlich kam und als immer=
während Präsident mit geradezu diktatorischer Gewalt an ihre
Spitze trat. Der anfängliche Einfluß vornehmer Kuratoren, wie
des Feldmarschalls Schmettau, wurde abgeschnitten. Maupertuis,
so gab der König seinen Willen kund, soll „der Papst der Akademie"
sein; es soll alles durch den Präsidenten geschehen, wie in einem Heere
ein General von einfachem Adel Herzoge und Prinzen kommandiert,
ohne daß jemand daran Anstoß nimmt. Selbst die Vorschläge zu
den erledigten Stellen hatten in Zukunft allein von ihm auszugehen.
Maupertuis war klug genug, für alle wichtigen Berufungen sich die
Zustimmung des Königs zu sichern, und dieser hörte jeden Vortrag,
alle Anträge seines Präsidenten mit lebhaftem Anteil an und beant=
wortete sie mit Sachlichkeit und Verständnis. Er schärft dem Präsi=
denten als Grundregel für die Auswahl neuer Mitglieder den Satz
ein: „Der Meister gilt mehr als der Schüler", und als Maupertuis
einmal straucheln und liebedienerisch einem polnischen Magnaten die
Pforten der Akademie öffnen will, lenkt ihn Friedrich auf den guten
Weg zurück, indem er die Aufnahme scherzhaft an die Bedingung
knüpft, daß zuvor bei den Akademien zu Paris und London ihr
Prozentsatz an Narren ermittelt werde, um Berlin vor beiden in
so bedenklicher Beziehung nicht den Vorsprung gewinnen zu lassen.

Maupertuis glaubte der neuen Pflanzung das Zeugnis ausstellen
zu dürfen, daß ihre Chemiker, die Marggraf und Pott, alle Chemiker
von ganz Europa ausstächen, daß ihre Mathematiker es mit den
Mathematikern aller anderen Akademien aufnehmen könnten, daß
auch die Astronomie, mit besseren Hilfsmitteln ausgestattet, jetzt
Fortschritte mache. Minder befriedigte ihn der Zustand der philo=
sophischen und der philologisch=historischen oder „belletristischen"
Klasse: die letzte, so erklärte er, würde sich nicht halten können, ohne
die dringlichst notwendige und zugleich kräftigste Aushilfe, die sie
bei dem Könige selber finde. Friedrich, seines Präsidenten getreuer
Akademiker, wie er sich einmal nennt, war in der Tat in diesen Jahren
ein fleißiger, ein regelmäßiger Mitarbeiter. Neben jener Abhandlung
über Grundfragen der Gesetzgebung,[1] neben einer Anzahl Ge=
dächtnisreden auf verstorbene Mitglieder, neben einer schwungvollen
Ode auf die Wiederherstellung der Akademie, hat er auch seine
größeren historischen Arbeiten, soweit sie nicht die unmittelbare
Gegenwart betrafen, in ihren Sitzungen vorlesen lassen.

Gewiß eine glänzende, einzige Stellung, dieses akademische
Präsidium Maupertuis' unter dem Schirm und dem werktätigen
Beistand des königlichen Protektors. Und nicht bloß als Mann der
Wissenschaft, als Gelehrter und Entdecker von Weltruf hielt er die
anderen in Unterordnung, auch als den Schöngeist, den anregenden

---

[1] S. 60.

Gesellschafter, den Freund des Königs, den oft und stets gern ge=
sehenen Gast an der vertrauten Tafelrunde staunten sie ihn an.
Es kam hinzu, daß der einheimische Adel ihn seit seiner Verbindung
mit einer der Töchter des Landes als zugehörig anerkannte. Da
er die Gabe leichter Konversation und zündende Schlagfertigkeit
hatte und nicht „dogmatisierte", nicht durch langweilige Vorträge
lästig fiel, so nahm Friedrich sein rechthaberisches Wesen, seine
„brutale Offenheit", sein mitunter sauertöpfisches Gesicht mit in
den Kauf. Weihrauch freilich verlangte der Präsident; er schwelgte
in seinem Ruhm, er hatte, wie man sich zuraunte, die Schwäche,
sich, weil er die Pole abgeplattet habe, Gottvater gleich zu dünken;
er hielt es wohl nicht für möglich, daß demnächst jemand sich heraus=
nehmen werde, seinen Primat nicht anzuerkennen.

––––––––

Wir haben keine Aufzeichnungen aus diesen Jahren über die
Gespräche der Tafelrunde von Sanssouci. Aber Friedrich vergleicht
einmal seine Gedichte mit Tischgesprächen, als Eingebungen und
Ausdrücke einer Stimmung, „in der man laut denkt, ungeniert
spricht und keinen Widerspruch übel nimmt".

Die Œuvres du Philosophe de Sanssouci sind ein Denkmal für
die Freunde. An sie alle wendet sich die Zuneigung des ganzen
Werkes, den einzelnen sind die Stücke gewidmet. Sie kenne die
Persönlichkeiten, an welche die Episteln gerichtet seien, schreibt der
Verfasser bei Übersendung dieser seiner „Sottisen" der Markgräfin
von Baireuth; also werde sie die Beziehungen und Spitzen verstehen.

Die „Werke des Philosophen von Sanssouci" wurden Anfang
1750 unter den Augen des Verfassers im Berliner Schloß, im Turm=
bau („au donjon du château"), gedruckt. Nur einige wenige Ab=
züge verließen die Presse, „mit dem Privileg Apolls" ausgestattet
und mit den geistreichen Vignetten des berühmten Rembrandt=
Radierers Georg Friedrich Schmidt geziert. Die drei Quartbände
der Sammlung enthalten Oden, Episteln und vermischte Gedichte,
dazu eine Anzahl Prosabriefe mit eingelegten Versen, einige Epi=
gramme, einen gereimten Schwank, eine moralische Tierfabel und
ein paar in der Akademie verlesene Stücke, wie die Gedächtnisreden
auf Jordan und Golz und die uns schon bekannte Dissertation über
die Gesetze; endlich eine größere Dichtung, die komische Epopöe
„Le Palladion". In einer 1752 gedruckten neuen Auflage des
zweiten Bandes ist neben ein paar neuen Oden und Episteln das große
militärische Lehrgedicht „L'art de la guerre" hinzugekommen.

Von den Oden wenden sich zunächst einige, zu preisen oder
anzuklagen, an die allegorischen Gestalten der Festigkeit und des
Ruhms, der Schmeichelei und der Verleumdung. Gewissermaßen

Gegenstücke, der Doppelnatur des Fridericianischen Staates entsprechend, sind die Oden „An die Preußen" und „Auf die Wiederherstellung der Akademie" — zwei hohe Lieder zum Preise der
heroischen wie der zivilisatorischen Bestimmung dieses Staates;
den „Lieblingskindern des Mars" wird die stets erneute Übung hin-
gebender, tatkräftiger Tugend zur Pflicht gemacht, mit dem Hinweis
auf Athen und Karthago als die abschreckenden Beispiele schnellen,
selbstverschuldeten Verfalls. Das Gebiet der Tagespolitik betreten,
von scharfen persönlichen Ausfällen nicht frei, die Strophen auf die
letzten Wechselfälle des österreichischen Erbfolgekrieges und, aus dem
Jahre 1749, über die Unruhen im Norden. Die Ode an den Grafen
Brühl, den „unseligen Sklaven seiner hohen Stellung" und dabei
„unumschränkten Beherrscher eines schlaffen Königs", läßt die
polemisch-persönliche Beziehung schnell fallen, um in ausgesprochener
Nachahmung eines horazischen Vorbildes, der herrlichen neunund-
zwanzigsten Ode aus dem dritten Buche der Lieder, die Ergebung
in das Geschick, Standhaftigkeit und Entsagungsfähigkeit zu preisen.
Noch bei einigen anderen Gedichten gibt die Widmung, an Maupertuis, an Voltaire, nur den Ausgangspunkt für allgemeine Betrachtungen: das Leben ist ein Traum, das Nahen des Alters und
des Todes darf uns nicht schrecken usw. Den rein persönlichen
Charakter dagegen wahrt die Ode an den heiteren Dichter des
Vert-Vert, an Gresset,

> Des holde Muse uns die Trägheit predigt
> Und durch ihr Beispiel doch die Lehre schädigt —

ebenso die Elegie an die Manen Kayserlingks und die launigen Verse
an das Freifräulein von Schwerin anläßlich ihrer Vermählung mit
des Königs Flügeladjutanten, dem Schweizer Lentulus: ein poetischer
Begleitbrief zu einem höchst prosaischen Geschenk, dem riesigen
Schweizerkäse, den der erlauchte Dichter der Braut zum Vorschmack
ihrer künftigen Heimat überreichen ließ.

Es reihen sich aus der Zahl der Episteln diejenigen an, deren
vertrauten, zwanglosen Charakter der Gesamttitel Epîtres familières
kennzeichnet. Hier treffen wir die Beschreibung der Schönheiten
und Freuden von Sanssouci für d'Argens; hier, noch aus der älteren
Zeit, eine Epistel an Jordan, die den Bücherwurm mit den schönen
gesellschaftlichen Talenten und der Gabe zu gefallen inmitten seiner
verstaubten Einsamkeit, über Wälzern und Pergamenten, zwischen
Kirchenvätern und Heiden, bekannten und gänzlich unbekannten
Schriftstellern aufsucht; die „Palinodie an Darget", eine Abbitte
für die der Feder entschlüpften Sarkasmen, an denen das Herz
keinen Anteil habe; ein Trostschreiben an den im rauhen Dezember
unter dem nördlichen Himmel Berlins erkrankten Maupertuis, und

eine zweite Epistel an denselben, mit dem Klageruf der verwaisten, untröstlichen Akademie an ihren zum Besuch der gallischen Heimat von dannen gezogenen Präsidenten, wobei die Vorzüge des schönen Frankreich, die Versammlung der vierzig Unsterblichen, die französische Hauptstadt und ihre Anziehungskraft und selbst die Tugenden des französischen Königs gepriesen werden.

Ein paar weitere Stücke sind Satiren auf die Berliner Gesellschaft. Die Lobsprüche, die der Gräfin Camas, der würdigen alten Dame voll Geist und Geschmack und mit dem Herzen auf dem rechten Fleck, gespendet werden, bilden die Folie zu einer wenig galanten Strafpredigt an die faden Schönheiten, die trotz Jugend, Tand und Putz, trotz Ziererei und Koketterie, trotz allem Plappern und Lachen ihre innere Hohlheit verraten, und denen man wünschen müßte, entweder stumm geboren zu sein, oder taube Liebhaber zu finden, auf daß ihre Unfähigkeit zu denken nicht sofort zu Tage trete. Die an den Lebemann und Schmarotzer Pöllnitz gerichteten Verse entwerfen ein stark aufgetragenes Sittengemälde des verderbten Jahrhunderts, wo das Gold herrscht, Küche und Keller Leute machen und jede Frau ihren Preis hat, während umgekehrt die Epistel an Fouqué, den untadeligen und strengen Bayardritter, die Gegenwart gegen die Lobredner der guten alten Zeit in Schutz nimmt und die Frage aufwirft, ob wir mit unserer höheren Bildung, unseren gesteigerten Lebensbedürfnissen und reicheren Genußmitteln nicht doch vor unseren unwissenden, ungeschlachten, gotischen Voreltern den Vorzug verdienen. Dem nach Berlin und seinen Vergnügungen verlangenden Bruder Heinrich wird die öde Geselligkeit der vornehmen hauptstädtischen Kreise abgemalt, wo man unter sich zu sein behauptet, sobald nicht mehr als achtzig Gäste geladen sind, wo man vor dem Mahle nur für die Karten Sinn und Auge hat, an der überladenen Tafel sich durch nichtssagende Gespräche gegenseitig langweilt, die matten und bekannten Witze des Gastgebers mit gezwungener Miene belächelt und endlich gähnend aufsteht, um sich beim Tanze weiter auszuschweigen.

Eine andere herkömmliche Narrheit der Gesellschaft, die Reisewut, geißelt der köstliche Brief an Rothenburg, den Weitgereisten, den mit Verstand und mit Nutzen Gereisten. Ihm darf es geklagt werden: der Sohn aus gutem Hause muß heutzutage reisen, weil es die Mode so will, auch wenn er alles Witzes bar ist, als ob die Luft von Paris und London aus einem Dummen einen Klugen machen könnte. Im günstigsten Fall wird aus dem Klotz ein Geck, der von den Fremden nur ihre Torheiten annimmt: von den Engländern den Hochmut, die Absonderlichkeit, die Völlerei und, zu desto größerer Vervollkommnung im Anglizismus, vielleicht sogar den Spleen; von den Franzosen Prahlerei, Gefallsucht, Lüsternheit, sinnlose Verschwendung. Andere werden von einem Mentor, einem strengen Theologen, durch Europa geschleppt, der seinen Tele= mach zwar im Stande der Unschuld nach Ithaka zurückbringen wird, im Grunde aber bei völligem Mangel an Schliff und Ton, Bildung und Weltkenntnis selbst vielmehr des Erziehers bedürfte und seinem Mündel überall die Dinge nur von außen zu zeigen vermag. Ist die einzige Ausbeute der Rundreise die Kunst, sich tadellos zu kleiden und zu frisieren und Manschetten zu tragen, welche die Finger um Faustesbreite überragen, so erscheint es zweckmäßiger, Schuster und Schneider und Haarkünstler nach Berlin kommen zu lassen, als ihnen in die Ferne nachzureisen. Für den praktischen Beruf bringen diese Modereisenden selten etwas aus der Fremde mit: die zukünf= tigen Richter haben ihre Universitätsstudien hinter den Kulissen der Pariser Bühne gemacht, und Damenhelden, deren ganzer mili= tärischer Kursus Ovids Kunst zu lieben ist, wollen ihre verzärtelten und entnervten Glieder in Stahl und Eisen hüllen. Eine Anzahl dieser jungen Leute gewinnt gar solche Leidenschaft für das Land= streichen, daß sie, dem ewigen Juden gleich, nicht mehr stille sitzen können, ein Abenteurerleben führen und als Betrüger enden.

Das Sendschreiben an Rothenburg hat der Verfasser nicht unter die Epîtres familières, sondern unter die Episteln höheren Stils eingereiht. Sie bilden, zwanzig an der Zahl und sämtlich in Alexan= driner eingekleidet, die bedeutendste Gruppe der Œuvres du Philo= sophe de Sanssouci: das Kompendium praktischer Lebensweis= heit und philosophischer Weltanschauung, so wie sich beide dem Dichter damals gestalteten.

Wir kennen bereits aus den Briefen jenes Zeitraums seine Ab= sage an die Lockungen des Ehrgeizes, sein Lob eines geruhigen und stillen Lebens. In diesen Dichtungen die gleiche Stimmung. Ist man denn überhaupt darüber einig, was Ehre sei? — fragt die Epistel an General Stille. Die unbelehrbare Jugend führt die Ehre im Munde und mißbraucht sie als Deckmantel der Rachsucht; wenn die Empfindlichkeit im Ehrenpunkte Streit, Mord und Tot= schlag im Gefolge hat, so hört sie auf, rühmlich zu sein, und wird ein Verbrechen. Und wer ist Richter über Ruhm und Ruf? Der un= vernünftige Pöbel! Die Epistel an Bredow „Über die Reputation" sucht das an einer Fülle von Beispielen zu beweisen. Jedes Stadt= viertel von Berlin hat seine großen Sachkenner, die über alle neuen Erscheinungen des Büchermarktes räsonnieren und dogmatisieren, Haller über Horaz stellen und Gottsched das Zepter des Parnasses übertragen, den Hofprediger Sack unterhaltend und Montesquieu weitschweifig finden. Und sobald die Schwerter aus der Scheide fahren, nimmt die Menge im Streit der Könige Partei, rechnet den Helden ihre Verstöße gegen die Kriegskunst vor, urteilt über ein

Lager, ohne je eines betreten zu haben, und disponiert eine Schlacht, ohne je im Kampf gewesen zu sein. Alle, die Frauen nicht ausgenommen, halten sich in diesen schwierigen Dingen für zuständig. Ist es vernünftig, so viel Sorge, Mühe und Arbeit aufzuwenden, um die Augen und die Stimmen des unwissenden, unüberlegten, unbeständigen Haufens auf sich zu lenken? Und vor allem — das die These einer dritten Epistel („Sur la gloire et l'intérêt") — die Ruhmsucht beglückt nicht, sie wird uns und anderen verderblich. Der Geizige ist nur sich selbst ein Feind, der Ehrgeizige ist Feind des ganzen Menschengeschlechtes, und selbst die Tugenden werden an ihm Laster. Die Welt ist für uns nur ein Gasthaus, die Zeit rafft alle dahin, den Herrn und den Knecht: weshalb für den kurzen Augenblick die langen Plane? wozu ohne wirklichen Genuß des uns beschiedenen Gutes den Widerstreit in unserem Busen entfachen? Die blinde Jugend reizt alles ohne Unterschied, mit der Zeit aber erstickt die Weisheit das Feuer unserer Begierden, und wir erkennen:

> Gesundheit, täglich Brot, Freundschaft und etwas Liebe
> Ist unser einzig Gut im irdischen Getriebe.

Doch nicht Ehrgeiz allein betrügt uns um unser Glück, sondern jede Maßlosigkeit der Ansprüche. Den Veränderlichen, die sich stets aus ihrer Lage heraussehnen, hält die Epistel an den jungen Prinzen Ferdinand („Sur les vœux des humains") den Spiegel vor. Ihr Leben ist das Bild der Unruhe, in der Hast des Verlangens und im Überdruß des Besitzes vermögen sie Begierde und Genuß nie in Einklang zu bringen. Ihr Wünschen ist kurzsichtig und eitel, denn die Erfüllung wird oft zu ihrem Schaden ausschlagen. Ein grübelnder Politiker möchte den verhaßten Bestushew ein tragisches Ende nehmen sehen: statt des einen Bestushew werden zwei Minister kommen, noch hochfahrender, noch verworfener und dabei unternehmender. Weiter, ihr Wünschen ist auch ungerechtfertigt und vermessen, denn die Erfahrung jedes einzelnen und die ganze Geschichte lehren, daß keinem Menschen dauerndes Glück beschieden ist: Krösus und Cyrus, Cäsar und Belisar, Kaiser Friedrich II. und noch jüngst der Schwedenkönig, der neun Jahre glücklich und neun Jahre ein irrender Ritter war, sind Beispiele für den Wechsel der Geschicke. So behält Cineas recht, der den Pyrrhus mahnte: lernt genießen, und ihr habt leben gelernt.

Und wie wird die Kunst des Genießens geübt? Die Antwort erteilen in drei Variationen die Episteln an drei Epikuräer, die da Kenner zu sein meinten. Dem Grafen Gotter, dem in der Wiege des Wohllebens aufgezogenen geliebten Sohne des Bacchus und der Voluptas, wird vorgerechnet, wie viele fleißige Hände sich regen müssen, um dem Epikuräer beim Mahl, im Prunkgemach, für die

Toilette und am Spieltisch seine Bedürfnisse zu schaffen; nun möge
er hingehen und dem tätigen und geschickten Arbeiter, dem die Woche
nicht so lang wird wie dem Müßigen der Tag, sein Glück beneiden:
die wahren Vergnügungen sind die, welche mit Anstrengungen
erkauft werden, die Trägheit gewährt dem Menschen eine falsche
Süßigkeit, die Arbeit ist die Quelle seines Glückes.  Vor dem Baron
Sweerts, seinem Schauspieldirektor, bekennt sich Friedrich zunächst
rückhaltslos und von ganzem Herzen zu den Vergnügungen, die ein
finsterer Wahn verurteilen will:

> Hätt' unsre Seele doch, wie Theben, hundert Pforten,
> Die Freude ließ' ich ein in wogenden Kohorten!

Aber bedarf es der künstlichen, gesuchten Vergnügungen?  Wer
Schauspiel und Feuerwerk entbehren muß, darf sich deshalb noch
nicht über Ungerechtigkeit beklagen.  Zum Glück hat die Natur den
Geschmack am Vergnügen verschieden ausgeteilt, und linder Schlum=
mer und der kühlende Schatten, ein erfrischender Trunk, Liebeslust,
Freude an der Natur, am Sonnenaufgang, am Gesang der Nachtigall,
das sind Genüsse, die allen gemeinsam sind.  Überdies:

> Lohn und Genüge wirst du echt erst finden,
> Wenn Frieden du im Innern dir kannst gründen.
> Der eitlen Lust darfst du nur dann dich freuen,
> Wenn du dich nach der Arbeit willst zerstreuen.

Auch in der Epistel an Chasot verwahrt sich der Dichter dagegen,
daß er den Gottheiten des Vergnügens die Ehrerbietung versage,
daß er in den Spuren des stürmischen Diomedes die Göttin Venus
verletzen, durch seine Verse beleidigen wolle.  Die Liebe ist gestattet,
nur der Mißbrauch sei verpönt.  Herkules' Frauendienst bei Omphale
darf nicht ohne weiteres als Beispiel herangezogen werden, das
Recht, eine Schwäche zu haben, will erst verdient werden, nur dem
großen Mann wird der Fehl verziehen.  Will Chasot seine Venus
anbeten, so soll er doch Minerven nicht vernachlässigen, denn nicht
umsonst hat im Pantheon der tugendhafte Senat alle Götter zur
Verehrung aufgestellt.

Dem Lob Minervas, dem Lob der Geistesarbeit ist dann noch ein
eigenes Lied gewidmet.  Zu dem linden Schlummer und der Hoff=
nung, die den Menschen die Götter insgemein zum Trost gegeben
haben, hat Pallas Athene dem Weisen noch eine besondere Trösterin
beigesellt: die immer rege Lernbegierde, die ewig junge Schönheit;
je näher man sie betrachtet, um so strahlender erscheint sie.  Aller
Vergnügungen vornehmste ist, sich zu unterrichten, vielleicht die
einzige Vergnügung, die ein Übermaß zuläßt und der nie Reue folgt.
Die Wissenschaft wird für ihre Jünger ein neues Werkzeug des
reinsten Glückes.  Selbst der, den im geheimen der Ruhm anlockt,

findet hier sein Recht, denn die Ruhmesgöttin zeigt dieselbe Gunst
den Söhnen des Apoll wie den Söhnen des Mars, allzeit haben
die Helden den Weisen und ihrem Verdienst, ihrem Geist, ihrer
Tugend gehuldigt, Alexander und Scipio, der Medizäer, Richelieu
und Ludwig.

Und doch darf die Geisteskultur nicht überschätzt werden. Unser
Jahrhundert ist der Insassen des Tollhauses würdig, so schilt die
dem Jugendgespielen Finckenstein gewidmete Epistel; der vornehmste
Fehler der Gegenwart ist, daß jeder, bis zu dem Hirnverbranntesten,
im Innersten seine Ehre dreinsetzt, ein Schöngeist zu heißen:

> Die Welt liebt den Esprit, die Dummheit wird verlacht.
> Esprit, heißt es, Esprit, und alles ist gemacht.

Aber dieser gepriesene Esprit, ob immer seinem Wesen nach
göttlich, soll niemals bei mir den ungerechten Vorzug haben vor
einem schlichten und reinen, seiner Pflicht getreuen Herzen. Habt
Gedächtnis, großes Wissen, Geist, Witz, Tiefe und Höhe, es reicht
nicht zu, man muß euch achten können. Dem großen Haufen, der
blind das Ungewöhnliche, Auffallende bewundert, mache ich mich
anheischig, in bestimmter Frist auf einen Ehrenmann tausend Schön=
geister zur Stelle zu schaffen. Solch ein Wackerer hat nicht den
blendenden Schimmer, aber er ist zuverlässig im Verkehr, rücksichts=
voll und klug als Freund, sich immer gleich, taktvoll in jeder Lage,
schlicht im Getriebe des Hofes und bescheiden selbst als Soldat —
kein miles gloriosus — als Schriftsteller ohne Überhebung und
als Richter ohne Fehl.

Freilich, auch unser Können ist gering, nicht minder als unser
Wissen. Den Minister Podewils,

> Den arbeitsamen Freund, des friedesel'ger Geist
> Der Barke unsres Staats die Bahn und Richtung weist,

ruft Friedrich zum Zeugen auf, daß vom Mönch bis zum Pontifex
und vom Schreiber bis zum Könige niemand so viel leiste als er leisten
könne; jeder Mensch zahlt der menschlichen Schwäche seinen Tribut.
Die Nutzanwendung machen die Verse an den leicht allzu anspruchs=
vollen Algarotti: „Man muß hier unten die Welt nehmen, wie sie
ist." Der kaustisch angelegte Mensch strengt seinen Scharfsinn an,
die Fehler der Mitmenschen herauszufinden, mischt in den Nektar
seines Lobes Gift und erstreckt seine Kritik bis auf die eigenen Freunde.
Aber sind nicht unsere absprechenden Urteile häufig durch unsere
Voreingenommenheit, durch unsere Einseitigkeit diktiert? Der eine
sieht die Dinge von vorn, der andere von der Kehrseite. Es ist
gleichermaßen eine Schande, wenn der in Unwissenheit aufgewachsene
Krieger Fleiß und Wissenschaft des Gelehrten verachtet, als wenn der

Kenner der Rechte beweisen möchte, daß der Soldat ein Menschen=
fresser ist. Wollte jeder sich unter die Fahnen von Cujacius und
Bartolo einreihen, so würde das Feld keine Pflüger und Schnitter
und das Königreich keine Verteidiger haben — oder wollten etwa
die Advokaten den Grenzschutz übernehmen? Ihr in eure schwachen
Heldentaten vernarrten sonderbaren Schwärmer, ihr überzeugten
Don=Quixotes eines einseitigen Berufes, gewahrt ihr denn nicht,
daß die unendliche Natur ihre Geschöpfe zu mehr als einem Zwecke
bestimmt hat?

Die Gesellschaft ist ein großes, kunstvolles Gebäude, so führt die
Epistel an die Markgräfin Wilhelmine diesen Gedanken näher aus;
alle Mitbürger sollen zusammenwirken, es zu stützen und zu ver=
schönen. Unser Stand ist verschieden, unsere Pflichten sind gemein=
sam. Wer der Pflicht gegen die Gesamtheit sich entzieht, ist am
Körper des Staates ein gelähmtes Glied. Ein edler Charakter
findet sein Gefallen daran, mit seinem Nächsten die Gaben zu teilen,
welche die Freigebigkeit des Himmels ihm spendete; in der Fülle
des Wohlstandes offenbart sich die Seele ganz und zeigt, ob sie eng,
ob sie frei ist.

Die höchste Erhebung aber der Seele, wenn die Liebe zum Guten
und die Ehre sie entflammen, ist der Opfertod fürs Vaterland.
Hier entfaltet sich rein, schlicht und wahrhaft, fruchtbar an großen
Taten und der Pflicht untertan das echte Ehrgefühl, wie es die Epistel
an Stille jener falschverstandenen Ehre der Raufbolde entgegenhält.

Das Pflichtgefühl, die Vaterlandsliebe, die Menschenliebe sollen
der stärkste Antrieb unseres Handelns sein — ja für den Weisen
wird es eines anderen Antriebes nicht mehr bedürfen:

> Uns, die kein Hirngespinst von Höllenstrafen quält,
> Die, reinen Sinnes, nie auf schnöden Lohn gezählt,
> Uns treibt der Menschheit Wohl, die Tugend läßt uns glühen,
> Nur Liebe zu der Pflicht heißt uns das Schlechte fliehen.
> Und scheiden wir dereinst, der Furcht und Trauer bar,
> Trägt unsrer Wohltat Spur die Welt auf immerdar.

— das der Schluß der Epistel an den Feldmarschall Keith „Über
die leeren Schrecken des Todes und die Furchterscheinungen eines
anderen Lebens", womit uns der Verfasser auf das Gebiet seiner
theoretischen Philosophie hinüberleitet.

Einst war Wolffs Lehre von den einfachen Wesen und ihrer
Fortdauer dem schon erschütterten Unsterblichkeitsglauben des Kron=
prinzen Friedrich eine neue Stütze geworden. Bald aber, noch in
Rheinsberg, hatten ihm Lockes Einwände gegen die Immaterialität
der Seele das Geständnis abgenötigt, der Geist sei leider nur ein
Anhängsel des Körpers, das Denkende in uns nur eine Wirkung,
ein Ergebnis der Mechanik unserer Lebensmaschine. Und auf diesem

Standpunkt war er seitdem geblieben. Daß die Seele, ein unsterb=
liches, göttliches Wesen, die himmlischen Gefilde verlassen sollte,
um sich unserem gebrechlichen Körper, der undankbaren, veräcvt=
lichen, vergänglichen Materie zuzugesellen — diese Vorstellungen
sind ihm „Visionen, mit denen unsere Eitelkeit sich schmeichelt".
Diese Seele, die man nicht definieren kann, dieses Ich, das kein
Ich ist, dieses chimärische Wesen, verschwindet ihm unter der Be=
leuchtung der Physik, mag immer die stumpfe Menge diesen Roman
noch in Ehren halten. „Wie mein Geist, bevor ich war, nicht ge=
dacht hat, so wird er auch nicht denken, wenn meine Bestandteile sich
aufgelöst haben . . . Nichts gewisser, sobald wir sterben, ist unsere
Seele entschwunden." Sie gleicht der züngelnden Flamme, die
am glühenden Scheite haftet und sich nährt, und die sich legt und
erlischt, wenn das Holz in Asche zerfällt. „Du lebst auf einige Augen=
blicke," ruft die Natur uns zu, „und auf Bedingungen. Als ich dich
aus den Elementen zusammensetzte, versprach ich ihnen, daß der
Tod eines Tages ihr mildes Darlehen billigerweise zurückerstatten
werde; genieße meine Wohltaten, aber gedenke unseres Pakts: ich
gab dir das Leben, du schuldest mir den Tod."

Nach einer Richtung hin hat Friedrich die Konsequenz dieses
psychologischen Materialismus, für den er sich hatte gewinnen lassen,
nicht gezogen. Den Glauben an einen Gott haben ihm seine Zweifel
nicht zu zerstören vermocht. Es gilt ihm in der Epistel an Fincken=
stein als der Inbegriff der Verirrung unechter Starkgeister, Gott
leugnen zu wollen, wo das ganze Weltall uns seinen Ruhm künde.
Den teleologischen Schulbeweis für das Dasein Gottes hatte er sich
tief ins Herz geschrieben; immer wieder beruft er sich auf die wunder=
bare Zweckmäßigkeit der Natur als auf das vollgültigste, unanfecht=
bare Zeugnis. Seinen Gottesbegriff entwickelnd zu begründen,
hat er erst in späteren Jahren versucht, als die Angriffe der Atheisten
ihn dazu herausforderten; einstweilen beschied er sich mit dem Ge=
ständnis, daß es nach seinem Dafürhalten den Menschen nicht mög=
lich sei, über die Eigenschaften und Handlungen des Schöpfers
etwas anderes als Armseligkeiten vorzubringen; daß das Bestreben,
alles zusammenzufassen, was es Edles, Erhabenes und Majestätisches
gebe, doch nur eine sehr unvollkommene Vorstellung von dem er=
wecke, was dieses schöpferische, ewige, allmächtige Wesen sei.

Wie aber gestaltet sich das weitere Verhältnis dieses Schöpfers
zu seiner Schöpfung, zu dem Weltganzen und zu allem Einzelnen?
Die Antwort erteilt, von früheren Annahmen Friedrichs abweichend,
seine Epistel an Maupertuis. Der unbekannte Urheber, die treibende
erste Kraft, die der alten Materie eine Form und zugleich ewige,
unverrückbare Gesetze gab, durfte das fertige Werk diesen Gesetzen,
sich selbst, überlassen. Wie die Uhr die Absichten des Meisters auch

in dessen Abwesenheit erfüllt, so läßt Gott, nachdem er gewisse
Grundsätze aufgestellt, des Ausganges sicher dem Ineinandergreifen
von Ursache und Wirkung freies Spiel. Was uns gut, was uns
übel dünkt, alles wirkt gleichmäßig für den großen Plan zusammen.
Der Mensch, blöden, schielenden Blickes, sieht und empfindet das
Übel, das ihn persönlich trifft, aber gewährt nicht das Gute, das aus
seinem Leid dem großen Ganzen erwächst. Das allmächtige Wesen
kümmert sich um die Rolle, die ich spiele, und das Los, das mich
erwartet, nicht. Genug, daß die Gattung erhalten bleibt, bis zu
dem Individuum läßt Gott sich nicht herab und lacht des eitlen
Menschen, der, nur mit sich selbst beschäftigt und mit dem eigenen
Lose unzufrieden, das höchste Wesen tadelt. Ja in dieser allge=
meinen Ordnung wird, wie der einzelne Mensch, so auch der einzelne
Staat kaum gerechnet — solcher Auffassung ist die fromme Stim=
mung gewichen, in welcher der König inmitten der Fährnisse des
letzten Krieges sich der Vorsehung empfohlen hatte, die über das
Geschick der großen Staaten wache. Gleich das Jahr darauf, in
seiner Geschichte dieses Krieges, hatte er kühl bekannt: „Wenn ich
nichts von der Vorsehung sage, so geschieht es, weil meine Rechte,
meine Streitigkeiten, meine Person und der ganze Staat mir als
zu geringfügige Gegenstände erscheinen, die Vorsehung zu interes=
sieren; der nichtige und kindische Hader der Menschen ist nicht würdig,
sie zu beschäftigen, und ich denke, daß sie kein Wunder tun würde,
damit sich Schlesien lieber in der Hand der Preußen als in der
Österreichs, der Araber oder Sarmaten befinde; also mißbrauche
ich nicht einen so heiligen Namen bei einem so profanen Gegenstande."
Ein Reich, so wiederholt es jetzt die Epistel an Maupertuis,

> Ein Reich, es ist ein Nichts, verliert sich in dem All,
> Verschwimmt im Schattenmeer der Welten ohne Zahl,
> Die, unsrem Erdball gleich, doch in erhabnen Weiten,
> Durch ungemeſſ'nen Raum um ihre Sonnen gleiten.

Maupertuis hielt mit seinem Widerspruch keinen Augenblick
zurück. Er zweifelt nicht an einer Vorsehung, die über ihn, den
elenden Sterblichen, ebenso wache, wie über die größten Reiche.
„Denn, möge es Eurer Majestät nicht mißfallen, ich bewundere
die Kunst des Gedichtes, das Sie an mich zu richten geruhten, aber
ich lasse mich nicht durch die Gründe blenden, die Sie mir anführen,
um das allmächtige Wesen einer aufs einzelne gerichteten Vorsehung
zu berauben und ihm nur die allgemeine Oberaufsicht zu lassen.
Haben Sie wohl acht, Sire, zu dem von Ihnen verabscheuten System
des Atheismus ist von hier aus nur ein Schritt. Wie schwach mein
Geist sein mag, so oft er sich bis zu dem Schöpfer zu erheben wagt,
fühle ich, daß es mir leichter wird, ein Wesen, das alles unmittelbar
und ohne Unterlaß lenkt, zu begreifen, als einen Gott, der die

Maschine den ihr verliehenen Gesetzen der Bewegung preisgibt, als einen Gott, der fähig wäre alles zu schaffen, und unfähig alles zu leiten, oder wenn man will, stark genug, die schwierigsten Wunder zu wirken, und gleichgültig genug, sie dann zu vernachlässigen. Das ist der Gott Epikurs, aber nicht der meinige, und, ich wage es zu sagen, auch nicht der Gott Eurer Majestät."

Zu der Zeit, da Friedrich eine über den Geschicken des Einzelnen waltende Vorsehung und Vorherbestimmung, eine auch den gering= sten Kleinigkeiten zugewandte Weltregierung angenommen hatte, war ihm neben diesem göttlichen Ratschluß und feststehenden Er= ziehungsplan kein Raum geblieben für menschliche Willensfreiheit. Indem er jetzt an die Stelle der göttlichen Weltregierung den Naturzusammenhang, die mechanische Verkettung von Wirkung und Ursache treten ließ, war er darum noch nicht ohne weiteres geneigt, dem Menschen ein größeres Maß von Selbstbestimmung zuzubilligen. „Die Wirkung," sagt die Epistel an Maupertuis, „sind immer die Sklaven der Ursachen; so erhält der Mensch bei der Geburt die Leidenschaften als Tyrannen seines Herzens und seiner Handlungen. Wir sind allzumal gekennzeichnet durch bestimmte Charaktere, die notwendige Wirkungen haben; Gott schuf diese Leidenschaften und eine verborgene Hand teilte sie in unerklärter Ordnung überall hin aus." Etwas weniger bestimmt lautet es in einem ungefähr gleichzeitigen Briefe, mit einer scherzhaften Schlußwendung: „Be= unruhigen wir uns nicht darüber, ob es höhere Antriebe sind, die uns handeln lassen, oder unsere Freiheit. Soll ich indes mir heraus= nehmen, eine Meinung über diesen Gegenstand zu wagen, so scheint mir, daß uns Bestimmende sind unsere Leidenschaften und die Um= stände, in denen wir uns befinden. Will man bis auf die letzten Gründe, ad priora, zurückgehen, so weiß ich nicht, was man wird folgern können. Ich merke sehr wohl, daß es mein Wille ist, der mich Verse, gut und schlecht, machen läßt, aber ich weiß nicht, ob es eine fremde Triebkraft ist, die mich dazu zwingt; unter allen Umständen müßte ich ihr schlechten Dank wissen, daß sie mich nicht besser inspi= riert." Friedrich vergaß dabei, daß in der Zusammenkunft der Um= stände, in dem Widerstreit der Kräfte der Mensch selbst eine lebendige, wirkende Kraft ist, die gar oft nicht sich den Umständen, sondern die Umstände sich unterwerfen wird und jedenfalls das Endergebnis an ihrem Teil beeinflußt; daß ein in den Dienst der Pflicht gestelltes Leben, wie es doch gerade das seine war, täglich die Lehre von der Tyrannei der Neigungen und Schwächen, Leidenschaften und Lüste praktisch zu widerlegen vermag; daß er selber in den entscheidend= sten Zeiten und Stunden sich seiner persönlichen Verantwortlichkeit voll bewußt gewesen ist und nur in der äußersten Hingabe, Anspan= nung und Pflichttreue, nicht aber in der schlaffen Berufung auf ein

Unvermeidliches, Entlastung von der Verantwortlichkeit gesucht hat.
Und so konnte es nicht fehlen, daß er bei immer wiederholter Be=
schäftigung mit dieser seiner philosophischen Lieblingsfrage (le bel
objet par excellence de la divine metaphysique) sich das Verhältnis
von Freiheit und Notwendigkeit noch anders zurechtlegte.

Sein letztes Wort über die großen Fragen, welche sein philo=
sophisches Nachdenken vornehmlich auf sich zogen, enthalten die
„Werke des Philosophen von Sanssouci" überhaupt noch nicht.
Nur so viel hatte sich endgültig ihm ergeben, daß er darauf verzichten
müsse, ein vollständiges System zu gewinnen und den Urgrund
der Dinge zu schauen:

> Verehren wir in Schweigen
> Die Ordnung, die der Welt von droben ward zu eigen.
> Zu eng ist unser Geist, das Irren ist sein Los,
> Und unergründlich bleibt der dunklen Tiefe Schoß.
> Nur des sind wir gewiß, trotz unsrer Katastrophen:
> Der Himmel weiß viel mehr als alle Philosophen.

In der Epistel an d'Argens „Über die Schwäche des menschlichen
Geistes" erteilt er, wie dem unduldsamen Dogmatismus der posi=
tiven Religionen, der „schmählichen Verblendung des Aberglaubens",
so auch dem Dogmatismus der systematischen Philosophie eine völlige
Absage:

> Anmaßlich stolz in meinen jungen Tagen,
> Lernt' ich im reifren Alter bald entsagen.
> Statt noch, wie einst, schnellfertig abzusprechen,
> Erkenn' ich meine und der Weisen Schwächen.
> Mein Traum trug mich dahin in ew'ge Weiten,
> Wach seh' ich flügellos hinab mich gleiten.

Wie vom Christentum, so will er sich auch von der Philosophie
nur die Sittenlehre nehmen. Wäre der Mensch für die Metaphysik
geschaffen, es würden ihm Organe von anderem Stoffe verliehen
sein. Der Mensch ist geschaffen zu handeln, nicht zu philosophieren.
Das heißt viel gelernt haben, zu sehen, daß man nichts weiß. Des=
cartes und Leibniz, so erklärt Wolffs und Leibnizens ehemaliger
Jünger, werden ihn nicht blenden; sein Vorbild in der Philosophie
soll Karneades sein, der Stifter der dritten Akademie, der nur Wahr=
scheinlichkeiten zulassen wollte, „der Weise, der die Überhebung
unseres schwachen Geistes und die gefährlichen Klippen eines regel=
rechten Systems kannte, der, den Zauberarm des Irrtums fürchtend,
sich mit der Ägis der Skepsis dagegen wappnete".

Einen heiteren Epilog zu den philosophischen Episteln bildet
das komische Heldengedicht Le Palladion, nach den Klängen der
ernsten Muse gleichsam das Satyrspiel. Der Held ist der französische
Gesandte Valory, das Schlußbild aber dient in unerwarteter Wendung

der Apotheose Lockes. Friedrich hat das Palladion als die Aus=
geburt einer Karnevalslaune bezeichnet. Das Gedicht wurde im
Januar 1749 sehr schnell niedergeschrieben, Valory hat es trotz
brennender Neugier lange Zeit nicht zu sehen bekommen. Auch
dem dringenden Wunsche Ludwigs XV., diese Merkwürdigkeit
kennen zu lernen, glaubte der Verfasser sich nicht fügen zu dürfen;
er ließ durch Valory selber seine Weigerung entschuldigen: als König
ein Gedicht von sechs Gesängen machen, als Deutscher französische
Verse wagen, den Himmel abkonterfeien und die Erde kritisieren,
das sei zu viel auf einmal, das heiße Theologen, Politiker und Sprach=
richter alle zugleich herausfordern. Ich hab's gewagt, sagt er von
dieser tollen Posse im Stile der Pucelle Voltaires in einem etwas
späteren Gedicht:

> Ich hab's gewagt, mit meinem kecken Pinsel
> Ihr Paradies den Frommen abzumalen
> Und ihrer Hölle Heulen und Gewinsel,
> Und mich als Ketzer wacker zu erfreuen
> An diesen nicht mehr wirkungsvollen Strahlen,
> Damit Rom die Verdammten will bedräuen.

Zu Paris würde er als Verfasser unfehlbar in die Bastille wandern,
und — so setzt er mit einer Anspielung auf seine Küstriner Festungs=
zeit hinzu:

> Genug, wenn man in jungen Jahren
> Das Kerkerlos an sich erfahren.
> Dem weis'ren Alter will's nicht frommen,
> Vorwitzig drauf zurückzukommen.

Die Kriegsereignisse, die uns das Palladion in einem grotesk
verzerrenden Hohlspiegel, mit phantastischem Mummenschanz um=
kleidet, schauen läßt, schildert uns Friedrich mit historischem Griffel
in seinen Memoiren. Doch hat er seiner satirischen Laune auch hier
die Zügel schießen lassen, wie er denn diese seine Histoire de mon
temps nicht minder geheim hielt, als das burleske Epos. Einer
der Bevorzugten, die Kenntnis erhielten, war Podewils, wie vor=
her beim Geschichtemachen so jetzt beim Geschichteschreiben Friedrichs
getreuer Mitarbeiter; denn das Auswärtige Amt lieferte aus den
Akten umfangreiche Auszüge als Grundlage für die Darstellung.
Zum Dank erbot sich der Verfasser, noch während der Arbeit, diesem
Mitarbeiter aus dem Manuskript „nach der Gepflogenheit der
schlechten Schriftsteller" vorzulesen: „um Sie zu amüsieren oder
vielmehr zu ennuyieren". Voltaire erhielt zunächst nur die Ein=
leitung, da das übrige nicht ostensibel sei, aber im Herbst 1743 beim
Besuch in Potsdam zur eiligen Durchsicht auch andere Abschnitte.
Friedrich hat seine Arbeit nach dem zweiten Kriege fortgesetzt und

umgeändert und ihr als einleitenden erſten Teil eine Geſchichte des
brandenburgiſchen Hauſes vorangeſchickt, die in der Akademie vor=
geleſen und in den Akademieſchriften veröffentlicht wurde.   Seine
Darſtellung der ſelbſterlebten Zeiten genügte ihm noch nicht; er hat
ſie nach ſeinem dritten Kriege, als er die weitere Fortſetzung ſchrieb,
wegwerfend die Arbeit eines jungen Mannes, die Frucht der in
Europa epidemiſch gewordenen Schreibſeligkeit genannt und ſie
demgemäß ſchließlich durch eine Neubearbeitung erſetzt, die uns
auf ſeine Tätigkeit als Geſchichtſchreiber noch zurückführen wird.

Auch wäre einiger dramatiſcher Verſuche zu gedenken, obgleich
der Verfaſſer dieſe Kleinigkeiten mit ihren Entlehnungen aus dem
Sprachſchatz und der Situationskomik Molières der Aufnahme in
die Œuvres du Philosophe de Sanssouci nicht gewürdigt hat.   Zur
Hochzeit ſeines Freundes Keyſerlingk dichtete Friedrich 1742 den
einaktigen Schwank „Le singe de la mode“, wo zwei Gecken ein=
ander in den neueſten Modenarrheiten unterweiſen, beſtärken und
überbieten.   Ein zweites Stück „L'école du monde“, das der Ver=
faſſer in den Jahren 1748 bis 1750 wiederholt aufführen ließ, nennt
er als ganz aus dem heimiſchen Leben gegriffen in einem Briefe
an Maupertuis eine „preußiſche“ Komödie; der Held iſt einer jener
eben damals durch Zachariäs Gedicht an den Pranger gebrachten
ſtudentiſchen Renommiſten, denen Friedrich in Halle das Handwerk
zu legen ſuchte und von deren Eldorado Jena er dem bejahrten
Kandidaten Linſenbarth aus Thüringen das alte Verslein zu zitieren
wußte:  „Wer von Jena kommt ungeſchlagen, der kann fürwahr
von Glück noch ſagen.“   Ein Berliner Kind aus guter Familie hat
ſeine zwei Studienjahre zu Halle mit Trinken und Raufen, Spielen
und Kareſſieren ausgefüllt, zeigt ſich bei der Heimkehr zu ſeines
pedantiſchen Vaters Entſetzen völlig unvertraut mit den Monaden,
dem philoſophiſchen Syſtem des Doktor Diffucius und der neueſten
Geſchichte der gelehrten Streitereien, macht ſich in der Geſellſchaft
und bei der ihm auserſehenen Braut ſchnell unmöglich und verfällt
endlich als händelſüchtiger Friedbrecher dem Arme der ſtrafenden
Gerechtigkeit.

Die Meinung, daß die Bühne eine moraliſche Erziehungsanſtalt
ſein ſolle, daß das Luſtſpiel, indem es die Lächerlichkeiten geißele,
das Leben zu beſſern vermöge, teilte Friedrich nicht.  „Dies heitere,
bisweilen poſſenhafte Spiel ſtreift unſere Fehler nur leiſe, ohne der
Sache auf den Grund zu gehen; und der Zuſchauer will keine Predigt
hören, er will lachen und ein Witzwort, eine Satire aufhaſchen.“
Der Laſterhafte, den die Komödie zur Tugend bekehrt habe, ſei
erſt noch nachzuweiſen; dieſes hohen Amtes habe ſie nicht zu walten.
Beſſerung werde nicht ſpielend erzielt, ſondern nur durch ernſte
Selbſtprüfung und inneren Kampf.   An der Tragödie gefiel ihm

das Leidenschaftliche; ich empfinde, gesteht er, „eine geheime Ge=
nugtuung, wenn es dem Verfasser durch die Kraft seiner Worte
gelingt, meine Seele zu erschüttern und fortzureißen." Racines Verse
konnten ihn schon beim Lesen zu Tränen rühren. Aber er wollte
nicht, daß die heroischen Leidenschaften das Maß des Wahrschein=
lichen überschritten. Mehr Natur! ruft er mit richtigem Gefühl
der französischen Tragödie zu. Ein Zuviel des Erhabenen schlage
in das Überspannte um. Karl XII. allein in dem ganzen Jahr=
hundert sei ein theatralischer Charakter in diesem extravaganten
Sinn gewesen. Wiederum glaubte er in Voltaires Semiramis
die Grenzlinien zwischen Trauerspiel und Komödie verrückt. Der
Geist des Ninus, wie er richtig bemerkt, der verbindende Mittel=
punkt, der Knoten des ganzen Stückes, erschien ihm einfach lächer=
lich; es entging ihm, wie allen Kritikern Voltaires vor Lessing,
daß nicht das Gespenst an sich, sondern das Gespenst am hellen Tage
die komische Wirkung hervorruft.

Die französischen Dramen wurden auf der kleinen Bühne im
königlichen Schlosse, zur Sommerszeit auch im Potsdamer Stadt=
schlosse aufgeführt, teils von der durch d'Argens in Frankreich an=
geworbenen Truppe, teils von der Hofgesellschaft. Oper und Ballet
beherbergte seit 1742 der prächtige, durch Knobelsdorff in edlen
Umrissen aufgeführte, „Apoll und den Musen" — die Inschrift hatte
Algarotti vorgeschlagen — geweihte Tempel auf der Dorotheen=
stadt nahe den Linden:

> Das wunderreiche, magische Gebäude,
> Wo sich Musik und Tanz und Schaugepränge
> Der Freude hundertfält'ge Menge
> Vermählt im Strahle einer einz'gen Freude.

Als die hellsten Sterne seiner Oper preist Friedrich in dem Gedicht
von 1749, in welchem diese Verse sich finden, den Mailänder Salim=
bene und Giovanna Astrua aus Neapel, die gefeierte Primadonna,
die Maria Theresia und die Höfe von Dresden und Turin sich für
Gastvorstellungen aus Berlin erbaten. Die Jahre vorher hatte
jene schöne venetianische Tänzerin alles verdunkelt, um deren Gunst
Algarotti sich vergeblich bewarb, die aber auch der König selbst auf=
fällig ausgezeichnet hatte; der Herzog von Holstein freilich erklärte,
es nicht zu verstehen, wie man die Barbarina neben Fräulein von
Tettau schön nennen könne. Alljährlich übte man eine neue große
Oper ein, fast ausschließlich Schöpfungen von Hasse und Graun;
doch kam auch, zumal auf der Potsdamer Bühne, das „Intermezzo",
aus dem sich eine neue Opera buffa entwickelte, zu seinem Rechte.
Für das Libretto schrieb nicht selten Friedrich selbst die Grundzüge
auf und übergab dann seinen „Canevas" den Hofpoeten, einem

Tagliazucchi, oder dem von Voltaire nach Gebühr verſpotteten,
von Leſſing in der Tarantula derb parodierten Villati zum Über-
ſetzen ins Italieniſche, wohl mit der Erlaubnis, verwendbare ſchöne
Stellen nach Belieben anderwärts zu entlehnen. Hier lege ſich ihr
ein noch nicht völlig geſäuberter Mexikaner zu Füßen, ſchreibt er
1755 der Baireuther Schweſter bei Überſetzung ſeines Textes zum
„Montezuma"; „ich habe ihn Franzöſiſch ſprechen gelehrt, aber er
muß jetzt noch Italieniſch lernen." Im Pomp der Schauſtellung
konnte man es mit dem benachbarten Dresdener Hofe nicht aufnehmen. Als dort 1753 im Soliman Pferde und Dromedare auf
die Bretter gebracht wurden, ſpottete Friedrich, auch bei ihm habe
ſich ein Elefanten- und Kamelführer gemeldet, aber er habe geantwortet, daß man hier Careſtini und die Aſtrua den Zirkusbeſtien
vorziehe; „ich habe keine Luſt, den König von Sachſen nachzuahmen,
ſelbſt nicht in ſeinen Theaterſtücken." Er wollte wiſſen, daß der
Soliman dem ſächſiſchen Heere zehn Reiter bei jeder Kompanie
gekoſtet habe: „Was mich anbetrifft, ſo würde ich Dido und Sulla
obendrein hinausgeworfen haben, ehe ich aus Gefälligkeit für ſie
einen einzigen Feldwebel abgedankt hätte; es gibt Dinge, die als
Vergnügungen unſchuldig ſind, aber ſträflich werden, wenn man ſie
zur Hauptſache macht."

Mit muſikaliſchen Beiträgen hat Friedrich ſeine Opernbühne
nur ausnahmsweiſe unterſtützt. Erhalten ſind uns von ihm unter
anderem drei Arien zu Grauns Demofoonte von 1746 und eine
„Sinfonia", das Vorſpiel zu einer 1747 in Charlottenburg aufgeführten Serenata von Villati. Weitaus den größten Teil ſeiner
Tondichtungen machen die Sonaten für Flöte aus, denn es ſind
ihrer nicht weniger als 121, dazu vier Flötenkonzerte, auf uns gekommen. Friedrich folgte als Liebhaber und Jünger der Tonkunſt
nicht wie ſonſt in ſeinem äſthetiſchen Geſchmack der Fahne der Franzoſen, ſondern der italieniſchen. „Die franzöſiſche Muſik taugt
nichts," erklärte er kurz und bündig. Er hielt ſich, wie ſein Lehrer
Quantz, an die von den Vivaldi und Tartini feſt ausgeprägten
Kompoſitionsformen und trat allen Neuerern entſchieden ablehnend
entgegen; er ſpricht in einem Brief an Algarotti von den muſikaliſchen Hunnen und Gepiden, die nach Vinci und Haſſe die Lom-
bardei verheert hätten, und wendet das Wort auf ſie an, das Grimm
ſoeben in ſeinem ſatiriſchen „Propheten von Böhmiſchbroda" den
Führern einer Pariſer Zukunftsmuſik zugerufen hatte: Ihr macht
Noten, aber nicht Muſik! Wollte doch auch Voltaire die italieniſche
Muſik ſo hoch über die franzöſiſche ſtellen, wie das Schach über das
Damenſpiel. So konſervativ war dieſes Geſchlecht, daß ſpäter
Mozarts Muſik den Ohren des Prinzen Heinrich wie ein „Höllen-
lärm" klang, in dem nur noch Kanonenſchläge zu vermiſſen ſeien.

Es ist hervorgehoben worden, wie Friedrich gerade durch die Einseitigkeit seiner Musikpflege, durch die unverbrüchliche Treue gegen
seine musikalischen Jugendbekanntschaften bewiesen hat, daß das,
was er sich von der Tonkunst angeeignet, ihm ein lebendiger innerer
Besitz geworden war, den er nicht entbehren konnte, daß ihm die
Musik nicht bloß ein Mittel zur Zerstreuung oder angenehmen
Unterhaltung war. Nicht leicht ließ er einmal das abendliche Konzert
ausfallen, und in den zwei der Musik gewidmeten Stunden konnte
sich kein Mitglied der Kapelle eifriger betätigen als er. Meister
Quantz hat versichert, er wolle aus Friedrichs Vortrage der letzten
Allegrosätze eines Flötenkonzertes jedesmal genau abnehmen, ob
die Stimmung des Tages heiter oder erregt sei. Friedrichs Adagio
aber hat jedem, der ihm gelauscht, als vollendet, als tief ergreifend
gegolten. Auch auf die erste Frühstunde hatte die Flöte Anspruch;
ehe die Sekretäre erschienen, pflegte der König, im Zimmer auf und
ab gehend, kürzere oder längere Zeit träumerisch zu improvisieren.
Er bekannte, daß ihm dabei oft die glücklichsten Gedanken für seine
Geschäfte, für die Aufgaben des Tages gekommen seien. Die Freiheit des Blickes, die Ruhe des Pulsschlages fand er am ehesten wieder,
wenn er das, was ihn bewegte und quälte, in den Tönen seines
Instrumentes zum Gleichklange zurückführte. Diese Stunden einsamen Phantasierens waren wohl die einzigen am Tage, die ein
rastlos und gewaltig arbeitender Intellekt dem Gemüt zur stillen
Sammlung gönnte.

Denn vor dem Schreibpulte, beim Komponieren und beim
Versemachen, lag der Reiz für ihn zum guten Teil doch in dem rein
verstandesmäßigen Überwinden formaler Schwierigkeiten. Er sei
Dilettant in allem, sagt er einmal. Vergebens mühe er sich ab,
die Dichtkunst zu erlernen; wer mit zwanzig Jahren kein Dichter
sei, werde es sicher sein Lebtag nicht. Er schwimme auf dem Ozean
der Poesie mit Binsenbündeln und Luftblasen unter den Armen.
Aber die Poesie ist ihm eine Erholung, eine Gewohnheitsliebhaberei,
auf die er ungern verzichten würde; er ist ein „Sklave der Poesie",
der den Schlaf vergessen kann, um einen Reim zu erhaschen. Zudem, so verteidigt er sich weiter, schadet diese Manie niemand, da
ihre Produkte nicht für die Öffentlichkeit bestimmt sind. Sein Zeitvertreib möge unwürdig erscheinen; aber schließlich befinde er sich
glücklicher, wenn er sich mit diesen Spielereien abgeben könne, als
wenn er an wichtige Dinge denken müsse. Daß indessen diese
literarische Beschäftigung der Mußestunden nicht so völlig anspruchs-
los war, beweist doch das eifrige Bemühen, das „Gekritzel" auszu-
feilen und zu vervollkommnen.

Voltaire urteilte, als er die Œuvres du Philosophe de Sanssouci
vor sich sah, von den Versen seien einige bewundernswert und die

Prosa sei mindestens ebensoviel wert wie die Verse; aber der Ver=
fasser sei zu schnell gegangen. Er habe wackere Höflinge gehabt,
die ihm gesagt, daß alles vortrefflich sei; aber wenigstens das sei
vortrefflich, daß er jetzt der Kritik mehr glaube als der Schmeichelei,
daß er die Wahrheit liebe, die Wahrheit verstehe. Wenn Voltaire
dem König einmal schreibt, er selbst habe in den letzten acht Tagen
fünfzig alte Verse ausgeflickt, während Friedrich vielleicht vier= oder
fünfhundert neue gemacht habe, so war das eine Schmeichelei
und zugleich ein versteckter Nadelstich: hinter Friedrichs Rücken,
in Briefen an gute Freunde, lautete die Lesart viel drastischer.
Ohne Frage, weniger wäre mehr gewesen. Von dem „dürren
Überfluß" (stérile abondance), den er den Gedichten des Abbé
und nachmaligen Staatsministers und Kardinals Bernis überlassen
zu wollen erklärte, hat er seine eigenen doch nicht frei gehalten.
Sie muten an, wenn man sie durchblättert, sie ermüden, wenn
man sie ganz lesen muß. Eines aber läßt sich ihnen nicht absprechen,
daß hier nach Aussonderung aller Spreu immer wieder lebendige
Empfindung, unmittelbare Stimmung zum Ausdruck gelangt, daß
uns überall der Mensch, die ausgeprägte, bedeutende Persönlichkeit
entgegentritt. Und darin war der König von Preußen den sich
schwerfällig auf den Parnaß hinauftastenden deutschen Landsleuten
entschieden voraus. Denn wer von ihnen vor Klopstock hätte sein
eigenes Empfinden, sein Sinnen und Trachten, den innern Menschen
zum Gegenstand der Poesie zu machen gewagt?

Friedrich nannte in der heiteren Zuneigung der Œuvres du
Philosophe de Sanssouci seine Muse tüdesk und ihr Französisch
einen barbarischen Jargon. Er hatte anfänglich neben französischen
Versen auch deutsche gereimt; bald aber waren ihm diese Versuche
aussichtslos erschienen. Noch war das Deutsche nicht „die gebildete
Sprache, die für uns redet und denkt" und die den Vers von selbst
geraten läßt; vor allem aber, Friedrich persönlich war in der Hand=
habung dieser ungelenken Sprache, die übrigens in seinen Kanz=
leien nach alter guter Überlieferung mit anerkennenswerter Rein=
heit gepflegt wurde, wie manch anderes deutsches Fürstenkind von
damals unter der Durchschnittsbildung geblieben. Nicht daß das
Deutsche an sich nach Karls V. berüchtigtem Worte, das Friedrich
einmal zitiert, nur zur Verständigung mit den Pferden gut gewesen
wäre: der springende Punkt war, daß der König, laut seiner nach=
träglichen Selbstanklage, seine Muttersprache „wie ein Kutscher"
sprach. Genug aber, es galt ihm die längste Zeit seines Lebens
als ausgemacht, daß diese Sprache für den Vers überhaupt nicht
geeignet sei — so hat er es in Ansehung Hallers, den er für seine
Akademie als Gelehrten, nicht als Dichter zu gewinnen wünschte,
mit dürren Worten ausgesprochen. Aber auch die deutsche Prosa

wollte er nicht anerkennen; er meinte, daß ein Deutscher heutzu=
tage mit demselben Recht Französisch schreiben dürfe, mit dem ein
Römer zu Ciceros Zeit Griechisch schrieb, und stellte jedenfalls für
die Akademie den Grundsatz auf, daß mit Rücksicht auf die möglichste
Verbreitung ihrer Denkschriften Weltsprache nur durch Weltsprache
abgelöst werden dürfe, daß das bisher in Ehren gehaltene Latein,
das internationale Verständigungsmittel der Gelehrten, nur durch
das Französische, das allen Gebildeten geläufige Idiom, ersetzt
werden könne. Über das Geschrei so der lateinischen Pedanten wie
der deutschen Patrioten erklärte er sich hinwegsetzen zu wollen.

Im Jahre 1748, als Friedrich der deutschen Sprache solches
Armutszeugnis ausstellte und die deutsche Literatur in Bausch und
Bogen verdammte, war doch sein Urteil kaum zu hart. Gerade
jetzt erst ging den Besten die Erkenntnis auf, daß man bisher in der
Irre gegangen war und im günstigsten Falle die Fesseln „nicht
geflohen, nur vertauscht" hatte. „Ich dichte zu meinem Vergnügen
und Sie für Ihren Ruhm und für die Ehre Ihrer Nation," schrieb
Friedrich an Voltaire — für die deutschen Dichter und Schriftsteller,
die nicht zur Zerstreuung nach saurer Tagesarbeit, sondern in voller
Sammlung, von Berufs wegen, den Musen dienten, eine Mahnung,
sich von den Fremden an Patriotismus nicht übertreffen zu lassen
und den deutschen Namen mit der Feder ebenso zu Ehren zu bringen,
wie es ein deutscher Fürst an seinem Teile mit Zepter und Schwert
tat. Vorerst waren sie alle bestrebt, von diesem Fürsten beachtet
zu werden. Schon dem Kronprinzen widmete Gottsched seine
„Ausführliche Redekunst". Klopstock ließ, um Friedrich für seine
Dichtung zu gewinnen, den Messias ins Französische übertragen,
und Lessing schrieb den Entwurf zu einem französischen Lustspiel.
Und selbst Winckelmann, der mit verbittertem Herzen aus der
preußischen Heimat Ausgewanderte, fühlte sich nach dem Besuche
in Potsdam „mit einer anbetungswürdigen Bewunderung gegen
den göttlichen Mann erfüllt". Freilich, als Klopstock in Kopenhagen
eine neue Heimat fand und öffentlich bekannte, daß der König der
Dänen ihm, der ein Deutscher sei, die Muße gebe, deren er zur
Vollendung seines Gedichts bedürfe, da konnte Lessing als Rezensent
angesichts dieser „nördlichen Verpflanzung der witzigen Köpfe"
die bittere Bemerkung nicht unterdrücken: „Ein belohnter Dichter
ist zu unsern Tagen keine geringe Seltenheit, diese Seltenheit aber
wird noch weit größer, wenn der Dichter ein Deutscher ist und wenn
seine Gesänge nichts als Religion und Tugend atmen." Und für
sich in seinem Kämmerlein machte Lessing seinem Herzen Luft mit
zorniger Anklage gegen das Land, „dessen Einwohner noch immer
die alten Barbaren sind", und gegen den Regenten, „der eine Menge
schöner Geister ernährt und sie des Abends, wenn er sich von den

Sorgen des Staats durch Schwänke erholen will, zu ſeinen luſtigen Räten braucht". Klopſtock ſelbſt aber wandte ſich tief enttäuſcht von dem Fürſten ab, der würdig geweſen wäre, „uns mehr als Octavian, mehr als Ludwig zu ſein", und ſtellte den Sieger von Soor neben Julianus Apoſtata; er widerrief in feierlichem Tone die dichteriſche Huldigung, die er dem „gepanzerten Denker" gebracht, tilgte den Namen Friedrichs aus ſeinem Schlachtliede und ſpottete mit den Fremden, ſelbſt nach der Säuberung durch Voltaire bleibe das Lied des Königs tübesk.

———

Voltaire war binnen vier Jahren, den erſten der neuen Regierung, viermal Friedrichs Gaſt geweſen[1]). Seit 1743 hatte er, trotz aller Einladungen, ſeinen Beſuch nicht wiederholt.

Es war vor allen die Marquiſe du Chatelet, die ihn zurückhielt. Friedrich hatte als Kronprinz mit der „Minerva von Cirey" wohl oder übel einen gelehrten Briefwechſel angeknüpft; aber bei der erſten Begegnung mit Voltaire hatte er die weibliche Begleitung glücklich, obgleich nicht völlig höflich, mit dem Einwand hintertrieben, daß der vereinigte Glanz der beiden Gottheiten ihn zu ſehr blenden würde. Ganz im Vertrauen charakteriſierte er dieſe Minerva damals: „Sie iſt mit einem Worte eine Frau, die ſchreibt, und zwar ſchon im Augenblicke, wo ſie ihre Studien erſt beginnt, ſchreiben muß. Aber da ſie am Schreiben Gefallen findet, ſo ſchreibe ſie, obgleich ihre Freunde ihr raten ſollten, ihren Sohn zu unterrichten und nicht die Welt."

Voltaires Verhältnis zu ſeiner göttlichen Emilie blieb nicht ungetrübt. Ihn, deſſen ſatiriſcher Witterung keine Lächerlichkeit an einem andern entging, hatte die gütige Natur gegen Lagen, in denen er ſelbſt zu einer komiſchen Rolle verurteilt war, blind gemacht. Als nach fünfzehnjähriger Freundſchaft die Vierzigerin ihm um eines jungen Offiziers willen untreu wurde, machte der Betrogene gute Miene zum böſen Spiele und verzieh weitherzig und weich dem Verführer und der Verführten. Als die Marquiſe am 10. September 1749 im Wochenfieber ſtarb, trauerten an ihrer Bahre in ſeltſamer Vereinigung neben dem tiefgebeugten Voltaire ſein bevorzugter Nebenbuhler und der Gatte, dem ſie beide vorgezogen hatte.

Nun war Voltaire frei, und Friedrich lud dringender ein.

Freilich die Illuſionen, mit denen man einſt ſich gegenübergeſtanden, waren längſt zerronnen und hatten hüben und drüben ſtarken Vorbehalten Platz gemacht. Man mißtraute einander.

---

[1]) I, 223, 246 u. 446. Zwiſchen den Beſuchen von 1740 und 1743 liegt eine Begegnung in Aachen im Herbſt 1742. Vgl. I, 411.

Voltaire war zum Verräter an der Freundschaft geworden, wenn er gleich nach der Thronbesteigung seines Prinzen in Fleurys Aufträge und drei Jahre später nochmals als geheimer und bezahlter Agent Amelots sein Talent, oder wenigstens seine Lust, zu spionieren erprobte. Und Friedrich hatte, wie wir sahen, der Versuchung nicht widerstanden, dafür eine kleine Revanche zu nehmen.

Doch war es nicht bloß das Bedürfnis, sich Verse und Prosa ausfeilen zu lassen, nicht bloß das Verlangen, diesen Lippen die Feinheiten der französischen Aussprache abzulauschen, was in Friedrich den Wunsch, Voltaire zu besitzen, lebendig erhielt. Auch die „Ostentation", der Kitzel, mit diesem kostbaren Besitze vor aller Welt zu prunken, war nicht das Entscheidende. Vor dem Genie, vor jeder echten Größe, sobald nur sein Verständnis an sie hinanreichte, beugte er sich aufrichtig, demütig. Voltaire galt ihm als der letzte und fast als der glänzendste Vertreter des neuen Klassizismus, als der geistige Universalerbe des großen Zeitalters, dessen Geschichte derselbe Voltaire unter der Feder hatte. Allen kommenden Geschlechtern, prophezeit er, werden dieses Mannes unsterbliche Werke ein Gemeingut sein. Lesen wir Voltaire jeder; für sich selbst verlangt er noch etwas mehr: er will Voltaire lesen, aber auch sehen und hören. Der eigentümlich prickelnde Reiz der Konversation Voltaires war ihm unersetzlich, unwiderstehlich. Dem geschriebenen Worte ging die feinste, flüchtigste Blume dieses Geistes bereits verloren.

Noch geraume Zeit schwankte der sehnlich Begehrte zwischen Wollen und Nichtwollen. „An Entschuldigungen wird es Ihnen niemals fehlen, eine so lebhafte Einbildungskraft wie die Ihre ist unerschöpflich," schalt Friedrich ungeduldig. Endlich, drei Vierteljahr nach dem Tode der Marquise, Anfang Mai 1750, kam die Zusage für einen Besuch von einigen Monaten. Eine letzte Schwierigkeit war leicht zu heben. Voltaire berechnete die Unkosten der Reise auf 4000 Taler und bat, ihm bei einem Bankhause entsprechenden Vorschuß zu vermitteln. Der Wink wurde verstanden, und Friedrich beeilte sich, in artigen Reimen seiner „Danae" einen goldenen Regen anzukündigen. Die sehr alte Danae liebt ihren Jupiter und nicht sein Gold, antwortete Voltaire und nahm den Wechselbrief dankend an. Für das weitere sorgten die Verse, in denen Friedrich den soeben bei ihm eingetroffenen jungen Dichterling d'Arnaud, Voltaires Schützling, zum Wetteifer mit Frankreichs Apollo, dessen Tag sich schon neige, aufforderte und als aufgehende Sonne begrüßte. Voltaire erhielt diese Herausforderung Ende Juni, er verwahrte sich bei dem Verfasser alsbald lebhaft dagegen, mit der einen Hand gestreichelt und mit der anderen gekratzt zu werden, in seinem Entschlusse aber ward er nur bestärkt: „Ich will ihn

lehren," hörte man ihn sagen, „sich auf die Leute zu verstehen."
Am 10. Juli war er in Potsdam.

Wollten wir uns an seine Versicherungen halten, so hätte er mit
seiner Übersiedlung dem König von Preußen das größte Opfer
gebracht, hätte alles, was ihm teuer, sein Vaterland und seinen
König, den ersten Hof und die erste Stadt der Welt verlassen, um
Friedrichs willen, ganz im Sinne des Schriftworts, auf das er sich
einmal bezieht: „Verkaufe alles, was du hast, und folge mir nach."
Aber man weiß, daß es dem eitlen, nach Fürstengunst haschenden
Manne nicht gelungen war, am Hofe zu Versailles festen Fuß zu
fassen, trotz aller seiner Huldigungen für Ludwig XV., seiner Schmeicheleien für die Marquise von Pompadour und seiner gleißnerischen
Annäherung an die Jesuiten. Leichten Herzens ließ man den
Titularkammerherrn, den Historiographen, „den Akademiker, den
einige seiner Schriften berühmt gemacht haben", von dannen
ziehen.

Sodann aber bot der Aufenthalt in der Fremde ganz unleugbare Vorteile, auch abgesehen von 5000 Talern jährlichen Ehren-
soldes, völlig kostenlosem Haushalt und dem Verdienstorden, nach
dem Voltaire früher vergebens getrachtet hatte. In Paris, erklärte Voltaire einmal den Freunden in der Heimat, würde er von
einem Polizeileutnant abhängen, und in Versailles beim Bureau-
chef des Hausministers antichambrieren müssen; und wie werde dem
französischen Schriftsteller durch Buchhändler und Zensoren, durch
das Gekläff der Kritikaster und das Gezeter der Frömmler sein Beruf
erschwert! Es liegt etwas Wahres darin, wenn er sagt, in Paris
würde er das „Zeitalter Ludwigs XIV.", das nun in Berlin zuerst
gedruckt wurde, nie vollendet haben; die Werksteine, die er zu einem
Ehrendenkmal für Frankreich bestimmt, hätten, so sieht er es im
Geiste, herhalten müssen, ihn zu steinigen, die unschuldigsten Dinge
würden ihm „mit dieser Nächstenliebe, die alles vergiftet", miß-
deutet, das kleinste freie Wort ihm als maßlose Frechheit ausgelegt
sein; alles würde ihn bestürmt, ihm das Haus eingelaufen haben,
dem einen würde er zu wenig gelobt, dem andern zu wenig getadelt
haben. Es ward ihm klar: französische Geschichte kann schlechterdings nur außerhalb Frankreichs geschrieben werden.

Endlich noch: auch er stand unter einem Zauber. Er gedachte
in der Tat, nur einige Monate zu bleiben, und wurde bestimmt,
hier Hütten zu bauen. Der Herzog von Richelieu verlangte zu wissen,
wie er sich denn in Preußen fesseln lassen könne, und Voltaire gab
die Auskunft: „Ich komme in Potsdam an, die großen blauen
Augen des Königs, sein holdseliges Lächeln, seine Sirenenstimme,
seine fünf Schlachten, sein ausgesprochenes Gefallen an der Zurückgezogenheit und an der Arbeit, an Versen und an Prosa, endlich

Freundlichkeiten, um den Kopf schwindeln zu lassen, eine entzückende
Unterhaltungsgabe, Freiheit, im Verkehr volles Vergessen der
Majestät, tausend Aufmerksamkeiten, die schon von seiten eines
Privatmannes bestricken würden — alles das hat mir den Verstand
verrückt: ich ergebe mich ihm aus Leidenschaft, aus Verblendung,
und ohne zu vernünfteln ... So lebe ich seit einem Jahr." Und
einer seiner mißtrauischen Nichten schreibt er im frischen Optimismus
des eben fertigen Entschlusses: „Ich bin so anmaßend, zu denken,
daß die Natur mich für ihn geschaffen hat. Ich habe eine so eigentümliche Übereinstimmung zwischen seinem Geschmack und dem
meinen wahrgenommen, daß ich vergaß, daß er der Beherrscher
des halben Deutschlands ist und daß die andere Hälfte bei seinem
Namen zittert, daß er fünf Schlachten gewonnen hat, daß er der
größte Feldherr Europas ist, daß Teufelskerle von sechs Fuß hohen
Helden seine Umgebung bilden — alles das hätte mich tausend
Meilen weit fliehen lassen, aber der Philosoph hat mich mit dem
Monarchen angefreundet, und ich sehe in ihm nur noch den guten
und geselligen großen Mann."

Wer wollte verkennen, daß hier in der Tat Wahlverwandtschaft
genug vorhanden war? Dasselbe Temperament, dieselbe Heiterkeit und Beweglichkeit, dieselbe Leichtigkeit der Aufnahme und
Mitteilung, dieselbe Fähigkeit, den Dingen und Menschen ihre
lächerliche Seite abzusehen, derselbe epigrammatische Witz, derselbe
Mutwille und unbezähmbare Hang zum Spott. An der Tafelrunde
von Sanssouci konnte es wenigstens einer, der Wirt, im Schnell-
feuer des Witzes mit dem geistreichsten Kinde der geistreichen Nation
aufnehmen. In diesen Symposien einer kleinen, ausgewählten
Tischgesellschaft hielt sich Friedrichs Epikuräismus, der verfeinertem
Lebensgenuß zugewandte, zurückgedrängte Grundzug seiner Anlage, für so viel Zugeständnisse an die starre Pflicht schadlos. Nach
dem Einerlei des Dienstes, dem Drange der Geschäfte, den Ansprüchen
des Schreibtisches gehörte der Abend der Freude; das Souper war
„die Erholung und Belohnung nach nützlichem und rühmlichem
Tagewerke":

> Il est grand roi tout le matin,
> Après dîner grand écrivain,
> Tout le jour philosophe humain
> Et le soir convive divin

sang Voltaire und pries in immer neuen Tonarten diese „göttlichen"
Soupers. Nie habe er, so bekannte er es nachmals, und das in der
giftigsten Schmähschrift, sich beim Mahle freier gefühlt, als in
Sanssouci; er räumt ein, daß hier viel Esprit aufgewendet
wurde, daß der König Geist hatte und Geist bei anderen zu wecken
wußte.

So war denn auch das ewige Geklingel mit den fünf siegreichen
Schlachten keine leere Schmeichelei, ja schließlich nicht einmal eine
höfische Verleugnung des eigenen grundsätzlichen Standpunktes.
Wohl war Voltaire ein eifriger Herold des allgemeinen Völkerfriedens,
der den Krieg als Massenmord verabscheute und der Kunst des Krieges
fluchte. Obendrein hatte dem Vizegott Apollos, wie Friedrich den
Dichter der Henriade nannte, Gott Mars von seinem Geist und
Gaben nichts verliehen. Friedrich hat ihn gelegentlich als einen
Autor zitiert, der seinen militärischen Kursus im Homer und im
Virgil durchgemacht habe, und erzählte gern, sein Freund habe einmal die schöne Schilderung entworfen: die Kugel fliegt hinweg,
d a n n blitzt das Pulver auf. Ein andermal fragte dieser Harmlose
den König, ob die Schlacht ihn nicht mit Wut erfülle, und mußte
belehrt werden, daß der Geist in keiner Lage größerer Ruhe und
Fassung bedürfe. Aber bei aller menschenfreundlichen Friedens-
schwärmerei und aller militärischen Unwissenheit war Voltaire doch
zu sehr Franzose, um nicht von dem Nimbus kriegerischer Erfolge,
ritterlicher Trefflichkeit gefangen genommen zu werden, und zu
sehr Genie, um nicht für den Genius in jeder Erscheinungsform
Empfindung und Ehrfurcht zu haben. Vielleicht daß gerade diese
ihm verschlossene Sphäre des Genius je geheimnisvoller, desto
mächtiger ihn anzog. Friedrich war Virtuose in der v o n den Franzosen allzeit als Nationalerbteil in Anspruch genommenen Doppel-
kunst, zierlich zu reden und brav mit dem Schwerte dreinzuschlagen
— à combattre et finement parler. Daß dieser Tischgenosse, der
im ganzen Bereich menschlichen Wissens und Könnens, über alle
allgemeinen Interessen so leicht und anmutig, so scharfsinnig und
schlagfertig zu plaudern und zu disputieren verstand, jeden Augenblick von der Tafel hätte aufstehen können, um eine Schlacht zu
kommandieren, das war für einen Voltaire nach allem das Merk-
würdigste an dem merkwürdigen Menschen. Hier war seine Bewunderung fürwahr keine gekünstelte, sondern eine ganz unmittelbare und unfreiwillige, wo nicht widerwillige.

Und wie hätte es ihn nicht entzücken sollen, in demselben Zimmer
zu wohnen, welches das Jahr zuvor Frankreichs größter Kriegsheld,
der Marschall von Sachsen, innegehabt hatte, und mit Prinzen und
Prinzessinnen, die das Französische „ohne den geringsten Akzent
sprachen", Theater zu spielen, ja seine eigenen Stücke aufzuführen?
Der preußische Hof zeigte sich, als der Dichter ankam, anläßlich eines
Besuches der Markgräfin Wilhelmine von der glänzendsten Seite.
Ein Fest folgte dem andern; „man sollte glauben," berichtete Voltaire
nach Paris, „daß man hier nur dem Vergnügen lebt". Er durfte
sich schmeicheln, daß seine Gegenwart zur Erhöhung all dieses Fest-
glanzes ein Erkleckliches beitrug. Als bei dem großen Ringelstechen,

für das sich der geräumige Platz vor dem Berliner Schlosse in einen
Turnierhof verwandelt hatte, unter einer Gruppe vornehmer Herren
der berühmte Gast des Königs bescheiden, aber mit strahlenden
Augen einer der prächtig geschmückten Hoflogen zuschritt, da ging
ein Murmeln der Bewunderung durch die Tausende der Schau-
lustigen, und der Name Voltaire pflanzte sich von Mund zu Munde.
So begnügte er sich denn nicht, dieses vielbewunderte Karussell
pflichtmäßig durch ein graziöses Epigramm auf die Spenderin der
Preise, die Prinzessin Amalie, und den ersten der Sieger, den
Prinzen von Preußen, „den Sohn des Mars mit dem Antlitz des
Paris", zu verherrlichen, sondern versah auch die französische Heimat
mit geradezu enthusiastischen Beschreibungen von der Pracht und
Ordnung des Schauspiels, der Lichtwirkung der 46 000 Lampen,
der ritterlichen Erscheinung der Kämpen. Und noch war seine Anerkennung ganz aufrichtig, seine innere Befriedigung ganz vollständig.  Er weist die hochmütige Ungereimtheit, die sich Berlin
wie das Paris Hugo Capets vorstellt, ehrlich zurück und verteidigt
sogar das deutsche Klima.  Er meint, im Hafen zu sein, nach dreißig
Jahren des Sturmes.

Aber noch ehe das Jahr zu Ende ging, war die Ernüchterung
eingetreten.  In einem jammernden Briefe vom zweiten Weih-
nachtstag 1750 spricht er von Gewissensbissen und seinem vergifteten
Glück, bekennt, daß er mehr als einer Tröstung bedarf, und daß nur
die Wissenschaften, nicht die Könige Trost zu spenden vermögen.

Wieder war er in eine der Lagen geraten, deren Unwürdigkeit,
deren Lächerlichkeit nur er selbst nicht einsehen wollte.  Seine Verbindung mit Abraham Hirschel zum Zwecke eines verbotenen Wucher-
geschäftes mit kursächsischen Steuerkassenscheinen veranlaßte den
französischen Gesandten zu der Bemerkung, Voltaire sei ein Mensch,
der, um einen Taler zu gewinnen, bei gebotener Gelegenheit stets
den König von Preußen kompromittieren werde.  Und sein Prozeß
mit jenem würdigen Vertrauensmann, den er des Betrugs und der
ihn der Urkundenfälschung bezichtigte, lieferte der Hauptstadt auf
Wochen ergiebigsten Gesprächsstoff und gab dem zweiundzwanzig-
jährigen Lessing, der Voltaires Eingaben an den Gerichtshof ins
Deutsche übersetzt hatte, das annähernd erschöpfende Epigramm ein:

Und kurz und gut, den Grund zu fassen,
Warum die List
Dem Juden nicht gelungen ist,
So fällt die Antwort ungefähr:
Herr V*** war ein größerer Schelm als er.

Sogar eine dramatische Bearbeitung, den „Tantalus im Prozeß",
mußte sich der dankbare Stoff gefallen lassen.  Der Rechtsstreit

endete mit einem Vergleich, aber daß der andere zwischendurch
zu einer Ordnungsstrafe von zehn Talern verurteilt war, genügte,
um Voltaire immer von seinem „gewonnenen" Prozeß sprechen
zu lassen.

Nicht der König war, wie vermutet worden ist, der Verfasser des
„Tantale en procès"; aber er hat dem Gaste sein Mißfallen in anderer
Weise zu erkennen gegeben. „Voltaire beschwindelt die Juden,"
schrieb er während des Prozesses nach Baireuth und gab der Vermutung Ausdruck, daß der Bedrängte sich mit irgend einem Purzel-
baum (gambache) herausziehen werde. Nun durfte sein Mann
zwar nach Potsdam zurückkehren, erhielt aber — Friedrich nannte
das ihm „den Kopf waschen" — die Vermahnung: „Ich hoffe,
daß Sie keine Händel mehr haben werden, weder mit dem Alten
noch mit dem Neuen Testament. Verwicklungen dieser Art sind
entehrend, und mit den Talenten des ersten Schöngeistes von Frankreich würden Sie die Flecken nicht austilgen, die diese Aufführung
auf die Dauer Ihrem Rufe anheften würde.... Ich schreibe diesen
Brief mit dem groben gesunden Menschenverstande eines Deutschen,
der da sagt, was er denkt, ohne doppeldeutige Ausdrücke und matte
Überzuckerungen, welche die Wahrheit nur entstellen — Ihre Sache
ist es, daraus Gewinn zu ziehen."

Wie mußte dem also Ausgescholtenen das Herz schwellen! Schon
vorher hatte er in einem Brief an Madame Denis, die böswillige,
allem was preußisch hieß gründlich abholde Nichte, allerhand häßliche Anspielungen auf seinen königlichen Gastfreund gemacht.
Dann aber sagte er sich doch wieder, daß in diesem ganzen Lande der
König der einzige war, der zu ihm stand und ihn hielt. Er hatte unter
den Deutschen keine Freunde und vollends keine unter den Franzosen, weder in der alten Gemeinde der Glaubensflüchtlinge noch
in der neuen Kolonie der Belletristen und Freidenker; die beißenden
Anekdoten über seinen Geiz und seine Scheelsucht, die man sich in
Berlin erzählte, sind gerade von den Berliner Franzosen in Umlauf
gesetzt und auf die Nachwelt gebracht worden. Er seufzte über die
Etikette der Höfe, die darin bestehe, den Königen Schlechtes über den
Nächsten zu sagen, sei es auch nur, um sie zu unterhalten.

Je mehr er trotz aller Selbsttäuschungsversuche es durchfühlte,
wie arg ihm sein Prozeß moralischen Abbruch getan, je mehr er sich
vereinsamt und gemieden fand, offen gehaßt und insgeheim be-
spöttelt mußte, desto geflissentlicher pries er in den nach der Heimat
bestimmten Briefen seine Zufriedenheit, sein Glück und seinen Glanz,
die Reize und Vorzüge seiner „retraite charmante": alle Bequemlichkeiten, die man im Palast eines großen Königs haben kann,
ohne eine der Unannehmlichkeiten oder auch nur Verpflichtungen
des höfischen Treibens; ein Hofleben, das in Wahrheit der unge-

zwungenste Landaufenthalt ist; das Zusammensein mit einem Könige,
der, stets bei gleicher Laune, alle unsere Augenblicke gleich schön macht.
Gefiele es nur der Gesundheit, ihn ebenso gut zu behandeln wie der
König von Preußen, er würde sich im Paradies glauben. Aber
wenigstens ist diese Potsdamer Lebensweise gerade die, welche
einem Kranken frommt: volle Freiheit, nicht der mindeste Zwang,
ein leichtes und heiteres Nachtmahl. Alles zusammen mehr als
genug, um daheim ihn bei der guten Gesellschaft zu entschuldigen,
daß er sie verlassen habe; mehr als genug, um die Gegner zu beschämen, daß sie Frankreichs größtes Genie nicht gebührend geehrt,
und um allen zu zeigen, „wie unsere schöne Literatur in einem
ihrer Vertreter von einem großen Monarchen aufgenommen wird".
... „Sklaven seid ihr in Sceaux und in Anet," ruft er einer seiner
vornehmen Gönnerinnen zu, der Madame du Deffand, „Sklaven
im Vergleich zu der wahren Freiheit, die man in Potsdam schmeckt,
bei einem Könige, der fünf Schlachten gewonnen hat."

Aber die Pariser Gemeinde, die den Abtrünnigen sehnlichst
zurückwünschte, ließ sich nichts vorreden. Graf d'Argental, Voltaires
„Schutzengel", hielt ihm unerbittlich den Spiegel vor: „Der König,
so wenig er Ihnen gerecht wird, ist noch das Einzige, was Sie in
jenem Lande trösten könnte. Sie sind umgeben von Feinden, Neidern,
Gebärdenspähern. Man streitet und reißt sich um eine Gunst und
eine Vertrauensstellung, die in Wahrheit niemand gewinnt. Der
König ist eine Kokette, die, um mehrere Liebhaber festzuhalten,
keinen glücklich macht. Dieser sturmbewegte Hof ist gleichwohl die
einzige Stätte, wo Sie leben können; außerhalb des Hofes gibt es
kein Wesen, das da verdient, von Ihnen angeredet zu werden.
Kurz, Sie sind Feinden entflohen, welche Sie wenigstens nicht vor
Augen hatten, um neue Feinde zu finden, mit denen Sie tagtäglich
leben müssen. Sie suchten die Freiheit und begaben sich in den
größten Zwang." Und Baron Scheffer, der schwedische Diplomat,
der in diesem ästhetischen Zirkel Bürgerrecht erworben hatte, berichtete Ende 1752 nach einem kurzen Besuch am preußischen Hofe
den gemeinsamen Freunden: „Ich habe Voltaire in der Nähe gesehen und ich kann versichern, sein Los ist nicht beneidenswert.
Er sitzt den ganzen Tag allein auf seinem Zimmer, nicht aus eigenem
Trieb, sondern aus Not, und nachher speist er mit dem Könige, auch
mehr aus Not, als aus eigenem Trieb: er merkt recht wohl, daß
er da ungefähr dieselbe Rolle spielt, wie die Mitglieder der Pariser
Oper, zur Zeit als die gute Gesellschaft sie nur zuließ, um Tafel-
musik zu haben."

Gewiß, Voltaire betrachtete bereits seine Stellung als schief,
seine Zukunft in Preußen als unsicher. Seiner schwarzmalenden
Phantasie wurde ein qualvoller, endloser Stoff geliefert durch eine

schadenfrohe Zuträgerei plumpster Art. „Ich werde ihn höchstens noch ein Jahr brauchen,“ sollte der König von Voltaire gesagt haben; „man preßt die Orange aus und wirft die Schale weg.“ So beteuerte es La Mettrie. Offenbar, daß der Schalk sich an Voltaires erschrecktem Gesicht belustigen wollte; der mutwillige, weltkundigermaßen indiskrete, moralisch geradezu unzurechnungsfähige La Mettrie war wohl der letzte, den Friedrich zum Mitwisser solchen Vorhabens gemacht hätte. Voltaire sagte sich das auch; aber um seine Ruhe war es geschehen. Die Briefe an seine Nichte seit dem September 1751 zeigen, wie unglücklich, beinahe verzweifelt er war. Er brütet fortwährend über der Orangenschale, er kommt sich wie der vom Kirchturm fallende Dachdecker vor, der da im Fliegen sagt: bon, pourvu que cela dure. Und als einige Wochen nach der grauenvollen Enthüllung sein bedenklicher Gewährsmann stirbt, beklagt er in einer komischen Mischung von Selbstironie und ernsthafter Zweifelsqual, daß er La Mettrie angesichts des Todes nicht noch einmal nach der Orangenschale fragen konnte; denn gewiß würde da die Wahrheit an den Tag gekommen sein.

Hätten ihn nur seine Zweifel und Ängste etwas ruhiger und zurückhaltender, etwas weniger empfindlich, anmaßend, streitsüchtig gemacht! Der unermüdliche Vorkämpfer für Toleranz und Humanität ward zum unduldsamen, rachgierigen, brutalen Verfolger, sobald seine Eigenliebe, seine schriftstellerische Empfindlichkeit, sein persönliches Interesse ins Spiel kam. Hätte Voltaire ein Heer zur Verfügung, er würde es sicher gegen die Desfontaines, van Duren und Jean Baptiste Rousseau marschieren lassen — so hatte Friedrich schon vor zehn Jahren einmal diese unphilosophische Rachbegierde gekennzeichnet, und der Philosoph selbst seufzte, zwischen den Männern von der Feder bestehe ein fortwährender, bald offener, bald versteckter Krieg, nicht anders als zwischen den Fürsten. Er, der zu Paris es nicht verschmäht hat, Zensur, Polizei und Bastille gegen seine literarischen Widersacher in Bewegung zu setzen, bewies auch in Potsdam, daß er das Bündnis mit der Macht zu schätzen, das Recht des Stärkeren auszunutzen wußte. Friedrich wollte Freron zu seinem literarischen Agenten machen; aber Freron hatte die Majestät der Voltaireschen Muse beleidigt, Voltaire erhob Einspruch, und Friedrich hatte, wie er dem zelotischen Freunde nachmals vorhielt, „die Gefügigkeit oder die Schwäche“, dem herrischen Ansinnen nachzugeben. Auch d'Arnaud ward als Opfer begehrt, die ihm aus königlichem Munde gespendeten Lobsprüche wurden nicht verziehen, und Friedrich entschloß sich um des lieben Friedens willen, „die aufgehende Sonne“ nach Hause zu schicken. Kein Wunder, wenn demnächst der junge La Beaumelle es der Veranstaltung Voltaires, den er durch ein paar unbedachte Zeilen in seinen „Pensées“ verletzt hatte, danken zu müssen glaubte, daß ihm in Preußen kein Glück blühte; er verließ Berlin nach kurzem Aufenthalt im Mai 1752, mit dem fürchterlichen Gelübde, jenen bis in die Hölle verfolgen zu wollen. Voltaire freilich beteuerte, an dem Mißerfolg dieses Abenteurers unbeteiligt zu sein, und wollte in dem neuen literarischen Gegner nur das mit berechneter Arglist aufgehetzte, betrogene, mißbrauchte Werkzeug des unerträglichen Mannes sehen, gegen den er jetzt, seit lange schon von Neid und Haß gefoltert, zu leidenschaftlichem Angriff sich erhob. Alle vorangegangenen Händel waren leichte Plänkeleien im Vergleich zu dem Vernichtungskriege gegen Maupertuis.

Sie waren Freunde gewesen und hatten unter demselben Dache gewohnt, und Maupertuis war durch Voltaire dem Könige vordem empfohlen worden. So begrüßte er denn auch die Übersiedlung des Dichters nach Preußen mit aufrichtiger Freude. Aber kaum angelangt, begann Voltaire sich einzureden, daß er es mit einem unleidlichen Gesellen zu tun habe. Nicht er, nein leider Maupertuis war hier der erste; jener der mit diktatorischer Gewalt ausgestattete Akademiepräsident, er selber der einfache Akademiker; jener in der Berliner vornehmen Gesellschaft ein als gleichberechtigt aufgenommenes Glied, er selber für diese Gesellschaft doch nur das glänzende, aber nicht über alle Zweifel erhabene Wundertier. Und wenn er zu bemerken glaubte, daß Maupertuis dem Könige nicht eigentlich sympathisch war, daß nicht Liebe, wohl aber Achtung und Vertrauen diesem Manne seine Stellung sicherte, so erhöhte das noch den Ärger und den Neid. Auf die Dauer will ich lieber mit Maupertuis leben als mit Voltaire, bekannte Friedrich schon Anfang 1751. „Herr von Maupertuis behauptet den breiten Stein," schrieb damals Pöllnitz, nach dem zweifelhaften Ausgang des Prozesses Voltaire contra Hirschel; und in der Tat, jede Beschämung Voltaires war eine neue Folie für Maupertuis. Wehe dem Verhaßten, wenn er sich einmal ein Blöße geben wird!

Maupertuis tut sich viel zu Gute auf die Entdeckung eines physikalischen Gesetzes, wonach sich die haushälterische Natur für alle Bewegung stets mit dem geringsten Kraftaufwand begnügen wird. Samuel König im Haag will dieses Gesetz der Sparsamkeit oder der kleinsten Aktion nicht anerkennen und fördert einen bisher unbekannten Brief von Leibniz zu Tage, der ersehen läßt, daß die große Wahrnehmung bereits früher gemacht ist, daß aber Leibniz, scharfsichtiger als Maupertuis, sich gehütet hat, übereilte Schlußfolgerungen zu ziehen. Die Berliner Akademie richtet an ihr auswärtiges Mitglied König zu zwei Malen die gebieterische Aufforderung, den Leibnizbrief im Original herbeizuschaffen, und erklärt endlich in feierlicher Sitzung das Zitat für gefälscht. König

legt seine Mitgliedschaft nieder und verkündet in einem „Appell
an das Publikum" mit schneidendem Spott und göttlicher Grobheit,
wenn auch das Richtige an der ganzen Hypothese Leibniz gehöre,
so dürfe doch Maupertuis in seiner Eigenschaft als großer Entdecker
sich damit trösten, daß der weitaus größte Teil, nämlich alles was
falsch, sein geistiges Eigentum bleibe.

Wer war entzückter als Voltaire? Er hatte von früher her per=
sönlichen Grund, sich über König zu beklagen; das aber trat zurück
gegen das brennende Verlangen, Maupertuis zu zermalmen. Seine
Entrüstung nebenbei über das literarische Ketzergericht darf als ganz
aufrichtig betrachtet werden; aber er tat dem Präsidenten schreien=
des Unrecht, wenn er ihn in seinem anonymen „Brief eines Berliner
Akademikers an einen Pariser" angesichts der gelehrten Welt als
Aftergelehrten und Phantasten, ja als Plagiator brandmarkte, der
Leibnizens Entdeckung für seine eigene ausgegeben habe. Und er
verhöhnte nicht bloß den Präsidenten, sondern zog die ganze Aka=
demie und ihren königlichen Schutzherrn mit hinein, wenn er sein
Sendschreiben damit schloß, daß mehrere Mitglieder aus einer
Akademie, die der Herr Maupertuis tyrannisiere und verunehre,
ausscheiden würden, wenn sie nicht fürchteten, dem Könige zu miß=
fallen.

Friedrich mußte sich herausgefordert fühlen. Aber es war ein
Fehlgriff, daß er, statt sich das Gezänk in seiner Akademie und in
seinem Hause einfach zu verbitten, als Schriftsteller, in einem ver=
kappten Flugblatt wie Voltaire selbst, in den leidigen Handel ein=
griff und sich damit, seinem eigenen Eingeständnis nach, denselben
Unannehmlichkeiten aussetzte, wie der Vorübergehende, der zwei
Raufende zu trennen versucht. Immerhin, während der Anonymus
dem Anonymus unter strikter Aufrechterhaltung des Inkognitos
derb den Text las, machte doch zugleich der Hausherr dem Haus=
genossen, der Gastfreund dem Gaste noch einmal einen Vorschlag
zur Güte. Auf die Mitteilung eines neuen Abschnittes aus dem
Manuskript des von Voltaire in Potsdam begonnenen Dictionnaire
philosophique antwortete Friedrich sehr fein mit nicht mißverständ=
licher Anspielung: „Sie zitieren Epikur, Protagoras usw.; ich bin
gewiß, daß Epikur und Protagoras disputiert haben würden, wenn
sie am selben Ort gewohnt hätten, aber ich glaube auch, daß Cicero,
Lucrez und Horaz in guter Eintracht miteinander soupiert haben
würden."

Aber bei Voltaire war, wie einer seiner eifrigsten Verteidiger
zugibt, der Haß gegen Maupertuis zur Monomanie geworden.
Er hörte und sah nicht mehr. Es genügte ihm nicht, in seinen Briefen
das Gerücht auszusprengen, daß Maupertuis, das Opfer eines
bretonischen Nationallasters, infolge übermäßigen Branntwein=

genusses verrückt geworden sei, sondern er überbot jetzt seinen ersten
öffentlichen Angriff durch einen zweiten, ungleich grausameren,
indem er seinen Doktor Akakia, der seinem Namen zum Trotz die
verkörperte Boshaftigkeit ist, gegen den unglücklichen Maupertuis
losließ, um seine menschliche Schwächen und seine starke Selbst=
vergötterung, seine gelehrten Tiefsinnigkeiten und schon nicht mehr
gelehrten Schrullen der Lächerlichkeit preiszugeben.    Durch einen
dreisten Betrug, die Vorweisung einer Druckgenehmigung, die ihm
für eine andere Schrift erteilt war, gewann sich der Pamphletist
in Potsdam selbst einen Drucker, um freilich des Betrugs schnell
überführt zu werden.    Die ganze Auflage wurde vernichtet, und
Voltaire mußte mit Brief und Unterschrift Besserung und Still=
schweigen geloben.    Schon aber tauchte der Akakia in einer zweiten,
auswärts hergestellten Auflage von neuem auf und ward nun am
Weihnachtsabend 1752 in den Straßen der Hauptstadt von Henkers=
hand öffentlich verbrannt.

Mit dem Entschluß, Preußen zu verlassen, war Voltaire vordem
ins reine gekommen.    Der „Desertion", die er plante, stand nichts
mehr im Wege, als er im Herbst seine reichen Ersparnisse außer
Landes hypothekarisch untergebracht hatte.    Der Ausgleich, der zu
Beginn des neuen Jahres noch einmal getroffen wurde, die öffent=
liche Verleugnung der gegen Maupertuis geschleuderten Pasquille,
die erneute Anlegung der nach dem Feuertode des Akakia mit ele=
gischen Versen zurückgereichten „Brimborien", d. h. des Verdienst=
ordens und des Kammerherrnschlüssels — alles das sollte nur den
Rückzug decken; denn um seiner selbst und vor allem um seiner Feinde
willen wollte der Scheidende in vollen Ehren seine Straße ziehen,
nicht als ein Ausgestoßener, sondern als ein Beurlaubter. Nach drei
Monaten erreichte die Übergangszeit der „Damokles=Soupers" ihre
Endschaft.    Am 25. März 1753 verabschiedete sich Voltaire in Pots=
dam, angeblich um die Bäder von Plombieres aufzusuchen; er ver=
sprach im Herbst wiederzukommen und gelobte nochmals, den Streit
mit Maupertuis ruhen zu lassen.

Aber kaum in Leipzig angelangt, stürzte er sich von neuem in
den Kampf gegen Maupertuis, gegen Friedrich, gegen die Akademie,
deren ständigen Sekretär er in einem von Bosheiten strotzenden
Briefe ersuchte, ihn aus der Liste der Mitglieder zu streichen. Jetzt
hielt es Friedrich doch für geraten, dem rückfälligen Verbrecher
die noch in seinen Händen befindlichen Beweise der Gunst und des
Vertrauens zu entziehen.    Voltaire übergab Orden und Schlüssel
dem preußischen Residenten Freytag auf der Durchreise zu Frank=
furt am Main ohne Widerrede; ein Band der „Œuvres du Philosophe de Sanssouci", der ihm gleichfalls abgefordert wurde, war
nicht zur Stelle, wurde aber im Laufe von drei Wochen, während

derer der berühmte Fremde in seiner Herberge Hausarrest auf sich nahm, herbeigeschafft. Neue Bedenklichkeiten des schwerfälligen, aber auch starrköpfigen und empfindlichen Residenten brachten Voltaire um die bis dahin notdürftig bewahrte Fassung und trieben ihn zu einem Fluchtversuch. Darin wollte wiederum Freytag einen Bruch des Ehrenworts sehen und schritt nun, durch die bewaffnete Macht der freien Reichsstadt unterstützt, zu offenen Zwangsmaßregeln, förmlicher Verhaftung und scharfer Überwachung des sich wie rasend gebärdenden Poeten, der doch in der Tat alles getan hatte, was von ihm verlangt werden konnte. Freytag trieb seinen plumpen Amtseifer und zugleich seine Ranküne auf die äußerste Spitze, indem er den aus Potsdam einlaufenden Befehl zur sofortigen Freilassung mit Rücksicht auf den Zwischenfall des Fluchtversuchs nicht ausführte, ein in des Königs Auftrag an Voltaires Nichte gerichtetes Schreiben zurückhielt und neue Verhaltungsmaßregeln einholte. Und so verlängerte sich der unfreiwillige Aufenthalt, der in Voltaire die alten Erinnerungen an die Bastille wecken mochte, um weitere siebzehn Tage, bis zum 7. Juli.

Der König hätte die gewaltsame Schlußwendung einer Episode, die ohne das Zusammentreffen mit seiner Reise nach dem fernen Königsberg sich nicht so in die Länge gezogen haben würde, gern vermieden gesehen. Er mißbilligte die „brutale Exaktheit" seines Vertreters. Aber die Übertreibungen und Erfindungen, mit denen Voltaire seine Frankfurter Leidensgeschichte vor das Forum der Öffentlichkeit brachte, konnten nicht dazu beitragen, Friedrichs Bedauern zu verstärken. Hart erklärte er, an die ganze Komödie der Konvulsionen, Krankheiten, Verzweiflungsausbrüche längst nicht mehr zu glauben; er beklagte schließlich mehr seinen Residenten als die beiden Opfer, Voltaire und die Nichte Denis, und wollte Freytags Hauptfehler in dem Mangel an Bonsens erkennen, der den Pflichteifrigen nicht habe begreifen lassen, daß er es mit einem Narren und einer Närrin zu tun gehabt habe. Sein eigener Fehler war gewesen, daß er diesen wenig geeigneten Mann zum Vollstrecker eines den größten Takt erheischenden Auftrages gewählt und zudem nicht deutlich genug unterwiesen hatte.

Das zweite Nachspiel, nicht das letzte, folgte diesem ersten schnell. Schon Anfang Mai verbreitete sich in Paris, zunächst handschriftlich, eine Schilderung des preußischen Hofes und der Lebensweise des Königs, eine boshafte und gemeine Karikatur. Ende August erschien sie in einem Druck, über den die Pariser Zensur schnell Beschlag verhängte, und bald tauchte sie auch in anderen europäischen Hauptstädten auf. Friedrich schrieb an George Keith, seinen Pariser Gesandten: „Ich habe das Glück, mein lieber Lord, sehr gleichgültig zu sein gegen

alle Reden und Schriften, die man auf meine Kosten in Umlauf
setzt; ja ich bin ganz stolz darauf, einem armen Autor, der ohne alle
seine Injurien gegen mich vielleicht Hungers sterben würde, Honorar
einzutragen. Ich habe stets die Urteile des Publikums verachtet
und für mein Verhalten nur die Zustimmung meines Gewissens
in Betracht gezogen. Ich diene dem Staat mit aller Fähigkeit und
Integrität, welche die Natur mir verliehen hat; obgleich meine
Talente schwach sind, bin ich drum doch nicht weniger gegen den
Staat quitt, denn niemand kann mehr geben, als er hat, und im
übrigen haftet es dem Begriff der öffentlichen Stellung als ein
Merkmal an, daß man der Kritik, der Satire und oft sogar der Ver=
leumdung als Stichblatt zu dienen hat. Alle, welche Staaten ge=
lenkt haben, als Minister, Generale, Könige, haben Schmähungen
über sich ergehen lassen müssen; es würde mir sehr leid tun, der
einzige zu sein, der ein anderes Schicksal hätte. Ich verlange weder
Widerlegung des Buches noch Bestrafung des Verfassers, ich habe
dies Libell mit sehr ruhigem Blut gelesen und es sogar ein paar
Freunden mitgeteilt. Man muß eitler sein als ich bin, um sich über
derartiges Gekläff zu ärgern, dem jeder Vorübergehende auf seinem
Wege ausgesetzt ist, und ich müßte weniger Philosoph sein, als ich
bin, um mich vollkommen und über die Kritik erhaben zu dünken.
Ich versichere Sie, mein lieber Lord, daß die Injurien des anonymen
Verfassers nicht die geringste Wolke über die Heiterkeit meines
Lebens verbreitet haben und daß man noch zehn polemische Bro=
schüren dieses Schlages schreiben könnte, ohne meine Gedenkart
und Handlungsweise irgendwie zu stören."

Ähnlich hat Friedrich am 15. September 1753 an Maupertuis
geschrieben; nur hören wir hier, daß er doch keineswegs irgend
einen hungrigen Winkelskribenten für den Verfasser hielt. Mit aller
Bestimmtheit nennt er Voltaire; der habe, um seinen Stil zu ver=
hüllen, seine Arbeit erst ins Deutsche und dann zurück ins Französische
übertragen lassen. Denselben Verfasser vermutete Marquis d'Argen=
son, ehedem Voltaires Freund. Voltaire hat das Jahr darauf in
einer Erklärung diese „miserable, impertinente" Schrift, die bis in
den Kleinbetrieb der königlichen Küche eindringe, von sich abge=
schüttelt, er hat den Verdacht auf Graf Tyrconnell abzulenken ge=
sucht, obgleich das Pasquill Umstände erwähnt, die erst nach Tyrcon=
nells Tode sich zugetragen haben. Soviel erhellt: die aus Voltaires
Nachlaß zum Vorschein gekommenen autobiographischen Aufzeich=
nungen verschmähen doch auch nicht den Ausblick auf den Klein=
betrieb der königlichen Küche, zeigen noch sonst wörtliche Überein=
stimmungen mit dem verleugneten Druck von 1753 und haben zu=
mal, wie schon eine Reihe Voltairescher Briefe, gerade die garstigsten
Verdächtigungen mit diesem würdigen Vorläufer gemein.

Friedrich meinte damals mit Voltaire für immer fertig zu ſein.
Wir dürfen den Ausdruck ſeiner Freude über den Fortgang eines
Gaſtes, mit dem er „um ſeiner Sünden willen" heimgeſucht worden
ſei, als ganz aufrichtig betrachten.  Er rechnet den von dannen Ge=
zogenen zu der Art von Menſchen, die man wie niedliche Papa=
geien behandle und bei denen man mehr auf das Geplapper als
auf den Charakter achte, und fügt hinzu, wer mit Affen ſpiele, werde
bisweilen gebiſſen.  Er verſichert der Markgräfin von Baireuth, die
den Angeklagten in Schuß zu nehmen geneigt war, von Voltaires Tor=
heiten ließe ſich ein Lexikon ſchreiben ſo dick wie ein Band des Bayle,
und als Voltaire im Winter 1754 tot geſagt worden war, verwertete
Friedrich das glücklich widerrufene Gerücht im Epigramm: Charon
der Totenſchiffer ſchnellt den im Tode noch kargen, um das Fähr=
geld feilſchenden Poeten mit kräftigem Fußtritt auf die Oberwelt
zurück.

Montesquieu hatte im „Geiſt der Geſetze" von dem gros bon
sens der Deutſchen geſprochen, und Friedrich ſpielt auf ein heiteres
Zwiegeſpräch an, in welchem er einmal den inzwiſchen in die Heimat
zurückgekehrten Darget auf das Glatteis gelockt hatte, wenn er
dieſem 1754 ſchreibt: „Es iſt wahr, nach Ihrem eigenen Geſtändnis,
daß wir ſchleppende, ſchwerfällige Leute ſind und das Unglück haben,
Bonſens zu beſitzen; aber wenn Sie nun einen Freund wählen
ſollen, woran würden Sie ſich halten?"  Darget antwortete: „Ich
bin ſo weit davon entfernt, den Deutſchen ihre Zuverläſſigkeit im
Verkehr abzuſprechen, daß ich täglich laut verkünde, wie ich durch
ſie bei Eurer Majeſtät niemals den geringſten Verdruß gehabt habe,
ſondern nur durch die Franzoſen von der Nation der ſchönen Geiſter,
die mir nicht verzeihen konnten, daß ich mich weniger toll betrug
als ſie."  Es ſei ein eigenes Verhängnis, äußerte Friedrich ſpäter,
daß nie zwei Franzoſen im Auslande miteinander Freund ſein
könnten.

In Sansſouci wurde es jetzt ſehr ſtill.  Er lebe einſiedleriſcher,
als ihm lieb ſei, bekennt Friedrich 1754 dem guten Darget: „Unſere
Geſellſchaft iſt zum Teufel gegangen, der Narr iſt in der Schweiz,
der Italiener — Algarotti — macht ſich unſichtbar, Maupertuis
liegt auf der Krankenpritſche, und d'Argens hat ſich den kleinen
Finger verletzt und trägt deshalb den Arm in der Binde, als wenn
er vor Philippsburg von einer Kanonenkugel verwundet wäre.
Das iſt die größte Neuigkeit aus Potsdam, verlangt nicht mehr von
mir.  Ich lebe mit meinen Büchern und verkehre mit den Menſchen
aus dem Zeitalter des Auguſtus, und werde bald die Menſchen
unſeres Jahrhunderts ebenſo ſchlecht kennen, als weiland Jordan
die Straßen von Berlin."  Ähnlich ſchreibt er das Jahr darauf der
Markgräfin, daß er auf den einzigen d'Argens reduziert ſei, der die

meiste Zeit im Bette liege. Ein von der Sorbonne geächteter Abbé,
der junge de Prades, kam als Vorleser und kurzweiliger Gesell=
schafter, als Ersatz für La Mettrie, aber nicht als Freund in Betracht
und sollte sich bald als sehr unzuverlässig offenbaren. Ein Chevalier
de Masson, in welchem Graf Gotter ein hervorragendes gesellschaft=
liches Talent entdeckt haben wollte, wurde schnell in seiner geistigen
Dürftigkeit erkannt. Mit einem anderen Anwärter, den ihm die
Markgräfin empfohlen, versuchte Friedrich es lieber nicht erst.
„Diese jungen Franzosen," meinte er, „sind zu wenig Philosophen,
um sich mit dem einsamen Leben, das ich führe, zu befreunden."
Immer mehr wurde er der Seßhafte, als den schon Voltaire ihn
kennen gelernt hatte. Wie beglückwünschte er sich, wenn die Dienst=
reisen beendigt waren, die ihn im Frühjahr und im Herbst regel=
mäßig für einige Zeit in die Provinzen führten, und wenn er nun
in seine stille Studierstube zurückkehren konnte. Den Winterauf=
enthalt in Berlin anläßlich der dem wohlhabenden Landadel als
Stelldichein bezeichneten Karnevalslustbarkeiten kürzte er seit 1753
erheblich ab, und immer trat er dann nur auf Augenblicke und nur
von weitem in den Gesichtskreis der höfischen Gesellschaft, durch
sein Erscheinen Scheu und Kälte verbreitend, ein Fremder an seinem
eigenen Hofe. Auch bei den Familienfesten ward er jetzt seltener
gesehen. Schon als dem Prinzen Heinrich die Hochzeit ausgerüstet
wurde, im Sommer 1752, wohnte er nur den Hauptfeierlichkeiten
bei und ließ sich den weiteren Verlauf der „fêtes henricoises" durch
den sachkundigen Pöllnitz schildern. „Ich komme mir so verbauert
bei diesen schönen Beschreibungen vor," scherzt er, „daß ich mir,
bevor ich das nächste Mal nach Berlin komme, einen Tanzmeister
anzunehmen gedenke, dazu einen jungen französischen Marquis,
um mir die Erziehung der großen Welt zu verschaffen." Das Jahr
darauf, im Herbst 1753, vermählte sich zu Schwedt die Prinzessin
Sophie Dorothea, seine Nichte, dem Bruder des Herzogs von Württem=
berg; diesmal entband sich der König von der Teilnahme am Feste ganz.
„Ich werde hier ziemlich allein bleiben," schreibt er aus Potsdam,
„bin aber im Grunde sehr zufrieden, mich in dieser Lage zu finden;
meine Neigung weist mich genug auf die Einsamkeit hin, und zudem
ist die Muße, die ich jetzt genieße, höchst notwendig, um mich auf
die Rolle vorzubereiten, die ich das nächste Jahr zu spielen haben
werde."

Er meint die militärischen Maßnahmen, die er eben in diesen
Tagen traf; er war bereits wieder auf Krieg gefaßt.

# Der König-Connetable

**W**äre es wahr, was hin und wieder behauptet worden ist, daß Friedrich der Große am Soldatenhandwerk keine innere Freude gehabt und sich den militärischen Aufgaben nur aus Pflichtgefühl unterzogen hätte?

„Er ist von Natur träge," berichtet 1751 Thrconnell dem französischen Hofe, „und verabscheut alles, was Kriegswesen heißt; indes er überwindet sich, und es bedarf schon einer ernsten Unpäßlichkeit, ehe er sich der Parade, die er alle Tage mit seinen Truppen abhält, und der Fürsorge für die Einzelheiten der laufenden Heeresverwaltung entzieht. Denn er ist der Überzeugung, daß er gerade dadurch Europa blendet und nur dadurch die große Disziplin seines Heeres und bei den Offizieren jeden Grades, bis zu seinen prinzlichen Brüdern, die peinliche Genauigkeit lebendig erhält. Ohne so starke Beweggründe würde er sich vielleicht seiner natürlichen Neigung für die Einsamkeit überlassen und sich ganz und gar der Poesie und den schönen Wissenschaften hingeben."

Wohl lassen sich zur Stütze solcher Ansicht gelegentliche Äußerungen Friedrichs beibringen. Aber sie werden ein für allemal entkräftet durch das aufrichtige Bekenntnis, das er 1742 im mährischen Hauptquartier bei der Rückkehr auf den Kriegsschauplatz gegen Algarotti abgelegt hat: „Ich gebe dies Metier zu allen Teufeln, und doch treibe ich es gern — ein Beweis für das Widerspruchsvolle des menschlichen Geistes."

Friedrich war Soldat mit Leib und Seele, und vor allem andern Soldat, und er war es schon in Ruppin und Rheinsberg geworden. Schon in Antimachiavell hatte er dem Fürsten die Pflicht, das Land zu verteidigen und die Streitmacht zu führen und zu üben, mit warmer Beredsamkeit ans Herz gelegt; als König steigert er noch den Ton. Er rühmt sich, daß er von Kindesbeinen an im Heere erzogen ist, daß seine Wiege Waffen umklirrt haben. Für die Erziehung des künftigen Thronerben, des jungen Prinzen Friedrich Wilhelm, ordnet er an, man soll dem Kinde Geschmack am Soldatischen einflößen, ihm bei jeder Gelegenheit sagen, daß jeder Mensch von vornehmer Geburt Soldat sein muß; man soll ihn Truppen sehen

laffen, so oft der Kleine es will. Er betrachtet es als unumgänglich notwendig, daß ein König von Preußen Soldat sei, und zwar
das Oberhaupt des Heeres, der „Fürst-Connetable". Der König
von Preußen muß das Amt an sich nehmen, das, in den Republiken umstritten und in den Monarchien ehrgeizig begehrt, doch
von der Mehrzahl der Könige Europas so mißachtet wird, daß sie
sich zu erniedrigen glauben würden, wenn sie ihre Heere befehligen
sollten. Eine Schmach für den Thron, so ruft er, diese schlaffen
und untätigen Fürsten, die, indem sie den Oberbefehl ihrer Truppen
den Generalen überlassen, ein stillschweigendes Geständnis ihrer
Schwachherzigkeit oder ihrer Unfähigkeit ablegen. „In unserm
Staat ist es sicherlich eine Ehre, mit der Blüte des Adels und der
Auslese der Nation an der Festigung dieser Disziplin zu arbeiten,
die den Ruhm des Vaterlandes aufrecht erhält und es im Frieden
achtunggebietend und im Kriege siegreich macht. Man müßte als
ein ganz Elender geboren oder in Trägheit verkommen und durch
Wolluft entnervt sein, wenn man sich die Mühen und Sorgen,
welche die Aufrechterhaltung dieser militärischen Zucht erheischt,
dauern lassen wollte."

Als den letzten Nachklang der losen Reden des frondierenden
Kronprinzen über die einseitig militärische Richtung Friedrich
Wilhelms I. mag man die Bemerkung in den „Brandenburgischen
Denkwürdigkeiten" betrachten, daß damals dieses ganz militärische
Regiment die Sitten und selbst die Mode beeinflußt, daß kein Mensch
im ganzen preußischen Staat mehr als drei Ellen Tuch zu seinem
Kleide gebraucht habe; war doch die knappe Uniform des preußischen
Soldaten daheim und bei den Nachbarn eine beliebte Zielscheibe
des Witzes. Auch hat Friedrich es für sich und seine Nachfolger
als Regierungsgrundsatz hingestellt, daß der Souverän das Gleichgewicht zwischen dem Wehrstand und der bürgerlichen Bevölkerung
aufrechterhalten müsse und diese nicht unterdrücken lassen dürfe.
Zugleich aber spricht er es mit großer Überzeugung aus, daß in
diesem von mächtigen Nachbarn umringten und voraussichtlich
häufigen Kriegen ausgesetzten Staate der Kriegerstand der erste
sein und bleiben müsse, wie er es bei den Römern gewesen sei,
als diese Eroberer der Welt in der Periode ihrer Vergrößerung
standen. Die Verachtung gegen das Beamtentum, der er als Kronprinz in Küstrin, damals selber Verwaltungsbeamter, offen Ausdruck gegeben hatte, er hat sie nie ganz überwunden. Und wie er
für die Präsidentenstellen ausgediente Stabsoffiziere bevorzugte,
so übertrug er auch bei Hofe Dienstleistungen von irgendwelcher
Bedeutung, etwa wenn ein fremder Gesandter zur Audienz ab-
geholt werden sollte, lieber einem Offizier als einem Kammerherrn.
„In meinen Staaten gilt ein Leutnant mehr als ein Kammer-

herr," hat er einem Bewerber um den goldenen Schlüssel erklärt. Nur ausnahmsweise und immer seltener vertauschte er den Waffen- rock mit dem Hofgewande. Offiziere bildeten seine stehende Um- gebung den Tag über, nur am Abend durch die ästhetische Tisch- gesellschaft abgelöst. Von allen seinen Gedichten, erklärte er, liege keines ihm so am Herzen, als die Epistel an Stille, die den in seinen beiden Kriegen gefallenen Offizieren ein Ehrendenkmal setzte. Wenn der König seine Kriegsleute, die lebenden und die toten, so ehrte, wie hätte es dem Stande an der allgemeinen Schätzung fehlen können? Marquis Valory fand es sehr bezeichnend, daß ein Prinz von Hessen nach seiner Beförderung zum preußischen General- leutnant lieber Exzellenz als Hoheit angeredet werden wollte.

Friedrich Wilhelm I. hatte in Ostpreußen junge Adelige zwangs- weise, durch Unteroffiziere und Polizeiausreiter, für das Kadetten- haus ausheben lassen; jetzt übte das Heer so starke Anziehungskraft, daß die Regimenter, abgesehen von den oberschlesischen, an Nach- wuchs für die Offizierstellen Überfluß hatten. „Gott behüte, wie viele Junkers!" rief König Friedrich, als er 1753 bei den ostpreußischen Musterungen die Fähnriche der Regimenter Dohna und Below in Reih und Glied aufgestellt sah. Ein Herr von Bonin meldete ihm 1752 mit Stolz den siebenten Sohn für das Heer an und ver- sprach, den achten und letzten bald nachzuschicken. Es galt schon als selbstverständlich, daß die Söhne des Adels sich dem Soldatenstand widmeten, der König behauptete ein Anrecht auf sie. Und beide Teile standen sich gleich gut dabei. Die Unterkunft in dem großen, aufnahmefähigen Heere rettete den unvermögenden kleinen Adel, der in dem protestantischen Staate keine stiftische Versorgung er- hoffen konnte, vor dem Aufgehen in polnischen Zuständen, vor Verarmung und Verbauerung; Friedrich bezeichnet es einmal als ein gutes Werk, einen verwahrlosten hinterpommerschen Edel- knaben noch im rechten Augenblick „aus der Konversation der Bauer- jungen" herausgezogen zu haben. König und Staat aber erhielten in dem Waffendienst des Adels ein Unterpfand für die Treue des ganzen Standes. In rückläufiger Bewegung wurde die Vasallen- pflicht jetzt wieder nach ihrer ursprünglichen, wesentlichsten Be- deutung als Pflicht zur Heeresfolge aufgefaßt. Wenn die Ritter- schaft damals, wie wir gesehen haben, aufhörte, eine politische Partei, die Widerstandspartei zu sein, so geschah es nicht zum wenigsten, weil sie sich schrittweise, mit jeder neuen Generation mehr, zu einem Militäradel umwandelte. Der Sohn des auf dem Blutgerüst als Hochverräter verendeten Christian Ludwig von Kalckstein berief sich gegen Friedrich Wilhelm I. darauf, daß von seinen Söhnen die ältesten in dem königlichen Heere bereits dienten und daß die jüngeren dem Beispiele folgen würden. Schon galt in den Kreisen des Adels das Wort: „Königsbrot ist immer das beste". Für die oppositionellen Anwandlungen, die politischen Bestrebungen, den Libertätseifer der alten Zeiten fand der Adel in dem Waffendienst Ersatz und Ablenkung, eine neue Beschäftigung, ein neues Betätigungsfeld des Ehrgeizes; die Feldschärpe und das silberne Wehrgehenk des Offiziers wurden neue Abzeichen der adeligen Standesehre.

Denn das allerdings war die Kehrseite der tatsächlich bestehenden allgemeinen Wehrpflicht des Adels, daß neben der Pflicht ein Recht, der Anspruch auf den Alleinbesitz der Offizierstellen, immer stärker zur Geltung kam. Die Reinigung des Offizierkorps durch Friedrich Wilhelm I., deren der Nachfolger in seinen Memoiren rühmend gedenkt, erstreckte sich wesentlich auf die nichtadeligen Bestandteile, d. h. auf die in langem Dienst aus den Reihen der Gemeinen zu Offizierstellen emporgestiegenen Kameraden. Wer möchte den bedeutsamen Fortschritt, der an sich in der Maßregel lag, verkennen? Erst jetzt ergab sich ein spezifischer, innerlicher Unterschied zwischen der Truppe und dem Offizierkorps; ein kameradschaftliches Verhältnis auf der Grundlage gesellschaftlicher Gleichartigkeit konnte erst jetzt sich entwickeln. Und das wurde ein großer Vorzug des preußischen Offizierstandes. Als König Friedrich 1743 bei Wemding das bayrische Heer besichtigte, machte ihm der gemeine Mann keinen üblen Eindruck; aber er gewahrte sofort den „erbärmlichen" Zustand des zum größten Teil aus völlig unerzogenen Leuten, alten Troupiers zusammengesetzten Offizierkorps. Und im österreichischen Heere, wo adelige Herkunft für den Offizier gleichfalls nicht als erforderlich betrachtet wurde, war die Wirkung doch nur eine Spaltung des Standes in zwei innerlich zusammenhangslose Hälften: in den unteren Schichten bis an ihr hohes Alter die aus der Truppe hervorgegangenen, mißachteten bürgerlichen Offiziere, die höheren Stellen fast ausnahmslos dem schnell aufrückenden Adel vorbehalten. Nun war es auch bei den Preußen nicht die Meinung, daß der Zugang zu den Offizierstellen den Bürgerlichen ganz verschlossen sein sollte. Aber wenn König Friedrich 1744 einen Grenadier Krauel für ausgezeichnete Tapferkeit in den Laufgräben vor Prag zum Leutnant machte und unter dem hochtönenden Namen von Ziskaberg adelte, und wenn nun im Frieden die Aufführung dieses Braven „immer schlechter und liederlicher" wurde, so ermutigte solche Erfahrung nicht gerade, den Versuch zu wiederholen. Für Friedenszeiten hatte Friedrich Wilhelm I. die Regel aufgestellt, daß ein unadeliger Unteroffizier nur nach mindestens zwölfjähriger Dienstzeit zum Offizier befördert werden sollte — eine Bestimmung, die da deutlich zeigt, daß an den Bürgerlichen von Erziehung und Bildung als Offizieranwärter damals überhaupt nicht gedacht wurde. Dabei blieb es zunächst: solange einer-

seits aus den besseren Schichten der bürgerlichen Gesellschaft, aus
den Familien der Beamten und Gelehrten, aus den Pfarrhäusern
und den gewerblichen Kreisen kein Andrang erfolgte, und solange
anderseits der Vorrat adeliger Bewerber völlig ausreichte, wurde
der bestehende Zustand kaum kritisch erörtert. Bis dann allmäh=
lich die Tatsache bekannter wurde und das gebildete Bürgertum,
welches eben jetzt sich mit berechtigtem Selbstbewußtsein erfüllte,
tief verletzte, daß der König die Adeligen grundsätzlich bevorzugte
und die Bürgerlichen am liebsten ganz aus seinem Offizierkorps
ausgeschlossen hätte. Wohl hören wir ihn sagen, daß mehr als ein
Feldherr oder Staatsmann aus dem Bürgerstande hervorgegangen
ist und daß Europa sich dazu beglückwünschen darf; daß die Natur
die Gaben ohne Rücksicht auf den Stammbaum verteilt; daß alle
Menschen gleich alten Geschlechtes sind; daß jeder durch Tugend
und Talente Ausgezeichnete ein Mann von Adel ist, dem Melchisedek
vergleichbar, der ohne Vater und ohne Mutter war. Aber alle diese
philosophischen Betrachtungen haben doch nie ein altes, tiefge=
wurzeltes Vorurteil für den Geburtsadel bei ihm auszurotten ver=
mocht. Dazu trat noch ein lebhaftes Gefühl der Dankbarkeit gegen
den vor dem Feind als hingebend und heldenmütig erkannten Stand[1]).

Man versteht es, wenn er nicht wünschte, daß Unerprobte den
so Bewährten ihren Platz im Heere fortnahmen. Aber Friedrich
hat später, als der einheimische Adel das Bedürfnis nicht mehr
deckte, stets lieber Edelleute aus der Fremde zu Offizieren haben
wollen, als bürgerliche Landeskinder, indem er der Familientradition
und der Solidarität der Geschlechtsgenossenschaft, worin allerdings
eine unleugbare ideale Kraft ruht, einen ganz ungemessenen Wert
beilegte: diese stillschweigende Bürgschaft, die innerhalb des Adels
die ganze Sippe für das ehrenhafte Verhalten des einzelnen über=
nimmt, sah er in starrer Einseitigkeit für unentbehrlich, für so un=
ersetzlich an, daß er bei dem nicht unter gleichem moralischen Zwange
stehenden Bürgerlichen bis auf den Beweis des Gegenteils ein
geringeres Ehrgefühl voraussetzte. Nicht einmal Familienverbin=
dungen mit der verachteten „Roture" sollten den adeligen Offizieren
gestattet sein; als ein Leutnant eine „Doktorswitwe" freien wollte,
wies der König das Fürwort des Regimentschefs mit dem Bedeuten
zurück: „Ihr habet die Eurigen vielmehr auf alle Weise davon ab=
zuhalten, als Euch für sie wegen solcher Mariagen zu interessieren,
denn Ihr sonst bald lauter Bürger zu Offiziers kriegen werdet."
Eine Ausnahme von der allgemeinen Regel machten mit Zulassung
bürgerlicher Offiziere die Husarenregimenter, diese neu errichtete
leichte Reiterei, die ihrem Ursprung nach als irreguläre Truppe

---

[1]) Vgl. S. 89.

gedacht wurde; weiter die Garnisonbataillone, die Artillerie und das Ingenieurkorps.

Die Schwierigkeiten, die sich im preußischen Heer der Gewinnung eines Stammes brauchbarer Genieoffiziere hartnäckig entgegenstellten, hingen zusammen mit dem allgemeinen Bildungsstande des Offizierkorps. König Friedrich sagt von den Zeiten seines Vorgängers, daß man im Heere damals das Studium mißachtet, daß den Kenntnissen eine Art Schmach angehaftet habe, so daß die jungen Leute es geradezu als ein Verbrechen betrachtet hätten, ihr Wissen zu erweitern und sich geistig fortzubilden. Und Ewald von Kleist klagte noch 1746, unter Kameraden sei es eine Art von Schande, Dichter zu sein. Wohl gab es unter den preußischen Fahnen eine ganze Anzahl gebildeter, höheren Interessen zugänglicher Offiziere, sicherlich verhältnismäßig mehr als in anderer deutscher Herren Ländern, einschließlich des österreichischen Heeres. Rothenburg und Keyserlingk, Stille und Kyau, Georg Konrad von der Goltz und dessen nachmals bei Großjägersdorf gefallener Vetter, die Marschälle Schwerin, Buddenbrock und Borcke und manch andere hatten vor ihrem Eintritt in die militärische Laufbahn die Universität besucht; einer der namhaftesten Reiterführer des friderizianischen Heeres, Georg Wilhelm von Driesen, wollte sich eben in Königsberg als Theolog einschreiben lassen, als König Friedrich Wilhelm seinen Entschluß wankend machte, und auch der nachmalige Husarengeneral Puttkamer ließ sich auf der Reise zur Hochschule als Standartenjunker anwerben. In den Winterquartieren des Siebenjährigen Krieges haben die in und um Leipzig eingelagerten Offiziere Gellert ersucht, ihnen Kollegien zu halten; er mußte „vor der halben Armee lesen", und ein junger Graf Dohna versicherte ihn, daß er seine Werke auswendig wisse; ja einige Zeit vor dem Kriege hatte ein preußischer Offizier als dankbarer Leser dieser Werke dem Verfasser zum Zeichen persönlicher Verehrung zwanzig Louisdor geschenkt.

Im Durchschnitt aber blieb es mit der Bildung der Offiziere schwach bestellt. Die Typen wie Peter Blanckensee — von dem der Kronprinz Friedrich spottete, es werde nicht zu merken sein, wenn er seinen Geist aufgebe — starben nicht aus; die fehlende geistige Dressur mußten Mut und Tapferkeit, Kraft und Wuchs ersetzen, obschon König Friedrich einmal einem kursächsischen Herren, der für seinen Sohn um Aufnahme in den preußischen Dienst bat und die Leibeslänge des Sprößlings als empfehlende Eigenschaft hervorhob, spitz antwortete, daß er bei einem jungen Edelmann mehr auf soliden Verstand und wohlanständige Konduite, als auf die Größe sehe. Der bei Kesselsdorf gefallene Hertzberg war wohl nicht der einzige General, von dessen Erziehung es galt: „der Dorfschulmeister wurde gebraucht, ihm die ganze Fülle seiner Gelehr-

samkeit beizubringen". Es kam vor, daß aus Pommern junge
Leute an das Kadettenkorps nach Berlin geschickt wurden, die weder
lesen noch schreiben konnten, was den König später (1769) bestimmte,
in Stolp eine Voranstalt einzurichten. Die Kadetten erhielten
Unterricht in der Logik und Mathematik, der Geschichte und Geo-
graphie, im Französischen und in den Anfangsgründen der Ingenieur-
kunst; an ihren Prüfungen hat sich König Friedrich gern mit Zwischen-
fragen beteiligt. Überhaupt ließ er es an Einwirkungen nicht fehlen.
Für die Winterquartiere des ersten Krieges wurden jedem Regiment ein paar Exemplare der militärischen Memoiren von Feuquières,
die damals als das beste kriegswissenschaftliche Lehrbuch galten,
zum Studium zugeschickt, und im Herbst 1743 wurde in der Hauptstadt ein Lehrgang militärischer Vorträge für die Offiziere der Garnison eingerichtet. Der König ist mit dem, was allmählich erreicht
wurde, doch unzufrieden geblieben; er äußert einmal, es werde
erst einer völligen Umwandlung der nationalen Art bedürfen, um
die Hemmnisse, Oberflächlichkeit, Trägheit und Hang zu Ausschwei-
fungen, zu überwinden.

Immerhin wurden die ersten Regungen wissenschaftlichen Geistes
im Offizierkorps wahrnehmbar. Stille und ein Stabsoffizier seines
Regiments, Krosigk, bearbeiteten die Geschichte der beiden schlesischen Kriege, und derselbe Krosigk übersetzte Voltaires Universal-
geschichte und einzelne Abschnitte aus der Kriegskunst des Grafen
Turpin. Der Major Humbert vom Ingenieurkorps trat 1747 mit
einem Werk über die Belagerungskunst auch öffentlich als Schriftsteller auf; ebenso 1756 ein Fähnrich von der Garde, Friedrich
Moritz von Rohr, mit „Zufälligen Gedanken über die Kriegsgeschichte", in denen der Einfluß der historischen Anschauungen des
Königs unverkennbar ist. Freilich mußte es wieder entmutigend
wirken, wenn Friedrich für Humbert nur die Bemerkung hatte,
daß er in diesem Fache eine gute, durch die Erfahrung beratene
Praxis der tiefsten Theorie vorziehe, oder wenn General Stille
bei einer Revue von seinem königlichen Freunde angeblich das
Wort zu hören bekam: Studieren allein tue es nicht, man müsse
sich auch um das Regiment bekümmern.

Zu den Sorgen für das Regiment, die der König dem Inhaber
oder dessen Stellvertreter zur Pflicht machte, gehörte nicht zuletzt
die Überwachung der Offiziere in ihrer persönlichen Aufführung
außerhalb des Dienstes. Wer „wilde Lebensart", „übermäßigen
Trunk", „wüste und nachteilige Haushaltung" in seinem Offizierkorps aufkommen ließ, wurde scharf dafür angesehen. Leutnants
und Fähnriche, die schlecht wirtschafteten, sollten grundsätzlich nicht
zur Kompanie vorgeschlagen werden. „Um alle unanständige und
üble Lebensart abzuwenden", sollten, so verfügt es das Reglement

von 1743, die höheren Offiziere ihre jüngeren Kameraden „bei sich bitten, auf eine gute Art mit ihnen umgehen und mit selbigen öfter sprechen". Ein Vorbild für diese Pflege geselligen Verkehrs gab der König beim ersten Bataillon Garde mit den von ihm eingeführten Abendgesellschaften, und zu seiner Tafel zog er auch außerhalb Potsdams nicht bloß Stabsoffiziere, sondern auch Kapitäne. Freilich wenn ein Oberst die richtige Mitte nicht einzuhalten verstand, mußte er bedeutet werden, die „familiären Gesellschaften mit den Subaltern-Offiziers" lieber zu unterlassen. Wir haben von beteiligter Seite ein paar anschauliche Schilderungen des kameradschaftlichen Lebens in dem alten preußischen Heere. Ein Karl von Hülsen führt uns aus seinem Offizierkorps Gerechte und Ungerechte vor: den rüden, prahlerischen, händelsüchtigen Typus, und die rechtschaffenen, warmherzigen, opferbereiten und begeisterungsfähigen Gesellen; die barschen und die gelinden Vorgesetzten; den wohlwollenden Kommandeur und den von Anwandlungen des Nepotismus nicht ganz freien Chef, einen „verdrießlichen alten Pommer". Ein Fritz Fouqué, der Dichter, der ganz in der friderizianischen Lebensluft großgewordene, obgleich erst kurz nach des Königs Tode in das Heer eingetretene Enkel des Bayard-Großmeisters, preist das „edel-zierliche, fröhliche Rund" der Offiziere von den Weimar-Kürassieren und nennt die Kameraden vom Infanterieregiment Romberg eine ebenso mutig rasche, als fein und edel gebildete Rittergenossenschaft, beklagt aber zugleich „die Wüstheiten der Ordonnanzgesellschaften im Hauptquartier, wo täglich die jüngsten Offiziere aller Regimenter einander ablösten". Unendlich viel kam doch von jeher auf die Person des Obersten an. Es war nicht immer leicht, die Strenge richtig abzumessen. Einem hochangesehenen Chef, dem Feldmarschall Kleist, verweist es König Friedrich 1747, daß er noch immer Unruhe, Streit und Verdrießlichkeit errege, und oft aus geringer Ursache: „Ich liebe Frieden, Harmonie und Gefälligkeit bei denen Regimentern, welche ganz wohl zu erhalten ist, wenn man nicht in allen Dingen so störrisch ist und alles mit Verdacht ansiehet und zu Bolzen drehet, was entweder nicht so schlimm ist, oder doch mit guter Art abgemachet werden kann." Bei einem anderen Regimente ist statt des Zuviel ein Zuwenig zu rügen: „Es ist einmal eine ausgemachte Sache, daß wenn einmal bei einem Regiment nicht auf die strenge Subordination und Disziplin gesehen und die Offiziers nicht kurz gehalten werden, das ganze Regiment sich davon bald ressentieret und die Exzesse auch unter denen Gemeinen so einreißen, daß das ganze Regiment dadurch schlecht und unbrauchbar wird." In eigenhändiger Nachschrift beauftragt der König den Chef: „Lesen Sie meinen Brief Ihren Subalternes vor, daß sie selber hören, daß Ich keine unge-

zogene Offiziers und Leute von schlechter Conduite unter meinem
Corps Offiziers haben will, die Ehre und Ambition und eine ver=
nünftige Conduite haben."

Jede Verletzung des Ehrgefühls sollte dem Offizier gegenüber
vermieden werden. Man erzählte sich, daß der König einst im auf=
wallenden Zorn das Pferd eines Husarenoffiziers mit dem Stock
über das Maul geschlagen habe; der Offizier habe sein Tier nieder=
geschossen und dem Könige dreist erklärt, daß er eine geschlagene
Mähre nicht mehr reiten möge; da habe ihm dieser ein anderes
Pferd geschenkt. Friedrich Wilhelm I. hatte in der Dienstvorschrift
von 1726 dem an seiner Ehre angegriffenen Offizier erlaubt, sich
auf der Stelle auch gegen den Vorgesetzten zu „verantworten".
Das hat Friedrich II. nicht länger zugestehen wollen. Seine „Ordre
zur Erhaltung der Subordination bei der Armee" vom 12. Dezember
1748 verfügte: „Wenn ein Offizier von seinem Chef oder Stabs=
offizier geschimpfet, oder gar mit dem Stock von selbigem gedrohet
würde, als wollte er ihn stoßen oder schlagen, so muß der beleidigte
Offizier, so lange er im Dienst ist, stille dabei sein." Erst nachher
durfte Genugtuung gefordert werden; doch nicht, falls nur scharfe
Worte gefallen waren. Wir hören die Klage, daß bei der „Grobheit"
der Vorgesetzten der Point d'honneur des Offiziers bisweilen zu
kurz komme. Arreststrafen galten noch nicht als ehrenrührig. Es
kam vor, daß man den Offizier vom Exerzierplatz durch seine Unter=
gebenen zur Verbüßung der Strafe abführen ließ. Der „weiße
Saal" in Berlin, der kahle, getünchte Raum in dem Wachtgebäude
am neuen Markt, beherbergte oft eine zahlreiche Gesellschaft, die
sich dann über das gemeinsame Mißgeschick durch allerlei Kurzweil
hinwegzuhelfen geneigt war.

Friedrich verlangte von seinen Offizieren, daß sie ihm „mit
Leib und Seele" dienten: ein jeder sollte mehr leisten, als von seinem
Grade erwartet werden konnte, sollte sich selbst übertreffen. Jedem
Stabsoffizier wünschte der Kriegsherr, daß man von ihm sagen
könnte: „Der Mann hat die Gaben eines guten Generals, es ist
schade, daß er es noch nicht ist." Die gerade nur so viel taten, als
nötig war, um nicht verantwortlich zu werden, hießen „indolente
Leute". Eine ganze Stufenleiter ungnädiger Behandlung wartete
dieser Lässigen: Verweigerung des Urlaubs, der ohnehin nur spär=
lich gewährt wurde; Einschub eines Vordermannes; Versetzung des
Reiteroffiziers zum Fußvolk und des Infanteristen zu einer Garnison=
truppe; Enthebung vom Kommando der Kompanie; endlich die
schlichte Dienstentlassung, wobei dem Verabschiedeten, wenn er
um Nachsicht fleht, wohl bedeutet wird, wie er „selbst leicht begreifen
werde, daß Se. Königl. Majestät keine Leute ernähren könnten,
die ihren Dienst nicht mit der gehörigen Exactitude verrichten".

Eine friderizianische Revue galt als der für das ganze Land wichtige Augenblick, „wo die Wünsche von Frauen, Müttern, Kindern, Freunden mit Inbrunst zum Himmel stiegen, daß die Ihren in diesen fürchterlichen drei Tagen nicht unglücklich werden möchten". Da war kein Ansehen der Person, auch keines des Regiments. Es machte gewaltiges Aufsehen, als 1754 nach der Stargarder Revue die berühmten Baireuther Dragoner, die seit Hohenfriedberg den Grenadiermarsch schlagen durften und ihre Trophäenzahl 66 im Siegel führten, wegen unzureichender Leistungen dreimonatliches Nachexerzieren zudiktiert erhielten. Daß einem Regiment, um ihm nachzuhelfen, ein fremder Stabsoffizier zugesandt wurde, war nichts Ungewöhnliches. Wer aber am Revuetage bestand und sich auszeichnete, sah sich bisweilen über alles Erwarten freigebig belohnt. Dem wackeren Degen, der ihm drei Jahre später seinen glänzendsten Sieg erstreiten half, dem Generalmajor Driesen spendete Friedrich 1754 nach der Berliner Revue 2000 Taler als Ehrengeschenk, und als Driesen seinen Dank darbrachte, erklärte ihm der Herr in guter Gebelaune, es sei noch nicht genug, und ließ alsbald eine Jahreszulage von 1000 Talern und die Anweisung auf die Einkünfte einer jener Sinekuren folgen, zu denen die alten Amtshauptmannschaften zusammengeschrumpft waren. In dem politischen Testament klagt er, daß die Mittel, das Verdienst klingend zu lohnen, ihm allzu knapp zugemessen seien: 40 Amtshauptmannschaften zu 500 Talern, ein Posten von 25 000 Talern im Etat der Generaldomänenkasse, die Präbenden der Domkapitel und gewisse Einkünfte aus den schlesischen Abteien. Der Orden pour le mérite war jedem Offizier zugänglich, der schwarze Adler blieb grundsätzlich den Generalleutnants und Generalen vorbehalten.

Dem Offizierkorps dieser Friedenszeit hat der König — „mit seinen vier Campagnen der beste Offizier der preußischen Armee", wie Marschall Keith ihn nannte — später das Zeugnis ausgestellt: „Alle Bataillone, alle Kavallerieregimenter hatten alte Kommandeure an ihrer Spitze, erprobte Offiziere, voll Tapferkeit und Verdienst. Die Kapitäne waren gereifte, zuverlässige, wackere Leute, die Subalternoffiziere mit Auswahl aufgenommen, darunter viele, die das Zeug und den Anspruch hatten, zu höheren Graden aufzusteigen: in einem Worte, Hingabe und Wetteifer in diesem Heer waren bewundernswert." Er machte eine Einschränkung in Bezug auf die Generalität: unter ihr zwar einige von großem Verdienst, die überwiegende Mehrzahl aber bei großer Tapferkeit sehr lässig und unselbständig. Ein Mangel, der sich erst offenbarte, als mit einem neuen Kriege notwendig wurde, gleichzeitig mehrere Heere aufzustellen. Den Grund wollte der König in dem herkömmlichen Aufsteigen nach dem Dienstalter sehen; für die unteren Grade bis

zum Major einschließlich, für die dem Regimentschef ein Vorschlags=
recht zustand, grundsätzlich anerkannt, bildete diese Beförderung in
der gegebenen Reihe doch auch für die höheren Offiziere die Regel.

Auf die materielle Lage des Offizierstandes bezieht sich Friedrichs
Warnung, er rate allen, die nicht Ansehen und Ehre dem Interesse
vorzögen, niemals den Waffenberuf zu ergreifen. Der Fähnrich
und der Leutnant, mit einem monatlichen Gehalt von 11 bis 14
Talern, konnten ohne Zuschuß nicht leben, und bis zur Kompanie
diente man durchschnittlich an die zwanzig Jahre. Wie mancher
mußte sich da gar kümmerlich durchschlagen:

> Der Knittelvers wird dir getreulich erzehlen,
> Wie grausam die Sorgen der Nahrung mich quälen,
> Wie sauer gebohren, wie dürftig ich sey,
> Wie viel der Herr Lieutenant noch schuldig dabey.
> Er hatte nichts, mußt von Anfang gleich borgen,
> Sich was er benöthigt a Conto versorgen.
> Krieg war es, drum wurde gar wenig bezahlt,
> Nur Wechsel geschrieben und Nahmen gemahlt

— so führt sich ein preußischer Kavallerieleutnant, auf seinem Schlacht=
rosse vermutlich sattelfester als auf dem Pegasus, mit glücklicher
Selbstironie bei uns ein. Wir verstehen, warum der König jüngeren
Offizieren die kriegsherrliche Erlaubnis zur Heirat nur unter be=
sonderen Voraussetzungen erteilte; die Gefahr lag zu nahe, daß
in solcher Offiziersehe, wie Friedrich einmal warnt, „Hunger und
Durst zusammenkam". Doch gab es Regimenter, wo der Reichtum
zu Hause war, wo die Uniformen von Gold und Silber strotzten und
je nach dem Tagesgeschmack bald zu kurz, bald zu lang waren, wo
man auf elegante Haartracht sah, auch ganz unvorschriftsmäßige
„Kapuziner=Frisuren" sich erlaubte, und wo sonstige Modeaus=
wüchse wucherten, gegen die selbst der König vergeblich ankämpfte.

Wer es zum Kapitän gebracht, galt als gemachter Mann. Und die
Kompanie war nicht käuflich, wie in Frankreich, jeder, auch der
Ärmste, konnte sich zu ihr aufdienen. Der Inhaber einer preußischen
Kompanie, hieß es, würde mit manchem Reichsfürsten nicht tauschen.
Seine Einkünfte waren so reichlich bemessen, daß er ohne uner=
laubte Knausereien, und auch wenn er den jüngeren Offizieren
den Mittagstisch oder eine Geldzulage gewährte, binnen einem Jahr=
zehnt ein kleines Vermögen ersparen konnte.

Die Möglichkeit, den Kapitän so günstig zu stellen, den preußischen
Offizier für die Entbehrungen und Opfer einer langen Wartezeit
zu entschädigen, boten die sogenannte Kompaniewirtschaft und die
eng mit ihr zusammenhängende Kantonverfassung.

Der Kapitän war verpflichtet, seine Kompanie oder Schwadron
vollzählig zu erhalten. Er empfing, außer seinem nur knappen

Gehalt, aus der Generalkriegskasse eine feste Summe, um die etats=
mäßige Zahl von Unteroffizieren und Gemeinen zu löhnen, aber
kein Werbegeld, um den Abgang zu ersetzen. Der Kapitän hätte dabei
nicht bestehen können, wären ihm nicht zwei Dinge zu gute gekommen:
die Einstellung einheimischer Rekruten, die kein Handgeld erhielten,
und eine umfassende Beurlaubung dieser Landeskinder.

Der Grundsatz der allgemeinen Wehrpflicht war nie ganz in Ver=
gessenheit geraten. König Friedrich I. hatte mit Berufung auf diesen
Grundsatz die junge Mannschaft zur Verwendung in der „National=
miliz" enrolieren, d. h. für den Fall eines Landwehraufgebotes
vormerken lassen. Der Nachfolger, der die Milizen seines Vaters
als eine Karikatur des Soldatenstandes verabscheute, begründete
nun die Ergänzung des stehenden Heeres auf jene allgemeine Pflichtig=
keit zur Landesverteidigung, obgleich gerade er zeitweilig alle
Werbung im Lande gänzlich verboten hatte und nur freiwillige
Meldungen hatte zulassen wollen. Er gestattete zunächst stillschweigend,
daß die Kapitäne auf eigene Faust und im Wettbewerb miteinander
junge Burschen, die nicht wie die Wollarbeiter und die angesessenen
Bauern und Bürger durch ausdrückliche königliche Befreiung ge=
schützt wurden, in ihre Stammlisten eintrugen, enrolierten, und er
brachte dann seit 1733 Ordnung und Zusammenhang in den tat=
sächlich gewordenen, einigermaßen wirren Zustand, indem er den
einzelnen Regimentern, zunächst in den östlichen und mittleren
Provinzen, einen festen „Kanton" mit einer Anzahl einzeln ver=
zeichneter Ortschaften und Feuerstellen zuwies, innerhalb dessen
sie mit gewissen Einschränkungen die heranwachsende Jugend zu
enrolieren hatten, um dann aus der Gesamtheit dieser zur Wehr=
pflicht Vorgemerkten die geeignetsten Leute zum Dienst einzustellen.

Da aber diese Aushebung der Landeskinder den Bedarf an Re=
kruten nicht deckte, da zur Aushilfe nach wie vor im Auslande ge=
worben werden mußte, so gestattete Friedrich Wilhelm I. weiter,
wieder in nachträglicher Anerkennung eines von den Kapitänen
eigenmächtig aufgebrachten Brauches, daß die ausgebildeten Kan=
tonisten für den größten Teil des Jahres in die Heimat beurlaubt
wurden, und zwar ausdrücklich zu dem Zweck, daß die Kapitäne die
einbehaltene Löhnung dieser Königsurlauber auf ausländische
Werbung anwenden könnten. Ein Auskunftsmittel, bei dem alle
Teile ihre Rechnung fanden: die Kompaniechefs, die nicht bloß
diese Werbung in der Fremde jetzt ohne Unkosten bestritten, sondern
noch ein Erkleckliches von dem ersparten Kantonistensold für sich
zurücklegten; die Wehrpflichtigen, die bei zwanzigjähriger Dienst=
zeit doch nur drei, später gar nur zwei Monate jährlich bei der Fahne
zu weilen hatten; das Land, dem die Arbeitskräfte des Kantonisten
nur vorübergehend entzogen wurden; der König, der, nach manchen

tastenden Versuchen, durch die finanziellen Wechselbeziehungen zwischen dem Kanton= und Urlaubssystem und der ausländischen Werbung den Ersatz eines unverhältnismäßig großen Heeres ohne erhöhten Kostenaufwand sichergestellt sah. Als Notbehelf in der Verlegenheit des Augenblicks erfunden, erwies sich das Kanton= system als überaus leistungsfähig für die Gegenwart, als ungeahnt entwicklungsfähig für die Zukunft.

Einem französischen Offizier fiel der Gegensatz auf: in Frank= reich die Offiziere auf ganze Monate beurlaubt, die Gemeinen stets in Reih und Glied; in Preußen das umgekehrte Verhältnis, das Offizierkorps straff auf sich selbst konzentriert, zu strenger Abge= schlossenheit ausgeformt, für die Truppe die Grenzen zwischen dem Soldaten und dem Bürger verwischt. Und vielleicht hat Voltaire die preußischen Einrichtungen im Sinne gehabt, wenn er in seinem philosophischen Wörterbuch verlangt, daß der Soldat in Friedens= zeiten Gelegenheit finden muß, zu arbeiten und sich nützlich zu machen.

Für die ausländische Werbung erhielten die Regimenter vom Könige die erforderlichen Werbe= und Eskortepässe, mit denen sich dann die Werbeoffiziere und ihre Begleiter — das Kommando ins Ausland war sehr begehrt — an die Stätten ihrer heiklen Mühe= waltung begaben. In den Reichsstädten, wo den Kurfürsten das Werberecht durch das Herkommen gesichert war, befanden sich ständige preußische Musterplätze; ja wir hörten schon, daß ein preu= ßischer General am liebsten das heilige römische Reich in preußische Kantons nach dem häuslichen Muster eingeteilt hätte[1]). Glich doch noch immer Deutschland, wie man vor hundert Jahren gesagt hatte, dem trojanischen Pferd, dessen Bauche Bewaffnete entstiegen. Daneben waren die polnischen Lande besonders ergiebige Werbe= striche. In den ostpreußischen Regimentern dienten zahlreiche Kurländer. Die Sucht nach langen Kerls hatte mit dem Tode Friedrich Wilhelms I. ihren Höhepunkt bereits überschritten. Immer= hin hielt es Friedrich II. bei dem Wert, den er dem Bajonettangriff und somit der physischen Kraft beimaß, für erforderlich, für die Infanterie im ersten Glied nicht unter fünf Fuß acht Zoll, im zweiten nicht unter sechs Zoll herunterzugehen; bei den neuen Regimentern seiner eigenen Schöpfung ließ er je einen Zoll nach.

Ähnlich wie Friedrich 1740, hat wieder sein Nachfolger beim Regierungsantritt den Werbern „die hinterlistigen Täuschungen und Gewalttätigkeiten" streng untersagt: es war doch inzwischen jahraus jahrein alles ungefähr beim Alten geblieben. Vornehmlich, weil die Werbeoffiziere ihren Rückhalt an den Vorgesetzten hatten, denen sich beim Anblick eines langen Rekruten das Gewissen weitete,

---

[1]) Vgl. I, S. 202.

die den Beschwerden ihrer Opfer mit erfindungsreicher Sophistik
begegneten und nach Kräften Sorge trugen, daß diese Klagen nicht
an das Ohr des Monarchen gelangten, um sich nicht um den gnädigen
Blick zu bringen, der am Revuetage jedes „Embellissement" der
Front lohnte. Traurige Erfahrungen, die in dem Kandidaten der
Gottesgelahrtheit Neubauer den Wunsch aufsteigen ließen, seiner
Leibeslänge eine Elle nicht nach dem Worte der Schrift zusetzen,
sondern abnehmen zu können. Doch stellte der vergewaltigte oder
übertölpelte Rekrut, wie Neubauer und sein Leidensgenosse Bräcker,
der gleich ihm mit einer Beschreibung seiner unfreiwilligen Dienst=
zeit hervorgetretene „arme Mann im Tockenburg", im Heere nur
einen kleinen Bruchteil dar; die Durchschnittsgestalt unter diesen
Geworbenen ist der Mann, der mit Vorbedacht seine Haut „zu
Markte trägt", der den Kriegerstand wählt aus Neigung oder weil
er sonst in der Welt zu nichts taugt, der schöne und tapfere Soldat
des Volksliedes,

> Der Vater und lieb Mutter
> Böslich verlassen hat.

Der „stolze Melcher", einer der Grimmelshausischen Soldatentypen
aus dem Jahrhundert des großen Krieges, starb eben nicht aus:
der Bauernbursch, dem es zu Hause zu wohl ist, der mit der Pike
Geld und Ruhm zu gewinnen hofft und als verlorener Sohn in die
Heimat zurückkehrt. Es waren meist handfeste, rauflustige Brüder,
die so der Werbetrommel nachliefen, für die Hantierung mit den
Waffen wie geschaffen, zugleich aber unstäte, flüchtige Gäste, diese
Durchgänger von Hause aus, nur allzu geneigt, die Fahne zu wechseln,
wie der reisende Handwerksbursch die Werkstatt, und das teils aus
Unbeständigkeit und Verdruß, teils aber auch aus schnöder Berech=
nung: die Desertion wurde geradezu gewerbsmäßig betrieben, um
anderwärts neues Handgeld zu gewinnen. So schoben sich diese
Fahrenden zwischen den einzelnen Heeren hin und her, die Desertion,
die einem jeden Staate Verluste bereitete, glich sich durch sich selbst
einigermaßen aus. Bei der Revue pflegte König Friedrichs erste
Frage an den ihm neu vorgestellten Rekruten zu sein, ob er bereits
in anderen Kriegsdiensten gestanden. Es war wohl eine starke Über=
treibung, wenn 1767 behauptet worden ist, daß sich im preußischen
Heere nicht weniger als 30 000 französische Deserteure befänden;
aber einer Liste aus dem Jahre 1744 entnehmen wir, daß von den
beiden Grenadierkompanien des Garnisonregiments Rettberg die
eine unter 111 Ausländern 65, die andere unter 119 Ausländern
92 Leute hatte, „so bereits fremden Potentaten gedient". Ein öster=
reichischer General, Fürst Ligne, sah sich bei einem Besuch in Pots=
dam von Deserteuren seines eigenen Regiments umringt und zu=

traulich begrüßt. Wohl war der preußische Dienst etwas genauer,
als der in anderen Heeren; aber man irre, sagt ein Franzose, wenn
man annehme, daß der preußische Soldat beständig unter dem Stock
lebe: die Streiche würden stets nur auf Befehl, nicht willkürlich
oder im Affekt, verabreicht. Zudem herrschte der Stock anderwärts
auch; selbst im französischen Heer, das sich lange seiner erwehrt
hatte, ward er mit dem Hinweis auf seine Verdienste um die be=
wunderte preußische Disziplin zeitweise eingeführt. Dann ließ der
Dienst bei den Preußen dem Soldaten so viel freie Zeit, daß viele
als Gesellen der zünftigen Meister oder auch als deren Konkurrenten
ein Handwerk trieben. Den neuen preußischen Untertanen in dem
Lande der Leinenindustrie wurde der Anblick vertraut, „junge
Herkulesse mit Schnurrbärten bei der Spindel zu sehen". Mancher
verdiente so viel, daß er sich beim Kapitän vom Wachtdienst, als
Freiwächter, loskaufen konnte. Noch eines kam hinzu. Archenholtz
hat aus eigener Anschauung richtig bemerkt, daß diese rohen Krieger
mitten in der Sklaverei einen minderen Zwang für ein beneidens=
wertes Los ansahen; so mußte der österreichische Soldat den größten
Teil seines geringen Soldes dem Korporal zur Feldhaushaltung
überlassen, und dieser fütterte dann seine Mannschaft nach Gut=
dünken, während der preußische Brauch war, daß die Leute unter
sich, in kleinen Trupps, gemeinsame Küche machten. Aus Friedrichs
Kabinettsordern und dem politischen Testament ersieht man, wie
richtig er die Zweckmäßigkeit dieser Selbstverköstigung, Menage oder
Kameraderie genannt, würdigte. Das Regiment wachte darüber,
daß der Bürger dem Soldaten ein gesundes Quartier anwies:
ein reinliches Zimmer, nicht im Keller, nicht unter dem Dach, nicht
mit mehr als vier Mann belegt, für jeden Mann ein gutes Bett;
wenigstens für die zehn Monate, welche die Beurlaubten abwesend
waren, ließen diese Vorschriften sich aufrecht erhalten. Ging es ins
Feld, so war dem preußischen Soldaten seine außerordentliche
Fleischration sicher; das wöchentliche Pfund Rindfleisch zog nach
Archenholtz' Zeugnis eine Menge Überläufer zu Friedrichs Fahnen.

Wenn man so in Krieg und Frieden gewöhnt war, Deserteure
aufzunehmen und anzuwerben, so war es nur ein Schritt weiter
auf derselben Bahn, daß die kämpfenden Heere ihren Kriegsge=
fangenen es nahe legten, den Dienst zu tauschen und Handgeld zu
nehmen. Die Stammtruppen zu zwei in Schlesien errichteten
Regimentern gab 1741 die zu Brieg entwaffnete Freikompanie her,
und die gelben Husaren wurden bei ihrer Stiftung 1744 durch einen
Teil der österreichischen Besatzung von Prag vollzählig gemacht.

Während des Friedens tat die Desertion dem preußischen Heere
jetzt nicht mehr in dem Maße wie früher Abbruch. Der spöttischen
Bemerkung eines Franzosen, daß dort zu Lande die eine Hälfte

der Garnison gebraucht werde, um die zweite zu bewachen, steht
die andere französische Angabe entgegen, daß man sich in Preußen
keine große Mühe gebe, das Entweichen des Soldaten aus der
Garnison zu verhindern, weil infolge der getroffenen Anstalten das
ganze Land sein Gefängnis sei; beide Gewährsmänner stimmen
darin überein, daß von 100 Deserteuren 98 oder 99 wieder einge=
bracht würden. Der Bauer habe ein Interesse daran, die Ausreißer
anzuhalten, weil jeder Fremde mehr im Heere eine Entlastung für
die bäuerliche junge Mannschaft des Kantons bedeute. Übrigens
gab es auch unter den Ausländern sichere Leute, die man unbedenk=
lich Jahr für Jahr mit Urlaubspässen in die Heimat ziehen ließ,
wie wir es wenigstens von den Leuten aus dem benachbarten
Mecklenburg wissen. Ja die evangelischen Elsässer bewährten sich
in dem Grade, daß Friedrich sie schließlich als „so gut wie unsere
Landeskinder" bezeichnete.

Der Vorzüge dieser seiner eingeborenen Wehrmänner vor den
landfremden Mietlingen war er sich wohl bewußt. Nur auf diese
letzten bezieht er die eingehenden Vorschriften zur Verhütung der
Desertion im Felde, die er den Generalen in seiner großen mili=
tärischen Lehrschrift von 1748 erteilt. Wohl gab es auch unter den
Landeskindern „unsichere Kantonisten", wie sie offiziell hießen,
Leute, die sich vor oder nach der Einstellung zu entfernen gesucht
hatten oder sich bei den Kantonsbesichtigungen versteckt hielten.
Aber ihre Zahl war zum Glück klein. Im ganzen gelang es trefflich,
nach Friedrichs Ausdruck, „durch die stolze Disziplin und den hohen
Mut der Truppe den plumpen Bauer in einen braven Soldaten
zu verwandeln". In der praktischen Schule des preußischen Soldaten=
standes, so rühmt es gegen das Ende dieser Regierung ein schlesischer
Schriftsteller, werde der gemeine Mann zur Ordnung und zur
Reinlichkeit gewöhnt; in den oberschlesischen Dörfern seien die Ur=
lauber gewöhnlich die einzigen, die ein gesittetes Aussehen hätten
und etwas deutsch sprächen; so sei in einem großen Teile der Provinz
der Dienst ein Mittel zur Verfeinerung der Sitten und der Lebens=
art. Und für Ostpreußen wurde 1748 behauptet, daß die meisten
Soldaten nicht für den dreifachen Lohn in ihre alten Stellungen
als Knechte zurückkehren würden. Die erst in die Listen eingetragenen,
noch nicht ausgehobenen jungen Burschen, die „Enrolierten", trugen
schon mit Stolz den Püschel am Hute und die rote Halsbinde, die
Abzeichen ihrer Zugehörigkeit zum Heere; bisher nur Untertanen
der Gutsobrigkeit, begannen sie sich als des Königs Leute zu fühlen.
Den 900 Rekruten aus der Priegnitz und der Grafschaft Ruppin,
die 1758, eben eingeübt, auf dem Marsch zu ihrem Regiment sich
von feindlicher Übermacht fast bis auf den letzten Mann hinstrecken
ließen, hat der preußische General, der den Siebenjährigen Krieg

als Mitstreiter beschrieb, bewundernd das Zeugnis ausgestellt, daß
niemals Spartaner und römische Veteranen mit mehr Unerschrocken=
heit für ihr Vaterland fochten, als diese Jünglinge von siebzehn
bis zwanzig Jahren.  Und als zwischen den Weinbergsmauern des
Lobosch „unsere geborenen Brandenburger und Pommern wie
Furien die Panduren packten", da erfüllte sich selbst das Hasenherz
des auf Fahnenflucht sinnenden Tockenburgers mit unwillkürlicher
Bewunderung.      Der Kantonist vereinigte mit der Heimatsliebe,
der persönlichen Hingebung des Vaterlandsverteidigers etwas von
dem Zunftgeiste des Berufssoldaten, von dem Stolze des alten
Landsknechtes.      Auch rühmt König Friedrich an der Kantonver=
fassung, daß die landschaftliche Zusammengehörigkeit der einheimischen
Stammtruppe im Regiment einen Wetteifer der Tapferkeit wecke;
wie denn Landsleute, Freunde, Verwandte im gemeinsamen Kampf
sich nicht leicht im Stich lassen würden.

      Friedrich hat die Kantonverfassung von einem Teil der Unvoll=
kommenheiten und Mißbräuche befreit, die den Anteil des Zufalls
und der Willkür an ihrer Entstehung verrieten, aber er hat sie trotz
des Lobes, das er ihr spendet, trotz richtiger Erkenntnis von dem
Vorzug einheimischer Truppen vor geworbenen, nicht folgerichtig
im Sinne der allgemeinen Wehrpflicht weitergebildet.  Er hat
im Gegenteil die Zahl der Befreiungen, die schon sein Vater gewährt
hatte, noch beträchtlich erhöht, den Besitzenden und Gebildeten, dem
Kaufhandel und dem Gewerbfleiß zu Gunsten.  Er hat ganzen Städten
und Kreisen die Kantonfreiheit zugestanden, und zumal auch allen
jenen Zuwanderern, die wir herbeiströmen sahen.  Es ist nicht das
einzige Mal gewesen, daß er den militärischen Gesichtspunkt einem
wirtschaftlichen unterordnete.  Auf das großartige Werk der inneren
Kolonisation und auf die Ausbildung eines industriellen Arbeiter=
tums würde er von vornherein verzichtet haben, hätte er die Wehr=
pflicht doktrinär verallgemeinern und damit den Anschauungen der
Zeit, die das preußische Kantonsystem ohnehin erst ganz allmählich
begreifen lernte, allzu schroff entgegentreten wollen.  Zu den sehr
triftigen wirtschaftlichen Erwägungen trat aber noch eine rein mili=
tärische.      Seinen Kanton sollte ein Regiment nicht sowohl als be=
liebige Bezugsquelle betrachten, sondern als eine sparsam zu
schonende Reserve, „aus welcher es sich im Notfall, wenn es einmal
in Kampagne oder sonsten einen großen Abgang gehabt, geschwinde
wiederum komplettieren könne".    Die Reglements von 1743 be=
stimmten für das Fußvolk wie für die Küraffiere und Dragoner,
daß sie doppelt soviel Ausländer als Landeskinder haben sollten;
doch ward die vorgeschriebene Zahl der Fremden nicht erreicht.
Und je näher die Gefahr außergewöhnlicher Verluste herantrat,
desto haushälterischer wurde der König; beim Ausrücken in das

Feld verbot er 1744 den Regimentern, während des Krieges auch
nur einen einzigen Rekruten „aus des Königs Landen" zu nehmen.
Eine Anordnung, die sich freilich nicht aufrecht erhalten ließ: schon
in diesem Kriege bewährten sich die Menschenvorräte der Kantons
als ein militärischer Sparschatz, der unerschöpflicher war als jener
andere Kriegsschatz an Münzen und Barren in den Gewölben des
Schlosses.

Obgleich in der Minderzahl und in Friedenszeiten nur einen
kleinen Teil des Jahres bei der Fahne, waren doch die Kantonisten
der Sauerteig, der das ganze Brot durchsäuerte. Sie prägten dem
Regiment einen ausgesprochen landsmannschaftlichen Charakter auf
und bestimmten den Grad seiner Kriegstüchtigkeit und Zuverlässigkeit.
„Gott ehre uns unsere alten Preußen, Märker und Pommern!"
rief Winterfeldt, indem er eingestand, daß den schlesischen Regimen=
tern am Schlachttage im ersten Treffen noch nicht zu trauen sei.

Neben der mehr oder minder günstigen Mischung von Landes=
kindern und Fremden gaben Tüchtigkeit und Geschick der Offiziere
dem Truppenteil seine Färbung und seinen spezifischen Wert. Die
längere Dienstzeit und der patriarchalische Charakter jener Zeiten
erleichterten ein persönliches Verhältnis. Marschall Schwerin
wünschte jedem Offizier zwei Dinge: Furcht und Liebe; habe er
die bei seinen Untergebenen erlangt, so werde er alles mit ihnen
ausrichten können; solle eines von beiden gemißt werden, so werde
es freilich die Liebe sein müssen, denn ohne Furcht werde er gar
nichts erlangen. Die kleine rhetorische Übertreibung Schwerins
vermeidend, urteilte ein Karl von Hülsen: nicht alles, aber viel
vermöge der Kompanieführer, der sich einmal Vertrauen, Liebe
und Furcht verschafft, und der wackere Barsewisch hat sich gerühmt,
daß ihm in den sieben Feldzügen des dritten Krieges nie ein Mann,
weder Inländer noch Ausländer, desertiert sei. Er nannte das viel
Glück, betonte aber zugleich, wieviel darauf ankomme, daß der
Offizier bei seinen Leuten sich Liebe erwerbe und ihnen seine stete
Fürsorge zuwende; könne doch der gemeine Soldat oft zu niemand
sonst als zu seinem Offizier mit seinen kleinen Bedürfnissen und An=
liegen Zuflucht nehmen.

Wenn die Mannschaft vom Regiment Meyerinck nach rühmlich
ausgeführtem Angriff sich mit dem Rufe „Patronen her, Patronen
her! Wir müßten Hundsfötter sein!" ins Hintertreffen zurückzu=
treten weigerte; wenn dieselben trefflichen Burschen im nächtlichen
Kampf lieber ihr Leben ließen, als von ihrer Fahne wichen, so ver=
stehen wir, daß Moritz von Dessau dieser Truppe das Zeugnis
gab: „Ew. Majestät können dem Regiment Zepter und Krone
anvertrauen: wenn die vor dem Feinde laufen, so mag ich auch nicht
bleiben." Moritz war Augenzeuge, wie preußische Grenadiere und

Musketiere an die feindliche Schlachtfront heranliefen, die Öster=
reicher bei den Füßen und Röcken packten und von dem Abhang,
auf dem sie sich sicher geglaubt, herabzerrten. „Kann man," ruft
er bewundernd aus, „wohl mehr von braven Leuten prätendieren,
die so bis in den Tod arbeiten!"

Das Los dieser Tapferen ist wahrlich kümmerlich und hart ge=
wesen. Gönnen wir ihnen das Stück echten persönlichen Verdienstes,
das ihnen zukommt, und geben wir es zu, daß auch in der Truppe
noch andere Antriebe als der Stock lebendig waren, daß auch hier
Ehrgefühl und Hingebung sich wecken und verwerten ließen. Wenn
König Friedrich gealtert, verhärtet und verbittert, das verkannt
hat, so hat er doch unter dem Eindruck seiner ersten großen Siege
gerechter geurteilt. Er hat sich nicht damit begnügt, den Mannschaften
der Regimenter, die mit besonderer Auszeichnung gekämpft hatten,
an den Erinnerungstagen ihrer Ehren sich durch Geldgeschenke
dankbar zu erweisen; er hat damals vor allem auch jene ihm und
ihnen gleichmäßig zur Ehre gereichende Schilderung von seinen
Truppen entworfen, die auch dem gemeinen Mann sein Lorbeer=
blatt treu aufbewahrt und deren wir uns schon freuten: die wahr=
haft enthusiastische Schilderung dieser „so behenden, so beherzten,
so wohl disziplinierten" Truppen, mit denen alles zu unternehmen
und zu wagen ist, was Menschen nur leisten können, so daß ein
General, der anderwärts tollkühn heißen würde, bei den Preußen
nur das Selbstverständliche tut.

Nicht das Volk in Waffen war dieses preußische Heer von damals;
denn nicht ein jeder aus dem Volke wurde zum Waffendienst heran=
gezogen, und wiederum andere als Volksgenossen waren an der
Landesverteidigung beteiligt. Aber auch so war dieses Heer ein
mächtiger Hebel des Vaterlandsgefühls und der Staatseinheit.
Wie in dem selbstherrlichen Edelmann, so weckte auch in dem guts=
pflichtigen Bauern der Waffendienst das Bewußtsein der Zugehörig=
keit zu dem Staate; im Heere mußten sich nach des Königs Ge=
heiß alle an den gemeinsamen Namen Preußen gewöhnen, hier
lernten sie als Preußen stolz sich fühlen. Aus den Bedürfnissen
der Heeresverwaltung heraus war der Ausbau der monarchischen,
zentralisierenden Verwaltung begonnen, die in den einzelnen
Provinzen die landschaftlichen Organe durch staatliche ersetzt hatte;
wesentlich militärischen Zwecken diente das Steuersystem, während
wieder durch das Heer, durch die pünktliche Bezahlung seiner Ver=
pflegung, Bekleidung, Ausrüstung der größere Teil des gesteuerten
Geldes in schnellen und regelmäßigen Umlauf zurückgelenkt wurde.

Die Gesamtziffer des Heeres hielt sich nach dem Dresdener
Frieden ungefähr auf der beim Ausbruch des Krieges von 1744
erreichten Höhe. Zählte man damals ohne die etwa 5000 Mann

starken Landtruppen 140 000 Streiter, so werden in den Listen für
1752 135 207 angegeben. Auch die Zahl der Truppenteile blieb
bis zum Rechnungsjahr 1753 unverändert. Zu den 9 Fußregimen=
tern seiner ersten Heeresvermehrung hatte der König während
und nach dem ersten Kriege 7 weitere aufgestellt. Die Zahl der
Feldbataillone war damit seit dem Thronwechsel von 66 auf 97,
einschließlich eines Pionierregiments, gestiegen. Die Garnison=
bataillone, aus felddienstfähigen Leuten geringeren Maßes zusammen=
gesetzt, waren von 6 auf 20 gebracht. Eine Vorzugstruppe stellten
die Grenadiere dar. Anfänglich nach äußerlichen Vorzügen aus=
gewählt — „Kerls", wie es in dem Reglement von 1726 heißt,
„welche gut marschieren können, nicht über 35 Jahre alt sind, wohl
aussehen, nämlich nicht kurze Nasen, magere oder schmale Gesichter
haben" — mußten jetzt die Grenadiere vor allem auch ihre Zuver=
lässigkeit bewährt haben. Indem die Grenadierkompanien, deren
seit 1735 immer eine jedem Bataillon auf 5 Musketier= oder Füsilier=
kompanien zugeteilt war, bei der Mobilmachung, wie schon bei
größeren Übungen, abgezweigt und zu besonderen Bataillonen
zusammengelegt wurden, ließen sich die 117 Bataillone für den
Krieg um weitere 28 vermehren. 5 von diesen kombinierten Grenadier=
bataillonen mit zusammen 28 Kompanien befanden sich auch zur
Friedenszeit in ihrem Verband. Die sogenannten „Neuen Garni=
sonen" oder Landtruppen, eine Schöpfung Friedrich Wilhelms I.,
4 ungleich starke Regimenter, wurden im Frieden alljährlich nur auf
kurze Frist um einen Stamm von Offizieren und Unteroffizieren
versammelt. Die Dragoner zählten statt 45 Schwadronen jetzt
70 in 12, die Husaren statt 9 Schwadronen 80 in 8 Regimentern,
während die „Regimenter zu Pferde", wie die Küraffiere in der
Dienstsprache hießen, sich nur um die eine Schwadron der Garde
du Corps vermehrt hatten. Die Artillerie war verdoppelt, d. h.
zu dem einen Feldbataillon, das er vorfand, hatte Friedrich ein
zweites gefügt, zu 4 Kompanien Garnisonartillerie in Wesel, Magde=
burg, Stettin und Pillau neue 4 für Neiße, Glatz, Schweidnitz und
Kosel. Ein 1740 errichtetes Korps reitender Feldjäger war vor=
nehmlich für den Kurierdienst bestimmt, 2 Feldjägerkompanien zu
Fuß, aus gelernten Schützen zusammengesetzt, wurden auf Vor=
posten verwendet. 13 keinem Bataillonsverband angehörende
Garnisonkompanien, auf eine Anzahl kleinere oder größere Festen,
sowie auf die ostfriesischen Städte Emden und Aurich verteilt, nahmen
auch die etwa noch zum Schildwachtdienst tauglichen Halbinvali=
den auf.

Diejenigen Invaliden, welche lesen, schreiben, rechnen konnten,
wurden in kleinen Zivilstellungen untergebracht, die Mehrzahl
dieser Braven, an 4—5000, mit dem Gnadentaler in die Heimat

entlassen. Einem Bataillon Veteranen aus den schlesischen Feld=
zügen öffnete sich im November 1748 das vor den Toren der Haupt=
stadt neuerbaute Invalidenhaus, und der König begrüßte seine alten
Kriegskameraden bei dem Einzug in ihr letztes Heim mit dem von
Herzen kommenden Worte, es werde dieses Bataillon „wohl das
einzige von der ganzen Armee" sein, „über welches ich mich freuen
werde, wenn es niemalen wird komplett werden können". Noch
heute liest man über der Pforte dieser ehrwürdigen Stätte die
lapidare Widmung des großen Königs: „Dem wunden und unüber=
wundenen Krieger" (laeso et invicto militi) — das ebenso schlichte
wie verdiente Lob, den rechten Ausdruck der hohen Stimmung,
die das Heer in jenen noch durch keinen Unglücksschatten getrübten
Tagen seines jungen Ruhmes beseelte.

---

Das Heer hatte sich vor dem Feinde mit Selbstvertrauen und
Gemeingeist erfüllt, die Disziplin aber hatte sich im Felde gelockert
und die Genauigkeit des kleinen Dienstes gemindert. König Friedrich
bezeichnet den Übergang vom Krieg zum Frieden als eine besonders
schwierige und arbeitsvolle Zeit für ein Heer und die Heeresver=
waltung, und in dem Tagesbefehl zu Neujahr 1746, der den Offi=
zieren den Dank des Königs ausdrückt, daß sie durch ihre Pflichttreue
„den preußischen Waffen einen fast unsterblichen Ruhm erworben",
wird ihnen zugleich die Erwartung ausgesprochen, daß sie nichts
verabsäumen werden, „um die gute Ordnung und Disziplin, durch
welche Meine Armee bis dato unüberwindlich gewesen, auf alle
Art und Weise w i e d e r v ö l l i g e i n z u f ü h r e n".

Mitten in dem peinlichen und einförmigen, aber unerläßlichen
Drill des Friedensdienstes ward nun doch die Erinnerung an die
vielgestaltige Praxis des Kriegslebens wach erhalten. Der König
erweiterte den Exerzier= und Paradeplatz zum Manöverfelde.
Die herkömmlichen Frühjahrsübungen der Regimenter hatten, sagt
er, nur das eine erreicht, den Soldaten abzurichten und beweglich
zu machen. Um die Offiziere zu bilden und sie in der Gewohnheit
des großen Dienstes zu erhalten, führte er den Brauch ein, die Trup=
pen provinzweise in Feldlagern zu vereinigen und den Krieg im
Frieden nachzuahmen. Er begann damit schon im Sommer nach
seinem ersten Kriege. Zu dem größten dieser Friedenslager waren
1753 zwischen Spandau und Potsdam ungefähr 44 000 Mann,
49 Bataillone und 61 Schwadronen, zusammengezogen. Die ge=
druckte „Erklärung" dieser Spandauer Manöver, vom Oberst=
leutnant Balbi verfaßt, war freilich nichts anderes als eine ver=
steckte Parodie auf die Beschreibung des sächsischen Lustlagers von
1730, in der man sogar den 22 Ellen langen Festkuchen, prächtig

in Kupfer gestochen, veranschaulicht hatte; als Graf Podewils auf
Befehl dem sächsischen Gesandten Bülow ganz ernsthaft ein Exem=
plar überreichte, gab dieser zu verstehen, daß er die Absicht wohl
merke, aber gern der Sündenbock sein und die Last derartiger Späße
tragen wolle.      Mehr ein Theaterstück, als ein Bild des Krieges
hat Friedrich jenes Lager des Nachbars genannt; seine eigenen
Manöver waren bestimmt, die Teilnehmer in der Tat mitten in
die Schlacht zu versetzen.      Man sagte, der König selbst könne dabei
bis zu dem Grade begeistert werden, daß er sich ganz so zeige, wie
er im wahren Gefecht erschien.      Es war die stete Sorge seiner Um=
gebung, daß er bei diesen Anlässen seine Kräfte überanstrengen,
seine Gesundheit gefährden würde, und selbst der bereits recht miß=
günstige Voltaire konnte im Frühjahr 1752 seine Bewunderung nicht
unterdrücken, als er den Philosophen von Sanssouci den gichtge=
schwollenen Fuß in den Stiefel zwängen sah: er könnte den Phi=
loktet spielen, aber statt herzzerreißende Klagelaute auszustoßen, be=
liebt er sich zu Pferde zu setzen und Neoptolems Truppen zu kom=
mandieren!

Ein Zeitgenosse, Graf Guibert, hat diese preußischen Friedens=
manöver eine Schule genannt, die in gewisser Beziehung vor der
des Krieges noch ihre Vorzüge habe, da im Krieg der Drang des
Augenblicks über die Schärfe und Genauigkeit der Bewegungen
leicht hinwegsehen lasse, und da es einer gewissen Ruhe bedürfe,
um Grundsätze abzuleiten und aufzustellen.      Die reifen Ergebnisse,
zu denen sich die Erfahrungen der Feldzüge mit den Nachprüfungen
und Neubeobachtungen, den Exempeln und Proben der Manöver=
tage vereinigten, wurden dann verwertet und niedergelegt in den
Dienstordnungen für die verschiedenen Waffen, in dem Lehrgedicht
über die Kriegskunst, vor allem aber in dem großen Feldherrnbrevier,
den 1748 abgeschlossenen „Generalprinzipien vom Krieg“, die fünf
Jahre später in deutscher Übersetzung als heiligstes Geheimnis
unter die Generale ausgeteilt wurden.      Einen Nachtrag zu dieser
umfassenden Lehrschrift, die 1755 niedergeschriebenen „Gedanken
und allgemeinen Regeln für den Krieg“ nannte Winterfeldt, dem
sie zuerst zur Kenntnis und Begutachtung mitgeteilt wurden, enthu=
siastisch „eine unschätzbare Feldapotheke“, eine „Universalmedizin,
um alle Verlegenheiten zu kurieren“.

Der Sohn des Marschalls Belle=Isle, der junge Graf Gisors,
reiste Tag und Nacht, um zu den berühmten preußischen Manövern
rechtzeitig einzutreffen.      Staunend schaute er dann im Frühjahr
und Herbst 1754 auf dem Tempelhofer Felde und in den Lagern
von Stargard, Körbelitz und Golau die alten und die neuen Künste
dieses einzigen Heeres.      Er sah die Reiter den vielgepriesenen An=
griff wiederholen, durch den sie bei Hohenfriedberg, zwischen den

Kameraden von der Infanterie herausbrechend, die feindlichen
Bataillone zermalmt hatten; er überzeugte sich von der Trefflich=
keit des bei Mollwitz erprobten Auskunftsmittels, den leeren Raum
zwischen den Fußtreffen durch Grenadierkompanien gegen eine
Flankenbedrohung abzusperren; er lernte eine neu erfundene Form
des Aufmarsches kennen und bewunderte das Phänomen der schiefen
Schlachtordnung.

Wesen und Anwendung dieser Aufstellung — s e i n e r schiefen
Schlachtordnung, wie er sie nennt — beschreibt Friedrich in den
„Generalprinzipien vom Kriege" also: „Man verweigert dem Feinde
den einen Flügel und verstärkt den, der angreifen soll. Eben mit dem
macht Ihr alle Eure Anstrengungen gegen einen Flügel des Feindes,
den Ihr in der Flanke faßt. Ein Heer von 100 000 Mann, in der
Flanke gefaßt, kann von 30 000 Mann geschlagen werden." Als ein
wesentlicher Vorteil dieser Angriffsweise erscheint ihm überdies, daß
beim Mißlingen des Angriffs der unversehrte Rest des Heeres alle=
mal im stande bleibt, den Rückzug zu decken.

Zurückgehalten, „refüsiert", wurde der eine Flügel, wenigstens
der eine Infanterieflügel, wie wir gesehen haben, tatsächlich schon
bei Mollwitz, so daß nach der Schlacht der Prinz von Oranien dem
Sieger wegen der schiefen Aufstellung, in der er, gegen das Her=
kommen, sich geschlagen habe, Lobsprüche spendete. In der Schlacht=
disposition, die Friedrich das Jahr darauf am 25. März in Mähren
für sämtliche Fußregimenter ausgab, wird es ohne weiteres vor=
ausgesetzt, daß nur der eine Flügel den Angriff ausführen wird, und
bei Chotusitz hat dementsprechend der rechte Flügel seine ganze Kraft
bis zur letzten Entscheidung geschont. Am Morgen von Hohenfried=
berg hatte der rechte preußische Flügel mit den Sachsen schon auf=
geräumt, ehe noch der linke aufgestellt war, was in der Disposition
zum Aufmarsch nicht ausdrücklich angeordnet war, sich aber von selbst
aus ihr ergab. Die zwingenden Gründe, aus denen man bei Soor
die Linke verweigerte und Hoffnung und Heil lediglich in die An=
strengungen der Rechten setzte, hat General Stille eingehend darge=
legt. Der 30. September 1745 lieferte den Beweis für jenen Satz,
daß man in schiefer Ordnung eine erdrückende Übermacht überflügeln
und schlagen könne. Allerdings hielt Friedrich dabei vorerst noch
einen besonders gearteten Kampfplatz für unentbehrlich, bergiges,
durchschnittenes Gelände, das den Gegner an der ganzen Entfal=
tung seiner Überzahl hindere: bei solchen Gelegenheiten, sagt er,
auf das Beispiel eben von Soor hinweisend, könne seine schiefe
Schlachtordnung mit Nutzen angewandt werden.

Immer war sie zunächst nur e i n e Angriffsform unter mehreren.
Von den Schlachten auf ebenem Plan, en rase campagne, erwarten
die „Generalprinzipien", daß sie allgemeine sein werden. Und daß

die schiefe Schlachtordnung dem Heere noch nicht in Fleisch und Blut übergegangen war, beweisen die Vorgänge zweier späteren Schlachten, in denen der refüsierte Flügel die Disposition durchbrach und sich ungestüm auf den Feind stürzte. Erfahrungen, die dann den Feldherrn bestimmten, die Formen des sogenannten Echelonangriffs, den er zunächst nur für bestimmte Ausnahmefälle angewendet wissen wollte, schärfer auszubilden und damit den Passivflügel so weit zurückzudrücken, daß ihm ein eigenmächtiges Eingreifen in den Kampf sich von selbst verbot. Auch wurde seitdem der Angriff mit nur einem Flügel als allgemeine, unumstößliche Regel hingestellt.

Auf zwei Dinge, sagt Friedrich 1748, sei sein taktisches System gegründet: auf Schnelligkeit und auf das Prinzip des Angriffs; dahin ziele er mit allen von ihm eingeführten Evolutionen. Zeitersparnis im Interesse erhöhter Angriffsfähigkeit war zumal auch für den Aufmarsch zur Schlacht Gebot.

Die herkömmliche Form der Frontherstellung vor der Schlacht war die, daß die den Flügeln der zu bildenden Schlachtordnung entsprechenden Kolonnen, nachdem ihre Spitzen die für den Aufmarsch bestimmte Linie erreicht hatten, mit langwierigen Schwenkungen aus der Marschordnung in die dreigliedrige Gefechtsreihe übergingen. Bei Mollwitz, Chotusitz, Kesselsdorf hatte dieser Aufmarsch ganze Stunden in Anspruch genommen.

Der Zeitaufwand ließ sich ganz erheblich einschränken, wenn die Kolonnen, nicht flügelweise, sondern treffenweise geordnet, in einer der feindlichen Stellung parallelen Richtung anrückten, wie bei Hohenfriedberg und bei Soor, wo sich der preußische Anmarsch gleichsam spielend, durch eine einfache Linksschwenkung, in eine Schlachtreihe verwandelte. Gestützt auf die günstigen Erfahrungen dieser beiden Tage erklärte der König, er werde, wenn er die Wahl habe, sich stets dieses Parallelanmarsches bedienen; man müsse sich dabei nur vorsehen, dem Feinde nicht die Flanke zu bieten.

Um der offensiven Beweglichkeit der Truppen noch eine weitere Steigerung zu geben und den unverzüglichen Angriff aus jeder beliebigen Marschrichtung heraus zu ermöglichen, wurde seit 1752 auf den Revuefeldern der Friedenszeit eifrig der Aufmarsch „mit ganzen Kolonnen vorwärts", die Frontbildung in der Richtung des Marsches, geübt, wobei sich die schmale Front der tiefen und gedrängten Marschkolonne wie auf einen Zauberschlag zu einer langgezogenen dünnen Linie ausreckte. Graf Gisors war auf der Ebene von Stargard Augenzeuge, wie sich eine Kolonne von 30 Bataillonen in neun bis zehn Minuten, eine Kolonne von 35 Schwadronen binnen vier Minuten zur Schlachtlinie entwickelte. Die preußischen Generale, der Prinz von Preußen, Ferdinand von Braunschweig und Marschall

Keith erläuterten ihm die Vorteile, die diese neue Form des Auf=
marsches noch außer der Zeitersparnis habe: dicht aufgeschlossen
nähmen diese Kolonnen wenig Raum ein, 10 Bataillone erschienen
auf eine gewisse Entfernung wie ein starkes Peloton, eine Schätzung
der Zahl sei für den Feind schwer möglich. Noch schwerer aber
müsse es ihm werden, vorweg abzusehen, in welchem Winkel gegen
seine eigene Stellung das so anrückende Heer sich formieren werde.
Als das Kunststück des Übergangs aus der Marschkolonne in die
schiefe Schlachtordnung zur Vorführung kam, ritt Graf Gisors
zu dem Standorte des markierten Feindes und überzeugte sich, daß
es von hier aus unmöglich war, in dem Marschtempo der einzelnen
sich entfaltenden Abteilungen die Ungleichheiten zu unterscheiden,
welche die schräge Linie zu ergeben bestimmt waren. Eine große
Schwierigkeit blieb bestehen: es erforderte das sicherste Augenmaß,
bei dem Deployieren aus der Kolonne den Raum so abzuschätzen,
daß die aufzureihenden Truppenteile ihn genau ausfüllten; und
eben deshalb hielt der König den Anmarsch in Linie für den an sich
besten und hat tatsächlich vor dem Feind jene zu Hause eifrig geübte
neue Angriffsform fast nie angewendet.

Ausgebildet wurde die neue Form des Aufmarsches mit De=
ployieren zuerst, wie es scheint, bei derjenigen Truppe des preußischen
Heeres, die seit dem Feldzug von 1741 eine völlige Umwandlung
durchgemacht hatte, bei der Reiterei. Aus den schwerfälligen un=
beholfenen Klötzen, die sich nach Friedrichs Zeugnis vor ihren eigenen
Pferden gefürchtet hatten, aus den „Kolossen auf Elefanten",
waren in wenigen Jahren die sattelfestesten und verwegensten
Reiter der Welt geworden. Man könne sich keine Vorstellung davon
machen, sagte der König zu Gisors, welche Mühe es ihn gekostet
habe, sie so weit zu bringen. Noch bei Chotusitz hätten sie im dichtesten
Gedränge nicht daran gedacht, daß sie ihre Klingen zum Einhauen
hätten; darauf habe er sie selber an Strohpuppen die Probe machen
lassen, daß sie mit ihren Kugeln nie, mit ihren Hieben immer träfen.
Um ihnen keinen Zweifel zu lassen, daß die neuen Sachen, mit denen
man sie jetzt quälte, von ihm selbst ausgingen, exerzierte er seine
Schwadronen persönlich und ritt bei den Revuen die wilden Attacken
mit, die er verlangte. „Es verbietet der König hierdurch allen
Officiers von der Kavallerie bei infamer Kassation, sich ihr Tag
in keiner Action vom Feinde attaquiren lassen, sondern die Preußen
sollen allemal den Feind attaquiren" — dies das Vademecum,
mit dem der unnachsichtliche Zuchtmeister seine Zöglinge beim Aus=
bruch des zweiten Krieges aus der Schule entließ. Bei Hohenfried=
berg, Soor und Kesselsdorf erfüllten sich die preußischen Zentauren
mit dem Glauben an ihre Unüberwindlichkeit. Kaum minder
bewundernswert zeigte sich ihre Dauerbarkeit: nach der Kessels=

dorfer Schlacht rühmte Oberst Ruesch seinen schwarzen Husaren
nach, daß sie seit mehr als drei Wochen nicht abgesattelt hätten.
Unermüdlich ward dann im Frieden weiter geübt und geprobt.
Geflissentlich wählte der König für die Manövertage schwieriges
Gelände aus und verkündete, im Lager könne er die Pferde nicht
schonen, sondern werde sie brauchen ganz wie vor dem Feinde.
Die Schwadronen sollten sich darauf einrichten, „am Tage der Action
eine Attaque von 1200 bis 1500 Schritt machen und die Carriere auf
400 bis 500 Schritt geben zu können", ohne daß sein Roß puste oder
umfalle oder krank werde. Er gab zu, daß diese Methode der
Kavallerieausbildung nur dadurch ermöglicht wurde, daß nicht das
Regiment, sondern er selber, der König, den Ersatz an Pferden bestritt;
denn Abnutzung und Verbrauch war sehr beträchtlich. Selten kehre ein
Regiment von der Übung heim, bezeugt der Franzose Valory, ohne
mehrere Pferde verloren zu haben, die gebrochenen Arme, Beine und
Rippen der Reiter ungerechnet. Eine unnötige Erschwerung des
Ersatzgeschäftes wollte Valory in dem Grundsatz sehen, daß wenig-
stens bei den Kürassierregimentern nur Rappen geduldet wurden.

Auch der Vorposten- und Detachementsdienst, das Rekognoszieren und Fouragieren wurde jetzt eifrig bei der Reiterei geübt,
zumal bei den Husaren, diesen „Ohren und Augen des Feldherrn",
wie der König sie nannte. Wurden für die Schlacht ausdrücklich
dieselben Leistungen von ihnen verlangt, wie von den Kürassieren
und Dragonern, so sollte der Husar diese noch übertreffen an Beweglichkeit, an Findigkeit und an Waghalsigkeit. Der Husar, so verlangt es die Dienstvorschrift, muß sich auf einem Platz wie ein Taler
groß mit seinem Pferd tummeln und wenden können, wie er will,
und ein Husarenoberst muß sein wie die „Spinne in der Spinnwebe",
die jede Berührung ihres Netzes fühlt: „ebenso darf auf ihn nichts
Feindliches kommen, ohne daß er nicht lange vorher davon avertiret
ist". Die schlesischen Husarenregimenter eröffneten, sobald von den
Feldern die Ernte eingebracht war, mit Streifereien, Hinterhalten
und Überfällen einen förmlichen Krieg gegeneinander.

Verbot der König seinen Reitern für die Schlacht das Schießen
unbedingt, so wies er das Fußvolk auf die blanke Waffe, den Bajonettangriff, wenigstens vorzugsweise an. Wohl nannte er die preußischen
Bataillone mit ihrem Geschwindfeuer wandelnde Batterien, und
es war ihm ganz recht, daß allgemein in diesem Feuer das Geheimnis
der preußischen Schlachterfolge gesucht wurde. Er erlaubte deshalb
auch dem Grafen Gisors, als sein Gast sich von der magdeburgischen
Revue zu den österreichischen Manövern nach Böhmen begab,
dort von den Feuerkünsten der Preußen so viel zu erzählen, als er
nur wolle. Aber er setzte hinzu: dieses gepriesene preußische Feuer
sei gerade das, wovon er im Grunde seines Herzens am wenigsten

halte; in der Schlacht ſei von den ſchönen Pelotons, deren Präziſion
auf dem Schießplaß ſo viel Vergnügen bereite, für die Dauer nicht
die Rede, und er habe ſeine Schlachten immer erſt gewonnen, wenn
er ſeine Leute dahin gebracht, das Gewehr zu fällen. Daß Friedrich
hier dem Franzoſen in der Tat ſeine Herzensmeinung offenbarte,
beweiſen ſeine Dienſtordnungen, Lehrſchriften und Schlachtdiſpo=
ſitionen. In den erſten Zeiten, auch im Verlauf des zweiten Krieges,
geſtattet er das Schießen noch, verlangt aber „in währendem Char=
gieren" ſtetiges Vorrücken, zuleßt ſollen die Angreifer noch auf
zwanzig oder auch auf zehn Schritt dem Feind „eine ſtarke Salve
in die Naſe geben" und ihm dann ſofort „mit den Bajonetten in
die Rippen ſißen". Oder, wie es im Infanteriereglement von 1743
heißt, „weilen die Stärke der Leute und die gute Ordnung die preu=
ßiſche Infanterie unüberwindlich macht, ſo muß den Leuten wohl
imprimirt werden, daß, wenn der Feind wider Vermuten ſtehen
bleiben ſollte, ihr ſicherſter und gewiſſeſter Vorteil wäre, mit ge=
fälltem Bajonett in ſelbigen hereinzudrängen; alsdann der König
davor repondiret, daß keiner wider ſtechen wird". Die General=
prinzipien von 1748 ſprechen es als allgemeine Regel aus: das
Fußvolk ſoll mit großen Schritten auf den Feind anrücken; wenn die
Leute zu ſchießen anfangen, läßt man ſie das Gewehr ſchultern
und immer weiter vorſtürmen; zum Schießen wird erſt kommandiert,
wenn der Feind den Rücken kehrt. Wohl wußte der König, daß
der Soldat ſich ſchwer davon abhalten ließ, angeſichts der feindlichen
Linie zu feuern; er erkannte auch an, daß das Vertrauen des Mannes
zu ſeinem Gewehr ein Stück ſeiner Tapferkeit ausmache und daß
die Wirkung ſeines Feuers in zahlreichen Fällen durchſchlage; immer
aber betrachtete er die Wirkung des ſtummen, ſtürmenden Anlaufs
einer Front von Rieſengeſtalten als noch durchſchlagender, erſchüttern=
der; das Schießen war ihm im Vergleich damit nur ein Notbehelf.
Dabei teilte er keineswegs die Meinung derer, die mit dem Marquis
Valory das preußiſche Feuer als ſchlecht gezielt verachteten. Und als
aus Wien eine ähnliche Außerung verlautete, erklärte er, ſich damit
tröſten zu wollen, daß bisher die Oſterreicher noch immer vor dieſem
angeblich wenig mörderiſchen Feuer Reißaus genommen hätten.

Noch geringere Bedeutung als der Muskete maß man dem großen
Geſchüß bei. Ein Schwerin meinte wegwerfend, daß er ſich in allen
ſeinen Schlachten von der geringen Wirkung des Artilleriefeuers
überzeugt habe; dieſe Waffe verurſache mehr Lärm als Schaden
und beängſtige nur den Neuling und den Poltron. König Friedrich
hat ſich nachmals angeklagt, die Artillerie allzulang verabſäumt zu
haben; er bezeichnete ſchon 1752 für das Feld wie für die Feſtun=
gen je vier Bataillone als die erforderliche Zahl, ohne doch die
entſprechende Vermehrung noch im Frieden vorzunehmen. Das

Ingenieurkorps zählte 1740 45 Offiziere; Friedrich äußerte die Absicht, allmählich auf 200 zu kommen. Dem 1742 zu Neiße errichteten Pionierregiment, einem der sieben Fußregimenter der zweiten Augmentation, teilte er zwei Mineurkompanien zu, aus Harzer und magdeburgischen Bergleuten zusammengesetzt. Die Stellung dieser Nebenwaffen blieb gedrückt. Die Schüler des Euklid, wie der König seine Genieoffiziere nannte, rangierten nicht mit den Kameraden von den anderen Truppenteilen und standen noch auf lange hinaus bei diesen „in Nichtachtung"; für rechte Soldaten galten sie kaum, ja selbst halbe Invaliden ließ man sich hier gefallen, wie es denn nach Friedrichs bekanntem Worte „einem Pionier nicht viel schadet, wenn er gleich einen steifen Arm hat".

Je mehr im allgemeinen der Zeugpark als hemmender Ballast verwünscht wurde, um so größeren Wert legte der König auf die leichten Geschütze, die zu zweien jedes Bataillon in die Schlacht begleiteten. In seinem durchgehenden Bestreben, der Marschfähigkeit des Heeres zuliebe dem Rohr ein leichteres Kaliber zu geben, hatte er sich schon 1741 entschlossen, die Sechspfünder bei den Bataillonen durch Dreipfünder zu ersetzen, bis sich dann im dritten Kriege die Nötigung ergab, wenigstens dem ersten Treffen die schwereren Stücke wiederzugeben. An den Feldübungen der Friedenszeit beteiligten sich fast nur diese schiebbaren Bataillonsgeschütze, da die gesamte Artillerie daheim der Bespannung entbehrte; indes ward zu dem großen Spandauer Manöver 1753 das Berliner Feldartilleriebataillon mobil gemacht. Als die Österreicher eben damals sich anschickten, die preußische Einrichtung der Bataillons= kanonen nachzuahmen, beschwor König Friedrich durch Gisors den Marschall Belle=Isle, dafür zu sorgen, daß die Franzosen desgleichen täten; er erbot sich, einen französischen Offizier, den man ihm schicken würde, in der Technik dieses Kalibers unterweisen zu lassen. Im übrigen kümmerten ihn die gewaltigen artilleristischen Rüstungen der Österreicher wenig; er rühmte sich, ihnen in der ersten Schlacht mindestens das Drittel ihrer Kanonen abnehmen zu wollen, ehe sie noch gerichtet und abgeprotzt sein würden. Noch trennte ihn ein langer und dornenvoller Weg von der Erfahrung, daß der Krieg ein Geschützkrieg geworden sei, daß in der Schlacht die Kanonen „alles machten", daß die Artillerie für ihn noch „ein Abgrund von Kosten" werden sollte. Eine Erfahrung, die dann nicht nur für seine Taktik, sondern auch für seine strategische Praxis von wesentlichem Einfluß geworden ist. Inzwischen äußerte in Wien bereits Marschall Browne, daß man in einem künftigen Kriege nur e i n e Methode gegen den König von Preußen zu befolgen haben werde: man müsse die Schlachten vermeiden, immer die stärksten Stellungen wählen und also sein Heer durch Märsche und Gegenmärsche zu Grunde richten.

„Eine Bataille ist die wichtigste und gefährlichste Kriegsoperation. In einem offenen Lande ohne Festung kann der Verlust derselben so decisiv sein, daß sie selten zu wagen und niemals zu raten ist. Die größten Generals stehen billig an, sie ohne dringende Ursachen zu geben. Alle nur ersinnliche gute Anstalten können den Gewinst nicht versichern. Ein kleiner Fehler, ein unvermeidlicher Zufall, kann sie verlieren machen. Es ist demnach aus dem Gewinst und Verlust einer Bataille von den Verdiensten des Generals kein sicheres Urteil zu fällen … Es ist bewiesen, daß mehr Kräfte des Verstandes, mehr Standhaftigkeit, Erfahrung und Geschicklichkeit erfordert werden, eine decisive Action ohne Verlust zu vermeiden, als zu suchen. Das Meisterstück eines großen Generals ist, den Endzweck einer Campagne durch scharfsinnige und sichere Manoeuvres ohne Gefahr zu erhalten. In dem Augenblicke, da die Armeen sich choquiren, kann er nichts mehr als ein ihm untergebener General thun."

In diesen Worten des kursächsischen Dienstreglements von 1752 hat das aus dem siebzehnten Jahrhundert überlieferte, zwischen Schlacht und Manöver sich hin und her bewegende System der Kriegsführung die stärkste Zuspitzung nach seiner negativen, der Schlacht abgewandten Seite erhalten.

Auch Friedrichs Strategie wurzelt in dem alten System. Auch ihm gelten Schlacht und Manöver als die beiden zur Auswahl gestellten, an sich gleichgeordneten, je nach den Umständen anzuwendenden Entscheidungsmittel. Auch er betrachtet unter diesen beiden die Schlacht als das, bei dessen Wahl der Feldherr eine große Verantwortung auf sich nimmt, und ruft in seinem Lehrgedicht den Heerführern zu:

> Nie sucht, wenn nicht ein Grund schwer in die Wage fällt,
> Die Kämpfe, wo der Tod die grause Ernte hält.

Ganz methodisch, nach Anleitung der Schule, zählt er die Ursachen, aus denen man eine Schlacht liefern soll, einzeln auf: „Um den Feind zu zwingen, die Belagerung eines euch zuständigen Orts aufzuheben, oder aber, um ihn aus einer Provinz zu jagen, deren er sich bemächtigt hat; ferner, um in seine eigene Lande zu penetriren, oder auch, um eine Belagerung zu thun, und endlich, um seine Hartnäckigkeit zu brechen, wenn er keinen Frieden machen will, oder aber auch, um ihn wegen eines Fehlers zu strafen, welchen er begangen hat. Man bataillirt sich sonsten noch, um zu verhindern, daß die feindlichen Corps nicht zu einander stoßen können; diese Raison ist valable." Solcher Grundanschauung entspricht es, wenn Friedrich tags nach seiner ersten Schlacht für seinen Entschluß zum Schlagen dem erfahrensten Kriegsmann seines Heeres, dem alten Dessauer, gleichsam der Verkörperung kriegerischer Methode, den

besonderen zwingenden Grund anführt: „Da ich nun befürchten
mußte, daß der Feind gewiß Ohlau attaquiren und emportiren würde,
worin meine ganze Artillerie, Ammunition und Magazin war, so
war kein ander Mittel vor mich übrig, als den Feind anzugreifen."

Bei aller Achtung, ja Ehrfurcht für die überlieferte Methode, für
die Kunst der großen Meister, hat sich nun aber Friedrichs Strategie
ferngehalten von jener einseitigen, negativen Zuspitzung, von der
Verbildung, der blutlosen Atrophie, der das herrschende System
der Kriegsführung, man darf sagen mit innerer Notwendigkeit,
ausgesetzt war — das System, in welchem die Schlacht nicht,
wie in der modernen Kriegslehre, das ein für allemal Gegebene,
von vornherein Gebotene war, sondern in welchem der Feldherr
sich zur Schlacht jedesmal besonders entschließen sollte und deshalb nicht so leicht entschloß, so oft nicht entschloß. Und nicht bloß
dank seinem Temperament, durch einen Überschuß an Kühnheit,
gelangte der preußische König, von demselben theoretischen Ausgangspunkte aus, zu einer anderen Nutzanwendung, als die Verfasser des kursächsischen Dienstreglements und so viele andere Theo-
retiker und Praktiker; nicht bloß, weil das sächsische Reglement
unter dem Druck einer großen Niederlage stand, weil die Gefahr
am Tage von Kesselsdorf für die Sachsen die Mutter des Ver-
derbens gewesen war, während sie Friedrich und seinen Preußen
sich noch auf jedem Schlachtfelde als „sieglockende Sonne" bewährt
hatte. Durch die Eigenart seines Staates und seines Heeres, durch
die Schwächen des einen und die Vorzüge des anderen, mußte
Friedrich darauf geführt werden, innerhalb des überkommenen
strategischen Systems das scharfe Mittel vor dem gelinden, die
Schlacht vor dem Manöver im Innersten zu bevorzugen und
wenigstens zeitweise auch für die Praxis die Bevorzugung dieses
Mittels zu empfehlen.

„Ein langer Krieg kann mir nicht zusagen," hörten wir ihn 1741
zu dem französischen Gesandten sagen. Der Grund lag vornehmlich
in der geringen Finanzkraft dieses Staates, der nur mit seinen
lange angesammelten Ersparnissen Krieg zu führen vermochte.
Die beiden Feldzüge des ersten Krieges hatten den Staatsschatz
zur Hälfte geleert, die beiden des zweiten den inzwischen ergänzten
bis auf die Neige erschöpft. Wenn Friedrich jetzt für vier Feldzüge
das Geld zusammensparte, so glaubte er ein übriges zu tun und für
alle Fälle gedeckt zu sein. Mochten die Franzosen und die Österreicher
sieben Feldzüge hintereinander beginnen, wie im letzten Kriege,
oder gar ein Dutzend, wie zu Anfang des Jahrhunderts, für Preußen
glaubte er Mittel und Wege zu schnellerer Entscheidung suchen zu
müssen und finden zu können. Nachdem er in den Generalprinzipien
vom Kriege jene besonderen Schlachtgründe, welche die Methode

anerkannte, die „valablen Raisons“, aufgezählt, führt er für Preußen
noch einen allgemeinen Grund an:  „Allen diesen Maximen füge
ich noch hinzu, daß unsre Kriege kurz und vif sein müssen, maaßen
es uns nicht conveniret, die Sachen in die Länge zu ziehen, weil
ein langwieriger Krieg ohnvermerkt unsre admirable Disciplin
fallen machen, das Land depeupliren, unsre Ressources aber er=
schöpfen würde.  Diejenigen also, welche preußische Armeen com=
mandiren, müssen, obwohl klüglich und vorsichtig, die Sachen zu
decidiren suchen.“  Die Wegnahme aber eines Wagenzuges, sagt
er an anderer Stelle, oder der Verlust eines Magazins enden nicht
den Krieg: es bedarf der Schlachten, um zu entscheiden.  Man solle
also das eine tun und das andere nicht lassen.  Und zwar selbst im
Defensivkrieg; um wie viel mehr in der Offensive.  Deshalb hatte
er 1741 seinen Verbündeten den Marsch geraden Weges auf Wien
empfohlen, um dem Krieg noch vor Winters mit einem Schlage
ein Ende zu machen.  Deshalb legte er wieder 1744 den Kriegsplan
auf die Bedrohung von Wien und die Niederwerfung der feindlichen
Macht an, was er dem Gegner „den Fuß auf die Gurgel setzen“
nannte.  Deshalb ballte er im Frühjahr 1745, Schlesiens gedehnte
Grenzen von Verteidigern entblößend, alles was Waffen trug auf
einen Fleck zur Schlachtentscheidung zusammen und bezeichnete
als das eigentliche Objekt der Kriegsführung das feindliche Heer.
In eben diesem Schlachtinstinkt hatte Maria Theresia im letzten
Kriege gegen Preußen ihre Generale immer von neuem zum Schla=
gen gedrängt, hatte Kardinal Fleury seine Broglie und Belle=Isle
endlich bedeutet, daß mit kleinen Teilgewinnen ohne einen durch=
schlagenden Schlachterfolg nichts getan sei.  So hielt Friedrich denn
auch gegen den Marschall von Sachsen nicht mit dem Ausdruck seines
Befremdens zurück, als es trotz der Überlegenheit der Franzosen
in Belgien im Sommer 1746 zu keiner Schlacht zu kommen schien;
erst nach einer langen Entschuldigung des Marschalls über seine
wenig glänzende, aber durch die Umstände gebotene Methode
verstand er sich zu dem etwas gezwungenen Lobspruch, daß man stets
aus einem Fabius einen Hannibal, aber schwerlich aus einem Hanni=
bal einen Fabius machen werde; und wenn Graf Moritz auf die
Minderwertigkeit der französischen Truppen im Vergleich mit den
preußischen hingewiesen hatte, so entgegnete Friedrich mit artiger
Bescheidenheit:  „Je tüchtiger, besser zusammengesetzt und besser
diszipliniert die Truppen sind, um so geringer die Kunst, sie zu führen.“

Moritz vermißte an seinen Franzosen bei aller persönlichen Tapfer=
keit die Sicherheit des Manövrierens im offenen Felde, gerade das,
was die Preußen auszeichnete.  „Unsere Infanterie,“ sagt Friedrich,
„ist geschaffen und dressiert für die Schlachten,“ und ein andermal:
„Die ganze Kraft unserer Truppen liegt im Angriff.“  Wie hätte

er ihren größten Vorzug nicht ausnutzen sollen! Die ungemeine
Schnelligkeit und Genauigkeit ihrer Bewegungen belebte und löste
die starren Formen der ursprünglich nur auf die Ebene und die
Parallelschlacht berechneten Lineartaktik und schien den preußischen
Angriff vom Terrain unabhängig zu machen. Die Not von Soor
lehrte den König sich an Stellungen wagen, wie er sie noch das Jahr
zuvor bei Marschowitz für unnahbar gehalten hatte. Ihren Posten
bei Kesselsdorf hatten die Sachsen vor der Schlacht selber als unan=
greifbar bezeichnet. Schon meinte Friedrich: „Ein Vorteil wie der
des ebenen Feldes würde zu groß sein für uns ... Greift Wälder an,
ihr werdet den Feind hinauszwingen, erklimmt Berge, ihr werdet
die Verteidiger hinabwerfen." Auch die Übermacht vermag ihn
nicht zu schrecken: 75 000 Preußen werden gegen 100 000 Feinde
allemal ausreichen. Seine Truppen gelten ihm schier als unüber=
windlich: „Ich sende Gebete zum Himmel, daß die Preußen nie=
mals geschlagen werden mögen, und ich wage zu sagen: solange sie
gut geführt und in guter Zucht gehalten werden, wird dieses Unglück
nie zu fürchten sein."

Noch blieb der den Zeitgenossen sehr geläufige Sparsamkeits=
einwand gegen die Schlacht bestehen. Friedrich begegnet ihm mit
der Erwägung: „Man verliert mehr Leute, wenn das Heer in einem
fort vom Feinde geneckt wird, als wenn eine Schlacht das Glück
nötigt, sich zu entscheiden, und den Feind mit allen Truppen, die er
auf die Chikane und den kleinen Krieg verwenden konnte, in die
Flucht treibt ... Die Scharmützel, Rencontres und kleinen Gefechte
sind für den einzelnen verderblich und entscheiden nichts für das
Wohl des Staates." In diesem Sinne führen die „Generalprinzipien
vom Kriege" zu Gunsten der Schlacht das Wort des Kaiphas an:
„Es ist besser, daß Ein Mensch sterbe, als daß das ganze Volk verderbe."

Endlich rechnete der Staatsmann in dem König=Connetable auch
mit dem Einfluß, den ein großer Schlag, eine gewonnene Schlacht
stets und in viel höherem Maße als jedes andere kriegerische Er=
eignis auf die Stimmung der europäischen Kabinette, auf die ganze
Konjunktur der allgemeinen Politik ausüben wird.

Obschon Friedrich seine Empfehlung der Schlacht keineswegs
als schlechthin maßgebend aussprach, seine Meinung mit den be=
sonderen heimischen Verhältnissen begründete und gleichsam ent=
schuldigte, so geschah es gleichwohl, daß er von manchen, und sogar
von seinen Nächsten, als Verächter der Methode beargwohnt, als
General, der nichts als bataillieren könne, verschrieen wurde. Und
das zu einer Zeit, wo bei ihm in Theorie und in Praxis bereits
ein Rückschlag eingetreten war.

Denn indem der preußische König, durch glückliche Versuche er=
mutigt und auf naheliegende Erwägungen gestützt, einer kühneren,

auf schnelle und große Entscheidungen hindrängenden Kriegsführung
das Wort zu reden begann, überzeugte er sich doch gleich bei den
ersten Schritten, daß die Möglichkeit zu solcher Strategie für ihn be=
grenzt war.

Daß er den Feind nicht nach Belieben zur Schlacht stellen konnte,
das hatte er im September 1741 an der Neiße, vor allem aber im
böhmischen Feldzug von 1744 erfahren. Und daß sich trotz der zu=
nehmenden Gewandtheit und Kühnheit der preußischen Angriffs=
taktik noch immer unangreifbare Stellungen finden ließen, darüber
sollte ihn die Folgezeit belehren.

Noch lähmender war die Fessel, die das herrschende Verpflegungs=
system seiner Kriegsführung anlegte. Man pries sich glücklich, aus
der Barbarei der früheren Zeiten, aus der Organisation der Plünde=
rung und des Raubes, die der dreißigjährige Krieg geschaffen hatte,
zu geordneten Zuständen, kunstvoll erwogenen Formen gelangt zu
sein. Der Grundsatz galt als unantastbar, daß die Verpflegung
der Truppen im Felde lediglich durch Nachfuhr sichergestellt werden
könne. Nur ganz ausnahmsweise behalf man sich mit dem Re=
quirieren, das obendrein die Disziplin zu lockern und die Desertion
zu mehren geeignet war. Die Generale und Intendanten Lud=
wigs XIV. rechneten als Regel heraus, daß höchstens um fünf
Märsche das Heer von seinem Magazin sich trennen dürfe. König
Friedrich dehnte diese Abstandslinie etwas aus; er wußte bis zu
22 Tagen Rat zu schaffen. Für eine Unternehmung in die Ferne
teilt man dem Soldaten Brot auf sechs Tage zu; die Kompanie=
karren führen Brot für weitere sechs Tage mit, die großen Wagen des
Feldkommissariats Mehl für zehn Tage, das auf eisernen Öfen ge=
backen wird. Die Zahl dieser Öfen hatte 1744 nicht genügt; 48, die
in der Friedenszeit angeschafft wurden, galten für ein Heer von
100 000 Mann als ausreichend. Um in Feindes Land schnell Zwischen=
magazine anlegen zu können, wurden Handmühlen auf dem Marsch
mitgeführt: wo man auf Kornfelder stieß, ward der Soldat in einer
Person Schnitter, Drescher, Bäcker. Die Reiter wurden für ihre
Pferde durchweg auf den Ertrag der Fluren angewiesen.

Gebunden aber blieb auch Friedrich in seinen Bewegungen
immer. Nicht er sei es eigentlich, der da kommandiere, hat er 1745
einmal gesagt, sondern Mehl und Fourage.

Marschall Neipperg hatte geäußert, der König von Preußen
habe nie verfolgen lassen, weil er fürchte, dabei die feste Ordnung
seiner Truppen sich auflösen zu sehen. Friedrich, als ihn Graf Gisors
1754 daraufhin anredete, meinte, Neipperg tue ihm zu viel Ehre an;
der Hauptgrund, daß er nicht verfolgt habe, sei immer der Mangel
an genügendem Mundvorrat gewesen. Gerade hier überzeugte er
sich, wie weit die Praxis oft hinter der Theorie zurückbleiben müsse.

Er warnt davor, dem geschlagenen Feinde goldne Brücken zu bauen;
er sagt: „nicht verfolgen, heißt gewissermaßen eine Sache, die eben
entschieden ist, von neuem in Frage stellen". Er nennt die Verfolgung
„nötiger und nützlicher als die Schlacht selbst", er gibt lange Anwei=
sungen bis ins Einzelnste für das Nachsetzen, aber er gesteht zum Schluß,
daß eine kräftige Verfolgung nicht leicht ist, wie er es aus eigenster
Erfahrung weiß. Noch nach langen Jahren erzählte er zum schlagend=
sten Beweis, wie nach dem Siege von Soor seine ruhmbedeckte
Reiterei ihn mit unaufhörlichen Vivat= und Viktoriarufen begrüßt
habe, aber nicht zum Nachsetzen zu bewegen gewesen sei, trotz allen
Ermahnens, Scheltens, ja Schlagens — „und ich denke," setzte er
hinzu, „ich verstehe zu schelten, wenn ich ärgerlich bin".

Wenn die Verpflegungsrücksichten schon am einzelnen Tage die
freie Bewegung hemmten, die Krönung des Sieges, die volle Aus=
nutzung des Aktionsmittels der Schlacht beeinträchtigten, so wirkten
sie in erhöhtem Maße auf den Feldzug als Ganzes, auf die großen
strategischen Entwürfe ein. In seinen Anfängen als General, be=
kannte Friedrich dem Marschall von Sachsen, sei er für die Pointen
gewesen. Er nennt Pointen die Vorstöße, durch die ein Heer sich
von seinen Magazinen entfernt und weit ins feindliche Land vor=
wagt, ohne seinen Rücken und seine Rückzugslinie zu sichern. Pointen
nach dieser Begriffsbestimmung waren 1741 der Zug an die äußersten
Enden von Schlesien, den Festungen Glogau, Brieg, Neiße vorbei,
der Vorstoß durch Mähren bis nach Niederösterreich das Jahr darauf,
vor allem die böhmische Unternehmung von 1744. Mit diesem Feld=
zug erreichte Friedrich den Höhepunkt seiner strategischen Offensive.
Durch das völlige Scheitern seiner weitausgreifenden Entwürfe
gewitzigt, vermied und verdammte er von nun an die Pointen.
Nicht bis zu dem Grade, wie die strengsten und einförmigsten der
Methodiker; als der alte Dessauer auf dem Vormarsch nach Dresden,
neun Tage für neun Meilen brauchend, seine Basis durch Torgau
und Eilenburg ernstlich gefährdet glaubte, da schalt Friedrich un=
wirsch: er selbst habe zehn dergleichen Schlösser liegen lassen und sich
nicht daran gekehrt. Aber den Lehrsatz, daß die langen strategischen
Linien unbrauchbar seien, daß die Operationsbasis nie verloren
werden dürfe, unterschrieb er jetzt unbedingt. Die fehlerhaftesten
aller Feldzugspläne sind ihm die, welche zu Pointen veranlassen,
und Karl XII., unter allen Feldherren der älteren Schule der am
meisten moderne, gilt ihm als der General, der in der Manie der
Pointen am gröbsten gesündigt habe.

In demselben konservativen Sinne, in dem er sich von der ge=
wagten Neuerung der Pointen wieder abwendete, hat Friedrich auch
eine andere Abweichung von der alten Regel viel mehr entschuldigt,
als daß er sich ihrer gerühmt hätte. Er schreibt 1748: „Ich habe,

glaube ich, mehr Winterfeldzüge gemacht, als irgend ein General dieses Jahrhunderts" — er rechnet ihrer vier —, aber er fügt hinzu, daß jedesmal zwingende Gründe ihn in eine Notlage versetzt hätten; unter ähnlichen Umständen werde er stets wieder so handeln, aber wo die Wahl freistehe, werde jeder zu tadeln sein, der den Truppen nicht die Winterquartiere gönne.

Den theoretischen Darlegungen entsprechen die Normalentwürfe für künftige Feldzüge, die Friedrich in den „Generalprinzipien vom Kriege" gibt. Er verwirft die Pointen auf der einen Seite, die absolute Defensive auf der anderen. Er empfiehlt für den Verteidigungskrieg in Schlesien im wesentlichen sein Verfahren von 1745 und erklärt für die Verteidigung der Mark Brandenburg, daß sie überhaupt nur in der Offensive, durch den Vorstoß nach Sachsen, möglich ist. Auf dem böhmischen Kriegsschauplatz will er sich nach seinen üblen Erfahrungen — es sei denn, daß man, wie im Winter auf 1742, an der Seite von Bundesgenossen kämpft — auf eine mit allen Attributen der Offensive bekleidete und verhüllte Defensive beschränken. Der Feldzug wird auf einen sommerlichen Besuch unter Verzicht auf Winterquartiere hinauskommen. Wer Böhmen gewinnen will, muß das Erzherzogtum von der Donau oder von Mähren her angreifen; dann wird das große Königreich selbst fallen. Für ein preußisches Heer im Kampfe gegen Österreich erscheint somit Mähren als der einzige zur wirklichen Offensive geeignete Schauplatz.

Die schwierigste Aufgabe wird dem Feldherrn mit einem Feldzugsplan zur Abwehr einer Mehrzahl mächtiger Gegner gestellt sein. Da gilt es, diesem Feind eine Provinz preisgeben und inzwischen mit der gesamten Streitmacht gegen jenen marschieren, ihn zur Schlacht nötigen, alle Anstrengungen machen, um ihn zu vernichten, dann gegen die anderen entsenden. Aber diese Art der Kriegsführung richte die Heere zugrunde durch Strapazen und durch Märsche, und wenn solche Kriege andauern, nehmen sie doch ein unglückliches Ende.

Ein Trost, solch trüber Perspektive gegenüber, daß es dem königlichen Feldherrn schon einmal gelungen war, eine Koalition durch Kühnheit und Schnelligkeit noch im Werden zu ersticken. Er schien entschlossen, des glänzenden Beispiels, das er mit dem kurzen Winterfeldzug von 1745 sich selbst gegeben hatte, eingedenk zu bleiben. „Wenn die Ehre des Staates euch zwingt, den Degen zu ziehen," so erteilt er in dem politischen Testament sich und denen, die nach ihm kommen werden, die Losung, „dann falle auf eure Feinde der Blitz und der Donner zugleich."

# Auswärtige Politik 1750—1755

Wenn König Friedrich nach den Wirren und Wandlungen
des Jahres 1749 die unmittelbare Kriegsgefahr, die ihm
von Norden her gedroht hatte, endlich als beseitigt be=
trachtete, so berechnete er doch zugleich kaltblütig und gefaßt die
Gnadenfrist, die ihm nur noch bleiben werde. Von fünf Jahren,
die der Friede sich halten werde, spricht er im Herbst 1749, von vier
oder fünf Jahren im folgenden Sommer; nach Ablauf dieser Zeit
werde er sich zweifellos angegriffen sehen, es sei denn, daß irgend
ein Zwischenfall den Österreichern die Hände binde.

In einem Briefe aus dem Februar 1753 drückt er dem Thron=
folger seine Genugtuung darüber aus, daß auch der einen Angriff
der mißgünstigen Nachbarn auf Preußen nicht für ausgeschlossen
hält: „Meine Meinung ist das stets gewesen. Ich sage nicht, daß dies
Ereignis nahe ist, aber ich kann ganz bestimmt versichern, daß es
eintreten wird, und dann wird alles von den Umständen abhängen.
Wenn wir ebensoviel Verbündete als Feinde haben, werden wir uns
mit Ehren herausziehen, dank der Vortrefflichkeit unserer Disziplin
und dank dem Vorteil, den die Schnelligkeit vor der Langsamkeit
voraus hat."

Eben damals gewann er einen neuen Beweis für die feind=
seligen Anschläge seiner Hauptgegner, der Österreicher und Russen.
Wie er wußte, daß man ihn mit Spionen umstellte und daß seine
und seiner Gesandten Depeschen in Wien, Petersburg, Hannover
durchmustert und, wenn es ging, entziffert wurden, so hatte auch
er allmählich wertvolle Verbindungen angeknüpft. Seit dem
Sommer 1747 bediente ihn in Berlin ein Sekretär der österreichischen
Gesandtschaft, seit dem Frühjahr 1752 von Dresden aus ein Kanzlist
des sächsischen Kabinettsministeriums. Aus Dresden erhielt er jetzt,
Anfang Februar 1753, die geheimen Artikel der Petersburger
Allianz von 1746, von der ihm die Kaiserhöfe nach dem Abschluß
nur die Haupturkunde mitgeteilt hatten, und somit auch den uns
bereits bekannten, unmittelbar auf Preußen bezüglichen vierten
dieser Artikel. Gleichsam die Quittung dafür erteilte er seinen
Feinden durch einen Faschingsscherz, die drei übermütigen, im März

schnell hintereinander veröffentlichten „Briefe an das Publikum" —
„eine Satire, ohne daß man eigentlich weiß, auf was", wie Lessing
meinte, der sie ins Deutsche übertrug. Genauere Kenntnis der
Zeitumstände gestattet doch, die mannigfachen politischen und persönlichen Beziehungen zu deuten. Die Spitze liegt in den komischen
Eröffnungen über ein zwischen dem König von Preußen und der
Republik San Marino im tiefsten Geheimnis abgeschlossenes Verteidigungsbündnis: der Hauptvertrag sei noch nicht bekannt, werde
aber auch kaum das Lesen lohnen, da er bestimmt sei, aller Welt
mitgeteilt zu werden; die ganze Quintessenz des Giftes verberge
der allergeheimste Artikel, den der Gesandte von San Marino an
der Tafel des Vertreters der dreizehn Kantone aus Versehen mit
dem Taschentuch zu Boden fallen ließ, so daß der Botschafter von
Fez die welterschütternde Urkunde verstohlen aufheben und der
Öffentlichkeit zugänglich machen konnte!

Was Friedrich an Urkunden und Tatsachen, an Beweisen und
Vermutungen aus seinen verborgenen Quellen schöpfte, pflegte er
alsbald seinen in den Stürmen von 1749 wiedergewonnenen Verbündeten, den Franzosen, mitzuteilen, um sie zu unterrichten, zu
warnen und für ihren eigenen Nachrichtenbetrieb auf neue Spuren
zu führen. Vor allem auch, um ihnen die gefährdete Lage, in der
er sich andauernd befand, immer von neuem zum Bewußtsein zu
bringen. Und sie verstanden wenigstens einstweilen noch, Wert und
Beweiskraft seiner vertraulichen Mitteilungen zu schätzen und anzuerkennen. Der Staatssekretär Puyzieulx urteilte Anfang 1751,
daß es dem Könige von Preußen nicht zu verdenken sein werde, wenn
er sich eines Tages auf den ersten besten seiner Gegner stürze, um
ihn außer Kampf zu setzen.

Wie eng die Beziehungen zwischen Frankreich und Preußen
sich wieder geknüpft hatten, davon mußte der österreichische Staatsmann, der noch vor kurzem die beiden Staaten zu trennen und
Frankreich auf Österreichs Seite herüberzuziehen gehofft hatte,
sich an Ort und Stelle zu seinem Herzeleid bald überzeugen. Auf
Grund seiner persönlichen Wahrnehmungen hat Graf Kaunitz 1751
als österreichischer Botschafter in Paris seinen alten Plan in einer
verzagten Stunde geradezu in sein Gegenteil verwandelt, indem
er der Kaiserin-Königin raten zu müssen glaubte, Schlesien zu vergessen und sich mit Preußen zu verbünden zum dereinstigen Wider-
stande gegen Frankreich.

Aber es war, wie Friedrich II. in dem eroberten Dresden zu
dem Grafen Harrach gesagt hatte: nach so heftiger Entzweiung
zwischen den beiden deutschen Mächten konnte nur die Zeit die tiefe
Wunde verharschen lassen. Noch hatte sich, wie Harrach einmal,
an jenes Wort erinnernd, klagte, die Wunde nicht geschlossen. Zeit-

weilige Versuche des Königs von Preußen, ein freundlicheres Ver=
hältnis zu dem Wiener Hofe zu gewinnen, hatten sich schnell als
aussichtslos erwiesen; so wenn er eine Zeitlang die Übung erprobte,
sich wenigstens in Kleinigkeiten entgegenkommend zu zeigen, ob
immer für die großen Fragen ein Einvernehmen nicht zu erzielen
war. Dem Kaiser Franz, der aufrichtig eine Versöhnung zu wünschen
schien, fehlte es an Einfluß. Noch immer stritt man, jahraus jahrein,
über einzelne Bestimmungen des Dresdener Friedens — ein „Krieg
der Hochmütigkeiten, der Chikanen und der Federn", nach Friedrichs
Ausdruck, anstatt des Kampfes mit den Waffen. Unwirsch titulierte
er solch eine dicke österreichische Streitschrift als „großen und pompösen
Gallimathias", erklärte auf immer neue Einwände, er könne sich
nicht von Pilatus zu Herodes schicken lassen, und drohte in ver=
zweiflungsvollem Humor, sich aus Notwehr nach einem rüden Ge=
lehrten umschauen zu wollen, dessen Feder auf Grobheiten zu=
geschnitten sei. Der Antrag auf Erteilung der Reichsgarantie für
den Dresdener Frieden ward nach vielen Weiterungen endlich 1751,
den Friedensbedingungen gemäß, vom Kaiser an den Reichstag
gebracht und dort angenommen. Um so heftiger wurde von nun
ab über die schlesischen Landesschulden und, wie wir schon hörten,
über die Handelsfragen gestritten. Als Graf Otto Podewils, des
Kabinettsministers Neffe, nach fünfjähriger gesandtschaftlicher Tätig=
keit 1751 einen Nachfolger erhielt, sagte ihm die Kaiserin=Königin
zum Abschiede mit einem berechneten Stiche: sie bedaure, daß sein
Aufenthalt für ihn keine Annehmlichkeiten gehabt habe; er möge
das auf die politische Lage und die wenig angenehmen Verhand=
lungen, die er zu führen gehabt, schieben.

Noch weniger befriedigend war das Verhältnis zu dem anderen
Kaiserhofe. Seit der König erkannt zu haben glaubte, daß er es
mehr mit dem feindseligen Kanzler als mit der Zarin zu tun habe,
stellte er die persönlichen Aufmerksamkeiten, durch die er der Eitel=
keit Elisabeths geschmeichelt hatte, ganz ein: „alle Politessen," sagt
er gelegentlich, „so wir dem petersburgischen Hofe gethan haben,
sind von keinem besonderen Effekt gewesen und haben uns nichts
geholfen." Er ließ Ende 1749 durch seinen Gesandten dem Vize=
kanzler Woronzow, der sich noch immer gern als Preußens Freund
hinstellte und zu entgegenkommenden Schritten riet, offen sagen,
man habe alle schonenden Rücksichten und Aufmerksamkeiten ge=
habt, die Rußland sich je wünschen gekonnt; seit aber Rußland fast
die gewöhnlichsten Schicklichkeitsregeln außer Auge lasse, sei die
Zeit für entgegenkommende Schritte vorbei. Daß Preußen bald
darauf zu Gunsten Schwedens eine nachdrücklich gehaltene Note
in Petersburg übergeben ließ, hatte Woronzows Beifall vollends
nicht. Und als im Sommer 1750 ein Sendling des Tatarenchans

am preußischen Hofe mit auffälligen Auszeichnungen aufgenommen
wurde — dem König war es erwünscht, „gewissen Leuten In=
quiétudes zu geben" — klagte der Vizekanzler, daß dadurch bei der
Zarin alles verdorben sei. In der Tat ließ jetzt die völlige Lösung
der noch bestehenden äußerlichen Beziehungen nicht mehr lange
auf sich warten. Bis vor kurzem war Rußland in Berlin durch den
gelehrten Grafen Keyserling vertreten gewesen, den wohlmeinenden,
von Grund aus ehrenhaften Mann, der beim Scheiden sein Be=
dauern über die zwischen den Höfen eingetretene Spannung aus=
gesprochen hat: er erwähnte dabei eine letztwillige Aufzeichnung
Peters des Großen mit der Vermahnung an die Thronerben, die
Freundschaft mit Preußen zu pflegen. Keyserlings Nachfolger
Groß, ein unruhiger, schon aus Paris im Streit geschiedener
Diplomat, wurde das Werkzeug des offenen Bruches. Eine auf=
gebauschte Etikettenfrage gab den Vorwand; Ende November 1750
erhielt Groß den Befehl, unverzüglich und ohne Abschied der
preußischen Hauptstadt den Rücken zu kehren. Nun konnte auch
Preußen seinen Vertreter füglich nicht länger am russischen Hofe
belassen.

Auch zwischen London und Berlin stockte der diplomatische Ver=
kehr, ohne gerade gewaltsam abzureißen, und in diesem Falle lag
die Ursache bei Preußen. Denn König Friedrich zog 1750 nicht bloß
seinen eigenen Gesandten Klinggräffen, dessen er für Wien bedurfte,
vom Hoflager Georgs II. zurück, ohne einen Nachfolger zu beglaubigen,
sondern forderte ungefähr gleichzeitig auch die Abberufung des erst
vor kurzem bei ihm eingetroffenen britischen Vertreters, Hanbury
Williams, indem er nicht ohne Grund sich über die Lästerzunge dieses
in den schroffsten Vorurteilen befangenen Diplomaten beschwerte.
Wie geringen Wert er nach der Wiederanknüpfung mit Frankreich
auf die Beziehungen zu England legte, das trat vollends zu Tage,
als er nach dem Tode seines alten bewährten Chambrier im Sommer
1751 nach Paris einen schottischen Emigranten, Rebellen und Ächter,
einen Jakobitenhäuptling, als Vertreter abordnete. „Was wird
der Oheim sagen!" rief der erschreckte Podewils, als der König ihm
gleichmütig den Lord Marschall von Schottland als künftigen Ge=
sandten nannte. Merkwürdige Erscheinung, die in der politischen
Welt lebhaft erörtert wurde, daß nun Preußen in Paris durch einen
Schotten, Frankreich in Berlin durch einen Iren, Valorys Nach=
folger Tyrconnell, vertreten wurde. König Georg ist in seinem Ver=
druß über die Mission des Lord Marschall so weit gegangen, in Ver=
sailles wirkungslose Einwände gegen dessen Zulassung zu erheben.
Die persönliche Spannung zwischen dem Oheim und dem Neffen
war stärker denn je; wurde doch Georg in einem offiziellen preu=
ßischen Schriftstück, einer Note an den Wiener Hof aus Friedrichs

eigener Feder, mit dem verächtlichen Titel des „Jüngsten im Kur=
fürstenrat" ausgezeichnet.

Gewiß war die preußische Politik dieser Jahre nach 1749 an=
dauernd, was sie mit dem Ausgang des zweiten schlesischen Krieges
geworden, die Politik des vorerst gesättigten Staates,[1] nur auf die
Erhaltung des Erworbenen, auf die Vermeidung kriegerischer Ver=
wicklungen bedacht. Eine Politik aber der gleichmütigen Ergebung,
der Selbstverleugnung oder gar Selbsterniedrigung, eine Politik
der Versöhnlichkeit war sie, wie wir sehen, nicht. Gerade im Be=
wußtsein seiner aufrichtigen Friedensliebe tritt Friedrich seinen
Gegnern im gegebenen Falle mit um so streitbarerer Miene ent=
gegen, Nichtachtung mit Nichtachtung, Unglimpf mit Unglimpf
heimgebend. Und stünden 200 000 Russen in Livland, ruft er ein=
mal aus, so wolle er doch kein Titelchen nachlassen. Wenn es sein
ausgesprochener Grundsatz war, sich angesichts der Gegner an seiner
Würde nichts zu vergeben und keine Geringschätzung hinzunehmen,
so haben in der Anwendung dieses Grundsatzes Politik und Tem=
perament zusammengewirkt. Und vielleicht ist das Temperament
bisweilen weiter gegangen, als es die Politik hätte erlauben sollen.
In Wien glaubte man sich Glück dazu wünschen zu dürfen, daß der
König von Preußen wie den russischen Großkanzler, so den sächsischen
Premierminister persönlich gereizt und sich beide dadurch zu unver=
söhnlichen Feinden gemacht habe. Friedrich war mehr Staats=
mann als eigentlicher Diplomat, insofern ihm von den Eigenschaften
des berufsmäßigen, geschulten Diplomaten manche fehlte. Zur
Unterhandlung gebrach es ihm beim mündlichen Meinungsaustausch
an Ruhe; seine Lebhaftigkeit riß ihn im Gespräche allzuleicht hin.
Er wußte das und vermied deshalb, wo es möglich war, sich mit
den Vertretern der fremden Mächte in politische Erörterungen ein=
zulassen. Galt es aber die Feder zu führen, diplomatische Noten oder
ein Manifest aufzusetzen, so vermochte wieder seine Literatennatur
die scharf ausgeprägte Eigenart des Stils und Ausdrucks nicht zu
verleugnen, die von der konventionellen Glätte der Diplomaten=
sprache stark abstach, obgleich er gelegentlich erklärt, in seine Antithesen
nicht so verliebt zu sein, um sie nicht der Politik zum Opfer zu bringen.
An jener für den König von England verletzenden Note hatten der
sorgsame Podewils und der französische Gesandte Tyrconnell
stundenlang nachgebessert, um allzu kräftige Spuren des königlichen
Griffels zu löschen; gleichwohl verriet sie sie noch in ihrer abgeblaßten
Endgestalt den ersten Urheber und stieß schließlich bei Freund und
Feind gleichmäßig an, sodaß Friedrich dem französischen Gesandten
mißmutig gestand: „Wenn je wieder der Fall an mich herantritt,

---

[1] Vgl. S. 3 ff.

ein solches Schriftstück zu verfassen, wird es heißen, erst die Nase in die Akten stecken und über alle Punkte Aufklärung suchen, bevor man die Feder in die Hand nimmt."

Fast schien es bei seiner immer schrofferen Haltung gegen England, als ob der König von Preußen endgültig darauf verzichte, die mittlere Linie zwischen den beiden großen Westmächten, die er in den letzten Zeiten des österreichischen Erbfolgekriegs sicher inne gehalten hatte, noch einmal wiederzugewinnen. Das neue Verständnis zwischen Preußen und Frankreich, obschon durch keinen geschriebenen Vertrag zum Ausdruck gebracht, beherrschte die europäische Lage und bewährte sich nicht bloß in jener schwedischen Frage, welche die beiden Staaten 1749 zueinander zurückgeführt hatte.

Seit die schwedischen Dinge eine Gefahr für Europa nicht mehr in sich schlossen, galt dem preußischen Könige als die wichtigste aller ihn angehenden Fragen das Vorhaben der Höfe von Wien und St. James, den jungen Erzherzog Joseph zum römischen Könige wählen zu lassen. Erdacht war der Plan in London, da man dort nach den Erfahrungen von 1742 diese Wahl, die tatsächliche Erblichkeit des Kaisertums der Erzherzoge, als eine Notwendigkeit für die Erhaltung des österreichischen Einflusses in Deutschland und für die Festigung des europäischen Widerstandes gegen Frankreich betrachtete.

Gerade ein französischer Diplomat, Graf St. Severin, war es gewesen, der schon früher einmal diese Königswahl empfohlen hatte: 1748 zu Aachen, wo er den österreichischen Bevollmächtigten auf jede Art zu überzeugen wünschte, daß man in Versailles jetzt aufrichtig die Interessen Österreichs begünstige, dem Könige von Preußen aber entgegen sei. In Wien hatte man damals auf diese Anregung kein großes Gewicht gelegt und sich nur so viel daraus entnommen, daß Frankreich dem Hause Brandenburg die Kaiserkrone noch weniger gönne, als dem Erzhause. Doch war man jetzt peinlich überrascht, Frankreich unter den Gegnern der Wahl zu finden, und auch König Friedrich war erstaunt, seinen Verbündeten nach anfänglicher Lauheit mit Feuereifer gegen die Erhöhung des jungen Erzherzogs deklamieren zu hören.

Zunächst war er der Ansicht, daß es bereits zu spät sei, das Versäumte nachzuholen, und daß Frankreich sich den Schaden selbst zuzuschreiben habe.

Wenigstens aber wünschte er den Wiener Hof nicht in der Meinung zu bestärken, „daß alle Welt sich ohne weiteres dessen Launen anschmiegen müsse". Einfache Zustimmung zu der Wahl schien entwürdigend, Anfachung eines allgemeinen Brandes an allen vier Ecken Europas gefährlich und nicht der Mühe wert: so galt es den Versuch, dem römischen Könige und künftigen Kaiser eine möglichst lästige Wahlkapitulation aufzuerlegen. Die große Kunst in der Politik, erklärte Friedrich dem französischen Gesandten, ist nicht, gegen den Strom zu schwimmen, sondern alle Ereignisse zum eigenen Vorteil zu wenden. Unter Verwertung des alten, obgleich recht zweifelhaften Anspruchs der Reichsfürsten, bei einer vor Erledigung des kaiserlichen Thrones vorzunehmenden Königswahl von dem Kurkollegium über die Vorfrage der Notwendigkeit gehört zu werden, ließ er zunächst ein lebhaftes diplomatisches und publizistisches Federgefecht eröffnen.

Beides, die bloße Tatsache, daß Preußen Bedingungen stellen wollte, und die Erkenntnis, daß Preußen und Frankreich wie bisher in der nordischen Frage, so jetzt auch in dieser deutschen einverstanden waren, genügte dem Wiener Hofe, um auf die Wahl ganz zu verzichten. Die römische Königskrone, die das freigebige England dem Erzhause verschaffen wollte, schien über den Preis bezahlt, wenn sie durch Demütigungen erkauft werden sollte, und für erniedrigend hielt man es in Wien, sich vom König von Preußen irgend welche Vorschriften machen zu lassen. Sie schien ein gefährliches Geschenk, diese Krone, wenn ihr Besitz zu neuen Zerwürfnissen mit Frankreich führen oder auch nur eine noch engere Verbindung zwischen Frankreich und Preußen verursachen konnte. Nun mochte der britische König vor versammeltem Parlament sich für die Durchsetzung des Planes förmlich verbürgen: die Sprödigkeit der Hauptbeteiligten bildete ein unübersteigbares Hindernis. In London wie in Hannover schrie man über die „Undankbarkeit des Hauses Habsburg", das sich die englischen Wohltaten nicht aufzwingen lassen wollte, und versuchte es in unermüdlicher Geduld jedes Jahr mit einem frischen Anlauf. König Friedrich freute sich, daß sein Oheim von England in diesem ewig erneuten Wahlfeldzuge einen harmlosen Zeitvertreib gefunden habe; denn sonst werde sein schweifender Geist auf andere störende Dinge verfallen.

Noch eine zweite lothringische Thronkandidatur beschäftigte in diesen Jahren die Kabinette. Wie England die deutsche, so stellte Rußland die polnische Wahlkrone dem Wiener Hofe zur Verfügung. Schon seit dem Sommer 1748 war der Vorschlag des unruhigen Bestushew, Maria Theresias Schwager, den Prinzen Karl von Lothringen, beim Tode König Augusts auf den polnischen Königsthron zu setzen, Gegenstand der Verhandlungen zwischen den beiden Kaiserhöfen. Wie letzthin ein Polenkönig für das ihm aberkannte Reich mit Lothringen entschädigt worden war, so sollte jetzt umgekehrt das lothringische Haus die verlorene Heimstätte in Polen wiederfinden. Und war doch schon einmal einem lothringischen Prinzen und Kriegshelden, Herzog Karl V., von dem Wiener Hofe die Krone der Piasten und Jagellonen zugedacht worden.

Die preußiſche Diplomatie hatte auf den wüſten Reichstagen zu
Warſchau oder zu Grodno noch immer mit gutem Erfolg allen
Plänen entgegengearbeitet, welche die zerrütteten Kräfte der Re=
publik Polen zuſammenzufaſſen und in den Dienſt der ruſſiſch=öſter=
reichiſchen Koalition zu ſtellen bezwedten. Die Vermehrung des
Kronheeres, die Erneuerung der „heiligen" Allianz mit den Kaiſer=
höfen, die Abſchaffung des Liberum Veto, lauter Gegenſtände der
Sehnſucht für den ſächſiſchen Hof und die „Familie", d. h. die ihm
ergebene Partei der verſchwägerten Geſchlechter Czartoryſki und
Poniatowſki, das war alles regelmäßig an dem Einſpruch der Land=
boten aus den Lager der Potocki geſcheitert, die, mit franzöſiſchem und
zum Teil auch mit preußiſchem Gelde ausgeſtattet, ihre Gegenminen
ſpringen ließen. Der Erregung und dem Lärm der Reichstage, die
in jedem zweiten Jahr zu ihrer ſtets gleich unfruchtbaren Arbeit
zuſammentraten, folgten dann in den ungeraden Jahren die Pauſen
der Erſchlaffung und der Stille, während derer die Händel der
Sarmaten für die Nachbarn vom politiſchen Horizont zu verſchwinden
pflegten.

Das reichstagsloſe Jahr 1751 ſollte aber ausnahmsweiſe nicht
zu Ende gehen, ohne daß die Aufmerkſamkeit des Königs von Preußen
durch die polniſchen Dinge ernſtlicher in Anſpruch genommen wäre.
Anfang November erhielt er die erſte, noch unſichere Kunde von den
jetzt bereits drei Jahre alten Entwürfen für die lothringiſche Thron=
folge, und noch vor Ablauf des Jahres war ihm ſein Argwohn zur
Gewißheit geworden. Nun war ſchon das polniſche Königtum der
Wettiner, bei der Rivalität der Nachbarſtaaten Brandenburg und
Sachſen, in Berlin ſtets als eine Schädigung der preußiſchen In=
tereſſen betrachtet worden; um wie viel mehr mußte man ſich be=
droht fühlen, wenn bei dem nächſten polniſchen Thronwechſel die
Wahlkrone in die Abhängigkeit von einer feindlich geſinnten, friſch
aufſtrebenden Großmacht, in den Beſitz derjenigen Dynaſtie kam,
die jetzt eine ungleich gefährlichere Gegnerin für Preußen war als
das albertiniſche Haus, als der verſchuldete, zurückgekommene
Mittelſtaat Sachſen.

Ruhiges Zuſchauen wäre hier vom Standpunkt der eigenen
Sicherheit Frevel geweſen. König Friedrich ſäumte nicht, vorzu=
bauen. Er wandte ſich an die Franzoſen, um durch ſie auf die Türken
einzuwirken. Es war ſein alter politiſcher Glaubensſatz, daß nur die
Pforte Rußland zu verhindern vermöge, willkürlich über die polniſche
Königskrone zu verfügen; hatte doch der Thronſtreit von 1734 ge=
zeigt, wie wenig Frankreich aus eigener Kraft in Polen auszurichten
vermochte. Mit der Werbung des Prinzen von Lothringen ſchien
ſich die Ausſicht auf einen neuen polniſchen Thronfolgekrieg zu
eröffnen. Friedrich ſchlug, um ihn abzuwenden, ein radikales Mittel

vor, eine Diversion des Sultans. Sie herbeizuführen und zwar
sofort herbeizuführen, das sollte nach seinem Rat die Aufgabe der
französischen Diplomatie am goldenen Horn werden. Es gelte die
eben jetzt sich bietende Gelegenheit auszunutzen, den Ministerwechsel
im Serail, der einen kriegerisch·gesinnten Großwesir an das Ruder
gebracht hatte. Übereinstimmung der Gesichtspunkte ist in dieser
polnischen Frage zwischen Preußen und Frankreich nicht erzielt
worden. Verfolgte doch König Ludwig im tiefsten Geheim seine
besonderen Pläne, indem er bei der nächsten Wahl einen Bourbonen, den Prinzen von Conti, als Thronbewerber aufzustellen
gedachte. Immerhin arbeiteten auf dem Grodnoer Reichstage von
1752 die Vertreter der beiden Mächte einander in die Hände und
brachten mit ihrem Anhang der russischen Partei eine empfindliche
Schlappe bei. Auch hier konnten die Kaiserhöfe über den französisch-
preußischen Widerstand nicht hinweg und mußten den Rückzug antreten. Die lothringische Kandidatur verschwand für Polen ebenso
wie für Deutschland.

In beiden Fällen, wie schon vorher in der schwedischen Frage,
war Frankreichs Vorteil und Ehre zu unmittelbar beteiligt gewesen,
als daß es die Mitwirkung bei der diplomatischen Defensive hätte
versagen können. Größer war die Gefahr, vereinzelt zu bleiben,
für Preußen im Jahre 1753, das unerwartet eine neue Verwicklung
heraufführte; denn diesmal handelte es sich um eine ausschließlich
preußische Angelegenheit.

Es war ein Konflikt mit England, der sich bald so scharf zuspitzte,
daß er zeitweilig den Gegensatz gegen Österreich und Rußland in
die zweite Linie treten ließ und daß es schien, als werde das Signal
zum allgemeinen Losbruch gegen Preußen von London her gegeben
werden.

Wir gedachten schon im Vorübergehen der Schädigung, die
während des letzten Krieges zwischen England und Frankreich dem
jungen preußischen Seehandel durch die englischen Kaper widerfahren war. König Friedrich durfte seine Kauffahrer nicht im Stiche
lassen. Er verfocht den Grundsatz, den das moderne Völkerrecht
nach hundertjährigem Streite anerkannt hat, daß die Flagge die
Ladung decke, daß nur Kriegskonterbande den Schutz der neutralen
Flagge verwirken könne. Nach britischer Übung des Seerechts
dagegen, mit Berufung auf die Entscheidungen des Consolato del
mare, der Sammlung seerechtlicher Gewohnheiten des vierzehnten
Jahrhunderts, wurde alles Gut der Untertanen eines Gegners,
auch wenn es auf neutrale Schiffe verfrachtet war, als gute Prise
betrachtet, sofern nicht ausdrückliche Verträge einer neutralen Flagge
ausnahmsweise ein anderes zugestanden; auch dehnte man den
Begriff Kriegskonterbande höchst willkürlich auf alles Holz und

Schiffsbaumaterial und vor allem auch auf Korn aus. So waren denn neben dänischen, schwedischen, holländischen und anderen neutralen Schiffen auch eine Anzahl preußischer Kauffahrer aufgebracht und vor die englischen Admiralitätshöfe geschleppt worden, die dann entweder die Beschlagnahme aufrecht erhalten, oder, wenn auf Freigebung erkannt wurde, doch keinen Schadenersatz zugebilligt hatten. Eine der preußischen Auffassung entgegenkommende mündliche Erklärung, die Lord Carteret als Staatssekretär zu Beginn des Seekrieges abgegeben hatte, wurde von seinen Amtsnachfolgern nicht anerkannt.

Hatte es zu Ausgang des Jahres 1748 einen Augenblick gegeben, wo König Friedrich den Bogen weniger straff anziehen zu müssen glaubte, so trat er, als seine Stellung infolge der Wiederannäherung an Frankreich sich neu befestigt hatte, immer nachdrücklicher für seine vergewaltigten Untertanen ein. Er verwirklichte endlich, im November 1752, eine wiederholt ausgesprochene Drohung, indem er die Abzahlung der auf Schlesien eingeschriebenen, im Breslauer Frieden von Preußen anerkannten Forderungen einer englischen Gläubigergenossenschaft einstellte und die für die Tilgung des Restbetrages noch erforderliche Summe von 45 000 Pfund Sterling — 360 000 Pfund waren an Kapital und Interessen von 1743 bis 1751 bereits abgetragen worden — beim Kammergericht zu Berlin niederlegte, bis daß seinen preußischen Kauffahrern Schadenersatz geleistet sein würde.

Der britische Stolz bäumte sich hoch auf. Hatte schon Preußens Widerstand gegen die von London her empfohlene Thronkandidatur des Erzherzogs Joseph vielen Briten als Anmaßung gegolten, so erschien diese neue Vermessenheit, diese Selbsthilfe um so freventlicher, als sie sich gegen England unmittelbar richtete, an den Geldbeutel englischer Bürger tastete. Der Streit mit Preußen bildete in London den Gegenstand aller Gespräche, „vom Lord bis zum Lastträger"; von der Tribüne des Unterhauses erscholl der Ruf nach Repressalien. Aber wenn ein Horace Walpole entrüstet äußerte, die preußische „Baby=Flotte" komme ja neben den gewaltigen maritimen Hilfsmitteln Albions gar nicht in Betracht, so verschwieg man sich doch nicht, daß der König von England an einer anderen Stelle leicht verwundbar war, in seinen deutschen Besitzungen. Schon ging das Gerücht von einem bevorstehenden preußischen Angriff auf Hannover durch die Tagesblätter und erhielt neue Nahrung, als bei Spandau jenes Übungslager für 40—50 000 Mann abgesteckt wurde. Auch der Prozeß wegen Ostfriesland, der hannovrischerseits beim Reichshofrat angestrengt wurde, und im Zusammenhange damit ärgerliche Auftritte in Regensburg zwischen dem brandenburgischen und dem hannovrischen Komitialgesandten er=

höhten die Erregung der Gemüter. Eine offizielle Erklärung des preußischen Geschäftsträgers in Hannover im März 1753, die das kriegerische Gerücht zerstreuen sollte, wurde vielmehr als Drohung ausgelegt. Die Regierung des Kurfürstentums setzte das Land in Verteidigungszustand; der welfische Kronschatz wurde von Hannover nach Stade geflüchtet.

König Friedrich war von Angriffsgedanken tatsächlich ganz frei, aber nicht so von der Befürchtung, selbst angegriffen zu werden. Zumal im April 1753 beunruhigten ihn auf das lebhafteste Nachrichten von Truppenansammlungen in Böhmen und Mähren. Seine Besorgnis war, daß der König von England die hochgehende Stimmung der Nation benutzen möchte, um an der Seite der Österreicher und Russen einen Krieg herbeizuführen, der anscheinend der Ehre Englands, im Grunde aber dem dynastischen Interesse Hannovers gelten würde. „Sollte der König von England ein neues Kriegsfeuer anzünden wollen," schreibt Friedrich am 17. Juni dem Gesandten in Wien, „so würde der Grund Ostfriesland sein, und die Beschlagnahme des Schuldenrestes der Vorwand." Aus dem Jahre 1753 stammt abermals eine Liste zur Aufstellung dreier Heere, von des Königs eigener Hand, sowie ein von dem Prinzen Heinrich ausgearbeiteter Feldzugsplan; unter der Voraussetzung eines Krieges gegen die Koalition von England, Österreich und Rußland wird in diesem Entwurf ein preußischer Einmarsch in Hannover in Aussicht genommen. So hatte schon früher einmal, Anfang 1751, Graf Podewils gegen den französischen Gesandten geäußert, im Falle eines Krieges werde seinem Gebieter keine andere Wahl bleiben, als Ostpreußen den Russen preiszugeben — wie es ja in jenem Kriegsplan von 1749 beabsichtigt gewesen ist — und sich bei den Nachbarn schadlos zu halten: sie zu zwingen, wie vordem in Dresden, so jetzt in Hannover Frieden zu schließen.

Lord Marschall in Paris, als Kenner der englischen Zustände um seine Meinung gefragt, hielt es doch für unwahrscheinlich, daß England zu Vergeltungsmaßregeln im Kriegswege schreiten werde. Er war sogar überzeugt, daß, wenn schon die Nation Repressalien anzuwenden geneigt wäre, König Georg alles tun würde, sie daran zu verhindern, um seine Erblande nicht einer Gefahr auszusetzen. Aber selbst im Fall eines Krieges, meinte Lord Marschall, werde der König von Preußen mehr als ein Mittel zur Verfügung haben, nicht bloß seine Staaten zu schützen, sondern sogar wirksame Diversionen zu machen. Die Zahl der preußischen Handelsschiffe, die England wegnehmen könne, sei nicht groß, Preußen aber könne ganz beträchtliche Prisen machen, wenn man an französische und sonstige Freibeuter Kaperbriefe verteile und sie auf allen Meeren unter preußischer Flagge kreuzen lasse. Noch erbot sich der Lord, einen der Jakobitenführer zu einer Reise nach Berlin zu veranlassen, und sandte Berechnungen über die Stärke der stuartischen Partei. König Friedrich antwortete, daß er den Besuch sehr gern sehen werde, worauf dann Ende Mai der Schotte Dawkins in Berlin erschien; der Vorsicht halber hatte ihn Lord Marschall nicht wissen lassen, daß er erwartet werde. Der König sprach Dawkins, lehnte es dann aber gegen Lord Marschall ab, sich zur Zeit auf eine Verabredung mit der jakobitischen Partei einzulassen.

Inzwischen verfolgte er mit Spannung den Gang der Subsidienverhandlung, die England, um sich russische Truppenhilfe zu sichern, am Hofe der Zarin eingeleitet hatte. Durch seine geheimen Kanäle erfuhr er alle Anträge des englischen Gesandten, alle Antworten des russischen Kanzlers. Anfang September vernahm er zu seiner Beruhigung, daß das Geschäft infolge der maßlosen Ansprüche Rußlands vorläufig nicht zu stande kommen werde; der Wiener Hof, meinte er, müsse sich in Geduld fassen, da so bald der ersehnte englisch-russische Vertrag nicht Gestalt annehmen werde.

Abgebrochen war die Verhandlung noch nicht. Eben nur für das laufende Jahr schien der Friede gesichert. Für 1754 machte Friedrich sich auf alles gefaßt. Nach Frankreich schrieb er, alle Schritte, die er irgend mit Ehren tun könne, um den Frieden zu erhalten, sollten geschehen, aber keine Rücksicht der Welt, weder der furchtbare Bund seiner Feinde, noch ihre Überlegenheit an Truppen, noch die Fülle ihrer Hilfsmittel solle ihn dahin bringen, vor dem Könige von England zurückzuweichen. Frankreich, das die Spannung zwischen Preußen und England begreiflicherweise nicht ungern sah, hatte in dem Streit auf das Ansuchen beider Teile eine von vornherein aussichtslose Vermittlerrolle übernommen, ohne sich zu so nachdrücklichen Erklärungen an das britische Kabinett zu verstehen, wie sie Friedrich gewünscht hätte. Läßt Frankreich noch länger mit Gleichgültigkeit die Dinge ihren Gang gehen, schreibt er Anfang November 1753 nach Fontainebleau, so wird die Folge sein, daß England mit den Kaiserhöfen ins reine kommt und alle drei dann ihm, dem Könige von Preußen, ganz nahe auf den Leib rücken, bis er, aufs äußerste getrieben, die Geduld verlieren und ehrenhalber mit ihnen zu brechen genötigt sein wird.

Da brachte das neue Jahr ein Ereignis, in welchem er eine Art Bürgschaft für die Fortdauer des Friedens zu sehen geneigt war. Am 17. März 1754 starb der englische Staatsmann, der elf Jahre als erster Lord des Schatzes der anerkannte Führer der herrschenden Whigpartei gewesen war, Sir Henry Pelham. Ein günstiger Ausfall der bevorstehenden Parlamentswahlen schien nun keineswegs für das Ministerium gesichert. Daß des Verstorbenen Bruder, der Herzog von Newcastle, jetzt anstatt der auswärtigen Politik die

Finanzen übernahm, war nach dem Urteil des preußischen Ver=
treters ein weiterer Gewinn, weil anzunehmen war, daß der eifrigste
Förderer der Subsidienverhandlung mit Rußland jetzt die mißliche
Kehrseite der Sache eingehender würdigen werde. Und so stellte
denn König Friedrich nach manchem Zweifel endlich im Mai 1754
das Prognostikon, daß trotz aller russischen Truppenanhäufungen,
trotz aller österreichischen Übungslager dieses Jahr noch ruhig dahin=
gehen werde, „da die große Glocke, nämlich das Geld Englands,
nicht erklingen wird". Schrittweise verfolgte er, wie die russisch=
englische Unterhandlung erlahmte, stockte, stillstand. Um die Mitte
des Jahres betrachtete er sie als abgebrochen. Die im Vorjahr
gegen ihn entworfenen Pläne, triumphierte er, seien jetzt zurück=
gelegt.

Auf die Dauer aber schien ihm nur der Tod des Königs Georg
den Krieg beschwören zu können. Wer hätte ihm damals prophe=
zeien wollen, daß eben dieser König dereinst noch sein einziger
Helfer sein werde gegen seine jetzigen Gegner und gegen seine
jetzigen Verbündeten?

———

Ein spanischer Staatsmann hat zur Zeit der Hugenottenkriege
die Wahrnehmung ausgesprochen, der Humor der Franzosen sei,
argwöhnisch zu sein gegen alles, was nicht von ihnen selbst komme;
was er von ihnen getan wünschte, pflegte deshalb der kluge
Kastilier nie als seine eigene Meinung vorzutragen, er zog es vor,
davon als von einer Auskunft zu reden, die er habe erwähnen hören.

Ganz denselben Kunstgriff wandte König Friedrich an. Im
diplomatischen Verkehr mit den Franzosen, so äußert er sich 1752,
bedürfe es großer Rücksichten auf die Eigenliebe der französischen
Nation und auf die überlegene politische Einsicht, die sie als ihr
Erbteil betrachte. Die französischen Staatsmänner seien sehr heikel,
und ihre Besorgnis, beeinflußt zu werden, mache oft die besten
Ratschläge wirkungslos. Er gönne ihnen deshalb die Ehre aller
seiner Entwürfe, als wären es ihre eigenen Ideen, denen er nur
folge. „Diese Leute müssen glauben," sagt er einmal geradezu,
„daß sie uns leiten."

Seine Taktik hatte ihre Wirkung nicht verfehlt. Aus der In=
struktion, mit welcher 1749 Marquis Valory auf seinen Berliner
Gesandtschaftsposten zurückkehrte, spricht, ein Nachklang der Stim=
mung des Vorjahres, noch ein gewisses Mißtrauen gegen die Rat=
schläge, Eröffnungen, Warnungen des Königs von Preußen, noch
eine gewisse Gereiztheit gegen seine Person. Die Instruktion, die
ein Jahr später Tyrconnell erhielt, ist durchaus frei von Zweifeln
an der Tatsächlichkeit der vertraulichen Mitteilungen aus Berlin,

sie erkennt den Gegensatz an, in welchem man sich zu den drei Höfen
von Wien, London und Petersburg befinde, und betont rückhaltlos
die Interessengemeinschaft zwischen Frankreich und Preußen. König
Friedrich durfte über die Politik des Ministers Puyzieulx seine
Befriedigung äußern, und wenn das Auftreten einzelner französischen
Diplomaten dem nicht ganz entsprach, so pflegte er wohl zu sagen,
daß das Ministerium in Versailles vernünftiger sei, als seine Vertreter an den fremden Höfen.

Wie seine Vorgänger Amelot und d'Argenson blieb Puyzieulx
nur wenige Jahre an der Spitze des auswärtigen Ministeriums. Im
September 1751 legte er aus Gesundheitsrücksichten, aber wohl
auch, weil eine Partei am Hofe ihm entgegenarbeitete, sein Amt
nieder und erhielt den Marquis von St. Contest als Nachfolger.

Schon an sich betrachtete König Friedrich den häufigen Ministerwechsel in Frankreich als ein bedenkliches Symptom. „Ich habe
immer wahrgenommen," bemerkte er seinem Gesandten in Paris,
„daß, wenn man an einem Hofe erst einmal anfängt, Minister zu
stürzen oder wechseln zu lassen, man nicht damit einhält, sondern
daß das weiter geht, wie ein Spiel Karten." Es zeigte sich sehr
bald, daß der neue Minister seiner Aufgabe wenig gewachsen war.
St. Contest war persönlich dem Könige von Preußen und dem preußischen Bündnis wohl aufrichtiger zugetan, als sein anfänglich in
Vorurteilen befangener Vorgänger; er galt dem Wiener Hofe
schlechthin als Gegner. Aber er war nicht der Mann, die Politik
eines·großen Staates folgerichtig zu leiten und sich an einem von
Ränken durchwühlten Hofe zur Geltung zu bringen. Entgegen dem
früher von ihm gemachten Unterschied fand Friedrich jetzt, das
Ministerium und seine schlaffen Agenten im Auslande seien einander wert. St. Contests frühzeitiger Tod im Juli 1754 wurde von
niemand als Verlust betrachtet. „Es war nicht möglich, mit ihm
vom Fleck zu kommen," meinte Friedrich. Aber dem, der nach
ihm kam, dem bisherigen Marineminister Rouillé, ging der Ruf
„eines sehr schwachen, in auswärtigen Geschäften ganz unerfahrenen,
zu einer so wichtigen Stelle untüchtigen Mannes" voraus, und die
Mitglieder des diplomatischen Korps überzeugten sich in der Tat
sehr schnell von seiner Unwissenheit und Urteilslosigkeit.

So hörten denn seit dem Rücktritt des Marquis Puyzieulx die
Klagen Friedrichs II. über die Schlaffheit, Inkonsequenz, Oberflächlichkeit, Sorglosigkeit des französischen Ministeriums nicht mehr
auf. Vergebens hielt er immer wieder den Franzosen das große
Muster Ludwigs XIV. vor. Mit Unruhe gewahrte er, daß Frankreich eine Position nach der anderen räumte, seine Bundesgenossen
entweder preisgab, wie Genua, oder in das andere Lager übergehen
ließ, wie Modena, halb und halb auch Dänemark und vor allem

Spanien. Mit der diplomatischen Überlegenheit des eigenen föderativen Systems, in der Friedrich sich seit 1749 sicher gefühlt hatte,
war es vorbei; man wurde sichtlich von den Gegnern überholt.
Wenn man die schriftlichen Beweise dafür in den Händen habe,
so klagte der sorgenvolle Eichel dem Grafen Podewils im Sommer
1754, daß die Diplomatie der gegen Preußen und Frankreich verbündeten Mächte in vollster Übereinstimmung vorgehe und sich
gegenseitig Vorschub leiste, so sei es ein trauriges Schauspiel, wie
der König seinerseits von seinen Verbündeten nicht die geringste
Hilfe habe, die ganze Last allein tragen müsse, und wo nicht gar
Undank, so doch Neid davon ernte: „Es ist fast nichts übrig, als daß
der Höchste einmal durch ein ohnverhofftes glückliches Evenement
diesen Sachen eine andere Face gebe, widrigenfalls es fast mehr als
menschliche Vernunft und Application erfordern wird, das Schiff
glücklich aus dem wogenden Meer zu bringen."

„Die Geschäfte," so heißt es 1752 in dem Politischen Testament
über Frankreich, „werden in diesem Lande, dessen Gottheit das
Vergnügen ist, oberflächlich behandelt. Ein schwacher Fürst redet
sich ein, daß er diese Monarchie regiert, während seine Minister
sich in seine Autorität teilen und ihm nichts als einen unfruchtbaren
Namen lassen. Eine Mätresse, die nur auf ihre Bereicherung hin-
arbeitet, Verwaltungsbeamte, welche die Truhen des Königs plün-
dern, viel Unordnung und viel Räuberei stürzen diesen Staat in
einen Abgrund von Schulden."

Fast jeder neue Bericht aus Paris bereicherte das traurige Bild
um neue Züge. Nach Lord Marschalls scharfsichtiger Beobachtung
sind die Minister uneins, die Finanzen zerrüttet, alle Stände unzufrieden, das Volk gegen die Regierung erbittert wegen der Korn-
teuerung, die nicht durch einen wirklichen Notstand, sondern durch
die Umtriebe einiger von oben her begünstigten Aufkäufer hervorgebracht ist; Klerus und Parlament bemüht, die Schwäche der
Regierung auszunützen, der Klerus, um eine Art Inquisition zu
schaffen, das Parlament, um seinen Machtbereich zu erweitern;
die Mätresse interessiert, den Frieden bewahrt zu sehen, was mehr
als alles andere dazu beiträgt, den Zustand der Betäubung zu verlängern. Den König in seinem süßen Taumel zu erhalten, stellt
man ihm vor, daß er genug für seinen Ruhm getan, in Krieg und
Frieden gleiche Erfolge erzielt hat, daß niemand wagen wird, ihn
zuerst anzugreifen, daß er somit jetzt nichts anderes zu tun hat,
als den wohlerworbenen Ruhm zu genießen. So ist denn seine
einzige Beschäftigung, von einem Landschloß zum anderen zu fahren,
zu jagen, zu bauen, in fortwährender Zerstreuung, in einem durch
stetig wechselnde Vergnügungen ausgefüllten Müßiggange da-
hinzuleben.

Nicht zum wenigsten hatte es den König von Preußen gegen Frankreich verstimmt, daß man dort für jenen Vorschlag, die Türken gegen die Kaiserhöfe aufzubieten, kein Entgegenkommen zeigte. Ludwig XV. hatte Friedrichs wiederholte Darlegungen Anfang 1753 in einer Denkschrift beantworten lassen, welche dieser das schwächste Schriftstück nannte, das von dem gegenwärtigen französischen Ministerium noch ausgegangen sei. Die französische Antwort suchte den Beweis zu führen, daß unter der Voraussetzung engen Einvernehmens zwischen Frankreich, Preußen und Schweden die Lage der beiden Kaiserinnen so glänzend nicht sei, daß im Gegenteil die eigene Sache dann günstigere Aussichten habe. In einem Kriege, den die Türken auf eigene Hand eröffnen würden, hätten sie alle Aussicht auf Niederlagen, deren nächste Folge ein schneller Friede unter einseitiger Vermittlung Englands und deren Nachwirkung erhöhte Anmaßung der Kaiserhöfe sein werde. Die französische Denkschrift wollte deshalb mit den Türken nur für den Fall bereits vorhandener Thronwirren in Polen rechnen; dann aber würde der Sultan zu unterstützen sein durch Diversionen, die zwischen Frankreich, Preußen und Schweden beizeiten zu vereinbaren seien. Preußen wurde für diesen Fall mit seinen militärischen Unternehmungen auf Hannover hingewiesen.

Es war in der französischen Denkschrift vielleicht mehr Methode, als der König von Preußen anzunehmen geneigt war. Der preußische und der französische Standpunkt befanden sich in grundsätzlichem Gegensatze.

Preußen wünschte einen zwischen dem Großherren und den beiden Kaiserinnen lokalisierten Krieg, diesen aber sofort, weil er den drohenden allgemeinen Krieg von Europa abwenden sollte: „Europa muß in Frieden bleiben, während der Krieg sich auf die Mächte, die ihre Kraft gegen Polen mißbrauchen können, entlädt. Die Kaiserhöfe müssen sich mit den Muselmanen erschöpfen, auf daß sie in Polen ihr Ziel fehlen.“ Frankreich dagegen wünschte und brauchte gerade den allgemeinen Krieg, nur noch nicht von heute auf morgen. Für Preußen hatte das Freundschaftsverhältnis zu Frankreich seinen Wert als eine Bürgschaft des Friedens; für Frankreich bedeutete sein Allianzsystem vor allem die Deckung in einem künftigen Kriege, Preußen aber wurde als der Eckstein der großen kontinentalen Symmachie gedacht, auf die sich Frankreich zur Zeit und Stunde im Kampfe für seine amerikanischen Interessen gegen England stützen wollte. Noch war die Zeit zu diesem Kampfe nicht gekommen; daher Frankreichs Zurückhaltung gegen den Wunsch Preußens, einen Krieg im Orient angefacht zu sehen. Aber Frankreich hätte die Besorgnisse, in denen es seinen preußischen Verbündeten sah, gern benutzt, um seine kontinentale Koalition durch

Feststellung eines Kriegsplanes militärisch zu organisieren; daher der Vorschlag, im voraus Diversionen zu vereinbaren.

Schneller, als man in Versailles es gedacht, trieben die Dinge jenseits des Weltmeeres ihrer Entscheidung zu. Der Friede von Aachen, diese Pandorabüchse neuer Zwistigkeiten, wie man ihn in richtiger Voraussicht genannt, hatte es unterlassen, zwischen den französischen und englischen Ansiedlungen am Ohio und Mississquash feste Grenzen abzustecken. Schon 1753 sandte das britische Ministerium den Befehl nach Neuengland, den französischen Nebenbuhlern bei jedem Vordringen im Ohiobecken Waffengewalt entgegenzusetzen. Am 28. Mai 1754 wechselten der junge George Washington und seine amerikanischen Rekruten im Walde des Westens die ersten Schüsse mit den Gegnern, sechs Wochen darauf mußten sie ihre Pfahlwerke auf den großen Wiesen vor einer französischen Übermacht räumen. Daheim begannen die Kabinette Noten auszutauschen, und in den Häfen wurden die Schiffe ausgerüstet.

In König Friedrichs Erlassen an die Gesandten zu Paris und London spiegelt sich das Auf und Nieder der Ausgleichsverhandlungen zwischen den beiden Höfen getreu wider. Anfang Februar 1755 scheint ihm noch alles sich „ganz sacht" begleichen zu wollen: am 14. Februar glaubt er zehn gegen eins wetten zu sollen, daß beide Teile von Rüstung zu Rüstung schließlich in den Krieg hineingelangen würden, ohne es zu wollen und ohne zu wissen wie. Wieder Anfang März begrüßt er eine neue glimpfliche Wendung „von ganzem Herzen" als ein Anzeichen für die Fortdauer des europäischen Friedens; gleich die nächste Post läßt ihm den Bruch als „unvermeidlich" erscheinen. Und dieser letzte Eindruck hielt an. Am 6. April schrieb der bekümmerte Eichel dem Grafen Podewils: „Aus denen mit den heutigen Posten eingelaufenen Berichten judizieren des Königs Majestät überall, daß der Krieg zwischen Frankreich und England gewiß und so gut als deklariert, auch ganz nahe sei. Die göttliche Providence wolle nur verhüten, daß des Königs Majestät, auch wider Dero Willen und Vorsatz, darin nicht mit eingeflochten werde."

Eben in diesen Tagen sprach König Friedrich unter vier Augen den Chevalier de Latouche, den Nachfolger Valorys und Tyrconnells auf dem Berliner Gesandtschaftsposten. Der Ritter war nicht eben daran gewöhnt, herangezogen zu werden; er galt dem König von Preußen als beschränkt; vertrauliche Mitteilungen, wie sie seinen Vorgängern so oft gemacht worden waren, gingen jetzt stets durch den preußischen Gesandten in Paris an das französische Ministerium. Diesmal aber machte der König eine Ausnahme.

„Ich habe durch einen ganz sicheren Kanal erfahren," so begann er, „daß alle Verständigungsversuche zwischen Ihrem Hofe und dem

Londoner nicht bloß Schwierigkeiten begegnen, sondern geradezu aussichtslos erscheinen." Latouche erwiderte, alle Bündnisse, mit denen sich der König von England in Deutschland zu verstärken suche, würden niemals den Bündnissen des Königs von Frankreich gleichwertig sein, da Frankreichs Vertrag mit Preußen auf Grundsätzen beruhe, die ihn verewigen müßten. Friedrich unterbrach ihn: „Wissen Sie, mein Herr, welchen Entschluß ich in der gegenwärtigen Lage fassen würde, wenn ich der König von Frankreich wäre! Ich würde, sobald der Krieg erklärt wäre oder sobald die Engländer eine Feindseligkeit gegen Frankreich begangen hätten, wie sie dem Gerücht nach es im Mittelmeer getan haben sollen, ein beträchtliches Truppenkorps nach Westfalen marschieren lassen, um es unverzüglich in das Kurfürstentum Hannover zu werfen. Das ist das sicherste Mittel, diesem —— die Flötentöne beizubringen." Sprach's, wandte stracks den Rücken, verschwand in seinem Kabinett und ließ den Gesandten im Empfangszimmer staunend stehen. Das „kavaliermäßige Epitheton", mit dem der König seinen Oheim von England beehrte, betrachtete Latouche für seinen Bericht nach Versailles als entbehrlich.

Offenbar, daß Friedrich durch die ausgesuchte Formlosigkeit seine Eröffnung des offiziellen Charakters entkleiden wollte. So beauftragte er denn auch seinen Gesandten Knyphausen, am 5. April, den Gegenstand nur wie von sich aus zu berühren, dem Minister Rouillé den Marsch nach Hannover nur als einen von ihm, dem Gesandten, ausgehenden Gedanken zu empfehlen.

Als Knyphausen mit Rouillé demgemäß sprach, erklärte ihm dieser zuerst, was er ihm schon früher gesagt: man habe noch keinen Operationsplan und wolle abwarten, was sich als Englands wirkliche Absicht offenbaren werde. Seien Englands Gedanken in der Tat offensiv, so unterliege es keinem Zweifel, daß man sich zu einer Diversion in den Gebieten des Kurfürsten von Hannover und seiner Verbündeten anschicken müsse. Und da schmeichle man sich für den Feldzug gegen Hannover mit der Hoffnung, daß der König von Preußen dabei nicht bloß mitwirken, sondern diesen Teil der Operationen ganz und allein auf sich nehmen werde. Die Lage seiner Staaten setze ihn in den Stand, eine solche Unternehmung mit Schnelligkeit und Erfolg auszuführen, und in dem Kurfürstentum Hannover werde er reichen Ersatz für die Kosten finden, die der Krieg ihm verursachen könne. Auch Marschall Löwendahl, der bewährte Heerführer aus dem letzten Kriege, nahm kurz darauf Veranlassung, dem preußischen Gesandten die seinem Gebieter zugedachte militärische Rolle als besonders dankbar zu preisen, und ließ durchblicken, daß ihm selber vielleicht der ehrenvolle Auftrag zufallen werde, in Berlin mit dem Könige einen Operationsplan zu vereinbaren.

Auf solches Ansinnen war König Friedrich nicht gefaßt gewesen. Sein eigener Vorschlag hatte bezweckt, das Kriegsfeuer beim ersten Auflodern zu ersticken. Was Frankreich riet, war danach angetan, den Brand über ganz Europa zu verbreiten, denn das erste Erscheinen der Preußen in Hannover hätte die Österreicher und die Russen in die Schranken gerufen. Friedrichs alter Argwohn fand neue Nahrung, daß es nämlich der „Grundsatz" der Franzosen sei, „ihren Verbündeten alle Last des Krieges aufzubürden und sich selbst die Arme frei zu halten, um ganz nach Gefallen handeln zu können."

Er beauftragte Knyphausen am 6. Mai, falls der französische Minister auf den Gegenstand zurückkommen sollte, ihm in der höflichsten und schonendsten Weise zu erwidern, sein Herr werde stets jeden denkbaren Anteil an allem, was Frankreich betreffe, nehmen, aber die Diversion, die er machen solle, würde für ihn schwer durchführbar sein. Rouillé möge bedenken, daß der König von Preußen jeden Sommer 60 000 Russen in Kurland auf dem Halse habe, gewiß keine Kleinigkeit; daß er außerdem die Sachsen in Rechnung stellen müsse; daß von einer dritten Seite her sich im Umsehen 80 000 Österreicher an seinen Grenzen versammeln könnten; daß er weder auf Dänemark noch auf die Pforte mit Sicherheit rechnen dürfe; kurz, daß er, ohne eine kräftige Stütze wenigstens an irgend einer Stelle, nicht die ganze Last des Krieges auf sich nehmen könne. Ohne die geringste Gereiztheit durchblicken zu lassen oder in den Ton des Vorwurfs zu verfallen, sollte Knyphausen bei dieser Gelegenheit doch zu verstehen geben, daß Frankreich während des zweiten schlesischen Krieges die Bestimmungen des Pariser Vertrags von 1744 unausgeführt gelassen habe. Wolle Frankreich den König jetzt von neuem in eine Unternehmung von größter Tragweite verwickeln, so müsse man Sicherheiten haben für eine wirksame Unterstützung.

Es hieß in der Tat die Staatskunst, ja den gesunden Menschenverstand des Königs von Preußen gewaltig unterschätzen, wenn ein Rouillé sich der Mann dünkte, ihn zu überrumpeln und mit fortzureißen, ihn in einer Sache, die Preußen nicht das geringste anging, so festzulegen und bloßzustellen, daß ihm jeder Rückzug, ja jede selbständige Bewegung unmöglich geworden wäre.

Der Breslauer Vertrag vom 5. Juni 1741, das einzige zwischen Preußen und Frankreich bestehende Bündnis, verpflichtete beide Teile, wie Friedrich nachdrücklich hervorhob, nur zu gegenseitiger Verteidigung ihrer Besitzungen in E u r o p a . Obendrein, dieser Vertrag war binnen kurzem, am 5. Juni 1756, abgelaufen. Es war also sehr geboten, wenn der französische Verbündete seinem ersten, unmittelbar auf das Ziel zustürmenden Anlauf einige vorsichtig tastende Erkundigungen über die Vorfrage, ob der andere Teil das Bündnis überhaupt zu erneuern gedenke, zur Seite gehen ließ. Aber alle Mühe, die ſich Latouche den preußiſchen Miniſtern gegenüber gab, das Geſpräch auf dieſen Gegenſtand zu lenken, war vergebens; mit Gefliſſenheit, ſo berichtete er nach Hauſe, weiche man ihm aus und ſpreche von anderen Dingen. Er gewann den Eindruck, daß der König von Preußen zwar nicht daran denke, ſich mit ſeinen Gegnern zu verſöhnen, aber daß er ſeine Politik nach den Ereigniſſen regeln wolle.

Eine ganz richtige Mutmaßung. Als Podewils ſeinerſeits Anfang Juni dem Könige von dieſen fruchtloſen Anwürfen des Franzoſen berichtete, lobte Friedrich ſeinen alten, klugen Miniſter: „Er hat ſehr gut getan, nicht darauf zu preſſiren; wir wollen ſie lieber kommen ſehen.“

Wir dürfen ſagen, daß er bereits entſchloſſen war, ſich nicht von neuem zu binden, und am wenigſten im gegenwärtigen Augenblick. Er hielt ſich an die Warnung des ſterbenden Vaters, vor Allianzen auf ſeiner Hut zu ſein: „Keine Politik auf weit hinaus, keine vorgreifenden Verträge“ lautet die Regel, die wieder er ſeinen Nachfolgern einprägte. Er habe ſich ſehr gut dabei geſtanden, 1740 keinen bindenden Vertrag vorgefunden zu haben; ſo halte er auch jetzt — wir erinnern uns, daß das politiſche Teſtament 1752 geſchrieben iſt — mit Frankreich wohl zuſammen, laſſe ſich aber nicht auf Verträge mit ihm ein, um in Zukunft ſich frei entſcheiden zu können.

Sehr begreiflich, daß umgekehrt die Franzoſen den bringenden Wunſch hatten, am Vorabend eines Krieges ihren wertvollſten Verbündeten, noch dazu den einzigen, der ihnen keine Hilfsgelder koſtete, feſter an ſich zu ketten. Doch kamen ſie nur zögernd, Schritt für Schritt, und auf Umwegen. Als König Friedrich auf der Rundreiſe durch ſeine weſtlichen Provinzen im Juni auch an den Rhein kam und ſein alter Sekretär Darget Erlaubnis erhielt, ihm in Weſel die Aufwartung zu machen, erkor ſich das franzöſiſche Miniſterium dieſen wohlgelittenen, aber untergeordneten Biedermann zum Vertrauten und Helfer. Darget, der eben damals ſich in Paris bei der Finanzverwaltung um eine der landesüblichen Sinekuren bewarb, wurde für ſeine Reiſe mit einer ausführlichen ſchriftlichen Inſtruktion, wie ein Geſandter, ausgeſtattet. Wenn der König von Preußen ihn fragt, wohin nach ſeiner Meinung Frankreich beim Bruch mit England den Schlag führen wird, ſoll er antworten: er denke, nach den Niederlanden und nach Holland. Wird ihm erwidert: Warum nicht nach Hannover? ſo kann Darget ſagen, er glaube recht wohl, daß Frankreich gar keine Abneigung gegen die Ausführung dieſes Planes habe, er ſage ſich indeſſen, daß man ſich den Plan ohne ein Einvernehmen mit dem Berliner Hofe nicht aneignen könne, und er wiſſe nicht, wie es damit ſtehe; das werde der König ſelbſt am beſten

beantworten können. Auf die Weise werde man diesen vielleicht da=
hin bringen, einige Lichtstrahlen auf seine Absichten fallen zu lassen.
Wir wissen nicht, ob das auserlesene Werkzeug Frankreichs zu
Wesel Gelegenheit gefunden hat, sich die diplomatischen Sporen
zu verdienen.

Vom Rhein aus unternahm Friedrich, nur von dem Obersten
Balbi und einem Pagen begleitet, den vielbesprochenen Ausflug
nach Holland, wo er auf der Treckschuyte zwischen Amsterdam und
Utrecht, im zimtfarbenen Kleid und mit schwarzer Perücke, sich dem
jungen Schweizer Henri de Catt, seinem späteren Vorleser, als
Kapellmeister des Königs von Polen vorstellte. Es war ein Gegen=
stück zu dem Straßburger Abenteuer von 1740, ein überraschender
Seitensprung, der, um mit Darget zu reden, denen, welche die
Vielseitigkeit dieses Königs nicht kannten, als unvereinbar mit der
Majestät erscheinen wollte. Nach Potsdam und in den gewohnten
Paßgang zurückgekehrt, wurde er noch Ende Juni von neuem durch
eine ziemlich weit ausholende Frage des immer besorgteren Ver=
bündeten ausgehorcht. Latouche begehrte Rat, wie sein Hof im
Fall eines Krieges mit England die 20 000 Mann Mietstruppen,
die er im Deutschen Reiche zur Verfügung hatte, Braunschweiger,
Hessen, Württemberger und Baireuther, am wirksamsten verwenden
werde. Friedrich befahl, in höflicher Form zu antworten, das müsse
ganz dem König von Frankreich selbst überlassen bleiben, der ja über
seine Interessen besser unterrichtet sei, als er, der König von Preußen,
es sein könne.

Inzwischen mehrten sich nach vorübergehender Ruhe die Sturm=
zeichen. Durch den Prinzen Ferdinand von Braunschweig erfuhr
Friedrich Anfang Juli, daß England dem Braunschweiger Hofe
reiche Subsidien und die Hand einer englischen Prinzessin bot,
um ihn von Frankreich abzuziehen, und bald darauf, daß England
mit dem Kasseler Hofe bereits handelseines sei. König Georg,
meinte er, beschäftige sich in Hannover, wo er diesen Sommer zu=
brachte, mit nichts anderem, als den deutschen Fürsten Geld anzu=
bieten. Er schloß daraus, daß England den Krieg vielmehr in
Europa, als auf dem Ozean führen wolle. Aus Amerika kam die Nach=
richt, daß der englische Admiral am 7. Juni auf der Höhe von Louis=
burg zwei französische Fregatten angegriffen und nach harter Gegen=
wehr überwältigt hatte. Latouche machte am 25. Juli in Berlin
amtlich die Anzeige, daß Frankreich daraufhin seine Vertreter aus
London und Hannover ohne weiteres abberufen habe, daß man
schleunigst einen Operationsplan feststellen und daß man nicht
versäumen werde, sich darüber vor allen Dingen mit Preußen zu
verständigen. Auf ausdrücklichen Befehl seines Hofes bat der Ge=
sandte um eine Audienz.

König Friedrich ließ sich herbei, aus dem abwartenden Still=
schweigen der letzten Wochen herauszutreten. Beim Empfang am
27. Juli gab er dem Franzosen, ohne dessen Vortrag abzuwarten,
seinerseits eine Schilderung der Einzelheiten des britischen Gewalt=
aktes und fragte dann: „Welchen Entschluß denkt Ihr Hof unter
diesen Umständen heute zu fassen? Ich wüßte nur einen: ein starkes
Truppenkorps an der flandrischen Grenze zusammenzuziehen. Ihr
hättet noch Zeit, dieses Jahr die Belagerung von Tournai, Mons
und Brüssel vorzunehmen, woran Ihr, wenn die Jahreszeit es
erlaubt, die Einnahme von Charleroi und der Zitadelle von Ant=
werpen schließen könntet." Latouche wandte ein, bei Ausführung
dieses Planes werde die Rache des Königs von Frankreich für die
Verletzung seiner Flagge nicht die Engländer treffen, sondern viel=
mehr Englands Verbündete. Aber Friedrich fiel ihm ins Wort:
„Was wollt Ihr dann machen? Die Engländer sind zur See Euch
überlegen, und in das Kurfürstentum Hannover könnt Ihr Eure
Heere nicht werfen, aus Mangel an Niederlagsplätzen." Latouche
war nicht wenig überrascht. Er konnte in dem Bericht an seinen Hof
die Bemerkung nicht unterdrücken, daß diese Sprache des Königs
von Preußen von seiner früheren sehr verschieden sei. Er wagte
in seiner Audienz die schüchterne Andeutung: „Aber hat mein König
nicht 20 000 Mann in Deutschland in seinem Sold? Hat er nicht
mächtige Verbündete, die Truppen und Waffenplätze haben, wie
Jülich und Düsseldorf, Münster und — andere?" Daß die preußischen
Festungen Wesel und Minden gemeint waren, ließ sich ohne weiteres
verstehen. „Nein," erwiderte der König mit Lebhaftigkeit, „dieser
Plan kann Euch nicht konvenieren." Noch einmal empfahl er rasches,
wuchtiges Vorgehen gegen Flandern.

Friedrich hat in dieser Unterredung mit Latouche, von seiner
Lebhaftigkeit, wie so oft im Gespräch, hingerissen, offenbar seine
innerste Meinung enthüllt: er wünschte den vor einem Vierteljahr
von ihm empfohlenen Heereszug nach Hannover überhaupt nicht
mehr. In seinen reiflicher überdachten, zur Mitteilung an das franzö=
sische Ministerium bestimmten Eröffnungen an Knyphausen hütete
er sich, das offen zu sagen. Zunächst beauftragte er seinen Vertreter
in Paris am 29. Juli, auf Dänemark hinzuweisen, dessen Beihilfe
gegen Hannover vielleicht zu gewinnen sein werde. Für die ihm selbst
vorgezeichnete Verhaltungslinie berief er sich in seinem nächsten
Erlasse, am 2. August, nochmals auf seine Bedrängnisse im letzten
Kriege, in dem ihn Frankreich kalt im Stiche gelassen habe, und auf
die Schwierigkeiten seiner Lage zwischen den feindlichen Nachbarn.
Knyphausen sollte zu verstehen geben, daß Preußen ohne den
offenen Anschluß der Türken an die französische Sache überhaupt
nicht handelnd auftreten und ohne ein Bündnis mit Dänemark

und die werktätige Beteiligung dieses Staates nicht gegen Hannover
vorgehen könne. Die Heerfolge der kleinen deutschen Höfe bei
einem Feldzuge gegen Hannover bezeichnete er als schlechterdings
ausgeschlossen. Dagegen erhöhte sich die Aussicht auf dänische
Hilfe, indem eben jetzt das Gerücht sich verbreitete, daß die Zarin
die von England begehrten Soldtruppen in Lübeck auslanden werde,
wo dann für Dänemark die Gefahr erwuchs, diese nordischen Fremdlinge in dem holsteinschen Erblande des Großfürsten-Thronfolgers,
eingelagert und den Racheplänen des gottorpischen Hauses, welches
das verlorene Schleswig noch nicht vergessen hatte, zur Verfügung gestellt zu sehen. Für den Fall eines französisch-dänischen
Angriffs gegen Hannover bezeichnete Friedrich am 9. August dem
Gesandten, ganz anders als in dem Gespräch mit Latouche, Düsseldorf und Wesel als zwei gute Waffenplätze für die Franzosen. Die ge-
fahrlose Unternehmung gegen Flandern empfahl er daneben als eine
Verstärkung des auf den König von England auszuübenden Druckes.

Für wahrscheinlich hielt es der König von Preußen in diesem
Zeitpunkt nicht mehr, daß sich Frankreich, sei es gegen Hannover,
sei es gegen Belgien, das ihm im letzten Kriege als Faustpfand
für die Verluste in Amerika gedient hatte, zu schneller, nachdrücklicher Tat aufraffen werde. Für den Fall, daß Frankreich den
österreichischen Niederlanden die Neutralität gewähren würde, hat
er Anfang August einen Augenblick daran gedacht, die beiden deutschen
Mächte, Preußen und Österreich, trotz allem, was an Haß und Streit
zwischen ihnen aufgehäuft lag, gemeinsam eine friedliche Mittler-
tätigkeit zwischen den hadernden Westmächten übernehmen zu
lassen.

Nun kamen von Knyphausen Berichte auf Berichte, die alle
ergaben, wie schnell in Versailles die kriegerische Erregung der
Julitage verflogen war, und daß jetzt wieder die Meinung vorwog,
den Kampf, wenn irgend möglich, auf die See und die Kolonien
zu beschränken. Die schwächliche Nachgiebigkeit der französischen
Minister in den nach allem, was vorgefallen war, noch immer fortgesetzten Verhandlungen mit dem hochfahrenden Albion schien dem
König von Preußen ohne Beispiel in der Geschichte, ganz geeignet,
den Staat des vierzehnten Ludwigs vollständig um sein Ansehen
in Europa zu bringen; er verglich die Staatsmänner Frankreichs
mit den Kindern, die mit der Hand vor dem Gesicht sich unsichtbar
dünken. Schon bezeichnete er die Gunst des ersten Augenblicks als
für immer verloren.

Wohl war ihm schon damals, im Juli, ein Pair von Frankreich,
der Herzog von Nivernais, als Bevollmächtigter angemeldet worden,
eine außerordentliche Sendung behufs Vereinbarung der durch
die Lage gebotenen Schritte. Aber der Aufbruch des vornehmen

Sendboten verzögerte ſich von Woche zu Woche, von Monat zu Monat. Als man dann Ende September dem Freiherrn von Knyp- hauſen rühmte, das Vertrauen des Königs von Frankreich zu Niver- nais ſei ſo groß, daß man ihn ermächtigt habe, ſeine Inſtruktion ſich ſelbſt zu ſchreiben, meinte Friedrich ärgerlich: möge Nivernais ſie ſelbſt entwerfen oder nicht, er werde nicht auf dieſe Inſtruktion ſehen, ſondern auf die Haltung, die Frankreich einnehmen werde. Ehe der Geſandte ſich wirklich auf den Weg machte, verging dann noch ein volles Vierteljahr. Und doch hatte Friedrich ſchon am 13. September an Knyphauſen zur Mitteilung an das franzöſiſche Miniſterium geſchrieben, daß ihm wichtige und merkwürdige Er- öffnungen gemacht worden ſeien, über die er das Nähere dem Herzoge bei ſeiner Ankunft darzulegen gedenke. Ein Wink, der kaum mißverſtanden werden konnte.

———

Schon ſeit geraumer Zeit ging in mancherlei Geſtalt ein Gerücht um, das die Verſöhnung zwiſchen Preußen und England als nahe herbeigekommen ankündete.

Als Ende 1754 der lange geheim gehaltene Übertritt des Erb- prinzen von Heſſen-Kaſſel zur katholiſchen Kirche ruchbar wurde, und der alte Landgraf Wilhelm, um den reformierten Glauben ſeiner Enkel und die Zukunft des proteſtantiſchen Landes beſorgt, ſeine für Staat und Haus erlaſſenen vorbeugenden Satzungen unter Aufſicht und Schutz der proteſtantiſchen Mächte, Preußen und England, Holland und Dänemark ſtellte, da wurde inmitten der Irrungen des Augenblicks die Erinnerung an die hiſtoriſche Kampfes- gemeinſchaft wach, zu der ſich einſt England und Brandenburg im gemeinſamen proteſtantiſchen Intereſſe, zur Erhaltung der anglikaniſchen Thronfolge, zuſammengefunden hatten. Indes, wenn bei dieſem Anlaſſe der Herzog von Newcaſtle dem preußiſchen Legationsſekretär Michell die Genugtuung ſeines Königs und des ganzen Miniſteriums über das Beiſpiel ausſprach, welches Preußen den anderen proteſtantiſchen Mächten gegeben habe, ſo hatte es durchaus Friedrichs Zuſtimmung, daß Michell das mit einer kahlen Höflichkeitsphraſe entgegennahm. „Ich weiß nur zu gut,“ meinte der König — es war am 11. März 1755 — „daß der Augenblick noch nicht gekommen iſt, wo man von der Rückkehr enger Freund- ſchaft ſprechen könnte.“ Und wenn vier Tage darauf Vockerodt, der Unterſtaatsſekretär im Auswärtigen Amt, zweimonatlichen Ur- laub zu einer Badereiſe nach Spaa und Aachen erhielt, geſchah es unter der ausdrücklichen Vorſchrift, daß Vockerodt „aus beſonderen Urſachen“ weder auf der Hinfahrt noch bei der Heimkehr die Stadt Hannover berühren dürfe.

Als sich einige Wochen später Friedrich selber zu der Reise nach
dem Westen, auf der wir ihn begleiteten, anschickte, ließ sich das
hannoversche Gebiet ohne großen Umweg nicht vermeiden. Es
schien erforderlich, unter der Hand, durch die Braunschweiger Ver=
wandten, vorher zu erkunden, wie die Durchreise aufgenommen
werden würde. Die Braunschweiger gaben die ihnen gestellte Frage
in einer Form nach Hannover weiter, die am Hofe zu Herrenhausen,
wo König Georg jüngst angelangt war, zu sanguinischen Mut=
maßungen Anlaß gab; die Antwort lautete, daß man dem hohen
Reisenden den verbindlichsten, glänzendsten Empfang bereiten werde.
Die englischen Minister glaubten, daß der König von Preußen eine Zu=
sammenkunft mit seinem königlichen Oheim wünsche. Friedrich seiner=
seits befahl seinem Ministerium, dem kurbraunschweigischen Geheim=
ratskollegium „mit aller Politesse" die offizielle Mitteilung von seiner
bevorstehenden Reise zu machen, verbat sich aber zugleich, da er
ein völliges Inkognito zu wahren wünsche, „alle Distinctiones und
Ehrenbezeugungen". Von einer Begegnung mit dem Oheim von
England war nicht die Rede. Aber es war erklärlich, daß nun das
Gerücht von der Versöhnung, wie es soeben im Haag und in Däne=
mark mit großer Bestimmtheit aufgetreten war, neuen Glauben
fand. Noch ehe Friedrich seine Residenz verlassen, schrieb der öster=
reichische Gesandte dem Grafen Kaunitz, ein guter Freund habe
ihm anvertraut, daß der preußische Hof sich mit dem englischen aus=
söhnen werde.

Nach der Rückkehr aus Wesel, während des Juli, wird Friedrichs
Verhalten gegen England durch die Ratschläge bezeichnet, die er
dem Braunschweiger Hofe erteilt. Die Brautwerbung des Prinzen
von Wales um eine Tochter des Herzogs erscheint ihm als das Vor=
teilhafteste, was dem Vater sich bieten könne; aber er beklagt es als
übereilt und unpassend, daß man seine „gute liebe Schwester",
die Herzogin Charlotte, mit den beiden ältesten Prinzessinnen nun
sofort zum Besuch nach Hannover schickt. Vorteilhaft nennt er auch
das Angebot reichlicher Soldspenden, das anzunehmen Braun=
schweig mit dem Dezember, beim Ablauf seines Subsidienvertrages
mit Frankreich, freie Hand bekam; aber er gibt zu bedenken, daß
das Abkommen den Herzog, wenn der Krieg ausbricht, in peinliche
Verlegenheit setzen kann. Überdies bittet er seinen Schwager,
ihn selbst bei dieser ganzen Verhandlung nicht zu nennen, ja den
Schein zu wahren, als ob man sich in Potsdam nicht einmal Rats
geholt habe.

Gerade das war nun aber die Absicht im Schlosse zu Herren=
hausen, den König von Preußen unter allen Umständen in die Ver=
handlung mit Braunschweig hineinzuziehen. Zum guten Zeichen
nahm man eine Äußerung der Herzogin von Braunschweig gegen

Münchhausen, den hannoverschen Geheimratspräsidenten, ihr königlicher Bruder habe versichert, daß er sich nie zu einem Angriff auf die deutschen Besitzungen des Königs von England mit fortreißen lassen werde.

Im Gefolge des Königs von England befand sich, wie immer bei den Reisen nach Deutschland, der Staatssekretär für die deutschen und nordischen Angelegenheiten, jetzt, nach Newcastles Übertritt zur Schatzverwaltung, Graf Holdernesse. Am 9. August fährt der Lord schnell entschlossen nach Braunschweig, nachdem ihm ein Schreiben Münchhausens vorangeeilt ist, welches ziemlich deutlich zu erkennen gibt, daß man die Familienverbindung davon abhängig machen wird, ob der Herzog oder die Herzogin den König von Preußen zu der Zusage bestimmen können, im Falle eines französischen Angriffs auf Hannover sich neutral verhalten zu wollen. Der Lord fordert in einer Audienz, die er am Sonntag Vormittag, den 11., beim Herzoge nimmt, noch mehr: Preußen soll nicht bloß versprechen, die Abwehr eines französischen Angriffs auf Hannover nicht zu stören, es soll auch Frankreich warnen und verhindern, den Angriff zu unternehmen. Nach Hannover zurückgekehrt, äußert sich Graf Holdernesse sehr befriedigt, die Gesichter der sorgenvollen deutschen Geheimräte klären sich auf, und demnächst liest man in den Zeitungen, daß König Georg tags vor seiner Wiederabreise aus Herrenhausen, den 6. September, an offener Tafel einen Trinkspruch auf den König von Preußen, seinen künftigen Verbündeten, ausgebracht habe.

Zur Zeit noch entbehrte solche Zuversichtlichkeit der Berechtigung. König Friedrich antwortete seinen Verwandten in Braunschweig auf die erste, durch Münchhausen übermittelte Botschaft der Engländer, es stehe jedermann frei, Vorkehrungen für seine Sicherheit zu treffen; eine förmliche Erklärung abzugeben, dazu liege weder eine Veranlassung vor, noch sei dazu die Zeit. Das zweite, zudringlichere Anbringen des Lords behandelte er als nicht geschehen, indem er in seiner zur Mitteilung nach Hannover bestimmten Antwort vom 12. August den beiden Westmächten seine Vermittlung in ihren amerikanischen Streitigkeiten anbot, ohne des von Holdernesse in Betracht gezogenen kontinentalen Krieges dabei zu gedenken. In einem vertraulichen Schreiben an Herzog Karl vom gleichen Tage bemerkte er, in anderer Lage würde er den englischen Antrag überhaupt keiner Antwort gewürdigt haben; die, welche er gebe, erfolge nur aus Rücksicht auf die Interessen des Schwagers und der Nichte; ihm aber, dem Herzoge, fühle er sich verpflichtet unter dem Siegel des unverletzlichsten Geheimnisses mitzuteilen, daß die Engländer die verlangte Erklärung ihm nie abnötigen würden; nur liege es in des Herzogs Interesse und auch in dem Preußens, ihnen nicht alle Hoffnung zu nehmen und sie hinzuhalten. Noch am 25. August, nachdem Holdernesse, auf den Gedanken der preußischen Vermittlung eingehend, Aufklärungen über die amerikanische Rechtsfrage in Aussicht gestellt hatte, wiederholte Friedrich dem Herzog von Braunschweig, daß es wesentlich darauf ankomme, Zeit zu gewinnen.

Dann aber ein auffälliger Umschwung. Am 1. September, ohne daß in den dazwischenliegenden sechs Tagen irgend eine neue Äußerung aus Hannover erfolgt wäre, sandte Friedrich dem Briefe vom 25. einen anderen hinterher. Nach weiterer Überlegung sage er sich, daß sein Verteidigungsbündnis mit Frankreich im Frühling des kommenden Jahres ablaufe, und daß sich dann vielleicht mit England ein Abkommen über die Neutralität von Hannover treffen lasse. Der Herzog möge ihn, den König von Preußen, einstweilen noch aus dem Spiel lassen, aber bewirken, daß die Engländer ihrerseits Anträge stellten. Und tags darauf verlangt er von dem Vertreter in London ein Gutachten, ob das britische Ministerium Wert darauf legen würde, die Besitzungen seines Königs in Deutschland durch einen Neutralitätsvertrag gesichert zu sehen, oder ob es sich dieser Frage gegenüber gleichgültig verhalte.

Der Schlüssel liegt in einer Nachricht, die Friedrich soeben aus dem Haag erhalten hatte. In Petersburg sollte ein Subsidienvertrag unterzeichnet worden sein, der 70 000 Russen zur Verfügung Englands stellte.

Friedrich hatte an ein Ergebnis dieser Verhandlung, die ihn in ihren Anfängen vor zwei Jahren so beunruhigte, nicht mehr glauben wollen und sich darauf verlassen, daß der neue englische Botschafter Williams, der Anfang 1755 nach Rußland ging, nur den Auftrag habe, das glimmende Feuer nicht ganz erlöschen zu lassen. Von nun an aber dienten ihm die Wechselfälle dieser Verhandlung geradezu als Kompaß für seine Politik.

Als die Nachricht aus dem Haag sich nicht bestätigte, als er am 7. Oktober erfuhr, daß die englische Regierung dem von ihrem Bevollmächtigten unterzeichneten Vertrage aus formalen und sachlichen Bedenken die Ratifikation verweigerte, und als gleichzeitig Holdernesse aufs neue in Braunschweig preußische Bürgschaften zum Schutze Hannovers auch gegen Frankreich heischte, da lehnte Friedrich diese Zumutung als seiner unwürdig in lebhaftem Tone ab: für Preußen wolle er gut sagen, den Franzosen könne er unmöglich Vorschriften machen. Er schalt auf die Selbstüberhebung, die da glaube, daß alle Welt zur Verteidigung jenes armseligen Ländchens verpflichtet sei, und gab seinem Mißtrauen gegen die britische Aufrichtigkeit kräftigen Ausdruck. Er befahl seinem Vertreter, in London zu sagen, daß das Erscheinen russischer Truppen in Deutschland ihn veranlassen werde, sich wohl oder übel in den

Krieg zu stürzen; ja er hoffte, durch diese Drohung neue Bedenken gegen den Abschluß des Subsidienvertrages mit Rußland zu wecken. Eine Zuschrift des hannoverschen Ministeriums, das die vor Jahren von Friedrich Wilhelm I. übernommene Garantie für Hannover in Erinnerung brachte, befahl er „nach dem Wienerischen Reichsstil" zu beantworten: eine Parenthese in die andere verwickelt und die Periode lang, „so daß niemand verstehe, was es sagen wolle".

Alsdann aber hatten zu Petersburg Williams und die russischen Minister am 30. September eine neue Urkunde unterzeichnet, und als diesmal in Westminster das Abkommen genehmigt wurde, fragte der König von Preußen, am 24. November, besorgt und ungeduldig den braunschweigischen Vermittler, ob die von Lord Holdernesse verheißenen weiteren Eröffnungen noch nicht eingetroffen seien.

Nicht mehr über Braunschweig erhielt er die neuen Anträge, sondern geradeswegs aus London. Am 13. November wurde das britische Parlament mit einer ganz kriegerisch gehaltenen Thronrede eröffnet. Sie zerstörte grausam die letzten Friedensillusionen der Franzosen. Am 26., nachdem Henri Fox, der jüngst ernannte zweite Staatssekretär, bei Michell gesprächsweise mit Versicherungen seiner Ergebenheit gegen den König von Preußen und mit Betonung des rein defensiven Zweckes der englisch-russischen Abmachungen vorgearbeitet hatte, lud Holdernesse den preußischen Vertreter amtlich zu einer Besprechung ein und übergab ihm auf Befehl des Königs von England eine Abschrift des Vertrages mit Rußland. Er setzte hinzu, daß sein Gebieter bereit sei, nicht bloß die für den preußischen Besitzstand bisher erteilten Bürgschaften in bündigster Form zu erneuern, sondern sich noch enger mit Preußen zu verbünden, dazu auch, unter dieser Voraussetzung, den preußischen Kauffahrern für jene Einbußen im letzten Kriege eine billige Entschädigung zu schaffen. Von Preußen werde es abhängen, ob es, wie Spanien dem Süden, so dem Norden Europas den Frieden erhalten wolle; der König von Preußen stehe da, in glänzender, gebietender Stellung, den Ölzweig in der einen Hand und das Schwert in der anderen.

König Friedrich entschloß sich zu dem entscheidenden Schritte. Er befahl Michell am 7. Dezember, den englischen Ministern für ihre Eröffnungen zu danken und Wort für Wort, ohne einen Ausdruck zu ändern, hinzuzufügen: „Ich glaubte, die Sache könnte sich machen, indem der König von England und ich für die Zeit der augenblicklich in Europa bestehenden Wirren einen Neutralitätsvertrag für Deutschland abschlössen, ohne weder die Franzosen noch die Russen zu nennen, um niemand zu verstimmen und um mich durch diese Rücksichtnahme in stand zu setzen, desto wirksamer auf die Aussöhnung der beiden kriegführenden oder überworfenen oder veruneinigten Nationen hinzuarbeiten."

Damit hatte sich Friedrich zu dem, was er bisher entschieden verweigert hatte, bereit erklärt. Ob die vorgeschlagene Abkunft die Franzosen nannte oder nicht, sie versperrte ihnen den Weg nach Hannover.

Was den König bestimmte, sich über alle Rücksichten auf Frankreich hinwegzusetzen, war der schwerwiegende Gewinn, von dessen Gewährung er sein Zugeständnis abhängig machte. Auch den Russen sollten sich die Wege sperren, auch ihnen sollte das Betreten deutschen Bodens untersagt sein. Die letzten Erklärungen des Lords eröffneten begründete Aussicht, daß England diese Bedingung annahm. Der englisch-russische Vertrag bedeutete eine tägliche Gefahr für Preußen, solange England sich unter König Friedrichs Feinden befand; er schien sich zu Preußens unmittelbarem Vorteil zu wenden, in dem Augenblick, wo Preußen England für sich gewann und damit hoffen durfte, den russischen Bären — um einen dem Könige geläufigen Ausdruck zu gebrauchen — von seinem britischen Führer an die Kette gelegt zu sehen. Die preußisch-englische Verhandlung war die unmittelbare Wirkung der russisch-englischen: ohne den Petersburger Vertrag keine Westminsterkonvention, wie sie jetzt sich vorbereitete.

Traf es also doch zu, wenn Lord Hyndford vor Jahren gesagt hatte, der König von Preußen fürchte sich mehr vor Rußland als vor Gott? Oder wenn Valory die Russenfurcht in Berlin als erblich betrachtete?

Friedrich hat den Franzosen gegenüber das dräuende Rußland stets als den Pfahl in seinem Fleische hingestellt, wenn er sich ihrem unbequemen Liebeswerben entziehen wollte; er hat geflissentlich bei ihnen diese Vorstellung genährt, daß er sich vor den Russen fürchte, „wie das Kind vor dem schwarzen Mann". Umgekehrt hat er einmal gesagt, Rußland sei nicht ganz so fürchterlich, wie man es sich vielleicht vorstelle: „Die Russen fressen keine kleinen Kinder." Er kannte sehr wohl die zerrüttete Verwaltung Rußlands und empörte sich über diese verschwenderische Hofhaltung, welche die Einkünfte des Reiches und die Hilfsgelder des Auslandes verschlang, während doch bisweilen, so spottete er, die Zarin ihrem Bäcker und ihrem Metzger schuldig blieb. Er kannte auch die mangelhafte Organisation und die noch mangelhaftere Führung des russischen Heeres, das er einen robusten Körper ohne Kopf nannte; er hat bis zu dem Tage, da er zum ersten Male sich mit den Russen im Felde maß, ja noch über diesen Tag hinaus ihr Heer ohne Frage unterschätzt. Aber wir sahen, wie er die eigene Schwäche bei einem Kriege mit Rußland darin erblickte, daß ihm die Möglichkeit zur Offensive fehle; an der Newa gebe es keine Lorbeeren zu pflücken, schreibt er 1749 ablehnend

an Voltaire, als dieser ihn schon in den Spuren des Siegers von
Narwa einherschreiten sieht. Ja, wir sahen, wie er damals, wäre
es zum offenen Bruch gekommen, Ostpreußen ohne Schwertstreich
geräumt haben würde; war doch für ihn ein Krieg mit Rußland
nicht ohne den gleichzeitigen Krieg mit Österreich denkbar, während
anderseits der Krieg mit Österreich nicht zu gewärtigen war, wenn
Rußland stille saß.

Und hier lag der springende Punkt der ganzen Lage. Indem
Friedrich der Große Ende 1755, um einem Zusammenstoß mit
Rußland aus dem Wege zu gehen, sich in Englands Interesse zu
dem Schritt zu Ungunsten Frankreichs herbeiließ, den er vorher
weit von sich gewiesen hatte, handelte es sich für ihn wahrlich um
viel mehr als um sein Verhältnis bloß zu Rußland. So wenig hervorragend, an sich betrachtet, die russische Macht war, so lag die
Entscheidung über den Frieden des Kontinents damals doch tatsächlich bei Rußland, ohne dessen Mitwirkung Österreich nie daran
denken konnte, gegen Preußen in die Schranken zu treten. Den
Krieg mit Rußland vermeiden, hieß nach Friedrichs Auffassung den
Krieg überhaupt vermeiden.

Er stand mit dieser Auffassung nicht allein. Wie oft hatte Graf
Podewils im entscheidenden Augenblick eine abweichende Meinung
vertreten und seine Warnerstimme erhoben. Diesmal beglückwünschte der alte Schwarzseher seinen Gebieter, der ihn alsbald
ins Geheimnis zog, zu den guten Aussichten der in London eingeleiteten Verhandlung und wollte es als einen Meisterzug betrachten,
wenn es gelänge, eine kritische Verwicklung zum Guten zu kehren,
in der es sonst nur Blut und Beulen gesetzt haben würde. Auch
er war der Meinung, daß man ein Mittel finden werde, Frankreich
von der Notwendigkeit und Harmlosigkeit der eingeschlagenen
Wendung zu überzeugen.

Doch wollte Podewils noch daran festhalten, daß die Verabredungen der beiden Kaiserhöfe gegen Preußen lediglich defensiver
Art seien. Ihn von diesem Glauben zurückzubringen, ließ ihm der
König durch Eichel zwei Urkunden aus seinem geheimen Schrein
mitteilen. Die eine: das ihm bereits vor zwei Jahren zugegangene,
von achtzehn Würdenträgern unterzeichnete Protokoll der Mos-
kauer Staatsratssitzung vom 25. und 26. Mai 1753, das die Zarin
mit Genugtuung als ihr politisches Testament bezeichnet hatte:
hier wurde für die Politik Rußlands der Grundsatz aufgestellt, daß
mit allen Kräften danach zu streben sei, die Macht des Königs von
Preußen in die engen Grenzen von ehedem zurückzuführen; durch
umfassende Rüstungen sei die Möglichkeit zu schaffen, nicht bloß im
Falle eines preußischen Angriffs auf Hannover dem König Georg
eine Diversion zu machen, sondern auch aus eigenem Antrieb den

Krieg an Preußen zu erklären, falls man dies zur Bändigung des unruhigen Nachbarn für nötig halten werde. Das andere Beweisstück: ein neuer Beschluß dieses russischen Staatsrates, im heurigen Oktober, gleich nach Unterzeichnung des Vertrages mit England, zu stande gekommen, die Anordnung der Kriegsbereitschaft, um unverzüglich ins Feld ziehen zu können, sei es, daß Preußen einen Verbündeten Rußlands, sei es, daß einer dieser Verbündeten Preußen angreifen wolle.

Im Hinblick auf diesen Beschluß, der kurz nach dem Abgang der entscheidenden Weisungen nach London auf dem gewohnten Weg über Dresden zu seiner Kenntnis gelangt war und ihm die Unerläßlichkeit und Richtigkeit seiner neuen Politik zu erhärten schien, schrieb Friedrich am 20. Dezember seinem Gesandten Klinggräffen in Wien, er kenne nur zu gut die innigen Verbindungen zwischen den beiden Kaiserhöfen und die Pläne, die sie geschmiedet; aber die Vorsehung habe diese Anschläge ihr Ziel verfehlen lassen. „Ich kann Sie in Kenntnis setzen," eröffnete er acht Tage später demselben Gesandten, „daß ich gegenwärtig dem, was meine Feinde anzetteln, mit der größten Ruhe zuschauen kann, und daß ich, vorausgesetzt, daß das englische System auf seinem jetzigen Fuße bleibt, wegen alles sonstigen keine Besorgnis haben werde." Als das Gerücht für den kommenden Februar den Marsch eines russischen Korps nach Deutschland ankündigte, schrieb Friedrich am 30. Dezember an Klinggräffen, die Erfinder hätten nichts Ungereimteres ausdenken können; dem Gesandten sei bekannt, daß kraft des Petersburger Vertrages die stipulierten russischen Truppen zur alleinigen Verfügung des Königs von England stünden. Man sehe nach allen bisherigen militärischen Maßnahmen des Wiener Hofes nur zu sehr, daß es dieser Hof auf Preußen abgesehen habe und im Trüben zu fischen gedenke: „indes er kann sich sehr täuschen und die Dinge werden noch eine ganz andere Wendung nehmen können, als er sie sich erhofft."

Mit dieser Zuversicht, voll neuer Hoffnung für die Erhaltung des Friedens, trat König Friedrich in das neue Jahr ein.

Gleich die ersten Tage brachten die Verhandlung zum Abschluß. Am 16. Januar 1756 wurde zu Westminster die Neutralitätskonvention für Deutschland unterzeichnet, ganz auf der von Preußen gewiesenen Grundlage, auch mit der Zusatzbestimmung zu Gunsten der preußischen Kauffahrer. Die beiden Könige gelobten sich, inmitten der in Amerika entstandenen und vielleicht nach Europa übergreifenden Wirren, Frieden und Freundschaft, versprachen ein jeder, die Gebiete des anderen weder mittelbar noch unmittelbar feindlich zu überziehen, und verpflichteten sich vielmehr, ihre beiderseitigen Verbündeten von jedem Unternehmen gegen diese Gebiete zurückzuhalten: „Sollte gegen alle Erwartung und in Verletzung des Ruhestandes, den die hohen abschließenden Teile durch diesen Vertrag in Deutschland aufrecht zu erhalten gedenken, eine fremde Macht unter irgendwelchem Vorwand ihre Truppen in dieses Deutschland einrücken lassen, so werden die beiden hohen abschließenden Teile ihre Streitkräfte vereinigen, um sich dem Einmarsch oder Durchzug solch fremder Truppen und diesem Friedensbruch zu widersetzen und um die Ruhe in Deutschland aufrecht zu erhalten, dem Gegenstand dieses Vertrages gemäß." Es war auf Podewils' Erinnerung geschehen, daß die Bezeichnung Römisches Reich, die in dem britischen Entwurfe stand, durch Deutschland ersetzt worden war; denn König Friedrich wollte mit Rücksicht auf das ihm noch verbündete Frankreich unter keinen Umständen gehalten sein, die österreichischen Niederlande, den burgundischen Kreis des Römischen Reiches, zu verteidigen, und ein geheimer Artikel nahm noch ausdrücklich diese Lande von den Bestimmungen dieses Vertrages aus.

Die nächste und freilich heikle Obliegenheit der beiden Mächte war nun die Mitteilung des Vertrages an die beiderseitigen Verbündeten, hier an die Franzosen und dort an die Russen. Es mußte sich zeigen, ob die beiden Voraussetzungen, von denen der König von Preußen ausgegangen war, zutrafen: ob Rußland sich von England und ob Frankreich sich von Preußen festhalten ließ, ob die Zarin und ihre Berater geneigt waren, ihren Haß gegen den preußischen König der Freundschaft und dem Golde Englands zum Opfer zu bringen, und ob man in Versailles die Beweggründe des bisherigen Bundesgenossen so weit würdigte, um ihm sein Abkommen mit dem Feinde Frankreichs und die Umstände, unter denen es zu stande gekommen war, nicht entgelten zu lassen.

Vier Tage vor dem Abschluß der Westminsterkonvention, am 12. Januar 1756, traf der Herzog von Nivernais, der seit mehr als einem halben Jahre angekündigte, in Berlin ein.

# Ausbruch des siebenjährigen Krieges

Als König Friedrich 1742 den Breslauer Frieden schloß, hat er an Podewils geschrieben: „Das Schlimmste, was uns in Zukunft geschehen könnte, wäre ein Bund zwischen Frankreich und der Königin von Ungarn: aber in diesem Falle würden wir England, Holland, Rußland und viele andere Fürsten auf unserer Seite haben."

Zwanzig Jahre hindurch, seit 1735, ist dieses Bündnis mit Frankreich, trotz aller dazwischen liegenden schmerzlichen Enttäuschungen, nie ganz aus dem Gesichtskreis der österreichischen Politik getreten. Wir sahen, wie man in Wien unmittelbar vor und kurz nach dem Dresdener Frieden und wieder nach dem Aachener Kongresse ein Abkommen ins Auge faßte, nach welchem Frankreich den König von Preußen zwar nicht feindlich überziehen, aber seinem Schicksal und der Übermacht seiner Feinde überlassen sollte.

Zaudernd, widerstrebend, nur weil Frankreich nicht zu haben war, hatte sich dann der Wiener Hof 1749 noch einmal für das „alte System", den Bund mit den Seemächten, entschieden. Jetzt, beim Zusammenstoß zwischen Frankreich und England, traten alsbald die Gegensätze der Auffassung innerhalb dieses alten Systems schroff hervor. Der eine Bundesgenosse wollte, in den Überlieferungen der großen Koalitionen von ehedem, die vereinten Kräfte in den Kampf gegen Frankreich werfen, der andere vielmehr in den Kampf gegen Preußen, die neue Macht, die erst unterdrückt werden müsse, wenn das alte System wirklich hergestellt werden solle. Kein Krieg, so hieß es, der nicht unmittelbar gegen Preußen gerichtet sei, könne Österreich zu wesentlichem Vorteil gereichen. Man durchschaute es in London ganz klar: es war auf keine österreichische Hilfe gegen Frankreich zu zählen, wenn England sich nicht zugleich gegen Preußen erklärte und dem Bundesgenossen zum Gewinn von Schlesien half. Solche Politik aber, meinte Lord Holderneffe, „wäre Raserei in unseren Umständen".

An der Spitze der österreichischen Staatskanzlei stand seit dem Frühjahr 1753, seit seiner Rückkehr von dem Pariser Gesandtschafts= posten, der hervorragende Diplomat, dessen Plan, französische

Unterstützung zur Wiedereroberung von Schlesien zu gewinnen,
1749 der Mehrzahl der Berater Maria Theresias noch „abenteuerlich" erschienen war, Graf Wenzel Kaunitz. Erst jetzt wagte er auf
diesen seinen Lieblingsplan zurückzukommen. Mit der Beweisführung, daß der Kampf gegen Frankreich an Englands Seite,
den feindlichen preußischen Nachbar im Rücken, im höchsten Grade
gefährlich sei, daß aber auch die Nichtbeteiligung am Kriege, auf die
man schon sich zurückzuziehen geneigt war, schweren Bedenken
unterliege, erzielte Kaunitz die Zustimmung seiner Gebieterin zu
der großen Frage an Frankreich. In den Sitzungen des 19. und 21.
August 1755 faßte die Staatskonferenz die entscheidenden Entschlüsse. Trennung von dem bisher noch immer wiedergefundenen
historischen Verbündeten und Kampfgenossen, Versöhnung mit dem
ältesten und gewaltigsten der Widersacher, völlige Austilgung der
Erbfeindschaft zwischen Frankreich und dem Hause Österreich —
fürwahr eine Politik großen Wurfes, eine Aufgabe, welche, wie der
Staatskanzler nachmals in einer Mischung von frommer Demut
und hohem Selbstgefühl sagte, allein die Vorsehung einzugeben,
zu lenken und gelingen zu lassen vermochte.

Wie Frankreich anzufassen, zu locken, zu gewinnen sei, dafür
boten die vor zwanzig Jahren geführten Verhandlungen ein Muster.
Hat man damals im Austausch gegen Toskana Lothringen dem
Schwiegervater des Königs von Frankreich ausgeliefert, so bietet
man jetzt dem Schwiegersohne, dem Infanten Philipp, einen Teil
der Niederlande im Austausch gegen Parma und Piacenza; dazu
die Aussicht auf die polnische Wahlkrone dem als geheimen Bewerber bereits bekannten Prinzen von Conti, dem Vertrauten des
Monarchen innerhalb der königlichen Familie. Dafür soll Frankreich von dem preußischen Könige seine Hand abziehen, dem preußischen Bündnis völlig entsagen, damit Preußen auf den Umfang,
den dieser Staat vor dem dreißigjährigen Krieg gehabt hat, zurück-
gebracht und dadurch von jeder Möglichkeit, jemals Rache zu nehmen,
abgeschnitten werden kann. Wenn Österreich mit 100 000 Mann
und Rußland mit fast gleicher Streitmacht den Krieg gegen Preußen
beginnen, wenn Sachsen durch Magdeburg, Schweden durch Stettin
und Vorpommern, Pfalz durch Kleve und Mark, der fränkische
Kreis durch Beseitigung der preußischen Erbansprüche auf Ansbach
und Baireuth, vielleicht auch Hannover durch die Aussicht auf Halberstadt sich zum Eintritt in den Krieg gewinnen lassen, so kann man
schon im künftigen Jahre 1756 mehr als 250 000 Mann gegen
Preußen ins Feld stellen, und Frankreich braucht dabei nichts weiteres
zu leisten, als einen Geldbeitrag zu den Kosten der großen Unternehmung.

Ermächtigt, sich mit seinem Antrage ganz nach Ermessen an

den Prinzen von Conti oder an die Marquise von Pompadour
zu wenden, ließ der österreichische Gesandte Graf Starhemberg
das ihn bei dem Prinzen empfehlende Schreiben des Grafen Kaunitz
unbenutzt und übergab das an die Mätresse gerichtete. Der Diplomat, dessen Fürsorge nun Ludwig XV. die Verhandlung anvertraute, Abbé Bernis, der alte Freund der Pompadour, hat nachmals erzählt, daß der König, noch ehe er den Inhalt der von Starhemberg in Aussicht gestellten Eröffnungen gekannt, für den Ausgleich
mit dem Wiener Hofe gewesen sei und gegen seine Berater, fast
zornig, die Anklage ausgestoßen habe, sie seien allesamt der Königin
von Ungarn feind.

Es mag sein, daß Ludwig im tiefsten Herzen dem Könige von
Preußen den Dresdener Friedensschluß noch immer nachtrug, daß
ihm im gegenseitigen Verkehr der Ton seines Verbündeten zu ungezwungen, bald zu nachdrücklich und bald zu leicht, schien, auch
daß der Unterschied des Bekenntnisses ihn bei diesem Bunde innerlich bedrückte: die Werbung Starhembergs aber ist durch derartige
Anwandlungen vorerst nicht gefördert worden. Man begnügte sich,
ihn anzuhören, und sprach klar und deutlich gerade nur in dem einen,
wesentlichsten Punkte: man weigerte sich, feindliche Absichten gegen
Preußen mitwirkend oder auch nur stillschweigend zu begünstigen.
Auch in dem Bündnisentwurf, der dem Grafen Starhemberg am
28. Dezember 1755 übergeben wurde, bot man nur die Bürgschaft
für den österreichischen Besitzstand und forderte dafür die Anerkennung des kontinentalen Besitzstandes Frankreichs und seiner Verbündeten und die Zusage der österreichischen Neutralität in einem
französisch-englischen Kriege.

Eine Änderung führte erst der Abschluß der Westminsterkonvention herbei. Sie wurde, wie Kaunitz sagte, „das entscheidende Ereignis
zu Österreichs Heil".

Nicht als ob nunmehr der Umschwung ganz plötzlich erfolgt
wäre. Der Minister Rouillé nahm gegen die schadenfrohen, das
Feuer schürenden Österreicher den König von Preußen zunächst
wohl gar in Schutz: sein Verschulden gegen Frankreich bestehe in
nichts anderem, als daß er aus seinen Verhandlungen mit England
ein Geheimnis gemacht habe. Man verkannte in Versailles nicht
— der Herzog von Luynes verzeichnet es in seinem Tagebuche —
daß die Westminsterkonvention für Frankreich sogar vorteilhaft sei, indem sie ihm die Russen fernhalte. Und der preußische Gesandte
verkündete es laut, daß die Aufforderung seines Königs zum Angriff
auf Hannover von dem französischen Ministerium ausdrücklich abgelehnt sei: wie konnte Frankreich sich mit Fug darüber beschweren,
daß es jetzt das nicht tun sollte, dessen es sich vorher selbst geweigert
hatte? Knyphausen hatte wohl ganz recht, wenn er noch im letzten

Augenblick seinem Gebieter warnend vorstellte, die Franzosen
würden an sich gegen die Neutralisierung Deutschlands nichts einwenden, wenn man sie nur nicht vor die vollendete Tatsache stelle,
sondern vorher um ihre Zustimmung angehe. Nicht in der Sache,
nur durch die Form fühlte man sich jetzt in Versailles verletzt;
nicht das französische Interesse war geschädigt, nur die französische Empfindlichkeit herausgefordert. Aber das war eben genug.
Rouillés Sprache gegen Knyphausen wurde immer heftiger und
hitziger.

König Friedrich, einigermaßen betreten ob dieses „Drohens
und Schnaubens", sprang seinem hart bedrängten Vertreter mit
Vernunft- und Billigkeitsgründen kräftig bei. Er ließ den Franzosen vorstellen, daß sie nach dem Abschluß des englisch-russischen
Vertrages ohnehin das Kurfürstentum Hannover nicht hätten angreifen können, weil sie jetzt sicher 60 000 Russen dort gefunden
haben würden; der richtige, aber für immer versäumte Zeitpunkt
für die Unternehmung gegen Hannover sei der August des Vorjahres gewesen. Er betonte, daß er die österreichischen Niederlande
ausdrücklich von der Neutralität ausgenommen und somit den
Franzosen den bequemsten Kriegsschauplatz offen gelassen habe.
Er berief sich auf Spanien, das jüngst den Vertrag von Aranjuez
mit England geschlossen habe, ohne das verbündete und obendrein
verwandte Frankreich zu fragen; er erinnerte daran, daß er dem
französischen Ministerium vorlängst mitgeteilt habe — wie wir
sahen, war es im September 1755 geschehen — daß ihm Anträge
gemacht seien, über die er sich gegen den Herzog von Nivernais
bei dessen Ankunft auslassen werde; es sei nicht seine Schuld, daß
der Herzog nicht früher habe anlangen können. Und wenn immer
von neuem darauf hingewiesen wurde, welch große Ehre dem
preußischen Hofe mit dieser Sendung geschehe und wie peinlich
es sei, daß Nivernais just in dem Augenblicke, da die Tatsache sich
vollendet, habe eintreffen müssen, so meinte Friedrich scharf, es
sei kein Grund, das Opfer seiner Interessen von ihm zu verlangen,
wenn man ihm einen Herzog und Pair von Frankreich gesandt:
„Ich habe immer geglaubt, daß Allianzen sich auf den gegenseitigen
Vorteil der Verbündeten stützten; Herr Rouillé hat vielleicht andere
Kenntnisse, ich bitte sie mir mitzuteilen, um mich zu belehren. Hugo
Grotius und Pufendorf haben sie nicht gehabt, aber das waren
offenbar dumme Tiere." Der Erinnerung, daß sein vor fünfzehn
Jahren unterzeichneter Vertrag mit Frankreich erst in einigen
Monaten ablaufe, begegnete er mit dem Spott: die Schikane wegen
der drei Monate möge man bei der Anerkennung nachgeborener
Kinder geltend machen. Er verbat sich durch Knyphausen nachdrück-
lich unschickliche Drohungen, die ganz und gar nicht am Platze seien.

Er drohte seinerseits, wenn sein durchaus harmloser Schritt den Franzosen so viel Erbitterung einflöße, wenn das wirklich mehr sei als ihr übliches vorübergehendes Schmollen, wenn sie geheimes Gift im innersten Herzen trügen, dann werde er sich genötigt sehen, an ein wirkliches Bündnis mit England zu denken.

Mit Befriedigung gewahrte er, wie Nivernais' Sprache in Potsdam, als er dem Herzog acht Tage nach seiner Ankunft das Abkommen mit England eingestand, sich von dem gereizten und polternden Ton der Minister in Versailles erheblich unterschied: „nichts von Reprochen oder Menaces", nur behutsam anklingend ein Ausdruck des Bedauerns, daß Frankreich allzulange ohne Mitteilung geblieben sei.

Nivernais hatte zu bieten die Erneuerung des Verteidigungsbündnisses vom 5. Juni 1741. Über die mit dem Wiener Hofe begonnenen Verhandlungen des Königs von Frankreich war er nicht unterrichtet. Er sollte den bisherigen Verzicht der Franzosen auf kontinentale Vergeltungsakte für die Gewaltstreiche der englischen Marine begründen mit dem Bestreben seines Gebieters, in Europa alles zu vermeiden, was ihn hier, diesseits des Weltmeers, als Angreifer erscheinen lassen könnte. Er sollte das Erscheinen der Engländer oder ihrer deutschen und sonstigen Hilfstruppen in den österreichischen Niederlanden als den Fall bezeichnen, in welchem Frankreich ihr Beispiel nachahmen würde. Er sollte endlich, wenn etwa die Rede auf Hannover kam, in vorsichtiger und unvorgreiflicher Weise, nur von sich aus die Bemerkung hinwerfen, gleichsam als wäre ihm das erst in der Lebhaftigkeit des Gesprächs eingefallen: ein Einmarsch der Franzosen und ihrer Verbündeten in das Kurfürstentum Hannover werde gerechtfertigt erscheinen, wenn unter Protektion des Kurfürsten die Russen dort erscheinen sollten.

Frankreich wollte somit von einer Unternehmung gegen Hannover, wenn überhaupt, so nur in diesem einen Falle hören, der nach der damaligen Lage der Dinge bereits ausgeschlossen war. Es erscheint in hohem Maße wahrscheinlich, daß Frankreich die Neutralität für Hannover zugestanden haben würde, wenn der König von Preußen sie als Bedingung für die Erneuerung des Verteidigungsbündnisses gefordert hätte, ohne sie — denn eben nur das mißstimmte die Franzosen — inzwischen mit den Engländern einseitig vereinbart zu haben. Es ist nicht minder wahrscheinlich, daß eine vorgängige, rechtzeitige Verständigung zwischen Preußen und Frankreich in Bezug auf die Neutralität Deutschlands sich erzielen ließ, wenn Nivernais einige Monate früher in Berlin eingetroffen wäre und Friedrich nun aus seinem Munde gehört hätte, daß Hannover aus dem Kreise der politischen und strategischen Entwürfe Frankreichs tatsächlich ausschied. Nivernais kam zu spät, durch die Schuld seiner Auftraggeber. Ein unbegreiflicher, unverzeihlicher Fehler der französischen Politik, die damals doch noch eifrig wünschte, das Bündnis mit Preußen sich zu erhalten, aber in ihrer unüberwindlichen Lässigkeit und Unschlüssigkeit, in der allzulang festgehaltenen schwächlichen Hoffnung auf schließliche Verständigung mit England und in schlaffer Scheu vor der Auswahl des Kampfplatzes und des Feldzugsplanes Wochen und Monate der kostbarsten Zeit verrinnen ließ.

Nivernais entzog sich dem Gewicht der preußischen Gründe für die Westminsterkonvention nicht. „Er schäme sich, es einzugestehen, aber er habe sich gefürchtet, vor den Russen gefürchtet" — sagte ihm Friedrich schließlich ganz unbefangen, in unwiderstehlich liebenswürdiger Art, nachdem er die Lage, unter deren Druck er gehandelt, in wiederholten Gesprächen eingehend erörtert hatte. Er erkannte sehr wohl, daß Nivernais zu den Leuten gehörte, „die nicht alles sagen, was man von ihnen wissen will"; sonst aber war man im persönlichen Verkehr sehr miteinander zufrieden. An diesem Hofe war in dem Gesandten auch der Akademiker, der Schriftsteller, der Dichter seiner Würdigung sicher; wir hören von einem Mahle in Potsdam, bei dem Marquis d'Argens und der gelehrte Pair von Frankreich die Unterhaltung zur Hälfte in griechischer Sprache führen, so daß der König scherzend nach einem Lexikon verlangt, um ein oder das andere Wort von dem klassischen Gespräch erhaschen zu können. Nivernais seinerseits erstreckte die Lobsprüche, die er in seinen Berichten nach Versailles dem Könige spendete, bis auf den Klang der Stimme, die er bezaubernd nannte, so wie er sie nie bei einem Menschen gehört.

Wenn dann Nivernais Hoffnung gab, daß sein Hof trotz des Westminstervertrages sich bereit finden werde, das jetzt ablaufende Verteidigungsbündnis mit Preußen zu erneuern, wenn Frankreich überdies sich in seinen Händeln mit England nach wie vor die preußische Vermittlung gefallen ließ, so schien die Lage alles in allem nicht bloß unbedenklich, sondern in gewisser Beziehung sogar glänzend: als Vermittler zwischen den beiden großen Westmächten spielte der preußische Staat, wie sein König sanguinisch sich schmeichelte, die größte Rolle, die in Friedenszeiten sich für ihn denken ließ. Wenigstens dieses Jahr 1756 glaubte Friedrich gewonnen zu haben, und das, sagte er, wiege so viel, wie die fünf vorangegangenen Jahre zusammen. Er blieb der Meinung, daß sein Entschluß der richtige, der rettende gewesen sei. Oder sei es kein Gewinn, schrieb er am 19. Februar an den Prinzen von Preußen, die furchtbare Liga, welcher der Staat notwendig auf die Dauer hätte unterliegen müssen, zersprengt zu haben? kein Vergnügen, der Königin von

Ungarn den Hemmschuh anzulegen, Sachsen in sein Nichts zurück=
zustoßen und Bestushew zur Verzweiflung zu bringen? Und das
alles seien die Folgen eines einzigen kleinen Federstriches.

Wohl wußte er, und zwar schon seit dem November, daß zwischen
Wien und Versailles „chipotiert" wurde, aber er meinte, daß nur
Gegenstände von untergeordneter Bedeutung in Frage ständen:
etwa ein Neutralitätsvertrag und die Gewährleistung des gegen=
seitigen Besitzstandes; vielleicht die bisher gescheiterte Königswahl
des Erzherzogs Joseph, vielleicht auch die Verlobung des Erzherzogs
mit einer französischen Prinzessin — im schlimmsten Falle die Zu=
sage französischer Neutralität bei einem österreichischen Angriffe
auf Schlesien: und damit, meinte Friedrich, werde nicht viel ver=
loren sein, da Frankreich ohnehin für die Verteidigung von Schle=
sien nichts Wirksames getan haben würde. Aber zuviel Mühen und
Kosten habe der Kardinal Richelieu daran gesetzt, die Macht des
alten Hauses Österreich niederzudrücken, als daß je ein französisches
Ministerium einen so groben Verstoß gegen die wesentlichsten In=
teressen Frankreichs begehen könne, ernsthaft zu erhöhtem Auf=
schwung des neuen Hauses Österreich beizutragen. Das allerdings
verhehlte Friedrich sich nicht, daß von dem Fortgang und Ergebnis
der Verhandlung mit dem Wiener Hofe das Endurteil der Fran=
zosen über ihn selbst und seine Westminsterkonvention abhängen
werde: Glimpf und Gunst, wenn jene Verhandlung im Sande ver=
lief, Verdammung im entgegengesetzten Falle.

Die Entscheidung war näher gerückt, als er annahm. Am 13. März
1756 richtete Rouillé an Nivernais im tiefsten Vertrauen ein eigen=
händiges Brieflein, das König Ludwig gelesen und gutgeheißen
hatte: „Ich hätte geglaubt, daß Sie aus den Privatbriefen, die
ich Ihnen mit den beiden letzten Kurieren zu schreiben die Ehre hatte,
entnommen haben würden, daß der König sich mit der Erneuerung
seines Vertrages mit dem Könige von Preußen nicht beeilen zu
sollen glaubt." Seit zwei Jahren habe man diese Verlängerung
angeregt, aber der König von Preußen habe sich taub gestellt; jetzt,
da er seine Konvention mit England geschlossen, begehre er den
Vertrag. Der Gesandte möge sich, ohne in Berlin irgendwie An=
stoß zu geben, zur Heimkehr rüsten. Nivernais war aufrichtig genug,
beim Abschied am 2. April dem Grafen Podewils zu sagen, das
Gesamtbild Europas habe sich seit kurzem derart verschoben, daß
es schwer sein werde, im gegenwärtigen Augenblick die verschiedenen
Interessen in Einklang zu bringen. Doch ließ man den preußischen
Hof in dem Glauben, daß der ständige Vertreter Frankreichs, der
soeben zur Ablösung von Latouche nach Berlin zurückgekehrte Mar=
quis Valory, die Arbeit des scheidenden Spezialgesandten, die Ver=
tragsverhandlung, weiterführen werde.

Wie König Friedrich in diesem Zeitpunkt die Lage und seine
Aufgabe auffaßte, erhellt mit voller Deutlichkeit aus der einfachen
Formel, die er einem seiner diplomatischen Vertreter zur Richtschnur
gab.  Sein Geschäftsträger von der Hellen im Haag berichtete,
daß einer der Würdenträger der Provinz Holland ein näheres
Bündnis zwischen Preußen und der Republik angeregt habe.  Fried=
rich antwortete ihm am 23. März, ein Bündnis mit den Niederlanden
könne unter Umständen eher lästig als nützlich sein.  Doch wolle er
dem Geschäftsträger, lediglich zu seiner eigenen Belehrung, den
einzigen dazu geeigneten Fall bezeichnen: den, daß die Höfe von
Versailles und Wien sich eng miteinander verbünden würden —
alsdann werde man allerdings an Verbindungen mit den See=
mächten Holland und England denken müssen.  So weit war er
davon entfernt, der Westminsterkonvention, der Abkunft für einen
scharf begrenzten Fall, ohne dringende Not eine allgemeinere Aus=
dehnung geben zu wollen.

Noch immer maß er den Verhandlungen zwischen Frankreich
und Österreich keine ernstere Bedeutung bei, wenn er auch Ende
März erfahren hatte, daß für den Infanten Philipp an einen Aus=
tausch seiner italienischen Fürstentümer gegen belgische Gebiete
gedacht wurde.  Seinem Gesandten in Wien erklärte er am 6. April
geradezu, daß er die Nachricht von einem französischen Bündnis=
vorschlage an Österreich bezweifeln müsse.  Die Ruhe des euro=
päischen Festlandes werde allem Anscheine nach bewahrt bleiben,
und der Wiener Hof scheine wenigstens für dieses Jahr auf alle
kriegerischen Demonstrationen verzichten und sich geschlossen und
still verhalten zu wollen.  Und als Klinggräffen einige Tage später
berichtete, daß alles in Österreich bereit sei, auf den ersten Befehl
zu marschieren, erwidert der König, er bedaure, ihm sagen zu müssen,
daß seine Kanäle nicht gut sein könnten.  „Alle unsere Nachbarn
sind ebenso ruhig wie wir,“ schreibt er am 15. April an den Prinzen
von Preußen.

In Versailles aber schritt in diesen Apriltagen die Verhandlung
mit dem kaiserlichen Gesandten rasch vorwärts.  Rouillé, der ver=
antwortliche Leiter der auswärtigen Politik, der Vertreter der
politischen Tradition, mit seinen in dem historischen Gegensatz gegen
Österreich alt gewordenen Beamten hinter sich, vermochte aller=
hand Bedenklichkeiten nicht zu überwinden und wünschte in Preußen
unter allen Umständen ein Gegengewicht gegen die österreichische
Macht zu erhalten.  Bernis, der unbefangene diplomatische Neu=
ling, das geschmeidige Werkzeug der königlichen Laune, der Günst=
ling der Gunstdame, drängte dem Ziel zu und sagte sich, daß ohne
völlige Lossagung von Preußen sein Hof niemals einen sicheren
Bundesgenossen an Österreich gewinnen werde.  Frau von Pompa=

dour hielt sich äußerlich zurück und war doch die Seele der Verhand=
lung. Es trifft nicht zu, daß der König von Preußen, wie nachher
die Diplomaten sich erzählten, diese Frau geflissentlich vernachlässigt,
ignoriert habe; schon 1751 hat er seinem Gesandten, der ihn auf
ihre Eingriffe auch in die auswärtige Politik aufmerksam machte,
unbedenklich geantwortet, es gelte ihm gleichviel, ob er bei dem
männlichen oder dem weiblichen Geschlechte Unterstützung seiner
Zwecke suchen solle. Und noch jüngst hatte sich die Marquise durch
Nivernais ihm empfehlen lassen und einige artige Äußerungen
für diese Aufmerksamkeit eingetauscht. Jetzt aber hatte sie sich
völlig von der preußischen Sache abgewandt. Starhemberg hatte
recht, wenn er es dem Grafen Kaunitz rühmte, daß man ihr alles
verdanke und auch in Zukunft alles von ihr erwarten dürfe. Sie
betrachtete das endliche Ergebnis der Verhandlung als ihr eigenstes
Werk und verhieß dem kaiserlichen Bevollmächtigten, daß man bei
so schönem Beginnen nicht auf halbem Wege stehen bleiben
werde.

Denn ein halbes Werk war vorerst nur das in drei Urkunden
niedergelegte Neutralitäts= und Verteidigungsbündnis von Ver=
sailles, das am 1. Mai 1756 zu Jouy, Rouillés Landhause, unter=
zeichnet wurde. Noch fehlte die offensive Spitze. Noch erhob Frank=
reich Einwände gegen eine weitere Schwächung Preußens, über
den Verlust von Schlesien und Glatz hinaus, und weigerte die
Waffenhilfe für den Angriffskrieg, während man in Wien jetzt die
Beteiligung einer französischen Heeresabteilung wünschte; nur zu
Geldspenden wollte man sich für solchen Krieg herbeilassen, mittels
deren dann der Verbündete sich anderwärts Hilfstruppen werben
und vor allem die Russen von dem Golde Englands unabhängig
machen mochte. Auch verlangte man statt der angebotenen Aus=
stattung des italienischen Bourbonen mit einem Teil der österreichi=
schen Niederlande die Abtretung des ganzen Gebietes unmittelbar
an Frankreich. Die letzte Forderung stieß in Wien auf keinen grund=
sätzlichen Widerspruch — ein verheißungsvolles Vorzeichen für
die neue Verhandlung. Und unter allen Umständen hatte der
Wiener Hof durch den Vertrag vom 1. Mai bereits den Anspruch
auf die Stellung von 24 000 Mann französischer Hilfsvölker ge=
wonnen, wenn es der österreichischen Diplomatie gelang, in
dem beschlossenen großen Kampf Preußen die Rolle des An=
greifers zuzuschieben. Maria Theresia hatte allen Grund, zu=
frieden zu sein. Während ihrer ganzen Regierung habe sie, so
sagte sie wiederholt, noch nie einen Vertrag so vergnügten Herzens
unterschrieben.

Mittlerweile erschien in Petersburg als geheimer Agent des
französischen Hofes der schottische Emigrant Mackenzie Douglas,

um den Boden zu bereiten für die Wiederanknüpfung offizieller
Beziehungen und damit die Voraussetzung zu schaffen für die Ver=
schmelzung des alten österreichisch=russischen und des neuen öster=
reichisch=französischen Bundes zu einer Tripelallianz der großen
Kontinentalmächte.

———

Rußland sah sich durch die Westminsterkonvention und das
Bündnis von Versailles in die eigentümliche Lage versetzt, daß
nun ein jeder seiner beiden Verbündeten sich zu einer der beiden
Mächte gesellt hatte, die am Hofe der Zarin als Feinde betrachtet
wurden: England zu Preußen, Österreich zu Frankreich.

Die Nachricht von der Westminsterkonvention kam nach Peters=
burg gerade, als die Zarin nach langem Zögern am 10. Februar
1756 jenem russisch=englischen Subsidienvertrag, der für König
Friedrichs Entschließung entscheidend geworden war, ihre Rati=
fikation erteilt hatte. In welchem Sinne sie sich zur Annahme des
englischen Geldes bereit erklärte, das ließ die Anfrage ersehen,
welche sie um Neujahr an die Vertreter Englands und Österreichs
gerichtet hatte: „Welche Maßregeln sind beabsichtigt für den Fall
eines in Europa ausbrechenden Krieges, und insonderheit eines
Krieges, den der König von Preußen anfängt, oder in den er nur
verwickelt wird?“

Jetzt fühlte sich die Kaiserin durch Englands Haltung tief ver=
letzt. Graf Bestushew sagte zu dem Vertreter Sachsens, die Eng=
länder hätten stets auf ihr Geld gepocht, aber die Kaiserin habe
wiederholt geäußert, daß es ihr nicht darum allein zu tun sei. Wenn
das englische Ministerium durch Sir Charles Williams erklären
ließ, der anfängliche Zweck der Unterhandlung habe sich allerdings
gegen Preußen gerichtet, der Hauptzweck aber sei stets die Erhal=
tung des europäischen Friedens geblieben, so antwortete man
mit der gereizten Erklärung, der russisch=englische Vertrag habe
nie einen anderen Zweck haben sollen, als Preußen einen Zaum
anzulegen.

England hatte länger als ein Jahrzehnt am russischen Hofe gegen
Preußen geschürt. Williams selbst hatte noch im Vorjahre den Auf=
trag mit auf den Weg erhalten, die Russen zu überzeugen, daß sie
nur eine asiatische Macht blieben, wenn sie stille säßen und den König
von Preußen schalten ließen. Wie wollte England die Geister, die
es gerufen, jetzt loswerden?

Allerdings, eines und gerade das Unerwartetste hat Williams
erreicht. Der Mann, welcher der Zarin den Haß gegen den einst
von ihr bewunderten preußischen König in jahrelanger, unablässiger
Bemühung gleichsam tropfenweise eingeflößt hatte, der sich mit

Stolz den Anstifter des gegen Preußen zugespitzten Systems der russischen Politik nennen hörte, Alexei Bestushew fand sich in dem Augenblicke, wo alles zu dem lang geplanten Schlage fertig war, schnell bereit, die Schwenkung der Engländer auf die preußische Seite hinüber mitzumachen.   Wer den Großkanzler kannte, der wußte auch — nicht e i n e r der fremden Gesandten weicht darin von dem allgemeinen Urteil ab — daß die Beweggründe seines Handelns immer in egoistischer Berechnung lagen.   Diesmal war es noch nicht am meisten der Schimmer des englischen Goldes, was dem habgierigen Manne seine Stellung auf der Seite Englands anwies; es war vor allem der schielende Ausblick auf den Zeit= punkt des künftigen Thronwechsels.   Elisabeth Petrowna krankte, niemand glaubte an ein langes Leben der soeben in das siebenund= vierzigste Jahr getretenen Frau, alle Parteien bei Hofe rechneten mit einem plötzlichen Ereignis.   Bestushew gedachte dann seine Gönnerin, die Großfürstin Katharina, an der Seite ihres Gatten, des allgemein mißachteten Großfürsten Peter, zur eigentlichen Be= herrscherin des großen Reiches zu machen; von seinen Gegnern aber glaubte der Kanzler, daß sie die Krone vielmehr auf den jungen Paul Petrowitsch vererbt und die Staatsleitung einem Regentschafts= rat zugewiesen wünschten.   Katharina, eine ebenso „unverbesser= liche Engländerin", wie ihr Gemahl ein „eingefleischter Preuße", setzte ihr Vertrauen in den englischen Gesandten; nicht bloß Bestu= shew erhielt damals von Williams ein Jahrgeld von 2500 Pfund zugesichert, auch die Großfürstin nahm einen Vorschuß von 20 000 Du= katen an.   Dagegen neigten sich dieselben Leute, die Katharina und Peter für die Zukunft von der Regierung ausschließen und einst= weilen Bestushew aus dem Sattel heben wollten, jetzt auf die Seite Frankreichs.

Es zeigte sich, daß sie schon die Stärkeren waren.   Alexei Rasu= mowski, einst des Kanzlers kräftigste Stütze bei der Zarin, hatte gichtlahm und gebrechlich die Rolle des erklärten Favoriten schon seit geraumer Zeit an den jungen Grafen Iwan Schuwalow ab= gegeben.   Diesem „männlichen Pompadour", wie ein boshafter Zeitgenosse ihn genannt hat, und Iwans Oheimen, dem ehrgeizigen und verschlagenen Senator Peter und dem Staatsinquisitor Alex= ander, diesen Schuwalows, die „gleichsam eine Wagenburg" um die Zarin geschlagen hatten, um keinen anderen bis zu ihr gelangen zu lassen — ihnen hatte sich nun der lange Zeit vorsichtig hinter Bestushew in den Schatten getretene Vizekanzler Woronzow an= geschlossen, jetzt endlich mutig und kampflustig und der Aussicht froh, mit Hilfe des klugen und gewandten Staatsrates Olsuwiew die alte Fabel von der Unersetzlichkeit des geschäftskundigen und bei aller Neigung zur Flasche und zum Spiel arbeitsamen Kanzlers

bald widerlegen zu dürfen. So unsicher fühlte sich dieser in seinem
heiklen Bemühen, zwei Herrinnen, der Zarin und zugleich der Groß=
fürstin zu dienen, daß er nicht mehr mit offenem Visier den Kampf
gegen seine Neider aufzunehmen wagte. Mit einer sehr gewundenen
Begründung versuchte er, wenn er trotz der Westminsterkonvention
dem weiteren Zusammengehen mit England das Wort redete,
sich gegen den Verdacht zu decken, daß er seine alten preußenfeind=
lichen Grundsätze verleugne: wenn Rußland, so erklärte er, jetzt
das Vertragsverhältnis mit England löse, so werde dadurch ganz
offenkundig, daß man einen Angriff gegen den König von Preußen
beabsichtigt habe, diesem aber werde unnötigerweise die Genug=
tuung bereitet, durch seine Politik die Absichten des russischen Hofes
durchkreuzt zu haben. Bleibe man dagegen auf Englands Seite,
so würden mittlerweile die russischen Rüstungen am leichtesten
verborgen bleiben, und der König von Preußen werde ganz und
gar nicht ahnen, daß ihm ein Angriff bevorstehe; denn alles komme
darauf an, ihn in dem Augenblicke anzugreifen, wo er am wenigsten
darauf gefaßt sei.

Aber schon schritten die Gegner entschlossen und folgerichtig
über den Widerstand des doppelzüngigen Mannes hinweg. Wie in
Versailles, so siegte auch in Petersburg die Hofkabale über das
Ministerium.

Auf die Anfrage der Zarin, wie man sich zu einer Annäherung
zwischen Österreich und Frankreich zu verhalten habe, erklärte der
Staatsrat Mitte März gegen Bestuchews Stimme, daß alles auf die
Schwächung Preußens ankomme, daß also Rußland ein französisch=
österreichisches Bündnis, sofern dasselbe dem Wiener Hofe den
Besitz von Schlesien verschaffe, unbesorgt gutheißen könne. Dem=
nächst folgte der Beschluß, dem österreichischen Bundesgenossen die
gegenwärtige Lage als zur Ausführung der Anschläge gegen Preußen
geeignet zu empfehlen und die russische Mitwirkung bestimmt in
Aussicht zu stellen. Noch ehe darüber dem Grafen Esterhazy eine
amtliche Mitteilung gemacht war, gab dieser im Auftrage seines
Hofes von den in Frankreich eingeleiteten Verhandlungen Kenntnis
und stellte die Anfrage, ob Rußland 60—70 000 Mann gegen Preußen
marschieren lassen wolle, wenn Österreich nach Verständigung mit
Frankreich mit 80 000 Mann in den Krieg eintrete, und ob man
eintretenden Falls noch im laufenden Jahre die Operationen zu
beginnen im stande sei. Auf einem Hoffest, am 5. April, brachte
er seine Botschaft unmittelbar bei der Zarin an, in Gegenwart
der beiden Kanzler, und Elisabeth ließ ihm durch Bestuchew zustim=
mend antworten, daß sie eben vorgehabt habe, der Kaiserin=Königin
ihrerseits ein Angriffsbündnis anzutragen. Vierzehn Tage später
ward dem Ungarn der Entwurf dazu — auch Sachsen und Schweden

wurden als Teilnehmer in Aussicht genommen — amtlich zugestellt, samt der Erklärung, daß Rußland dem österreichisch-französischen Vertrage bereitwilligst beitreten werde; für sich begehrte die Zarin Kurland und Semgallen, wofür dann Polen mit Ostpreußen entschädigt werden sollte. Kurze Zeit darauf empfing Graf Woronzow jenen Douglas, der von seinen Auftraggebern an ihn, nicht an Bestushew gewiesen worden war; die Sendung zu erwidern, trat ein Vertrauter des Vizekanzlers, Feodor Bechtejew, die Reise nach Paris an.

Als Graf Kaunitz in Wien durch Esterhazy die ersten Mitteilungen über die glücklich inaugurierte Verhandlung erhielt, begrüßte er sie als „die vergnüglichsten, alle Hoffnungen übertreffenden Nachrichten". Und doch sandte er jetzt dem Botschafter einen Gegenbefehl. Abgesehen von rein militärischen Erwägungen galt es, Zeit zu gewinnen, bis auch Frankreich für den Angriffskrieg gewonnen, bis das Defensivbündnis von Versailles in ein offensives verwandelt war. Das werde, so ließ Kaunitz am 22. Mai dem russischen Hofe durch Esterhazy mitteilen, allem Anschein nach sich noch um einige Monate verzögern: „Und alsdann wäre die Zeit allzusehr verstrichen, als daß noch in diesem Jahre die Armee zusammengezogen, in Marsch gesetzt und die Operationen zu gleicher Zeit angefangen werden könnten, daß also diese bis in das künftige Frühjahr ausgesetzt werden müßten. Inzwischen würde alles darauf ankommen, das Spiel recht zu verdecken und den Verdacht, welchen England und Preußen schon gefaßt haben, auf die tunlichste Art zu vermindern, folglich unser Vorhaben bis zum wirklichen Ausbruch geheim zu halten."

Die Zarin und ihre Heißsporne waren wenig damit einverstanden, daß sie ihren Krieg erst im nächsten Jahre bekommen sollten. Wieder wie 1746 und 1749 war Rußland der drängende, Österreich der vorsichtigere Teil. Man ließ in Wien warnen: wenn nun Frankreich und England in der Zwischenzeit ihren Frieden schlössen, werde da nicht mit dieser Vertagung des Angriffes eine vielleicht nie wiederkehrende Gelegenheit, den König von Preußen um seine Macht zu bringen, unbenutzt vorübergegangen sein? Doch fügte man sich dem Willen des Verbündeten. Auf ausdrücklichen Wunsch der Kaiserin-Königin, so ließ man nach Wien zurücksagen, stelle Rußland seine Truppenbewegungen vorläufig ein, indes würden seine Streitkräfte stets so verteilt bleiben, daß sie in kürzester Zeit zum Angriffe vorzugehen vermöchten.

Und so blieb es bei der Losung des Grafen Kaunitz, „das Spiel recht zu verdecken" bis zum nächsten Frühjahr.

König Friedrich war über den Vertrag von Versailles, von dem er schon wenige Tage nach der Unterzeichnung, am 11. Mai, die erste Kunde hatte, zunächst weniger beunruhigt, als über die Ankunft des Ritters Douglas in Petersburg, die er etwas später, in der vorletzten Woche des Mai, erfuhr. Erst wenn Rußland sich zum Beitritt gewinnen ließ, bedeutete der Bund der Österreicher und Franzosen eine ernste Gefahr für Preußen und die entschiedene Störung des politischen und militärischen Gleichgewichts für Europa.

Nicht immer hatte Friedrich so unbedingt auf Rußlands Abhängigkeit von England gezählt, wie bei dem entscheidenden Entschluß des vorangegangenen Winters. Es fehle tatsächlich viel daran, so schreibt er 1751 einmal, daß England bis zu dem Grade Meister über Rußland wäre, es ganz nach Belieben lenken zu können.

Auch jetzt stiegen ihm allmählich Zweifel auf. Aber die Engländer taten zunächst alles, um sie zu zerstreuen; sie taten nichts, ihren neuen Bundesgenossen über die ihnen bekannte wahre Stimmung des Petersburger Hofes aufzuklären.

Den 8. Mai traf Sir Andrew Mitchell in Berlin ein, nach sechs Jahren der erste Vertreter Georgs II. am preußischen Hofe. Am 11. hatte er seine Antrittsaudienz in Potsdam; der König behielt ihn über Nacht dort, für eine zweite vertrauliche Unterredung. Als Mitchell darauf antrug, Maßregeln zur Aufrechterhaltung des Friedens in Deutschland zu vereinbaren, sagte Friedrich: in diesem Jahre werde nichts kommen, dafür stehe er mit seinem Kopfe, aber er könne nicht dafür gutsagen, was nächstes Jahr kommen möge. Er habe verschiedene Pläne fertig, der König von England möge wählen; werde der Frieden im Reiche gestört infolge des Bündnisses zwischen Österreich und Frankreich, so wolle er gegen beide einstehen, die Franzosen wie die Österreicher. „Aber," setzte er hinzu, „seid Ihr der Russen sicher?" Mitchell antwortete: „Der König, mein Herr, denkt es." Als Friedrich später die Frage eindringlicher wiederholte, ob man der Russen absolut sicher sei, erneute Mitchell seine Beteuerung. Dann könne man, schlug Friedrich vor, sich gegen die Verbündeten von Versailles für den Fall eines Krieges mit 30 000 Russen verstärken und sie zur See nach Deutschland kommen lassen. Doch werde es ihm lieber sein, setzte er, fortdauernd in irrigen Vorstellungen befangen, in einem späteren Gespräch hinzu, fremde Truppen überhaupt nicht im Reiche zu sehen.

Als ihm gegen Ende des Monats die ersten näheren Nachrichten über die russischen Kriegsvorbereitungen, über die Ansammlung eines Heeres in Livland zugingen, war er noch immer geneigt,

darin die Mietstruppen zu sehen, die Rußland den britischen Sub-
sidienspendern zu überlassen verpflichtet sei.

Erst Anfang Juni begann die Binde von seinen Augen zu sinken.
In Stettin, wo er die Frühjahrsrevue über die pommerschen Regimenter abnahm, erhielt er aus dem Haag die Meldung von dem
„neuen politischen Phänomen", daß der russische Gesandte von der
Zarin den Befehl erhalten hatte, mit den beiden französischen Vertretern in engstes Einvernehmen zu treten. Sofort steht Friedrichs
diplomatischer Feldzugsplan fest. Gelingt es trotz allem, wie der
König von England es sich denkt, Rußland festzuhalten, so ist der
Krieg in Deutschland nicht zu befürchten. Andernfalls aber müssen
die beiden verbündeten Könige, ein jeder nach seinem Vermögen,
durch Truppenwerbungen und Subsidienverträge sich für den Krieg
des nächsten Jahres in möglichst starken Verteidigungszustand setzen;
Kurköln, Hessen-Kassel, Braunschweig, Gotha, Eisenach und andere
Fürsten werden zu haben sein, Bayern schwerlich, noch weniger
Sachsen, das ohnehin nur ein zweideutiger Genosse sein würde.
Vor allem aber müssen dann die Türken zu einer Diversion gegen
Rußland aufgeboten werden, und hier können bei dem unvermeidlichen Zeitverlust die Eisen nicht früh genug ins Feuer kommen.
Endlich fragt Friedrich an und erbittet sich eine bündige und aufrichtige Antwort, ob er, von Rußland angegriffen, auf die Entsendung einer englischen Flotte in die Ostsee rechnen könne. „Die
beste Lösung unter allen," so schließt er am 8. Juni seine noch von
Stettin aus vorausgesandte eingehende Instruktion für das Kabinettsministerium, „wäre der Friede; aber für den Fall, daß man ihn
zwischen heute und dem Schluß des Jahres nicht sollte sichern können,
muß man von Stund an auf die Verteidigungsmittel denken und
nichts für unsere gegenseitige Erhaltung versäumen. Sagt Herrn
Mitchell, hier handle es sich nicht um ein paar Äpfel, sondern um die
gewichtigsten Interessen Preußens und Englands." In die Hauptstadt zurückgekehrt, entwickelte er dem britischen Gesandten am
Nachmittag des 10. Juni mündlich seine Gedanken noch eingehender:
Alles hänge noch von der Entwicklung der russischen Dinge ab,
doch müsse man beizeiten das eintretenden Falls Erforderliche erwägen. Und da seien ihm drei Dinge eingefallen, die schon berührte
Diversion der Türken, eine Revolution in Rußland und ein Religions-
krieg in Ungarn.

Der in Stettin geschöpfte Argwohn wurde im Magdeburger
Übungslager fast zur Gewißheit, als der König Mitte Juni aus
seiner geheimen Dresdener Quelle zwei dem April und Mai an-
gehörige Berichte des sächsischen Geschäftsträgers in Petersburg
erhielt. War er in Stettin noch von der Voraussetzung ausgegangen,
daß den Russen nur die Nebenrolle zugedacht sei, ihm, wenn

er Hannover gegen die Franzosen verteidigen helfe, in den
Rücken zu fallen, so trat es jetzt klar zu Tage, daß sie un=
mittelbar mit ihm anzubinden beabsichtigten, ja bereits nach
einem Vorwand zum Angriff suchten. Der König kündete drum
dem Feldmarschall Lehwaldt in Königsberg die demnächstige An=
kunft eines Offiziers an, der ihm, wie es 1749 geschehen war,
Verhaltungsmaßregeln auf alle Fälle überbringen werde: „da die
Sachen von Europa von Tag zu Tag ernsthafter und verwickelter
werden."

In der Tat, jeder Tag brachte neue beunruhigende Nachrichten.
Ein englischer Kurier aus Petersburg, der am 17. Juni durch Berlin
kam, sagte aus, daß in der russischen Hauptstadt das Gerücht um=
laufe, die Zarin im Verein mit der Kaiserin=Königin wolle den
König von Preußen angreifen; 170 000 Mann regulärer Truppen und
70 000 Kalmücken — diese losen Völker fürchtete Friedrich am meisten
— seien im Begriff, sich um Mitau, Riga, Narwa zu versammeln.
Mitchell selbst erklärte dem Minister Finckenstein, der Bericht von
Williams, welchen der Kurier nach London trage, sei sehr lakonisch;
soviel aber entnehme er daraus, daß die Lage dort nicht vorteilhaft
für den Londoner Hof sei, und als Ehrenmann und wohlmeinender
Minister habe er geglaubt, das dem Könige von Preußen nicht
verhehlen zu sollen. Wohl sei Bestushew treu geblieben und mache
sich noch anheischig, die Unterhandlung des französischen Emissärs
zu durchkreuzen, aber Williams selbst sei seiner Sache nicht mehr
sicher. Zudem habe Williams, setzte Mitchell achselzuckend hinzu,
viel Geist, aber wenig Urteil. Mitteilungen, an die Fincken=
stein, als ehemaliger Gesandter in Rußland ein sachkundiger Be=
urteiler, in seinem Bericht an den König die Bemerkung knüpfte,
es werde sehr traurig und sehr eigentümlich sein, wenn Bestu=
shew nach so vielen vergeblichen Versuchen zu seinem Sturze
gerade in dem Augenblicke von seinen Gegnern zerschmettert
werden sollte, wo er zum ersten Male für Preußen nützlich werden
könnte.

Bei aller anscheinenden Offenheit ging Mitchell doch nicht frei
mit der Sprache heraus. Er habe, so berichtete er nach London,
sorgfältig vielerlei aus Williams' Schreiben verborgen und habe
sich bestrebt, soweit als irgend möglich, die üble Lage der englischen
Angelegenheiten in Rußland zu bemänteln.

Immerhin war Mitchells Mitteilung ein neuer willkommener
Beitrag zu dem Indizienbeweis, für den sich seit vierzehn Tagen
der Stoff ansammelte. Gewicht hängte sich an Gewicht. Über=
einstimmend meldeten der Gesandte in Wien und der Oberpräsident
der schlesischen Kammern von Truppenanhäufungen und anderen
militärischen Vorkehrungen in Böhmen und Mähren. Endlich aber

lief am 22. Juni aus Dresden ein Zeugnis ein, das, allerdings nur auf Kombination beruhend, doch mit den Kombinationen des Königs völlig zusammentraf und wie sie dem wirklichen Sachverhalt ganz nahe kam. Es war ein dem preußischen Vertreter verratener Bericht des Grafen Flemming, des sächsischen Gesandten am Kaiserhofe. Flemming erklärte da am 9. Juni, durch Vergleichung aller Anhaltspunkte zu dem Ergebnis gekommen zu sein, daß die militärischen Demonstrationen Rußlands auf eine Vereinbarung mit dem Wiener Hofe zurückgingen; daß man die Zarin überzeugt habe, wie nie ein gelegenerer Augenblick zum Angriff kommen könne, als der jetzige, wo der Wiener Hof Frankreich für sich gewonnen habe und wo auch von Schweden und von der Pforte nichts zu fürchten sei; daß Bestushew dem neuen System sich nur anschließe, weil er nicht offen zu widersprechen wage; daß inzwischen die beiden Kaiserhöfe verabredet hätten, Rußland solle, um die wahren Beweggründe seiner Kriegsrüstung desto besser zu verheimlichen, seine militärischen Verpflichtungen gegen England vorschützen, bis man dann, nach Vollendung der Vorbereitungen, unversehens über den König von Preußen herfallen könne.

So begannen denn jetzt auch die preußischen Rüstungen, gerechtfertigt durch das, was der König wußte, und noch mehr gerechtfertigt durch das, was er nicht wußte.

Er nahm an, daß die Österreicher mit starker Heeresmacht durch Sachsen in die Marken vordringen und ein anderes Korps nach Schlesien werfen würden, um dort dem bei Smolensk sich sammelnden russischen Heereshaufen die Hand zu reichen, während die in Livland und Kurland zusammengezogenen Truppen nach Preußen vordringen würden. Noch am 17. Juni hatte er angeordnet, daß die ostpreußischen Regimenter nach Beendigung ihrer Frühjahrsübungen und Beurlaubung der Landeskinder in ihre Standquartiere zurückkehren sollten. Am 21. erging der Gegenbefehl, niemand zu beurlauben und die Truppen so zu verlegen, daß sie binnen sechs Tagen zusammengezogen werden könnten. Er versah Lehwaldt für diesen Fall nunmehr mit weitgehenden Vollmachten und ausführlichen Unterweisungen militärischer, politischer, wirtschaftlicher Art. Er zog in Hinterpommern 9 Bataillone und 10 Schwadronen zusammen, pommersche Truppen, aber auch märkische, wie die schon 1749 nach Pommern bestimmten Füsiliere von Jung-Braunschweig und die Treuenbriezener Grenadiere. Unter den Erbprinzen von Hessen-Darmstadt gestellt, sollte dieses kleine „Reservekorps" den 18 Bataillonen und 50 Schwadronen in Preußen als Nachschub dienen. In Schlesien legte er Magazine an, setzte die Festungen in Verteidigungszustand und befahl den Regimentern, ihre Beurlaubten einzuziehen. Er benachrichtigte die westfälischen Truppen, daß sie in sechs bis acht Wochen vielleicht Marschbefehl erhalten würden. Für die nach Lösung der Grenadierkompanien aus dem Regimentsverbande zu bildenden selbständigen Bataillone wurden die Befehlshaber bezeichnet. Den Garnisonregimentern, schon im letzten Herbst um 2 Bataillone vermehrt, gliederten sich in den nächsten Wochen weitere 8 Bataillone an. „Wir haben einen Fuß im Steigbügel," schrieb Friedrich am 22. Juni seiner Baireuther Schwester, „und ich glaube, der andere wird schleunigst nachfolgen. Alles das muß sich in spätestens zwei Monaten offenbaren. Der Krieg scheint mir unvermeidlich, ich habe alles getan, ihn zu vermeiden, es ist mir nicht geglückt: ich wasche meine Hände wegen dessen, was daraus folgen wird, wenigstens bin ich überzeugt, daß niemand mich anklagen kann, daran Schuld zu sein."

Daß die beiden Kaiserhöfe trotz England schon handelseins geworden sind, und zwar zuerst und vor allem gegen Preußen, hält er jetzt für ausgemacht. Zweifelhaft mag noch der Anteil Frankreichs an der Verschwörung erscheinen, aber Äußerungen, die dem Grafen Kaunitz entfallen sind, geben dem Argwohn Raum, daß Frankreich bereits in dem Bunde der Dritte ist. Wieder wie am Vorabend seines ersten Krieges, drängen sich dem preußischen König klassische Erinnerungen auf. Der neue Dreibund scheint ihm das Triumvirat des Augustus, Antonius, Lepidus nachahmen zu wollen: man proskribiert und opfert einander die alten Freunde, die gekrönten Häupter Europas; die Kaiserin gibt England und Holland der Rache Frankreichs preis, und der Hof von Versailles opfert Preußen dem Ehrgeiz der Kaiserin. „Das Gleichgewicht ist verloren, sowohl zwischen den großen Mächten wie innerhalb des Deutschen Reiches. Die Krankheit ist schwer, aber nicht ohne Heilmittel... Drei Dinge können die Wage Europas wieder ins Gleiche bringen: die enge und aufrichtige Verbindung zwischen den beiden Höfen von Berlin und London, angestrengte Bemühung um neue Allianzen, die Anschläge der feindseligen Mächte zu durchkreuzen, und wagender Mut im Angesicht auch der größten Gefahren."

Das die Schlußworte der großen, von einem gedrängten Rückblick auf die politischen Abwandlungen des letzten Jahres ausgehenden Denkschrift vom 28. Juni „Über die gegenwärtige Lage Deutschlands". Mit dem eindringlichen Aufruf zur gemeinsamen Abwehr und zur Grundlegung eines ganz neuen politischen Systems will sie Preußens einzigem Verbündeten die Sachen so zeigen, „wie sie jetzt wirklich liegen", und ihn von der „angenehmen" Wahnvorstellung zurückbringen, als ob das alte System trotz aller Erschütterungen hergestellt werden könnte.

Kaum daß diese Denkschrift nach London abgegangen war,

schon am 29. Juni, kam die Kunde aus Petersburg, daß zwar die
Truppen sich in Livland versammelten, daß aber die Generale noch
alle ruhig in der Hauptstadt weilten. Und ein zweiter Bericht von
dort, am 3. Juli in Friedrichs Hand, besagte auf das bestimmteste,
alle kriegerischen Vorbereitungen, so zu Wasser wie zu Lande, seien
auf Gegenbefehl eingestellt, und einzelne der vorgeschobenen Truppenteile seien mit Befehlen zur Umkehr versehen. Der Gewährsmann
verdiente uneingeschränkten Glauben; es war Mynheer van Swart,
der holländische Gesandte in Petersburg. Seine sachkundigen, auf
dem Berliner Postamt nach der internationalen Gepflogenheit
jener Zeiten regelmäßig durchmusterten Depeschen boten einen
Ersatz für die unmittelbare Berichterstattung, die in den letzten fünf
Jahren, seit jenem Abbruch der diplomatischen Beziehungen zu
Rußland, ganz fehlte.

Und die verborgene Ursache der klar vorliegenden Wirkung?
Wir kennen sie, diese Ursache: den Antrag des österreichischen Hofes,
bis zum nächsten Jahre noch stille zu sitzen. König Friedrich
aber, der nur die Wirkung sah, konnte die plötzliche Veränderung
zunächst nicht anders deuten, als daß der Friede noch einmal
gerettet sei, daß „vor dies Jahr alles vorbei", daß Sir Charles
Williams doch noch Mittel gefunden haben müsse, den Dingen
in Petersburg „eine andre und bessere Tournüre zu geben", und
daß nun ohne die Russen auch die Österreicher sich nicht hervor-
wagen, nicht alles allein „auf ihre Hörner nehmen" würden.
Friedrich beschloß, seine Haltung davon abhängen zu lassen, ob
„die Leute da unten" ihre Truppen aus Ungarn und Italien nach
Böhmen und Mähren heranziehen würden; geschah das nicht, so
wollte er der Ansicht bleiben, daß dies Jahr 1756 noch in Ruhe
und Frieden dahingehen werde. Seine eigene Rüstung setzte er
inzwischen nicht fort.

Selbst die schon in den nächsten Tagen nachhinkenden Hiobs-
posten über die immer entschiedenere politische Feindseligkeit des
militärisch einlenkenden Zarenhofes beirrten ihn nicht in dieser
zuwartenden Haltung und ließen ihm nur die Einstellung des
russischen Vormarsches „noch dunkler als zuvor" erscheinen. Es war
ein neuer Bericht Swarts, daß England und sein Vertreter ihre
Sachen in Petersburg verdorben hätten und daß man nun hier
„mit aller Macht und Gewalt" die Freundschaft Frankreichs suche
und ohne Mühe finden werde; dazu endlich — jetzt am 6. Juli nach
mehr als einem Vierteljahr — eine Mitteilung des englischen Ministeriums über die am 12. Februar von Bestushew und Woronzow
ausgestellte, die Verbündeten von Westminster geradezu verhöhnende
und die Lage völlig aufhellende Erklärung, wonach Rußland durch
den Subsidienvertrag vom 30. September 1755 nur in dem Falle

gebunden sein wollte, daß Preußen den König von England oder dessen Bundesgenossen angreifen würde.

Eine peinliche, aufreibende Geduldsprobe, diese Zeit des Wartens und argwöhnischen Beobachtens mit ihren „tagtäglich einlaufenden üblen Nachrichten", die doch immer noch nicht beweisend und entscheidend genug schienen. „Die göttliche Vorsicht lenke noch alles zum besten", seufzt der am nächsten stehende Zuschauer, der nach wie vor in alle Geheimnisse und in alle Sorgen eingeweihte Eichel am 14. Juli in einem Brief an seinen alten Gönner Podewils: „Es ist aber nicht ohne, daß die jetzigen Aspekten überall die fürchterlichsten und epinösesten seind, worüber Ew. Exzellenz sich des Königs Majestät Beunruhigung gar leichte vorstellen werden."

Der Kabinettsrat war heute „wegen des starken Posttages" früher als gewöhnlich zum König gerufen worden. Die nächsten Tage brachten der Arbeit nicht weniger, zugleich aber den unmittelbaren Anlaß zu einem entschiedenen Schritt.

Der Herzog von Braunschweig übersandte seinem königlichen Schwager den Brief „eines über die geheimen Unterströmungen am Wiener Hofe" sehr unterrichteten Mannes — es war des Herzogs eigener Bruder, Prinz Ludwig von Braunschweig, der ehemalige österreichische Feldmarschall. Der warnte: „Seine Preußische Majestät muß wissen, ob die Lage der Dinge am Petersburger Hofe es ihm erlaubt, dem Wiener Hof zuvorzukommen, der sicherlich den Vorsatz hat, ihn sobald als möglich anzugreifen." Friedrich antwortete dem Herzog dankend, die Warnung sei ihm nicht überflüssig, obgleich seine Nachrichten von vielen anderen Orten allerdings schon auf dasselbe hinauskämen. Es waren u. a. Meldungen aus Hannover und Mecklenburg über umfassende Pferdeankäufe auf österreichische Rechnung, Berichte des preußischen Gesandten und andere Mitteilungen aus der österreichischen Hauptstadt über den Fortgang der Rüstungen, mündliche Auskünfte eines nach Karlsbad und nach Sachsen gesandten Offiziers, endlich am 16. Juli aus Dresden die Kunde, daß aus Ungarn die Reiterregimenter den Marsch nach Böhmen und Mähren angetreten hätten. Und das war die Nachricht, auf die Friedrich unruhig gewartet hatte.

In den nächsten Tagen erhielten somit auch die für den Kriegsfall zur Offensive bestimmten Regimenter in den mittleren Provinzen den Befehl, sich für die Mobilmachung vorzubereiten. Und gleich am 16. erklärte der König dem englischen Gesandten seine Absicht, in Wien sich bei der Kaiserin persönlich Aufklärung zu erbitten. Am 18. ging der Kurier ab, der dem Gesandten Klinggräffen den Befehl überbringen sollte, in einer Privataudienz der Kaiserin namens des Königs vorzutragen: da er von vielen Orten her von den Bewegungen ihrer Truppen in Böhmen und Mähren und von der Zahl der dorthin bestimmten Regimenter höre, so frage der König die Kaiserin, ob die Rüstung in der Absicht geschehe, ihn anzugreifen.

Der Kurier war unterwegs, da kam am 21. Juli aus dem Haag eine Meldung, die das schwankende Gebäude der Vermutungen und Schlüsse mit einem Male auf die feste Grundlage tatsächlicher Gewißheit rückte. Dieselbe Petersburger Depesche des Holländers Swart, aus der man sich, als sie die preußische Hauptstadt passierte, dort vor vierzehn Tagen nur die unchiffrierte Nachricht von der Einstellung der russischen Rüstungen und Märsche entnommen hatte, sie hatte ihrem ganzen Inhalt nach jetzt im Haag der leitende Staatsmann der Republik, der alte Greffier Fagel, unter dem Siegel der strengsten Verschwiegenheit durch den englischen Minister Yorke der Kenntnis des preußischen Geschäftsträgers von der Hellen vermittelt. Nun offenbarte sich das ganze „Geheimnis der Bosheit", es lösten sich alle Rätsel. Denn hier in Hellens Bericht las König Friedrich, wie zwischen den Kaiserhöfen der Plan festgestellt war, ihn von beiden Seiten zugleich anzugreifen, mit 80 000 Mann von Wien und mit 150 000 von Rußland aus; wie man diesen Plan schon im laufenden Jahre hatte ausführen wollen, sich aber veranlaßt gesehen hatte, ihn auf das nächste Frühjahr zu verschieben.

Eben noch, als er den Kurier nach Wien abfertigte, hatte er den Krieg immerhin nicht als völlig sicher bezeichnen wollen. Erst jetzt gab er die Hoffnung, den Frieden zu erhalten, verloren: „Mir bleibt nur noch übrig," schreibt er am 23. Juli, „lieber zuvorkommen, als mir zuvorkommen lassen" — er bedient sich einer lateinischen Wendung: praevenire quam praeveniri.

Auch Winterfeldt, der militärische Vertraute des Königs und sein rastloser Gehilfe bei den kriegerischen Vorbereitungen, sprach sich für das Praevenire aus — falls nämlich wirklich, wie es ihm scheinen wollte, die Absicht der Österreicher sei, den König so zu alarmieren, daß man den ganzen Herbst und Winter über auf jetzigem Fuß werde bleiben müssen. Da wünsche er lieber, daß es künftigen Monat losginge. „Wenn wir warten sollen," schrieb er am 18. Juli an den Kabinettsrat, „bis alle kleinen Fürsten im Reich uns in ihrem Conseil die Justice thun, daß wir nicht Agresseurs gewesen, so kommen wir zu spät und seind verloren."

Der englische Gesandte hat nachmals von einer der Unterredungen erzählt, die ihm Friedrich in diesen entscheidungsschweren Tagen gewährte. Er erlaubte sich, dem Könige Einwendungen zu machen gegen die Beweiskraft der von der schlesisch-böhmischen Grenze eingelaufenen Berichte: vielleicht gelte es den Österreichern, Preußen

durch ihre Kriegsanstalten zu reizen, zum ersten Schlag zu veran=
lassen, in die Rolle des Angreifers hineinzudrängen, um dann ihrer=
seits des Beistandes von Frankreich und von Rußland um so sicherer
zu sein. Da blickte ihn der König scharf an und stieß lebhaft und ab=
gerissen die Worte aus: „Wie, mein Herr, was sehen Sie in meinem
Gesichte? Glauben Sie, daß meine Nase dazu gemacht ist, Nasen=
stüber hinzunehmen? Bei Gott, ich werde sie mir nicht gefallen
lassen!" Mitchell entgegnete, niemand nach seiner Meinung würde
sich erkühnen, den König herauszufordern; und wenn man es täte,
so sei sein Charakter in Europa zu gut bekannt, um einen Zweifel
darüber zu lassen, in welcher Weise es vergolten werden würde:
Auch habe man unter allen großen Eigenschaften des Königs
Geduld und Ergebung noch niemals aufzählen hören. Friedrich
lachte, wies dann aber noch einige andere beunruhigende Be=
richte vor, und schloß mit den Worten: „Hier ist nichts zu helfen" —
er zeigte auf das Bild der Kaiserin=Königin, das sein Zimmer
schmückte — „diese Dame will den Krieg haben, sie soll ihn bald
haben."

Auch die beiden, die einst „am Rubikon", in jenen Herbsttagen
von 1740 zu Rheinsberg, des jungen Königs Vertraute gewesen
waren, wurden jetzt wieder zu ihm beschieden, der Feldmarschall
Schwerin und der Minister Podewils. Schwerin war während des
Feldzugs von 1744 in Ungnade gefallen, als er voll Eifersucht auf
den Erbprinzen von Dessau unter dem Vorwand seiner Gesundheit
das Hauptquartier verließ; nach drei Jahren war es zu einer Aus=
sprache und Verständigung gekommen, nicht ohne daß Friedrich
den alten Herrn mit scharfer Betonung bedeutet hätte, er brauche
seine Feldmarschälle viel mehr für den Krieg, als für den Frieden.
Jetzt war die Lebhaftigkeit und Kampfeslust des Zweiundsiebzig=
jährigen kaum zu zügeln; er hätte am 16. Juli, als der König ihn in
Potsdam empfing, am liebsten sofort vom Leder gezogen und ver=
langte dringend zu hören, was seine Bestimmung im Felde sein
werde. Friedrich empfahl ihm, sich in Geduld zu fassen. Anders
der mit den Jahren nur immer bedenklicher und unschlüssiger ge=
wordene Podewils. Als der König ihm am 21. Juli zu Sanssouci
nach der Mittagstafel von dem Angriffsplan der Kaiserhöfe und von
der Vertagung des Losbruches bis 1757 Mitteilung machte, aller=
dings ohne ihm jenen holländischen Gesandtschaftsbericht als Quelle
zu nennen, da begann der Minister — wie er tags darauf, noch auf
das äußerste aufgeregt und ergriffen, „aus hergebrachter Konfidenz
und altem Vertrauen" dem Kabinettsrat Eichel beichtete — „Sr.
Königl. Majestät mit einer respectuesen Franchise alle die In=
konvenienzen und terriblen Suiten zu detailliren, welche daraus
erwachsen könnten, wenn man diesseits im Agressorium agiren und

Frankreich und Rußland gleichsam au pied du mur poussiren wollte, ihre Garantie- und Defensivengagements, wenn beide auch sonst dieses Jahr es zu thun nicht Lust hätten, zu erfüllen, und in was vor einen terriblen Embarras Se. Königl. Majestät zu gleicher Zeit ohne anitzo noch dringende Not gesetzet werden dürften, dreien so mächtigen Puissancen zugleich zu resistiren, anstatt das bene-ficium temporis, so von nun an bis künftige Operationssaison bei-nahe zehn Monate wäre, Ihro mehr Gelegenheit fourniren dürfte, inzwischen Ihre Partie inner- und außerhalb des Reichs zu ver-stärken ... Allein alles dieses wurde gänzlich verworfen, vor einen Effekt von gar zu großer Timidité gehalten, und ich zuletzt ziemlich sèchement mit denen Worten congediiret: Adieu, Monsieur de la timide politique." Eichel, der des Königs geheime Kanäle alle kannte und als zuverlässig kannte, war in diesem Falle einmal anderer Meinung als der kleingläubige und kleinmütige Minister. „Ich muß doch," antwortete er, „die Justice thun und bekennen, daß, wenn sich auch nur einige sichere Lueur von Hoffnung fände, darauf man in gewissem Maße tabliren könnte, man hiesigen Orts sicher gern ruhig bleiben würde."

Während in Sanssouci der letzte „Hoffnungsschimmer" zu er-löschen begann, meldete sich Klinggräffen in Wien, nach einer vor-läufigen Mitteilung an den Grafen Kaunitz, durch den Oberst-kämmerer zur Audienz bei der Kaiserin-Königin, um seine Anfrage wegen der österreichischen Rüstungen zu stellen.

Marquis d'Aubeterre, der französische Gesandte, war mit diesen Rüstungen oder wenigstens ihrer geflissentlichen Schaustellung von vornherein nicht einverstanden gewesen. Er hätte gewünscht, so berichtete er am 7. Juli nach Versailles, daß man auf die Bildung von Lagern in Böhmen und Mähren verzichtet hätte, um jeden Anlaß zum Argwohn zu vermeiden. Mit engerer Zusammen-ziehung der Quartiere würde man seiner Ansicht nach denselben Zweck erfüllen; aber es scheine, daß das österreichische Ministerium sich ein Ansehen geben zu müssen glaube, um nicht in den Verdacht der Furchtsamkeit zu kommen: „Ich bin überzeugt, daß man im Grunde des Herzens es nicht ungern sehen würde, wenn der König von Preußen die Feindseligkeiten eröffnete; aber ich kann mir nicht denken, daß dieser Fürst es wagt." So urteilte auch der englische Gesandte Keith in diesen Tagen, die Österreicher würden nicht unzufrieden sein, wenn der König von Preußen den ersten Schlag führen wollte, damit sie auf Grund der Verträge französischen und russischen Beistand fordern könnten. König Friedrich dagegen war anfangs zu der Annahme geneigt gewesen, daß der Wiener Hof mit seinen Truppenbewegungen vielleicht weiter als beabsichtigt gegangen sein möchte und zum Losschlagen noch keineswegs fest

entschlossen sei.  Seine militärischen Gegenvorkehrungen, wie er
sie in der zweiten Hälfte des Juni traf, hatten deshalb nebenbei
den Zweck, die Lage zu klären: „Gehen die Österreicher mit Krieg
schwanger, so wird man ihnen jetzt zur Geburt helfen; haben sie sich
mit ihren Demonstrationen übereilt, so werden sie sehr schnell den
Degen einstecken.“  Noch standen ihm die Vorgänge von 1749 in
frischer Erinnerung.  Damals hatten seine geräuschvollen Rüstungen,
seine „kleinen Ostentations“, zu dem diplomatischen Rückzuge der
Gegner das Ihre beigetragen.  Wie anders aber die Wirkung jetzt!
Zum Angriff endgültig entschlossen, aber noch zufriedener, wenn
sie angegriffen wurden, befolgten die Österreicher alsbald die klug
berechnete Taktik, ihre eigenen, tatsächlich früher eingeleiteten
militärischen Vorkehrungen als die Folge der preußischen hinzustellen.
Da sollte jetzt Klinggräffens gerade auf das Ziel losgehende An=
frage ihnen eine zweite, deutlichere Mahnung sein, sich noch zu
besinnen; um der Unterstellung, daß er mit Rüsten begonnen
habe, zu begegnen, befahl Friedrich seinem Gesandten, den
Umstand hervorzuheben, daß die angeordneten Märsche lediglich
die Bildung eines Reservekorps in Pommern bezweckten und sich
also als eine Maßregel gegen Rußland, nicht gegen Österreich
kennzeichneten.

Nur wenige Minuten stand Klinggräffen am 26. Juli zu Schön=
brunn vor der Kaiserin=Königin.  Nachdem sie seinen Vortrag an=
gehört, entgegnete sie, bei der Mißlichkeit des Gegenstandes habe
sie, um sicher zu gehen, geglaubt, ihre Antwort niederschreiben zu
sollen; sie hielt ein kleines Papier in der Hand und las die Worte
ab: „Die bedenklichen Umstände der allgemeinen Angelegenheiten
haben mich die Maßregeln für notwendig ansehen lassen, die ich zu
meiner Sicherheit und zur Verteidigung meiner Verbündeten er=
greife, und welche überdies nicht bezwecken, irgend jemand zum
Schaden zu gereichen.  Dies bitte ich, dem König Ihrem Herrn
zu berichten.“  Ein Zeichen mit der Hand bedeutete den Gesandten,
daß die Audienz beendet sei.

Wie Kaunitz dem sächsischen Gesandten Flemming mitteilte,
wollte man mit dieser zugleich festen und höflichen Antwort jede
weitere Verhandlung abschneiden, um in keiner Weise an der Fort=
setzung der Kriegsvorbereitungen gehindert zu sein.  Man zweifle
in Wien nicht, meldete Graf Flemming seinem Hofe, daß diese
ebenso energische wie dunkle Antwort den König von Preußen,
der anscheinend eine Erörterung über die Anfangszeit der beider=
seitigen Rüstungen herbeizuführen wünsche, sehr in Verlegenheit
setzen werde: „Er soll sich entweder mit seinen Rüstungen und
Augmentationen bei langsamem Feuer verzehren, oder, um das
zu vermeiden, sich zu übereilten Entschlüssen hinreißen lassen, und

es scheint, daß man hier in Wien just an diesem Punkte ihn erwartet."

Am 2. August sah man den Kabinettsrat Eichel um 9 Uhr Morgens
in aller Eile von Potsdam nach Sanssouci hinausfahren, um dem
König die soeben aus Wien eingelaufene Antwort zu überbringen
— nach dem, was Friedrich inzwischen über die Anschläge der Kaiserhöfe erfahren, konnte sie ihn nicht mehr überraschen. Eine Stunde
später ließ er den Prinzen von Preußen und die Feldmarschälle
Schwerin und Keith rufen und behielt sie geraume Zeit bei sich.
Noch desselben Tages erhielt Schwerin seine schriftliche Instruktion
für den Oberbefehl des zur Deckung von Schlesien bestimmten
Heeres. Der Reihe nach, der jedesmaligen Entfernung von den
österreichischen Grenzen entsprechend, ergingen heute und an den
nächsten zehn Tagen die Befehle an die Regimenter zu der binnen
sechs Tagen zu bewirkenden Mobilmachung im eigentlichen Sinne,
die mit Einziehung der Beurlaubten, Überkompletten und Knechte,
mit Beschaffung der Feldequipage und Ankauf der Bagagepferde
voll bisher nur bei jenem Reservekorps in Hinterpommern durchgeführt worden war.

„Man erreicht große Dinge nur, wenn man sich großer Wagnisse
unterfängt. Mit diesem Trost und dem festen Entschluß, allen, die
sich in den Weg stellen werden, über den Kopf zu fahren, kann man
der Hölle und dem Teufel trotzen, ruhig seine Zeitungen lesen,
vor den leeren Prahlereien der Feinde nicht zittern und überzeugt
sein, daß man sich mit Ehren herausziehen wird ... Wenn unsere
Feinde uns nötigen, Krieg zu führen, so muß man fragen, wo sind
sie? und nicht, wieviel sind ihrer? Mögen die Weiber in Berlin von
Teilungsverträgen schwatzen, wir preußischen Offiziere, die wir
unsere Kriege hinter uns haben, müssen gesehen haben, daß weder
die Überzahl noch die Schwierigkeiten uns den Sieg entreißen
konnten, und müssen denken, daß es noch dieselben Truppen sind,
wie in dem letzten Kriege, daß das ganze Heer noch mehr geschult
ist für die Schlachtmanöver, und daß es für uns, wenn man nicht
auf sehr starke Dummheiten verfällt, moralisch unmöglich ist, vor-
beizuhauen."

Mit diesen Worten, die wir in zwei Briefen an den Prinzen von
Preußen aus diesem Monat lesen, suchte Friedrich den andern,
so schwer ihm selber das Herz jetzt war, den Mut zu stärken. Noch
trennte ihn eine selbstgesetzte Frist von dem letzten Schritte. Am
24. August werde er aufbrechen, sagte er am 25. Juli zu Winterfeldt; nicht vor dem 25., heißt es in Schwerins Instruktion vom
2. August.

Der Aufschub erschien geboten nicht zum mindesten im Hinblick
auf das bereits mit einer militärischen Diversion drohende Frank-

reich, denn bei vorgerückter Jahreszeit konnte man dort nicht wohl
daran denken, ſich noch dieſen Herbſt auf dem deutſchen Kriegsſchau=
platze zu zeigen. Ein eigener Zufall, daß an einem und demſelben
Tage, es war am 26. Juli, der engliſche und der franzöſiſche Ge=
ſandte, Mitchell und Valory, Audienz bei dem Könige genommen
hatten: der eine, um im Auftrag ſeiner Regierung vor einer Schild=
erhebung gegen Oſterreich, die Hannover der Heimſuchung durch die
Franzoſen auszuſetzen geeignet ſei, zu warnen; der andere, um zu
erklären, daß ſein Hof einem Angriff gegen das verbündete Oſter=
reich, wozu England aufzureizen ſcheine, nicht ruhig zuſchauen
werde.

Zugleich aber ward mit dem Entſchluß, das Schwert noch in
der Scheide zu halten, Raum gewonnen für einen erneuten diplo=
matiſchen Verſuch zu Gunſten des Friedens. Dem Gegner und ſeinen
Verbündeten ſollte kein Zweifel darüber bleiben, daß des Grafen
Kaunitz Bemühen, „das Spiel recht zu verdecken“, umſonſt geweſen
war. Klinggräffen wurde am 2. Auguſt beauftragt, der Kaiſerin=
Königin in einer neuen Audienz das darzulegen, was dem Könige,
ſeitdem er die erſte Anfrage geſtellt, über die öſterreichiſch=ruſſiſchen
Verhandlungen bekannt geworden war. Er ſollte ihr rundheraus
erklären, daß der ſchon beſchloſſene Angriff gegen Preußen im vorigen
Mai von ihr und der Zarin aufgegeben ſei, aber nur verſchoben ſei
bis zum nächſten Frühjahr; er ſollte deshalb die Zuſage, mündlich
oder ſchriftlich, ſich erteilen laſſen, daß die Kaiſerin nicht die Ab=
ſicht habe, den König von Preußen anzugreifen, weder dieſes Jahr
noch im nächſten. „Man muß wiſſen,“ ſo ſchloß Friedrich ſeinen Er=
laß an den Geſandten, „ob wir uns im Krieg befinden oder im Frieden,
ich überlaſſe der Kaiſerin die Entſcheidung. Wenn ihre Abſichten
rein ſind, ſo iſt jetzt der Augenblick, ſie an den Tag treten zu laſſen;
aber wenn man mir eine Antwort im Orakelſtil gibt, unbeſtimmt
oder nicht bündig, ſo wird die Kaiſerin ſich alle Folgen zuzu=
ſchreiben haben, welche das darin liegende ſtillſchweigende Ein=
geſtändnis der gefährlichen Entwürfe, die ſie mit Rußland gegen
mich geformt hat, nach ſich ziehen muß, und ich rufe den Himmel
zum Zeugen an, daß ich unſchuldig bin an allem Unheil, was
daraus folgen wird.“

Bis zum 18. oder ſpäteſtens 19. Auguſt hoffte Friedrich die
Antwort der Kaiſerin zu haben; auf den 20. und 21. wurde, falls
ein ungünſtiger Beſcheid kam, der Ausmarſch der Berliner Regi=
menter angeſetzt. Empfindlichen Zeitverluſt von mehr als acht
Tagen bereitete das Bedenken des allzu unſelbſtändigen Kling=
gräffen, ob er ermächtigt ſei, ſein Anbringen, von deſſen Inhalt
er den Staatskanzler mündlich bereits in Kenntnis geſetzt hatte,
in Form einer ſchriftlichen Note, wie Kaunitz es verlangte, der

Kaiserin zu überreichen. Sehr ungehalten antwortete der König auf des Gesandten Bitte um Verhaltungsbefehle, das verstehe sich von selbst. Der Kurier, der die Weisung einholte und am 13. August zurücktrug, wurde zur größten Eile angespornt.

Schon vom 21. ab erwartete Friedrich den Boten zurück, Tag für Tag vergebens, Tag für Tag ungeduldiger; immer aufgebrachter über den „unverzeihlichen dummen Streich" seines Gesandten, der da zur Strafe Packknecht zu werden verdiene; immer von neuem genötigt, die Marschtabellen zu ändern und die Stunden für den Aufbruch der um die Hauptstadt und im Saalkreis um Halle zusammengestauten Regimenter weiter hinauszurücken; dabei noch immer nicht ganz ohne Hoffnung, daß der Friede durch ein Wort der Kaiserin erhalten bleiben könnte. „Wenn es der göttlichen Providence gefallen hätte," schreibt Eichel am 23. August dem Grafen Podewils, „die Gedanken der Kaiserin-Königin dahin zu lenken, daß dieselbe nur positive und ohne Chevilles deklarierte, des Königs Majestät weder dieses noch künftiges Jahr offensive zu attackieren, so bin ich persuadiert, daß, ohnerachtet hier die Maschine schon stark in Bewegung gesetzet ist, dennoch alles auf einmal sistieret und der Friede noch konservieret werden und alles ruhig bleiben wird. Fiele aber erwähnte Antwort nicht dergestalt aus, so ist es geschehen und nichts mehr zu arretieren."

Noch zwei volle Tage währte das unerträgliche Warten. Erst am Abend des 25., in später Stunde, brachte der Kurier des Kommandanten von Neiße die entscheidende Botschaft nach Potsdam - vier Tage nachdem sie Klinggräffen aus Wien nach Neiße abgefertigt hatte.

„Die Antwort ist gekommen und ist nichts wert!" schreibt Friedrich eigenhändig an den Herzog Ferdinand von Braunschweig — unter dem Befehl vom 26. August, nunmehr „ohne weiteren Anstand" am 29. mit der unter sein Kommando gestellten Kolonne von Halle aufzubrechen und die sächsische Grenze zu überschreiten.

Die dem preußischen Gesandten am 21. Nachmittags zugestellte Erklärung auf seine tags zuvor der Kaiserin übergebene Schrift besagte, sein Anbringen sei derart, sachlich wie im Ausdruck, daß die Kaiserin-Königin sich genötigt sehen würde, aus den Grenzen der Mäßigung, die sie sich zum Vorsatz gemacht, herauszutreten, wollte sie auf den ganzen Inhalt antworten. Doch wolle sie, daß so viel ihm noch weiter eröffnet werde: die Informationen, die man Seiner preußischen Majestät von einer Offensivallianz zwischen ihr und der Kaiserin von Rußland gegeben habe, seien absolut falsch und erfunden.

In der Tat, für diesen einen Nebenumstand waren die Nachrichten des Königs von Preußen ungenau, für die Hauptsache

trafen sie zu.   Das Offensivbündnis der beiden Kaiserhöfe war erst
entworfen, noch nicht unterzeichnet; nicht auf Pergament und unter
Siegel, sondern durch ungeschriebene Abrede war der gemeinsame
Angriff gegen Preußen für das nächste Jahr festgesetzt worden.

Wenn nun die Kaiserin kurz zuvor dem sächsischen Gesandten
Flemming gesagt hatte, Klinggräffen werde eine Antwort erhalten,
welche, wie sie hoffe, den König von Preußen befriedigen werde,
so glaubte dieser nach Empfang einer durchaus ungenügenden Er=
klärung im ersten Augenblicke, daß Kaunitz an dem Bescheid der
Kaiserin etwas unterdrückt haben möchte.   Gleichzeitig mit den
Marschbefehlen an die Truppen sandte er deshalb nach Wien noch
eine dritte Erklärung: er erkenne jetzt wohl den bösen Willen des
Wiener Hofes und sei deshalb genötigt, die zu seiner Sicherheit
erforderlichen Maßregeln zu ergreifen, aber er sei bereit, seine
Truppen unverzüglich umkehren zu lassen, wenn ihm die Kaiserin
jetzt noch die Zusicherung geben wolle, ihn weder in diesem noch im
nächsten Jahre anzugreifen.   Eigenhändig fügte er dem Erlaß an
Klinggräffen hinzu: „Da ich keine Sicherheit mehr habe weder
für die Gegenwart, noch für die Zukunft, so bleibt mir nur der Weg
der Waffen übrig, um die Anschläge meiner Feinde zu vereiteln.
Ich marschiere, und gedenke binnen kurzem die, welche sich durch
ihren Stolz und Hochmut blenden lassen, andern Sinnes zu machen;
aber ich habe Selbstbeherrschung und Mäßigung genug, um Aus=
gleichsvorschläge anzuhören, sobald man sie mir machen will; denn
ich habe keinen ehrgeizigen Plan noch begehrliche Wünsche; meine
Schritte bezwecken nur gerechtfertigte Vorkehrungen für meine
Sicherheit und meine Unabhängigkeit."

Seine Stunden in Sanssouci waren gezählt.   Eine Fahrt nach
Berlin, wo er sich bei der Königin=Mutter beurlauben wollte, unter=
blieb auf den Rat der Geschwister; der leicht erregbaren Fürstin
mußten die schmerzlichen Eindrücke eines Abschiedsbesuchs erspart
bleiben.   In einem beruhigenden Briefe, der nicht alles sagte, sandte
ihr der Sohn sein Lebewohl und bat die Prinzessin Amalie, die
Mutter in einem geeigneten Augenblicke schonend auf den Inhalt
vorzubereiten.

Sonnabend den 28. August früh zwischen vier und fünf Uhr
wurde Sir Andrew Mitchell, der dem Könige in diesem wechsel=
vollen Sommer schnell nahe getreten war, noch einmal empfangen.
Vor dem Schlosse auf dem Paradeplatz hatten sich im Morgen=
grauen die Regimenter der Potsdamer Garnison aufgestellt.   Der
König bestieg sein Pferd und setzte sich an ihre Spitze, sie hinaus=
zuführen ins Feld — zum Kampfe, wie sich bald offenbarte, gegen
eine Welt in Waffen.

Durch einen schnellen, mutigen Entschluß hatte König Friedrich die Folgen der falschen Rechnung, die er beim Abschluß der West=minsterkonvention aufgestellt hatte, im letzten Augenblick, soweit es noch anging, wieder ausgeglichen.

Im Hinblick auf Rußland hatte er nach anfänglichem starken Be=denken sich zu diesem Abkommen mit England bereit gefunden, und gerade seine russische Politik hatte ihm am vollständigsten versagt. Er hatte der Zarin erst zu viel und dann zu wenig zugetraut und umgekehrt ihren Kanzler erst zu niedrig und dann zu hoch ange=schlagen, indem er anfangs mit der Zarin gegen Bestushew ankämpfen zu können meinte, dann aber denselben Bestushew für den schlechter=dings allmächtigen Mann in Rußland hielt. Er hatte im allgemeinen Rußlands Unversöhnlichkeit, vor allem aber Rußlands Selbstgefühl verkannt: er bewegte sich in dem Vorstellungskre.se von dem vor=wiegenden Einfluß der beiden Westmächte und unterschätzte die Bedeutung und Selbständigkeit der Ostmächte in dem Grade, daß er seine Stellung zu Rußland und Österreich durch sein Verhältnis zu England regulieren zu können glaubte.

König Friedrich hatte weder Rußland zu sich herübergezogen mittels der Westminsterkonvention, noch trotz ihrer, wie er gleichfalls gehofft hatte, Frankreich bei sich festgehalten. Er hatte mit England nicht auch Englands Bundesgenossen gewonnen, wohl aber mit Frankreich Frankreichs Gefolgschaft verloren, jenes Schweden zu=mal, das noch vor wenigen Jahren seine stärkste Zuversicht auf Preußen gesetzt hatte, jetzt aber sich um so feindlicher stellte, als die preußische Prinzessin auf Schwedens Thron der herrschenden Adelspartei den Fehdehandschuh hingeworfen hatte.

Nur mit dem äußersten Widerstreben hat sich Friedrich von der Tatsache überzeugt, daß es seinen Gegnern auf Kampf, auf den Vernichtungskampf gegen Preußen ankam. Allzulang wiegte er sich in jener irrigen Vorstellung, daß er wie vor sieben Jahren durch nachdrückliche Haltung die erst halb Entschlossenen von ihrem Vor=haben noch im letzten Augenblicke zurückbringen könne. Ja selbst der nunmehr erfolgte Auszug seiner Heeresmacht blieb, wie die gleichzeitig noch einmal eröffnete Verhandlung beweist, noch immer in dem Rahmen einer bewaffneten Demonstration zu Gunsten des Friedens.

Jener französische Staatsmann hatte es vor einigen Jahren dem König von Preußen nicht verdenken wollen, wenn er in seiner gefährdeten Lage sich eines Tages auf den ersten besten seiner Gegner stürzen werde[1]). Eben vor diesem äußersten Entschluß war Friedrich jetzt angelangt. Vordem hatte er, in dem politischen Testament

---

[1]) S. 316.

von 1752, alle Gründe für seine Politik des Friedens zusammen=
fassend, geurteilt: „In Lagen wie der jetzigen ist das Sicherste,
in Frieden zu verharren und in fester Haltung neue Ereignisse
abzuwarten."

Neue Ereignisse, günstige oder — ungünstige. Die für Preußen
günstigen Wechselfälle, von deren Eintritt er eine Offensive, den
Entschluß zu einem Eroberungskrieg abhängen lassen wollte, hatte
er in dem Testament genau bezeichnet[1]). Keine dieser Voraus=
setzungen war jetzt vorhanden. Weder die Verstrickung Österreichs
in einen anderen Krieg, in den Preußen erst zur gegebenen Stunde
seinerseits einzugreifen haben würde; noch ein Umschwung der Dinge
in Rußland oder die Lahmlegung des Zarenreiches durch den An=
griff eines neuen Soliman; noch endlich eine kraftvolle Verjüngung
Frankreichs, dieses Frankreichs, das Friedrich als den einzigen
geeigneten Bundesgenossen für einen Eroberungskrieg gegen Öster=
reich betrachtete und das er jetzt vielmehr als den Freund Öster=
reichs fürchten mußte. Nichts hatte er für sich als ein Abkommen
wesentlich negativen Inhalts mit England, der Macht, an deren
Seite sich Eroberungen seiner Auffassung nach nicht machen ließen[2])
und deren Staatsmänner in der Tat jetzt alles versuchten, um den
preußischen Degen in der Scheide festzuhalten.

Nicht also die Gunst, sondern die Ungunst der allgemeinen Lage
ließ den König von Preußen jetzt diesen seinen Degen ziehen. Nicht
Kampfesfreude, sondern die Furcht, durch längeres Zuwarten die
Lage noch zu verschlechtern, die Gefahr zu vergrößern. Nicht die
Rechnung auf Eroberungen, sondern die Hoffnung, wo nicht schon
durch sein plötzliches Erscheinen auf dem Kampfplatze, so doch durch
Gewinn eines strategischen Vorsprunges den Hauptgegner oder
wenigstens dessen Verbündete zur Umkehr zu bestimmen, unter
allen Umständen aber sich eine starke militärische Ausfallsstellung
zu sichern, in der er der Übermacht trotzen mochte.

In seinen Gesprächen mit dem englischen Gesandten hat Friedrich
wieder und wieder hervorgehoben, daß er in diesem Kriege selbst
bei Erfolgen nichts gewinnen könne. Mitchell zweifelte nicht, daß
beides, Interesse und innere Neigung, des Königs Wünsche auf die
Seite des Friedens lenke, daß sein letztes Wort an den Wiener Hof
seine wahre Gesinnung enthalte, und daß er, schwer herausgefordert
und zu starken militärischen Ausgaben gedrängt, zum Kriege völlig
gerüstet und bereits ins Feld gerückt, doch willens sei, ruhig zu
bleiben, sobald es nur ohne Gefahr geschehen könne.

Und der gleichen Meinung war man, wir wissen es jetzt, in Wien;
denn ein Erlaß der Kaiserin an den Grafen Starhemberg in Paris

---

[1]) S. 4.    [2]) S. 395.

vom 22. August sprach es offen aus, daß man einen Angriff des
Königs von Preußen nicht zu besorgen hätte, sobald er sich wegen
Rußlands völlig beruhigt sehen würde. So hatte der französische
Vertreter bei der Hofburg schon vorher die in Wien verbreitete
Ansicht dahin wiedergegeben: man glaube nicht, daß der König
von Preußen, der bei allen seinen Unternehmungen immer viel
Umsicht und Klugheit gezeigt habe, gegenwärtig etwas könne planen
wollen, wo das Haus Österreich das schönste Heer, das es jemals
besessen, in den Erblanden habe, und dank dem Bündnis mit
Frankreich den größten Teil seiner Streitkräfte aus den Niederlanden und Italien herbeiziehen könne. Der Franzose knüpfte
daran die völlig zutreffende Bemerkung, es sei wahrscheinlich,
daß wenn der König sich mit einem Anschlag getragen hätte,
seine Bewegungen verborgener und schneller gewesen sein würden — wie man es früher, im Sommer 1744, bei seinem Einfall
in Böhmen erfahren habe.

Mußte nun aber gekämpft sein, auf Leben und Tod, dann konnte
es freilich geschehen, daß die lange gewahrte Mäßigung des mit der
Vernichtung Bedrohten in harte Rücksichtslosigkeit umschlug. Indem König Friedrich dem Feldmarschall Lehwaldt seine Verhaltungsmaßregeln für die Abwehr eines russischen Angriffs sandte, war er
herzhaft genug, den günstigsten aller im Doppelkrieg gegen die
beiden Kaiserhöfe denkbaren Fälle gleich einmal ins Auge zu fassen:
sollte es sich fügen, daß die Österreicher durch eine völlige Niederlage
außer Kampf gesetzt würden und daß auch die Russen, Heer und
Hof, nach einer verlorenen Schlacht den Mut sinken ließen, dann
hielt er es für möglich, eine Kriegsentschädigung zu fordern und
durch Rußlands Vermittlung das polnische Preußen, ganz oder
teilweise, zu gewinnen — just wie die Russen sich durch diesen
Krieg gegen Preußen das polnische Semgallen und Kurland verschaffen wollten. Es war das gedacht im Sinne der Erwägung,
welche die „Gedanken und allgemeinen Regeln für den Krieg"
von 1755 zur Empfehlung der strategischen Offensive anstellen:
daß ein jeglicher Krieg, der nicht zu Eroberungen führt, den Sieger
schwächt, den Staat entkräftet, daß man deshalb nicht zu Feindseligkeiten übergehen solle, wo man keine Aussichten zu Eroberungen
habe. Aber ein anderes ist es, ob der Gewinn von Land und Leuten
Beweggrund zum Kriege, Selbstzweck ist; ein anderes, ob Eroberungs-
gedanken sich mit einem Kriege verbinden, der aus einem sonstigen
triftigen Grunde unternommen ward. Seinen von den hinzu-
tretenden territorialen Plänen unabhängigen Grund hatte schon
der Angriff von 1744 gehabt; doch war damals der Krieg dem freien
Entschlusse des Königs von Preußen entsprungen. Jetzt war die
Wahl gar nicht in seine Hand gegeben; der Krieg stand leibhaftig,

dräuend vor der Tür, ein ungeladener, unabweisbarer Gast. Der Charakter dieses siebenjährigen Kampfes war damit von vornherein klar und unauslöschlich gegeben. Ein Akt der Notwehr, ein Verteidigungskrieg blieb er, auch wenn in seinem Verlaufe hie und da einmal ein Augenblick eintrat, wo alte Lieblingsgedanken, luftige Träume, ihrer Verwirklichung näher gerückt scheinen mochten.

Der Verfasser der Staatsschrift, welche 1756 die Erhebung der preußischen Waffen vor der Öffentlichkeit begründet hat, Ewald Friedrich von Hertzberg, der nachmalige Minister, hat nach des großen Königs Tode in einer akademischen Rede behauptet, es hätten die Vereinbarungen der Gegner der Bedingung unterlegen, daß Preußen selbst Veranlassung zu einem Kriege gäbe. Es ist das zutreffend für den Petersburger Vertrag von 1746, es ist nicht zutreffend für die Lage von 1756, in die Hertzberg nie einen vollen Einblick gewonnen hat. Heute läßt sich urkundlich beweisen, daß die Kaiserhöfe 1756 o h n e solchen Vorbehalt zum Angriff gegen Preußen entschlossen waren.

Maria Theresia kann um deswillen nicht gescholten werden. Zweimal vordem durch den König von Preußen mit Krieg überzogen, mochte die Kaiserin sich in ihrem Gewissen nicht bedrückt fühlen, wenn sie selbst jetzt den Angriff vorbereitete.

Um so weniger, als man einen formellen Anlaß zu dem aus politischer Ursache beschlossenen Kriege im gegebenen Augenblicke wohl gefunden haben würde; nicht ohne Berechnung schürte man von Wien aus das Feuer des ärgerlichen Streites, der sich zwischen dem Hofe von Schwerin und dem mächtigen brandenburgischen Nachbar ob der Ausschreitungen preußischer Werber erhoben hatte. Die meisterhafte Diplomatie eines Kaunitz hatte für eine unerhört starke politische Aufstellung gesorgt, und unermüdlich hatte man in sieben Friedensjahren an der Vermehrung und Vervollkommnung des österreichischen Heeres gearbeitet. Als im Rate der Kaiserin eine Stimme dafür laut wurde, dem König von Preußen durch seinen Gesandten die begehrte Zusicherung gegen einen Angriff zu erteilen, da widersprach Kaunitz. Durch ein solches Verfahren würde das Ansehen des kaiserlichen Hofes bei Freund und Feind herabgesetzt werden; alle Pläne, welche man bei den Verabredungen mit Frankreich, bei den Bemühungen in Rußland im Auge gehabt, müßte man aufgeben. In der Tat, es wäre von dem großen Staat eine seltsame Schwäche gewesen, hätte er die unvergleichliche Gelegenheit, eine alte historische Stellung wiederzugewinnen, nicht ausnützen wollen. Galt es doch nicht allein um Schlesien den Kampf. König Friedrich klagte den Wiener Hof an, daß er drei Dinge erstrebe: die Eroberung Schlesiens und im Reiche den Despotismus und die Vernichtung der protestantischen Partei. So hoch spannte man in Wien den Bogen nicht; davon aber hatte man allerdings die lebhafte Empfindung, daß Österreich mit dem Verzicht auf Schlesien bereits auch in Deutschland durch die jüngere Macht zurückgedrängt wurde.

Wenn König Friedrich eine geschichtliche Parallele aus dem Altertum heranzog, die Abmachungen der gegen ihn verbündeten Höfe mit den Proskriptionen der Triumvirn verglich, so erinnerte sich in Wien Graf Kaunitz eines Vorganges aus dem Mittelalter. „Mit Gottes Hilfe," meinte er, „werden wir dem hochmütigen König so viel Feinde auf den Hals ziehen, daß er darunter erliegen muß und es ihm wie vormalen dem in der Historie berühmten Henrico Leoni ergehe." Wieder wie vor sechshundert Jahren stand ein norddeutsches Fürstentum neben dem süddeutschen Kaiserhause, schnell emporgewachsen, machtvoll und anspruchsvoll, die Reichs= gewalt bald überragend und in den eigenen landschaftlichen Grenzen schier aufhebend. Weiter indes ließe sich in Bezug auf das Imperium die Vergleichung nicht ausdehnen. Unserm Kaisertum hat es in der Mitte des achtzehnten Jahrhunderts als ein eigener Fluch an= gehaftet, daß es immer auf der Seite der Macht stehen mußte, die das deutsche Volk nach den traurigen Erfahrungen aus den Kriegen Ludwigs XIV. als den Erbfeind zu betrachten sich gewöhnt hatte. Da fiel denn den Gegnern des Oberhauptes jedesmal die dankbare Aufgabe zu, den nationalen Widerstand gegen das Aus= land in sich zu verkörpern. So hatte sich Maria Theresia in ihren Anfängen die dem wittelsbachischen Kaisertum entfremdeten Sym= pathien der Reichsgenossen gewonnen, so gewann sie sich jetzt Fried= rich, als das lothringische Kaisertum nicht bloß die Franzosen, sondern auch aus Nord und Ost fremde Völker, alte und neue Feinde, die Schweden und die Russen ins Land rief. Siegte seine Partei, so hätte der Kaiser, ein schlechter Mehrer des Reiches, altes deutsches Eigen, Ostpreußen vor allem, den Fremden ausliefern helfen; siegte der preußische König, so gedachte er, wir hörten es eben, durch die Wiederbeibringung eines verlorenen Gutes, eines der vielen avulsa imperii, durch die Erwerbung von Westpreußen, den nationalen Besitzstand zu mehren.

Nationale Gesichtspunkte hatte Friedrichs Politik, von den bündnerischen Entwürfen aus der Zeit Karls VII. abgesehen, bisher nicht gewonnen. Jener in den Tagen des Dresdener Friedens= schlusses hingeworfene Gedanke, die Kurhöfe von Dresden, München, Mannheim und Bonn zu einer Einung mit preußischer Spitze zu= sammenzufassen, hatte sich schnell als unausführbar erwiesen, und daß beim Abschluß der Westminsterkonvention, die den deutschen Boden für neutral erklärte, nicht nationale Antriebe, wie wohl

gesagt worden ist, sondern die besonderen Gründe der preußischen
Politik bestimmend waren, kann einem Zweifel nicht unterliegen.
Noch vor wenigen Jahren hatte das Ministerium Ludwigs XV.
dem Könige von Preußen die „schmeichelhafte" Rolle zugedacht,
in Frankreichs Auftrage die Führung der französischen Partei im
Reiche zu übernehmen. Wie anders die Stellung, die Preußen jetzt,
nach dem Bruche mit den Franzosen, in Deutschland einnahm.
In den Fährnissen der kommenden sieben Jahre offenbarte es sich,
daß Friedrich in seiner persönlichen Sache und der seines preußischen
Staates die Sache Deutschlands verteidigte.

Siebentes Buch

# Drei Offensivfeldzüge, 1756—1758

# Rückblick und Ausblick

Der siebenjährige Krieg hat die Großmachtstellung Preußens nicht geschaffen, aber wider alle Anfechtungen und Zweifel erhärtet und zur Anerkennung gebracht. Noch nach dem zweiten schlesischen Kriege nannte ein französischer Staatsmann den König von Preußen einen Filigrankönig, dessen Macht nicht ernsthaft zu nehmen sei. Nach dem dritten Krieg schrieb 1773 der Graf von Broglie in einer für Ludwig XV. bestimmten Denkschrift über die Gesamtlage der europäischen Politik, König Friedrich dürfe heute als der Fürst betrachtet werden, der des höchsten Grades von Macht sich erfreue.

Für die neuere Geschichte Deutschlands bedeutet der siebenjährige Krieg die Ablegung einer ersten nationalen Kraftprobe. In dem zähen Ringen der norddeutschen Stämme, Preußen und Hannoveraner, Braunschweiger und Hessen, offenbarte sich, welche Fülle autochthoner Widerstandskraft in dem seit Jahrhunderten zerrissenen Lande sich wieder angesammelt hatte. Trotz der schmachvollen Flucht der Reichsarmee blieb der Tag von Roßbach ein deutscher Ehrentag: von dem preußischen Ruhm fiel nach dem Worte des Freiherrn vom Stein ein Abglanz sogar auf die Besiegten. Auf die Dauer konnte die Nation mit diesem Abglanz sich nicht begnügen wollen; in dem Augenblick, da Deutschland sich entschloß, der preußischen Führung zu folgen, sind die alten deutschen Ehren wieder allen Deutschen nach gleichem Maß zu teil geworden.

Das europäische Staatensystem hat mit dem siebenjährigen Kriege die Grundlagen gewonnen, die ihm seither, nur für kurze Zeit durch den Wogenprall der napoleonischen Sturmflut erschüttert, geblieben sind. Der Kreis einer Anzahl großer Mächte, derselben, die in jenem Weltkriege um die Mitte des vorigen Jahrhunderts ihre Kräfte gemessen hatten, hat sich in der jüngsten großen Kriegsperiode zwar erweitert durch den Eintritt einer sechsten Macht, aber nicht gelöst oder verwandelt, und das neue Deutsche Reich ist in der alten Staatengemeinschaft nur der Erbe der bereits anerkannten europäischen Vorrechte und Ansprüche Preußens geworden.

Uns wird bei aller Bedeutung für die Geschichte Preußens,

Deutschlands, Europas, dieser Krieg vor allem ein persönliches Interesse haben.

Der König von Preußen war ohne Frage schon vor dem Jahre 1756 derjenige Mann in Europa, mit dem die Welt sich am meisten beschäftigte, in Beifall und Mißgunst, in Haß und Liebe. Der Mann des Jahrhunderts wurde er doch erst, als Europa sich zusammentat, um, wie d'Alembert sagte, ihn zu bekämpfen und ihn zu bewundern, und als in den Straßen einer deutschen Reichsstadt Verwandte sich nicht begegnen konnten, ohne daß es Händel setzte, wie in Romeo und Julia, für oder wider Friedrich und Maria Theresia. Den Namen des Großen, den die helle Begeisterung seiner dankbaren Untertanen schon nach den ersten Siegen freigebig ihm erteilte, würde das Ausland, die Nachwelt, ohne den siebenjährigen Krieg schwerlich anerkannt haben: „grand homme manqué" hieß der König von Preußen noch 1746 den Franzosen.

Bis zum siebenjährigen Kriege ist Friedrich ein Werdender gewesen. Jetzt ward er fertig; zugleich aber, wie er selbst geklagt hat, zum Greise.

Wenn er jetzt die Rechnung seines bisherigen Lebens zog und auf seine ersten Anfänge zurückblickte, so konnte er das bittere Wort nicht unterdrücken, daß er seine Jugend dem Vater habe opfern müssen. Eindrücke — so hat er ein andermal gesagt — die man in solchem Alter empfängt, verwischen sich nicht so leicht; sie haben nachgewirkt, diese ersten Jugendeindrücke, mehr als es auf einen flüchtigen Blick scheinen möchte. Zu früh hatte sich sein Herz zugeschlossen, zusammengekrampft, als daß Mißtrauen und Bitterkeit sich je ganz wieder hätten bannen lassen.

Die idyllischen Rheinsberger Tage waren gefolgt, die glücklichste Zeit seines Lebens, als die sie in der Erinnerung stets ihm erschien; mit dem frischen und vielfältigen Reiz ernster, anhaltender Studien, heiteren Lebensgenusses, behaglicher Häuslichkeit und geistig angeregten Verkehrs; aber auch mit dem nagenden Unmut über die gedrückte Lage des Staates, dessen Erbe der Einsiedler vom Remusberge zu werden bestimmt war, und mit der geheimen Ungeduld, einen großen Namen „in den Zeitungen und dereinst in der Geschichte" zu erlangen.

Schnell genug hatte dann ihm und seinem Staate Fortuna Ehren und Ruhm die Fülle in den Schoß geworfen. Volles Genüge aber und innerste Befriedigung hatte er auch jetzt nicht gefunden. Und wenn es ihm gelungen war, die Natur des „Zwitterwesens zwischen Kurfürstentum und Königreich" zu entscheiden, so war doch in seiner Brust der Zwiespalt noch nicht geschlichtet, sein eigenes Wesen noch immer nicht völlig geklärt. Wollte der Philosoph von Sanssouci in seinen poetischen Episteln, wie wir es hörten, die Tugen-

den des Herzens hoch über allen Glanz des Geistes und Witzes stellen,
so meinte ein Valory, daran erkenne er seinen König von Preußen,
der sich selbst etwas einzureden suche. Friedrich entwarf in diesen
Selbstbetrachtungen das Bild, dem er ähnlich zu sein wünschte, das
Bild des in sich ausgeglichenen, über Leidenschaften und Schwächen
und Vorurteilen erhabenen Weltweisen. Aber weit entfernt von
olympischer Ruhe blieb er doch der echte und rechte Sterbliche, ein
Stimmungsmensch, bald im Zorn auffahrend, bald „wie ein zer=
streuter Gelehrter“ in Träumerei versunken, und bei aller Selbst=
beherrschung, die er zu üben meinte, geschah es doch immer von
neuem, daß er wie dem Witze und der Zunge, so der Empfindung
und den Tränen freien Lauf ließ. „Stets im Widerspruch mit sich
selber“, sagten die Mißgünstigen. Bis zu welchem Grade unbewußt
und unfrei er unter der Herrschaft seiner Stimmungen stand, be=
obachten wir, wenn ihm bei anderen ein allzu heftig auftretender
seelischer Schmerz als unecht erscheinen will, während gerade er
selbst bei Verlusten derer, die ihm teuer waren, sich dem ersten Ein=
druck des Schmerzes jedesmal fast widerstandslos überläßt.

Auch der Staatsmann ist von diesem Gewoge der Stimmungen
nicht unberührt geblieben. In überraschender Weise zeigt Friedrichs
Politik bisweilen eine Mischung von zurückhaltender Berechnung
und vorbrechender Lebhaftigkeit, von ausgeprägtem Argwohn und
jener fast eigensinnigen Zuversichtlichkeit, die ihn zu dem Versuch
verleitet, Unvereinbares zusammenzufassen und bei einem Abschluß
mit England die Beziehungen zu Englands Todfeind festzuhalten.
Wie oft hat er nicht seinen Offizieren und seinen Diplomaten und
vor allem sich selbst die Weisheit des normannischen Sprichwortes
eingeprägt: „Défie-toi! De qui? de tout le monde!“ Er erklärt,
daß das erste Gelübde, welches dem Politiker abgefordert wird, dem
Gott des Geheimnisses gebührt; er will sein Hemd zerreißen, wenn
es seine Gedanken erraten könnte, und sagt gern, wer in seine Ge=
heimnisse eindringen wolle, der müsse ihn selber bestechen. Und
doch weiß er, daß sein Geheimnis nicht völlig bei ihm sicher ist, daß
seine Lebhaftigkeit im Gespräch ihn hinreißt, daß der erste Eindruck
ihn überwältigt, daß er sich vor dem ersten Augenblick, der stürmisch
bei ihm ist, in acht nehmen muß. Er macht es sich deshalb zur Regel,
die er freilich oft übertritt, die fremden Diplomaten möglichst von
sich fern zu halten; einer von ihnen, der Franzose Tyrconnell, der
sich die Ergründung dieses Charakters in nicht eben wohlwollender
Weise angelegen sein läßt, findet, daß es nicht schwer sei, ihm sein
Geheimnis zu entlocken; daß er überaus mißtrauisch sei, aber doch
leichtsinnig und unüberlegt und seiner angeborenen Art nach vor=
laut. Derselbe Gesandte hat geglaubt, ihn den furchtsamsten und
unentschlossensten Menschen nennen und den innerlichen Mut ihm

absprechen zu sollen; Friedrich ist ihm ein Schwarzseher, der sich vor
eingebildeten Gefahren erschrecklich fürchtet. So spricht der ähnlich
voreingenommene Engländer Hyndford in den Anfängen der Regie=
rung von des jungen Königs Überhebung im Glück und seiner Ver=
zagtheit beim geringsten Unfall, und nicht minder absprechend haben
später des Königs eigene Brüder samt dem Anhang ihrer Nachbeter
geurteilt. Aber auch der treu ergebene Kabinettsrat ist hie und da
geneigt gewesen, aus dem Wechsel der Eindrücke und aus der Un=
geduld den Wechsel der Entschlüsse und der politischen Aufstellung
herzuleiten.

Der siebenjährige Krieg hat dann keinen Zweifel darüber gelassen,
was in einer zunächst verwirrenden Mischung der Charakterzüge,
in dieser Zusammensetzung aus allen Gegensätzen, wie Tyrconnell
den König von Preußen nannte, die starken, beherrschenden Elemente
waren. Jetzt erst offenbarte sich Friedrichs eigentümliche Stärke,
seine unvergleichliche Größe. Der den meisten als unbeständig und
manchen als unentschlossen galt, bewies jetzt, daß Entschlossenheit
und Standhaftigkeit gerade die hervorragendsten seiner Eigenschaften
waren. Nicht daß Friedrich jedesmal den richtigen Entschluß gefaßt
hätte; mehr als einmal hat er in entscheidenden Augenblicken durch=
aus fehlgegriffen. Nie aber hat ihm versagt die Fähigkeit und Kraft
zum Entschluß, und, was mehr ist, nie die von einem Moltke an ihm
bewunderte Fähigkeit, den Entschluß bei sich selbst zu finden, „alles
von sich selbst zu nehmen". Nicht daß er seinen Entschluß nun jedes=
mal auch festgehalten hätte; was ihm den Ruf der Unbeständigkeit
eingetragen hatte, war eben jener rasche Wechsel seiner Politik ge=
wesen; aber in geringeren Dingen oft an ihm vermißt, hat seine
Beharrlichkeit jenseits einer gewissen Grenze, auf die härteste Probe
gestellt, sich um so unerschütterlicher erwiesen. Beide, Entschlossenheit
und Standhaftigkeit, wuchsen ihm mit den Gefahren. Die höchste
Probe des Feldherrn, das Heer nach der Niederlage zum Siege zu
führen, Friedrich hat sie sechs Jahre hindurch immer von neuem
abgelegt. „Er ist vornehmlich groß gewesen in den entscheidendsten
Augenblicken, und das ist die schönste Lobrede, die man auf seinen
Charakter halten kann" — so, bei scharfer Kritik der einzelnen Schritte,
das Gesamturteil Napoleons über Friedrich.

An solchem Lob aus solchem Munde wird der größte Held sich
genügen lassen dürfen, ob immer Friedrich dem Großen der Über=
eifer der Modernsten Eigenschaften und Entwürfe leihen zu müssen
geglaubt hat, durch die er noch größer, gewaltiger, dämonischer da=
stehen soll. Dämonische Naturen in seinem Sinne des Begriffes,
als Gefäße ungeheurer, den Lauf der geschichtlichen Entwicklung
durchkreuzender Tatkraft und rastlosen Schaffensdranges, hat Goethe
sowohl Friedrich den Großen wie Napoleon genannt; aber ein geist=

voller Beurteiler hat den Unterschied zwischen beiden gerade darin
sehen wollen, daß Friedrich sich von seinem Dämon, anders als
Napoleon, nicht wie von einem Sturmwind regieren ließ. Allerdings, gar mancher war während des langen Krieges geneigt, ihm
eine Steigerung der Willensstärke in das Eigensinnige vorzuwerfen
und einen neuen Karl in ihm zu sehen, der nur noch den Eingebungen
seiner Laune folge. Der Gedanke an Karl XII. lag nahe. Aber
deshalb, und gerade weil er eine verwandte Ader in sich fühlte, hat
Friedrich selber um so entschiedener das Tafeltuch zwischen ihnen
beiden entzweigeschnitten und den Schwedenkönig sich allezeit als
warnendes Beispiel vorgehalten: den „außerordentlichen Menschen,
den König, welcher der Abenteuren des alten Rittertums würdig
war, den landstreichenden Helden, bei dem alle Tugenden durch
Übertreibung in Laster ausarteten". An dieses Königs Übermut
in Glück und Sieg erinnert er sich und andere 1745 in der eroberten
sächsischen Hauptstadt, entschlossen, der Welt viel Mäßigung zu zeigen,
um sie von der mit ihm, dem preußischen Heereskönig, verknüpften
Vorstellung ausschweifenden Ehrgeizes zurückzubringen. Über Karls
Talente und Charakter verfaßt er jetzt, während des siebenjährigen
Krieges, „zu seiner eigenen Belehrung" eine Abhandlung: Friedrich
verurteilt Karls brennenden Durst nach Rache, seine unermeßliche
Begierde nach Ruhm, die beide ihm den Sinn unversöhnlich gemacht
haben, so daß er, da der Friede nicht bloß mit Ehren, sondern auch
vorteilhaft geschlossen werden konnte, den Frieden verwarf, weil
Krieg führen und den Gegner entthronen ihm als eines und dasselbe erschien.

Ohne dunkle Kehrseite aber blieb auch Friedrichs Heldentum
nicht. Wir waren so daran gewöhnt, beständig die Kanonen zu hören,
daß wir zuletzt die sechspfündigen Kugeln kaum beachteten — so
durfte König Friedrich nachmals vom siebenjährigen Kriege erzählen.
Wer gegen die Eindrücke der unmittelbaren Gefahr so ganz sich ab-
stumpfte, und wem jahraus jahrein und Tag für Tag in immer
neuer Gestalt die Sorge sich ums Lager stellte, wie hätte dem nicht
auch der Sinn sich verhärten, starre Rinde und dreifach Erz um die
Brust sich legen sollen. Noch schneidender und abstoßender wirkten
jetzt die Schroffheiten seines Wesens, sonder Hülle brach die Gewalt-
samkeit hervor, die in der Tiefe dieser starken Seele lag. Schon
verglich man ihn dem Manne, von dem geschrieben steht: „Er wird
ein wilder Mensch sein, seine Hand wider jedermann, und jedermanns Hand gegen ihn." Wider jedermann, nicht bloß wider die
Feinde. Immer mehr bemächtigte sich seiner die stolze Menschen-
verachtung, das tragische Erbteil der großen Staatsmänner. In
frischer, die höchsten Kränze vorweg fordernder Anmaßlichkeit hatte
einst der junge Fürst sich ganz auf sich selber gestellt; wie viel weniger

ließ der in steter Übung selbständigen Entschlusses und selbständigen
Handelns Ergraute, seines Könnens jetzt ganz Sichere, noch Rat
oder Einrede gelten! Er sei despotisch in allem, auch als Dichter,
Redner, Geschichtsschreiber, Philosoph, urteilte in den späteren
Jahren ganz zutreffend des Königs Tischgenosse Lucchesini; gerade
aber der große Dichter wußte in der Wahlverwandtschaft des Genies
Wesen und Recht dieser despotischen Aber zu würdigen und gab
auf die Frage: „Warum ich Royaliste bin?" die Auskunft:

> Das ist sehr simbel:
> Als Poet fand ich Ruhms Gewinn,
> Frei Segel, freie Wimpel.
> Mußt aber alles selber tun,
> Konnt' niemand fragen; -
> Der alte Fritz mußt' auch zu tun,
> Durft' ihm niemand was sagen.

Wer es mit dem Könige nicht verderben wollte, der mußte, so meinte
man, durchblicken lassen, daß er des Gebieters Überlegenheit fühle.
Da knirschten nun gerade die kräftigsten Naturen in seiner Um=
gebung, oder die, welche dem Thron am nächsten standen, wie die
Brüder, und schalten auf ihn in seinem eigenen Lager kaum minder
erbittert, als die offenen Feinde in den gegnerischen Hauptquartieren
und Kabinetten, und wagten doch nicht, wider den Stachel zu löken.
Und wie wäre das eine Entscheidende, darin Preußen der Menge
seiner Widersacher überlegen blieb, wie wäre die äußerste Anspannung
aller Kräfte und die Zusammenfassung aller Einzelwillen in dem
Willen des Einen, zu erreichen gewesen, ohne diese „Furcht vor dem
gebieterischen Willen des Königs," von der Clausewitz einmal spricht.
Denken wir diese Furcht hinweg — möchte dann nach den Nieder=
lagen von Kolin und Breslau die Auflösung des Heeres und des
Staates hinter den heillosen Erscheinungen der Tage von Jena und
Auerstädt zurückgeblieben sein?

So gewandelt geht der Held aus dieser furchtbaren Prüfung
hervor, nicht mehr hell und freudig, nicht warm und mild,
sondern trüb, kalt und hart wie ein sonnenloser Wintertag.
Das glücklichste aller Glückskinder, wie der junge König lachenden
Mundes sich selbst genannt hatte, ist der alte Fritz geworden,
grämlich, verhärmt, verhärtet, so wie in dem Antlitz die weiche
Rundung der Züge den allbekannten strengen und spitzen Linien
gewichen ist.

Aber wie die Stimme ihren alten einschmeichelnden Klang,
„weich selbst beim Fluchen", behalten hat, so glimmt doch noch im
Grunde des Herzens ein Funke warmer, weicher Empfindung. Noch
immer wird das Auge leicht ihm feucht. Er selbst schilt auf diese

Empfindsamkeit, auf diese Nachgiebigkeit gegen äußere Eindrücke, da sie ihm die Schwere des Daseins, die Aufregungen des Augenblicks nur um so peinvoller macht. Er gibt seiner Seele „Stockschläge", er denkt, daß Philosophie und Erfahrung seine natürliche Lebhaftigkeit gebändigt haben sollen, und muß sich endlich doch sagen, daß ein mit so heißen Leidenschaften Geborener die ersehnte „Unempfindlichkeit des Stoikers" nicht erreichen kann. Und wäre er noch eine Natur gewesen, die an der Tat und am Einsatz aller Kräfte, am Wetten und Wagen, am heldenhaften Ringen mit dem feindseligen Geschick innerliche und ausschließliche Freude, leidenschaftliches Genügen, Seligkeit empfunden hätte. Aber immer wieder kommt die Sehnsucht nach dem Stillleben, nach der Einsamkeit des Studierzimmers zum Durchbruch, die sentimentale Sehnsucht des achtzehnten Jahrhunderts, die das beste Teil in beschaulicher Bestellung des Gärtleins sieht. Der Mann, an dem die anderen die „mehr als menschliche" Festigkeit bewundern, seufzt: „Der Geist der großen Männer ist nicht der meine", und bezeichnet sich als den, dem Wagnisse und Glücksspiel verhaßt sind. Als Martyrium, als Fegefeuer beklagt er sein Heldentum; „ein Zeichen mehr des Leidens als des Glücks" ist der Lorbeerkranz auch ihm gewesen. Er ist allmählich der Katastrophen so gewohnt, daß er die kommenden Ereignisse „nur noch fürchtet"; er bebt, wenn er einen Brief erbricht, und erschrickt, wenn die Türe sich öffnet.

Vordem hatte er in Karl XII. den einzigen pathetischen Typus des Jahrhunderts gesehen; jetzt sagt er von sich selbst, daß er allen Erfordernissen eines tragischen Bühnencharakters genüge. Alles kommt zusammen: jener Verzicht auf die kleinen Bequemlichkeiten und Genüsse seines anspruchslosen Haushaltes und auf die Anregungen und den heiteren Zauber der Tafelrunde von Sanssouci; der Gram, des Landes Wohlfahrt zerstört, die Saaten des Friedens zertreten zu sehen; bald schon die Unfähigkeit zur rechten Freude an den Erfolgen, wenn sie einmal nicht ausbleiben, an dem Ruhm und an dem Werkzeug des Ruhms, dem Heere, das da verwildert und sich zerrüttet; die Voraussicht endlich, trotz allen Ringens endlich unterliegen zu müssen, diese „peinlichen Grübeleien des Wassersüchtigen", „der Tag für Tag die Fortschritte seiner Krankheit feststellt, die Kälte als Todesboten schon in den Gliedern spürt, und den Augenblick voraus berechnet, da auch das Herz absterben wird". Und indem ihm so „das Ende des Stückes" allezeit vor Augen steht, gelobt er sich, daß mit dem „Schlusse des fünften Aktes", mit dem letzten Widerstand gegen das unabwendbare Verhängnis auch für ihn selbst die Zeit vorbei sein soll. Diese Todesgedanken begleiten ihn den ganzen Krieg hindurch: schon 1757 gesteht einer der Tadler im eigenen Lager, daß es nicht leicht einen Unglücklicheren geben kann als den, dessen Einbildungskraft immer mit Todesgedanken beschäftigt ist und der mit einem Fuß bereits im Grabe steht.

Hat Friedrich, wenn er sich einen tragischen Charakter nannte, auch das Moment der eigenen Verschuldung damit anerkennen wollen? Gewiß hat er den Sturm, der sein Leben erfüllt hat, selbst entfacht. Er hat einen Gegner auf Tod und Leben herausgefordert, und dann, da er es noch gekonnt hätte, ihn nicht zu Boden gestreckt; denn wohl dürfte es in seinem ersten Kriege bei ihm gestanden haben, die Hand, die nachmals ihm so schwere Wunden geschlagen hat, ganz und für immer zu entwaffnen.[1] Es hat nicht an Stimmen gefehlt, weder bei seinen Lebzeiten noch in der Folgezeit, die all sein Tun seit der Eroberung von Schlesien aus der Unruhe eines bösen Gewissens haben herleiten wollen. Friedrich hat als großer Realpolitiker die Grenzen des politisch Erlaubten weit gesteckt und hat dem einst öffentlich von ihm verurteilten Machiavell später eine förmliche Ehrenerklärung gegeben; aber es unterscheiden sich ihm doch beim Rückblick auf seine eigenen Handlungen solche, die ihm durchaus unbedenklich und gleichsam selbstverständlich erscheinen, und andere, die er entschuldigen zu müssen glaubt. Schon der alte Garve hat treffend bemerkt, daß Friedrich, so oft und so angelegent= lich er seinen ersten Frieden, den Sondervertrag von Breslau, den Abfall von dem Bündnis mit Frankreich, zu rechtfertigen gesucht hat, doch nie ein Wort der Entschuldigung für seinen ersten Krieg, für die Eroberung von Schlesien übrig gehabt habe, und daß ihm vollends im siebenjährigen Kriege nie, selbst in den größten Be= drängnissen nicht, der geringste Zweifel an der Gerechtigkeit seines Tuns aufgestiegen sei. Es ist nicht anders: in dem Besitz von Schle= sien, dem noli me tangere seines politischen Daseins, hat er sich durch Gewissensbedenken ebensowenig beirren lassen, wie durch das Dräuen und Anstürmen des verbündeten Europas, und mehr noch als schon sein zweiter Krieg hat ihm dieser dritte immer als ein ihm aufgezwungener Verteidigungskampf gegolten. Es wäre denn, daß man aus all den unvergleichlichen Briefen, die vielmehr als Selbstgespräche denn als Mitteilungen anzusehen sind, entweder bewußte Heuchelei, oder den Versuch das Gewissen zu betäuben, oder vollendeten Selbstbetrug herauslesen wollte — da, wo wir den todmüden Kämpfer bewundern, der in Trübsal und Bangen und den schwersten Anfechtungen sich immer wieder aufrichtet an dem Bewußtsein, seine Pflicht getan zu haben, und an dem Vor= satz, seine Pflicht weiter zu tun, oder, wie Carlyle einfach und schön gesagt hat, „an der Hoffnung auf sein eigenes bestes Bemühen bis zum Tode".

---

[1] Bd. I, 367.

Dieser Glaube an sich selbst und an seine Sache war ihm um so lebendiger, je mehr er sich der entscheidenden Bedeutung dieses Krieges als eines großen Wendepunktes in den Geschicken Preußens, Deutschlands, Europas bewußt war. „Das Größte, was dem Menschen begegnen kann," sagt Ranke von der britischen Elisabeth, „ist es wohl, in der eigenen Sache die allgemeine zu verteidigen: dann erweitert sich das persönliche Dasein zu einem welthistorischen Moment." Wohl philosophierte Friedrich, daß in der Unermeßlichkeit des Weltalls und in der Flucht der Zeiten dieser Kampf nur ein Froschmäusekrieg sei. Aber für diese kleine Erde sieht er von der Überwältigung Preußens Folgen genug voraus: wilden Hader zwischen den Siegern, Umwälzung auf Umwälzung im europäischen Staatensystem, dazu schwere Gefahren für die Zukunft der deutschen Geisteskultur, da der Sieg seiner Feinde der Unduldsamkeit freie Bahn schaffen wird zur Verfolgung aller derer, welche die Leuchten ihrer Vernunft nicht auslöschen wollen. Wohl bleiben die Bilder der nationalen Zukunft und der einstigen Kaiserherrlichkeit seines Hauses seinem Blick verschlossen; aber den großen Gestalten der deutschen Vergangenheit reicht er über die Jahrhunderte hin die Hand und sieht in seinem Kampfe die Fortsetzung des schmalkaldischen und des dreißigjährigen Krieges wider den „Despotismus der Ferdinande". Wohl meint er in einer Stunde dumpfer Entsagung, der Staat habe vor ihm bestanden und werde nach ihm bestehen — wie denn der Begriff Brandenburg nicht durch die wendische oder germanische Bevölkerung, nicht durch die askanische oder zollerische Landesherrschaft bestimmt wird. Aber das Brandenburg, das Preußen, welches er aufgerichtet hat, zu dessen Größe er „mehr als irgend ein anderer seines Hauses" beigetragen zu haben früh sich rühmen durfte,[1]) das steht und fällt mit dem guten oder bösen Ausgang dieses Krieges, das steht und fällt mit seinem Schöpfer. Von diesem Preußen gilt ihm: es sei, wie es ist, oder es höre auf zu sein. Denn für diesen Staat ist das Leben ebensowenig der Güter höchstes, wie für diesen König, der die Schande nicht überleben will und der allen Mahnungen, sich den feindlichen Geschossen nicht auszusetzen, das Wort entgegenhält: „Es ist nicht nötig, daß ich lebe; wohl aber, daß ich meine Pflicht tue und für das Vaterland kämpfe, um es zu retten, wenn es noch zu retten ist."

Wenn irgend jemand, so hätte Friedrich das Recht gehabt, von der Notwendigkeit seiner Erhaltung, von seiner Unentbehrlichkeit zu reden. Daß er unter den Lebenden blieb, war notwendig für seinen Staat, notwendig auch für seinen Nachruhm. Hätte eine Kugel ihn dahingerafft, wie den Helden des nordischen Krieges,

---

[1]) Bd. I, 484.

er würde in der Geschichte, troß alles von ihm erhobenen Einspruches, eben nur als der preußische Karl XII. fortleben. Friedrich hat ein andermal gesagt: „An der Stelle, wo ich stehe, muß man handeln, als sollte man niemals sterben." Ein Widerspruch liegt zwischen den beiden Worten nicht; sie enthalten die beiden Seiten seiner Auffassung von dem persönlichen Verhältnis des Fürsten zum Staate. Hier spricht der Herrscher, der gleichsam unpersönlich ganz aus dem Ich des Staates heraus denkt und handelt und dem unsterblichen Staat sich selbst gleichsetzen darf; dort ist es der erste Diener des Staates, der da in Demut bekennt, daß vor der Majestät des Staates jedes Menschenleben gleich wenig gilt, ob nun der König oder der geringste Kriegsknecht fällt. Für den ganzen Krieg jener sieben Jahre ist dieses „Es ist nicht nötig, daß ich lebe" gleichsam das Motto, eine schlichte und treue Spiegelung des Helden in seinem königlichen Pflichtgefühl, seiner philosophischen Ergebung, seiner soldatischen Tapferkeit.

## Erster Abschnitt

# Verlauf und Wirkungen des Feldzugs von 1756

Das in mehr als einer Schlacht besiegte preußische Heer hat am Ausgang des siebenjährigen Krieges als unbezwingbar gegolten; nicht so das bisher immer siegreiche beim Beginn des großen Kampfes.

Noch hatte sich die österreichische Macht mit der preußischen nie gemessen, ohne daß sie zugleich andere Gegner zu bestehen gehabt hätte: Bayern und Sachsen, Neapolitaner und Spanier, und vor allen die Franzosen. Jetzt, da Frankreich seine Hand von Preußen abgezogen hatte, gab ein französischer Minister der allgemeinen Ansicht seiner Landsleute dahin Ausdruck, daß der König von Preußen sich selbst sagen müsse, die Kaiserin-Königin werde an Macht ihm immer überlegen und allemal besser imstande sein, den Krieg auf die Dauer auszuhalten, als er, dessen Macht doch noch lange nicht so befestigt sei, wie die des Hauses Österreich. So meinte auch Graf Kaunitz zuversichtlich, habe Österreich von anderer Seite nichts zu besorgen, dann würden die eigenen Streitkräfte wohl noch zureichend sein, Preußen über den Haufen zu werfen. Von diesem Satz ging im Juni 1755 sein erster Ratschlag zum Angriffskriege aus — wenn Kaunitz auch von Stund an rastlos darauf hinarbeitete, zu desto jäherem Verderben des Gegners Bündnis an Bündnis und Heer an Heer zu hängen.

König Friedrich selbst hat seinen Hauptgegner so wenig unterschätzt, daß er Zeit seines Lebens die österreichische Kriegsmacht als der preußischen ebenbürtig betrachtet hat. „Wenn wir ebensoviel Verbündete als Feinde haben" — hörten wir ihn einige Jahre vor dem neuen Zusammenstoß über die Aussichten eines Krieges mit Österreich sagen,[1] „werden wir uns mit Ehren herausziehen, dank der Vortrefflichkeit unserer Disziplin und dank dem Vorteil, den die Schnelligkeit vor der Langsamkeit voraus hat." Und wenn er es an sich als ein Gebot der gesunden Vernunft bezeichnet, bei einem Krieg Eroberungen ins Auge zu fassen, so setzt er doch sofort hinzu: „Aber da in allen unseren Kriegen Europa sich in zwei große Gruppen

---

[1] S. 315.

teilt, so ergibt sich ein gewisses Gleichgewicht der Kräfte und bewirkt, daß man nach allen Erfolgen beim allgemeinen Frieden um nichts vorwärts gekommen ist." In dem politischen Testament von 1752 dient ihm der Hinweis auf dieses Gleichgewicht der großen europäischen Parteien als eine Warnung gegen den Eintritt in einen Angriffskrieg.

Er hatte die Erfahrung von 1744 nicht umsonst gemacht. Um das von der einen Partei gewonnene Übergewicht wieder aufzuheben, hatte er damals sein schweres Schwert in die Schale der anderen geworfen: in der Hoffnung, von Frankreich unterstützt und von Rußland, wo nicht unterstützt, so doch nicht gehindert zu werden, hatte er die österreichische Macht niederzukämpfen und in Böhmen dem Wittelsbacher einen großen Siegespreis und sich selbst einen kleinen zu erringen gedacht. Es war ihm nicht geglückt, und seine Nutzanwendung war in jenem Testament, daß er seinem Staate das Wagnis eines neuen Eroberungskrieges gegen Österreich nur unter einer europäischen Konjunktur geraten haben wollte, die den Gegner möglichst isolieren würde.

Statt vereinsamt zu sein, nahm Österreich mit dem 1. Mai 1756 eine Föderativstellung in Europa ein, die ihren Schöpfer, den Grafen Kaunitz, mit berechtigtem Stolz und freudigsten Hoffnungen erfüllte. Zu den beiden Mächten, auf die bei Beginn des vorigen Krieges Preußen mittelbar oder unmittelbar seine Rechnung gestellt hatte, unterhielt jetzt vielmehr Österreich feste Beziehungen, die ihm verbürgten, in den Kampf für die Wiedereroberung Schlesiens von der einen wie von der anderen unterstützt zu werden.

Nicht von allen dreien, zunächst und unmittelbar nur von den beiden Kaiserhöfen, glaubte der König von Preußen sich bedroht. Nicht daß er die Russen im offenen Feld gefürchtet hätte; da verachtete er sie über Gebühr. Aber trotzdem hatte er vor zehn Jahren das russische Reich als den gefährlichsten unter allen Nachbarn bezeichnet und seinen Nachfolgern empfohlen, die Freundschaft „dieser Barbaren" zu pflegen, die da imstande seien, mit der unermeßlichen Zahl ihrer leichten Truppen Preußen von oben bis unten zugrunde zu richten und denen man doch nicht Gleiches mit Gleichem vergelten könne. Rußlands sicher, hatte er 1744 bei Beginn des Krieges seine von den Kernlanden abgetrennte Ostprovinz ruhig von Verteidigern entblößen und alles, was er an Truppen besaß, zusammenziehen können. Von Rußland und Österreich gleichzeitig bedroht, mußte er seine Macht zerteilen und konnte dann doch das Grenzland nur unzureichend gegen einen russischen Einbruch decken; ja er mußte noch dazu von vornherein in Aussicht nehmen, die Provinz zu räumen, wenn etwa die Russen durch Polen nach der Neumark zogen, da man ihm sonst, wie er sich ausdrückte, „hier die Kehle abschneiden

würde". Und weiter: sehr bald mußte sich der König von Preußen
mit dem Gedanken vertraut machen, bei der beschränkten Zahl seiner
Truppen auch Oberschlesien von Verteidigern zu entblößen, „es sei
denn, daß der wilde Bär stille sitze". Im Mißverhältnis zu dem
wirklichen Maß seiner damaligen Stärke war Rußland bei dem
unversöhnlichen Gegensatz der beiden deutschen Höfe die ausschlag-
gebende Macht geworden, schon vor dem Kriege politisch, weil von
seiner Haltung die Entschließung der Kaiserin-Königin und damit
die Entscheidung über Krieg und Frieden abhing, und jetzt auch
militärisch, weil durch die Dazwischenkunft der russischen Truppen
das annähernde Gleichgewicht, das nach Friedrichs Auffassung
zwischen der preußischen und der österreichischen Streitmacht bestand,
zu Preußens Ungunsten beseitigt wurde.

Und wo waren die Bundesgenossen, deren Friedrich in dem
Kriege gegen eine Koalition, um sich mit Ehren herauszuziehen,
nicht entbehren zu können glaubte? Er hatte 1756 nur einen Verbündeten, England. Einen Verbündeten, von dem ein französischer
Minister mit Recht sagte, daß dieser neue Alliierte gar nicht in der
Lage sei, den König von Preußen mit gewaffneter Hand zu unterstützen.

Denn in der Tat, traurig genug war damals die Lage dieses
stolzen Englands, das im Mai nach langem Zaudern endlich den
Krieg an Frankreich erklärt hatte und nun in den nächsten Wochen
Verlust auf Verlust erlitt, im Mittelmeer Minorka sich entreißen
ließ und die Franzosen auf Korsika landen sah, in Amerika die Waffenplätze am Ontariosee und in Indien Kalkutta einbüßte, vor dem
Erbfeind schon hinter dem Kanal sich nicht mehr sicher glaubte und
angsterfüllt die deutschen Mietstruppen, Hannoveraner und Hessen,
zur Verteidigung seiner Küsten herbeirief. Aber selbst wenn England
aus der augenblicklichen Bedrängnis sich herauswand, das eine
wußte der König von Preußen genau, daß unmittelbare Hilfe in
einem Kampfe gegen Österreich von dieser Seite nie zu erwarten
war. So versteht es sich, wenn das politische Testament den Satz
aufstellt: gewinnen und Eroberungen machen könne Preußen in
einem Kriege mit Österreich nur an der Seite Frankreichs, nicht
im Bunde mit England. Unterstützung mit den Waffen war von
England doch nur in dem einen Falle zu erwarten, dessen Eintritt
Friedrich noch keineswegs als wahrscheinlich betrachtete, daß Frankreich mit einem selbständigen Heere in den deutschen Krieg eingriff.
Und selbst in diesem Falle stand es dahin, ob die hessischen und hannoverschen Truppen aus England zurückkehrten; es war Gefahr vorhanden, daß dann Frankreich, indem es die Neutralität Hannovers
anerkannte, den Engländern das unmittelbare Interesse an einer
Unterstützung Preußens fortnahm.

So ganz fehlten die föderativen Voraussetzungen, von deren
Erfüllung das politische Testament wenige Jahre zuvor einen An=
griffskrieg, einen Eroberungskrieg abhängig gemacht hatte.

Der preußische Staat sah sich dem Bunde der beiden Kaiserhöfe
gegenüber allein auf die eigenen Hilfsmittel angewiesen. „Die
bewaffnete Macht," bekennt der König 1752 in eben jenem poli=
tischen Testament, „ist respektabel, aber nicht zahlreich genug, um
allen Feinden, die uns umringen, zu widerstehen." Indes meinte
er damals noch, die weitere Verstärkung des Heeres, das er von
77 000 Mann auf 135 600 (die Troßknechte und Landsoldaten beide=
mal nicht eingerechnet) gebracht hatte, der Nachwelt überlassen zu
dürfen. 1755 beschloß er für fünf Garnisonregimenter die Errichtung
dritter und vierter Bataillone, gedachte aber diese Vermehrung um
zehn Bataillone auf ganze drei Jahre, von Trinitatis 1755 bis 1758,
gemächlich zu verteilen und beschränkte sich in dem ersten Rechnungs=
jahre sogar auf nur zwei Bataillone, 1390 Mann. Bis dann Mitte
Juni 1756 der Umschwung der politischen Lage es geraten erscheinen
ließ, die noch fehlenden acht Bataillone auf einmal und schon bis
zum nächsten 1. August aufzustellen und dazu, über den Voranschlag
hinaus, für den 1. September die Errichtung noch von vieren in
Aussicht zu nehmen. Das Weseler Garnisonbataillon wurde zu Be=
ginn des Etatsjahres 1756/57 unter Hinzulegung eines zweiten
Bataillons in ein Feldregiment verwandelt, die Artillerie hat von
1752 bis 1756 eine Verstärkung um 200 Mann erhalten.

Eine Vermehrung innerhalb der bestehenden Cadres war für
den größten Teil der Infanterie schon am 25. Februar 1755 an=
geordnet worden, indem die Zahl der sogenannten Überkompletten
durch stärkere Heranziehung der wehrpflichtigen Landeskinder ver=
doppelt, von 10 auf 20 bei der Kompanie gebracht werden sollte.
Entsprechende Weisungen ergingen gleichzeitig für die Dragoner=
und Kürassierregimenter. Auf die Husaren und die neu errichteten
Garnisonbataillone war die Maßregel nicht ausgedehnt worden.
Zu Beginn des Krieges betrug die Gesamtsumme der Überkom=
pletten rund 17 000 Mann, statt 8—9000 nach dem Fuße von
1752 und statt der 13 570 Überkompletten, die bei Eröffnung des
Feldzuges von 1744 in den Listen geführt wurden. Aber die jetzt
zu der Truppe stoßenden neuen Überkompletten hatten zunächst
weder Uniform noch Gewehr noch Patronen; die von der Kavallerie
rückten zum größten Teil unberitten ins Feld; für die Dragoner der
ostpreußischen Regimenter fanden sich nicht einmal die abgelegten
Degen vor, mit denen der König sie in der Eile auszurüsten gedachte;
denn das Militärdepartement hatte alle alten Degen, Pistolen und
Karabiner nach Berlin abgefordert. Sollen gleichwohl diese un=
fertigen neuen oder doppelten Überkompletten als Streiter mit=

gezählt werden, so würde die Gesamthöhe der seit 1752 eingetretenen Vermehrung sich bis Anfang September 1756 auf 18 000 und einige Hundert Mann belaufen. Mit etwa 154 000 Mann war das Heer immer nur um rund 10 000 stärker als beim Beginn des letzten Krieges.

Wie die neuen Truppenkörper erst im letzten Augenblicke gebildet wurden und wie die neu ausgehobenen Mannschaften nicht einmal sämtlich bewaffnet werden konnten, so zeigte sich an der diesmaligen Rüstung überall, daß der Krieg nicht wie 1744 seit geraumer Zeit vorbedacht und vorbereitet, sondern einem plötzlichen und späten Entschluß entsprungen war. Die Übungen der Regimenter waren 1744 sämtlich in den Juli gelegt worden, das heißt so, daß der vorherbestimmte Zeitpunkt des Losbruchs alle Beurlaubten bei der Fahne fand. Dagegen hatten in diesem Jahre die Regimenter der einzelnen Provinzen wie gewöhnlich zu verschiedenen Zeitpunkten, in den gleichen Tagen wie im Vorjahre, ihre Übungen begonnen. Und die pommerschen und märkischen (von fünf Reiterregimentern abgesehen), die magdeburgischen und westfälischen hatten im Juni nach der Übung ihre Beurlaubten wie gewöhnlich wieder entlassen; nur die ostpreußischen Truppen behielten die Beurlaubten bei der Fahne und die elf ihnen zum Rückhalt nach Hinterpommern verlegten Bataillone zogen sie von neuem ein, auf jene beunruhigenden Nachrichten, die gerade im Juni aus Rußland kamen. Für die schlesischen Regimenter, die herkömmlich erst im Juli ihre Urlauber zur Übung einzogen, fiel das Ende der Übungszeit wie 1744 mit dem Anfang des Krieges zusammen.

Der Ankauf der Pferde und die Zurüstung des Trosses war 1744 für alle Regimenter schon Anfang März, fünf Monate vor dem Ausmarsch, angeordnet worden; 1756 erst Ende Juni und nur zum kleineren Teil; die Hauptsache, der Pferdeankauf im Lande, erst im August. Auf dem ausländischen Markt in Hannover, Mecklenburg, Holstein hatten die österreichischen Händler das Beste vorweggekauft.

Den während der letzten zehn Jahre nach einem einheitlichen Plane geförderten Ausbau der schlesischen Festungen fand der Beginn des Krieges unvollendet; doch waren die Fortifikationsarbeiten im engeren Sinne zum wesentlichen fertig. Für Kosel, Neisse, Brieg waren die noch erforderlichen Summen in den Etat des Rechnungsjahres 1756/57 eingestellt und im Frühjahr 1756 in der Weise angewiesen worden, daß die Palisaden bis Ende des Kalenderjahres beschafft, die Kasernenbauten bis Ende des Etatsjahres, also bis Ende Mai 1757, ausgeführt sein sollten. Glatz hatte mit diesen Arbeiten überhaupt erst im Rechnungsjahr 1757/58 an die Reihe zu kommen, und als der Kommandant drängte, den Bau der Kasematten sofort in Angriff zu nehmen, hatte ihm der König am

11. März 1756 fast unwillig erwidert, es bleibe dabei, daß in diesem Jahre in Glatz nichts zu geschehen habe. Derart hatte ihn der Vertrag mit England in Friedenssicherheit gewiegt. Als nun im Juni die Kriegswolken aufstiegen und den Grenzplätzen ihr Palisaden= gürtel angelegt werden sollte, ergab sich, daß in Glatz an der erforder= lichen Zahl von 20 000 nicht weniger als 18 000, daß in Neisse 48 000 Palisaden fehlten, daß sie auch in Breslau und Brieg nur unvoll= ständig, in Kosel nur für zwei Außenwerke vorhanden waren. Die Kommandanten wehklagten; aus Neisse kam ein endloses Verzeichnis der noch fehlenden Verteidigungsgegenstände: Flinten= und Kanonen= kugeln, Bomben und Granaten, Pulver und Pechkränze und an die sieben Millionen Patronenhülsen.

Erhebliche Schwierigkeiten endlich bot die Füllung der Magazine. Der letzte Sommer hatte eine Mißernte gebracht, Getreide war knapp und noch knapper Rauhfutter. Zwar befahl der König am 19. Juni dem Oberpräsidenten der schlesischen Kammern, daß die Magazine der Provinz bis zum Herbst ergänzt sein sollten und daß für das schlesische Heer Fourage auf dritthalb Monate beschafft werden müsse; aber als Marschall Schwerin im September ins Feld rückte, schuf ihm der allgemeine Mangel an Heu und Stroh die größte Verlegenheit.

Wenn der König im Juli dem englischen Gesandten erklärte, daß er trotz der Verstärkung des Heeres doch nicht über 120 000 Mann ins Feld stellen könne, so ist diese Zahl beim Beginn des Krieges in der Tat nur unerheblich überschritten worden; doch blieben von den Feldbataillonen eines in Schlesien und sechs am Rhein zurück.

Das Hauptheer, das am 29. August in drei Kolonnen, unter Führung des Königs und zweier braunschweigischer Prinzen, August Wilhelms von Bevern und Ferdinands, die sächsischen Grenzen überschritt, 70 Bataillone und 101 Schwadronen stark, nahm der König auf rund 65 000 Mann an, das schlesische Heer, unter dem Feldmarschall Schwerin, auf fast 30 000; eine spätere Berechnung der einzelnen Truppenteile hat, ohne Einfluß auf die Hauptsumme, für das erste Heer 67 050, für das zweite 27 100 Mann ergeben. Ein drittes Heer, dem Oberbefehl des Feldmarschalls Lehwaldt an= vertraut und wieder auf rund 30 000 Mann angeschlagen, sollte sich zusammensetzen aus 14 Feldbataillonen und 4 auf Feldetat gebrachten Garnisonbataillonen sowie 50 Schwadronen in Preußen und aus jenem bereits Ende Juni nach Pommern entsandten Reserve= korps von 9 Bataillonen und 10 Schwadronen unter dem Erbprinzen von Hessen=Darmstadt.

Da die russischen Rüstungen seit dem Juni unterbrochen waren, ein Angriff von dieser Seite also für das laufende Jahr kaum noch zu erwarten war, so blieben Lehwaldts Truppen auf die beiden

Provinzen verteilt; ja König Friedrich hat dem englischen Gesandten
am 19. August die Zusage gegeben, bei unmittelbarer Gefahr eines
französischen Angriffs auf Hannover die etwa 10 000 Mann aus
Pommern dem König von England, allerdings nur bis Ende
Februar, zur Verfügung stellen zu wollen.

Die Offensive war dem Hauptheer vorbehalten. Das Ziel
seines Vordringens für den diesjährigen Feldzug hat Friedrich
sowohl dem englischen Gesandten wie dem Prinzen von Preußen,
dem er durch den Generalleutnant Winterfeldt seinen Feldzugsplan
darlegen ließ, Melnik bezeichnet, wo die Elbe die Moldau aufnimmt
und schiffbar wird. So weit wollte er die Vorposten aussenden,
die Hauptstellung aber und später die Winterquartiere hinter der
Eger nehmen; für die Zufuhr sollte die Elbe Gewähr leisten. Von
den Gegnern nahm er an, daß sie, zum Angriff noch nicht fertig,
sich begnügen würden, eine starke Besatzung nach Prag zu werfen,
auch ihr Hauptheer dorthin zu ziehen. Setzte man doch überhaupt
eine strategische Methode bei ihnen voraus, wonach sie die Schlachten
vermeiden und es vielmehr darauf anlegen würden, wie Winter=
feldt es ausdrückte, „uns durch Detours und den langsamen Krieg
abzumatten". Traf diese Annahme zu und ging man obendrein
über Melnik hinaus dem Feind nicht entgegen, so konnte es leicht
geschehen, daß der Feldzug ganz ohne Schlacht verlief. Bataillen
zu liefern, sei jetzt noch nicht an der Zeit, schreibt Friedrich kurz vor
dem Ausmarsch, am 26. August, an Schwerin, und 14 Tage darauf
vertröstet er den Marschall auf das nächste Jahr: da würden die
guten Stöße geführt werden. Schwerin äußerte sein Bedenken:
er vermöge nicht abzusehen, wie der König sich für den Winter
sicher in Böhmen festsetzen wolle, wenn man nicht vorher auf einem
oder dem anderen Fleck zu einem entscheidenden Stoß gekommen
sei; Friedrich aber bat ihn unbesorgt zu sein, denn er werde nach
Böhmen hineinkommen und so weit vordringen, wie er es sich
vorgenommen habe, und, wenn es ans Schlagen gehe, den Öster=
reichern ein Drittel ihrer Kanonen abnehmen.

Rein defensiv war die Aufgabe, die Schwerin selbst zugewiesen
erhielt. Er sollte Schlesien decken, Niederschlesien vor allem, gegen
einen Angriff von Böhmen her, aber auch Oberschlesien, gegen
Truppen oder irreguläre Haufen, die aus Mähren und Ungarn
kommen mochten. Doch war ihm freigestellt, nach Lage der Um=
stände seine Defensive in ein offensives Gewand zu kleiden und in
Feindesland einzudringen.

Keine Frage, daß der diesmalige Feldzugsplan, an dem Maß=
stab der eigenen strategischen Anschauungen des Königs gemessen,
sehr bescheiden war; denn Friedrich hatte noch im Vorjahre geäußert,
daß man an einen Feldzugsplan für die Eröffnung eines Krieges

höhere Anforderungen stellen könne, als an die von allzuviel Zwischen=
fällen abhängigen späteren Entwürfe, und er hatte im Hinweis
auf die Armut seines Staates und die eigentümlichen Vorzüge
seiner ganz auf die Schlacht zugerichteten Truppen den Befehls=
habern preußischer Heere zur Pflicht gemacht[1]), schnelle Entschei=
dungen herbeizuführen.

Doch der anscheinende Widerspruch löst sich leicht. Der Feld=
zug von 1756 ist auf Böhmen berechnet. Böhmen aber gilt dem
König von Preußen, wie wir wissen, seit der Erfahrung von 1744
als das verwunschene Land, in welchem eine große Entscheidung
sich nicht erzwingen läßt; als das Land, in welchem man nicht ein=
mal im Winterquartier sich behaupten kann, es sei denn, daß ein
verbündetes Heer in unmittelbarer Nähe, in Böhmen selbst, die
Flanke deckt. Das verbündete Heer, das im Winter von 1741 auf
1742 zur Stelle gewesen war, das 1744 seine Mitwirkung wenigstens
zugesagt hatte, fehlte diesmal ganz. Und noch in anderer Beziehung
war die militärische Lage anders als 1744, ungünstiger. Damals
war Böhmen, so gut wie Schlesien im Dezember 1740, fast ganz
von Verteidigern entblößt, ungehindert hatten die Preußen Prag
belagern und einnehmen können. Statt jenseits des Rheins, wie
damals, stand jetzt das österreichische Heer diesseits der Donau,
zwar noch nicht völlig versammelt, aber marschfertig und kampf=
bereit, besser gerüstet denn je.

Nicht das also kann auffallen, daß König Friedrich hier in Böhmen
sich nicht an große Dinge wagte. Nur so darf die Frage gestellt
werden, weshalb er den Krieg nicht nach Mähren trug; denn in
Mähren mußten seiner strategischen Theorie nach die Würfel eines
Krieges zwischen Preußen und Österreich fallen. Die Annahme
ist erlaubt, daß er 1749, als er den Krieg mit den beiden Kaiser=
höfen erwartete, in der Tat nach Mähren gegangen sein würde.
Auch damals war als Einleitung des Kampfes die Entwaffnung
der Sachsen gedacht. Aber während jetzt das durch Sachsen vor=
rückende und das schlesische Heer getrennt blieben und beide auf
die Beobachtung des Feindes beschränkt sein sollten, würde der
König damals, mit Zurücklassung von 20 Bataillonen in Sachsen,
alles übrige, sowohl die aus Schlesien wie die aus Sachsen kommenden
Regimenter, zu einem großen Heere unter seinem eigenen Ober=
befehl zusammengefaßt haben,[2]) also offenbar für eine nachdrückliche
Offensive, deren Schauplatz seiner Auffassung nach eben nur Mähren
sein konnte. Aber 1749 hätte er den Krieg früh im Jahre, im Mai,
begonnen; wie denn alle Pläne für einen Feldzug in Mähren,
die er theoretisch oder auf den praktischen Fall entworfen hat,

---

1) S. 310.　　2) S. 214.

regelmäßig reich gemessene Frist, die ganze gute Jahreszeit, für ihre Ausführung voraussetzen. Jetzt war der Entschluß zum Kriege ihm abgenötigt worden für einen sehr späten Zeitpunkt; schon ging der Sommer zur Rüste. So konnte Mähren überhaupt nicht mehr in Betracht kommen, sondern nur noch der Kriegsschauplatz, der entscheidende Erfolge zwar zu versagen schien, aber den großen Vorteil bot, daß die Operationsbasis in der starken Zentralstellung des Angreifers lag, in Sachsen.

Sachsen bot für die Kriegsführung alle Vorteile, die an Böhmen vermißt wurden. Einen schiffbaren Fluß, der die militärische Behauptung des Landes in derselben Weise erleichterte, wie die Oder die Operationen in Schlesien; hinter dem allmählich ab= fallenden Grenzwall der Berge Hügelland und Ebenen, in denen ein großes Heer volle Bewegungsfreiheit fand; gute Heerstraßen, die kürzesten Verbindungslinien zwischen der preußischen Hauptstadt und den schlesischen Grenzfestungen. Eine zwischen Brandenburg und Schlesien breit hineingeschobene, geschlossene Bastion, die im Besitz eines Gegners die preußischen Lande schwer bedrohte, über= wältigt aber sie trefflich deckte und dann für Verteidigung und Ausfall sich gleichmäßig eignete. Erst nach Einnahme dieser Stellung konnte der König von Preußen überhaupt daran denken, seine Truppen, was er ehedem als untunlich bezeichnet hatte, zum Winter in Böhmen bleiben zu lassen. Sachsen war im größten Stil eine jener beherrschenden, entscheidenden Stellungen, deren Über= rumpelung gleich zu Beginn des Krieges ein guter Feldzugsplan in Betracht ziehen sollte — so hatte Friedrich es in der Theorie verlangt, und wenigstens in dieser Beziehung genügte sein Feld= zugsplan von 1756 den eigenen strategischen Anforderungen. Elf Jahre zuvor hatte er sich diesen Gewinn durch zwei Siege mit vielem Blut erkauft. Er hatte Sachsen damals zurückgegeben, trotz der Gunst seiner militärischen und politischen Lage. Jetzt wo die Österreicher zur Wiederaufnahme des nach dem Tage von Kesselsdorf unterbrochenen Kampfes sich anschickten, war es Friedrichs erste Handlung, die Dinge einfach in den militärischen Stand der Weih= nachtszeit von 1745 zurückzuversetzen. Damals hatten die öster= reichischen Bundesgenossen dem landflüchtigen König=Kurfürsten Frieden und Heimkehr durch einen schweren Entschluß erwirkt, indem sie endlich die Waffen niederlegten. Wie damals erbot sich auch jetzt Friedrich, Sachsen wieder zu räumen, sofern nur Österreich ihm den Frieden gönnte. Er rechnete darauf, und nicht ohne Grund, daß es die Österreicher ebenso überraschen wie in ihren Entwürfen stören würde, Sachsen von neuem in preußischer Umklammerung, ihre eigene Eroberungsaufgabe aber verdoppelt, auf Schlesien und Sachsen verteilt zu sehen.

Die 1745 erzielte politische Wirkung der Überwältigung Sachsens
blieb diesmal aus und verkehrte sich in ihr Gegenteil, die mili=
tärische war um so entscheidender und nachhaltiger.

Daß er einen künftigen Krieg mit der Besetzung Sachsens zu
eröffnen habe, stand dem Könige von Preußen seit lange fest. Der
schwere militärische Fehler des vorigen Krieges durfte nicht wieder=
holt werden. Er hatte 1744 nach dem Durchmarsch durch das
Kurfürstentum das sächsische Heer in seinem Rücken gelassen; als=
bald war das Heer ihm nach Böhmen nachgerückt, auf seine Ver=
bindungslinien gefallen und demnächst in Schlesien eingedrungen.
Er hatte die Sachsen bei Hohenfriedberg geschlagen und doch die
völkerrechtliche Fiktion weiter gelten lassen, nach der die Sachsen
nicht kriegführende Partei, sondern nur Auxiliarmacht zu sein
behaupteten. Erst dann hatte er ihr Gebiet betreten, ihr Heer
geschlagen, ihre Hauptstadt erobert, als ihr mit den Österreichern
vereinbarter Kriegsplan seine eigene Residenz, in ihrer gefährdeten
Lage hart an der sächsischen Grenze, der unmittelbaren Gefahr
einer Überrumpelung aussetzte.

Als jetzt am 1. September 1756 auf dem Schlosse zu Pretzsch,
seinem zweiten Hauptquartier auf sächsischem Boden, ein sächsischer
Abgesandter ihn an die beständige Freundschaft und Vergessenheit
des Geschehenen erinnerte, die sich beide Könige im Dresdener
Friedensschlusse angelobt, antwortete er mit der schneidenden Frage:
„Und seitdem?" Unter dem Eindruck einer Unterredung, die er
in den Dresdener Weihnachtstagen von 1745 mit dem sächsischen
Minister Hennicke gehabt hatte, ist er noch geraume Zeit der
Meinung gewesen, daß sich ein politisches Einvernehmen mit dem
Nachbarstaate, dem bisherigen Gegner, anbahnen werde.[1] Er
hatte beim Friedensschluß nicht auf die Entfernung Brühls ge=
drungen, um, wie er nachher die Unterlassung vor sich selbst ent=
schuldigte, den König August durch eine so gehässige und vielleicht
doch nicht zweckdienliche Bedingung nicht abzustoßen. Er hatte
den neuen Subsidienvertrag zwischen Sachsen und Frankreich im
Frühjahr 1746 mit Freuden begrüßt und ließ sich angelegen sein,
für die Wiedervermählung des Dauphins die Wahl auf die sächsische
Prinzessin Maria Josepha zu lenken. Aber noch ehe das erste
Friedensjahr zu Ende gegangen war, beklagte er sich brieflich bei
eben dem Minister, den er sich zum Werkzeug der Aussöhnung
ausersehen hatte: „Vor ein Jahr umb diese Zeit war der Herr
Hennicke höflicher denn anjetzo, es ist zu beklagen, daß Sie eine
so kurze Memorie haben." Und als die von Friedrich durchaus
ernst gemeinte Verhandlung wegen eines Bündnisses, die der

---

[1] Vgl. I, 536.

preußische Gesandte vielleicht allzu eilfertig und allzu gerade heraus
eingeleitet hatte, sich immer mehr in die Länge schleppte, gewahrte
er sehr wohl, daß Brühl, sein geschworener Feind, nur den äußeren
Schein wahren wolle, und daß alle Mühe verloren sei, so lange
dieser unsichere Gesellschafter dabei bleibe. Schon am 6. Mai 1747
hat Friedrich gegen seinen Vertreter in Dresden die Überzeugung
ausgesprochen, daß die Sachsen seine heimlichsten, aber auch seine
erbittertsten Feinde seien; daß wenn es einst zwischen Preußen
und Rußland zum Bruch kommen sollte, Sachsen die größte Schuld
tragen werde, dafür dann aber auch „die Scherben bezahlen" müsse,
— Worte, die man in Dresden, bei verstohlener Durchmusterung
des Schriftwechsels der preußischen Gesandtschaft, aus der Ziffer-
sprache richtig herausbuchstabierte. Man war gewarnt.

Eben diese Kunst, alle Mühe eines erfindungsreichen Chiffrier-
bureaus zu Schanden zu machen, verschaffte, wie wir wissen, auch
dem Könige von Preußen seine Kunde von den Geheimnissen der
Gegner. Jahraus jahrein sammelte er die Beweise dafür, wie
genau sich die sächsische Diplomatie in Rußland an die Instruktion
hielt, „die russische Eifersucht auf die preußische Macht zu nähren
und jedem preußenfeindlichen Beginnen Beifall zu zollen". Er
wußte, daß Sachsen dem gegen Preußen gerichteten Bündnis der
beiden Kaiserhöfe von 1746 nicht beigetreten war. Aber er wußte
auch, daß Sachsen zu dem Beitritt sich wiederholt bereit erklärt
hatte, falls ihm sein Anteil an der Beute alsbald vertragsmäßig
zugesichert würde. Und dann war Friedrich eines Tages auf das
epigrammatische Wort gestoßen, das sich nicht wieder vergaß:
Sachsen, so hatte der russische Großkanzler zu dem sächsischen Gesandten Funcke gesagt, brauche gegen den mächtigen Nachbarn nicht
alsbald auf dem Plan zu erscheinen, sondern erst „wenn der Ritter
im Sattel wanken werde". Griff der Ritter mit der Annahme
fehl, daß die den Sachsen zugedachte Aufgabe, hinterrücks den
Gnadenstoß zu führen, gerade die Rolle war, die Brühl sich ersehnte?

Das eine ist dem Könige von Preußen nicht einmal bekannt
geworden, daß bei der Verhandlung zwischen Österreich und Frankreich der Beitritt Sachsens zu der Koalition gegen Preußen als
durchaus sicher galt, wobei den Sachsen französische Geldhilfe
und auf Kosten Preußens so reichlicher Landgewinn zugedacht
wurde, daß dieser Verbündete sich geneigt finden sollte, einen Teil
seines eigenen Gebietes, die Lausitz, an Österreich zu überlassen.

Wohl aber waren noch in letzter Stunde Berichte des Grafen
Flemming aus Wien nach Potsdam gelangt, die einen hohen Grad
von Vertraulichkeit zwischen dem österreichischen Staatskanzler
und dem sächsischen Gesandten voraussetzen ließen und den reichlich
vorhandenen Argwohn noch vermehren mußten. Es war der

Fluch ihrer Vielgeschäftigkeit, daß die Brühlsche Politik auch da sich verdächtig machte, wo sie sich auf ein wenig beneidenswertes Harren und Horchen beschränkt sah. Denn tatsächlich stand die sächsische Diplomatie seit einiger Zeit bei allen wichtigeren Verhandlungen der Gegner Preußens, selbst da, wo Sachsens Interesse unmittelbar hineingezogen wurde, vor der Tür.

Man wußte in Wien, daß das Geheimnis in Dresden schlecht bewahrt war; der Kaiser selbst hatte 1754 dem Grafen Flemming gesagt, daß alles, was Flemming aus Wien, alles, was die sächsischen Vertreter in Petersburg und London nach Hause berichteten, sofort und ganz genau durch den preußischen Gesandten Maltzahn nach Berlin gelange. So wurden die Sachsen 1756 weder zu Versailles noch zu Moskau in die von Kaunitz betriebenen Verhandlungen eingeweiht. Ehedem, vor und gleich nach dem Dresdener Frieden und während des Aachener Kongresses, waren es gerade sächsische Diplomaten gewesen, die sich um eine Aussöhnung zwischen Österreich und Frankreich, um ein Verständnis der beiden zum Schaden Preußens, bemüht hatten; jetzt ward dem sächsischen Gesandten in Paris von dem Versailler Vertrage erst einen vollen Monat nach dem Abschluß Mitteilung gemacht. Die neue europäische Parteibildung vollzog sich ohne Sachsens Zutun und in gewissem Grade zu Sachsens Ungunsten. Während der letzten Jahre des österreichischen Erbfolgekrieges hatte der Dresdener Hof von Frankreich, ohne ein Hilfskorps stellen zu müssen, Subsidien erhalten — eine Art Tribut der Großmacht an den Kleinstaat, um ihn zu bestimmen, seine Truppen nicht den Gegnern Frankreichs zu verkaufen. Und von 1751 bis 1755 hatten wiederum die Engländer, ohne Gegenleistung, nur um Sachsen der Umgarnung Frankreichs zu entwinden, einen starken Beitrag zu den Kosten des sächsischen Heeres geleistet. Jetzt weigerten die einen wie die anderen jede Spende, die Franzosen, die sich von ihrem alten kontinentalen Gegner Österreich so eifrig umworben sahen, die Engländer, für die nach dem Ausgleich mit Preußen das Verhältnis zu Sachsen den Wert verlor. So war denn auch angesichts des Westminstervertrages der erste Gedanke des sächsischen Geschäftsträgers in London, daß jetzt England es nicht nötig haben werde, seinen bisherigen Verbündeten noch Subsidien zu gewähren, und der König von Preußen hatte völlig Recht, wenn er im Februar 1756, einer Bemerkung seines Gesandten in Dresden beistimmend, meinte, daß er durch einen kleinen Federstrich Sachsen „aneantiert" habe. Sachsen sah sich politisch zur Null gemacht und finanziell an den Rand des Staatsbankrotts gedrängt.

Graf Brühl freilich in seiner Leichtfertigkeit wußte der kläglichen Lage eine gute Seite abzugewinnen. Er getröstete sich zunächst

der Hoffnung, daß der Westminstervertrag die Beziehungen zwischen
Preußen und Frankreich notwendig lockern werde, und schürte
an seinem Teil das Feuer. Sodann, als die preußischen Rüstungen
begannen, glaubte er sich und Sachsen beglückwünschen zu dürfen,
daß man sich nach keiner Seite hin in engere Verbindungen eingelassen habe. Sein System blieb, wie er noch am 1. August, alle
Warnungen abweisend, zuversichtlich erklärte: uns für den Augenblick einzig und allein an unsere harmlosen Verteidigungsbündnisse
mit den beiden kaiserlichen Höfen zu halten — „bis daß die Dinge
sich mehr entwickeln", was in Brühls Munde wohl dasselbe bedeutete wie jenes zu Friedrichs Kenntnis gelangte geflügelte Wort:
„bis daß der Ritter im Sattel wankt". In der Tat eine armselige
Weisheit! Wenn Brühl vor der Welt, wie er es als seine Taktik
bezeichnete, den Verdacht der Parteinahme zu vermeiden bemüht
war, so bedachte er nicht, daß jede Zeile der in Potsdam wohl-
bekannten Depeschen ihn leidenschaftlicher Parteilichkeit, seines
bitteren Hasses gegen Preußen überführte.

Minder leichtherzig als der Minister, der an diesem 1. August
die Lage Sachsens als eine glückliche zu bezeichnen wagte, zeigten
sich die sächsischen Generale. Graf Rutowski sagte voraus, daß
der König von Preußen in einem Kriege gegen Österreich das
sächsische Heer nicht ein zweites Mal, wie 1744, in seinem Rücken
lassen werde. Er beantragte schon am 8. Juni, auf die Nachricht
von dem Abschluß des Versailler Bündnisses, die Regimenter mobil
zu machen und die Hauptstadt in Verteidigungszustand zu setzen;
er beantragte am 2. Juli, auf die weitere Nachricht von dem Beginn
preußischer Rüstungen, alle Vorbereitungen zu treffen, um auf
den ersten Befehl das gesamte Fußvolk bei Dresden und die Reiterei
hinter der Mulde vereinigen zu können, die Reiterei mit der Aufgabe, die Infanterie gegen ein Belagerungsheer zu unterstützen
oder ihr den Übertritt nach Böhmen zu erleichtern, wofür man dann
die Mitwirkung eines zwischen Leitmeritz und Schandau aufzustellenden österreichischen Korps in Anspruch nehmen müsse.
König August hieß den Plan gut, und der Gesandte in Wien erhielt
den Auftrag, dringend um Rat und Hilfe und um Entsendung
eines Heeres an die böhmisch-sächsische Grenze zu bitten. Späterhin,
als an dem Bruch zwischen Preußen und Österreich kaum noch
gezweifelt werden konnte, beleuchtete Rutowski in einer Denkschrift
vom 19. August auch die politische Seite und empfahl mit Nachdruck,
auf keine Verhandlung wegen Auflösung oder Entwaffnung des
Heeres sich einzulassen, sondern Gewalt mit Gewalt zu vertreiben.
Würde doch, so erklärte er in echt soldatischem Geist, durch den aufs
Äußerste getriebenen Widerstand niemand aufgeopfert, als die,
welche ihre Schuldigkeit ohnehin dazu verbinde. Aller Wahrschein-

lichkeit nach sei nicht der Sieg, sondern die Erniedrigung des Königs
von Preußen zu erwarten: was könne Sachsen von den Siegern
sich nachher Gutes versprechen, wenn es sich jetzt ohne Schwert=
streich den Preußen ergebe und unter das Joch beuge, statt sich selbst
und den Freunden zu helfen?

Rutowskis Fürsorge errettete die sächsischen Regimenter vor
dem Geschick, überfallen und einzeln aufgehoben zu werden. Als
die Preußen am 29. August über die Grenze kamen, eilten die säch=
sischen Truppen bereits auf allen Straßen dem Pirnaer Lager zu;
den Plan, die Hauptstadt zu verteidigen, hatte man aufgegeben.
Am 2. September war das Heer versammelt. An diesem Tage
ward beschlossen, daß der König mit den Truppen aufbrechen und
sie durch Böhmen und Mähren nach Polen führen würde. Am
4. früh sitzt der König mit zweien seiner Prinzen bereits im Reise=
wagen, da tritt General Rochow an den Wagenschlag und meldet,
preußische Husaren seien längs der Elbe gesehen worden. Man
fragt den Befehlshaber der Geleittruppe, ob er dafür einstehen
kann, daß keine verlorene Kugel den König treffen wird — die
Abfahrt wird verschoben, dann aufgegeben. Der König und das
Heer bleiben im Lande.

Rutowskis Denkschrift vom 19. August nahm an, daß der König
von Preußen sich nicht begnügen werde mit der Neutralität und mit
der Auflösung und Entwaffnung der Truppen, sondern daß er das
sächsische Heer dem seinen einzuverleiben trachte.

Eben dies war in der Tat die Absicht von vornherein: so hat sie
Friedrich im Augenblicke des Ausmarsches dem Prinzen von Preußen
anvertraut. Eigenhändig hatte er bereits eine förmliche Kriegs=
erklärung aufgesetzt: die Ankündigung, daß ihm beim Eintritt in
den unvermeidlichen Krieg mit Österreich, angesichts der Feind=
seligkeit Sachsens, für dessen Umtriebe er die Beweise in den Händen
habe, nichts übrig bleibe, als die sächsischen Truppen zu entwaffnen
und außerstand zu setzen, ihm im Verlauf dieses Krieges zu schaden;
eine Anzahl Auszüge aus den insgeheim durchmusterten sächsischen
Akten fanden sich. mit Namen und Daten eingeschaltet. Nachher
aber ließ er nicht dieses „Manifest" — schon der Titel bedeutete
im Sprachgebrauch der Zeit eine Kriegserklärung — drucken, sondern
eine viel farblosere und viel kürzere „Deklaration", die den Ein=
marsch in Sachsen mit dem Hinweis auf die Erfahrungen von 1744,
auf die Regeln der Klugheit und die Pflichten gegen die eigene
Sicherheit begründete und mit dem Satze schloß: Seine Majestät
erwarte mit Verlangen den glücklichen Augenblick, da es ihr beim
Wegfall der gegenwärtigen zwingenden Erwägungen gestattet
sein werde, Seiner polnischen Majestät Dero Kurlande als ein ge=
heiligtes Depot zurückzugeben.

Es war eine Abänderung der politischen Taktik, nicht ein Verzicht auf den militärischen Plan. Dieselben Gründe aber — sie
werden sich gleich ergeben —, die den König von Preußen bestimmten,
den offenen Fehdebrief einstweilen noch zurückzulegen, bedingten
nun für die alsbald beginnenden Verhandlungen vorerst ein hin-
haltendes Verfahren, von dem die Sachsen mit Recht klagten:
„Was er von uns verlangt, darüber spricht er sich in keiner Weise
aus." Doch enthielt schon am 1. September Friedrichs erste Antwort auf einen um Aufklärung bittenden Brief Augusts III. einen
unverblümten Ausfall gegen den Mann, dessen Ratschlägen sich
sein Fürst in einer für ihn selbst so beklagenswerten Weise allzusehr
anvertraue, dessen schlechte Absichten nur zu bekannt und dessen
schwarze Komplotte urkundlich zu beweisen seien. Friedrichs zweiter
Brief, vom 5. September, nannte gar den Fürsten, an den er gerichtet war, einen Verführten und kündete an, daß die leicht zu
beweisenden Anklagen gegen den Minister noch heute bewiesen werden
würden, wenn nicht gewisse Bedenken dem noch entgegenstünden.

Die Bedenken sollten bald fortfallen. Am 9. September rückten
vier preußische Bataillone in Dresden ein, tags darauf ließen
General Wylich und Major Wangenheim, trotz des Einspruchs und
des beinahe körperlichen Widerstands der Königin Maria Josepha,
die Tür der Kabinettskanzlei öffnen; drei Säcke voll sorgsam aus-
gewählter Schriftstücke wanderten nach Berlin. Die Erbrechung
und Plünderung eines Archivs, ein Vorgang, der nach offener
Ansage der Feindseligkeiten nichts Auffallendes und nichts Rechts-
widriges gehabt haben würde, war hier, wo diese Ansage unter-
blieben war, noch mehr als alles bereits Vorangegangene geeignet,
das preußische Vorgehen im grellsten Lichte zugleich der Gewalt-
tätigkeit und der Hinterlist erscheinen zu lassen. Aber die Gründe,
den offenen Bruch, die laute Anklage noch hinauszuschieben, waren
zu schwer ins Gewicht gefallen. Einem Minister wie dem Grafen
Brühl, meinte Friedrich, würde es nicht darauf angekommen sein,
einer vernichtenden Anklage gegenüber die Zeugnisse seiner Politik,
so lange er sie noch in seinem Gewahrsam hatte, beiseite zu schaffen,
zu vernichten, für Mit- und Nachwelt stumm zu machen. Jetzt
endlich, im Besitz der Beweisstücke für die Echtheit der Abschriften
und Auszüge, auf deren Inhalt er seine Anschuldigungen gegen
die Gegner und die Rechtfertigung seines Krieges gründete, konnte
Friedrich die Maske fallen lassen. Am 14. September überreichte
in seinem Auftrag Winterfeldt dem König von Polen eine Über-
arbeitung eben der Anklageschrift, die ursprünglich zur Veröffentlichung als Manifest bestimmt gewesen war.

Auch nach einer anderen Seite erhielt die Lage jetzt volle Klarheit und schneidende Schärfe. Am 11. September traf aus Wien

auf das preußische Ultimatum, Friedrichs dritte Anfrage[1]), die
Antwort ein.   Sie bezeichnete die beim Einrücken der Preußen
in Sachsen veröffentlichte Deklaration als ein Manifest gegen die
Kaiserin-Königin: nach einem so ausgeprägten Angriff könne von
anderer Antwort nicht mehr die Rede sein, als von der Widerlegung,
die auf dieses Manifest zu seiner Zeit vielleicht erfolgen würde.   Die
neuliche Antwort enthalte alles, was mit der Würde der Kaiserin
vereinbar gewesen sei, und der Vorschlag, den bestehenden und
auf feierliche Verträge gegründeten Frieden in einen Waffenstillstand zu verwandeln — so hämisch deutete man jene Forderung
des Königs von Preußen, für dieses und das nächste Jahr den ihm
bekannt gewordenen Angriffsplänen gegen ihn durch förmliche
Versicherung zu entsagen — sei natürlicherweise zu einer Erklärung
nicht geeignet.   Derart abgewiesen veröffentlichte Friedrich nunmehr unverzüglich die bereits gedruckte, von ihm selbst entworfene
„Darlegung der Ursachen, welche Seine Majestät den König von
Preußen bewogen haben, den Anschlägen des Hofes zu Wien
zuvorzukommen".   Enthüllungen über die Verschwörung gegen
Preußen unter scharfer Hervorhebung des Unterschiedes zwischen
dem wahren und dem äußerlichen Angreifer: „Unter Angriff versteht man jeden Akt, der dem Sinn eines Friedensvertrags diametral
entgegengesetzt ist.   Eine Offensivliga, das Aufreizen und Drängen
zum Kriege gegen eine andere Macht, Pläne zur Überziehung der
Staaten eines anderen Fürsten, ein plötzlicher Einbruch: alle diese
verschiedenen Dinge sind ebensoviel Angriffe, obgleich nur der
plötzliche Einbruch den Fall der offenen Feindseligkeiten darstellt.
Wer diesen Angriffen zuvorkommt, kann offene Feindseligkeiten
begehen, aber er ist nicht der Angreifer."

Am 13. September überschritt die Vorhut des preußischen
Heeres unter dem Prinzen Ferdinand von Braunschweig bei Peters-
walde die österreichische Grenze; einige Tage darauf rückte aus der
Grafschaft Glatz auch das schlesische Heer in Böhmen ein.   Auch
jetzt noch geschah ein Versuch zur Verständigung.   In zwei Briefen
ersuchte Graf Schwerin den österreichischen General, dem er sich
gegenüber sah, um eine Zusammenkunft: vielleicht werde es gelingen,
zu ehrenvollen Vorschlägen für die Aussöhnung der beiden Höfe
zu gelangen.   Auf Befehl der Kaiserin-Königin mußte Fürst Piccolomini die Begegnung ablehnen.

Binnen kurzem gedachte der König mit dem Hauptheer dem
Braunschweiger nach Böhmen zu folgen; in der Frist, deren er
für die Zurüstung seiner Magazine bedurfte, hoffte er auch mit
dem Lager von Pirna fertig zu werden.   „Vier Tage kann ich

---

[1]) S. 374.

noch warten," äußerte er am 12. September; „will es alsdann nicht brechen, so muß man sehen, wie man so hereinkömmt."

Unerwarteterweise hatten die Sachsen von neuem zu ver= handeln begonnen. Seine Minister rieten dem König von Polen einstimmig, sich nach Ablehnung der Neutralität aller weiteren Vorschläge zu enthalten und bis auf den letzten Mann zu ver= teidigen; seine Generale, denen die verheißene österreichische Hilfe noch allzuweit im Felde zu stehen schien, stimmten ihn um. Also bot er am 12. September den Preußen als Sicherheitsplätze für die Dauer des Krieges Pirna, Wittenberg und Torgau, dazu Geiseln für die Neutralität des Heeres.

Nun aber fiel das entscheidende Wort: „Euer Schicksal muß an das meine geknüpft sein." So schrieb es Friedrich am 13. dem belagerten Fürsten, und tags darauf überbrachte Winterfeldt, zu= gleich mit der Anklageakte gegen Brühl, mündlich die Forderung, daß der König von Polen an Preußen die sächsischen Truppen und zu ihrem Unterhalt die „Interimsadministration" der sächsischen Lande überlassen solle. Drei Viertelstunden verhandelte Winter= feldt mit dem Monarchen unter vier Augen; er scheint den Eindruck mitgenommen zu haben, daß seine Sache, obgleich König August noch nein sagte, mitnichten aussichtslos sei. Wenigstens schrieb Friedrich unmittelbar nach Winterfeldts Rückkehr, am 14. abends, an den Herzog Ferdinand, daß die Leute vom Berge kapitulierten, daß sie bald alle Preußen sein würden: er hofft schon morgen — in einer Nachschrift wenigstens übermorgen — mit ihnen am Ziele zu sein.

Tags darauf kam der durch Winterfeldt angemeldete sächsische Unterhändler, General Arnim. Sein Beglaubigungsschreiben wieder= holte das Nein von gestern und das frühere Angebot. Friedrich beharrte bei seinem Begehren. Sachsen, sagte er zu dem General, „muß mein Los teilen und dieselbe Gefahr teilen wie meine Staaten. Bin ich glücklich, so wird der König von Polen nicht nur für alles reichlich entschädigt werden, sondern ich werde auch an seine Inter= essen wie an meine eigenen denken ... Man hat gut leugnen und sich entschuldigen. Ich weiß alles, was seit 1749 in einem fort bis zum Juli dieses Jahres gegen mich verhandelt worden ist und habe hinreichende Beweise in den Händen, ich kann also die sächsischen Truppen nicht hinter mir lassen, ohne einen sehr schweren Fehler zu begehen ... Ich muß die Truppen haben, sonst ist keine Sicher= heit. Ich spiele ein großes Spiel, die Waffen sind den Wechsel= fällen des Tages ausgesetzt: ich brauchte nur eine beträchtliche Schlappe zu erleiden, und eure Truppen würden mir im Rücken sitzen ... Es gibt kein anderes Mittel, die Armee muß mit mir marschieren und mir den Eid leisten." Als Arnim bemerkte, dafür würde es in der ganzen Geschichte kein Beispiel aufzuweisen geben, erwiderte der König mit schlecht verhaltenem Hohn: „Es gibt deren, und wenn es auch keine gäbe: ich weiß nicht, ob Sie es wissen, daß ich mir etwas darauf zugute tue, originell zu sein."

Es gingen an den drei nächsten Tagen noch einige Botschaften hin und her, aber Friedrich hatte im vollen Ernst beim Abschied zu Arnim gesagt, sein letztes Wort sei gesprochen und daran sei nichts zu ändern, auch wenn man ihm einen Erzengel schicke. Am 16. hatte er die Hoffnung auf eine Kapitulation noch nicht ganz aufgegeben; am 17. äußerte er, wenn sein Gegner sich nicht heute seinem Wunsche gemäß erkläre, so wolle er ihn morgen anfassen und hoffe bis zum 20. das mit Gewalt zu erlangen, was willig nicht gewährt werde.

Somit brach er am 18. die Verhandlung ab, verweigerte auch die Pässe für des Königs Abreise nach Polen. Aber der Sturm auf das Lager unterblieb.

Der Husarengeneral Warnery hat später erzählt, Winterfeldt habe den Angriffsplan bereit gehabt und die Erstürmung als aus= führbar angesehen, aber der König habe nicht gewollt, weil er die Sachsen bereits als die Seinen betrachtet habe, die er ganz ebensogut schonen müsse; doch sei ihm auch der Ausgang nicht so ganz sicher erschienen. Wir werden sagen, daß Friedrich mit dem schließlichen Verzicht auf den Angriff der überwiegenden Mehrheit seiner Um= gebung nachgab. Man hatte die Stellung, die jedenfalls die Ein= geschlossenen selber als völlig gedeckt betrachteten, in den letzten Tagen wiederholt rekognosziert. Schon am 12. September meinte der König, sie werde sich nur sehr schwer angreifen lassen, während in den Kreisen seiner Brüder an diesem Tage bereits die Losung ausgegeben wurde, man sehe immer mehr, daß das Lager un= angreifbar sei: schwerlich habe es jemals eine bessere Stellung gegeben. Zu weiteren Terrainstudien hatten die zwölf Offiziere bequemste Gelegenheit, die mit Winterfeldt am 14. zum König von Polen ritten. Am 16. in der Frühe hielt der König, nur von den Prinzen und Winterfeldt begleitet, von einer Anhöhe aus Umschau. Man könnte mit ebenso leichter Mühe den Himmel stürmen, erzählten nachher die Prinzen; nur dann und wann sei Raum, um sechs Mann in Front aufzustellen. Winterfeldt wird das Gegenspiel gehalten haben. Der König wollte sich von der Unmöglichkeit heute noch nicht überzeugen: „Der ganze Entwurf ist gemacht," schreibt er tags darauf, „und ich hoffe ihn mit weit geringerem Verlust als man denken mag auszuführen." Aber am 18. hat er nach erneuten Erkundungen die Auffassung seiner Brüder sich angeeignet und wiederholt in einem Brief an Schwerin ihren Haupteinwand: das geräumigste Angriffsfeld gestatte nur eine

Front von sechs Mann; „nachdem ich und meine Generale die Beschaffenheit des sächsischen Lagers aus nächster Nähe geprüft haben, haben wir alle gefunden, daß es moralisch unmöglich ist, dies verfluchte Lager anzugreifen, ohne einige Tausend braver Leute zu opfern, und noch dazu mit einem höchst unsicheren Erfolg."

Und nun schien der Zeitverlust nicht eben groß; wohl unbequem, aber nicht dazu angetan, den ganzen Feldzugsplan zu stören oder gar umzustoßen. Der König verließ sich darauf, daß der Hunger das übrige tun werde, und zwar schnell. Allerdings hatte er sich in allen seinen bisherigen Fristschätzungen sehr geirrt: am letzten August hatte er dem Pirnaer Lager nur acht Tage Lebensdauer geben wollen; nach deren Ablauf wieder höchstens acht Tage. So beschwichtigte er auch jetzt, nach dem Abbruch der Verhandlungen, seine Ungeduld und seine Bedenken mit sanguinischen Voraus=setzungen und mußte fast von Tag zu Tag den Ansatz zu seinen Ungunsten ändern: am 19. September spricht er von höchstens acht Tagen, in einem zweiten Brief vom selben Datum schon von acht bis zehn; am 23. glaubt er höchstens bis zum 26. sich gedulden zu müssen, am 24. gesteht er sich, daß es noch acht Tage währen kann; am 26. hofft er auf den 1. Oktober, am 27. auf den 1. oder 2. — auch dann aber schien es immer noch Zeit zu sein, den Feld=zugsplan „auf den Buchstaben" durchzuführen.

Da kam eine unerwartete Störung. Den Sturm auf das Lager hatte man vermieden, eine Feldschlacht wurde notwendig.

---

Als Kaunitz es im März bei der Zarin anregte, noch in diesem Jahre den Angriffskrieg gegen Preußen zu beginnen, hatte man in Wien zugleich darauf Bedacht nehmen müssen, zu solchem Unter=fangen vor allem selber ganz bereit und fertig zu sein. Vorerst ergingen, im April und Anfang Mai, Befehle an die Regimenter zu beschleunigter Werbung und zu Pferdeankäufen; für die Festungen, auch die Hauptstadt Wien, wurden Palisaden beschafft, an den Werken von Olmütz mußte seit dem April mit erhöhtem Nachdruck gearbeitet werden, nicht allgemach und nur durch Strafgefangene, wie es der Kommandant, falls kein Krieg zu befürchten sei, für ausreichend halten wollte. Und da von den Kürassieren und Dra=gonern weitaus die meisten, neunzehn Regimenter, in Ungarn lagen, nur vier in den deutschen Erblanden, so begann man seit dem April Schritt für Schritt auch mit Maßnahmen zur Zusammenlegung und Heranziehung dieser Reiterei.

Mitte Mai berechnete der Kabinettssekretär der Kaiserin, Ignaz v. Koch, der bewährte Kenner der Heeresverwaltung, als schlag=fertig 77 000 Mann, die allenfalls noch mit 10 000 Irregulären verstärkt werden könnten. Mehr nicht, rund 80 000, hatte Kaunitz vor zwei Monaten den Russen als Teilnehmer an dem gemeinsamen Kriegszuge angesagt. Trotzdem hatte Koch jetzt Bedenken, den Krieg „annoch heuer" zu beginnen. Er bekannte es als seinen geheimen Wunsch, „die Operation selbsten" bis zum nächsten Frühling ausgesetzt zu sehen, und gab anheim, sich für diesen Sommer mit der Verlegung weiterer Streitkräfte, zumal an Reiterei, nach Böhmen zu begnügen, sie zum 1. August in Übungslagern zu vereinigen und alles übrige den Winter hindurch in Muße vorzubereiten. Unverkennbar ist dieser Ratschlag schwer mit in das Gewicht gefallen bei der Vertagung des Angriffs und bei der entsprechenden Mitteilung an den russischen Verbündeten vom 22. Mai[1]).

Die weiteren militärischen Vorkehrungen hielten sich nun zunächst im Rahmen der Kochschen Vorschläge. Für die Bildung der Sammellager, die nicht verborgen bleiben konnte, boten die Nachrichten, die Anfang Juli aus Preußen kamen, einen erwünschten Vorwand. Zwar jener Garnisonswechsel einiger märkischer und pommerscher Regimenter in der zweiten Hälfte des Juni[2]) richtete seine Spitze zu augenscheinlich gegen Rußland, als daß er sich als eine Gefährdung der österreichischen Grenze auslegen ließ; wohl aber ward von der angeblichen Zusammenziehung eines preußischen Reiterlagers bei Schweidnitz, die am 1. Juli irrtümlich aus Troppau nach Wien gemeldet wurde, ausgiebiger Gebrauch vor der Öffentlichkeit gemacht. Am 6. Juli ward dem Hofkriegsrat, der die bisherigen Kriegsvorbereitungen geleitet hatte, eine Rüstungskommission an die Seite gestellt; am 8. hielt sie ihre erste Sitzung ab und nahm die Mitteilungen über das bereits Geleistete entgegen. Der Infanterie in den deutschen Erblanden ging am Sollbestande nur noch wenig Mannschaft ab; für das Fehlende schien teils durch die bereits abgeschlossene ausländische Werbung, teils durch die ausgeschriebene Rekrutenlieferung der Stände so reichlich gesorgt, daß man in Aussicht nehmen konnte, bei jedem Regiment 25 Überkomplette einzustellen und doch noch der Kavallerie einen Überschuß von 1300 Mann zuzuweisen. Bei den Kürassier- und Dragonerregimentern war für die Ergänzung des Sollbestandes von 800 und die Überführung auf den Kriegsfuß von 1000 Pferden das Erforderliche angeordnet und zum Teil auch ausgeführt, nachdem die Husarenregimenter schon Ende März und Anfang April auf 600 Pferde komplettiert worden waren. Der im Juni angeordnete Pferdeankauf im Ausland, in Norddeutschland, hatte guten Fortgang genommen. Endlich war am 5. Juli der für die Lager bestimmten, entfernter liegenden Kavallerie der Marschbereitschafts-

---

[1]) S. 359.     [2]) S. 363.

befehl zugegangen. Es folgte jetzt am 11. Juli die gleiche Weisung
für sieben längs der mährischen Grenze stationierte Reiterregimenter,
am 16. der Marschbefehl für die Truppen in Böhmen und
Mähren.

So war die Mobilmachung im vollen Gange, und Kaunitz war
mit ihrem weiteren Verlauf sehr zufrieden: es würden, schreibt er
am 27. August, nicht viel Beispiele zu finden sein, daß von seiten
des durchlauchtigsten Erzhauses mit mehr Eilfertigkeit zu Werk
gegangen und die ganze Maschine in Bewegung gesetzt worden.
Die preußischen Kriegsrüstungen waren ihm nicht unerwartet
gekommen. Er hatte alsbald vorausgesehen, daß die militärischen
Veranstaltungen in Rußland den König zu der „desperaten Entschließung" treiben würden, „mit dem größten Teil seiner Macht
unsere Erblande zu überfallen und dadurch der ihm drohenden
Gefahr zuvorzukommen". So war es ihm auch jetzt, im Juli,
keinem Zweifel unterworfen, daß „der Marsch der russischen Truppen
und die Furcht" die Ursache der preußischen Bewegung sei; ja
noch am 22. August urteilte er, daß König Friedrich, sobald er sich
wegen Rußlands beruhigt sähe, zu einem Einfall in das österreichische
Gebiet nicht schreiten würde, und daß deshalb ein übrigens ganz
unwahrscheinlicher Übertritt Rußlands zur englisch-preußischen Partei
zwar die großen Offensivpläne Österreichs auf einmal „vereiteln
und unterbrechen", Österreich aber auch der Gefahr eines preußischen
Angriffs überheben werde. Am liebsten hätte Kaunitz zunächst wohl
gesehen, daß Preußen gerüstet blieb, aber noch nicht losschlug; dann
gewann man Zeit, die eigenen Rüstungen zu vervollständigen,
während Preußen sich noch vor dem Kampfe finanziell schwächte
oder, wie Kaunitz es ausdrückte, am langsamen Feuer verzehrte —
eben das, wovor Winterfeldt den König am meisten warnte. Als
nun aber Preußen durch seine Anfragen in Wien so schnell die Entscheidung herausrief, da war Kaunitz keinen Augenblick im Zweifel
gewesen, wie sie zu lauten habe, und seine Gebieterin bemerkte
sehr zutreffend, daß die Antwort, die man dem preußischen Gesandten erteilte, „die Folge all unser Resolutionen" sei.

Gewiß war an der Rüstung noch vieles unfertig, oder wie Kaunitz
sagte, „nicht vollkommen"; gewiß würde man im nächsten Frühjahr,
zu der Frist, die man sich eigentlich gesetzt hatte, ganz anders schlagfertig und vor allem mit ganz anderen Massen auf den Plan getreten sein; gewiß störte es alle Berechnungen, daß die Sachsen nicht
nach Böhmen kamen, nicht das kaiserliche Heer um 20 000 Streiter
verstärkten. Aber Kaunitz teilte nicht die Meinung jener Kleinmütigen, die auf die dritte preußische Anfrage den Degen schnell
wieder einstecken wollten. War er in allem Anfang davon ausgegangen, daß an sich die österreichische Streitmacht der preußischen

immer gewachsen sei, so mußte das Heer es wagen, für einige Zeit
auch einer Überzahl die Stirn zu bieten. In den letzten Tagen
des August hatte Feldmarschall Browne im Lager von Kolin
32 000 Mann beisammen, der Feldzeugmeister Fürst Piccolomini
bei Olmütz 22 000. Und die Zahl wuchs täglich. Daß in Böhmen
ein Heer nicht so leicht gezwungen werden konnte, die Schlacht
anzunehmen, hatte der Feldzug von 1744 bewiesen. Marschall
Belle=Isle, voll Eifer für die gemeinsame Sache, riet den öster=
reichischen Feldherren in einem eigenhändigen Schreiben, jedem
Hauptschlage, jeder Schlacht auszuweichen. Aber Browne gedachte
seine Aufgabe keineswegs auf die Sicherung des eigenen Heeres
zu beschränken. Er erbot sich schon am 10. September, den ein=
geschlossenen Sachsen die rettende Hand zu reichen, und der Hof
hieß seinen mutigen Entschluß gut; ja er ermächtigte den Feldherrn
ausdrücklich, zum Heile der Sachsen, wenn es sein mußte, sogar
eine Schlacht zu wagen.

Am 14. September verließ Browne das Lager von Kolin,
am 19. bezog er eine Stellung bei Budin am rechten Egerufer. Der
Plan war, durch Scheinvorstöße über das Gebirge, bis nach Aussig,
den Gegner zu täuschen, inzwischen aber allmählich und unvermerkt
an die 18 000 Mann auf das rechte Elbufer zu werfen und dann
eilends nach Schandau marschieren zu lassen, um dort die am Lilien=
stein über den Fluß zu setzenden Sachsen aufzunehmen.

Den Preußen fehlte es an Kundschaft vom Feinde. Das über
die böhmische Grenze ausgesandte Beobachtungskorps, jetzt der
Führung des Feldmarschalls Keith übergeben, war bis zum 24.
auf mehr als 30 000 Mann verstärkt und lagerte vor Aussig mit dem
Hauptquartier in Johnsdorf. An demselben 24. erreichte den
König im Lager von Sedlitz das Gerücht, daß Browne den Sachsen
zu Hilfe eile. Tags darauf hieß es, er stehe noch bei Kolin. Keith
versicherte das Gleiche; nur eine Vorhut unter dem Grafen Wied=
Runkel sei bis Lobositz gelangt. Keith schlug vor, über das Mittel=
gebirge zu gehen und vor der Eger, wo die Ebene die Entfaltung
der zahlreichen Reiterei erlaubte, dem Feind den Weg zu verlegen.
Da sich für die Verpflegung Rat schaffen ließ, so trat der König
nach einigem Bedenken dem Vorschlage näher, beschloß aber zugleich,
um sicher zu gehen, die Truppen persönlich in das neue Lager
einzustellen. Am 27. nachmittags verließ er die Zernierungslinie vor
Pirna, zum 1. Oktober glaubte er wieder zur Stelle sein zu können.

Daß die österreichische Hauptmacht wirklich im Anzuge sei, er=
fuhr er bei der Ankunft in Johnsdorf am 28. Und tags darauf in
Türmitz, nach einem Marsch mit der Vorhut an die Biela, daß
Browne den Übergang über die Eger vorbereite. Das ganze Heer
erhielt für den 30. Marschbefehl.

Die Erwartung, „morgen die Herren Österreicher von Angesicht zu Angesicht zu sehen", erfüllte sich. Browne führte seinen Flußübergang am 30. September bei Tagesanbruch aus, legte sein Hauptquartier und die Vortruppen nach Lobosiß und nahm in Voraussicht eines Zusammenstoßes seine Hauptstellung, die Heerstraße nach Budin festhaltend, hinter dem Modlbache, den rechten Flügel bei Proßmik an die Elbe, den linken, mit dem Dorfe Sullowiß vor der Front, an die Teiche von Tschischkowiß gelehnt. In dieser Stellung erblickte der König das österreichische Heer, als er am Nachmittag mit dem Vortrab von der Höhe des Kletschenpasses

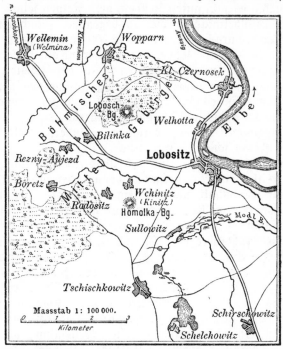

in das Tal hinabstieg. Er gewahrte zugleich, daß die den engen Ausgang der Paßstraße sperrenden Höhen des Homolka und des Lobosch noch unbesetzt waren, und machte sich den Fehler des Feindes zunußen, indem er noch in der Dunkelheit einen Teil der Truppen, über das ursprüngliche Ziel des Marsches hinaus, in die Defileen vorschob, um sich den Aufstieg zu den beherrschenden Höhen für morgen zu sichern.

Mitternacht war herangekommen, als die leßten Truppenteile nach ihrem beschwerlichen Gebirgsmarsch antraten. Die Zelte wurden nicht aufgeschlagen, man zündete große Feuer an und aß und fütterte wie man konnte. Auch der König wärmte sich am

Wachtfeuer, auf einer Trommel sitzend   Der Prinz von Preußen
trat heran und meldete die Ankunft seiner Kolonne.  „Ich habe sie
in der Tasche," meinte der König; der Bruder wandte ein, daß die
Lage nicht unbedenklich sei.  Der König suchte ihn und sich zu be=
ruhigen: „Wir haben die Höhen, und was soll ich denn tun? wir
können nicht mehr zurück."  In der Tat, kein anderer Ausweg:
hielt Browne stand, so mußte man ihn angreifen; ein Zurückgehen
über das Gebirge, den Feind im Nacken, konnte verhängnisvoll
werden, ein Stillestehen und Abwarten verbot der Furagemangel.

Der Ort, bei dem das Hauptquartier lagerte, war Welmina:
Friedrich nahm es zum guten Zeichen, dem Namen seiner Lieblings=
schwester — Wilhelmine — hier zu begegnen.  Auch ein Meteor,
das die Nacht durchhellte, ward als Glücksbote gedeutet.  Der
König ruhte in seinem Wagen, um ihn herum auf bloßer Erde die
Prinzen, Generale und Adjutanten.  In der zweiten Morgen=
stunde begann ein Schießen, der König sprang aus dem Wagen
und vernahm, daß es ein Morgengruß von den Panduren sei;
er meinte, er könne sich auf die guten Sauerländer, das am Lobosch
postierte Regiment Quadt, verlassen.  Andere Meldungen be=
sagten, der Feind scheine abzuziehen.

Noch vor Tagesanbruch, um ½6 Uhr, ritt der König mit dem
Marschall Keith, dem Thronfolger und den beiden braunschweigischen
Prinzen auf Kundschaft aus und zeigte ihnen die Stellung, in der
er aufmarschieren wollte; die Aussicht war frei, die Ebene ganz
leer, die Panduren in den Weinbergen still.  Beim Vorbeireiten
fragte er die Musketiere von Alt=Anhalt, wie sie geschlafen hätten,
und erhielt die Antwort: „Wie Ihro Majestät, auch auf der Erde."
„Nach getaner Arbeit ist gut ruhn," rief der König zurück.  Er ließ
vor allem jetzt die Abhänge der Berge durch die Vortruppen be=
setzen.  Das Hauptheer marschierte in zwei Kolonnen an, schob
sich bei Radositz durch die Gebirgspforte hindurch und entfaltete
sich dann in Schlachtordnung — eine Wellenlinie, die sich vom
Homolkaberg herunter durch die Talenge und wieder herauf quer
über den Südabhang des Lobosch zog.  Bei der Länge dieser Front
blieben von den verfügbaren 24 Bataillonen von vornherein nur
einige wenige für das zweite Treffen übrig.  Die Reiterei stellte
sich hinter den Infanterielinien auf.  Der König hielt auf dem
Homolka zwischen dem ersten und dem zweiten Treffen.

Nach 7 Uhr entspann sich ein lebhaftes Feuergefecht zwischen
den Bataillonen auf dem Lobosch und den zwischen den Wein=
bergsmauern hockenden Panduren.  Etwa gleichzeitig hub von
hüben und drüben der Geschützkampf an.  Ein dichter Nebel, der
während des Aufmarsches aufgestiegen war, hemmte die Aussicht;
die Stadt Lobositz sah man wie durch einen Flor, die Hauptstellung

des Feindes entzog sich dem Blicke ganz. Lange blieb zweifelhaft, ob man ein Heer, ob nur eine Nachhut, die Panduren in den Weinbergen und die Reiterhaufen vorn in der Ebene, vor sich hatte. Der König vermutete das letzte. Um Gewißheit zu schaffen, befahl er endlich dem General Khau — die Reiterei war inzwischen vor die Infanterielinie gezogen worden — auf diese Kavallerie Jagd zu machen. Das Geschützfeuer hatte jetzt an drei Stunden gewährt. Auch über den Standort des Königs nahmen die Stückkugeln ihren Flug, aber er wies die Warnungen seiner Umgebung kurz ab: „Ich bin nicht hier, um sie zu vermeiden."

Da werden in Sullowitz und dem ummauerten Tiergarten die Bärenmützen österreichischer Grenadiere erkannt: soll sich der Reiterangriff ihrem Flankenfeuer aussetzen? Khau wagt den Einwand zu erheben, und erhält „in der Phraseologie, die dem König so gänge ist, wenn er etwas für eine unzeitige Vorstellung hält", eine unwirsche Antwort. Mit sechzehn Schwadronen sprengt nun der General los. Es sind auserlesene, berühmte, stolze Regimenter, die Gardesducorps, die Gendarmen, die Küraffiere des Prinzen von Preußen, im zweiten Treffen die Baireuther Dragoner. Der König folgt ihnen mit unverwandtem Blick, das Fernglas in der Hand; er hebt sich in den Steigbügeln — als die Küraffiere in die feindliche Linie vorstoßen und sie im ersten Augenblick umbrechen, setzt er sich wieder im Sattel zurecht und sagt: „Jetzt sind sie weg." Aber das Bild ändert sich; die Baireuther haben keinen guten Tag, sie bleiben zurück, man sagt ihnen nach, daß der Anblick der Grenadiere in Sullowitz sie stutzig gemacht hat, genug, sie kommen zu spät, und die Küraffiere sind bereits überflügelt. Wohl verschaffen ihnen die Dragoner noch wieder Luft; weiterem Vordringen aber setzen das Flankenfeuer der Infanterie und die Geschütze der Batterien ein Ziel. Mit zwei Standarten als Siegeszeichen und einer Anzahl Gefangener reiten die Angreifer zurück.

Dem allen hat die Hauptmasse der preußischen Reiter vom Sattel aus zuschauen müssen. Eingedenk des alten Ruhmes und des oft gehörten Gebots, sich nie zuvorkommen zu lassen, von Ungeduld verzehrt nach stundenlangem Halten, erfüllt von dem Verlangen, Gefahr und Ehre des ersten Waffenganges mit den schon losgelassenen Kameraden zu teilen und das begonnene Spiel durch verdoppelten Einsatz zu entscheiden, stürmen jetzt die vordersten drauf los, ohne Befehl. Gewicht hängt sich an Gewicht, von den frischen Geschwadern wollen die eben erschöpft aus dem Kampf zurückgekehrten sich nicht beschämen lassen, wohl 11 000 Rosse — an die sechzig Schwadronen — schnauben durch das Blachfeld. „Mein Gott, was macht die Kavallerie da?" hört man den König rufen. Wer vermag sie zurückzuhalten, wer sich ihnen entgegen-

zustemmen? Wieder wird die feindliche Linie über den Haufen
geworfen, noch weiter als vorhin greift der Angriff aus, nicht bloß
über den zehn Fuß breiten Graben zwischen Sullowitz und Lobositz,
auch über die tief eingeschnittene, hohlwegartige Landstraße, die
von Lobositz nach Schirschowitz führt. Aber die Reihen haben sich
gelichtet, die Ordnung ist gelockert; da naht mit acht neuen Schwadronen Fürst Löwenstein und wirft sich zwischen die Fliehenden
und die Verfolger, ein erbittertes Handgemenge beginnt, bis der
Widerstand der Preußen der frischen Kraft der Gegner erliegt.
Viel ungeordneter als nach dem ersten Angriff, nahezu in Auflösung, mit Zurücklassung zahlreicher Verwundeter, die Schwadronen wirr durcheinander gewürfelt, langen die Geschlagenen
an dem Platz, von dem sie ausgeritten, wieder an. Nichts bleibt
übrig, als diese ganze Reiterei hinter die Infanterielinie zurückzunehmen.

Der König hatte nach seinem feststehenden Grundsatz, nur mit
einem Flügel zu schlagen, die Rechte zum Angriff bestimmt und
der an den Lobosch gelehnten Linken unter dem Herzog von Braun-
schweig-Bevern wiederholt eingeschärft, aus ihrer Stellung nicht
vorzugehen. Nach dem Mißerfolg der beiden Reitergefechte, und
nachdem längst kein Zweifel über die Gegenwart des ganzen feindlichen Heeres blieb, trat nun für die Infanterie die unerwartete
Wendung ein, daß sie, wie Friedrich sich ausdrückt, „den Stand
der Frage gewendet" sah und, statt zum Angriff zu kommen, selbst
angegriffen wurde. Fast hatte es das Aussehen, als ob die preußischen
Flügel gleichzeitig beide gepackt werden sollten. Von Sullowitz
her ertönte der dumpfe Klang der österreichischen Holztrommeln;
wirklich kamen einige Bataillone über den Bach. Durch die Batterien
auf dem Homolkaberg wurde die Bewegung schnell abgewiesen;
immer aber wurde durch den Angriff oder „Scheinangriff" — als
solchen faßte man ihn im preußischen Heere später auf — das erreicht, daß die Preußen nicht wagen durften, diesen ihren rechten
Flügel durch Abgaben an die jetzt ernstlich bedrängte Linke zu
schwächen. Noch weniger aber war angesichts der Gefährdung
des anderen Flügels jetzt an den ursprünglich beabsichtigten Angriff auf Sullowitz zu denken; ganz davon abgesehen, daß diesem
Angriff die Seitendeckung durch Reiterei gefehlt haben würde.
Vielmehr hatte der Feldherr nach dem ersten Gebot seiner Schlachten-
taktik dem in der Frühe zum Mauerbrecher ausersehenen Flügel
jetzt einfach und streng die Rolle des Zuschauers zuzuweisen; er
tat sich nach der Entscheidung etwas darauf zugute, seine Rechte
beständig festgehalten zu haben, und betrachtete es geradezu als
die entscheidende Vorkehrung, daß er die Höhe rechts wohl gesichert
und soutenniert habe.

Die Lage drüben auf dem linken Flügel war bedenklich ge=
worden in dem Augenblicke, wo die dortigen Bataillone, durch
stundenlanges Geplänkel mit den hinter ihren Weinbergsmauern
versteckten Kroaten ermüdet und zum Teil bereits ohne Pulver und
Blei, sich von größeren Massen regulärer Infanterie — Oberst
Lascy führte sie aus dem Grund an der Elbe den Abhang schräg
herauf — angegriffen sahen. Deutlich erkannte man vom Homolka=
berg den Vorstoß der Österreicher und konnte doch den bedrängten
Kameraden nur Munition, aber keine Ablösung oder Verstärkung
schicken. Es begann, wie einer der Zeugen erzählt, „ein Feuer
von einer unglaublichen Lebhaftigkeit, das ohne alle Pause fast
eine Stunde fortdauerte". Wurde die preußische Flügelspitze
eingestoßen und von dem Berge heruntergeworfen, dann ward,
so befürchteten die Zuschauer, aus „der preußischen Linie ganz
wahrscheinlich ein Knäuel, den keine Taktik fähig war, wieder zu
entwickeln und vom Untergang zu retten". Der König selbst sprach
nachher von „Umständen, da einem der Kopf leicht umgehen kann",
glaubte aber von sich sagen zu dürfen, daß er kaltes Blut bewahrt
und keinen Schritt getan habe, ohne alles zu bedenken. Aber wir
hören, daß er eine Zeitlang ernsten Besorgnissen sich hingegeben,
ja sogar von der Unvermeidlichkeit des Rückzugs gesprochen und
bereits seinen Standort auf dem Homolka verlassen habe. Wie
denn der Herzog von Bevern nach Jahren von einem schriftlichen
Befehl erzählt hat, laut dessen er mit den Bataillonen vom linken
Flügel „bei der vorseienden Retraite" die Arrieregarde zu machen
hatte. Immer ist der Rückzug, dessen Deckung Bevern zugefallen
sein würde, nicht eingeleitet worden; der Offizier, der den Befehl
überbringen sollte, langte nach Beverns eigener Angabe am Lobosch=
berg erst an, als die Lage sich schon völlig verändert hatte und Bevern
dort nicht mehr anzutreffen war.

Denn in ihrer Not war den wackeren Verteidigern des Berges
ein rettender Gedanke gekommen. Als Kraut und Lot aufs letzte
gingen und die Bedränger auf 500 Schritt heran waren, ward das
Gewehr gefällt: Beverns eigenes Regiment und das Grenadier=
bataillon Billerbeck gaben das Beispiel. Mit lautem Geschrei,
in vollem Lauf und aus allen Kräften, stürzten sie sich auf den
Feind, „mit dem Bajonett ihm in die Rippen, mit dem Kolben
hinterher". Der Prinz stieg vom Pferde und schloß sich dem wilden
Laufen an. Unaufhaltsam ging es weiter, ohne viel Bedacht auf
Reih' und Glied, von Mauer zu Mauer durch die Weinberge und
dann in die Ebene, auf Lobositz zu: „Die Fläche wurde blau,"
erzählt einer der Offiziere vom jenseitigen Flügel, „denn das un=
überwindliche Fußvolk erfüllte dieselbe gleich einem reißenden
Strom, der sich vom Gebirge herabstürzt." Der Befehl von heute

morgen, die Linke zurückzuhalten, hatte längst, da die Rechte nicht
ins Gefecht gekommen war, keine Bedeutung mehr; auch erhielt
jetzt der den Truppen und ihrem Prinzen durch die eigene Tapferkeit eingegebene Entschluß sofort eine vollständige Gutheißung,
da von drüben Feldmarschall Keith im Galopp herbeiflog, um die
weitere Leitung des Angriffes zu übernehmen. Der König blieb
derweil darauf bedacht, die Rechte, die schon mit klingendem Spiel
sich in Bewegung setzte, auf ihrem Berge festzuhalten: die beiden
Flügel hatten die ursprünglich ihnen zugedachten Rollen vertauscht.

Um die Angriffstruppen gegen eine Umfassung zu sichern,
wurde jetzt die Linie so weit nach links geschoben, daß sie die Elbe
erreichte. Damit aber riß die Verbindung nach rechts ab, und die
sechs Bataillone auf dem Homolka standen für sich allein. Um die
Lücke in der Mitte zu stopfen, mußten drei Kürassierregimenter in
die Infanterielinie einrücken: „ein neues und vielleicht unerlaubtes
Manöver“, wie Friedrich bekennt. Neu geordnet setzte dann der
linke Flügel seinen Angriff fort. Browne, dem zwei Pferde unter
dem Leib getötet wurden, vermochte den Kampf vor Lobositz nicht
mehr zum Stehen zu bringen; Oberst Lasch, noch auf dem Lobosch
verwundet, war unersetzlich, die Infanteriegenerale taten, wie
Browne bitter klagte, nichts als unbeweglich an der Spitze ihrer
Truppen zu halten, um sich töten zu lassen. Nach einem kurzen
aber hartnäckigen Gefecht zwischen den Häusern des in Flammen
aufgehenden Städtleins wurden die geschlagenen Truppenteile
hinter dem Modlbache von dem noch unversehrten linken Flügel
aufgenommen, den Browne nun mit großem Geschick eine trotzige,
achtunggebietende Bewegung ausführen ließ. Den Geschützdonner
löste ein starkes Gewitter ab.

„So endete das Treffen, man möchte sagen, noch ehe es anfing,“
urteilte man später auf preußischer Seite. Die Hauptstellung der
Österreicher war ungebrochen, ja unberührt. Ob Browne sie halten
oder räumen würde, ob morgen der Kampf von neuem begann —
das wurde im Hauptquartier zu Kinitz, wo der König nach der
Schlacht einen Imbiß nahm, lebhaft erörtert. Abends ward Lärm
geschlagen, bei strömendem Regen standen die Truppen eine Stunde
lang unterm Gewehr. Erst während der Nacht kam die Meldung,
daß der Feind abziehe. Browne hatte keine Veranlassung, es auf
den unsicheren Ausgang einer neuen Schlacht ankommen zu lassen,
da er für die Ausführung seines Planes auch so Rat wußte.

Die Preußen beglückwünschten sich, eine große Gefahr überstanden zu haben. Eine Kraftleistung, gewaltiger als Soor, dünkte
dem König der Sieg von Lobositz, und er bezeugte den Truppen:
„Seit ich die Ehre habe, sie zu befehligen, habe ich nie gleiche Wunder
der Tapferkeit geschaut.“ Die Gegner schienen ihm viel über-

legter und anschlägiger als vordem: nicht mehr die alten Öster=
reicher. So nachdrücklich hatten sich diese neuen Österreicher gewehrt,
daß man die aufgebauschten Stärkeangaben der Überläufer gut
und gern glaubte: in die für die Öffentlichkeit bestimmten Berichte
durften auf des Königs Befehl die Zahlen nicht aufgenommen
werden, wohl weil Friedrich seine numerische Schwäche der Welt
nicht offenbaren wollte; in vertraulichen Briefen aber bezifferte
er den Feind auf 60 000 Mann. Umgekehrt wollte Browne
40 000 Preußen bestanden haben. Tatsächlich hatten die beiden
Heere sich in ungefähr gleicher Stärke gegenüber gestanden: etwas
über 28 000 Preußen 31 000 Österreichern. Auch die Verluste
scheinen etwa gleich groß gewesen zu sein: hüben wie drüben nicht
ganz 2900 an Toten, Verwundeten und Vermißten.

„Eine Schlacht, die uns keinen reellen Nutzen, wohl aber einen
großen Verlust an braven Leuten gebracht hat" — so hieß es schon
nach wenigen Tagen im preußischen Lager. Der König, der etwas
später nicht viel anders geurteilt hat, erhoffte zunächst noch von
seinem Siege eine unmittelbare Rückwirkung auf die militärische
Lage vor Pirna: „Nun muß der Matz kapitulieren, ich denke, daß
ich die Sachsen in Lobositz werde gekriegt haben." Er glaubte,
die Österreicher ganz in die Defensive zurückgeworfen zu haben.
Aber selbst unter der irrigen Voraussetzung, daß sie nur auf die
Deckung der Egerlinie bedacht seien, schien ihm die eigene Lage
mit 24 Bataillonen, von denen 14 gelitten hatten, so unsicher, daß
er das Heer in Böhmen nicht zu verlassen wagte. Und am 8. Oktober
hielt er es für erforderlich, bei dem in Sachsen zurückgebliebenen
Korps eine Anleihe von vier Bataillonen zu machen. Aber als
diese „Kollekte" schon unterwegs war, kam Gegenbefehl. Die
Sachsen hatten in der Nacht auf den 9. über die Elbe zu gehen
versucht: die Sache kam „ins Kochen". Noch glaubte Friedrich
durch seine Plänkeleien Browne zu beschäftigen und festzuhalten,
bis er dann am 12. zu seinem Schrecken erfuhr, daß ein österreichisches
Korps rechts der Elbe in vollem Marsche sei. „Ich kann nicht
begreifen, wo die Leute herkommen," schrieb er nach Sedlitz an
Winterfeldt, „ich gestehe, daß mir das Herze recht benauet ist."
Mit 15 Dragonerschwadronen saß er zum Gewaltritt auf, um zur
Entscheidung noch zurechtzukommen: „Ich wollte um viel, wir
wären um vier Tage älter."

Der taktische Mißerfolg von Lobositz hatte die Kaiserlichen
strategisch nicht in Nachteil gesetzt. „Solchem nach bleibt es bei
der auf den 11. dieses konzertierten Unternehmung," schrieb Browne
am zweiten Tage nach der Schlacht dem Grafen Brühl. Am 11.
zur vorherbestimmten Stunde hatte der österreichische General
mit 8000 Mann Lichtenhayn, eine kleine Meile oberhalb Schandau,

erreicht. Aber die Sachsen hatten in der Nacht auf den 10. ihren
Brückenschlag am Lilienstein nicht ausführen können, da die zum
Auffahren der Pontons gemieteten Ruderknechte vor dem Feuer
einer preußischen Batterie ins Wasser geflüchtet und davon-
geschwommen waren. Erst am 11. begann die Verankerung der
nun zu Lande herbeigeschafften Schiffsgefäße, in der Nacht zum
13. wurde die Brücke überschritten, nicht vor Nachmittag erreichte
die Masse des Fußvolks die enge Bergplatte der Liliensteiner Ebenheit, unter strömendem Regen, ohne Gepäck, ohne Geschütze, weil
die ausgehungerten Pferde sie auf den grundlosen Wegen nicht
vorwärts brachten, mit durchnäßten Patronen; als Nahrung mußten
Krautstrünke und Kürbisranken dienen oder gekochter Puder mit
Schießpulver gewürzt.

Wohl hatte man sich den Verbündeten auf vier Wegstunden
genähert, aber ehe man ihnen die Hand reichen konnte, mußten
beide Teile einen Gegner über den Haufen werfen. Sowohl bei
Porschdorf und am Lilienstein wie bei Ratmannsdorf und Schandau
wurden die preußischen Verhaue und Redouten fast von Stunde
zu Stunde stärker belegt. Browne hatte am 11. nur 5 Bataillone
und 4 Schwadronen, 4000 Mann, sich gegenüber, aber er wollte
nicht anders als zugleich mit den Sachsen angreifen; am 13. boten
bereits 10 Bataillone und 7 Schwadronen ihm die Stirn; den
Sachsen am 13. früh 5 Bataillone, abends 8 Bataillone und 2 Schwadronen. In das verlassene Lager waren die Preußen alsbald
nachgedrängt und feuerten von dort auf die Nachhut, und wenn sie
jetzt noch ihre auf dem linken Elbufer aufgefahrene Batterie spielen
ließen, waren die auf der Ebenheit zusammengepreßten Flüchtlinge
geradezu der Vernichtung preisgegeben. Browne erklärte am 13.
abends, bei dem stetigen Anwachsen der feindlichen Macht nur noch
bis zum nächsten Morgen verweilen zu können. Zweimal, am
13. abends und am 14. früh, traten die sächsischen Generale zum
Kriegsrat zusammen; alle waren darin einig, daß jeder Kampf
nutzlos, der Durchbruch unmöglich sei. Aber der König, der auf
dem Königstein zurückgeblieben war, forderte den Angriff, von
Brühl beraten. Die Generale bewiesen ihm, daß nur eine Kapitulation ihn selbst vor dem Schicksal der Kriegsgefangenschaft retten
werde, denn der Königstein könne einer Belagerung nicht trotzen.
So erklärte er endlich am Nachmittag des 14., das Schicksal des
Heeres dem Kriegsrat überlassen zu wollen.

Unten in Struppen, wo so lange das sächsische Hauptquartier
gewesen war, traf eben in diesem Augenblick der König von Preußen
ein. „Alles war zu Ende," schrieb er an Keith, „ich habe nur noch
die letzten Seufzer der sächsischen Artillerie gehört." Die Kapitulation, die dem unglücklichen Heere am 15. Oktober gewährt wurde,

bedeutete im Grunde eine Übergabe auf Gnade und Ungnade: durch Randbemerkungen des Königs von Preußen zu den von Rutowski und Winterfeldt entworfenen Artikeln wurden die Geschicke der Sachsen entschieden, und die Bedingung, daß die Unteroffiziere und Gemeinen nicht genötigt werden sollten, preußische Kriegsdienste zu nehmen, wies Friedrich ausdrücklich und schroff zurück: „Darein hat niemand sich zu mischen, man wird keinen General zwingen, wider seinen Willen zu dienen, das genügt."

Damit waren die Leiber in seine Gewalt gegeben, die Seelen sollte ihr Eid ihm überantworten. Dem aus den Tagen des Landsknechtstums übernommenen Brauch, Kriegsgefangene für das Heer des Siegers anzuwerben, einem Brauch, dem Friedrich in kleinerem Maßstabe schon wiederholt gefolgt war, sollte jetzt ein ganzes Heer sich unterwerfen, ein fast ausschließlich aus sächsischen Landeskindern zusammengesetztes Heer, das bis auf diese Stunde dem angestammten Kriegsherrn hingebende Treue bewahrt und während der langen Pirnaer Leidenszeit nicht mehr als hundert Mann durch Desertion verloren hatte. Es war der dunkelste Fleck an dem preußischen Heerwesen, wie Friedrich Wilhelm I. es ausgebildet hatte, daß der erzwungene Eid gleichsam zu einer feststehenden Einrichtung geworden war. Bei diesem Anlaß fand das im Einzelfalle unzähligemal befolgte System eine verhängnisvolle Massenanwendung. König Friedrich hat sich später, nach seinen doch unvermeidlichen schlechten Erfahrungen mit diesen Sachsen, nur den einen Vorwurf gemacht, daß er die Gefangenen, statt sie unter seine alten Truppen zu verteilen (das geschah nur mit den sächsischen Reitern), in ihren alten Regimentsverbänden, wenn auch unter preußischen Offizieren, beieinander gelassen habe. Dem Prinzen Moritz von Dessau ist nachgesagt worden, er habe dem Könige eingeredet, daß die protestantischen Sachsen ihm, dem glaubensverwandten Fürsten, lieber dienen würden, als ihrem katholischen Landesherrn: so sei gegen Winterfeldts ausdrücklichen Rat von der Auflösung der Regimenter abgesehen worden.

Im Lager von Lobositz, am 7. Oktober, äußert Friedrich die Befürchtung, wenn es in Pirna noch acht Tage andauere, werde es ihm unmöglich sein, über Winter in Böhmen zu bleiben: „Die Sachsen verderben mir die ganze Campagne." Am 14., bei der Ankunft in Struppen, in der ersten Freude über die Vereitelung des sächsischen Durchbruches, hatte er noch einmal alle Hoffnung, sich „mit großer Überlegenheit" in Böhmen behaupten zu können. Aber bereits am 16. kündete er Schwerin an, daß mit der Kapitulation der Sachsen der Feldzug zu Ende sein sollte: keiner von ihnen beiden könne sich in Böhmen halten, es fehle dazu an sicheren und soliden Anstalten, da man zu spät eingerückt sei.

Warnery hat in seiner Kritik der Feldzüge dieses Krieges die
Räumung Böhmens gemißbilligt und will sie dem Könige wider-
raten haben; er meint, daß auf dem rechten Elbufer das Heer noch
ausreichenden Unterhalt gefunden haben würde, durch die Iser in
der Front gedeckt, die Rechte an Melnik angelehnt, die Linke in
Fühlung mit dem Schwerinschen Korps, das im Königgrätzer
Kreise hätte bleiben müssen; von dieser Stellung aus würde man
auch jenseits der Elbe den Abschnitt zwischen der Eger und der
Grenze leicht gedeckt haben.   Nun hat Friedrich der Deckung durch
einen Fluß, nach der Erfahrung von Selmitz im Jahre 1744[1]), stets
einen sehr geringen Wert beigemessen: so oft man sich hinter einen
Fluß stelle, um ihn zu verteidigen, werde man der betrogene Teil
sein.   Erinnern wir uns ferner, daß die böhmischen Winterquartiere
des Feldzugsplanes für 1756 mit der Theorie der „Generalprinzipien vom Kriege" von 1748 ohnehin nicht übereinstimmten.
Der königliche Feldherr ist zu dieser seiner alten Theorie durchaus
zurückgekehrt in einer nach seinem letzten Kriege entstandenen
Denkschrift, wo er in eingehender Darlegung es als fast unmöglich
bezeichnet, Böhmen über Winter zu behaupten ohne den Besitz
von Prag oder ohne eine ganz entscheidende Schlacht, durch die
dem Gegner aller Mut genommen sei, sich wieder sehen zu lassen.
So meinte er auch jetzt, um ruhige Winterquartiere in Böhmen
zu haben, müsse man zuerst das Heer des Marschall Browne noch
einmal geschlagen haben, „was Vorbereitungen erfordert, die uns
bis zum 20. November in die schon zu rauhe und für die Truppen
ungesunde Jahreszeit hinziehen würden".

Immerhin, ein von vornherein in bescheidenen Grenzen gehaltener
Feldzugsplan hatte sich noch eine starke Einschränkung gefallen
lassen müssen, und zwar, wie Friedrich eingestand, durch diesen
unerwartet zähen Widerstand der Sachsen.   Am Schlusse eines in
der strategischen Offensive begonnenen Feldzuges, nach einem
unfruchtbaren Siege und nach der vollständigen Räumung des
kaum besetzten österreichischen Gebietes, waren jetzt für die Monate
der Winterruhe Schwerin und anfänglich auch der König nicht
ohne Sorge um die Sicherheit der eigenen Grenzen.

Schwerin war seinem nach dem nördlichen Böhmen abgezogenen
Gegner Piccolomini über Nachod bis nach Königgrätz nachgedrängt;
nicht ganz im Sinne des Königs, der vielmehr einen Vormarsch
über Landeck, oder später eine Abschwenkung nach Hohenmauth
gewünscht hätte, um den Feind nach Olmütz abzuziehen.   In den
letzten Tagen des Oktober rückten die beiden nach Böhmen vorgeschobenen Korps wieder in die Grafschaft Glatz und nach Sachsen

---

[1]) I, 468.

ein. Mitte November, schon war fußhoher Schnee gefallen,
wurden die Winterquartiere bezogen, eine lange Kette von Ober=
schlesien bis nach Plauen im Voigtlande. Am 14. ritt der König
an der Spitze seines ersten Bataillons Garde in Dresden ein.

———

Der Feldzug war beendet. Hat der preußische Aufmarsch die
kriegslustigen Gegner zu Umkehr und glimpflichem Vergleich bringen
sollen, so war der Zweck verfehlt. Vielleicht, daß eine große, ganze
Niederlage des österreichischen Heeres der Kaiserin=Königin und
den ihr befreundeten Höfen den Sinn gewandt haben würde: so
aber wurde der preußische Rückzug aus Böhmen als Eingeständnis
der militärischen Schwäche ausgelegt, als beschämender Mißerfolg
hingestellt, wohl gar als die Wirkung des Tages von Lobositz, des
unechten preußischen Sieges. Browne glaubte den König von
Preußen einen Fürsten nennen zu dürfen, der mehr aus Caprice
als nach System handle, vielleicht große Eigenschaften besitze, aber
sicher kein großer Kapitän sei. Wie nach dem Feldzuge von 1744
verbreitete das Gerücht Schreckensdinge über die Verluste des
preußischen Heeres. Friedrich spottete über die Zeitungen, nach
denen die Preußen bereits vertilgt sein müßten. „Ihr werdet
diesen Winter hören, daß ich verloren bin,“ schrieb er nach Baireuth;
„man wird den Preußen die Leichenrede halten und die Grab=
schrift setzen, aber im Frühjahr werden sie auferstehen.“ Doch er
konnte sich nicht darüber täuschen, daß man seine Macht als nicht
so gar fürchterlich anzusehen begann.

Beim Ausrücken in das Feld hatte er seinen Ministern drei
politische Aufgaben vornehmlich an das Herz gelegt: in Polen die
Parteien zu beobachten und auf dem Reichstag dieses Herbstes
Beschlüsse zugunsten des sächsischen Königs zu hintertreiben; bei
der Republik der vereinigten Niederlande auf den Beitritt zu dem
preußisch=englischen Bündnis hinzuwirken, wie ihn das gemeinsame
protestantische Interesse gegenüber dem Bunde der beiden katholischen
Vormächte Österreich und Frankreich erheische; in Versailles end=
lich den Boden gegen den österreichischen und sächsischen Einfluß
zu verteidigen, um Frankreich von der Unterstützung der Gegner
Preußens trotz allem noch zurückzuhalten.

Sehr bald ergab sich, daß von der lärmenden Versammlung
zu Grodno etwas Ernstliches nicht zu befürchten war, ohne daß
der preußische Gesandte zu dem äußersten Mittel, der Sprengung
des Reichstages, zu greifen brauchte. Aber ebenso unfruchtbar
im Haag die Beratungen der Generalstaaten. Nicht einmal zu
der eine Zeitlang geplanten Vermehrung des Heeres kam es, die
Friedrich hier ebenso befürwortete, wie er sie in Grodno bekämpfte.

Er schalt auf diese entarteten und ihrer großen Vergangenheit
vergessenden Holländer, die durch nichts ihrem Phlegma zu entreißen seien; aber er schalt auch auf die Engländer, die nach seinem
Plan die dritten im Bunde sein sollten, und nun die allgemeine
Entrüstung gegen sich herausforderten, indem sie durch ihre Kaper
die neutrale holländische Flagge allen Schädigungen und Drang-
salen aussetzten. Als die Schlacht bei Lobositz geschlagen war,
hat Friedrich einen Versuch gemacht, die Republik als Friedens-
vermittlerin zu gewinnen; er beauftragte zu diesem Behuf seinen
Gesandten am 6. Oktober mit der Erklärung, daß er keine Land-
abtretungen begehre, weder von Österreich noch von Sachsen, sondern
nur Bürgschaften für einen dauerhaften Frieden.

Die gleiche Erklärung sandte er wenige Tage darauf nach Paris.
„Keinen Zoll breit sächsischen Landes," läßt er den Franzosen
beteuern. Noch ermaß er nicht, wie stark das französische Interesse
durch das belgische Tauschgeschäft an dem österreichischen Plan zur
Wiedereroberung Schlesiens beteiligt war, wie weit sich Frankreich
auf die Verschwörung gegen ihn bereits eingelassen hatte. Obgleich
er in seinen für die Engländer bestimmten Denkschriften immer
schon von dem Triumvirat spricht, das die Freiheit Europas be-
drohe, so glaubte er sich selbst und Preußen einstweilen nur durch
den Zweibund der Kaiserhöfe gefährdet. Aber was er über die
feindseligen Absichten dieser beiden in Erfahrung gebracht hatte,
war ihm bereits bis zu dem Grade gefährlich erschienen, daß er
unverzüglich zur Notwehr geschritten war und seine militärische
Stellung um das starke Bollwerk, das ihm Sachsen bot, verstärkt
hatte — auf die Gefahr hin, dadurch das anscheinend noch neutrale
Frankreich in das gegnerische Lager zu drängen, aber doch mehr
in der Hoffnung, daß die Franzosen nach der ersten Erregung, deren
auffliegende Hitze er hinreichend kannte, sich eines Besseren besinnen und abseits bleiben würden. Viel schien gewonnen, wenn
sie diesen Herbst nicht mehr marschierten; dann ließ sich, meinte
Friedrich, über Winter viel Gutes erreichen und vielleicht ein allgemeiner Friedensschluß anbahnen. Persönliche Erfahrung lehrte
ihn, daß sie nicht geneigt waren, sich für einen Verbündeten gerade
zu überanstrengen. Vielleicht, daß ihnen eine Ausrede den neuen
Freunden gegenüber ganz willkommen war: daß der Fall des
Vertrages vom 1. Mai, die Verpflichtung, dem Wiener Hofe
24 000 Mann zu stellen, nicht vorliege, weil Preußen nicht in Wahrheit der Angreifer sei; auf diesen Satz liefen Friedrichs immer von
neuem wiederholte Vorstellungen sämtlich hinaus. Für sein Verhalten gegen Sachsen konnte er sich zudem auf das eigene Beispiel Frankreichs berufen. Hatte sich nicht Ludwig XIV. im spanischen
Erbfolgekriege den Zugang zu den habsburgischen Erblanden durch

die Überrumpelung Piemonts geöffnet, und das zu einer Zeit, da der Herzog von Savoyen der Schwiegervater des Dauphins war? Und jetzt sollte es dem König von Preußen verboten sein, des Dauphins Schwiegervater zu entwaffnen? Große Herren hätten keine Verwandte, ließ er den französischen Ministern sagen, und wenn man seinen Feinden zuvorkommen müsse, könne die Genealogie nicht konsultiert werden.

Aber schon die Haltung des Marquis Valory in Berlin war bezeichnend für den völligen Sinneswandel der Franzosen. Der dicke, cholerische Herr war in den elf Jahren seiner ersten Gesandt= schaft eine der populärsten Figuren am preußischen Hofe geworden. Jedermann nahm das Wiedererscheinen des „lieben Papa" in dem kritischen Frühjahr von 1756 zum guten Zeichen; der König hatte ihn als alten Freund mit einer Umarmung begrüßt; er hatte die Gutmütigkeit und Anhänglichkeit des Mannes jederzeit überschätzt. Valory erkannte sehr bald, daß er, der Favoritminister von ehedem, unter den veränderten Umständen ganz und gar nicht an seinem Platze sei. Er klagte über die unbehagliche stumme Rolle, die er jetzt spielen müsse; er war billig genug, die Westminsterkonvention nach ihren wahren Beweggründen zu würdigen, den Krieg aber betrachtete er als eine Übereilung und glaubte fest, daß die Hinter= list oder wohl gar das Gold der Engländer den König verleitet habe. Im übrigen hütete er sich wohl, in seinen Berichten nach Versailles zum Guten zu reden, vielmehr beurteilte er die Haltung Preußens, vor allem auch die Vorgänge in Sachsen, auf das schärfste. Er wußte, wie daheim der Wind wehte; war doch auch sein Gönner und politisches Orakel Belle=Isle, ehedem unter seinen Lands= leuten der gewichtigste Anwalt der preußischen Sache, vorbehaltlos zur österreichischen Partei übergegangen.

Allerdings ist nun in Frankreich das österreichische Bündnis, ein Menschenalter später dem Hofe geradezu als Verbrechen an= gerechnet, schon im Augenblick seiner Entstehung nicht ohne lebhaften Widerspruch geblieben. Das Werk der Marquise von Pompadour und des unter ihrem Schutze aufstrebenden Abbé Bernis galt den Diplomaten der historischen Schule als Abfall von den bewährten Überlieferungen der ruhmvollsten Epoche französischer Geschichte. Noch immer sei Frankreich im Bunde mit dem Hause Österreich zu Schaden gekommen: so unter der Mediceerin, ehe Heinrich IV. den alten Kampf wieder aufnahm; so nach Heinrichs Tode, bis es Richelieu gelungen sei, das von den Habsburgern gewonnene Übergewicht mit den äußersten Anstrengungen, mit Kriegen, Siegen und Intrigen, mit viel Geld und viel Glück zu zerstören. Jetzt lasse man mit geschlossenen Augen Österreich in Italien und in Deutschland um sich greifen, gebe die deutschen Protestanten und die deutsche Libertät preis, verzichte auf die Verbindung mit Bayern, Württemberg und Sachsen, um sie und andere an Österreich aus= zuliefern und Österreich unterzuordnen, treibe Preußen in die Arme Englands und überlasse dem Einfluß Rußlands die alten Verbündeten im Norden und Osten, Dänemark, Schweden, Polen und die Türkei. So klagte d'Argenson, der ehemalige Minister des Auswärtigen, und sein derzeitiger Nachfolger Rouillé lehnte die Glückwünsche zu dem Vertrag von Versailles mit der völlig zutreffenden Begründung ab, daß der Vertrag das Werk des Königs sei. Ein loyaler Hofmann, wie der Herzog von Luynes, gewahrte mit Befremden, daß es dem König von Preußen für seinen An= griffskrieg an Verteidigern in Frankreich nicht fehlte; nicht bloß seine Absage an die Kaiserin=Königin, auch sein Verhalten gegen Sachsen wurde entschuldigt. Seine Enthüllungen über die Um= triebe des Grafen Brühl blieben nicht ohne Beachtung, und der Eindruck, den die Tränen der Dauphine gemacht hatten, ging durch die unglückliche Haltung ihres königlichen Vaters verloren: Gegner und Freunde Preußens, alle am Hofe, der König nicht ausgenommen, fanden sich zusammen in der Entrüstung über die unkönigliche Mattherzigkeit, in der König August, statt in der Stunde der Gefahr bei seinen Truppen zu bleiben und mit ihnen den von ihm selbst anbefohlenen Durchbruch, das Schwert in der Hand, zu erzwingen, sich auf dem Königstein geborgen hatte. Es ist bezeichnend, daß nicht die Vergewaltigung Sachsens, sondern eine Beschwerde des Grafen Broglie, der in seiner Eigenschaft als Gesandter den Einlaß in das sächsische Lager hatte ertrotzen wollen, den äußeren Anlaß gab, Valory aus Berlin abzuberufen und dem preußischen Ge= sandten Knyphausen den Hof zu untersagen.

Den äußeren Anlaß — es geschah nur, was Frau von Pompa= dour im Mai dem Grafen Starhemberg verheißen hatte, daß man bei so schönem Beginnen nicht auf halbem Wege stehen bleiben werde. Nichts berechtigt zu der Annahme, daß Frankreich ohne die Schilderhebung Preußens die weitergehenden Entwürfe Maria Theresias von sich gewiesen haben würde. Die entscheidenden Zu= geständnisse waren bereits vorher gemacht. Österreich hatte zu viel zu bieten. Nicht eine Weiberlaune, sondern die Abwägung großer politischer Interessen gab den Ausschlag. Gewiß hat die Marquise von Pompadour an der Umwälzung des europäischen Allianzsystems hervorragenden Anteil gehabt, durch ihre taktischen Ratschläge an den österreichischen Botschafter, durch Bekämpfung entgegenwirkender Einflüsse, durch ihre persönliche Stellung zu Ludwig XV. Sie war, durch jüngere Schönheiten abgelöst, dem Könige nicht mehr das, was sie ihm früher gewesen, aber sie war, wie Starhemberg es bezeichnete, „die Freundin, die Beraterin,

oder richtiger gesagt der Premierminister des Königs"; d'Argenson
nannte sie des Königs Trösterin. Der kannte aus seiner amtlichen
Erfahrung diesen Fürsten, welcher keine Sentiments, sondern nur
Sensationen habe, und wollte das Geheimnis und die Stärke der
allmächtigen Frauenherrschaft darin sehen, daß die Marquise die
Geschäfte mit einer Zartheit, einer Ruhe, einem Reiz zu behandeln
wisse, die der König an einem Manne, und wäre er sein vertrautester
Freund, vergeblich suchen würde. Sie besaß die Kunst, sich den
Stimmungen anzuschmiegen, unausgesprochene Absichten zu erraten, für die noch ungeklärten Anschauungen die Formel vorweg-
zufinden. So hatte sie mit richtigem Instinkt erkannt, wie tief im
Innern der König dem bisherigen politischen System entfremdet
war. „Der König seufzte seit lange," heißt es in der von Ludwig
unterzeichneten Instruktion vom 19. Oktober 1756 für den nach
Wien bestimmten militärischen Bevollmächtigten, „daß die Vorurteile der Politik sich der Aufrichtung eines Systems entgegenstellten, das seinem Herzen genugtat und das ihm geeigneter erschien
als irgend ein anderes, die wahre Religion und den allgemeinen
Frieden aufrecht zu erhalten." Der König von Preußen, seit lange
ihm ein Gegenstand der Abneigung und des Ärgernisses, hieß ihm
jetzt eine Gottesgeißel und der Rasendste der Rasenden.

Es wäre schwer zu sagen, wer in diesem Falle mehr gewann,
ob die Marquise durch ihr Eintreten für das österreichische System,
ob das neue System durch die Unterstützung der Marquise; die
Sache, die sie ergriff, war stark schon an sich. Hatte das alte System
den nationalen Ruhm seiner großen Begründer und die folge-
richtige Geschlossenheit für sich, so fehlte es auch der neuen Politik
nicht an großem Wurf und einleuchtender Klarheit. „Der König
hat das politische System Europas umgewandelt, aber er hat nicht
das System Frankreichs verändert," lautete die offizielle Formel.
Die am meisten durchschlagende Erwägung ist doch die gewesen:
im Bunde mit Preußen hatte Frankreich für sich nichts erreicht,
nur für die Vergrößerung seines Verbündeten, eines unsicheren
Verbündeten, gearbeitet; das Bündnis mit Österreich versprach
einen großen Gewinn. Vordem hatte der König von Preußen
Lothringen und Schlesien, die verlorenen Kinder des Hauses Habs-
burg-Lothringen, als zwei Schwestern bezeichnet und die Interessengemeinschaft Frankreichs und Preußens dadurch verbürgt sehen
wollen, daß beide gegen denselben Feind eine Eroberung zu verteidigen hatten. Nun hatte der Wiener Hof nicht blos die Auf-
opferung von Lothringen verschmerzt, sondern war bereit, sogar
Belgien preiszugeben. Dieses Land, um das Frankreich in so vielen
Kriegen vergeblich gerungen hatte, wurde ihm jetzt von der Erbin
der spanischen und deutschen Habsburger freiwillig angeboten. Mit

geringstem Einsatz dachte man den reichen Gewinn zu bergen. Und damit eröffnete sich die weitere Aussicht, mit der Hauptmasse der französischen Streitmacht auf den zweiten der historischen Gegner, den vornehmsten Feind fallen zu können, auf England, das jetzt von Österreich und anscheinend auch vom Kriegsglück verlassene.

Vor einem Jahr, im ersten Entwurf seines großen Planes, hatte Kaunitz von den Franzosen nichts weiter verlangt als Los=sagung vom Bündnisse mit Preußen, Zustimmung zur Rückkehr Schlesiens in österreichischen Besitz, Geldspenden für den Krieg der beiden Kaiserhöfe gegen Preußen: keine Waffenhilfe. „Ohne Krieg" sollte Frankreich einen so bedeutenden Gewinn wie die Ein=räumung des halben Belgiens an den Schwiegersohn des aller=christlichsten Königs davontragen. Als nach dem Abschluß des preußisch=englischen Neutralitätsvertrages Frankreich diesen Plan guthieß, steckte man Ende März 1756 in Wien, durch das Ergebnis ermutigt, das Ziel bereits höher. Man nahm in Aussicht, außer der Geldhilfe noch die Entsendung eines französischen Beobachtungs=heeres nach Westfalen, zur Warnung der Hannoveraner und sonstiger protestantischer Anhänger Preußens, zu fordern und dafür neben der territorialen Ausstattung für den Infanten Philipp noch die Verschreibung von Luxemburg anzubieten. Als zwei Monate später nach dem Abschluß des Verteidigungsbündnisses von Versailles der französische Unterhändler von selbst die Abtretung der gesamten österreichischen Niederlande anregte, durfte die Kaiserin=Königin die eigenen Ansprüche abermals erhöhen. Kein Zweifel bleibe übrig, so ward es am 19. Mai im Kronrate ausgesprochen, daß der zweite Vertrag, das Offensivbündnis mit Frankreich, zu seiner Richtigkeit kommen würde. Also forderte man: Zustimmung Frankreichs zu einer „weiteren Schwächung", d. h. zu einer Zurück=führung Preußens auf den Besitzstand des beginnenden siebzehnten Jahrhunderts; Zahlung von zwölf oder im äußersten Falle von acht Millionen Gulden jährlicher Subsidien; Deckung der Unter=haltskosten für ein aus reichsfürstlichen Truppen, Sachsen, Württem=bergern, Pfälzern, zu bildendes Heer; unmittelbare Beteiligung eines französischen Korps an dem Kampfe gegen Preußen oder wenigstens die Entsendung des Beobachtungsheeres nach Westfalen.

Am 9. Juni 1756 sind die entsprechenden Weisungen an den Bot=schafter nach Paris abgegangen; als geschickter Unterhändler hielt Starhemberg mit dem letzten Worte seines Hofes lange zurück, um das als unerläßlich Bezeichnete um so sicherer und vollständiger zu erreichen. Am 20. August konnte er frohlockend berichten, daß er endlich auf dem Punkte sei, wohin man diesen Hof seit lange habe bringen wollen. Frankreich willigte jetzt stillschweigend in die weitere Schwächung oder, wie man in Versailles sagte, in die

totale Destruktion Preußens und verhieß die Aufstellung des Be=
obachtungsheeres, nicht acht, sondern die zwölf Millionen als festen
Jahresbeitrag, und weitere Subsidien für die reichsfürstlichen
Kontingente. Und bei dem allem bestand Frankreich nicht einmal
auf der anfangs geforderten unmittelbaren Erwerbung der ge=
samten österreichischen Niederlande, sondern wollte sich mit ihrer
Überlassung an den Infanten begnügen. „In der Tat, viel ver=
gnüglichere Nachrichten, als man vermutet hatte!" bekannte Kaunitz.
Den endgültigen Abschluß der Verhandlung sah er als nahe bevor=
stehend an, da kein einziger Punkt mehr auf unausgleichbare
Meinungsverschiedenheit zu stoßen schien.

Da hat nun gerade der Ausbruch des Krieges mit Preußen noch
eine unvorhergesehene Schwierigkeit geschaffen. Wurde anerkannt,
daß Österreich der angegriffene Teil war, so war Frankreich durch
den Vertrag vom 1. Mai zur Stellung von 24 000 Mann, zu der
unmittelbaren Beteiligung am Kriege verbunden, die man in
Versailles, nicht zum wenigsten in Erinnerung an die deutschen
Feldzüge des letzten Krieges, eben vermeiden wollte. Ohne Zweifel
hatte die österreichische Diplomatie vorausgesehen, daß es so kommen
würde, da sie sich die Geschicklichkeit zutraute, die Rolle des An=
greifers unter allen Umständen Preußen zuzuschieben: hundert
Gründe statt eines habe man zum Bruch, hatte Starhemberg schon
im Mai zu Bernis gesagt. Nachmals, als der ungeahnte Ausgang
dieses Krieges die schärfste Kritik der von ihm vertretenen Politik
geliefert hatte, da hat Bernis gegen die Österreicher den Vorwurf
erhoben, daß sie, um Frankreich in einen den französischen Interessen
fremden Kampf zu verwickeln, durch ihre schroffe Haltung Preußen
zum Bruch getrieben hätten. Zurzeit war der langvermißte
große Staatsmann, den Kaunitz in dem Abbé Bernis für Frankreich
kommen sah, weit davon entfernt, sich zu solcher Auffassung zu be=
kennen. Und hatte man denn die Wahl? Man mußte den Casus
foederis als gegeben anerkennen, unter allen Umständen, um Belgiens
willen. Starhemberg sah ganz klar, wenn er sagte, die Befürchtung
der Franzosen sei, daß die Kaiserin Schlesien gewinnen könne ohne
Frankreichs Unterstützung und ehe sie ihre Unterschrift für die Ab=
tretung der Niederlande gegeben habe. Die Franzosen, nicht die
Österreicher, waren es jetzt, die auf den Abschluß des neuen Ver=
trages hindrängten. Wenn nun aber Kaunitz besorgt hatte, daß
Frankeich mit Hinweis auf die ihm jetzt obliegende Truppenstellung
von all dem anderen, was im August bereits zugesagt worden war,
dieses oder jenes zurücknehmen werde, so war man umgekehrt in
Versailles viel mehr geneigt, die sonstigen Leistungen zu erhöhen,
wofern nur die Auslieferung der „24 000 Geiseln" sich um=
gehen ließ.

Zunächst ward unter dem Vorwand der vorgeschrittenen Jahres=
zeit der schon angeordnete Ausmarsch aufgeschoben.   Dann bot
man statt der 24 000, die unterwegs schon, auf dem Marsche bis
Mähren, zur Hälfte draufgehen würden, ein dreimal so starkes
Heer für eine Diversion zwischen Niederrhein und Elbe an.  Monate=
lang ward mit dem nach Wien gesandten Marschall d'Estrées hin
und her verhandelt.   Schon wollten die Franzosen sich dazu ver=
stehen, die 24 000 Mann zwar nicht in Böhmen, aber in Thüringen,
bei Erfurt, zu einem österreichischen Korps stoßen zu lassen; da be=
sann man sich in Wien endlich eines anderen, und fand es vorteil=
hafter, 100 000 und mehr Franzosen, ein großes selbständiges Heer,
über den Niederrhein kommen zu sehen, als 24 000 widerwillige
und vielleicht sehr anspruchsvolle und unfügsame Gäste im eigenen
Lager aufzunehmen.   Man ließ sich den Vorschlag gefallen, den
d'Estrées am 18. Februar übergab, daß 52 000 Mann Ende April
die Laufgräben vor Wesel eröffnen, weitere 53 000 Mann Mitte
Mai bei Düsseldorf sich versammeln würden.   Der Vormarsch an
die Weser sollte von dem Ergebnis einer mit Hannover eingeleiteten
Neutralitätsverhandlung abhängig bleiben, und die Belagerung
von Magdeburg wurde von vornherein an die Bedingung geknüpft,
daß die Österreicher zuvor Herren des ganzen Elbstromes sein und
aus Prag Geschütz und Munition liefern müßten.

Daraus ergab sich, was die österreichischen Feldherren an ihrem
Teile zu tun hatten.   Sie hatten geschwankt, ob sie in Schlesien
oder in der Lausitz und Sachsen zum Hauptangriff schreiten sollten.
Nunmehr, am 28. Februar, zwei Tage vor des Grafen d'Estrées
Abreise, traten Prinz Karl von Lothringen, Kaunitz, Neipperg und
Browne in der Hofburg zu einer letzten Beratung mit ihm zu=
sammen und eröffneten ihm, daß die Entscheidung der Kaiserin für
den Einmarsch nach Sachsen gefallen sei, nicht zuletzt um den Fran=
zosen die Unternehmung gegen Magdeburg zu erleichtern.   Von
der Verlegung des Kriegsschauplatzes in das Herz der preußischen
Monarchie versprach sich Maria Theresia den sichersten und schnellsten
Erfolg: es sei „menschlicherweise nicht wohl anders zu urteilen, als
daß der König von Preußen sich unmöglich auf allen Seiten retten
und der auf ihn andringenden überlegenen Macht langen Wider=
stand leisten könne."

Nach diesen Vorverhandlungen ist dann am Jahrestage des
ersten Vertrages, am 1. Mai 1757, das zweite Versailler Bündnis
unterzeichnet worden.   Vorteilhafter für Österreich nach Starhem=
bergs Urteil, als man sich jemals hatte versprechen können.

Ludwig XV. verpflichtete sich, statt der 24 000 Franzosen
6000 Württemberger und 4000 Bayern auf seine Kosten zum Heere
der Kaiserin=Königin zu stellen, außerdem aber mit 105 000 Mann

französischer oder in französischen Sold genommener Truppen in
den Krieg einzugreifen, sowie vom 1. März 1757 ab jährlich zwölf
Millionen Gulden Hilfsgelder nach Wien zu zahlen. Auf die vor
einem Jahr geforderte unmittelbare Erwerbung Belgiens war
Frankreich auch jetzt nicht zurückgekommen; man begnügte sich mit
der Anwartschaft auf die Herrschaften Chimay und Beaumont,
auf die Städte Mons, Ypern, Furnes und auf die beiden einzigen
Seehäfen an der belgischen Küste, Nieupoort und Ostende, mit der
Maßgabe, daß das Besitzrecht in dem Augenblick an die Krone
Frankreichs übergehen sollte, in welchem alle Bestimmungen des
Vertrages völlig ausgeführt und durch den Friedensschluß mit
Preußen gesichert sein würden. Eben dann sollte dem Schwiegersohn des französischen Königs der Rest der österreichischen Niederlande samt dem zu schleifenden Luxemburg, des Infanten italienische
Herrschaft aber, Parma, Piacenza und Guastalla, dem Erzhause
eingeräumt werden. Noch sagten sich beide Mächte gegenseitig
ihre guten Dienste zu, um die Verwandlung Modenas in eine
österreichische Tertiogenitur und den Übergang von Minorca in
französischen Besitz zu bewirken. In Deutschland wurde der Kaiserin-
Königin außer Schlesien und Glatz das Fürstentum Krossen mit
einer passenden Abrundung zugesichert — gemeint war ein Teil
der Lausitz, wofern der Kurfürst von Sachsen im Austausch dafür
das Fürstentum Halberstadt zu dem für ihn bestimmten Herzogtum
Magdeburg hinzunehmen wollte. Außer Schlesien und Krossen,
Magdeburg und Halberstadt sollte der König von Preußen noch
die Erwerbungen aus den Friedensschlüssen von 1713 und 1720,
seinen Anteil an Vorpommern und das Oberquartier von Geldern,
samt allem, was er aus der Erbschaft der alten Herzoge von Kleve
besaß, verlieren, zugunsten der Krone Schweden und des wittelsbachischen Hauses, sowie gegebenenfalls der Vereinigten Niederlande. Und zwar sollte eine Landabtretung dieses Umfanges
zum „allermindesten" ihm abgerungen werden. Nicht eher wollten
die beiden Mächte die Waffen niederlegen, nicht eher Frankreich
seine Subsidienzahlungen einstellen.

Eine weitere Absicht verheimlichte der Wiener Hof seinem neuen
Verbündeten. Auch das Land, auf welches das preußische Königtum
gegründet war, und damit die Königswürde selbst, sollte dem verhaßten Gegner genommen und Ostpreußen in die Hände der Polen
überantwortet werden, die dafür Kurland und Semgallen an die
Russen abtreten würden. Daran knüpfte sich für Maria Theresia
anfänglich noch der Wunsch, ihren zweiten Sohn, den Erzherzog
Karl, als polnischen Lehensmann zum Herzog von Preußen eingesetzt zu sehen. Aber ihrem Botschafter Esterhazy erschien die
Sache allzu „häklig", als daß er auch nur von fern und wie von sich aus

sie zu berühren gewagt hätte; zumal da die Staatsmänner der
Zarin nach der ihnen geläufigen Taktik vorläufig große Selbst=
bescheidung zur Schau trugen und den Botschafter den Eindruck
gewinnen ließen, als sei Rußland auf eine Vergrößerung „nicht
eben versessen". Esterhazy bekam sogar zu hören, „daß man den
Bären erst haben müsse, um die Haut teilen zu können". Auch
Subsidien begehrte Rußland nicht: so groß sei hier der Kriegseifer,
daß von einer Geldforderung bisher noch gar nicht die Rede ge=
wesen sei, berichtete Esterhazy Ende September. Nicht um Geld,
sondern um die Niederwerfung des Königs von Preußen sei es
ihrer Gebieterin zu tun, eröffneten ihm der Großkanzler und der
Vizekanzler in einer vertraulichen Besprechung. Von neuem[1]) ward
dem Bedauern Ausdruck gegeben, daß man dem König, statt ihn
nach dem ursprünglichen Plan schon in diesem Sommer anzu=
greifen, den Vorsprung gelassen habe. So ist denn auch Kaunitz im
Ernst nie wegen der Haltung der Russen besorgt gewesen, auch
während der Sommermonate nicht, ob er gleich den Franzosen gegen=
über, um sie zu desto schnellerem Entschlusse zu bringen, warnend
Rußlands Übergang in das englische Lager als möglich hingestellt hat.

Zwar Bestushew, ehedem Österreichs rührigster Freund, jetzt
für Esterhazy der „Erzbösewicht", fuhr in aller Vorsicht fort, der
Kriegspartei entgegenzuarbeiten. Er hatte im Juni den Antrag
des Wiener Hofes auf Vertagung des großen Unternehmens ge=
schickt benutzt, um seiner Herrin Zweifel an dem Ernst der öster=
reichischen Kriegsabsichten beizubringen; er mußte sich erkenntlich
zeigen für das Gold Englands und hätte gern auch bei Preußen
sich klingenden Lohn verdient: als ihm Hanbury Williams über die
ihm von König Friedrich zugedachte Erkenntlichkeit — 100 000 Taler
waren ausgesetzt — einen hinreichend deutlichen Wink gab, reichte
Bestushew dem Engländer die Hand und erklärte, von nun an des
Königs Freund sein und das Vergangene vergessen zu wollen.
Aber er war aufrichtig genug, hinzuzufügen, er sehe nicht, wie er
dem König zurzeit nützen könne, man müsse die Ereignisse und die
erste gute Gelegenheit abwarten.

In der Tat waren sowohl der gesinnungslose Bestushew, wie
das Thronfolgerpaar, dessen Vertrauensmann zu sein Williams
sich rühmte, weit davon entfernt, um Englands oder gar um Preußens
willen irgend etwas auf das Spiel zu setzen. Daß der Marsch
der Truppen für diesen Herbst unterblieb, war nicht Bestushews
Veranstaltung, sondern auch hier, wie in Frankreich, die Wirkung
militärischer Erwägungen. Fürs künftige aber erzielte Esterhazy
einen Erfolg, der alle Erwartungen seines Hofes noch übertraf.

---

[1]) S. 359.

In dem Vertrage vom 2. Februar 1757 verpflichteten sich die beiden Kaiserinnen für die ganze Dauer des Krieges, je 80 000 Mann regulärer Truppen, zum geringsten, gegen den König von Preußen ins Feld zu stellen; dazu wollte Rußland 15 bis 20 Schlachtschiffe und mindestens 40 Galeeren aussenden. Dem Heer wie der Flotte wurde durch das Kriegskollegium die Überwältigung von Ostpreußen, die Einnahme der festen Plätze Memel, Pillau und vor allen Königsberg als nächste und ausschließliche Aufgabe gestellt, während die Österreicher empfohlen hatten, einen Teil des russischen Heeres zu ihrer unmittelbaren Unterstützung abzuzweigen. Die in dem Vertrag von 1746 durch den Wiener Hof übernommene Verpflichtung zur einmaligen und erst nach der Wiedererwerbung von Schlesien und Glatz fälligen Zahlung von zwei Millionen Gulden wurde in eine jährliche Zahlung von einer Million Rubel, wieder für die ganze Dauer des Krieges, verwandelt: drei Millionen zu bewilligen, war Esterhazy ermächtigt worden. Die von der Kaiserin-Königin bereits ausgestellte Erklärung, die dem russischen Reich die Erwerbung von Kurland und Semgallen und der Republik Polen die Entschädigung durch Ostpreußen verbürgte, wurde von der Zarin im letzten Augenblick nicht eingefordert, und zwar um den dritten im Bunde, Frankreich, nicht mißtrauisch zu machen.

Somit schöpfte jetzt auch Rußland mittelbar aus der goldenen Flut, die sich von Versailles nach Wien ergoß; geradeswegs aus der Hand der Franzosen Geld zu nehmen, hätte dem russischen Hochmut widerstrebt. Das Vertragsverhältnis, das die Zarin zu Frankreich einging, beschränkte sich auf den Beitritt zu dem e r s t e n Versailler Abkommen, dem Verteidigungsvertrag zwischen Frankreich und Österreich. Die Unterzeichnung erfolgte am 11. Januar 1757 mit der auf die Beschwichtigung der Pforte berechneten Klausel, daß Rußland so wenig gegen England und die italienischen Staaten, wie Frankreich gegen die Türkei und Persien zur Bundeshilfe verpflichtet sein sollte.

Eigentümliche Folgen hatte diese Annäherung zwischen Rußland und Frankreich für die Parteien und die Politik Schwedens. Seit Menschengedenken hatten sich in Stockholm der russische und der französische Einfluß gekreuzt; von den beiden großen Adelsparteien empfingen die Mützen aus Rußland Losung und Löhnung, die Hüte aus Frankreich. Jetzt gewannen die Bestrebungen beider Teile eine gemeinsame Richtung in der Feindseligkeit gegen Preußen. Die Führer der Hüte hatten längst aufgehört, dem Verbündeten vom 29. Mai 1747[1]), dem in den Nöten des Jahres 1749 erprobten Freund, und der preußischen Prinzessin, die der schwedischen Krone einen einheimischen Erben geschenkt hatte, ihre Huldigungen dar-

---

[1]) S. 211.

zubringen. Der Adelsherrschaft in tiefster Seele gram, hatte sich
die stolze, leidenschaftliche Fürstin nach der Thronbesteigung ihres
Gemahls mit den alten Anhängern schnell völlig überworfen, und die
der Mehrheit im Senat und im Reichstag unbedingt sichere Freiheitspartei, denn so nannten die Hüte sich jetzt, übertrug ihr Mißtrauen
von der Schwester auf den Bruder und gab ihrem Übelwollen gegen
Preußen schon 1755 bei geringfügigem Anlaß gereizten Ausdruck,
als König Friedrich den nach Konstantinopel entsandten Kundschafter, ohne vorherige Abrede mit dem Ministerium in Stockholm,
unmittelbar an den schwedischen Gesandten empfohlen hatte.

Dabei war Friedrich an den ehrgeizigen Entwürfen Ulrikens
durchaus unbeteiligt; oft genug hat er sie davor gewarnt, ein gefährliches Spiel gegen den übermächtigen Adel zu wagen. Die
Entfremdung zwischen Bruder und Schwester war darüber so weit
gediehen, daß Ulrike insgeheim sich um die Unterstützung der ab-
gesagten Feindin Preußens, der Zarin, bemühte, worauf Friedrich,
es war im Mai 1755, seinem Vertreter, dem er vorher völlige Un-
parteilichkeit zur Pflicht gemacht hatte, den Befehl erteilte, in Zukunft die Freiheitspartei gegen den Hof zu unterstützen. Aller
Abmahnungen ungeachtet entschied sich Ulrike, durch die immer
unerträglichere Anmaßung der Freiheitsmänner zum Äußersten
getrieben, für einen Staatsstreich. Aus den Reihen der dem Hofe
ergebenen Reichstagsminderheit waren nur einige wenige Heißsporne in das Geheimnis eingeweiht. Zur Ausführung des An-
schlags aber fehlte in der verhängnisvollen Nacht vom 21. auf den
22. Juni 1756 der letzte Entschluß. Der Mitwisserschaft überführt,
endeten Graf Brahe und Graf Horn, die Vertrauten der Königin,
am 26. Juli vor der Riddarholmskirche auf dem Schafott; einstimmig
hatte der Reichstag, die verschüchterte Hofpartei nicht anders als die
rachbegierige Majorität, das Bluturteil erkannt. König und Königin
erhielten von den Ständen eine demütigende Verwarnung; erst
war davon gesprochen worden, die verhaßte Fürstin in ihre preußische
Heimat zurückzuschicken. Ihr königlicher Bruder ward als ihr
Mitschuldiger verlästert, dem sie schon vor vier Jahren das schwedische
Pommern gern in die Hände gespielt hätte.

Um so geringer jetzt die Widerstandskraft der im Herzen kriegs-
scheuen Reichsräte gegen das Drängen der Fremden, die den Beitritt
Schwedens zu dem europäischen Bündnis gegen Preußen forderten.
Während der Kanzleipräsident Höpken bis aufs letzte den preußischen
Gesandten mit beschwichtigenden Worten hinhielt, kam am
21. März 1757 der Vertrag mit Österreich und Frankreich zum
Abschluß, durch den Schweden mit Frankreich für die Wiederherstellung des Friedens im Römischen Reich einzutreten versprach
und, falls Preußen das schwedische Gebiet in Pommern vergewaltigte,

den 1720 verlorenen Teil von Pommern zugesagt erhielt. Von da war nur noch ein Schritt bis zu dem einstimmig gefaßten Senatsbeschluß, der die unmittelbare Teilnahme von 20 000 Schweden an dem Kriege entschied. Frankreich bewilligte neue Subsidien. Höpken sagte ganz zutreffend: Schweden mußte stets sowohl auf Frankreich wie auf Rußland Rücksicht nehmen, auf Frankreich wegen der von dort zu erhoffenden Wohltaten, auf Rußland, um nicht mißhandelt zu werden. Wie konnte Schweden jetzt, wo die beiden Gewaltigen zusammenhielten, sich ihrem Willen entziehen?

So geschah das Wunder: der Staat Richelieus und der Staat Gustav Adolfs, die beiden Mächte, die einst dem Hause Österreich den westfälischen Frieden abgetrotzt hatten, sie sandten, von der Erbin der Ferdinande als Bürgen dieses Friedens aufgerufen, ihre Heere über den Rhein und über das Meer. Die Heranziehung Schwedens bezeichnete man in Versailles als die beste aller politischen Operationen dieses Winters, weil dadurch eine Spaltung zwischen den katholischen und protestantischen Ständen im Reich verhindert, dem Könige von Frankreich aber Gelegenheit geboten sei, zum erstenmal und mit dem größten Eklat seine Rolle als Hüter des Landfriedens in Deutschland zu spielen.

Auch in Wien wurde dem Beitritt der alten Vormacht des Protestantismus, wegen der erwarteten moralischen Wirkung auf Schwedens Glaubensgenossen im Reich, der höchste Wert beigemessen. Wie die schwedischen Adelsgeschlechter zwischen Frankreich und Rußland, so hatten sich die deutschen Reichsstände seit langem, und schärfer wieder während des Krieges um die habsburgische Erbschaft, zwischen Frankreich und Österreich parteit, ohne daß dabei das Bekenntnis maßgebend war; denn wenn ein Teil der katholischen Fürsten aus dynastischem Gegensatz sich von Österreich zurückhielt, so hatten sich ihm dafür nach dem Beispiel Englands genug Protestanten angeschlossen[1]). Jetzt, nach der Aussöhnung zwischen Österreich und Frankreich, der Entfremdung zwischen Österreich und England, verschmolz zwar die österreichische Gefolgschaft und die bisherige Opposition zu einer geschlossenen kaiserlichen Partei, so jedoch, daß aus beiden Lagern ein Teil der bisherigen Anhänger abschwenkte: während die katholischen Stände jetzt ausnahmslos dieser großen Majoritätspartei angehörten, stellten sich innerhalb des Corpus Evangelicorum sowohl die bisherigen Parteigänger Frankreichs wie die Österreichs ihrer Mehrzahl nach auf die Seite Englands und Preußens. Die Höfe von Kassel, Bückeburg, Gotha und Wolfenbüttel nahmen englische Subsidien an.

König Friedrich hatte nach dem Abschluß der Westminsterkonven-

---

[1]) I, 413.

tion an die Möglichkeit geglaubt, den mächtigsten der geistlichen
Fürsten, den Kurfürsten Klemens August von Köln, durch englisches
Gold von Frankreich abzuziehen; die Nebenlande dieses wittels=
bachischen Erzbischofs, das Herzogtum Westfalen, die Stifter Münster,
Osnabrück, Paderborn und Hildesheim hätten das Kurfürstentum
Hannover trefflich gedeckt. Aber Klemens August beglich seinen
Etikettenstreit mit dem Versailler Hofe, und so gewann der preußisch=
englische Anhang im Reich das Aussehen einer ausschließlich pro=
testantischen Gemeinschaft; gab man sich noch, was Preußen jetzt
eifrig betrieb, eine wenn auch nur lose Organisation, so war der
Schmalkaldische Bund oder die Union von Ahausen wieder auf=
gelebt. Mehr als ein aufregender Vorgang hatte neuerdings die
konfessionellen Gegensätze wieder schärfer hervortreten lassen, vor
allem der schon 1749 erfolgte, aber noch fünf Jahre hindurch aller
Welt verheimlichte Glaubenswechsel des Erbprinzen von Hessen=
Kassel: der schmerzlich überraschte, entrüstete Vater, Landgraf
Wilhelm, ließ den Sohn eine Verschreibung zur Sicherstellung des
protestantischen Bekenntnisses der Untertanen ausstellen, England
und Preußen, Dänemark und Schweden, die Republik der Nieder=
lande und das Corpus Evangelicorum übernahmen eine Bürgschaft,
in Wien aber und in Versailles wurde die Urkunde als erzwungen
und unverbindlich bezeichnet. Noch ehe der Krieg begann, wurden die
Anklagen vernommen, von hier, daß der Wiener Hof im Bunde mit
Frankreich die Evangelischen im Reich vergewaltigen wolle, von dort,
daß der König von Preußen mit Hilfe der „protestantischen Unions=
ideen" nach der Oberhoheit über das evangelische Deutschland strebe.

Erst zu Beginn des neuen Jahres maßen auf dem Rathaus
zu Regensburg die neuen Parteien zum erstenmal ihre Stärke.
Seit dem September ließ der Kaiser Mandat auf Mandat in das
Reich gehen: Hofdekrete an die Reichsversammlung, Dehortatoria
an den König, Avocatoria an des Königs Offiziere und Kriegsleute
insgemein mit dem strengen Befehl, die zur Empörung führenden
Fahnen zu verlassen; Monitoria, Excitatoria und Inhibitoria an
die Reichskreise zur Verhinderung der preußischen Werbungen.
In ebensoviel Entgegnungen bemühten sich das Kabinettsministerium
zu Berlin und der allzeit schlagfertige Komitialgesandte von Plotho,
die Anklage wegen Landfriedensbruches zu entkräften und die
kaiserlichen Kundgebungen als verfassungswidrig hinzustellen. Zwei
Anträge standen in der Reichstagssitzung vom 10. Januar 1757
einander gegenüber. Die österreichische Gesandtschaft befürwortete,
die Kontingente der Reichskreise gemäß dem Reichsschlusse von
1681 auf dreifache Stärke zu setzen und zu tätiger Hilfe ausrücken
zu lassen, wann und sobald Ihre Kaiserliche Majestät es veranlassen
würden. Dagegen rief Kurbrandenburg seine Mitstände um Friedens=

vermittlung und um Bürgschaft für den ruhigen Besitz seiner Staaten
an, mit der Erklärung, der König suche keine Eroberungen und
versichere nochmals hiermit feierlichst, „daß die Restitution aller
sächsischen Lande, sobald es mit Sicherheit und ohne Gefahr Ihrer
eigenen Lande möglich sei und zu einem sicheren und dauernden
Frieden gelangt werden könne, unverweilt geschehen solle". Die
Vertreter der beiden großen Mächte sowie der kursächsische Gesandte
entfernten sich vor der Umfrage. Im Kurfürstenkollegium blieb
Hannover mit seiner Abstimmung allein. Im Fürstenrat ver=
einigten sich von 86 abgegebenen Stimmen 26 ausschließlich prote=
stantische auf den preußischen Antrag; für die Reichsexekution nach
dem österreichischen Vorschlage stimmten in der Majorität von
60 Stimmen aus der Zahl der protestantischen Stände: Mecklenburg=
Schwerin, Pfalz=Zweibrücken, Hessen=Darmstadt, Holstein=Gottorp,
Anhalt, dessen Fürstenhaus nachher die Abstimmung seines Ver=
treters verleugnete, Schwarzburg und der eigene Schwager des
Königs von Preußen, der Markgraf von Ansbach. Für den Ver=
treter von Schwedisch=Pommern war eine Weisung damals noch
nicht eingetroffen. Nach Zustimmung des Städtekollegiums zu
dem Mehrheitsbeschluß der Kurfürsten und Fürsten wurde das
Reichsgutachten betreffend den gewaltsamen kurbrandenburgischen
Einfall in die kursächsischen und kurböhmischen Lande am 17. Januar
an den Kaiser erstattet und am 29. durch ein kaiserliches Ratifikations=
edikt als ein für sämtliche Stände verbindlicher Reichsschluß ver=
kündet: also auch die Minderheit sollte sich der Mitwirkung bei der
Reichsexekution nicht entziehen dürfen.

„Ich spotte des Reichstags und all seiner Beschlüsse," schreibt
König Friedrich nach der entscheidenden Abstimmung. Er übte
seinen Witz an den tüdesken Myrmidonen und an diesem Kaiser,
der als der Bankier seines Hofes dem Titel König von Jerusalem
und dem uralten Brauch der jüdischen Nation alle Ehre mache. Viel
Nutzen verhieß er dem Wiener Hofe von diesen Bemühungen beim
Reiche nicht. Auch wegen der Schweden blieb er ganz ruhig und
meinte, er habe von jener Seite nichts zu fürchten und nichts zu
hoffen, da die inneren Zustände diesem Lande jede Betätigung
für oder wider unmöglich machten.

Wohl aber mußte er sich jetzt entschließen, Frankreich in die
Zahl seiner erklärten Widersacher einzurechnen. Die mündlichen
Berichte seines Anfang Dezember aus Paris zurückkehrenden Ge=
sandten eröffneten ihm den vollen Einblick in die bittere Feindselig=
keit des französischen Hofes. Der englische Gesandte glaubte zu
bemerken, daß seine Unruhe nach diesen Unterredungen mit Knyp=
hausen sich stark gesteigert habe, und die Freunde Frankreichs in
seiner Umgebung behaupteten, daß der Krieg ihm verleidet sei,

seitdem Knyphausen aus Paris habe abreisen müssen. Sein Stolz war tief verletzt. Als der Herzog von Zweibrücken sich durch den Landgrafen von Hessen-Kassel erbot, bei einem beabsichtigten Besuch in Versailles sich der preußischen Sache anzunehmen, ließ Friedrich antworten, da die Sachen einmal so weit gekommen wären, so sei an Verhandlung nicht mehr zu denken; der Degen müsse jetzt das übrige entscheiden. Ja, nach Damiens' verbrecherischen Anschlag auf das Leben Ludwigs XV. verschmähte er es, dem aus Mörderhand Erretteten, wie der wohlmeinende Eichel riet, einen Glückwunsch aussprechen zu lassen, da er meinte, daß ihm in Versailles das als Schwäche gedeutet werden könnte. Immer geneigt, den persönlichen Einflüssen einen Hauptanteil an den großen Ereignissen beizumessen, betrachtete er jetzt als die allein maßgebende und deshalb allein beachtenswerte Größe in ganz Frankreich die Marquise von Pompadour. Nur dann glaubte er noch eine Wendung zum Guten erhoffen zu dürfen, wenn diese Frau entweder umgestimmt oder gestürzt wurde. Das eine wie das andere schien für einen Augenblick in den Bereich der Möglichkeit zu treten. Aber die geistlichen Gewissensräte, die 1744 zu Metz dem mit dem Tode ringenden Könige die Verbannung einer Chateauroux abgezwungen hatten[1]), sie blieben nach Damiens' Mordanschlag an Ludwigs Krankenlager gegen eine Pompadour machtlos. Und der französische Offizier, der kurz vorher in Regensburg und in Baireuth bei Plotho und der Markgräfin die Überlassung des Fürstentums Neuenburg an die Marquise als Bestechungsmittel empfohlen hatte, starb in Baireuth, noch ehe irgend ein Anhaltspunkt dafür gewonnen war, wie weit sein Anbringen und er selber ernsthaft genommen werden durften.

Volles und scharfes Licht über die Lage in Rußland verbreitete in den Weihnachtstagen ein Bericht von Hanbury Williams. Allzulange hatte der Mann „mit viel Geist und wenig Urteil" in seiner Vertrauensseligkeit und Selbstgefälligkeit sich und seinen Hof über die großen und stetigen Erfolge der österreichischen und der französischen Politik in Petersburg betrogen, und Sir Andrew Mitchell wiederum hatte dem König von Preußen aus den schönfärberischen Berichten nur so viel mitgeteilt, als ihm mit dem englischen Interesse vereinbar schien. Das Wichtigste und was ihm zu wissen vor allem not gewesen war, wie die für seine Entschlüsse maßgebend gewordenen Nachrichten über die geheimen Verhandlungen und verdächtigen Truppenbewegungen, hatte der König von Preußen im Juli nicht aus dieser trüben Quelle, sondern aus jenen um so zutreffenderen holländischen Berichten[2]) entnommen. Einige Wochen

---

[1]) I, 463.     [2]) S. 365.

darauf hatten Williams' Versicherungen wieder die irrige Vor=
stellung geweckt, daß „Englands Aktien am Petersburger Hofe
stiegen": vielleicht ist jene dritte Anfrage[1]) an die Kaiserin=Königin
durch die Annahme mitveranlaßt worden, daß Anzeichen für einen
Umschwung in Rußland den Wiener Hof noch in letzter Stunde
zum Einlenken bestimmen könnten. So hat denn Friedrich auch
in Rußland, wie in Frankreich und Holland, die Übernahme einer
Friedensvermittlung betreiben lassen; aber nach Lage der Dinge
blieb der durch Williams gestellte Antrag unbeantwortet.

Jetzt endlich also gestand Williams offen ein, was sich nicht
länger verheimlichen oder verkennen ließ: daß der russische Hof
ganz in den Händen der Häuser Habsburg und Bourbon sei, daß
das sogenannte neue System in dem täglich mächtigeren Günstling
Schuwalow seine feste Stütze habe, daß nun alle Aussicht auf Her=
stellung des alten Systems schwinde. Als Mitchell die schlimme
Post ihm mitteilte, erwiderte Friedrich mit großer Ruhe: „Ich habe
das, was jetzt eingetreten ist, lange erwartet." Seine letzte Hoff=
nung klammerte sich nun, sieben Jahre hindurch, an einen Thron=
wechsel. „Jetzunder fängt es an wüster auszusehen wie noch nie=
malen," schreibt er unter dem frischen Eindruck der Nachricht aus
Rußland am ersten Weihnachtstage an Winterfeldt, fügt aber hinzu:
„die Kaiserin ist gefährlich krank, und stirbt der Drache, so stirbt
der Gift mit ihm." Nur daß die Nachrichten über den Gesundheits=
zustand Elisabeths vorläufig ebenso unzuverlässig waren, wie die
meisten Mitteilungen englischen Ursprungs.

Mit kurzen Unterbrechungen weilte Friedrich den ganzen Winter
hindurch in Dresden. Im Brühlschen Palast dünkte er sich den
Fürsten des Ariost gleich: vor seinen Augen ein verzaubertes Schloß,
die Fee Carabossa und einen Zwerg — die Königin von Polen und
den Kurprinzen — und einen gallischen Hexenmeister: den Grafen
Broglie, dem er demnächst die gemessene Aufforderung zugehen
ließ, dem König August nach Warschau zu folgen. Er besuchte fleißig
die Gemäldesammlung und erfreute sich an Hasses Konzerten und
an den Oratorien und Motetten, die in der jüngst fertiggestellten
katholischen Hofkirche der Cäcilientag und andere Feste brachten.
Wiederholt wohnte er in der Frauenkirche und der Kreuzkirche dem
evangelischen Gottesdienste bei; die das erste Mal von ihm gehörte
Predigt über den Text aus dem Evangelium vom Zinsgroschen:
„Gebet dem Kaiser, was des Kaisers ist, und Gotte, was Gottes ist"
erschien „auf ausdrückliches Verlangen Seiner Majestät des Königs"
im Druck. Sonst ward er außerhalb seines Palastes wenig gesehen
und lud sich auch keine Gäste; einige wenige Bevorzugte, wie Prinz

---

[1]) S. 374.

Ferdinand von Braunschweig und Oberſt Balby, waren ihm Abend=
geſellſchafter und Tiſchgenoſſen in ſeiner „klöſterlichen“ Eingezogen=
heit. „Mein Hirn iſt ſo angefüllt von dem, was mir nächſtes Jahr
zu tun obliegt,“ ſeufzt er bald nach ſeiner Ankunft in Dresden,
„daß ich zu nichts tauge, in welcher Sauce man mich auch anrichten
mag.“ Er vergleicht ſich dem Hirſch, auf den die Meute losgelaſſen
iſt, „eine Meute von Königen und Fürſten“; oder dem Orpheus,
deſſen Schickſal vier Mänaden ihm bereiten wollen, die beiden
Kaiſerinnen, die Pompadour und jene Fee Caraboſſa. Auch hiſtoriſche
Parallelen bieten ſich ihm, Karl XII. im Anfang ſeiner Regierung,
als drei Nachbarmächte ſich zu ſeinem Sturz verſchworen hatten,
oder die Republik Venedig in der Epoche der Liga von Cambrai,
oder Maria Thereſia beim Abſcheiden ihres Vaters. „Aber,“ ſo
ſchreibt er an Marſchall Schwerin, „der Wiener Hof war 1742
ſehr viel ſchlimmer daran und hat ſich doch gut herausgezogen;
was mich betrifft, der ich einen Schwerin habe und die ausgezeich=
netſten Truppen von Europa, ich verzweifle an nichts, aber Wohl=
verhalten iſt not, bald Lebhaftigkeit und bald Vorſicht, und bei allen
Anläſſen eine Unerſchrockenheit, die jede Probe aushält. Flößt dieſe
Geſinnung den Truppen ein, und wir würden die Hölle bändigen.“

„In dem Antlitz des Feldherrn lieſt die ganze Armee,“ ſagt
Friedrich in ſeiner großen militäriſchen Lehrſchrift, „alſo muß der
General wie ein Schauſpieler ſein, der ſein Geſicht allemal in die
von der Rolle erforderten Falten legt. Kommt eine ſchlechte Nach=
richt, ſo gibt man ſich den Anſchein ſie zu verachten, Zahl und Größe
der eigenen Hilfsmittel preiſt man gefliſſentlich an, vor anderen
ſetzt man den Feind herunter und reſpektiert ihn bei ſich ſelbſt.“
Nach dieſer Vorſchrift gibt er ſich wie gegen ſeine Offiziere auch
gegen ſeine Familie. „Fürchtet nichts für uns!“ ſo beruhigt er
die ſchwergeprüfte Schweſter in Stockholm; „wenn es dem Himmel
gefällt, wird unſer Haus ſich behaupten wie die alten Eichen, die
dem Wetter und Blitzſtrahl trotzen. Meine Feinde ſtellen mich
auf eine harte Probe, aber meine Kraftanſtrengungen ſind ihrem
böſen Willen proportioniert.“ Und der Baireuther Schweſter
gibt er wohl zu, daß man nächſtes Jahr mehr zu tun haben werde
als bisher; aber gleichviel: „Mit Hilfe des höchſten Weſens, wenn es
ſich in die Erbärmlichkeiten dieſer Welt einzumiſchen geruht, werden
wir uns aus der Klemme ziehen.“ In dieſer ungläubigen Gläubig=
keit gefällt er ſich: „Da die Dinge einmal zum äußerſten gekommen
ſind,“ ſchreibt er nach Baireuth ein andermal, „ſo muß man hoffen,
falls die Vorſehung ſich in die menſchlichen Erbärmlichkeiten ein=
zumiſchen geruht, daß ſie nicht dulden wird, daß der Stolz, die
Überhebung und die Bosheit meiner Feinde es über die Gerechtig=
keit meiner Sache davontragen.“

Der alte Eichel aber schrieb in seinem frommen Gottvertrauen an den gleichgesinnten Podewils: „Die Perspektive, so des Königs Majestät vor sich haben, ist wohl nicht die allerangenehmste; ich hoffe aber, die göttliche Providence werde vor Dieselbe und Dero gerechte Sache wachen, und seit dem, was bei Gelegenheit der Bataille bei Lobositz geschehen und welches man billig einer miraculeusen Protektion des Himmels zuzuschreiben hat, bin ich fast persuadieret, daß die göttliche Vorsicht noch was Besonderes mit des Königs Majestät intendiere und Dero Sache protegiere."

Auch Friedrich beruft sich in seiner Weise auf eine Vorahnung. Un certo non so che sagt ihm, so versichert er der Markgräfin, „daß alles auf das beste gehen wird, und daß ich vielleicht eher, als Sie denken, die Ehre und das Vergnügen haben werde, Sie zu sehen und zu hören und mich Ihnen zu Füßen zu legen". „Man wird in diesem Frühling sehen, was Preußen ist, und daß wir durch unsere Kraft und zumal durch unsere Disziplin zu Rande kommen werden mit der Zahl der Österreicher, dem Ungestüm der Franzosen, der Wildheit der Russen, mit dem großen Haufen der Ungarn und mit allem, was man uns entgegenstellen wird."

Der zuversichtlichste von allen, die dem König nahe standen, war wohl Winterfeldt. Ihm durfte Friedrich auch die Kehrseite des Blattes zeigen: „Es ist also mit unseren Umständen kein Kinderspiel, sondern es gehet auf Kopf und Kragen ... Indessen ist meine Resolution auf alle Fälle genommen und werde ich mir bis auf den letzten Mann wehren." Von der verzehrenden inneren Unruhe aber, die so leicht sich seiner bemächtigte und dann den Vertrautesten sich nicht verbarg, blieb er noch verschont. „Seine Majestät," schrieb Winterfeldt nach einem Besuch des Königs bei dem schlesischen Heere in Haynau, Anfang Februar, an den Kabinettsrat, „habe ich gottlob so munter, vergnügt und ruhig gefunden, als nicht in langer Zeit."

Vor der Fahrt nach Schlesien hatte der König für wenige Tage auch seine Hauptstadt besucht — das letzte Mal auf mehr als sechs Jahre. Welche Gedanken ihn beschäftigten, ergibt schon ein Brief an die Markgräfin vom 30. November: „Ich habe ein Vorgefühl, ich werde weder getötet noch verwundet werden; ich gestehe indes, daß ich, wenn die Dinge schlecht ablaufen sollten, hundertmal eher den Tod wählen würde statt der Lage, die mich dann erwartete; Sie kennen meine Feinde, Sie ermessen, was ich an Demütigungen würde hinunterwürgen müssen." Was hier nur angedeutet wird, erläutert die geheime Instruktion, die er am 10. Januar zu Berlin in die Hände des zweiten Kabinettsministers, seines Jugendgefährten Finckenstein, legte, das Vermächtnis eines den bürgerlichen Tod ins Auge Fassenden, der im gegebenen Augenblicke lebend nicht

mehr zu den Lebenden gezählt werden will — die ergreifende
Urkunde, die nach hundert Jahren, als sie bekannt wurde, einen
preußischen Prinzen, den Erben der Krone und künftigen Be=
gründer des Kaisertums, zu heller Begeisterung hinriß — als der
Ausdruck der Gesinnungen, „welche Regenten groß und unvergäng=
lich in der Geschichte darstellen".

„In der kritischen Lage, in der sich unsere Angelegenheiten be=
finden," so beginnt die eigenhändig niedergeschriebene Urkunde,
„muß ich Ihnen meine Befehle geben, auf daß Sie in jedem der
Unglücksfälle, die in der Möglichkeit der Ereignisse liegen, zu den
Entscheidungen, die getroffen werden müssen, ermächtigt sind."
Drei Fälle zunächst unterscheidet der König: daß das Heer in Sachsen
völlig geschlagen wird, daß die Franzosen sich siegreich in Hannover
festsetzen und von dort aus die Altmark bedrohen, daß die Russen
in die Neumark vordringen. „Nach einer Niederlage im westlichen
Sachsen müssen das königliche Haus, die Behörden, der Staats=
schatz nach Küstrin flüchten, nach einer Niederlage in der Lausitz
aber, oder beim Erscheinen der Russen, nach Magdeburg. Die letzte
Zufluchtsstätte, die indes nur in der äußersten Not aufgesucht werden
darf, ist Stettin. Der Silberschmuck der königlichen Gemächer, das
goldene Tafelgeschirr haben in der Stunde der Not ohne Verzug
in die Münze zu wandern.

Der König fährt fort: „Geschähe es, daß ich getötet würde, so
müssen die Dinge in ihrem Zuge bleiben ohne die geringste Ver=
änderung und ohne daß man den Übergang in andere Hände gewahr
wird, und in diesem Falle müssen Eide und Huldigungen beschleunigt
werden, so hier, wie in Preußen und vor allem in Schlesien. Wenn
ich das Verhängnis hätte, daß ich vom Feinde gefangen würde,
so verbiete ich, daß man die geringste Rücksicht auf meine Person
nimmt oder dem, was ich aus meiner Haft schreiben könnte, die
geringste Beachtung beimißt. Geschähe mir solches Unglück, so will
ich für den Staat mich opfern, und man muß dann meinem Bruder
gehorchen, der ebenso wie meine sämtlichen Minister und Generale
mit dem Kopfe mir dafür verantwortlich sein soll, daß man weder
eine Provinz noch ein Lösegeld für mich anbieten, sondern den
Krieg fortsetzen und seine Vorteile verfolgen wird, ganz als wäre
ich nie auf der Welt gewesen."

Angesichts der gesteigerten Gefahr schritt er in den Tagen dieses
Berliner Aufenthalts zu einer neuen, bisher nicht vorgesehenen
Verstärkung seiner Kriegsrüstung, zu einer Vermehrung seines
Heeres um fast 20 000 Mann über das Ziel hinaus, das er noch kurz
zuvor als das äußerste Maß seiner militärischen Leistungsfähigkeit
bezeichnet hatte.

# Prag und Kolin

Beim Einzug in die Winterquartiere berechnete der König die „förmliche Friedenszeit", die er jetzt vor sich habe, auf volle sechs Monate, bis zum Juni. Vor Januar oder Februar hat er von vornherein, bei der Unklarheit der politischen Lage, an die Auf= stellung eines Feldzugsplanes nicht denken wollen. Nur so viel stand ihm fest, daß seine Kriegsführung eine wesentlich andere sein sollte, als im Vorjahre. „Noch haben wir nichts getan," bekennt er. Der ganze erste Feldzug gilt ihm nur als die Aufstellung der Schachfiguren, erst im zweiten wird die Partie beginnen. „Die Kleinigkeiten, die dies Jahr geschehen sind, sie sind nur das Vorspiel für das nächste Jahr, und wir haben noch nichts getan, wenn wir nicht Cäsar am Tage von Pharsalus nachahmen." Was Pharsalus für Rom, was Leuktra für die Griechen, Denain für die im spani= schen Erbfolgekrieg fast überwältigten Franzosen, die Türken= niederlage vor Wien für die Österreicher war — das soll ihm der nächste Feldzug werden. Wie aber dachte er sich seine Pharsalus= schlacht?

Im Antimachiavell hat der Kronprinz Friedrich Fabius und Hannibal einander gegenübergestellt als die Vertreter zweier stra= tegischer Methoden: der Ermattungsstrategie und der Strategie des Schlagens. „Fabius ermattete den Hannibal durch seine Lang= schweifigkeiten; dieser Römer verkannte nicht, daß der Karthager des Geldes und der Rekruten ermangelte, und daß es, ohne zu schlagen, genügte, dieses Heer ruhig wegschmelzen zu sehen, um es sozusagen an Abzehrung sterben zu lassen. Hannibals Politik dagegen war, zu schlagen; seine Macht war nur eine auf zufälligen Umständen beruhende Stärke, aus der schleunigst jeder erreichbare Vorteil gezogen werden mußte, um ihr durch die Schreckenswirkungen glänzender Heldentaten und die Hilfsquellen eroberter Gebiete Bestand zu geben." Aus Friedrichs großem militärischen Brevier von 1748 wissen wir bereits, daß er für die Kriege seines eigenen Staates, die da kurz und lebhaft sein müßten, die Ermattungs= strategie als unzweckmäßig betrachtete, ebenso aber die „Pointen", jene strategischen Vorstöße, die das Heer allzuweit in Feindesland

hineinführen[1]). Nachmals wiederum hat er drei Arten der Kriegs=
führung unterschieden: die Offensive bei entschiedener Überlegenheit,
die sich die höchsten Ziele setzen muß, die 1741 in dem Koalitions=
kriege gegen Österreich das französische Heer geradeswegs auf Wien
hätte führen müssen und in einem künftigen Koalitionskrieg gegen
Frankreich den Marsch nach Paris erheischt, an Stelle von sieben
Feldzügen im Stile des spanischen Erbfolgekriegs mit je einer
Schlacht und je einer Belagerung; die Defensive, die doch nie in
reines Abwehren und Abwarten ausarten darf; die Offensive bei
gleich verteilten Kräften, für die es gilt, die Entwürfe den Kräften
anpassen und nichts auf gut Glück unternehmen, wenn zur Aus=
führung die Mittel nicht zureichen.

Nach Friedrichs Auffassung, wie wir sie kennen gelernt haben
und wie sie sich stets gleich geblieben ist, war ein Einzelkrieg zwischen
Preußen und Österreich allemal solch ein „Kampf mit gleich ver=
teilten Kräften". So wenig er es sich zutraute, diesen Gegner, der
in der ersten Hälfte des Jahrhunderts einen dreizehnjährigen und
einen siebenjährigen Krieg geführt hatte, ermatten zu können,
so wenig bot sich die Aussicht, ihn vernichtend niederzukämpfen;
aber er durfte hoffen, den Gegner zu entmutigen, in großen Schlachten,
durch glänzende Siege. Wie es ihm durch Hohenfriedberg, Soor
und Kesselsdorf schon einmal gelungen war, eben diesen Gegner
zu entmutigen, von der Aussichtslosigkeit eines mit Leidenschaft
ergriffenen Eroberungsplanes zu überzeugen. Niederkämpfen,
tödlich treffen konnte man die Österreicher nur — das hat Friedrich
am Anfang seiner Feldherrnlaufbahn ebenso bestimmt erklärt wie
am Schluß — wenn man sie in ihrer Hauptstadt Wien aufsuchte.
Wien aber hat er immer nur, so 1741 und 1744, wie 1775 und 1779,
unter der Voraussetzung einer wirksamen Unterstützung durch
Bundesgenossen in den Bereich seiner strategischen Entwürfe ge=
zogen. Erst in diesem Zusammenhange ermessen wir ganz, weshalb
das politische Testament von 1752 für einen Angriffs= und Er=
oberungskrieg gegen den Wiener Hof, der den Österreichern Böhmen
kosten und den Preußen im Tausch gegen Böhmen Sachsen ein=
bringen sollte, erst in der Geburtsstunde einer neuen großen Koalition
gegen das Erzhaus die Zeit gekommen sieht.

Damit war nicht ausgeschlossen, wie hier noch einmal gesagt
werden mag, daß Friedrich, nachdem ihm das Schwert in die Hand
gezwungen war, bei durchschlagenden Erfolgen eine Kriegsentschädi=
gung an Land und Leuten forderte und, wieder wie im ersten Kriege,
seine Ansprüche „nach dem Barometer seines Glücks" regelte,
statt wie 1745 nach jedem neuen Siege immer von neuem den

---

[1]) S. 313.

gleichen uneigennützigen Frieden zu bieten. Gewiß würde Maria
Theresia sich lieber unter den Trümmern von Wien begraben haben,
ehe sie in den Verlust von Böhmen gewilligt hätte. Weit leichter
mochte geschehen, daß sie und der Kaiser, nach schweren Katastrophen der österreichischen Heere, um des Friedens willen mit
ansahen, daß geistliches Gebiet der toten Hand entzogen wurde,
sei es unmittelbar zu Preußens Gunsten, sei es zur Entschädigung
des Kurfürsten von Sachsen für Abtretungen an Preußen — etwa
in der Weise, wie der Wiener Hof selber im Fortgange dieses Krieges
sächsische Landschaften, die Lausitzen, gegen erobertes preußisches
Gebiet einzutauschen beabsichtigte. Aber daß Friedrich nicht Abenteurer genug war, sich auf so unsichere Rechnung hin in einen Krieg
zu stürzen, und noch dazu in einen Krieg um Sein und Nichtsein,
das zeigt schlagend sein Verhalten gegen Rußland. Wir sahen,
daß er es nicht für unmöglich hielt, unter dem Eindruck einer großen
Niederlage zugleich der russischen und der österreichischen Waffen
das preußische Staatsgebiet mit Rußlands Zustimmung auf Kosten
der Republik Polen zu vergrößern. Hat er nun, weil ein Sieg über
die Russen ihm Vorteile bringen konnte, deshalb diesen Russen den
Krieg angesagt? Er hat im Gegenteil bis zum letzten Augenblicke
alles daran gesetzt, sie von ihren ihm nur zu gut bekannten Angriffs-
absichten zurückzubringen. Er hat ferner in sehr bezeichnender Weise
für den Fall, daß nur die Russen, noch nicht aber die Österreicher
geschlagen sein würden, seinen General bestimmt angewiesen, den
Geschlagenen „pur und platt" einen Frieden unter einfacher Verpflichtung zur Neutralität anzubieten. So ganz war ihm die Ge-
bietserweiterung etwas Nebensächliches, das im Siege je nach den
Umständen mitgenommen oder entbehrt werden mochte, nicht
aber Beweggrund und Zweck des Krieges.

An sich mußte der Gedanke an neue Landerwerbungen dem
König von Preußen in dem jetzt gekommenen Wendepunkt der
Ereignisse sehr nahe liegen, wo einmal der offene Bruch mit Frankreich ihn weiterer Rücksicht nach dieser Seite hin überhob, und wo
anderseits dem König von England, um seine Standhaftigkeit zu
stärken, Landzuwachs für sein hannoverisches Kurland in lockende
Aussicht gestellt werden mußte.

Denn das war die politische Signatur der ersten Monate des
neuen Jahres, die nun auch die Feststellung des Feldzugsplanes
wesentlich erschwerte, daß der König von Preußen ernstlich in Gefahr kam, zu dem alten Bundesgenossen Frankreich auch den neuen
zu verlieren, um deswillen er es mit dem alten verdorben hatte.
Die Regentschaft Georgs II. zu Hannover, das Kollegium der acht
kurfürstlichen Geheimräte, stand noch unter dem Banne einer Gesinnung, die, durch die nachbarliche Eifersucht auf die schnell empor-

gewachsene preußische Macht eingeflößt und durch den alten ver-
wandtschaftlichen Hader der beiden Fürstenhäuser genährt, sich
während dieses Winters in einem Wort des Geheimrats von dem
Busche Ausdruck gab: Ein guter Hannoveraner könne ebensowenig
unter preußischer wie unter französischer Zuchtrute zu stehen wünschen.
Diese Männer, an ihrer Spitze der alte, erfahrene und bedachtsame
Kammerpräsident von Münchhausen, der Mann der politischen
Kombinationen und Klügeleien, hatten sich die Westminsterkonvention
gefallen lassen, da sie die Gefahr eines französischen Angriffs abzuwenden schien.    Indem diese Wirkung ausblieb, verlor die Abkunft in ihren Augen jeden Wert, und insofern sie dem Welfen-
fürsten beim Vorrücken der Franzosen die Verpflichtung auferlegte,
zur Verteidigung des deutschen Bodens mit Preußen zusammen-
zustehen, galt sie ihnen als eine Last und ein Schaden für Hannover.
Allemal war nach der ihnen geläufigen feinen Unterscheidung der
unbequeme Vertrag durch den König von England und nicht durch
den Kurfürsten von Hannover abgeschlossen worden: das ihnen
anvertraute hannoversche Interesse schien zu erheischen, ohne Rücksicht auf den Westminstervertrag einfach dem Kurfürstentum den
Frieden zu erhalten.    Der kurfürstliche Gesandte in Wien erhielt
nach der preußischen Waffenerhebung den Befehl, den Kaiser für
Hannover um des Reiches Schutz gegen einen drohenden französischen
Angriff anzugehen.    Seine Auftraggeber waren sehr bekümmert,
als jener von dem Kaiser mit nichtssagenden Redensarten und von
Kaunitz „in lakonischer und suffisanter Manier" abgewiesen wurde;
sie atmeten erleichtert auf, als der Wiener Hof am 4. Januar un-
erwarteterweise sich erbot, die Franzosen zur Anerkennung der
Neutralität zu bestimmen.

Die Österreicher hatten mehr als einen Grund für dieses Entgegenkommen.  Sie wünschten, um die Stellung des Kaisers im
Reiche nicht zu schädigen, kein deutsches Land außer Preußen in
ihren Krieg verwickelt zu sehen; sie mußten, um dem Kampf alles
zu nehmen, was nach einem Religionskriege aussehen konnte, vornehmlich die Verbindung der beiden hervorragendsten protestantischen
Reichsstände zu lösen suchen; sie hatten militärisch ein Interesse
daran, alle Streitkräfte der Koalition, statt sie durch einen Angriff
auf Hannover zu zersplittern, sofort gegen Preußen einzusetzen.
Anders der Standpunkt der Franzosen.  Sie sahen immer in England den vornehmsten Feind und betrachteten das Kurland des
britischen Königs als den empfindlichsten Punkt in der Stellung des
Hauptgegners und für sich als eine ebenso leichte wie reiche Beute.
Und dann bot ihnen das überwältigte Niedersachsen eine weit
bequemere Operationsbasis für den Kampf gegen Preußen, als
Schwaben, Franken und das Voigtland in der von den Österreichern

empfohlenen Aufmarsch= und Angriffsrichtung. Ein eigener Zu=
fall, daß jetzt wieder ihr neuer Bundesgenosse, wie vorher der
alte, dem sie das so schlimm verdacht hatten, die schützende Hand über
dieses Hannover halten wollte. Wenn die Franzosen gleichwohl
sich endlich grundsätzlich bereit erklärten, die Neutralität zuzugestehen,
so beanspruchten sie doch für ihre Truppen freien Durchzug durch
das hannoversche Gebiet. Sie von dieser heiklen Forderung noch
zurückzubringen, sollte die Aufgabe des kaiserlichen Gesandten in
Versailles sein: da ward der zwischen Hannover und Wien auf das
sorglichste in die Wege gelenkten Verhandlung unerwartet von
London aus eine andere Wendung gegeben.

Nicht anders als die Hannoveraner hatten sich die englischen
Staatsmänner von dem Westminstervertrag nicht Krieg, sondern
Frieden versprochen; sie hatten eben deshalb die in Deutschland
jetzt anscheinend entbehrlichen hannoverschen und hessischen Miets=
truppen über den Kanal kommen lassen. Nach der Meinung des
Herzogs von Newcastle sollte der Vertrag keine Verleugnung, sondern
die volle Wiederherstellung des gepriesenen alten Systems der
Zeiten Wilhelms III. sein: die Wiedereinfügung Preußens in dieses
System, die Zusammenfassung aller Kontinentalmächte zu einem
großen Bunde gegen Frankreich, das dann, auf dem Festland isoliert
und umstellt, zur See ohnmächtig, sich widerstandslos unter das
Gesetz Englands zu beugen haben würde. Der kluge Münchhausen
freilich betrachtete das bei den Gegensätzen zwischen den zusammen=
zukoppelnden Mächten von vornherein für unmöglich, und bald
genug sahen die Epigonen Wilhelms und Marlboroughs das alte
System in voller Auflösung, die beiden deutschen Mächte ärger
verfeindet denn je und Englands historische Verbündete auf der
Seite desselben Frankreichs, in dessen Übermacht man seit einem
Jahrhundert eine Gefahr für das europäische Gleichgewicht zu
sehen gewohnt war und das eben jetzt im Mittelmeer wie jenseits
des Weltmeeres unerwartete Proben seiner alten Kraft ablegte.
So wenig aber wußten die Newcastle und Holdernesse, von König
Georg zu schweigen, die Tragweite der großen politischen Um=
wälzung abzuschätzen, daß sie, weit davon entfernt, sich mit Preußen,
ihrem neuen und bereits einzigen Verbündeten, solidarisch zu fühlen
oder gar, wie es in Versailles als ausgemacht galt, den preußischen
König zum Angriff gegen Österreich angestachelt zu haben, ihm selbst
und seiner Unternehmung vielmehr mit entschiedenem Unbehagen
und Mißtrauen zuschauten.

In ruhigeren Zeiten gleichsam durch Erbgang an die Stelle
seines Bruders Pelham getreten, offenbarte Newcastle in den
Stürmen dieser neuen Kriegszeit doch allzusehr seine Unzulänglich=
keit. Dieses „Gemisch aus fast allen menschlichen Schwächen ohne

Beisaß von Verbrechen oder Lastern", wie Chesterfield den Herzog
nannte, war aus dem Ministerium, dem er dreiunddreißig Jahre
ununterbrochen als Mitglied, aber nur zwei Jahre als Obmann
angehört hatte, im November 1756 ausgeschieden.  Und nun endlich
war die Stunde gekommen für den Mann, der durch die Eifersucht
der aristokratischen Parteihäupter und die Ungnade des Königs
bisher zurückgedrängt worden war.  So stark war in diesem Augen=
blick der inneren Gärung und äußeren Gefahr die Volkstümlichkeit
William Pitts, daß der gefürchtete Redner nicht bloß Newcastle
zu Falle zu bringen vermochte, sondern es auch verschmähen durfte,
neben Fox, den der König im Amt zu behalten und jetzt an die
Spitze der Regierung zu stellen wünschte, die zweite Rolle zu über=
nehmen.  Also ging auch Fox, und Pitt sprach das stolze Wort:
„Ich bin sicher, daß ich das Land retten kann, und daß ein anderer
es nicht retten kann."  Mit Wehmut, so gestand Münchhausen, sahen
die Geheimräte in Hannover Newcastle scheiden; aber sie trösteten
sich mit dem Gedanken, daß noch nicht aller Tage Abend sei; sie
wußten, daß Newcastles persönlicher Anhang in dem auf seinen
Namen gewählten und durch die landesüblichen Bestechungskünste
unterwühlten Hause der Gemeinen weit größer war, als die Ge=
folgschaft des homo novus, den das Land dem Unterhause als
Führer aufzwingen wollte.  Pitt hatte in dem Wappenschild des
Herzogs von Devonshire zwar eine vornehme Ausschmückung für
sein Kabinett gewonnen, aber er besaß, wie gespottet wurde, nicht
genug Vettern, um ein Ministerium vollzählig zu machen.  Und
noch dazu: dem Könige blieb er unleidlich.  Von Newcastles baldiger
Rückkehr auf die politische Bühne erwartete Münchhausen das Heil.
Er war schmerzlich enttäuscht, als selbst dieser bewährte Freund
Österreichs, so lange der festeste Träger des alten Systems, ihm
entsagend schrieb, alle Verhältnisse hätten sich geändert und auch
er halte es für das beste, sich eng an Preußen anzuschließen und
möglichst rasch ein starkes Heer in Westfalen zusammenzuziehen,
auf daß sich nicht etwa der König von Preußen, aus Furcht, von
England preisgegeben zu werden, mit Frankreich versöhne; dann
seien der König von England und sein Kurfürstentum ganz ver=
loren.  Noch tiefer aber bekümmerte es die hannoverschen Räte,
daß ihr König=Kurfürst selber dem Gedanken der Neutralität sich
mehr und mehr abwendete.  Es entging ihnen nicht, daß neben
dem Drängen seiner englischen Minister und ihrer kräftigen Ver=
heißungen für den Schutz Hannovers noch ein anderer Antrieb ihn
geneigt machte, es in Deutschland auf den Kampf ankommen zu
lassen: ein Brief des Königs von Preußen, am 25. Dezember unter
dem Eindruck der schlechten Nachrichten aus Rußland geschrieben,
wies ihm als Kampfpreis, wenn das Glück gut war, die Erwerbung

des Bistums Paderborn und den dauernden Besitz von Osnabrück, wo jetzt nach den Bestimmungen des Westfälischen Friedens der Krummstab zwischen der geistlichen und der weltlichen Hand, zwischen einem gewählten und geweihten Bischof und einem Laienfürsten vom Welfenstamme, hin und her wanderte.

In der ersten freudigen Erregung über diesen Vorschlag hatte Georg II. sich das Zukunftsbild noch glänzender ausgemalt, indem er zu Osnabrück und Paderborn, wenn einmal säkularisiert werden sollte, im Geist auch schon Hildesheim und das Eichsfeld schlug; ja, er hatte den Gedanken hingeworfen, dem Wiener Hofe zum Torte den Sohn Kaiser Karls VII., Maximilian Joseph von Bayern, zum römischen Könige zu wählen. Allerdings ließ er, gut beraten und klug berechnend, in der Antwort an Friedrich II. von seiner Freude über das Angebot, geschweige denn von seinem Verlangen nach mehr, nichts durchblicken. Aber wenn noch etwas fehlte, ihn auf diese Seite zu ziehen, so war es die plumpe Deutlichkeit, mit der Graf Colloredo, der kaiserliche Gesandte in London, die Gewährung der Neutralität an jene von den Franzosen vorbehaltene Bedingung des freien Durchmarsches knüpfte. Empfindlich verletzt über die ihm zugemutete Erniedrigung, legte König Georg die Akten der Verhandlung mit dem Wiener Hofe dem preußischen Verbündeten vor und ließ sich gefallen, daß Pitt der Botschaft an das Parlament, durch die 200 000 Pfund für die Verteidigung von Hannover gefordert wurden, eine Schärfe des Tones gab, welche die hannoverschen Räte bezeichnenderweise kaum minder peinlich berührte als die Kaiserin-Königin. Pitt selbst vertrat am 18. Februar den Antrag vor dem Unterhause in glänzender Rede. Niemand hatte vordem schärfer als er die Vermengung der britischen und der hannoverschen Interessen verurteilt; noch die Westminsterkonvention hatte er unter diesem Gesichtspunkt angegriffen. Heute aber legte er dar, daß es sich hier um die Sache Englands, um die Sache Europas handle, dessen Freiheit durch die Verbindung der Höfe von Wien und Versailles und die Verblendung des von ihnen aufgehetzten Zarenreiches schwer bedroht sei. Durch Englands Gut und Blut sei Österreich einst vom Untergang errettet worden, um jetzt seine Undankbarkeit zu erhärten und argen Anschlägen gegen Englands Verbündeten nachzugehen. Der preußische Geschäftsträger hielt nach dieser Rede das neue System für sicher befestigt und die britische Nation für überzeugt von der Notwendigkeit, mit Preußen vorwärts zu gehen. Und gewiß hatte sich Pitt keines Abfalls von seinen früheren Grundsätzen schuldig gemacht. Es war wohlverstandene englische Politik, die er vertrat und deren einfachen und durchschlagenden Grundgedanken er von nun an immer von neuem seinen Landsleuten einzuprägen bemüht war.

Preußen in Deutschland gegen die Übermacht seiner Feinde sich
selbst überlassen, das hieß den Franzosen kurzsichtig es möglich
machen, in einem letzten Akte des Krieges ihre ganze Kraft in den
Einzelkampf gegen England zu werfen; Preußens militärische Aufstellung in ihrer rechten Flanke durch ein starkes Außenwerk decken,
an dem sich der französische Angriff erschöpfen mochte, hieß England für die eigentlich englischen, die maritimen und kolonialen
Aufgaben seiner Kriegsführung freie Bahn schaffen. Amerika
und Indien wollten in Deutschland erobert werden.

Mitten in diesen Kampf zwischen dem englischen Wollen und
dem hannoverschen Nichtwollen sah sich nun der militärische Bevollmächtigte König Friedrichs, der jüngere Graf Schmettau, hinein-
gestellt. Von einer ersten Reise nach Hannover kehrte er Anfang
Januar ganz ohne Ergebnis zurück. Als er einen Monat später,
auf eine Anregung aus London, von neuem in Hannover erschien,
war er den Geheimräten um so willkommener, als ihn aus Preußen
Sir Andrew Mitchell begleitete; denn neben seiner Aufgabe, einen
Subsidienvertrag zwischen den beiden welfischen Linien ins reine
zu bringen, versäumte der Engländer nicht, auf „die Schliche der
Hannoveraner" ein wachsames Auge zu haben. Da indes deren
Verhaltungsmaßregeln aus der Londoner deutschen Kanzlei sich
keineswegs durch Bündigkeit auszeichneten, vielmehr nach Münchhausens Klage ägyptischen Hieroglyphen glichen, so meinten sie,
vielleicht doch ihres Königs innerste Herzensmeinung zu treffen,
wenn sie dem preußischen Bevollmächtigten mit möglichster Zurückhaltung begegneten. Sie klammerten sich an die Hoffnung, daß
die Verbündeten von Versailles schließlich stillschweigend die Neutralität des Kurfürstentums gelten lassen und die Berührung der
hannoverschen Grenzen vermeiden würden, wenn nur die kurfürstlichen Truppen völlig regungslos blieben und in keiner Weise
Ombrage gaben. Deshalb weigerten sie sich auch gegen Schmettau,
die sechs preußischen Bataillone aus Wesel ohne ausdrücklichen
Befehl Georgs II. bei sich aufzunehmen, und deshalb wünschten
sie den Oberbefehl dem Ältesten ihres eigenen Offizierkorps, dem
Generalleutnant Zastrow, zuzuwenden, um so der Freiheit ihrer
politischen Entschließungen und militärischen Maßnahmen völlig
sicher zu bleiben.

Schmettau, durch hannoversche Offiziere vor den hannoverschen
Ministern gewarnt, durchschaute das Spiel, und mit ihm König
Friedrich, der da meinte: „Unsere Herren Nachbarn von der rechten
Flanke haben angefangen etwas wankelmütig zu werden und gehen
mit ihren Präparatorien so langsam zu Werke, daß sie einen Prätext
haben, zur Neutralität gezwungen zu werden." So befriedigt er
sich über die Mitteilung der Neutralitätsverhandlungen, über die

Botschaft an das Parlament und Pitts große Rede ausgesprochen
hatte, so erregt redete er jetzt — es war am 11. März — auf den in
Dresden wieder eingetroffenen Mitchell ein: „Es ist hart, von eben
den Leuten verraten zu werden, die ich gerettet und von denen
ich die Waffen Frankreichs auf mich selbst abgelenkt habe; sicherlich
muß der König von ihnen hintergangen sein; ich verlasse mich auf
die Ehrlichkeit der englischen Nation, aber nie kann ich zu den Han=
noveranern Vertrauen haben; wenn der König den Befehl über sein
Heer einem Hannoveraner gibt, so weiß ich, daß sie nie etwas tun
werden; ich kann nicht und will nicht von ihnen abhängen, Zastrow
hat weder Fähigkeit noch Erfahrung und ist zum höchsten ein mittel=
mäßiger Untergeneral." Nun hatte früher Georg II. wiederholt
den Prinzen Ferdinand von Braunschweig aus dem preußischen
Dienst für den Oberbefehl zu gewinnen gewünscht, Friedrich da=
gegen dessen Bruder Ludwig, den vormals österreichischen, jetzt
holländischen Feldmarschall, als den geeignetsten Führer empfohlen,
und als Prinz Ludwig ablehnte, den Herzog von Cumberland.
Auf diesen Lieblingssohn Georgs II., den Sieger von Culloden,
kam er jetzt zurück; er meinte zu Mitchell, jeder andere würde von
den Hannoveranern düpiert werden, und schrieb an Georg, nur ein
Prinz werde sich an der Spitze eines aus Truppen der verschiedensten
Fürsten zusammengesetzten Heeres die erforderliche Geltung ver=
schaffen können, ein Untertan, außer Lord Marlborough, habe das
nie vermocht. Der alte Herr fühlte sich durch das seinem Sprößling
entgegengetragene Vertrauen nicht wenig geschmeichelt, Cumber=
land wurde ernannt, Friedrich war beruhigt und begrüßte seinen
britischen Vetter als den Feldherrn, der Deutschland von den fremden
Eindringlingen zu befreien berufen sei.

Friedrich wußte nicht, daß die von ihm betriebene Ernennung
eine schwere Niederlage des englischen Ministeriums bedeutete.
Cumberland war Pitts erklärter Gegner. Lord Holdernesse, der aus
dem alten Kabinett in das neue übergetretene Anhänger Newcastles,
fand kein Arg dabei, dem preußischen Geschäftsträger zu eröffnen,
daß der Prinz bei seinem Abgang auf das Festland seinen könig=
lichen Vater nicht in den Händen der dem König verhaßten und
noch dazu unbrauchbaren Minister — Pitts Kränklichkeit mußte als
Vorwand dienen — zurücklassen werde. In der Tat, Anfang April
wurden Pitt und die ihm ergebenen Mitglieder der Regierung
ihrer Ämter entlassen, ohne daß Ersatz für sie da war: ein volles
Vierteljahr hindurch scheiterten alle Versuche zur Neubildung des
Kabinetts. So wenig ermaß Friedrich damals, was Pitt ihm in
Zukunft sein sollte, daß er die Hoffnung aussprach, England werde
jetzt endlich tätigere und ernsthaftere Männer finden als die New=
castle und Pitt.

Seines verhängnisvollen Sieges froh, traf Cumberland am 16. April in Hannover ein. Mit ihm brachte jetzt Schmettau seine Verhandlung zum Abschluß. Der preußische Feldzugsplan für den westdeutschen Kriegsschauplatz hatte sein Ziel immer weiter zurück= stecken müssen. Anfänglich, im November, hatte sich Friedrich für eine Verteidigungsstellung am Rhein mit einem festen Lager bei Dinslaken oder Angerort ausgesprochen, unter Umständen, bei einer Beteiligung der Holländer am Kriege, sogar für den Rheinübergang. Im Dezember empfahl er ein Lager hinter der Lippe, rechts an Wesel gelehnt, und kündete an, daß er die Festung räumen müsse, falls man sich nicht entschließe, seiner abgesprengten Garnison dort bei guter Zeit die Hand zu reichen. Da nichts geschah, betrachtete er im Februar Wesel bereits als verloren und riet nun den Han= noveranern, ihre Spitzen wenigstens bis Lippstadt vorzuschieben. Auf Lippstadt oder auf eine Stellung an der Ruhr wies Schmettau jetzt auch den Herzog von Cumberland hin, während Münchhausen den Vorstoß über die Weser aus politischen wie militärischen Gründen für hochbedenklich hielt.

Von den 47 000 Hannoveranern, Braunschweigern, Hessen, Bückeburgern, Gothaern, die Cumberlands Heer bilden sollten, konnten vorerst nur 16 Bataillone und ebensoviel Schwadronen ausrücken, während sich die Franzosen in der Stärke von 100 000 Mann zwischen Maas und Rhein zum Vormarsch aufstellten. Um das Mißverhältnis der Zahl auszugleichen, hatte König Friedrich seit dem vorigen Herbst wiederholt die Entsendung britischer Regimenter nach Deutschland angeregt und noch jüngst wenigstens Reiter aus England für Cumberlands Heer gefordert. Er wußte noch nicht, daß nach einem whiggistischen Glaubenssatze englisches Blut zur Verteidigung der deutschen Kurlande des Königs von Groß= britannien nicht vergossen werden durfte. Nur das wurde ihm von neuem zugesagt, wie schon im vergangenen Juli, daß im Falle eines russischen Angriffs auf Preußen eine englische Kriegsflotte in der Ostsee erscheinen würde; aber leider erschütterte mehr als ein Anzeichen den Glauben an die Ausführung des Versprechens.

Anderseits hielten die Hannoveraner in ihrem Bestreben, sich aus der Verbindung mit Preußen herauszuwinden, den nahe= liegenden Einwand nicht zurück, daß der preußische König für die Abwehr der Franzosen wohl mit seinem Rat, aber nicht mit der Tat bei der Hand sei. Schmettau konnte sich ihren Klagen nicht ganz verschließen und richtete während seiner zweiten Gesandt= schaft an den Kabinettsrat, den sichersten Kenner sowohl der Sach= lage wie der Stimmungen, die Vertrauensfrage, ob es völlig aus= geschlossen sei, 10 000 Preußen nach dem Westen zu entsenden. Aber der König hatte von vornherein auf das bestimmteste erklärt,

er müsse Rußlands versichert sein, bevor er auch nur einen einzigen
Mann von seinem Heere missen könne; er wolle, wenn Rußland
nichts gegen ihn unternehmen würde, sicher ein Truppenkorps zu
dem westdeutschen Heer stoßen lassen, sonst aber könne ihm billigerweise nicht zugemutet werden, auch noch am Rhein zu kämpfen.
Demgemäß räumte er auch, wie er gedroht hatte, beim ersten Erscheinen der Franzosen seine von den Verbündeten ihrem Schicksal
überlassene Rheinfestung, nachdem sein Gedanke, Wesel holländischen
Truppen zur Verwahrung anzuvertrauen, sich als unausführbar
herausgestellt hatte. Die durch die Preisgabe der Festung gerettete
Besatzung, jene sechs Bataillone, steuerte er zu dem in der Bildung
begriffenen Weserheere bei; die Mehrforderung, mit welcher
Schmettau bestürmt wurde, lehnte er endgültig ab.

Dann aber eröffnete er den Verbündeten auf einmal eine Aussicht,
die sie nach allem Vorangegangenen um so freudiger überraschen
mußte und die den Herzog von Cumberland vielleicht erst entschieden hat, sich über die Weser zu wagen. Alles hänge davon ab,
ließ er dem Herzoge zum Willkommen sagen, ob man sich sechs
Wochen in Westfalen halten könne, bis zur Ankunft eines preußischen
Korps. Noch bestimmter bezeichnete er dem König von England
in einem Briefe vom 10. April Mitte Mai als den Zeitpunkt, bis
zu dem er mit den Österreichern in Böhmen so weit fertig zu sein
gedenke, um gegen Russen und Franzosen zu detachieren und seine
Bundesgenossen unterstützen zu können.

Der Feldzugsplan, für den er sich soeben entschieden hatte und
der ihm diese Zuversicht gab, den Hannoveranern schneller als sie
und er gedacht, Hilfe bringen zu können, führte, aus langen Erwägungen hervorgegangen, über anfängliche Vorsätze weit hinaus.

Auf den Feldzug von 1757 und die großen Dinge, die alsdann
geschehen würden, hatte der König den Marschall Schwerin im
vorjährigen Herbste vertröstet. Und zu dem englischen Gesandten
sagte er in den Weihnachtstagen: „Von dem Erfolg der nächsten
Kampagne hängt alles ab; ist der günstig, so wird der Krieg nicht
lang sein, und in dieser Meinung spare ich keine Kosten, um mich
stark zu machen und meinen Feinden die Stirn bieten zu können.“

---

Seit dem Beginn des Krieges hatte sich das Heer zunächst durch
die Einverleibung der zehn sächsischen Infanterieregimenter vermehrt. Um deren Lücken auszufüllen und sie auf preußischen
Fuß zu bringen, war den sächsischen Kreisen im November die
Stellung von 9070 Rekruten auferlegt worden. Die Sollstärke
betrug jetzt 21 900 Mann. Garnisonbataillone waren seit dem
August noch zehn zusammengetreten. Für das lose Gefecht gegen

die Kroaten wurden im Auslande vier Freibataillone, eine bald
bewährte Versuchstruppe, angeworben. Am meisten ins Gewicht
fiel eine neue Erhöhung des Mannschaftsbestandes bei den Feld=
regimentern. Nachdem sie schon im Dezember für die Küraffiere
und Dragoner angeordnet war, entschloß sich der König Anfang
Januar, die Infanterie um mehr als 19 000 Mann, d. h. jede
Kompanie mit 30 Kantonisten zu verstärken: jene Maßregel[1]),
die mehr als alles andere erseen läßt, wie furchtbar ernst ihm die
Lage erschien. Denn bei Beginn des letzten Krieges hatte er den
Regimentern vielmehr verboten, auch nur einen Rekruten aus ihren
Kantons zu entnehmen[2]): jetzt ward, noch ehe das Heer namhaften
Verluft gehabt hatte, mit übervollem Maß aus dieser sonst so streng
gehüteten Quelle geschöpft. Auch die Husarenregimenter, bei der
Augmentation von 1755 leer ausgegangen, wurden jetzt zweimal
nacheinander an Mannschaftszahl heraufgesetzt. Insgesamt glaubte
der König das Heer derart auf 210 000 Mann bringen zu können.
Ganz ist diese Zahl nicht erreicht worden. Die bisher sächsischen
Regimenter lichteten sich durch Massendesertion; eines von ihnen
entwich in offener Meuterei mit Wehr und Waffen über die
polnische Grenze zu dem alten Kriegsherrn. Vor dem Feind
vollends war auf diese widerwilligen Truppen niemals zu rechnen.

So blieben für den Kampf im offenen Feld nur etwa 150000
Mann.

In der Verteilung der Streitkräfte trat gegen das Vorjahr die
Veränderung ein, daß das Korps in Pommern, ursprünglich nach
Ostpreußen zur Verstärkung des Feldmarschalls Lehwaldt bestimmt,
während des Winters nach der Lausitz gezogen wurde, wo die
preußische Postenkette von den österreichischen Vortruppen während
des Winters fort und fort beläftigt wurde; der Überfall von Hirsch=
feld am 20. Februar bewies, wie dem Gegner die Zuversicht wuchs.
Sah sich jetzt Lehwaldt allein auf seine während des Winters bis
zu 30 000 Mann verstärkten ostpreußischen Regimenter angewiesen,
so waren in Sachsen und Schlesien rund 117 000 Mann Feldtruppen
vereinigt: 76 000 Mann als Haupteer unter dem König, 41 000 Mann
unter Schwerin. Die Österreicher in Böhmen und Mähren schätzte
man annähernd richtig auf 130—140 000 Mann; genau zählten
sie Ende März 133 000 Mann. —

Um an der entscheidenden Stelle möglichst stark zu sein und gleich
zu Beginn des Feldzugs eine Kraftprobe ablegen zu können, hatte
der König die 10 000 Mann aus Pommern herangezogen. Das
Stärkeverhältnis zwischen ihm und dem zunächst allein schlagfertigen
Gegner war jetzt nicht ungünstig. Aber diesem Gegner entgegen=

---

[1]) S. 444.　[2]) S. 296. 297.

zugehen, ihn in Böhmen aufzusuchen, hatte er, als er die Pommern kommen ließ, doch nicht beabsichtigt.

Wenn Friedrich die durchschlagende Entscheidung in einem Kriege mit Österreich nur von einem Angriff auf Mähren erwartete, so waren Schwerin und Winterfeldt, mit denen er den ganzen Winter hindurch in regem Meinungs= und Nachrichtenaustausch stand, in diesem Grundgedanken durchaus mit ihm einverstanden. „Ehe sich der Krieg, und so wie Eure Majestät es allezeit gesagt, nicht gegen Mähren spielt, gibt es keinen rechten Ausschlag der Sache," schrieb ihm Winterfeldt; und ebenso Schwerin: „Es ist gar sehr wahr, daß, wofern wir nicht den Krieg nach Mähren und Österreich tragen, niemals ein vorteilhafter, solider und guter Friede zu erhoffen ist." Mähren blieb also das gelobte Land der preußischen Strategie; aber in einem Kriege gegen drei oder mehr Mächte schien es vorerst zu gewagt, sich von der starken, geschlossenen Mittel= stellung, die man in Sachsen, der Lausitz und Niederschlesien ein= nahm, nach irgend einer Seite hin weit zu entfernen. Der Zug nach Mähren, die Offensive überhaupt, wurde deshalb erst als ein späterer Akt des neuen Feldzuges gedacht. Eröffnen sollte das Stück nach des Königs anfänglicher Meinung ein Vorspiel, für das er den Österreichern die strategische Vorhand zu lassen beabsichtigte. In der gedeckten Zentralstellung an der Elbe, hinter den Bergen, die ihn von Böhmen trennten, konnte er bei dem Vorteil der inneren Operationslinie dem Gegner, ob er nun vor der Front, ob er rechts oder links in der Flanke sich zeigte, allemal leicht mit überlegener Streitmacht entgegentreten; hier also wollte er ihn erwarten. So schien es die politische und so die militärische Lage zu erfordern; so auch hatte er zu Beginn des Feldzugs von 1745 den österreichischen Stoß gegen Schlesien aufgefangen und in der strategischen Defensive mit taktischer Offensive den glänzendsten seiner bisherigen Siege erfochten.

Wieder wie damals soll ihm eine Schlacht alsbald für den ganzen Feldzug die Überlegenheit verschaffen. Eine entscheidende Schlacht. Kein unnützes Blutvergießen, eine Schlacht mit nachdrücklicher Verfolgung, anders als die Lobositzer Schlacht, mit der er nach= träglich so unzufrieden ist: „Jede Bataille, so wir liefern, muß ein großer Schritt vorwärts zum Verderben des Feindes werden." Man wird das feindliche Heer, wenn es irgend möglich ist, ver= nichten, „abimieren". Der zeitgenössische Geschichtsschreiber des siebenjährigen Krieges, Tempelhof, hat seinen König als einen Feldherrn bezeichnen zu dürfen geglaubt, der nicht bloß Schlachten schlägt, um einmal das Tedeum laudamus anstimmen zu lassen, sondern allemal eine totale Niederlage des Feindes zur Absicht hat, und ein andrer Mitstreiter, Warnery, hat geradezu gesagt,

Friedrichs Bemühen sei stets darauf gegangen, das feindliche Heer gänzlich zu vernichten. Hier hören wir von Friedrich selbst, daß er sich dieses Ideal der Schlacht in der Tat vor die Augen stellt.

Ist der Erfolg durchschlagend, dann wird die moralische und politische Wirkung der Schlacht hinter der militärischen nicht zurückbleiben. Eine glückliche Bataille vor Mitte Mai, so meint der König in einem Briefe aus dem Februar, und die Russen werden vielleicht gar nicht marschieren. Er weiß von den Franzosen: „Die Leute sind mir so böse, sie möchten mir zerreißen," aber er denkt: „wann erst die Österreicher tüchtig auf die Ohren werden gekriegt haben, so werden sich die stolzen Wellen legen." Er weiß von den Schweden, daß sie „nicht die besten Gesinnungen der Welt" für ihn hegen: „aber bevor sie Truppen versammeln, werde ich meine Feinde geschlagen haben, und die anderen werden nicht das Herz haben, sich zu rühren."

Ist in der strategischen Defensive eine erste große taktische Entscheidung gegen ein österreichisches Heer herbeigeführt, so werden als weitere Aufgaben folgen: Abrechnung mit den sonstigen Streitkräften der Österreicher und, wenn sie kommen, mit ihren Verbündeten, und endlich, als „Ziel- und Endzweck von alledem", die Verlegung des Kriegsschauplatzes nach Mähren, wo der Krieg, wie Friedrich hofft, „mit Gottes Hilfe bei Olmütz sich endigen soll".

Wo der erste Schlag fällt, das erklärt er in einem Brief an Schwerin, ist einerlei: vorausgesetzt, daß der Feind an einem Ort kräftig geschlagen wird, so kommt auf den Ort selbst wenig an. Den Feldzugsplan im einzelnen festzustellen, war auch Ende Januar bei den Besprechungen in Haynau[1]) noch nicht möglich. Die Nachrichten änderten sich „von Tage zu Tage". Was wußte man Sicheres über die Absichten der Österreicher, über die Heere, die sie aufstellen wollten, über die Stätten ihrer Versammlung, über ihre Magazine? Ob sie nach Schlesien oder nach Sachsen oder vielleicht auch ins Halberstädtische einfallen würden? Ob die Franzosen nach Franken und Böhmen oder nur vom Niederrhein aus vorgehen, ob die Russen sich nach Ostpreußen oder nach Schlesien und Mähren wenden würden?

Doch neigte der König der ganz zutreffenden Meinung zu, daß die Österreicher es auf Sachsen abgesehen hätten, wo keine Festungen wie in Schlesien ihnen das Vordringen erschwerten, wo ihnen nach einem Siege alles auf einen Schlag zufallen konnte. Auch in Haynau vertrat er Schwerin und Winterfeldt gegenüber diese Meinung, und alle weiteren Nachrichten bestärkten ihn darin. Am 10. März kündete er Schwerin an, daß er ihn gegebenen Falls zu sich nach

---

[1]) Vgl. S. 443.

Sachsen nehmen und in Schlesien unter einem anderen General gerade nur so viel Streitkräfte zurücklassen werde, als zur Verteidigung erforderlich seien.

Einige Tage darauf, am 16. März, glaubte er endlich den Plan der Verbündeten in den Umrissen zu erkennen: 80 000 Franzosen, noch verstärkt durch Österreicher und Reichstruppen, werden über den Rhein kommen, 50 000 um Wesel zu belagern, 30 000 um auf Magdeburg zu marschieren; die Österreicher werden den Zeitpunkt abwarten und wahrnehmen, wo ein Teil der preußischen Hauptmacht diesen Truppen entgegenziehen muß; alsbald wird Browne im Vertrauen auf seine Übermacht gegen Sachsen vorbrechen. Da gedenkt nun Friedrich 30 000 Mann gegen die Franzosen auszusenden, 60 000 gegen Browne in Sachsen zu behalten, mit 35 000 die Lausitz, mit 15 000 Schlesien zu decken.

Gerade in diesen Tagen erhielt er die willkommene Gewißheit, daß der König von England die Neutralität für Hannover verwarf und ein Heer gegen die Franzosen zusammenzog. Deren Marsch nach Magdeburg stand somit noch in weiter Ferne. Dagegen verlautete jetzt, daß sich ein französisches Heer im Elsaß versammle, um über Mainz an den oberen Main zu ziehen. Die beiden neuen Umstände berücksichtigt am 20. März ein zweiter, bereits auf Einzelheiten eingehender Entwurf, in welchem König Friedrich vier verschiedene Fälle setzt.

Hält Browne sich in Böhmen defensiv und kommen von Mainz über Schweinfurt 30 000 Franzosen, verstärkt durch Reichstruppen, so will er den Franzosen 40 000 Mann, darunter 87 Schwadronen, entgegenschicken, die übrigen Truppen aber abwartende Stellungen einnehmen lassen: bei Zwickau 25 000 Mann, bei Dresden 35 000, in der Oberlausitz und den benachbarten Strichen von Schlesien 35 000, bei Schweidnitz und in den schlesischen Festungen 15 000.

Stößt zu den vom Main anrückenden Franzosen ein österreichischer Trupp aus Böhmen, so muß das ihnen entgegenrückende Heer durch Nachschub aus Sachsen um 10 000 Mann verstärkt werden.

Kommen die Franzosen nicht zum Vorschein und dringt Browne in Sachsen ein, so bleibt es bei dem alten Plan, ihn dort möglichst entscheidend zu schlagen.

Beschränken sich dagegen beim Ausbleiben französischer Hilfe die Österreicher auf einen Defensivkrieg in Böhmen, so muß man sie in diesem vierten Fall freilich dort aufsuchen und vor allem Browne aus seiner festen Stellung, aus dem Winkel zwischen Elbe und Eger, verdrängen. Das kann geschehen, so führt die Denkschrift aus, entweder durch Bewegungen in seiner linken Flanke, vielleicht schon durch eine bloße Demonstration gegen Eger, jedenfalls aber durch Belagerung und Eroberung dieses Waffenplatzes; oder durch eine Bedrohung der österreichischen Stellung im Rücken, wenn 40 000 Mann aus Schlesien, 40 000 aus der Lausitz einbrechen und sich bei Jungbunzlau vereinigen.

Der König sandte diese „Suppositions verschiedener Projekte" an Schwerin, mit dem Ersuchen, sich ganz offenherzig und ganz natürlich darüber zu äußern. Für den allgemeineren Entwurf vom 16. März hatte er gleich an diesem Tage sowohl von Schwerin wie von Winterfeldt ein Gutachten eingefordert. So begann zwischen dem großen Hauptquartier zu Dresden und den Führern des schlesischen Heeres in Neiße und Landeshut ein denkwürdiger Schriftwechsel, da die Generale ihre entschieden abweichende Meinung mit Freimut und Lebhaftigkeit zur Geltung brachten.

Die beiden Männer hat Prinz Heinrich, in einer eben damals entworfenen Charakteristik Winterfeldts, einander gegenübergestellt als den vortrefflichen und den mittelmäßigen General und zugleich als den von dem obersten Kriegsherrn mißtrauisch zurückgesetzten Ehrenmann und den über alles Verdienst bevorzugten Höfling.

Heinrich wollte Winterfeldt Mut und guten militärischen Blick und einige Erfolge gegen die österreichischen leichten Truppen nicht absprechen, fand es aber anmaßend, daß dieses kleine Licht Feldzugspläne ausdenken wolle. Des Prinzen Meinung, ungünstig über Winterfeldts Talent und noch ungünstiger über seinen Charakter, vielen ganz aus dem Herzen gesprochen und von vielen eifrig nachgesprochen, von anderen urteilslos angenommen, hat die historische Auffassung auf lange hinaus bestimmt. Daß Winterfeldt seine zahlreichen Gegner im Offizierkorps hatte, lag bis zu gewissem Grade schon in der Art seiner dienstlichen Stellung. Es konnte nicht anders sein, als daß der Mann Gegenstand mißtrauischer Scheu wurde, der, seit langen Jahren beständig in des Monarchen Umgebung, dessen Ohr mehr als irgend ein anderer Offizier zu besitzen schien und nach der gemeinen Rede zumal auf Fragen der dienstlichen Beförderung bedeutenden Einfluß ausübte. Kein Husarenoffizier, so hieß es, könne ohne Winterfeldts Gunst sein Glück machen. Aber nicht bloß die aufstrebende Jugend fühlte sich abhängig, auch ein Zieten war der Meinung, daß von dieser Seite ihm Steine in seinen Weg geworfen wurden, und selbst der Erbe der Krone hielt es für klug, wie uns ein Brief aus dem Jahre 1750 zeigt, dem Günstling des Königs seine Interessen zu empfehlen. So viele ihm gram waren, niemand wünschte ihn sich zum Feinde zu machen. „Man behauptet, daß Er es ist, der in die Armee ein gewisses gegenseitiges Mißtrauen und eine Kriecherei hineingebracht hat, die früher unbekannt waren," so berichtet ohne zu widersprechen der ziemlich unparteiische Warnery; aber gegen den Vorwurf, daß

Winterfeldt dem König liebedienerisch nach dem Munde geredet
habe, hat ihn derselbe Warnery entschieden in Schutz genommen:
„Er sprach frei heraus zu dem Könige und war ein sehr guter Staats=
bürger." Und Winterfeldt selbst hat den Ruhm für sich in Anspruch
genommen: „vor Eurer Majestät niemals etwas auf dem Herzen
zurückbehalten zu haben".

Daß er ehrgeizig sei — die Tadler sprachen von seinem maßlosen
Ehrgeize — hat Winterfeldt nicht leugnen wollen: denn niemand
könne ohne Ambition seinem Könige rechtschaffen dienen. Aber
wie weit war sein Ehrgeiz entfernt von kleinlicher Eitelkeit: als
eine ihm hinterrücks gewidmete Schrift in der Zueignung seine
Kriegstaten pries, da beklagte er sich, daß die Zensur diese „windige"
Vorrede nicht unterdrückt habe, und meinte, das von seinem Lob=
redner Vorgebrachte gleiche dem, was sein Reitknecht zu erzählen
pflege, um sich auf der Bierbank breit zu machen und zu beweisen,
in welchen Gefahren er auch dabei gewesen sei: „Ich verlange die
Fama niemals zum Trompeter meiner Aktionen, sondern nur
allezeit meinen eigenen Busen zum Richter zu haben." Bei solch
hochherziger Gleichgültigkeit gegen den Nachruhm konnte es ge=
schehen, daß als lange nach seinem Tode endlich zur Verteidigung
seines Leumunds ein Verwandter das Wort ergriff, im Besitz der
Familie ganze zwei Briefe von Winterfeldt aufgefunden wurden.
Nur so konnten gerade seine vornehmsten Verdienste völlig im
stillen bleiben, konnte seine Bedeutung als Stratege länger als
ein Jahrhundert allgemein verkannt werden.

Zum Entgelt haben seine mit der Feder überaus rührigen
Gegner ganz andere Dinge auf seine Rechnung gesetzt, mit Be=
rufung nicht gerade auf den tapferen Reitknecht, aber auf einen
doch ganz uneingeweihten Sekretär. Zutreffend ist, daß Winter=
feldt sich im Juli 1756 unter einer bestimmten Voraussetzung für
das Losschlagen, das Praevenire, ausgesprochen hat: jene Leute
aber wußten viel mehr. Ihnen galt als ausgemacht, daß Winter=
feldt der eigentliche Urheber, der „Feuerbrand" des neuen Krieges
gewesen, daß er den im Herzen friedliebenden König erst aus der
vorteilhaften Verbindung mit Frankreich gerissen und dann in den
Kampf hineingetrieben habe, und das aus brennender Begier
nach neuem kriegerischen Ruhm, aus persönlicher Gereiztheit gegen
die Kaiserin von Rußland und aus Haß gegen die Franzosen, die
ihm deshalb vornehmlich ein Greuel gewesen seien, weil seine Un=
kenntnis ihrer Sprache ihn schon oft in peinliche Lage gebracht
habe — Dinge, von denen alles in allem gerade nur die Unkenntnis
des Französischen als Tatsache bestehen bleibt. Denn allerdings,
der Schulkenntnisse und der modischen Bildung oder Zustutzung
entbehrte dieser Mann; als seinen eigentlichen Lehrer hat er nicht

den Predigtamtskandidaten betrachtet, der im uckermärkischen
Herrenhause zu Schmarsow den Knaben unterrichten sollte, sondern
einen alten Sergeanten. Auch sein Geschmack scheint nicht allzu
anspruchsvoll gewesen zu sein. Bielfeld, der Mann der feinen
Formen, war bei einem Besuch in dem Potsdam Friedrich Wil=
helms I. baß erstaunt, den Kapitän Winterfeldt mit seinen Kameraden
ein Tanzvergnügen ohne Damen veranstalten zu sehen, und Prinz
Heinrich spottete über Winterfeldts Behagen an einer Geselligkeit
im Stil der Zeiten Heinrichs des Vogelstellers. Bekannt als Freund
eines scharfen Trunkes, büßte er doch nach Warnerys Zeugnis nichts
an Arbeitskraft und an Frische ein. Und wenn der Prinz alles,
was der gesprächige Mann vorbrachte, trivial fand und seine Witze
schal, so wird schwerlich der Leser Winterfeldtscher Briefe das ver=
ächtliche Urteil unterschreiben; sie erfreuen überall durch Natürlich=
keit, individuelle Farbe, glücklichen Ausdruck, kräftigen Humor.

Seine Munterkeit und Anstelligkeit, in Verbindung mit einem
ansprechenden, kecken Gesicht und stattlicher Gestalt, hatten dem
jungen Anfänger alsbald das Wohlgefallen Friedrich Wilhelms I.
und auch des Kronprinzen Friedrich erworben, dem er zuerst im
Rheinfeldzug von 1734 näher getreten ist. Friedrich hat 1740 den
Leutnant zum Major und wieder im nächsten Jahre den Major
zum Obersten und Generaladjutanten befördert; er hat vor dem
Feinde in seinem Günstling den Offizier von seltenem Kaliber und
seltener Befähigung erprobt, als welchen Winterfeldt einer seiner
Vorgesetzten gerühmt hat; er hat ihn zu Friedenszeiten in Ver=
trauensaufträgen verschiedenster Art verwandt. Aber Winter=
feldt war ihm noch mehr, als ein überaus geschicktes Werkzeug. „Er
war mein Freund," hat der alte König nach langen Jahren zu dem
Leutnant Rüchel gesagt; „er war ein guter Mensch, ein Seelen=
mensch." Winterfeldt empfand es in mißmutigen Stunden als
eine Beeinträchtigung, daß er jahraus, jahrein in Potsdam stille
sitzen müsse, während bereits zwanzig seiner Hintermänner vor ihm
ein Regiment erhalten hatten. Der König aber beschwichtigte solche
Klage, bis er ihm eines der Berliner Musterregimenter verlieh,
mit der Versicherung, daß Winterfeldt ihm zu gut sei, um einfach
Oberstendienste zu tun und in der Provinz „dem Schlendrian zu
folgen"; er sei zu größeren Dingen bestimmt.

Wie hätte es einem kommandierenden General bequem sein sollen,
dieses militärische andere Ich des Königs sich im Felde als Helfer
oder gar Aufpasser an die Seite gestellt zu sehen? Da spricht es
für Winterfeldt und für Schwerin gleichmäßig, daß ihr Verhältnis
während der gemeinsamen Wirksamkeit an der Spitze des schlesischen
Heeres stets ungetrübt geblieben ist, daß zwischen dem Feldmarschall

und dem Generalleutnant in allen wichtigen Fragen der Heeres=
führung volle Übereinstimmung bestanden hat. So hatte Schwerin
auch die zunächst nur ihm selbst zur Begutachtung vorgelegte Denk=
schrift des Königs frei von jeder Eifersucht ohne weiteres Winter=
feldt mitgeteilt und rechtfertigte vor dem Gebieter diese Über=
antwortung des Geheimnisses an einen dritten mit dem Hinweis
sowohl auf die Verschwiegenheit wie auf das Sachverständnis seines
Untergebenen.

Schwerin, jetzt zweiundsiebzigjährig, war im Unterschied von
Winterfeldt der gebildete Offizier, des Französischen, Italienischen,
Lateinischen mächtig, der Weltmann und Lebemann, der auch bei
den Offizieren seines Regiments auf äußeren Glanz und deshalb
auf Glücksgüter Wert legte. Sein verbindliches Wesen, die „gnädige
Stellage“, die er sich zu geben wußte, schuf ihm Beliebtheit über
den Kreis des Heeres hinaus. Es war eine moralische Eroberung,
wenn der Feldmarschall im August 1741 nach der Besetzung von
Breslau beim Empfang der protestantischen Geistlichkeit nicht bloß
ihren Sprecher, sondern, um niemand zurückzusetzen, jeden einzelnen
Pastor mit einem Friedenskuß bedachte, also daß „sich dieser Actus
mit der größten Zärtlichkeit endete“. So herrschte auch in seiner
Garnison Frankfurt, im erfreulichen Gegensatz zu den steten Miß=
helligkeiten, von denen man zu des alten Dessauers Zeiten aus
der Musenstadt Halle hörte, zwischen dem Regiment und der Uni=
versität das beste Einvernehmen, und es ward dem Chef hoch an=
gerechnet, daß er Professoren und Studenten in sein gastliches Haus
zog. Seine Adjutanten hielt der Leutselige nach der Meinung
mancher nicht kurz genug.

In dem Heere, das 1756 in den Krieg zog, gab ihm seine alte
Kriegserfahrung überwiegendes Ansehen vor allen anderen Gene=
ralen. Er hatte auf den Schlachtfeldern des spanischen Erbfolge=
kampfes und des nordischen Krieges seine Schule gemacht, hatte
als holländischer Leutnant bei Höchstädt unter den Augen Marl=
boroughs und Eugens und als mecklenburgischer Oberst bei Gade=
busch an Stenbocks Seite gefochten; er rühmte sich der militärischen
Unterweisung durch Karl XII., dessen türkisches Exil er einige
Monate geteilt hatte. Dem Tage von Walsmühlen Anno 19, wo
er mit seinen Mecklenburgern sich den Weg durch das hannoversche
Exekutionskorps eröffnet hatte, dankte er seinen Ruf als verwegener
und zugleich umsichtiger Truppenführer und demnächst die Aufnahme
in den preußischen Dienst. Auf ihn schworen nun die zahlreichen
Gegner des Dessauers, seines um acht Jahre älteren Waffen=
gefährten von Höchstädt. Der „kleine Marlborough“ hatte seine
Partei im Heere, und bald wurde auch der Kronprinz ihr zu=
gezählt.

Auf den Thron gelangt, nahm Friedrich den jüngsten Feld=
marschall, den erst er ernannt, auf seinem ersten Feldzug mit und
ließ den ältesten daheim.　Seit dem Sieg von Mollwitz war Schwerins
Name in aller Munde, zugleich aber flüsterte man von dem Neide
des Königs, wie vorher von der Eifersucht des Fürsten Leopold.
Nach außen schien alles unverändert, doch schon nach dem unbefrie=
digenden Ausgang des mährischen Winterfeldzuges machte Friedrich
in einem beißenden Epigramm auf die schlechte Kopie eines elenden
englischen Originals seiner üblen Laune Luft, und vollends nach
den Reibungen im zweiten Kriege[1] war der neue Marlborough
in den Augen des zürnenden Gebieters für geraume Zeit der eigen=
sinnige Tor, dessen Empfindlichkeit keine Schonung verdiene.　Erst
im Herbst 1747, nach einer offenen Aussprache, wich die königliche
Ungnade von ihm.　Schwerin ward jetzt wieder bei Hofe gesehen.
Daß er nach seiner zweiten Heirat die Gattin dort nicht vorstellen
durfte, kränkte ihn von neuem; aber die Verbindung hatte ihre
anstößige Vorgeschichte, wie denn die galanten Sünden des wackeren
Degens früher schon den Zorn Friedrich Wilhelms I. entfesselt
hatten.

Inzwischen hatte sich die Schwerinsche Partei je länger je mehr
daran gewöhnt, ihren Helden wie einst gegen den alten Dessauer
so nach Leopolds Tode gegen den König selbst als den Größeren
auszuspielen.　Wenn jetzt im Feldlager Friedrich scherzend von den
zwei netten Jungen sprach, mit denen die Königin von Ungarn
zu tun habe, so meinte ein fürwitziger prinzlicher Adjutant, diese
Zusammenstellung sei für Schwerin schmeichelhaft vom höfischen
Standpunkt aus, vom militärischen aber mache es dem Könige
keine Unehre, neben dem größten General Europas genannt zu
werden.

Eine europäische Berühmtheit war Schwerin allerdings.　1745
hatte Ludwig XV. gewünscht, ihn an die Spitze eines seiner Heere
zu stellen, und einige Jahre später dachte man ihm in Stockholm
das Oberkommando über das schwedische Heer für den Fall eines
russischen Krieges zu.　Nicht der schlechteste Teil seines Feldherrn=
ruhmes war die treffliche Mannszucht, die er zu halten verstand;
von seinem Partner von 1756, dem Fürsten Piccolomini, wird das
Wort überliefert, wer auf eine edelmütige Art Krieg führen lernen
wolle, müsse unter einem Schwerin dienen, und er selbst hat es als
seinen Erfahrungsgrundsatz bezeichnet, daß es nur von dem guten
Willen der Generale und Offiziere abhänge, alle Plündereien zu
vermeiden.　In seiner erfolgreichen Fürsorge für die Verpflegung
wurde er seinen Nachfolgern als Muster hingestellt.　Sein Heer,

---

[1] Bd. I, 471.

so wurde ihm nachgerühmt, hatte nie Mangel an Lebensmitteln und hatte keine Desertion. Er kannte die Bedürfnisse des Soldaten, da er selber von der Pike an gedient hatte. Das warme Herz für die Truppe, persönliche Tapferkeit, deren Denkmäler zahlreiche Narben waren, eine körperliche Zähigkeit, die noch dem Greise die Strapazen des Feldzuges mit den Truppen zu teilen erlaubte, endlich auch sein Christentum, an dem dieses Weltkind fest hing und gleich dem gemeinen Mann inmitten der Fährnisse sich aufrichtete, alles das wirkte zusammen, um dem glänzenden Kavalier auch den Nimbus des volkstümlichen Helden zu leihen. Und so war es nicht bloß der Opfertod auf dem Schlachtfelde, es war ein vorlängst in einem ganzen Leben begründeter Ruf, was den Überlebenden ihren Schwerin als eine der leuchtendsten Ge- stalten der preußischen Kriegsgeschichte, als die Verkörperung der alten Tüchtigkeit dieses Heeres erscheinen ließ. „Die Armee wird nie vergessen, daß der Marschall Schwerin sie befehligt hat" — mit diesem Wort hat der König sechzehn Jahre nach des Helden Tode nur der Wertschätzung den klassischen Ausdruck gegeben, die unter den Veteranen des siebenjährigen Krieges wie unter dem jungen Nachwuchs die allgemeine war.

Einem Schwerin konnte es nicht gleich gelten, ob ein Feldzugs- plan seiner Betätigung als selbständiger Heerführer ein schmaleres oder weiteres Feld anwies, das Band der Unterordnung unter die allgemeine Heeresleitung straffer oder lockerer anzog. Gleich auf die erste Andeutung des Königs, daß er ihn vielleicht zu sich nach Sachsen nehmen müsse, hatte der Marschall am 13. März den Gegen- vorschlag gemacht, durch einen Marsch über Trautenau nach Jung- bunzlau den Feind von Sachsen abzulenken. Gegen die Truppen- verteilung, die nun des Königs Entwurf vom 16. März in Aussicht stellte, machte er nochmals die Notwendigkeit geltend, das schlesische Heer vielmehr zu verstärken, als zu schwächen; von Schlesien her bedroht, werde der Feind auf Angriffsbewegungen um so eher verzichten.

Noch nachdrücklicher und mit einem positiven Gegenvorschlag erklärte sich von vornherein Winterfeldt gegen des Königs Entwurf. Er hatte schon bei den Besprechungen in Haynau sich mit dem Gedanken, die Österreicher in Sachsen zu erwarten, nicht zu be- freunden vermocht und dem König damals entgegnet, er glaube nicht, daß man dem Feind dort werde beikommen können; man werde genötigt sein, ihm über Eger zu folgen, um ihn vielleicht erst in der Gegend von Prag „bei den Ohren zu kriegen". Jetzt, am 19. März, schreibt Winterfeldt: Wolle man dem Feldmarschall Browne Zeit lassen, mit 80—90 000 Mann stille zu sitzen und ab- zuwarten, wie der Anschlag der Franzosen ablaufen werde, dann

bleibe allerdings nichts übrig, als die vom Könige ins Auge gefaßten
Maßnahmen.   „Gott bewahre aber davor," platzt er dann ohne
Umschweife heraus, „nicht in die Verlegenheit zu kommen, solche
Mesures nehmen zu dürfen!" Denn wie solle man mit 15 000 Mann
Schlesien decken, auf dessen Hilfsmittel man doch in diesem Krieg
vornehmlich rechnen müsse.   „Um aber diesem Übel abzuhelfen,"
fährt er in seinem urwüchsigen Deutsch fort, „und des Feindes gefähr=
lichen Desseins zuvorzukommen, sehe ich kein ander Mittel, als daß
wir von hier, aus Schlesien, so bald als möglich das Spiel anfangen
und dem Feinde auf die Magazine von Pardubitz und Königgrätz,
welche seine stärkste sein, die er hat, zu fallen suchen ... Ew. Maje=
stät, welche aber in Sachsen mit einer starken Armee ihm in der
Nähe stehen, können ihm alsdann dadurch nicht allein seinen An=
schlag auf der Lausnitz zernichten, sondern auch viel mehr von da
offensive agieren lassen.   Wo der Feind zu Aussig ein starkes Magazin
hat, als welches allda sehr luftig angelegt ist, so könnte ihm solches
vors erste auch genommen werden.   Wenn der Feind bald und in
der Zeit angegriffen wird, ehe er mit Arrangements fertig ist, so
können wir anjetzo mit 30 000 Mann mehr gegen ihm ausrichten,
als im Monat Juni mit 60 000 Mann.   Der Feind muß Haare
lassen, ehe die Franzosen ihr Dessein ausführen und dem Magde=
burgschen nahekommen können; alsdann aber, wann der Feind nur
erstlich eine Schlappe bekommen, so dependiert es allezeit von
Ew. Majestät, so viel als nötig gegen die Franzosen zu schicken ...
Es würde dem Feinde, der gar nicht darauf rechnet, der unvermutetste
Donnerschlag sein, so jemals geschehen, und dadurch alles in Schrecken
und Konfusion geraten.   Die jetzigen Umstände von Ew. Majestät
sind allezeit einem Hasard unterworfen, als woraus nichts, als eben=
falls die allerhardieste Partie prompt zu ergreifen, retten kann."
Ein großer Gedanke, ein kühner Entwurf, an dem sich sein Urheber
hell begeistert: Winterfeldt bittet den König „ganz sicher und ruhig"
zu sein, „daß es, will's Gott, mit Gloire wird ausgeführt werden".
Er setzt in der Reinschrift seines Berichtes noch die Bekräftigung
drauf: „Ich bin davon so gewiß überzeuget, daß wann ich zehn
Köpfe und Leben hätte, solche Ew. Majestät davor zum Unterpfande
geben wollte."   Sein Herz sei ihm zur Stunde zu voll, um sich über
alles geordnet zu äußern; er bittet, ihm den Oberst Finck herzusenden,
um alles weitere mündlich zu erörtern.

Eine zweite Denkschrift sandte Winterfeldt am 22. März ein.
Sein Vorschlag erscheint jetzt in einem wesentlichen Punkt verändert.
Der erste Entwurf wies mit Königgrätz und Pardubitz auf der einen,
Aussig auf der anderen Seite den beiden preußischen Heeren aus=
einanderfallende Marschrichtungen; dieser Nachteil wird jetzt be=
seitigt, indem Winterfeldt das schlesische Heer auf das Magazin

von Jungbunzlau marschieren lassen will, so daß es einem aus der
Lausitz kommenden Korps die Hand reichen kann. Sei Bunzlau
glücklich erreicht, so bleibe dem Marschall Schwerin immer die
Möglichkeit, links abzuschwenken, bei Kolin über die Elbe zu gehen,
die Magazine von Königgrätz und Pardubitz zu bedrohen und Kolow=
rat, den Befehlshaber des ehemals Piccolominischen Heeres, vor
eine schwere Wahl zu stellen: „Kolowrat muß alsdann raufen,
welches wir wünschen, oder auch gegen Mähren zurücklaufen, welches
ebensogut, denn wir bekommen doch seine großen Magazine und
können ihm hernach mit Commodität nachfolgen." Losbrechen
wollte Winterfeldt zum 20. April.

Inzwischen hatte auch Schwerin in Neiße, nach Empfang der
königlichen „Suppositions", der Sache näher nachgedacht. Auch
er empfahl jetzt dem Gebieter, am 24. März, die Initiative, nicht
minder entschieden als Winterfeldt. Das Heer in fünf Teile zer=
splittern, das gute Schlesien einem Häuflein von 15 000 Mann zur
Verteidigung überlassen, das heiße den Österreichern, deren ganzer
Zweck bei diesem Kriege die Wiedereroberung Schlesiens sei, ihre
Sache leicht machen. Von den vier von dem Könige angenommenen
Fällen mag eintreten wer immer will, dem Marschall erscheint es
unvereinbar mit dem Ruhm wie mit dem Interesse des Königs,
sich nach den Absichten der Gegner zu richten; vielmehr wird es
gelten, einen Plan zu entwerfen und auszuführen, der alle die
schönen in Wien ausgeheckten Entwürfe verrückt. Schwerin fordert
deshalb den König auf, mit beträchtlicher Streitmacht in Böhmen
einzudringen, nicht nur in dem einen bestimmten, von Friedrich
selbst bezeichneten Fall, sondern unter allen Umständen und von
vornherein. Er ist der Meinung, daß der König dann bei Aussig
abzuwarten haben wird, wie von der schlesischen Seite her die
Dinge sich entwickeln, daß er Eger nicht umgehen, sondern nur durch
Entsendung bedrohen darf; für den ihm selbst zuzuweisenden Teil
der Unternehmung übernimmt Schwerin aus dem hypothetischen
Plan des Königs die Unterstützung durch das lausitzische Korps und
den Vormarsch auch dieses Korps auf Jungbunzlau.

So begegneten sich Schwerin und Winterfeldt, noch ehe sie ihre
Ansichten miteinander ausgetauscht hatten — denn erst am 23. März
erschien zu diesem Behuf des Marschalls Adjutant Platen aus Neiße
bei Winterfeldt in Landeshut. Sie stimmten überein sowohl in
dem Grundgedanken der allgemeinen Offensive, wie in dem Aus=
blick auf Jungbunzlau und auf die dort zu bewirkende Vereinigung
des schlesischen Heeres mit der lausitzischen Abteilung — Winter=
feldt, noch ohne zu wissen, daß der Kriegsherr selber wenigstens
bedingungsweise den allgemeinen Vorstoß dreier und das Zu=
sammenwirken zweier Heereskörper in Erwägung zog, Schwerin

durch diesen von Friedrich hingeworfenen Gedanken in seiner alten
Meinung noch bestärkt.

Der König erhielt Winterfeldts beide Gutachten zuerst. „Das
Projekt ist admirabel," antwortete er auf den ersten Bericht um-
gehend, belehrte aber den Ratgeber, daß gegen Königgrätz, wie es
ihm seine Erfahrungen aus dem Chlumer Lager von 1745 sagten,
nichts auszurichten, daß der Entwurf deshalb besser und sicherer
auf Bunzlau zu stellen sei — ganz wie Winterfeldt es sich alsbald
selbst gesagt hatte. Friedrich kündete zugleich die Absendung eines
Stabsoffiziers nach Schlesien an, der alle ersinnlichen Einwände
machen, „lauter Diffikultäten" mitbringen werde. Winterfeldts
zweite Denkschrift beseitigte einen Teil dieser Einwände vorweg.
Daß nunmehr der König im Herzen schon gewonnen war, läßt
deutlich ein Brief an Schwerin vom 26. März ersehen. Winterfeldt
habe einen Plan voll guter Gedanken: „Ich mache ihm indes alle
Schwierigkeiten, als wenn ich ihm entgegen wäre, damit er genötigt wird, sie zu heben; alsdann werde ich einen endgültigen Entschluß fassen, ich mache mich aber schon im voraus für die Maßregeln
bereit, die für die Ausführung an meinem Teil erforderlich sind."
Nun kamen, noch am 26., auch Schwerins Vorschläge. Auch sie
wurden warm anerkannt, als bewundernswert bezeichnet: „Sie
haben die Dinge sehr gut ins Auge gefaßt, mein lieber Marschall;
man sieht, daß Sie ein alter Routier sind, der das Handwerk aus
dem Grunde versteht und den jungen Leuten gute Lehren geben
kann." Aber noch sei reifliche Überlegung vonnöten.

Das vornehmste Bedenken bot die Jahreszeit. Will man den
Krieg nach Böhmen oder Mähren tragen, so muß man warten, bis
Grünfutter da ist, oder die Reiterei wird umkommen, so lautete
Friedrichs Theorie in den „Generalprinzipien vom Kriege", und
so hatte er an Winterfeldt noch im letzten Herbst geschrieben: „Vor
Juni können wir nicht bei ihnen sein." Am 20. April sei eine Expe-
dition möglich, erklärte er jetzt, aber noch nicht die Kampagne.
„Wir kommen gewiß hinein, wir müssen aber bedenken, wie wir
nachher subsistieren." Er spricht von den Hungerschranken, die
Browne zwischen sich und dem preußischen Heere aufgerichtet hat,
denn die Grenzstriche Böhmens nach Sachsen zu seien völlig von
Vorräten entleert. Und wie, wenn die Österreicher weiter im
Lande ihre Magazine, aus denen die ungebetenen preußischen Gäste
mitspeisen wollen, lieber verbrennen, als jenen in die Hände fallen
lassen? „Die Politik und die Kriegsraison wollen, daß ich ins Feld
rücke, ehe die Feinde ihre Flöten gestimmt haben; aber physische
Unmöglichkeiten verhindern mich, etwas Großes zu leisten."

Trotz allem konnte er sich dem Reiz des frischen Wagnisses, dem
Appell an die Kühnheit nicht entziehen. Noch ehe der Freiherr von

der Goltz zurück war, den er aus seinem Kantonnementsquartier
Lockwitz nach Schlesien schickte, erklärte er sich überwunden und schrieb
den beiden Generalen am 2. April, daß er ihrem Plan im ganzen
und großen beistimme, und daß es nur noch auf die Nebenumstände
ankomme.

Eine Nachricht aus Frankreich war ganz danach angetan, ihm
die Entscheidung zu erleichtern: das Gerücht von einem Umschwung
zu friedfertiger Stimmung. Friedrich meinte: „In Frankreich kommt
es ins Hapern."

Am 3. April war Goltz wieder zur Stelle und brachte ein Protokoll, das am 30. März zu Frankenstein von Schwerin, Winterfeldt
und ihm selbst aufgesetzt worden war, dazu einen Sonderbericht
Winterfeldts. Die Schriftstücke lauteten so zuversichtlich wie möglich; ja Winterfeldt, der einen Augenblick gefürchtet hatte, den
ganzen Plan an dem Widerspruch des Königs scheitern zu sehen,
schickte jetzt seiner Widerlegung der Einwände die selbstbewußte
Versicherung voraus, daß kein einziger Punkt ihm Schwierigkeiten
bereitet habe. Schon früher hatte er auf das Hauptbedenken des
Königs unbeirrt entgegnet, daß man für neun Tage Furage und
für achtzehn Tage Brot mitzunehmen imstande sei, wenn man nur
alle schwere Bagage zurücklasse. Sollte der Feind, setzte er jetzt
hinzu, wirklich ein paar Magazine verbrennen, so würde man doch
einige seiner Kornhäuser unterwegs jedenfalls wegnehmen und
sich damit und mit dem mitgebrachten und nachgefahrenen Vorrat so lange durchhelfen können, „bis wir ihm selbsten auf der Haut
sitzen".

„Audaces fortuna iuvat!" riefen die Generale zum Schluß
ihrer gemeinsamen Denkschrift dem Herrn zu. Sie sollten alsbald
erfahren, daß er sich an Kühnheit von seinen Dienern nicht beschämen lassen wollte. Indem er sich noch am Tage der Ankunft
von Goltz mit dem Einmarsch nach Böhmen — zum 15. April erbot
sich Schwerin auszurücken — „ganz und gar" einverstanden erklärte,
gab er dem Plan doch eine Erweiterung und eine Zuspitzung, die
dem Ganzen einen höheren strategischen Charakter verlieh.

Ihr „großes Dessein", von dem die Generale stolz sprachen,
war für das eine Heer darauf hinausgelaufen, die Versammlung
des Feindes gründlich zu stören und das große Magazin von Jungbunzlau fortzunehmen, für das andere die Eingangspforten nach
Böhmen aufzureißen; das zu erzielende Ergebnis war nur als Einleitung für spätere und später erst festzustellende Unternehmungen
gedacht, und noch immer behielt es das schlesische Hauptquartier
sich vor, von Jungbunzlau aus nach Kolin links abzuschwenken, also
sich von dem Heere des Königs wieder weit zu entfernen. Was
dieser dagegen jetzt beschloß und befahl, war die Zusammenziehung

aller Streitkräfte an den beiden Ufern der Elbe, nach einem Brücken=
schlag bei Leitmeritz oder Lobofitz, der zielbewußte Anlauf zu einer
großen Entscheidung. Schwerins Vorstoß bis zur Elbe nach Melnik
oder Leitmeritz, und auf der anderen Seite die Umgehung der
österreichischen Hauptmacht an der Eger, das betrachtet Friedrich
als den „Prinzipalpunkt", den „Decifivcoup", die „Force unseres
Planes". Hinter der Eger gedenkt er den „töblichen Streich"
gegen Browne zu führen. Will sich der umgangene Feind dort,
auf nicht zubereitetem Boden, zur Schlacht nicht stellen, die er ja
seiner ganzen Kriegsführung nach vermeidet[1]), so muß er abziehen,
verliert Magazin über Magazin, kann erst bei Prag wieder halt=
machen und wird sich bei Prag doch endlich schlagen müssen, wenn
er nicht alle seine Vorräte verlieren und sich ohne Widerstand aus
fast ganz Böhmen verjagt sehen will.

So umgeformt, zielt der Feldzugsplan auf eine Unternehmung
ab, die, so sagt Friedrich, wenn sie in allem gelingt, eine große Tat
ist, und wenn sie auch nur teilweise einschlägt, noch etwas Beträcht=
liches bleibt. Ein coup d'éclat soll es werden von größter politischer
und militärischer Wirkung. Ein großer Schlag, „der die Freunde
ermutigt, die Feinde verblüfft, die Furchtsamen beruhigt und die
Trägen zum Entschluß bringt".

„Ich bin versichert und beinahe physisch und moralisch über=
zeugt, daß Dinge geschehen werden, an die kein Mensch denkt," so
deutete Friedrich geheimnisvoll der Schwester in Baireuth den
eben gefaßten Entschluß an. Ganz erfüllt von großen lockenden
Bildern brauste er heftig auf, als Schwerin auf den erweiterten
Plan nicht gleich voll einging. Der Marschall wünschte für seine
Bewegungen eine gewisse Selbständigkeit zu behalten, bis zu dem
Grade, daß er bindende Vorschriften für das Ziel seines Vormarsches
nicht annehmen, sondern es in sein eigenes Ermessen gestellt wissen
wollte, ob er sich nach der Vereinigung mit Bevern vorwärts nach
Leitmeritz oder zur Seite nach Königgrätz zu wenden habe; er hielt
es wegen der dortigen Flankenstellung des Gegners für bedenklich,
sich allzuweit von der schlesischen Grenze zu entfernen. Friedrich
antwortete ihm bestimmt und streng (14. April): „Mögen Sie den
Feind schlagen oder nicht, ich befehle Ihnen, nachdem Sie ihn ver=
folgt, an die Elbe, nach Leitmeritz oder Melnik, zu gehen: das ist
der entscheidende Zug, darin liegt die Stärke unseres Plans, und
Sie werden mir dafür verantwortlich sein, wenn Sie meine Be=
fehle nicht genau nach dem Buchstaben ausführen. Wenn Sie
das nicht bewirken, wenn Sie nicht an die Elbe gehen, ist Ihre
ganze Unternehmung eine verlorene Mühe ... Ich kümmere mich

---

[1]) S. 307.

wenig um einen Einfall, den das Königgrätzer Heer nach Schlesien
machen könnte; ist Browne erst geschlagen, so wird es sehr schnell
zurückflüchten. An Ihrer Unternehmung also hängt das Wohl
des Staates."

Tatsächlich hätte das schlesische Hauptquartier eigenmächtige
Schritte doch nie gewagt, und Winterfeldt, dem der Feldmarschall
bei seiner Ankunft in Landeshut den eben erhaltenen geharnischten
Befehl zeigte, und den der König gleichfalls „mit seinem Kopfe"
verantwortlich machte, konnte dem hitzigen Gebieter gelassen ant=
worten, daß es nach Ausweis seiner letzten Berichte der Einschärfung
nicht bedurft hätte: „Haben Ew. Majestät also nur die Gnade,
unserseits ganz ruhig zu sein und versichern Sich allergnädigst, daß
nichts soll verabsäumt werden."

Friedrich war schnell beruhigt, und vielleicht hätte er den schroffen
Ton gegen den alten Feldmarschall gar nicht angeschlagen, wenn
ihn nicht kurz vorher noch ein anderes verdrossen und ernstlich be=
unruhigt hätte: ein Aufschub von drei Tagen, den Schwerin für
seinen bei der Frankensteiner Beratung auf den 15. April angesetzten
Ausmarsch gebrauchte. Friedrich fürchtete für das Geheimnis. Er
hatte alles in allem schließlich elf Personen einweihen müssen, und
redeten nicht die Vorbereitungen an sich selber eine verräterische
Sprache? Und doch galt es eine Überrumpelung, womöglich die
Aufhebung der feindlichen Quartiere. Jeder verlorene Augenblick,
sagte Friedrich, versetzte ihn „in periculo mortis". Er beschwor
Schwerin, sich nicht mit Nebensachen wie der Sorge um die in
Schlesien zurückbleibenden sächsischen Bataillone aufzuhalten. „Mögen
gleich 2000 Sachsen desertieren, was liegt daran, wenn der große
Streich gelingt, von dem das Heil des Staates, das Geschick des
Heeres und die Reputation von uns allen abhängt ... Ich wollte
lieber alle sächsischen Regimenter kassieren, als den Marsch eine
Stunde aufhalten."

Ebenso befahl er dem Marschall, um Gottes willen während
des Marsches an die Eintreibung von Kontributionen auch nicht
einmal zu denken, denn erst müsse man suchen, „den Feind zu
schlagen".

Was Friedrich befürchtete, war bereits geschehen: fast in dem
Augenblicke, da er sich endgültig für den großen konzentrischen An=
griff entschied, war von Dresden aus sein Vorhaben verraten, mit
allen Einzelheiten über die verschiedenen Marschkolonnen an Kaunitz
nach Wien und an Browne nach Prag gemeldet worden; nur daß
der Gewährsmann den Losbruch bereits für den 6. April ankündigte.
Indem nun dieser Tag ruhig vorüberging, wurde Browne, minder
vorsorglich als Kaunitz, nur in seiner vorgefaßten Meinung bestärkt,
daß die ganze Nachricht ein von den Preußen ausgesprengtes, auf

Irreführung berechnetes Gerücht sei, und daß der König von Preußen vielmehr mit seiner Hauptmacht bei Dresden den Angriff abwarten werde, der in den österreichischen Feldzugsplan[1]) aufgenommen war.

Noch lag die eigene Heeresmacht zerstreut: das Hauptkorps zwischen der Eger und Prag, ein zweites unter Serbelloni bei Königgrätz, zwei weitere unter Königsegg bei Gabel, Reichenberg und Nimes und unter Arenberg im Pilsener Kreise. Aber Browne hielt diese Aufstellung für so trefflich, daß jedes Vorgehen gegen sie nur zu der Preußen Verderben ausschlagen könne und deshalb geradezu zu wünschen sei. Es kümmerte ihn auch wenig, als bald darauf neue Nachrichten ihn vor dem 15. April, dem tatsächlich anfangs in Aussicht genommenen Tage, warnten, und er fand es in seiner Verblendung noch am 20. unglaublich, wie der König seine Truppen durch zwecklose Märsche und Gegenmärsche abmatte. Und so kam das Unheil gleichzeitig von allen Seiten und überall gleich unerwartet über ihn.

------

Am 18. April drangen die schlesischen Marschkolonnen über Trautenau, Eipel und Starkstadt in Böhmen ein, zwei Tage darauf rückte der Herzog von Bevern aus der Lausitz gegen Reichenberg vor, wieder nach zwei Tagen der König von der Elbe nach Nollendorf, und am 21. Fürst Moritz über das Erzgebirge nach Komotau. Nun sei der Wein wirklich eingeschenkt und müsse getrunken werden, frohlockte Friedrich. „Alles geht wundervoll, mein lieber Marschall," schrieb er, im Begriff aufzubrechen, an Schwerin, „unser Geheimnis ist gut gewahrt und der Feind überrascht; alles übrige wird sich sicherlich ergeben, wie wir als Kriegsleute es vorausgesehen haben."

Schwerin hatte sich vorgesetzt, mit dem Feinde zu schlagen, wo er ihn finde; denn mit 30 000 Preußen fürchte er 50 000 Österreicher nicht. Aber seine Gegner vom vorigen Herbst wichen dem unerwarteten Vorstoß überall aus; Serbelloni setzte sich mit allen Truppen, die er an sich ziehen konnte, annähernd 24 000 Mann, hinter die bei Königgrätz auf dem linken Elbufer aufgeworfenen Linien und blieb dort unbeweglich. Leicht und glatt konnten sich die getrennt durch die Gebirgspässe einmarschierten Abteilungen des schlesischen Heeres am vierten Tage, den 22. April, bei Königinhof vereinigen.

Der Vormarsch Schwerins sollte, so hatte man gedacht, den Grafen Königsegg und seine 26 000 Mann bestimmen, den Sperrpunkt bei Reichenberg beim Erscheinen des Bevernschen Heerhaufens

------

[1]) S. 432.

zu räumen. Aber Königsegg erfuhr nichts von dem Feind, der
seine Rückzugslinie bedrohte; er sah nur den Feind vor seiner Front
und schickte sich an, dem Herzog von Bevern durch Entsendungen
den Rückzug zu verlegen und den Troß abzunehmen. So hielt sich
der Herzog wohl oder übel an den Rat, den ihm Schwerin erteilt:
finde sich auf dem Marsch Gelegenheit, mit ziemlicher Egalité ein
feindliches Korps zu schlagen, so heiße es nur frisch daran und ihm
mit Ernst auf die Haut gegangen; das mache halbe Arbeit für die
spätere Hauptentscheidung. Mit nicht ganz 16 000 Mann griff
Bevern am 21. April vor Reichenberg den um etwa 1000 Streiter
stärkeren Feind auf der steil über der Neiße liegenden verschanzten
Fläche zwischen der Stadt und dem Jäschkenberg an. Mit tadelloser Genauigkeit ließ er die auf dem Paradefeld so oft geübten
neuen Manöver ausführen; der vorteilhaft aufgestellte Feind wehrte
sich mehrere Stunden hartnäckig, aber als die Grenadiere von
Kahlden den seine linke Flanke deckenden Verhau wegnahmen, war
die Stellung nicht mehr zu halten.

Am jenseitigen Abhang des Gebirges, bei Liebenau, bezog
Königsegg ein festes Lager; nach Wiedervereinigung mit seinen
Detachements, durch Schwadronen vom Heere Brownes verstärkt,
meinte er hier mit 27 000 Mann dem Sieger von Reichenberg das
weitere Vordringen wehren zu können. Da erhielt er am 25. die
niederschmetternde Kunde, daß in seiner rechten Flanke Turnau
von dem Vortrab Schwerins besetzt sei. Eiliger Rückzug die Iser
abwärts war jetzt die einzige Rettung, und der Verlust des Reichen-
berger Postens ward dem geschlagenen Heere nachträglich noch zum
Heil; denn hätte Königsegg ihn länger beibehalten, er wäre bei der
gänzlichen Vernachlässigung des Erkundigungsdienstes unvermeidlich
von den beiden preußischen Feldherren umstellt worden. So aber
konnten sie ihre Vereinigung erst nach seinem Abzuge vollziehen,
bei Münchengrätz, am 27. Das reiche Magazin zu Jungbunzlau
war allemal den Österreichern verloren; der greise Marschall in
Person setzte sich an die Spitze zweier Dragonerregimenter und
gewann den Gegnern den Vorsprung ab. Königsegg ging bei
Brandeis über die Elbe zurück; am 1. Mai lagerten die feindlichen
Heere, das ausgewichene und das nachdrängende, einander gegenüber, nur durch den Fluß getrennt.

Die preußischen Generale waren alle die Tage in großer Sorge
gewesen: seit dem 21. April hatten sie keinerlei Nachricht aus dem
Hauptquartier des Königs. Erst am Abend des 30. brachte dem
Feldmarschall ein Husarenoffizier die jede Erwartung übertreffende
Botschaft: daß der König die Eger überschritten habe und jenseits
der Moldau fast auf gleicher Höhe mit den Truppen Schwerins
stehe.

Dort auf dem westböhmischen Schauplatz war die Überraschung und Ratlosigkeit der österreichischen Heerführer vielleicht noch größer gewesen als an der schlesischen und lausitzschen Grenze. Browne hatte bei dem Erscheinen der Preußen seine zurückprallenden Vortruppen und alle längs der Eger kantonnierenden Regimenter in dem bewährten Lager bei Budin gesammelt; die Preußen sollten, so nahm er sich vor, hier nicht so leichtes Spiel finden als bei Reichenberg, und wenn es noch anging, sollten die Kolonnen des Königs und des Fürsten Moritz an der Vereinigung verhindert werden. Aber nicht nur, daß beide Heerkörper schon am 23. April Fühlung gewannen, es gelang den Preußen auch am 27. früh, ungestört über die Eger zu gehen und sich just im entscheidenden Augenblick zwischen das Lager von Budin und den in Gewaltmärschen von Tepl herbeigeeilten Herzog von Arenberg zu schieben. Arenberg wich nun in zehnstündigem Marsch über Schlan nach Prag aus, und Browne mußte auf das Drängen seiner Generale, die umgangen und abgeschnitten zu werden fürchteten, gleichfalls in der Richtung auf Prag zurückgehen. Tief bekümmert zog er am 28. zu Tursko die völlig ermatteten Truppen Arenbergs an sich.

Zwei Tage darauf traf zu Tuchomierschitz Prinz Karl von Lothringen bei dem Heere ein, dessen Oberbefehl er nach dem Willen der Kaiserin übernehmen sollte, und das nach dem hastigen Rückzug entmutigt war wie nach einer verlorenen Schlacht. Vor der Front empfing ihn Browne, in der traurigsten Gemütsverfassung: er sei sehr unglücklich, er möchte tot sein; dabei brach der alte Mann in Tränen aus. Im nächsten Augenblick rief er, der Feind rücke an, man müsse schlechterdings über ihn herfallen. In dem Kriegsrat, den Prinz Karl dann versammelte, forderte Browne das gleiche; die anderen überstimmten ihn; wie verstört sagte er, man solle ihm 4000 Mann geben, mit denen wolle er angreifen und sterben. Der Kriegsrat beschloß den weiteren Rückzug auf Prag, um nicht von der Verbindung mit den rückwärts gelegenen Magazinen und den beiden kleineren Heeren abgeschnitten zu werden. Königsegg erhielt den Befehl, gegen Schwerin bei Brandeis die Elbe zu behaupten, Serbelloni ward, wie bereits vorher, angewiesen, diesem Gegner, den man noch östlich der Iser vermutete, in die Flanke zu marschieren. Beide Befehle wurden bald zurückgezogen. Am 1. und 2. Mai ging das Hauptheer über die Moldau; bereits hatte die Lage sich weiter entwickelt. Schwerin hatte die Iser überschritten, die Elbe erreicht, Serbelloni hatte ihn nicht mehr eingeholt, Königsegg fürchtete, von der Übermacht erdrückt zu werden. Wieder trat, in der Frühe des 2., der Kriegsrat zusammen, man beschloß beide Korps auf das Hauptheer zurückzunehmen. Wieder erhob Browne Einspruch, er wollte die Elblinie behaupten. Er setzte nur so viel durch, daß Prinz Karl seine nachdrücklich vertretene Absicht, Serbelloni entgegenzugehen, aufgab und bei Prag verblieb, mit dem linken Flügel an den Wischerad angelehnt, die Sazawa im Rücken. Noch am 2. traf von der Elbe Königsegg ein, und Karl hatte jetzt 61 000 Streiter beieinander, dazu die 13 000 Mann der Besatzung von Prag.

Die Preußen wollten am 1. Mai auf dem Vormarsch nach Tuchomierschitz ihren Augen nicht trauen, als sie die schwierigsten Engen unbesetzt fanden; Marschall Keith sagte zu seinen Begleitern, Brownes Verhalten beginne ihm unverständlich zu werden. Doch hoffte der König, der mit sämtlichen Grenadierbataillonen dem Heere um einen Marsch vorauseilte, den Feind noch am linken Ufer zur Schlacht stellen zu können. Am 3. dachte er ihn anzugreifen; auf die Nachricht, daß Schwerin die Elbe erreicht, hatte er den Marschall am 29. April ersucht, ihm womöglich 25 Schwadronen und 6 bis 7 Bataillone über Melnik zuzusenden, seinerseits aber dem Heere Brownes, falls es jenseits der Moldau über Kundratitz nach der Sazawa zurückgehen sollte, den Rückzug abzuschneiden. Am Ausweichen über die Beraun, woran der Feind nach gewissen Anzeichen zu denken schien, glaubte Friedrich ihn verhindern zu können; wich er über Prag aus, so war wenigstens seiner Nachhut eine unsanfte Begrüßung zugedacht. Aber selbst dazu war es zu spät, als Friedrich am 2. mit den drei vordersten Bataillonen den Weißen Berg erreichte, die historische Walstatt, die er sich für seine Pharsalusschlacht gewünscht hatte; ehe das Heer nachkam, hatten auch die letzten Österreicher das linke Ufer geräumt. Jetzt mußte er Pharsalus drüben suchen, zwischen Moldau und Elbe. Und dort konnte die Schlacht, wenn der Gegner sie annahm, noch entscheidender werden; denn statt dem einen Heere konnte man sie gleich zweien anbieten. Friedrich schrieb an Schwerin, er solle alles, was er vom Feinde vor sich habe, nach Prag auf Browne hin jagen; er selbst werde mit 25 Bataillonen und 35 Schwadronen über die Moldau kommen, und durch den gemeinsamen Angriff auf die vereinigten Kräfte des Hauses Österreich könne man sich schmeicheln, sie auf einmal niederzuschmettern: „Alsdann, mein teurer Freund, werden wir auf Sammet gebettet sein, und Sie werden linkswärts gehen und ich rechtswärts, Sie verstehen mich."

Also nicht mit seinem ganzen Heere meldete sich der König bei Schwerin an. Er war keineswegs von der Afterweisheit einiger seiner Epigonen besessen, daß die Stärke einem General oft zur Last sein könne. Er bezeichnet es in den „Generalprinzipien vom Krieg" als alte Regel, die er lediglich zu wiederholen habe: Wenn ihr eine Schlacht liefern wollt, so rafft so viel Truppen zusammen, als ihr könnt; man würde sie nie nützlicher verwenden können. Er

jetzt hinzu: „Detachiert nie, wenn ihr offensiv vorgeht"; er schließt:
„Diejenigen Detachements sind die gefährlichsten und verdammens=
wertesten, welche das Heer um ein Drittel oder die Hälfte schwächen."

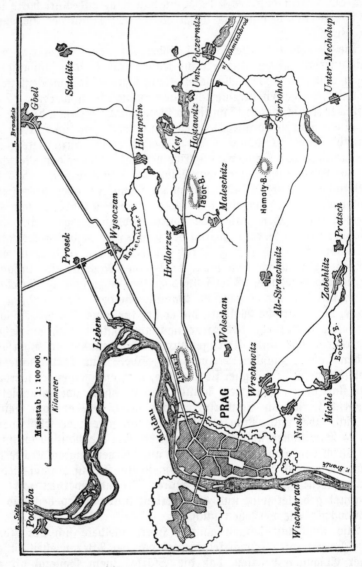

Hier bei Prag hat er nun in der Tat ein Drittel der Gesamtstreit=
macht, an 30 000 Mann, unter Keith auf dem linken Flußufer
zurückgelassen. Er läßt theoretisch in seinen Lehrschriften als triftigen
Grund für Entsendungen gelten die Sicherung der Zufuhren und

Verbindungen; er erwähnt dort ferner, daß manche Generale vor
dem Angriff detachieren, um den Feind während des Kampfes im
Rücken zu fassen, was indes gefährlich und dem Zufall unterworfen
sei, da das detachierte Korps sich verirren, zu früh oder zu spät ankommen könne. Er hat zwei Jahre später in einem Fall, wo er
wieder seinem Gegner über einen Fluß zur Schlacht entgegenging,
wieder ein Detachement auf dem anderen Ufer zurückgelassen, zu
dem Zweck, sowohl dem Feind den Rückzug über das Wasser zu
verlegen, wie die Verbindungen des übergesetzten Heeres zu decken.

Eine ähnliche Doppelaufgabe hat Keith bei Prag gehabt. So
jedoch, daß die Sorge für die Verbindungen in zweite Linie trat.
Des Königs Hauptsorge in diesen Tagen war, daß der Feind ihm
auswich: wie durfte er ihm das linke Moldauufer und die große
Heerstraße nach Königssaal wieder freigeben? Blieb eine Abteilung des Heeres auf diesem Ufer zurück, so erfüllte sie dort die
Sperraufgabe, die der König, wie erwähnt, am 29. April dem
Marschall Schwerin, der damaligen Szenerie entsprechend, für
das rechte Ufer zugewiesen hatte. Dann stand dem Feind nur noch
die eine Rückzugslinie nach Tabor offen, wo ihn, wenn er ohne
Kampf abzog, das nachdrängende Hauptheer empfindlich belästigen
konnte, und wo man nach einer Schlacht die Fliehenden vielleicht
aufrieb, wenn vom jenseitigen Ufer übergesetzte Truppen sich im
rechten Augenblick ihm in den Weg legten. Der König befahl also
dem Prinzen Moritz, am Morgen des 6. bei Klein-Tuchel eine Brücke
über die Moldau zu schlagen, um den Feinden, wenn sie geschlagen
waren, mit 3 Bataillonen und der ganzen Kavallerie des Keithschen
Korps in den Rücken zu fallen, während Keith selbst verhindern
sollte, daß sie nicht auf jener Seite aus Prag ausbrächen.

Mit seinen 30 000 Mann und in der beherrschenden Stellung
auf dem Weißen Berge blieb Keith unter allen Umständen auch
für sich allein dem österreichischen Heere gewachsen; nicht diese
30 000, sondern die etwa 25 000, die er selber mitnahm, bezeichnete
der König als „Detachement". Nachdem das schlesische Heer am
4. Mai bei Brandeis über die Elbe gegangen war, ließ er am 5.
bei Selz, eine Stunde unterhalb Prag, eine Brücke über die Moldau
schlagen und führte vor Abend seinen Übergang aus. Er fand
Schwerin noch nicht zur Stelle, brauchte aber bei der Beschaffenheit
des Geländes nicht zu befürchten, in seiner augenblicklichen Vereinzelung von dem Feinde angefallen zu werden.

Unter den Augen der österreichischen Vorposten auf den Höhen
von Prosek vereinigten sich in der Frühe des 6. Mai, zwischen 6 und
7 Uhr, die beiden preußischen Heere, zusammen jetzt an 63 000 Mann,
an der Straße von Brandeis nach Prag. Sobald der König Schwerin
und Winterfeldt „nur den ersten guten Morgen gesagt", ritt er mit

den beiden Generalen und einigen Adjutanten auf die inzwischen, nach kurzem Kugelwechsel, von den Panduren geräumten Höhen. „Der König," erzählt uns Winterfeldt, „war gleich determiniert, den Feind anzugreifen, wie auch der Feldmarschall Schwerin nebst meiner Wenigkeit, nur kam es darauf an, erst ein Loch auszufinden, um demselben anzukommen."

Das Heer, das sie sich gegenüber sahen, lehnte seine Linke an den Ziskaberg und nahm mit diesem Flügel in zwei Treffen und einem Reservekorps die parallel laufenden Höhen ein, die sich vom Ziskaberg nach Nordost ziehen; die Front deckte das tiefeingeschnittene, an der Sohle sumpfige Tal des kleinen Baches, der beim Dorfe Lieben in die hier weit nach Osten ausholende Moldau fällt. Zwischen den Teichen von Hlaupetin und Kej nötigt ein schmaler von Hrdlorzez nach Hlaupetin streifender Berggrat das Wässerlein zu einer langen schleifenartigen Krümmung; auf diesem Höhenzuge stand die Rechte, in der Flanke gedeckt durch das Gewirr von Teichen, Sümpfen, Wiesen, Gräben, das oberhalb von Kej damals die Niederung des Baches ausfüllte.

Der Herzog von Lothringen hatte im Augenblicke seines Aufbruches zum Heer aus den Händen seines Bruders, des Kaisers Franz, ein strategisches Vademecum erhalten, eine Denkschrift, die einige Wahrnehmungen aus den früheren Feldzügen zu Lehren und Warnungen zusammenfaßte. Das bevorzugte Manöver des Königs von Preußen, bemerkte der Kaiser sehr richtig, bestehe darin, daß er mit einem unverhältnismäßig verstärkten Flügel den Gegner zu erdrücken suche, mit dem anderen sich auf Abwehr beschränke. Da man jetzt diesen Kunstgriff kenne, werde es möglich sein, die List dem Listigen zum Verderben ausschlagen zu lassen, wenn man nur, noch ehe er seinen Angriff ausführen könne, rechtzeitig und rasch den schwächeren Flügel anfasse und überwältige. Ein theoretisch trefflicher Rat, der nur schnelleren Entschluß und frischeren Mut bei den österreichischen Feldherren voraussetzte, als tatsächlich vorhanden war; sie haben bei Prag wie später sich glücklich geschätzt, wenn sie, statt vorzugehen, den bedrohten Flügel des eigenen Heeres noch im letzten Augenblick zu verstärken vermochten.

Ohne Frage war es für den König von Preußen auch heute von vornherein ausgemacht, sich nur mit einem Flügel einzulassen; dann war das Nächstliegende, mit der durch die längere Nachtruhe erfrischten Abteilung des Königs die österreichische Linke, die man unmittelbar vor sich hatte, anzugreifen. Aber die Besichtigung des Geländes ergab, daß die Stellung des Gegners nur auf der Rechten eine Blöße bot. Das schlesische Heer erhielt also Befehl, treffenweise in der Richtung auf Unter-Poczernitz links abzumarschieren, um von dort aus die Umgehung zu versuchen; der rechte Flügel marschierte im Angesicht der vorgeschobenen Batterie von Hlaupetin und der Teiche von Kej auf.

Browne erkannte den Zweck des preußischen Marsches und ent= schloß sich, den bedrohten rechten Flügel so weit umzubiegen und auszurecken, daß er, die Front nunmehr nach Osten, den ganzen Raum zwischen den Teichen von Kej und Unter=Mecholup aus= füllte; die Reiterei kam südlich, das Fußvolk auf der Hügelkette nördlich zu stehen, auf der schnell Positionsgeschütz aufgefahren wurde. Der am Ziskaberg verbleibende linke Flügel mußte dem rechten, um die verlängerte Linie auszufüllen, seine Kerntruppen — die Grenadierkompanien — und einige Reiterregimenter ab= treten; in andere Lücken rückten Bataillone und Schwadronen aus der Reserve ein. Etwa um zehn Uhr hatte sich der so zusammen= gesetzte rechte Flügel auf seinem neuen Standort in aller Eile zurecht= gefunden, und alsbald trafen ihn die ersten Stöße.

Die Reiterei des preußischen Angriffsflügels, vierzig Schwadronen, führte heute, zum ersten= und zum letztenmal solches Auftrags ge= würdigt, der Erbprinz von Schönaich=Carolath. Sie hatte glücklich, ohne vom Feind gestört zu werden, den Damm bei Sterbohol über= schritten, konnte aber wegen des Teiches von Unter=Mecholup zu ihrer Linken nur in schmaler Front anreiten. Schönaich wurde bedenklich. Dreimal sandte ihm Schwerin den Befehl zum Angriff und ritt endlich selbst zu der Reiterei, um sie „in Trab zu bringen". Das erste Treffen der Österreicher wurde geworfen, das zweite hielt stand, und Hadiks Husaren gewannen den Angreifern die Flanke ab. Einem zweiten Anlauf war das Glück gegen die Überzahl ebenso= wenig hold. Erst das Eingreifen der Reserve unter Zieten entriß dem Gegner seine Vorteile; die geschlagenen österreichischen Regi= menter flatterten auseinander, an ein Anhalten war nicht mehr zu denken.

Bis es dahin kam, mochten ganze Stunden verstrichen sein. Wie die Reiterei hatte der alte Feldmarschall in jugendlicher Kampfes= ungeduld auch das Fußvolk an den Feind getrieben, sobald nur einige Bataillone sich gerichtet hatten und obgleich das zweite Treffen noch weit zurück war; denn beim Anrücken durch den sumpfigen Wiesengrund, über Dämme und Stege oder bis unter die Arme im Wasser, verloren die Leute „Rang und Glied und, was das Schlimmste war, viel Zeit". Mehr als ein Bataillonsgeschütz blieb im Schlamme stecken. Des Königs Bedenken gegen die Eile des Angriffs beschwichtigte der Marschall mit dem zuversichtlichen Worte: „Frische Eier, gute Eier." Nicht minder eilig als Schwerin hatte es Winterfeldt, der die vorausgehende Grenadierbrigade führte; es war ihm gelungen, das Vorwerk Sterbohol zu erreichen, an dem die österreichische Infanterie seiner Meinung nach die Stütze für

ihre rechte Flanke suchen mußte, und er glaubte jetzt, durch raschen
Vorstoß den Feind in einem Augenblick umfassen und umwerfen
zu können. Mit starken Schritten, ohne ihre Kanonen abzuwarten,
ohne zu schießen, rückten die Grenadiere vor, zu ihrer Rechten die
Regimenter Schwerin und Fouqué, vor dem Schwerinschen Regi=
mente Winterfeldt zu Pferde. Unter dem Kartätschenfeuer des
Feindes näherte man sich ihm auf 200 Schritt; schon gewahrte Winter=
feldt, daß dessen Flügel kehrt machte, als er, durch einen Schuß
am Halse verwundet, bewußtlos aus dem Sattel sank. Und nun
zeigte sich, daß der moralischen Standhaftigkeit der Truppe mit dem
Verbot des Feuerns zu viel zugemutet war: die eben noch mit
langen Schritten Vorstürmenden hielten inne, schlugen an, wichen
zurück. Als Oberst Wobersnow, des Königs Generaladjutant, an=
geritten kam, sah er nach rechts und links, soweit sein Auge reichte,
die ganze Linie in großer Unordnung; die meisten hatten den Rücken
gewandt. Doch entging ihm nicht, daß der Feind sich in ähnlich
schlechter Verfassung befinde. Als dann dem am Boden liegenden
Winterfeldt die Sinne wiederkehrten, erblickte er die österreichischen
Grenadiere noch unschlüssig, regungslos; es gelang ihm, mit Auf=
bietung seiner letzten Kraft, unbehelligt, den zurückgewichenen „kon=
fusen Klumpen" der Seinen wiederzuerreichen, zum Aushalten aber
konnte er durch Bitten und Drohungen niemand mehr bewegen.
In diesem Augenblick kam Schwerin angesprengt. Er führte sein
Regiment seit 34 Jahren; er hatte das junge Regiment, das König
Friedrich Wilhelm ihm anvertraut, in Frankfurt erzogen und geschult
und zu einer Mustertruppe ausgebildet, unter seinen Augen hatte
das Regiment bei Mollwitz die Feuertaufe erhalten, es hatte bei
Chotusitz und Hohenfriedberg sich neuen Ruhm erstritten, er liebte es
„mit wahrhafter Zärtlichkeit", und jetzt sah er es fliehen. Ein Stabs=
kapitän hatte eine Fahne ergriffen, um die Weichenden zum Stehen
zu bringen; der Feldmarschall nahm sie ihm aus dem Arm, hieß
die Mannschaft mit kräftigem Zuruf ihm folgen und trug ihr das
Feldzeichen voran. Einen Augenblick später lag er in seinem Blute,
von fünf Kartätschenkugeln zum Tode getroffen, von der Fahne
bedeckt. Es war ihm zu teil geworden, was er sich oft gewünscht,
in einer für die preußischen Waffen siegreichen Schlacht von einer
Kanonenkugel hingerissen zu werden; noch jüngst hatte er die Ge=
fallenen von Lobositz um ihren Soldatentod beneidet und in ihrem
glorreichen Ende einen Ansporn zur Nacheiferung sehen wollen.

Doch hat das Beispiel ohnegleichen, der Heldentod des greisen
Feldherrn, die Schlacht noch nicht alsbald gewandt. Die Regimenter
Fouqué und Kursel wurden fast aufgerieben, das Regiment Fouqué
verlor seine Fahnen, sein Kommandeur, Oberst von der Goltz, ward
viermal verwundet und durch die fünfte Kugel getötet; Fouqué

selbst und General Hautcharmoy und zahlreiche Stabsoffiziere wurden
verwundet.   Drüben ward dem Marschall Browne, als er die Seinen
zum Verfolgen anfeuerte, das Bein zerschmettert.   Seine Mahnung
aber war nicht umsonst gewesen, die österreichischen Grenadiere
rückten entschlossen vor und gewannen jetzt ihrerseits Sterbohol,
bis die inzwischen aufgefahrenen preußischen Batterien ihnen Halt
geboten.   Unterstützung aus dem zweiten Treffen blieb den Tapferen
aus.

Dagegen vollendeten bei den Preußen die Bataillone des Hinter-
treffens endlich ihren Aufmarsch; sie konnten das erste aufnehmen
und, wo es sein mußte, ablösen.   Auch sie sahen ihre Standhaftigkeit noch auf eine harte Probe gestellt.   Die noch nie im Feuer
gewesenen Füsiliere von Jung-Braunschweig entwickelten sich nach
dem Anmarsch über einen langen, schmalen Damm im schnellsten
Laufschritt eben erst zur Linie, als der Feind schon auf sie anstürmte;
noch atemlos begannen sie unter seinem Gewehr- und Kartätschenfeuer zurückzugehen, aber der beherzte Zuspruch ihres Prinzen Franz
stellte Ordnung und Angriff wieder her.   Vom rechten Flügel führte
der ältere braunschweigische Bruder, Ferdinand, auf des Königs
Geheiß die Regimenter Kannacker und Markgraf Karl herbei; sie
kamen just zur rechten Zeit, um bei einem entscheidenden Vorgang
nachzuhelfen.

Die österreichische Infanterie hatte sich bei dem Vordringen der
Grenadiere nach Sterbohol im ganzen nach rechts geschoben und
damit nach der Mitte zu ihr Gefüge gelockert.   General Treskow
erspähte diese Blöße und führte mit seiner Brigade, schlesischen
Bataillonen, den Stoß durch die Schlachtlinie.   Mit den Regimentern
Jung-Braunschweig und Markgraf Karl drängten der König und
die beiden braunschweigischen Prinzen nach.   Wäre jetzt die Reiterei
auf dem Platze gewesen, statt in ihrer Siegesfreude abzusitzen und
sich an der Plünderung des erbeuteten Lagers von ihrem Nacht-
marsch und ihren Attacken zu erholen, so hätte der rechte Flügel
der Österreicher, von der Mitte abgeschnitten und in der Flanke
ganz ohne Deckung, dem Verderben nicht entrinnen können.   So
aber vermochten sich diese Abgeschnittenen, zwei Regimenter und
die Grenadierkompanien, nur von vereinzelten Reitertrupps be-
lästigt, zu retten, teils in die Festung, teils über Nusle zur Sazawa.

Immer war durch die Durchstoßung der Mitte jetzt dasselbe erreicht worden, was die anfänglich beabsichtigte Umfassung der Flanke
hatte bewirken sollen, und nach dem Grundgedanken der schiefen
Schlachtordnung würde nunmehr das Zentrum und der linke Flügel
der Österreicher von selbst zum Rückzug genötigt gewesen sein.   Nun
aber hatte bereits seit geraumer Zeit der Tatendrang eines Brigade-
führers auch auf der preußischen Rechten, die der Natur der Sache

nach zurückgehalten werden sollte, den Kampf, eine zweite Schlacht, entfesselt. Die Wahrnehmung, daß der Bergkopf von Hlaupetin, die schirmende Bastion vor dem Scheitelpunkt der österreichischen Hakenstellung, nur von wenigen Bataillonen besetzt war, brachte den Generalmajor Manstein auf den Gedanken, die Batterien dort wegnehmen zu lassen. Das Gewehr auf der Schulter, begannen vier Grenadierbataillone zu stürmen. Furchtbar lichtete das Feuer ihre Reihen; über das mit Toten und Verwundeten besäte Gestein führte Prinz Heinrich fünf frische Bataillone zur Aushilfe nach. Endlich hatten die Grenadiere die Redoute überwältigt. Der Prinz wollte, in richtigem Verständnis, des Kampfs damit genug sein lassen und schickte seinen Adjutanten zu den Grenadieren: „allein alle Befehle halfen nichts, ihre Kampfeslust riß sie immer weiter fort, sie taten Wunder der Tapferkeit". Wieder mußten die anderen wohl oder übel ihnen folgen, jetzt bergab nach Hordlorez. Auf den Schultern der Musketiere vom Regiment Itzenplitz ließ sich der Prinz durch den schlammigen Wassergraben vor dem Dorfe tragen. Am Tabor=berge kam der Kampf von neuem zum Stehen.

Derweil war zur Linken dieses Vorstoßes, im Zentrum, der Herzog von Bevern mit seiner Division zwischen den Teichen empor=gestiegen und gegen die Stellung bei Kej losgegangen, um alsbald auf den heftigen Widerstand seines Gegners von Reichenberg, des Feldzeugmeisters Königsegg, zu stoßen. Das eine Regiment Winter=feldt hat an diesem Tage an 1200 Mann, zwei Drittel seines Be=standes, eingebüßt, bis die Grenadiere von Wrede den Braven zuriefen: „Kameraden, laßt uns heran, ihr habt Ehre genug;" auch sie verloren dann die halbe Mannschaft.

Entschieden wurden die blutigen Gefechte im Zentrum doch erst in dem Augenblicke, als Prinz Ferdinand von Braunschweig, auf der Linken entbehrlich geworden, den Rücken des Gegners zu be=drohen begann. So nahm Königsegg seinen Flügel zurück und versuchte, auf den Höhen westlich hinter Maleschitz eine neue Schlacht=ordnung zu bilden. Aber auch die Preußen hatten ihre Linie schnell neu gerichtet, ihr zuversichtlicher Angriff brachte die österreichischen Bataillone in harte Not, schon griff von Hrdlorzez her auch Prinz Heinrich ein, und nur der Opfermut der vom Ziskaberg heran=gesprengten Kürassiere rettete die Fliehenden vor gänzlicher Ver=nichtung; so plötzlich prallten diese Reiter hervor, daß der König selber einen Augenblick ernstlich gefährdet war.

Noch hielten am Ziskaberg, ohne ins Gefecht gekommen zu sein, 17 Bataillone und 17 Grenadierkompanien samt 20 Schwadronen. Ihre Stellung war bei der Auflösung des übrigen Heeres nicht mehr haltbar, aber im Zurückgehen bildeten sie bei Wolschan, 2000 Schritt vor dem Neutor von Prag, eine neue Linie, um die auf

die Stadt zutreibenden Trümmer des geschlagenen Heeres aufzunehmen. Vergebens, die schwellende Flut riß auch die frischen
Truppen mit sich fort; nur einige wenige Regimenter hielten stand
und ließen die Flüchtenden Zeit gewinnen, sich in die Tore der
Festung zu retten.

Der Herzog von Lothringen war zu Anfang der Schlacht, als
er das Reitergefecht am Mecholuper Teich sich ungünstig wenden
sah, zu den weichenden Schwadronen geritten, sie neu zu ordnen;
in der Erregung des Augenblicks hatte ihn ein Brustkrampf gepackt;
in sein Quartier nach Nusle geschafft, wäre der Bewußtlose fast die
Beute des nachsetzenden Feindes geworden. Erst auf dem Wischehrad
gewann er die Sinne wieder. Im Begriff, auf das Schlachtfeld
zurückzueilen, stieß er bereits auf den endlosen Schwarm der Fliehenden; durch das Korntor in die Stadt zurückgedrängt, bei einem
anderen Tor beinahe zertreten, versuchte er noch, auf der Kleinseite durch das Aujezder Tor nach Königssaal auszubrechen; hier
aber sperrten den Weg die Truppen Keiths.

Für die Schiffsbrücke, die Moritz von Dessau bei Klein=Kuchel
über die Moldau legen sollte, waren die Pontons ausgeblieben, da
die Schleppwagen in den engen Wegen sich festgefahren hatten.
Der Versuch, zu Roß durch den Fluß zu setzen, erwies sich für die
kühnen Reiter als aussichtslos; Oberstleutnant Seydlitz geriet so tief
in den Triebsand, daß er ihm schon in die Pistolenhalfter eindrang
und seine Leute den Verwegenen, um ihn noch zu retten, vom
Pferde reißen mußten. Nachher wollten die zahlreichen Gegner
des dessauischen Prinzen diesem die Verantwortung dafür auf=
bürden, daß drüben der abgesprengte Flügel des geschlagenen Heeres
sich unverfolgt vom Schlachtfeld habe retten können. In Wirklichkeit ist das Entrinnen dieser Flüchtlinge ohne allzugroße Bedeutung
für die weiteren Kriegsereignisse gewesen. Denn von den 13 000,
die aus der Prager Schlacht nach Beneschau entkamen, sind nicht
viel mehr als 5000 zu dem Heere des Marschalls Daun gestoßen,
während die übrigen in Niederösterreich erst ihre Feldausrüstung
neu beschafften. Seine Spione gaben dem König von Preußen
die Zahl der noch Dienstfähigen sogar nur auf 3000 an, und so er=
klärt es sich hinreichend, daß er des verunglückten Brückenschlages
und der unterbliebenen Verfolgung später mit keinem Worte ge=
dachte, vielmehr den Prinzen Moritz wenige Tage nach der Schlacht
zum General der Infanterie beförderte; bei dem Gang, den die
Schlacht genommen hatte, war es ungleich wichtiger geworden, daß
die Geschlagenen am Austreten auf das linke Moldauufer gehindert
wurden.

Friedrich war nach der Entscheidung mit dem Regiment Jung=
Braunschweig quer durch das österreichische Lager, dessen Zelte noch

aufgespannt standen, bis unmittelbar an den Fluß vorgerückt und hielt dort einige Zeit, zur gerechten Sorge seiner Begleiter, inmitten der vom Wischehrad um ihn einschlagenden Geschosse. Die Sonne stand noch hoch am Himmel — dreizehn Minuten vor vier wurden, wie ein pünktlicher Mitkämpfer sich merkte, von den preußischen Geschützen auf dem linken Ufer die letzten Schüsse abgegeben. Eine Übersicht aber über den Verlauf der Schlacht, die Erfolge, die Verluste hatte bei der Ausdehnung des Schlachtfeldes noch niemand. Gegen 5 Uhr begegnete der König dem Prinzen Heinrich, sie stiegen ab, auf grünem Rasen sah man die Brüder am Wege beieinander sitzen. Die Siegesfreude trübten die Trauerkunden, die von allen Seiten herangetragen wurden. „Das ganze preußische Heer," bezeugte in warmer Teilnahme der britische Gesandte an diesem Abend, „ist in Tränen über den Verlust des Marschalls Schwerin, eines der größten Offiziere, den dies oder vielleicht irgend ein Land hervorgebracht, und eines der besten Menschen; der König ist tief ergriffen durch diesen Verlust." „Unstreitig den größten General unseres Jahrhunderts," nannte Friedrich den Gefallenen in seinem Siegesbericht. Wie Schwerin waren General Amstel und drei Obersten, unter ihnen Prinz Wilhelm von Beck, der Sohn des alten Holsteiners, auf dem Felde der Ehren gefallen; drei andere Generale erlagen im Lazarett ihren Wunden. Der Gesamtverlust ergab sich als weit höher, als man im ersten Augenblick angenommen hatte; statt der am Schlachttage selbst geschätzten 5000 Toten und Verwundeten verzeichnete eine Liste vom 8. Mai 3099 Tote, 8208 Verwundete, 1657 Vermißte, und die Zählung war noch unvollständig: der König hat später den Gesamtverlust auf 18 000 angegeben und den 6. Mai als den Tag beklagt, der die Säulen der preußischen Infanterie dahinschwinden ließ.

Abends nach 8 Uhr erschien ein Adjutant des Königs, Oberst von Krockow, vor der Festung, um die Eingeschlossenen zur Übergabe aufzufordern. Er ward vor den Herzog Karl und den verwundeten Browne geführt und mit dem Bescheid entlassen, man hoffe durch gute Verteidigung sich die Achtung des Königs von Preußen zu verdienen. Hatten an diesem Tage auf der Walstatt 61 000 Österreicher, in der Festung 13 000 gestanden, so waren nach der Schlacht alles in allem nicht viel mehr als 50 000 Mann dienstfähig beieinander geblieben. Der Abgang verteilte sich auf die nach der Sazawa Geflüchteten und 13 324 Tote, Verwundete, Gefangene.

„Nach den Verlusten, die wir gehabt haben," schrieb der König am Tage nach der Schlacht an den Marschall Keith, „bleibt uns als einzige Tröstung, die Leute, die in Prag sind, zu Gefangenen zu machen. . . . Und dann, glaube ich, wird der Krieg beendigt sein."

Solch ein Blutvergießen war in den Kriegen der Neuzeit noch nicht erhört worden. „Das ist so eine jämmerliche und erbärmliche Bataille gewesen, die kein Mensch denken kann, auch kein Mensch wieder erleben wird," so berichtete den Seinen schaudernd einer der Kämpen, ein preußischer Musketier: 186 000 Preußen hätten 295 000 Österreicher besiegt und 200 Kanonen und 250 Standarten und Fahnen erbeutet! Und wie die Soldaten im Lager, so erzählte sich in deutschen Landen das Volk Wunderdinge von der Prager Schlacht. Sie blieb mit dem Grauen, das sie umgab, vor allen anderen die eigentlich volkstümliche Schlacht dieses Krieges, an die Volkslied und Ballade und Bühnenspiel anknüpfen konnten, weil jedes Kind von ihr wußte.

Nach Wien war der Kunde von der Niederlage die Panik der zahllosen Flüchtlinge vorausgeeilt, die beim Nahen der Preußen aus Prag oder sonst aus ihren Heimstätten entwichen waren, um sich und ihre Habe nach Brünn, ja nach Wien zu retten. Die Kaiserin beging ihren Geburtstag am 13. Mai in tiefster Zurückgezogenheit, die Bevölkerung der treuen Hauptstadt trauerte mit ihr. Gegen Kaunitz, als den Urheber des unheilvollen Krieges, und gegen den Hofkriegsratspräsidenten Neipperg, als den Heerverderber, wurden erbitterte Anklagen laut. Alle Minister und Hofkriegsräte arbeiteten Kaunitz entgegen, behauptete Graf Broglie, der auf der Durchreise nach seinem Warschauer Gesandtschaftsposten in Wien Zeuge all dieser Auftritte der Trübsal und Verwirrung wurde. Er bekannte, nicht absehen zu können, wie die Überlegenheit, die dem Könige von Preußen seine Geschicklichkeit und seine Erfolge gegeben hätten, noch ausgeglichen werden sollte; er entwarf in seinen Berichten nach Versailles die lebhaftesten Schilderungen von der Unfähigkeit der höheren wie der niederen Offiziere und von den Gebrechen der ganzen Heeresverfassung.

Scharf getadelt wurde die österreichische Heeresleitung auch in Versailles, zumal durch Belleisle, der den Schauplatz der jüngsten verhängnisvollen Ereignisse aus eigener Anschauung genau kannte[1]. Aber der eine, dessen Wille an diesem Hofe alles entschied, König Ludwig selbst, war fest entschlossen, der Kaiserin in ihrer Not um so kräftiger zu helfen. Er befahl, ein neues starkes Heer zusammentreten und von Straßburg eilends durch Oberdeutschland vorrücken zu lassen.

Dort war die Haltung der Anhänger Österreichs und Frankreichs völlig erschüttert. Oberstleutnant Mayr, mit einem Streifkorps von 1500 Mann und mit ganzen fünf Kanonen durch die Oberpfalz bis Nürnberg und Schwabach vorgedrungen, setzte die vorderen

---

[1] S. 414.

Reichskreise in hellen Schrecken.  Der Kurfürst von Bayern sandte
den Freiherrn von Montgelas in das Hauptquartier des Siegers
von Prag und gelobte Neutralität.  Die kurpfälzischen Truppen,
zur Vereinigung mit den Franzosen aufgebrochen, erhielten unter=
wegs Gegenbefehl.  Die württembergischen Regimenter, durch die
Bürgerschaft von Stuttgart aufgereizt, meuterten, von 3200 blieben
nur 400 bei der Fahne.  Der Rat von Nürnberg erbot sich, 80 000 Gul=
den zu zahlen, wenn der Stadt erlaubt sein sollte, ihrer Huldigungs=
und Lehenspflicht gemäß ihr Kontingent zum Reichsheer zu stellen;
der König von Preußen nahm die Abfindungssumme nicht an und
verlangte Neutralität, in der Stadt aber liefen Pasquille um, gegen
die Kaiserin, die an unschuldigem Lutheranerblut ihre Bosheit aus=
lassen wolle, und gegen den untreuen Rat, der für solche Sache
die nürnbergischen Soldaten wie Vieh zur Schlachtbank schicke: aber
die Bürger würden das Rathaus stürmen und die Herren an den
großen Perücken schütteln.

Für den Abschluß des lange geplanten, aber durch die Abneigung
des hannoverschen Ministeriums bisher aufgehaltenen Sonderbundes
protestantischer Reichsstände schien jetzt die Stunde gekommen.  König
Georg, voll Zuversicht für den Sieg der gemeinsamen Sache, erklärte
sich mit dem preußischen Bundesentwurf einverstanden, allerdings
unter Streichung eines auf die im Reiche schwebenden Religions=
streitigkeiten bezüglichen Artikels, und genehmigte nicht minder den
Antrag Münchhausens, dem Berliner Hofe jetzt auch namens des
Kurfürstentums einen Vertrag anzubieten und dabei für Hannover
die Erwerbung des kurmainzischen Eichsfeldes und der Stifter Hildes=
heim, Osnabrück und Paderborn zu beanspruchen.  Um desto sicherer
zu gehen, mußte der Herzog von Cumberland das Bistum Pader=
born unverzüglich besetzen.  Im völligen Umschwung der Stimmung
meinte der Herzog preußischer Hilfe gegen die Franzosen kaum mehr
zu bedürfen.  Selbst den alten behutsamen Zastrow hatte die Prager
Schlacht so unternehmend gemacht, daß er jetzt frisch auf die Fran=
zosen dreinschlagen wollte.  In London erwartete man von der
Siegesbotschaft aus Böhmen günstige Wirkung für die noch immer
nicht gelungene Neubildung des Kabinetts.  „Unsere Bewunderung
für den Heldenmut des Königs von Preußen ist auf dem höchsten
Gipfel," schrieb Lord Holdernesse an Mitchell, „Weiber und Kinder
singen sein Lob, auf den Straßen kommt es zu den ausschweifendsten
Freudenbezeigungen."  Selbst ein Horace Walpole, der bisher seine
Abneigung gegen diesen Fürsten nie verhehlt hatte, stimmte in den
Jubel ein: „Was ist unser Preuße für ein König!  Doppelt und
dreifach übertrifft die Wirklichkeit unsere ersten Nachrichten!"

Die Lage schien glänzend, aber sie war ernster und unsicherer,
als es der König von Preußen für den jetzt gekommenen Zeitpunkt

vordem angenommen hatte.   Sein böhmischer Feldzug hatte bis
Mitte Mai entschieden und so weit beendet sein sollen, daß nur
noch die leichte Aufgabe blieb, den geschlagenen Feind völlig aus
Böhmen hinauszudrängen: die dem schlesischen Heer zugedachte Auf=
gabe.   Das andere Heer hatte sofort rechts abschwenken sollen, um
im Reich die Franzosen und die deutschen Gegner Preußens zu
Paaren zu treiben.   Statt dessen begann jetzt mit der Einschließung
von Prag und der Abwehr des Heeres unter Marschall Daun ein
neuer Abschnitt dieser böhmischen Heerfahrt, für den der Einsatz der
gesamten Streitmacht nicht minder nötig war als für den ersten
Akt, und dessen Schluß noch gar nicht abzusehen war.   Die anfäng=
liche Hoffnung, daß zwischen dem 20. und 24. Mai alles sicherlich
zu Ende sein werde, erwies sich schnell als trügerisch; schon am 14. Mai
wurde bekannt, daß die Belagerten auf zwei Monate mit Vorräten
versehen waren.   Länger aber als bis zur zweiten Woche des Juni
glaubte der König mit der Entsendung gegen die Franzosen nicht
warten zu dürfen, damit nicht die Hannoveraner sich trotz allem
unter österreichischer Vermittlung neutral erklärten.

Die kritischen Geister im preußischen Lager gaben ihre Stimmen
dahin ab, daß die Belagerung unmöglich gut ablaufen könne.  Friedrich
selbst ist von vornherein nicht ohne Bedenken gewesen: „Prag blockie=
ren, Daun fernhalten und den Franzosen die Stirne bieten, sind
drei Dinge, die wir nicht auf eins tun können," äußerte er acht Tage
nach der Schlacht am 14. Mai; ziehe sich die Sache über drei Wochen
hin, so werde man die Blockade aufheben müssen, um dann zuzu=
sehen, ob die Leute herauskommen würden oder nicht.   Doch meinte
er tags darauf, er habe ein wenig zu schwarz gesehen; er blieb nun
entschlossen, die Festung und das Heer auf eine oder die andere Art
zur Übergabe zu zwingen.   Wäre Prag mit 10 000 oder 12 000 Mann
besetzt gewesen, so hätte eine regelrechte Belagerung keine Schwierig=
keit gehabt; unter den Augen von 50 000 Verteidigern aber könne
man keine Laufgräben eröffnen; wenigstens biete die Geschichte, sagte
Friedrich, kein Beispiel dafür.   Immer dachte er, wenn erst sein
schweres Geschütz zur Stelle war, durch ein Bombardement von
acht Tagen „die schon wackelnden Hirnkästen vollends umzustoßen".
Aber als sein „Höllenzeug" in der Nacht auf den Pfingstmontag,
am 30. Mai, endlich die „zermalmende Musik" begann, blieb die
erwartete Wirkung der Beschießung aus.

Die Soldaten vor Prag erzählten sich, wenn sie die Festung
hätten, würde es nach Wien gehen.   Für den König aber wäre der
Marsch an die Donau, ohne Wegnahme der vorliegenden mährischen
Festungen und ohne umfassende Vorbereitung für die Sicherheit
der Verpflegung und der Verbindungen, eine jener „Pointen" ge=
blieben, die seine Kriegstheorie als Hauptfehler verurteilte.   Er

gedachte vielmehr, obgleich er die Zahl des noch im Felde stehenden
österreichischen Heeres sehr unterschätzte, nach dem Fall von Prag
an dem ursprünglichen Plane festzuhalten, und mit dem einen Teil
des Heeres den Feind nach Mähren zurückzudrängen, mit einem
anderen in das Reich einzurücken und die Franzosen abzuwehren.
Mit solcher Kriegsführung war nichts von neuem auf das Spiel
gesetzt: man blieb, wie er unmittelbar vor der Schlacht an Schwerin
geschrieben hatte, „auf Samt gebettet“, der Rest war „nur noch
ein Spiel“.    Auch gegen die Russen ließ sich dann detachieren;
Friedrich dachte daran, ein Streifkorps quer durch Polen ihnen in
den Rücken zu senden.    Am liebsten hätte er, wie er dem englischen
Gesandten sagte, die Österreicher dahin gebracht, ihr Bündnis mit
Frankreich zu lösen und ihre Truppen gegen die Franzosen marschieren zu lassen: dazu aber, sagte er sich doch gleich, würde sich
der österreichische Stolz nie verstehen.

Während die preußischen Soldaten in Gedanken nach Wien marschierten, verkürzten sich die jungen Offiziere die Tage des Still-
lebens und der Erwartung mit Konjekturalpolitik und Voranschlägen
für den künftigen Frieden: sie entschieden sich dafür, Sachsen zu
Preußen zu schlagen und den König August mit Böhmen zu entschädigen. Weil nun das eine nicht erreichbar war ohne das andere,
der Gebietstausch nicht ohne den Einzug in Wien[1]), so hatte der
Adjutant des Prinzen Heinrich nach der militärischen Gesamtlage
recht, in seinem Tagebuch solche Zukunftspläne als Ausgeburten
der Phantasie einiger Enthusiasten zu registrieren; wie denn die
Prinzen selbst, bei aller Unzufriedenheit mit der Politik ihres königlichen Bruders, Eroberungsabsichten bei diesem Kriege nicht voraus-
setzten.

Was man in Wien nach dem Verlust der Schlacht zunächst am
meisten befürchtete, war, daß der König von Preußen, statt Prag
eingeschlossen zu halten, jetzt über das letzte Feldheer der Kaiserin-
Königin herfallen könnte.

Das Heer des Marschall Daun war von dem preußischen Könige
und seinen Generalen bei den Erörterungen über den Feldzugsplan
nicht vergessen worden.    Schwerin hatte ja nach dem Vormarsch
an die Iser auf dieses Heer sich zunächst werfen wollen; der König
hatte ihm befohlen, es links liegen zu lassen und an die Moldau
zu marschieren.    Am Tage von Prag befanden sich Dauns Vortruppen, 9000 Mann unter Graf Puebla, zwei Meilen vom Schlachtfeld zu Auwal; ihr Erscheinen im Rücken der Preußen würde deren
Angriff empfindlich gestört haben.    Aber die Nähe des preußischen
Heeres scheint die österreichischen Generale völlig gelähmt zu haben;

---

[1]) S. 446.

auch Daun, als er tags nach der Schlacht zu Puebla stieß, fand nicht
den Entschluß zu weiterem Vorrücken, obgleich von der Niederlage
des Hauptheeres noch nicht die geringste Kunde gekommen war;
denn erst am Abend des 7. brachte zunächst Graf Kaunitz, den die
Kaiserin zum Heere gesandt hatte, ein ihm unterwegs zugeflogenes
Gerücht mit. Dann gab ein Offizier des geschlagenen Heeres die
niederschmetternde Bestätigung.

Noch zwei Tage hindurch standen die Österreicher, über 30 000
Mann, unangefochten, ja unbemerkt, bei Böhmisch-Brod. Erst am
9. Mai sandte der Sieger von Prag 50 Schwadronen unter Zieten
zur Aufklärung aus, bei deren Erscheinen Daun am 10. den Rückzug
antrat, während an demselben Tage der Herzog von Bevern mit
15 Bataillonen dem Husarenkorps nachrückte. Er sollte angreifen,
aber nur wenn der Feind nicht freiwillig wich. Auf Schwächung
oder Aufreibung des Daunschen Heeres hatte es der König nicht
abgesehen; er hielt in diesem Falle die Schlacht für entbehrlich, das
Manöver für ausreichend, einem Gegner gegenüber, dessen Truppen-
zahl er um mehr als die Hälfte unterschätzte, der aber gerade unter
dieser Voraussetzung ihm als ein sicheres Schlachtopfer hätte erscheinen sollen. Der Befehl, wenigstens unter Umständen anzugreifen, wurde allmählich ganz zurückgenommen. Als Bevern sich
wegen der Schwäche seines Häufleins Sorge machte, eröffnete ihm
der König am 25. Mai, daß es nicht in seiner Absicht liege, es dort jetzt
zu einer Schlacht kommen zu lassen. Die Aufgabe, Daun von Prag
fernzuhalten, erschien ihm lösbar auch ohne Schlacht. Vor einem
Angriff durch den Feind, meinte er, sei Bevern allemal sicher; denn
zum Schlagen gehörten in einer „so terribel koupierten" Gegend
immer zwei. Zudem meldeten die Kundschafter, daß Daun aus
Wien Befehl habe, nichts aufs Spiel zu setzen.

Der König empfahl also seinem General immer von neuem, den
Gegner durch Demonstrationen und Umgehungsmärsche, durch Bedrohung seiner Rückzugslinie, seiner Verbindungen, methodisch „weg-
zubugsieren" und dem Zurückweichenden ein Magazin nach dem
andern, so wie er selbst es vor vier Wochen mit Browne gemacht
hatte, zu entreißen. Zur weiteren Einschüchterung mochten die
zahlreichen Husaren den Schwarm der Irregulären „recht brav an
die Ohren packen". Bevern, inzwischen auf 90 Schwadronen und
20 Bataillone verstärkt, zeigte sich in dieser Art der Kriegsführung
nicht ungewandt. Er verdrängte den Feind aus dem Lager von
Kolin, die Husaren erbeuteten drei Magazine, und bei Kuttenberg
wurde am 5. Juni Nadasdy mit seinen Ungarn, die ihren Ruf aus
den früheren Kriegen schon mehr als einmal nicht ganz bewährt
hatten, in die Flucht geschlagen, abermals unter Verlust der auf-
gespeicherten Vorräte. Wie denn die Preußen nachmals sich rühmten,

daß sie in diesen Wochen jeden Bissen Brot sich hätten erkämpfen
müssen.   Der König spendete dem Herzog von Bevern für seine
„ebenso gut entworfenen wie gut ausgeführten Dispositionen" reich=
liches Lob.   Wie schon nach dem Siege von Reichenberg schrieb er
aufmunternd, der Herzog werde jetzt größeres Selbstvertrauen haben:
„Nun sehen Sie, daß ich Sie besser kenne, als Sie sich selber, Sie
seind zu modest."

Eben jetzt aber überzeugte er sich endlich, daß Daun stärker sei,
als er in der Hartnäckigkeit seines Zweifels hatte glauben wollen.
Prag wiederum, das stellte sich immer mehr heraus, war vor dem
Juli nicht auszuhungern.   Also spricht Friedrich am 5. Juni zum
erstenmal den Gedanken aus, daß er doch vielleicht vorher noch mit
Daun schlagen muß.   „Daun verstärkt sich, man muß ihm zuvor=
kommen," sagte er tags darauf schon bestimmter, „zusammenraffen,
was abkömmlich ist, ihn angreifen und so weit als möglich verfolgen."
Mindestens bis Iglau, um auch das dortige Magazin zu gewinnen.
Aber noch meinte er, vor der „Austreibung dieses Leopold Daun"
die Ankunft der 10 Bataillone und 20 Schwadronen, die zum 20.
aus Schlesien zur Stelle sein sollten, abwarten zu müssen; es wäre
denn, daß Daun inzwischen eine Blöße böte.   Ob Bevern entschlossen
genug war, solch einen günstigen Augenblick schnell zu ergreifen,
schien doch wieder zweifelhaft, da jener nach dem Erfolg von Kutten=
berg versäumt hatte, die erste „Bredouille" des Feindes auszunützen
und bis Czaslau nachzudrängen.   Friedrich beauftragte deshalb am
10. Juni einen seiner Flügeladjutanten, den Obersten Finck, dem
fürstlichen General mit seiner „Autorität und guten Resolution"
nachzuhelfen, „damit wir den Daun auf die Seite schaffen": „Ich
kann die Leute nicht in meiner Nachbarschaft dulden ... Also wann
nur gute Gelegenheit ist, so muß man sie ergreifen ... attackieret
sie brav mit unsere schwere Kanonen, mit Kartätschen beschossen
und sodann ihnen die Flanke gewonnen."

Neue Meldungen Beverns überzeugten ihn, daß er am besten
persönlich eingreifen werde und das abgezweigte Korps allerdings
noch durch Truppen aus der Belagerungslinie verstärken müsse.
Am 12. meldete er sich für den 15. mit 8 Bataillonen und 16 Schwa=
dronen an: „Hier hilft nichts vor, Daun muß nach Mähren herein,
er mag stark oder schwach seind, sonsten kriegen wir Prag nicht,
können wir die übrigen Feinde, die ankommen, nicht resistieren,
und ist die ganze Kampagne, so gut wie sie ist angefangen worden,
verloren."

Ein Erkundigungsritt Zietens klärte in der Nacht zum 13. die
Lage völlig auf.   Es war kein Zweifel mehr, Daun wollte nach
Prag und seinen Gegner Bevern derweil durch Nadasdy beschäftigen.
Der Herzog ging deshalb am 13. von Kuttenberg auf Kolin zurück

und zog am 14. in südwestlicher Richtung weiter. Fast wären an diesem Tag er und der König aneinander vorbeimarschiert; am Abend vereinigten sie sich zwischen Kaurzim und Malotitz. Sofort sandte der König an Moritz von Dessau Befehl, mit noch weiteren 6 Bataillonen und 10 Schwadronen herbeizueilen: „Es kommt hier auf wenige Tage, zugleich aber auch auf wenige Stunden an." Am 16. war der Nachschub zur Stelle, bewährte und in diesem Kriege noch nicht im Feuer gewesene Regimenter.

Der Vormarsch des so lange untätigen Daun war auf gemessenen Befehl aus Wien erfolgt. König Friedrich war ganz zutreffend unterrichtet, wenn er bisher meinte, Daun dürfe nicht schlagen. Unter dem ersten Eindruck der Prager Niederlage hatte ein Handschreiben der Kaiserin dem Marschall als Hauptaufgabe vorgezeichnet, die rückwärts liegenden Erblande gegen feindlichen Einbruch zu decken, und wieder war eine am 21. Mai an ihn gerichtete Aufforderung, Prag baldigst zu entsetzen, schon nach drei Tagen dahin erläutert worden, daß es nicht sowohl auf den Entsatz des eingeschlossenen, als auf die Erhaltung des im Felde stehenden Heeres ankomme. Dann aber schrieb die Gebieterin am 7. Juni: Prag könne sich nur bis zum 20. halten, Daun solle eine Schlacht wagen, sie gebe ihm ihr kaiserliches Wort, daß sie einen unglücklichen Ausgang dem Feldherrn nimmermehr zur Last legen werde.

Am 12. aus dem Lager bei Goltsch=Jenikau hinter Czaslau aufgebrochen, bezog Daun nach drei kleinen Tagesmärschen und einem Rasttage am 16. abends im Angesicht des preußischen Heeres ein wohlgedecktes Lager zwischen Swojschitz und Krychnow, mit dem Vorsatz, entweder den Angriff in dieser Stellung abzuwarten oder bei günstiger Gelegenheit selbst anzugreifen. An die augenblickliche Stellung der Preußen glaubte er indes sich nicht wagen zu dürfen.

Seinerseits hielt der König von Preußen das österreichische Lager wenigstens in der Front für unberührbar und marschierte deshalb am Nachmittag des 17. Juni in der Richtung auf Planian links ab, um dem Gegner die rechte Flanke abzugewinnen, nachdem er sich durch seine Husaren vergewissert hatte, daß nicht etwa ein österreichisches Korps nach Prag unterwegs war.

Durch den Marsch der Preußen beunruhigt, schob Daun in der Nacht auf den 18. sein Heer weiter nach rechts, so daß die Linke auf die Höhe von Boschitz, die Rechte auf den Kamhajeker Berg zu stehen kam.

Der Bergrücken läuft östlich gegen Kolin, Radowesnitz und die Elbe in eine Hochfläche aus; nach Norden fällt er, oben steiler, dann allmählich, zu dem Kaiserweg ab, der Heerstraße, die von Prag über Planian nach Kolin führt und sich hinter den beiden dicht beieinander liegenden Wirtshäusern Neustadt und zur goldenen Sonne (das

zweite ist seither verschwunden) vor einem dritten, dem **h e u t i g e n**
Sonnenwirtshaus (damals hieß es Bradwitz) in einer feuchten Niederung stark einsenkt.   Längs des Kaiserwegs, zwischen ihm und der
Höhe — die Entfernung beträgt etwa 9000 Fuß —, folgen sich in
der Richtung auf Kolin die Ortschaften Brzezan, Chozeniß, Bristwi,

Kamhajek und Kutlirz,
oberhalb von Kamhajek
liegt auf einem Vor-
sprung des Kammes das
Kirchdorf Kretschorz. Im
Westen des Höhenzuges
fließen in tiefeingeschnit-
tenen Talbetten zwei
Bäche durch Teiche und
Wiesengrund nach Pla-
nian zu.   Sie deckten vortrefflich die linke Flanke
der österreichischen Stellung.

Nach Sonnenaufgang
setzte das preußische Heer
den gestern begonnenen
Marsch fort.   Der Vor-
trab drängte auf der
Kaiserstraße die leichten
Truppen des Feindes
zurück. Jenseits Planian
bei den beiden ersten Herbergen ward ein mehr-
stündiger Halt gemacht,
um die durch die Weg-
engen aufgehaltenen En-
den der Kolonnen abzu-
warten. Aus den Fenstern
des zweiten Stockwerks
bot das Sonnenwirtshaus
einen Überblick über die
österreichische   Stellung.

Der König versammelte oben seine Generale und gab ihnen die Disposition für den Angriff.   Der Feind hatte den Vorteil des Geländes,
den Vorteil der Zahl; seine 54 000, darunter ein Drittel Reiter, sollten
von 18 000 Mann Fußvolk und 16 000 Reitern, 32 Bataillonen und
116 Schwadronen bestanden und überwältigt werden.   Es galt
sparsam zu verfahren, nur mit einem Flügel, wie immer, ja nur

an einem Punkt anzugreifen. Von ihrem an Kretschorz und ein
Eichengehölz angelehnten äußersten rechten Flügel her sollte Dauns
Infanterielinie aufgerollt und womöglich in die Sümpfe zu ihrer
Linken geworfen, vom Rückzuge abgeschnitten werden. Die Avantgarde, das Grenadierkorps des General Hülsen, sollte den Angriff
auf Kretschorz und die hinter dem Dorf aufgefahrenen Batterien
eröffnen, das Husarenkorps unter Zieten sollte den Angreifern die
Flanke decken, der linke Flügel sie unterstützen und deshalb hinter,
nicht neben der Avantgarde aufmarschieren; der rechte Flügel sollte
außer Kampf bleiben und an der Kaiserstraße, längs deren er bis
zu dem dritten Wirtshaus zu marschieren hatte, unbedingt zurückgehalten werden.

Gegen zwei Uhr begann der Angriff, schon hatten die Österreicher geglaubt, heute unbehelligt zu bleiben. Hülsens Bataillone
nahmen den Kirchhof von Kretschorz, das Dorf, die Batterie; nicht
ohne schwere Verluste. In bewunderungswürdiger Ordnung —
jeder Grenadier verdiene Lorbeeren, meinten die Husaren, die das
Schauspiel unmittelbar vor Augen hatten — erreichten sie die Höhe
und schauten nun vor sich ein unerwartetes Bild: eine lange Infanterielinie in zwei Treffen, die im stumpfen Winkel ausspringende
schützende Flanke der österreichischen Schlachtordnung, angelehnt an
den Eichwald und mit der Hauptstellung durch eine große, ein-
geschanzte Batterie fest verankert. Denn Marschall Daun, der von
seinen Höhen alle Bewegungen des Gegners gemächlich verfolgen
konnte, hatte Zeit gehabt, seine Stellung entsprechend zu verändern.
Er war vorsichtig und klug genug, nicht jenen Rat des Kaisers[1]
zu befolgen, daß man noch vor dem Angriff des preußischen Offensiv-
flügels rasch auf den schwächeren Flügel losschlagen solle; aber er
verstand den drohenden Stoß zu parieren, indem er noch rechtzeitig
von seinem linken Flügel die Division Wied auf den am meisten
gefährdeten Punkt der Aufstellung herüberzog. Weitere Massen
folgten. Auf der preußischen Seite dagegen hatte man die Ausdehnung des Geländes unterschätzt und nicht geglaubt, daß der Gegner
hier seine Flanke so gut zu sichern vermöge.

Während also die Front des Gegners viel breiter auslud, als
man angenommen hatte, blieb anderseits die ihm verheißene unmittelbare Unterstützung dem General Hülsen aus.

Das Heer hatte während des Kampfes um das Dorf, noch in
Zugkolonnen, auf seinem Marsche eingehalten, wie es scheint, vor
der kesselartigen Bodensenkung am dritten Wirtshaus; das Dorf
Bristwi lag noch im Vordergrund. Aus dieser Stellung heraus sind
dann, als Kretschorz genommen war, die Marschlinien, statt sich bis

---

[1] S. 478.

an das eroberte Dorf halblinks weiterzuschieben und dadurch mit dem Vortreffen Fühlung herzustellen, bereits auf dem Felde zwischen Chotzenitz und Bristwi in die Front eingeschwenkt. Der König hat diese Abweichung von der Disposition nachmals als eine Übereilung bedauert, für die er den Ratschlag des Prinzen Moritz verantwortlich machen wollte. Gegen sich selbst hat er den Vorwurf erhoben, nicht in Person bis zu der äußersten Linken geritten zu sein, um das Gelände, das man ihm als weniger ausgedehnt geschildert habe, in Augenschein zu nehmen. Um den Abstand, der nun zwischen den Vortruppen und dem zu früh aufmarschierten Heere blieb, möglichst zu verkürzen, ließ man die Schlachtlinie sich im Angesicht der bereits bedenklich nahen österreichischen Stellung halblinks ziehen: da führte ein zweiter Verstoß gegen die Disposition noch schwerere Mißstände herbei.

In Chotzenitz und in den Kornfeldern hatten sich Kroaten eingenistet und belästigten mit ihrem Feuer den Aufmarsch des linken preußischen Flügels in der Flanke. Eine mißverstandene Äußerung eines königlichen Flügeladjutanten veranlaßte den Generalmajor Manstein nicht etwa bloß mit einem Bataillon die Plänkler zu Paaren zu treiben, sondern weiter stracks auf die starke feindliche Hauptstellung loszugehen, wo nun die weiter rechts stehenden Bataillone, eines nach dem anderen, wohl oder übel zur Hilfe eilen mußten. So trat, dem strengen Verbot zum Trotz, allmählich ein großer Teil der Infanterie vom rechten Flügel in den Kampf ein. In der Mitte aber riß durch diesen unglücklichen Vorstoß auf Chotzenitz die Schlachtordnung völlig auseinander: der linke Flügel verlor den Zusammenhang mit dem Zentrum zu einer Zeit, wo er den Anschluß an die Avantgarde noch nicht gewonnen hatte.

Das in dieser Not angeordnete Vortreten der Bataillone des zweiten Treffens in die Vorderlinie füllte die Risse der Schlachtordnung nicht aus, beraubte dagegen den linken Flügel für den Verlauf des Kampfes seiner einzigen Infanteriereserve. Und auch so waren es im ganzen nur neun Bataillone, die hier, zwischen dem Angriff auf Chotzenitz rechts und dem Gefecht am Eichwald links, jetzt ihre Schlacht für sich eröffneten; auch sie zu früh, denn noch immer waren sie nicht bei Hülsens Grenadieren angelangt. Aber einmal im Bereich des feindlichen Stückfeuers, ließ sich die aufgeregte Truppe vom Angriff jetzt nicht länger zurückhalten. Statt daß dem Schlachtplan gemäß sämtliche ins Feuer tretende Abteilungen sich in der einen Aufgabe, die feindliche Flanke zu umfassen, gegenseitig unterstützt hätten, war es unversehens auf der ganzen Linie zu einem Frontalangriff gekommen, wobei alle Gunst, welche Stellung und Überzahl ihnen boten, den Angegriffenen gewahrt blieb.

Nur das Vortreffen war bis an die Eichen herangelangt, die auch dem linken Flügel als Richtpunkt und weiter als Anlehnung bezeichnet worden waren. Auf sich allein angewiesen, jener starken Flanke des Feindes gegenüber, überdies darauf bedacht, nicht ganz von dem Hauptheer abzukommen — er hatte deshalb eine Reserve nach Bristwi gelegt — warf Hülsen von seinen zehn Bataillonen nur zwei in das Gehölz hinein. Es gelang ihnen, die Kroaten zu vertreiben, es gelang ihnen nicht, sich unter den Eichen zu behaupten.

Und doch war der kleine Wald von der größten Bedeutung. Vor diesem verhängnisvollen Eichbusch scheuten den ganzen langen Nach= mittag die Rosse und die Reiter, jedesmal wenn es gegolten hätte, das bedrängte Fußvolk herauszuhauen. So schon als Zieten, während des Angriffs der Grenadiere auf den Kirchhof, mit 50 Schwadronen von Kutlirz aus sich auf die Ungarn und Grenzer stürzte: zum Zusammenstoß kam es nicht, man wechselte nur Schüsse, aber als die Preußen beim Nachsetzen an den nicht gerade schwierigen Ein= schnitt von Radowesnitz kamen und nun aus dem Eichbusch in ihrer Rechten Flankenfeuer erhielten, schwenkten sie ab und kehrten an die Kaiserstraße zurück. Damit blieb Nadasdy imstande, einem überlegenen Gegner das Gesetz zu geben, ihn immer von neuem auf sich zu ziehen und von einer Unterstützung des Infanterie= angriffs abzulenken, und es konnte nach der Schlacht im preußischen Heere sogar die Meinung aufkommen, dieser Rückzug Nadasdys sei eitel Verstellung gewesen. Kaum war das Wäldchen von den Kroaten wieder besetzt, so wiederholte sich das Spiel: herausforderndes An= reiten der mittlerweile noch verstärkten Magyaren, nachdrücklicher Vorstoß Zietens, Flucht, Verfolgung und abermalige Umkehr der wieder mit Flankenfeuer begrüßten Verfolger. Nicht besser als den Husaren glückte es später den Kürassierregimentern des linken Flügels unter Führung des alten Penavaire: zweimal ritten sie von Bristwi aus gegen die auf der Westseite des Eichbusches aufgerückte reguläre Kavallerie zum Angriff an, und zweimal wurden sie, ohne ein= gehauen zu haben, durch das Flankenfeuer der Kroaten zurückgetrieben.

Eine Zeitlang schien es, als ob aller unvorhergesehenen Zwischen= fälle, aller Fehler ungeachtet, der Heldenmut der Infanterie sich das Schlachtenglück auch heute, wie stets bisher, willfährig machen würde. Allmählich waren die Vortruppen und der linke Flügel, von links und rechts in der Richtung auf des Feindes große Batterie vorstoßend, sich doch nahe gekommen; wiederholt zurückgeworfen, bezwang ihr konzentrischer Angriff endlich das gewaltige Bollwerk. Und nun brachen einige Bataillone mit gefälltem Bajonett in die erste, schon auch in die zweite Linie des zähen Feindes. Von dem Zietenschen Korps hatte der König die Brigade Krosigk abgefordert, die Kürassierregimenter Prinz von Preußen und Rochow und die

Normann=Dragoner. Einen unvergleichlichen Führer, den Obersten Seydlitz, an der Spitze, fluteten die schwarzen Dragoner in die durch die Bajonette geöffnete Gasse nach, den Riß breit auszerrend, zersprengten im zweiten Treffen das ungarische Regiment Haller, dessen Musketiere in der Bedrängnis mit dem Säbel in der Faust sich vergebens der ungestümen Gäste zu erwehren suchten, erbeuteten fünf Fahnen und an vierzig Kanonen und nahmen endlich noch den ihnen entgegensprengenden sächsischen Karabinieren eine Standarte ab. Die durch die feindliche Linie durchgestoßenen preußischen Bataillone standen an Entschlossenheit den Dragonern nicht nach; zum Halbkarree zusammengetreten, wiesen ihrer drei ebensoviel Reiterregimenter siegreich ab.

Es war der kritische Augenblick der Schlacht, nachmittags gegen fünf, die Schicksalsstunde des ganzen Krieges. Feldmarschalleutnant Graf Wied ließ die Reiter in das eigene Fußvolk einhauen, um die Fliehenden zur Umkehr zu zwingen. Die links von der Stätte des argen Dammbruchs haltenden österreichischen Bataillone, in der Front durch immer erneute Angriffe bedrängt, in der Flanke entblößt, im Rücken von der Flucht ganzer Regimenter umbraust, wurden auf die härteste Probe gestellt. Schon machten bei einzelnen Kompanien, während die beiden vorderen Glieder noch gegen den anrückenden Feind feuerten, das dritte und vierte Glied rechtsum, um den Kameraden den Rücken zu decken und im nächsten Augenblick vielleicht zu fliehen.

Zeuge der Aufregung und Verwirrung war ein Offizier des verbündeten französischen Heeres, General Champeaux; er hat zwei Tage nach der Schlacht in einem Brief nach Hause versichert, daß der Rückzug beschlossen und bereits eingeleitet war: Marschall Daun habe den Kopf verloren, und nur dank der Geistesgegenwart einiger Unterführer und dank der Gefügigkeit, mit der Daun sie habe handeln lassen, sei das Schicksal noch gewendet worden.

Erst vor wenigen Wochen waren die in österreichischen Sold genommenen sächsischen Reiterregimenter beim Heere eingetroffen — sie würden keine Eisenfresser sein, hatte König Friedrich wegwerfend gemeint, als er von ihrer Ankunft hörte. War der alte Ruf der sächsischen Tapferkeit erschüttert, die Chevauxlegers brachten ihre Waffen jetzt glänzend zu neuen Ehren. Auch die sächsischen Generale wußten nicht anders, als daß der Rückzug schon anbefohlen sei; aber auf eigene Faust brach Oberstleutnant von Benkendorf hinter dem Eichbusch vor, nur mit zwei Schwadronen; mit dem Rufe „Das für Striegau", des 4. Juni 1745 grimmig eingedenk, stürzt sich die kleine Schar auf einen Haufen preußischer Kürassiere; dem herzhaften Beispiel folgen andere sächsische Schwadronen und von den Kaiserlichen zuerst die Dragoner des Fürsten Ligne; Gewicht

hängt sich an Gewicht, bis es zuletzt an die 80 Schwadronen sind.
Solchem Ansturm erliegen die schon zum Tode erschöpften, beim
Vordringen weit auseinander gekommenen preußischen Bataillone
und die nach ihrem Siegesritt atemlosen Schwadronen der Brigade
Krosigk. Unter Führung des Prinzen Moritz hatten die Küraſſiere
des Prinzen von Preußen einen neuen Angriff auf die wankende
feindliche Infanterie gemacht; aber durch Kartätſchen zurückgewieſen,
reiten sie im Weichen das eigene Fußvolk, das Regiment Bevern,
über den Haufen, und kaum ist dieser Sturm über sie hinweggebrauſt,
so werden die tapferen Musketiere von der feindlichen Reiterei
umzingelt und fast ganz aufgerieben. Nicht viel beſſer war das
Schickſal der Regimenter Prinz Heinrich und Münchow. In dieſer
Zertrümmerung ganzer Regimenter hat der König den entſcheiden-
den Wendepunkt der Schlacht geſehen. Vier friſche Bataillone, ſo
meinte er, und ſie wäre gewonnen geweſen. Aber bei dem Fehlen
jeglicher Reſerve ließ ſich die Lücke nicht mehr ſtopfen.

Nach der Vernichtung ihrer tapferen Vorkämpfer kam die ganze
Infanterie des linken Flügels und des Vortreffens ins Weichen.
Doch ſchloſſen ſich hinter dem bereits aufgegebenen Kretſchorz, an
der Stelle, von welcher der erſte Angriff ausgegangen war, die
Grenadiere noch einmal zum letzten verzweifelten Verſuch zuſammen,
zum ſiebenten Angriff nach der Zählung der Öſterreicher. Der
Heldenmut dieſer vom erſten Anbeginn im Feuer ſtehenden Grenadierbataillone hatte an dieſem Nachmittag ſich ſelbſt übertroffen. Sie
hatten in den eroberten Redouten bereits friſche Steine aufgeſchraubt;
„aber mitten in der ſüßen Hoffnung, auch hier unbeſiegt zu bleiben,“
heißt es in dem ſchlichten Bericht des Treuenbriezener Bataillons,
„kam der Befehl an, daß ſich die Grenadiere zurückziehen ſollten.“
Mit zwei Bleſſuren ſammelte der Kapitän von Carlowitz die Trümmer
des Bataillons: „wo uns aber nicht der geringſte Anſtoß vorfiel,
welches eine Hauptanzeige iſt, daß der Feind ſo gut wie wir den
Platz des Gefechtes verlaſſen haben mußte.“ Die Grenadiere hatten
ſich völlig verſchoſſen, des Weges kommende Huſaren halfen den
Abziehenden mit Kavalleriemunition aus. So ſetzten ſie ſich zuletzt
auf der Höhe des Hügels nördlich vom Kaiſerwege feſt, der ſeit
jenem Tage der Friedrichsberg heißt, und harrten dort ſtill aus,
bis es dunkel ward.

Etwa gleichzeitig mit der Niederlage des linken Flügels und der
Avantgarde wurde auch im Zentrum der Widerſtand der Preußen
gebrochen. Von 3000 Streitern, die in den verderblichen Kampf
bei Chotzenitz nacheinander eingegriffen hatten, führte Manſtein,
ſelbſt verwundet, nur etwa 1200 unverwundet aus dem brennenden
Dorf zurück.

Der König hatte, als ſein Fußvolk zu wanken begann und die

Brigade Krosigk von der Übermacht erdrückt wurde, wieder und
wieder an den Kaiserweg zu Penavaires Schwadronen geschickt.
Sie kamen nicht. Nun sprengt er selber zu den Säumigen: „Aber,
meine Herren Generals, wollen Sie nicht attackieren? Sehen Sie
nicht, wie der Feind in unsere Infanterie einhaut? In Teufels
Namen attackieren Sie doch! Allons, ganze Kavallerie, marsch
marsch!" Sie reiten los, der König voran, aber bei Brißtwi kommen
Kanonenkugeln geflogen und die nach den beiden mißglückten An=
griffen von vorhin kopfscheue Schar ist nicht mehr zusammenzuhalten,
sie flüchtet über den Kaiserweg zurück. Um die ruhmvollen Fahnen
des Regiments Anhalt, der Leibtruppe des alten Dessauers, sammelt
der König in der allgemeinen Auflösung etwa 40 Mann, er läßt
das Spiel rühren, sprengt voran, hofft, sein Beispiel wird die Flucht
noch wenden. Aber das Häuflein hinter ihm lichtet sich, als die
Kugeln einschlagen; er schaut nur vor sich und gewahrt nicht, daß
nur noch seine Adjutanten ihm folgen. Bis Major Grant ihm
zuruft: „Sire, wollen Sie die Batterie allein erobern?" Da hemmt
der König sein Pferd, betrachtet noch einmal durch sein Glas die
feindliche Stellung, und reitet dann langsam nach dem rechten Flügel,
um dem Herzog von Bevern die Befehle für den Rückzug zu er=
teilen.

Bis zur letzten Stunde hatte Bevern, wie der Schlachtplan es
verlangte, seinen Flügel zurückzuhalten gesucht, und wenn er es auch
zulassen mußte, daß die dem Angriff auf Chotzeniz am nächsten
stehenden Regimenter Manteuffel und Prinz Moritz den Kampf
mitmachten, so blieben doch wenigstens das Regiment Kalckstein auf
der äußersten Rechten und die Bataillone des zweiten Treffens
außer Gefecht, auch als das immer näher kommende Feuer schon
ganze Glieder fortriß und das zweite Bataillon Kalckstein fast seiner
sämtlichen Offiziere und Unteroffiziere beraubte. Wie nun aber
der Herzog von dem Halteplatz der Reiter, wo er die Befehle des
Königs entgegengenommen hatte, zurückkehrte, fand er auch diese
letzten Bataillone, mit denen er den Rückzug zu decken gedacht, in
erbittertem Kampf verwickelt. Das erste Bataillon Garde unter
Führung des wackeren Majors Tauentzien wies vier Bataillone und
zwei Kavallerieregimenter ab, aber einer der Potsdamer Hünen
nach dem andern brach zusammen, das Bataillon verlor 24 Offiziere
und 475 Mann. Dem Regiment des Prinzen Moritz blieben nur
zwei Offiziere unverwundet. Mit den acht Bataillonen, die sich
hier opferten, teilten sich in die Ehren des letzten Widerstandes, von
dem General Meinecke entschlossen geführt, die neumärkischen Dra=
goner als einzige Kavallerietruppe dieses Flügels, denn seine beiden
Kürassierregimenter hatte Bevern fortgeschickt, um das Defilee von
Planian für das abziehende Heer offen zu halten; nicht weniger

als achtmal warfen sich die tapferen Dragoner in das Kampfgewühl.
Nach einem letzten fruchtlosen Vorstoß aus Brzezan stellten die Öster=
reicher noch vor Sonnenuntergang auch auf diesem Flügel das Ge=
fecht ein.

Diese unerschrockene Haltung der preußischen Rechten, weiter der
Nachdruck, mit dem eben jetzt bei sinkender Sonne auf der entgegen=
gesetzten Seite des Schlachtfeldes Zieten seinen Partner Nadasdy
noch ein drittes Mal zurückwarf, endlich die Erschöpfung und die
Verluste der eigenen Truppen — man zählte auf österreichischer Seite
nach der Schlacht 1002 Tote, 4176 Verwundete und 1640 Vermißte —
bestimmten den Sieger von Kolin, jegliche Verfolgung zu unter=
lassen und sich mit der Siegesbeute von 45 Geschützen, 22 Fahnen,
4480 verwundeten und unverwundeten Gefangenen zu begnügen.
Unbehelligt, in geordneten Kolonnen, folgten mit Einbruch der Nacht
die zusammengeschmolzenen Bataillone Beverns dem geschlagenen,
geflüchteten linken Flügel nach Planian. Es ergab sich in der
Folge, daß die Infanterie volle zwei Drittel ihres Bestandes, über
12 000 Mann, eingebüßt hatte; die Reiterregimenter hatten auf
16 000 Mann nur einen Abgang von 1450.

Die Reiterei des linken Flügels blieb bis tief in die Dunkelheit
in unmittelbarer Nähe des regungslosen österreichischen Heeres und
las die Splitter des Hülsenschen Grenadierkorps auf. Die Husaren,
die bis zur Elbe hin scharmutziert hatten, wollten zuerst nicht daran
glauben, daß die Schlacht verloren sei. Doch hielt mehr die Rat=
losigkeit als Keckheit oder Trotz die müde Schar hier angesichts des
Überwinders auf freiem Felde zurück. Zieten war während seines
dritten Waffenganges verwundet vom Schlachtfeld fortgeschafft
worden; der siebenundsechzigjährige Penavaire war nach allen körper=
lichen Anstrengungen und allen erschütternden Eindrücken des heu=
tigen Tages fassungslos, von den Brigadegeneralen war Krosigk
gefallen, Normann erklärte, ohne Befehl des Königs nicht vom
Platze weichen zu können, Krockow, nach dem Dienstalter der Erste,
scheute, als er das hörte, die Verantwortung. Die Lage war für
alle völlig neu; noch nie waren die Preußen geschlagen worden.
Aus mehr als einem Munde hörte man: das ist unser Pultawa.
Endlich ritten sie langsam davon; die Kaiserstraße und die blutige
Walstatt, wollte man nicht dem Feinde auflaufen, mußten links
liegen bleiben; die Schreie der Verwundeten bezeichneten in der
Finsternis das Feld der Schrecken, dem man sich nicht nahen durfte.

Der König hatte gleich nach der Auflösung des linken Flügels
das Schlachtfeld verlassen, um zu seinem zweiten Heere zu eilen.
Nutzte Daun seinen Sieg nachdrücklich aus, so konnten die öster=
reichischen Reiter die ersten sein, welche die Kunde von Kolin an
die Moldau trugen. Die gerade Straße war nach diesem Ausgang

bereits unsicher.  Doch mochte Major Grant versuchen, ob er noch durchkam mit seiner Botschaft an die Generale vor Prag: daß die Schlacht verloren sei, daß sie alles vorbereiten sollten, um beim ersten Befehl die Belagerung aufheben zu können.  Der König schlug den Umweg über Nimburg ein, im Galopp, mit ihm die Gardedukorps und ein Trupp Husaren.  Bei Nimburg ging er über die Elbe, durchritt die Iser auf einer Furt und setzte bei Brandeis zum zweitenmal über die Elbe.

„Sie wissen wohl nicht, daß jedes Menschen Glück seine Rück= schläge haben muß?" sagte er auf dem nächtlichen Ritt zu dem jungen Grafen Friedrich von Anhalt; „ich glaube, daß ich jetzt die meinen haben werde."

# Von Kolin nach Leuthen

Sehnsüchtig und von Stunde zu Stunde erregter harrten am 18. Juni in den preußischen Linien vor Prag Offiziere und Soldaten der Nachrichten von dem zur Schlacht ausgezogenen Heere. Feindliche Streifpartien hemmten die Verbindung. Ausgeschickte Husaren brachten gegen Abend die Meldung, daß die Heere aneinander seien, daß der Feind von Stellung zu Stellung zurückgeworfen werde. Helle Freude verbreitete sich im Heere.

Mitternacht war vorüber, als sich Major Grant mit seinem Auftrag vom König am Ziskaberg bei dem Prinzen Ferdinand von Braunschweig melden ließ, der auf dem rechten Moldauufer den Oberbefehl führte. Tief erschüttert eilten beide zum Quartier des Prinzen Heinrich. „Ihr Götter!" rief der Prinz, indem er vom Lager emporfuhr, bewahrte aber volle Ruhe und Fassung. Er ritt auf das andere Ufer und besprach sich mit Winterfeldt. Am Morgen traten die Führer zu Branik an der Schiffsbrücke zur Beratung zusammen: die drei Brüder des Königs, Ferdinand von Braunschweig, Marschall Keith, die Generale Schmettau, Winterfeldt, Goltz, Retzow und Schönaich. Schon konnte ihnen Prinz Heinrich seine Disposition für den vom Könige angeordneten Aufbruch vorlesen. Die Nachricht von der verlorenen Schlacht hielten die Generale streng geheim, nur Gerüchte liefen durch das Heer; die Truppen aber blieben ungläubig, denn ihr König galt ihnen als unüberwindlich. Bis er am Nachmittag selber durch das Lager dahergeritten kam, auf dem Pferde, das ihn jetzt seit 36 Stunden trug, nur von einem Pagen begleitet. Obgleich er sich vor Ermüdung kaum im Sattel halten konnte, zwang er sich doch zu einer guten Haltung; aber sein sonst so helles Auge war zu Boden gesenkt und schien wie von dichtem Nebel bedeckt. Vor dem Pfarrhause zu Michle, seinem alten Quartier, erwarteten ihn die beiden jüngsten Brüder, er trat in das Haus, dann ward Prinz Heinrich hineingerufen. Der König, noch ohne sein Gepäck, lag auf einem Strohsack, erschöpft an Leib und Seele, nicht mehr unter dem Zwang der mühsam geübten Selbstbeherrschung, tief bewegt und weich. Er küßte den Bruder, gestand ihm seine Niedergeschlagenheit und sagte wiederholt, daß er sterben möchte.

Mit der Fürsorge für den Abmarsch beauftragte er den Prinzen
und genehmigte den Entwurf, den dieser ihm vorwies; sich selbst
bezeichnete er als jetzt zu allem unfähig, schlechthin der Ruhe be=
dürftig: früh um drei Uhr mußte er mit den Truppen marschieren.

Die militärische Begabung des Prinzen Heinrich trat in dieser
schweren Probe immer glänzender zutage.   Schon nach der Prager
Schlacht hatte der König gesagt: „Ich würde ihn noch mehr loben,
wenn es nicht mein Bruder wäre."   Dem Prinzen aber war es
in seinem heißen Schmerz über das Verderben, dem er Heer und
Staat ausgeliefert glaubte, eine Art ingrimmigen Trostes, daß der
Mißerfolg seines königlichen Bruders seinem eigenen Verdienst als
Folie dienen mußte.   Der englische Gesandte gewann den Eindruck,
daß Heinrich den König hasse, und wie richtig Mitchell sah, beweisen
des Prinzen eigenhändige Aufzeichnungen noch unwiderleglicher,
als das gehässige, von fortlaufenden Anklagen gegen Friedrich
strotzende Tagebuch seines Adjutanten, des jungen Grafen Henckel.
Längst war in des Prinzen Kreise vorausgesagt worden, daß die
Belagerung der böhmischen Hauptstadt nicht glücken könne.   Jetzt
hatten die Besserwisser recht behalten.   Der neue Cäsar hatte bei
Prag Alesia nicht erneuert.   „Seine Majestät," spottete Henckel,
„taten alles mögliche, um bei Prag, wie im Jahre 1744[1]), Ihren
Ruhm abermals zu verlieren und um Prag ein für allemal zu den
Säulen des Herkules seiner ferneren Unternehmungen zu stempeln,
und das nach der glorreichsten Schlacht, die jemals geschlagen wurde."
Der Prinz selbst aber sandte der Prinzessin Amalie ein schadenfrohes
Brieflein, das seinem Schreiber zu Unehren den Österreichern in
die Hände fiel: „Phaeton ist gestürzt, und wir wissen nicht, was
aus uns werden wird.   Der 18. wird für Brandenburg auf ewig
unheilvoll sein.   Phaeton hat für seine Person Sorge getragen und
sich zurückgezogen, bevor der Verlust der Schlacht völlig entschieden
war."   Die leidenschaftlichen Anklagen wegen des Angriffs verteilten
sich auf den König selbst und Moritz von Dessau.   Der hätte, in
diesem Krieg noch an keinem Treffen beteiligt, aus niedriger Eifer=
sucht auf den Herzog von Bevern, den Helden von Lobositz, Reichen=
berg und Prag, stürmisch zur Schlacht gedrängt, die Ungeduld und
Lebhaftigkeit des Königs gemißbraucht und seiner Eigenliebe un=
würdig geschmeichelt; Friedrich selbst aber hätte in dieser Eigenliebe
ohnegleichen, in dem verderblichen Ehrgeiz, den schon so oft be=
siegten Feind noch einmal zu besiegen, sein Heer nicht zur Schlacht,
sondern zur Schlachtbank geführt und die Kunst entdeckt, in sechs
Wochen das Werk von dreißig Jahren, dies schöne und unvergleich=
liche Heer, die sicherste Stütze von Preußens Größe, zu zerstören.

---

[1]) Bd. I, 468. 469.

Ohne zu häßlichen Schmähungen sich hinreißen zu lassen, versichert doch auch der vertraute Berater des Prinzen Ferdinand zu Braunschweig, niemand im Heere habe gezweifelt, daß der König an der Spitze des von ihm verstärkten Beobachtungskorps völlig imstande gewesen sei, den ängstlichen, zaudernden Daun beliebig lange und beliebig weit von Prag zurückzuhalten, auch ohne ihm ein Treffen zu liefern. Auch später ist oft ähnlich geurteilt worden. Die eingehende historische Untersuchung, die nach fünfzig Jahren ein österreichischer Offizier der Koliner Schlacht widmete, ist zu dem Ergebnis gelangt, daß es für den König von Preußen darauf angekommen wäre, zwischen Prag und dem österreichischen Heere eine gute Stellung zu wählen, an der Daun nicht vorbeigehen konnte, und dann den Angriff des Gegners abzuwarten; schon das nach Friedrichs Urteil nicht hinreichend gedeckte Lager bei Kaurzim sei in Dauns Augen unangreifbar gewesen.

Friedrich hat wiederholt Veranlassung genommen, seinen Entschluß zur Schlacht eingehend zu begründen. Er macht geltend, daß er nicht bloß die Wege nach Prag zu sperren, sondern auch die Magazine in Brandeis und Nimburg zu decken hatte, und daß die aus der Zernierungslinie entnommenen Regimenter, sollte die Blockade nicht gefährdet werden, dort nur auf kurze Zeit gemißt werden konnten. Dagegen führt der Herzog von Bevern, indem er den König gegen die Tadler in Schutz nimmt, lediglich die Rücksicht auf den Kriegsschauplatz in Niedersachsen als Rechtfertigungsgrund an. Auch Friedrich hat diese mehr politische Rücksicht stark betont; in einem Schreiben an Podewils und Finckenstein hat er die Minister für die unglückliche Wendung mittelbar verantwortlich gemacht: sie, „unter uns gesagt", hätten dazu beigetragen, daß er ein wenig zu überstürzt Daun die Schlacht geliefert habe; denn sie hätten ihn so sehr gedrängt, nach Hannover und Hessen zu detachieren. Er glaubte Gefahr zu laufen, wenn seine Hilfe zu lange auf sich warten ließ, die westdeutschen Verbündeten erliegen oder abfallen zu sehen; er malte sich auf der anderen Seite die großen und glänzenden politischen Wirkungen aus, die ein neuer Sieg nach sich ziehen würde: seine volle Überlegenheit über die Österreicher, den tiefen Eindruck auf die Reichsstände, auf die Franzosen, Russen und Schweden. Freilich, das alles wäre ihm auch zugefallen, wenn er Daun in vorsichtig abgewarteter Defensivschlacht besiegte, oder wenn Prag ohne eine zweite Schlacht überging. Aber wie hätte die Aussicht, so Großes mit einem Schlage, an einem Tage, zu erreichen, nicht ihren mächtigen Reiz auf einen Feldherrn ausüben sollen, der auf die Defensivschlacht seine Truppen taktisch und moralisch nicht eingeschult hatte und der in Terrainschwierigkeiten schon seit Soor und Kesselsdorf ein Hindernis des Sieges nicht mehr sehen wollte? So blieb das Entscheidende, daß Friedrich, wie Westphalen es ausdrückte, „nur noch des Sieges gewohnt, die Schlacht zugleich als den sichereren und kürzeren Weg anzusehen geneigt war". Der König auf der einen Seite und seine Kritiker auf der anderen befanden sich hier in jenem großen, durchgehenden Gegensatz der strategischen Anschauung, der während dieses Krieges noch so oft hervortreten sollte, indem der eine bei den eigentümlichen Vorzügen seines Heeres die Schlacht als das allemal am nächsten liegende Mittel der Entscheidung ansah, während sie von den anderen vielmehr als eine Verlegenheits= auskunft betrachtet wurde.

Hatten politische Beweggründe bei dem Entschluß zur Schlacht mitgewirkt, so waren nun die Folgen der Niederlage auf dem Ge= biete der Politik zunächst fast empfindlicher als auf dem militärischen. Denn hier war eine unmittelbare Gefährdung mit dem Tage von Kolin noch nicht eingetreten. Die Aussicht auf die Einnahme von Prag und die Waffenstreckung eines ganzen Heeres war verscherzt; sonst aber schien in dem Augenblicke, wo die bisher gegen die be= lagerte Festung eingesetzte Streitmacht wieder zur freien Verfügung stand, die Überlegenheit im Felde den Preußen zurückgegeben zu sein. Hat doch jener Westphalen sogar die Frage erörtert, ob man nicht trotz der Niederlage die Einschließung hätte fortsetzen können.

Die Aufhebung der Belagerung, die Fortführung der Positions= geschütze und des Trosses, der Abmarsch der Truppen ging ohne erhebliche Störung vor sich. Nur auf der Kleinseite hatte Keith bei seinem Rückzuge moldauaufwärts gegen den lebhaft nachdrängen= den Feind einen Verlust von etwa 1000 Mann an Toten, Ver= wundeten und Überläufern zu verzeichnen. Drüben dagegen er= reichten die preußischen Kolonnen völlig unbehelligt die Elbe bei Brandeis und die Verbindung mit dem auf Nimburg zurückgegan= genen geschlagenen Heere unter Prinz Moritz. „Ich bin heute," so kündete der König am 20. Juni abends dem Dessauer seine An= kunft in Brandeis an, „ohngeachtet des großen Unglücks des 18. mit klingendem Spiel und der größten Fiertät um drei Uhr von Prag aufgebrochen ... Bei unserem Unglück muß unsere gute Contenance die Sache soviel möglich reparieren ... Das Herz ist mir zerrissen, allein ich bin nicht niedergeschlagen, und werde bei der ersten Gelegenheit suchen, diese Scharte auszuwetzen." „Nichts drängt uns hier," schreibt er zwei Tage später an Keith. Ein guter Tag, eine gute Viertelstunde, so hofft er, kann uns die Oberhand über unsere Feinde wieder verschaffen. Noch denkt er, daß das hier vereinigte Heer die Elblinie halten soll, um frühestens zum Winter nach Schlesien zurückzugehen, falls nicht bis dahin ein guter Erfolg einen vollen Umschlag herbeigeführt hat.

Er hatte geglaubt, die Sieger von Kolin schon zwischen Prag

und der Elbe auf seinem Wege zu finden. Aber Daun hatte tags
nach der Schlacht sein altes Lager bei Krychnow von neuem bezogen und nicht einmal den preußischen Fuhrpark wegnehmen lassen,
der bis früh um zehn Uhr, die Wagen im wirren Knäuel festgefahren,
unter dem Schutze nur eines Bataillons noch hinter Planian stand.
Erst am 22. begann der Marschall seinen Marsch in der Richtung
auf Prag, am 24. verließen die Belagerten die Festung, am 26.
vereinigten sich beide Heere, eine Streitmacht von fast 100 000 Mann,
zwei Meilen östlich von Prag bei Kolodeg. Den Oberbefehl über
das ganze große Heer übernahm nicht der Sieger von Kolin, sondern
der Besiegte von Prag. Die Freude im Heer und in allen österreichischen Landen war groß und gerecht. Der Glaube an Friedrichs
Unbesiegbarkeit war dahin. Die Kaiserin-Königin stiftete kriegerischem
Verdienste zu Ehren den Maria-Theresia-Orden und verlieh das
erste Großkreuz dem ersten Überwinder ihres gewaltigen Gegners;
sie nannte noch nach Jahren dankbar den 18. Juni den Geburtstag
der Monarchie. In der befreiten böhmischen Hauptstadt aber frohlockte ein frommer Sänger:

> Das ist ein Werk nicht unsrer Mächten,
> Der Höchste hilft uns selber fechten,
> Gott und Johann von Nepomuk
> Trieb von der Stadt den Feind zuruck.
> Die Vorbitt unsrer Lands-Patronen
> Beschützte Österreichs heilge Cronen.

Der König von Preußen war der Meinung, daß die Bewegungen
der vereinigten Österreicher dem Heere Keiths gälten. Die Fühlung
mit Keith über Melnik war verloren, da die Pontons auf dem
Wege dorthin von Panduren weggenommen waren. So mußte
die Verbindung über Leitmeritz hergestellt werden. Mit 18 Bataillonen und 74 Schwadronen meldete sich Friedrich am 23. Juni
bei dem anderen Heere an. Für den Fall, daß es ihm glücken sollte,
den Feind zu schlagen und vor sich herzutreiben, hinterließ er dem
Prinzen Moritz den Befehl, sofort über die Elbe zu gehen und die
Magazine von Deutschbrod und Iglau zu überfallen, also die Aufgabe zu lösen, der Bevern vor Kolin nicht gewachsen gewesen war.

Hochgespannte Entwürfe, die schnell aufgegeben werden mußten.
Keith hatte die treffliche Stellung bei Budin, in der ihn der König
zu finden hoffte, bereits geräumt, in der Furcht, umgangen zu
werden. Moritz gab Lissa und die Elblinie auf, ging nach Jungbunzlau zurück und sprach sogar, was ihm eine nachdrückliche Rüge
zuzog, von der Notwendigkeit eines weiteren Rückzuges nach Zittau.
Das feindliche Heer aber, mit dem Friedrich auf dem linken Elbufer zu schlagen gedacht hatte, ward nicht sichtbar.

Der König nahm nun an, daß die Gegner sich erst würden er=
holen wollen, womit auch er für die Herstellung des eigenen Heeres
zwei bis drei Wochen oder gar die ganze Zeit bis Mitte August
gewonnen zu haben glaubte. Aber alle Pläne für die Kriegsführung
in Böhmen konnte, wenn sie sich bestätigte, die Nachricht vereiteln,
die er noch auf dem Marsche nach Leitmeritz erhielt: es hieß, daß
die Franzosen ohne Widerstand über die Weser gegangen seien und
durch das Braunschweigische vordrängen. In diesem Falle, meinte
er, werde des Verbleibens in Böhmen nicht mehr lange sein: „Wo
die Franzosen gegen Magdeburg kommen, so ist es vorbei." Das
Gerücht stellte sich als falsch heraus, und der König hoffte nun,
daß der neue Feind jenseits der Weser bleiben würde, bis die Reichs=
truppen oder die Schweden auf dem Plan erschienen; die einen
wie die anderen aber erwartete er nicht vor der Mitte des August.
Damit ergab sich der Zeitpunkt, bis zu dem es galt, das nördliche
Böhmen zu halten.

Seit dem 27. Juni war das Hauptquartier zu Leitmeritz im
bischöflichen Schlosse. „Meine Zuflucht in meinem Schmerz," schrieb
Friedrich an den getreuen Marquis d'Argens, „sind die tägliche
Arbeit, zu der ich verpflichtet bin, und die unaufhörlichen Zer=
streuungen, die mir die Menge meiner Feinde bereitet." Da er=
schütterte ein neuer Schlag seine mühsam wiedergewonnene Fassung.
Am 28. Juni starb in ihrem Schlosse Monbijou siebzigjährig die
Königin=Mutter Sophie Dorothea. Auf des Grafen Podewils
schonende Anordnung legte der Kabinettsrat dem Könige zunächst
die noch rot gesiegelten Familienbriefe vor, in der Voraussetzung,
daß sie nur der Krankheit Erwähnung täten; darunter aber befand
sich auch das Schreiben der regierenden Königin, das schon den
tödlichen Ausgang meldete, so daß der König am Abend des 1. Juli
ganz unvorbereitet den Verlust erfuhr. „Alle Unglücksschläge treffen
mich auf einmal," schreibt er im ersten Schmerz an die Prinzessin
Amalie, „o meine teure Mutter! O guter Gott, ich soll nicht mehr
den Trost haben, dich wiederzusehen. O Gott, o Gott, welch Ver=
hängnis für mich." Was war diese Mutter ihm gewesen! Sie
hatte mit ihm gelitten, hatte all das bittere Herzeleid seiner schweren
Jugend mit ihm durchgekostet. Sie hatte an ihn geglaubt, da der
harte Vater ihn als verloren aufgab und ausstieß, und wer hätte
nachher seiner Kraft und Tüchtigkeit, seines hell aufstrahlenden
Ruhmes, seines Heldentums sich stolzer und inniger freuen können
als die treue Mutter? Der Gattin innerlich entfremdet, von den
Geschwistern erst mit scheuer Ehrerbietung, später mit tiefer Ent=
fremdung betrachtet, selbst mit der Lieblingsschwester Jahre hindurch
entzweit, war er der Mutter stets gleichermaßen ein lieber Sohn
gewesen, der gute Sohn, der in zarten Aufmerksamkeiten und sinnigen

Überraschungen sich erschöpfte, um der für Glanz und Schimmer
so empfänglichen Fürstin das zu ersetzen, was sie in freudloser Ehe
lange hatte entbehren müssen. Ihr hatte alljährlich das glänzendste
Fest des Hofes gegolten, ihr sandte der sieggekrönte Feldherr die
ersten eiligen Botschaften von seinen Schlachtfeldern. Nur eines
hatte ihren Lebensabend zu trüben vermocht, die erneute Sorge um
das Leben des geliebten Sohnes, der herbe Schmerz der Trennungs=
stunden im vergangenen Herbst und zuletzt am 12. Januar:

> Als ich beim Abschied dich mit meinen Tränen netzte,
> Verriet es mir das Herz, dies Scheiden war das letzte.
> Noch hoff ich: Atropos wird mein Gebet belohnen,
> Zum Opfer mich ersehn und meine Mutter schonen.
> Doch nein, der harte Tod flieht mich und meine Pein
> Und hüllt dein teures Haupt in bleiche Schrecken ein

— so Friedrichs rührende Totenklage. Eine Art Trost ist ihm der
trübselige Ausblick: „Vielleicht hat der Himmel unsere gute Mutter
abberufen, damit sie das Unglück unseres Hauses nicht mehr schauen
sollte." Den Tag nach dem Eingang der Trauerkunde blieb der
König dem Heere unsichtbar. Am 3. Juli berichtete Eichel an Pode=
wils in treuherziger Teilnahme: „Die Betrübnis Seiner Königlichen
Majestät ist ehegestern und gestern sehr groß und heftig gewesen,
hat sich doch aber dadurch heute in etwas gemindert, da des Königs
Majestät in Erwägung genommen, was Dieselbe in gegenwärtigen
critiquen Umständen Sich, Dero Staat und Armee und Dero höchst=
getreuen Untertanen schuldig sind, wodurch dann, und durch die
deshalb notwendig zu machende Dispositiones, der Chagrin etwas
unterbrochen worden, ob es gleich an sehr betrübten Moments und
Intervalles nicht fehlet."

Am Abend dieses Tages ließ der König den britischen Gesandten
rufen und behielt ihn mehrere Stunden bei sich. Mitchell hörte
mit tiefster Bewegung, wie er sich in seinem Schmerze gehen ließ
und seinem kindlichen Gefühl wärmsten Ausdruck gab. Es tröste
ihn, daß er dazu beigetragen habe, der Mutter den Schluß ihres
Lebens ruhig und angenehm zu machen. Er erging sich in Jugend=
erinnerungen; er erzählte dem Gesandten, wie sehr er den Mangel
einer geeigneten Erziehung empfinde; er ersparte seinem Vater
diesen Vorwurf nicht, gedachte aber sein mit großer Pietät und
Schicklichkeit. Er gestand den ganzen Leichtsinn seiner jungen Jahre
ein, durch den er den väterlichen Zorn verdient habe, obgleich der
König von seiner Leidenschaftlichkeit sich zu weit habe hinreißen
lassen. Zuletzt kam er wieder auf seinen Verlust zurück und auf
alles, was er der Mutter danke, die Eintracht, die in seiner Familie
herrsche, sei den Geschwistern anerzogen.

Täuschte ihn die weiche Stimmung dieses Augenblicks darüber
hinweg, daß die Eintracht in dem königlichen Hause längst leerer
Schein geworden war, so sollte schon die nächste Zukunft bisher un=
ausgesprochene Gegensätze schroff zum Durchbruch bringen.

Gleich nach seiner Ankunft in Leitmeritz hatte Friedrich den
Thronfolger nach Jungbunzlau zu dem zweiten Heere entsandt, um
den dessauischen Prinzen im Oberbefehl abzulösen. Der Prinz von
Preußen hat nachmals behauptet, sich um diese Stellung nicht be=
worben zu haben; der König dagegen hat es sich zum Vorwurf
gemacht, den Fürsprechern des Prinzen, denen er oft genug reinen
Wein eingeschenkt, endlich doch nachgegeben zu haben. Erinnern
wir uns, daß er 1749 seinem Bruder für den Kriegsfall den Ober=
befehl gegen die Russen, mit Schwerin als Berater, zugedacht hatte[1]).
Wenn nun 1756 nicht nur Schwerin, sondern auch Keith selbständige
Heere anvertraut erhielten, so machte der Thronfolger gegen seine
Umgebung kein Hehl daraus, daß es ihn beleidigte, gleichsam auf
die Stellung eines Volontärs angewiesen zu sein und höchstens auf
kleine Streifzüge ausgesandt zu werden. Seine Mißstimmung wuchs
von Tag zu Tage. Längst voll Bitterkeit gegen einen Bruder,
der schon daheim als König und Familienhaupt seine Herzenswünsche
gekreuzt hatte[2]), bekrittelte er jetzt die Heeresleitung und Friedrichs
persönliche Haltung, nicht anders als er die Politik verdammte, die
zu diesem Kriege geführt hatte. Selbst den Franzosen gegenüber
hielt er mit seinem Verdammungsurteil nicht zurück, die sich dann
noch nach einem Menschenalter, als der Sohn dieses Prinzen den
preußischen Thron bestieg, erwartungsvoll an die französischen Sym=
pathien des Vaters erinnert haben. August Wilhelm bezeichnete
sich als das unglückliche Opfer des Systemwechsels, denn keiner habe
mehr zu verlieren als er; schon sah er sich, wie er seinen Vertrauten
klagte, nicht als mächtigen und gefürchteten König von Preußen,
sondern als kleinen Kurfürsten von Brandenburg; er erklärte, daß
er nach einem schimpflichen Frieden die Krone nicht annehmen,
sondern alle Rechte seinem Sohne übertragen werde.

Schwerin war Weltmann genug gewesen, dem Prinzen sagen
zu lassen, daß er gern unter ihm als Zweiter dienen würde. Nun
war der Marschall gefallen. Als nach dem Abzug von Prag die
Gesamtstreitmacht in Böhmen wieder in zwei ungefähr gleich starke
Heere zerlegt wurde, war bei allen Bedenken, die der König hatte,
die Wahl des Bruders nicht wohl zu umgehen, um so weniger, als
des Prinzen Vordermänner in der Rangliste, Feldmarschall Keith
und Markgraf Karl von Schwedt, bei weitem nicht Ansehen und
Ansprüche eines Schwerin besaßen.

---

[1]) S. 214.    [2]) S. 230. 231.

Das Heer an der Elbe bei Leitmeritz zählte jetzt 50 Bataillone und 83 Schwadronen, das des Prinzen an der Iser 52 schwache Bataillone und 80 Schwadronen; die 32 Bataillone, die bei Kolin im Feuer gewesen waren, hatten auf 14 eingeteilt werden müssen. Von den 110 000, die Ende April in Böhmen eingedrungen waren, blieben kaum noch 70 000 verfügbar. Seine eigene Aufgabe sah der König in der Deckung der sächsisch=böhmischen Pässe gegen die Österreicher und in der Abwehr der Franzosen und der Reichstruppen. Dem Prinzen lag ob die Verteidigung der Lausitz und Schlesiens. Böhmen sollte er, wenn irgend möglich, nicht vor dem 15. August räumen, und den Weg nach Schlesien eintretendenfalls durch die Lausitz nehmen. Außerdem wurde ihm vorgeschrieben, daß er in seiner rechten Flanke den Feind an einem Vorstoß durch das Mittelgebirge in der Richtung auf Tetschen verhindern und daß er, wenn die gesamte österreichische Macht sich gegen das Heer des Königs nach Leitmeritz wandte, sich dorthin nachziehen sollte.

Gleich bei der Ankunft des Prinzen in Jungbunzlau stellte sich die Unmöglichkeit heraus, die dortige Stellung zu behaupten. Er ging auf Neuschloß und am 5. Juli weiter auf Leipa zurück. Des Königs unwirsche Bemerkung, daß das Heer auf diese Art sich unversehens bald mitten in Sachsen befinden werde, vermehrte noch das Gefühl der Unsicherheit, in welchem der Prinz seine schwierige und komplizierte Aufgabe übernommen hatte. Auf immer wiederholte Anfragen konnte ihm der König doch nur antworten, er möge nach den Umständen handeln, da sich Vorschrift für Märsche und Stellungen nicht aus der Entfernung geben lasse. In das Lager bei Leipa eingerückt, wollte sich der Prinz anheischig machen, von hier aus alle Anschläge des Feindes auf das Magazin in Zittau zu verhindern und im Augenblick der Gefahr leicht den nur zwei Meilen entfernten Verbindungspunkt Gabel zu decken. Wenige Tage darauf aber fehlte es ihm an Entschlossenheit, der in Gabel angegriffenen Besatzung zu Hilfe zu ziehen; die vier Bataillone mußten sich nach zweitägigem heldenmütigen Widerstand ergeben, während der Prinz in einem ratlosen Bericht an den König es offen ließ, ob er die Bedrängten noch werde entsetzen können, oder ob er Zittau nun auf Nebenwegen aufzusuchen habe oder gar sich zu dem anderen Heer nach Leitmeritz werde retten müssen. Den König versetzte der Bericht in die größte Erregung. „Ich will rein von der Leber weg sprechen," sagte er zu dem Prinzen Heinrich, „ich habe meinen Bruder lieb, aber zum Kommandieren ist er nicht geschaffen." Er mußte darauf gefaßt sein, von heute auf morgen diesen Feldherrn mit seinem ganzen Heere bei sich ankommen zu sehen. Dann war Zittau verloren, die Lausitz, die Wege nach Schlesien und nach Berlin standen offen.

So schlimm kam es nicht.  Der Prinz raffte sich zu dem Ent=
schlusse auf, sein Heer auf dem Umwege über Rumburg nach Zittau
zu führen.  Er beging nun aber den neuen schweren Fehler, daß
er nicht die kürzeste Straße, den neu angelegten Weg über Georgen=
tal, einschlug, sondern nach links über Kamnitz ausbog, um möglichst
weitab vom Feinde zu marschieren.  Auf den engen, beschwerlichen
Gebirgswegen brauchte er für einen Marsch von fünf Meilen fünf
Tage, verlor Tausende durch Desertion, mußte fast den ganzen
Fuhrpark, Munitionswagen, Proviantkarren, Brückengefäße und
Feldöfen unterwegs verbrennen und konnte doch vor Zittau nicht
mehr verhindern, daß der Feind am 23. Juli, von der beherrschenden
Stellung des Eckartsberges aus, die blühende Stadt und das große
Magazin, Vorräte für 40 000 Mann auf drei Wochen, durch seine
Brandkugeln in Asche legte.  Mit ihren 80 000 hätten Karl von
Lothringen und Daun das auf 18 000 Mann zusammengeschmolzene,
tief entmutigte, durch sechstägigen Marsch erschöpfte preußische Heer
angreifen müssen und vernichten können.  Sie blieben unbeweglich.
„Noch hat der Feind Respekt vor uns," sagte Winterfeldt.  In
dumpfer Resignation hielt der Prinz zwei Tage lang seine Stellung
bei Herwigsdorf im Angesicht der Übermacht.  Am 26. Juli trat
er den Rückzug nach Bautzen an, schon in Gefahr, auch von dort
abgeschnitten zu werden.  Die Straßen nach Schlesien standen jetzt
den Österreichern offen.

Es war bekannt, daß der Prinz dem Grafen Schmettau sein
Vertrauen zuwandte.  Schmettau galt als sein „militärisches Wörter=
buch"; diesen Gehilfen hatte er sich bei Übernahme des Oberbefehls
ausdrücklich ausgebeten.  So hat denn der König für die mattherzige
Art der Heeresleitung alsbald Schmettau verantwortlich gemacht,
während dieser sich darauf berief, daß der Prinz nichts getan habe,
ohne Winterfeldt zu Rate zu ziehen.  Warnery, der auf dem ver=
derblichen Rückzug die Nachhut führte, tadelt Schmettau, ohne Winter=
feldt freizusprechen; denn der sei seit seiner Verwundung in der
Prager Schlacht nicht mehr der alte gewesen, er habe die Dinge
mitangesehen und Geistesgegenwart und Entschluß vermissen lassen.
Die Anhänger des Prinzen haben Winterfeldt zum Vorwurf gemacht,
daß er am Abend des 14. Juli, ermüdet von einem Streifzug nach
Tetschen zurückgekehrt, sich geweigert habe, zu der Versammlung zu
kommen, in der wegen des Entsatzes von Gabel beraten werden
sollte: aber war der Prinz deshalb berechtigt, Kriegsrat und Beschluß=
fassung, wo jede Minute kostbar war, auf den anderen Morgen zu
verschieben?  Er hat sich beklagt, vier so uneinige Generalleutnants
zu Untergebenen gehabt zu haben, wie Winterfeldt, Schmettau,
Fouqué und Goltz, die aus Eifersucht und Eitelkeit alles verkehrt
und verdreht hätten.  Nun hatte der Hader der Generale schon

1756 dem Feldmarschall Keith das Leben schwer gemacht. Damals
hatten die Verehrer des Prinzen gemeint, daß er durch seine Gegenwart „imponieren" und die Einigkeit wieder herstellen würde. Jetzt
sollten vielmehr die recht behalten, welche ihm schon vor Jahren
Unabhängigkeit, Selbstvertrauen, Entschlossenheit abgesprochen
hatten[1]). Ohne diese unentbehrlichsten Eigenschaften blieb der Prinz
ein schlechter Feldherr, trotz seines guten militärischen Blickes —
denn Warnery hat ihm das Zeugnis gegeben, daß er die Sache
zehnmal besser verstand als alle die, welche er um Rat anging, und
daß alles gut gegangen sein würde, wäre er seinen ersten Eingebungen
gefolgt. Winterfeldt, wie immer sein eigenes Verhalten gewesen
sein mag, traf den Kernpunkt, wenn er endlich, nach dem Aufbruch
von Zittau, dem Könige schrieb: „Bei alle dem Kriegsrathalten
kommt nichts heraus, sondern es muß einer allein mit Resolution
kommandieren;" seine Pflicht erfordere, darum zu bitten, daß der
König eine Änderung bei diesem Heer vornehme oder selber komme.

Der König hatte diese Mahnung nicht abgewartet. Schon auf
die Nachricht von dem Verlust von Gabel entschloß er sich zum
Marsche nach der Lausitz. Er sandte einen Brief an den Bruder
voraus, der an Härte und Hohn alles übertraf, was er je einem
General gesagt hatte: „Sie wissen nicht, was Sie wollen, noch was
Sie tun. Sie werden stets nur ein erbärmlicher General sein. Kommandieren Sie einen Harem, wohlan; aber so lange ich lebe, werde
ich Ihnen nicht das Kommando über zehn Mann anvertrauen. Wenn
ich tot sein werde, so mögen Sie alle Dummheiten machen, die Sie
wollen; aber so lange ich lebe, sollen Sie den Staat dadurch nicht
mehr schädigen." Am 22. Juli brach er mit einem Teil seines
Heeres von Leitmeritz auf. „Wenn ich mich nicht beeile," spottete
er, „werde ich meinen Bruder nicht mehr treffen; ich glaube, sie
werden bis Berlin laufen." Keith folgte mit einer zweiten Abteilung, zunächst bis Pirna, um auf den ersten Befehl nach Bautzen
nachrücken zu können. Die Obhut von Pirna und Dresden übernahm Prinz Moritz mit 14 Bataillonen und 10 Schwadronen.

Am 29. vormittags erreichte der König mit den Gendarmen und
Gardesdukorps das Lager von Bautzen. „Da sah man die Prinzen
und die Generale zittern," erzählt Warnery; „sie hätten sicher vorgezogen, eine Bresche zu stürmen, als jetzt vor den König zu treten."
Als der Thronfolger mit den Prinzen von Bevern und Württemberg und der Generalität sich ihm nahte, wandte Friedrich sein
Pferd und machte sich eine gute Viertelstunde lang mit den Fourier-
schützen zu schaffen, die für sein Korps das Lager abstecken sollten.
Als endlich der Prinz seine Meldung anbringen konnte, zog der

---

[1]) S. 231.

König kaum den Hut und entgegnete kein Wort. Nachher beschied
er den Leiter des Verpflegungswesens, General Goltz, zu sich und
ließ durch ihn den Generalen sagen, sie alle verdienten die Köpfe
zu verlieren. Schmettau erhielt bei der Parole den Befehl, das
Lager zu verlassen und nach Dresden zu gehen. Tags darauf bat
der Prinz um Enthebung vom Oberbefehl, wegen seiner durch
Strapazen und mehr noch durch Verdruß geschwächten Gesundheit,
und weil der gestrige Empfang und die vorangegangenen Briefe
ihm genugsam gezeigt hätten, daß er nach des Königs Meinung
Ehre und Reputation verloren habe. Friedrich antwortete nur immer
verletzender: „Sie haben durch Ihre schlechte Aufführung meine
Angelegenheiten in eine verzweifelte Lage gebracht; wer mich zu=
grunde richtet, das sind nicht meine Feinde, sondern Ihre schlechten
Maßnahmen. Meine Generale sind unentschuldbar, entweder weil
sie Ihnen schlecht geraten oder weil sie Ihre schlechten Entschließungen
zugelassen haben. Ihre Ohren sind nur an die Sprache der Schmeichler
gewöhnt, Daun hat Ihnen nicht geschmeichelt, und Sie sehen die
Folgen ... Das Unglück, das ich voraussehe, ist verursacht worden
zum Teil durch Ihre Schuld. Sie und Ihre Kinder werden den
Schaden mehr empfinden als ich.“

Der Prinz ging nach Dresden. Seinen Aufenthalt in Berlin
zu nehmen ward ihm mit der schneidenden Frage untersagt, ob er
den Feiglingen im Heere ein Beispiel geben oder sich demnächst
mit den Frauen zur Flucht in eine Festung veranlaßt sehen wolle.
Entschuldigungsversuche trugen ihm nur immer neue Vorwürfe ein:
„Mangel an Entschluß und Mangel an Haltung, sowohl im Privat=
leben wie an der Spitze des Heeres,“ dahin faßte der König seine
Anklage zusammen. Die Erbitterung des unglücklichen Prinzen war
grenzenlos. Der englische Gesandte war entsetzt, wie leidenschaftlich
und unvorsichtig er sprach. Im Verein mit dem Markgrafen Karl
von Schwedt und dem allgemeinen Vertrauensmann Eichel ließ
Mitchell nichts unversucht, um ihn zu bewegen, daß er schweige und
seiner Umgebung Schweigen auferlege. Vergebens; nur so viel
ward erreicht, daß der Prinz auf die Veröffentlichung einer Ver=
teidigungsschrift und seines Briefwechsels mit dem Könige verzichtete;
so blieb in dem Augenblick der höchsten Gefahr dem Staate und dem
Königshause ein öffentliches Ärgernis erspart. Auch die Schwester
in Stockholm, die selbst vom Schicksal so schwer heimgesuchte Königin
Ulrike, redete zum Guten. Sie versicherte dem Lieblingsbruder,
daß das auch in Schweden vielbesprochene Zerwürfnis nicht zu seinen
Ungunsten beurteilt werde, aber sie mahnte auch, daß es niemals
eine Schande sei, seinem Herrn, seinem Könige nachzugeben: „Er ist
lebhaft, schnell und die Kümmernisse, die er gehabt hat, haben diese
Erregbarkeit gesteigert, Sie wissen, daß das unser Familienfehler ist.“

Die Brüder blieben unversöhnt. Ein gebrochener Mann, siechte August Wilhelm von Stund an zusehends und schnell dahin. Friedrichs persönliches Verhalten richtet sich dadurch, daß er als Bruder dem Bruder eine Behandlung widerfahren ließ, wie er selber sie nicht einmal von dem Vater hatte hinnehmen wollen; denn wenn er sich auch nicht zu den Gewaltausbrüchen Friedrich Wilhelms hinreißen ließ, so wirkte doch sein ätzender Hohn und seine eisige Unbarmherzigkeit kaum minder verletzend. Den Vertrauten des Prinzen galt es als ausgemacht, daß der König froh gewesen sei, jemand gefunden zu haben, dem er die Schuld für alles Unglück habe zuschieben können. So hat der Prinz von Preußen in dem Andenken vieler als das Opfer ungerechter Laune fortgelebt. Aber seine Apologie mit ihren willkürlich ausgewählten Beweisstücken vermag ihn doch nicht zu entlasten. Sein Haupttrumpf, daß der König ihm verboten habe, von Böhmisch-Leipa noch weiter zurückzugehen, wird dadurch entkräftet, daß er selbst die Stellung bei Leipa gerade unter dem Gesichtspunkt gewählt hatte, Gabel und die kürzeste Verbindung mit Zittau von dort aus allemal decken zu können, und daß er dann doch abgeschnitten wurde. Andere haben den König getadelt, daß er an der am meisten gefährdeten Stelle nicht selber den Befehl übernommen habe. Aber als Friedrich Ende Juni zu dem Hauptheere zurückging, schien die Übermacht des Feindes vielmehr dorthin fallen zu wollen; auch war die Verteidigung Sachsens, mit der Nötigung zu doppelter Frontbildung zugleich gegen die Österreicher und die Franzosen, an sich die schwerere Aufgabe. Vom Übel war, daß Friedrich den Bruder nicht auf den Rat eines bestimmten Generals vorzugsweise oder ausschließlich angewiesen hat; sein Kommando sollte eben mehr sein als dekorativer Schein, aber damit war der Selbständigkeit des noch Unerprobten zu viel zugemutet.

Mag die Schroffheit in der Form noch so beklagenswert erscheinen, in der Sache hat Friedrich nur recht und königlich gehandelt, wenn er, im Gegensatz zu der Schwäche so vieler anderer Herrscher, einen Anspruch hoher Geburt auf die Heeresführung nicht gelten ließ. Er war nicht zugunsten seines Fleisches und Blutes voreingenommen. Aber auch nicht zuungunsten. Denn wenn er jetzt den einen Bruder, bei offenkundiger Unzulänglichkeit, schnell wieder unter die Masse zurückschob, so hat er nachmals den anderen, der echtes Verdienst bewährte, willig und dankbar als den hervorragendsten aller seiner Truppenführer anerkannt. Schon jetzt hatte er den Prinzen Heinrich in die Sorgen, Entwürfe und Entschlüsse der letzten schweren Wochen, mit geflissentlicher Hervorhebung seines Vertrauens, fort und fort eingeweiht.

Friedrich war entschlossen, nach der Vereinigung seiner beiden Heere „den letzten Mann dranzusetzen, um die Sache womöglich wieder in Ordnung zu bringen". Nach Kolin hatte er den Vorsatz ausgesprochen, seine Schlachtfelder in Zukunft mit Vorsicht auszuwählen, da alle Fehler im gegenwärtigen Augenblick kapital werden könnten. Jetzt sagte er, daß ihm nichts übrig bleiben werde, als gegen seine Grundsätze zu handeln: zu schlagen um jeden Preis. Zunächst aber bedingte ein Vormarsch gegen den Feind umfassende und zeitraubende Vorkehrungen für die Verpflegung. General Retzow, der Intendant, mußte diesmal, so verlangte es der König, sich selbst übertreffen. Von den schlesischen Magazinen abgeschnitten, der großen Vorräte von Zittau beraubt, konnte das Heer nur über Dresden seine Zufuhren beziehen.

Während der unfreiwilligen Vorbereitungspause liefen von neuem schlimme Botschaften ein, diesmal aus dem Lager des einzigen Verbündeten.

Nach dreimonatlichem Stillstand der Regierungsmaschine[1]) hatten sich die hadernden Häupter der herrschenden Partei in den letzten Tagen des Juni für die Neubildung des Kabinetts miteinander verständigt. Pitt ließ sich herbei, unter dem unfähigen Newcastle als erstem Lord des Schatzes zusammen mit Lord Holderneſſe die Leitung der auswärtigen Angelegenheiten zu übernehmen, und borgte sich, nach seinem bezeichnenden Ausdruck, für seine Politik die Majorität Newcastles im Unterhause. Aber was der König von Preußen von dem neuen Ministerium erwartete, geschah nicht. Man sandte keine Truppen nach Hannover zur Bekämpfung der Franzosen und keine Schiffe in die Ostsee zur Einschüchterung der Russen und Schweden, denn das eine verbot sich durch die whiggistische Parteitradition und das andere durch ein einfaches Rechenexempel. „Wir müssen den Krieg als Kaufleute führen," sagte Holderneſſe, — als Kaufleute, die jede Störung ihrer Handelsbeziehungen zu Rußland sorgfältig zu vermeiden hatten. Man ließ also Flotte und Landungstruppen vielmehr nach Frankreich an die Mündung der Charente fahren, um schließlich angesichts der Küste des völlig überraschten Feindes vor der Kühnheit des trefflich vorbereiteten Anschlages auf Rochefort zurückzuschrecken. Dem König von Preußen bot man statt der Kriegsschiffe und der Truppen Geld: Subsidien, soviel als man vom Parlament mit Anstand werde verlangen können. Mitchell überbrachte ihm dies Anerbieten am 27. Juli auf dem Marsche nach Bautzen. Friedrich erwiderte sehr verbindlich, daß er seine Antwort erteilen wolle, wenn in der Lausitz die Entscheidung gefallen sei; werde er geschlagen, dann bedürfe es einer Antwort allemal nicht, dann vermöge auch England ihn nicht zu retten. Daß der König unter Hinweis auf die früheren Versprechungen das jetzige, für den

---

[1]) S. 453. 486. -

Augenblick ganz wertlose Anerbieten bitter als moutarde après dîner bezeichnete, vermerkte Mitchell nur in seinem Tagebuche, nicht in seinem Berichte nach London. Seinem dortigen Geschäftsträger hatte Friedrich tags zuvor geschrieben: „Sie versichern mich immer, daß England entschlossen sei, in allem mit mir voranzugehen, während seit anderthalb Jahren England achttausend Schritt hinter mir zurück= geblieben ist."

Eben in diesem Augenblicke erfüllte sich das vorausgesehene Ge= schick des Heeres in Westdeutschland. Die Fehler der englischen Politik rächten sich an der Kriegsführung in Hannover. Der Herzog von Cumberland hatte, als die feindlichen Massen ihm näher kamen, seinen hochgemuten Vormarsch nach Paderborn[1]) schnell bereut. Mitte Juni ging er bei Rehme über die Weser zurück. Noch zögerte Graf d'Estrées nachzudrängen, unschlüssig wie immer; er begnügte sich zunächst, von der oberen Ems aus zur Rechten und zur Linken Heerscharen nach Ostfriesland und nach Hessen auszusenden. Erst nach einem vollen Monat führte er bei Corvey seinen Weserübergang aus. Cumberland schmeichelte sich mit der Hoffnung, in einer starken Verteidigungsstellung die Nachteile, die ein Unglückstag für die Sache der Verbündeten von Westminster mit sich gebracht hatte, an einem einzigen Glückstage wieder ausgleichen zu können. Am 26. Juli nahm er bei Hastenbeck, unweit von Hameln, die Schlacht an. Den 74 000 Franzosen hatte er nur 36 000 Hannoveraner, Braunschweiger, Hessen und Bückeburger entgegenzustellen. Trotzdem gab d'Estrées nach fünfstündigem Gefecht die Schlacht schon verloren, da die be= herrschende Stellung auf der Ohmsburg ihm wieder entrissen wurde und ganze Brigaden bereits flohen. Inzwischen aber hatte Cumber= land übereilt seinen Abmarsch eingeleitet, und d'Estrées bemerkte es noch rechtzeitig, um seinen eigenen Rückzugsbefehl zu widerrufen und sich auf dem vom Gegner geräumten Schlachtfelde als Sieger festzusetzen. Erst in seinen Nachwirkungen wurde der Tag von Hastenbeck für den ganzen Feldzug in Niederdeutschland entscheidend.

König Friedrich schrieb dem englischen Gesandten auf die Nach= richt von der verlorenen Schlacht, damit seien seine Voraussagungen eingetroffen: „Die Engländer wollen weder zur See ihre Sache kräftig durchführen, noch den Kontinentalkrieg; ich bleibe als der letzte Kämpe unseres Bundes zum Schlagen bereit, und müßte auf den Trümmern meines Vaterlandes gekämpft werden."

Die Österreicher hielten sich noch immer bei Zittau in dem am 24. Juli bezogenen Lager zwischen dem Eckartsberg und Klein= Schönau und nahmen ihre vorgeschobenen Posten, bis auf die Be= satzung von Görlitz, nach und nach auf das Hauptheer zurück. „Es

---

[1]) S. 486.

ist nicht schwer," schreibt Friedrich am 10. August an Keith, „den kurzen und einfachen Schluß zu machen: der König von Preußen hat viele Feinde, er vereinigt seine ganze Streitmacht in der Lausitz, also er will seine Kräfte noch gegen die unsern versuchen, bevor er sich gegen seine andern Feinde wendet. Leopold Daun hat, ohne große Anstrengung und ohne ein großer Dialektiker zu sein, sehr wohl diese kleine Anzahl von Ideen in seinem schweren Schädel zu kombinieren vermocht, und ich denke, daß er sich unverzüglich daran machen wird, seine Kanonen aufzustellen, die wir ihn, wie ich hoffe, noch einige Male umzustellen nötigen werden ... Prinz Karl ißt, trinkt, lacht und lügt; die Großsprecher da unten teilen sich in unsere Haut, und man ist in Wien nur noch wegen des Gefängnisses in Verlegenheit, in das man mich zu stecken haben wird. O wie süß soll es sein, diese anmaßliche und hochmütige Brut tüchtig auszuklopfen." Gelingt es, den Feind zu schlagen und in das Gebirge zurückzuwerfen, so soll seine Niederlage eine vollständige werden und sein Geschütz und der Troß ihm verloren sein. Am 14. August — die Zwischenzeit war dem König im Lager von Weißenberg wie eine Ewigkeit erschienen — war das preußische Heer endlich mit Brot auf neun Tage[1]) versehen, am 15. marschierte man bis Bernstadt, der zweite Tagesmarsch führte die Avantgarde um die rechte Flanke des Feindes herum, die durch den langgestreckten, vielfach durchschnittenen Grund von Wittgendorf gedeckt wurde. Über das Tal hin und her begrüßten sich die Parteien mit einer lebhaften Kanonade. Ganz vorn bei den Husarenvedetten hielt der König, eine Karte in der Hand, neben ihm Winterfeldt. Aber da die Masse des Heeres hinter der Vorhut eine Meile zurückgeblieben war und erst um sechs Uhr abends auf der Höhe von Dittelsdorf sichtbar wurde, nutzte es den Preußen nichts, ihre Gegner überrascht zu haben; der Versuch einiger Bataillone, sich in Wittgendorf festzusetzen, mißlang.

Der König schlug sein Quartier in Dittelsdorf auf, unter einem Baume nahm er sein Nachtmahl ein und sagte zu den um seinen Tisch herumstehenden Offizieren, daß er morgen diese ....... schlagen werde. Aber die Stimmung der Seinen war sehr gedrückt. Das Heer zählte kaum mehr als 40 000 Mann, der Feind war mindestens doppelt so stark. Prinz Heinrich besprach sich mit einigen Generalen und machte sich dann bei seinem königlichen Bruder zu ihrem Wortführer. In des Prinzen Kreise war, im Gegensatz zu der Auffassung des Königs, seit Wochen die Meinung herrschend, daß der Gewinn einer Schlacht dem Heere höchstens für einige Tage Luft machen würde: und nun sollte hier auf einem Kampf-

---

[1]) S. 312.

platz geschlagen werden, wo der Sieg überhaupt unmöglich schien. Der König nahm die Vorstellungen seines Bruders nach einigen erregten Einwendungen glimpflich auf und versprach, nur das zu tun, wovon sich Erfolg erwarten lasse. Morgens um drei Uhr ritt er mit sämtlichen Generalleutnants zum Rekognoszieren aus. Der Feind hatte über Nacht in seiner Stellung alle erforderlichen Ände- rungen vorgenommen, den Posten von Wittgendorf noch verstärkt, und auch den andern, jetzt an die Neiße gelehnten Flügel trefflich gesichert. Jenseits des Flusses stand ein Reservekorps; wenigstens dieses hoffte der König schlagen zu können, wenn schon von dem Angriff auf die Hauptstellung abgesehen werden mußte. So ging Winterfeldt, während die beiden Heere unter strömendem Regen sich in Schlachtordnung gegenüberstanden, bei Hirschfeld mit einer Abteilung über die Neiße, sah sich drüben aber durch die Batterien des Feindes und die sumpfige Niederung des Kipperbaches am Vor- dringen verhindert.

Am 20. August trat das preußische Heer den Rückzug auf Ostritz an. „Daun will sich nicht mit mir schlagen, so will ich ein Epigramm auf ihn machen," hörte man den König sagen. Gewiß durfte der Herzog von Lothringen in seinem Bericht nach Wien das einen Ent- schluß nennen, der einem hochmütigen Geist habe hart fallen müssen. Aber wenn Friedrich mit dem Ausgang unzufrieden war, so war es Maria Theresia nicht minder, da wiederum, wie vor vier Wochen, ihre Generale hier bei Zittau nicht gewagt hatten, die erdrückende Überzahl in eine große Entscheidung einzusetzen, trotz aller Mah- nungen des Kaisers, daß die Zertrümmerung des feindlichen Heeres der vornehmste Gesichtspunkt der Kriegsführung sein müsse.

Nur ein Ergebnis, allerdings ein wichtiges, hatte der Vorstoß der Preußen gehabt. Görlitz war zurückgewonnen, die Verbindung mit Schlesien wieder hergestellt. Sie aufrecht zu erhalten und dem feindlichen Heere, falls es den Krieg nach Schlesien trug, zu folgen, wurde die Hauptaufgabe des Herzogs von Bevern. Ihm übergab der König am 25. August die größere Hälfte seines Heeres, während er selber jetzt nicht länger zögern durfte, den Operationsplan endlich aufzunehmen, ten er im Frühjahr um eines großen Zweckes willen, nicht ohne Bedenken, einstweilen zurückgelegt hatte.

In diesem Augenblicke standen außer den Österreichern gegen ihn im Felde: die Russen, in einer Sollstärke von 90 000 Mann unter Marschall Apraxin und General Fermor, der nach der Ein- nahme der Festung Memel am 18. August bei Insterburg zu dem Haupttheer stieß; die Schweden, nach dem Voranschlag 22 000 Mann, bei Greifswald noch in der Versammlung begriffen; die Reichs- armee, unter dem Herzog von Sachsen-Hildburghausen, am 23. August aus dem Sammellager bei Fürth nach Erfurt aufgebrochen, wo sie

bei ihrem Eintreffen 33 000 Mann zählte; das Heer des Fürsten
Rohan-Soubise, das am 16. August Eisenach erreichte, 20 000 bis
24 000 Mann, zusammengesetzt aus den nach der Schlacht bei Prag
im Elsaß aufgestellten Regimentern[1]) und aus Abzweigungen des
französischen Hauptheeres, das nach dem Siege von Hastenbeck den
Hannoveranern in das Herzogtum Bremen gefolgt war, aber bereits Streifpartien nach dem Harze vorschob.

Der König von Preußen konnte sein kleines Heer am Pregel
gegen die dreifache Übermacht der Russen nicht verstärken; er konnte
den Schweden ein Heer überhaupt nicht gegenüberstellen, sondern
nur eilig zusammengeraffte Landmilizen, ausrangierte Veteranen
unter verabschiedeten Offizieren, und dazu die nach der Koliner
Schlacht in ihre pommerschen Werbebezirke heimgesandten Trümmer
zweier Linienregimenter. Was sich gegen die Österreicher entbehren
ließ, führte er nach Thüringen, um den Franzosen „eins zu versetzen"
und den Reichsvölkern „das consilium abeundi" zu geben. Aber
statt der 40 000 Mann, mit denen er im März den Franzosen aus
seiner Zentralstellung entgegengehen wollte[2]), konnte er jetzt wenig
mehr als 20 000 mit auf den Weg nehmen, und statt der 95 000,
die er damals zwischen Zwickau und der lausitzisch-schlesischen Grenze
zurückgelassen haben würde, blieben dort nur 40 000.  Schon pro-
phezeite er: „Als General habe ich den Feldzug angefangen und als
Parteigänger werde ich ihn enden."

Am 29. August kam der König auf seinem Marsch durch Dresden.
Der alte Eichel war hoch erfreut, seinen Gebieter, von dem er seit
vier Wochen getrennt gewesen war, „sowohl von Kopf als Gemüte
als auch von Gesundheit" so frisch und munter zu sehen, wie nur
je mitten im Frieden zu Potsdam.  Friedrich gab das zu und schob
sein treffliches Befinden auf den guten Schlaf, auf den er jetzt rechnen
könne, sobald er sich zur Ruhe begebe. In dem Lager von Dittelsdorf war ihm dieser feste Schlaf fast verhängnisvoll geworden: die
Glut einer Kohlenpfanne hatte sein Gemach in Brand gesetzt, halb-
erstickt war er aus dem Bett ins Freie getragen worden.

„Das seind schwere Zeiten, weiß Gott," schrieb er an den Herzog
von Bevern zum Abschied in seinem gebrochenen Deutsch, „und
solche bekummene Umstände, daß man ein grausam Gelücke gebraucht, um sich aus allem diesem durchzuwickeln."

---

Dem neuen Feind, gegen den er jetzt ins Feld zog, hatte er doch
bereits eine Friedensbotschaft entgegengesandt.

„Man muß die Segel einziehen, wenn der Wind widrig bläst" —

---

[1]) S. 485.      [2]) S. 459.

auch jetzt handelte er wieder nach dieser seiner alten Klugheitsregel. Stolz hatte er sich beinahe verschworen, um die Gunst der hochfahrenden Franzosen nicht länger buhlen zu wollen. Aber er war allzusehr Staatsmann, als daß er einer Laune, einem Eigensinn, nachgegeben hätte, und allzu sanguinisch, um nicht trotz aller Beweise von Frankreichs Übelwollen gleichwohl von dieser Seite noch Gutes zu erwarten. Und so weit Einflüsse seiner Umgebung überhaupt für ihn bestimmend waren, machten sie sich durchaus zugunsten der Aussöhnung mit dem früheren Verbündeten geltend. Wie hatten sich doch die Zeiten seit dem Anfange dieser Regierung gewandelt! Damals hatte auch in Berlin der Staat Ludwigs XIV. noch im Sinne der reichspatriotischen Überlieferung als der Erbfeind gegolten, und nur mit Widerstreben und tief innerlicher Abneigung waren die alten Berater der preußischen Politik dem veränderten Kurs gefolgt. Im vorigen Jahre dagegen war von dem jüngeren Geschlecht die Abwendung von Frankreich nicht minder beklagt und verurteilt worden, als 1741 von den Altväterischen das französische Bündnis. Und nunmehr schien der traurige Verlauf des Krieges alle schlimmsten Voraussagungen übervoll zu bestätigen.

Unter dem Eindruck der Kritik, welche die Dinge und die Menschen an seiner Abkehr von der alten Allianz übten, und in der Bitterkeit seines Herzens über die schlaffe, gleichgültige Untätigkeit seiner neuen Verbündeten hat Friedrich vor dem Ausmarsch zu der im August geplanten Entscheidungsschlacht eine Denkschrift aufgesetzt, die für den Fall, daß ihn eine Kugel traf, zur Ehrenrettung seiner Politik veröffentlicht werden sollte. Den Kern dieser seiner „Apologie" bildet die Darlegung, er habe nicht voraussehen können, weder daß England alle Erwartungen unerfüllt lassen, noch daß Frankreich sich mit ganzer Macht gegen ihn erklären würde. Er hatte im Januar 1756 beim Abschluß der Westminsterkonvention nicht einmal soviel angenommen, daß Frankreich deshalb sich von ihm abwenden würde; er hatte sechs Monate später, als er das Schwert zog, zwar mit der Möglichkeit gerechnet, daß Frankreich den Wiener Hof mit gewaffneter Hand unterstützte, aber in der Tat, wie er es jetzt versicherte, sich dessen nicht versehen, daß Frankreich gleich 150 000 Mann marschieren lassen würde[1]). Das aber darf nun aus dieser Apologie nicht herausgelesen werden, daß Friedrich, wenn er im Sommer von 1756 solchen Masseneinbruch gallischen Kriegsvolks geahnt hätte, sein stille gesessen und die Entschließungen seiner Widersacher ergeben abgewartet haben würde. Vielleicht, daß er von dem Westminstervertrag abgesehen haben möchte, hätte er alle Folgen, alles was wider Erwartung ausblieb und alles was wider Erwartung geschah,

---

[1]) S. 350. 426. 440.

im voraus ermessen können; in der Lage aber, wie sie bis zum
August 1756 sich entwickelt hatte, würde er, aller psychologischen
Wahrscheinlichkeit nach, durch jeden weiteren Einblick in die Tiefen
der dräuenden Gefahr nur bestärkt worden sein in seinem alten
Grundsatz, lieber zuvorzukommen, als sich zuvorkommen lassen.

Gleich dem Prinzen von Preußen[1]) stand Prinz Heinrich mit
seinen politischen Sympathien, und nicht bloß mit diesen, ganz auf
französischer Seite.  Von dem Könige befragt, erklärte er ihm schon
in den ersten Tagen nach der Koliner Schlacht, daß er nur in einem
Bündnis mit Frankreich das Heil sehe, daß man sich den Franzosen
blindlings in die Arme werfen müsse, und zwar ohne Zögern.
Darauf hatte Friedrich am 25. Juni, zumal da ihn an demselben
Tage jenes vorzeitige Gerücht von dem Weserübergange der Franzosen[2]) stark beunruhigte, der Markgräfin von Baireuth geschrieben,
sie möge durch den Ritter Folard, Frankreichs Vertreter bei einer
Anzahl oberdeutscher Fürstenhöfe, der in den letzten Monaten wieder-
holt seine guten Dienste angeboten hatte, auf den Frieden hinzuwirken suchen und ihm sagen: man wolle sich gern dem französischen
Schiedsspruche anvertrauen und hoffe, daß Frankreich noch einen
Rest seiner Freundschaft für die alten Verbündeten bewahren werde.

Die Aussichten für eine Unterhandlung waren, auch abgesehen
von dem Umschwung der militärischen Lage, nicht eben günstig.
Gleichzeitig mit der Neubildung des britischen Kabinetts vollzog sich
auch in Frankreich ein Ministerwechsel.  An Stelle des immerhin
den Anschauungen des alten Systems noch nicht ganz entfremdeten
Rouillé wurde am 25. Juni der Vertraute der Pompadour, das
vornehmste Werkzeug der Verträge von Versailles, Abbé Bernis,
zum Minister der auswärtigen Angelegenheiten ernannt.  Das Gebäude erhielt damit seinen Schlußstein.  Gleichwohl mußte der Versuch gemacht werden, mit diesem Manne anzuknüpfen.

Friedrich hieß es deshalb mit Freuden gut, als die Markgräfin
von Baireuth sich erbot, ihren Kammerherrn Mirabeau, einen Verwandten von Bernis, insgeheim nach Paris zu schicken.  Dagegen
lehnte er es am 15. Juli noch ab, dem Sendling eine Instruktion
mitzugeben; alles habe im Namen der Markgräfin zu geschehen,
man dürfe den Franzosen nichts vorschlagen, sondern müsse trachten,
sie zum Reden zu bringen: „Meine Ansicht würde sein, wenn man
das letzte Wort aus ihnen herausgezogen hat, alles dem Könige
von England mitzuteilen, um zu sehen, ob es sich machen läßt,
diesen Winter zu einem Vergleich zu gelangen."

Unmittelbar darauf erhielt er einen Brief des Reichsgrafen von
Wied, der vor zweiundzwanzig Jahren in dem Kriege zwischen

---

[1]) S. 508.      [2]) S. 506.

Frankreich und Kaiser Karl VI. als Friedensvermittler zu einer ge=
wissen Berühmtheit gelangt war; sein Bruder diente als General
im preußischen Heere. Ein französischer Oberst, angeblich ein Ver=
trauensmann von Belle=Isle, hatte sich in Neuwied eingefunden
und dem Grafen die unveränderliche Ergebenheit Belle=Isles für
den König von Preußen gerühmt und auf Verlangen es schriftlich
wiederholt, daß man den Marschall bereit finden werde, wenn der
König Vorschläge machen wolle. Auch jetzt lehnte Friedrich das ab;
er begnügte sich, dem Grafen Wied zu antworten, daß er nie sich
auf schimpfliche Friedensverhandlungen einlassen werde, daß erstens
seine Verbündeten in Deutschland miteinbegriffen werden müßten,
und daß zweitens man sich weiter äußern möge. Inzwischen aber
siegten die Franzosen bei Hastenbeck, und nun entschloß sich Friedrich,
einen Offizier aus seiner näheren Umgebung, den Obersten Balbi[1]),
nach Neuwied zu senden. Er bevollmächtigte ihn zu einem vor=
läufigen Abkommen auf der Grundlage: keine Abtretungen, ein
Waffenstillstand, um mit den Verbündeten Abrede nehmen zu
können, Einschluß der Verbündeten, Erneuerung der früheren
Allianz mit Frankreich. Am 14. August reiste Balbi von Dresden ab.

Zum Unglück wurde die Antwort des Grafen Wied auf das
Schreiben des Königs von österreichischen Husaren aufgefangen.
Friedrich kam, als er am 4. September das erfuhr, in peinliche Ver=
legenheit. Wie, wenn die Botschaft günstig gelautet hatte? Dann
konnte ein Zusammenstoß mit dem französischen Heere, dem er jetzt
entgegenzog, alles verderben. Er versprach sich von der Verhand=
lung um so mehr, als die Markgräfin ihm versicherte, Maria Theresia
wolle keinen Fingerbreit von ihren Niederlanden an Frankreich ab=
treten. So ging er jetzt noch einen Schritt weiter und wandte sich
trotz allem unmittelbar an die Franzosen; und doch nicht bloß, um
durch die Verhandlung die Bewegungen ihrer Truppen aufzuhalten.
Der Kammergerichtsrat v. Eickstedt, ein auf einer Rundreise an eine
Anzahl deutscher Höfe jüngst erprobter Unterhändler, wurde am
6. September in das Hauptquartier des Herzogs von Richelieu ab=
gefertigt; denn an diesen glänzendsten aller Grandseigneurs, das
Schoßkind des Glücks, den Eroberer von Minorka, hatte der dem
Hofe mißliebige d'Estrées trotz des frischen Lorbeers von Hastenbeck
inzwischen den Oberbefehl abgeben müssen. In einem überaus
schmeichelhaften Brief an den Herzog gab Friedrich der Überzeugung
Ausdruck, daß der Neffe des großen Kardinals ebenso dazu geschaffen
sei, Verträge zu unterzeichnen, wie Schlachten zu gewinnen, berief
sich auf eine sechzehnjährige politische Verbindung, deren Spuren
nicht ganz in den Gemütern vertilgt sein würden, und ersuchte um

---

[1]) S. 335.

Mitteilung der auf diesen Friedensantrag bezüglichen Weisungen, die der Marschall entweder schon haben werde oder von seinem Hofe einholen möge.

An diesem 6. September hatte der König zudem eine neue Unglückskunde erhalten. Feldmarschall Lehwaldt, durch den Pregel= übergang der Russen in seiner befestigten Stellung bei Wehlau umgangen, war ihnen mit raschem Entschluß auf das linke Ufer gefolgt, hatte am 30. August das vereinigte russische Heer bei Großjägersdorf angegriffen, war nach anfänglichen Erfolgen ge= schlagen worden und hatte sich unverfolgt hinter die Alle zurück= gezogen. Der König hielt die Nachricht von der Niederlage vor dem Heere geheim; dem tapferen alten Feldmarschall antwortete er auf seine Meldung mit tröstenden Worten, indem er ihm vor allen Dingen anempfahl, sich die Sache nicht so sehr zu Herzen zu nehmen, sondern als ein Unglück zu betrachten, wie es im Kriege eben vorkomme. Eine abgeschlagene Attacke sei noch keine verlorene Bataille; damit solle er Offizieren und Soldaten neuen Mut machen. Vor einem warnte er ernstlich: sich in Königsberg mit dem Heere einschließen zu lassen. Dann werde alles verloren sein, lieber solle man den Feind von neuem angreifen.

Über Pegau, Kösen, Braunsroda, wo der König am 12. Sep= tember ein zweites Mal durch nächtliches Schadenfeuer aus dem Bette aufgestört wurde, führte ihn sein Vormarsch auf die große Frankfurter Landstraße. Vom Feinde ward außer österreichischen Husaren und Panduren nichts sichtbar: „Die französische und Reichs= armee ist für uns ein geistiges Wesen," spottete Friedrich; „viele Leute behaupten, sie gesehen zu haben, aber trifft man nicht auch Leute, die Erscheinungen gehabt haben wollen? Also würde ich an der Existenz dieses Heeres zweifeln, wenn anders ich Pferde hier zu Lande gefunden hätte; die aber gibt es nicht, ein Jemand muß sie fortgeführt haben, und dieser Jemand muß dieses unsichtbare Heer sein."

Seine Kriegsfahrt durch das thüringische Land glich einem Triumphzuge. Der Jubel des treuherzigen Volks aller Orten galt dem Protestantenkönig und dem Befreier von den Franzosen. Beim Durchzug durch das Weimarische verschmähte Friedrich das ihm von dem Herzog zugerüstete Quartier und die ihm entgegengesandten Spenden für Küche und Keller und begnügte sich mit einer dürftigen Unterkunft zu Neumark; ganz Weimar strömte heraus, um den König zu sehen. Als er durch die Straßen von Erfurt ritt, um= drängte ihn eine ungezählte Menge; wer konnte, küßte seine Hände, seinen Rock, sein Pferd.

Vor Gotha erschienen die Preußen am 15. September, zwei Stunden, nachdem die österreichischen und französischen Husaren

abgezogen waren. Auf die ganz unerwartete Kunde, daß der Kriegs=
herr selber seine Vorhut führe, versammelten sich im Schloßhof der
Herzog und die Herzogin, umgeben von ihren Kindern und ihrem
Hofstaat; immer voller braußten die Freudenrufe heran, und nun
sah man den König an der Spitze des Dragonerregiments Meinecke,
von allem Volke begleitet. „Die Beschaffenheit seiner Kleider und
seiner Wäsche bestätigte," erzählt ein Augenzeuge, „was der Ruf
von ihm sagte, daß er im Felde sich im geringsten nicht mehr Be=
quemlichkeit gestatte, als der letzte seiner Offiziere." Er begrüßte
die Schloßherrschaft auf das artigste und bat um einen Teller Suppe,
da er seit vier Tagen nicht regelrecht gespeist habe. Man setzte sich
an die für die Offiziere des Feindes gedeckte Tafel, das Volk durfte
zuschauen. Die geistreiche Herzogin, die von ihrem ehemaligen
Mißtrauen gegen diesen König längst zurückgekommen war[1]), schien
jedes seiner Worte zu verschlingen. Derweil studierten die Tisch=
genossen seine Physiognomie: „Das Feuer des Helden, die Bedacht=
samkeit des Heerführers, die Verschlagenheit des Staatsmannes,
den Verstand des Weltweisen, den Geist des Dichters, den Ernst
des Gehorsam heischenden Herrn, die Artigkeit des Gesellschafters,
den Witz des Spötters: das alles fanden wir unserer Meinung nach
in den Zügen dieses Gesichts, in welchem ein Paar der schönsten
blauen Augen, voll Glanz und Lebendigkeit, eine gerade, scharf und
wohl gebildete Nase, ein überaus freundlicher und beim Sprechen
von lauter Geist umspielter Mund und selbst die zwei bedenklichen
Linien auf der Stirn zwischen den Augen zusammen das regel=
mäßigste und angenehmste Menschenantlitz ergaben, das man nur
sehen kann." Nach zwei Stunden ward die Tafel aufgehoben, der
König küßte der Herzogin die Hand und verließ die Stadt ohne
Bedeckung, denn seine Reiter sollten von hier aus den Feind be=
obachten; er selbst ging zum Heere zurück und bettete sich für die
Nacht auf dem Boden der Dorfschenke zu Gamstädt. Vier Tage
später waren es die Feldherren der Verbündeten, Soubise und
Hildburghausen, die sich mit ihrem Stab als Mittagsgäste auf dem
Gothaer Schloß ansagten. Aber Seydlitz, den sie auf seinem vor=
geschobenen Posten abzufangen gedachten, täuschte sie durch eine
kecke Kriegslist so völlig über seine Zahl, daß die Generale ihr Mahl
stehen ließen und mit 9000 Mann vor 1700 Dragonern und Husaren
in ihr altes Lager bei Eisenach entwichen. Vom Balkon hatten die
Damen des Hofes dem plötzlichen Szenenwechsel lachend zugeschaut.
„Nichts Ruhmvolleres konnte meinen Truppen geschehen," schrieb
Friedrich ritterlich an die Herzogin, „als unter Ihren Augen und
für Ihre Verteidigung zu fechten."

---

[1]) Bd. I, 431.

Entschieden wurde durch solche Reiterstückchen nichts. „Meine Devise ist," schreibt Friedrich nach dem Gefecht von Gotha in aben= teuerlichstem Latein: „Magnibus in Minibus et minibus in Maxsi= mus." In der Voraussicht, daß dieser Feind sich zur Schlacht nicht mehr stellen würde, hatte er schon nach der Besetzung von Erfurt seine kleine Schar in drei Teile zerlegt. Ferdinand von Braunschweig ward zur Deckung des Fürstentums Halberstadt entsandt; Moritz von Dessau an die Mulde nach Wurzen, um den Waffenplatz Torgau und die Kurmark gegen das bei Bautzen erschienene österreichische Korps des Freiherrn v. Marschall zu schirmen; der König selbst be= absichtigte, wenn der Feind sich wider Vermuten herauswagte, an der Elster bei Pegau ihn zu erwarten und dann den Dessauer wieder heranzuziehen.

Bereits hatten gegen einen der anderen Gegner die preußischen Waffen abermals eine Niederlage erlitten. Die Verbindung mit der Lausitz war unterbrochen, nur Gerüchte drangen durch. Am 14. September schreibt der König an Winterfeldt: „Hier gehet alles nach Wunsch, es ist aber eine verflogene Zeitung aus der Lausnitz gekommen, die mir in große Sorgen setzet. Ich weiß nicht, was ich davon glauben soll. Aus Dresden schreibt man mir, Er wäre tot, und aus Berlin, Er hätte einen Hieb über der Schulter. Aus diesem kann ich mir nicht vernehmen. Wende der Himmel alles zum Besten!" Während seine Umgebung bereits klar sah, hielt der König noch an einer letzten Hoffnung fest. Aber am 16. kam eine Meldung aus Berlin, die allzu bestimmt lautete, am 17. die unmittelbare Bestätigung durch einen Feldjäger mit Berichten des Herzogs von Bevern: den 7. war Winterfeldt mit einem vor= geschobenen Korps von 10 000 Mann vor Görlitz beim Dorfe Mohs von seinem alten Gegner Nadasdy, dem er einst den Sieg von Landeshut abgewonnen hatte[1]), angegriffen worden; nach mehr= stündigem heißen Gefecht und nach schwerer Verwundung ihres Führers hatten die Preußen weichen müssen, tags darauf war Winter= feldt seiner Wunde erlegen. Der König erhielt die Nachricht, als er vom Lagerplatze bei Erfurt in sein Quartier zu Kerspleben zurück= kam. Er vermochte seine Tränen nicht zurückzuhalten. „Nie werde ich wieder einen Winterfeldt finden," hörte man ihn sagen. Vor drei Wochen beim Abschied hatte er den Freund umarmt und be= wegt zu ihm gesagt, fast habe er vergessen, ihm seine Instruktion zu erteilen: „Nur diese weiß ich für Ihn: erhalte Er sich mir." Friedrich betrauerte in Winterfeldt denjenigen seiner Generale, der seinem Herzen am nächsten stand, vor allem aber im gegenwärtigen Augenblicke „den unentbehrlichsten Mann im Heere des Herzogs

---

[1]) Bd. I, 491.

von Bevern", den Offizier, auf den er für die Verteidigung Schlesiens am meisten gerechnet hatte.

Nach dem Tage von Moys hatte Bevern sein Lager bei Görlitz verlassen und sich nach Schlesien gezogen. Eine Schlacht schien unmittelbar bevorzustehen. Berlin war gegen eine Überrumplung durch die Österreicher jetzt nicht mehr gedeckt, der Hof und die Behörden trafen ihre Vorbereitungen für eine Flucht. Auch von Norden her drohte der Hauptstadt bereits Gefahr. Am 13. September überschritten die Schweden die preußische Grenze und besetzten Anklam und die Fährschanze an der Peene. Zugleich drangen die Vortruppen des französischen Hauptheeres in das Halberstädtische ein. Und weiter: es bestätigte sich, daß Cumberland, bis unter die Werke von Stade zurückgedrängt, mit seinem Gegner Richelieu unter dänischer Vermittlung am 8. September einen Vergleich geschlossen hatte, durch den Richelieu volle Freiheit der Bewegung gegen die preußischen Lande erhielt: die Konvention von Kloster Zeven, die nur Glimpfes halber nicht als Kapitulation bezeichnet wurde. Cumberlands Heer löste sich auf, die Hessen und Braunschweiger wurden in ihre Heimat entlassen, die hannoverschen Truppen mußten teils in Stade und im Herzogtum Bremen, teils auf dänischem Gebiet Quartier nehmen. Herren im Kurfürstentum Hannover blieben bis auf weiteres Abkommen die Franzosen.

Alle diese Nachrichten trafen den König von Preußen binnen wenigen Tagen Schlag auf Schlag. In die Stimmung des Augenblicks versetzt uns sein leidvoller Brief an die Markgräfin Wilhelmine vom 17. September, die lange „Generalbeichte", die er der Schwester ablegte. „Die Festigkeit besteht im Widerstand gegen das Unglück; aber nur Feiglinge entwürdigen sich unter dem Joche, schleppen geduldig ihre Ketten und ertragen ruhig die Unterdrückung. Niemals, meine teure Schwester, werde ich mich zu solchem Schimpf entschließen können ... Hätte ich nur meiner Neigung gefolgt, so hätte ich alsbald nach der unglücklichen Schlacht, die ich verloren habe, mich davongemacht; aber ich habe gefühlt, daß das Schwäche sein würde, und daß es meine Pflicht sei, das Übel wieder gutzumachen, das geschehen war. Meine Hingebung an den Staat ist wiedererwacht; ich habe mir gesagt: nicht im Glück ist es schwer, Verteidiger zu finden, sondern im Unglück. Ich habe einen Ehrenpunkt darein gesetzt, alle Störungen auszugleichen, und es ist mir noch neulich in der Lausitz gelungen. Aber kaum bin ich hierher geeilt, um mich neuen Feinden entgegenzuwerfen, da wird Winterfeldt bei Görlitz geschlagen und getötet, da dringen die Franzosen in das Herz meiner Staaten ein, da blockieren die Schweden Stettin. Für mich gibt es nichts Gutes mehr zu tun; es sind der Feinde

zu viel. Selbst wenn ich so glücklich wäre, zwei Heere zu schlagen,
das dritte würde mich zermalmen."

Die Republikaner des Altertums, Brutus und Cato, sollen es
dem Fürsten des achtzehnten Jahrhunderts an Hochsinn nicht zuvortun. So gelobt es der Brief an die Markgräfin, so bekräftigt es
wenige Tage darauf ein Scheidegruß an den Marquis d'Argens,
die poetische Paraphrase jenes Briefes:

> Fahr wohl, trugvoller Lorbeer, Heldenkrone,
> Zu teuer ist der Ruhm der Weltgeschichte:
> Ein flücht'ger Blick des Glücks wird dir zum Lohne,
> Und vierzigjähr'ge Arbeit wird zu nichte,
> Und hundert Gegnern dient dein Los zum Hohne!

Lorbeeren, Vergnügungen und schon auch die Pflichten, so lange
heilig und jetzt unnütz, sollen ihn nicht mehr zurückhalten: die Lohe
vom Scheiterhaufen der hochherzigen Heiden soll ihm den Pfad ins
dunkle Todesland weisen:

> Mich schreckt nicht das Phantom mit klapperndem Gebein;
> Das freundliche Asyl sei mir der Sarg
> Das aus des Schiffsbruchs Graus und Pein
> Roms größte Söhne rettend barg.

Tief erregt durch das schmerzenvolle Schwelgen in seinen dunkeln
Phantasien ließ Friedrich eines Abends — es war am 22. September — noch in später Stunde seinen Vorleser, den Abbé de Prades,
rufen: „Ich will Ihnen meine neuesten Verse zeigen, vielleicht die
letzten, die ich in meinem Leben gemacht habe." Der Abbé las,
bald entriß ihm der Verfasser das Gedicht, trug es mit Leidenschaft
vor und netzte das Blatt mit seinen Tränen. Zu keiner Zeit hat
Friedrich so viel Verse auf das Papier geworfen, wie in diesen
schweren Sommer- und Herbstmonden von 1757. „Oft möcht' ich
mich berauschen," klagt er, „um meinen Kummer zu ertränken, aber
da ich nicht trinken mag, so zerstreut mich nichts als Versemachen,
und so lange diese Ablenkung währt, spüre ich mein Unglück nicht.
Das hat mir den Geschmack für die Poesie wiedergegeben, und so
schlecht meine Verse sein mögen, sie leisten mir in meiner traurigen
Lage den größten Dienst."

Am 24. September seit langer Zeit ein erster Lichtblick: „So
schön meine Epistel ist, so werde ich doch den darin ausgesprochenen
Vorsatz jetzt nicht ausführen," sagt Friedrich zu de Prades. Lehwaldt hat gemeldet, daß die Russen in Gewaltmärschen aus Preußen
abziehen. Ein Gerücht sagt die Zarin tot. Zugleich kommt die sehnlich erwartete Antwort von Richelieu.

Der Herzog hatte den preußischen Emissär Eickstedt in Braunschweig empfangen und sofort einen Eilboten nach Versailles ge-

sandt, zugleich freilich auf die doppelte große Schwierigkeit hin=
gewiesen, die Kaiserin=Königin zu befriedigen und Sachsen zu ent=
schädigen. In seinem Antwortschreiben auf Friedrichs Brief erklärte
er artig, daß er, auf jedem Gebiete dem König weit unterlegen,
immerhin besser fahren werde, wenn er, statt mit ihm schlagen zu
müssen, mit ihm unterhandeln solle. Alles hing nun von der Ant=
wort aus Versailles ab. Inzwischen ging der König den Franzosen
einen weiteren Schritt entgegen, wenn er in seinem Erlaß an Eick=
stedt vom 24. September jetzt, nach dem Abfall der Hannoveraner,
zum erstenmal das Wort Sonderfrieden fallen ließ.

Und abermals einen Schritt weiter ging er, als er tags darauf
auch aus Neuwied von seinem Kundschafter Balbi gute Nachrichten
über einen anscheinenden Umschwung der Stimmung erhielt, wie
ihn Barbutt de Mausac, der geheime Agent des Grafen Wied, am
Versailler Hofe wahrgenommen haben wollte. Da hieß es, die
Verhandlung würde schnell zum Ziele kommen, wenn der König
von Preußen sich entschließen wollte, das Fürstentum Neuenburg
mit Valengin der Marquise von Pompadour für ihre Lebenszeit
abzutreten. Schon im vorigen Winter hatte jener angebliche Ver=
trauensmann des französischen Hofes diese Abtretung angeregt[1)
und sich darauf berufen, daß bereits früher darüber verhandelt worden
sei. Es soll das im Jahre 1754 gewesen sein; damals aber hätte
König Friedrich, so erzählte man sich, den Gedanken mit Entrüstung
von sich gewiesen. Wie dem auch sei, im vorigen Winter waren nicht
irgendwelche Skrupel von seiner Seite, sondern nur der plötzliche
Tod des Mittelsmannes dazwischen getreten. Um wie viel weniger
hätte er jetzt, im Drange der härtesten Not, an dem von neuem
vorgeschlagenen Auskunftsmittel Anstoß genommen. Er ermächtigte
Balbi, seine Zustimmung zu erklären, wofern die Marquise dahin
wirken würde, daß die Friedensbedingungen für Preußen vorteil=
haft oder wenigstens nicht lästig ausfielen: die Wiederherstellung
des Zustandes vor dem Kriege sollte „das letzte Wort" sein.

Aber der „Hoffnungsschimmer" erlosch von heute auf morgen.
„Ich hatte geglaubt, daß es uns in Frankreich würde glücken können,"
schreibt Friedrich bereits am 29. September, „aber nach anderen
Quellen, die ich habe, sehe ich nicht mehr Tag." Wenn Frankreich
wirklich, was er bisher noch immer nicht geglaubt hatte, sich Flan=
dern hatte abtreten lassen, und wenn man im Begriff war, den
ältesten Erzherzog der Kaiserin=Königin mit einer Enkelin Lud=
wigs XV. zu verloben, wie durfte da die Auflösung der Koalition
erwartet werden?

Der September, so hatte er beim Aufbruch aus der Lausitz er=

---

[1]) S. 440.

klärt, werde sein Schicksal für den Herbst und den Winter entscheiden.
Jetzt war die Frist verronnen, das Glück war nicht zurückgekehrt,
die Lage nur verschlimmert. Am 1. des neuen Monats sagt er sich:
„Wir sind zugrunde gerichtet, aber ich falle, den Degen in der Faust."

Wie es schien, sollte bei der Unterhandlung nicht einmal so viel
gewonnen werden, daß Richelieu mit seinem Heere stille gestanden
wäre. Herzog Ferdinand hatte das Halberstädtische von den französischen Vortruppen schnell gesäubert; nun aber mußte er dem
König melden, daß der Feind auf der ganzen Linie mit Macht gegen
die Elbe vorrücke und durch die Altmark mit den Schweden Fühlung
zu gewinnen suche. Friedrich glaubte nicht, daß es so spät im Jahre
noch auf die regelrechte Belagerung von Magdeburg abgesehen sei,
aber er fürchtete, daß Franzosen und Schweden gemeinsam die
Festung umstellen wollten. Und deshalb entschloß er sich jetzt, sein
drittes Heer herbeizuziehen, seine östliche Außenprovinz, Preußen,
wie schon vorher die westlichen, aufzugeben; mit schwerem Herzen,
zumal im Hinblick auf die gerade jetzt dort eingetretene günstige
Wendung, aber in der Überzeugung, daß sonst, wie er an Lehwaldt
am 2. Oktober schrieb, „ich kaput und verloren sein würde". Zu
Anfang Dezember gedachte er mit Lehwaldt vereint den Epigonen
Turennes und Torstensons zu Leibe zu gehen.

Gleichzeitig mit Richelieu rückten auch Soubise und Hildburghausen aus Eisenach von neuem vor. Friedrich, schon am 27. September mit seinem kleinen vorgeschobenen Korps von Erfurt auf
Weimar zurückgegangen, zog den Prinzen Moritz nach Naumburg
heran. Er hoffte von neuem auf eine Schlacht, wenn anders der
„Narr" Hildburghausen sich dazu verleiten ließ. Aber nur zu bald
mußte er als ein „Fabius wider Willen" sich überzeugen, daß er
die Leute „zu nichts kriegen" könne: „wenn Hildburghausen allein
wäre, so ginge es gut; aber die Franzosen kantonieren hinter Gotha,
und die kann er nicht mitkriegen, also kann ich nichts als kleine Baga-
tellen ausrichten."

„Wenn ich vorrücke," schreibt er am 6. Oktober ingrimmig, „so
flieht der Feind; gehe ich zurück, so folgt er mir, aber immer außer
Schußweite. Geh' ich von hier fort und suche etwa den stolzen
Richelieu irgendwo bei Halberstadt auf, so wird der desgleichen tun,
und hier diese Feinde, augenblicklich ruhig wie die Steinbilder,
werden sich bald beseelen und mich irgendwo bei Magdeburg wieder
festnageln. Wende ich mich nach der Lausitz, dann nehmen sie mir
meine Magazine in Leipzig und Torgau und gehen gerdeswegs
nach Berlin. Kurz, ich bin in Verzweiflung ... Die Experimente
können nicht mehr lange währen, das muß binnen kurzem enden,
auf eine oder die andere Weise."

In diesen Tagen kam ein Schreiben aus Délices, Voltaires

schweizerischer Einsiedelei. Trotz allem, was zwischen ihnen vor=
gefallen war, unterhielt Friedrich seit dem vorigen Winter wieder
einen Briefwechsel mit dem „Patriarchen des Geschmacks". Auch
seine Todesgedanken hatte er ihm anvertraut: „Man muß für sein
Vaterland kämpfen und für sein Vaterland fallen, wenn man es
retten kann, und wenn man das nicht kann, ist es schimpflich, es
zu überleben." Darauf entgegnete jetzt Voltaire: „Erschrecken Sie
nicht, Sire, vor einem langen Brief, der einzigen Sache, die Sie
erschrecken kann." Der lange Brief legte dar, daß Cato und Otho
Friedrichs Vorbilder nicht sein dürften; daß der große Kurfürst
darum nicht geringer geachtet worden sei, weil er einige seiner
Eroberungen herausgegeben habe; daß auch nach Abtretungen dem
König stets genug Land bleiben würde, um einen sehr hervorragenden
Rang in Europa zu behaupten. „Für mich wird es ein Trost sein,"
schloß Voltaire, „beim Scheiden aus dem Leben einen philosophischen
König auf Erden zu hinterlassen."

Friedrich kannte aus dem Plutarch die berühmte Antwort
Alexanders an Parmenion; sie gab ihm die Anknüpfung für eine
nicht minder berühmt gewordene Antwort:

> Glaubt mir, wenn ich Voltaire wär',
> Ein Menschenkind, wie andre mehr,
> Säh' ich, mit kargem Los zufrieden,
> Vom flücht'gen Glück mich gern geschieden,
> Wollt' es verlachen, ganz wie er! ..
> Doch andrer Stand hat andre Pflicht ...
> Voltaire in seiner stillen Klause,
> Im Land, wo alte Treue noch zu Hause,
> Mag friedsam um den Ruhm des Weisen werben,
> Nach Platos Muster und Gebot.
> Ich aber, dem der Schiffbruch droht,
> Muß, mutig trotzend dem Verderben,
> Als König denken, leben, sterben!

Volles Verständnis fand diese antike Anschauung bei der Mark=
gräfin von Baireuth. Friedrichs erste Hinweise auf den rettenden
Port, den er im Reiche der Schatten noch finden könne, hatten ihr
eine „Tränenflut" entlockt. Aber sie rühmte sich, diese Schwäche
überwunden zu haben; sie eröffnete dem Bruder ihren festen Ent=
schluß, sein Los zu teilen, seinen Fall und den Niedergang der
Dynastie nicht zu überleben. Auch sie verfocht gegen Voltaires
Einwürfe ihre und des Königs heroische Denkart: „Ein Grab ist
unser Richtpunkt; obgleich alles verloren scheint, bleiben uns doch
Güter, die man uns nicht rauben soll, die Festigkeit und das warme
Herz." Fürwahr, eine tapfere Frau, diese zarte Prinzessin mit dem
leidenden Ausdruck in dem schmalen, unendlich anziehenden Antlitz,

mit so viel Geist in dem großen Auge und der leisen Spur von
Spott um den feinen Mund. Krank, aufgeregt, empfindlich, zur
Übertreibung geneigt in der Liebe und im Haß, für alle rührenden
und erhebenden Eindrücke ebenso empfänglich, wie nachgiebig gegen
feindselige und häßliche Regungen, ward sie jetzt von den leidenschaftlichen Schwingungen, in denen Friedrichs innerstes Wesen vibrierte,
wie in Verzückung mit fortgerissen. Sie, die auf ihr ganzes Leben
als auf ein ununterbrochenes Martyrium zurückschaute, wußte, was
Leiden war, und litt alle Qualen des Bruders seelisch und beinahe
körperlich mit. Wenn sie für die einst im Elternhause erlittenen
Unbilden in den fratzenhaft verzerrten Schilderungen ihrer Memoiren
mit krankhaftem Nachzittern sich schadlos gehalten, wenn sie jahrelang in dem bitteren Gefühl unverdienter Kränkung und verschmähter
Hingebung auch diesem Bruder schmollend und schmälend sich entfremdet hatte, so lebte und webte sie jetzt nur in einem Gefühle:
sie schwelgte in dem Stolz auf den Bruder, dem sie sich ebenbürtig
fühlte und der ihre zärtliche Schwesterliebe mit rührendem Danke
vergalt. Wer könnte den Briefwechsel der beiden Geschwister ohne
Ergriffenheit lesen? Die Schwester war dem gereiften Mann in
der schwersten Prüfung seines Lebens wieder das geworden, was
sie einst dem erbitterten und verstockten und doch so liebebedürftigen,
halb leichtsinnigen und halb schwermütigen Knaben gewesen war.
Wir glauben ihm die oft wiederholte Versicherung, daß er an dieser
einzigen, unvergleichlichen Schwester sich stärke und aufrichte.

In anderer Weise war der Prinz Heinrich seit kurzem sein Vertrauter. In fast täglichem Verkehr war der jüngere Bruder seit
dem Tage nach der Koliner Schlacht der Zeuge aller der Stürme
gewesen, welche die endlose Drangsal in der Brust des Königs entfesselte. Kein stummer Zeuge: der Prinz hielt mit seinem selbständigen Urteil, seinem Widerspruch nicht leicht zurück; verschlossen
hielt er nur seinen Groll, dem das harte Geschick des ihm in warmer
Freundschaft verbundenen August Wilhelm neue Nahrung gegeben
hatte. Heinrich war von gröberem und einheitlicherem Stoffe als
Friedrich und Wilhelmine, ohne den Zusatz von Empfindsamkeit und
Exzentrizität, ruhig, kühl, nüchtern, stets bedächtig und abwägend,
allen unvermittelten Impulsen unzugänglich, allem verwegenen Ungestüm abhold: so als Mensch und so als General und Politiker.
Für den herben politischen Idealismus, der alles an alles setzt und
den Tod anständiger achtet als ein entehrtes Leben, hatte er so
wenig Verständnis wie Voltaire und führte in diesen peinlichen
Gesprächen, während derer der König, seinen Hut zerknitternd, wie
ein Verzweifelter im Zimmer auf und ab stürmte, ungefähr dieselben
Gegengründe ins Treffen, wie der Franzose in seinen weltweisen
Briefen. Am 12. Oktober speiste Friedrich zu Eckartsberga selb-

viert mit dem Prinzen, Mitchell und Keith; er sprach „nicht vier
Worte" über Tisch. Nach der Mahlzeit behielt er den Bruder allein
zurück und klagte trostloser denn je: der Zustand, in dem er sich
befinde, sei länger nicht zu ertragen und schlimmer als der Tod.
Heinrich entgegnete, daß er keinen Grund sähe, die Sache auf das
Äußerste zu treiben. Der König würde nicht der erste Fürst sein,
der sich gezwungen sähe, eine Provinz abzutreten. Gewiß sei seine
Lage eine schreckliche, aber er brauche ja nur ein kleines Opfer zu
bringen, um sich ihr zu entziehen, und die Standhaftigkeit im Unglück bestehe nicht darin, eine verlorene Partie halten zu wollen,
sondern in der Anwendung der geeignetsten Mittel, um dem völligen
Ruin vorzubeugen.

Der Markgräfin schrieb Friedrich selbigen Tages: „Weit entfernt,
daß das Geschick sich erweichen ließe, alle Nachrichten, die ich erhalte, alle Briefe, die ich öffne, vermehren nur das Gewicht meines
Unglücks. Kurz, meine liebe Schwester, es scheint eine ausgemachte
Sache: das Schicksal oder ein Dämon haben den Sturz Preußens
beschlossen, und alles hat dazu zusammenwirken müssen: wider-
natürliche Allianzen, Haß, dem man keinen Nährstoff geliefert hat,
untergeordnete Ursachen und wirkliche Unglücksfälle. Ich gestehe,
daß ich kaum zu schreiben vermag, mein Gemüt ist so gedrückt, die
Dinge stehen mir so nahe vor Augen, daß meine Anstrengungen
unvermögend sind, so starke und grausame Eindrücke abzuschwächen."
Diesen Abend konnte man von der Straße den König in seinem
Gemach zu ebener Erde beobachten, wie er mit Leidenschaftlichkeit
Racines Mithridat deklamierte.

Zwei Nachrichten vor allem waren es, die ihn heute so tief
niederdrückten. In Schlesien war Bevern vor den Österreichern
hinter die Oder zurückgewichen. Aus Frankreich vermittelte die
Markgräfin Stimmungsberichte, wonach von dort nichts Gutes mehr
zu erwarten war.

Die Antwort aus Versailles, wie sie dann Richelieu am 13. Oktober zu Halberstadt Eickstedt vorlas und wie Friedrich sie am 16.
vernahm, lautete noch abweisender und hochmütiger, als er gefürchtet:
daß der König von Frankreich ohne seine Verbündeten, die einzeln
aufgeführt wurden, nicht in die Verhandlung eintreten werde, und
daß die erforderlichen Beratungen nicht mit einem General, sondern
nur mit den Ministern des Königs von Frankreich und der Kaiserin-
Königin gepflogen werden könnten. Das hieß mit anderen Worten,
der König von Preußen sollte einen Bevollmächtigten nach Versailles
schicken und um Frieden bitten, wie denn Richelieu es als seine
persönliche Ansicht bezeichnete, daß Frankreich jetzt bestimmte Vorschläge erwarte. Er fügte hinzu, daß die Kaiserin-Königin nie
Frieden schließen werde, ohne Schlesien wiederzuerhalten, und

unterdrückte die spitze Bemerkung nicht, daß der König zu viel verschiedene Leute in dieser Sache angegangen habe, wie den Marschall Belle-Isle — der Richelieus politischer Gegner war — und andere.

Friedrichs Selbstgefühl war tief verletzt. Als ihm die Markgräfin in einem gleichzeitig eintreffenden Briefe von neuem dringend riet, einen beglaubigten Vertreter mit bestimmten Friedensanträgen nach Frankreich zu schicken, erwiderte er in der ersten Aufwallung, nicht Krone noch Thron würde er durch eine Niedrigkeit erkaufen und lieber hundertmal verderben, als dazu sich herablassen. Wie sehnte er sich danach, durch Taten diese Franzosen für ihre „Ungezogenheit und Überhebung" zu strafen; anders, so nahm er sich vor, sollten sie seinen Namen nicht mehr nennen hören. Viel eher wollte er es noch einmal mit den Engländern versuchen, denen er in den letzten Monaten so oft ihre Unterlassungssünden vorgerechnet hatte. Noch an einem der letzten Marschtage hatte er dem britischen Gesandten, der an seiner Seite ritt, die bittere Wahrheit gesagt: jetzt schreie man in London über den Herzog von Cumberland und die Konvention von Kloster Zeven, aber England und die englischen Minister trügen selbst die Schuld, weil sie keine Truppen nach Hannover gesendet hätten. Eine Erklärung, durch die das britische Kabinett nochmals Subsidien anbot und dagegen den Verzicht auf einen Sonderfrieden forderte, sowie ein Schreiben Georgs II., das in gewundenen Ausdrücken die Konvention mißbilligte, aber nicht widerrief, waren beide bisher unbeantwortet geblieben; nicht weil er auf den Brief nichts zu sagen wußte, wie Friedrich gegen Mitchell ausweichend bemerkte, sondern weil er meinte, zwischen Frankreich und England wählen zu müssen und nicht mit beiden gleichzeitig verhandeln zu dürfen. Indem nun gleichzeitig mit der Absage aus Frankreich am 16. Oktober aus Hamburg durch den englischen Residenten die Nachricht einlief, daß dem schmählichen Abkommen Cumberlands in London die Ratifikation verweigert werde, hielt Friedrich die Entschließung nicht länger an sich. Er erklärte sich bereit, auf den englischen Antrag einzugehen, und forderte seinen königlichen Oheim nunmehr zu einem gemeinsamen Winterfeldzuge auf: Lehwaldts Heer und die Hannoveraner würden durch Überrumplung der Quartiere Richelieus Niedersachsen ebenso vom Feinde säubern können, wie Turenne im Winter auf 1675 das Elsaß ausgefegt hatte. Demnächst empfahl er noch, die an der französischen Küste nicht zur Ausschiffung gelangten englischen Truppen jetzt an der Elbmündung aufs Land zu werfen und den Franzosen in den Rücken marschieren zu lassen. Unerklärlich blieb freilich, daß König Georg und seine britischen Minister trotz aller Entrüstung über die Vorgänge in Hannover die hannoverschen Geheimräte nicht „im Zaum

zu halten" verstanden. Noch immer verweilte einer von ihnen, der
Großvogt Steinberg, in Wien als Gesandter.

Unter diesen Umständen und bei dem furchtbaren Ernst der
militärischen Lage waren die wenigen Männer in der Umgebung
des Königs von Preußen, die in politischen Fragen zu Rate gezogen
wurden, wenig einverstanden mit seiner Absicht, den Faden der
französischen Unterhandlung ganz abzureißen. So Prinz Heinrich,
der auch diesmal mit Freimut warnte, so Eichel, der den Grafen
Finckenstein für die Erreichung „des von allen so sehr erwünschten
Zweckes" zum Helfer aufrief und als erfahrener Beobachter schon
voraussah, daß die erste Hitze verfliegen würde. „Ich habe," vertraute er dem Minister an, „bei der bekannten Vivacité Verschiedenes
zu combattieren gehabt, und da durch selbige ordinär wir mehrenteils
auf Extrema gehen, bald zu viel, bald gar nichts hoffen, so hoffe
ich, Ew. Excellenz werden nach Dero bekannten Einsicht alle gute
Tempéraments darunter gebrauchen." Eichel täuschte sich nicht.
Nach vier Tagen, am 20. Oktober, eröffnete ihm der König aus
eigenem Antrieb, daß er seinen Gesandten am dänischen Hofe,
Häseler, nach Paris zu schicken gedenke, unter dem Vorwand, daß
dieser Diplomat dort für seine zerrüttete Gesundheit Heilung suchen
sollte.

Dem englischen Gesandten blieb nicht verborgen, daß zwischen
dem Könige von Preußen und den Franzosen etwas vorging. Aber
er warf in seinen Berichten die Frage auf, ob der König getadelt
werden könne, wenn er durch Unterwerfung unter Frankreich seine
Rettung suche, oder ob nicht in Englands eigenem Interesse dies
einer völligen Unterdrückung Preußens durch Österreich vorzuziehen
sei. Mitchells Ansicht war, alle Hilfe aus England werde zu spät
kommen: „Ich fürchte, die Franzosen und Österreicher werden bis
Weihnachten nicht bloß im Besitze von Berlin, sondern des größten
Teils der preußischen Erblande sein. In dieser äußerst gefahrvollen
Lage, was kann England für den König von Preußen tun? Frankreich, und Frankreich allein, kann ihn retten, und gleichwohl, so ist
nun sein Sinn und so stark ist seine Erbitterung, daß er entschlossen
scheint, lieber jegliche Gefahr zu laufen, als sich von Frankreich
retten zu lassen."

Immerhin betrachtete Friedrich seinen Feldzug gegen die Franzosen im damaligen Augenblicke als vorläufig beendet. Seine ganze
Aufmerksamkeit galt jetzt wieder „unserm größten Feind", den Österreichern, die ihm soeben eine sehr unliebsame Überraschung bereitet
hatten. Zuerst am 11. Oktober wurde er gewarnt vor einem Anschlag des in der Lausitz zurückgebliebenen österreichischen Korps auf
Berlin. Anfangs knüpfte er an die Nachricht die Hoffnung, daß
bei dieser Gelegenheit der österreichische Übermut gebrochen werden

solle, wenn Prinz Moritz, von Leipzig vorausgeeilt, den Feind „zwacken und aufhalten" konnte, bis er selbst von der Saale her und Herzog Ferdinand von Magdeburg ihm in den Rücken kommen würden. Nun aber blieb das Korps des Freiherrn v. Marschall bei Bautzen stehen, nur eine fliegende Schar von nicht mehr als 3400 Mann unter dem verwegenen Parteigänger Hadik erschien am Vormittag des 16. Oktober vor dem schlesischen Tore von Berlin, dem Prinzen Moritz um einen starken Tagesmarsch voraus. So schwach und minderwertig die Besatzung der Hauptstadt war, unter einem fähigeren und entschlosseneren Kommandanten als dem General Rochow hätten diese Landmilizen, Garnisontruppen und Rekruten das Eindringen des Feindes wohl verhindern können. Über die Köpenicker Vorstadt ist Hadik, während der Hof und die Minister nach Spandau flüchteten, allemal nicht hinausgelangt; er begnügte sich mit einer Brandschatzung von 215 000 Talern und nahm sich in unbegreiflicher „Verblendung", wie der Minister Finckenstein meinte, nicht die Zeit, die Hilfsquellen der preußischen Landesverteidigung an ihrem Ursprung abzuschneiden, die Tuchmanufakturen, das Arsenal und das Gießhaus, die Gewehrfabriken und Pulvermagazine zu zerstören oder auszuplündern. Schon beim Morgengrauen des 17. verließ er Berlin, am Abend hielt Seydlitz mit seinem Kürassierregiment und den grünen Husaren unter dem Jubel der Bevölkerung seinen Einzug in die befreite Stadt.

Durch acht Gewaltmärsche stark mitgenommen, konnten die preußischen Truppen den eilends abgezogenen Feind nicht mehr einholen. Und da er auch, östlich über Storkow und Lieberose ausbiegend, dem von Torgau bis an die schwarze Elster vorgerückten Könige nicht auflief, so entging Hadik dem ihm zugedachten Schicksal, mit seinen Truppen lebend oder tot abgefangen zu werden, und führte den „geraubten Plunder" bis auf einen von Seydlitz ihm wieder abgejagten Geldwagen glücklich von dannen. Um den Hof und die Behörden nicht einem neuen Handstreich auszusetzen — schon war im Norden der Mark der Schwede bis Prenzlau vorgedrungen — wies ihnen der König jetzt Magdeburg als Aufenthaltsort an. Das aus Sachsen herbeigeeilte Heer erwartete bereits eine andere Aufgabe als der Schutz der Hauptstadt.

Friedrichs Plan war, geradeswegs auf Görlitz zu marschieren, wo die Österreicher ein Lazarett mit 4000 Kranken hatten, und dadurch den bei Bautzen auf dem Wege stehenden Freiherrn von Marschall zum Schlagen zu zwingen. War dessen Korps über den Haufen geworfen oder hatte es ohne Rücksicht auf das Görlitzer Lazarett freiwillig die Lausitz geräumt, so gedachte der König die Belagerung von Schweidnitz zu stören, zu der sich die Österreicher eben anschickten, und im Zusammenwirken mit dem Herzog von

Bevern das österreichische Hauptheer aus Schlesien hinauszudrängen.

Da kam am 23. Oktober wider alles Vermuten die Nachricht,
daß beide Korps des verbündeten Heeres, Soubise und Hildburghausen, im vollen Marsche seien. „Hier ändert sich sehr viel in einem
Tag," schreibt der König dem Dessauer, noch aus dem Lager von
Grochwitz an der schwarzen Elster, und befiehlt ihm, bei Torgau
zu ihm zu stoßen. Mit aller Lebhaftigkeit ergreift er die Hoffnung,
daß es nun doch noch mit diesem Feind zur Schlacht kommen wird.
An Bevern schreibt er, das Ganze solle nur einen Aufschub von
acht Tagen für den Zug nach Schlesien ausmachen. Am 28. waren
seine drei seit Mitte September getrennten Korps[1] bei Leipzig
vereinigt. Prinz Moritz hatte von Berlin aus 23 Meilen in sechs
Tagen zurückgelegt. „Gottlob, des Königs Armee ist von dem besten
Mut und allem guten Willen," bezeugt Eichel, „so daß solche durchgängig nicht fräget, wie stark der Feind, sondern nur, wo er
ist, um rechtschaffen und brav gegen denselben arbeiten zu können."
Nach fast unausgesetztem Marschieren murrten die Leute, daß sie
zunächst in Quartiere gelegt wurden. Sie wollten gegen den nahen
Feind lieber heute als morgen losgelassen werden.

Das bisherige Verhalten der Franzosen war wohlerwogen und
ganz folgerichtig. Der dem Fürsten Soubise vorgezeichnete Feldzugsplan hielt sich von vornherein in bescheidenen Grenzen. Genug,
wenn ausreichende Magazine für den Winter und für den nächsten
Feldzug angelegt und wenn bis zum Frühjahr die Vorbereitungen
für die Belagerung von Magdeburg getroffen wurden. Die Winterquartiere sollte Soubise an der Saale beziehen und von dort aus
die Verbindung mit dem Heere Richelieus unterhalten. Daß der
König von Preußen sich nach Thüringen vorwagte, geschah den
Franzosen wider alles Erwarten. Bernis hatte es dem Wiener Hof
zur Ehrenpflicht zu machen gesucht, das preußische Heer durch zwie-
fache Übermacht in Schach zu halten, und hatte durch den Botschafter
Stainville vor dem nachteiligen moralischen Eindruck gewarnt, den
ein preußischer Vorstoß mitten ins Reich hinterlassen müsse. Umgekehrt ließen die Österreicher durch Stainville dem französischen
Feldherrn die Erwartung aussprechen, daß er bei seiner Überlegenheit an Zahl es sich nicht nehmen lassen würde, den König von
Preußen zu schlagen. Aber der Feldherr und sein Hof dachten
ganz anders. Sehr richtig urteilte Belle=Isle, daß die Verweigerung
der Schlacht den Gegner in die peinlichste Verlegenheit setzen müsse,
und so erhielt Soubise die gescheite Weisung: „Der König ist überzeugt, daß Sie zu viel auf Ihren Ruhm geben, um ohne Not sich

---

[1] S. 524.

dem zweifelhaften Ausgang einer Schlacht auszusetzen." Soubise
zeigte für seine eigenartige Aufgabe viel Verständnis und traute
sich das Geschick zu, seine passive Kriegsführung so wirkungsvoll
zuzustutzen, daß doch auch die Gloire nicht zu kurz kommen sollte;
er schreibt am 27. September, als Friedrich noch mitten in Thüringen
stand: „Das wichtigste ist, wenn der König von Preußen sich von
Erfurt zurückzieht, daß wir den Augenblick wahrnehmen, ihn zu
verfolgen, damit wir sagen können, w i r seien es gewesen, die
ihn zum Rückzug gezwungen."

Nicht anders als Soubise verfuhr Richelieu; auch er war ent=
schlossen, einen Waffengang mit den Preußen zu vermeiden, und
arbeitete seit Anfang Oktober geradezu auf eine Art Waffenstillstand
hin, um seiner Winterruhe in den besetzten welfischen Gebieten desto
ungestörter sich freuen zu können.

Das Widerspiel hielt der Tatenscheu der Franzosen der Eifer des
Befehlshabers der Reichstruppen[1]). Prinz Joseph Friedrich von
Sachsen=Hildburghausen, österreichischer und des heiligen römischen
Reichs Generalfeldmarschall, damals fünfundfünfzigjährig, war trotz
seiner Mißerfolge vor zwanzig Jahren im Türkenkriege durch die
Gunst der Kaiserin=Königin nach langer Ruhezeit, „verrostet", wie
er selbst sagte, wieder hervorgezogen worden, nicht zum mindesten
seiner altfürstlichen Geburt halber, um dem Fürsten Soubise, der
in dem verbündeten Heere sich mit der zweiten Stelle begnügen
mußte, die Unterordnung zu erleichtern. Nur mit schwerem Herzen
drängte der Oberbefehlshaber fort und fort zum Vormarsch, und
nur auf immer erneute Befehle aus Wien. Er sei durch Kuriere,
klagte er nachmals, „dergestalt zum Avancieren animiert," daß es
wirklich den Anschein gehabt habe, als ob an seiner Herzhaftigkeit
gezweifelt würde.

Die neueste Bewegung der Verbündeten war veranlaßt durch
die Kunde von dem Aufbruch Hadiks nach Berlin und durch den in
Wechselwirkung erfolgten Abzug der Preußen von der Saale. Sou=
bise war der Reichsarmee zögernd gefolgt. Hildburghausens Absicht,
sein sogenannter großer Plan zur Befreiung Sachsens, war, dem
Korps des Barons Marschall, der auf Geheiß der Kaiserin aus der
Lausitz herbeieilen sollte, an der Elbe die Hand zu reichen und, falls
König Friedrich umkehrte und sich ihm entgegenwarf, es auf eine
Schlacht ankommen zu lassen.

Nun waren die Preußen unversehens da, und alsbald gingen die
Meinungen ihrer Gegner wieder weit auseinander. Der deutsche
General, zwischen Saale und Elster bei Teuchern gelagert, wollte
das gesamte verbündete Heer bei Lützen für den Kampf zusammen=

---

[1]) S. 528.

ziehen; sein französischer Sekundant zu Weißenfels weigerte sich, die Truppen seines Königs über die Saale zu nehmen, und berief sich auf ein soeben aus Versailles eingetroffenes Verbot. So mußte auch Hildburghausen am 30. Oktober das rechte Ufer verlassen und den Winkel zwischen Saale und Unstrut unterhalb des Zusammenflusses aufsuchen. Wäre der König von Preußen einen Tag früher von Leipzig aufgebrochen, er hätte die schwache, elende Reichsarmee noch diesseits fassen und erdrücken können. Der Ruhetag, den er am 29. seinen durch so viel Gewaltmärsche ermüdeten Truppen gönnte, ließ ihn den Teilgewinn versäumen zugunsten eines baldigen ganzen und vollständigen Erfolges: heute Sieger über Hildburghausen, würde er den vorsichtigen Soubise schwerlich morgen oder jemals vor seine Klinge bekommen haben.

Bis die von den Verbündeten zerstörten Brücken bei Weißenfels, Merseburg, Halle wieder hergestellt waren, vergingen mehrere Tage. Erst am 3. November führten die Preußen an allen drei Punkten ihren Übergang aus und vereinigten sich bis abends sieben Uhr im Lager von Braunsdorf. Die Schiffsbrücke bei Weißenfels ließ der König, ein zweiter Ferdinand Cortez, wie man im Heere sagte, abfahren, um dem Gegner die Möglichkeit zu nehmen, hier auszuweichen und wieder auf das rechte Saaleufer zu gehen.

Den Übergang den Preußen zu verwehren oder zu erschweren, ihre drei getrennten Kolonnen anzufallen hatte der Gegner nicht versucht; es schien geratener, sich auf den Höhen bei Mücheln, die Front gegen Merseburg, eng zusammenzuschließen und dort den Angriff abzuwarten. Auch Soubise, vor kurzem durch 20 Bataillone und 18 Schwadronen aus dem Lager Richelieus verstärkt, glaubte jetzt ehrenhalber im Angesicht des kleinen preußischen Heeres nicht zurückgehen zu dürfen. Die Parteien lagerten nur eine Stunde voneinander entfernt.

Am 4. November morgens um vier Uhr marschierten die preußischen Truppen links ab, um den Feind in seiner rechten Flanke zu umfassen. Es zeigte sich, daß er sein gestern abend von dem Könige persönlich ausgekundschaftetes, unvorteilhaftes Lager über Nacht geschickt verändert hatte. Die neue Stellung, in der Rechten durch den Wald von Branderode, in der Linken bei Mücheln durch weichen Wiesengrund, in der Front durch einen tiefen Einschnitt gedeckt, bot der Reiterei kein Angriffsfeld und konnte auch von der Infanterie nur durch einen Frontalvorstoß bezwungen werden, zu dessen Durchführung die kleine Zahl der preußischen Bataillone nicht auszureichen schien. Den Gegner schätzte man nach den vorliegenden Nachrichten auf 60 000 Mann. Der König ging deshalb gegen neun Uhr morgens über Schortau zurück und bezog dem Feinde gegenüber ein neues Lager zwischen Roßbach und Bedra.

Im Heer der Verbündeten verbreitete sich lärmender Jubel; bei
allen Truppenteilen ward das Spiel gerührt, das Geschütz donnerte
den Abziehenden nach, als gelte es Viktoria zu schießen.  Man
konnte, sagt Friedrich, der französischen Fanfaronnade nur das deutsche
Phlegma entgegensetzen.

Lange konnte der heute so stolze Feind, von seinen Magazinen
durch die Unstrut getrennt, hier in Kälte, Blöße und Hunger nicht

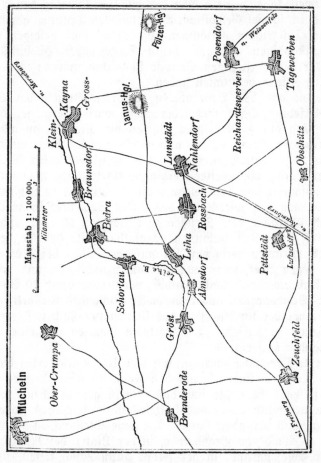

ausharren.  Die Reichstruppen waren schon seit mehreren Tagen
ohne Brot und Fourage.  Man mußte sich zurückziehen, was schimpf=
lich und nicht ohne Gefahr gewesen wäre, oder sich schlagen.  In
der gehobenen Stimmung des Augenblicks erhielt der Reichsfeld=
marschall von dem französischen General für den kommenden Tag
die Zustimmung zur Offensive.  Man entschied sich für einen Rechts=
abmarsch in der Richtung auf Merseburg, um die Rückzugslinie der

Preußen zu bedrohen; dann mußten sie angreifen oder abziehen. Soubise entsandte einen Kurier nach Versailles, der unterwegs schon im voraus verkündete, am 5. November sei der König von Preußen sicherlich total geschlagen worden.

Man verfügte im Lager über 41—42 000 Mann. Drei Viertel des Heeres waren Franzosen. In unmittelbarer Nähe, bei Klein-Jena, Freiburg und Kösen, stand die größere Hälfte der Reichs-armee, an 21 000 Mann, mit der Aufgabe, die Verbindungslinien, die Magazine und die „rückwärts gelegenen Reichskreise" zu decken.

Am 5. in aller Frühe stellte der Prinz von Hildburghausen schriftlich nochmals den Antrag, unverzüglich, noch heute, auf den Feind zu gehen und ihn anzugreifen. Ein Kriegsrat hieß den Vor-schlag gut. Um acht Uhr ward Generalmarsch geschlagen, aber da Soubise wieder schwankend wurde, kam Mittag heran, ehe die letzten Abteilungen sich in Marsch setzten. 8 Bataillone und 12 Schwadronen, unter dem Grafen St. Germain, und Loudon mit seinen Kroaten und Husaren, im ganzen 6—7000 Mann, blieben auf den Höhen von Schortau und Gröst zur Beobachtung des preußischen Lagers.

Man marschierte anfänglich in drei, bald aber, nach einigen Stockungen und Kreuzungen, in fünf Kolonnen. Zur linken das erste Treffen, 16 Schwadronen Deutsche voraus, dann 16 Bataillone und 12 Schwadronen Franzosen. In der zweiten Kolonne die fran-zösische Reserveartillerie. In der mittelsten das Reservekorps unter Broglie, 8 Bataillone und 12 Schwadronen Franzosen. In der vierten das zweite Treffen, 17 Schwadronen Deutsche, 16 Bataillone Franzosen. Die fünfte Kolonne bildete das Reichsfußvolk, 11 Ba-taillone.

Sein Fernrohr vor dem Auge beobachtete König Friedrich seit der achten Morgenstunde vom Söller des Roßbacher Herrenhauses durch eine Öffnung des Daches — er hatte die Ziegelsteine heraus-nehmen lassen — die Bewegungen seiner Feinde. Der Gutsver-walter gab Auskunft über die Örtlichkeiten, Patrouillen brachten widersprechende Nachrichten. Es blieb unsicher, ob die Verbündeten über die Unstrut abziehen oder ob sie nach der Merseburger Seite sich ins offene Feld wagen würden, was Friedrich wünschen mußte und doch für das Unwahrscheinlichere hielt. Eine falsche oder über-eilte Bewegung von seiner Seite, sagte er sich, konnte alles, was sich vielleicht günstig vorbereitete, verderben. Endlich verließ er seinen Beobachtungsposten und setzte sich zu Tisch. Da brachte ihm Kapitän Gaudi, es war zwei Uhr geworden, die noch ungläubig aufgenommene Meldung, daß der Feind wahrhaftig anmarschiere. Auf den Dachboden zurückgeeilt, überzeugte der König sich endlich, wie die Marschkolonnen vor Pettstädt am Obschützer Wald nicht die Straße nach Naumburg einschlugen, sondern sich nach Lunstädt wendeten, wo der das preußische Lager in der Front deckende Morast sein Ende nahm.

Sofort ward der Aufbruch befohlen. Die Pferde waren schon gesattelt, binnen wenigen Minuten verschwanden, zum Staunen des Feindes, die Zelte „wie eine Theaterdekoration", nur einige Schwadronen Husaren und Mayrs Freibataillon blieben auf dem Lagerplatz zurück, um dem Marsch gegen diese Beobachter den Rücken zu decken. Für den Kampf waren nunmehr noch 26 Bataillone und 38 Schwadronen verfügbar, etwas über 20 000 Mann. Um ½3 Uhr wurde abmarschiert, in der Richtung des Höhenrückens, der sich vom Lager nach dem Janushügel hinzog. Man hatte nur die halbe Sehne des großen Bogens zu durchmessen, in welchem die Gegner seit dem Morgen marschierten, und konnte sicher sein, die Öffnung zwischen Lunstädt und den Anhöhen bei Reichertswerben, durch die sie zu debouchieren gedachten, vor ihnen zu erreichen. Den für den Angriff bestimmten linken Flügel führte Prinz Heinrich, den rechten, der sich zurückhalten und hinter dem Leibebach Deckung suchen sollte, Ferdinand von Braunschweig; an Reiterei waren diesem Flügel nur die Feldwachen zugeteilt, die nun, um den Schein einer Deckung zu erwecken, ein Glied hoch in langer, dünner Linie aufgestellt werden mußten. Die gesamte übrige Kavallerie unter dem Befehl des jüngsten Generalmajors, des sechsunddreißigjährigen Seydlitz, setzte sich im Trab an die Spitze des Fußvolks; sie marschierte am Fuße des Bergrückens, durch die Höhe den Blicken des Feindes völlig entzogen. Jenseit plänkelten nur einige Husaren und hinderten die feindlichen Patrouillen, zum Auslug heraufzureiten.

Noch setzte die Reiterei der Verbündeten, an der Spitze der ersten und der vierten Marschkolonne, in zwei langen Parallelen ahnungslos ihren Marsch fort, da sausen ihr vom Janushügel die Geschosse einer unversehens aufgefahrenen Batterie entgegen, und zugleich tauchen über der Höhe hinter Reichertswerben Mann und Roß auf, eine lange prächtige Front, 15 Schwadronen, Dragoner und die Leibkürassiere, in zwei Gliedern. Den Säbel in der Faust, mit verhängtem Zügel, „wie ein Blitz", jagen sie den Hang hinab. 5 Schwadronen grüne Husaren brechen in der linken Flanke des Anmarsches aus dem Hinterhalt hervor. Die enggeschlossenen Marschlinien, die eine 16, die andere 17 Schwadronen tief, sehen sich durch den stürmischen Anprall völlig überrascht, eingewickelt, umgestoßen. Nur die kaiserlichen Kürassierregimenter Pretlack und Trautmannsdorff, die kurpfälzischen Kürassiere und die württembergischen und ansbachischen Dragoner haben Zeit gehabt, aufzumarschieren, und fallen nun unter persönlicher Führung des Reichsfeldmarschalls auf die Angreifer. Kopf an Kopf halten die Rosse gegeneinander, die Reiter hauen sich ins Angesicht, die Kaiserlichen brechen durch. Schon

aber sind aus dem zweiten preußischen Treffen 18 Schwadronen
Küraffiere zur Stelle, von Seydlitz selber geführt, die Zurückgewichenen schließen sich wieder an, „und so geht alles, Küraffier,
Dragoner, Husar, wie die Furien in den Feind hinein". Die Reiter
von der Reichsarmee sind bereits unsichtbar geworden. „Ihr Brüder,
lauft was laufen kann", rufen sie im Vorbeijagen dem Fußvolk zu.
Wohl greift jetzt Broglie mit 14 Schwadronen Franzosen in den
Kampf ein, wohl sprengt vom anderen Flügel der Raugraf mit
8 Schwadronen herbei — vergebens, alles muß den Kampfplatz
räumen und die Infanterie ihrem Schicksal überlassen.

Sie war nicht überrumpelt worden, wie die Reiterei; denn die
preußischen Bataillone, im Marsch zurückgeblieben, entwickelten sich
erst, als der Reiterkampf bereits tobte. In dem Augenblicke, da
das preußische erste Reitertreffen wich, erboten sich die französischen
Offiziere gegen Hildburghausen, mit dem Bajonett auf das preußische
Fußvolk loszugehen. Das erste Treffen rückt mit mehr Elan als
Ordnung an, die Bataillone teils noch in Marschformation, teils
schon zur Linie entwickelt, eine ungleichartige, ungelenke Schlachtreihe; zwischen den Infanteriekolonnen hat sich der Artilleriepark
in stockender Enge festgefahren. Bei den Preußen vollzieht sich der
Aufmarsch um so glatter, tadellos. In wohlgegliederter Staffel
schieben sich die Bataillone des linken Flügels schräg auf den Feind
zu. Ihr Feuer versparen sie sich bis auf nächste Nähe. Eine Kompanie der Brigade Piemont wird fast ganz zu Boden gestreckt.

Dem Regiment Alt-Braunschweig reitet der König voraus, etwa
zwanzig Schritt vor der Front. Ein breiter Graben kann die Vor-
wärtseilenden nicht beirren, die Behendesten erklimmen die Böschung
und ziehen die Kameraden an den Armen nach; schnell wieder gerichtet stürmt die Linie weiter. „Vater, aus dem Wege, daß wir
schießen können," rufen dann die Musketiere dem Könige zu. Die
französische Infanterie, deren Feuer man bekommen hat, ist schon
verschwunden. Nun läuft ein Hohlweg dem Regiment quer entgegen und nötigt es, sich zu spalten. In diesem Augenblicke kommt
Kavallerie angesprengt, mit Heftigkeit befiehlt der König, die Lücke
zu schließen; als das nicht angeht, ruft er den Burschen einfach zu,
sie sollen ihnen tüchtig unter die Nase pfeffern. Eine wohlvorbereitete
Salve treibt die Reiter in die Flucht, ihr Führer fällt.

Im ganzen sind von den Preußen nur 7 Bataillone zum Schuß
gelangt, und das Feuergefecht der Infanterie währte nicht über
eine Viertelstunde; zu rasch lösten sich bei dem Feinde alle Bande
der Ordnung. Das zweite Treffen war zuerst geflohen, entweder
weil es Seydlitzen unter die Klinge zu kommen fürchtete, der jetzt
Front gegen des Feindes Rücken bilden ließ, oder wirklich ganz ohne
ersichtlichen Grund, wie nachher einer der französischen Generale

behauptet hat.  Als das französische Reservekorps und das allein ins
Feuer gekommene erste Treffen dem schlechten Beispiele folgten,
blieben auf dem eilends geräumten Plane nur die Kanonen stehen,
die meisten Batterien und fast sämtliche Bataillonsgeschütze.  Wie
hätte da die Reichsinfanterie, die sich neben dem französischen zweiten
Treffen zu formieren versuchte, standhalten sollen?  Die fränkischen
und kurbayrischen Bataillone warfen das Gewehr weg, als die
Preußen noch weit entfernt waren; in besserer Ordnung traten nur
das in kaiserlichem Sold stehende blaue Regiment Würzburg und das
darmstädtische Bataillon unter seinem Prinzen Georg den Rückzug an.

Wo auf der allgemeinen Flucht noch Widerstand geleistet wurde,
ging er von einzelnen Trupps aus, zumal von den französischen
Schweizerregimentern.  „Alles vermengte sich,“ sagt ein französischer
Schlachtbericht, „und es war unmöglich, eine Ordnung wiederher-
zustellen oder Einhalt zu tun, obgleich Soubise und alle Generale
und Offiziere taten, was tunlich war.  Die preußische Infanterie
folgte der unseren, gab ihr Feuer ab, sobald einige Truppen sich
zu sammeln begannen, und schoß in stetem Marsch, ohne daß ein
einziger Mann aus Reih und Glied kam.  Die Artillerie — auch
die Positionsgeschütze folgten trotz seiner eiligen Flucht dem Feinde
nach — zielte ununterbrochen auf uns.“  Hildburghausen aber berichtete an den Kaiser Franz: „Wenn man meinte, eine Eskadron
oder ein Bataillon beieinander zu haben, durfte nur eine einzige
Stückkugel dazwischen fahren, da lief alles wie Schafe davon; unser
größtes Glück war, Allergnädigster Herr, daß es Nacht geworden
ist, sonsten wäre, bei Gott, nichts davongekommen.“

Auf den Höhen bei Freyburg zündeten die ersten Flüchtlinge
Feuer an, als Wegzeichen für die in der Dunkelheit Nachfolgenden.
Alles strömte nun dorthin der Unstrutbrücke zu.  Die ganze Nacht
hindurch wurden Truppen und Troß übergeführt.

Als die Flucht schon allgemein war, erschienen von Schortau
her fünf Reiterregimenter vom Korps des Grafen St. Germain und
hielten eine Zeitlang hinter Pettstädt, ohne angegriffen zu werden.
Denn über das Schlachtfeld hinaus sind die Geschlagenen nicht verfolgt worden.  Die preußische Reiterei, die sich zum Nachsetzen anschickte, stieß bei der schnell einfallenden Nacht in dem durchschnittenen
Gelände auf Hindernisse; bei dem Versuch, einen Graben zu nehmen,
hinter dem sich eine dünne Infanterielinie zeigte, ward Seydlitz,
wie vorher schon Prinz Heinrich, verwundet.  Auf der Höhe von
Obschütz angelangt, ließ der König das Ganze Halt machen.  Die
Leute würden, wie uns ein Offizier versichert, beim besten Willen
nicht weitergekommen sein, da sie zwei starke Stunden hindurch
unausgesetzt hatten traben müssen.  Unter freiem Himmel lagerte
man sich, die Kälte war schneidend, die Soldaten lasen die von den

Flüchtlingen weggeworfenen Gewehre auf und schichteten die Schäfte
für ihre Wachtfeuer zusammen. Ringsum, wohl aus jedem Regi=
ment heraus, stiegen die feierlichen Klänge ihrer Choräle zum nächt=
lichen Himmel empor. „Der hätte ein Unmensch sein müssen," er=
zählt uns einer dieser gottesfürchtigen Kriegsleute, „der da nicht
hätte einstimmen wollen." Tiefen Eindruck machte dabei auf die
Zuschauer die fromme Andacht des rauhen Prinzen Moritz.

Der König nahm sein Nachtquartier an der Saale in Burg=
werben; die Schloßherrin ließ er ihr Linnen hergeben, um den ver=
wundeten Franzosen Verbandzeug zu schaffen. Von hier fertigte
er einen Adjutanten mit der Siegesbotschaft an die Königin nach
Magdeburg ab. Der Markgräfin aber schrieb er an diesem Abend:
„Nach so viel Unruhen, wohlan, dem Himmel sei Dank, ein günstiges
Ereignis, und es soll gesagt sein, daß 20 000 Preußen 50 000 Fran=
zosen und Deutsche geschlagen haben. Jetzt werde ich mit Frieden
in die Grube fahren, nachdem der Ruf und die Ehre meines Volkes
gerettet ist. Wir können unglücklich sein, aber wir werden nicht
entehrt sein. Sie, meine teure Schwester, meine gute, göttliche,
zärtliche Schwester, da Sie an dem Geschick eines Sie anbetenden
Bruders teilzunehmen geruhen, teilen Sie jetzt auch meine Freude."

––––––––

Erst der nächste Tag offenbarte die ganze Größe des Erfolgs.
Zunächst war kein Feind zu sehen, aber die Straßen waren wie
besät mit Hüten und Kürassen und Reiterstiefeln, deren sich die
Fliehenden entledigt hatten. Aus den Dörfern und Wäldern schleppte
das Landvolk die Versprengten herbei und überlieferte sie gegen
ein Kopfgeld den preußischen Soldaten. Bei Eckartsberga erblickte
man endlich am Nachmittag den Feind, Reichstruppen, die eben
ein Lager beziehen wollten. Sie waren an der Saale von den
detachierten Bataillonen aufgenommen worden; jetzt genügte das
Erscheinen einiger Husaren, um alle, die geschlagenen und die frischen
Truppen, durch die Hohlwege Reißaus nehmen zu lassen, und zwar,
wie Graf Holnstein, der Führer des bayrischen Kontingents, klagte,
„mit solcher Inquiétance, daß die hohe Generalität sich gezwungen
sah, sich ebenfalls nach der Retirade umzusehen." Es war ein Laufen,
„noch viel schneller und lustiger anzusehen, als das nach der Haupt=
und Staatsaktion selbst". Nur eins der fränkischen Regimenter harrte
in unbeschreiblicher Kälte und bei dem schärfsten Wind „mit zwei=
tägigen nüchternen Mägen" bis in die Nacht aus. Im Lager bei
Weimar blieb man am 7. ungestört, aber wieder ohne Stroh, Holz
und Zelte. Rasttag wurde erst am 10. November bei Saalfeld
gehalten. Am 15. überschritten die Trümmer der Reichsarmee bei
Lichtenfels den Main.

Noch eiliger hatten es die Franzosen. Soubise hatte am Abend
der Schlacht sich vermessen wollen, die Unstrutlinie zu behaupten,
nachher aber gönnte auch er sich erst am sechsten Tage Rast, in Nord-
hausen, wo Hilfe von Richelieu ihn erwartete. So waren die Heere,
die am 5. aus gemeinsamem Lager zur Schlacht ausgerückt waren,
am 10. um mehr als 15 Meilen voneinander getrennt.

Wie richtig vermutete einer von den Reichischen voll Selbstironie,
daß es nun einen großen Präzedenzstreit zwischen Deutschen und
Franzosen geben werde, „wer am ersten und geschwindesten weg-
gelaufen sei". „Unsere Disposition war, wie ich meine, sehr gut,"
sagte Soubise in einem vertraulichen Brief, „aber der König von
Preußen hat uns nicht die Zeit gelassen, sie auszuführen. Vor allen
Dingen gilt es jetzt, soweit es angeht, die Ehre der Nation zu retten
und das Unglück auf die Reichstruppen zu schieben." Vergebliches
Bemühen! Hören wir Voltaire: er hatte jüngst gemeint, daß nur
eine enorme österreichische oder französische Dummheit seinen alten
Schüler noch retten könne, und hatte das süße Rachegefühl gekostet,
„einen König trösten zu dürfen, der ihn mißhandelt habe". Roßbach war noch etwas mehr als eine „enorme Dummheit". „Jetzt
hat er alles erreicht," schreibt Voltaire enttäuscht, „was er immer
sich ersehnt hat: den Franzosen zu gefallen, sich lustig über sie zu
machen, und sie zu schlagen ... Die Nachwelt wird immer staunen,
daß ein Kurfürst von Brandenburg nach einer großen Niederlage
gegen die Österreicher, nach dem völligen Ruin seiner Bundesgenossen,
in Preußen durch 100 000 siegreiche Russen verfolgt, von zwei französischen Heeren bedrängt, die gleichzeitig auf ihn fallen können,
es fertig bekommen hat, allen zu widerstehen, seine Eroberungen
zu behaupten und eine der denkwürdigsten Schlachten dieses Jahrhunderts zu gewinnen. Ich verbürge mich dafür, daß er jetzt den
Klageliedern Epigramme folgen lassen wird. Für die Franzosen
im Ausland ist gegenwärtig keine gute Zeit. Man lacht uns ins
Gesicht, als wären wir die Adjutanten des Herrn von Soubise
gewesen." Eine treffende Kritik, schneidender als alle Chansons und
Witzeleien der Pariser über diesen Soubise, der mit der Laterne
erst das preußische Heer und dann sein eigenes sucht und einen
Mieter für sein Haus verlangt, weil er wieder die Kriegsschule zu
beziehen gedenkt.

Es war nicht anders: die bisher so stolzen und so gefürchteten
Franzosen mußten jetzt mit der von ihnen selbst verachteten Reichs-
armee, der Reißausarmee, die Bürde der Lächerlichkeit zu gleichen
Teilen tragen. In aller Mund war das Spottverslein auf die ganze
Gesellschaft:

Und kommt der große Friederich und klopft nur an die Hosen,
So läuft die ganze Reichsarmee, Panduren und Franzosen.

Bei den Reichstruppen mischte sich in das unabweisbare Gefühl
der Beschämung unverhüllte Schadenfreude über die Demütigung
der Franzosen, aber auch über die eigene Niederlage. Die fränkischen
Kreisregimenter hatte Soubise schon vordem als „ganz preußisch
gesinnt" bezeichnet — das war die Gesinnung der evangelischen
Truppen insgemein. Und wenn noch etwas gefehlt hatte, die
Stimmung des protestantischen Volks gegen die Franzosen aufzu-
bringen, so waren es die kirchenschänderischen Ausschreitungen, die
sich der französische Soldat in protestantischen Gebieten, auch den
kursächsischen, die man befreien wollte, zuschulden kommen ließ.
Den preußischen Sympathien der unfreiwilligen Gegner Preußens
gaben die Feldbriefe getreuen Ausdruck, die der Sekretär oder „latei-
nische Adjutant" des Prinzen Georg von Hessen, der witzige Elsässer
Mollinger, nach Darmstadt sandte: „Ich wollte," schreibt er während
der großen Retirade, „dem heiligen Römischen Reich untertänigst
ohnmaßgeblichst anraten, daß es sich ja so bald nicht wieder mit
dem bösen Fritze in ein Handgemeng einlasse, da er uns so kräftig-
lich erwiesen hat, daß er das Kriegshandwerk gar viel besser als
wir verstehe."

Dem heiligen Reiche zu um so größerem Tort, und um die
Lacher vollends auf die Seite des Königs von Preußen zu bringen,
ward gerade jetzt reichskundig, daß am 14. Oktober zu Regensburg
der brandenburgische Reichstagsgesandte mit dem gerichtlichen
Schergen des Reichshoffiskals nicht minder summarisch zu Werke
gegangen war, als sein Gebieter am 5. November mit den bewaffneten Vollstreckern der kaiserlichen Mandate. Denn als der Notarius
Aprill ihm die kaiserliche Vorladung an den König von Preußen
mit der gestrengen Schlußformel „Darnach weiß Er, Kurfürst, sich
zu richten" hatte insinuieren wollen, war der hitzige Herr von Plotho,
nach des Notari eigener Schilderung in der jetzt der Öffentlichkeit
übergebenen Beschwerdeschrift, „in diese Formalia wider ihn aus-
gebrochen": „Was, du Flegel, insinuieren?", hatte dem Erschrockenen
sotane Zitation mit aller Gewalt vorwärts in den Rock gestoßen
und geschoben, ihn selbst zur Tür hinaus gedrückt und zween Be-
dienten zugerufen: „Werfet ihn über den Gang hinunter!" Von
nun an waren die beiden in deutschen Landen volkstümliche Gestalten, sowohl

der Rechtsanwalt Aprill,<br>Der zu Regensburg von der Treppe fiel,

wie sein Bedränger Plotho, „der kleine gedrungene Mann mit den
schwarzen Feueraugen", auf den sieben Jahre später, als er in Frankfurt zur Kaiserwahl erschien, aller Augen und vor allen die frohen
Augen des jungen Wolfgang Goethe gerichtet waren.

König Friedrich stimmte in den Chor der Spötter, denen sein

Roßbacher Sieg so dankbaren Stoff bot, mit grotesken Scheide-
liedern an die „parfumierten Helden", die zerschmetterten „Écra-
seurs" ein, denn Voltaire hatte richtig vorausgesehen, daß jetzt die
Zeit der Epigramme wiederkehren werde. Über Weimar hinaus
konnte der Sieger, durch unabweisbare Aufgaben wichtigerer Art
abgezogen, die „Scheidenden" nicht verfolgen. Die Zahl der Gefangenen belief sich bis zum 12. November auf 6000, dazu 250 Offiziere; an Siegeszeichen zählte man 15 Standarten, 7 Fahnen,
2 Paar Pauken. An Kanonen waren 72 erbeutet, mehr als zwei
Drittel der gegnerischen Artillerie. Nicht einmal der Trost blieb
den Besiegten, ihren Überwindern ein Feldzeichen abgenommen zu
haben. Denn die erbeutete Standarte, von welcher der Wiener
Schlachtbericht erzählte, stellte sich bei näherer Besichtigung als eine
württembergische heraus: die österreichischen Husaren hatten sie in
der allgemeinen Verwirrung den eigenen Bundesgenossen abgejagt
und mußten sie nachher „mit vielen höflichen Entschuldigungen"
ihnen zurücksenden. Den Preußen hatte diese „bataille en douceur" nur 156 Tote und 376 Verwundete gekostet.

Die weitere Verfolgung der Franzosen, die eigentliche Ausnutzung
des glänzenden Sieges und des panischen Schreckens, mußte für
den Winterfeldzug in Niedersachsen vorbehalten bleiben, den Friedrich
dem König von England schon vor der Schlacht in Vorschlag gebracht hatte. Jetzt sei es Zeit für die Hannoveraner, erklärte er am
9. November zu Merseburg ihrem General Schulenburg, die Maske
fallen zu lassen und mit fliegenden Fahnen vorzugehen, ein wohl-
applizierter Tritt — — werde genügen, um von den Franzosen
für den nächsten Sommer nichts mehr zu hören.

Ein Beobachtungskorps brauchte er jetzt an der Saale nicht mehr
zurückzulassen. So ward die Abteilung des Feldmarschalls Keith
für eine Diversion nach Böhmen frei, durch die das österreichische
Korps in der Lausitz abgelenkt, an etwaigen neuen Anschlägen auf
die preußische Hauptstadt verhindert werden sollte. Friedrich selbst
trat am 12. November von Leipzig aus den so lange geplanten
Marsch nach Schlesien an, mit 18 Bataillonen und 28 Schwadronen,
nicht viel über 12 000 Mann. Wohl war jetzt „das Eis gebrochen",
aber Roßbach war immer nur „ein erster Anfang vom Glück" und
verschaffte dem „irrenden Ritter" gerade nur die Möglichkeit, neue
Gefahren anderwärts aufzusuchen.

In Wien wie in Versailles hatte man von dem Prinzen Karl
nach seinem Einmarsch in Schlesien erwartet, daß er der langen
Untätigkeit in der Lausitz jetzt um so entscheidendere Schläge folgen
lassen würde. Er zittere für Karls Ruhm, mahnte der Kaiser
seinen Bruder, wenn es dem kleinen preußischen Heer gelingen
sollte, immer wieder zu entwischen. Schritt für Schritt zurück-

weichend, hatte Bevern doch verstanden, durch sein zeitweiliges, dem
Könige anfänglich unerklärliches Austreten auf das rechte Oder=
ufer[1]) Breslau vor dem Feinde zu erreichen und sich auf dem linken
Ufer die starke Stellung zwischen der Stadt und dem Lohefluß zu
sichern. Dort ihn anzugreifen, hielten die österreichischen Generale,
seit dem 3. Oktober im Lager von Lissa, für bedenklich und schlugen
der Kaiserin vielmehr die Belagerung von Schweidnitz vor. Maria
Theresia willigte ein, unter der Bedingung, daß nach Schweidnitz
„dieses häßliche Breslau" an die Reihe kommen würde. Nadasdy
verließ das Hauptheer mit 30 000 Mann und hielt seit dem 13. Ok=
tober Schweidnitz eingeschlossen. Aller Welt zur Überraschung kapi=
tulierte die starke Festung, 16 Tage nach Eröffnung der ersten
Parallele, schon am 12. November.

König Friedrich erhielt die Nachricht von der Übergabe am 19.
noch in Sachsen, zu Großenhayn. Er tadelte aufs schärfste den
Herzog von Bevern, daß er seinen Vorsatz, während der Belagerung
das so erheblich verringerte österreichische Hauptheer anzugreifen,
nicht ausgeführt habe. Auf die Annahme, daß Bevern das Ver=
säumte inzwischen, bevor Nadasdy wieder da war, nachgeholt haben
würde, gründete sich Friedrichs Plan: hatte sein General gesiegt,
so wollte er selbst sich nach Hirschberg und Landeshut wenden und
Bevern sollte ihm den geschlagenen Feind durch eine nachdrückliche
Verfolgung entgegentreiben; war die Schlacht verloren, so wollte
Friedrich nach Glogau gehen und seine geschlagenen Truppen dort
aufnehmen. Als nun aber am 20. die Meldung kam, daß Bevern,
nachdem Schweidnitz einmal verloren, den dem Heere für den 14.
schon erteilten Angriffsbefehl zurückgenommen hatte, änderte der
König seinen Entschluß und kündete dem Herzog jetzt seinen Marsch
nach Breslau an: „Ich werde dem Feind gerade auf die Flanke
gehen, da Ew. Liebden ihn dann en front attaquieren müssen, so
daß wir mit Gottes Hilfe ihn gerade nach der Oder bringen und
jagen wollen."

Am 24. November, nach dem Übergange über den Queiß, in
dem Augenblick, da sein Fuß das schlesische Land wieder betritt,
wird dem König die Nachricht zugetragen, daß Bevern die Öster=
reicher vorgestern total geschlagen hat. Mit ihrer ganzen Lebhaftig=
keit bemächtigt sich seine Phantasie der willkommenen Neuigkeit und
ihrer Tragweite. Dieser Glückswechsel seit einem Monat dünkt ihm
schier unerhört. Nun soll der Krieg ein Ende haben; man wird
dem geschlagenen Feinde den Rückzug abschneiden, ihn ganz und
gar einschließen, ihn vielleicht zwingen, das Gewehr zu strecken, ihn
vernichten. Keith erhält den Befehl, zu versuchen, ob er nun sich

[1]) S. 531.

in Böhmen behaupten, möglicherweise Prag durch einen Handstreich nehmen kann.

Der ganze Tag verstreicht, auch die Nacht und der nächste Morgen, ohne daß eine Bestätigung von Bevern kommt. Der König be= schwichtigt seine Ungeduld, indem er sich sagt, daß der Bote den Umweg rechts von der Oder eingeschlagen haben wird. Endlich ist der Kurier da. Eine Schlacht hat am 22. November stattgefunden, aber Bevern hat sie verloren.

Der entschiedene Befehl der Kaiserin=Königin, nach dem Fall von Schweidnitz alsbald mit Breslau Ernst zu machen, hatte die Zaghaftigkeit der Generale überwunden. Zu spät bereute Bevern, nicht nach seinem ersten richtigen Gefühl den Feind während der Belagerung von Schweidnitz aufs Geratewohl bei Lissa angegriffen zu haben. Die preußische Stellung an der Lohe, obgleich stark be= festigt, war viel zu ausgedehnt, um gegen den Angriff eines um das Doppelte überlegenen Heeres mit Erfolg verteidigt zu werden. Wohl hatte in der ungedeckten linken Flanke des Lagers, bei Klein= burg, Zieten seinen Partner von Kolin, Nadasdy, erfolgreich ab= gewiesen, in der Front aber waren nach langem hartnäckigen Kampf die vorgelagerten befestigten Dörfer bis zur Dunkelheit den Preußen entrissen. Beverns Absicht, durch nächtlichen Überfall die Sieger über die Lohe zurückzuwerfen, mußte aufgegeben werden, da der Feldherr die übermüdeten Truppen nicht mehr in der Hand hatte.

So schwer der Verlust der Schlacht von Breslau die preußische Sache traf, der König ward in seinem einmal gefaßten Entschluß keinen Augenblick erschüttert. Er befahl Bevern, die geschlagenen Truppen ihm jenseits der Oder nach Leubus entgegenzuschicken, selber aber Breslau bis aufs äußerste gegen eine Belagerung zu halten und einen Ausfall zu machen, wenn das vereinigte preußische Heer die Österreicher vor der Stadt angreifen werde. Auch jetzt noch hoffte er dem Feind die Schlacht mit verwandter Form auf= zwingen, ihn von seiner Rückzugslinie nach Böhmen abdrängen, auf die Oder treiben zu können.

Völlig durchkreuzt wurden seine Entwürfe erst durch ein neues Ereignis, das ungleich verhängnisvoller war, als selbst der Verlust der Schlacht. Im Morgengrauen des 24. November war Bevern auf einem einsamen Erkundungsritt den Kroaten in die Hände gefallen und noch desselben Tages hatte der greise General Lestwitz, fassungslos in der allgemeinen Verwirrung, Breslau übergeben. Nun war der Feind durch nichts in seinen Bewegungen gehemmt und konnte sich ohne Besorgnis vor einem Ausfall in eben dem Lager hinter der Lohe verschanzen, das er am 22. in heißem Strauß sich geöffnet hatte, und das, von einer Überzahl gegen eine Minder= heit verteidigt, als uneinnehmbar gelten durfte.

Und doch konnte nichts als eine Schlacht, eine große Schlacht, ein großer Sieg die preußische Sache noch retten. Friedrich war zu allem entschlossen und mochten seine Gegner „auf dem Gipfel des Zobtenberges" sich verschanzt haben. Jede neue Verschlimmerung seiner Lage ward für die Ausführung des von Anfang an Beschlossenen nur ein Grund mehr.

Am 28. November überschritt er zwei Meilen unterhalb des von den Österreichern besetzten Liegnitz die Katzbach und lagerte sich bei Parchwitz. Durch die seit der Mitte des Monats andauernde milde Witterung begünstigt, hatte er in dreizehn, nur durch drei Ruhetage unterbrochenen Märschen vierzig Meilen zurückgelegt. Die Truppen, unterwegs neu eingekleidet und in Kantonementsquartieren durch die Hauswirte besser, als es sonst aus den Magazinen geschah, verpflegt, waren guten Mutes und brannten darauf, jetzt auch den Österreichern ein Roßbach zu bereiten.

„Eure Exzellenz," schreibt Eichel am 1. Dezember aus Parchwitz an Finckenstein, „werden sich den Zustand vorstellen, in welchem unser Herr nach so viel Unglücksschlägen sich befinden muß, die ihn hier in Schlesien binnen kurzem getroffen haben, infolge der enormen Fehler, um nicht mehr zu sagen, einiger seiner Generale. Indessen, Gott sei gelobt, ist er davon nicht niedergedrückt, sein Herz ist zerrissen, sein Kopf bleibt frisch und gut, er denkt augenblicklich nur daran, das Glück zu korrigieren und die Fehler der andern wieder gut zu machen." Wie oft war der alte Mann in vergangenen Tagen und wieder jüngst, als steter Gehilfe bei der Tagesarbeit, Zeuge erschütternder Seelenkämpfe, selbstquälerischen Grams und Zweifels gewesen; jetzt im härtesten Drange der Not, da die Bravsten den Kopf verloren, gewahrte Eichel bewundernd, wie sein König „gewiß und wahrhaftig eine Festigkeit zeige, die fast übernatürlich und, ohne Schmeichelei gesagt, eben nur ihm selbst ähnlich und eigen sei". In Friedrichs Briefen aus diesen Tagen begegnet kein Zweifel, keine Klage mehr. Hatte schon der Tag von Roßbach ihm das innere Gleichgewicht und das alte Selbstvertrauen wiedergegeben, so verschaffte ihm jetzt sein unerschütterlicher Vorsatz, sich diesmal durch keinerlei Bedenklichkeit vom Schlagen zurückhalten zu lassen, die tröstliche Sicherheit, aus seiner Bedrängnis in kürzester Frist so oder so erlöst zu werden. Eine letztwillige Verfügung, am 28. November aufgesetzt, sieht die beiden möglichen Fälle vor: ging die Schlacht verloren, so überlebte der König die Niederlage nicht, und für diesen Fall hatte er dem Erben einer verlorenen Sache, eines zusammenbrechenden Staates nichts mehr zu raten. Fiel er als Sieger, so sollte der Nachfolger trotz des Sieges unverzüglich einen Friedensunterhändler mit Vollmachten nach Frankreich senden.

Die härteste Probe blieb seiner Festigkeit allemal erspart, denn der volle Umfang der Gefahr verhüllte sich ihm. Wie vor Kolin unterschätzte er die Zahl des Gegners. Willig maß er dem Gerücht Glauben bei, welches die Verluste der Österreicher in der letzten Schlacht auf die Ziffer 24 000 hinauftrieb; den eigenen Verlust wollte er, viel zu niedrig, nur auf 3—4000 Mann anschlagen. So schmeichelte er sich mit der Aussicht, nach der Vereinigung seiner beiden Heere einem höchstens 40 000 Mann starken Gegner in ungefähr gleicher Zahl entgegenzutreten.

Am 1. Dezember traf auf dem Umwege über Glogau die Vorhut des schlesischen, jetzt von Zieten befehligten Heeres ein, tags darauf die Hauptmasse. Mit Ungeduld hatten die seither so unglücklich geführten Truppen diese Vereinigung herbeigesehnt; der gemeine Mann gab seiner Freude über die Gegenwart des Königs lauten Ausdruck. Friedrich hatte die an der schmachvollen Kapitulation von Breslau schuldigen und mitschuldigen Generale, Lestwitz, Katte, Kyau, bei ihrer Ankunft in Glogau verhaften lassen und kündete ihnen ein Kriegsgericht an; das Heer aber empfing er, wie wenn die Geschlagenen als Sieger kämen. Die Mannschaften wurden wegen ihres tapferen Verhaltens in der Schlacht belobt und erhielten reichliche Verpflegung; von den Führern wurden drei Generalmajors zu Generalleutnants befördert, darunter des Königs jüngster Bruder Ferdinand, der an der Lohe die Fahne in der Hand dem Kugelregen entgegengestürmt war. Auf jede Art sollte der gesunkene Mut neu belebt werden. Denn das Äußerste wollte der Feldherr von der Truppe verlangen. Es galt nicht bloß, ein geschlagenes Heer alsbald wieder an den Feind zu bringen; es galt, sich einer Stellung zu bemächtigen, deren Stärke jeder in diesem geschlagenen Heere aus eigener Anschauung kannte.

Vor Zittau hatte der König durch die Warnungen seiner Generale sich von dem beschlossenen Angriffe zurückhalten lassen[1]. Diesmal sollte jeder Einwand vorweg abgeschnitten werden, niemand durfte in Ungewißheit darüber bleiben, daß der Kriegsherr entschlossen war, sein Heer bis auf den letzten Mann einzusetzen.

So ließ er denn am letzten Tage des Aufenthaltes zu Parchwitz die Generale und Stabsoffiziere zusammenrufen, um mit seiner „deutschen Rhetorik" auf sie einzuwirken. Durch jedes Band waren sie an ihn gekettet, seine Vasallen, seine Offiziere, seine Kampfes- und Leidensgenossen. Viele hatten seit Monaten ihn nicht gesehen. Wie er nun in ihren Kreis trat, in seiner verschlissenen Uniform, gealtert, abgemagert, das große Auge ernst auf die erwartungsvoll Versammelten gerichtet, und dann mit dem ganzen Wohlklang seiner weichen Stimme „in Kürze und mit Nachdruck" ihnen seine Not=

---

[1] S. 516. 517.

lage zu schildern begann, da war der Eindruck überwältigend. Jedem
ist diese Stunde unvergeßlich geblieben, den Wortlaut der Rede
hätte niemand festzuhalten vermocht. Er gedachte des Verlustes
der Schlacht, des Verlustes von Schweidnitz und Breslau, aber auch
des glänzenden Sieges über die Franzosen; er erinnerte einen jeden
an eine ehrenvolle militärische Vergangenheit und sie alle an den
Preußennamen und heischte dann von ihnen Blut und Leben für
den Tag, da Preußens Geschicke sich entscheiden mußten. Dem aber,
der die preußische Sache verloren gäbe und sich von ihm trennen
wolle, sagte er hier auf der Stelle den Abschied zu, ohne daß den
Mann ein Vorwurf treffen solle. Es war das doch mehr, als eine
nur auf die oratorische Wirkung berechnete Form. Wie viele von
diesen kreuzbraven Haudegen hatten nicht seit dem Unglückstage von
Kolin sich in die Vorstellung hineingeredet, daß es aus dem Verderben kein Entrinnen mehr gäbe. Schon ging bei dem Feinde die
Rede, daß der König von Preußen von seinen ersten Generalen
und Verwandten verlassen werde; blieb doch der Prinz von Preußen
dem Heere dauernd fern, und glaubte man doch im österreichischen
Hauptquartier zunächst ganz fest, daß der Herzog von Bevern sich
absichtlich habe gefangen nehmen lassen. Vor allem aber: der
Tapfersten einer, Moritz von Dessau, hatte vor kurzem, eingeschüchtert
durch die Drohungen des Reichshofsrats, seine Entlassung aus dem
preußischen Kriegsdienst nachgesucht; er soll noch hier in Parchwitz
zu einigen Offizieren gesagt haben, daß die Lage verzweifelt sei
und leider in wenigen Tagen noch verzweifelter sein werde.
Jetzt mag sich sein Blick zu Boden gesenkt haben, wenn auf jene
Aufforderung des Königs der biedere Major Billerbeck in die laut-
lose Stille mit dem Kraftwort hineinplatzte: „Das müßte ja ein
infamer Hundsfott sein, jetzt wäre es Zeit."

Den Truppen ward kundgegeben, daß Seine Majestät den Feind
angreifen würden, wo Sie ihn fänden, und zu Ihrer Armee das
Zutrauen hätten, sie würde in eben der Absicht, wie Seine Majestät,
dem Feind entgegenmarschieren, zu siegen oder zu sterben. Für
jedes erbeutete Geschütz wurde ein Ehrenlohn von 100 Dukaten
zugesichert. Da und dort redete der König beim Ritt durch das
Lager selber die Leute an und freute sich ihrer treuherzigen Entgegnungen und des selbstbewußten Trostwortes, daß bei dem Feinde
„keine Pommern" seien: „Du weißt ja wohl, was die können!"

„Ich hoffe noch alles wieder gutzumachen," schreibt der König
an diesem 3. Dezember an Ferdinand von Braunschweig, „obgleich
ich nicht leugnen kann, daß es mir sehr viel Mühe kosten wird, und
daß ich hier die schwierigste und gewagteste Unternehmung vor mir
habe, die ich trotzdem mit dem Beistand des lieben Gottes zu be-
wältigen hoffe." Es ist nicht das einzige Mal in diesen Parchwitzer

Tagen, daß Friedrich der Hoffnung auf eine höhere Hilfe Ausdruck gibt.

Am nächsten Morgen ward das Lager aufgehoben, das Marsch-
ziel war Neumarkt.  Die kleine Stadt war von Kroaten besetzt,
abgesessene Husaren — denn die Infanterie war noch zurück —
sprengten das Stadttor und erbeuteten die Feldbäckerei des österreichischen Heeres mit Brotvorrat für 40 000 Mann.  Zugleich aber
erhielt man die frohe Kunde, daß der Feind seine feste Stellung
hinter der Lohe verlassen hatte und sogar schon über die Weistritz
vorgegangen war — ein großes, ungehofftes Ereignis.  „Der Fuchs

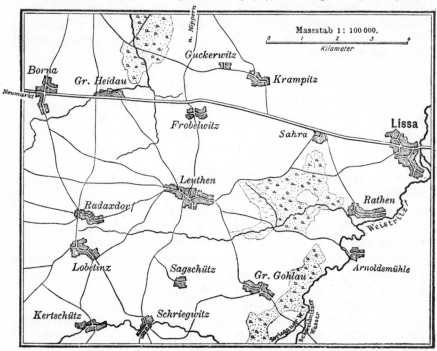

ist aus seinem Loche gekrochen,“ sagte der König vergnügt, „nun
will ich seinen Übermut strafen.“

Prinz Karl von Lothringen unterschätzte den Gegner nicht, der
ihn in vier Schlachten geschlagen hatte.  Nur durch geringen Zuzug
war das jüngst besiegte Heer verstärkt, aber dem einen unter den
neuen Ankömmlingen ging lähmender Schrecken voraus wie dem
zum Kampfe zurückkehrenden Achill.  In die leichtfertigen Spötte-
reien über die Potsdamer Wachtparade, die in seinem Lager gehört
wurden, stimmte der österreichische Feldherr so wenig ein, daß er
noch soeben an seinen kaiserlichen Bruder geschrieben hatte: „Ich
fürchte, wenn unsere Herren Verbündeten, wie ich es mir vorstelle,

nichts tun, und wenn die ganze Heeresmacht auf uns fällt, so werden
wir in starke Verlegenheit kommen." Aber er hatte aus Wien gemessenen Befehl, nicht zwar eine Schlacht zu wagen, aber doch
Liegnitz zu behaupten. Und so hatte er sich unter einstimmiger
Billigung seines Kriegsrats entschlossen, den Preußen entgegenzugehen, ehe sich der König in seinen Stellungen allzu stark befestigen
konnte; denn damit wäre es um die Ruhe der österreichischen Winterquartiere in Schlesien geschehen gewesen.

So nahe, wie die beiden Heere beieinander standen, mußte der
5. Dezember die große Entscheidung bringen. Um vier Uhr in der
Frühe traten die Preußen an, flügelweise, zwei Kolonnen zu Fuß
zwischen zwei Reiterkolonnen. Als es zu dämmern begann, setzte
sich der Zug in Bewegung. In frommer Scheu stimmten diese müh-
seligen und beladenen Kriegsknechte ihre geistlichen Lieder an und
stärkten sich den Mut für ihr blutiges Tagewerk an den schlichten
Versen, die vor mehr als hundert Jahren hier in der Nähe ein
schlesischer Pfarrer wie für die feierliche Stimmung dieser Morgenstunde gedichtet hatte:

> Gib, daß ich tu' mit Fleiß, was mir zu tun gebühret,
> Wozu mich mein Beruf in meinem Stande führet;
> Gib, daß ich's tue bald, zu der Zeit, da ich soll,
> Und wann ich's tu', so gib, daß es gerate wohl.

Beim Dorfe Borna erkannte der Vortrab, 55 Schwadronen
Husaren und Dragoner und 9 Bataillone, im Dezembernebel eine
Reitermasse. Wie bei Lobositz konnte Zweifel entstehen, ob man
das ganze feindliche Heer, ob nur eine Abteilung vor sich hatte[1]).
Bald ergab sich, daß es nur 5 Regimenter waren, österreichische
Husaren und die 3 sächsischen Chevauxlegersregimenter, die bei Kolin
die Entscheidung herbeigeführt hatten. An diesem Morgen war
ihnen das Glück minder hold. Während sich die Kaiserlichen vor
der Übermacht noch rechtzeitig zurückzogen, wurden die Sachsen so
wuchtig in Front und Flanke gepackt, daß sie 3 Standarten, 550 Gefangene, darunter ihren schwerverwundeten Führer Nostiz, in den
Händen der Sieger lassen mußten. Nur mit Mühe konnte der König
seine Husaren zurückhalten, daß sie nicht mit verhängtem Zügel
gerade auf das österreichische Heer lossprengten. In Kanonenschuß-
weite vom Feinde sammelten sie sich dann zwischen Heidau und
Frobelwitz.

Von einem der Hügel bei Heidau, südlich der nach Lissa führenden
Heerstraße, ließ sich der größere Teil der von Nord nach Süd auf
eine volle deutsche Meile ausgedehnten österreichischen Stellung so

---

[1]) S. 417.

überschauen, daß man „jeden Mann hätte zählen können". Nur der rechte an das Dorf Nippern gelehnte Flügel war durch Wald und Hügel verdeckt. Das Zentrum stand auf den mit Batterien gekrönten Höhen hinter Fobelwitz und Leuthen, die mit Grenadieren belegten Dörfer hart vor der Front. Doch rückte man demnächst aus dieser tags zuvor gewählten Lagerstellung um 1000 bis 2000 Schritt, über die beiden Ortschaften hinaus, in eine Linie vor, die von Nord nach Süd die Verlängerung der von Ost nach West laufenden Dorfstraßen kreuzte und um den Westausgang von Leuthen einen Haken schlug.

Südlich von Leuthen sprang eine Kavallerielinie aus, in der Richtung auf das kleine Dorf Sagschütz. Von dort bog sich die Schlachtordnung wieder zurück bis zu dem Mittelteich von Gohlau und der sumpfigen Niederung, in der das Striegauer und das Schweidnitzer Wasser zusammenfließen, so daß die Erhöhungen bei Sagschütz den Scheitel eines Dreiecks und zugleich den am weitesten vorspringenden Punkt der ganzen Stellung bildeten. Hier auf der äußersten Linken befehligte Nadasdy eine gesonderte Abteilung, bei der sich auch die bayrischen und württembergischen Hilfsvölker befanden.

An dieser Stelle beschloß König Friedrich seinen Angriff einsetzen zu lassen. Als mehrfach benutztes Manöverfeld war ihm die Gegend wohlbekannt. Es entging ihm nicht, daß nach Überwältigung der vorgelagerten Höhen bei Sagschütz der linke Flügel des Feindes, ohne Anlehnung im Rücken, allen Halt verlieren mußte.

Unverzüglich wurde die Marschrichtung des preußischen Heeres dem Angriffsplan entsprechend geändert. Bisher waren die vier Kolonnen, in denen die beiden Infanterie- und die beiden Kavallerieflügel daherzogen, gerade auf die feindliche Stellung anmarschiert, und ein Scheinmanöver brachte den Gegner auf die Vermutung, daß es auf seinen rechten Flügel abgesehen sei. Nunmehr galt es, mit einer scharfen Wendung nach Süden, möglichst schnell und möglichst unbemerkt, parallel bis zur äußersten Linken des Feindes heranzugleiten. Die Kolonnen brachen in der Mitte ab, die vier Vorderhälften setzten sich mit einer Viertelschwenkung nach rechts hintereinander, die vier Enden desgleichen, so daß nun die beiden neuen Marschsäulen, durch Reiterei eröffnet und geschlossen, je ein Treffen bildeten und durch einfaches Einschwenken der Züge sich binnen kürzester Zeit in Schlachtordnung entwickeln konnten, sobald die Spitzen die äußerste Linke der österreichischen Stellung überragten.

Solchen treffenweise ausgeführten Parallelmarsch[1]) hatten die

---

[1]) S. 303.

Österreicher bei Prag und bei Kolin vom erhöhten Standort aus hinreichend genau beobachtet, um ihre Stellung noch rechtzeitig ändern zu können[1]). Auch heute wurden die Truppen hin und her geschoben; aber in jener Vorstellung, daß der Angriff dem rechten Flügel gelte, ward die verfügbare Reserve zunächst dem dort kommandierenden General Lucchesi zugeteilt. Nachher verhüllte den Marsch der Preußen der Höhenzug, der von Borna über Lobetinz nach Sagschütz streicht, die Heeresscheide, von der aus König Friedrich und seine Husaren beim Anmarsch Freund und Feind übersahen. Österreichische Plänkler wagten sich nicht mehr vor, nachdem soeben drei auserlesene Reiterregimenter zertrümmert worden waren, und schließlich konnte ja das Ausbrechen der Preußen hinter Borna als Rückzug aufgefaßt werden, wie man sie bei Zittau[2]) unverrichteter Sache hatte abziehen sehen. „Die guten Leute paschen ab," soll Daun gesagt haben, „lassen wir sie in Frieden ziehen."

Als dann die Preußen um die Mittagsstunde im Angesicht von Sagschütz mit unvergleichlicher Schnelligkeit und Genauigkeit aufmarschierten, war es zu weiteren Gegenvorkehrungen zu spät. Um allen Verstößen gegen die Grundidee seiner schiefen Schlachtordnung vorzubeugen, wie sie bei Prag unnütze Opfer und bei Kolin den Verlust der Schlacht verursacht, ordnete der König an, daß die Bataillone nicht nebeneinander aufmarschieren sollten, sondern staffelförmig im Abstande von je 50 Schritt; auf diese Art kam das äußerste Bataillon der nicht zum Angriff bestimmten Linken auf eine Linie zu stehen, die der Richtlinie des vordersten Bataillons vom rechten Flügel in einem Abstand von nicht weniger als 1000 Schritt parallel lief, und es war nicht wohl möglich, daß es abermals unversehens zu einem Frontalangriff auf der ganzen Strecke kam. Je 2 Bataillone deckten die Flanken zwischen den beiden Treffen. Die Reiterei ward teils auf die Flügel, teils als Reserve hinter das zweite Treffen gestellt. Von den 9 Bataillonen der Vorhut wurden 6 der Reiterei des Angriffsflügels zugeteilt, zur Abwehr feindlichen Flankenfeuers, wie es bei Kolin den Reiterangriff gestört hatte; mit den 3 andern sollte Oberst Wedell, unterstützt durch 10 aus Glogau herbeigeschaffte Zwölfpfünder, die von den Soldaten Brummer getauft wurden, den ersten Angriff auf den Posten bei Sagschütz ausführen.

Ausnahmsweise waren es Musketiere, die diesmal dem Angriffe die Bahn zu brechen hatten, Kerntruppen aus der Hauptstadt, das Regiment Meyerinck und das zweite Bataillon von Itzenplitz. Der König ritt an die äußerste Rechte zu der Fahne der Leibkompanie von Meyerinck und bedeutete dem Fahnenträger: „Junker von der

---

[1]) S. 479. 493.  [2]) S. 516. 517.

Leibkompanie, siehet Er wohl, auf den Verhack soll Er zumarschieren, Er muß aber nicht zu stark avancieren, damit die Armee folgen kann." Dann richtete er selbst die Front und rief der Truppe zu: „Burschen, sehet ihr dorten wohl die Weißröcke? Die sollt ihr aus ihrer Schanze wegjagen, ihr müßt nur stark auf sie anmarschieren und sie mit dem Bajonett daraus vertreiben, ich will euch alsdann mit fünf Grenadierbataillons und der ganzen Armee unterstützen. Hier heißt es siegen oder sterben, vor euch habt ihr den Feind und hinter euch die ganze Armee, daß ihr also auf keiner Seite, zurück oder vorwärts, anders als siegend Platz findet."

Im Sagschützer Kiefernbusch hielten Württemberger; hinter einem Verhau, auf die Knie geworfen, empfingen sie — es war inzwischen ein Uhr geworden — die preußische Linie mit ihrem Feuer, bei der zweiten Salve war die Sturmtruppe bereits unter den feind= lichen Kanonen, von denen einige durch die preußischen Bataillons= stücke sofort zum Schweigen gebracht waren. Unter gewaltigem Geschrei, mit gefälltem Bajonett, sprangen die Angreifer über den Verhack, für die Württemberger war kein Bleiben mehr, den Wei= chenden ward so kräftig nachgefeuert, daß stellenweise 10—12 Mann tot übereinander lagen. Nun galt es die Batterie auf der Höhe jenseits von Sagschütz zu nehmen. Mit Hilfe des Flügelbataillons aus dem ersten Treffen vertrieben Wedells 3 Bataillone den Feind, Württemberger, Bayern, Österreicher, binnen einer Viertelstunde auch hier.

Inzwischen hatte auch das Gros der Avantgarde, 1 Musketier= und 5 Grenadierbataillone, seine erste Aufgabe schnell und glänzend gelöst. Sie hatten den Kaulbusch südöstlich von Sagschütz von 2 un= garischen Bataillonen gesäubert, die dort der Reiterei ebenso ge= fährlich werden konnten wie die Kroaten im Eichwäldchen von Kretschorz. Sie hatten dann die hinter dem Busch hervorgesprengten Schwadronen, die in wildem Ungestüm die erste preußische Kavallerie= linie geworfen hatten, durch wohlgezieltes Feuer zum Rückzug ge= zwungen. Jetzt kamen sie, von dem Prinzen Moritz herangeholt, gerade zurecht, um im Verein mit der Brigade Wedell Nadasdys Truppen über Gohlau hinaus von Stellung zu Stellung zu jagen. In dem freieren Gelände hinter Gohlau konnte nun auch die preu= ßische Reiterei unter Zietens Führung zum Angriff übergehen; zu= nächst noch durch Gräben gehemmt, erzielte sie beim zweiten Vorstoß einen vollen Erfolg, die Gardesducorps und Gendarmen bewährten ihren Ruhm von Roßbach und hieben die Modena=Dragoner zur Hälfte nieder. Und als die Zieten=Husaren, an den Kürassieren vorbei, aus dem dritten Treffen vorstürmten, ward die Flucht des Nadasdyschen Korps allgemein. 2000 Gefangene fielen den Ver= folgern in die Hände, ein Teil der Besiegten entrann in der Rich=

tung auf Lissa, eine andere Woge flutete auf die Hauptstellung nach
Leuthen zurück. Einige beherzte Reitergeschwader zogen unter dem
Feuer der preußischen Geschütze eine Kette, hinter der sich der
Verwirrung steuern und neuer Rat schaffen ließ.

Die österreichische Schlachtlinie war durch den Verlust des ihrer
linken Flanke vorgelagerten Dreiecks zwischen Leuthen, Sagschütz
und Gohlau gleichsam eingeknickt. Indem jetzt durch eine allgemeine,
freilich wenig regelrecht ausgeführte Linksschwenkung die Rechte um
so viel vorgezogen wurde, als die Linke zurückgedrängt worden war,
bildete sich um den Drehpunkt Leuthen eine neue Front in der Richtung von West nach Ost, welche am Westausgang des Dorfes die
ursprüngliche Stellung beinahe senkrecht durchschnitt.

Auf Leuthen richtete sich jetzt der konzentrische Angriff des Vortreffens und des rechten Flügels der Preußen. Der König wählte
seinen Standort an dem Gehölz von Radaxdorf, wo er einen Augenblick nicht bloß von den österreichischen Batterien, sondern auch aus
seinen eigenen Geschützen Feuer erhielt. Das stattliche Dorf Leuthen
mit seinen zahlreichen geschlossenen Gehöften und eingezäunten
Gärten und mit einigen vor dem Südrand im letzten Augenblick
aufgeworfenen Brustwehren lag in seiner ganzen Länge vor der
Front der Angreifer. Das zweite und dritte Bataillon Garde und
die Grenadiergarde stießen gerade auf die Mitte des Ortes, wo der
hochgelegene Friedhof der katholischen Kirche, dicht mit Kanonen
besetzt, der Brennpunkt der Verteidigung wurde; in seine feste Stein-
mauer mußte förmlich Bresche geschossen werden.

Etwa eine Stunde währte der Kampf um Leuthen, bis das
Dorf in den Händen der Preußen war. Hinter dem Dorfe erwartete
sie neuer Widerstand. Hier waren endlich die Grenadierkompanien
des Reservekorps, nachdem sie eine Zeitlang zwischen dem rechten
und linken Flügel hin und her marschiert waren, angelangt, auf der
Höhe zwischen den Windmühlen waren die drei Hauptbatterien
zusammengezogen. Die preußische Linie war während des Einzel-
gefechtes in den Straßen und Gehöften auseinandergekommen, die
Bataillone des zweiten Treffens mußten in die Lücken eintreten,
schon auch Bataillone aus dem zurückgehaltenen linken Flügel. Dieser
selbst hatte sich in dem Maß, als der Kampf vorrückte, nach rechts
dem Angriffsflügel nachgeschoben und war so doch auch in den
Bereich der österreichischen Batterien gekommen: einige Abteilungen
gingen in Unordnung zurück, ein Bataillon aus dem zweiten Treffen,
durch den Adjutanten Retzow, den Sohn des diesen Flügel kommandierenden Generals, vorgeführt, zog durch sein Beispiel die
Wankenden nach, und der ganze Flügel ging nun zum Angriff über.

Somit waren sämtliche preußische Bataillone in die Feuerlinie
getreten — eine bedenkliche Wendung, die den Absichten des Feld-

herrn nicht minder widersprach als die bei Prag und Kolin be=
klagten Abweichungen vom Schlachtplan, die aber hier durch die
Achsenwendung des gegnerischen Heeres unvermeidlich geworden
war.    Zum Glück hatte man vorsichtshalber heute die Munitions=
karren der Angriffslinie nachfahren lassen; bei einzelnen Bataillonen
soll der Mann über 180 Patronen verschossen haben. Noch wehrt
sich die österreichische Infanterie hartnäckig: wird die Reiterei sie
noch einmal heraushauen und auch die heutige Schlacht noch im
letzten Augenblick wiederherstellen? Lucchesi erspäht sich die Blöße
des schwachen linken Flügels der Angreifer und schickt sich an,
mit seinen noch frischen Schwadronen sie dort in der Flanke zu
fassen. Aber die preußische Kavallerie ist heute anders am Platze
als am 18. Juni. Bei Radaxdorf hält, dem Auge des Gegners durch
eine Bodenerhebung entzogen, General Driesen, nicht ein jugend=
licher Held wie Seydlitz, fast ein Sechziger, untersetzt und schweren
Leibes, aber warmblütig und lebhaft, klar und entschlossen, schon
im Frieden als Führer hoch angesehen[1]) und jüngst bei Breslau
an der Spitze einer Brigade trefflich bewährt.  Seine Patrouillen
geben ihm von allem schnelle Kunde, wie eine ungeheure Sturz=
welle türmt sich die schwere Reitermasse über dem Hügelrand auf
und braust den Hang hinunter, an die fünfzig Schwadronen; auch
der wackere General Krockow mit seinen Breslauer Kürassieren ist
dabei, den sie mit seiner Fußwunde aus der letzten Schlacht vom
Fieberbett in den Sattel gehoben haben.  Unfehlbar muß Lucchesi
überflügelt werden, im Galopp schwenkt er in Schwadronen links
ab, dem drohenden Geschick zu entweichen. Vergebens, seine Reiter
werden eingeholt, in Front, Flanke und Rücken gepackt, der Führer
fällt; was den Pallaschen der Preußen entrinnt, zerstiebt in alle
Winde.

Die Zersprengung dieses Kavallerietreffens wird für die In=
fanterie das Signal zur Flucht.  Durch die feindlichen Reiter im
Rücken bedroht, werfen die Leute haufenweise das Gewehr weg;
die preußische Infanterie bricht mit gefälltem Bajonett ein und
schlägt den letzten „mit den Kolben an die Ohren". Ein paar Regi=
menter, die bei den Windmühlen noch standhalten, werden von den
Baireuther Dragonern und den Leibkarabinieren überritten und in
Masse gefangen gemacht.

Die Schlacht ist entschieden, auf der ganzen Linie. Schon bricht
die Nacht herein. Der Versuch der österreichischen Generale, zwischen
Frobelwitz und Lissa eine neue Linie zu bilden, mißlingt.  Die
Haufen der Gefangenen schwellen immer mehr an.  Doch hat Nadasdy
auf dem Schauplatz des ersten Schlachtabschnittes die Reiterei des

---

[1]) S. 289.

Siegers verhindern können, flußabwärts nach Lissa durchzudringen und die Brücken über die Weistritz abzutragen. So gibt es für die Flüchtenden noch ein Entrinnen.

Das Heer der Sieger ordnete sich, so gut es in der Dunkelheit ging, zwischen den Dörfern Guckerwitz und Leuthen, und blieb unter dem Gewehr, die Stätten seiner blutigen Triumphe im Rücken, die Weistritz zur Rechten. Wieder wie am Abend von Roßbach ward das Schlachtfeld die Stätte eines Gottesdienstes. Von Trupp zu Trupp pflanzte sich die fromme Weise fort, bis zuletzt aus vieltausendfachem Kriegermund das deutsche Tedeum ertönte: „Nun danket alle Gott!"

Der König war mit den Seydlitz-Kürassieren und einigen Kanonen auf der Straße nach Lissa vorangeeilt; ein paar Grenadierbataillone folgten. Neben dem Pferde des Königs, am Steigriemen sich festhaltend, schritt der Kretschmer aus der Dorfschenke von Sahra und machte mit seiner Laterne in der dichten Finsternis den Führer. Von Zeit zu Zeit wurden Kanonenschüsse abgegeben, um die Fliehenden nicht zu Atem kommen zu lassen. Kurz vor Lissa ward man von einem größeren Haufen Nachzügler mit Feuer begrüßt, ebenso nachher im Städtchen aus den Fenstern. Aber der König ließ sofort am jenseitigen Ausgang bei der Weistritzbrücke die Kanonen auffahren und sicherte sich so den Ort und für morgen den Flußübergang. Dann überraschte er — es war gegen sieben Uhr — auf dem Schloß des Freiherrn von Mudrach die abgeschnittenen österreichischen Offiziere mit seinem: „Bon soir, Messieurs! gewiß sind Sie mich hier nicht vermuten! Kann man hier auch noch mitunterkommen?" Das ganze Schloß war mit Verwundeten belegt, der König nahm ein dürftiges Nachtmahl ein und schlief auf einer Streu, wie die Nacht zuvor unter demselben Dach sein Gegner Karl.

„Gottlob, unser Sieg ist so komplett, wie wir erbitten und wünschen können," schreibt hier aus Lissa nachts um zwölf Uhr der Generaladjutant Wobersnow an den in Glogau zurückgebliebenen Kabinettsrat; „der König ist beständig im größten Feuer gewesen; es war nicht möglich, ihn zurückzuhalten, ob ich mich zwar alle ersinnliche Mühe gegeben."

Zur größten Überraschung hörte man, daß man an die 80000 sich gegenüber gehabt habe. Und wenn sich auch alsbald herausstellte, daß diese Angabe um etwa 15000 Mann zu hoch gegriffen war — die Österreicher hatten vor der Schlacht geflissentlich ihre Zahl übertrieben — so sind die Besiegten am Schlachttage doch immerhin fast doppelt so stark gewesen als die Sieger; denn mehr als 35000 Preußen werden am 5. Dezember nicht zur Stelle gewesen sein.

Am Morgen nach der Schlacht setzte sich das preußische Heer

um sechs Uhr in Marsch, überschritt die Weistritz und stieß gegen
zehn Uhr an der Lohe auf den Feind, dessen Geschützfeuer den
Verfolgern den Übergang auf das blutgetränkte Schlachtfeld des
22. November nicht zu verwehren vermochte. Mit Staunen lasen
sie später in einem österreichischen Bulletin, daß ihr König es auf
eine neue Schlacht nicht habe ankommen lassen.

Während der König sich zur Belagerung von Breslau anschickte,
setzte Zieten mit 55 Schwadronen und 11 Bataillonen dem geschlagenen Heere nach; nicht so unablässig, wie sein Gebieter es
gewünscht hätte, aber doch erfolgreich genug, denn bis Weihnachten
hatte er, zuletzt von Glatz her durch Fouqué trefflich unterstützt, den
Feind über das Gebirge zurückgedrängt. Von den 35 000, die nach
Böhmen zurückkehrten, war die Hälfte krank. Demnächst säuberte
der Husarenoberst Werner auch Oberschlesien.

Die Liste der preußischen Trophäen, wie sie, ohne die letzten
Ergebnisse der Verfolgung abzuwarten, veröffentlicht wurde, enthielt 21 500 Gefangene, 307 gefangene Offiziere, 131 Kanonen,
51 Fahnen und Standarten, 4000 Artillerie-, Bagage- und Proviant-
wagen. Den eigenen Verlust gab der preußische Schlachtbericht auf
500 Tote und etwa 2300 Verwundete an; genauere Zählung ergab
bedeutend höhere Ziffern: 1141 Tote und Vermißte, 5018 Verwundete, 85 Gefangene.

Am 20. Dezember kapitulierte Feldmarschalleutnant Sprecher
von Bernegg mit der Festung Breslau und 17 635 Mann. Liegnitz
übergab Oberst von Bülow gegen freien Abzug der Besatzung. Die
Belagerung von Schweidnitz blieb, da starker Frost eingetreten war,
bis zum Frühjahr ausgesetzt.

„Wenn jemals Preußen Anlaß gehabt hat, das Tedeum anzu-
stimmen, so ist es bei dieser Gelegenheit," schreibt Friedrich am 19.
an seine Minister Podewils und Finckenstein; „ich hoffe, Sie werden
mit meiner Heerfahrt zufrieden sein; niemals habe ich so viele
Hindernisse angetroffen wie bei dieser Gelegenheit. Der Himmel
sei gelobt, daß es uns geglückt ist." Weihnachtsruhe aber durfte er
sich nicht gönnen. Am 24. in der Frühe marschierte er mit dem
Belagerungskorps von Breslau ab, um im Gebirge nach dem Rechten
zu sehen und die Postierungskette zum Schutze der Winterquartiere
zu bilden. So kam Neujahr heran, ehe Feldherr und Truppen sich
erholen konnten. „Das nenne ich eine Kampagne, die gleich dreien
gilt," sagt Friedrich am 26. in Striegau; „ich kann nicht mehr, meine
Körperkräfte nutzen sich ab, ich bin krank und habe jede Nacht viel
von Koliken auszustehen." Schon bald nach der Schlacht waren ihm
Schlaf und Appetit plötzlich untreu geworden. Aber er blieb guter
Laune und trug Krankheit und Strapazen frohen Mutes; des versichert er den Prinzen Heinrich und bittet, ihm die beste Schere zu

schicken, um dem zurückgekehrten Glück die treulosen Flügel ab=
schneiden zu können.

Seine kühnsten Erwartungen waren übertroffen. „Alles das
geht viel weiter, als ich geglaubt hatte,“ schreibt er nach dem Fall
von Breslau an Keith; „Sie können darauf zählen, daß diese Unter=
nehmung dem Feinde mehr als 42 000 Mann gekostet hat, und
wenn das nicht zum Frieden führt, so werden keine Kriegserfolge
ihn zuwege bringen.“ Wenn sich nun noch den Franzosen zwischen
Elbe und Weser und den Schweden ein entscheidender Schlag ver=
setzen ließ, wurde das Gesamtbild der Lage noch verheißungsvoller.
Schon hatte Lehwaldt Schwedisch=Pommern bis auf Stralsund und
dazu Mecklenburg in seiner Gewalt. Friedrich berief den Grafen
Finckenstein nach Breslau, um ihm seine Gedanken für den all=
gemeinen Friedensschluß darzulegen. Inzwischen warb und rüstete
er rastlos; die Lücken, welche „sieben rangierte Feldschlachten“ in
sein Heer gerissen hatten, mußten ausgefüllt werden. Er sagte sich:
„Es ist große Aussicht vorhanden, daß wir bei der Zerrüttung der
Österreicher im Frühjahr den Frieden haben werden, aber selbst
wenn man dessen sicher wäre, müßte man darum nicht mindere
Anstrengungen machen, um sich in eine formidable Situation zu
versetzen, da das Argument der Gewalt das einzige ist, was sich
gegen diese Hunde von Königen und Kaisern anwenden läßt.“

# Das Jahr 1758

„Heldin, den bezwingst du nicht!
Gott kann Wunder tun!
Schenk ihm Freundesangesicht,
Bitte Frieden nun!"

— so rief Gleims preußischer Grenadier „nach Wiedereroberung
der Stadt Breslau" der Kaiserin-Königin zu. Lessing erlaubte sich
in seiner Sammlung der Grenadierlieder das „bitte" zu ändern in
„biete". So danieder lag trotz Roßbach und Leuthen Österreichs
Sache nicht, daß Gleims Aufforderung an der Zeit gewesen wäre.

Zunächst allerdings wirkten die Erfolge der preußischen Waffen
betäubend, überwältigend, sowohl auf die Heere und Höfe wie auf
die öffentliche Meinung. Unter Zeichen und Wundern war das
alte Jahr dahingegangen; so jäh hatte noch nie das wankelmütige
Kriegsglück sich gewandt. Wer hätte vor wenigen Monden die
Sache des preußischen Königs nicht verloren gegeben! All sein
Ruhm in Krieg und Frieden sei geborgt gewesen, so verhöhnten
die Gegner den Besiegten von Kolin; wie mit Voltaire seine Feder,
so habe er mit Schwerin seinen Degen verloren. Auf der Hofbühne
zu Wien verherrlichte Metastasio den Koliner Sieg in einem alle=
gorischen Festspiel: Kyllene=Sachsen schaut im Traum, wie Atalante=
Theresia den kalydonischen Eber tödlich trifft, und so erheben sich
die beiden Jägerinnen, von zwei anderen, Euadne=Rußland und
Tegea=Frankreich, geleitet, siegessicher zum fröhlichen Jagen: andi=
amo, ruft Euadne:

a rapir la vittoria,
E a dar soggetto alla futura storia!

In Venedig, wo die Teresiani und die Prussiani in Sonetten
und Knüttelversen sich auf das leidenschaftlichste bekämpften, hatte
ein Dichter aus dem Volke, der Gondoliere Bianchi, den Preußen=
könig den gottlosen Amalekiter gescholten, den der neue Josua Daun
zu Boden geschmettert habe. Jetzt, nach den Tagen von Roßbach
und Leuthen, nachdem „die hochmütigen Perückenmacher, die da
siegen wollten", besiegt sind und nachdem ihr Bezwinger, „schneller
als Perseus und als Bellerophon auf dem geflügelten Pegasus",

wie ein Wetterstrahl durch den winterlichen Äther dahingefahren ist,
um auch den zweiten Feind vernichtend zu treffen, jetzt heißt Friedrich
demselben Poeten „der Heros des Jahrhunderts", dem zu seinem
Ruhme nur noch das fehle, daß Gott sein Ketzerherz rühren und ihn
zu einem Hauptmann des triumphierenden Kreuzes machen möge.
„Horatius Cocles auf der Brücke, ein einziger Mann gegen ganz
Etrurien", ist jetzt dieser König den enthusiastischen Venezianern
geworden — der Löwe vom Kaukasus, der, verwundet und ermattet,
knirschend nach schrecklicher Rache, von dichten Scharen feindseliger
Raubtiere umringt, plötzlich hervorbricht und ein großes Blutbad
unter ihnen anrichtet.

Gleich jäh hatte in Frankreich die Stimmung umgesetzt. „Unseren
Parisern," schreibt d'Alembert an Voltaire, „ist jetzt durch den König
von Preußen der Kopf verdreht; fünf Monate ist es her, daß sie
ihn in den Schmutz zogen, und das sind also die Leute, um deren
Stimmen man wirbt" — er wunderte sich nicht, daß die Pamphle=
tisten, die diesen König nach seinen Siegen nicht mehr ins Lächer=
liche zu ziehen wagten, jetzt über ihn, d'Alembert, und seine Enzy=
klopädie herfielen. Voltaire antwortete: „Ich erkenne gar wohl
meine teuren Landsleute an der Begeisterung, in der sie sich jetzt
für den König von Preußen befinden, ihn, den sie vor fünf bis sechs
Monaten als Mandrin — den ärgsten der Straßenräuber — be=
trachteten. Die Pariser bringen ihre Zeit damit hin, Statuen zu
errichten und wieder zu zerbrechen, sie vergnügen sich mit Pfeifen
und mit Händeklatschen, und mit weit weniger Geist als die Athener
haben sie deren Fehler alle und sind noch exzentrischer." Wie hatte
Voltaire auf die Österreicher gehofft, daß sie Frankreich und vor allem
ihn selbst und seine hysterische Nichte[1] an diesem Salomo des Nordens,
dem gewaltigen Philister, rächen würden: „Die Österreicher rächen
und demütigen uns schrecklich," schreibt er zwischen Genugtuung
und Scham nach ihrem Siege bei Breslau; ganze sechs Stunden habe
der Kampf gewährt: „wir Schlingel von Franzosen, wir sind flinker,
unsere Affäre war in fünf Minuten abgemacht." Und nun war
er trotz Daun und allen Österreichern wieder obenauf, Voltaires
„héros-poète-philosophe-guerrier-malin-singulier-brillant-fier-mo=
deste". Dem allgemeinen Gefühl staunender Bewunderung konnte
doch auch dieser Unversöhnliche sich nicht entziehen. Der Verfasser
des „Siècle de Louis XIV" wirft die Frage auf: „Was würde
Ludwig XIV. sagen, hätte er gesehen, wie der Marquis de Brande=
bourg, besser als er selbst, drei Vierteilen Europas widerstanden
hat!" Wohl sei es an dem, daß er kurzsichtige Augen und einen heißen
Kopf habe; zugleich aber habe er das erste aller Talente für das

---

[1] S. 276.

Spiel, das er spiele, die Schnelligkeit: „Der Kern seines Heeres ist seit länger als vierzig Jahren geschult: nun ermeßt, wie diese gleich= mäßigen, kraftvollen, kriegsgewohnten Maschinen kämpfen mögen, die ihren König alle Tage sehen, die von ihm gekannt werden, und die er, Hut in der Hand, ermahnt, ihre Pflicht zu tun.“ Immer wieder aber kommt Voltaire auf Frankreichs nationale Schmach zurück: „Es gibt ein Lustspiel vom Könige von Preußen, betitelt: ‚Der Modeaffe‘[1]); wir könnten es jetzt sehr gut aufführen, während er in Deutschland so schreckliche Tragödien in Szene setzt.“

Wenn ganz Paris den Landesfeind in den Himmel hob, um die eigenen Generale und Minister desto lauter anklagen und verspotten zu können, wie hätte da einem Bernis bei seinem Ruhm als Champion des österreichischen Bündnisses und des deutschen Krieges nicht bange werden sollen. Als eben ernannter Minister des Auswärtigen hatte er sich bei Ludwig XV. mit der frohen Botschaft von Kolin ein= geführt; „er kommt mit seiner Siegeskündermiene“, hieß es seitdem eine Zeitlang bei Hofe, wenn Bernis sichtbar wurde. Als die Nieder= lagen kamen und verkündet werden wollten, war es um das An= sehen und um das Selbstvertrauen des großen Staatsmannes von gestern geschehen. Bernis trug schwer an dem Gefühl seiner Ver= antwortlichkeit. Zwar gegen den Grafen Starhemberg äußerte er sich auf die erste Nachricht von Leuthen noch ziemlich gefaßt: „Be= gehen wir keine großen Fehler mehr, und ich zweifle nicht an dem glücklichen Ausgang des Krieges,“ und so glaubte Starhemberg nach Wien berichten zu dürfen, daß man über die Standhaftigkeit des Hofes von Versailles außer Sorge sein möge. An den Botschafter Stainville in Wien aber schrieb Bernis schon nach der Schlacht bei Roßbach sehr skeptisch über das Bündnis: „Die Vorteile, die sich für uns ergeben können, sind ungewiß, unsere Unkosten sind reell. Wir setzen unsere eigenen Besitzungen ein, um die unserer Ver= bündeten zu verteidigen.“

Einen Monat später, als die ganze Größe der österreichischen Niederlage sich offenbart hatte, fährt Bernis in einem vertraulichen Briefe an den Botschafter mit seinen peinlichen Betrachtungen fort: Der Wiener Hof habe in zehn bis zwölf Tagen drei Viertel seiner Soldaten und Offiziere verloren, auf Rußland sei kein Verlaß — wer bleibe da auf der Bühne noch übrig? Die Kaiserin ohne Heer, und das zwischen den Preußen und Hannoveranern eingeklemmte Heer Frankreichs ohne Vorräte, ohne General, ohne Mannszucht. Die französische Flotte werde die Verluste des Landkriegs nicht ausgleichen. Der Traum des Vorjahres sei schön gewesen, aber es sei gefährlich, ihn fortzusetzen. Der König von Frankreich werde

---

[1]) S. 258.

alles tun, seine Verbündeten zu unterstützen; er aber, der Minister, werde dem Könige nie dazu raten, seine Krone auf das Spiel zu setzen. „Ein Krieg gegen den König von Preußen, der ohne Widerrede der größte Kapitän unseres Jahrhunderts, das tatkräftigste und unternehmendste Genie ist, der mit der Begabung für den Krieg die Grundsätze einer ausgezeichneten Verwaltung, einer scharfen Zucht und einer nie einzuschläfernden Wachsamkeit verbindet, der die besten Truppen von Europa hat und dazu die sicherste und fertigste Methode, sie zu ergänzen und auszubilden, — ein derartiger Krieg verdient fürwahr eine Leitung durch gute Generale und einen aus den erleuchtetsten und erfahrensten Kriegsleuten zusammengesetzten Beirat. Weder der Wiener Hof noch Frankreich haben einen General, den man dem König von Preußen entgegenstellen könnte." Bernis erklärte somit, an seinem Teil für den Frieden stimmen zu müssen.

In jeder neuen Depesche erging er sich in Anklagen gegen die eigene Kriegsführung, in Lobeserhebungen für den großen Gegner. Der weiseste Entschluß werde sein, schreibt er am 14. Januar, auf die Nachricht von dem Verlust von Breslau, schärfer als je, einen Plan für immer in den Akten zu vergraben, der im September nicht zu fehlen gewesen sei, wenn nicht Unwissenheit, blindes Selbstvertrauen oder böser Wille die begründeten Hoffnungen auf Erfolg hätten scheitern lassen. Und fünf Tage später: „Es ist gewiß, daß der König um nichts in der Welt sein Bündnis mit dem Wiener Hof preisgeben wird; aber ist es nicht ein verblendeter Mut, welcher der Kaiserin den Wunsch eingibt, im nächsten Feldzug noch einmal einen Versuch zur Besiegung ihres Gegners zu machen? Was hat sie dieses Jahr mehr zu hoffen als im vorigen? Die nämlichen Menschen leiten die Dinge. Der König von Preußen wird immer der gleiche sein, und die Minister und Generale, die ihm gegenüberstehen, werden ihm immer unterlegen sein ... Der Winter verstreicht, noch ist nichts vereinbart, und derweil wühlt unser Feind ganz Europa auf, setzt es in Erstaunen durch seine Erfolge, in Schwankungen durch seine Verhandlungen, in Schrecken durch seine Drohungen. Die größten Mächte der Welt sind beständig drauf und dran, ihre Heere angegriffen und beunruhigt zu sehen."

So tief niedergeschlagen war Bernis, daß er schon von einem Friedensschluß sprach, der Sachsen „in der Unterdrückung" gelassen haben würde, da niemand da zu sein schien, der dem Sieger über Österreich und Frankreich das Land wieder entreißen könnte. Die Stimmung des französischen Hofes für Sachsen war von vornherein matt und geteilt gewesen[1]); für König Ludwig stand es seit lange

----

[1]) S. 428.

feſt, daß ein Kurfürſt von Sachſen nicht wieder die polniſche Wahl=
krone erhalten dürfte, und Bernis perſönlich war voll Mißtrauen
und Widerwillen gegen Brühls „kleinliche Intriguen und Tra=
caſſerien" und gab in dieſem Augenblick ſogar dem Argwohn Raum,
daß Brühl, Arm in Arm mit Beſtuſhew, auf die preußiſche Seite
übergehen wolle.

Mußte weitergekämpft werden, ſo war es die Abſicht des Grafen
Bernis, die eigenen militäriſchen Leiſtungen weſentlich einzuſchränken.
Er ließ dem Wiener Hofe von den deutſchen Truppen des franzöſiſchen
Heeres 30 000 Mann anbieten, die, verſtärkt durch öſterreichiſche
Reiter und Irreguläre, ſowie durch 14 000 Bayern, Württemberger
und andere deutſche Hilfstruppen Frankreichs, im Verein mit den
Schweden die Mark Brandenburg anzugreifen haben würden. 10 000
aus dem preußiſchen Heere entwichene Sachſen und 6000 Pfälzer
wollte Frankreich auf ſeine Koſten zur Reichsarmee ſtoßen laſſen.
Die franzöſiſchen Nationaltruppen dagegen ſollten, zwiſchen Rhein
und Weſer als Beobachtungsheer aufgeſtellt, auf die Aufgabe be=
ſchränkt bleiben, die Hannoveraner in Schach zu halten. Wenn ſo
die Franzoſen nicht mehr tiefer in das Reich hineinkämen, ſo würde
Deutſchland, meinte Bernis, ſich nicht mehr über die Ausſchreitungen
der franzöſiſchen Truppen beklagen und die proteſtantiſche Bevölke=
rung[1]) nicht mehr über den ihrer Religion, ihren Kirchen, ihren
Geiſtlichen angetanen Unglimpf.

In Wien vertrat den franzöſiſchen Hof ſeit dem vorigen Sommer[2])
der Lothringer Graf Stephan Franz von Stainville. Vom Kaiſer
Franz als alter Untertan warm begrüßt, ſeinem neuen Gebieter
ein gewichtiger Bürge für die Ergebenheit des lothringiſchen Adels,
Vertrauensmann der Marquiſe Pompadour, ſeitdem er ſie gegen
ſeine eigene Verwandte, die ihr beim Könige gefährliche Gräfin
Choiſeul, unterſtützt hatte, geſchworener Feind des Königs von
Preußen, durfte der noch junge Diplomat — er zählte jetzt 38 Jahre —
als die rechte Verkörperung des Trutzbündniſſes zwiſchen den nach
jahrhundertelangem Zwiſt ausgeſöhnten Höfen gelten. Die fried=
liche Sprache des ihm vorgeſetzten Miniſters, als deſſen lachenden
Erben er ſich vielleicht ſchon betrachtete, bereitete ihm aufrichtigen
Schmerz, um ſo mehr, als er nur zu gut wußte, daß der Kriegseifer
auch der Kaiſerin=Königin ohnehin ſtark abgekühlt war. Beim Neu=
jahrsempfang hatte Maria Thereſia ihm tiefbewegt geſagt, ſie ſehe
wohl, daß die Vorſehung ſie dazu beſtimmt habe, ihr unglückſeliges
Geſchick in Geduld zu tragen. Sie wolle ſich ihrem Verhängnis in
Ergebung unterwerfen, nur beſorge ſie, daß auch ihre Bundesgenoſſen
darunter zu leiden haben würden, und am meiſten bedaure ſie, daß

---

[1]) S. 522. 545.  [2]) S. 535.

ihr Unglück sich auch auf den König von Frankreich erstrecke; für
ihr Teil habe sie schon ihren Entschluß gefaßt und sei bereit, wenn
es sein sollte, sich zum Besten der gemeinen Sache zu opfern.

Hätte Stainville seinem Hofe getreuen Bericht abgestattet, aller
Wahrscheinlichkeit nach würde man in Versailles die Kaiserin beim
Worte genommen haben. Aber Kaunitz, dem sich der Botschafter
anvertraute, beeilte sich, die erregten Äußerungen seiner Herrin
abzuschwächen, und warnte jenen, seinen Hof in unnötige Zweifel
zu versetzen. Als dann Stainville wohl oder übel dem Wiener
Hofe von dem Inhalt der kleinmütigen Zuschriften von Bernis
Kenntnis gab, hatte Maria Theresia, von Kaunitz ermutigt, ihre
alte Festigkeit bereits wiedergewonnen. Leidenschaftlich erklärte sie
dem Botschafter am 28. Januar, die ganze Nacht habe sie kein Auge
geschlossen; nicht das Verlangen nach Schlesien reize sie zur Fort=
setzung des Krieges, lediglich für die Ruhe Europas und ihre eigene
habe sie gestrebt, die Macht des Ungeheuers zu verringern, das beide
unterdrücke; sie stelle es Gott anheim, sie an dem König von Preußen
zu rächen, da die Menschen nichts gegen diesen Fürsten vermöchten.
Nicht minder nachdrücklich sprach Kaunitz. Jenen Vorschlag, den
großen Plan zu den Akten zu legen, fertigte er, der sonst stets Kühle,
voll Zorn mit der hochfahrenden Erklärung ab, sein Hof sei nicht
gewohnt, einen Vertrag zu schließen und ihn dann fallen zu lassen.
Ein Rückzug des französischen Heeres an den Rhein gelte einem
Sonderfrieden mit Preußen gleich. Man bestand auf der Entsendung
des vertragsmäßigen Hilfskorps nach Böhmen und auf der Zahlung
der rückständigen Subsidien.

Noch ehe solche Antwort erteilt wurde, hatte der französische Hof
bereits eingelenkt. Der 4. Februar war für die Hofburg ein Freuden=
tag: gleichzeitig kam ein Handschreiben Ludwigs XV. an die Kaiserin
mit der Zusage von 24 000 Mann für den böhmischen Kriegsschau=
platz, und ein Brief der Pompadour an Kaunitz mit der Beteuerung
unveränderten Eifers für das Gelingen „des schönsten Planes der
Welt". Hatte die unternehmende Frau doch schon gleich nach der
Schlacht von Leuthen ihren Vorsatz kundgegeben, diesen Attila des
Nordens zu Staub zu zermalmen: dann werde sie ebenso zufrieden
sein, wie gegenwärtig mißgelaunt. Gegen den Strom beabsichtigte
Bernis nicht zu schwimmen. Er hatte sich weise den Rücken gedeckt,
indem er Stainville eingeschärft hatte, die Kaiserin zwar auf die
Gefahren der Lage hinzuweisen, aber nicht unmittelbar zum Frieden
zu ermahnen. Auch er schrieb also jetzt an Kaunitz und versicherte,
daß Frankreich nur das wolle, wofür sich sein Verbündeter nach
ernster und unbefangener Prüfung der Umstände entscheiden werde.
Man glaubte ihm nicht ganz, wenn er ein anderes Mal erklärte,
er habe eigentlich nur die Standhaftigkeit des Kaiserhofes auf die

Probe stellen wollen. Vollen Beifall fand es in Wien, daß jetzt
Richelieu von dem französischen Hauptheer — es mochte noch an
80 000 Mann zählen — entfernt und durch einen Prinzen des
königlichen Hauses ersetzt wurde, den Grafen Clermont, den Enkel
des großen Condé, den streitbaren Abt von St. Germain-des-Près,
der mit Nachlaß vom Papst die Waffen tragen durfte. Weniger
versprach die Wahl von Soubise zum Befehlshaber der nach Böhmen
bestimmten Abteilung. Aber den Mann von Roßbach hielt gegen
die Mißgunst der Pariser das Vertrauen des Hofes; es ward ihm
nachgerühmt, daß er Mannszucht zu halten verstehe, deren Bande
sich unter Richelieu, dem père de la maraude, nur allzusehr gelockert hatten.

Am 14. Februar erschien Clermont im Hauptquartier zu Hannover;
vier Tage später begann der große Kehraus, der dem Besuch der
Franzosen in Niederdeutschland vorläufig ein Ende machte.

Das verbündete Heer war im Herzogtum Bremen beieinander
geblieben, da der Vertrag vom Kloster Zeven weder von König Georg
noch von König Ludwig ratifiziert worden war. Statt des Herzogs
von Cumberland hatte am 23. November auf Georgs Antrag ein
preußischer General zu Stade den Oberbefehl übernommen, Prinz
Ferdinand von Braunschweig, der seine braunschweigischen Landsleute gegen den ausdrücklichen Befehl des Herzogs Karl, seines
Bruders, beim Heere zurückbehielt, dann noch vor Jahresschluß die
Franzosen bis zur Aller zurückdrängte und die Festung Harburg zur
Übergabe zwang. Verstärkt durch 15 preußische Schwadronen von
dem Lehwaldtschen Heere und unterstützt durch einen Vorstoß von
8000 Preußen unter dem Prinzen Heinrich ins Braunschweigische,
fiel jetzt Ferdinand mit 26—27 000 Mann nach kurzer Winterruhe
den Franzosen in ihre Quartiere und entriß ihnen Schlag auf Schlag
Verden, Hoya, Bremen, Nienburg und Minden. Das hannoversche
Land war vom Feinde befreit und das weithin verteilte französische
Heer so entmutigt, daß man im eiligsten Rückzug auch Hessen, Westfalen und Ostfriesland räumte. In den letzten Tagen des März
und den ersten des April, genau ein Jahr nachdem die ersten Franzosen gekommen waren, gingen die Flüchtlinge in drei Haufen,
zwischen Köln und Düsseldorf, bei Wesel und bei Emmerich, über
den Rhein zurück.

„Man muß es gestehen, wir haben nur noch den Hauch von einer
Armee," hatte Clermont schon an der Weser geklagt. Marschall
Belle-Isle, außer sich vor Verdruß und Schmerz, sah das Demüti-
gendste darin, daß der König von Preußen von der Zerrüttung und
den Nöten des Heeres bis auf die kleinsten Einzelheiten unterrichtet
sei. „Das feiste kupferrote Antlitz" des Abbé Bernis ward immer
ernster. In einem Erlaß an Stainville vom 7. April berief er sich

darauf, daß mit Frankreichs Gelde bisher mehr als 400 000 Mann
zugunsten der Häuser Österreich und Sachsen bewaffnet worden seien;
er gab die Zusicherung, daß sogar 30 000 Mann nach Böhmen gehen
würden, und verhieß, daß bis zum Juli ein Heer von 60 000 Franzosen und 26 000 Deutschen zum Schutze Westfalens und des Maines
versammelt sein solle; aber er fuhr dann warnend fort, daß dies
Frankreichs letzte Anstrengungen seien, und daß er, falls nicht unerwartete Glücksfälle einträten, auf Frankreichs weitere Beteiligung
am Kriege nach dem nächsten Feldzuge keine Aussicht eröffnen könne:
„Wir dürfen heute den Krieg nicht mehr für unsere Vergrößerung
führen, weil wir dieses Ziel nur durch einen langen Krieg erreichen
können, den wir nicht auszuhalten vermögen. Der bevorstehende
Feldzug muß also dem alleinigen Gesichtspunkte dienen, einen
Frieden auf vernünftige Bedingungen zu erhalten. Unsere politische
Lage wird stets höchst achtunggebietend sein, wenn alle Teilnehmer
an dem Bunde eng miteinander geeint bleiben, und der König von
Preußen wird es nicht darauf ankommen lassen, gegen so viel Mächte,
denen ihre Fehler in Zukunft eine Lehre für geschickteres Verhalten
sein werden, den Krieg zu erneuern ... Graf Kaunitz wird nichtsdestoweniger der große Staatsmann bleiben, der Urheber des Plans,
daß eine halbe Million Streiter und der Bund der größten Mächte
Europas dem Könige von Preußen das Gesetz vorzuschreiben hätten.
Die Politik hat sich keinen Fehler vorzuwerfen, lediglich die Kriegsführung hat alles verdorben, weil hüben und drüben niemand Krieg
zu führen verstanden hat, als der König von Preußen, gegen den
man ihn führte. Wenn aber in einem Übermaß von Hartnäckigkeit
Graf Kaunitz sich darauf verrennen sollte, den Krieg fortzusetzen
ohne die erforderlichen Mittel und ohne Aussicht, das der Kaiserin
Fehlende von ihren Bundesgenossen ersetzt zu erhalten, dann wird
er der Abscheu der Österreicher und des ganzen Deutschlands werden
und sein in Europa gewonnenes Ansehen und seinen Ruf als weiser
und erleuchteter Mann verlieren."

Wie Bernis einen Frieden „unter vernünftigen Bedingungen"
verstand, erläuterte Stainville dem Grafen Kaunitz. Preußen würde
Sachsen und Mecklenburg den Landesherren zurückgeben und Schlesien
behalten. Wolle man abwarten, bis dieser König neue Schlachten
gewinne, so werde man ihn zum Herrn Deutschlands und zum
Despoten Europas machen. Und deshalb müsse alsbald eine Verhandlung angebahnt werden, wozu der König von Frankreich, da
er an dem Kriege gegen Preußen nur als Auxiliarmacht teilnehme,
sehr wohl, ohne sich etwas zu vergeben, die ersten Schritte tun könne.

Das unaufhörliche Schwanken des leitenden französischen Staatsmannes gab dem kaiserlichen Botschafter zu der Bemerkung Anlaß,
nach seinen Berichten werde man in Wien glauben, er sei am Wechsel-

fieber erkrankt, da er heute die Verheißung und morgen den Widerruf zu melden habe. Maria Theresia glaubte anfänglich gar, sie sei verraten und der Rückzug der Franzosen über den Rhein sei ein mit Preußen abgekartetes Spiel zur Einleitung des Sonderfriedens. Ludwig XV. sei ein guter Fürst, er habe sicher weder Kaiser Karl VII. noch den stuartischen Prätendenten im Stich lassen wollen, und dennoch seien alle beide das Opfer der Politik geworden. Somit werde man operieren müssen, als wenn die Franzosen nicht auf der Welt wären, und die einzige Hilfe bei Rußland zu suchen haben. Kaunitz beeilte sich zum Guten zu reden; er sah bei diesem Mißtrauen gegen Frankreich schon sein ganzes politisches System erschüttert. Die Franzosen, so beschwichtigte er die Herrin, besäßen bei allem Wankelmute doch das, was man ehrenhafte Grundsätze in der Politik nenne: sei man nicht dem eigensinnigen, herrischen, selbstsüchtigen England gegenüber stets der Betrogene und Aufgeopferte gewesen? Kaunitz traf damit eine wunde Stelle. Die Abneigung gegen den zu Preußen übergegangenen Verbündeten von ehedem war bei Maria Theresia zu entschieden. Sie gewann es über sich, dem Grafen Stainville zu erklären, daß sie einem billigen Frieden keineswegs entgegen sei, und es dem Ermessen des Königs von Frankreich anheimstellen wolle, ob der Friede ratsam und möglich scheine. So ganz wiederum wollte ihr kluger und kühler Minister auf Frankreichs Herzenswünsche nicht eingehen. Und da der Verbündete noch einen Feldzug ja bereits zugestand, so fand Kaunitz endlich eine Formel, die dem einen wie dem anderen Standpunkt gerecht wurde. Die Kaiserin nahm in einer Ende April abgegebenen Erklärung die Zusage der Truppensendung nach Böhmen dankend an und willigte in eine Herabsetzung der vertragsmäßigen Jahresgelder von zwölf auf sechs Millionen Gulden; sie verwahrte sich indessen gegen das französische Anerbieten zur Anknüpfung einer Verhandlung mit Preußen und wies zugleich auf die Ehrenpflicht der Verbündeten hin, für eine Entschädigung der Sachsen zu sorgen. Von Abreden für die weitere Zukunft, für die Ausgestaltung des gegenwärtigen politischen Systems nach dem Friedensschluß oder gar für eine spätere Wiederaufnahme der Entwürfe zur Niederwerfung Preußens, wollte Maria Theresia nichts hören; dem französischen Botschafter, der sie mit dieser Perspektive trösten wollte, antwortete sie scherzend, seit siebzehn Jahren mit dem Kriege bekannt, habe sie ihn satt und wolle ihre Augen in Frieden schließen, selbst wenn sie die Rolle der Republik Venedig spielen müßte.

Daß Maria Theresia damals von den Russen weit mehr für sich erhoffte, als von den Franzosen, geschah unter dem Eindruck politischer und militärischer Vorgänge, die dem Wiener Hofe gleich erfreulich waren.

Als im vergangenen Herbst das russische Heer kurz nach dem Siege von Großjägersdorf das eingenommene preußische Land bis auf Memel eilends wieder räumte[1]), hatte man in Wien steif und fest an Verrat geglaubt. Apraxin und Bestushew sollten in Voraussicht eines baldigen Thronwechsels sich ganz an den preußisch gesinnten jungen Hof angeschlossen haben und obendrein mit englischem und preußischem Geld bestochen sein. Der Verdacht war unbegründet. Der schwere, beunruhigende Ohnmachtsanfall, der mit dem Rückzug aus Preußen in ursächliche Verbindung gebracht wurde, traf die Zarin erst, als der entscheidende Kriegsrat im Lager bei Allenburg bereits abgehalten war. Und in diesem Kriegsrat ist der Rückzug von allen Anwesenden einstimmig beschlossen worden, aus rein militärischen Erwägungen: weil man ohne eine neue Schlacht nicht vorwärts konnte, weil der Ausgang einer solchen sehr unsicher schien, weil die eigenen Reihen von Tag zu Tag zusammenschmolzen, weil Verpflegung nur noch auf zehn Tage vorhanden und weil der Pferdebestand völlig zerrüttet war. Das Kriegskollegium in Petersburg hat, widerspruchsvoll genug, die Beweggründe des Rückzugs als gerechtfertigt anerkannt, zugleich aber mit Rücksicht auf die den Bundesgenossen erteilten Zusagen erneuten Vormarsch verlangt, den dann der Kriegsrat mit Entschiedenheit als untunlich bezeichnete. Graf Fermor, demnächst zum Nachfolger Apraxins bestellt, ist vor der Zarin mit Freimut für seinen Vorgesetzten und für die militärische Notwendigkeit des Rückzuges eingetreten. Aber das Mißtrauen der Österreicher verlangte ein Opfer; Apraxin, obgleich Schützling der mächtigen Schuwalows, kam vor ein Kriegsgericht.

Bestushew seinerseits, von den Schuwalows, dem Vizekanzler, den Vertretern der verbündeten Höfe immer stärker befehdet, mit seinen Annäherungsversuchen abgewiesen, hielt zwar in dieser seiner politischen Vereinzelung die alte Fühlung mit England unter der erforderlichen Vorsicht fest, war aber um jeden Preis entschlossen, sein Amt als Großkanzler zu retten. Er drängte deshalb den Feldherrn zur Wiederaufnahme der Offensive und sagte sich von dem alten Freunde ohne weiteres los, als die herrschende Partei Apraxin fallen ließ. So lag auch seiner Verbindung mit der Großfürstin Katharina in keiner Weise eine gemeinsame Hinneigung für Preußen zugrunde. Nur gegen England zeigten beide sich erkenntlich, beide für empfangene Wohltaten, und beide nur so weit, als beide es ohne sich bloßzustellen konnten. Von Vorliebe für Preußen war nur bei dem Großfürsten-Thronfolger die Rede, dessen persönliches Verhältnis zu der Gemahlin damals bereits scharf gespannt war: während Peter die Großfürstin am liebsten verstoßen hätte, um sich

---

[1]) S. 526.

mit Elisabeth Woronzow vermählen zu können, betrieb Katharina
mit Bestushew insgeheim den Plan, beim Tode der Zarin die Krone
statt an den Gatten an den Sohn, den dreijährigen Paul Petrowitsch,
fallen zu lassen. Nicht eine Mitschuld des Kanzlers an dem Rückzug
Apraxins, wohl aber dieser Anschlag gegen Peters Erbrecht kam
jetzt zutage, der Großfürst rief die Hilfe der Kaiserin an, und so wurde
Bestushews Sturz, den Russen, Österreicher und Franzosen bisher
vergeblich erstrebt hatten, herbeigeführt durch den einzigen Mann,
der an diesem Hofe preußisch gesinnt war. Am 25. Februar 1758
ward der alte Ränkeschmied verhaftet, demnächst seiner Ämter entsetzt und zum Tode verurteilt, aber zur Verbannung auf eines seiner
Güter begnadigt. Sein Nebenbuhler Woronzow ward sein Nachfolger.

„Bestushew war ein Schurke, aber fähig,“ sagte Maria Theresia;
„wer wird ihn ersetzen können?“ Indes freute sie sich der in Rußland eingetretenen Wendung um so mehr, als ganz unverhofft, noch
mitten im Winter, auch die russische Kriegsführung ihr einen sehnlichen Wunsch erfüllte. In den ersten Tagen des Jahres rückten
von Memel aus 34 000 Mann wieder in das seit dem Oktober von
Verteidigern entblößte Ostpreußen vor, am 22. Januar konnte
Fermor der Zarin die Schlüssel von Königsberg übersenden. Ohne
Schwertstreich war, wie Kaunitz sagte, „eine ganze Kampagne ge-
wonnen“. Er empfahl nun dem russischen Kabinett dringend, ein
Heer von 80 000 Mann über die Weichsel zu schicken und zwischen
Warthe und Netze in ein festes Lager zu werfen, um von dort aus
Brandenburg und Schlesien gleichmäßig bedrohen zu können. Ent-
schloß sich Rußland zu solchem Vorstoß gegen das Herz der preu-
ßischen Monarchie, so wollte der Wiener Hof auf die schon zugesagte
Entsendung eines Korps von 30 000 Mann zum österreichischen
Hauptheer verzichten.

Die Berater der Zarin nahmen Verzicht und Vorschlag bereitwillig an, und Fermor erhielt noch den besonderen Auftrag, nach
der Ankunft an der Netze die in Pommern weilenden preußischen
Truppen, Rußlands vorjährige Gegner, zu beobachten und von der
Hauptmacht abzuschneiden. Schon stand fest, daß man dabei auf die
Mitwirkung der Schweden rechnen durfte. Es war den preußischen
Generalen nicht geglückt, so gründlich mit ihnen aufzuräumen, wie
ihnen der Braunschweiger mit den Franzosen das Beispiel gab. Zu
dem von dem König anbefohlenen Übergang über das Eis nach
Rügen hatten weder Lehwaldt noch Dohna den Entschluß gefunden.
So behaupteten sich die Schweden auf der Insel und in Stralsund,
und die bei solchem Geldgeschäft persönlich interessierten Senatoren
in Stockholm gewannen den Mut, den Subsidienvertrag mit Frankreich zu erneuern. Schweden verhieß, statt 20 000 Mann wie im

Vorjahre, 30 000 gegen den König von Preußen ins Feld zu
schicken.

Bis zum Erscheinen der Moskowiter an der neumärkischen Grenze
hoffte Maria Theresia, trotz der furchtbaren Verluste ihres Heeres,
sich im Verteidigungskriege allemal behaupten zu können. Mitte
März wies die Standliste des Heeres in Böhmen bereits wieder
63 000 Köpfe an dienstfähiger Mannschaft auf. Ebenso den Vorstellungen ihrer Verbündeten wie der Stimmung im eigenen Heere,
am Hofe und im ganzen Lande, gab die Kaiserin nach, wenn sie
jetzt endlich sich entschloß, einen Wechsel im Oberbefehl eintreten
zu lassen. Nachdem Kaiser Franz in zwei dringenden Vorstellungen
seinen Bruder, den in sechs Hauptschlachten besiegten Feldherrn,
vergebens zu freiwilligem Rücktritt zu bestimmen versucht hatte,
blieb der Kaiserin nichts übrig, als daß sie dem Schwager mit eigener
Hand, durch ein von Kaunitz in schonendste Form gekleidetes Schreiben, die Notwendigkeit darlegte, ihn „der ungerechten Gehässigkeit
des Publikums" zu entziehen. Zum Trost ward Karl als Sieger
von Breslau mit dem Großkreuze des Maria-Theresia-Ordens ge-
schmückt. Nicht ohne Bedenken setzte die Kaiserin an die Stelle des
abtretenden Feldherrn jetzt den Marschall Daun, denn auch zu dem
Helden von Kolin hatte sie nach dem Leuthener Unglückstage kein
volles Vertrauen mehr. Hat sie doch einen Augenblick zu Kaunitzens
Entsetzen daran gedacht, sich in Versailles den dort ausgemusterten
Marschall d'Estrées, den Sieger von Hastenbeck, für die Führung
ihres Heeres zu erbitten.

Am 12. März übernahm Daun im Hauptquartier zu Königgrätz
den Oberbefehl. Es war ihm an das Herz gelegt, zugleich das Heer
vor einer neuen Katastrophe zu bewahren und die Festung Schweidnitz
zu entsetzen, wenn anders diese Doppelaufgabe angesichts eines
Gegners wie des Königs von Preußen sich lösen ließ.

————

König Friedrich ist über den Entschluß seiner großen Gegnerin,
den Kampf fortzusetzen, nicht lange in Zweifel geblieben.

Unter den Obersten der in seine Hand gefallenen Breslauer Besatzung befand sich Fürst August Lobkowitz; er wurde von dem Könige
mit den Kapitulationspunkten in das Hauptquartier des Prinzen
Karl und von diesem alsbald weiter nach Wien gesandt. Dort machte
er der Kaiserin eine Eröffnung über die Geneigtheit des Königs zum
Frieden. Bald darauf brachten die Zeitungen die aus Wien stam-
mende Mitteilung, daß sich der kaiserliche Hof von den durch Lobkowitz
geschehenen Vorschlägen keinen guten Erfolg habe versprechen können,
daß die Kaiserin für sich die nötige Befriedigung und Sicherheit,
für den König von Polen und andere Reichsstände eine Schadlos-

haltung fordern müsse, und daß sie ohne Zuziehung ihrer Verbündeten in keine Verhandlung eintreten werde.

Friedrich selbst wußte schon am 6. Januar, vielleicht durch Lobkowitz unmittelbar unterrichtet, daß die Österreicher „um jeden Preis"
noch einen Feldzug machen wollten.  Und ganz entsprechend der
Kundgebung des Wiener Hofes auf das Anbringen von Lobkowitz
lautete eine Mitteilung, die dem Könige nach langer Pause Ende
Februar aus Frankreich kam.  Friedrich hatte nach der Schlacht von
Roßbach sich gegen die erneuten Mahnungen der Markgräfin von
Baireuth, unverzüglich eine Verhandlung mit Frankreich einzuleiten, ablehnend verhalten.  Genug wenn man, wie er einmal sagt,
ab und zu etwas über die Anschauungen der Franzosen hörte und
sich für den Fall eines großen Unglücks eine Hintertür offen hielt.
Zu solchem Behufe hatte einer der gefangenen französischen Generale, Graf Mailly, Urlaub zu einer Reise in die Heimat erhalten
und aus dem Munde des Prinzen Heinrich die Versicherung mit
auf den Weg genommen, daß der Prinz wie sein königlicher Bruder
aufrichtig die Versöhnung mit Frankreich wünschten.  Darauf hatte
nun König Ludwig dem General eröffnet, daß er, getreu seinen
Bundesgenossen, jede Verhandlung, die ihnen Anstoß geben könne,
vermeiden müsse, aber im Verein mit ihnen einem Friedensschluß,
auf den Grundlagen der Billigkeit und unter Sicherung des Landfriedens im Reiche, nie entgegen sein werde.  Diese unbestimmte
und geschraubte Antwort, so sagte sich Friedrich mit Recht, schließt
allen Verhandlungen die Tür.

Noch empfindlicher als die Erklärung der Franzosen, von denen
er etwas anderes kaum noch erwartet hatte und die er seit dem
5. November als Gegner verachtete, war ihm das Wiederauftreten
der Russen auf der kriegerischen Bühne.

Somit blieb alles für ihn beim alten: „Obgleich ich keine Lust
habe, auf dem Seile zu tanzen, diese Halunken von Königen und
Kaisern zwingen mich dazu, und es bleibt mir kein anderer Trost,
als nach ein paar Kapriolen ihnen mit der Balancierstange eins auf
die Nase zu geben."  In immer neuen Tonarten wandelt er in seinen
Briefen dieses Thema ab.  „Wenn alle Welt die Dinge mit so
philosophischem Auge betrachtete, wie wir beide," schreibt er seinem
Statthalter in Neuenburg, dem alten Freunde George Keith, „so
würde der Friede längst hergestellt sein; aber wir haben mit denen
zu tun, die Gott verflucht hat, da sie von Ehrgeiz verzehrt werden;
deswegen gebe ich sie zu allen Teufeln."  Den gern mit klassischen
Zitaten prunkenden Algarotti erinnert er an die Gattin des Königs
Latinus, der die Göttin der Zwietracht das Herz gegen Aeneas mit
giftigem Haß erfüllt hat: „Sie sehen, daß es nicht genügt, sich zu
schlagen, und daß es schwerer ist, mit bösen Frauen fertig zu werden,

als mit streitbaren Männern ... hätte ich die Wahl, ich würde
vorziehen im Parterre zu sitzen, als auf der Bühne aufzutreten."
Es war ein schwacher Trost, wenn Algarotti erwiderte: „Eure Ma=
jestät spielt zu gut, um nicht Akteur zu sein."

Das Gerücht sagte ihn krank. „Ich bin nicht krank!" lautete sein
Dementi, „weder an Leib, noch an Geist, aber ich ruhe mich aus in
meinem Zimmer". Er verglich sich einem Manne, der lange Zeit
auf hoher See gewesen sei und sich freue, während einiger Zeit
im Hafen und am Ufer weilen zu können. Die kurze Pause dieser
Breslauer Winterquartiere sollte ihm dazu dienen, „in lieber Ge=
sellschaft das wieder abzustreifen, womit der schreckliche Feldzug die
Sitten verroht haben mochte". So lud er sich seine Schwester
Amalie und seine zwei Nichten von der Schwedter Linie, die Ge=
mahlinnen seines Bruders Ferdinand und des Prinzen Friedrich
Eugen von Württemberg, nach Breslau ein, dazu den Marquis
d'Argens; auch Finckenstein, der englische Gesandte Mitchell und
der ehemalige Vertreter am französischen Hofe Knyphausen leisteten
Gesellschaft. Mitchell, nach der Schlacht bei Roßbach in Leipzig
zurückgeblieben, wurde noch am Abend seiner Ankunft in Breslau,
am 8. Januar, von Friedrich zu Tisch gezogen und fand ihn „zu=
frieden und glücklich, aber nicht aufgebläht nach den großen und
fast unglaublichen Erfolgen seiner Waffen; er erzählte von dem
5. Dezember und dessen Folgen mit der Bescheidenheit eines Helden,
dessen Hochsinnigkeit weder durch das Lächeln noch durch das Stirn=
runzeln des Glücks berührt wird." Man trug sich mit einem Wort
aus seinem Munde: „Ich habe nur etwas kaltes Blut und viel Glück
gehabt." Und indem er dem Prinzen Heinrich einen Riß des Schlacht=
feldes von Leuthen übersandte, verhieß er ihm, daß das seine letzte
Erwähnung der Schlacht sein solle, sonst werde er in den Ruf kommen,
ebenso närrisch wie Cicero zu sein, der unaufhörlich von seinem
Konsulat gesprochen habe. Auf des Bruders Glückwunsch zu seinem
Geburtstage entgegnete er, wenn das beginnende Jahr so grausam
sein sollte, wie das verflossene, so wünsche er, daß es das letzte seines
Lebens sein möge. Doch war er in der Stimmung, anders als vor
einem Jahre, sich laute Feier gefallen zu lassen; wie einst in den
freudigen Tagen nach seinem ersten Einzug in die schlesische Haupt=
stadt[1]) lud er Behörden und Bürgerschaft, alt und jung, zu Tanz
und Maskerade.

Und doch zürnte der König einem Teile seiner schlesischen Unter=
tanen. Den Festen gingen Strafgerichte zur Seite. Jetzt würden
die Verräter, die voreilig sich selbst verraten hätten, lange Gesichter
machen, meinte der Minister Schlabrendorff, als er nach der Schlacht

---

[1]) Bd. I, 259. 260.

von Leuthen sich zur Rückkehr nach Breslau anschickte. Die Beamten, die sich der Kaiserin-Königin, die meisten nur dem Zwange gehorchend, durch Handschlag verpflichtet hatten, wurden teils zu Festungshaft, teils zu Geldbußen verurteilt; einige schwerer bloßgestellte traf Amtsentsetzung. Die alten Generale, die nach der Schlacht an der Lohe ihrer Pflicht gefehlt hatten[1]), wurden kriegsrechtlich zu Festungshaft verurteilt, Lestwitz für die Übergabe von Breslau auch zur Kassation. Vereinzelte protestantische Geistliche, die am 27. November bei dem von den Österreichern angeordneten Sieges- und Dankfest in ihren Predigten Anstoß gegeben hatten, wurden dafür nicht zur Verantwortung gezogen; wohl aber sprach der König die Absicht aus, gegen den katholischen Klerus, der schon zu Friedenszeiten ihm verdächtig gewesen war, „ganz summarische Prozesse zu machen und Exempel zu statuieren". Vorab zürnte er dem Fürstbischof.

Schaffgotsch hatte während der ersten Monate dieses Krieges sich durchaus tadelfrei gehalten, nach Kolin aber scheint er, mit so vielen anderen, die preußische Sache als verloren betrachtet zu haben. Schlabrendorff gab ihn als verdächtig an, und der König erteilte ihm eine ernste Verwarnung wegen seiner Unbesonnenheit. Daß er nach dem Einzug der Kaiserlichen in Breslau nach dem österreichischen Schlesien auf sein Schloß Johannesberg verwiesen wurde, konnte ihm auf preußischer Seite nach Lage der Dinge nicht verargt werden; aber als er dann zu den Kapuzinern nach Nikolsburg entwich und die Absicht aussprach, für die Dauer des Krieges nach Rom zu gehen, sah der Sieger von Leuthen die Verräterei des von ihm mit Wohltaten überhäuften Kirchenfürsten als erwiesen an und erklärte das Bistum für erledigt. Die Häupter der Breslauer Klostergeistlichkeit, zeitweilig in Haft genommen, kamen mit einem Verweis davon; die Jesuiten blieben bis auf weiteres aus der Stadt verbannt. Die anderer Orten eingeleiteten Verfahren gegen katholische Geistliche wurden dank der ruhigen Unbefangenheit der Untersuchungsrichter gleichfalls bald niedergeschlagen. Nur in einem einzelnen Falle wurde ein Strafgericht vollzogen, ohne daß doch ein zwingender Schuldbeweis erbracht war: der Kaplan Faulhaber zu Glatz wurde am 30. Dezember 1757 auf das unsichere Zeugnis eines dingfest gemachten Deserteurs wegen Begünstigung einer Fahnenflucht durch den Strang hingerichtet; der Befehl zur Exekution entsprach den Berichten, die der Kommandant der Festung, Oberstleutnant d'O, selber ein Katholik, an den in Breslau weilenden Gouverneur Fouqué und den schlesischen Minister Schlabrendorff erstattet hatte.

---

[1]) S. 550.

An die im Frieden von 1742 erteilte Zusage, den kirchlichen Besitzstand aufrechtzuerhalten, glaubte sich der König jetzt nicht mehr gebunden; die Verpflichtung der Evangelischen in Schlesien zur Zahlung der Stolgebühren an den katholischen Ortspfarrer[1]) wurde aufgehoben, nicht aber zugleich die allerdings in viel selteneren Fällen vorhandene entsprechende Verpflichtung katholischer Ortseingesessener gegen einen protestantischen Geistlichen.

Indes traten diese Dinge nur ganz vorübergehend in den Gesichtskreis des Königs; nach dem Ausrücken in das Feld durfte ihn der Oberpräsident mit kirchenpolitischen Berichten überhaupt nicht mehr belästigen, und schon vorher drängten die militärischen, finanziellen, politischen Vorbereitungen für den neuen Kampf alle anderen Regierungssorgen zurück.

„Man sagt, daß wir einigen Ruhm haben," schreibt Friedrich am 28. Dezember 1757; „falls dem so ist, sind wir nichtsdestoweniger nur Bettelhelden." Selbst Näherstehende haben gemeint, daß er in diesem Kriege um Geld nie in Verlegenheit gewesen sei: daß er aus seiner gefüllten Schatzkammer nach Gefallen hätte schöpfen dürfen, sie aber geschont und sich lieber mit zweifelhaften Künsten geholfen hätte. Nichts war irriger. Der seit dem letzten Kriege gesparte Schatz war noch vor Ausgang des zweiten Feldzuges völlig erschöpft. Friedrich hatte früher gemeint, mit einem Vorrat von 20 Millionen vier Kampagnen hindurch auskommen zu können. Nun hatte er, da er das Schwert von neuem zog, überhaupt nicht ganz 13½ Million im Schatze[2]) und davon war, trotz der aus Sachsen gewonnenen Hilfsmittel, am Schlusse des Jahres 1756 kaum die Hälfte, 6½ Million, noch verfügbar, und nach einem weiteren Vierteljahr, bei Beginn des zweiten Feldzuges, nur noch eine Summe von 570 000 Taler. Der regelmäßige Zufluß des Schatzes versiegte, da die Überschüsse der Staatsverwaltung, so viel deren sich noch ergaben, alsbald, ohne durch den Schatz hindurchzugehen, den Feldkriegskassen zugeführt wurden. Aus einer außerordentlichen Einnahmequelle, einer bei den Ständen der einzelnen Provinzen geheischten Anleihe, floß dem Schatz bis Ende 1757 nach und nach ein Beitrag von etwas über 3½ Million zu, der aber zu dem genannten Zeitpunkte so weit bereits ausgegeben war, daß sich im Schatze bar nur noch 1 263 181 Taler befanden.

Die unter besondere Verwaltung gestellten Geldleistungen des Kurfürstentums Sachsen endlich waren hinter dem Voranschlage zurückgeblieben. Der König von Preußen hatte aus dem okkupierten Lande jährlich 5 Millionen bar ziehen wollen, statt der 6 Millionen, auf welche die Jahreseinnahme des sächsischen Staates in Friedens-

---

[1]) S. 141. [2]) S. 111.

zeiten berechnet wurde. Indes betrug die ganze Bareinnahme des preußischen Oberkriegsdirektoriums zu Torgau in den vier Monaten bis Ende 1756 gerade nur eine Million und bis Ende 1757 nur weitere 3 100 000 Taler. Dazu kamen allerdings noch ansehnliche außerordentliche Erhebungen im Gesamtbetrag von 1 271 808 Taler, darunter eine Zwangsanleihe bei der Stadt Leipzig von 1½ Million und eine Kriegskontribution der Hauptstadt Dresden von 40 000 Taler, und die Naturallieferungen berechnete man auf 1 900 000 Taler. Seinen Bestand bezifferte der Präsident der Torgauer Behörde, der rastlose und doch möglichst auf Schonung des unglücklichen Landes bedachte Etatsminister Friedrich Wilhelm v. Borcke, beim Jahresabschluß auf 455 907 Taler.

Demnach trat der König in das Jahr 1758 mit einem Vorrat von noch nicht ganz 1¾ Millionen. 2 Millionen gedachte er an Kontribution aus dem jetzt von dem Feldmarschall Lehwaldt eingenommenen Mecklenburg zu ziehen und für das schlesische Heer zu verwenden; was in Schwedisch=Pommern einkam, sollte Lehwaldt für das dortige Heer behalten. In Sachsen wurden Ende Januar 4 Millionen ausgeschrieben, die binnen ebensovielen Monaten aufgebracht sein sollten. Vielleicht ward die knappe Frist in der Erwägung gestellt, daß schon ein kurzer Frühlingsfeldzug den Frieden bringen und dann auch die Räumung Sachsens notwendig machen würde. So hatte der König schon nach der Schlacht von Leuthen, als er den Frieden unmittelbar vor der Tür glaubte, auf scharfe Eintreibung der Rückstände gedrängt und dem Marschall Keith empfohlen, gelegentlich bei militärischer Exekution seine „russische Politesse" zu zeigen.

Allemal ließ sich das Unmögliche nicht durchsetzen. Gegen den Ausgang der gesetzten Frist, im April 1758, wurde den Sachsen ein Nachlaß in der Weise gewährt, daß an Steuern 1 700 000 Taler, aus den Einkünften der Kammerverwaltung eine Million, von der Ritterschaft ein aus dem Vorjahre rückständiges Donativ von einer halben Million, von der Stadt Dresden 235 000 Taler (einschließlich jener bereits gezahlten 40 000) im Laufe des Jahres an das Oberkriegsdirektorium abzuführen waren, während auf Fouragelieferungen 286 000, auf Armaturgelder 70 000 Taler angerechnet wurden.

Auf solcher Grundlage blieb der König finanziell zunächst noch selbständig, ein Umstand, der nun auf den Gang seiner Verhandlungen mit dem britischen Verbündeten nicht ohne Einfluß war.

Nach Leuthen war der englische Gesandte darauf gefaßt gewesen, daß der König von Preußen, bei seiner ausgesprochenen Abneigung gegen die Rolle eines Almosenempfängers, die im Augenblicke der höchsten Not widerwillig in Anspruch genommenen Subsidien jetzt

im Glücke wieder zurückweisen werde.  Unerwarteterweise blieb
Friedrich bei der Stange und sprach sogar den Wunsch aus, das
Geld auf einmal und zwar sofort, zum Jahreswechsel, zu erheben.
Zugleich aber drängte er von neuem auf die Entsendung englischer
Kriegsschiffe in die Ostsee und englischer Truppen nach Westdeutschland.  Als nun statt dessen am 23. Januar Mitchell im Auftrage
seiner Regierung vielmehr ein preußisches Hilfskorps für den westdeutschen Krieg forderte, das als Gegenleistung für die Subsidien-
zahlung zu betrachten sein würde, genügte dieses Ansinnen, um
den König auf seinen ursprünglichen Standpunkt zurückzuführen.
Noch am 22. hatte er sich zur Entgegennahme der Subsidien bereit
und mit ihrer Verteilung auf zwei Termine einverstanden erklärt,
am 23. antwortete er auf Mitchells Antrag stolz und nicht ohne
Schärfe: da er bisher, den ganzen Krieg hindurch, von England
keine Unterstützung gehabt habe, weder zu Wasser noch zu Lande
noch auf diplomatischem Wege, so habe er geglaubt, das angebotene
Geld als Schadloshaltung für einen Teil der seit dem Abschluß der
Westminsterkonvention erlittenen Verluste betrachten zu dürfen; jetzt
aber begehre man für dieses Geld eine militärische Leistung von
ihm, die er angesichts der Überzahl seiner Feinde nicht zu verbürgen
in der Lage sei, und so müsse er ohne Umschweif erklären, die Subsidien nicht annehmen zu können.  Voll Schrecken eilte der Gesandte zu dem erzürnten Fürsten und suchte zu begütigen.  Er erreichte so viel, daß der König seiner Ablehnung am 25. Januar in
einem Erlaß an den Geschäftsträger in London eine glimpflichere
Form, eine andere Begründung gab: es sei sein Wunsch, den Verbündeten so lange als irgend möglich nicht zur Last zu fallen.  Auch
mit Finckenstein und Eichel besprach sich Mitchell in seiner Not.
Nach deren Meinung war der Unmut des Königs über beides, die
Forderung wie die Weigerung der Engländer, gesteigert worden
durch die eben eingetroffene Nachricht von dem russischen Einbruch
in Ostpreußen, der ihm den klaren Beweis lieferte sowohl für die
schädlichen Folgen des englischen Widerstrebens gegen eine Flotten-
demonstration, wie für die bare Unmöglichkeit, ein Korps an die
Weser und den Rhein zu schicken.

Vor allem aber hatte Friedrich noch immer[1] kein rechtes Vertrauen zu der Persönlichkeit und zu der Staatskunst Pitts; hatte
ihm doch sein Londoner Vertreter noch vor wenigen Monaten diesen
Mann als einen in Parteileidenschaft befangenen und bei glänzender
Beredsamkeit ziemlich einflußlosen Nörgler hingestellt.  Wenn jetzt
die Berichte des Geschäftsträgers ganz anders lauteten und die
hinreißende Begeisterung rühmten, mit der Pitt vor dem Parlament

---

[1] S. 453.

von dem König von Preußen, seinen wunderbaren Erfolgen und seinen unvergleichlichen Verdiensten um die gemeine Sache gesprochen hatte, so entgegnete Friedrich kühl, daß es nicht auf Komplimente, sondern auf Realitäten ankomme. Er besorgte, daß sein Vertreter sich blenden und berücken ließ. „Ihre Berichte," schrieb er ihm ungnädig, „sind wie von einem Sekretär des Herrn Pitt und nicht wie von einem Gesandten des Königs von Preußen."

So schienen Louis Michell und Andrew Mitchell ihren Auftraggebern das Mißlingen der Verhandlung entgelten zu sollen; denn auch Pitt und Holderneffe klagten über die Ungeschicklichkeit ihres Unterhändlers und nahmen bereits seine Ablösung in Aussicht. Pitt war durch die abweisende Haltung des preußischen Verbündeten auf das peinlichste überrascht; der eben erst ein wenig aufgehellte politische Himmel schien sich von neuem zu verfinstern. Noch vor kurzem war in London die Gesamtlage als so ernst angesehen worden, daß Pitt, um das Bündnis Spaniens für den Kampf gegen Frankreich zu gewinnen, die Abtretung von Gibraltar angeboten hatte. In Amerika war Fort William Henry, das letzte britische Bollwerk am Lorenzstrom, gefallen, und die Angriffsbewegungen gegen die Insel Kap Breton waren ebenso mißglückt, wie in Europa die Unternehmung gegen Rochefort[1]). Zwar in Indien war Kalkutta zurückerobert, Chandernagore den Franzosen entrissen und die Schlacht bei Plassey gewonnen; aber die Zuversicht der Nation hob doch nicht der eigene Sieg, nicht dieser Tag von Plassey, der in seiner welthistorischen Bedeutung damals noch nicht gewürdigte eigentliche Geburtstag der britischen Herrschaft in Indien; der frohe und volle Umschwung der Stimmung ward vielmehr lediglich den preußischen Waffentaten, den Tagen von Roßbach und Leuthen, gedankt. Die Begeisterung des englischen Volkes für den preußischen Heldenkönig hatte ihren Höhepunkt erreicht. Mit Einstimmigkeit — ein unerhörter Vorgang — bewilligte das Unterhaus dem Ministerium die neuen Geldforderungen für den Krieg. Und nun zeigte Englands streitbarster Bundesgenosse, der vergötterte Heros, so offenbares Mißtrauen; wann war es den Söhnen Albions je geschehen, daß einer ihrer Verbündeten eine halbe Million Pfund einfach ausgeschlagen hatte! Mit bitterem Spott schrieb Feldmarschall Keith an seinen schottischen Landsmann Mitchell: „Es scheint, daß der Engländer, nachdem er an Friedrichs Geburtstage ein Dutzend Flaschen Ale auf seine Gesundheit getrunken, alle Dienste geleistet zu haben glaubt, die solch ein Verbündeter beanspruchen kann. Sie lieben mehr, mit ihrem Geld zu zahlen als mit ihrem Leben!"

Wenn der König von Preußen bei seiner Ablehnung verharre,

---

[1]) S. 514.

erklärte Pitt dem preußischen Geschäftsträger, so sei das ganze System des gegenwärtigen Ministeriums aus den Fugen gebracht; denn die Vorlage wegen der Subsidien für das hannoversche Heer lasse sich im Parlament nur vertreten, wenn sie als eine Folge und als ein Anhängsel des Vertrages mit Preußen erscheine. Wenn aber die Geldspenden nach Hannover in Wegfall kämen, was bliebe dem König Georg als Kurfürsten anderes übrig, als sich um jeden Preis aus der Klemme zu ziehen? Der alternde Welfenfürst war seit dem Angriff der Franzosen auf sein Stammland in einem Zustande schmerzlichster Aufregung. „Ich komme nie aus dem königlichen Kabinett, ohne daß mein Herz in Tränen schwimmt," bekannte noch vor der Hastenbecker Schlacht der jüngere Münchhausen, der Chef der Londoner deutschen Kanzlei. König Georg hat nach dem Abschluß der Konvention vom Kloster Zeeven den nach London zurückgekehrten Cumberland vor dem ganzen Hofe gedemütigt, ja beschimpft, und er selbst war es doch gewesen, der in der Verzweiflung über die Niederlagen von Kolin und Hastenbeck diesen seinen Sohn und zugleich den hannoverschen Gesandten in Wien mit weitester Vollmacht für einen Vergleich ausgestattet hatte.

Erläuternd fügte Michell den Vorstellungen Pitts hinzu, daß das Ministerium sich gegen die Majorität und den sehr maßgebenden Prinzen von Wales gebunden habe, keine Nationaltruppen nach Hannover zu schicken; daß Pitts ganze Stellung, weit mehr als die von Newcastle oder Holdernesse, auf dieser Voraussetzung beruhe; daß bei entgegengesetzter Haltung das Kabinett unvermeidlich zu Falle kommen müsse, ohne die geringste Wahrscheinlichkeit, andere Minister sich für die Truppensendung ins Zeug legen zu sehen; vielmehr sei alle Gefahr vorhanden, daß dann England wie im Vorjahre in einen verderblichen Zustand der Untätigkeit und Spaltung versinke.

Der Hinweis auf solche Möglichkeit blieb nicht ohne Eindruck. An Michell allerdings schrieb König Friedrich am 18. Februar noch, daß seine Auseinandersetzungen keineswegs überzeugend seien, und daß er seine Bemühungen, die englischen Minister von ihren Vorurteilen zurückzubringen, fortzusetzen habe. Aber ein gleichzeitiges Schreiben an Ferdinand von Braunschweig zeigt, daß Friedrich mit den gegebenen Verhältnissen zu rechnen begann. Indem er an der Hand der Berichte Michells dem Prinzen die Aussichtslosigkeit des Antrages auf englische Nationaltruppen darlegte, machte er den Vorschlag, Ferdinand solle sein Heer nicht bloß ergänzen, sondern noch um 10 000 Mann vermehren und die erforderlichen Geldmittel von England erbitten; das werde genügen, um dem Feinde während des nächsten Feldzuges gewachsen zu bleiben. An diesem Auskunftsmittel hielt er nun fest und ließ es durch einen Erlaß vom 3. März,

unter ausdrücklichem Verzicht auf die englischen Truppen, in London
unmittelbar beantragen, nachdem inzwischen Ferdinand seinen
Siegeszug begonnen, der Hof von Versailles dagegen durch jene
Eröffnung an den Grafen Mailly jeden Gedanken an Verständigung
abgeschnitten hatte.   Zugleich erklärte sich Friedrich jetzt wieder
bereit, die Subsidien zu nehmen, und forderte nur noch Kriegs=
schiffe für die Ostsee, nicht eine „formidable" Flotte, aber doch ein
„Promenaden"=Geschwader, des moralischen Eindruckes halber.  Für
den äußersten Fall aber erklärte er, wieder drei Wochen später, am
26. März — noch ehe er Michells Bericht über die Aufnahme seines
Vorschlages hatte —, daß er auf die Schiffe ganz verzichten wolle.
Außerdem war inzwischen, dem britischen Verlangen entsprechend,
jene preußische Reiterschar zu dem hannoverschen Heere gestoßen,
und Prinz Heinrich hatte seine Diversion nach Hildesheim gemacht.
Auch darin zeigte sich Friedrich den Engländern willfährig, daß er
jetzt einen Gesandten von Rang und Geburt, den Freiherrn von Knyp=
hausen, seinen ehemaligen Vertreter in Frankreich, bei Georg II.
beglaubigte.

Knyphausen und Michell haben dann am 11. April zu London
mit den englischen Ministern die Konvention unterzeichnet, durch
welche die Krone England die Zahlung von jährlich 670 000 Pfund
Sterling und der König von Preußen die Verpflichtung übernahm,
diese Summe zum Besten der gemeinsamen Sache für Vermehrung
und Erhaltung seiner Streitkräfte zu verwenden; beide Teile, und
zwar Georg II. sowohl als König wie als Kurfürst, gelobten, keinen
einseitigen Frieden oder Waffenstillstand zu schließen, und in einer
Zusatzerklärung verhieß der König von England im Sinne der von
Preußen gestellten Bedingung, 50 000 Mann in Deutschland auf
britische Kosten und weitere 5000 Mann auf hannoversche zu unter=
halten.   Die Bewilligung der entsprechenden Summen durch das
Unterhaus erfolgte wiederum so gut wie einstimmig.

Insoweit aber blieb der König von Preußen auch jetzt noch zurück=
haltend, als er Anstand nahm, das englische Geld sofort zu erheben.
Seine Beweggründe deutete er Knyphausen in einem Erlaß vom
21. Mai mit den Worten an: er wolle nicht geniert sein in bezug
auf die Vorteile, welche günstige Ereignisse ihm verschaffen könnten.

Der Gesandte glaubte den Gedankengang seines Gebieters zu
erraten.   Offenbar wollte Friedrich freie Hand behalten, jederzeit
mit dem Wiener Hofe Frieden zu schließen, und besorgte wohl auch,
daß er nach Empfang dieser englischen Subsidien, die als Ausgleich
für seine Kriegskosten gedacht waren, mit minderem Fug und Recht
eine Entschädigung an Land und Leuten beanspruchen könnte.   Er
war nicht ohne Sorge wegen eines Überrestes der alten Vorliebe
der Engländer für Österreich und auch nicht ohne Zweifel wegen

der Stellung, die Pitt zu einer derartigen Forderung einnehmen
möchte; denn auch jetzt noch galt ihm der Staatssekretär als sehr
erregt und stark eigensinnig, als von einer Art Koller besessen. Nach
beiden Richtungen glaubte Knyphausen die Zweifel zerstreuen zu
können; er bekräftigte es dem Könige in einem Bericht vom 27. Juni
„positiv", der Grundsatz, auf dem Englands Verbindung mit Preußen
beruhe, sei, sie als Gegengewicht auf dem Kontinent gegen die
Macht der Höfe von Versailles und Wien zu benutzen; folglich
werde man sich einer Vergrößerung Preußens nicht nur nicht widersetzen, sondern betrachte sie als wesentlich und notwendig zur Be-
festigung des neubegründeten Systems. Zweitens aber werde England, wofern sich König Friedrich zu einem förmlichen Allianzvertrag
verstehen wolle, ihm anheimstellen, nach freiem Ermessen auch ohne
englische Beteiligung jeden beliebigen Vertrag mit dem Wiener
Hofe zu schließen, immer vorausgesetzt, daß in dem weiteren Kampfe
gegen die Franzosen Österreich neutral bleibe, Preußen dagegen zum
Entgelt für die Fortzahlung der englischen Subsidien mit einem
Hilfskorps auf dem Plan erscheine.

In dieser Beziehung hatte Friedrich seinen Bundesgenossen unter
behutsamen Vorbehalten schon einen glänzenden Ausblick eröffnet.
Im April war ihr bisheriger Gesandter bei den Generalstaaten im
schlesischen Hauptquartier erschienen, Sir Joseph Yorke, ein warmer
Anhänger der preußischen Sache[1]); zur Ablösung von Mitchell
bestimmt, wurde er doch nach einigen Wochen wieder abberufen,
da der König jenen bei sich zu behalten wünschte. Gleich in einer
seiner ersten Unterhaltungen mit Yorke betonte er die Notwendigkeit, das neue politische System auf die Dauer zu begründen, und
erklärte, wenn er so glücklich sein sollte, die Königin von Ungarn
zu einem Sonderfrieden zu nötigen, so sei er durchaus willens und
begierig, seine Waffen gegen Frankreich zu kehren. Oft habe er
über die wirksamste Art der Kriegsführung gegen die Franzosen
nachgedacht. Man dürfe nicht den Stier bei den Hörnern fassen
und ihre Festungskette überwältigen wollen, denn da werde man
auf dem halben Wege zum Ziel schon zugrunde gerichtet; aber von
Luxemburg her könne es nicht schwierig sein, die Festungen zur
Seite lassend, in Frankreich einzudringen. Er werde sich glücklich
preisen, wenn er noch einmal die Kriegsfackel nach Paris tragen
und diesen Herren „Procédés" lehren könnte. Das war ein Lieb-
lingsgedanke von Pitt, auf den er immer wieder zu sprechen kam,
den König von Preußen wie am Tage von Roßbach in Person
gegen diesen Feind kämpfen zu sehen. Friedrich hoffte, daß solches
Zukunftsbild die Engländer doch vielleicht noch bestimmen werde,

---

[1]) S. 367.

ihre Nationaltruppen auf das Festland zu schicken. Immer aber erklärte er, daß an die Ausführung so großer Dinge nicht zu denken sei, ehe er die Ellbogen frei habe. Vorerst habe er anderwärts allzuviel zu tun, die Österreicher seien der erste Feind und der zweite die Russen. „Vielleicht,“ sagte er zu Yorke, „kann ich gegen den Herbst mehr tun, aber bis dahin kann ich nicht das geringste versprechen.“

Wenn somit das Verhältnis zu England sich durchaus befriedigend gestaltete, so brauchte auch von hannoverscher Seite ein grundsätzlicher Widerspruch gegen preußischen Landerwerb nicht erwartet zu werden. Nahm doch das kurfürstliche Geheimratskollegium auf eine Anregung aus Berlin die nach der Koliner Schlacht zurückgelegten territorialen Entwürfe[1]) jetzt im April 1758 begierig wieder auf und gab zu erkennen, daß man Hildesheim und Osnabrück noch lieber nehmen würde als das Eichsfeld. Die preußischen Kabinettsminister Podewils und Finckenstein bezeichneten das als einen „angenehmen Traum“ der Hannoveraner. Der König aber entgegnete ihnen, im Begriff ins Feld zu rücken, am 23. April: wenn unsere Waffen erfolgreich sind, so könnten die Träume und Schimären von heute sehr wohl in Zukunft Wirklichkeit werden.

Er hatte schon im Januar, als sich die Unvermeidlichkeit eines weiteren Feldzuges herausstellte, dem Grafen Finckenstein seine Absicht eröffnet, bei gutem Glück sich durch Landerwerb schadlos zu halten. Damals rechnete er noch darauf, Rußland werde keine neue Diversion machen, Frankreich ganz lahm gelegt und Schweden zum Frieden geneigt sein; dann werde Maria Theresia allein stehen und vielleicht sogar, wenn etwa die Türken sich rührten, zwischen zwei Feuer kommen. Von diesen Annahmen war die erste schon nach wenigen Tagen hinfällig geworden, und wie die Russen schickten sich ja auch die Schweden zur Fortsetzung des Kampfes an. Aber wenigstens auf einer der Nebenbühnen war noch vor der Wiedereröffnung des Hauptkriegsschauplatzes eine so entscheidende Wendung eingetreten, daß Friedrich im April sagen durfte, der Franzosen, deren Nähe ihm im vorangegangenen Jahre Fesseln angelegt habe, sei er auf mindestens sechs Monate entledigt.

In diesem Punkte war seine militärische Lage ohne Zweifel günstiger als 1757. Damals hatte er sich lange besonnen, ehe er bei der Menge seiner Feinde gegen die Österreicher strategisch die Offensive ergriff; heute war ihm diese Offensive keinen Augenblick zweifelhaft. Damals hatte er, um sich nicht zu weit von seiner Zentralstellung zu entfernen, die Angriffsbewegung nur gegen Böhmen kehren zu dürfen geglaubt, das doch seiner auf schweren Er-

---

[1]) S. 451. 486.

fahrungen aufgebauten militärischen Theorie als eine unvorteilhafte
Arena galt, und eben deshalb hatte er damals von der Offensive
zunächst ganz absehen wollen. Heute schien ihn nichts zu hindern,
die Operationsbasis von der sächsischen Zentralstellung loszulösen
und nach Oberschlesien zu legen, um von dort aus seine Waffen
dahin zu tragen, wo nach seiner alten Auffassung[1]) am ehesten
entscheidende Erfolge gegen die österreichische Macht sich erwarten
ließen: nach Mähren.

Der Grundgedanke seines Feldzugsplanes war wie im Vorjahre,
einen großen Stoß gegen den vornehmsten Feind zu führen, solange
die Hauptmasse der preußischen Streitkräfte beisammen war, um
nachher, wenn andere Gegner sichtbar würden, nach Gefallen gegen
sie detachieren zu können. Die Ausführung dachte er sich in der
Weise, daß er nach der Wiedereinnahme von Schweidnitz mit dem
schlesischen Heere auf Olmütz losgehen, die Festung zur Übergabe
zwingen und weiter die Österreicher durch starke Entsendungen nach
Ungarn, wo Verbindungen mit der alten Insurrektionspartei angeknüpft werden sollten, auch aus dem Posten von Brünn heraus-
bringen und überhaupt nötigen wollte, alle ihre Streitkräfte an der
Donau zusammenzuziehen. Alsdann sollte Prinz Heinrich aus
Sachsen an der Spitze eines zweiten Heeres, so lange auf eine abwartende Stellung und die Beschäftigung der Reichsarmee angewiesen, in das von Verteidigern entblößte Böhmen einbrechen
und durch die Wegnahme von Prag dem Gegner den „Keulenschlag"
versetzen, von dem er sich nicht würde erholen können. Inzwischen
sollte Graf Dohna, der Nachfolger des alten Lehwaldt im Oberbefehl über das ehemals ostpreußische Heer, den Schweden, obgleich
die zur Besetzung von Rügen geeignete Jahreszeit ungenützt verstrichen war, doch noch eins „anzuhängen" versuchen und weiter
den Russen das Vordringen nach Pommern und in die Neumark
verwehren. Sollten die Russen nach Schlesien gehen wollen, so
glaubte der König, da ihre Ankunft dort vor Ende Juli nicht zu
erwarten war, nach der Einnahme von Olmütz wohl imstande zu
sein, einen Teil des Hauptheeres gegen sie auszuschicken; wo er
dann für den Fall einer gewonnenen Schlacht sich wie im Vorjahre[2]) mit dem Gedanken trug, nach einem Weichselübergang in
der Gegend von Warschau ihnen am Unterlauf des Stroms zwischen
Thorn und Elbing den Rückzug zu verlegen.

Von einem Marsch und Angriff auf Wien spricht Friedrich in
diesen seinen Entwürfen nirgends. Und wenn er mit größter Bestimmtheit der Meinung Ausdruck gab, daß der Krieg in diesem
Jahre auf die eine oder die andere Art zu Ende gehen werde, so

---

[1]) S. 314. 400.    [2]) S. 488.

läßt schon dieser Umstand allein voraussetzen, daß er 1758 die Einnahme der feindlichen Hauptstadt[1]) nicht in den Bereich seiner strategischen Kombinationen ziehen wollte; denn wir wissen aus einer
nach diesem Kriege entstandenen Aufzeichnung, daß er für eine in
Mähren beginnende Unternehmung, die mit dem Angriff auf Wien
zu enden haben würde, nicht einen, sondern zwei Feldzüge in Anschlag brachte.   Maria Theresia hat damals gesagt, habe sie nicht
mehr 100 000 Mann, so blieben ihr noch 50 000 oder 25 000, und
verliere sie Böhmen, so blieben ihr noch Ungarn und Österreich;
solange sie noch Waffen in der Hand habe, werde sie auch den Mut
nicht verlieren.   Wie heldenhaft seine große Gegnerin dachte, wußte
Friedrich nach ihrem Verhalten in der Not des Herbstes von 1741
und hat es ihr nachgerühmt.   Wollte er schnell Frieden haben, so
durfte er sie mit seinen Bedingungen nicht auf das Äußerste treiben.

Im übrigen blieb das Mehr oder Minder seiner Forderungen
vorbehalten.   Er vermöge nicht vorauszusagen, schrieb er am 21. Mai
in jenem Erlaß an Knyphausen, wie weit seine Ansprüche gehen
würden, und alles müsse von den Ereignissen dieses Feldzugs abhängen.
Daß des Königs alter Gedanke an Säkularisationen[2]), wie sie schon
einmal in der deutschen Geschichte nach einem großen Bürgerkriege
dem Frieden die Tore geöffnet hatten, nicht vergessen war, läßt
eine Äußerung der preußischen Kabinettsminister ersehen: indem sie
ihrem Gebieter über jene Absichten der Hannoveraner auf geistliches
Land berichteten, machten sie geltend, daß das an preußisches Gebiet
angrenzende Bistum Hildesheim für Preußen ebenso begehrenswert
sei wie für Hannover.

Derweil war der Kampf an den Sudeten, von dessen Verlauf
alle politischen Entwürfe abhingen, bereits in vollem Gang.

Die Wiederergänzung des preußischen Heeres war über Erwarten
gut von statten gegangen.   Während der König nach dem Einrücken
in die Winterquartiere noch nicht zu sagen vermochte, ob sich mehr
als 84 000 Mann in Schlesien würden aufstellen lassen, stand ihm
Anfang März fest, daß er ungefähr ebenso stark wie im Vorjahre
ins Feld rücken würde.   Doch fehlten dem schlesischen Heere an der
Sollstärke von 96 000 Ende April noch an 12 000 Kranke und Ge-
nesende.   Die beiden Heere in Sachsen und in Pommern zählten
jedes etwa 22 000 Mann; dazu kamen die Garnisontruppen und
die 15 nach Westfalen abgegebenen Schwadronen.   Das Rekruten-
material hatten teils die Kantons, teils Zwangsaushebungen in
Sachsen, Anhalt, Mecklenburg, Schwedisch-Pommern und selbst in
den pfälzischen und kurkölnischen Gebieten geliefert.   Viele Deserteure
hatte wie gewöhnlich ein Generalpardon zurückgelockt.   Auch Über-

---

[1]) S. 446. 488.      [2]) Bd. I, 419.

läufer aus den fremden Heeren und ein Teil der Kriegsgefangenen halfen die Lücken füllen. Aber auch Freiwillige kamen haufenweise, durch den heller denn je strahlenden Ruhm der preußischen Waffen angezogen. Auf dem Werbeplatz des neu errichteten Bellingschen Husarenbataillons zu Leipzig war der Zulauf ungeheuer, denn die Husaren vor allem — ihre Regimenter wurden jetzt auf 1300 Pferde gebracht — hatten sich weit und breit berühmt gemacht: in Jena verschworen sich die Burschen der großen Mosellaner Landsmannschaft, in des Königs von Preußen letzter Not seine Husaren zu werden, um ihm alles Land bis zur Mosel erobern zu helfen. Diese Bellingschen Husaren und zwei Freiregimenter, das eine fast ganz aus Franzosen gebildet, waren die einzigen Neuformationen dieses Jahres. Dagegen blieben von den 1756 errichteten zehn sächsischen Regimentern nur drei noch bestehen.

Auf vorschriftsmäßige oder nur gleichförmige Einkleidung der Neulinge durfte kein Gewicht gelegt werden. Wo es an Montierungsstücken fehlte, befahl der König „sich durchzuhelfen und die Mode vom dreißigjährigen Kriege zu erneuern". Das neue Husarenbataillon rückte im April aus Leipzig in zwei Kolonnen aus, die eine mit Sätteln und voller Montur, die andere ohne Uniform, in „Trauermänteln", mit Schabracken auf den bloßen Pferden. So fehlte überall noch viel, aber da sich bei dem Feinde noch größere Unfertigkeit voraussetzen ließ, meinte der König losgehen zu dürfen.

Zunächst also galt es, den Österreichern den Stützpunkt zu entreißen, von dem aus sie sich in Schlesien auszubreiten gedachten. Um die Belagerung von Schweidnitz einzuleiten, begab sich Friedrich am 15. März, drei Tage nach der Ankunft Dauns zu Olmütz, von Breslau in das Gebirge nach Kloster Grüssau, einem Hauptquartier „wie in Lappland"; noch war man durch „Eisbarrieren" vom Feinde getrennt. Am 30. wurden vor Schweidnitz die Laufgräben eröffnet. Seine Artilleristen taten dem Könige nicht genug; er schalt ihre Obersten „Erzignoranten" und „Erzdröhmer". Um abzukürzen, ließ er in der Nacht auf den 16. April das Galgenfort mit stürmender Hand nehmen. Darauf ergab sich die Festung noch selbigen Tages, 3200 Mann und 250 Offiziere wurden kriegsgefangen.

Am 19. April verließ der König Grüssau, um auf einem Umweg über Glatz nach Neiße zu gehen, wo das Heer sich versammelte. Er hatte das Gerücht aussprengen lassen, daß der Feldzugsplan des Vorjahres wieder aufgenommen worden sei; die Absicht war, Daun, der inzwischen sein Hauptquartier nach Skalitz verlegt hatte, zum Verbleiben in Böhmen zu veranlassen, um vor ihm bei Olmütz zu sein. Denn davon schien alles abzuhängen: „in fünf Tagen werde ich Ihnen sagen können, ob ich glücklich oder unglücklich sein werde," sagte Friedrich am 23. in Münsterberg zu einem seiner Begleiter.

Am 27. brach er von Neiße auf und war am 29. in Troppau, mit
einem Vorsprung von neun Tagen, wie er ausrechnete, vor dem
getäuschten Daun.  Feldmarschall Keith führte die zweite Kolonne
über Jägerndorf.  Bei Giebau und bei Sternberg traten die Preußen
am 3. Mai in die mährische Ebene ein, am 4. stand der König mit
der Vorhut bei Littau auf der Straße von Olmütz nach Böhmen.
Daun war von der Festung abgeschnitten.

Während Keith mit einem Teil des Heeres die Belagerung be=
gann, wählte der König zu ihrer Deckung eine Stellung südwestlich
von Olmütz bei Proßnitz, wo eine zweite Straße aus Böhmen mit
der von Brünn kommenden zusammenlief.  Er freute sich, mit seinen
Truppen aus den für die Russen bestimmten Töpfen essen zu dürfen.

Seine Stimmung während der nächsten Wochen, in den elenden
Dorfquartieren von Schmirsitz und Klein=Latein, war hoffnungsvoll
und glücklich.  In seiner Umgebung befand sich seit kurzem der junge
Schweizer, den er vor drei Jahren während jenes Ausflugs nach
Holland auf so abenteuerliche Weise kennen gelernt hatte[1]).  Henri
de Catt war im März 1758 als Vorleser in seine Dienste getreten,
nachdem der Abbé de Prades[2]), der Zeuge der Zweifelsqualen des
Herbstes von 1757, nach der Schlacht bei Roßbach wegen eines ver=
räterischen Einverständnisses mit den Franzosen auf die Festung
Magdeburg geschickt worden war.  Die Kriegstagebücher des neuen
Vorlesers mit ihren knappen, abgerissenen, ohne jede schielende Rück=
sicht aufgezeichneten Vermerken, sind unverdächtige Zeugnisse des
Zaubers, mit welchem die Persönlichkeit des Königs in ihrer Größe
und zugleich in ihrer Liebenswürdigkeit den jugendlichen Sinn des
Begleiters gefangen nahm.  „Je mehr ich diesen Fürsten sehe, um
so mehr Gründe finde ich, ihn zu lieben und zu verehren," schreibt
Catt während des Marsches nach Mähren, und als Friedrich ihm
in Schmirsitz eines Tages vom Tode spricht und von der kurzen
Lebensdauer, die er bei zunehmender Anfälligkeit sich nur noch be=
schieden glaubt, wird das weiche Herz des Zuhörers so traurig ge=
stimmt, daß er für alle weiteren Äußerungen die Aufmerksamkeit
verliert.  Vorwiegend aber waren damals die Eindrücke, die er aus
dem Quartier des Königs hier vor Olmütz beim Nachhausegehen
mitnahm, hell und freundlich.  Friedrich hatte sein Gefallen an dem
gewandten und unterrichteten und dabei bescheidenen und taktvollen
Gesellschafter; denn nicht sowohl zum Vorlesen, als zur Unterhaltung
ließ er ihn gegen Abend auf eine oder mehrere Stunden zu sich
kommen, wo dann über die verschiedensten Dinge, die französische
Literatur, die schriftstellerischen Arbeiten des Königs, Persönlich=
keiten, Erlebnisse, aber auch über die militärischen Ereignisse des

---

[1]) S. 335.  [2]) S. 279. 526.

Tages geplaudert wurde; oder Friedrich trällerte Arien aus den in Berlin aufgeführten Opern und weihte seinen Vorleser in die Grundbegriffe der Tanzkunst ein, um dann belustigt auszurufen: „Welch Schauspiel für Daun und den Prinzen Karl, sähen sie ihren Besieger von Lissa hier in einer Bauernstube Entrechats machen und Herrn Catt graziöse Bewegungen beibringen."

Seine glückliche Laune wurde noch gesteigert durch erfreuliche Nachrichten von den anderen Heeren. Prinz Heinrich hielt die jetzt von dem Prinzen von Zweibrücken geführten Reichstruppen durch empfindliche „Nasenstüber" so in Schach, daß sie sich aus der Nord= westecke von Böhmen nicht hervortrauten, und ließ durch ein fliegen= des Korps unter Driesen, dem Helden von Leuthen, die Gebiete von Bamberg und Würzburg brandschatzen. Prinz Ferdinand folgte in der Nacht vom 1. auf den 2. Juni bei Tollhuys unterhalb von Emme= rich den Franzosen über den Rhein, im Sinn der ihm erteilten drastischen Mahnung, sie auf dem ihren Verfolgern zugewandten Körperteile mit den Initialen des Westfälischen Friedens zu zieren. Einem neuen Manifest, das sie als Garanten dieses Friedens dem Vernehmen nach zu veröffentlichen gedachten, durfte Friedrich jetzt mit Ruhe entgegensehen: „Sie reden dieselbe Sprache, wie unter Ludwig XIV., aber sie haben keine Turennes und keine Condés."

In diesen ersten Junitagen war seine Zuversichtlichkeit auf ihrem Höhepunkte. Die Franzosen, so verkündet er dem Prinzen Heinrich, werden kriegsmüde und die Österreicher flügellahm, und die Russen schöpfen Mißtrauen. „Aus guten Gründen" ersucht er den Bruder, in Sachsen das Gerücht auszusprengen, man dürfe sich darauf ver= lassen, daß Preußen den Frieden nicht annehmen werde, ohne eine eklatante Genugtuung für den ihm aufgenötigten Krieg, und sollte dieser Krieg noch vier Jahre währen. Auch Pitt ließ er, zu seines alten Kabinettsrats leisem Schrecken, auffordern, solch hohen Ton anzuschlagen. Eine nähere Erläuterung gab er beim Abschied dem Briten Yorke, der am 10. Juni aus dem preußischen Feldlager auf seinen Haager Gesandtschaftsposten zurückkehrte: „Wir müssen alle Anträge als an uns gemeinsam gerichtet behandeln; wir müssen keine Begierde nach Frieden verraten, aber auch die uns gemachten Anträge nicht hochfahrend zurückweisen." Dabei betonte er die Notwendigkeit, nur einen Frieden, der Dauer verspräche, zu schließen: „Meine Lage und meine Umstände erlauben mir nicht, Tag für Tag ins Feld zu ziehen und einen Waffenstillstand statt eines Frie= dens zu schließen. Mein Verlust an Leuten und an Einkünften ist zu schwer für ein solches System, und eben deshalb mache ich alle Anstrengungen, um den Krieg abzukürzen, indem ich unseren Feinden Abbruch zu tun suche, soviel ich nur kann. Die Kaiserin ist mit Frank= reichs Betragen nicht zufrieden und besonders nicht mit dem von

dieser Macht in Wien gestellten Anerbieten, die Friedensvermittlung
zu übernehmen. Das ist für die Kaiserin keine angenehme Aussicht
— der König zeigte sich hierin sehr zutreffend unterrichtet — und
wird sie möglicherweise einem Sonderfrieden geneigt machen, auf
den ich gern eingehen werde. Ich habe kein Verlangen, mit dieser
Fürstin in Zwist zu leben, vorausgesetzt, daß sie kein zu großes
Übergewicht erlangt; auf dem Fuße der Gleichheit will ich von
Stund an ihr Freund sein."

In eben diesen Tagen regten sich ihm nun doch die ersten Be=
denken wegen des Ausganges seiner großen Unternehmung. Alle
militärischen Aufgaben, welche Zeit erforderten und die Heere fest=
hielten, hatten in diesem Feldzuge grundsätzlich vermieden werden
sollen: hatte man sich hier vor Olmütz gleichwohl auf solche Aufgabe
versessen? Wie vor Pirna und wie vor Prag sah Friedrich den
Termin für das Ende von dem anfänglich angenommenen 15. Juni
in immer weitere Ferne entweichen. In der Nacht zum 28. Mai
waren die Laufgräben eröffnet worden, in viel zu großem Abstand
von der Festung. Hatte der König vor Schweidnitz auf seine Artille=
risten gescholten, so galt sein Tadel hier den Ingenieuren, die sich
so verrechnen konnten. Wenn Coehoorn und Vauban auferstehen
könnten, so würden sie, spottete er, ihren ungeschickten Epigonen
Mützen mit Eselsohren verehren statt der Mauerkronen. „Wir ver=
lieren Menschen, wir verpuffen unser Pulver auf Spatzen, wir
verzehren alle Fourage, und der beträchtlichste Verlust von allen ist
der Zeitverlust, und schließlich wird der Feind sich in gewaltigen
Stand setzen infolge unserer unverzeihlichen Langsamkeit."

König Friedrich hat oft gesagt, daß man als Feldherr das tun
müsse, was dem Feind am unerwünschtesten sein werde. In Wien
fürchtete man Anfang Mai 1758 nichts mehr, als daß die Preußen
entweder geradeswegs an die Donau marschieren oder das Heer
des Marschalls Daun in einer Schlacht zu Paaren treiben könnten.
Schon ließ das durch Flüchtlinge aus Mähren verbreitete Gerücht
das Korps des Feldmarschalleutnants de Ville geschlagen sein; die
Zusammenziehung von Truppen bei Schwechat zur Verteidigung
des Donauüberganges, ja die Verlegung des Hofes nach Graz wurden
in Vorschlag gebracht. Daß Mähren von Truppen entblößt sei,
wurde scharf getadelt, und die abgetretenen Feldherren, der Prinz
von Hildburghausen und der Lothringer, die Männer von Roßbach
und von Leuthen, fühlten sich jetzt berufen, über die Unzulänglich=
keit der getroffenen Vorkehrungen, die Fehlgriffe der Heeresleitung
zu Gericht zu sitzen. Maria Theresia glaubte ihnen nicht unrecht
geben zu können. Sie gestand, vor den Zuständen im Inneren
mehr in Sorge zu sein, als „vor dem Preußen selbsten" — „wie=
wohlen", so setzte sie hinzu, „ihme gar nicht verachte". Sie entzog

sich den Blicken ihres Hofes, versteckte, wie ihr Ausdruck ist, sich täglich mehr, damit niemand ihre tiefe Niedergeschlagenheit gewahre. Schwere Zweifel peinigten sie; nur zweien schüttete sie ihr Herz aus, ihrem alten Kabinettssekretär Koch und dem bei ihr trotz allem noch hochangesehenen Hildburghausen: ihr Innerliches, schrieb sie ihm, konfundiere sie, „weillen an alle selbsten Schuld bin, mithin auch vor Gott und in mein Gewissen nicht ruhig sein kann".

Man atmete auf, als die Nachricht kam, daß die Preußen sich vor Olmütz festlegten. Kaunitz trug die größte Zuversicht zur Schau; der französische Gesandte schrieb nach Hause, der Staatskanzler sehe das Verderben des Königs von Preußen als gewiß an. Daun erhielt den Befehl, zum Entsatz von Olmütz im erforderlichen Augenblicke eine Schlacht zu wagen, und zwar unter dem Gesichtspunkt, daß er nach dem Falle der Festung doch jedenfalls werde schlagen müssen, weil dann selbst eine Niederlage nicht nachteiliger wirken könne, als ein Rückzug ohne Widerstand bis an die Donau.

Friedrich sagte sehr richtig bei Beginn dieses Feldzuges, daß seine Stärke in der schlechten Verfassung des Feindes beruhe, daß aber dieser Zustand sich ändern werde. Er hatte drum auch anfänglich auf eine Schlacht gerechnet: mit dem Marsch nach Olmütz überholt, so hatte er am 25. März kombiniert, werde Daun sich hoffentlich zum Kampf veranlaßt sehen und hoffentlich alsdann geschlagen werden. Bald aber entschied er sich für eine andere Methode. In der vor Olmütz gewählten Stellung glaubte er es völlig in seiner Hand zu haben, eine Schlacht anzunehmen oder nicht, und rechnete nun darauf, die Festung zu nehmen auch ohne eine Schlacht. Offenbar dachte er an Kolin; das Schicksal der Belagerung sollte nicht wieder von dem unsicheren Ausgange des eisernen Würfelspiels abhängig gemacht werden. Falls Daun, wie jetzt vor zwölf Monaten, wieder Befehl erhielt, alles an alles zu setzen, so wollte Friedrich ihm nicht wie damals den Gefallen tun, ihn in befestigter Stellung aufzusuchen. Daun selbst mochte einmal angreifen. Und zwar sollte ihm die Möglichkeit dazu nur bei Proßnitz geboten werden, wo das Gelände eine ausgiebige Verfolgung des abgeschlagenen Angreifers erlaubte und wo man imstande war, binnen drei Stunden die Truppen aus ihren Stellungen zur Schlachtordnung zusammenzuziehen.

Entschlossen, nur im Augenblicke der höchsten Not zum Angriff überzugehen, hielt sich Daun nach seiner Ankunft in Mähren einstweilen regungslos in der festen Stellung zu Gewitsch, vier bis fünf Meilen nordwestlich von Proßnitz. Um so tätiger waren seine „großen Canaillen", wie Friedrich die überall ausschwärmenden Haufen der Irregulären betitelte, und die „kleinen Canaillen in Duodez", die den preußischen Patrouillen in den Wäldern und Schluchten, wahren

„Mördergruben", auflauerten. Seit Anfang Juni wurden die Preußen auch in ihren Quartieren beläſtigt. „Wir ſind an keiner Stelle ſtark," warnte der König ſeine Generale, „aber die Betriebſamkeit iſt eine große Stärke für die Schwachen." Für den 18., den Jahrestag von Kolin, glaubt er mehr als ſonſt auf der Hut ſein zu müſſen, „weil Daun ſich einbilden wird, daß der Tag ihm favorabel iſt". Aber ſchon in der Nacht auf den 17. wurde ihm eine böſe Begrüßung zuteil durch einen Überfall auf die Quartiere der Baireuther Dragoner am linken Marchufer, die an 400 Reiter und Pferde und ihre Pauken einbüßten.

Ein Glück, daß noch die Ruſſen nichts von ſich hören ließen. So konnten 8 in Schleſien zurückgebliebene Bataillone mit 1700 Reitern nachgezogen werden, denen ein großer Trupp Rekruten, Ausgeheilte und vertauſchte Kriegsgefangene, ſowie an 3000 Mehlfuhren, Munitionswagen, Marketenderkarren, auch 46 Wagen mit Geld, ſich anſchloſſen. Eine frühere Zufuhr war Anfang Juni unbehelligt vor Olmütz angelangt; auch dieſer zweite Nachſchub war am 28. durch Zieten mit 3 Bataillonen und 20 Schwadronen bei Giebau aufgenommen worden, und Zieten hatte einen Angriff Laudons in hitzigem Gefecht glücklich abgewieſen. Aber am 30. wurden die Preußen, etwa 12—13 000 Mann, von dem inzwiſchen auf 15 000 Mann verſtärkten Feinde bei Domſtadtl geſchlagen und nach Troppau abgedrängt; von dem Wagenzug erreichte das Lager vor Olmütz nur ein kleiner Teil, darunter der Geldtransport.

Der König hat niemandem wegen des Unglücks einen Vorwurf gemacht. Er erinnerte ſich des alten Sprichworts: „convoi attaqué, convoi battu." Am 1. Juli hatte er volle Gewißheit. Fünf eigenhändige Briefe an Keith von dieſem einen Tage geben ebenſoviel lebendige Augenblicksbilder. Er war unverzüglich entſchloſſen, die Belagerung, für die es jetzt an Schießbedarf fehlte, aufzugeben und aus Mähren abzuziehen: nicht nach Schleſien — denn ſchon machte Daun eine Bewegung in der Richtung auf Prerau, um die Straße nach Troppau zu ſperren — ſondern nach Böhmen.

Allen Offizieren ließ er bei Feſtungsſtrafe und Kaſſation gebieten, niemand ſolle Entmutigung merken oder ſich verlauten laſſen, daß alles verloren ſei; jedermanns Pflicht ſei, gute Miene zu machen und den Mannſchaften Mut zuzuſprechen.

---

Die Wirkung des großen Fehlſchlages von Olmütz war mit einem Worte, nach Friedrichs eigenem Geſtändnis: „Ich habe die Überlegenheit verloren, die ich im vorigen Herbſt und Winter über die Öſterreicher gewonnen hatte."

Wenn er auf dem Marſche nach Böhmen den engliſchen Ge

sandten sah, klagte er immer von neuem, daß die Aussicht auf Frieden jetzt in die Ferne gerückt sei. Doch neigte er bald wieder der Meinung zu, wenn man diesen Feldzug noch durchhalte, so werde im Winter der Feind, ermüdet und erschöpft, als der erste die Hand zum Vergleich bieten. Seinen Ministern schrieb er: „Wir müssen Geduld haben und die Monate August, September, Oktober, November, Dezember abwarten."

Ohne eine Schlacht verloren zu haben, aber nach abermaligem Scheitern einer großen Belagerung, mußte er sich auf einen Sommer- und Herbstfeldzug „ungefähr wie im Vorjahre" gefaßt machen: „Vergegenwärtigen Sie Sich unsere Lage in Erfurt[1])," schrieb er an Ferdinand von Braunschweig; „ich habe fünf Heere gegen mich, und zwar von allen Seiten" — die Österreicher unter Daun in Böhmen und unter de Ville in dem jetzt nur durch die Festungen gedeckten Oberschlesien; die vereinigten kaiserlichen und Reichstruppen in Sachsen, die Schweden und die Russen.

Wenigstens nötigte er vorerst noch den unmittelbar ihm gegenüberstehenden Feind, sich ganz nach den Bewegungen der Preußen zu richten. Ihr Abmarsch nach Böhmen gab die bisherige Operationslinie kühn preis. Aber man war auf dem eingeschlagenen Wege dem österreichischen Heere um zwei Tagesmärsche voraus, und konnte den gewaltigen Troß, das Belagerungsgeschütz, an 2000 Kranke und Verwundete, einen Fuhrpark von mehr als 4000 Wagen, ohne ernste Störung abführen. Außerdem blieb der Kriegsschauplatz auf österreichischem Boden, man zehrte aus den vom Feinde aufgehäuften Vorräten.

Am 11. Juli war Königgrätz erreicht, die österreichische Besatzung wurde schnell verjagt. Die hemmende Wagenburg konnte jetzt nach Glatz zurückgeschickt werden. Ihre Abfahrt auf der Nachoder Straße zu decken, stellte sich der König mit einem Beobachtungstrupp bei Opotschno auf; das Hauptheer lagerte am Zusammenfluß der Elbe und des Adlers.

Hier bei Königgrätz erhielt Friedrich zwei wichtige Nachrichten. Von dem Herzog Ferdinand eine Siegespost: die nach ihrer großen Retirade allmählich wieder zu Atem gekommenen Franzosen unter Clermont, aus Versailles zur Offensive gedrängt, waren am 23. Juni bei Krefeld geschlagen und auf Neuß und Köln zurückgeworfen worden. Um so unwillkommenere Kunde kam von der Oder: ein russischer Heerhaufen hatte die pommerschen und neumärkischen Grenzen, ein anderer bei Guhrau das schlesische Gebiet heimgesucht, und nun zogen die Russen ihre ganze Streitmacht bei Posen zusammen. Wohin sie sich wenden würden, blieb ungewiß.

---

[1]) S. 524—528.

Noch glaubte der König, sie dem Grafen Dohna überlassen zu
dürfen, der Mitte Juni die Kantonnementsquartiere vor Stralsund
geräumt und sich an die Oder nach Schwedt gezogen hatte. Friedrich
begnügte sich damit, ihm zur Verstärkung neun Bataillone aus
Schlesien zu schicken, die während des mährischen Feldzuges dort
bei Landeshut die Gebirgspässe beobachtet hatten, dazu zwei Regimenter Kürassiere aus Sachsen. Zugleich erhielt Dohna den Befehl, den Feinden, falls sie nach Frankfurt oder Krossen kämen, „auf
den Hals zu gehen" und dabei sich und seinen Offizieren die Vorstellung aus dem Kopfe zu schlagen, „als ob die Russen in einem
inattaquablen Lager stünden".

Die Wahl inattaquabler Stellungen war das Geheimnis und die
Stärke nicht der russischen, wohl aber der österreichischen Lagerkunst.
Gerade jetzt sollte Friedrich das von neuem erfahren. Daun war
von Olmütz anfangs mit vorsichtiger Langsamkeit gefolgt. Erst am
17. Juli ging er bei Pardubitz über die Elbe und schob demnächst
ein Kavalleriekorps auf die Höhe von Chlum vor. „Nun kommt
es darauf an," sagte Friedrich, „wie man die Sache am besten
anstellet, den Feind zur Bataille zu bringen"; er berief sich auf die
letzten Worte des alten Schwerin: „Frische Eier, gute Eier[1]." Das
Gelände war hier minder schwierig, als sonst in Böhmen. Der Gewinn der Schlacht konnte, abgesehen von dem moralischen Eindruck
auf die im Anmarsch begriffenen Russen, dem ganzen Feldzuge eine
neue Wendung geben, vielleicht sogar dem Prinzen Heinrich für
die früher ihm als Aufgabe gestellte Unternehmung gegen Prag
doch noch freie Bahn schaffen; der Verlust der Schlacht schien keinen
weiteren Nachteil mit sich zu bringen, als den jetzt ohnehin gebotenen
Rückzug nach Schlesien. Am 23. Juli marschierte der König mit
seiner Abteilung von Opotschno zu dem Hauptkorps nach Liberschitz
in der Richtung auf die Elbe. Alle Vorbereitungen zum Flußübergang waren getroffen. Die Heere standen einander so nahe,
daß man deutlich die Kompaniegassen im österreichischen Lager unterscheiden konnte. Aber Daun ließ Schanzen über Schanzen auf-
werfen, und als der König unter dem Schutz der Normann-Dragoner
bei Königgrätz über die Elbbrücke ritt, gewann er den Eindruck, daß
der Angriff untunlich sei. So fand auch der Tag von Zittau[2] in
der Geschichte dieses Feldzuges sein Seitenstück.

Am 25. Juli traten die Preußen ihren Marsch nach Schlesien an,
zunächst nach Skalitz, von da auf getrennten Straßen über Politz
und über Starkstadt. „Eine schreckliche Prüfungszeit für unsere arme
Familie und alles, was preußisch heißt," schreibt Friedrich während
dieses Rückzuges an den Prinzen Heinrich; „wenn das andauert,

---

[1]) S. 479.    [2]) S. 516. 517.

muß man sich mit einem Herzen von Stahl wappnen, um zu widerstehen. Aber troß allem, was in mir vorgeht, mach' ich gute Miene
zum bösen Spiel und versuche, so viel an mir ist, Leute, denen
man als Heerführer Hoffnung und edles Selbstvertrauen einflößen
muß, nicht zu entmutigen." Am 9. August war das Heer zwischen
Grüssau und Landeshut wieder vereinigt.

Nicht Daun hatte den König von Preußen, wie vor vierzehn
Jahren Feldmarschall Traun mit seiner überlegenen Strategie[1]),
zur Räumung von Böhmen genötigt. Friedrich ging lediglich, wie
er an den Oberpräsidenten Schlabrendorff schrieb: „weil sie mir
so viel wegen der Russen in die Ohren schreien." Drei oder vier
Schlachten bis Ende August, von Heinrich, von Ferdinand und von
ihm selber gewonnen, das war es, was er sich jeßt wünschte.

Noch aus Böhmen hatte er dem Grafen Dohna sein Kommen
angemeldet. Am 10. August übertrug er im Grüssauer Kloster dem
Markgrafen Karl — Feldmarschall Keith suchte in Breslau Heilung
für seine angegriffene Gesundheit — den Oberbefehl über das zurück-
bleibende Heer von 51 Bataillonen und 75 Schwadronen, mit schriftlichen Verhaltungsmaßregeln für die verschiedenen Möglichkeiten, sei
es, daß der Markgraf hier bei Landeshut angegriffen wurde, sei es,
daß Daun durch die Lausiß entweder an die Elbe oder an die Oder
vordrang: in dem einen Falle sollte Karl ihm an die Queis, in
dem anderen nach Bunzlau nachrücken. Am Abend des 10. August
begab sich der König nach Landeshut; in der Nacht trat er mit
14 Bataillonen und 38 Schwadronen den Marsch an.

In der Annahme, daß das Ziel der russischen Bewegungen die
Lausiß und ihr Zweck die Vereinigung mit den Österreichern sei,
beabsichtigte der König, zwischen Grünberg und Züllichau über die
Oder zu gehen und auf jenem Ufer entweder sich mit Fermor zu
schlagen oder ihm, wenn er über die Warthe zurückwich, das große
Posener Magazin und damit die Möglichkeit zu weiterem Vorgehen
zu nehmen. Da erhielt er am 16. hinter Grünberg, zu Deutsch-
Wartenberg, die Nachricht, daß Fermor sich nach Küstrin gewandt
hatte. Durch eine Beschießung, bei der fast jede Kugel zündete,
waren die Stadt, das Zeughaus, die Magazine in Asche gelegt, die
Festungswerke hatten keinen Schaden gelitten, der Verlust des Plaßes
war nicht zu befürchten. Aber den König beunruhigte der Gedanke,
daß die Russen in Übermacht dort über den Fluß kamen und das
Dohnasche Korps erdrückten. Für den Fall einer Niederlage wurde
Dohna beauftragt, sich bei Frankfurt, wenn es irgend ging, bis zur
Ankunft des Entsaßes zu halten. Stromabwärts seßte jeßt der König
seinen Eilmarsch fort. Aber die Russen blieben auf dem anderen

---

[1]) Bd. I, 466—468.

Ufer, Fermor bei Küstrin, ein abgezweigtes Korps unter Rumjanzow
bei Schwedt.  Am 21. in der Frühe ritt der König mit einer Schwadron Zietenhusaren in Dohnas Lager bei Gorgast ein, tags darauf
vollzog sich die Vereinigung der beiden Heerkörper.  „Ihre Leute,"
soll der König zu Dohna gesagt haben, „haben sich außerordentlich
geputzt; die ich mitbringe, sehen aus wie die Grasteufel, aber sie
beißen."  Binnen zwölf Tagen, in zehn Märschen, hatten diese
Braven 33 Meilen zurückgelegt, bei erdrückender Hitze, und die letzten
Tage durch den tiefen Sand; aber die Stimmung der Truppen war
vortrefflich geblieben.

Noch am Abend des 22., von zehn Uhr ab, ward weitermarschiert
bis zu der Stelle, wo gegenüber von Güstebiese das neu ausgegrabene
Flußbett sich von der alten Oder trennt.  „Meine Devise ist siegen
oder sterben," hatte Friedrich noch aus Schlesien an Dohna geschrieben, zur Nachachtung für die Offiziere alle; „und wer nicht ebenso
denkt, soll nicht über die Oder gehen, sondern sich zu allen Teufeln
scheren."  Am Morgen, während die Brücke geschlagen wurde, ließ
sich der König mit der Infanterie der Vorhut und einer Schwadron
Zietenhusaren in großen Kähnen übersetzen.  Ein Umritt ergab,
daß kein Kosak zu sehen war.  Als der König auf einer Anhöhe halten
blieb, um dem Übergang zuzuschauen, drängten sich die Bauern
mit Weib und Kind in hellen Haufen schier ungestüm heran, denn
jeder hätte dem „Vater und Befreier" den Rockzipfel küssen mögen.

Die Preußen lagerten sich zwischen Klossow und Zellin.  Der
Übergang war inmitten zweier russischen Heere völlig ungehindert
von statten gegangen.  Der König beglückwünschte sich, die großen
Detachements von dem Hauptheere abgeschnitten zu haben, und
nahm an, daß er Fermor erst bei Landsberg, fünf bis sechs Meilen
von Küstrin zum Stehen bringen werde.

Der russische Feldherr hätte durch einen Marsch nach Landsberg
die Möglichkeit gewonnen, sich mit der Division Rumjanzow zu vereinigen; aber es scheint, daß er fürchtete, während des Marsches
von den mit „unerhörter" Geschwindigkeit vorrückenden Preußen
zur Schlacht gestellt zu werden.  Die Aufregung im russischen Lager
war groß.  Fermor hatte zum mindesten sich anheischig gemacht,
den Gegner nicht ohne empfindliche Verluste über den Fluß kommen
zu lassen; er hatte bis zuletzt den Übergang nur entweder bei Küstrin
oder bei Schwedt erwartet.  Er selbst und seine Stellung im Heere
wurden immer unsicherer, nach diesem unleugbaren Rechenfehler
und unter dem lähmenden Druck der unmittelbaren Nähe des großen
Schlachtenhelden.  Viel Vorsicht und wenig Entschluß waren die
Eigenschaften, die diesen russischen Feldherrn kennzeichneten.  Er
schielte nur immer nach Petersburg und fühlte sich erst wohl, wenn
er sich blind den von dort erteilten deckenden Vorschriften unter-

werfen konnte. Vom Hofe erwartete er fein Heil; dem Heere war
er, der Deutfche, der noch unbewährte General, der fünf Vorder-
männern, darunter vier Nationalruffen, vorgezogen war, mißliebig, ja als Führer gegen den deutfchen Gegner verdächtig: keine
Krähe hackt der anderen die Augen aus, fagten die Soldaten fehr
anzüglich.

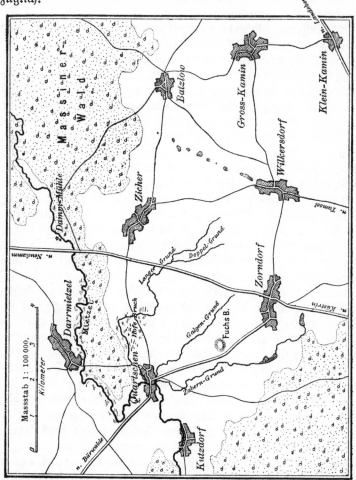

Fermor hielt es für das geratenfte, nach Aufhebung der Belagerung unverzüglich eine möglichft gedeckte Stellung aufzufuchen.
Früh am 24. Auguft marfchierte er in dem Eck zwifchen Oder, Warthe
und Mietzel durch den Küftriner Forft und wählte ein Lager zwifchen
Quartfchen und Zicher, mit der Front nach der fumpfigen Niederung
der Mietzel — nicht die ihm von dem öfterreichifchen Militärbevoll-
mächtigten empfohlene Stellung an der Straße nach Landsberg,

auf der mehr südlich nach der Warthe zu gelegenen Höhe von Groß-
Kammin; nur den Troß schickte er dorthin voraus. Offenbar wollte
er den Übergang über die Mietzel, das einzige Terrainhindernis
zwischen den beiden Heeren, den Preußen nicht freigeben. Die
Brücken über den kleinen Fluß wurden abgeworfen. Nachmittags
stieß das aus Landsberg herbeigerufene Beobachtungskorps unter
Browne zu der Hauptmacht.

Das Russenheer lagerte in einem langen, unregelmäßigen Karree,
mit den Kochkesseln, der Feldkanzlei und der Kriegskasse in der Mitte.
In dieser Stellung erblickten es die Preußen am Abend des 24. August,
als sie, nachmittags aus dem Lager von Zellin aufgebrochen, äußerst
ermüdet an die Mietzel kamen. Der König stieg an der Dammühle
ab, eine starke Meile oberhalb von Quartschen, am Rande des Waldes
von Massin. Hier versammelte er seine Generale und eröffnete ihnen
seine Absicht, morgen nach einem Marsch durch den Wald die russische
Stellung in ihrer rechten Flanke zu umgehen. Auch der britische
Gesandte fand sich ein und bat, der Schlacht beiwohnen zu dürfen,
und Friedrich scherzte: „Sie könnten getötet werden, und das würde
Herrn Pitt Vergnügen machen[1]); aber wer soll dann die Siegesbotschaft melden?" Mitchell antwortete: „Der Sieg wird für sich
selbst sprechen, und es bleiben genug brave Leute, die entzückt sein
werden, statt meiner um Eure Majestät sein zu dürfen." Der König
schien ihm seiner Sache völlig sicher, „in high spirits". Zu seinem
Vorleser Catt, der ihn erst um elf Uhr verließ, sagte Friedrich:
„Finden Sie mich nicht ruhig? Ein schrecklicher Tag, solch ein Schlacht-
tag. Ich habe meine Anstalten so getroffen, daß ich nicht viel Leute
verlieren werde, und daß der Feind fortgejagt werden wird; aber
vielleicht werden Sie es sehen: ein Nichts wird alles verändern
und wird dem Führer in Rechnung stellen, was sein Fehler nicht ist."

Über Nacht wurden Brücken geschlagen, noch vor Tagesanbruch
begann man den Marsch durch den Wald, treffenweise, die Infanterie
von der Mühle aus in zwei Kolonnen, die Kavallerie, dreiviertel
Meilen flußaufwärts auf der Kerstenbrücke übergesetzt, in einer
Kolonne. Beim Austritt aus dem Walde, gegen fünf Uhr, bei
Batzlow, wurde die Avantgarde als vierte Kolonne dem ersten
Infanterietreffen vorgelegt und so der Marsch, parallel der um-
gangenen Stellung des Feindes, in der Richtung auf Zorndorf noch
fortgesetzt.

Die wellige Fläche, auf der jetzt die beiden Heere sich gegenüberstanden, eine große Lichtung zwischen der Massiner Heide und
dem Küstriner Wald, fällt von den Höhen bei Groß- und Klein-
Kammin, Wilkersdorf und Zorndorf nach Süden zur Warthe, nach

---

[1]) S. 580.

Nordwesten allmählicher gegen Zicher, Darrmietzel und Quartschen und zu dem Wald= und Sumpfgebiet der Mietzel ab. Sie wird in vier Querstreifen zerschnitten durch drei in das Mietzelbruch ablaufende Wasserrinnen, stellenweise bis 15 Meter tiefe Senkungen mit sumpfiger Sohle und steilen oder flacheren Rändern. Der östlichste, der gegabelte Doppel= oder lange Grund, westlich des langgestreckten Dorfes Zicher, wird nach Darrmietzel zu fortgesetzt durch das breite, damals mit dichtem Gestrüpp bewachsene und ganz unwegsame Hofebruch. Weiter westlich liegen, in der Richtung von Zorndorf auf das Vorwerk Quartschen, in dessen tiefer Niederung sie sich vereinigen, der Galgengrund und in einigem Abstand von dem Saum des Küstriner Waldes als schwierigster Einschnitt des Schlachtfeldes der Zabergrund, zwischen beiden der heute Friedrichsberg geheißene Fuchsberg, die höchste Erhebung des ganzen Geländes.

Das russische Heer stand quer über dem Galgengrund, mit dem einen Flügel an der Lehne des Zabergrundes, auf den Fuchsberg gestützt, mit dem anderen noch über den langen Grund ausgreifend. Wie wenig Fermor die Umgehung durch die Massiner Heide vorausgesehen hatte, beweist die Sorglosigkeit, mit der er, wie erwähnt, seinen Wagenpark gerade in dieser Richtung hatte voranfahren lassen. Den Preußen das Debouchieren aus dem dichten und teilweise morastigen Walde zu erschweren oder gar ihren Spitzen eine fertige Schlachtlinie entgegenzuwerfen, wie König Friedrich es als richtig betrachtet hätte, daran wagte der russische Feldherr nicht zu denken. Er begnügte sich, durch Bewegungen auf der Stelle, mittels Kontermarsches der Regimenter, das zweite Treffen zum ersten und den rechten Flügel zum linken zu machen und zugleich aus der bisherigen Karreebildung eine regelrechte Schlachtordnung herzustellen, mit der Front gegen Wilkersdorf und Zorndorf, in zwei Treffen: zwischen beiden die im russischen Heere üblichen Regimentsreserven, bestimmt, Flüchtlinge aus dem ersten Treffen niederzustoßen. Die Enden der Flügel wurden zurückgebogen, um den Abstand zwischen den Treffen zu decken. Hinter den Infanterietreffen erhielt die Reiterei, in einem Treffen gestaffelt, ihren Platz, so daß im ganzen vier Linien sich ergaben. Die Artillerie fuhr vor der Front auf.

Sobald die Spitzen der preußischen Marschsäulen in der Höhe von Zorndorf den nunmehrigen rechten Flügel des Feindes überragten, ließ der König aufmarschieren. Eine Umfassung, wie bei Leuthen, verhinderte der tiefeingeschnittene Zabergrund, der Angriff mußte sich also auf die feindliche Front erstrecken. In gewohnter Weise wurde der eine Flügel zurückgehalten, der linke, durch die Avantgarde von 8 Bataillonen zu drei Treffen verstärkt, sollte seine Bataillone in staffelförmigen Abständen, je zwei und zwei, in die Angriffslinie einrücken lassen, die Reiterei erst einhauen, wenn der Feind wich.

20 Schwadronen Dragoner und 3 Kürassierregimenter standen als
Reserve hinter dem Angriffsflügel, 36 Schwadronen unter Seydlitz
stellten sich ihm zur Seite jenseits des Zabergrundes am Waldrande
auf. Nur 12 deckten anfänglich bei Wilkersdorf die rechte Flanke,
sie mußten bald durch die 3 Kürassierregimenter der Reserve verstärkt werden.

Zur Vorbereitung des Angriffs begleiteten das Vortreffen zur
Linken und zur Rechten zwei Batterien von 20 und von 40 schweren
Geschützen, mit der Doppelaufgabe, den Russen die „Contenance"
zu rauben und ihre Artillerie zu demontieren. Eben durch diese
Veranstaltung dachte der König, wie er gestern abend gesagt hatte,
seinem Heere schwereren Verlust zu ersparen. Er verhehlte sich nicht,
daß seit der Schlacht von Breslau seine Leute Kanonenfurcht hatten;
aber bei Leuthen hatten seine schweren Stücke die des Gegners
übertrumpft, und heute sollte desgleichen geschehen. Bei einer
dieser Batterien nahm er zunächst seinen Standort.

Nach zweistündiger Kanonade, die eine wenig wirksame Erwide-
rung fand, war gegen elf Uhr der rechte russische Flügel erschüttert,
aber nicht gebrochen. Als die preußische Infanterie endlich zum
Angriff schritt, stieß sie noch auf unerwartet hartnäckigen Widerstand.
Und nun wiederholte sich einer der Fehler von Kolin. Der linke
Flügel kam neben die Avantgarde zu stehen, statt zu ihrer Unter-
stützung hinter ihr zu bleiben — wie es heißt, weil General Kanitz
Fühlung mit der refusierten Rechten behalten wollte. So entbehrte das Vortreffen des Rückhalts, als seine dem zurückweichenden
Feinde allzu stürmisch folgenden Bataillone sich plötzlich von Kavallerie angegriffen und zur Umkehr genötigt sahen. Das Beispiel
wirkte verhängnisvoll: in einer bei den Preußen bisher unerhörten
Panik wandte sich die ganze Infanterielinie des Angriffsflügels zur
Flucht nach Zorndorf und Wilkersdorf; die Schreckhaftesten liefen
bis in den Wald zurück, aus dem man am Morgen hervorgekommen
war. Von den Kanonen gingen 26 verloren; auch einige Fahnen
wurden die Beute der Russen.

Der König war im Kampfgewühl vom Pferde gesprungen und
hatte eine der Fahnen des Musketierregiments Bülow ergriffen.
Als er den Infanterieangriff scheitern sah, ließ er seine Adjutanten
zu der Reiterei sprengen. Damit wurde dieser eine andere Aufgabe gestellt, als ihr in der Disposition zugedacht war. Moritz von
Dessau holte die Dragoner der Reserve und warf sich den verfolgenden
Reitern entgegen, und schon waren auch die jenseits des Zabergrundes aufmarschierten Regimenter am Platz: in drei Kolonnen
stieß Seydlitz mit seinem Kürassierregiment und den Husaren von
Zieten und Malachowski in das russische Fußvolk von vorn, während
gleichzeitig die Gendarmen und Gardesducorps in der Flanke an-

griffen. Bald schwärmte der ganze rechte Flügel des Feindes um= her „wie die Bienen"; zwei Waffen hatte er widerstanden, der dritten erlag er. Erst der Galgengrund setzte dem preußischen Reiter= angriff ein Ziel.

Die Schlacht war zum Stehen gebracht, aber nicht gewonnen. Die größere Hälfte des preußischen Fußvolkes war vom Schlacht= felde verdrängt, die Hauptmasse des russischen Heeres noch unberührt; sie schickte eben sich an, zum Angriff überzugehen.

Der König konnte mithin nicht etwa daran denken, die Schlacht abzubrechen. Vielmehr mußte er jetzt wohl oder übel den ganzen Rest seiner Truppen in die Entscheidung einsetzen, entgegen seinem Grundsatz, stets den einen Flügel in Reserve zu behalten, zur Deckung des Rückzugs, wenn der andere geschlagen war.

So mag schwere Sorge ihn erfüllt haben, als er gegen ein Uhr zu dem bisher zurückgehaltenen rechten Flügel kam. Vor der Front empfing ihn der schon vorausgeeilte Prinz Moritz mit Hutschwenken und Siegesgeschrei, die Truppen stimmten ein und der englische Gesandte glaubte darauf seine Glückwünsche anbringen zu dürfen. Der König nahm sie artig entgegen, er zeigte völlige Ruhe, aber dem Dessauer flüsterte er zu: „Mein Freund, die Sachen stehen sehr schlecht auf der Linken, ich werde Ordnung schaffen."

Um den Russen eine einigermaßen ausgedehnte Front zu bieten, mußten die Bataillone des zweiten Treffens mit in das erste treten: ein Flügel in einem Treffen, so völlig mußte jetzt alles auf eine Karte gesetzt werden. Erst allmählich sammelte sich das geflohene Fußvolk des linken Flügels und schloß sich wieder an. Die ganze Linie schwenkte während des folgenden Angriffs immer mehr links, so daß die Front die anfängliche Aufstellung schließlich kreuzte und in der Längsrichtung jener großen Bodeneinschnitte hinlief.

Voran fuhren wieder zwei schwere Batterien, die eine links, die andere rechts vom langen Grunde. Auf sie und auf das sie flankierende Fußvolk stürzte sich der Angriff der Kürassiere des Generals Demikow und anderer Reitergeschwader. Zwei Bataillone wurden über den Haufen geritten, erst ein drittes erwehrte sich durch sein Feuer des Überfalls. Wieder wurde die Reiterei die Retterin in der Not. Hier erschienen Dragoner und Kürassiere vom linken Flügel, die Sieger von vorhin, und leuchteten den stürmischen Angreifern heim, dort trieben Schwadronen vom rechten Flügel, Normann=Dragoner, Preußenkürassiere und Karabiniere die Kosaken, Husaren und Dragoner in den Morast bei Zicher.

Schon war auch die Infanterie aneinander gekommen. Wie am Vormittag beschränkten sich die Russen nicht auf die Abwehr, wiederholt drangen sie mit dem Bajonett auf die Preußen ein, und dem entschlossenen Angriff fehlte die Wirkung nicht. Wacker

hielten sich die neun Bataillone, die der König aus Schlesien mit-
gebracht hatte, die vier märkischen Regimenter Forcade, Asseburg,
Prinz von Preußen und Kalckstein und das Grenadierbataillon
Wedell; der König hat ihnen reiches Lob gespendet. Aber die
Truppenteile, die schon vorhin so schwere Verluste gehabt hatten,
wandten sich von neuem zur Flucht: die Ostpreußen, aber auch die
nach dem vernichtenden Schlage von Kolin nicht wieder zu ihrer
alten Trefflichkeit gelangten pommerschen Regimenter Bevern und
Fürst Moritz. Damit trat die Wendung ein, von welcher der König
nachher sagte, daß sie das Heer einer völligen Niederlage nahe gebracht habe. Eine Katastrophe wie bei Kolin wäre hereingebrochen,
hätte nicht hier die Reiterei, so oft sie nur gebraucht und angesetzt
wurde, sich jedesmal gleich glänzend bewährt: fast jedes Kavallerie-
regiment durfte sich rühmen, heute in russisches Fußvolk eingehauen
zu haben. Die beiden litauischen Dragonerregimenter Plettenberg
und Alt-Platen zogen sich durch das Fußvolk hindurch und hemmten
die Verfolgung, bis größere Reitermassen, von Seydlitz geführt,
zur Stelle waren und der bedrängten Infanterie in immer erneuten
Angriffen Luft machten.

Und jetzt erst erreichten die Greuel dieses blutigen Tages ihre
Höhe. Das stundenlange Hin- und Herwogen des Nachmittags-
kampfes hatte das Gefüge der bisher so ungestümen Russen gelockert,
unter den Klingen der preußischen Reiter sanken sie in ganzen
Schwaden dahin, ihr linker Flügel wurde zerrissen, nicht anders als
am Morgen der rechte. Das Auffliegen der Pulverwagen vermehrte
die Verwirrung und den Schrecken. Die Hartnäckigsten klammerten
sich in der allgemeinen Auflösung an die Geschütze und ließen sich
in Stücke hauen; viele gerieten in die Sümpfe des Hofebruches;
viele, darunter mehrere Generale, flüchteten durch die Wälder oder
setzten durch das Wasser der Mietzel, so mit Verlust mehrerer Pferde
der österreichische Feldzeugmeister St. André und der sächsische Prinz
Karl. Andere, die nicht entrinnen konnten, fielen über die eigene
Bagage und die Branntweinfässer her, und die Trunkenheit löste
die letzten Bande der Unterordnung. „Sie betrugen sich wie die
Rasenden," bezeugt ein Zuschauer, der Schwede Armfelt; „Freund
und Feind war ihnen gleich, sie schossen auf jeden, der ihnen entgegen-
kam."

Die Preußen waren jetzt von Wilkersdorf und über den langen
Grund dem Galgengrunde ganz nahe gekommen, wie am Vormittag
auf der westlichen Seite von Zorndorf und über den Zabergrund
her. Einen festen Stützpunkt gewährte ihnen die Kuppe an dem
heute verschwundenen Steinbusch, auf die sie bei einem ihrer Angriffe eine Batterie hinaufgebracht hatten. Um ein Ende zu machen,
bildete der König gegen sieben Uhr abends eine neue Angriffslinie.

Aber die zur Umfassung der feindlichen Rechten angesetzten ost=
preußischen Bataillone versagten zum drittenmal, die Brandenburger
und Schlesier blieben auf sich selbst angewiesen. Wiederholt zurück=
gewiesen, drangen sie endlich in die Büsche bei Quartschen ein. Dann
aber stockte die Bewegung von neuem: statt noch vorzugehen, hielten
sich die Leute, auch sie jetzt außer Rand und Band, mit dem Plün=
dern der russischen Bagagewagen und der Kriegskasse auf. Und nicht
bloß mit der Mannszucht, auch mit der Munition war es zu Ende bei
den wenigen zusammengeschmolzenen Bataillonen, die so weit vor=
gestoßen waren. Von der Reiterei waren nur die schwarzen Husaren
des General Ruesch noch zur Stelle; der ganze Rest war nach ihren
ebenso glänzenden wie aufreibenden Leistungen zum größten Teil
davongeritten und deckte da und dort das massenhaft eroberte Ge=
schütz gegen die herumschwärmenden Kosaken und Kalmücken: noch
in später Stunde waren bei Groß=Kammin an 2000 frische Kosaken
angelangt.

Also blieb die letzte Stellung der Russen unbezwungen. Die
Preußen stellten den Kampf ein und gingen — schon war die Nacht
eingebrochen — bis an den Doppelgrund zurück; die Kavallerie
lagerte auf dem linken Flügel; hinter diesem Grunde sammelten
sich bei Zicher die Trümmer des geflüchteten Fußvolks. Von zwei
Uhr früh bis zum Einbruch der Nacht hatten die Truppen an dem
glühend heißen Augusttage keinen Augenblick Ruhe gehabt. „Ein
Glück für uns," meinte nachher der englische Gesandte, „daß die
Russen unseren Zustand, die Auflösung unserer Infanterie, unseren
Munitionsmangel nicht kannten; hätten sie uns in der Nacht oder
am Morgen angegriffen, sie würden ein sehr leichtes Spiel gehabt
haben."

Nichts lag der russischen Heeresleitung ferner. Auch Fermor
nahm, als der preußische Angriff aufhörte, seine Truppen zurück
und lagerte sie hinter dem Galgengrunde und zum Teil hinter dem
Zabergrunde. Seine Absicht, unter dem Schutze der Nacht sich an
Zorndorf vorbei auf seine Wagenburg bei Kammin zurückzuziehen,
mußte er bei der Auflösung der Truppenverbände aufgeben.

Das russische Heer war durch den Gang der Nachmittagsschlacht
auf den am Morgen von ihm eingebüßten westlichen Abschnitt des
Schlachtfeldes zurückgeschoben worden; die entgegengesetzte „Ecke"
beherrschten die Preußen; das Mittelfeld gehörte den Toten — so
schrieb einfach und ergreifend unter dem frischen Eindruck eines
grauenvollen Bildes der englische Gesandte. Minder stimmungsvoll,
aber gleichfalls treffend war der demnächst von einem Mitglied des
Wiener diplomatischen Korps angestellte Vergleich der Zorndorfer
Schlacht mit einer starken Ohrfeige, „da sich einer rund umdrehet,
aber stehen bleibet".

Am Morgen des 26. August ließ der König von Preußen seine über
Nacht gesammelten Regimenter in Schlachtordnung antreten und von
neuem in der Richtung auf den Galgengrund und Zorndorf vor=
gehen. Die Russen, gleichfalls neu geordnet, rückten ihm entgegen,
eine Linie mit zurückgebogenen Flügeln; es schien zur Fortsetzung
des Kampfes kommen zu sollen. Auf einem Erkundungsritt geriet
der König unversehens unter die Geschosse einer bis zum letzten
Augenblick durch Kavallerie verhüllten Batterie. Der Artillerie=
kampf wurde dann allgemein, Plänkeleien hielten bis zum Abend an.

Ein noch vom 25. datierter Antrag des russischen Feldherrn auf
zwei= bis dreitägige Waffenruhe, damit man die Toten begraben
und die Verwundeten warten könne, wurde vom General Dohna
mit der Erklärung abgelehnt, daß sein königlicher Herr das Schlacht=
feld inne habe und deshalb auch für die Toten und Verwundeten
beider Parteien Sorge tragen werde. Zu einem letzten entschei=
denden Vorstoß gegen das russische Heer und seine noch zahlreiche
Artillerie fehlte es vor allem an Munition. Sobald man den Be=
darf ergänzt haben werde, schrieb aus dem Hauptquartier der
Kabinettssekretär Cöper an den Minister Finckenstein, werde es zu
einer neuen Schlacht kommen.

Der eigene Verlust stellte sich als viel stärker heraus, als man
unmittelbar nach der Schlacht angenommen hatte. Von der Ge=
samtzahl von 36 500 Streitern gingen fast 13 000 ab, darunter an
3700 Tote und über 1900 Gefangene oder Vermißte. Von allen
Gefallenen betrauerte der König keinen schmerzlicher, als seinen
Flügeladjutanten Oppen, dessen Leiche erst am dritten Tage mit
mehr als vierzig Wunden auf dem Schlachtfelde aufgefunden wurde.
„Ich hatte ihn erzogen, er hatte sich ganz an mich angeschlossen,"
klagt Friedrich seiner Baireuther Schwester, „ich vermag mich nicht
zu trösten, so bin ich nun."

Ohne die Reiterei, das sprach der König offen und wiederholt
aus, wäre die Schlacht verloren gewesen; diese Waffe habe fast
alles getan, den Staat gerettet. Ein Augenzeuge hat uns geschildert,
wie Friedrich die Reiter, um ihnen zu danken, antreten ließ, den
einen umarmte, dem anderen auf die Schulter klopfte, alle lobte.
Von den drei Rittmeistern der Gardesducorps wurde Wackenitz zum
Oberstleutnant, die beiden anderen zu Majors befördert. Das Beste
aber hatte Seydlitz getan: ohne den würde es schlecht ausgesehen
haben, hatte der König am Abend der Schlacht auf den Glückwunsch
des englischen Gesandten erwidert. Der tolle Page, der am Hofe
des Markgrafen von Schwedt durch die sausenden Flügel der Wind=
mühle gesprengt war, der Trebnitzer Schwadronschef, mit dessen
Namen sich die Erinnerung an so manchen lustigen Husarenstreich
verknüpfte, der Offizier, an dem nichts zu verbessern war, als welcher

Seydlitz vor dreizehn Jahren einem Winterfeldt gegolten — er hatte
sich jetzt zu dem unbestritten größten Reiterführer des preußischen
Heeres entwickelt. Für seine heldenhafte Haltung bei Kolin war
er mit dem Generalspatent und dem Verdienstkreuze und für den
Roßbacher Sieg, nur vier Monate später, noch als Generalmajor[1])
mit dem Schwarzen Adlerorden und gleich darauf mit der Beförderung zum Generalleutnant belohnt worden: jetzt überstrahlte den
heiteren Glanz der „bataille en douceur" der blutige Glorienschein
von Zorndorf. Einen Orkan zu Roß hat ihn einer der von ihm besiegten Franzosen genannt. Nacheinander Kürassier, Husar, Dragoner und wieder Kürassier, hatte er, wie sein ältester Biograph
ihm nachrühmt, die schwere Reiterei gelehrt, Behendigkeit und Keckheit nicht als Vorrecht des Husarenpelzes zu betrachten; er hatte
das Ideal verwirklicht, das dem Könige für die einst so schwerfällige
preußische Kavallerie vorgeschwebt hatte. Seine Untergebenen,
Offiziere und Gemeine, vergötterten ihn: „Man sagte reiten auf
Seydlitzisch," erzählt ein Kampfgefährte, „sein Hut, sein Koller,
seine Stiefel, seine Hosen wurden nachgemacht," die ganze Reiterei
„jauchzte ihm zu, wenn sie ihn nur sah," und schaute mit Bewunderung, Verehrung und Nacheiferung auf diesen jüngsten der Generale,
der vor dem Feinde abwartende Ruhe und zugreifende Verwegen-
heit ebenso glücklich verband, wie im Garnisonleben peinlichen Diensteifer und überschäumende Lebenslust und im Kreise der Kameraden
wortkarge Gemessenheit und schlagenden Witz. Meister aller Reiter-
künste und Spiegel jeder Reitertrefflichkeit hat Seydlitz nach dem
gewichtigsten Zeugnis, dem zurückschauenden Endurteil seines Königs,
durch eine Eigenschaft vor allen den höchsten Ruhmestitel sich gesichert: durch jene Entschlossenheit, welche die Gunst des Augenblicks
sicher zu ergreifen versteht.

Ist für die preußische Reiterei der 25. August 1758 ein unver-
gänglicher Ehrentag geworden, so hatte bei den Russen vornehmlich
das Fußvolk in Angriff wie in Abwehr eine glänzende Probe abgelegt. Um so rühmlicher war dieser hartnäckige, immer von neuem
aufgenommene Widerstand, als tatsächlich das russische Heer bei
Zorndorf nur wenig zahlreicher als das preußische gewesen ist; denn
nicht 60 000—70 000 Russen, wie drüben angenommen wurde, sondern nur etwa 44 000 sind auf der Walstatt zugegen gewesen. Beinahe die Hälfte war außer Kampf gesetzt, darunter 6600 Tote,
11 500 Verwundete. In Gefangenschaft waren an 2500 geraten,
darunter 5 Generale und 77 andere Offiziere. Von der aus 60 Feld-
und 190 Regimentsgeschützen zusammengesetzten Artillerie waren
103 Stücke verloren, dazu 24 Fahnen und Standarten.

---

[1]) Vgl. hierzu S. 289.

Von seinen Verbindungen abgedrängt, mit der Oder und der Festung Küstrin im Rücken, war das gelichtete russische Heer sicherem Verderben ausgesetzt, wenn es Fermor nicht gelang, einen Ausweg aus dieser Sackgasse zu finden. Indem der König von Preußen seine Kavallerie von Wilkersdorf nordwärts nach Zicher zog, gab er den Gegnern die Rückzugsstraße nach Landsberg und zunächst nach der Wagenburg bei Groß-Kammin frei: wie es scheint, beabsichtigte er, den Abziehenden in die Flanke zu fallen. Er hat nach Zorndorf die unerschütterliche Zähigkeit des russischen Soldaten rühmend anerkannt, für die russische Heeresleitung aber der verächtlichen Worte nicht genug finden können. Gleichwohl hat Fermor in der Nacht vom 26. auf den 27. August in unmittelbarer Nähe des preußischen Heeres ein strategisches Meisterstück ausgeführt. Während er der Aufmerksamkeit seines Gegners durch eine Kanonade gegen ihr Lager eine falsche Richtung gab, gelang es ihm, hinter dem doppelten Schleier der Dunkelheit und seiner leichten Geschwader sein Kriegsvolk unbehelligt an der preußischen Stellung vorbei auf die Höhen von Groß- und Klein-Kammin zu führen. Dort verschanzte man sich unverzüglich hinter starken Erdwerken.

Beim Anmarsch zur Schlacht am Morgen des 25. war König Friedrich, entgegen den herrschenden strategischen Anschauungen, dem großen russischen Fuhrpark mit stolzer Verachtung vorbeigegangen, weil das feindliche Heer, das er in seine Hand gegeben glaubte, ihm in jenem Augenblicke als der wichtigste, allein verlohnende Angriffsgegenstand erschien. Jetzt, da der Sieg allzu unvollständig geblieben war und er mit einer neuen Schlacht zu viel gewagt haben würde, erinnerte er sich der methodischen Lehre, daß die Schlacht nur ein Mittel unter mehreren sei, und so sollte jetzt der Überfall auf die nunmehr nach Landsberg abgefahrene Wagenburg nachgeholt werden. „Das ist ihr rechtes Magazin," so rechnete Friedrich, „auf die Wagens haben sie vier Monat Lebensmittel. Lasse ich die verbrennen, so muß die Armee Hals über Kopf zurücke laufen und bin ich sie gewisse los … das ist besser als eine Bataille." Nun aber kehrte die Gelegenheit von vorhin nicht wieder, die Russen waren auf der Hut, der Anschlag konnte nicht ausgeführt werden.

Die Lage wurde jeden Tag peinlicher. Aus der Lausitz kam Kunde vom Vordringen der Österreicher; am Tage von Zorndorf hatten die braven Invaliden, welche die Besatzung der kleinen Festung Peitz bildeten, gegen freien Abzug kapituliert. Während die Russen das Korps von Rumjanzow, 12 000 Mann, zur Verstärkung heranzogen, mußte das preußische Heer sich schwächen: sechs Bataillone und die Zietenhusaren wurden zum Schutze der Kurmark entsandt.

Endlich löste sich die Spannung. Am 31. August trat Fermor den Rückzug nach Landsberg an. Der Flankenmarsch der Preußen zu seiner Verfolgung wurde durch Wald und Sumpf gehemmt. Aber daß die Gegner zurückkommen würden, war unwahrscheinlich. Jedenfalls war anderwärts die Gefahr jetzt dringender als hier. Am 2. September zog der König von dannen, mit ihm die aufs neue erprobte, auserlesene Gesellschaft, mit der er vor vierzehn Tagen an der Oder eingetroffen war. Dohna übernahm wieder den Beobachtungsdienst gegen die Russen, der v o r dieser männermordenden Schlacht, der großen Wetterscheide des ganzen Feldzuges, zu schwer auf ihm gelastet haben würde.

---

Der russische Feldherr hatte in dem Lager bei Groß=Kammin Viktoria schießen lassen. Maria Theresia, durch ihren Vertreter in Fermors Hauptquartier über die wahre Sachlage unterrichtet, meinte mit stillem Spott, die Berichte aus Berlin würden die Anzahl der russischen Gefangenen und verlorenen Kanonen bald ergeben. Sie sah völlig richtig voraus, daß ihr stets schnell entschlossener Gegner sich jetzt um die Russen nicht mehr viel kümmere, sondern unverzüglich wiederum ihr selbst die Stirn bieten werde. In diesem Endergebnis wenigstens war Zorndorf die zweite Auflage von Roßbach.

Unter Billigung seines Hofes war Daun nach dem Abmarsch des Königs von Preußen an die Oder nicht, wie er es ursprünglich beabsichtigt hatte, durch die Niederlausitz nachgerückt, sondern von Görlitz an die Elbe abgeschwenkt, um in Verbindung mit der Reichsarmee das Heer des Prinzen Heinrich durch vierfache Übermacht, 80 000 gegen 20 000, zu erdrücken. In Wien hatte man Dresden und ganz Sachsen bereits als sichere Beute ansehen wollen. Aber mit dem Hin= und Herreiten der Kuriere zwischen Hauptquartier und Hauptstadt ging so viel kostbare Zeit verloren, daß Daun erst am 2. September sich Meißen näherte, wo er über die Elbe zu gehen gedachte. Wieder verrann Tag auf Tag, ehe mit dem Reichsfeldherrn ein Angriffsplan festgestellt war. Endlich kam man überein, daß Daun oberhalb Dresden bei Pillnitz übersetzen und daß gleichzeitig die Reichstruppen aus dem Pirnaer Lager zu gemeinsamem Angriff auf die preußische Stellung bei Gamich, zwischen Maxen und Gommern, vorbrechen würden. Das sollte am 11. September geschehen: da hieß es am 10., der König nahe, und sofort stand es für Daun fest, daß er sich in seinem Lager bei Stolpen streng auf die Verteidigung zu beschränken habe.

„Die große Perücke läßt uns Zeit, aber später hätten wir doch nicht kommen dürfen," schreibt Friedrich auf seinem Marsch von der Oder zur Elbe am 5. September aus Lübben. Vier Tage später vereinigte er sich zu Großenhain mit dem am 20. August von Landes=

hut aufgebrochenen Korps des Markgrafen Karl. Am 11. war er
in Dresden und besprach sich mit dem aus seinem Lager in die Stadt
gekommenen Prinzen Heinrich. Es war das erste Wiedersehen der
Brüder seit den Tagen der Roßbacher Schlacht. „Ich sage Ihnen
tausend Dank," schreibt Friedrich nach der Begegnung, „für den
angenehmen Tag, den Sie mich gestern haben verleben lassen; den
Augenblick ausgenommen, wo ich meine Schwester Amalie gesehen
habe" (die Prinzessin hatte den König während des Marsches durch
die Mark in einem Dorfe bei Beeskow begrüßt), „ist mir seit sechs
Monaten nichts begegnet, was mir so viel Vergnügen bereitet hätte."

Friedrich war nach der Zusammenziehung seiner Korps jetzt
bereit und entschlossen zu schlagen, „vorausgesetzt, daß die dicke
Exzellenz von Kolin den Kragen hergibt". Binnen wenigen Tagen,
hoffte er, würde es zur Entscheidungsschlacht kommen: „Ich fange
an zu glauben, daß uns alle vierzehn Tage eine Schlacht von nöten
ist, nicht anders als man einen schwammigen Körper regelmäßig
purgiert. Aber, großer Gott, welch Blutvergießen, und noch dazu
wie kostbar dieses Blut! Meine Schuld ist es nicht; sobald man den
Krieg anders nicht enden kann, muß man freilich zu solchem Mittel
greifen."

Die Heere standen einander so nahe, daß man sie von den Höhen
an der Elbe alle vier zugleich sehen konnte: am rechten Ufer den
König und Daun, am linken die Reichsarmee und den Prinzen
Heinrich. Aber „Monsieur Léopolde" war zu einem Waffengange
nicht zu bewegen. „Sein Posten bei Stolpen ist zu vorteilhaft,
als daß ich mir die Nase daran einstoßen möchte," schreibt Friedrich
am 14. „Man sollte annehmen, daß der Kaukasus, der Pik von
Teneriffa oder die Kordilleren die Heimat der österreichischen Generale wären: sobald sie einen Berg sehen, sind sie oben; sie sind in
die Felsen und Schluchten verliebt bis zur Narrheit."

So hatte man unfreiwillige Muße. Vierzehn Tage stand der
König unter den Augen Dauns im Lager von Schönfeld, anderthalb
Meilen von Dresden. „Ich beginne mich zu beruhigen," schreibt er
von hier nach einem Scharmützel der Prinzessin Amalie; „es ist noch
keine gesicherte Ruhe, aber ich bin wie das Meer nach einem heftigen
Sturme: die Wogen sind noch in Erregung, obgleich die großen
Fluten sich gelegt haben. Wir haben hier einen gewissen Laudon
geschlagen, dem Fabius Maximus vor der Nase, der, um diesen
Titel voll zu verdienen, ihn hat schlagen lassen, ohne sich aufzuregen.
Eine schöne Heldentat! werden Sie sagen. Was wollen Sie, liebe
Schwester, das ist die Farce nach der Tragödie."

Körperliche Beschwerden, Unterleibskrämpfe, Augenschmerzen,
trugen dazu bei, seine Stimmung herabzudrücken, und wiederum
die quälenden Sorgen ließen den Körper sich nur langsam erholen:

„Es ist schwer, wohlauf zu sein, wenn der Geist sich unpaß fühlt und fortwährend in Aufregung bleibt." Dem Bruder schüttet er einmal sein Herz aus: „Wäre es nicht der point d'honneur, ich hätte längst getan, was ich Ihnen vorig Jahr oft gesagt habe[1]). Nun, Hiob und ich sind verpflichtet, Geduld zu üben; dieweil verstreicht das Leben, und alles betrachtet und erwogen ist es nichts als Not, Mühseligkeit, Sorge und Trübsal gewesen. Verlohnte es die Mühe, geboren zu sein? Ich will Ihre Phantasie nicht noch trüber machen; ich glaube, sie ist traurig genug, auch ohne daß mein Kummer mit dem Ihren sich zusammentut und ihn vergrößert."

Am 26. September verließ er das Schönfelder Lager und marschierte nach Bischofswerda und demnächst nach Bautzen, um die Verbindung mit Böhmen über Zittau, den Vorratsplatz der Österreicher, zu sperren und dadurch Daun zum Schlagen oder zur Räumung von Sachsen zu nötigen. Der Marsch hatte insoweit die beabsichtigte Wirkung, als Daun am 5. Oktober das Lager von Stolpen aufhob. Aber es gelang ihm, durch eine Parallelbewegung über Neustadt und Schirgiswalde, sich am 7. in dem durchschnittenen Höhenland zwischen der Bergkette von Hochkirch und dem Löbauer Wasser den Preußen vorzulegen. Friedrich hatte gehofft, die Österreicher schon bei Neustadt nach Böhmen übergehen zu sehen, und nahm jetzt an, daß sie bei Zittau austreten wollten. Wider Erwarten traf er sie, als er am 10. mit dem Heere bei Hochkirch anlangte, noch in ihrem Lager am Stromberg, der das ganze Plateau beherrschenden Bergspitze bei Weißenberg, welche die preußische Vorhut unter General Retzow zu besetzen versäumt hatte. Sein erster Gedanke war, sie hier anzugreifen; tags darauf erwies sich bei näherem Zusehen ihre Stellung wieder als zu vorteilhaft. So beschloß er, durch eine Umgehung in der rechten Flanke sich zwischen den Feind und Görlitz zu schieben, um eine Tür nach Schlesien offen zu haben, wo das Korps des General Harsch soeben Neiße zu berennen begann. Aus Verpflegungsrücksichten wurde der Marsch erst auf den 13., dann auf die Nacht zum 15. ausgesetzt. Um die Richtung der beabsichtigten Bewegung nicht zu verraten, und nicht aus irgendeiner bizarren Laune, ließ der König das Heer derweil im Lager von Hochkirch.

Das Lager wurde in der Front und in den Flanken gedeckt durch zwei steil und tief zu Sumpf und Bach abfallende Täler, der rechte Flügel auf den Höhen von Hochkirch, Pommritz und Rodewitz durch den Grund von Niethen, der in der Richtung auf Weißenberg ausbiegende linke durch den Tzschornaer Grund. Die Stellung litt an drei Gebrechen: sie war in sich nicht zusammenhängend, da die

---

1) S. 531.

Fortsetzung des Niethener Tales den linken Flügel vom rechten
abschnitt; sie konnte aus dem feindlichen Lager eingesehen werden;
sie wurde in der rechten Flanke umfaßt durch das Hochkircher Wald=
gebirge, in welchem sich der unternehmende Laudon mit seinen
leichten Völkern eingenistet hatte.   So bildeten die Preußen, wie
Feldmarschall Keith warnend bemerkte, die Sehne, die Österreicher
den Bogen.   „Lassen sie uns hier in Ruhe, so verdienten sie ge=
hängt zu werden," soll er zum Könige gesagt haben, und die Ant=
wort wäre gewesen: „Wir müssen hoffen, daß sie sich mehr vor uns
als vor dem Galgen fürchten."   Der bedächtige Eichel war schon

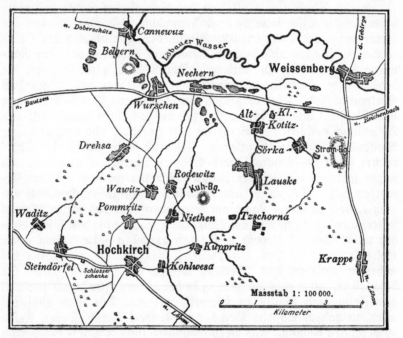

seit langem in Sorge, daß die Österreicher einmal die herausfordernde
Gleichgültigkeit, mit der man sie behandelte, bestrafen würden: „Man
muß es in der Tat der göttlichen Vorsicht zuschreiben, wenn man
siehet, was dergleichen Leute des Königs Majestät und Dero Affaires
zuweilen vor vieles Böse ohne Risque noch sonstige Umstände hätten
zufügen können, wenn sie nicht ganz geblendet gewesen wären."
     Daun hatte aus Wien nur den Auftrag, Görlitz und dadurch
mittelbar die Belagerung von Neiße zu decken.   Aber, von kühneren
Geistern, einem Lacy und einem Laudon, beraten, entschloß er sich
zu einer großen Tat, als er sich überzeugt hatte, daß sich der preußische
rechte Flügel „umgehen und von hinten nehmen" ließ.   Der Überfall
im Rücken, von Steindörfel her, wurde Laudons Aufgabe; gleich=

zeitig, eine halbe Stunde vor Tag, sollten drei Kolonnen, bei Nacht
durch die Wälder herangeführt, Hochkirch im Sturm nehmen; ein
dritter Angriff hatte sich gegen die preußische Linke zu richten, aber
erst wenn Hochkirch überwältigt sein würde; ein vierter gegen das
Korps von Retzow bei Weißenberg.

Der fünfte Glockenschlag vom Turm der Dorfkirche gab für den
Kampf bei Hochkirch das Signal. Der erste Anprall nach Überwältigung der Feldwachen galt den beiden Freibataillonen im Birken-
busch unterhalb des Dorfes und drei schnell zusammengetretenen
Grenadierbataillonen. Entscheidend aber wurde, daß Laudon mit
überlegener Macht sich bei der Schloßschenke die Straße von Steindörfel nach Hochkirch öffnete. Die hier lagernden Leibhusaren und
Czettritzdragoner waren schnell im Sattel, konnten aber in dieser
Drangsal nichts anderes tun, als dem Stoße ausweichen. So waren
die Preußen vom ersten Anfang an umfaßt. Im Beginn schlichen
nur vereinzelte Kroaten zwischen den verlassenen Zelten vor und
fuhren den Kämpfenden ins Genick: während er sein Geschütz lud,
ward der Unteroffizier Tempelhoff, der nachmalige Geschichtschreiber
dieses Krieges, durch einen Kolbenschlag hinterrücks niedergestreckt.
In der Folge aber fluteten aus dem Hinterhalt von Steindörfel
immer neue Haufen heran und machten alle Anstrengungen der
Preußen zuschanden.

Zunächst tobte der Kampf nur in und bei dem Dorfe Hochkirch.
Ein regelrechtes Feuergefecht konnte sich im Morgennebel und in
der Enge kaum entwickeln; da und dort kam es zum wildesten Handgemenge, Bajonett und Kolben leisteten die Mordarbeit, und Blech-
kappe und Bärenmütze wurden die Erkennungszeichen, nach denen
die Ringenden in der Finsternis griffen.

Auf der Höhe von Rodewitz in der Mitte des Lagers waren,
als die Schüsse von Hochkirch her durch die Nacht ertönten, Offiziere
und Soldaten, die bei vielen Regimentern in den Kleidern geblieben
waren, vor die Zelte gelaufen und bald auch in Reihe und Glied
getreten. Der König kam zu Fuß aus seinem Quartier und schritt
die Front des Regiments Wedell ab. Meldungen aus Hochkirch
fehlten, noch ungläubig rief er den Leuten zu: „Bursche, geht nachs
Lager, das sind Panduren." Aber das Schießen wurde heftiger,
und während noch der König mit den Offizieren den verdächtigen
Vorgang besprach, kamen schon die zwölfpfündigen Kugeln geflogen,
die der Feind aus der eroberten Batterie jetzt über das Lager aus-
schüttete. „Bursche, nehmt das Gewehr in die Hand," rief der
König; er verlangte nach seinem Pferd und befahl, daß drei Brigaden auf den gefährdeten rechten Flügel marschieren sollten.

Es war auserlesenes Volk, was hier in die Finsternis und das
Verderben ausgesendet wurde, die märkischen Kernregimenter, das

Beste, was das preußische Heer an Mannschaften hatte, und Feldmarschälle und Prinzen übernahmen die Führung. Aus der Ferne
gab das in Flammen aufgehende Hochkirch, ein Fanal von trüber
Glut, dem Marsche die Richtung; in der Nähe verdichtete sich der
nasse Nebel mit dem Pulverdampf und dem Qualm der Feuers-
brunst zu einem zähen, alles verhüllenden und einwickelnden Schleier.
Und da der vornehmste Gegenstand des Angriffs das Dorf war, so
ward zunächst nicht daran gedacht, ihn in Schlachtordnung auszuführen; einzeln gingen die Bataillone und Kompanien von Forcade,
Itzenplitz und Prinz von Preußen in immer wiederholtem Anlauf
vor, bald geradenwegs mitten hinein in die Dorfstraße, die schreckens-
volle Gasse des Todes, bald links oder rechts um den Ort herum.
Die überrumpelten Bataillone des rechten Flügels schlossen sich den
frischen Truppen an. Markgraf Karl, von seinem treuen Mohren
Pietro begleitet, führt mit dem Rufe „Pietro und brave Preußen
scheuen kein Feuer!" das erste Bataillon Kannacker wieder vor.
Moritz von Dessau, der im Nebel auf zwanzig Schritt an den Feind
heranreitet, erhält zwei Schüsse in den Leib und muß vom Kampfplatz fortgeschafft werden. Dicht am Eingange des Dorfes wird
Feldmarschall Keith, bereits vorher verwundet, durch eine Stückkugel vom Pferde gerissen, die Leiche wird vom Feinde geborgen.
Wo eine Truppe durch die Wucht des Vorstoßes den „Nachtgespen-
stern" Raum abgewinnt — und zeitweise waren Dorf und Batterie
ihnen wieder entrissen — büßt sie doch den Vorteil bald wieder
ein, von Fußvolk und Reisigen bald in der Flanke, bald im Rücken
gepackt oder unter das Kreuzfeuer der Batterien genommen. Zuletzt geht auch der Kirchhof verloren, den Major v. Langen mit
dem zweiten Bataillon Markgraf Karl stundenlang mit der größten Hartnäckigkeit gehalten hat. Wohl tun auch die preußischen
Reiter, als es heller wird, ihre volle Schuldigkeit; wiederholt brechen
unter Zietens und Seydlitzens Führung die Leibhusaren und die
Schönaichkürassiere, die Normann- und die Czettritzdragoner, die
Gendarmen, Karabiniere und Gardesducorps in die österreichische
Linie ein, richten ein „terribles Massacre" an und machen Gefangene
zu Hunderten; aber auch sie müssen sich zur Flucht kehren und ihre
Beute fahren lassen, sobald Laudon seine Zwickmühle öffnet
und aus dem Hinterhalt von Steindörfel seine Meute auf sie
losläßt.

Westlich von Hochkirch hat nunmehr der König aus den Regimentern Wedell und Bornstädt, dem zweiten Bataillon Garde und
der Grenadiergarde eine Linie gebildet, die zum Angriff gegen die
bewaldeten Höhen vorgeht. Hier findet Franz von Braunschweig,
der jüngste Bruder der Königin, sechsundzwanzigjährig den Heldentod, wie vor vierzehn Jahren sein Bruder Albrecht am Morgen

von Soor. Der König hält hinter dem zweiten Bataillon Wedell. Die meisten der aus dem Walde wohlgezielten Schüsse treffen Kopf und Brust, dem Major Haugwitz wird neben dem König der Arm durchschossen. Major v. Schmelinski kommt herangeritten und wagt eine Vorstellung: „Ew. Majestät, ich bitte Ihnen um alles in der Welt, schonen Sie Ihre höchste Person und reiten wenigstens aus dem kleinen Gewehrfeuer, sehen Sie, wie die Leute neben Ihnen fallen." „Ich will nur erst sehen, wie diese Bataillons vor uns vertrieben werden," erwidert der König, und jener fährt fort: „Ich bitte Ihnen um Gottes willen, schonen Sie Ihre hohe Person, Hochkirch ist verloren und der Feind kommt uns am Ende im Rücken — Ew. Majestät Pferd ist blessiert." „Ich?" fragt der König. — „Das Pferd, es wird sich verbluten und umfallen." Nun reitet der König zum Sattelplatz, wechselt das Pferd und reitet dann vom Kampfplatz auf die Höhe zwischen Pommritz und Rodewitz zurück.

Dort richtet er einige noch nicht an den Feind gekommene Bataillone zu einer neuen Schlachtordnung: in der Mitte das Regiment Alt=Braunschweig, zur Sicherung der rechten Flanke auf steilem Bergeshang über dem Wiesengrund von Drehsa das dritte Bataillon Garde, links über dem Einschnitt von Niethen zwei Grenadier= bataillone. Die Trümmer der geschlagenen Regimenter werden hinter die neue Linie aufgenommen und notdürftig geordnet. Vom zweiten Bataillon Wedell kommt Leutnant v. Barsewisch, bringt eine Handvoll Leute und drei Fahnen — die beiden anderen Kom= paniefahnen waren verloren, als eine Kürassierattacke über die ge= lichtete und erschöpfte Schar hinwegbrauste. „Wo seint die anderen?" fragt der König. — „Hier bringe ich die Fahnen, so gerettet, die anderen seint gefangen, und diese fünfzehn Mann seint die letzten." — „Gebe Er die Fahnen an Unteroffiziers," sagt der König. — „Ew. Majestät, ich habe nicht einen mehr." — „So gebe Er sie an Soldaten und stelle Er die Leute in Glieder" — von dem ganzen Regiment finden sich allmählich etwa 150 Mann ein.

Während alle Aufmerksamkeit der Heeresleitung auf den Kampf bei Hochkirch gerichtet war, hatte auch der linke preußische Flügel, zwischen Rodewitz und Kotitz, eine empfindliche Schlappe erlitten.

Hier begann der Herzog von Arenberg seinen Angriff, der Dis= position entsprechend, erst nach sieben Uhr. Obgleich also die Preußen seit mehreren Stunden durch die bei Hochkirch wogende Schlacht zu erhöhter Vorsicht veranlaßt wurden, vermochten sie in dem dichten Nebel sich doch auch hier nicht gegen eine Überrumplung zu schützen. Von den Vortruppen wurde das Grenadierbataillon Kleist bei Alt= Kotitz abgeschnitten und zur Waffenstreckung gezwungen, während die Fußjäger, dank ihrem wohlgezielten Feuer auf die nachsetzende Kavallerie und dank dem rechtzeitigen Eingreifen der Krockow=

Dragoner, sich glücklich durchschlugen. Der erbittertste Kampf galt den 30 schweren Geschützen, die vor diesem Flügel eingeschanzt waren: sie gingen endlich verloren, wie die große Batterie von Hoch= kirch; auch hier wichen die geschlagenen Truppen, lauter Grenadier= bataillone, auf die Hauptstellung zurück, etwa um neun Uhr; auch hier unverfolgt; vor dem Niethener Grund hielten die Angreifer ein.

So waren die preußischen Abteilungen aus dem weitläufigen Lager jetzt auf engem Raum vereinigt und zur Abwehr und gegen= seitigen Unterstützung um so mehr im stande, als mittlerweile auch das sehnlich erwartete abgezweigte Korps des General Retzow auf dem Plan erschien.

Retzow hatte bei Weißenberg mit besserem Glück gekämpft als die beiden Flügel des Hauptheeres. Dreimal warf er den auf= klimmenden Feind, die Truppen des Prinzen von Baden=Durlach, vom Bergeshang in die Tiefe zurück und trat dann unbehelligt seinen Marsch nach dem Schlachtfelde an. Sein Reitervortrab unter dem Prinzen Friedrich Eugen von Württemberg kam über das Löbauer Wasser gerade zur rechten Zeit, um sowohl die Kürassiere des rechten österreichischen Flügels bei Nechern an weiterem Vordringen zu hindern, als auf der anderen Seite die von Steindörfel her die preußische Rückzugslinie bedrohende Kavallerie Laudons zu ver= scheuchen. Die Masse des Retzowschen Korps nahm nach dem Fluß= übergang eine Aufstellung zwischen Cannewitz und Wurschen.

Der Nebel war gewichen, im hellen Sonnenschein lag das blut= getränkte, mit Leichen und Verwundeten besäte Gefilde, aus elf Ortschaften loderten Flammen auf. König Friedrich mit dem Mark= grafen Karl und dem General Seydlitz hält auf der Höhe bei dem Regiment Alt=Braunschweig und betrachtet mit seinem Glase den Schauplatz des nächtlichen Kampfes und die feindliche Stellung. Unter dem Feuer der preußischen Geschütze sind in dem Einschnitt zwischen Hochkirch und Pommritz die österreichischen Offiziere noch beschäftigt, ihre stark durcheinandergekommenen Leute, ohne Rück= sicht auf Truppe und Regiment, wieder in Reihe und Glied zu bringen. Oberstleutnant v. Saldern schickt seinen Adjutanten Klitzing und läßt fragen, ob er mit seiner Brigade — fünf Bataillone waren auf diesem Flügel noch nicht an den Feind gekommen — von neuem angreifen solle. Schweigend sieht der König den Markgrafen und Seydlitz an, beide bleiben still. Nach kurzem Besinnen sagt er zu Klitzing: „Der Angriff muß ja noch nicht erneuert werden, sehe Er hier, da liegt Bautzen vor uns, ich werde auf die Anhöhen marschieren, dahin soll mir Saldern langsam folgen und jenseits des Baches stehen bleiben."

Der Rückzug selbst, seine musterhafte Anordnung und völlig un= gestörte Durchführung, die stolze Ruhe, mit der angesichts des sieg=

reichen Heeres das neue Lager auf den Höhen von Doberschütz bei
Bautzen, nur drei Viertelmeilen vom Schlachtfelde, abgesteckt und
bezogen wurde — alles das stellte eine moralische und taktische
Leistung dar, die dem Feinde hohe Bewunderung abnötigte. Der
König trug in Blick und Miene volle Sicherheit, ja Heiterkeit zur
Schau, um den ermüdeten, entmutigten, entblößten, ihrer dürftigen
Habseligkeiten beraubten Truppen eine Zuversicht wiederzugeben,
die er selbst doch nur schwer bewahrte. „Kanoniers, wo habt ihr
eure Kanonen gelassen?" fragt er beim Abzuge scherzend und erhält
die prompte Antwort: „Der Teufel hat sie bei der Nachtzeit geholt."
„So wollen wir sie ihm bei Tage wieder abnehmen," erwidert er
und darf nun darauf rechnen, daß das tapfere Wort im Heere die
Runde macht. Einem der erprobtesten Waffengefährten, seinem
Generaladjutanten Wobersnow, der augenblicklich dem Dohnaschen
Heere zugeteilt war, ließ er bestellen: „Ich hätte hier eine tüchtige
Ohrfeige bekommen, da ich bei Nacht wäre attackiert worden; ich
würde sie aber nach alter Gewohnheit in wenig Tagen auswischen."

67 schwere Geschütze und Haubitzen, 35 Bataillonsstücke, 28 Fahnen
und 2 Standarten, der größte Teil der Zelte und des Gepäcks, über
9000 Mann an Toten, Verwundeten und Gefangenen waren verloren: nahezu der vierte Teil des mit der Retzowschen Abteilung
bisher etwas über 40 000 Mann starken Heeres, mehr als ein Drittel
der gesamten Infanterie; die Verluste der Reiterei waren gering.
Die Sieger hatten auf eine Gesamtstärke von etwa 75 000 Mann
einen Abgang von mehr als 7500. Den Heldentod des Feldmarschalls
Keith beklagte der König als einen Verlust „für das Heer und die
menschliche Gesellschaft"; er widmete dem Gefallenen eine Elegie
und errichtete ihm nach dem Frieden ein Standbild. Der Feldmarschall, der ihm die Schlacht bei Leuthen hatte gewinnen helfen,
Prinz Moritz, war mit seinen Wunden beim Verlassen des Schlachtfeldes den Panduren in die Hände gefallen.

Im Gegensatz zu seiner anfänglichen Gefaßtheit erschien der
König seinem teilnahmsvollen Begleiter Catt bei den abendlichen
Unterhaltungen der nächsten Tage gedrückt, ja kleinmütig. „Ich
kann die Tragödie enden, wenn ich will," sagte er dumpf; er zeigte
dem Vorleser die jetzt vor einem Jahr entstandene Apologie des
Selbstmordes[1]) und das Gift, das er seit langem bei sich trug.

Und nun traf ihn eine neue Heimsuchung: ein neuer Todesfall
in der Familie, der dritte seit Beginn des Krieges, der zweite in
diesem Jahre.

Mit der verhängnisvollen Epoche von Kolin verknüpfte sich in
seiner Erinnerung der Verlust der Mutter; in den sorgenschweren

---

[1]) S. 526.

Tagen, die dem Abzug von Olmütz vorausgingen, hatte ihn die
Nachricht von dem Ableben des Prinzen von Preußen um so mehr
erschüttert, als sie alle die peinlichen Eindrücke des vorigen Sommers[1]
noch einmal wach rief. Jetzt häufte sich auf das Unglück von Hoch=
kirch die Trauerkunde aus Baireuth: am Morgen des 14. Oktober,
in der Stunde, da das preußische Heer geschlagen wurde, war die
Markgräfin Wilhelmine ihrem heldenhaft getragenen Leiden erlegen.
Der Bruder hatte den Gedanken an diesen schon lange voraus=
zusehenden Ausgang bisher gewaltsam von sich gewiesen. „Ich
beschwöre Sie," hatte er noch jüngst dem Prinzen Heinrich geschrieben,
„rauben Sie mir nicht die Hoffnung, den einzigen Trost der Un=
glücklichen. Bedenken Sie, daß ich mit meiner Schwester geboren
und erzogen bin, daß diese ersten Bande unlösbar sind, daß zwischen
uns beiden die innigste Zärtlichkeit nicht die geringste Abschwächung
erlitten hat, daß wir getrennte Körper, aber nur eine Seele haben.
Bedenken Sie, daß nach so vielen Unglücksschlägen aller Art, die
mir das Leben verleiden müssen, gerade noch dieser Schlag mir zu
fürchten übrig bleibt, um mir das Dasein unerträglich zu machen."
Der in Dresden zurückgebliebene Eichel, der verschwiegene Zeuge
schon so mancher erschütternder Auftritte, schrieb dem Minister
Finckenstein, „dieser Todesfall embarrassiere ihn wegen des Königs
mehr als alle Kriegsoperationes"; der zweite Kabinettsbeamte,
Kriegsrat Cöper, dem nun die schwere Pflicht oblag, dem Gebieter
nach schonender Vorbereitung die ganze Wahrheit zu offenbaren,
nannte die Wirkung unbeschreiblich: er glaube nicht, daß ein Schmerz=
ausbruch noch weiter gehen könne.

Gegen Catt äußerte der König in diesen Tagen: „Nicht der Verlust
einer Schlacht vermag einen Kriegsmann und Kapitän zu erschüttern,
aber der Tod einer Schwester ist unersetzlich." Und doch mußte er
sich sagen: „Ich habe keine Zeit, den Tod meiner Schwester zu
beweinen. ... Ich will von all unserem Unglück erst wieder sprechen,
wenn der Winter da sein wird, und jetzt nur an das denken, was
ich zu tun habe. ... Die Menge unseres Unglücks stumpft schließ=
lich die Empfindung ab, und ich glaube, es könnte der Himmel die
Erde erdrücken und der Boden unter meinen Füßen einsinken, ohne
daß ich das achten würde."

Trotz seiner Niederlage beharrte er bei dem vor der Schlacht
gefaßten Plan, nach Görlitz zu gehen, sofort entschlossen, sich den
Weg, wenn es galt, durch eine neue Schlacht zu öffnen. Wer zweifelte
noch auf österreichischer Seite, daß der Sieger den Besiegten nicht
an sich vorbei lassen werde: Daun sandte Botschaft an das vor
Neiße liegende Heer und verbürgte sich, jeden Entsatzversuch zu

---

[1] S. 509—513.

verhindern. König Friedrich zog, um seine Verluste einigermaßen auszugleichen, den Prinzen Heinrich mit acht Bataillonen und fünf Schwadronen an sich, umging Dauns Stellung durch einen meisterhaften Marsch und besetzte am 25. Oktober Görlitz; nicht mehr er, sondern der Sieger von Hochkirch war jetzt von Schlesien abgeschnitten. An der Fortsetzung des Marsches hätte Daun ihn nur durch einen Angriff hindern können, den Friedrich erwartete und wünschte; denn der Verlust einer Schlacht würde jenen zum Abzug nach Böhmen genötigt haben. Statt dessen verschanzten sich die Österreicher auf der Landskrone.

So mußte der König auch diesmal, wie im Juli, ohne vorherige Abrechnung weitermarschieren und Sachsen, ja die Marken, fast entblößt von Verteidigern hinter sich lassen. Im Lager am Gamighügel bei Dresden befanden sich nur noch 18 Bataillone. Prinz Heinrich hatte die Verantwortung des Oberbefehls über ein so geschwächtes Korps nicht länger auf sich nehmen wollen; dem nunmehrigen Führer, Generalmajor Finck, konnte der König nur die Mahnung hinterlassen, vigilant und aktiv zu sein, „damit ich nicht glauben müsse, Ihr hättet nicht Lust, etwas zu tun: Essen, Trinken und Nichtstun ist die Devise der Mönche, aber nicht der Soldaten." „Ich sehe mich zu seltsamen Schritten genötigt," schrieb er nach Berlin, „aber in meiner Lage muß man den Stamm retten und nicht die Zweige." Um die Hauptstadt, eintretendenfalls aber auch die Plätze an der Elbe gegen die Österreicher oder Reichsvölker zu decken, wurden Dohna und Wedell vom rechten Oderufer und aus der Uckermark herbeigerufen, auf die Gefahr hin, die Russen und die Schweden von neuem vordringen zu sehen, gegen die nur ganz kleine Abteilungen zurückblieben.

Während der König mit einem Teil des Hauptheeres den Weg über Jauer und Schweidnitz einschlug, versperrte Prinz Heinrich bei Landeshut die Gebirgsstraße. Der König war bis Münsterberg gekommen, als die Nachricht eintraf, daß sich die Belagerungstruppen in der Nacht vom 5. auf den 6. November eilends von Neiße fortgehoben hätten. Gleiche Kunde kam bald darauf von Kosel. Oberschlesien war gerettet, das Entsatzheer durfte zurückfliegen.

Daun hatte die Muße, die ihm der Abmarsch der Preußen nach Schlesien gewährte, benutzen wollen, um im Verein mit der Reichsarmee das Korps an der Elbe über den Haufen zu werfen und sich für Neiße mit Dresden, Torgau, Leipzig schadlos zu halten. Aber General Finck wich geschickt aus und wählte bei Kesselsdorf eine Stellung, in der sein kleines Heer nicht nur selbst trefflich gedeckt war, sondern auch die Verteidigung von Dresden unterstützen konnte, und der Kommandant Schmettau sicherte sich gegen eine Überrumplung, indem er in rücksichtsloser Entschlossenheit am 10. No-

vember einen Teil der Vorstädte niederbrennen ließ. Auch in Torgau
und Leipzig, als der Feind vor den Wällen erschien, schickten sich
die tapferen und umsichtigen Kommandanten zu nachdrücklicher
Gegenwehr an. Und schon kam von allen Seiten den Bedrängten
Hilfe. Am 12. November traf Wedell vor Torgau ein, am 14. stieß
Dohna zu ihm, am 16. zog Daun von Dresden ab, auf die Kunde
von der Rückkehr des Königs, der an diesem Tage bereits wieder
in Görlitz war. Die Österreicher nahmen in Böhmen, die Reichstruppen im fränkischen Kreise ihre Winterquartiere. Am 20. ritt
der König in Dresden ein, umarmte vor allem Volk den Kommandanten der ihm geretteten Stadt, dem er seit dem Vorjahr gezürnt
hatte[1]), und bezog diesmal[2]) die Zimmer des Königs August im
Schlosse. „Wohlan, mein Lieber, bald in den Hütten der Armen
und bald in den Palästen der Könige," so empfing er am Abend
seinen Vorleser; „hier ist, glaub' ich, noch nie eine Tragödie gelesen
worden."

Während so der Ausgang des Feldzugs die drei Heere, die der
König im Frühjahr an der Neiße, der Pleiße und der Peene aufgestellt hatte, auf sächsischem Boden zusammenführte, verstanden die
Schweden und die Russen nicht, von der zeitweiligen Abwesenheit
der zu ihrer Beobachtung bestimmten Truppen Nutzen zu ziehen.

Die Schweden, zuerst von dem Schotten Hamilton, später von
dem Livländer Lantingshausen geführt, waren in den Tagen der
Zorndorfer Schlacht durch unverteidigtes Gebiet bis zu den historischen Stätten von Fehrbellin vorgedrungen, dann bei Wedells
Ankunft klug in die Uckermark zurückgegangen. Sie fanden nach
Wedells Fortgang nicht den Mut, bei Prenzlau die unter Manteuffel
zurückgebliebenen 5000 Preußen anzugreifen, sondern entwichen
weiter bis zur Peene. Nun, da Dohna sich ihnen wieder widmen
konnte, war ihr Schicksal für den Winter besiegelt: sie blieben auf
Stralsund und Rügen beschränkt wie im Vorjahre, die Besatzungen
in Anklam und Demmin, 2700 Mann, mußten kapitulieren.

Die Russen hatten nach dem Fortgang des Königs von Warthe
und Oder unbeweglich in ihrem Lager bei Landsberg gestanden,
bis endlich Mitte September die nach der Schlacht erbetenen Verhaltungsmaßregeln aus Petersburg eintrafen. Sie erlaubten dem
General Fermor, zu tun, was er für das Richtige halte, und Fermor,
ohne Nachrichten über die Bewegungen der Österreicher und Schweden, war darauf nach Pommern, in der Richtung auf Stargard,
abmarschiert, von Dohnas Korps begleitet. Ein weiterer Erlaß vom
Hofe tadelte den imaginären Sieger von Zorndorf scharf, daß er
nach des Königs Abzuge nicht Dohna angegriffen hatte; Fermor

---

[1]) S. 512.        [2]) S. 441.

aber sah seine Aufgabe nur noch darin, die von seinem Untergeneral
Palmenbach begonnene Belagerung von Kolberg zu decken, und
ging Mitte Oktober nach Dramburg und weiter nach Tempelburg
zurück. Dort erreichte ihn Anfang November der Befehl, die Winterquartiere hinter der Weichsel aufzuschlagen. Inzwischen hatte der
von Dohna entsandte General Wobersnow dem von der Bürgerschaft hingebend unterstützten Verteidiger von Kolberg, einem Invaliden von Hohenfriedberg, Major von der Heyde, rechtzeitig Hilfe
gebracht: am 29. Oktober mußten die Belagerer abziehen.

„Also sechs Belagerungen fast zu gleicher Zeit aufgehoben!"
triumphierte der König in seinem Bulletin über den Schluß des
Feldzuges; „Neiße, Kosel, Dresden, Torgau, Leipzig und Kolberg.
Von all den furchtbaren Heeren, die während dieses Jahres das
Feld gehalten haben, kann man sagen:

La montagne en travail enfanta un souris."

Die vorsichtigen Kabinettsminister hielten es für zweckmäßig, im
Druck dieses Kriegsberichtes das anzügliche Zitat aus Lafontaine
zu unterschlagen.

Das militärische Gesamtbild ward durch das diesjährige Ergebnis
der f r a n z ö s i s c h e n Kriegführung nicht verändert. In Amerika
war den Franzosen Louisburg, der Schlüssel des Lorenzstromes,
jetzt doch verloren gegangen, dazu ihr Stützpunkt im Ohiotal, das
von nun an Pittsburg genannte Fort Duquesne. In Afrika entrissen ihnen die Engländer Senegambien. In Deutschland hatte
Herzog Ferdinand sechs Wochen nach seinem Krefelder Siege, am
9. und 10. August, über den hoch angeschwollenen Rhein zurückgehen müssen, aber nicht unter dem Drucke jenes bisher stets vor
ihm gewichenen Heeres, das jetzt der Generalleutnant Contades,
der dritte Feldherr seit Beginn des Jahres, führte, sondern weil
das zweite, ursprünglich nach Sachsen bestimmte Heer, unter Soubise,
lahnaufwärts durch Hessen vorgedrungen war und ihm die Rückzugslinie bedrohte. Als sich der Mann von Roßbach am 10. Oktober
bei Lutternberg zwischen Kassel und Münden durch seinen Sieg
über ein vorgeschobenes hessisch-hannoversches Korps den Marschallstab verdient hatte, wußte doch Ferdinand, inzwischen endlich durch
12 000 Engländer verstärkt, bei Soest eine so vorteilhafte Aufstellung
zu nehmen, daß die Vereinigung der beiden französischen Heere und
ein Vordringen von Soubise gegen Hannover verhindert wurde.
Die Winterquartiere nahm Soubise am Main, Contades am linken
Rheinufer.

Schlesien und Sachsen, Vor- und Hinterpommern, die Marken
und Mecklenburg, Hannover, Hessen und ganz Westfalen waren vom
Feinde gesäubert. Was der französische Kriegsminister vor Hoch-

kirch vorausgesagt hatte: der König von Preußen werde sich am
Ende des Feldzugs in einem Zustande befinden, der gegen seine
Lage zu Beginn des Jahres um nichts verschlimmert sei — es war
in Erfüllung gegangen nach Hochkirch und trotz Hochkirch.

„Ich bin wie jemand, der den Schluß eines Epigramms sucht
und ihn nicht findet," hatte König Friedrich nach Hochkirch gesagt:
„ich sehe nicht, wie ich das Ende meines Feldzugs finden soll."
Der Schluß des Epigramms war jetzt gefunden, aber ohne ein
Roßbach und ein Leuthen. Und darum war das Ende des Feldzugs
noch nicht das Ende des Kriegs. Statt des Friedens brachte der
Winter den dritten Vertrag von Versailles, das neue Kampfes-
bündnis zwischen Frankreich und Österreich vom 30. und 31. Dezember 1758.